업계 유일 논리 전공자의
천재적인 문제 해결력
Smart, Perfect, Real Logic!

LEET 추리논증

김우진

논리적으로 접근해야
문제 해결력이 높아집니다.

문제 푸는 요령만 학습해서는 안됩니다.
제대로된 논리학적 접근법을 익혀야 완벽한 추리논증 사고의 틀을
완성할 수 있습니다.

해커스로스쿨 LEET 추리논증 단과강의 10% 할인쿠폰

B58D3BFKK2996000

해커스로스쿨 사이트(lawschool.Hackers.com) 접속 후 로그인 ▶
우측 퀵메뉴 내 [쿠폰/수강권 등록] 클릭 ▶ 위 쿠폰번호 입력 후 이용

* 등록 후 7일간 사용 가능(ID당 1회에 한해 등록 가능)
* 3만원 미만 단과강의, 첨삭 포함 강의에는 사용 불가

해커스 LEET

김우진 추리논증

기출문제+해설집

해커스로스쿨

김우진

이력

- Antonian Univ. Ph.D. 철학박사
- 논리(modal logic) 및 인식론(epistemology) 전공
- 서울대, 연세대, 고려대, 이화여대, 한양대, 중앙대 등 강의 진행
- (현) 해커스로스쿨 LEET 추리논증 전임
- (현) 공단기 PSAT 상황판단 전임
- (현) 프라임법학원 PSAT 언어논리 전임
- (전) 메가로스쿨 LEET 추리논증 전임

저서

- 해커스 LEET 김우진 추리논증 기초(2022)
- 해커스 LEET 김우진 추리논증 기출문제+해설집(2023)
- 해커스 LEET 김우진 추리논증 기본(2023)
- 해커스 LEET 김우진 추리논증 PSAT 320제(2022)
- 해커스 LEET 김우진 추리논증 파이널 모의고사(2022)
- PSAT 언어논리 기본서(2022)
- PSAT 상황판단 기본서(2022)
- 김우진 논리와 퍼즐(2021)
- 김우진 논리학(2020)

서문

LEET 추리논증 대비를 위한
『해커스 LEET 김우진 추리논증 기출문제 + 해설집』을 내면서

법학적성시험(Legal Education Eligibility Test)은 법학 적성을 측정하기 위해 언어이해 능력과 논리·비판적 사고 능력을 측정하는 시험입니다. 이 중에서 논리·비판적 사고는 법조인에게 필수적으로 요구되는 능력이며 객관적인 판단을 요구하는 법학적 사고에 있어서는 그 중요성이 더욱 높다고 할 수 있습니다. 이러한 논리·비판적 사고 능력을 측정하는 영역이 추리논증입니다. 추리논증은 모든 유형이나 제재에 있어서 논리·비판적 사고를 일관되게 작용하여 문제를 해결하기를 요구합니다. 그래서 추리논증은 법학 및 규범학, 인문학, 사회과학, 과학·기술 등 전 분야에 있어서 골고루 출제되고 있습니다. 유형으로는 모형 추리와 언어 추리로 구성되는 추리적인 사고를 측정하는 문제와 논증 분석, 논쟁 및 반론, 평가 및 문제 해결로 구성되는 비판적인 사고를 측정하기 위한 문제로 구성됩니다. 이러한 추리논증을 논리·비판적 사고에 따라 해결하기 위해 『해커스 LEET 김우진 추리논증 기출문제+해설집』을 만들었습니다.

『해커스 LEET 김우진 추리논증 기출문제+해설집』교재는

1. 최근 11개년의 기출문제를 문제와 해설로 구분하여 구성했습니다.

초기에 출제되었던 유형이나 형식은 최근에 걸쳐 변화되고 있어 고득점을 위해서 가장 유용하면서도 꼭 필요한 문제들은 최근 11개년 기출문제입니다. 물론 적성시험이기 때문에 기존 기출문제와 동일한 문제가 출제되지는 않지만 유형이나 형식은 유사하게 출제되고 있으므로 반복적으로 학습하여 실력을 기를 수 있습니다.

2. 연도별 기출문제의 정답·오답이 되는 이유를 상세히 정리했습니다.

기출문제의 학습에 있어서 주의할 점은 단순히 정답을 맞히는 연습에 머물러서는 안 되고 오답이 되는 내용까지도 꼼꼼히 살펴보아야 한다는 것이며, 그때 비로소 출제 원리와 의도를 알 수 있습니다. 적성시험에 사용되는 문제들은 대부분 지식으로 해결하는 것이 아니기 때문에 문제의 출제 원리와 패턴을 파악할 때에 다른 소재와 유형으로 출제되는 새로운 문제들도 해결할 수 있기 때문입니다. 그리고 논리·비판적 사고에 대한 이론도 함께 보완할 때 완벽한 준비와 실력을 갖출 수 있습니다.

『해커스 LEET 김우진 추리논증 기출문제+해설집』교재를 통해서 기출문제에 대한 접근 방식과 원리를 정확하게 파악하고 고득점의 기반을 마련하기를 바라며, 이 교재가 출간되기까지 수고하신 모든 분들께도 감사드립니다.

김우진

목차

| LEET 추리논증 고득점을 위한 이 책의 활용법
| 기간별 맞춤 학습 플랜
| LEET 추리논증 고득점 가이드

LEET 추리논증 기출문제

[책 속의 책]

정답 및 해설

LEET 추리논증 고득점을 위한 **이 책의 활용법**

1 **출제 경향 분석**으로 **최신 출제 경향을 파악**한다.

· 최근 11개년 기출문제에 대한 LEET 전문가의 상세한 출제 경향 분석으로 추리논증의 최신 출제 경향을 파악할 수 있습니다.

| LEET 및 추리논증 소개

2 자신의 학습 기간에 맞는 **학습 플랜**으로 **전략적으로 학습**한다.

· 학습 기간에 따른 두 가지 종류의 학습 플랜 중 자신의 상황에 맞는 학습 플랜을 선택하여 더욱 전략적으로 학습할 수 있습니다.

| 2주 완성 학습 플랜

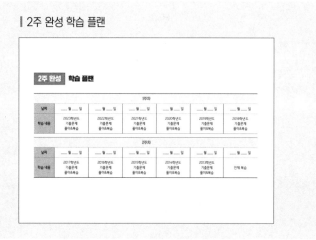

| 4주 완성 학습 플랜

3 기출문제 풀이로 실전에 확실하게 대비한다.

· 최근 11개년의 풍부한 기출문제를 제한시간에 맞춰 풀어보면서 실전에 확실하게 대비할 수 있습니다. 또한 OMR 카드를 통해 실제 시험처럼 직접 답을 체크하며 시간 안배를 연습하고 실전 감각을 극대화할 수 있습니다.

▎기출문제   ▎OMR 카드

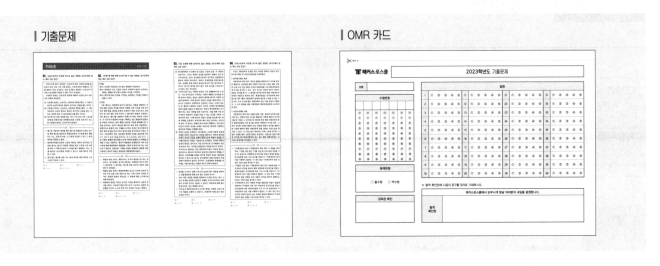

4 총평과 상세한 해설로 완벽하게 정리하고, 효과적인 풀이법을 익힌다.

· LEET 전문가의 총평으로 연도별 출제 경향을 파악할 수 있습니다. 또한 '핵심 체크'와 모든 선지에 대한 '해설'로 기출문제의 출제 원리와 빠르고 정확한 풀이법을 익힐 수 있습니다.

▎LEET 전문가의 총평   ▎핵심 체크 & 해설

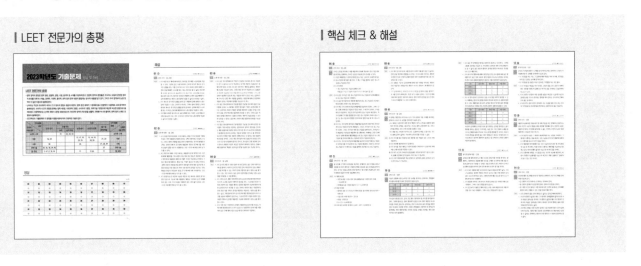

기간별 맞춤 학습 플랜

자신의 학습 기간에 맞는 학습 플랜을 선택하여 계획을 수립하고, 그날에 해당하는 분량을 공부합니다.

2주 완성 학습 플랜

	1주차					
날짜	___월___일	___월___일	___월___일	___월___일	___월___일	___월___일
학습 내용	2023학년도 기출문제 풀이&복습	2022학년도 기출문제 풀이&복습	2021학년도 기출문제 풀이&복습	2020학년도 기출문제 풀이&복습	2019학년도 기출문제 풀이&복습	2018학년도 기출문제 풀이&복습

	2주차					
날짜	___월___일	___월___일	___월___일	___월___일	___월___일	___월___일
학습 내용	2017학년도 기출문제 풀이&복습	2016학년도 기출문제 풀이&복습	2015학년도 기출문제 풀이&복습	2014학년도 기출문제 풀이&복습	2013학년도 기출문제 풀이&복습	전체 복습

4주 완성 학습 플랜

1주차

날짜	__월__일	__월__일	__월__일	__월__일	__월__일	__월__일
학습 내용	2023학년도 기출문제 풀이	2023학년도 기출문제 복습	2022학년도 기출문제 풀이	2022학년도 기출문제 복습	2021학년도 기출문제 풀이	2021학년도 기출문제 복습

2주차

날짜	__월__일	__월__일	__월__일	__월__일	__월__일	__월__일
학습 내용	2020학년도 기출문제 풀이	2020학년도 기출문제 복습	2019학년도 기출문제 풀이	2019학년도 기출문제 복습	2018학년도 기출문제 풀이	2018학년도 기출문제 복습

3주차

날짜	__월__일	__월__일	__월__일	__월__일	__월__일	__월__일
학습 내용	2017학년도 기출문제 풀이	2017학년도 기출문제 복습	2016학년도 기출문제 풀이	2016학년도 기출문제 복습	2015학년도 기출문제 풀이	2015학년도 기출문제 복습

4주차

날짜	__월__일	__월__일	__월__일	__월__일	__월__일	__월__일
학습 내용	2014학년도 기출문제 풀이	2014학년도 기출문제 복습	2013학년도 기출문제 풀이	2013학년도 기출문제 복습	2023~2019학년도 기출문제 복습	2018~2013학년도 기출문제 복습

LEET 추리논증 고득점 가이드

1. LEET 소개

1) LEET란?

LEET(Legal Education Eligibility Test, 법학적성시험)는 법학전문대학원 교육을 이수하는 데 필요한 수학 능력과 법조인으로서 지녀야 할 기본적 소양 및 잠재적인 적성을 가지고 있는지를 측정하는 시험을 말합니다. LEET는 법학전문대학원 입학전형에서 적격자 선발 기능을 제고하고 법학교육 발전을 도모하는 데 그 목적이 있습니다.

2) 응시자격 및 시험성적 활용

LEET의 응시자격에는 제한이 없으나, 법학전문대학원에 입학하기 위해서는 『법학전문대학원 설치·운영에 관한 법률』 제22조에 따라 학사학위를 가지고 있는 자 또는 법령에 의하여 이와 동등 이상 학력이 있다고 인정된 자, 해당년도 졸업예정자(학위취득 예정자 포함)이어야 합니다. 또한 LEET 성적은 『법학전문대학원 설치·운영에 관한 법률』 제23조에 따라 당해 학년도에 한하여 유효하며 개별 법학전문대학원에서 입학전형 필수요소 중 하나로 활용됩니다.

3) 시험영역 및 시험시간

언어이해와 추리논증 영역의 문제지는 홀수형과 짝수형으로 제작되며, 수험번호 끝자리가 홀수인 수험생에게는 홀수형, 짝수인 수험생에게는 짝수형 문제지가 배부됩니다. 한편 논술 영역의 문제지는 단일 유형으로 제작됩니다.

교시	시험영역	문항 수	시험시간	문제 형태
1	언어이해	30	09:00~10:10(70분)	5지선다형
2	추리논증	40	10:45~12:50(125분)	5지선다형
	점심시간		12:50~13:50(60분)	
3	논술	2	14:00~15:50(110분)	서답형
계	3개 영역	72문항	305분	

※ 출처: 법학전문대학원협의회 홈페이지

2. 추리논증 알아보기

1) 출제 방향

추리논증은 지문의 제재나 문제의 구조, 질문의 방식 등을 다양화하여 이해력, 추리력, 비판력을 골고루 측정하는 시험이 될 수 있도록 출제됩니다. 또한 추리 능력을 측정하는 문제와 논증 분석 및 평가 능력을 측정하는 문제가 규범, 인문, 사회, 과학·기술의 각 영역 모두에서 균형 있게 출제됩니다. 한편 상이한 토대와 방법론에 따라 진행되는 다양한 종류의 추리 및 비판을 상황과 맥락에 맞게 파악하고 적용하는 능력을 측정하고자 합니다.

2) 출제 범위

추리논증은 규범, 인문, 사회, 과학·기술과 같은 학문 영역이 모두 균형 있게 출제되고 있습니다. 규범 영역의 문항은 법학 일반, 법철학, 공법, 사법 등 소재를 다양화하였고, 인문 영역의 문항들은 지식이나 규범과 관련된 원리적 토대를 다루면서도 예술이나 사회과학, 자연과학과 융합된 방식의 내용이 주를 이루고 있습니다.

3) 문제 구성

① 내용 영역

추리논증은 논리학·수학, 인문, 사회, 과학·기술, 규범의 총 다섯 가지 내용 영역으로 출제되며, 총 40문제가 출제됩니다.

내용 영역	내용
논리학·수학	추리 문항의 해결에 필요한 원리, 일상적이고 실용적인 내용에 대한 탐구를 목적으로 하는 영역
인문	인간의 본질과 문화에 대한 탐구와 설명을 목적으로 하는 영역
사회	사회 현상에 대한 탐구와 설명을 목적으로 하는 영역
과학·기술	자연 현상, 기술 공학에 대한 탐구와 설명을 목적으로 하는 영역
규범	법과 윤리에 대한 탐구와 설명을 목적으로 하는 영역

② 인지 활동 유형

추리논증은 크게 '추리 영역'과 '논증 영역'으로 나눌 수 있습니다. 추리 영역의 언어 추리 유형에서는 법학과 과학·기술을 중심으로 꾸준히 출제되고 있으며, 사회과학은 매년 비중이 다르게 출제되고 있습니다. 또한 인문학 소재의 논증 지문을 통해 추리할 수 있는 문제도 출제되고 있습니다. 논증 영역의 논증 분석 유형에서는 비교 분석과 논증의 구조 파악이 출제되고 있으며, 논쟁 및 반론 유형에서는 분석과 반론을 보여주고 판단하는 문제의 비중이 높아졌고, 논증의 강화와 약화 판단 문제도 꾸준하게 출제되고 있습니다.

구분	인지 활동 유형	내용
추리	형식적 추리	· 명제 논리적 연결사들의 진리 조건에 따라서 추리하여 해결하거나 다이어그램이나 모델을 만들어서 해결할 수 있는지 묻는 유형
	언어 추리	· 원리 적용: 개념이나 원리 원칙을 파악하고 이를 실제 사례에 적용할 수 있는지 묻는 유형 · 함축 및 귀결: 텍스트 안에 함축되어 있거나 정보로부터 귀결되는 바를 파악할 수 있는지 묻는 유형 · 사실관계로부터의 추리: 사건이나 사실을 토대로 추리할 수 있는지 묻는 유형
	논리 게임	· 배열하기나 속성 매칭하기, 그룹핑 등 연역적인 추리 능력을 검사할 수 있는지 묻는 전형적인 논리 퍼즐 유형
	수리 추리	· 간단한 수 계산이나 방정식을 포함한 대수식을 이용하여 해결하거나 경우의 수, 도형, 이산수학/게임이론을 통해 문제를 해결할 수 있는지 묻는 유형
논증	논증 분석	· 논증의 주장과 제시된 근거를 파악, 논증의 원리, 생략된 전제를 찾거나 논증의 구조를 정리할 수 있는지 묻는 유형
	논쟁 및 반론	· 논쟁의 쟁점이나 전제를 파악하거나 주어진 논증에 대하여 반론, 오류를 제기할 수 있는지 묻는 유형
	평가 및 문제 해결	· 귀납 논증에서 결론의 정당성을 강화하거나 약화하는 사례 내지 조건을 파악하거나 논증에 대하여 종합적으로 평가할 수 있는지 묻는 유형

3. 출제 경향 분석

1) 출제 비중

최근 추리논증은 추리와 논증 영역 비중이 50:50으로 두 영역 간에 균형을 맞추는 방향으로 출제되고 있습니다. 추리 영역은 언어 추리의 원리 적용 유형이 중심이 되어 전 분야에서 출제되고 있으며, 형식적 추리와 논리 게임, 수리 추리 유형에서도 매년 3~4문제가 꾸준히 출제되고 있습니다. 논증 영역은 논쟁 파악과 평가 중심으로 출제되고 있습니다.

2) 난이도

추리논증은 40문제 중 평균 점수가 22~23점을 구성하고 있어 어려운 영역으로 자리잡고 있습니다. 특히 주의할 점은 정답률이 70% 이상으로 쉬운 문제가 있지만 60% 미만의 고난도 문제가 20문제 이상 출제되고 있다는 점입니다. 또한 선택지의 난도가 높아 단순한 지문 이해만으로는 해결할 수 없는 문제가 다수 출제되고 있으므로 추리논증에 대한 철저한 준비가 필요합니다.

3) 지문 및 소재

법학 소재가 가장 많이 출제되고 있으며 인문학 소재의 비중도 12문제로 꾸준하게 출제되고 있습니다. 특히 법학과 인문학 소재는 최근 3개년 동안 출제 비중이 높아졌으며, 철학 및 사상, 심리학, 미학, 역사학, 문화 등 다양한 소재를 토대로 하여 출제되고 있습니다. 논증 형식의 문제가 많은 비중으로 출제되고 있지만, 언어 추리의 형식으로 새로운 틀을 가진 문제도 등장하고 있습니다. 또한 경제 관련 소재가 자주 출제되고 있으며, 과학·기술 소재는 생명과학을 중심으로 출제되고 있습니다. 특히 과학 관련 인과와 상관관계, 가설 판단 등 논리적 소재가 출제되고 있습니다.

4. 대비 전략

① 추리논증의 핵심 이론을 학습하여 논리·비판적 사고를 향상시켜야 합니다.

추리논증의 유형은 다양하게 구분되어 있으므로 논리·비판적 사고가 근본적으로 함양되어야 문제를 해결할 수 있습니다. 추리논증의 핵심 이론을 꼼꼼히 학습하고 이를 문제풀이에 적용하는 연습을 통해 논리·비판적 사고를 향상시켜야 합니다.

② 문제풀이에 필요한 정보를 정확하게 파악하는 능력을 길러야 합니다.

추리논증은 다양한 조건과 상황 등이 제시되므로 문제를 해결하기 위해 필요한 정보를 정확하게 파악하는 것이 중요합니다. 따라서 키워드를 중심으로 제시된 정보를 시각화하거나 관련 있는 조건끼리 묶어 그룹화하는 연습이 필요합니다.

③ 다양한 문제를 풀이하여 판단력을 길러야 합니다.

추리논증은 125분 동안 40문제의 방대한 문제를 풀어야 하므로 시간이 부족한 경우가 많습니다. 한 문제를 풀이하는 데 너무 오랜 시간이 소요된다면 다른 문제를 놓칠 가능성이 높으므로 추리논증 기출문제뿐만 아니라 PSAT 등 다양한 적성시험의 기출문제를 접하는 경험을 통해 시간 관리와 시험의 압박감에서 벗어나기 위한 판단력을 길러야 합니다.

해커스 LEET
김우진 추리논증 기출문제 + 해설집

2023학년도 기출문제

☑ 문제풀이 시작과 종료 시각을 정한 후, 실전처럼 기출문제를 풀어보세요.

___ 시 ___ 분 ~ ___ 시 ___ 분 (총 40문항 / 125분)

01. 다음으로부터 추론한 것으로 옳은 것만을 〈보기〉에서 있는 대로 고른 것은?

> X국의 A법 제2조 제1항은 "'근로자'라 함은 직업의 종류를 불문하고 임금·급료 기타 이에 준하는 수입에 의하여 생활하는 자를 말한다."라고 규정하고, 같은 법 제2조 제4항은 "근로자가 아니면 노동조합에 가입할 수 없다."라고 규정한다.
>
> A법에서 말하는 '근로자'의 범위에 대하여 다음과 같이 서로 다른 견해가 제시된다.
>
> 갑: A법에서 말하는 '근로자'는 사용자와 계약을 맺고, 그 사용자로부터 근로의 대가로 계속적·정기적인 금품을 받는 자이다.
> 을: A법에서 말하는 '근로자'는 사용자와 계약을 맺고, 그 사용자로부터 근로의 대가로 계속적·정기적인 금품을 받는 자 또는 성과에 따른 수수료(인센티브)를 받는 자이다.
> 병: 일시적으로 실업 상태에 있는 자나 구직 중인 자도 노동3권(단결권·단체교섭권·단체행동권)을 보장할 필요성이 있는 한 A법에서 말하는 '근로자'에 포함된다.

───〈 보 기 〉───

ㄱ. 헬스장 사업자와 계약을 맺고 헬스장 회원들의 요청이 있으면 개인 레슨을 제공하고 회원들로부터 수수료를 받아 생활하는 자는, 갑에 따르면 노동조합에 가입할 수 있으나, 병에 따르면 가입할 수 없다.
ㄴ. 원격영어학원으로부터 근로의 대가로 계속적·정기적인 금품을 받지는 않으나 학원과 계약을 맺고 수강생 모집 실적에 따라 그 학원으로부터 수수료를 받아 생활하는 자는, 갑에 따르면 노동조합에 가입할 수 없으나, 을에 따르면 가입할 수 있다.
ㄷ. 원치 않는 해고를 당한 자는 을에 따르든 병에 따르든 노동조합에 가입할 수 없다.

① ㄴ   ② ㄷ   ③ ㄱ, ㄴ
④ ㄱ, ㄷ   ⑤ ㄱ, ㄴ, ㄷ

02. 〈주장〉에 대한 반대 논거가 될 수 있는 것만을 〈보기〉에서 있는 대로 고른 것은?

> [A법]
> 제1조 3심제의 최종심인 상고심은 대법원이 담당한다.
> 제2조 대법원은 상고 신청의 이유가 적절하지 않다고 인정되는 때에는 재판을 열지 않고 판결로 상고를 기각한다.
> 제3조 제2조에 따라 상고를 기각하는 판결에는 이유를 기재하지 않을 수 있다.

> 〈주장〉
>
> A법 제2조는 대법원에 상고가 남용되는 상황을 예방하고 사건에 대한 신속한 처리를 통하여 적절한 신청 이유를 가진 당사자의 재판 받을 권리를 충실히 보장하기 위한 규정으로서 입법 취지 및 규정 내용 등에 비추어 그 합리성이 충분히 인정된다. A법 제3조는 제2조를 실현하기 위해 요구되는 절차적 규정이다. 즉 상고기각 판결에 이유를 기재하는 것은 대법원에 불필요한 부담만 가중하고 정작 재판이 필요한 사건에 할애해야 할 시간을 낭비하는 것이기 때문에 제3조의 취지 또한 정당화된다. 일반적으로 판결에 이유 기재를 요구하는 목적은 당사자에게 법원의 판단 과정을 납득시키고 불복수단을 강구하도록 하려는 것이나, 소송금액이 적은 사건처럼 경미한 사건을 신속하게 처리하기 위하여 판결이유를 생략하는 것이 인정되는 것과 같이, 이유 기재는 판결의 필수적인 요소가 아니라 법원이 그 여부를 선택할 수 있는 사항이다. 게다가 대법원이 존재한다고 하여 모든 사건에 대해 대법원에서 재판받을 기회가 보장되어야 하는 것은 아니기 때문에, 판결이유 기재를 비롯한 대법원의 재판에 대한 구체적인 제도의 내용은 대법원의 재량범위에 속한다.

───〈 보 기 〉───

ㄱ. 재판을 받을 권리는 재판이라는 국가적 행위를 청구하는 권리이고, 청구권에는 청구에 상응하는 상대방의 의무가 반드시 결부되며 그 의무에는 청구에 응할 의무와 성실히 답할 의무가 포함된다.
ㄴ. 재판을 받을 권리는 재판절차에의 접근성 보장과 절차의 공정성 보장 등을 주된 내용으로 하는 기회 보장적 성격을 가지며, 법원의 판결의 정당성은 그 판결에 대한 근거제시에 의해 좌우된다.
ㄷ. 대법원의 판결은 국민이 유사한 사안을 해석하고 규범적 평가를 내리는 사실상의 판단기준으로서 기능하며, 판결의 결론뿐만 아니라 그 논증 과정 역시 동일한 기능을 수행한다.

① ㄱ   ② ㄴ   ③ ㄱ, ㄷ
④ ㄴ, ㄷ   ⑤ ㄱ, ㄴ, ㄷ

03. 다음 논쟁에 대한 분석으로 옳은 것만을 〈보기〉에서 있는 대로 고른 것은?

> 갑: 형사절차에서 추구해야 할 진실은 사건의 진상, 즉 '객관적 진실'이다. 그리고 객관적 진실을 발견하기 위해서 사건 당사자(피고인, 검사) 못지않게 판사의 적극적인 진실발견의 활동과 개입이 필요하다. 따라서 진실발견을 위해 필요한 경우, 중대한 절차 위반이 없다면 판사가 사건 당사자의 주장이나 청구에 제약을 받지 않고 직접 증거를 수집하거나 조사하는 것도 가능하다.
>
> 을: '사건의 진상' 또는 '객관적 진실'은 오직 신(神)만이 알 수 있다. 사건 당사자들이 주장하는 사실과 제출된 증거들을 통해 판사가 내리는 결론도 엄밀히 말하면 판사의 주관적 진실에 불과하다. 다만 판사의 주관적 진실을 '판결'이라는 이름으로 신뢰하고 규범력까지 인정하는 이유는 그것이 단순히 한 개인의 주관적인 진실이 아니라, 공정한 형사절차를 통해 도출된 결론이기 때문이다. 따라서 형사절차에서 추구해야 하는 것은 '절차를 통한 진실'이고, 이를 위해 사건 당사자들이 법정에서 진실을 다툴 수 있는 공정한 기회가 보장되어야 한다. 이때 판사의 역할도 진실을 담보해 내기 위해 절차를 공정하고 엄격하게 해석·적용·준수하는 것이어야 한다. 즉 판사는 정해진 절차 속에서 행해지는 사건 당사자들의 주장과 입증을 토대로 중립적인 제3자의 지위에서 판단자의 역할을 수행해야 한다.
>
> 병: 객관적 진실은 존재하고, 형사절차는 그러한 객관적 진실에 최대한 가까이 접근하고자 마련된 절차이다. 따라서 형사절차에서 사건의 진상을 명백히 밝힘으로써 객관적 진실을 추구해야 한다는 것에는 기본적으로 동의한다. 하지만 객관적 진실의 발견은 전적으로 사건 당사자들의 증거제출과 입증에 맡겨야 하고, 이러한 진실발견의 과정에 판사가 직접적·적극적으로 개입하는 것은 바람직하지 않다. 따라서 판사는 원칙적으로 제3자의 입장에서 중립적인 판단자의 역할을 수행하되, 인권침해를 통해서 얻어낸 객관적 진실은 정당성을 획득할 수 없으므로 판사는 형사절차의 진행 과정에서 인권침해가 발생하지 않도록 감시하고, 인권침해가 발생했을 경우에는 이를 바로잡는 역할과 의무도 함께 부담한다.

───────────〈보 기〉───────────

ㄱ. 범죄를 조사하기 위해 구속기간 연장의 횟수 제한을 없애자는 법률개정안에 대해 갑과 병은 찬성할 것이다.

ㄴ. '법이 정한 적법한 절차를 위반하여 수집된 증거는 설사 그것이 유죄를 입증할 유일하고 명백한 증거라 하더라도 예외 없이 유죄의 증거로 사용할 수 없다'는 법원칙에 대해 을은 찬성하지만, 갑은 반대할 것이다.

ㄷ. '피고인이 재판에 출석하지 아니한 때에는 특별한 규정이 없으면 재판을 진행하지 못한다'는 법원칙에 대해 을과 병은 찬성할 것이다.

① ㄱ   ② ㄴ   ③ ㄱ, ㄷ
④ ㄴ, ㄷ   ⑤ ㄱ, ㄴ, ㄷ

---

04. 다음으로부터 추론한 것으로 옳은 것만을 〈보기〉에서 있는 대로 고른 것은?

> X국은 지방정부의 공정한 업무 처리를 위하여 다음과 같이 감사청구제도 및 시민소송제도를 도입하였다.
>
> ○ 감사청구제도 개요
>
> 지방정부의 장의 업무 처리가 법률을 위반하거나 공익을 현저히 해친다고 인정되면 해당 지방의 18세 이상 시민은 해당 지방의 18세 이상 시민 100명 이상의 연대서명을 거쳐 행정부장관에게 감사를 청구할 수 있다. 감사 청구된 사항에 대하여 행정부장관은 감사를 한 후, 그 결과를 감사청구인과 해당 지방정부의 장에게 서면으로 알려야 한다. 행정부장관은 감사결과에 따라 필요한 경우 해당 지방정부의 장에게 필요한 조치를 요구할 수 있으며, 조치 요구를 받은 지방정부의 장은 이를 성실히 이행하고, 그 조치 결과를 해당 지방의회와 행정부장관에게 보고하여야 한다.
>
> ○ 시민소송제도 개요
>
> 지방정부의 장의 공금 지출에 관한 사항, 재산의 취득에 관한 사항 또는 지방세 부과·징수를 게을리한 사항에 대하여 감사청구를 한 시민은 그 감사청구의 결과에 따라 해당 지방정부의 장이 행정부장관의 조치 요구를 성실히 이행하지 아니한 경우, 그 감사 청구한 사항과 관련이 있는 위법한 행위나 업무를 게을리한 사실에 대하여 해당 지방정부의 장을 상대로 시민소송을 제기할 수 있다. 이 시민소송이 계속되는 중에 소송을 제기한 시민이 사망한 경우 소송의 절차는 중단되나, 시민소송 전에 이뤄진 감사청구의 연대서명자가 있는 경우 해당 연대서명자는 이 시민소송절차를 이어받을 수 있다.

───────────〈보 기〉───────────

ㄱ. Y지방정부의 장이 Y지방정부의 재산 취득 시 법률을 위반하자, Y지방 시민 갑은 Y지방 시민 을 등의 연대 서명을 거친 후 단독으로 적법하게 감사청구를 하였고 행정부장관은 감사결과에 따른 조치 요구를 하였으나 Y지방정부의 장이 이를 이행하지 않았다. 이 경우 을은 Y지방정부의 장을 상대로 시민소송을 제기할 수 있다.

ㄴ. V지방의 시민 병이 V지방정부의 장의 공금 지출에 관한 사무처리가 공익을 현저히 해쳐 적법하게 감사청구를 하였고, 행정부장관은 감사결과에 따른 조치 요구를 하였으나 V지방정부의 장이 이를 이행하지 않았다. 이 경우 병은 V지방정부의 장을 상대로 공금 지출이 공익을 현저히 해쳤다는 이유로 시민소송을 제기할 수 있다.

ㄷ. W지방정부의 장이 지방세 부과를 게을리한 부분이 법률에 위반되어 W지방의 시민 정이 적법하게 감사청구를 하였고 감사결과에 따른 행정부장관의 조치 요구가 있었음에도 W지방정부의 장은 이를 이행하지 않았다. 이 경우 정은 감사 청구한 사항과 관련이 있는 위법한 행위에 대해서도 W지방정부의 장을 상대로 시민소송을 제기할 수 있다.

① ㄱ   ② ㄷ   ③ ㄱ, ㄴ
④ ㄴ, ㄷ   ⑤ ㄱ, ㄴ, ㄷ

05. [규정]의 적용으로 옳은 것만을 〈보기〉에서 있는 대로 고른 것은?

[규정]
제1조 행정청은 무도장업자의 위반사항에 대하여 아래의 〈처분 기준표 및 적용 방법〉에 따라 처분한다.
제2조 무도장업자가 그 영업을 양도하는 경우에는 행정청에 신고하여야 하며, 양수인은 그 신고일부터 종전 영업자의 지위를 이어받는다. 종전 영업자에게 행한 제재처분의 효과는 그 제재처분일부터 1년간 양수인에게 미치고, 제재처분을 하기 위한 절차가 진행 중인 경우 그 절차는 양수인에 대하여 계속하여 진행한다. 다만, 양수인이 양수할 당시에 종전 영업자의 위반사실을 알지 못한 경우에는 그 절차를 계속하여 진행할 수 없다.

〈처분기준표 및 적용 방법〉

위반사항	처분기준		
	1차위반	2차위반	3차위반
주류판매	영업정지 1개월	영업정지 3개월	영업정지 5개월
접대부 고용	영업정지 2개월	영업정지 5개월	등록취소
호객행위	시정명령	영업정지 10일	영업정지 20일

가. 위반사항이 서로 다른 둘 이상인 경우(어떤 위반행위에 대하여 제재처분을 하기 위한 절차가 진행되는 기간 중에 추가로 다른 위반행위가 있는 경우 포함)로서 그에 해당하는 각각의 처분기준이 다른 경우에는 전체 위반사항 또는 전체 위반행위에 대하여 하나의 제재처분을 하되 각 위반행위에 해당하는 제재처분 중 가장 무거운 것 하나를 택한다.
나. 어떤 위반행위에 대하여 제재처분을 하기 위한 절차가 진행되는 기간 중에 위반사항이 동일한 위반행위를 반복하여 한 경우로서 처분기준이 영업정지인 때에는 각 위반행위에 대한 제재처분마다 처분기준의 2분의 1씩을 더한 다음 이를 모두 합산하여 처분한다.
다. 위반행위의 차수는 최근 1년간 같은 위반행위로 제재처분을 받은 횟수의 순서에 따르고, 이 경우 기간의 계산은 위반행위에 대하여 제재처분을 받은 날과 그 처분 후 같은 위반행위를 하여 적발된 날을 기준으로 한다.

〈보 기〉
ㄱ. 무도장업자 갑이 주류판매로 2019. 6. 20. 영업정지 1개월을 받은 후, 이를 알고 있는 을에게 2020. 6. 30. 그 영업을 양도하고 신고를 마쳤는데, 을이 2020. 7. 25. 접대부 고용과 주류판매로 적발되었다면, 행정청은 을에게 영업정지 3개월의 처분을 한다.
ㄴ. 호객행위로 2020. 3. 15. 시정명령을 받은 무도장업자 병이 2020. 5. 15. 호객행위로 적발되었고 제재처분 전인 2020. 5. 30. 또 호객행위로 적발되었다면, 이 두 위반행위에 대하여 행정청이 병에게 처분할 영업정지 기간의 합은 45일이 된다.
ㄷ. 주류판매로 2019. 5. 10. 영업정지 5개월을 받은 무도장업자 정은 2020. 5. 5. 접대부 고용으로 적발된 후 그 제재처분을 받기 전에 이를 모르는 무에게 2020. 5. 7. 이 무도장을 양도하고 신고를 마쳤다. 무가 이 무도장 운영 중 2020. 5. 15. 주류판매로 적발되었다면, 행정청은 무에게 영업정지 2개월의 처분을 한다.

① ㄱ ② ㄴ ③ ㄱ, ㄷ
④ ㄴ, ㄷ ⑤ ㄱ, ㄴ, ㄷ

06. 〈상황〉에 대한 판단으로 옳은 것만을 〈보기〉에서 있는 대로 고른 것은?

[학칙]
제1조(학생의 징계) ① 학생이 학내에서 학생으로서의 품위를 손상하거나 학교의 명예를 실추시키는 등의 행위를 한 경우 학교장은 교육을 위하여 학생을 징계할 수 있다.
② 학교장은 학생을 징계하려면 교사를 참여시켜야 하고, 학생이나 보호자에게 의견을 진술할 기회를 주는 등 적정한 절차를 거쳐야 한다.

〈상황〉
P중학교 학생 갑은 집에서 실시간 원격수업을 받던 중 시민의 알권리를 위해 자신의 학교에서 조사 중인 체벌 사건의 내용을 SNS에 게시하여 사회적 파장을 일으켰다. P중학교는 이에 대하여 [학칙]에 따라 갑을 징계하려고 한다.

〈보 기〉
ㄱ. [학칙]에 규정된 '학내'는 학교의 물리적 공간으로 보아야 한다는 주장은 징계를 반대하는 논거가 된다.
ㄴ. 공익을 위한 학생의 표현의 자유는 제한 없이 보장되어야 한다는 주장은 징계를 반대하는 논거가 된다.
ㄷ. 수업시간 동안의 학생의 모든 활동을 학내 활동으로 간주해야 한다는 주장은 징계를 찬성하는 논거가 된다.

① ㄱ ② ㄴ ③ ㄱ, ㄷ
④ ㄴ, ㄷ ⑤ ㄱ, ㄴ, ㄷ

07. 〈견해〉에 따라 〈사례〉에서 갑에게 부과되는 형의 범위로 옳은 것은?

[규정]
「범죄처벌법」 제1조(절도죄) 타인의 물건을 훔친 자는 6년 이하의 징역에 처한다.
　　제2조(반복범) 징역 이상의 형을 받아 그 집행을 종료하거나 면제를 받은 후 2년 이내에 징역 이상에 해당하는 죄를 범한 자의 형의 기간 상한은 그 죄의 형의 기간 상한의 1.5배로 한다.
「절도범죄처벌특별법」 제1조(절도반복범) 절도죄로 두 번 이상의 징역형을 받은 자가 다시 절도죄를 범한 경우에는 2년 이상 20년 이하의 징역에 처한다.

〈견해〉
견해1: 「범죄처벌법」에서 '형의 집행을 종료한 후'란 형의 집행 종료일 이후를 의미한다고 해석하여야 하므로 반복범의 기간 2년을 계산하는 시작점은 형의 집행 종료일 다음날이 되어야 한다.
견해2: 「범죄처벌법」에서 '형의 집행을 종료한 후'란 문언 그대로 형의 집행이 종료된 출소 이후를 의미한다고 해석하여야 하므로 반복범의 기간 2년을 계산하는 시작점은 형의 집행 종료 당일이 되어 종료 당일도 2년의 기간에 포함된다.
견해A: 「절도범죄처벌특별법」 제1조는 「범죄처벌법」 제2조와 별개의 규정이므로 절도반복범에 해당하는 경우, 「절도범죄처벌특별법」이 따로 규정한 형벌의 범위 내에서만 형이 부과되어야 한다.
견해B: 「절도범죄처벌특별법」의 절도반복범은 절도범에 대한 가중처벌이므로 이 법에 따라 처벌하고, 이어 「범죄처벌법」의 반복범에도 해당하면 그 법에 따라 다시 가중처벌해야 한다.

〈사례〉
갑은 절도죄로 징역 6월을 선고받아 2014. 3. 15. 형집행이 종료되었고 이후 다시 저지른 절도죄로 징역 1년을 선고받아 2017. 9. 17. 형집행이 종료되었는데 다시 2019. 9. 17. 정오 무렵에 절도를 저질렀다(기간 계산에 있어서 시작일은 하루로 계산한다).

① 견해1과 견해A에 따르면, 징역 2년 이상 30년 이하
② 견해1과 견해B에 따르면, 징역 2년 이상 30년 이하
③ 견해2와 견해A에 따르면, 징역 2년 이상 30년 이하
④ 견해2와 견해A에 따르면, 징역 9년 이하
⑤ 견해2와 견해B에 따르면, 징역 2년 이상 30년 이하

08. 갑, 을, 병이 언급한 모든 사항을 충족하는 A 조항의 내용으로 가장 적절한 것은?

'알선'이란 어떤 사람과 그 상대방 간에 일정한 사항을 중개하여 편의를 도모하는 것을 의미한다. X국 「범죄법」 A 조항은 특정한 알선행위를 처벌하고 있다.

갑: 공무원 신분을 가지지 않은 사람도 학연, 지연 등 개인의 영향력을 이용하여 공무원의 직무에 영향을 미칠 수 있으므로, A 조항은 이러한 사람의 알선행위도 처벌한다.
을: 공무원의 직무집행에 대한 사회적 신뢰 보호가 중요하므로, A 조항은 실제로 알선행위를 하였는지와 상관없이 공무원의 직무에 관하여 알선 명목으로 자신의 이익을 추구하는 행위를 처벌한다.
병: 선의의 알선행위를 금지할 필요는 없으므로, A 조항은 자신의 이익을 취득하기 위한 공무원의 직무에 관한 알선행위를 금지한다. 이때 A 조항은 일정한 예방 효과를 거두기 위해서 알선에 관련하여 취득된 재산을 보유하지 못하도록 강제하고 있다.

① 공무원의 직무에 속한 사항의 알선에 관련하여 금품이나 이익을 받거나 받기로 약속한 사람은 5년 이하의 징역 또는 1천만 원 이하의 벌금에 처한다.
② 금품이나 이익을 받거나 받기로 약속하고 공무원의 직무에 속한 사항에 관하여 알선한 사람은 5년 이하의 징역에 처하고, 이로 인하여 취득한 재산은 몰수한다.
③ 공무원이 그 지위를 이용하여 다른 공무원의 직무에 속한 사항의 알선에 관련하여 금품이나 이익을 받거나 받기로 약속한 사람은 5년 이하의 징역 또는 1천만 원 이하의 벌금에 처한다.
④ 공무원의 직무에 속한 사항의 알선에 관련하여 금품이나 이익을 받거나 받기로 약속한 사람은 5년 이하의 징역 또는 1천만 원 이하의 벌금에 처하고, 이로 인하여 취득한 재산은 몰수한다.
⑤ 공무원의 직무에 속한 사항의 알선에 관련하여 금품이나 이익을 제공하거나 제공의 의사를 표시한 사람은 5년 이하의 징역 또는 7년 이하의 자격정지에 처하고, 이로 인하여 취득한 재산은 몰수한다.

09. 〈견해〉에 대한 평가로 옳은 것만을 〈보기〉에서 있는 대로 고른 것은?

[규정]
제1조(정의) '약사(藥事)'란 의약품·의약외품의 제조·조제·보관·수입·판매[수여(授與)를 포함]와 그 밖의 약학 기술에 관련된 사항을 말한다.
제2조(의약품 판매) 약국 개설자가 아니면 의약품을 판매하거나 판매할 목적으로 취득할 수 없다. 다만, 의약품의 제조업 허가를 받은 자가 제조한 의약품을, 의약품 제조업 또는 판매업의 허가를 받은 자에게 판매하는 경우에는 그러하지 아니하다.

〈사례〉
P회사는 의약품 제조업의 허가와 의약품 판매업의 허가를 각각 받아 의약품 제조업자와 의약품 도매상의 지위를 동시에 가지고 있다. P회사는 의약품취급방법 위반으로 제조업자의 지위에서 의약품 판매 정지 처분을 받았다. 이와 관련하여 P회사가 의약품 제조업자의 지위에서는 의약품을 출고하고, 의약품 도매상의 지위에서는 그 의약품을 입고한 경우가 이 규정에 따른 '판매'에 해당하는지에 대해 다음과 같이 견해가 대립한다.

〈견해〉
견해1: 제2조는 엄격한 관리를 통하여 의약품이 비정상적으로 거래되는 것을 막으려는 취지이다. 의약품 회사가 제조업과 도매상 허가를 모두 취득하였더라도 의약품이 제조업자로부터 도매상으로 이동한 경우는 그 지위가 구분되는 상대방과의 거래로 볼 수 있으므로, '판매'에 해당한다.
견해2: 일반적으로 판매란 값을 받고 물건 등을 남에게 넘기는 것을 의미하는 것으로 물건 등을 넘기는 자와 받는 자를 전제하는 개념이다. 의약품 회사가 제조업의 허가와 도매상의 허가를 모두 취득하였더라도 제조업자로서 제조한 의약품을 도매상의 지위에서 입고하여 관리하는 것은 동일한 회사 내에서의 이동일 뿐이고, 독립한 거래 상대방이 존재하는 것이 아니므로 '판매'에 해당하지 않는다.

───────〈보 기〉───────
ㄱ. [규정]에서 의약품 도매상이 되려는 자는 시장·군수·구청장의 허가를 받아야 하고, 제조업자가 되려는 자는 식품의약청장의 허가를 받아야 한다는 별도의 규정이 있다면 견해1은 약화된다.
ㄴ. 제1조의 판매에 포함되는 '수여(授與)'의 개념에 거래 상대방과 관계없이 물건 자체의 이전(移轉)도 포함된다면 견해2는 강화된다.
ㄷ. 제2조의 입법취지에 따른 판매 개념이 일반 대중에게 의약품이 유통되는 것을 의미하는 것이라면 견해2는 강화된다.

① ㄴ　　　　　② ㄷ　　　　　③ ㄱ, ㄴ
④ ㄱ, ㄷ　　　　⑤ ㄱ, ㄴ, ㄷ

---

10. [규정]을 〈사례〉에 적용한 것으로 옳은 것만을 〈보기〉에서 있는 대로 고른 것은?

주식시장에서는 [규정]에 의하여 체결 가격(이하 가격이라 한다)을 결정한다.

[규정]
제1조 가격은 10분마다 결정한다.
제2조 직전 가격 결정 후 10분간의 매도·매수주문에 따라 새로운 가격을 결정한다.
제3조 호가(매도·매수하려는 사람이 표시하는 가격) 중 체결가능수량이 가장 많은 호가를 가격으로 결정하여 거래가 체결된다. 이때 체결가능수량은 다음 ①과 ② 중에서 적은 것으로 한다.
　① 해당 호가 이상의 매수주문 주식 수의 총합
　② 해당 호가 이하의 매도주문 주식 수의 총합
제4조 가격이 결정되면 해당 가격의 체결가능수량은 그 가격에 전량 체결된다. 이때 그 체결가능수량이 매도주문 수량이면 해당 가격보다 높은 호가의 매수 수량부터, 매수주문 수량이면 해당 가격보다 낮은 호가의 매도 수량부터 먼저 체결된다.

〈사례〉
특정 시점에 A주식에 대한 주문은 다음과 같다. 이후 가격 결정 시점까지 갑 이외의 사람은 추가로 주문을 내지 않으며, 이미 낸 주문을 철회하지도 않는다(A주식의 호가별 차이는 50원이다).

매도·매수 / 호가	매도주문 수량(주)	매수주문 수량(주)
10,550원 이상	0	0
10,500원	20,000	8,400
10,450원	14,000	(㉠)
10,400원 이하	0	0

───────〈보 기〉───────
ㄱ. ㉠이 17,000이고 갑이 만약 10,500원에 4,000주 추가 매수주문을 내면 10,500원에 12,400주 전량이 체결된다.
ㄴ. 갑이 만약 10,500원에 8,000주 추가 매수주문을 내면 ㉠과 관계없이 10,500원에 16,400주 전량이 체결된다.
ㄷ. 갑이 만약 10,450원에 10,000주 추가 매도주문을 내고 10,450원에 매도주문된 24,000주 전량이 체결되었다면, ㉠은 15,700이 될 수 있다.

① ㄱ　　　　　② ㄴ　　　　　③ ㄱ, ㄷ
④ ㄴ, ㄷ　　　　⑤ ㄱ, ㄴ, ㄷ

11. 다음 글에 대한 분석으로 옳은 것만을 〈보기〉에서 있는 대로 고른 것은?

[X국 세법의 부동산보유세율]

부동산 가격	세율
5억 원 이하	0.5%
5억 원 초과 10억 원 이하	1.5%
10억 원 초과 20억 원 이하	2.5%
20억 원 초과	3.5%

〈상황〉

회사 갑과 회사 을은 P그룹에 속하고, 회사 병과 회사 정은 Q 일가의 가족이 운영하고 있다. P는 기업등록부에 그룹으로 등록되어 있으며, Q는 그룹으로 등록되어 있지 않다. X국의 현행 세법에 따르면 각 회사별로 보유하고 있는 부동산에 대하여 개별 과세한다. (P와 Q 자체는 부동산을 보유하고 있지 않다.)

〈견해〉

견해1: 과세는 경제공동체 단위로 이루어져야 한다. 기업등록부에 등록된 하나의 그룹 내 속한 회사들은 경제공동체로 볼 수 있다. 예컨대 P그룹에 속한 회사 중 갑만이 10억 원의 부동산을 소유하는 경우의 총과세액과 갑, 을 각각 5억 원의 부동산을 소유하는 경우의 총과세액이 현행 세법에 따르면 달라지는데 이는 경제공동체라는 점이 반영되지 않으므로 부당하다. P그룹 내 각 회사의 부동산 소유 개별 가격에 관계 없이 합산 부동산 가격에 대해 과세해야 경제공동체라는 점이 반영된다. 즉, P그룹 내 회사들의 소유 부동산에 대해 합산과세하여야 한다.

견해2: 과세는 경제공동체 단위로 이루어지는 것이 바람직하지만, 기업등록부에 등록된 그룹에 대해서만 부동산보유세 합산과세를 하는 경우에는 다음과 같은 문제점이 생긴다. 예컨대 Q일가가 운영하는 병과 정은 기업등록부에 그룹으로 등록된 회사가 아니므로 병과 정의 보유 부동산 가액은 과세 시 합산되지 않는다. P와 Q에 속한 각 회사들의 부동산 가액의 합이 같은 경우에는, P와 Q 모두 실질적으로 경제공동체의 속성을 가지고 있음에도 불구하고 P가 Q보다 세금을 더 내게 되어 불공평한 결과를 초래한다. 따라서 차라리 현행 세법에 따라 그룹 등록 여부와 무관하게 각 회사별로 개별과세하는 것이 옳다.

〈보 기〉

ㄱ. P에 속한 회사들의 부동산 합산 가격이 5억 원 이하라면, 견해1에 의하여 과세하든 견해2에 의하여 과세하든 과세 총액이 달라지지 않는다.

ㄴ. P에 속한 회사들의 부동산 합산 가격이 20억 원을 초과한다면, 견해1에 의하여 과세하는 경우와 견해2에 의하여 과세하는 경우에 각 과세 총액이 같아지는 경우는 없다.

ㄷ. Q 등의 실질적인 경제공동체를 기업등록부에 등록된 그룹으로 보는 세법 개정이 이루어진다면, 견해2는 P에 대한 부동산보유세 합산과세에 반대하지 않을 것이다.

① ㄱ ② ㄴ ③ ㄱ, ㄷ
④ ㄴ, ㄷ ⑤ ㄱ, ㄴ, ㄷ

12. 다음으로부터 〈사례〉를 판단한 것으로 옳은 것만을 〈보기〉에서 있는 대로 고른 것은?

X를 하겠다고 약속하는 경우 일반적으로 X를 해야 할 도덕적 의무가 생겨난다. 하지만 이에 대한 예외가 있는데 그것은 X가 도덕적으로 옳지 않은 경우이다. 이 예외를 어떻게 설명할지에 대해서 갑과 을이 논쟁하였다.

갑: X를 하는 것이 도덕적으로 옳지 않을 때 X를 하겠다고 약속하는 것은 도덕적으로 옳지 않다. 예를 들어 어떤 사람을 살해하겠다는 약속이 옳지 않은 이유는, 살인 행위 자체가 도덕적으로 잘못되었기 때문이다. 일반적으로 약속을 한 사람은 그 약속을 지켜야 할 의무가 있지만, 그것이 도덕적으로 옳지 않은 약속일 경우에 그리고 그런 경우에만 그 약속을 지킬 의무가 생겨나지 않는다. 살인 약속은 살인 자체가 나쁘기 때문에 그 약속을 지켜야 할 의무가 없는 것이다.

을: X를 하기로 약속했다고 할 때 X를 하는 것이 나쁘다고 해서 X를 하기로 한 약속 역시 도덕적으로 나쁘다고 볼 수 없다. 우리는 약속을 하는 것과 그 약속을 지키는 것을 구별할 필요가 있다. 예를 들어 사람을 살해하는 것과 같이 X를 하는 것이 도덕적으로 옳지 않다고 하더라도, X를 하기로 한 약속을 수단으로 사용해서 선한 결과를 읻는다면 그 약속 자체는 오히려 도덕적으로 옳다고 볼 수 있다. 일반적으로 약속은 그 약속을 지켜야 할 의무를 부과하지만, 살인과 같이 X가 도덕적으로 옳지 않고 X를 하지 않을 의무가 X를 하기로 한 약속을 지키는 의무보다 더 강할 때 그 약속을 지켜야 할 의무가 사라지는 것이다.

〈사례〉

범죄 조직에 신분을 숨기고 잠입한 경찰관 A는 그 조직 내에서 신뢰를 얻게 되었다. A는 조직 두목인 B에게 접근하여 "현금 1억 원을 준다면 경쟁 조직의 두목을 살해하겠다."는 약속을 했다. 그 약속을 믿은 B는 A의 계좌로 1억 원을 송금했고, A는 계좌 추적을 통해서 B를 구속하고 범죄 조직을 일망타진했다.

〈보 기〉

ㄱ. A가 B에게 한 약속이 도덕적으로 나쁜지에 대해 갑과 을은 의견을 달리할 것이다.

ㄴ. A가 B에게 한 약속을 지킬 의무가 있는지에 대해서 갑과 을은 의견을 달리할 것이다.

ㄷ. 만약 A의 약속이 "현금 1억 원을 준다면 내가 물구나무를 서겠다."라는 것이었다면, A가 이 약속을 지킬 의무가 있는지에 대해서 갑과 을은 의견을 달리할 것이다.

① ㄱ ② ㄷ ③ ㄱ, ㄴ
④ ㄴ, ㄷ ⑤ ㄱ, ㄴ, ㄷ

13. 다음 논쟁에 대한 분석으로 옳은 것만을 〈보기〉에서 있는 대로 고른 것은?

> 위험은 현실화될 때도 있고 안 그럴 때도 있다. 주식 투자에는 원금 손실의 위험이 따르며 실제로 위험이 현실화되어 원금 손실이 발생할 때도 있고 안 그럴 때도 있는 것이다. 후자처럼 현실화되지 않은 위험을 '순(純)위험'이라고 하는데, 타인에게 순위험만 안긴 행위도 도덕적으로 그른지를 놓고 갑~정이 논쟁을 벌였다.
>
> 갑: 타인에게 위험을 안긴 행위는 위험의 현실화 여부와 상관없이 당연히 그 자체로 도덕적으로 그른 거야. 누구든 위험을 떠안으면 그로 인해 그 사람은 일단 해악을 입게 되는 거야. 정비 부실로 추락 사고의 위험이 있는 비행기에 탑승한 승객을 생각해 봐. 비록 추락 위험이 현실화되지 않았고 그런 위험을 당사자가 몰랐다고 하더라도, 생명의 위협에 장시간 노출되었다는 사실 그 자체로 그 승객은 해악을 입었다고 말할 수 있지.
>
> 을: 하지만 순위험을 안긴 행위를 무작정 도덕적으로 비난하는 것은 잘못이야. 순위험을 안긴 행위가 도덕적으로 그르다 할 수 있는 경우는 그런 위험이 있다는 것을 알았다면 당사자의 자율적 행위 선택이 바뀔 수도 있는 경우로 한정하는 것이 옳아.
>
> 병: 그건 아니지. 만약 그런 식으로 범위를 한정하면, 직관에 어긋나는 사례가 많이 생겨날 거야. 혼수상태에 빠진 사람이나 갓난아기에게 순위험을 안긴 행위도 도덕적으로 잘못일 때가 있잖아. 하지만 그런 사람들은 애초에 자율적 선택 능력이 없으니 선택이 바뀔 일도 없지 않겠어?
>
> 정: 내 생각은 달라. 어떤 자동차가 신호 위반을 했는데 길을 건너던 행인이 간신히 피했다고 해 봐. 비록 교통사고의 위험이 현실화되지는 않았지만, 그 행인이 상당한 정신적 충격을 입었을 수 있어. 순위험의 경우에는 이처럼 어떤 부수적인 해악이 실제로 발생했을 때만 도덕적으로 그르다고 해야 한다고 생각해.

─────〈보 기〉─────
ㄱ. 갑과 병은 혼수상태에 빠진 사람에게 순위험을 안긴 행위가 도덕적으로 그를 수 있다는 것을 인정한다.
ㄴ. 순위험을 안긴 어떤 행위에 대해 을이나 정이 도덕적으로 그르다고 판단했다면, 갑도 그렇게 판단할 것이다.
ㄷ. 순위험을 안긴 행위가 타인의 자율적 선택을 침해했을 때 그 행위가 도덕적으로 그른지에 대해 을과 병의 의견이 다르다.

① ㄱ   ② ㄷ   ③ ㄱ, ㄴ
④ ㄴ, ㄷ   ⑤ ㄱ, ㄴ, ㄷ

14. 다음 대화에 대한 분석으로 옳은 것만을 〈보기〉에서 있는 대로 고른 것은?

> 갑: 죽은 사람이 물리적으로 해를 입을 수는 없지만, 여전히 그에게 무언가 이롭거나 해로운 일을 할 수 있다고 잘못 생각하는 경우가 있어. 죽은 사람에 관해 거짓 소문을 비열하게 퍼뜨리는 것이 그에게 실제로 해를 끼치지는 않아. 다만 그와 관련된 살아 있는 사람들, 즉 그의 자손이나 그를 존경하는 다른 사람들의 마음에는 상처가 될 수 있지.
>
> 을: 하지만 살아 있는 사람들이 왜 마음에 상처를 입겠니? 비열한 소문이 고인에게도 해를 끼쳤다고 그들은 생각할 거야. 가령, 어떤 어머니가 생전에 자신이 살던 집을 절대 팔지 않겠다고 단언했고, 자신이 죽고 난 후에도 그럴 일이 없기를 희망했다고 해 보자. 어머니가 돌아가신 후 집을 상속받은 딸이 어머니의 뜻에 따라 집을 매각할 생각이 전혀 없다면, 그 이유는 그렇게 하면 어머니가 좋아하지 않는다고 생각하기 때문일 거야. 이 경우, 딸의 행동은 어머니가 생전에 갖고 있었지만 현존하지 않는 욕구를 실현한 거야. 어떤 사람의 욕구 충족을 돕는 일은 그 사람의 생사와 무관하게 그에게 이로운 일이 아닐까?
>
> 갑: 그렇지 않을 거야. 과거에 있었던 것이든 미래에 있을 것이든, 현존하지 않는 욕구는 언제 충족되더라도 그 사람에게 이로울 리 없어. 딸의 행동은 돌아가신 어머니에게 이롭지도 해롭지도 않다고 보아야 하는 게 맞지.
>
> 을: 그럼 이런 사례는 어떨까? 부모가 스무 살 아들에게 앞날을 대비하여 전문직 자격증을 따라고 권하지만, 아들은 지금 돈에 대한 욕구는 전혀 없고 봉사활동을 하고 싶어 해. 부모는 몇 년 안에 아들의 마음이 분명히 바뀌어 돈을 원하게 될 것이라고 예측하면서, 그때 가면 자격증을 따지 않은 것을 후회하게 될 것이라고 말하지. 고민 끝에 아들은, 여전히 돈에 대한 욕구는 없지만, ㉠ 부모의 예측에 동의하면서 지금 자신이 해야 할 일은 자격증을 따는 것이라고 판단하지.

─────〈보 기〉─────
ㄱ. ㉠이 합리적이라고 인정된다면, 갑의 주장은 약화된다.
ㄴ. 시신을 훼손하는 행위가 죽은 당사자에게 해를 입히는 행위인지에 대해 갑과 을의 견해는 같다.
ㄷ. 을은 어떤 사람에게 이롭거나 해로운 일이 그 사람의 욕구 충족과 관련이 있다고 주장하지만, 갑은 이 주장에 동의하지 않는다.

① ㄱ   ② ㄴ   ③ ㄱ, ㄷ
④ ㄴ, ㄷ   ⑤ ㄱ, ㄴ, ㄷ

15. 다음 논쟁에 대한 분석으로 옳은 것만을 〈보기〉에서 있는 대로 고른 것은?

인간의 행동을 예측하는 인공지능 로봇을 설계하기 위해 어떤 방법을 택해야 하는지에 대해서 논쟁이 있다.

갑: 사람들은 인간의 내면적 상태에 대한 이해를 통해 인간의 행동을 성공적으로 예측할 수 있다고 믿는다. 하지만 직접 관찰되지 않는 내면적 상태를 이해하는 데 어떠한 방식이 필요한지 정확히 알 수 없다. 따라서 인간의 내면적 상태에 대한 이해를 배제하고 행동을 예측하는 방식이 필요하다. 이때 우리가 취할 수 있는 방식은 인공지능 로봇이 빅데이터를 활용하여 인간이 주어진 상황에서 어떠한 행동을 하는지에 대한 정교한 패턴을 스스로 찾아내도록 설계하는 것이다.

을: 갑의 방식은 인간의 행동을 성공적으로 예측할 수 있다고 보기 어렵다. '만일 ~라면'이라는 수많은 가정에 입각해 이루어지는 인간의 행동을 정확하게 예측하기 위해서는 다른 접근이 필요하다. 예측의 성공률을 높이기 위해서는 주어진 상황에서 가능한 행동을 사전에 입력해 주어야 한다. 모든 인간은 불이익을 피하기 위해 사회에서 정해진 규범에 따라 행동하는 경향이 있다. 따라서 인공지능 로봇을 설계할 때 인간의 가능한 행동을 제한하는 규범에 대한 정보를 입력하면 인간의 행동에 대한 예측의 성공률을 더 높일 수 있다.

병: 갑과 을의 방식을 따르더라도 인간의 행동을 성공적으로 예측하기 어렵다. 인간의 행동은 여러 내면적 상태가 원인이 되어 나타난다. 따라서 갑과 을의 방식을 모두 적용하더라도 예측이 틀릴 수 있다. 인간은 자신에게 불이익이 일어날 행동이 무엇인지 알면서도 더 큰 욕구에 의해 규범을 지키지 않는 경우가 있다. 따라서 설계의 과정이 복잡하고 비효율적이더라도 규범에 대한 정보뿐만 아니라 의도나 욕구와 같은 내면적 상태까지 고려하여 인간의 행동을 예측하도록 설계해야 한다.

〈보 기〉

ㄱ. 인공지능 로봇이 인간의 내면적 상태를 이해하지 못한다면 인간의 행동을 예측할 수 없다는 것에 대해 갑은 동의하지만 병은 동의하지 않는다.
ㄴ. 특정 상황에서 인간의 행동에 패턴이 존재한다는 것에 대해 갑과 을은 동의한다.
ㄷ. 인간의 행동을 예측하는 데에는 규범에 대한 정보를 고려하는 것이 필요하다는 것에 대해 을과 병은 동의한다.

① ㄱ   ② ㄴ   ③ ㄱ, ㄷ
④ ㄴ, ㄷ   ⑤ ㄱ, ㄴ, ㄷ

16. 다음으로부터 추론한 것으로 옳은 것만을 〈보기〉에서 있는 대로 고른 것은?

조건문 "만일 P라면 Q일 것이다."에서 전건 P가 실제 사실이 아닌 거짓인 조건문을 반사실문이라고 한다. 예를 들어 다음의 조건문 (1)은 억만장자가 아닌 내가 억만장자인 상황을 가정하기 때문에 반사실문이다.

(1) 만일 내가 억만장자라면 나는 가장 비싼 스포츠카를 구입할 것이다.

(1)은 '가능세계' 개념을 통해서 분석될 수 있는데, 가능세계는 세계가 현실과 다르게 될 수 있는 가능한 방식을 말한다. 이에 따르면, 내가 억만장자인 수많은 가능세계 중 현실 세계와 가장 유사한 가능세계(즉, 현실 세계처럼 스포츠카를 판매하는 사람이 있는 등)에서, 내가 가장 비싼 스포츠카를 구입한다면 (1)은 참이고, 그렇지 않다면 거짓이다.

하지만 다음 반사실문을 보자.

(2) 만일 철수가 둥근 사각형을 그린다면 기하학자들은 놀랄 것이다.

개념적으로는 가능한 (1)의 전건과 달리, (2)의 전건은 개념적으로 불가능한 상황을 나타내고 있다. 이러한 반사실문은 반가능문이라고 한다. 반가능문의 경우 전건이 성립하는 가능세계란 존재하지 않기에, 가능세계를 통한 분석을 적용할 수 없다. 하지만 여전히 (2)가 참이라는 직관이 있으며, 이를 설명할 수 있는 개념적 도구가 필요하다.

이를 설명하기 위해 '불가능세계'라는 개념이 제안되었다. 불가능세계는 세계가 개념적으로 불가능하게 될 수 있는 방식을 말한다. 그 방식은 다양할 수 있다. 예를 들어 총각인 철수가 여자인 것과 철수가 둥근 사각형을 그리는 것은 모두 개념적으로 불가능하지만, 이 둘은 다른 불가능한 상황들이며, 이에 따라 각각이 성립하는 서로 다른 불가능세계가 있을 수 있다. 이때, 철수가 둥근 사각형을 그리는 수많은 불가능세계 중 현실 세계와 가장 유사한 불가능세계에서 기하학자들이 놀란다면 (2)는 참이고, 그렇지 않다면 거짓이다.

〈보 기〉

ㄱ. 스포츠카를 판매하는 사람이 있는 불가능세계도 있다.
ㄴ. (2)가 참이라면, 철수가 둥근 사각형을 그리는 모든 불가능세계에서 기하학자들이 놀란다.
ㄷ. "만일 대한민국의 수도가 서울이라면 나는 억만장자일 것이다."는 반사실문에 속하지만 반가능문에 속하지는 않는다.

① ㄱ   ② ㄴ   ③ ㄱ, ㄷ
④ ㄴ, ㄷ   ⑤ ㄱ, ㄴ, ㄷ

해커스 LEET 김우진 추리논증 기출문제+해설집

17. 다음 글에 대한 분석으로 옳은 것만을 〈보기〉에서 있는 대로 고른 것은?

> 어떤 학자들은 한국어 연결사 '또는'이 두 가지 다른 종류의 의미를 표현하는 데 사용되는 애매한 용어라고 주장한다. ㉠ 이러한 입장에 따르면, 다음 두 문장에서 사용되는 '또는'의 문자적 의미는 다르다.
>
> > (1) 철수는 노트북 또는 핸드폰을 가지고 있다.
> > (2) 후식으로 커피 또는 녹차를 드립니다.
>
> (1)의 경우 '또는'이 철수가 노트북과 핸드폰을 모두 가지고 있는 경우에도 참이 되는 포괄적 의미로 사용된 반면, (2)의 경우 '또는'은 후식으로 커피와 녹차를 모두 주는 경우 문장이 거짓이 되는 배타적 의미로 사용되었기 때문이다.
>
> 하지만 이는 ㉡ 문자적 의미와 함의를 구분하지 못한 주장이며, 이를 구분하면 '또는'이 애매한 용어가 아니라는 이론을 구성할 수 있다. 다음 문장을 보자.
>
> > (3) 어떤 회원들은 파티에 참석할 수 있다.
>
> 문장 (3)이 문자적 의미로서 표현하는 내용은 〈어떤 회원들은 파티에 참석할 수 있다〉이다. 그런데 (3)을 사용하는 많은 경우, '어떤'이란 단어를 사용하는 화자의 의도는 〈모든 회원들이 파티에 참석할 수 있는 것은 아니다〉라는 내용 역시 청자에게 전달하는 것이다. 하지만 이는 문자적 의미가 아니라 함의로서 전달되는 것이다. 왜냐하면 문자적 의미와 달리 특정 맥락에서 전달된 함의의 경우, 그 함의된 내용의 부정을 표현하는 문장을 원래 문장 뒤에 나열해도 두 문장 사이에서 어떤 논리적 모순도 발생하지 않기 때문이다. 즉, "어떤 회원들은 파티에 참석할 수 있다. 물론 모든 회원들이 파티에 참석할 수도 있다."에서는 어떤 모순도 발생하지 않는다.
>
> 마찬가지로 ㉢ '또는'의 문자적 의미는 포괄적 의미일 뿐, 배타적 의미는 함의로서 전달되는 것이라는 진단이 가능하다. 즉, "후식으로 커피 또는 녹차를 드립니다. 물론 둘 다 드릴 수도 있습니다."에서는 어떤 모순도 나타나지 않고, 따라서 우리는 (2)의 사용을 통해 전달된 내용 〈커피와 녹차를 모두 드릴 수는 없다〉가 원래 문장의 문자적 의미가 아니라 함의였다고 결론 내릴 수 있다.

〈보 기〉

ㄱ. "p, q, r, s가 모두 참인 문장일 때, 문장 'p 또는 q'는 참이지만 문장 'r 또는 s'는 거짓이라면, 전자와 후자의 문장에서 사용된 '또는'이 다른 의미를 나타낸다."라는 것은 ㉠과 상충하지 않는다.

ㄴ. ㉡에 대한 필자의 설명에 따르면, "철수는 밥과 빵을 먹었다."라는 문장을 사용하여 〈철수는 빵을 먹었다〉라는 내용을 함의로서 전달할 수는 없다.

ㄷ. ㉢에 따르면, 〈후식으로 커피와 녹차 모두를 드릴 수 있다〉라는 내용은 (2)의 문자적 의미에 포함되는 것이 아니라 함의로서 전달되는 것이다.

① ㄱ   ② ㄷ   ③ ㄱ, ㄴ
④ ㄴ, ㄷ   ⑤ ㄱ, ㄴ, ㄷ

---

18. 다음 논쟁에 대한 분석으로 옳은 것만을 〈보기〉에서 있는 대로 고른 것은?

> 갑: 소설 『주홍색 연구』에서 "홈즈는 탐정이다."라는 진술이 명시적으로 나타나며, 따라서 〈홈즈는 탐정이다〉는 이 소설에서 명시적으로 참인 명제이다. 그런데 『주홍색 연구』의 어디에도 홈즈의 콧구멍 개수에 대한 명시적인 진술은 나타나지 않는다. 하지만 작품 내에서 홈즈는 사람이며, 사람은 보통 두 개의 콧구멍을 가지고 있다는 것은 상식이므로, 〈홈즈의 콧구멍은 두 개다〉와 같은 명제 역시 『주홍색 연구』에서 참이 된다. 사실, 명시적인 진술로 표현되지 않았지만, 〈지구는 둥글다〉, 〈모든 사람은 죽는다〉와 같은, 『주홍색 연구』에서 암묵적으로 참인 명제들은 많이 있다.
>
> 을: 허구에서 암묵적으로 참이 되는 명제가 있다는 것을 받아들이는 것은 불합리한 귀결을 낳는다. 우선 허구 작품들의 속편이 나타날 수 있다는 것에 주목해 보자. 속편은 전작에 명시되지 않은 것들의 참을 결정하는 힘을 갖는다. 예를 들어, 소설 『호빗』에서는 빌보가 소유한 반지가 무엇인지 명시되지 않지만, 그 속편들인 반지의 제왕 시리즈에서 그 반지가 절대반지라는 것이 명시된다. 이 경우 빌보가 소유한 반지가 절대반지라는 것은 『호빗』에서도 참이라고 보는 것이 합당하다. 이제 다음을 가정해 보자. 코난 도일은 『주홍색 연구』의 속편 『빨간색 연구』를 썼으며, 그 소설에서는 "사실 태어날 때부터 세 개의 콧구멍을 가졌던 홈즈는 냄새를 잘 맡을 수 있었다."라는 명시적 진술이 나타난다. 이때, 〈홈즈의 콧구멍은 세 개다〉라는 명제가 『빨간색 연구』뿐만 아니라 『주홍색 연구』에서도 명시적 참이라고 보는 것이 합당할 것이다. 하지만 만일 〈홈즈의 콧구멍은 두 개다〉가 『주홍색 연구』에서 암묵적으로 참이라면, 『주홍색 연구』에서 홈즈의 콧구멍 개수는 두 개인 동시에 세 개가 되어야만 할 것이다. 이는 명백히 불합리한 귀결이다. 따라서 허구에서 명시적 참 이외에 암묵적 참과 같은 것은 없다고 결론 내릴 수 있다.

〈보 기〉

ㄱ. 갑은, 어떤 명제도 특정 허구에서 참이거나 거짓 둘 중 하나여야 한다는 것을 전제하고 있다.

ㄴ. 을에 따르면, 명제 〈홈즈의 콧구멍은 두 개다〉는 『주홍색 연구』에서 참이었다가 나중에 거짓으로 바뀔 수도 있다.

ㄷ. 을에 따르면, "지구는 둥글다."라는 진술이 『주홍색 연구』에 명시되지 않은 경우에도, 명제 〈지구는 둥글다〉가 『주홍색 연구』에서 참이 되는 상황이 있을 수 있다.

① ㄱ   ② ㄷ   ③ ㄱ, ㄴ
④ ㄴ, ㄷ   ⑤ ㄱ, ㄴ, ㄷ

19. 다음 논증의 구조를 가장 적절하게 분석한 것은?

> ㉠ 철학에서 중요한 문제로 다루어져 온 자의식이 유용하다면, 그것은 그 자체로 유용한 것이거나 유용한 다른 뭔가를 낳는 것이다. ㉡ 알고 보면 자의식은 그 자체로는 전혀 유용하지 않다. ㉢ 자의식은 그 자체로는 번민만 일으키기 때문이다. ㉣ 자의식이 자신과 다른 유용한 것을 낳는다면, 자의식이 낳는 유용한 것은 마음 안에 있거나 마음 밖에 있다. ㉤ 자의식은 마음 밖에 있는 어떤 유용한 것도 낳지 못한다. ㉥ 자의식이 마음 밖에 뭔가를 낳을 수 있다면, 자의식이 인과적 영향을 미칠 수 있는 것이 마음 밖에 있어야 한다. 하지만 ㉦ 자의식이 인과적 영향을 미칠 수 있는 것은 모두 마음 안에 있다. 게다가 ㉧ 자의식이 마음 안에 낳는 유용한 것이란 존재하지 않는다. ㉨ 마음 안에 있는 유용한 것이란 결국 마음 안의 좋은 상태와 다르지 않다. ㉩ 이런 상태들이 생겨나기 위해서는 자의식이 필요치 않다. ㉪ 어떤 것이 생겨나기 위해서 자의식이 필요치 않다면 그것은 자의식이 낳는 것이 아니다. 결국 ㉫ 자의식은 유용한 다른 어떤 것도 낳지 않는다. 그러니까 ㉬ 자의식은 전혀 유용하지 않은 것이다.

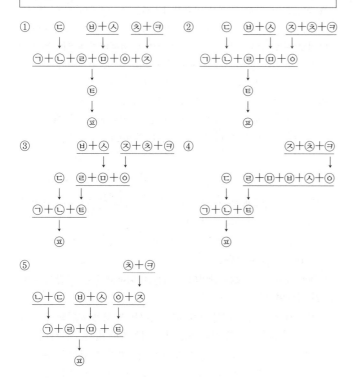

20. 다음 대화에 대한 분석으로 옳은 것만을 〈보기〉에서 있는 대로 고른 것은?

> 갑: 거짓말이란 거짓을 상대방이 참이라고 믿게 하려는 의도를 가진 말이지. 이에 비해, 참이지만 듣는 사람이 오해하기 쉬운 말을 '오도적인 말'이라고 하지. 이 오도적인 말이 거짓이 아니라 참이라고 해서 거짓말보다 도덕적으로 덜 비난받아야 할까?
>
> 을: 그렇지 않아. 왜냐하면 거짓말은 상대방을 속이려는 의도가 없는 경우도 있기 때문이지. 예를 들어, 모든 사람이 A가 살인범이라는 것을 알고 있고 A 역시 모든 사람이 그렇게 생각한다는 걸 알고 있지만, A는 '나는 살인범이 아니다'라고 뻔뻔하게 잡아떼는 경우도 있지.
>
> 갑: 실제로 B를 살해한 A가 '나는 B를 죽이지 않았습니다'라고 거짓말을 한 경우와 '나는 내 목숨을 걸고 B를 두 번이나 구한 적이 있습니다'라고 오도적인 말을 한 경우를 비교해 보자. A가 두 경우 모두에서 듣는 사람이 A를 살인자가 아니라고 믿기를 의도했으므로, 거짓을 믿게 하려 했다는 점에서는 똑같잖아. 그래서 나는 오도적인 말과 거짓말이 동일한 정도로 나쁘다고 생각해.
>
> 을: 진실을 말하면서 상대방을 기만하려고 한다는 점에서 오도적인 말은 항상 나쁘지만, 거짓말은 그렇지 않을 수 있어. 어떤 사람이 한 말이 거짓으로 드러난 사실 자체가 도덕적으로 비난받아야 한다면, 과학자는 나쁜 일을 하고 있다고 말해야 할지도 몰라. 과학자의 예측 중에는 나중에 틀렸다고 밝혀지는 것이 있기 때문이지. 하지만 과학자가 애초에 진심으로 어떤 것을 말했다면, 그것이 나중에 거짓으로 드러난다고 해서 도덕적으로 비난받을 수는 없을 거야.

〈보 기〉

ㄱ. 거짓말에는 상대방을 속이려는 의도가 있어야 한다는 점에 대해 갑은 동의하지만, 을은 동의하지 않는다.

ㄴ. 참으로 드러난 말 중에 도덕적으로 비난할 수 있는 것이 있다는 점에 대해 갑과 을은 동의한다.

ㄷ. 오도적인 말과 거짓말은 도덕적으로 나쁜 정도가 다르다는 점에 대해 갑과 을은 동의한다.

① ㄱ   ② ㄷ   ③ ㄱ, ㄴ

④ ㄴ, ㄷ   ⑤ ㄱ, ㄴ, ㄷ

21. 다음 글에 대한 평가로 옳은 것만을 〈보기〉에서 있는 대로 고른 것은?

결정론은 인간의 마음 상태와 행위를 포함해 모든 사건이 이전 사건들에 의해 완전히 결정된다는 견해이다. 결정론하에서도 행위자가 한 일에 대해 도덕적 책임을 부과할 수 있을까? 그럴 수 없다고 주장하는 견해가 양립 불가론이다. 결정론을 받아들이면 자유의지가 존재할 여지가 없기 때문이다. 반면, 결정론을 받아들여도 누군가에게 도덕적 책임을 부과할 수 있다고 주장하는 견해가 양립론이다. 행위자의 마음 상태가 행위 발생의 원인이기만 하면, 어쨌거나 행위의 발생에 영향을 미쳤다고 말할 수 있고, 그러면 도덕적 책임을 부과하기에 충분하다는 것이다.

양립론자 갑은 사람들이 바로 그 점을 이해하지 못해 양립 불가론을 주장하는 것으로 판단하였다. 이에 갑은 다음 가설을 제시했다.

〈가설〉

결정론적 세계에서도 행위자의 마음 상태가 행위 발생에 영향을 미칠 수 있다는 사실을 인정하면, 양립론을 받아들일 가능성이 크다.

갑은 이 가설을 검증하기 위해 100명의 실험 대상자에게 아래 시나리오에 등장하는 우주가 실제로 존재한다고 가정할 때 [진술1]과 [진술2]에 대해 각각 동의하는지 동의하지 않는지 둘 중 하나로만 답하게 했다.

〈시나리오〉

생성소멸의 전 과정이 되풀이되는 우주가 있다. 이 우주에서는 과정이 되풀이될 때마다 모든 사건이 똑같이 발생하게끔 결정돼 있다. 이 우주에서 톰이라는 사람이 특정 시각에 특정 반지를 훔치기로 결심하고 실제로 훔친다. 과정이 되풀이될 때마다 톰은 똑같이 결심하고 똑같이 행동한다.

[진술1] 반지를 훔치겠다는 톰의 결심은 반지를 훔친 그의 행위에 영향을 미친다.

[진술2] 반지를 훔친 톰에게 도덕적 책임이 있다.

〈보 기〉

ㄱ. [진술1]에 동의하지 않는 사람은 모두 양립 불가론자이며, [진술2]에 동의하는 사람은 모두 양립론자이다.

ㄴ. [진술1]과 [진술2]에 모두 동의하는 실험 대상자가 두 진술 중 어느 것에도 동의하지 않는 실험 대상자보다 훨씬 더 많다면, 〈가설〉은 강화된다.

ㄷ. [진술2]에 동의하지 않은 실험 대상자 50명 중 거의 전부가 [진술1]에 동의하고, [진술2]에 동의한 실험 대상자 50명 중 거의 전부가 [진술1]에 동의하지 않는다면, 〈가설〉은 약화된다.

① ㄱ   ② ㄷ   ③ ㄱ, ㄴ
④ ㄴ, ㄷ   ⑤ ㄱ, ㄴ, ㄷ

22. 다음 글에 대한 평가로 옳지 않은 것은?

㉠ 개념 역할 의미론에 따르면, 단어의 의미 이해는 그 단어의 사용 규칙을 따를 줄 아는 능력에 의존한다. 단어의 사용 규칙을 따른다는 것은 단지 그 규칙대로 단어를 사용한다기보다 그 규칙에 대한 이해를 기반으로 사용한다는 것을 의미한다. 그렇다면, 단어의 사용 규칙을 이해하지 못하고 있다는 것은 곧 그 단어의 의미를 이해하지 못한다는 말이 된다.

하지만 이 이론을 반박하기 위해 ㉡ 다음 논증이 제기되었다. 가령 '뾰족하다'라는 단어의 의미를 이해하려 한다고 해 보자. 이 이론에 근거할 때, 그 단어의 의미를 이해하려면 그 단어의 사용 규칙을 이해해야 한다. 그런데 그런 이해가 성립하려면, 우선 그 규칙이, 이를테면, ㉢ "'뾰족하다'는 무언가를 뚫을 수 있는 끝이 매우 가느다란 사물에 적용하라"와 같이 언어적으로 명료하게 표현되어야 할 것이다. 하지만 문제는 이 규칙을 표현하는 데에도 여러 개의 단어가 사용되었다는 것이다. 이 규칙을 이해하려면 그런 여러 단어의 의미를 모두 이해해야 할 것이며, 예를 들어, 이 규칙에 들어 있는 '뚫다'의 의미를 이해하지 못한 나면 이 규칙을 이해할 수 없을 것이나. 그렇다면 '뚫다'의 의미를 이해하기 위해 무엇이 필요한가? 바로 그 단어의 사용 규칙에 대한 이해이다. 그런데 '뚫다'라는 단어의 사용 규칙도 여러 단어로 구성되어 있을 것이고, 그 규칙을 이해하기 위해서는 그 규칙을 표현하는 데 사용된 단어들의 의미를 또 이해해야 할 것이며, 이런 식의 퇴행은 무한히 거듭될 것이다. 이런 퇴행이 일어난다는 것은 궁극적으로 우리가 '뾰족하다'라는 단어의 의미를 이해하지 못한다는 뜻이며, 그런 문제는 다른 모든 단어에 똑같이 발생할 것이다. 따라서 개념 역할 의미론을 받아들이면, 우리가 사용하는 그 어떤 단어에 대해서도 그 의미를 이해하는 사람은 아무도 없다는 매우 불합리한 결론을 얻게 된다.

① 한국인 못지않게 한국어를 완벽히 구사하는 인공지능이 등장하더라도, ㉠은 약화되지 않는다.

② 단어의 사용 규칙이 반드시 언어적으로 표현되어야 하는 것이 아니라면, ㉡은 약화된다.

③ ㉢에 들어 있는 모든 단어의 의미를 이해하고 있는 사람이 실제로 있다면, ㉠은 강화된다.

④ 어떤 진술 안에 의미를 이해하지 못하는 단어가 포함되어 있어도 그 진술의 의미를 이해하는 것이 가능하다면, ㉡은 약화된다.

⑤ 어떤 단어의 의미를 이해하지 못하는 행위자가 그 단어를 사용 규칙대로 쓰고 있는 모습이 관찰되더라도, ㉠은 약화되지 않는다.

23. 다음 글에 대한 분석으로 가장 적절한 것은?

> 즐거움에 대한 이론 A에 따르면, 즐거움이란 우리가 좋아하는 어떤 느낌, 즉 쾌감 자체이고, 고통이란 우리가 싫어하는 불쾌한 느낌이다. 한편, 이론 B에 따르면, 즐거움은 우리가 느끼는 쾌감과 상관이 없으며, 주체의 능력과 제반 조건이 그 능력이 발휘되는 대상과 서로 잘 맞을 때 생겨난다. 즉, 즐겁게 행위한다는 것은 주체가 좋은 조건에서 자기 능력에 걸맞은 일을 탁월하게 하는 것을 말한다. 반면, 고통은 주체의 능력과 조건이 능력 발휘의 대상과 서로 잘 맞지 않을 때 생겨난다. A는 즐거움과 고통에 동반되는 느낌에 호소한다는 점에서 직관적인 설득력을 지닌다. 하지만 B는 즐거움이나 고통은 느낌이 아니라 즐겁거나 고통스러운 활동을 특징짓는 적합성에 의해 설명되어야 한다고 주장한다. 최근 한 인터뷰에서 수학계의 오랜 난제를 해결한 탁월한 수학자 갑, 을, 병은 수학의 즐거움에 관해 다음과 같이 말했다.
>
> 갑: 저는 이 해묵은 난제를 풀기 위해 오랫동안 준비해 왔습니다. 계획적으로 집중력을 기울여 매진했지요. 물론 숱한 어려움이 있었고 좌절도 있었죠. 때로는 고통스러웠어요. 하지만 자신을 믿고서 그 문제를 해결하는 과정은 정말 즐거운 경험이었습니다.
> 을: 다년간의 집중적인 노력으로 결국 이 난제를 풀었습니다. 그 순간 짜릿하긴 했지요. 정말 고생했으니까요. 그러나 순간의 쾌감보다 갈피를 잡지 못하는 동안의 고통이 더 크게 느껴졌습니다. 차라리 저는 집중력이 필요 없는 쉬운 문제를 여럿 해결할 때 더 큰 쾌감을 느낍니다.
> 병: 수학이 즐겁냐고요? 공부가 좋아서 하는 학생이 없듯이, 저에게 수학은 그저 업일 따름입니다. 특히 어려운 문제로 고민할 때는 고통스러웠죠. 의무감으로 열심히 하다 보니 수학을 잘하게 되었고 결국 집중적인 노력으로 그 난제를 해결할 수 있었습니다.

① A에 따르면, 어려운 문제를 집중하여 풀어낸 경험에서 을과 병은 모두 즐거움을 느끼지 못했다.
② B에 따르면, 을이 쉬운 문제를 풀 때의 즐거움은 갑의 즐거움에 못지않다.
③ A와 B에 따르면, 을이 경험했다고 말하는 고통은 즐거움이다.
④ A와 B에 따르면, 을이 쉬운 문제를 풀어낸 경험은 즐거운 것이다.
⑤ A에 따르면, 병에게 수학은 즐겁지 않지만, B에 따르면, 병에게 수학은 즐거운 작업이다.

24. 다음으로부터 추론한 것으로 가장 적절한 것은?

> 우리는 세상에 대해 여러 믿음을 갖는다. 믿음은 참일 수도, 거짓일 수도 있다. 거짓인 믿음은 지식이 될 수 없지만, 참인 믿음이라고 모두 지식은 아니다. 믿음이 형성된 경로와 참이 된 경로가 적절할 때만 지식이 된다. 고장이 나서 3시에 멈춘 시계를 보고 '지금 3시'라고 믿는다고 하자. 우연히 그때가 3시였더라도, 이 믿음은 지식이 아니고 운 좋은 참일 뿐이다. 그렇다면 믿음이 참인지 아닌지, 그리고 그것이 지식인지 아닌지가 그 믿음에 기반한 행동이 단순 행동이 아니라 '행위'인지 여부를 결정할 수 있을까? 이에 대해 세 견해 A, B, C가 있다.
>
> A: 믿음이 참인지 거짓인지가 매우 중요하다. 이와 상관이 없는 행동은 행위일 수 없다. 갑이 '브레이크가 정상적으로 작동한다'고 믿고서 페달을 밟았다고 하자. 이 믿음이 참이라면 차가 설 것이지만, 거짓이라면 갑은 차를 세우지 못할 것이다. 이때 갑의 믿음이 정당한지를 따지기 전에 갑의 믿음이 참이기만 하면 차는 설 것이다. 참인 믿음으로부터 차를 세운 것만이 행위가 된다.
> B: 무엇인가를 행위로 보느냐에서 중요한 것은 믿음이 있느냐 없느냐일 뿐 그 믿음이 참인지 아닌지는 아무 상관이 없다. 을은 오랫동안 차를 정비하지 않았다. 여러 주요 부품이 고장 난 것을 알고 있음에도 그는 '브레이크가 정상적으로 작동할 것'이라고 믿는다. 을은 갑자기 등장한 장애물을 보고서 브레이크 페달을 밟는다. 이때, 중요한 것은 을이 브레이크가 정상이라고 믿는다는 점이다. 을의 믿음이 참인지 여부는 페달을 밟는 것이 행위인지 아닌지와 상관이 없다. 브레이크가 실제로는 고장이 났더라도 을은 페달을 밟을 것이다.
> C: 믿음이 지식인지 아닌지는 무엇이 행위인지 아닌지에 영향을 준다. 병은 브레이크가 고장 난 차를 수리점에 맡겼다. 그런데 수리점 직원은 브레이크 페달과 연결된 선을 연료 펌프에 연결하여 페달을 밟으면 연료가 차단되게 하였다. 이를 모르는 병은 '페달을 밟으면 차가 설 것'이라고 믿는다. 하지만 이 믿음은 지식일 수 없다. 그가 아는 브레이크 작동 원리는 실제와 일치하지 않는다. 페달을 밟아 차가 멈췄더라도 그는 과연 차를 세운 행위를 한 것일까? 결국 지식에 근거하여 차를 세운 것만이 행위이다.

① 차를 정비한 직후 갑이 브레이크 페달을 밟았을 때 정상적으로 작동하지 않았더라도 C는 이를 행위라고 판단할 것이다.
② 을이 브레이크 페달을 밟은 것이 행위인지에 관해 B와 C는 견해가 같을 것이다.
③ 병이 브레이크 페달을 밟아도 차가 서지 않았다면, 그가 페달을 밟는 것이 행위인지에 관해 A와 B는 견해가 같을 것이다.
④ C가 행위라고 여기는 것은 A도 행위로 여길 것이다.
⑤ C가 행위라고 여기지 않는 것은 B도 행위로 여기지 않을 것이다.

해커스 LEET 김우진 추리논증 기출문제 + 해설집

25. 다음 글에 대한 분석으로 옳은 것만을 〈보기〉에서 있는 대로 고른 것은?

기능주의자에 따르면, 우리는 상식 심리학을 통해 타인에게 심적 상태를 귀속시킴으로써 인간의 마음을 성공적으로 이해해 왔다. 상식 심리학은 '믿음', '욕구' 등의 심적 용어로 이루어지는 이론 체계를 말한다. 우리는 대다수의 운전자가 빨간불에서 차를 세울 것이라고 예측한다. 대다수의 합리적 운전자는 빨간불에서 정지해야 한다고 믿기 때문이다. 따라서 기능주의자에게 심적 상태의 존재는 당연하다.

그런데 제거주의자는 상식 심리학을 추방해야 한다고 주장한다. 과학적인 설명력과 예측력이 없는 이론은 사라져 왔다. 이때, 이론이 가정하는 존재와 이 존재에 관한 용어는 아예 제거되었다. 일반적으로, 어떤 이론이 옳은지 그른지는 그 이론이 주어진 현상을 성공적으로 예측하느냐에 달려 있다. 그런데 우리는 타인을 얼마나 자주 오해하는가! 화학에서는 연금술이 완전히 실패함으로써 금의 씨앗으로 여겨졌던 현자의 돌의 존재가 부정되었으며 '현자의 돌'이라는 용어도 사라졌다. 마찬가지로 실패한 이론이 전제하는 마음의 존재뿐만 아니라 '믿음'과 '욕구' 같은 심적 용어조차 제거되어야 한다는 것이다.

도구주의자는 심적 상태의 존재를 가정함으로써 우리의 행동을 예측할 수 있다고 주장한다. 체스 컴퓨터의 비유를 살펴보자. 확실히 컴퓨터는 믿음과 욕구 같은 심적 상태가 없다. 그러나 체스를 두는 컴퓨터에게 "컴퓨터가 퀸을 잡아야 한다고 믿는군"이나 "컴퓨터가 킹을 살리길 원하는군"과 같이 믿음이나 욕구를 귀속시키면 우리는 컴퓨터의 다음 수를 효율적으로 예측할 수 있다. 이와 마찬가지로, 인간에게 심적 상태를 귀속시켜 말한다면 이는 인간의 행동을 예측하는 데 큰 도움이 된다. 그럼에도 도구주의자는 우리가 도구로서 가정하는 심적 상태에 대응하는 마음속 대상은 존재하지 않는다고 생각한다.

〈보 기〉

ㄱ. 심적 상태의 존재에 관해 기능주의자와 도구주의자는 서로 다른 견해를 가지지만, 심적 용어의 유용성에 관해서는 견해가 같다.
ㄴ. 제거주의자와 도구주의자 모두 심적 용어의 필요성을 인정한다.
ㄷ. 심적 상태가 존재하지 않는다는 주장을 뒷받침하기 위해 제거주의자와 도구주의자는 같은 이유를 제시한다.

① ㄱ   ② ㄴ   ③ ㄱ, ㄷ
④ ㄴ, ㄷ   ⑤ ㄱ, ㄴ, ㄷ

26. 다음 글에 대한 분석으로 옳은 것만을 〈보기〉에서 있는 대로 고른 것은?

투표소 출구조사는 유권자가 아니라 실제 투표자를 조사함으로써 투표 결과 예측의 정확도를 높이는 방법이다. 선거구 안에서 조사 대상 투표구를 어떻게 선정하느냐가 출구조사에서 중요하다. 투표구가 선정되면 해당 투표구에 속한 투표소에서 조사가 이루어진다. 출구조사 방법으로 A, B, C가 있다.

A: 직전 선거에서 해당 선거구의 전체 개표 결과와 각 투표구별 개표 결과를 비교하여, 그 차이가 가장 작은 투표구의 투표소를 대상으로 조사한다.
B: 직전 선거에서 정당별 투표 결과가 유사한 투표구들을 층위가 있는 몇 개의 집단으로 묶어 구분하고, 각 층의 유권자 비율에 따라 일정 수의 투표구를 무작위로 선정하여, 해당 투표구의 투표소를 대상으로 조사한다.
C: 투표구를 미리 정하여 그곳에서 투표 시간 내에 조사하는 것이 아니라, 선거구 내 투표구를 모두 순회하면서 조사한다. 한 투표구에서 일정 시간 조사한 후 다음 투표구로 이동하여 일정 시간 조사하는 방식으로 투표구들을 순회하는 것이다. 투표구별 표본 크기는 유권자의 수에 비례하여 결정된다.

〈보 기〉

ㄱ. 직전 선거 이후 투표구의 인구 사회적 특성에 심한 변화가 있을 경우, A는 활용하기 어렵다.
ㄴ. B는 유권자의 정치적 성향 측면에서 동일 선거구 내 투표구들은 대체로 동질적일 것이라고 가정하고 있다.
ㄷ. C에는 해당 선거구의 투표구별 직전 선거 득표 자료가 필수적이다.

① ㄱ   ② ㄷ   ③ ㄱ, ㄴ
④ ㄴ, ㄷ   ⑤ ㄱ, ㄴ, ㄷ

27. 다음 논증에 대한 평가로 옳은 것만을 〈보기〉에서 있는 대로 고른 것은?

2020년 1월부터 유행하기 시작한 COVID-19로 인해 출생률이 감소할 것이라는 주장이 있다. 그 근거는 다음과 같다.

첫째, 강력한 사회적 거리두기로 인해 자유로운 만남과 연애가 상대적으로 어려워졌다. 다중시설 이용과 출입국에 큰 제약이 생김으로써 결혼을 미루거나 포기하는 경우가 많아졌다.

둘째, 특히 상대적으로 출생률이 높은 저소득 계층과 청년층에서 취업률이 하락하고 소득이 줄어들면서 경제적 어려움이 커졌다. 출산과 양육의 경제적 부담이 큰 만큼 소득의 감소는 출산의 감소로 이어질 것이다.

셋째, 비대면 노동과 재택근무의 확산으로 일과 가정의 구분이 애매해져 많은 노동자가 스트레스를 호소하고 있다. 게다가 학교나 유치원, 어린이집 같은 보육 시설이 폐쇄되거나 제한적으로 운영되면서 자녀 양육이 더 어려워졌다. 어린 자녀를 키우고 있는 가정뿐만 아니라 아직 자녀가 없는 가정에서도 이러한 보육과 양육의 문제로 인해 출산 계획을 미루거나 포기할 것이다.

〈보 기〉

ㄱ. 전체 영유아 인구는 2019년 7월보다 2022년 7월에 감소했지만 1세 이하 인구에는 차이가 없었다면, 이 논증은 강화된다.

ㄴ. 2019년의 1인당 국내총생산은 31,929천 원이었으며 2020년의 1인당 국내총생산은 31,637천 원으로 별 차이가 없었다면, 이 논증은 약화된다.

ㄷ. 2019년 8월 현재 임신 중이라고 답한 비율이 경제활동 여성과 비경제활동 여성에서 10%로 동일했으며, 2021년 8월에 이루어진 같은 조사에서도 그 비율 수치에 거의 변화가 없었다면, 이 논증은 약화된다.

① ㄴ　　　　　② ㄷ　　　　　③ ㄱ, ㄴ
④ ㄱ, ㄷ　　　　⑤ ㄱ, ㄴ, ㄷ

---

28. 다음 글에 대한 평가로 옳은 것만을 〈보기〉에서 있는 대로 고른 것은?

노동조합이 없는 회사보다 있는 회사에 다니는 노동자들의 임금이 더 높은 것으로 알려져 있다. 이를 노동조합의 임금 프리미엄이라고 한다. 이 현상을 설명하기 위해 노동조합이 없는 직장에서 일하는 노동자(무조합원), 노동조합이 있으나 가입하지 않은 노동자(비조합원), 노동조합에 가입한 노동자(조합원) 사이의 임금 격차에 관해 주장 A와 B가 있다.

A: 노동조합은 독점적 노동 공급원이다. 노동조합은 조합원의 수 이내에서 기업에 노동 공급의 독점력을 행사할 수 있기 때문에 비조합원이나 무조합원의 노동력이 거래되는 경쟁 시장보다 높은 임금을 이끌어낼 수 있다. 이때 형성된 높은 임금으로 인해, 노동조합의 독점력이 없었다면 고용될 수 있었던 노동력이 경쟁 시장으로 몰리고 이는 다시 경쟁 시장의 임금을 낮춰 임금 프리미엄을 키우는 파급 효과를 가져온다.

B: 노동조합은 노동자들의 집합적 목소리를 대표하는 의사 대표 제도이다. 노동조합은 사측에 동일노동-동일임금 원칙, 작업장의 안전성 제고 등을 요구함으로써 직장 내 모든 노동자의 만족도를 높이고 이직률을 낮춘다. 나아가 노동조건의 임의적 변경을 막고 협의를 통한 작업 재배치와 자본 투지 제고를 촉진한다. 또한 노동조합은 소수자의 이해를 대변함으로써 이들을 지지하고 배려한다. 노동조합의 이런 활동들이 노동자의 생산성을 높이고 이는 자연스럽게 기업 전반의 임금 수준을 높일 것이다.

〈보 기〉

ㄱ. 직종과 숙련도에서 유사한 노동자들을 비교한 조사에서, 조합원의 임금이 비조합원의 임금보다 높고 비조합원과 무조합원 사이에는 임금 차이가 없다는 결과는 A를 강화하고 B를 약화한다.

ㄴ. 직종과 숙련도에서 유사한 남녀 사이의 임금 격차에 관한 조사에서, 조합원들의 남녀 임금 격차가 비조합원들의 남녀 임금 격차보다 적다는 결과는 A를 약화한다.

ㄷ. 노동조합이 있는 회사의 노동자들을 대상으로 진행한 조사에서, 조합원들의 임금이 직종과 숙련도에서 유사한 비조합원들의 임금과 유사하다는 결과는 B를 약화한다.

① ㄱ　　　　　② ㄷ　　　　　③ ㄱ, ㄴ
④ ㄴ, ㄷ　　　　⑤ ㄱ, ㄴ, ㄷ

29. 다음 글에 대한 평가로 옳은 것만을 〈보기〉에서 있는 대로 고른 것은?

주인이 대리인을 통해 일을 처리할 때, 주인이 대리인의 행동을 완벽하게 관찰하지 못하는 경우 대리인은 자신의 이익을 극대화하기 위해 주인의 이익과 상충하는 행동을 취할 수 있다. 이를 주인-대리인 문제라 한다. ⊙부동산 중개인을 통해 집을 파는 집주인에게도 주인-대리인 문제가 발생한다는 주장이 있다.

미국에서 중개인은 보통 집값의 6%를 수수료로 받지만, 다른 거래 참가자들의 몫을 제하면 실질적으론 집값의 1.5%만 남는다. 수수료가 집값에 연동되어 있으므로 중개인이 최대한 높은 가격에 집을 팔 유인이 제공되는 것처럼 보인다. 하지만 이는 제한된 범위에서만 타당하다. 예를 들어 집값을 10,000달러 높이면 중개인은 150달러를 더 받는 데 그친다. 그런데 집값을 높여 받기 위해서는 매물을 시장에 오래 내놓아야 하며 그 기간에 광고를 하고 잠재적 구매자에게 집을 보여 주는 등의 비용이 발생한다. 따라서 중개인은 150달러를 더 받기 위해 많은 비용을 지불하기보다는 적당한 가격에 집을 팔려고 하는 유인이 있다. 집주인은 자신의 집 시세나 판매 가능성에 대한 정보가 중개인보다 훨씬 적기 때문에 낮은 가격을 받아들이라는 중개인의 제안에 넘어가기 쉽다.

〈보 기〉

ㄱ. 중개인이 타인 소유의 집보다 자신 소유의 집을 팔 때 매물이 더 오래 시장에 머물렀다는 조사 결과는 ⊙을 강화한다.

ㄴ. 집값에 연동된 실질적인 수수료율을 1.5%에서 3.5%로 높이자 매물이 시장에 머무는 기간이 짧아졌다는 조사 결과는 ⊙을 강화한다.

ㄷ. 정보통신기술 발달로 주택 시세 정보를 과거보다 쉽고 정확하게 얻게 됨에 따라 매물이 시장에 머무는 기간이 짧아졌다는 조사 결과는 ⊙을 강화한다.

① ㄱ   ② ㄴ   ③ ㄱ, ㄷ
④ ㄴ, ㄷ   ⑤ ㄱ, ㄴ, ㄷ

30. 다음으로부터 추론한 것으로 옳은 것만을 〈보기〉에서 있는 대로 고른 것은?

선출직과 임명직 공무원의 정책 결정 과정이 다른 경우는 흔하다. 선출직의 경우 장래 선거를 고려하여 ⊙주민 효용 극대화를, 임명직의 경우 조직의 확대를 고려하여 ⓛ예산 극대화를 추구한다. 다음 상황을 생각해 보자.

공무원 갑은 다음 해 예산을 결정하기 위해 신규 예산안을 제출한다. 신규 예산 수준이 기존 예산 수준과 같으면 주민 투표 없이 제출된 안이 확정되고, 다르면 찬반 투표에 부쳐야 한다. 신규 예산안이 주민의 과반수 찬성을 얻어 통과되면 확정 예산이 되고, 부결되면 기존 예산이 확정 예산이 된다. 신규 예산안이 기존 예산보다 더 낮은 효용을 주지 않는 한 주민들은 찬성표를 던진다.

예산에 따른 주민의 효용은 아래 그림과 같다. 이를 알고 있는 갑은 어떻게 행동할까? 예를 들어, 기존 예산이 x_0라고 하자. 갑이 주민 효용 극대화를 추구한다면, 갑은 x^*를 제안하고 이 안은 주민 투표를 거쳐 확정될 것이다. 만약 갑이 예산 극대화를 추구한다면, 갑은 x_1을 제안함으로써 예산 확대를 꾀할 것이다.

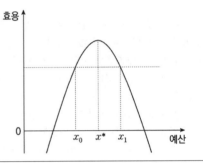

〈보 기〉

ㄱ. 갑이 ⊙을 추구하고 기존 예산이 x_1이면, 신규 예산안은 주민 투표에서 통과될 것이다.

ㄴ. 갑이 ⓛ을 추구하고 기존 예산이 x^*보다 크다면, 주민 투표에 부쳐진 신규 예산안은 항상 부결될 것이다.

ㄷ. 기존 예산이 x^*가 아니라면, 확정 예산은 갑이 ⊙을 추구할 때가 ⓛ을 추구할 때보다 항상 작다.

① ㄱ   ② ㄴ   ③ ㄱ, ㄷ
④ ㄴ, ㄷ   ⑤ ㄱ, ㄴ, ㄷ

31. 〈상황〉에 대해 추론한 것으로 옳은 것은?

정부의 정책 선택은 사회 구성원 개인의 효용에 영향을 미친다. 정부는 정책이 사회 구성원에게 미치는 영향을 종합적으로 평가해 정책을 선택해야 한다. 다음 평가 기준 A, B, C를 생각해 보자.

A: 사회 구성원 중 어떤 사람의 효용도 현재보다 낮추지 않으면서 적어도 한 사람의 효용을 높일 수 있다면 '개선'이다. 더 이상 '개선'을 이룰 수 없는 정책만 수용가능하다.
B: 사회 구성원 효용의 산술평균값이 가장 큰 정책이 바람직한 정책이다.
C: 사회 구성원 중 효용이 가장 낮은 사람의 효용이 가장 큰 정책이 바람직한 정책이다.

〈상황〉
두 집단 1과 2로 구성된 사회가 있다. 전체 인구에서 집단 1이 차지하는 비율은 α이고 집단 2가 차지하는 비율은 $1-\alpha$이다. (단, $0<\alpha<1$) 이 사회에서 선택 가능한 정책은 X, Y, Z만 있으며 각 정책에 따른 집단 구성원의 개인 효용은 다음과 같다. (단, $y>0$)

		X	Y	Z
개인 효용	집단 1	1	y	3
	집단 2	5	$2y$	2

① $y=2$인 경우, C에 따른 바람직한 정책은 하나뿐이다.
② A에 따른 정책의 수용가능 여부는 α값에 따라 달라진다.
③ $y=2$인 경우, B에 따라 X가 바람직한 정책이라면 $\alpha=0.5$이어야 한다.
④ 집단 1과 2의 인구가 같을 경우, B와 C에 따른 바람직한 정책은 같다.
⑤ 집단 1과 2의 인구가 같을 경우, B에 따른 바람직한 정책은 A에 따라 항상 수용가능하다.

32. 다음으로부터 추론한 것으로 옳은 것은?

가장 아래에서부터 위로 1부터 6까지 차례로 번호가 부여된 여섯 개의 상자가 쌓여 있다. 이 상자들에 대하여 다음이 성립한다.

○ 상자는 빨간 상자, 파란 상자, 하얀 상자 중의 하나이다.
○ 빨간 상자의 개수는 하얀 상자의 개수보다 많다.
○ 어떤 파란 상자는 모든 빨간 상자보다 아래에 있다.
○ 어떤 파란 상자 바로 아래에는 하얀 상자가 있다.
○ 상자 4는 빨간 상자이고, 상자 5와 상자 6의 색깔은 같다.

6
5
4
3
2
1

① 상자 1은 하얀 상자이다.
② 상자 2의 색깔과 상자 5의 색깔은 서로 다르다.
③ 상자 3이 빨간 상자이면 파란 상자는 1개이다.
④ 파란 상자의 개수는 하얀 상자의 개수보다 많다.
⑤ 하얀 상자 아래 파란 상자가 있으면 빨간 상자는 3개이다.

33. 다음으로부터 추론한 것으로 옳은 것만을 〈보기〉에서 있는 대로 고른 것은?

P회사는 연말에 각 직원의 실적을 A, B, C, D 중의 하나의 등급으로 평가한 후, 다음과 같이 성과급을 지급한다.

A등급	B등급	C등급	D등급
2,000만 원	1,500만 원	1,000만 원	500만 원

연말에 재무팀의 직원 갑, 을, 병, 정과 홍보팀의 직원 무, 기, 경, 신의 실적을 평가하였더니 다음과 같았다. (단, 재무팀과 홍보팀의 직원은 갑, 을, 병, 정, 무, 기, 경, 신 8명뿐이다.)

○ 재무팀에서 A등급을 받은 사람은 많아야 1명이고 정은 D등급을 받았다.
○ 홍보팀에서 D등급을 받은 사람은 없고 A등급을 받은 사람은 무뿐이다.
○ 재무팀에 지급한 성과급의 총액과 홍보팀에 지급한 성과급의 총액은 같다.

─────〈보 기〉─────

ㄱ. 홍보팀에 지급한 성과급의 총액은 5,000만 원이다.
ㄴ. 재무팀에서 갑이 C등급을 받았다면 홍보팀의 기, 경, 신이 받은 등급은 모두 같다.
ㄷ. 재무팀과 홍보팀의 직원 8명 중에서 B등급을 받은 사람의 수와 C등급을 받은 사람의 수는 다르다.

① ㄱ ② ㄴ ③ ㄱ, ㄷ
④ ㄴ, ㄷ ⑤ ㄱ, ㄴ, ㄷ

34. 다음으로부터 추론한 것으로 옳은 것만을 〈보기〉에서 있는 대로 고른 것은?

다음과 같이 다섯 대를 주차할 수 있도록 선이 그어져 있는 주차장 칸에 갑, 을, 병, 정, 무는 각각 자신의 차를 한 대씩 주차하였다.

왼쪽 ☐☐☐☐☐ 오른쪽

다음 진술 중 세 개는 참이고 한 개는 거짓이다.

갑: "내 차는 왼쪽에서 두 번째 칸에 주차되어 있다."
을: "내 차의 바로 옆 칸에는 정의 차가 주차되어 있다."
병: "내 차는 가장 오른쪽 칸에 주차되어 있다."
정: "내 차의 바로 양 옆 칸에는 갑의 차와 무의 차가 각각 주차되어 있다."

─────〈보 기〉─────

ㄱ. 갑의 차 바로 옆 칸에 정의 차가 주차되어 있다면 정의 진술은 참이다.
ㄴ. 을과 병 중 한 명의 진술이 거짓이라면 을의 차는 가장 왼쪽 칸에 주차되어 있다.
ㄷ. 거짓을 진술한 사람의 차와 무의 차 사이에는 두 대의 차가 주차되어 있다.

① ㄱ ② ㄴ ③ ㄱ, ㄷ
④ ㄴ, ㄷ ⑤ ㄱ, ㄴ, ㄷ

35. 다음으로부터 추론한 것으로 옳은 것만을 <보기>에서 있는 대로 고른 것은?

일상적인 한국어 대화를 할 수 있는 프로그램 X가 개발되었다. 갑, 을, 병은 X의 한국어 능력과 한국어 원어민의 한국어 능력에 근본적인 차이가 있는지 논쟁 중이다.

갑: 들은 것 모두를 기억할 수 있는 영국인 로이가 있다고 하자. 한국어를 전혀 모르는 로이에게 X가 구사할 수 있는 모든 한국어 대화를 들려 줬다. 이제 로이는 일상적 대화 중 등장하는 한국어 단어나 문장이 연속적으로 관계할 수 있는 거의 모든 조합을 암기하였다. 로이와 대화를 나누는 평범한 한국인은 로이의 한국어가 유창하다고 생각할 것이다. 하지만 로이는 한국어의 의미는 이해하지 못한다. X와 로이의 한국어 능력은 유사하므로, X와 한국어 원어민은 한국어 능력에서 근본적인 차이가 있다.

을: 뇌과학자 민수가 자신의 뇌에 신경 프로그램을 이식했다고 가정하자. 이 신경 프로그램은 숫자와 연산자 같은 수학 기호를 사용하여 다양한 방정식의 해를 구하도록 설계되었으며, 민수가 그저 수식을 바라보기만 하면 그 해가 의식에 떠오르는 방식으로 작동한다. 민수가 신경 프로그램에 의존하지 않고 방정식의 해를 구하는 것과 신경 프로그램이 해를 구하는 것 사이에는 본질적으로 차이가 없다. 하지만 민수와 달리 신경 프로그램은 수학 기호의 의미, 예컨대 숫자 0의 의미를 이해하지 못한다. 그런데 X가 한국어를 구사하는 방식도 신경 프로그램이 수학 방정식을 푸는 방식과 원리상 다를 바 없기에 X의 한국어 능력과 신경 프로그램의 수학적 능력은 유사하다. 그러므로 X와 한국어 원어민은 한국어 능력에서 근본적으로 같다.

병: 물론 X 자체는 한국어의 의미를 이해하지 못한다. 하지만 다양한 감각 센서를 통해 세계를 지각하고 그에 따라 행동할 수 있는 장치에 X를 설치한 로봇 R을 생각해 보자. 이 경우, 예컨대, R이 실제 고구마를 본다면 R의 전자두뇌에서 '고구마'라는 기호가 활성화될 것이다. R은 일상적인 한국어 대화를 할 수 있을 뿐만 아니라 한국어 단어나 문장이 지시하는 실제 사물이나 현상에 적절히 반응할 수 있다. 한국어의 의미를 이해한다는 것은 이와 다르지 않은 것 같다.

―――――――――〈보 기〉―――――――――

ㄱ. 갑에 따르면, 로이와 R이 실제 감자를 본다면 둘 다 '감자'라는 기호를 떠올릴 것이다.
ㄴ. 을은, R과 한국어 원어민이 한국어 능력에서 근본적인 차이가 없다는 데 동의할 것이다.
ㄷ. 갑과 을은 X가 한국어의 의미를 이해하지 못한다는 데 동의할 것이다.

① ㄱ   ② ㄷ   ③ ㄱ, ㄴ
④ ㄴ, ㄷ   ⑤ ㄱ, ㄴ, ㄷ

36. 다음으로부터 추론한 것으로 옳은 것만을 <보기>에서 있는 대로 고른 것은?

DNA 분석에서는 특정 인구 집단에서 DNA가 우연히 일치할 확률을 고려하는데, 이러한 확률은 일부 사람의 DNA 분석만을 근거로 한 것이어서 범죄현장의 DNA가 용의자의 것일 가능성을 정확하게 반영하지 못한다. 이에 대한 보완책으로 다음의 방식을 생각해 볼 수 있다.

범죄현장에 남겨진 범인의 DNA와 용의자의 DNA가 일치할 때 그 용의자가 범인일 가능정도는 '용의자가 범인이 아닐 때 DNA가 일치할 확률(Q)'에 대한 '용의자가 범인일 때 DNA가 일치할 확률(R)'의 비로 나타낸다. 이때 범죄현장에 남겨진 범인의 DNA가 용의자의 것임을 전제로 하여 R를 1로 보게 된다면 그 가능정도는 ㉠ $1/Q$이며, Q가 $1/1{,}000$이면 $1/Q=1{,}000$이다. 흔히 이런 계산만으로 '용의자가 범인일 확률이 아닐 확률의 1,000배'라고 말하지만, 이는 범죄현장의 DNA가 용의자의 것이라는 전제하에 얻은 결과이므로 이처럼 단정할 수 없다. 그러므로 이를 보정하기 위해서 ㉡ '사전가능정도'를 알아야 한다. 이는 DNA 분석 이외의 범죄 정보에 따라 '용의자가 범인이 아닐 확률'에 대한 '용의자가 범인일 확률'의 비이며, DNA 분석 결과 이외의 수사에 따른 용의자의 범죄혐의 정도를 말한다. 사전가능정도를 반영하여 용의자가 범인일 가능정도를 계산한 것을 '사후가능정도'라고 한다. 이 사후가능정도는 'DNA 분석 결과를 반영한 용의자가 범인이 아닐 확률'에 대한 'DNA 분석 결과를 반영한 용의자가 범인일 확률'의 비로 나타내고, ㉠과 ㉡의 값을 곱하여 그 값을 얻을 수 있다.

―――――――――〈보 기〉―――――――――

ㄱ. Q가 $1/10{,}000$일 때, 범죄현장에 남겨진 범인의 DNA와 용의자의 DNA가 일치한다면 그 범죄현장의 DNA가 용의자의 것일 확률은 용의자의 것이 아닐 확률의 10,000배이다.
ㄴ. 범죄현장에 남겨진 범인의 DNA가 용의자의 것과 일치해도 범행 시각에 용의자가 범행 장소가 아닌 다른 장소에 있었다는 사실이 입증되면 사후가능정도가 0이 될 수 있다.
ㄷ. 범죄현장에 남겨진 범인의 DNA와 용의자의 DNA가 일치하는 상황에서 Q가 $1/1{,}000$이고 사전가능정도가 $1/100$인 경우, 이를 근거로 '용의자가 범인일 확률은 범인이 아닐 확률의 10배이다'라고 말할 수 있다.

① ㄱ   ② ㄷ   ③ ㄱ, ㄴ
④ ㄴ, ㄷ   ⑤ ㄱ, ㄴ, ㄷ

37. 다음 논증에 대한 평가로 옳은 것만을 〈보기〉에서 있는 대로 고른 것은?

단어 '잡아먹다'는 입과 소화기관이 있는 동물에 대해서만 사용해야 한다는 직관이 이 단어의 의미를 결정하는 좋은 근거인지는 의심스럽다. 이 단어를 입도 소화기관도 없는 대상에 대해서도 사용할 수 있다는 과학적 근거가 있다. 다음 수학 모형 M은 그 근거를 설명한다.

$$(1)\ \frac{dP}{dt} = b(aV)P - mP$$

$$(2)\ \frac{dV}{dt} = rV - (aV)P$$

수학 모형은 실제에 제대로 적용될 때 의미를 획득할 수 있다. M은 특정 지역에 사는 상어와 대구의 개체군 크기 변화 관계를 예측하기 위해 만들어졌으며, 실제로 이 예측은 성공적이었다. (1)은 시간에 따른 상어 개체군의 크기 변화를, (2)는 시간에 따른 대구 개체군의 크기 변화를 각각 나타낸다. (1)에서 $b(aV)P$의 의미는 '상어에게 잡아먹히는 대구의 수에 비례해서 증가하는 상어 개체군'으로 해석된다. 최근 식물학자들은 M으로 기생 식물인 겨우살이와 참나무의 개체군 크기 변화 관계를 성공적으로 예측했다. 그렇다면 상어와 대구 사이의 관계에 대한 해석은 겨우살이와 참나무 사이의 관계에도 일관되게 적용되어야 한다. 겨우살이와 참나무의 관계에 M을 적용하면, $b(aV)P$는 '겨우살이에게 잡아먹히는 참나무의 수에 비례해서 증가하는 겨우살이 개체군'을 의미한다. M의 적용이 상어 사례에서 겨우살이 사례로 확장된다는 사실은 단어 '잡아먹다'의 의미를 확장할 수 있다는 과학적 근거이다.

──────〈보 기〉──────

ㄱ. 입 없이 먹이를 몸 안으로 흡수하는 생물의 행동에 대한 일상적 설명에는 단어 '잡아먹다'가 잘 쓰이지 않는다는 사실은 이 논증을 약화한다.

ㄴ. 동물의 입과 소화기관과 유사한 구조를 가진 식충식물에 대해서는 '잡아먹다'라는 표현이 일상적으로 사용된다는 사실은 이 논증을 약화한다.

ㄷ. 질병을 일으키는 박테리아와 사람 사이의 관계에 M이 잘 적용되어, "크기가 작은 박테리아가 사람을 잡아먹는다"는 진술이 생물학자들 사이에 일반적으로 사용되기 시작한다면, 이 논증은 강화된다.

① ㄱ ② ㄷ ③ ㄱ, ㄴ
④ ㄴ, ㄷ ⑤ ㄱ, ㄴ, ㄷ

38. 다음으로부터 추론한 것으로 옳은 것만을 〈보기〉에서 있는 대로 고른 것은?

물질들은 내부 에너지를 축적하는 능력이 서로 다르다. 시간당 물질이 흡수하는 열량이 같다는 가정하에 여러 물질의 온도를 높이는 다음 경우를 생각해 보자. 상온과 상압에서 물이 끓기 시작할 때까지 약 16분이 걸린다면 같은 질량의 철을 같은 온도만큼 높이는 데는 2분 정도밖에 걸리지 않는다. 은이라면 1분이 채 걸리지 않는다. 이렇게 정해진 질량의 물질을 같은 온도만큼 높이는 데 필요한 열량은 물질마다 다르다. 물질에 흡수된 에너지는 물질을 구성하는 원자나 분자에 여러 가지 방식으로 영향을 미치는데, 흡수된 에너지가 원자나 분자의 운동에너지를 증가시킬 때 물질의 온도가 올라간다. 어떤 물질 1g의 온도를 1℃ 높이는 데 필요한 열량을 비열이라고 하며, 어떤 물체의 온도를 1℃ 높이는 데 필요한 열량을 열용량이라고 한다. 여기서 물질과 물체는 다른 개념인데, 예를 들어 철 100g의 공과 철 200g의 공은 같은 물질로 된 두 물체이다.

──────〈보 기〉──────

ㄱ. 10℃의 물질을 채워 만든 주머니로 사람의 체온을 낮추고자 할 때, 다른 조건이 같다면 비열이 더 작은 물질을 채워 만든 주머니가 체온을 더 낮출 것이다.

ㄴ. 1kg의 물, 철, 은 각각을 20℃에서 가열하여 30℃에 이르렀을 때, 공급된 열량이 가장 적은 것부터 순서대로 나열하면 은, 철, 물이 된다.

ㄷ. 물 100g과 은 1.5kg을 비교했을 때 비열과 열용량 모두 은 보다 물이 더 크다.

① ㄱ ② ㄷ ③ ㄱ, ㄴ
④ ㄴ, ㄷ ⑤ ㄱ, ㄴ, ㄷ

39. 다음으로부터 추론한 것으로 옳은 것만을 〈보기〉에서 있는 대로 고른 것은?

이 방에서 뭔가 다른 감각이 느껴진다. 나는 근처의 시험관을 잡고 허공에 던져 본다. 시험관은 당연히 위로 올라갔다가 떨어진다. 하지만 왠지 신경이 거슬린다. 지금 이 순간에도 물체가 떨어지는 모습이 거슬린다. 이유를 알고 싶다.

뭘 가지고 알아보면 될까? 이 방에는 실험실이 있고, 나는 그 실험실을 사용할 줄 안다. 나는 줄자를 집어 들고 살펴본다. 눈금은 미터 단위로 되어 있다. 줄자를 사용해 실험대 높이를 쟀다. 실험대는 바닥과 1m 떨어져 있다. 시험관을 실험대에 올려놓고 스톱워치를 준비한다. 한 손으로 실험대에서 시험관을 밀치며 다른 손으로 스톱워치를 작동시킨다. 시험관이 땅에 떨어질 때까지의 시간을 쟀다.

0.4초! 아무리 해 봐도 0.4초다. 거리는 가속도의 2분의 1에 시간의 제곱을 곱한 값이다. 숫자를 계산해 보고 얻은 결과가 마음에 들지 않는다. 원래 지구의 중력가속도는 $9.8m/s^2$이어야 하는데! 낙하하는 물체가 다르게 느껴지는 이유를 이제 알겠다.

─〈보 기〉─

ㄱ. 만약 실험대와 바닥이 2m 떨어져 있었다면, 시험관이 땅에 떨어질 때까지의 시간은 0.8초로 측정됐을 것이다.
ㄴ. 만약 '이 방'이 지구 표면에 정지해 있다면, 1m 높이에서 시험관을 떨어뜨리는 동일한 실험을 했을 때 0.4초보다 큰 값을 얻게 된다.
ㄷ. 지구 표면에 정지한 상태로 용수철저울을 사용하여 '나'의 몸무게를 쟀을 때 눈금이 '60kg'으로 읽혔다면, '이 방'에서 같은 저울을 사용하여 몸무게를 재면 같은 값으로 읽힌다.

① ㄴ　　　　② ㄷ　　　　③ ㄱ, ㄴ
④ ㄱ, ㄷ　　　⑤ ㄱ, ㄴ, ㄷ

40. 다음으로부터 추론한 것으로 옳은 것만을 〈보기〉에서 있는 대로 고른 것은?

투명전극은 투명 디스플레이와 태양광 전지를 포함해 많은 전자 및 에너지 소자에 필수적인 소재이다. 투명전극으로 사용할 수 있는 물질은 가시광선 영역의 빛을 일정량 투과시켜야 하며, 이와 동시에 전기가 잘 흐르는 전도체의 성질을 가져야 한다. 투명전극의 성능지수 Φ는 T^{10}을 R_S로 나눈 값이며, 여기에서 T는 가시광선 영역의 빛의 평균 투과율, R_S는 면(面)저항을 의미한다. 불투명한 물질은 T가 0이며, 부도체는 R_S가 매우 크다. 전도체에서 전기가 잘 흐르는 이유는 전도체 안에 많은 자유전자가 있기 때문이다. 자유전자의 개수가 많아지면 R_S는 줄어들며, 이렇게 많은 자유전자는 가시광선 영역의 빛을 흡수하게 되어 T가 줄어들기 때문에, T와 R_S는 서로 양의 상관관계를 갖는다.

한편 이러한 상관관계는 단일 물질로 이루어진 투명전극의 두께 변화에 따른 T와 R_S 값들을 관찰해 보면 잘 확인할 수 있다. 투명전극의 두께가 두꺼워질수록 T가 지속적으로 줄어들며, 일정 두께 이상일 경우 0이 된다. 아래는 다양한 투명전극 후보 물질 M1~M4의 두께(nm)에 따른 T와 R_S의 측정 결과로부터 성능지수 Φ($\times 10^{-4}$)를 정리한 표이다.

M1		M2		M3		M4	
두께	Φ	두께	Φ	두께	Φ	두께	Φ
8	6	4	5	4	25	32	11
9	11	5	10	9	35	45	181
10	9	6	11	14	24	58	504
11	8	7	6	18	16	70	362
12	3	9	3	38	3	84	49

─〈보 기〉─

ㄱ. Φ가 0이 아닐 때, 투명전극의 두께가 얇아지면 R_S는 커진다.
ㄴ. 만약 두께가 9nm로 동일한 M1과 M2가 같은 값의 T를 갖는다면, 이때 M2가 M1보다 전기가 잘 통한다.
ㄷ. 표의 측정값에 한정하여 가장 성능 좋은 투명전극 물질을 찾을 경우, 두께 30nm 미만에서는 M3를 선택할 것이고, 30nm 이상에서는 M4를 선택할 것이다.

① ㄱ　　　　② ㄴ　　　　③ ㄱ, ㄷ
④ ㄴ, ㄷ　　　⑤ ㄱ, ㄴ, ㄷ

정답 및 해설 p.2

2022학년도 기출문제

☑ 문제풀이 시작과 종료 시각을 정한 후, 실전처럼 기출문제를 풀어보세요.

_____ 시 _____ 분 ~ _____ 시 _____ 분(총 40문항 / 125분)

01. 다음 글에 대한 평가로 옳은 것만을 〈보기〉에서 있는 대로 고른 것은?

머지않은 미래에 신경과학이 모든 행동의 원인을 뇌 안에서 찾아내게 된다면 법적 책임을 묻고 처벌하는 관행이 근본적으로 달라질 것이라고 생각하는 사람들이 있다. 어떤 사람의 범죄 행동이 두뇌에 있는 원인에 의해 결정된 것이어서 자유의지에서 비롯된 것이 아니라면, 그 사람에게 죄를 묻고 처벌할 수 없다는 것이 이들의 생각이다. 그러나 이는 법에 대한 오해에서 비롯된 착각이다. 법은 사람들이 일반적으로 합리적 선택을 할 수 있는 능력을 가지고 있다고 가정한다. 법률상 책임이 면제되려면 '피고인에게 합리적 행위 능력이 결여되어 있다는 사실'이 입증되어야 한다는 점에 대해서는 일반적으로 동의한다. 여기서 말하는 합리적 행위 능력이란 자신의 믿음에 입각해서 자신의 욕구를 달성하는 행동을 수행할 수 있는 능력을 의미한다. 범행을 저지른 사람이 범행 당시에 합리적이었는지 아닌지를 결정하는 데 신경과학이 도움을 줄 수는 있다. 그러나 사람들이 이러한 최소한의 합리성 기준을 일반적으로 충족하지 못한다는 것을 신경과학이 보여 주지 않는 한, 그것은 책임에 관한 법의 접근 방식의 근본적인 변화를 정당화하지 못한다. 법은 형이상학적 의미의 자유의지를 사람들이 갖고 있는지 그렇지 않은지에 대해서는 관심을 두지 않는다. 법이 관심을 두는 것은 오직 사람들이 최소한의 합리성 기준을 충족하는가이다.

─────〈보 기〉─────

ㄱ. 인간의 믿음이나 욕구 같은 것이 행동을 발생시키는 데 아무런 역할을 하지 못한다는 것을 신경과학이 밝혀낸다면, 이 글의 논지는 약화된다.

ㄴ. 인간이 가진 합리적 행위 능력 자체가 특정 방식으로 진화한 두뇌의 생물학적 특성에서 기인한다는 것을 신경과학이 밝혀낸다면, 이 글의 논지는 약화된다.

ㄷ. 범죄를 저지른 사람들 중 상당수가 범죄 유발의 신경적 기제를 공통적으로 지니고 있다는 것을 신경과학이 밝혀낸다면, 이 글의 논지는 강화된다.

① ㄱ   ② ㄷ   ③ ㄱ, ㄴ
④ ㄴ, ㄷ   ⑤ ㄱ, ㄴ, ㄷ

02. 다음으로부터 〈견해〉를 분석한 것으로 옳은 것만을 〈보기〉에서 있는 대로 고른 것은?

특정한 사안에 적용할 법을 획득하는 방법에는 '법의 발견'과 '법의 형성'이 있다. 전자는 '법률 문언(文言)의 가능한 의미' 안에서 법률로부터 해당 사안에 적용할 법을 발견하는 작업인 반면에, 후자는 해당 사안에 적용할 법적 기준이 존재하지 않는 법률의 흠결을 '법률 문언의 가능한 의미'의 제한을 받지 않는 법적 판단을 통하여 보충하는 작업이다. 후자는 법률 문언에 반하지만 법률의 목적을 실현하기 위한 법 획득 방법이다. 양자의 차이는 적극적 후보, 중립적 후보, 소극적 후보라는 개념으로 설명할 수 있다. 적극적 후보란 어느 단어가 명백히 적용될 수 있는 대상을 말하고, 소극적 후보란 어느 단어가 명백히 적용될 수 없는 대상을 말하며, 중립적 후보란 앞의 둘에 속하지 않는 대상을 말한다. '법의 발견' 중 하나인 '축소해석'은 법률 문언의 적용범위를 중립적 후보에서 적극적 후보로 좁히는 것인 반면에, '법의 형성' 중 하나인 '목적론적 축소'는 그 경계가 확실한 '법률 문언의 가능한 의미'에 포함되는 어느 적극적 후보를 해당 법률의 목적에 따라 소극적 후보로 만들어 그 적용범위에서 제외하는 것이다.

〈견해〉

X국에서 '차'는 동력장치가 있는 이동수단을 의미하고, 승용차, 버스 등이 그에 해당하는데, 동력장치가 있는 자전거가 그에 해당하는지는 명확하지 않다. '차'라는 법률 문언의 적용범위에 대해 다음과 같이 견해가 나뉜다.

갑: '차'라는 법률 문언의 적용범위에는 동력장치가 없는 자전거도 포함된다.

을: '차'라는 법률 문언의 적용범위에는 승용차만 포함되고 버스는 포함되지 않는다.

병: '차'라는 법률 문언의 적용범위에는 동력장치가 있는 자전거가 포함되지 않는다.

─────〈보 기〉─────

ㄱ. 갑의 견해는 법률 문언에 반하여 법률의 목적을 실현할 필요가 있어야 정당화되고, 을의 견해는 그렇지 않더라도 정당화된다.

ㄴ. 병의 견해는 동력장치가 있는 자전거를 중립적 후보에서 소극적 후보로 만들어 법을 형성하고자 한 것이다.

ㄷ. 주차공간을 확보하기 위하여 집 앞에 설치하는 '주차금지' 팻말의 '차'의 적용범위에서 자기 소유의 승용차를 제외하는 것은, 을이 법을 획득하기 위하여 사용한 방법과 같다.

① ㄴ   ② ㄷ   ③ ㄱ, ㄴ
④ ㄱ, ㄷ   ⑤ ㄱ, ㄴ, ㄷ

03. 다음으로부터 〈상황〉을 판단한 것으로 옳은 것만을 〈보기〉에서 있는 대로 고른 것은?

헌법은 국가의 기본적 가치를 규정한 최상위법으로 법률이 헌법을 위반하면 그 법률은 무효이다. 여기서 법률의 어떤 측면이 위헌판단의 근거를 제공하는지가 문제된다. 단순히 법률문장의 문자적 의미가 바로 위헌판단의 근거가 되는 법률의 핵심 측면이라고 할 수도 있겠으나, 헌법이 차별을 금지하는데 법률이 '차별하라'는 의미를 노골석으로 남고 있는 단어나 문장을 사용하는 경우는 거의 없을 것이다.

기본적으로 위헌판단이 되는 법률의 측면은 ㉠ 해당 법률을 표상하는 법률문장을 구체적 사안에 적용할 때 예상되는 직접적인 결과이다. 간통한 사람을 처벌하는 내용을 담고 있는 법률문장 A가 표상하는 법률의 위헌 여부를 결정짓는 측면은 간통한 사람에게 A의 적용에 따라 가해지는 처벌이라는 결과이다. 어떤 이들은 ㉡ 해당 법률이 시행됨으로써 사회 전체 구성원에게 미치는 영향을 살펴야 한다고 생각한다. 특정 집단에 대해 채용 시 가산점을 부여하도록 하는 법률이 차별적이어서 위헌인지 여부는 가산점 부여행위가 그 사회의 다른 이들에게 미치는 영향까지 관찰해야만 알 수 있다고 한다. 다른 한편에서는 위헌판단의 결정적인 측면을 여전히 법률문장의 의미에서 찾으면서도 그 법률문장의 의미는 ㉢ 해당 사회의 역사와의 관련 속에서 그 법률문장이 전달하는 맥락적 의미라고 주장한다. 여성 전용 교육기관을 설립한다는 내용의 법률문장으로 표상되는 법률이 차별을 금지하는 헌법에 위반되는지 여부는, 여성 전용 교육기관을 설립하는 것이 그 국가에서 여성의 낮은 권익을 향상하기 위한 맥락을 가지는가, 아니면 여성을 분리·차별하기 위한 역사적 맥락을 가지는가에 따라 다르게 평가된다는 것이다.

〈상황〉

X국에서는 수차례 전쟁을 거치면서 국기가 국가 존립의 상징이 되어 국기 소각이 국가의 권위를 해하는 행위로서 헌법질서에 반하는 범죄행위로 평가받기에 충분하다. 그런데 X국 국회가 국기의 권위와 존엄을 보호하기 위해서 국기를 소각한 자를 처벌한다는 내용을 담고 있는 법률문장 R로 표상되는 법률 L을 입법하자, 이에 반대하는 사람들이 시위를 하면서 그간 거의 존재하지 않았던 국기 소각 행위가 빈번하게 일어났고 소각행위에 동조하는 사람들도 많아졌다.

──────〈보 기〉──────

ㄱ. ㉠을 위헌판단의 근거를 제공하는 핵심 측면으로 판단하면, X국에서 L은 위헌이다.

ㄴ. L이 가진 ㉡의 측면은 R로 표상되는 L의 입법 목적과 합치하지 않는다.

ㄷ. ㉢을 위헌판단의 근거를 제공하는 핵심 측면으로 판단하면, X국에서 L은 위헌이다.

① ㄱ   ② ㄴ   ③ ㄱ, ㄷ
④ ㄴ, ㄷ   ⑤ ㄱ, ㄴ, ㄷ

---

04. [규정]에 따라 〈사실관계〉를 판단할 때 갑의 운전면허는 최종적으로 언제까지 정지되는가?

[규정]

제1조(정의) ① '벌점'은 교통법규위반에 대하여 그 위반의 경중에 따라 위반행위자에게 배점되는 점수를 말한다.

② '처분벌점'은 교통법규위반시 배점된 벌점을 누적하여 합산한 점수에서 기간경과로 소멸한 벌점 점수와 운전면허 정지처분으로 집행된 벌점을 뺀 점수를 말한다.

제2조(벌점의 배점 등) ① 속도위반을 제외한 교통법규위반에 대하여 배점되는 벌점은 아래 표와 같다.

사유	벌점	사유	벌점
신호위반	15점	정지선위반	18점
앞지르기금지위반	20점	갓길통행	25점

② 속도위반에 대하여 배점되는 벌점은 아래 표와 같다.

초과된 속도	20km/h 초과 40km/h 이하	40km/h 초과
벌점	15점	40점

③ 벌점은 해당 교통법규위반일로부터 3년이 지나면 소멸하고, 30점 미만인 처분벌점은 최종 교통법규위반일로부터 교통법규위반 없이 1년이 지나면 소멸한다.

제3조(운전면허정지처분 등) ① 처분벌점이 40점 이상이 되면 운전면허정지처분을 하되, 최종 교통법규위반일 다음날부터 운전면허가 정지되며 처분벌점 1점을 정지일수 1일로 계산하여 집행한다.

② 운전면허정지 중에 범한 교통법규위반행위에 대해서는 벌점을 2배로 배점한다.

③ 운전면허정지 중에 새로운 운전면허정지처분을 추가로 받는 경우, 추가된 운전면허정지처분은 집행 중인 운전면허정지처분의 기간이 종료한 다음날부터 집행한다.

〈사실관계〉

갑은 그 이전까지는 교통법규위반 전력이 없었는데, 2017. 5. 1.에 신호위반을 하고, 2020. 7. 1.에 정지선위반을 하고, 2021. 3. 1.에 갓길통행을 하고, 2021. 4. 1.에 규정속도를 45km/h 초과하여 속도위반을 하였다. 갑은 위 모든 교통법규위반행위들에 대해 위반일자에 [규정]에 따른 벌점 또는 운전면허정지처분을 받았다.

① 2021. 5. 23.   ② 2021. 6. 7.   ③ 2021. 6. 14.
④ 2021. 7. 2.   ⑤ 2021. 7. 17.

2023
2022
2021
2020
2019
2018
2017
2016
2015
2014
2013

05. 다음 논쟁에 대한 분석으로 옳은 것만을 〈보기〉에서 있는 대로 고른 것은?

80년 전 K섬이 국가에 의해 무단으로 점유되어 원주민 A가 K섬에서 강제로 쫓겨나 타지에서 어렵게 살게 되었다. A가 살아 있다면 국가가 저지른 잘못에 대해서 A에게 배상이 이루어져야 하겠지만 A는 이미 사망하였다. A의 현재 살아 있는 자녀 B에게 배상이 이루어져야 할지에 대해서 다음과 같은 논쟁이 벌어졌다.

갑: 배상은 어떤 잘못에 의해서 영향받은 사람에게 이루어져야 하는데, ㉠잘못된 것 X에 대해 사람 S에게 배상을 한다는 것은, X가 일어나지 않았더라면 S가 누렸을 만한 삶의 수준이 되도록 S에게 혜택을 제공하는 것이다. 피해자의 삶의 수준을 악화시킨 경우 그리고 그런 경우에만 배상이 이루어져야 한다. 따라서 80년 전 K섬의 무단 점유가 없었더라면 B가 누렸을 삶의 수준이 되도록 B에게 혜택을 제공하는 배상이 이루어져야 한다.

을: 갑의 주장에는 심각한 문제가 있다. K섬의 무단 점유가 없었더라면 B의 아버지는 B의 어머니가 아니라 다른 여인을 만나 다른 아이가 태어났을 것이고 B는 아예 존재하지 않았을 것이다. 따라서 그 섬의 무단 점유가 없었더라면 B가 더 높은 수준의 삶을 누렸을 것이라고 말하는 것은 옳지 않으며, 그런 상황에서 B가 누렸을 삶의 수준이 어느 정도인지의 질문에 대해 애초에 어떤 답도 없다.

병: B의 배상 원인이 되는 잘못은 80년 전 발생한 K섬의 무단 점유가 아니라, B가 태어난 후 어느 시점에서 K섬의 무단 점유에 대해 A에게 배상이 이루어지지 않았다는 사실이다. 만약 그런 사실이 없었더라면, 다시 말해 B가 태어난 후 K섬의 무단 점유에 대해 A에게 배상이 이루어졌더라면, A는 B에게 더 나은 교육 기회와 자원을 제공하였을 것이고 B는 더 나은 삶을 살았을 것이다. 그러나 과거에 그런 배상이 이루어지지 않았기 때문에 B에게 배상이 이루어져야 하는 것이다.

〈보기〉

ㄱ. 갑이 "80년 전 K섬의 무단 점유가 없었더라면, A는 그가 실제로 누렸던 것보다 훨씬 더 높은 수준의 삶을 누렸겠지만 B는 오히려 더 낮은 수준의 삶을 누렸을 것이다."라는 것을 받아들이게 된다면, 갑은 B에게 배상이 이루어져야 한다는 주장에 동의하지 않을 것이다.

ㄴ. 을이 ㉠의 원리를 받아들인다면, 그는 80년 전 K섬의 무단 점유에 대해 B에게 배상이 이루어져야 한다는 주장에 동의할 것이다.

ㄷ. 병은 ㉠의 원리에 동의하지 않지만, B에게 배상이 이루어져야 한다는 것에 대해서는 갑과 의견을 같이한다.

① ㄱ   ② ㄴ   ③ ㄱ, ㄷ
④ ㄴ, ㄷ   ⑤ ㄱ, ㄴ, ㄷ

06. [규정]과 〈사례〉를 근거로 판단할 때 〈보기〉에서 [규정]을 준수한 것만을 있는 대로 고른 것은?

[규정]
제1조 ① '개인정보처리자'란 업무를 목적으로 개인정보를 처리하는 자를 말한다.
② '업무수탁자'란 개인정보처리자가 본래의 개인정보 수집·이용 목적과 관련된 업무를 위탁한 경우 위탁자의 이익을 위해 개인정보를 처리하는 자를 말한다.
③ '제3자'란 개인정보처리자와 업무수탁자를 제외한 모든 자를 말한다.
제2조 ① 개인정보처리자는 정보주체의 동의를 받은 경우에 한하여 개인정보를 수집할 수 있으며 그 수집 목적의 범위에서 이용할 수 있다.
② 전항의 개인정보처리자는 수집 목적 범위에서 개인정보를 제3자에게 제공(공유를 포함)할 수 있다. 다만 제공 후 1주일 이내에 제공사실을 정보주체에게 알려야 한다.
③ 개인정보처리자는 정보주체의 이익을 부당하게 침해할 우려가 없는 경우에 한하여 정보주체로부터 별도의 동의를 받아 개인정보를 수집 목적 이외의 용도로 이용하거나 이를 제3자에게 제공할 수 있다.
④ 개인정보처리자는 개인정보 처리업무를 위탁하는 경우에 위탁 후 위탁사실을 정보주체에게 알려야 하고, 정보주체가 확인할 수 있도록 공개하여야 한다.

〈사례〉

숙박예약 전문사이트를 운영하는 P사는 숙박예약 및 이벤트 행사를 위한 목적으로 회원가입시 이용자의 동의를 받아 개인정보를 수집하였다.

〈보기〉

ㄱ. P사는 회원들로부터 별도의 동의 없이 숙박시설 운영자 Q에게 해당 숙박시설을 예약한 회원의 정보를 제공하고 즉시 그 회원에게 제공사실을 알려주었다.

ㄴ. P사는 여행사 S사와 사업제휴를 맺고 회원들로부터 별도의 동의 없이 S사가 S사의 여행상품을 홍보할 수 있도록 회원정보를 공유하였다.

ㄷ. P사는 항공권 경품이벤트를 알리기 위해 홍보업체 R사와 이벤트안내 메일발송업무에 관한 위탁계약을 체결하고 회원정보를 R사에게 제공한 후, 10일이 경과한 후에 제공사실을 회원들에게 알리고 공개하였다.

ㄹ. P사는 인터넷 불법도박사이트 운영업체 T사가 불법도박을 홍보할 수 있도록, 회원들로부터 별도의 동의를 받아 T사에게 회원정보를 유료로 제공하였다.

① ㄱ, ㄷ   ② ㄱ, ㄹ   ③ ㄴ, ㄹ
④ ㄱ, ㄴ, ㄷ   ⑤ ㄴ, ㄷ, ㄹ

07. 다음으로부터 추론한 것으로 옳은 것만을 〈보기〉에서 있는 대로 고른 것은?

X국은 "교통사고 당시 운전자의 혈중알코올농도가 0.03% 이상인 것이 확인되면 면허를 취소한다."는 규정을 두고 있다. 그런데 교통사고 시점으로부터 일정 시간이 경과한 이후에 음주측정이 이루어진 경우에는 교통사고 시점의 혈중알코올농도를 직접 확인할 수 없다. 이런 경우에 대비하여 X국 법원은 사고 후에 측정한 혈중알코올농도를 근거로 교통사고 시점의 혈중알코올농도를 추정하는 A공식을 도입하여 면허취소 여부를 판단하고자 한다.

A공식은 섭취 후 일정 시간 동안은 알코올이 소화기관에 의하여 혈액에 일정량 흡수되어 혈중알코올농도가 증가(상승기)하지만 최고치에 이른 시점 이후부터는 분해작용에 따라 서서히 감소(하강기)한다는 점에 착안한 것이다. A공식은 측정한 혈중알코올농도에 시간의 흐름만큼 감소한 혈중알코올농도를 더하는 방식이므로 교통사고가 혈중알코올농도 하강기에 발생한 경우에만 적용될 수 있다.

A공식: $C = r + b \times t$

(C: 확인하고자 하는 시점의 혈중알코올농도, r: 실측 혈중알코올농도, b: 시간당 알코올 분해율, t: 경과시간)

A공식에서 b는 시간당 0.008~0.03%로 사람마다 다른데 X국 법원은 개인별 차이를 고려하지 않고 위 범위에서 측정대상자에게 가장 유리한 값을 대입한다. 또한 t는 확인하고자 하는 시점부터 실제 측정한 시간까지의 경과시간을 시간 단위(h)로 대입한다.

한편 혈중알코올농도가 증가하는 '상승기 시간'은 음주종료시점부터 30분에서 1시간 30분까지로 사람마다 다른데 X국 법원은 역시 개인별 차이는 고려하지 않고 일괄적으로 음주종료시부터 1시간 30분 후에 최고 혈중알코올농도에 이르는 것으로 본다.

〈보 기〉

ㄱ. 20:00까지 술을 마신 후 운전을 하다 21:00에 교통사고를 냈고 같은 날 21:30에 측정한 혈중알코올농도가 0.031%인 사람은 면허가 취소된다.

ㄴ. 20:00까지 술을 마신 후 운전을 하다 교통사고를 냈고(시간 미상), 같은 날 23:30에 측정한 혈중알코올농도가 0.012%인 사람은 이후 사고시간이 밝혀지더라도 면허가 취소되지 않는다.

ㄷ. 20:00까지 술을 마신 직후 자가측정한 혈중알코올농도가 0.05%이었고 이후 운전을 하다 22:30에 교통사고를 냈으며 같은 날 23:30에 측정한 혈중알코올농도가 0.021%인 사람의 면허는 취소되지 않는다.

① ㄱ
② ㄴ
③ ㄱ, ㄷ
④ ㄴ, ㄷ
⑤ ㄱ, ㄴ, ㄷ

08. [규정]의 〈검토의견〉에 대한 평가로 옳은 것만을 〈보기〉에서 있는 대로 고른 것은?

[규정]

제1조(정의) '아동'은 미성년자를 말한다.

제2조(신체적 아동학대) 누구든지 아동을 폭행하거나 신체건강 및 발달에 해를 끼치는 신체적 학대행위를 한 때에는 5년 이하의 징역에 처한다.

제3조(성적 아동학대) 누구든지 아동을 대상으로 성적 수치심을 야기하는 성적 학대행위를 한 때에는 6년 이하의 징역에 처한다.

〈검토의견〉

A: 아동학대범죄는 일반폭력범죄와 달리 보호의무자가 보호대상자에게 해를 끼치는 데 특징이 있다. 따라서 보호대상인 아동은 제2조, 제3조의 행위주체에서 제외하고 행위주체를 보호의무자인 '성인'으로 한정하여야 한다.

B: [규정]은 학대가해자를 철저히 처벌하여 학대피해자인 아동을 각종 학대행위로부터 두텁게 보호하고자 하는 데에 목적이 있다. 따라서 제2조, 제3조의 행위주체는 현행과 같이 '누구든지'로 유지되어야 한다.

C: 성적 행위와 관련하여 아동피해자를 성적 자기결정능력이 있는 성인피해자와 동일하게 취급할 수 없다. 따라서 제3조에서 '성적 수치심을 야기하는'이라는 표현은 삭제하는 것이 타당하다.

〈보 기〉

ㄱ. "최근 미성년자가 다른 미성년자의 보호·감독자가 되는 사회적 관계 유형이 증가하고 있다."는 연구 결과는 A를 뒷받침한다.

ㄴ. "아동학대의 가해자 상당수가 어린 시절 아동학대를 경험한 피해자이므로 아동학대에서 피해자와 가해자를 이분법적으로 나눌 수 없다."는 연구 결과는 B를 뒷받침한다.

ㄷ. "최근 미성년자 간에 성적 요구를 하여 영상 등을 촬영하는 사례가 늘고 있으며 이러한 요구에 대하여 아무 부끄러움이나 불쾌감 없이 응한 경험이 이후 부정적 자기정체성이나 왜곡된 성 인식을 형성하는 데에 결정적 영향을 미치므로, 미성년자 간의 성적 요구행위 역시 학대로 보아 처벌할 필요성이 크다."는 연구 결과는 B, C 모두를 뒷받침한다.

① ㄱ
② ㄷ
③ ㄱ, ㄴ
④ ㄴ, ㄷ
⑤ ㄱ, ㄴ, ㄷ

09. [규정]에 따라 〈사례〉를 판단한 것으로 옳은 것만을 〈보기〉에서 있는 대로 고른 것은?

[규정]
제1조 ① 타인의 동의를 얻어 그의 물건을 원재료로 사용하여 새로운 물건을 제작한 경우 새로운 물건은 원재료 소유자가 소유한다.
　② 제1항에도 불구하고 새로운 물건의 가격이 원재료 가액을 초과한 경우에는 새로운 물건을 제작한 자가 소유한다. 이 경우 원재료 소유자는 새로운 물건을 제작한 자에게 원재료 가액의 지급을 청구할 수 있다.
　③ 제2항에서 제작행위를 한 자가 여럿이면 그 제작행위를 한 자가 새로운 물건을 공동으로 소유한다.
제2조 타인의 동의 없이 그의 물건을 원재료로 사용하여 새로운 물건을 제작한 경우 원재료 소유자는 다음의 권리를 가진다.
　1. 새로운 물건의 가격이 원재료 가액을 초과한 경우에는 새로운 물건을 소유한다.
　2. 새로운 물건의 가격이 원재료 가액과 동일하거나 미달하는 경우에는 우선 새로운 물건을 제작한 자에게 원재료 가액의 지급을 청구하여야 하고, 새로운 물건을 제작한 자가 이를 지급하지 않는 경우에 한하여 새로운 물건을 소유한다.
제3조 제1조 및 제2조에도 불구하고 새로운 물건을 쉽게 원재료로 환원할 수 있고 원재료 소유자가 이를 원할 경우에는 새로운 물건을 제작한 자는 원재료 소유자에게 원상대로 원재료를 반환하여야 한다.

〈사례〉
　가죽 유통업자 갑은 장당 50만 원인 소가죽 50장을 소유·보관하고 있다. 구두장인 을은 갑의 소가죽 3장을 가져가 한 장은 손쉽게 제거 가능한 광택을 넣어 가격이 50만 원인 ㉠광택 나는 새로운 소가죽을 제작하였고, 다른 한 장으로는 ㉡구두를 제작하는 한편, 나머지 한 장은 소파제작자 병에게 보내 소파를 제작하게 하였다. 병은 이를 재단하여 100만 원인 ㉢소파를 제작하였는데, 소파 제작에 사용된 목재는 병이 50만 원에 구입한 것이다.

─────〈보 기〉─────
ㄱ. 을이 갑의 사용동의 없이 소가죽을 가져가 ㉠을 제작한 경우, 갑은 을에게 원상대로 소가죽을 반환할 것을 청구할 수 있다.
ㄴ. ㉡이 30만 원이고 소가죽에 대한 갑의 사용동의가 없는 경우, ㉡은 갑의 소유이다.
ㄷ. ㉢을 제작하는 데 있어서 만약 소가죽에 대한 갑의 사용동의가 있다면 ㉢의 소유자는 을이 되지만, 만약 갑의 사용동의가 없다면 ㉢은 갑의 소유가 된다.

① ㄱ　　　　　② ㄷ　　　　　③ ㄱ, ㄴ
④ ㄴ, ㄷ　　　　⑤ ㄱ, ㄴ, ㄷ

---

10. 입법안 〈1안〉, 〈2안〉, 〈3안〉에 대한 분석으로 옳지 않은 것은?

〈1안〉
① 성적 의도로 다른 사람의 신체를 그 의사에 반하여 촬영한 자는 4년 이하의 징역에 처한다.
② 제1항에 따른 촬영물 또는 그 복제물을 유포한 자는 6년 이하의 징역에 처한다.
③ 영리를 목적으로 제1항의 촬영물 또는 그 복제물을 정보통신망을 이용하여 유포한 자는 10년 이하의 징역에 처한다.

〈2안〉
① 성적 의도로 다른 사람의 신체를 그 의사에 반하여 촬영하거나 그 촬영물 또는 그 복제물을 유포한 자는 5년 이하의 징역에 처한다.
② 제1항의 촬영이 촬영 당시에는 촬영대상자의 의사에 반하지 아니한 경우에도 촬영 후에 그 의사에 반하여 촬영물 또는 그 복제물을 유포한 자는 3년 이하의 징역에 처한다.
③ 영리를 목적으로 제1항 또는 제2항의 촬영물 또는 ㄱ 복제물을 정보통신망을 이용하여 유포한 자는 7년 이하의 징역에 처한다.

〈3안〉
① 성적 의도로 사람의 신체를 촬영대상자의 의사에 반하여 촬영한 자는 5년 이하의 징역에 처한다.
② 제1항에 따른 촬영물 또는 그 복제물을 유포한 자는 7년 이하의 징역에 처한다. 제1항의 촬영이 촬영 당시에는 촬영대상자의 의사에 반하지 아니한 경우에도 그 촬영물 또는 그 복제물을 촬영대상자의 의사에 반하여 유포한 자는 7년 이하의 징역에 처한다.
③ 영리를 목적으로 정보통신망을 이용하여 제2항의 죄를 범한 자는 8년 이하의 징역에 처한다.
④ 제1항 또는 제2항의 촬영물 또는 그 복제물을 소지·구입·저장 또는 시청한 자는 1년 이하의 징역에 처한다.

※ 유포: 1인 이상의 타인에게 반포·판매·임대·제공하거나 타인이 볼 수 있는 방법으로 전시·상영하는 행위를 포함하여 촬영물이나 그 복제물을 퍼뜨리는 행위

① 〈1안〉과 〈3안〉은 성적 의도로 타인의 신체를 그의 의사에 반하여 촬영하는 행위보다 그 촬영물을 유포하는 행위가 더 중한 범죄인 것으로 보고 있다.
② 성적 의도로 타인의 신체를 그의 의사에 반하여 촬영한 동영상을 인터넷에서 다운로드 받아 개인 PC에 저장하는 행위는 〈3안〉에서만 처벌대상이다.
③ 성적 의도로 촬영대상자의 허락을 받아 촬영한 나체사진을 그의 의사에 반하여 다른 사람에게 이메일로 전송하는 행위는 〈2안〉과 〈3안〉에서만 처벌대상이다.
④ 〈3안〉에 의하면 촬영자가 성적 의도로 촬영자 자신의 나체를 촬영하여 SNS로 보내온 사진을 그 촬영자의 의사에 반하여 다른 사람들에게 SNS로 보낸 행위도 처벌대상이다.
⑤ 타인의 의사에 반하여 그의 신체를 성적 의도로 촬영한 사진을 한적한 도로변 가판대에서 유상 판매하는 행위에 대해 가장 중한 처벌을 규정한 입법안은 〈1안〉이다.

11. X국, Y국 법원이 자국 규정에 따라 재판할 때 〈사례〉의 갑, 을, 병에게 선고되는 형 중 최저 형량과 최고 형량을 옳게 짝지은 것은?

[X국 규정]
제1조 ① 강간한 사람은 징역 7년형에 처한다.
　② 전항은 X국 영역 내에서 죄를 범한 내국인과 외국인에게 적용한다.
제2조 ① 해상에서 강도한 사람은 징역 8년형에 처한다.
　② 전항은 X국 영역 내에서 죄를 범한 내국인과 외국인 및 X국 영역 외에서 죄를 범한 내국인에게 적용한다.
제3조 X국의 국적만 가진 사람을 내국인으로 본다.
제4조 처벌대상이 되는 동종 또는 이종의 범죄가 수회 범해진 경우, 개별 범죄에서 정한 형을 전부 합산하여 하나의 형을 선고한다. 이때 한 행위자가 동종의 범죄를 범한 경우, 1회의 범죄를 1개의 범죄로 본다.

[Y국 규정]
제1조 ① 강간한 사람은 징역 6년형에 처한다.
　② 전항은 Y국 영역 내에서 죄를 범한 내국인과 외국인 및 Y국 영역 외에서 죄를 범한 내국인에게 적용한다.
제2소 ① 해상에서 강도한 사람은 징역 9년형에 처한다.
　② 전항은 Y국 영역 내·외에서 죄를 범한 내국인과 외국인에게 적용한다.
제3조 Y국의 국적을 가진 사람을 내국인으로 본다.
제4조 ① 처벌대상이 되는 동종 또는 이종의 범죄가 2회 범해진 경우에는 개별 범죄에서 정한 형 중 중한 형을 선택하여 그 형에 그 2분의 1을 더한 형만 선고하고, 3회 이상 범해진 경우에는 개별 범죄에서 정한 형 중 가장 중한 형을 선택하여 그 형에 그 3분의 2를 더한 형만 선고한다.
　② 전항에서 한 행위자가 동종의 범죄를 범한 경우, 1회의 범죄를 1개의 범죄로 본다.

〈사례〉
○X국 국적의 갑이 X국에서 1회 강간을 하고 1회 해상강도를 한 후 Y국에서 다시 1회 해상강도를 하였다. 갑은 Y국에서 재판을 받는다.
○Y국 국적의 을이 Y국에서 2회 강간을 하고 X국에 가서 1회 강간을 하였다. 본국으로 강제 송환된 을은 Y국에서 재판을 받는다.
○X국과 Y의 국적을 모두 가진 병이 Y국에서 1회 해상강도를 한 후 X국에서 2회 강간을 하였다. 병은 X국에서 재판을 받는다.

① 10년 – 13년 6개월
② 10년 – 14년
③ 10년 – 15년
④ 12년 – 13년 6개월
⑤ 12년 – 14년

12. 다음 논쟁에 대한 분석으로 옳은 것만을 〈보기〉에서 있는 대로 고른 것은?

X국 형법은 타인의 재물을 훔친 자를 절도죄로 처벌한다. 형법상 '재물'의 의미와 관련하여 갑, 을, 병이 아래와 같이 논쟁을 하고 있다.

갑: 재물이란 '재산적 가치가 있는 물건'을 말하고, 여기서 '재산적 가치'란 순수한 경제적 가치, 즉 금전적 가치를 의미하기 때문에, 형법상 재물은 물건의 소유 및 거래의 적법성 여부와는 상관없다고 생각합니다.
을: 재물이 반드시 적법하게 소유되거나 거래된 것일 필요가 없다는 점에 대해서는 갑의 견해에 동의합니다. 하지만 재물의 개념요소인 '재산적 가치'는 소유자가 주관적으로 부여하는 것이기 때문에, 금전적 교환가치가 있든 없든 소유자의 소유 의사가 표출되어 있는 이상 해당 물건을 형법상 재물로 보는 것이 타당합니다.
병: 재물의 개념요소인 '재산적 가치'가 인정되려면 금전적 교환가치가 있어야 합니다. 하지만 그것은 필요조건이지 충분조건은 아니라고 생각합니다. 형법상 재물이 되기 위해서는 금전적 교환가치가 있어야할 뿐만 아니라 소유 및 거래의 적법성이 인정되는 것이어야 합니다.

〈보 기〉
ㄱ. 갑은 마약밀매상이 가지고 있는 법적으로 소유가 금지된 마약을 형법상 재물로 본다.
ㄴ. 을은 마약밀매상이 가지고 있는 법적으로 소유가 금지된 마약과 연예인이 소중히 보관하고 있지만 거래는 되지 않는 팬레터를 모두 형법상 재물로 본다.
ㄷ. 병은 연예인이 소중히 보관하고 있지만 거래는 되지 않는 팬레터를 형법상 재물로 보지만, 마약밀매상이 가지고 있는 법적으로 소유가 금지된 마약은 형법상 재물로 보지 않는다.

① ㄱ
② ㄷ
③ ㄱ, ㄴ
④ ㄴ, ㄷ
⑤ ㄱ, ㄴ, ㄷ

해커스 LEET 김우진 추리논증 기출문제 + 해설집

13. [규정]을 〈사례〉에 적용한 것으로 옳은 것만을 〈보기〉에서 있는 대로 고른 것은?

혼인하려는 당사자들은 혼인의 성립을 가능하게 하는 요건을 모두 충족하고 혼인의 성립을 불가능하게 하는 요건에 하나도 해당하지 않아야 혼인할 수 있다. 같은 국적을 가진 당사자들에게는 그들이 국적을 가진 국가의 규정을 적용하면 충분하나, 서로 다른 국적을 가진 당사자들에게는 어느 국가의 규정을 적용할지가 문제된다. 서로 다른 국적을 가진 당사자들이 X국에서 혼인할 수 있는지를 판단하려면, 혼인 적령(適齡)은 각 당사자가 자신의 국적을 가진 국가에서 정한 요건만 검토하면 충분하고, 중혼(重婚)·동성혼(同性婚)은 쌍방 당사자가 국적을 가진 각 국가에서 정한 요건을 모두 검토해야 한다.

[규정]
X국: 18세에 이르면 혼인할 수 있다. 기혼자도 중복으로 혼인할 수 있다. 같은 성별 간에도 혼인할 수 있다.
Y국: 남성은 16세, 여성은 18세에 이르면 혼인할 수 있다. 남성은 기혼자도 중복으로 혼인할 수 있다. 같은 성별 간에는 혼인할 수 없다.
Z국: 여성은 16세, 남성은 18세에 이르면 혼인할 수 있다. 쌍방 당사자 모두 미혼이어야 혼인할 수 있다. 같은 성별 간에도 혼인할 수 있다.

〈사례〉
갑: X국 국적의 19세 미혼 여성이다.
을: Y국 국적의 17세 기혼 남성이다.
병: Z국 국적의 17세 미혼 여성이다.

─〈보 기〉─
ㄱ. 갑과 을은 X국에서 혼인할 수 있다.
ㄴ. 갑과 병은 X국에서 혼인할 수 있다.
ㄷ. 을과 병은 X국에서 혼인할 수 있다.

① ㄴ　　　　② ㄷ　　　　③ ㄱ, ㄴ
④ ㄱ, ㄷ　　⑤ ㄱ, ㄴ, ㄷ

14. [규정]에 따라 〈사례〉를 판단한 것으로 옳지 <u>않은</u> 것은?

X국에서 유행성 독감이 급격히 확산하자 마스크 품귀 현상이 발생하였고 마스크 판매가격이 급등하였다. 이에 마스크 생산회사를 인수하여 마스크 공급을 독점하려는 동태가 감지되자 X국 정부는 [규정]을 제정하였다.

[규정]
제1조(지분 보유 제한) 자연인 또는 법인(회사를 포함한다)은 단독으로 또는 제2조에 규정된 '사실상 동일인'과 합하여 마스크 생산회사 지분을 50%까지만 보유할 수 있다.
제2조(사실상 동일인) '사실상 동일인'이란 다음 각호 중 어느 하나에 해당하는 자를 말한다.
　1. 해당 자연인의 부모, 배우자, 자녀
　2. 해당 자연인이 50% 이상 지분을 보유하고 있는 법인
　3. 해당 자연인이 제1호에 규정된 자와 합하여 50% 이상 지분을 보유하고 있는 법인

〈사례〉
X국에서 마스크를 생산하는 P회사 지분은 갑이 15%, 마스크 생산과 무관한 Q회사가 20%를 보유하고 있고, 나머지는 제3자들이 나누어 보유하고 있다. Q회사 지분은 을, 병, 정이 각각 10%, 40%, 50%를 보유하고 있다. 병은 을의 남편이다.

① 병은 제3자들로부터 P회사 지분 30%를 취득할 수 있다.
② 을이 갑의 딸인 경우, 갑은 제3자들로부터 P회사 지분 35%를 취득할 수 있다.
③ 정이 갑의 딸인 경우, 정은 제3자들로부터 P회사 지분 15%를 취득할 수 있다.
④ 정이 병으로부터 Q회사 지분 10%를 취득하는 경우, 병은 제3자들로부터 P회사 지분 50%를 취득할 수 있다.
⑤ 갑이 정으로부터 Q회사 지분 50%를 취득하는 경우, 갑은 제3자들로부터 P회사 지분 35%를 취득할 수 있다.

15. 다음으로부터 추론한 것으로 옳은 것만을 〈보기〉에서 있는 대로 고른 것은?

A: "미처 몰랐어."라는 말은 나쁜 행위에 대한 변명이 될 수 있고 비난의 여지를 줄여줄 수 있다. 가령 내가 친구의 커피에 설탕인 줄 알고 타 준 것이 독약이었다고 하자. 이는 분명 나쁜 행위이지만, 내가 그것을 몰랐다는 사실은 나에 대한 비난가능성을 줄여줄 것이다. 사실에 대한 무지가 도덕적 비난가능성을 줄일 수 있다면, 도덕에 대한 무지라고 다를 리 없다. 가령 어떤 사람이 노예제도가 도덕적으로 옳지 않다는 것을 모른 채 노예 착취에 동참했다고 해 보자. 이런 무지는 노예를 착취한 행위에 대해서 그 사람을 비난할 가능성을 줄여준다. 어떤 사람이 전쟁에서 적군을 잔인하게 죽이는 것이 옳다고 강하게 믿고 의무감에서 적군을 잔인하게 죽였다면, 그런 행위로 인해 그 사람은 심지어 칭찬받을 여지도 생길 수 있다.

B: 도덕적 무지가 나쁜 행위의 비난가능성을 줄일 수 있다면, 극악무도한 행위에 대해서도 "도덕적으로 그른 일인지 몰랐어."라는 변명이 통할 것이다. 그러나 이는 불합리하다. 어떤 행위를 한 사람이 칭찬받을 만한지 비난받을 만한지는 그 사람이 가진 옳고 그름에 대한 믿음에 따라 결정되는 것이 아니라, 행위가 드러내는 그 사람의 도덕적 성품에 따라 결정되어야 할 문제이다. 도덕적으로 선한 성품을 가진 사람은 그가 가진 도덕적 믿음에 상관없이 나쁜 것에 거부감을 느끼고 좋은 일에 이끌리기 마련이고, 그런 성품의 결과로 나온 행동은 칭찬받을 만하다. 사실 극단적인 형태의 도덕적 무지는 악한 성품에서 생겨나는 것이라 볼 수밖에 없다. 잘못된 도덕적 믿음과 의무감으로 인해 잔인하게 사람들을 죽이는 사람이 비난받아 마땅한 이유이다.

〈보 기〉

ㄱ. 노예제도가 당연시되던 시대에 살던 갑은 노예를 돕는 행위가 도덕적으로 옳지 않다고 믿음에도 불구하고 곤경에 빠진 노예를 돕는다. A에 따르면 갑은 이 행위로 인해 비난받을 만하고, B에 따르더라도 그러하다.

ㄴ. 을은 고양이를 학대하는 것이 도덕적으로 나쁘지 않다고 믿고 있다. 이 때문에 그는 거리낌 없이 고양이를 잔인하게 학대한다. A에 따르면 을의 도덕적 무지는 그에 대한 비난가능성을 낮추지만, B에 따르면 그렇지 않다.

ㄷ. 병은 식당에서 나오는 길에 다른 사람의 비싼 신발을 자기 것으로 착각하고 신고 가버렸다. A에 따르면 병의 착각은 그에 대한 비난가능성을 낮춘다.

① ㄱ ② ㄷ ③ ㄱ, ㄴ
④ ㄴ, ㄷ ⑤ ㄱ, ㄴ, ㄷ

16. 다음 대화에 대한 분석으로 옳은 것만을 〈보기〉에서 있는 대로 고른 것은?

소크라테스: 어떤 대상에 대해서 우리는 그것을 알거나 알지 못하거나 둘 중 하나 아니겠나? 그렇다면 판단을 하는 사람은 아는 것에 대해 판단하거나 아니면 알지 못하는 것에 대해 판단하는 게 필연적이겠지?

테아이테토스: 필연적입니다.

소크라테스: 그리고 어떤 대상을 알면서 동시에 알지 못한다거나, 알지 못하면서 동시에 안다는 건 불가능한 일이네.

테아이테토스: 그렇습니다.

소크라테스: 그럼 거짓된 판단을 하는 자가 판단의 대상을 알고 있는 경우라면, 그는 자기가 아는 것을 그것 자체라고 생각하지 않고 자기가 아는 다른 어떤 것이라고 생각하는 것인가? 그래서 그는 양쪽 다를 알면서도 다시금 양쪽 다를 모르는 것인가?

테아이테토스: 그건 불가능합니다.

소크라테스: 만일 거짓된 판단을 하는 자가 판단의 대상을 알지 못하는 경우라면, 그는 자기가 알지 못하는 것을 자기가 알지 못하는 다른 어떤 것이라고 여기는 것인가? 그래서 자네와 나를 알지 못하는 자가 '소크라테스는 테아이테토스다' 또는 '테아이테토스는 소크라테스다'라는 생각에 이르게 되는 일이 있을 수 있는가?

테아이테토스: 어찌 그럴 수 있겠습니까?

소크라테스: 아무렴, 자기가 아는 것을 알지 못하는 것이라고 여기는 경우는 없으며, 또한 알지 못하는 것을 아는 것이라고 여기는 경우도 확실히 없네. 그러니 어떻게 거짓된 판단을 할 수 있겠는가? 왜냐하면 우리는 대상에 대해 알든가 아니면 알지 못하든가 할 뿐인데 이들 경우에 거짓된 판단을 하는 것은 결코 가능해 보이지 않으니까.

〈보 기〉

ㄱ. 소크라테스에 따르면, a만 알고 b를 모르더라도 'a는 b이다'라는 참된 판단을 내릴 수 있다.

ㄴ. 소크라테스에 따르면, a와 b를 둘 다 모르는 경우 'a는 b이다'라는 거짓된 판단도 할 수 없다.

ㄷ. a와 b를 둘 다 알면서 'a는 b이다'라는 거짓 판단을 내리는 것이 실제로 가능하다면, 소크라테스의 주장은 설득력을 잃는다.

① ㄱ ② ㄷ ③ ㄴ, ㄴ
④ ㄴ, ㄷ ⑤ ㄱ, ㄴ, ㄷ

17. A, B에 대한 평가로 옳은 것만을 〈보기〉에서 있는 대로 고른 것은?

A: 악(惡)이 존재가 아니라 결여에 불과하다고 주장하는 사람들이 있다. 그런데 결여에 대해서는 더함과 덜함을 말할 수 없다. '이것이 빠져 있다'라는 진술과 '이것이 빠져 있지 않다'라는 진술은 모순 관계에 있기 때문이다. 모순 관계에서는 중간의 어떤 것이 허용되지 않는다. 반면, 존재에 대해서는 더함과 덜함을 말할 수 있다. 존재에는 완전함의 정도 차이가 있을 수 있기 때문이다. 그렇다면 악은 어떤가? 악한 것들 중에서 어떤 것은 다른 것보다 더 악하다.

B: 우리가 어떤 것이 다른 것보다 더 악하거나 덜 악하다고 말할 때, 우리는 그것들이 선(善)으로부터 얼마나 떨어져 있는가를 말하는 것이다. 이런 의미에서, 예컨대 '비동등성'과 '비유사성'처럼 결여를 내포하는 개념에 대해서도 더함과 덜함을 말할 수 있다. 즉, 동등성에서 더 멀리 떨어져 있는 것에 대해서 우리는 '더 비동등하다'라고 말하고, 유사성에서 더 떨어져 나온 것은 '더 비유사하다'라고 말한다. 따라서 선을 더 많이 결여한 것은, 마치 선에서 더 멀리 떨어져 있는 것처럼 '더 악하다'라고 말할 수 있다. 결여는 결여를 일으키는 원인의 증가 또는 감소에 의해서 더해지거나 덜해질 뿐 그 자체로 존재하는 어떤 성질이 아니다. 어둠은 그 자체로 존재하거나 그 자체로 강화되는 것이 아니다. 다만, 빛이 더 많이 차단될수록 더 어두워지고 밝음에서 더 멀어지게 되는 것이다.

〈보 기〉

ㄱ. B는 A와 달리 악이 결여라고 주장한다.
ㄴ. A는 악에 정도의 차이가 있다는 것을 인정하고 B도 그것에 동의한다.
ㄷ. 악 없이 존재하는 선은 가능해도 선 없이 존재하는 악은 불가능하다는 관점은 A보다 B에 의해 더 잘 지지된다.

---

① ㄱ   ② ㄷ   ③ ㄱ, ㄴ
④ ㄴ, ㄷ   ⑤ ㄱ, ㄴ, ㄷ

---

18. 다음 논쟁에 대한 분석으로 옳은 것만을 〈보기〉에서 있는 대로 고른 것은?

갑: 애야. 내일이 시험인데 왜 공부를 하지 않니?

을: 어머니, 좋은 질문이네요. 저는 공부를 하지 않기로 선택했어요.

갑: 왜 그런 놀라운 선택을 했는지 납득이 되도록 설명해 주지 않으련?

을: 제가 볼 시험은 1등부터 꼴등까지 응시생들의 순위를 매기도록 고안되어 있습니다. 다른 응시생들은 조금이라도 등수가 오르면 기뻐한다는 사실을 저는 발견했어요. 하지만 저는 등수가 오르는 것이 전혀 기쁘지 않습니다. 그리고 저는 더 많은 사람들이 기쁨을 누릴 수 있기를 원합니다. 그러니 제가 공부를 하지 않는 것이 다른 응시생을 기쁘게 만들지 않겠습니까? 제가 공부를 하지 않으면 더 많은 응시생들의 등수가 오르거든요. 따라서 저는 공부를 하지 않는 것이 정당합니다.

갑: 넌 공부를 하지 않을 뿐인데 그게 어떻게 다른 사람들의 기쁨의 원인이 될 수 있다는 말이냐? 내가 보기에 너는 아무것도 안 하면서 남들을 기쁘게 할 수 있다는 놀라운 주장을 하는구나. 다른 사람들이 자신의 등수 때문에 기뻐한다면 그건 그들이 공부를 했기 때문이 아니겠니? 네가 뭘 하지 않는 것과는 상관이 없어.

을: 아니죠, 어머니. 제가 만일 공부를 한다면 제가 공부를 하지 않았을 때보다 더 많은 사람들이 저보다 낮은 점수를 받게 되겠죠. 그 경우 저의 노력으로 인해 사람들이 기쁨을 느낄 기회를 잃게 되지 않겠어요?

〈보 기〉

ㄱ. 무언가를 원한다고 해서 그것을 획득하는 모든 수단이 정당화되지는 않는다면, 을의 논증은 약화된다.
ㄴ. 을이 공부를 할 경우 공부를 하지 않을 경우에 비해서 을의 점수가 오른다는 것이 참이라면, 을이 공부를 하지 않을 경우 더 많은 응시생들의 등수가 오른다는 을의 전제도 참이다.
ㄷ. 공부를 하지 않는 것이 타인으로 하여금 기쁨을 누리게 하는 원인이 될 수 없다는 갑의 주장이 참이려면, 무언가를 하지 않는 것이 다른 것의 원인이 될 수 없다는 가정이 참이어야 한다.

---

① ㄱ   ② ㄴ   ③ ㄱ, ㄷ
④ ㄴ, ㄷ   ⑤ ㄱ, ㄴ, ㄷ

19. 다음 글에 대한 평가로 옳은 것만을 〈보기〉에서 있는 대로 고른 것은?

연구팀은 철학자 집단과 일반인 집단을 대상으로 다음 세 문장에 대한 동의 여부를 조사하였다.

(가) 어떤 주장이 누군가에게 참이라면, 그것은 모든 사람에게 참이다.
(나) 모든 사람이 어떤 주장에 동의한다면, 그 주장은 참이다.
(다) 어떤 주장이 참이라면, 그것은 사실을 나타낸다.

두 집단 모두에서 (다)에 대해 '동의함'의 비율이 80%를 웃돌았다. (나)에 대해서는 두 집단 모두에서 '동의하지 않음'의 비율이 훨씬 우세했고 '동의함'의 비율은 철학자에서 더 높았다. 흥미로운 것은 (가)이다. 철학자는 83%가 (가)에 동의한 반면, 일반인은 그 비율이 40%를 약간 넘었고 동의하지 않는다는 응답의 비율이 오히려 더 높았다. (가)를 둘러싼 이 차이는 어디서 비롯되었을까? 연구팀에 따르면, (가)는 다음 둘 중 하나로 읽힌다.

[독해 1] 어떤 주장이 참임이 결정되었다면, 그것의 참임은 객관적이다.
[독해 2] 만약 누군가가 어떤 주장이 참이라고 생각한다면, 모두가 그에게 동의할 것이다.

주장의 참임이 객관적이라는 것은, 그것의 참이 각자의 관점에 상대적이지 않다는 뜻이다. 연구팀은 "㉠ 일반인에게서 (가)에 동의하는 의견의 비율이 철학자에 비해 현격히 낮았던 이유는, 철학자는 (가)를 [독해 1]로, 일반인은 [독해 2]로 읽는 경향이 있기 때문이다."라고 말한다. 연구팀은 이 차이에도 불구하고 ㉡ 참임의 객관성에 대해서는 일반인과 철학자의 의견이 일치한다고 생각한다. 왜냐하면 (가)와 (다)는 참임의 객관성을 긍정, (나)는 부정하는 문장인데, (다)에 대해 일반인과 철학자의 '동의함' 의견의 비율이 비슷하게 높았고, (나)에 동의하지 않는 비율도 철학자와 일반인이 비슷하게 높았기 때문이다.

〈보 기〉

ㄱ. 추가 조사 결과 철학자 대다수가 [독해 2]에 대해 '동의하지 않음'으로 응답했다면, ㉠은 강화된다.
ㄴ. 추가 조사 결과 일반인 대다수가 [독해 1]에 대해 '동의함'으로 응답했다면, ㉡은 강화된다.
ㄷ. (나)에 대해 동의하는 응답의 비율에서 일반인과 철학자 사이에 차이가 있는 것으로 나타난 이유가, '동의하지 않음' 의견을 지닌 일부 철학자가 '동의함'으로 잘못 응답한 실수 때문이었음이 밝혀진다면, ㉡은 강화된다.

① ㄱ
② ㄴ
③ ㄱ, ㄷ
④ ㄴ, ㄷ
⑤ ㄱ, ㄴ, ㄷ

20. 다음으로부터 추론한 것으로 가장 적절한 것은?

'지금', '여기', '오늘', '어제'와 같은 단어들을 지표사라고 부른다. 내가 어느 날 "오늘 비가 온다."라고 말한다고 하자. 다음 날도 "오늘 비가 온다."라고 말하면 어제 한 말과 같은 말을 한 것인가? "오늘 비가 온다."라고 한 날이 화요일이었다고 해보자. 그러면 이때 '오늘'은 화요일을 가리킨다. 그런데 다음 날 내가 "오늘 비가 온다."라고 말한다면 여기서 '오늘'은 수요일을 가리킬 것이니, 따라서 어제와 같은 말을 한 것이 아니다. 첫 번째 발화의 경우 '오늘'은 화요일을 가리키나 두 번째 발화에서는 같은 단어가 수요일을 가리킨다. 우리는 '오늘'이라는 표현을 이틀 연속 사용해서 같은 날을 가리킬 수 없다.

내가 화요일에 한 말과 같은 말을 수요일에도 하려면 "어제 비가 왔다."라고 말해야 한다. 하지만 '오늘'과 '어제'라는 두 단어는 같은 날을 가리킬 때조차 언어적으로 다른 의미를 지닌다. 그런데도 화요일에 "오늘 비가 온다."라고 말하고 다음 날인 수요일에 "어제 비가 왔다."라고 말했을 때 두 문장이 같은 말이라는 것은 직관적으로 분명하다. 따라서 두 문장이 언어적 의미가 같아서 같은 말이 된 것은 아니다. 확실히 "오늘 비가 온다."와 "어제 비가 왔다."라는 문장은 언어적으로 같은 의미를 갖지 않는다. '오늘'과 '어제'가 두 문장에서 같은 대상을 가리킨다는 점이 중요하지만, 두 표현이 가리키는 대상이 같다고 해서 두 표현을 바꿔 쓴 문장이 같은 말을 하는 문장임이 보장되는 것은 아니다. 같은 대상을 가리키는 '세종의 장남'과 '세조의 형'이라는 두 표현을 고려해 보자. 누군가가 "세종의 장남은 총명하다."라고 말한 것을 세조의 형은 총명하다고 말했다고 다른 사람이 보고한다면 다른 말을 전하는 셈이 될 것이다. '세종의 장남'과 '세조의 형'은 언어적 의미가 다르기 때문이다. 하지만 날짜와 관련한 지표사의 경우, 같은 말을 하려면 먼저 사용한 단어인 '오늘'과 언어적 의미가 다른 단어인 '어제'를 사용해야 한다.

① 다른 말을 하는 두 문장에 사용된 표현은 같은 대상을 가리킬 수 없다.
② 한 문장에 사용된 어떤 단어를, 가리키는 대상은 같지만 언어적 의미가 다른 단어로 바꿔 쓰더라도, 여전히 같은 말을 할 수 있다.
③ 한 문장에 사용된 어떤 단어를 다른 단어로 바꿔 써서 발화자의 맥락에 따라 같은 말을 했다면, 그 두 단어의 언어적 의미는 같다.
④ 한 문장에 사용된 어떤 단어를, 가리키는 대상은 다르지만 언어적으로 의미가 같은 다른 단어로 바꿔 쓰더라도, 여전히 같은 말을 할 수 있다.
⑤ 한 문장에 사용된 어떤 단어를, 가리키는 대상도 같고 언어적 의미도 같은 단어로 바꿔 쓰더라도, 발화자의 맥락에 따라 다른 말을 할 수 있다.

21. 다음 글에 대한 분석으로 옳은 것만을 〈보기〉에서 있는 대로 고른 것은?

일상에서 역사적 인물의 이름인 '나폴레옹'을 사용할 때, 이 이름은 실존 인물 나폴레옹을 지칭한다. 그런데 나폴레옹이 등장인물로 나오는 소설『전쟁과 평화』와 같은 허구 작품에서 사용된 이름 '나폴레옹' 역시 실존 인물 나폴레옹을 지칭하는가? 우리는 그렇다는 자연스러운 직관을 갖는다.

하지만 나폴레옹이 아메리카노로 등장하여, 커피 친구들과 모험을 하는 극단적인 허구 작품을 상상해 보자. 여기에 등장하는 나폴레옹은 실존 인물 나폴레옹과 전혀 유사하지 않으므로 이 작품에서 사용되는 '나폴레옹'은 단지 허구 속에 나타나는 등장인물을 지칭하는 것이지, 실존 인물을 지칭하는 것은 아니라고 결론 내릴 수 있다.

이처럼 적어도 어떤 허구 작품들에서 사용되는 '나폴레옹'은 실존 인물을 지칭하지 않는다는 주장을 받아들인다면, 우리는 다음 둘 중 하나를 받아들여야 한다.

(1) 어떤 허구 작품들에서 사용되는 '나폴레옹'은 실존 인물을 지칭하지 않지만, 어떤 다른 허구 작품들에서 사용되는 '나폴레옹'은 실존 인물을 지칭한다.
(2) 모든 허구 작품들에서 사용되는 '나폴레옹'은 실존 인물을 지칭하지 않는다.

여기에서 이론의 단순성과 통일성을 고려한다면 (2)의 견해에 어떤 심각한 문제점이 나타나지 않는 이상 우리는 (1) 대신 (2)를 취해야만 할 것이다.『전쟁과 평화』에서 사용되는 '나폴레옹'이 실존 인물 나폴레옹을 지칭한다는 직관이 (2)와 상충하여 문제된다고 생각할 수 있겠지만, 이는 다음과 같이 설명할 수 있다.『전쟁과 평화』에서 사용되는 '나폴레옹' 역시 허구 속의 등장인물 나폴레옹을 지칭하며, 이 허구 속의 등장인물 나폴레옹이 실존 인물 나폴레옹과 유사한 특징을 가졌기에, 우리는 그 이름이 실존 인물을 지칭하는 것이라는 잘못된 직관을 갖는 것이다.

〈보 기〉

ㄱ. 이 글에 따르면, 만일 누군가의 글 속에서 사용된 어떤 이름 'N'이 실존 인물을 지칭하는 경우, 그 글은 허구 작품이 아니다.
ㄴ. 만일 모든 허구 작품들에서 사용되는 '나폴레옹'이 실존 인물을 지칭한다는 견해에 어떤 문제점도 없다면, 이 글의 논증은 약화된다.
ㄷ. 이 글의 논증은, "허구 작품에서 사용되는 등장인물의 이름이 실존 인물을 지칭하지 않는다면, 그 등장인물과 실존 인물은 어떤 유사성도 갖지 않는다."가 참이라 가정하고 있다.

① ㄱ   ② ㄷ   ③ ㄱ, ㄴ
④ ㄴ, ㄷ   ⑤ ㄱ, ㄴ, ㄷ

22. 다음 논쟁에 대한 분석으로 옳은 것만을 〈보기〉에서 있는 대로 고른 것은?

'맛있다' 혹은 '재밌다'와 같은 사람들의 취향과 관련된 술어를 취향 술어라고 한다. 취향 술어를 포함한 문장에 관하여 갑과 을이 다음과 같이 논쟁하였다.

갑: "곱창은 맛있다."라는 문장은 사실 'x에게'라는 숨겨진 표현을 언제나 문법적으로 포함한다. 이때 'x'는 변항으로서, 특정 맥락의 발화자가 그 값으로 채워진다. 예를 들어, 곱창을 맛있어 하는 지우가 "곱창은 맛있다."라고 말한다면, 지우의 진술은 〈곱창은 지우에게 맛있다〉라는 명제를 표현하는 참인 진술이 된다. 반면, 곱창을 맛없어 하는 영호가 동일한 문장을 말한다면, 영호의 진술은 〈곱창은 영호에게 맛있다〉라는 다른 명제를 표현하는 거짓인 진술이 된다.

을: 지우가 "곱창은 맛있다."라고 말하는 경우, 영호는 "아니, 곱창은 맛이 없어!"라고 반박할 수 있고, 그렇다면 둘은 이에 대해 논쟁하기 시작할 것이다. 하지만 만일 갑의 견해가 맞는다면, 지우는 단지 〈곱창은 지우에게 맛있다〉라는 명제를 표현하고, 영호는 그와는 다른 명제의 부정을 표현하는 것이므로, 이 둘은 진정한 논쟁을 하는 것이 아니다. 그러나 분명히 두 사람은 이러한 상황에서 진정한 논쟁을 할 수 있으며, 이는 갑의 견해에 심각한 문제가 있음을 보여 주는 것이다. 이를 해결하기 위해서는, "곱창은 맛있다."라는 문장은, 누가 말하든지 〈곱창은 맛있다〉라는 명제를 표현한다고 간주해야 한다.

〈보 기〉

ㄱ. 갑에 따르면, 곱창을 맛있어 하는 사람들의 진술 "곱창은 맛있다."는 모두 같은 명제를 표현하지만, 이는 곱창을 맛없어 하는 사람들의 진술 "곱창은 맛있다."가 표현하는 명제와는 다르다.
ㄴ. 영호가 곱창을 맛없어 하는 경우, 영호의 진술 "곱창은 맛있다."는, 갑에 따르면 참이 될 수 없지만 을에 따르면 참이 될 수 있다.
ㄷ. 을의 논증은, 같은 명제에 대해 두 사람의 견해가 불일치한다는 사실이 그들의 논쟁이 진정한 논쟁이 되기 위한 필요 조건임을 가정하고 있다.

① ㄱ   ② ㄴ   ③ ㄱ, ㄷ
④ ㄴ, ㄷ   ⑤ ㄱ, ㄴ, ㄷ

23. 다음으로부터 추론한 것으로 옳은 것만을 〈보기〉에서 있는 대로 고른 것은?

인용 부호(작은따옴표)를 사용하면, 언어 표현 자체에 대해 언급할 수 있다. 예를 들어, 다음의 문장 (1)은 돼지라는 동물에 대해 언급하는 거짓인 문장인 반면, 인용 부호가 사용된 문장 (2)는 언어 표현 '돼지'에 대해 언급하는 참인 문장이고, 따라서 두 문장은 다른 의미를 표현한다.

(1) 돼지는 두 음절로 이루어져 있다.
(2) '돼지'는 두 음절로 이루어져 있다.

이때 문장 (2)의 영어 번역에는 다음 세 가지 후보가 있다.

(3) '돼지' has two syllables.
(4) 'Pig' has one syllable.
(5) 'Pig' has two syllables.

(2)는 참인 문장이지만 (5)는 거짓인 문장이므로, 우선 (5)는 올바른 번역에서 제외된다. 남은 (3)과 (4)는 모두 참인 문장이지만, (4)는 (2)의 올바른 번역이라고 볼 수 없다. 왜냐하면 번역에서는 두 문장의 의미가 엄격하게 보존되어야 하는데, (2)의 '두 음절'과 (4)의 'one syllable'은 명백히 다른 의미를 표현하고, 또한 (2)는 한국어 단어 '돼지'에 대해 말하는 문장인 반면, (4)는 영어 단어 'Pig'에 대해 말하는 문장이기 때문이다. 결국 (4)가 의미하는 것은 영어 단어 'Pig'가 한 음절이라는 것인데, 이는 (2)가 의미하는 것과는 완전히 다르므로, 올바른 번역이 될 수 없다. 따라서 (2)의 올바른 영어 번역은 한국어 단어 '돼지'가 두 음절이라는 동일한 의미를 표현하는 문장 (3)이다. 즉 어떤 언어에 속한 문장의 정확한 의미를 보존하는 다른 언어 문장으로의 올바른 번역은, 인용 부호 안의 표현 자체를 그대로 남겨 두는 것이 되어야만 한다.

그렇다면 다음 문장들을 고려해 보자.

(6) '돼지'는 글자 '돼'로 시작한다.
(7) 'Pig' starts with the letter 'P'.
(8) '돼지'는 동물이다.
(9) '돼지' is an animal.

〈보 기〉

ㄱ. (6)을 (7)로 번역하는 것은 올바른 번역이 아니다.
ㄴ. (8)을 (9)로 번역하는 것은 올바른 번역이 아니다.
ㄷ. 서로 다른 언어에 속한 두 문장의 진리값이 다르다는 사실은, 한 문장이 다른 문장의 올바른 번역이 아니라는 것을 보이기 위한 충분조건이긴 하지만, 필요조건은 아니다.

---

① ㄴ ② ㄷ ③ ㄱ, ㄴ
④ ㄱ, ㄷ ⑤ ㄱ, ㄴ, ㄷ

24. 〈사례〉에 대한 분석으로 옳지 <u>않은</u> 것은?

행위는 인식과 목적 두 측면에서 합리적인 것으로 평가받을 수 있어야 진정으로 합리적이며, 그렇지 않으면 비합리적이다. 두 측면을 이해하는 방식에는 각각 논란이 있다. 행위의 인식 측면에서는, 행위자가 개인적으로 믿고 있는 정보를 기준으로 목적을 달성할 수 있는 행위를 수행한 경우 합리적이라고 평가된다는 입장과 실제로 참인 정보를 토대로 해야 합리적으로 평가된다는 입장이 대립한다. 전자를 '주관적' 입장, 후자를 '객관적' 입장이라고 하자.

행위의 목적 측면에서는, 행위를 수행하는 목적이 행위자 자신에 대한 직접적 해악과 무관하다면 합리적이라고 평가된다는 입장과 그 목적이 비판적으로 정당화되는 도덕이론의 관점에서 부당하지 않은 경우에만 합리적으로 평가된다는 입장이 대립한다. 전자를 '내재주의', 후자를 '외재주의'라고 하자. 이를 조합하면 행위는 '주관적 내재주의', '주관적 외재주의', '객관적 내재주의', '객관적 외재주의'의 네 가지 입장에서 평가할 수 있다.

〈사례〉
○A는 수분을 섭취하기 위해 병에 담겨 있는 액체를 이온음료라고 믿고 마셨지만 그것은 실제로는 벤젠이었고 그 결과 A는 심각한 상해를 입게 되었다.
○B는 이웃돕기 성금을 마련하기 위해 중고 거래 사이트에 허위 매물을 올렸다. 그는 이 사이트의 거래 수단이 선입금 구매자의 보호에 취약하다는 사실을 잘 알고 있었다. 이 점을 이용하여 B는 판매 대금만 수령하고 물건은 보내지 않는 방식으로 이웃돕기 성금을 마련할 수 있었다.
○C는 금품 편취를 목적으로 동료에게 이메일을 보냈으나 이메일 주소를 잘못 알고 있었기에 그는 C에게 금품을 편취당하지 않았다.

---

① A와 C의 행위를 모두 비합리적이라고 평가하는 입장은 1개이다.
② 주관적 내재주의는 A와 B의 행위를 모두 합리적이라고 평가한다.
③ A의 행위의 합리성에 대한 주관적 외재주의와 주관적 내재주의의 평가는 일치한다.
④ 동료가 C에게 이메일 주소를 일부러 거짓으로 알려주었다 하더라도, C의 행위에 대한 합리성 평가는 어떤 입장에 따르더라도 변경되지 않는다.
⑤ 만약 외재주의가 행위의 목적뿐만 아니라 수단의 도덕성을 함께 고려하는 입장이라면, 주관적 외재주의와 객관적 외재주의는 B의 행위를 비합리적이라고 평가한다.

25. 〈상황〉에 대한 분석으로 옳은 것만을 〈보기〉에서 있는 대로 고른 것은?

정부는 소위 '부드러운 간섭'을 사용함으로써 사람들이 최선의 이익이 되는 선택을 할 가능성을 높일 수 있다. 부드러운 간섭이란 정책 설계자가 선택지를 줄이거나 행위를 직접 금지 또는 허용하지 않고, 선택지가 제시되는 순서나 배치만을 변경함으로써 사람들의 결정에 영향을 끼치는 것을 말한다. 그런데 부드러운 간섭 정책은 사람들의 비합리성을 이용하는 것이므로 개인의 합리성을 존중하지 못한다는 비판이 존재한다. 이 비판은 주로 ㉠ 합리성을 '이상적 합리성'으로 이해하는 견해에 토대를 두고 있다. 이 관점에서 개인이 합리성을 발현한다는 것은 최선의 이익을 가져다주는 항목이나 우선순위를 찾아 주는 최선의 절차를 발견하고 이에 따르는 것이다. 그런데 사람들은 가능한 선택지 중에서 부주의한 습관에 따르거나 눈에 잘 띄는 것을 고르는 등, 비합리적 성향에 따라 자신의 이익과 관련된 결정을 수행하기도 한다. 이때 공동체 구성원의 이익을 위해 부드러운 간섭을 수행하는 정부는 이와 같은 인간의 비합리적 성향에 맞추어 선택지의 설계를 조정함으로써 구성원이 최선의 이익이 되는 선택을 하도록 유인한다. 최선의 이익을 성취하는 이런 과정에서 정부는 구성원을 비합리적인 존재로 취급하게 된다.

그러나 ㉡ 합리성을 '환경적 합리성'으로 바라보는 견해는 부드러운 간섭을 보다 관용적으로 평가한다. 이 견해는 어떤 결정이 합리적 결정이 되는지 여부를 저마다의 상이한 여건에 따라 상대적으로 고려한다. 사람들은 정보의 제약, 긴급한 사정과 같은 이상적 결정을 내릴 수 없는 저마다의 환경에 처해 있지만, 이와 같은 환경적 제약에 의한 이상적이지 않은 결정도 충분히 합리적이라고 평가할 수 있다. 정부의 부드러운 간섭이 선택 과정에서의 불리한 환경적 제약을 극복하려는 범위에서 이루어지는 한, 이는 구성원의 합리적 선택을 방해하는 것이 아니다.

〈상황〉

선택지 x, y, z가 있고 최선의 이익에 가까운 순서는 x-y-z이다.

─────〈보 기〉─────

ㄱ. ㉡에 따르면, z를 선택하는 행위도 합리적일 수 있다.

ㄴ. ㉠에 따르면, 어떤 사람이 부드러운 간섭 때문에 y를 선택한다면 그 사람은 자신의 비합리적 성향에 따라 결정한 것이다.

ㄷ. ㉠에 따르면, 어떤 사람이 최선의 이익에 가까운 순서를 y-z-x라고 판단하는 경우, x-y-z의 순서로 선택하도록 조장하는 부드러운 간섭은 그 사람의 합리성을 존중하고 있는 것이다.

① ㄱ 　　② ㄷ 　　③ ㄱ, ㄴ
④ ㄴ, ㄷ 　　⑤ ㄱ, ㄴ, ㄷ

26. 다음 논쟁에 대한 분석으로 적절한 것만을 〈보기〉에서 있는 대로 고른 것은?

어떤 사람 P가 육식 행위 A와 동물보호단체에 기부하는 행위 B를 각각 수행하거나 수행하지 않을 능력이 있으며, 편의상 다른 행위를 할 가능성은 없다고 하자. A의 수행 여부와 B의 수행 여부 사이의 상호적 영향을 고려하지 않고 각각의 결과만을 고려하는 경우, A를 수행하면 나쁜 결과(−80)가 발생하고 B를 수행하면 좋은 결과(+100)가 발생한다. A와 B를 수행하지 않는 경우의 결과는 각각 0이다. 이때, P가 하거나 하지 않을 수 있는 행위들로 구성된 '행위조합'은 4개가 될 것이다. 각 행위조합 역시 독자적인 결과값을 가지게 되는데 이는 행위조합을 구성하고 있는 행위들의 결과값을 모두 더한 것이다. 예를 들어, P가 A를 수행하면서도 B를 수행하지 않는 경우의 행위조합의 결과값은 4개의 행위조합 중 최솟값인 −80이다. 일정한 조건을 충족하는 경우 해당 행위조합에 속하는 행위는 모두 용인되기 때문에 단독으로는 음의 결과값을 가지는 A도 용인될 수 있다. 행위조합에 속한 행위가 용인되는 이 조건에 대해 갑, 을, 병은 각각 다음과 같이 주장하고 있다.

갑: 한 사람의 행위는 자신의 능력에 따라 가능한 행위들로 구성된 행위조합들 중에서 최대의 결과값을 산출하는 조합에 속하는 경우, 그리고 오직 그 경우에만 용인된다.

을: 한 사람의 행위는 그가 현실에서 하려고 할 행위조합들 중에서 최대의 결과값을 산출하는 조합에 속하는 경우, 그리고 오직 그 경우에만 용인된다. 그런데 P에게 A의 수행 여부와 B의 수행 여부를 각각 선택할 능력이 있는 것은 사실이지만, A를 하지 않으면서 B를 수행하는 행위조합은 결코 P가 현실에서 선택하려고 할 조합은 아니다.

병: 한 사람의 행위는 자신의 능력에 따라 가능한 행위들로 구성된 행위조합들 중에서 결과값이 0이거나 양의 값을 가지는 조합에 속하는 경우, 그리고 오직 그 경우에만 용인된다.

─────〈보 기〉─────

ㄱ. 갑과 을에 따르면 P의 A는 어떤 경우에도 용인될 수 없다.

ㄴ. 병에 따르면 P의 A는 용인될 수 있다.

ㄷ. 병에 따르면 용인될 수 있는 P의 행위조합은 2개이다.

① ㄱ 　　② ㄴ 　　③ ㄱ, ㄷ
④ ㄴ, ㄷ 　　⑤ ㄱ, ㄴ, ㄷ

27. 다음으로부터 추론한 것으로 옳은 것만을 〈보기〉에서 있는 대로 고른 것은?

어떤 지역에 특정 범죄 예방 프로그램을 시행할 경우, 그 지역의 범죄는 줄어드는 대신 다른 지역의 범죄가 증가하기도 한다. 이런 현상을 '범죄전이'라 한다. 반면 어떤 지역을 겨냥한 범죄 예방 프로그램의 범죄 감소 효과가 이웃 지역에까지 미치기도 하는데, 이를 '혜택확산'이라 한다. 범죄전이지수(WDQ)는 특정 지역에 적용한 범죄 예방 프로그램의 긍정적 효과가 인근 지역으로까지 확산되는지 아니면 인근 지역에 범죄전이를 유발하는지를 파악하기 위한 지수이다. WDQ를 설명하기 위해서는 3개의 지역 설정이 필요하다. A는 범죄 예방 프로그램이 시행되는 실험 지역이고, B는 A를 둘러싸고 있으면서 A의 범죄 예방 프로그램으로 인해 범죄전이나 혜택확산이 나타날 것으로 예상되는 완충 지역이며, C는 A나 B에서 발생하는 변화에 영향을 받지 않는 통제 지역이다. WDQ는 C를 기준으로 한, A 대비 B의 범죄율 증감을 나타내며, 공식은 아래와 같다.

$$WDQ = \frac{(B_1/C_1 - B_0/C_0)}{(A_1/C_1 - A_0/C_0)}$$

(A_0, B_0, C_0은 범죄 예방 프로그램 실시 전 A, B, C의 범죄율이며, A_1, B_1, C_1은 범죄 예방 프로그램 실시 후 A, B, C의 범죄율이다.)

A~C에서 다음과 같은 사실이 관찰되었다.

○ A에서 범죄 예방 프로그램을 실시한 결과 범죄 감소 효과가 나타났다.
○ B에 나타나는 범죄전이나 혜택확산 효과는 A에서 범죄 예방 프로그램을 시행한 결과이다.
○ 범죄 예방 프로그램 실시 이전 A~C 각 지역의 범죄율과 그 변화 추이는 동일했다.
○ 범죄 예방 프로그램이 A에서 시행되는 동안 범죄 예방 프로그램을 제외하고 범죄율에 영향을 미칠 수 있는 요인들의 변화는 A~C 어느 곳에서도 나타나지 않았다.

〈보 기〉

ㄱ. WDQ가 1보다 크면, A의 범죄 감소 효과보다 B로의 혜택확산 효과가 크다.
ㄴ. WDQ가 −1보다 크고 0보다 작으면, B로의 범죄전이 효과는 A의 범죄 감소 효과보다 작다.
ㄷ. WDQ가 −1에 근접하면, A의 범죄 감소 효과와 B로의 혜택확산 효과가 거의 동일하다.

① ㄴ ② ㄷ ③ ㄱ, ㄴ
④ ㄴ, ㄷ ⑤ ㄱ, ㄴ, ㄷ

28. 다음 글에 대한 평가로 옳은 것만을 〈보기〉에서 있는 대로 고른 것은?

피해자 영향 진술(VIS) 제도는 재판의 양형 단계에서 피해자에게 범죄로부터 받은 영향을 표현할 수 있도록 기회를 제공한다. 그런데 VIS가 없는 경우보다 있는 경우에 형량이 더 무거운 경향이 있는데, 그 이유와 관련하여 두 가지 견해가 제시된다. A 견해에서는 VIS의 유무가 아니라 피해의 심각성이 무거운 형량을 유노한다고 본다. 이에 따르면, 피해가 심각할수록 형량이 무거워지는데, 주로 심각한 피해를 입은 피해자들이 공소장에 적시된 피해 내용을 부각하기 위해 VIS를 제시하고 피해가 심각하지 않은 피해자들은 VIS를 제시하지 않으므로, VIS와 양형 간에 유의미한 관계가 있는 것처럼 보인다는 것이다. B 견해에서는 판사나 배심원들이 피해자가 VIS를 통해 부각하고자 하는 피해 내용에 의해 영향을 받을 뿐만 아니라 피해자가 VIS를 통해 표출하는 강한 감정으로부터도 영향을 받기 때문에, VIS가 무거운 형량을 유도한다고 주장한다. 각 견해의 타당성을 검증하기 위해 연구 방법 P, Q를 구상하였다.

P: 무작위로 추출된 모의 배심원을 세 집단으로 구분한 뒤 사건에 대한 객관적 정보를 제공한다. [집단 1]에는 일반적인 기대를 뛰어넘는 심각한 내용의 정서적 상해가 기술된 VIS를 제공하고, [집단 2]에는 일반적인 기대에 미치지 않는 정서적 상해가 기술된 VIS를 제공하며, [집단 3]에는 VIS를 제공하지 않는다. 이후 각 집단이 제시한 평균 형량을 비교한다.
Q: 무작위로 추출된 모의 배심원을 세 집단으로 구분한 뒤 사건에 대한 객관적 정보를 제공한다. [집단 1]에는 피해자가 감정적으로 매우 고조된 상태로 심각한 내용의 VIS를 낭독하는 재판 영상을 제공하고, [집단 2]에는 동일한 내용의 VIS를 피해자가 차분하게 낭독하는 재판 영상을 제공하며, [집단 3]에는 앞의 경우보다 덜 심각한 내용의 VIS를 피해자가 차분하게 낭독하는 재판 영상을 제공한다. 이후 각 집단이 제시한 평균 형량을 비교한다.

〈보 기〉

ㄱ. P에서 [집단 1]의 평균 형량이 [집단 2]의 평균 형량보다 유의미하게 높고 [집단 2]의 평균 형량이 [집단 3]의 평균 형량보다 유의미하게 높으면, A 견해는 강화된다.
ㄴ. Q에서 [집단 1]의 평균 형량이 [집단 2]의 평균 형량보다 유의미하게 높고 [집단 2]의 평균 형량이 [집단 3]의 평균 형량보다 유의미하게 높으면, B 견해는 강화된다.
ㄷ. Q에서 연구 방법을 수정하여 [집단 1]과 [집단 2]만을 비교할 경우, 두 집단의 평균 형량에 유의미한 차이가 없다면, A 견해는 약화된다.

① ㄱ ② ㄴ ③ ㄱ, ㄷ
④ ㄴ, ㄷ ⑤ ㄱ, ㄴ, ㄷ

2023 2022 2021 2020 2019 2018 2017 2016 2015 2014 2013

해커스 LEET 김우진 추리논증 기출문제 + 해설집

29. 다음 글에 대한 평가로 옳은 것만을 〈보기〉에서 있는 대로 고른 것은?

미국에서 1960년대 이래 폭발적으로 증가해 왔던 폭력 범죄와 재산 범죄는 1990년대 초반 이후로 급격한 감소 추세에 들어섰다. 1991년부터 2012년 사이에 폭력 범죄는 49%, 재산 범죄는 44% 감소하였다. 더욱이 이런 감소 현상은 모든 지역과 모든 인구 집단에서 나타났으며, 그 추이는 2020년 현재까지 지속되고 있다. 이와 관련하여 ㉠ 미국의 범죄 감소가 납과 밀접한 관련이 있다는 주장이 있다. 이에 따르면, 제2차 세계대전 후부터 1970년대 초반까지 자동차의 납 배출이 증가하면서 폭력 범죄가 뒤따랐다. 하지만 1970년대에 휘발유에서 납이 제거되기 시작하면서 이후 폭력 범죄는 감소하였다. 사에틸납(tetraethyl-lead)은 가솔린 기관의 노킹 방지를 위해 1920년대에 개발되었는데, 전후 시기부터 자동차 열풍과 함께 그 사용이 폭발적으로 증가하였다. 폭력과 재산 범죄율은 10대 후반에서 20대 초반에 가장 높은데, 청소년이나 성인과 달리 아동의 경우에는 납에 노출되는 것이 뇌 발달과 미래의 범죄 가능성에 영향을 미친다. 특히 납은 공격성과 충동성 등의 증가를 유발하는 것으로 알려져 있다.

〈보 기〉

ㄱ. 미국의 1~5세 아동의 2000년 평균 혈중 납 농도가 1990년의 절반 수준으로 낮아졌다는 사실은 ㉠을 강화한다.
ㄴ. 미국의 폭력 범죄가 급격하게 감소하기 시작하는 시기가 1970년대가 아닌 1990년대라는 사실은 ㉠을 약화한다.
ㄷ. 미국에서 범죄를 저지른 청소년이 그렇지 않은 청소년보다 뼈 안의 납 농도가 4배 높다는 연구 결과는 ㉠을 강화한다.

① ㄱ   ② ㄴ   ③ ㄱ, ㄷ
④ ㄴ, ㄷ   ⑤ ㄱ, ㄴ, ㄷ

30. 다음 논쟁에 대한 평가로 옳은 것만을 〈보기〉에서 있는 대로 고른 것은?

A: 디지털 전환 등 미래 기술 변화로 인해 일자리를 통한 소득 기회가 감소할 수 있으므로 이에 대비하기 위해서는 국민 누구에게나 개별적으로 조건 없이 동일한 금액을 지급하는 기본소득제도의 도입이 필요하다. 사회적 위험에 빠진 사람을 선별해 복지 혜택을 집중하더라도 사각지대가 남을 수 있고 또한 선별에 따른 마찰도 적지 않다. 보편 지급은 이러한 문제점들을 완화하여 사각지대 없이 모든 사람들에게 실질적 도움이 될 수 있다.
B: 기본소득은 모든 사람에게 일정 금액을 제공하기 때문에 빈곤층을 해소하는 것처럼 보이지만, 재정 여건이 허락하는 범위에서 지급하는 기본소득은 그 급여 수준이 너무 낮아 사각지대 해소에 실효성이 없다.
C: 기존의 복지제도를 정리하고 공공 부문을 개혁하면 기본소득의 재원 확보가 가능하다. 모든 사람이 일정 급여를 받게 되면 양극화가 완화될 것이다. 이에 따라 조세 저항은 낮아지고 재분배 정책의 지지도가 상승함으로써 복지 재원의 총량도 늘리는 선순환이 기대된다.
D: 빈곤층의 생계를 지원하는 기초생활보장제도나 실직에 따른 소득 상실을 보전하는 고용보험 등 기존의 사회안전망을 더 강화하는 것이 기본소득보다 양극화 문제에 더 효과적인 대안이다.

〈보 기〉

ㄱ. 4차 산업 발달에 따른 인공지능의 보급으로 신규로 창출될 일자리보다 사라질 일자리가 많다는 연구 결과는 A를 약화한다.
ㄴ. 국가적 재난으로 인해 고통을 겪은 국민을 지원하기 위해 일시적으로 지급된 전국민재난지원금이 자영업자 폐업률에 영향을 미치지 않았다는 조사 결과가 나온다면, B는 약화된다.
ㄷ. 기존 복지제도를 통합하여 확보한 재원으로 기본소득을 지급할 때 소득 최하위 분위의 소득 점유율 대비 소득 최상위 분위의 소득 점유율이 유의미하게 감소한다면, C는 강화되고 D는 약화된다.

① ㄱ   ② ㄷ   ③ ㄱ, ㄴ
④ ㄴ, ㄷ   ⑤ ㄱ, ㄴ, ㄷ

31. 다음 글에 대한 평가로 옳은 것만을 〈보기〉에서 있는 대로 고른 것은?

이기적 인간은 자신의 소비를 통한 효용만을 고려한다. 그렇다면 기부 행위는 왜 존재하는가? 자신의 기부를 받을 수혜자의 효용까지도 함께 고려하는 이타심 때문이다. 인간은 자신의 소비를 통한 효용뿐 아니라 수혜자의 효용까지 고려한다는 주장을 ㉠ 순수이타주의 가설이라 한다. 이 가설하에서 기부자는 수혜자가 필요한 총 기부액을 우선 결정한다. 만약 수혜자가 다른 기부자로부터 일정 금액의 기부를 받는 것을 알게 되면, 기부자는 정확히 그 금액만큼 기부액을 줄이게 된다. 한편, 기부 행위 자체를 통해 얻는 감정적 효용도 기부 행위에서 중요한 역할을 한다는 주장이 있다. 이를 ㉡ 비순수이타주의 가설이라 한다. 비순수이타주의 가설에서는 순수이타주의 가설에서 고려하는 기부자의 효용과 수혜자의 효용에 더하여 기부자 자신의 감정적 효용까지도 모두 고려한다.

위 두 가설을 검증하기 위해 다음과 같은 실험을 다수의 참가자에게 독립적으로 실시한다.

〈실험〉

각 참가자는 아래 표를 제공받아 a~f를 모두 결정한다. 이후, 각 참가자는 A~F 중 임의로 선택된 한 상황에서 해당하는 소득을 실제로 제공받고 결정했던 만큼의 기부를 한다.

상황	참가자의 소득	참가자의 기부액	자선 단체의 기부액
A	40	a	4
B	40	b	10
C	40	c	28
D	40	d	34
E	46	e	4
F	46	f	28

─────── 〈보 기〉 ───────

ㄱ. 참가자 대부분에서 b=e−6이면, ㉡을 강화한다.
ㄴ. 참가자 대부분에서 e−a<f−c이면, ㉠을 강화한다.
ㄷ. 참가자 대부분에서 0<a−30<b−24<c−6<d이면, ㉡을 강화한다.

① ㄱ　　　　② ㄷ　　　　③ ㄱ, ㄴ
④ ㄴ, ㄷ　　　⑤ ㄱ, ㄴ, ㄷ

---

32. 다음으로부터 추론한 것으로 옳은 것만을 〈보기〉에서 있는 대로 고른 것은?

오래 전에 바다에 침몰했던 배에서 총 6개의 유물 A, B, C, D, E, F가 발견되었다. 이 유물들은 각각 고구려, 백제, 신라 중 한 나라에서 만들었다고 한다. 역사학자들은 이 6개의 유물을 정밀 조사하여 다음과 같은 사실을 밝혀냈다.

○C와 E는 같은 나라에서 만들었다.
○A와 C는 다른 나라에서 만들었다.
○신라에서 만든 유물의 수는 백제에서 만든 유물의 수보다 크다.
○B는 고구려에서 만들었고 F는 백제에서 만들었다.

─────── 〈보 기〉 ───────

ㄱ. A는 백제에서 만든 유물이 아니다.
ㄴ. C가 고구려에서 만든 유물이면 D는 신라에서 만든 유물이다.
ㄷ. E를 만든 나라의 유물이 가장 많다.

① ㄱ　　　　② ㄴ　　　　③ ㄱ, ㄷ
④ ㄴ, ㄷ　　　⑤ ㄱ, ㄴ, ㄷ

33. 다음으로부터 추론한 것으로 옳지 <u>않은</u> 것은?

이웃한 네 국가 A, B, C, D는 지구 온난화로 발생하는 환경 문제를 개선하고자 2,000억 달러의 기금을 조성하기로 하였다. 1차와 2차로 나누어 각각 1,000억 달러의 기금을 만들기로 하였으며 경제 규모와 환경 개선 기여도를 고려하여 국가별 분담금을 정하였다. 합의된 내용 중 알려진 사실은 다음과 같다.

○ 국가별 1차 분담금은 A, B, C, D의 순서대로 많고, B는 260억 달러, D는 200억 달러를 부담한다.
○ 국가별 2차 분담금은 B가 가장 적고, 250억 달러를 부담하는 C가 그 다음으로 적고, 가장 많은 금액을 부담하는 국가의 분담금은 300억 달러이다.

① 가장 많은 분담금을 부담하는 국가는 A이다.
② B의 분담금은 460억 달러 이하이다.
③ A의 분담금이 570억 달러이면, D의 분담금은 500억 달러이다.
④ C의 분담금과 D의 분담금의 차이는 50억 달러 이하이다.
⑤ 어떤 국가의 1차 분담금과 2차 분담금이 같으면, A의 분담금은 600억 달러 이하이다.

34. 다음으로부터 추론한 것으로 옳은 것만을 〈보기〉에서 있는 대로 고른 것은?

어떤 사건에 대하여 네 명의 용의자 갑, 을, 병, 정에게 물었더니 다음과 같이 각각 대답하였다.

갑: "병은 범인이다. 범인은 두 명이다."
을: "내가 범인이다. 정은 범인이 아니다."
병: "나는 범인이다. 범인은 나를 포함하여 세 명이다."
정: "나는 범인이 아니다. 갑은 범인이다."

각각 두 문장으로 구성된 갑, 을, 병, 정 네 사람 각자의 대답에서 한 문장은 참이고 다른 한 문장은 거짓이라고 한다.

〈보 기〉

ㄱ. 갑의 대답 중 "범인은 두 명이다."는 거짓이다.
ㄴ. 을은 범인이다.
ㄷ. 병과 정 중에서 한 명만 범인이면 갑은 범인이 아니다.

① ㄱ   ② ㄴ   ③ ㄱ, ㄷ
④ ㄴ, ㄷ   ⑤ ㄱ, ㄴ, ㄷ

35. 다음으로부터 추론한 것으로 옳은 것만을 〈보기〉에서 있는 대로 고른 것은?

신호탐지이론은 외부 세계를 신호와 잡음 두 상태로 나누고 그 상태에 따라 어떤 반응을 보여야 가장 좋은 효과를 얻을 수 있는가를 결정하는 이론이다. 레이더 기지에 새롭게 배치된 관측병 갑의 임무는 물체 X가 레이더에 나타났을 때 버튼을 눌러 아군 전투기를 출동시킬지 아니면 버튼을 누르지 않을지 결정하는 것이다. X가 사전에 신고되지 않은 비행기인 경우를 신호라 하고, X가 기타 물체, 예컨대 독수리인 경우를 잡음이라 하자. 신고된 비행기는 X와 다른 방식으로 레이더에 표시되므로 고려 대상이 아니다. 버튼을 눌렀을 때 신호이면 '적중'이고 잡음이면 '오경보'이다. 버튼을 누르지 않았을 때 신호이면 '누락'이고 잡음이면 '정기각'이다. 버튼을 누르거나 누르지 않는 것에 따른 갑의 득실은 아래와 같다.

	신호	잡음
버튼 누름	3	−3
버튼 누르지 않음	−3	2

기존의 데이터에 따르면 X가 신호일 확률은 0.8이다. 갑은 X에 관한 기존의 데이터에 따른 확률에 득실을 곱하여 X를 관측한다면 버튼을 누를지 말지 결정하려 한다. 예컨대, 적중의 기댓값은 2.4이다. 버튼을 눌렀을 때 기댓값의 합계가 버튼을 누르지 않았을 때 기댓값의 합계보다 크거나 같다면, 갑은 X를 관측했을 때 버튼을 누를 것이다.

〈보 기〉

ㄱ. X가 신호일 확률이 0.1일 경우, 갑은 X가 레이더에 나타나면 버튼을 누르지 않을 것이다.

ㄴ. 누락의 득실만 −3에서 0으로 변경될 경우, 갑은 X가 레이더에 나타나면 버튼을 누를 것이다.

ㄷ. 오경보의 득실만 −3에서 −2로 변경될 경우, 갑은 X가 레이더에 나타나면 버튼을 누를 것이다.

① ㄴ ② ㄷ ③ ㄱ, ㄴ
④ ㄱ, ㄷ ⑤ ㄱ, ㄴ, ㄷ

36. 다음 논증의 구조를 가장 적절하게 분석한 것은?

㉠ 사람들은 종종 마치 로봇이 사람인 것처럼 대하는데, 이와 같은 현상에는 동서양의 차이가 존재하며 그러한 차이는 문화 또는 문화적 요인을 통해 이루어지는 진화, 즉 문화선택에 의한 것으로 보인다. ㉡ 한 연구 결과에 따르면, 사람의 행동에 반응하여 로봇 개 아이보가 꼬리를 살랑거리며 빙글빙글 도는 모습을 피실험자에게 보여 주었을 때, 서양인 피실험자보다 한국인 피실험사가 너 강한 정도토 사람과 로봇이 친구가 될 수 있다고 답하였다. ㉢ 어린이가 아이보의 꼬리를 부러뜨리려는 장면을 피실험자에게 보여 주고 그 어린이에게 아이보를 괴롭히지 말라는 도덕 명령을 내릴 것이냐고 물었을 때에도, 서양인 피실험자보다 한국인 피실험자가 더 강한 긍정적인 답을 내놓았다. ㉣ 이는 로봇을 마치 사람처럼 대하는 현상이 서양인보다 한국인에게서 더 강하게 나타난다는 것을 보여 준다. ㉤ 묵가에 의하면, 우정 같은 감정은 대상이 나에게 실질적인 이득을 가져다 줄 것이라는 판단을 내렸을 때에만 발생할 수 있다. ㉥ 유가에 의하면, 도덕 판단의 근거는 판단 주체에게 내재한 모종의 원칙이 아닌 대상과의 감정적 관계에 있다. ㉦ 묵가와 유가 이론을 사람과 로봇 관계에 적용한다면, 사람들은 아이보가 자신에게 즐거움을 준다고 판단할 때 아이보를 친구로 여길 수 있게 되고 아이보를 불쌍하다고 느낄 때 아이보를 노덕 판단의 대상으로 여길 수 있게 된다. ㉧ 한국 사회 전반에서 묵가와 유가 전통을 통한 문화선택이 발생했으며, 그에 따라 한국인 일반의 감정과 도덕성에 관한 사회적 측면이 부분적으로 결정되었다는 연구 결과가 있다.

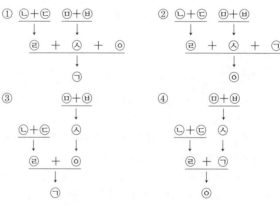

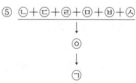

37. 다음으로부터 추론한 것으로 옳은 것은?

사건들은 서로 간에 양 또는 음의 상관관계가 성립할 수 있으며, 어떤 상관관계도 없이 서로 독립적일 수도 있다. 이런 상관관계는 주어진 조건에 따라서 달라진다. 특히 상관관계 성립 여부는 사건들이 어떤 인과적 구조에 있느냐에 의존한다.

예를 들어 보자. 비가 와서 땅이 젖었으며, 땅이 젖게 되어 그 땅을 딛고 있는 나의 발이 젖었다고 해 보자. 비가 온 것은 땅이 젖은 것의 원인이며, 땅이 젖은 것은 나의 발이 젖은 것의 원인이다. 비가 온다는 것과 발이 젖는다는 것 이외에 어떤 것도 고려하지 않는다면, 우리는 이 두 사건 사이에 상관관계가 성립한다고 말해야 한다. 하지만 그 두 사건을 연결하는 매개 사건, 즉 땅이 젖는다는 조건 아래에서는 비가 온 것과 발이 젖은 것은 서로 독립적인 사건이 된다. 왜냐하면 땅이 젖기만 한다면 비가 오든 오지 않든 발이 젖을 것이기 때문이다. 이렇듯 두 사건 사이를 인과적으로 매개하는 사건은 그들 사이의 상관관계를 지운다.

다른 예도 있다. 비가 와서 땅이 젖고 강물도 범람했다고 하자. 비가 온 것은 땅이 젖은 것의 원인이기도 하며, 강물이 범람한 것의 원인이기도 하다. 이 경우, 땅이 젖은 것과 강물이 범람한 것 이외에 어떤 것도 고려하지 않는다면, 우리는 땅이 젖은 것과 강물이 범람한 것 사이에 상관관계가 성립한다고 말해야 한다. 하지만 두 사건의 공통 원인에 해당하는 사건, 즉 비가 온다는 조건 아래에서는 땅이 젖은 것과 강물이 범람한 것은 서로 독립적인 사건이 된다. 왜냐하면 비가 오기만 했다면, 강물이 범람하든 하지 않든 땅이 젖을 것이기 때문이다. 이렇듯 두 사건의 공통 원인인 사건은 그 두 사건 사이의 상관관계를 지운다.

우리는 이런 두 가지 사례를 모두 포괄하는 방식으로 인과관계와 상관관계 사이의 관계를 다음과 같이 규정할 수 있다. 사건 X의 원인은 사건 X와 이 X의 결과가 아닌 사건 사이에 성립하는 상관관계를 지운다.

① 사건 X를 원인으로 하는 사건이 하나밖에 없다면, X가 지우는 상관관계는 존재하지 않는다.
② 사건 X와 사건 Y 사이에 성립하는 상관관계를 지우는 사건이 있다면, X와 Y 모두의 원인인 사건이 있다.
③ 사건 X가 사건 Y의 원인이고 Y는 사건 Z의 원인이라면, X라는 조건 아래에서 Y와 Z는 서로 독립적인 사건이 된다.
④ 사건 X의 원인은 사건 Y이기도 하고 사건 Z이기도 하다면, X라는 조건 아래에서 Y와 Z는 서로 독립적인 사건이 된다.
⑤ 사건 X가 사건 Y와 사건 Z의 유일한 원인이고 Y는 사건 W의 원인이지만 Z는 W의 원인이 아니라면, X는 Z와 W 사이에 성립하는 상관관계를 지운다.

38. 다음 글을 평가한 것으로 적절한 것만을 〈보기〉에서 있는 대로 고른 것은?

아이에게 생기는 자폐증의 주요한 원인 중 하나는 임신 중 엄마의 비정상적인 면역 활성화로 여겨지고 있다. 엄마의 장에 존재하는 수지상 세포(dendritic cell, DC)는 체내에 바이러스가 감염되면 활성화된다. 이 DC는 장에 존재하는 T_H17 면역 세포를 활성화시키는데, 이때 T_H17에서 분비되는 IL-17 단백질이 태아에 전달되어 뇌 발달을 저해한다는 것이다. 최근 ㉠ 엄마의 장에 공생하는 특정 장내 세균의 존재 유무가 이러한 비정상적 면역 활성화에 중요하다는 가설이 제기되었다. 장내 세균의 명확한 역할은 알 수 없지만, 엄마에게 특정 장내 세균이 없을 때에는 위와 같은 면역 활성화가 일어나지 않는다는 것이다. 이를 검증하기 위해 다음 실험을 계획하였다.

〈실험〉
○다음과 같이 네 종류의 임신한 생쥐 군(X1, X2, Y1, Y2)을 준비하였다.

생쥐 군	장내 특정 공생 세균	바이러스 감염 여부
X1	있음	감염됨
X2	있음	감염되지 않음
Y1	없음	감염됨
Y2	없음	감염되지 않음

○일정 시간 후 각 생쥐의 장에서 DC와 T_H17 세포를 분리하였다. 각 세포에는 바이러스나 세균이 섞이지 않도록 하였다. 분리된 각 DC와 T_H17을 섞어 배양한 후 IL-17의 분비량을 측정하였다.
○각 생쥐에서 태어난 새끼들의 자폐 성향을 분석하였다.

〈보 기〉
ㄱ. X1의 DC를 X2의 T_H17과 배양했을 때 IL-17이 생산되고 X1의 DC를 Y2의 T_H17과 배양했을 때 IL-17이 생산되지 않는다면, ㉠이 강화된다.
ㄴ. X1의 DC를 Y2의 T_H17과 배양했을 때 IL-17이 생산되고 Y1의 DC를 Y2의 T_H17과 배양했을 때 IL-17이 생산되지 않는다면, ㉠이 강화된다.
ㄷ. X1에서 태어난 새끼들은 자폐 성향을 보이고 Y2에서 태어난 새끼들은 자폐 성향을 보이지 않는다면, ㉠이 강화된다.

① ㄱ
② ㄷ
③ ㄱ, ㄴ
④ ㄴ, ㄷ
⑤ ㄱ, ㄴ, ㄷ

39. 다음 글을 평가한 것으로 옳은 것만을 〈보기〉에서 있는 대로 고른 것은?

70년대 미국의 연구진은 위에서 소장으로 우회로를 만드는 수술법이 체중 감소와 더불어 혈당 조절 효과가 있음을 알게 되었다. 연구진은 608명의 고도 비만 환자에게 이러한 수술(비만 수술)을 시행하였는데, 당뇨병을 동반한 고도 비만 환자 중 83%에서 혈당이 개선되는 것을 관찰하였다. 그리고 이런 혈당 개선은 체중 감소가 일어난 후 이차적으로 나타나는 것이 아니라 수술 후 수일 만에 일어나는 것이었다.

어떻게 이런 작용이 일어나는가를 이해하기 위해서는 인크레틴의 작용을 이해해야 한다. 인크레틴은 음식을 먹으면 소장에서 분비되어 췌장에 인슐린 분비 신호를 주는 물질이다. 따라서 식후에 인크레틴이 정상적으로 분비되면 인슐린에 의해 혈당이 잘 조절된다.

루비노는 ㉠ 비만 수술 후 혈당 조절 능력이 개선되는 것은 인크레틴의 효과를 방해하는 물질이 생체 내에 존재하기 때문이라는 가설을 주장하였다. 섭취한 음식물은 소장의 세 부위인 십이지장, 공장, 회장을 순서대로 거쳐 대장으로 들어가는데, 루비노는 실험용 쥐를 이용해서 위를 공장으로 바로 연결하는 비만 수술을 시행한 결과 체중이나 식이량의 감소 없이 혈당이 개선됨을 관찰하였다. 따라서 그는 음식물이 십이지장을 우회하는 것이 당뇨병 치료에 효과가 있을 것이라고 주장하며, 인크레틴의 효과를 방해하는 '항인크레틴'이 존재할 것이라는 추정을 했다.

〈보 기〉

ㄱ. 십이지장에서 분비되는 물질이 인크레틴에 의한 인슐린 분비를 감소시킨다면, ㉠이 강화된다.
ㄴ. 위를 절제하고 식도와 십이지장을 직접 연결하는 수술에서 혈당 개선이 된다면, ㉠이 강화된다.
ㄷ. 루비노의 비만 수술 이후 재수술을 통해 공장으로 넘어간 음식물을 십이지장으로 다시 가게 하였을 때 혈당 개선 효과가 사라진다면, ㉠이 약화된다.

① ㄱ　　　② ㄷ　　　③ ㄱ, ㄴ
④ ㄴ, ㄷ　　⑤ ㄱ, ㄴ, ㄷ

40. 다음으로부터 추론한 것으로 옳은 것만을 〈보기〉에서 있는 대로 고른 것은?

최근에는 생쥐의 특정 유전자를 인위적으로 조작할 수 있게 되었다. 과학자들은 세포에 A라는 효소가 발현되어야만 특정 유전자가 조작될 수 있는 장치를 고안하였으며, 이를 이용하여 다음과 같이 조건적으로 유전자를 조작할 수 있게 되었다. 첫째는 조직별 조작 시스템으로, A 효소 유전자 앞에 특정 조직에서만 작동하는 프로모터를 넣어 두면 이 프로모터가 작동하는 특정 조직에서만 A 효소가 발현되어 목적한 유전자가 조작되며, 프로모터가 작동하지 않는 그 이외 조직에서는 유전자가 조작되지 않는다. 둘째는 시기별 조작 시스템으로, 보통 A 효소 유전자 앞 프로모터가 어떤 약물이 있어야만 작동하게 설계한다. 이렇게 하면 약물을 투여하는 동안에만 A효소가 발현되어 비로소 목적한 유전자가 조작된다.

이러한 유전자 조작을 이용하여 동물 모델에서 지방 세포의 수와 크기의 증가를 관찰하기 위해 다음 실험을 디자인하였다.

〈실험〉

생쥐를 적당히 조작하여 특정 프로모터에 의해 A 효소가 발현되도록 했으며, 이 프로모터가 X 약물이 있는 상황에서만 작동하도록 하였다. 또한 A 효소가 작동하면 유전자가 조작되어 세포는 파란색이 되며, 한번 파란색이 된 세포는 죽지 않으며 색깔도 잃지 않는다. 이 생쥐에 X 약물을 일정 기간 동안 처리한 후 약물을 중단하고 고지방 식이로 비만을 유도하여 변화를 관찰한 실험 결과는 다음과 같다.

〈실험 결과〉

세포 종류	X 약물 처리 후		고지방 식이 후	
	파란 세포 수	세포의 크기	파란 세포 수	세포의 크기
내장 지방 세포	100	정상	20	증가
피하 지방 세포	100	정상	100	증가
근육 세포	0	정상	0	정상

* 파란 세포 수: 임의의 세포 100개당 파란 세포의 수

〈보 기〉

ㄱ. 고지방 식이를 하면 내장 지방 세포는 새로 만들어지지만 피하 지방 세포는 그렇지 않다.
ㄴ. 고지방 식이를 하면 체내 내장 지방의 부피는 증가하지만 피하 지방의 부피는 증가하지 않는다.
ㄷ. X 약물을 처리한 경우 A 효소는 내장 지방 세포와 피하 지방 세포에 발현되지만 근육 세포에서는 발현되지 않는다.

① ㄱ　　　② ㄴ　　　③ ㄱ, ㄷ
④ ㄴ, ㄷ　　⑤ ㄱ, ㄴ, ㄷ

정답 및 해설 p.14

2021학년도 기출문제

01. 〈견해〉에 대한 평가로 적절하지 <u>않은</u> 것은?

> X국은 대법관에 대한 국민심사제를 운영하고 있다. X국 헌법에 따르면 대법관은 내각에서 임명하되, 임명 후 최초의 국회의원 총선거 때 함께 투표를 실시하여 투표자 과반수가 대법관의 파면을 원하면 그 대법관은 파면된다. 투표자가 대법관의 성명 아래 'ｘ'를 표시하면 파면에 찬성한 것으로 집계되고 나머지 투표자는 신임한 것으로 간주한다. 이후에도 대법관은 정년까지 10년마다 동일한 방식으로 국민심사를 받는다. Y국에서 이 제도의 도입을 둘러싸고 다음과 같은 견해가 있다.
>
> 〈견해〉
> 갑: 대법관의 인선이 대통령에게만 맡겨져 있고 주권자인 국민의 통제가 전혀 미치지 못한다면 대법관의 사고방식이 아무리 편향적이라도 억제할 방법이 없어. 이 제도를 도입해서 국민에 의한 사법 통제 장치를 마련할 필요가 있어.
> 을: 일리 있는 말이야. 그런데 X국에서 시행하는 방식은 파면의 의사표시를 적극적으로 하지 않는 이상 파면 반대로 취급된다는 점에서 투표자의 의사를 제대로 반영하지 못하는 문제가 있어. 이 제도가 그대로 도입된다면 곧 유명무실해질 수 있어.
> 병: 개선책을 마련하면 그런 우려는 불식시킬 수 있겠지. 하지만 궁극적으로는 이 제도가 도입되면 대법관이 법과 소신에 따라 재판하지 않고 대중적 인기에 연연하게 되어 법관의 독립이 저해될 거야.

① Y국 헌법에서 대통령이 임명한 대법관에 대하여 회복 불가능한 신체장애를 제외하고는 종신직으로 그 신분을 보장하고 있다면 갑의 견해는 강화된다.

② Y국에서 여론 조사 결과 법원의 판결에 대해 유전무죄 등의 비판이 난무하고 사법부에 대한 국민의 신뢰도가 매년 낮아졌다면 갑의 견해는 강화된다.

③ X국에서 지난 70년간 국민심사로 파면된 대법관이 없었고 매번 총 투표수의 10% 내외만 파면을 원하였다면 을의 견해는 약화된다.

④ Y국에서 일부 대법관이 대중적 인기만을 추구해 종전 대법원 판결들을 뒤집는 판결을 내려 여러 차례 사회적 혼란을 일으켰다는 사실은 병의 견해를 강화한다.

⑤ Y국에서 대법관별로 판결에 관련된 정보가 제대로 제공되지 않고 주로 사적 활동을 중심으로 흥미 위주의 보도가 이루어지고 있어 대법관 신임 여부에 관한 올바른 여론이 형성되기 어렵다면 병의 견해는 강화된다.

02. 〈논쟁〉에 대한 분석으로 옳은 것만을 〈보기〉에서 있는 대로 고른 것은?

> 〈논쟁〉
> X국의 「형법」은 음란물의 제작·배포를 금지하는 한편, 「저작권법」은 문화 및 관련 산업의 향상과 발전을 위해 인간의 사상 또는 감정을 표현하는 창작물을 저작물로 보호하고 있다. 음란물을 「저작권법」상 저작물로 보호해야 하는지를 두고 논쟁이 있다.
>
> 갑: 「저작권법」은 저작물의 요건으로 창의성만 제시할 뿐 도덕성까지 요구하지는 않는다. 창작의 장려와 문화의 다양성을 위해서는 저작물로 인정함에 있어 가치중립적일 필요가 있다.
> 을: 「형법」에서는 음란물 제작·배포를 금지하면서, 그 결과물인 음란물은 저작물로 보호하는 것은 법이 '불법을 저지른 더러운 손'에 권리를 부여하고, 불법행위의 결과물에 재산적 가치를 인정하여 보호할 가치가 없는 재산권의 실현을 돕는 꼴이 된다. 이는 법의 통일성 및 형평의 원칙에 반한다.
> 병: 아동포르노나 실제 강간을 촬영한 동영상 등 사회적 해악성이 명백히 확인되는 음란물은 저작물로 인정하지 않고, 그 외의 음란물에 대해서는 저작물로 인정함으로써 음란물 규제로 인한 표현의 자유와 재산권의 침해를 최소화할 필요가 있다.

〈보 기〉
> ㄱ. 갑은 음란한 표현물에 대해서는 창의성을 인정할 수 없다는 것을 전제로 한다.
> ㄴ. 을은 법적으로 금지된 장소에 그려진 벽화나 국가보안법에 위반하여 대중을 선동하는 작품을 저작권법의 보호대상으로 보지 않는다.
> ㄷ. 병은 같은 시대, 같은 지역에서도 배포의 목적, 방법, 대상에 따라 음란성에 대한 법적 평가가 달라질 수 있다는 것을 전제로 한다.

① ㄱ   ② ㄴ   ③ ㄱ, ㄷ
④ ㄴ, ㄷ   ⑤ ㄱ, ㄴ, ㄷ

03. 다음 글을 분석한 것으로 옳지 <u>않은</u> 것은?

> X국과 Y국은 채권자나 채무자의 신청으로 법원의 선고를 받아 파산할 수 있는 제도를 운영하고 있다.
>
> X국: 개인이 빌린 돈을 갚지 못하는 경우, 파산하여 파산 당시에 가진 재산 모두를 채권자들에게 분배하면 남은 빚은 전부 탕감받는다. 법원은 파산한 자가 지급능력이 있음에도 일부러 돈을 갚지 않는 악의적인 경우를 제외하고 빚 탕감을 허가해준다. 파산하여 빚을 탕감받은 자는 국민으로서 일상생활에서 누릴 수 있는 자유와 권리를 전혀 제한받지 않는다.
>
> Y국: 개인이 빌린 돈을 갚지 못하는 경우, 파산하여 파산 당시에 가진 재산 모두를 채권자들에게 분배하지만, 채권자의 허락이 없으면 그 채권자에 대해서는 남은 빚을 탕감받지 못한다. 채권자는 자신이 빌려준 돈을 전부 받을 때까지 파산 후 취득한 재산에 대해 제한 없이 권리를 행사할 수 있다. 파산한 자는 일정 기간 구금되고 빚을 다 갚을 때까지 선거권이 박탈되며 파산 사실이 외부에 공개된다.

① 채권자들이 파산한 채무자에 대하여 빚을 갚도록 독촉하고 관련 소송이 끊임없이 이어질 것을 우려하는 사람은 X국 제도를 지지할 것이다.

② 개인은 스스로 결정하고 책임지는 이성적 존재이므로 무절제한 소비행위를 한 자를 국가가 나서서 도와줄 필요가 없다고 생각하는 사람은 X국 제도를 반대할 것이다.

③ 채권자가 자기 채권을 우선적으로 회수하기 위하여 파산 신청을 협박의 수단으로 사용할 수 있다고 우려하는 사람은 Y국 제도를 지지할 것이다.

④ 파산위기에 처한 자가 기존의 빚을 갚기 위하여 또 다른 빚을 지는 등 계속 채권·채무관계를 형성할 것을 우려하는 사람은 Y국 제도를 반대할 것이다.

⑤ 파산 후의 채권·채무관계를 채권자의 의사에 좌우될 수 있게 한 결과, 가공의 채권자가 등장하는 등 사회적 혼란이 일어날 것을 우려하는 사람은 Y국 제도를 반대할 것이다.

04. 〈규정〉으로부터 추론한 것으로 옳은 것만을 〈보기〉에서 있는 대로 고른 것은?

> **〈규정〉**
> 제1조 ① 근로자는 자녀가 만 8세 이하인 동안 양육을 위한 휴직을 신청할 수 있다. 사업주는 근로자가 양육휴직을 신청하는 경우 이를 허용하여야 한다.
> ② 양육휴직 기간은 자녀 1명당 1년이다.
> 제2소 ① 근로사는 자녀가 만 8세 이하인 동안 양육을 위하여 근로시간 단축을 신청할 수 있다. 사업주는 근로자가 근로시간 단축을 신청하는 경우 이를 허용하여야 한다.
> ② 제1항의 경우 단축 후의 근로시간은 주당 15시간 이상이어야 하고 주당 35시간을 초과할 수 없다.
> ③ 근로시간 단축 기간은 자녀 1명당 1년이다. 다만 제1조제1항의 양육휴직을 신청할 수 있는 근로자가 제1조제2항의 휴직 기간 중 사용하지 않은 기간이 있으면 그 기간을 가산한다.
> 제3조 ① 근로자는 양육휴직 기간을 1회에 한하여 나누어 사용할 수 있다.
> ② 근로자는 근로시간 단축 기간을 나누어 사용할 수 있다. 이 경우 나누어 사용하는 1회의 기간은 3개월 이상이어야 한다.

〈보 기〉

ㄱ. 만 6세 딸과 만 5세 아들을 양육하는 갑이 지금까지 딸을 위해서만 8개월간 연속하여 양육휴직을 하였다면, 앞으로 그 자녀들을 위해 양육휴직을 할 수 있는 기간은 최대 16개월이다.

ㄴ. 만 2세 두 자녀를 양육하는 을이 지금까지 양육휴직 및 근로시간 단축을 한 적이 없고 앞으로 근로시간 단축만을 하고자 한다면, 그 자녀들을 위해 근로시간 단축을 할 수 있는 기간은 최대 2년이다.

ㄷ. 만 4세 아들을 양육하는 병이 그 아들이 만 1세일 때 6개월간 연속하여 양육휴직을 하였을 뿐 지금까지 근로시간 단축을 한 적이 없다면, 앞으로 그 아들을 위해 근로시간 단축을 최대 6개 기간으로 나누어 사용할 수 있다.

① ㄱ   ② ㄴ   ③ ㄱ, ㄷ

④ ㄴ, ㄷ   ⑤ ㄱ, ㄴ, ㄷ

05. 〈규정〉을 〈사례〉에 적용한 것으로 옳지 <u>않은</u> 것은?

〈규정〉

제1조 ① 유실물(가축을 포함한다)의 습득자는 유실물을 신속하게 소유자에게 반환하거나 습득한 날부터 7일 이내에 경찰서에 신고 및 제출하여야 한다.

② 유실물이 경찰서에 신고 및 제출된 경우 경찰서장은 유실물을 소유자에게 반환하여야 한다. 다만 소유자를 알 수 없을 때는 유실물이 신고 및 제출된 날부터 3일 이내에 신문에 공고하여야 한다.

③ 경찰서에 제출된 유실물은 경찰서장이 보관하여야 하나, 경찰서장은 제출된 날부터 3개월 이내의 기간을 정하여 적당한 자로 하여금 유실물을 보관하도록 명할 수 있다. 다만 이 조에 따른 의무를 위반한 자를 제외한다.

제2조 ① 유실물 공고 후 3개월이 경과하도록 소유자가 권리를 주장하지 않으면 습득자는 유실물의 소유권을 취득한다.

② 소유자는 자신의 권리를 포기할 수 있다. 이 경우 제1항에도 불구하고 습득자가 유실물을 습득한 때에 그 소유권을 취득한 것으로 본다.

제3조 습득자 및 보관자는 소유자(제2조에 의해 소유권을 상실한 자는 포함하고 이를 취득한 자는 제외한다)에게 유실물의 제출·교부 및 가치보존에 소요된 비용을 청구할 수 있다. 다만 제2조가 적용되는 경우의 습득자는 이를 청구할 수 없다.

〈사례〉

2020. 1. 13. 갑은 자기 소유의 염소 A를 팔러 시장에 가던 중에 A가 달아나자 뒤쫓다가 놓쳤다. 2020. 1. 14. 을은 길에서 다리에 상처를 입은 A를 발견하고 집으로 데려가 먹이를 주고 상처를 치료해 주었다. 2020. 1. 23. 을은 경찰서에 A의 습득사실을 알리고 A를 제출하였다. 경찰서장은 2020. 1. 24. 지역신문에 A의 발견 및 보관 사실을 공고하였다.

① 경찰서장은 을에게 A를 보관하도록 명할 수 없다.

② 갑이 2020. 4. 14. 경찰서장에게 A의 반환을 요구한다면 A를 데려올 수 있다.

③ 갑이 2020. 4. 14. 경찰서장에게 A에 대한 포기 의사를 밝혔다면 A는 2020. 1. 14.부터 을의 소유가 된다.

④ 갑이 2020. 4. 30. 경찰서장에게 A의 반환을 요구한다면 을은 갑에게 A의 상처 치료에 소요된 비용을 청구할 수 있다.

⑤ 갑이 2020. 4. 14. 경찰서장에게 A에 대한 포기 의사를 밝혔다면 경찰서장은 갑에게 A가 경찰서에 보관되어 있는 동안 소비한 사료에 대한 비용을 청구할 수 있다.

06. 〈이론〉에 따라 〈사례〉를 분석한 것으로 옳은 것만을 〈보기〉에서 있는 대로 고른 것은?

〈이론〉

하나의 불법행위가 여러 나라와 관련된 경우 불법행위의 성립 여부와 그 성립시 손해배상액과 같은 문제를 어느 나라의 법에 의하여 규율할지를 결정하여야 한다. 그 기준은 행동지와 결과발생지라는 개념을 토대로 정립할 수 있다. 행동지란 가해자가 피해자에게 손해를 발생시킨 구체적 활동을 실행한 곳을 말하고, 결과발생지란 피해자의 생명, 신체, 재산과 같은 법률상 이익이 직접 침해된 곳을 말한다. 행동지와 결과발생지가 서로 다른 나라에 있는 경우 ㉠ 결과발생지 법에 의한다는 견해, ㉡ 원칙적으로 결과발생지 법에 의하되, 가해자가 결과발생지를 예견할 수 없었던 경우 행동지 법에 의한다는 견해, ㉢ 행동지 법이나 결과발생지 법 중 피해자에게 유리한 것에 의한다는 견해가 있다.

〈사례〉

갑은 X국에 거주하고, Y국의 영업소에서 모든 소득을 얻는다. 갑은 모든 소득을 Z국에 있는 은행에 개설한 계좌에 예치하고, 그 계좌에 연동된 현금카드를 사용하여 Y국에서 소득의 대부분을 지출한다. W국에 거주하는 부동산 개발업자 을은 W국의 영업소에서 갑을 속여 W국에 있는 은행에 개설한 계좌로 투자금 10억 원을 송금 받았다. 을이 자신의 재산을 침해하였음을 알게 된 갑은 W국 법원에서 을을 상대로 불법행위로 인한 손해배상을 청구한다. X국법, Y국법, Z국법, W국법에 따라 갑에게 인정되는 손해배상액은 각각 11억 원, 13억 원, 14억 원, 12억 원이다.

〈보 기〉

ㄱ. 재산이라는 법률상 이익은 피해자가 거주하고 있는 곳에서 직접 침해된다고 본다면, ㉡에 따른 손해배상액은 ㉠에 따른 손해배상액보다 크거나 같다.

ㄴ. 재산이라는 법률상 이익은 피해자가 주된 경제활동을 영위하고 있는 곳에서 직접 침해된다고 본다면, 을이 갑의 경제활동 중심지를 알고 있었던 경우 ㉠, ㉡, ㉢에 따른 손해배상액은 모두 같다.

ㄷ. 재산이라는 법률상 이익은 피해자가 가해자에게 금전을 송금하기 전에 그 금전이 예치되어 있던 계좌가 개설된 곳에서 직접 침해된다고 본다면, 을이 갑의 계좌 소재지를 예견할 수 없었던 경우 ㉠에 따른 손해배상액은 ㉡에 따른 손해배상액보다 크다.

① ㄱ   ② ㄷ   ③ ㄱ, ㄴ

④ ㄴ, ㄷ   ⑤ ㄱ, ㄴ, ㄷ

07. 〈규정〉에 따라 X국 감독당국에 신고의무가 있는 경우만을 〈보기〉에서 있는 대로 고른 것은?

X국은 X국 회사가 외국에서 증권을 발행하는 경우뿐만 아니라 외국 회사가 외국에서 증권을 발행하는 경우에도 다음 〈규정〉에 따라 X국 감독당국에 대한 신고의무를 부과하고 있다.

〈규정〉

제1조 X국 회사가 외국에서 증권을 발행하는 경우 X국 감독당국에 신고하여야 한다. 다만, 그 증권이 X국 거주자가 발행일부터 2년 이내에 그 증권을 취득하는 것을 허용하지 않는 때에는 그러하지 아니하다.

제2조 외국에서 증권을 발행하는 외국 회사가 X국 주식시장에 상장되어 있거나 X국 거주자의 주식보유비율이 20% 이상인 경우 제1조를 준용한다.

제3조 제2조의 외국 회사가 외국에서 외국 통화로 표시한 증권을 발행하는 경우 그 증권이 X국 거주자가 발행일부터 1년 이내에 그 증권을 취득하는 것을 허용하지 않는 때에는 제1조의 신고의무가 없다.

〈보 기〉

ㄱ. X국 주식시장에 상장된 Y국 회사(X국 거주자의 주식보유비율 10%)가 '발행일로부터 2년이 경과하지 않으면 X국 거주자가 취득할 수 없다'는 조건이 포함된 증권(X국 통화로 표시)을 Y국에서 발행하는 경우

ㄴ. Y국 주식시장에 상장된 Z국 회사(X국 거주자의 주식보유비율 15%)가 '발행일로부터 1년이 경과하면 X국 거주자가 취득할 수 있다'는 조건이 포함된 증권(X국 통화로 표시)을 Y국에서 발행하는 경우

ㄷ. Y국 주식시장에 상장된 Z국 회사(X국 거주자의 주식보유비율 20%)가 '발행일로부터 6개월이 경과하면 X국 거주자가 취득할 수 있다'는 조건이 포함된 증권(Z국 통화로 표시)을 Y국에서 발행하는 경우

① ㄱ ② ㄷ ③ ㄱ, ㄴ

④ ㄴ, ㄷ ⑤ ㄱ, ㄴ, ㄷ

---

08. 〈규정〉에 따라 〈사례〉의 병이 받을 형벌은?

〈규정〉

(1) 형벌 중 중형에는 다음 여섯 등급이 있다.

1등급	사형
2등급	노역 5년 후 3천 리 밖으로 유배
3등급	3천 리 밖으로 유배
4등급	2천 리 밖으로 유배
5등급	노역 3년 6개월
6등급	노역 3년

(2) 사람을 때려 재물을 빼앗은 자는 3천 리 밖으로 유배한다.

(3) 다른 사람의 범죄를 도운 자는 범죄를 저지른 자보다 한 등급을 감경하여 처벌한다.

(4) 자신을 체포하려는 포졸을 때려 상해를 입힌 자의 형벌은 네 등급을 가중한다.

(5) 탈옥한 자의 형벌은 세 등급을 가중한다.

(6) 자수한 자의 형벌은 세 등급을 감경한다.

(7) 1~3등급에서 형을 감경하는 경우 3등급, 4등급은 하나의 등급으로 취급한다. 가령 2등급에서 두 등급을 감경하면 5등급이다.

(8) 3~6등급에서 형을 가중하는 경우 2등급이 상한이다.

(9) (3)~(6)의 형벌 가중·감경 사유 중 두 개 이상에 해당하면, 해당 사유 모두를 (3), (4), (5), (6)의 순서대로 적용한다.

〈사례〉

갑이 을을 때려 재물을 빼앗는 동안 병은 갑을 위하여 망을 보아주었다. 도망쳐 숨어 지내던 병은 포졸 정의 눈에 띄어 체포될 위기에 처하자 그를 때려 상해를 입히고 달아났다. 이후 병은 관아에 자수하고 갇혀 있던 중 탈옥하였다.

① 노역 5년 후 3천 리 밖으로 유배

② 3천 리 밖으로 유배

③ 2천 리 밖으로 유배

④ 노역 3년 6개월

⑤ 노역 3년

09. 다음으로부터 추론한 것으로 옳은 것만을 〈보기〉에서 있는 대로 고른 것은?

X국은 소셜 네트워크상 명예훼손, 혐오표현 등이 포함된 위법 콘텐츠의 무분별한 확산에 대응하기 위해 소셜 네트워크 사업자의 의무와 책임을 규정하는 법을 제정하였다.

제1조 ① 이 법은 등록기준지가 국내인 소셜 네트워크 사업자('국내 사업자')에 적용된다. 다만 등록기준지가 국외인 사업자('국외 사업자')로서 국내 등록이용자 수가 100만 명 이상인 경우에는 적용 대상이 된다.
② 제1항의 적용 대상 중 국내 등록이용자 수가 150만 명 이하인 플랫폼을 운영하는 국내 사업자는 제2조제2항의 의무를 면한다.
③ 제1항의 적용 대상 중 국내 등록이용자 수가 200만 명 이하인 플랫폼을 운영하는 국내 사업자 및 국외 사업자는 제2조제3항의 의무를 면한다.
제2조 ① 사업자는 이용자가 위법 콘텐츠 신고를 할 수 있도록 자신의 플랫폼에 알기 쉽고 투명한 절차를 제공하여야 한다.
② 사업자는 위 신고가 있는 경우 지체 없이 위법 여부를 심사하여야 하며 위법 콘텐츠에 해당하는 경우 신고일부터 7일 이내에 이를 삭제하여야 한다.
③ 사업자는 신고자 및 콘텐츠 제공자에게 위 심사 결과와 이유를 통지하여야 한다.
제3조 국외 사업자는 국내에 송달대리인을 임명하고 플랫폼에 이를 공시해야 한다.
제4조 이 법을 위반한 행위에 대해 최대 50억 원 이하의 과태료를 부과한다. 다만 제3조 위반에만 해당하는 경우 과태료는 5억 원 이하로 한다.

〈보 기〉

ㄱ. X국 내 등록이용자 수가 120만 명인 플랫폼을 운영하는 국외 사업자가 위법 콘텐츠 신고에 대한 심사 결과를 통지하지 않고 X국 내 송달대리인의 정보를 공시하지 않은 경우 5억 원을 한도로 과태료가 부과된다.
ㄴ. X국 내 등록이용자 수가 150만 명인 플랫폼을 운영하는 국내 사업자가 위법 콘텐츠 신고가 있었음에도 심사를 게을리하고 심사 결과도 통지하지 않은 경우 최대 50억 원 이하의 과태료가 부과된다.
ㄷ. X국 내 등록이용자 수가 180만 명인 플랫폼을 운영하는 국외 사업자는 위법 콘텐츠 신고에 대한 심사 결과 위법 콘텐츠에 해당하지 않는다고 결론을 내린 경우 해당 콘텐츠 제공자에게 심사 결과를 통지하여야 한다.

① ㄱ   ② ㄷ   ③ ㄱ, ㄴ
④ ㄴ, ㄷ   ⑤ ㄱ, ㄴ, ㄷ

---

10. 〈규정〉에 따라 〈사례〉의 갑이 추가로 갖추어야 할 최소 주차대수는?

〈규정〉
제1조 주차수요를 유발하는 건축물 등('시설물')을 건축하거나 설치하려는 자는 〈표〉의 용도별 설치기준에 따라 부설주차장을 설치하여야 한다.
제2조 ① 부설주차장에 설치된 기계식주차장치가 노후·고장 등의 이유로 작동이 불가능하거나 안전상 철거가 불가피한 경우 이를 철거할 수 있다.
② 시설물의 소유자는 제1항에 따라 기계식주차장치를 철거함으로써 제1조에 따른 부설주차장의 설치기준에 미달하게 되는 경우에는 부설주차장을 추가로 설치하여야 한다.
③ 구청장은 제1항에 따라 기계식주차장치를 철거하는 경우 〈표〉의 부설주차장 설치기준을 2분의 1로 완화하여야 한다.
④ 제3항에 의해 완화된 설치기준에 따라 부설주차장을 설치한 이후 해당 시설물이 증축되거나 부설주차장 설치기준이 강화되는 용도로 변경될 때에는 그 증축 또는 용도변경하는 부분에 대해서만 〈표〉의 부설주차장 설치기준을 적용한다.
제3조 시설물의 용도를 변경하는 경우 용도변경 시점의 부설주차장 설치기준에 따라 변경 후 용도의 최소 주차대수를 갖추도록 부설주차장을 설치하여야 한다.

〈표〉

시설물의 용도	설치기준(최소 주차대수)
위락시설	시설면적 100m²당 1대
판매시설	시설면적 150m²당 1대

〈사례〉
갑은 판매시설로 사용되는 시설면적 6,000㎡의 시설물의 소유자이다. 40대를 수용하는 기존 기계식주차장치가 고장으로 작동이 불가능하자 갑은 이 기계식주차장치를 전부 철거하고, 구청장으로부터 부설주차장 주차기준을 2분의 1로 완화 적용받아 20대를 수용하는 부설주차장을 설치하였다. 갑은 이 시설물의 시설면적 중 3,000㎡를 위락시설로 용도변경하려 한다.

① 0대   ② 5대   ③ 10대
④ 15대   ⑤ 20대

11. 〈규정〉을 〈사례〉에 적용한 것으로 옳은 것만을 〈보기〉에서 있는 대로 고른 것은?

〈규정〉
제1조 상속인은 상속재산 한도에서 사망자의 빚을 갚는 것을 조건으로 상속('조건부 상속')할 수 있다.
제2조 상속인은 금전이 아닌 상속재산을 현금화하는 경우 법원의 허가를 얻어 경매하여야 한다. 여러 재산을 경매한 경우, 상속인은 각 재산으로부터 생긴 금전을 섞이지 않게 분리해 두어야 한다.
제3조 ① 사망자의 특정 재산에 대해 우선적으로 채권을 회수할 권리를 가진 채권자('우선권 있는 채권자')가 있는 경우, 상속인은 그 재산이 현금화된 때에는 다른 채권자보다 우선권 있는 채권자에게 먼저 빚을 갚아야 한다. 우선권 있는 채권자의 채권회수 후에 남은 재산이 있으면 제2항에 의한다.
② 상속인은 사망자의 특정 재산에 대해 우선권 있는 채권자가 없는 경우, 그 재산이 현금화된 때에는 빚을 갚아야 할 시기의 선후, 청구의 순서, 빚의 크기 등에 관계없이 자신의 의사에 따라 자유롭게 빚을 갚을 수 있다.
③ 특정 재산에 대해 우선권 있는 채권자가 그 재산으로부터 회수하지 못한 채권은 우선권 없는 채권으로 남는다.
제4조 제3조에 의하여 빚을 갚고 남은 상속재산이 없으면, 상속인은 더 이상 사망자의 빚을 갚을 책임이 없다.

〈사례〉
갑이 사망하면서 유일한 상속인 을에게 집 한 채와 자동차 한 대, 그리고 1억 7천만 원의 빚을 남겼고, 을은 조건부 상속을 하였다. 집에 대해서는 갑에게 7천만 원의 채권이 있던 병이 우선권을 가지고 있고, 자동차에는 누구도 우선권이 없다. 정과 무도 갑에게 5천만 원씩의 채권을 가지고 있었다.

〈보 기〉
ㄱ. 집만 1억 원에 경매된 경우, 을은 병에게 7천만 원을 갚고, 나머지는 정과 무 중 빚을 갚을 것을 먼저 요구한 자에게 지급하여야 한다.
ㄴ. 집과 자동차가 동시에 각각 5천만 원, 2천만 원에 경매되고, 병, 정, 무가 동시에 지급을 요구한 경우, 을은 병에게 7천만 원 전부를 지급할 수 있다.
ㄷ. 집과 자동차가 동시에 각각 1억 원, 2천만 원에 경매되고, 병, 정, 무가 동시에 지급을 요구한 경우, 을이 병에게 7천만 원, 무에게 5천만 원을 지급하면 정에게는 지급하지 않아도 된다.

① ㄱ　　　② ㄷ　　　③ ㄱ, ㄴ
④ ㄴ, ㄷ　　　⑤ ㄱ, ㄴ, ㄷ

12. 〈규정〉을 〈사례〉에 적용한 것으로 옳지 않은 것은?

X국은 〈규정〉과 같이 미술품에 대한 저작자의 권리를 인정한다.

〈규정〉
제1조 '미술상'은 저작권협회 회원으로서 미술품을 영업으로 매도·매수·중개하는 자이다.
제2조 미술저작물의 원본이 최초로 매도된 후에 계속해서 거래되고, 각 후속거래에서 미술상이 매도·매수·중개한 경우, 저작자는 매도인을 상대로 ⊙ 거래가액의 일정 비율의 금액을 청구할 수 있다. 거래가액이 40만 원 미만이면 그러하지 아니하다.
제3조 제2조에 의하여 청구할 수 있는 금액은 다음과 같이 거래가액을 기준으로 산정한다.
　(1) 5천만 원 이하: 거래가액의 1%
　(2) 5천만 원 초과 2억 원 이하: 거래가액의 2%
　(3) 2억 원 초과: 거래가액의 3%. 단, 상한은 1천만 원으로 한다.
제4조 저작자는 미술상에게 최근 3년간 미술상이 관여한 자기 저작물의 거래 여부에 관한 정보를 요구할 수 있고, 미술상은 이에 응하여야 한다.
제5조 저작자는 제2조의 권리를 행사하기 위해, 거래에 관여한 미술상에게 매도인의 이름, 주소, 거래가액에 관한 정보를 요구할 수 있고, 미술상은 이에 응하여야 한다.

〈사례〉
화가 갑은 자신이 그린 그림 A를 40만 원에 미술상 을에게 판매하였다. 한 달 후 을은 친구 병에게 A를 20만 원에 판매하였다. 5년이 지나 병은 을의 중개로 미술상 정에게 A를 2억 원에 판매하였다. 그로부터 1년 후 사업가 무가 정에게서 A를 3억 원에 구입하였고, 다시 3년이 지나 무는 기에게 A를 선물하였다.

① 갑이 청구할 수 있는 ⊙은 총 1천3백만 원이다.
② 을은 갑에게 ⊙으로 4천 원을 지급할 의무가 없다.
③ 병은 갑에게 ⊙을 지급할 의무가 있다.
④ 갑은 을을 상대로 병의 이름과 주소, 병이 정에게 매도한 금액에 관한 정보의 제공을 요구할 수 있다.
⑤ 갑이 정에게 A의 거래 여부에 관한 정보를 요구할 경우, 기가 현재 A를 보유하고 있다는 사실을 알고 있는 정은 그 정보를 제공할 의무가 있다.

13. 다음 글에 대한 분석으로 옳은 것만을 〈보기〉에서 있는 대로 고른 것은?

갑은 오늘 고속도로에서 과속 운전을 할 계획이다. 이런 계획을 좌절시킬 어떠한 환경적 요인도 없고 갑의 결심도 확고하다. 또한 갑은 한 번 마음을 먹으면 절대로 마음을 되돌리지 않는다. ㉠이 모든 것을 알고 있는 경찰은 갑이 오늘 고속도로에서 과속할 것이라는 것을 알고 있다. 갑은 실제로 고속도로에서 과속 운전을 하였다. 이런 경우에 갑이 고속도로에 진입하기 전에 경찰이 미리 과속 벌금을 부과하는 것이 정당한가? 즉, 아직 벌어지지 않은 일에 대해서 그것이 벌어질 것을 안다고 해서 사전 처벌하는 것이 정당한가?

A: 처벌의 의의는 어떤 사람에 의해서 잘못이 행해진다면 그에 상응하는 해를 그 사람에게 입혀 그 균형을 맞추는 데에 있다. 잘못이 행해진다는 것이 알려진 한, 처벌의 시점은 전혀 중요하지 않다. TV를 구입할 때 그 비용을 TV를 인수하기 전에 지불하든 후에 지불하든 상관이 없는 것과 같은 이치이다. 경찰이 사전에 벌금을 부과하든 부과하지 않든 갑은 과속을 할 것이 틀림없고 경찰은 그것을 알고 있다. 그렇기 때문에 그에 대한 균형을 맞추기 위한 경찰의 사전 처벌은 정당화될 수 있다.

B: 무고한 사람을 처벌하는 것은 어떤 경우에도 정당화될 수 없다. 갑의 결심이 확고하다고 해도 마지막 순간에 마음을 고쳐먹어 과속을 하지 않을 능력이 그에게 있다는 것을 부정할 수 없다. 갑이 그런 능력을 가지고 있는 한, 과속을 하기 전의 갑은 엄연히 무고한 사람이다. 따라서 갑에 대한 사전 처벌은 정당화될 수 없다.

─────〈보 기〉─────

ㄱ. ㉠이 거짓이라면, A의 결론은 따라 나오지 않는다.

ㄴ. 행위자가 어떤 행위를 하느냐 마느냐를 결정할 능력이 있다면, 그가 그 행위를 할지에 대해서 타인이 미리 아는 것이 불가능하다는 견해가 있다. 이런 견해가 옳다면, B는 ㉠과 양립 불가능하다.

ㄷ. 테러리스트가 시민들을 죽음으로 몰아넣을 공격을 준비하고 있고, 경찰은 이 테러리스트를 그대로 두면 이 공격이 성공할 것이라는 사실을 알고 있다. 이에 경찰은 그 테러리스트를 가두고 그 공격으로 발생할 수 있는 피해에 상응하는 처벌을 미리 내려 테러 공격을 막는 데 성공한다. A에 따르면, 이 경우에도 사전 처벌은 정당화될 수 있다.

① ㄱ　　　　② ㄷ　　　　③ ㄱ, ㄴ
④ ㄴ, ㄷ　　　⑤ ㄱ, ㄴ, ㄷ

---

14. 다음 글에 대한 분석으로 옳은 것만을 〈보기〉에서 있는 대로 고른 것은?

〈이론〉

행위가 어떤 사람에게 '손해를 준다'는 것은, 만약 그 행위가 일어나지 않는다면 그 사람이 더 나은 상태에 있게 된다는 것이다. 행위가 어떤 사람에게 '이익을 준다'는 것은, 만약 그 행위가 일어나지 않는다면 그 사람이 더 못한 상태에 있게 된다는 것이다.

〈이론〉을 두고 다음과 같이 갑과 을이 논쟁하였다.

갑1: 친구에게 아무 이유 없이 5만 원을 줄 수 있었지만, 나는 그렇게 하지 않았어. 그렇게 했다면 친구는 더 나은 상태에 있었겠지. 〈이론〉에 따르면 나는 친구에게 손해를 주는 행위를 한 거야. 하지만 이는 불합리해.

을1: 〈이론〉은 그런 함축을 갖지 않아. '친구에게 5만 원을 주지 않는 것'과 같이 아무것도 하지 않고 가만히 있는 것은 행위라고 볼 수 없기 때문이야.

갑2: 〈이론〉의 '행위'를 그런 식으로 제한하는 것은 또 다른 불합리한 귀결을 낳게 돼. 어떤 사람이 아이가 물에 빠져 허우적대는 걸 보게 됐고 그 사람은 아이를 구조할 능력이 있었다고 해봐. 그 사람은 아이를 구조하지 않았고 아이는 물에 빠져 죽게 되었어. 아이를 구조하지 않은 것은 명백하게 아이에게 손해를 준 것이지.

을2: 하지만 이 경우는 달라. 그 사람이 아이를 구조하지 않은 것은 의도적으로 구조를 회피하고자 한 결심의 결과로 일어난 하나의 사건이야. 그렇다면 아이를 구조하지 않은 것은 하나의 행위로 보아야 해.

갑3: 그렇다면 이런 경우는? A가 B에게 줄 선물을 샀다고 해봐. 그런데 A는 그 선물에 대한 욕심이 생겨서 자신이 그것을 갖기로 결심하고 B에게 선물을 주지 않았어. 이 경우에 선물을 주지 않은 것은 의도적인 결심의 결과이지만, A가 B에게 손해를 준 것은 아니잖아.

─────〈보 기〉─────

ㄱ. 〈이론〉에 대한 갑1의 해석에 따를 때, 내가 친구를 때려서 코를 부러뜨릴 수 있었지만 그렇게 하지 않았다면, 내가 친구를 때리지 않은 것은 친구에게 이익을 준 것이다.

ㄴ. 갑2와 을2는 아이를 구하지 않은 것이 아이에게 손해를 준 것인지 여부에 대해 판단을 달리 한다.

ㄷ. 을이 갑3에 대한 대답으로 'A가 B에게 선물을 주지 않은 것은 B에게 손해를 준 것이 맞다'고 주장한다면, 이는 을의 입장을 비일관적으로 만들 것이다.

① ㄱ　　　　② ㄴ　　　　③ ㄱ, ㄷ
④ ㄴ, ㄷ　　　⑤ ㄱ, ㄴ, ㄷ

15. 다음 논쟁에 대한 평가로 적절한 것만을 〈보기〉에서 있는 대로 고른 것은?

> 갑: 단순히 참인 믿음은 지식이 아니다. 참인 믿음이 지식이 되려면 정당화되어야 한다. 그런데 ㉠ 예술작품에서 얻게 되는 믿음은 그것이 설령 참일 수 있다고 해도, 결코 정당화되지 못한다. 가령 디킨스의 사실주의 소설 『황량한 집』은 19세기 영국의 유산 소송과정을 정확하게 묘사한다. 그러나 우리가 『황량한 집』을 읽는 것만으로는 그러한 묘사의 정확성에 대한 증거를 얻을 수 없다.
>
> 을: 갑의 말대로라면 백과사전도 『황량한 집』과 다를 바 없다. 백과사전을 읽는 것만으로는 거기서 얻은 정보가 정확하다고 믿어야 할 이유가 없기 때문이다.
>
> 갑: 그렇지 않다. 백과사전의 경우에는 관련 분야의 전문가들에게 그 정확성을 확인받는 절차, 이른바 '제도적 보증'이라는 것이 있다. 그러나 『황량한 집』의 경우에는 그 누구도 작품에서 드러날 수 있는 작가의 주장을 확인할 필요가 없다.
>
> 을: ㉡ 출판 관행으로서 제도적 보증은 저자 또는 내용 확인 절차가 이루어졌다는 것만을 보여줄 뿐 그 확인이 성공적임을 보여주는 것은 아니다. 단순히 백과사전을 읽어보기만 해서는 그런 확인 절차가 성공적으로 이루어졌는지 알 수 없다.

〈보 기〉

ㄱ. 사실주의 소설은 어떤 사건이 실제로 일어난 것인지에 대해 증거적 효력이 있는 확인을 거쳐 작성된다는 점은 ㉠을 약화한다.

ㄴ. 『히틀러 일기』가 히틀러가 쓴 자서전이 아니라 다른 사람이 날조한 것으로 밝혀졌다는 사실은 ㉡을 약화한다.

ㄷ. 백과사전에서 정보를 찾는 독자와 달리, 『황량한 집』의 독자는 작품에서 드러난 내용을 믿어야 할 이유를 주로 개인적 경험에서 찾는다는 점은 갑의 견해를 강화한다.

① ㄴ   ② ㄷ   ③ ㄱ, ㄴ
④ ㄱ, ㄷ   ⑤ ㄱ, ㄴ, ㄷ

16. 다음 논쟁을 분석한 것으로 옳은 것만을 〈보기〉에서 있는 대로 고른 것은?

> 갑: 우아함은 쇼팽의 야상곡 자체에 속하는 성질이 아니라 네가 느끼는 주관적 인상에 불과해. 나는 야상곡을 들으면서 내내 지루하다고 느꼈거든.
>
> 을: 네가 야상곡을 듣고 지루함만 느꼈다면, 그건 네가 힙합에만 익숙해서 그래. 피아노 음색과 멜로디 전개가 표현하는 섬세함을 따라가려고 노력해 봐. 이 작품이 우아하다는 것은 적절한 감상 능력을 갖춘 사람이면 정상적인 조건에서 감상할 때 누구든지 알 수 있는 문제야.
>
> 병: 야상곡의 우아함이 그저 주관적인 느낌에 불과한 것은 아니라 해도, 누구나 알 수 있는 성질이라는 말도 맞지 않는 것 같아. 일정한 문화에 속한, 일정한 종류의 음악에 익숙한 사람들만 야상곡이 우아하다고 여기지 않을까? 이건 적어도 참외의 노란색이나 둥근 모양처럼 진짜 그 대상에 속하는 성질들과는 달라.
>
> 을: 일정한 집단의 사람들만 야상곡이 우아하다고 여길 수 있다 하더라도 그 우아함은 그 음악에 속하는 진짜 성질이라고 봐야 할 거야. 노란색도 결국 색맹이 아닌 사람들에게만 노랑으로 보이긴 하지만 참외의 진짜 성질이잖아? 야상곡의 경우에는 적절한 음악적 감수성을 갖춘 사람들만이 우아함을 지각하는 것이지.
>
> 병: 너희 둘이 야상곡을 듣고 다른 반응을 보이는 것은 각자가 속한 집단에서 공유하는 음악적 감수성이 달라서 그렇다는 것이 더 자연스러운 설명 아닐까? 어째서 우아하다고 반응하는 사람만 진짜 성질을 지각한다는 거야?

〈보 기〉

ㄱ. 을은 우아함을 지각하는 사람의 집단이 시대와 문화에 따라 클 수도 있고 작을 수도 있다는 주장에 반대할 것이다.

ㄴ. 병은 쇼팽의 야상곡이 지루하다고 여기는 사람들이 서로 다른 음악적 감수성을 가질 수 있다는 주장에 반대할 것이다.

ㄷ. 을과 병은 쇼팽의 야상곡이 우아하다는 주장을 각각 다른 이유에서 받아들일 수 있다.

① ㄴ   ② ㄷ   ③ ㄱ, ㄴ
④ ㄱ, ㄷ   ⑤ ㄱ, ㄴ, ㄷ

17. 다음 글에 대한 분석으로 옳은 것만을 〈보기〉에서 있는 대로 고른 것은?

> A: 내가 불충분한 증거에 근거해서 믿음을 갖게 된다면, 그 믿음 자체로는 큰 해가 되지 않을지도 모른다. 그 믿음이 궁극적으로 사실일 수도 있고, 결코 외부적인 행동으로 나타나지 않을지도 모른다. 그러나 나 자신을 쉽게 믿는 자로 만드는, 인류를 향한 범죄를 저지르는 것은 피할 수 없다. 한 사회가 잘못된 믿음을 가졌다는 것 자체도 큰 문제이나, 더 큰 문제는 사회가 속기 쉬운 상태가 되고, 증거들을 검토하고 자세히 조사하는 습관을 잃어서 야만의 상태로 돌아간다는 것이다. ㉠불충분한 증거에서 어떤 것을 믿는 것은 언제나 어디서나 누구에게나 옳지 않다.
>   – 윌리엄 클리포드, 『믿음의 윤리학』 –
>
> B: "진리를 믿어라!", "오류를 피하라!" 이는 인식자에게 가장 중요한 명령입니다. 그러나 이 둘은 별개의 법칙입니다. 그리고 이들 사이에서 어떤 선택을 하느냐에 따라서 우리의 지적인 삶 전체가 달라질 수 있습니다. 진리의 추구를 가장 중요한 것으로 여기고 오류를 피하는 것을 부차적인 것으로 여길 수도 있고, 반대로 오류를 피하는 것을 가장 중대한 것으로 보고 진리를 얻는 것을 부차적인 것으로 여길 수도 있습니다. 클리포드는 우리에게 후자를 선택하도록 권고하고 있습니다. 그는 불충분한 증거에 기초해서 거짓을 믿게 되는 끔찍한 위험을 초래하기보다는, 아무것도 믿지 말고 마음을 보류 상태에 두라고 말하고 있는 것입니다. 나 자신은 클리포드 편을 들지 못할 것 같습니다. 어떤 경우든 우리가 잊지 말아야 할 것은, 진리 또는 오류에 관련된 의무에 대해서 우리가 갖고 있는 이런 태도는 증거에 기초한 것이 아니라 정념에 기초한 것이라는 점입니다. "거짓을 믿기보다는 영원히 믿지 않는 편이 낫다!"라고 말하는 클리포드 같은 사람은 순진하게 속는 것에 대한 두려움을 표현하고 있을 뿐입니다.
>   – 윌리엄 제임스, 『믿음에의 의지』 –

───────────────〈보 기〉───────────────

ㄱ. A는 A의 결론대로 행하지 않을 경우에 발생하게 될 바람직하지 않은 결과를 지적함으로써 그 결론을 뒷받침하고 있다.

ㄴ. B에 따르면, ㉠에 대한 클리포드의 믿음은 충분한 증거에 기초하고 있지 않다.

ㄷ. B의 논증은 '충분한 증거에 기초한 믿음이라도 오류일 수 있다'는 전제를 필요로 한다.

① ㄱ   ② ㄷ   ③ ㄱ, ㄴ
④ ㄴ, ㄷ   ⑤ ㄱ, ㄴ, ㄷ

---

18. 다음 글을 분석한 것으로 옳은 것만을 〈보기〉에서 있는 대로 고른 것은?

> A: '인식적 객관성'은 어떤 주장의 참 거짓 여부보다 그 주장을 어떤 방식으로 정당화했느냐 하는 측면과 관계가 있다. 주장을 제기하는 과정에서 자신을 포함해 그 누구의 것이든 편향성, 선입견, 동조심리, 개인적인 희망사항 등 주관적인 요소들의 개입으로 인해 이성의 건전한 상식과 합리성이 굴절되는 일이 없도록 해야 한다는 것이다. 이런 의미에서 인식적 객관성을 확보한 판단은 일반적인 설득력을 지닌다.
>
> B: 예술작품이 의도된 효과를 발휘하기 위해서는 어떤 특정한 관점에서 감상되어야 한다. 비평가의 상황이 작품이 요구하는 상황에 적합하지 않으면 그 비평가는 작품에 대해 적절하게 판단할 수 없다. 가령 변론가는 특정한 청중을 향해 연설하기에, 그 청중에게 고유한 특질, 관심, 견해, 정념, 선입견을 고려해야 한다. 만일 다른 시대 혹은 다른 나라의 비평가가 이 변론을 접한다면, 이 변론에 대해 올바른 판단을 내리기 위해 이러한 모든 상황을 고려하여 자기 자신을 당시의 청중과 동일한 상황에 대입해야 한다. 예술작품의 경우도 마찬가지이다. 설사 비평가 자신이 예술가와 친구라 할지라도, 혹은 적대하고 있다고 해도, 그는 이러한 특수한 상황에서 벗어나 이 작품이 전제로 하는 관점을 취할 필요가 있다.

───────────────〈보 기〉───────────────

ㄱ. 두 사람이 어떠한 주장에 대해 동일한 판단을 내렸다면, A에 따를 때 그들의 판단은 인식적 객관성을 가진다.

ㄴ. A에 따를 때, B의 비평가가 예술작품에 대해 내리는 판단은 인식적 객관성을 갖지 않는다.

ㄷ. 서로 다른 시대나 나라에 살았던 어떤 두 비평가가 동일한 예술작품에 대해 동일한 판단을 내렸다면, B에 따를 때 그들의 판단은 그 작품이 전제로 하는 관점에서 이루어진 것이다.

① ㄱ   ② ㄴ   ③ ㄱ, ㄷ
④ ㄴ, ㄷ   ⑤ ㄱ, ㄴ, ㄷ

19. 〈이론〉에 대한 분석으로 옳은 것만을 〈보기〉에서 있는 대로 고른 것은?

'지금은 여름이지만 지금은 여름이 아니다'라고 주장하는 것은 난센스로 들린다. 이는 이 문장이 참인 것이 불가능하며, 그런 점에서 모순을 내포한다는 사실로부터 쉽게 설명된다. 이번에는 '나는 지금이 여름이라고 믿지만 지금은 여름이 아니다'라는 주장을 생각해 보자. 이런 주장 역시 난센스로 들린다. 그러나 이런 주장의 내용 자체에는 아무런 모순이 없다. 내가 지금이 여름이라고 믿음에도 불구하고 실제로는 지금이 여름이 아닌 것이 얼마든지 가능하기 때문이다. 그럼에도 불구하고 왜 이런 주장이 난센스로 들리는지를 설명하기 위해 〈이론〉이 제시되었다.

〈이론〉
'나는 p라고 믿는다'라고 주장하는 것은 많은 경우에 나의 심리상태를 보고하는 것이 아니라, 대화 상대방을 고려하여 p를 완곡하게 주장하는 것이다. 가령, 상대방이 "지금이 여름입니까?"라고 물을 때, 나는 이를 완곡하게 긍정하는 방식으로 "나는 그렇게 믿습니다."라고 말할 수 있다. 따라서 '나는 지금이 여름이라고 믿지만 지금은 여름이 아니다'라는 주장은 사실상 '지금은 여름이지만 지금은 여름이 아니다'라는 모순된 내용을 표현하게 되며, 그래서 난센스로 들리는 것이다.

─〈보 기〉─
ㄱ. 〈이론〉이 옳다면, '너는 지금이 여름이라고 믿지만 지금은 여름이 아니다'라고 주장하는 것 역시 난센스로 들려야 할 것이다.
ㄴ. 〈이론〉이 옳다면, '나는 지금이 여름이라고 믿지만 지금은 여름이 아니라고도 믿는다'라고 주장하는 것 역시 난센스로 들려야 할 것이다.
ㄷ. 〈이론〉이 옳다면, '나는 지금이 여름이라고 믿지만 지금은 여름이 아니다'라고 마음속으로 말없이 판단하는 것 역시 난센스로 여겨져야 할 것이다.

① ㄱ   ② ㄴ   ③ ㄱ, ㄷ
④ ㄴ, ㄷ   ⑤ ㄱ, ㄴ, ㄷ

20. 다음 논쟁에 대한 분석으로 옳은 것만을 〈보기〉에서 있는 대로 고른 것은?

갑: 과학 이론의 변화가 '진정한 진보'인지는 분명치 않다. 물론 과학의 역사를 보면, 후속 이론이 더 많은 수의 사실을 설명하고 예측함으로써 선행 이론을 대체한 경우들도 있다. 그러나 이는 후속 이론이 '진정으로 진보적'이라는 주장의 근거는 되지 못한다. 그 사례들은 후속 이론이 단지 더 많은 사회적 지원을 받았다거나 더 많은 과학자들이 연구에 참여했다는 것만을 보여줄 뿐이다.
을: 이론의 과거 성취에 그러한 외재적 요소의 영향이 있었더라도, 진보에 대한 판단이 불가능한 것은 아니다. 왜냐하면 진보 여부에 대한 판단은 과거 성취와 더불어 미래에 달성할 수 있는 성취에도 달려있기 때문이다. 그리고 이론이 미래에 달성할 수 있는 성취는 그런 외재적 요소의 영향을 받지 않는다.
갑: 이론의 과거 실적을 비교하는 것은 가능하다. 그러나 이론이 미래에 달성할 설명과 예측의 범위, 즉 이론의 장래성을 비교하는 것은 어렵다. 우리는 한 이론이 미래에 가지게 될 모든 귀결을 알 수는 없기 때문이다.
을: 우리는 종종 두 이론의 장래성을 비교할 수 있다. 두 이론 T1과 T2에 대해, T2를 구성하는 진술들로부터 T1을 구성하는 진술들을 연역적으로 도출할 수 있지만 그 역은 성립하지 않는다고 하자. 그러면 T2는 T1의 모든 예측에 덧붙여 새로운 예측을 할 것이다. 이 경우, T2는 T1보다 '더 일반적'이므로 더 장래성이 있다.

─〈보 기〉─
ㄱ. 과학 이론의 변화가 '진정한 진보'이려면 어떤 이론의 성공이 사회적 요소로만 해명되어서는 안 된다는 데 갑과 을은 동의한다.
ㄴ. 과학 이론의 변화는 과거 이론의 설명과 예측을 보존하고 그에 더하여 새로운 설명과 예측을 제공하는 방식으로 이루어져 왔다는 데 갑과 을은 동의한다.
ㄷ. 뉴턴 이론이 잘못 예측했던 부분에 대해 상대성 이론이 옳게 예측했다면, 상대성 이론이 뉴턴 이론보다 '더 일반적'인 이론이라는 데 을은 동의한다.

① ㄱ   ② ㄴ   ③ ㄱ, ㄷ
④ ㄴ, ㄷ   ⑤ ㄱ, ㄴ, ㄷ

21. 다음으로부터 추론한 것으로 옳은 것만을 〈보기〉에서 있는 대로 고른 것은?

> 아래 그림과 같이 크기가 모두 같고 번호가 한 개씩 적혀 있는 빈 상자 12개가 일렬로 나열되어 있다.
>
> | 1 | 2 | 3 | 4 | 5 | 6 | 7 | 8 | 9 | 10 | 11 | 12 |
> |---|---|---|---|---|---|---|---|---|----|----|----|
>
> 이 중 5개의 상자에 5개의 구슬 A, B, C, D, E를 담는다. 한 개의 상자에는 한 개의 구슬만 담을 수 있고, 서로 다른 두 상자 사이에 놓여 있는 상자의 개수를 그 두 상자의 '거리'로 정의한다. 예를 들면 4번 상자와 8번 상자의 거리는 3이다.
> 이때 다음 정보가 알려져 있다.
>
> ○ 구슬이 담겨 있는 임의의 두 상자의 거리는 모두 다르다.
> ○ 구슬 A와 D가 각각 담겨 있는 두 상자 사이에 구슬이 담겨 있는 상자는 한 개뿐이다.
> ○ 구슬 A와 E가 각각 담겨 있는 두 상자의 거리는 0이다.
> ○ 구슬 B와 D가 각각 담겨 있는 두 상자의 거리는 1이다.
> ○ 구슬 C와 E가 각각 담겨 있는 두 상자의 거리는 2이다.

> ───────〈보 기〉───────
> ㄱ. 구슬 A와 B가 각각 담겨 있는 두 상자 사이에는 구슬이 담겨 있는 상자가 없다.
> ㄴ. 구슬 C가 담겨 있는 상자의 번호는 구슬 D가 담겨 있는 상자의 번호보다 크다.
> ㄷ. 7번 상자와 8번 상자는 모두 비어 있다.

① ㄱ   ② ㄴ   ③ ㄱ, ㄷ
④ ㄴ, ㄷ   ⑤ ㄱ, ㄴ, ㄷ

---

22. 다음으로부터 추론한 것으로 옳은 것만을 〈보기〉에서 있는 대로 고른 것은?

> ○ 모든 사업가는 친절하다.
> ○ 성격이 원만하지 않은 모든 사람은 친절하지 않다.
> ○ 모든 논리학자는 친절하지 않은 모든 사람을 좋아한다.
> ○ 친절하지 않은 모든 사람을 좋아하는 사람은 모두 그 자신도 친절하지 않다.
> ○ 어떤 철학자는 논리학자이다.

> ───────〈보 기〉───────
> ㄱ. 사업가이거나 논리학자인 갑의 성격이 원만하지 않다면, 갑은 친절하지 않은 모든 사람을 좋아한다.
> ㄴ. 을이 논리학자라면, 어떤 철학자는 을을 좋아한다.
> ㄷ. 병이 친절하다면, 병은 사업가가 아니거나 철학자가 아니다.

① ㄱ   ② ㄷ   ③ ㄱ, ㄴ
④ ㄴ, ㄷ   ⑤ ㄱ, ㄴ, ㄷ

23. 다음으로부터 추론한 것으로 옳은 것은?

총 4번의 경주로 치러지는 육상 대회를 준비하는 한 팀의 코치는 5명의 주자 갑, 을, 병, 정, 무 중 4명을 선발하여 이들 각각이 몇 번째 경주에 참가할 것인지를 결정해야 한다. 선발된 4명의 주자 각각은 첫 번째, 두 번째, 세 번째, 네 번째 경주 중꼭 하나의 경주에만 참가하고, 2명 이상의 주자가 같은 경주에 참가하지는 않는다.

코치의 주자 선발과 그에 따른 결정은 다음 조건을 만족시키고, 선발되지 않은 1명은 육상 대회에 참가하지 않는다.

○ 만약 을을 선발하면, 갑을 선발하지 않는다.
○ 무는 두 번째 경주에 참가하지 않는다.
○ 정은 병이 참가한 경주의 바로 다음 번 경주에 참가한다.
○ 만약 갑이 첫 번째 경주에 참가하지 않는다면, 을이 세 번째 경주에 참가한다.

① 갑은 첫 번째 경주에 참가한다.
② 을은 두 번째 경주에 참가한다.
③ 병은 첫 번째 경주에 참가한다.
④ 정은 세 번째 경주에 참가한다.
⑤ 무는 네 번째 경주에 참가한다.

24. 〈견해〉에 대한 평가로 적절한 것만을 〈보기〉에서 있는 대로 고른 것은?

인간의 형성에 있어 본성과 문화의 역할은 논쟁의 대상이며 다음과 같이 견해가 나뉘고 있다.

〈견해〉
A: 인간의 형성을 이해하려면 인간 본성으로부터 출발해야 한다고 생각해. 집단 간 차이는 엄연히 존재하고 특히 생물학적 특성은 집단 간 차이를 설명하는 데 결정적 역할을 하기 때문이야. 또한 많은 연구자들은 개인 간 지능지수 차이가 유전적 요인에 기인한다는 사실을 입증하고 있어.
B: 인종이나 성별 등을 기준으로 나눈 집단들의 지능지수가 거의 차이를 보이지 않는다는 점은 과학계에서 받아들여지는 엄연한 사실이야. 이처럼 인간이라는 종은 매우 동질적이기 때문에 생물학적 기준에 따른 집단 간 차이를 주장하는 것은 불평등한 사회적 위계를 옹호하려는 잘못된 동기에서 비롯된 것이라 생각해. 사회적 위계가 인간의 가변성을 제한하는 것일 뿐, 인간은 문화나 사회 환경에 따라 다르게 형성될 수 있는 존재야.

〈보 기〉
ㄱ. 역사상 모든 사회에서 범죄율이 15세에서 25세 사이의 남자라는 특정 집단에서 압도적으로 높다는 조사 결과는 A를 약화한다.
ㄴ. 모든 사회 구성원의 능력을 공평하게 발전시키려는 다양한 사회 개혁이 실패했다는 조사 결과는 B를 강화하지 않는다.
ㄷ. 영어교육프로그램을 개선한 결과 대다수 초등학생의 영어 시험 점수가 개선 이전보다 크게 향상되었다는 연구 결과는 A를 강화하고 B를 약화한다.

① ㄱ　　　　　② ㄴ　　　　　③ ㄱ, ㄷ
④ ㄴ, ㄷ　　　　⑤ ㄱ, ㄴ, ㄷ

25. ㉠을 입증하는 실험결과에 포함될 수 없는 것은?

사회과학에서 고전적 실험연구는 실험결과를 현실 세계로 일반화시킬 수 없을 가능성이 있다. 예를 들어 '흑인이 영웅으로 등장하는 영화 관람'(실험자극)이 '흑인에 대한 부정적 편견 정도'를 줄이는지를 알아보고자 실험연구를 수행한 결과 다음과 같은 사실이 관찰되었다고 하자. 첫째, 실험자극을 준 실험집단의 경우 사전조사보다 사후조사에서 편견 정도가 낮았다. 둘째, 실험자극을 주지 않은 통제집단에서는 사전과 사후조사에서 편견 정도의 변화가 없었다. 이 경우 영화 관람이 실험집단 피험자들의 편견 정도를 줄였다고 볼 수 있다. 그러나 그 영화를 일상생활 중 관람했다면 동일한 효과가 나타날 것이라고 확신할 수는 없다. 실험에서는 사전조사를 통해 피험자들이 이미 흑인 편견에 대한 쟁점에 민감해져 있을 수 있기 때문이다. 이 문제를 해결하기 위해서는 사전조사를 하지 않는 실험을 추가한 〈실험설계〉를 해야 한다. 이를 통해 ㉠ 영화 관람이 편견 정도를 줄였다는 것을 입증하는 실험결과를 발견한다면 일반화 가능성을 높일 수 있다.

〈실험설계〉
○ 집단 1: 사전조사 ───→ 실험자극 ───→ 사후조사
○ 집단 2: 사전조사 ──────────────→ 사후조사
○ 집단 3: 사전조사 없음 ─→실험자극 ───→ 사후조사
○ 집단 4: 사전조사 없음 ──────────→ 사후조사
　단, 집단 1~4의 모든 피험자는 모집단에서 무작위로 선정되었다.

① 집단 1에서 사후조사 편견 정도가 사전조사 편견 정도보다 낮게 나타났다.
② 집단 1의 사후조사 편견 정도가 집단 2의 사후조사 편견 정도보다 낮게 나타났다.
③ 집단 3의 사후조사 편견 정도가 집단 2의 사전조사 편견 정도보다 낮게 나타났다.
④ 집단 3의 사후조사 편견 정도가 집단 4의 사후조사 편견 정도보다 낮게 나타났다.
⑤ 집단 4의 사후조사 편견 정도가 집단 1의 사후조사 편견 정도보다 낮게 나타났다.

26. 다음으로부터 추론한 것으로 옳은 것만을 〈보기〉에서 있는 대로 고른 것은?

X국에서 국회의원 후원회가 후원금을 기부 받은 때에는 그날부터 30일 이내에 정치자금영수증을 후원인에게 교부해야 한다. 단, 1회 1만 원 이하의 후원금은 해당 연도 말일에 합산하여 일괄 발행·교부할 수 있다. 정치자금영수증은 '정액영수증'과 '무정액영수증'으로 구분된다. 정액영수증은 1만·5만·10만·50만·100만·500만 원이 표시된 6종이다. 무정액영수증은 10만 원 미만 후원금에 한해 발행할 수 있다. 또한 10만 원을 초과해 기부한 경우라도 10만 원 미만 금액에 한해 발행할 수 있다. 예컨대 13만 원을 기부받았다면 10만 원 정액영수증 1장과 3만 원 무정액영수증 1장을 발행할 수 있다.

다음 중 하나에 해당하는 경우 정치자금영수증을 교부하지 않을 수 있다. 첫째, 후원인이 정치자금영수증 수령을 원하지 않는 경우, 둘째, 후원인이 연간 1만 원 이하의 후원금을 기부한 경우이다. 그러나 후원회는 위 두 가지 경우에도 정치자금영수증을 발행하여 원부와 함께 보관해야 한다.

갑은 2020년 5월 국회의원 을, 병, 정의 후원회에 후원금을 기부했다. 을 후원회에 1만 원 3회, 2만 원 1회, 병 후원회에 1회 72만 원, 정 후원회에는 1회 100만 원을 기부했다.

─〈보 기〉─
ㄱ. 을 후원회는 2020년 12월 31일에 5만 원에 해당하는 정치자금영수증 1장을 발행하여 갑에게 교부할 수 있다.
ㄴ. 병 후원회가 갑으로부터 기부받은 금액에 대해 정액영수증과 무정액영수증을 함께 발행했다면, 발행된 정치자금영수증은 4장 이상이다.
ㄷ. 갑이 정 후원회에 기부한 금액에 대해 정치자금영수증 수령을 원하지 않았다면, 정 후원회는 정치자금영수증을 발행하지 않아도 된다.

① ㄴ　　　　② ㄷ　　　　③ ㄱ, ㄴ
④ ㄱ, ㄷ　　　⑤ ㄱ, ㄴ, ㄷ

27. 〈사례〉에 대해 판단한 것으로 옳은 것만을 〈보기〉에서 있는 대로 고른 것은?

어떤 개인이나 집단이 다른 개인이나 집단에 '기생'한다는 것과 '무임승차'한다는 것을 다음과 같이 정의한다.

○ 갑이 을에게 기생한다는 것은, 갑이 자신의 어떤 행위를 통해 순이익을 얻지만 그 행위로 인해 을이 순손실을 입는다는 것이다.
○ 갑이 을에게 무임승차한다는 것은, 갑이 병의 행위를 통해 순이익을 얻지만 그 행위로 인해 을이 순손실을 입는다는 것이다.

단, 순이익은 이익이 손실보다 큰 경우 발생하며 이익에서 손실을 뺀 값이다. 순손실은 그 반대이다.

〈보상원칙〉

갑이 기생이나 무임승차를 통해 순이익을 얻었고, 을이 그 순손실에 대해 어떤 보상도 받지 못했다면, 갑은 자신이 얻은 순이익과 을이 입은 순손실 중 적은 쪽에 해당하는 양만큼 을에게 보상해야 한다.

〈사례〉

X, Y, Z의 세 나라만이 있다. 각 나라에는 1901년부터 1980년까지 살았던 이전세대와 1981년부터 현재까지 살고 있는 현세대가 있다. 세 나라의 이전세대와 현세대를 통틀어 X의 이전세대만이 대기 중에 CO_2를 과다 배출하여 온실효과가 발생하는 A산업 행위를 했고 이로 인해 세 나라의 현세대가 손실을 입었다. A산업 행위로 인한 손실을 반영했을 때, 세 나라의 이전세대와 현세대가 A산업 행위로부터 얻은 순이익과 순손실은 다음과 같다.

	X	Y	Z
이전세대	순이익 10	순이익 6	순이익 0
현세대	순이익 7	순이익 3	순손실 4

〈보 기〉

ㄱ. X의 이전세대는 Z의 현세대에 기생하며 Y의 이전세대는 Z의 현세대에 무임승차한다.
ㄴ. 〈보상원칙〉에 따르면, Z의 현세대가 A산업 행위로 인한 손실에 대해 어떤 보상도 받지 못했을 경우, Y의 현세대는 Z의 현세대에 4를 보상해야 한다.
ㄷ. 〈보상원칙〉을 '기생 또는 무임승차로 현세대가 얻은 순이익의 총합에서 순손실의 총합을 뺀 전체 순이익을 분배하여 각 나라의 현세대가 똑같은 순이익을 갖도록 해야 한다.'로 대체할 경우, X와 Y의 현세대가 Z의 현세대에 제공해야 할 순이익의 총합은 6이다.

① ㄱ   ② ㄴ   ③ ㄱ, ㄷ
④ ㄴ, ㄷ   ⑤ ㄱ, ㄴ, ㄷ

28. 〈논쟁〉에 대한 평가로 적절한 것만을 〈보기〉에서 있는 대로 고른 것은?

X국은 월별 가정용 전기 요금으로 다음과 같은 누진 요금제를 적용하고 있다.

구간별 사용량 (kWh)	기본 요금 (원)	단가 (kWh당 요금, 원)
1구간: 200 이하	900	90
2구간: 200 초과 400 이하	1,600	180
3구간: 400 초과	7,300	280

일례로 한 달에 300kWh의 전력을 소비한 가정은 기본 요금 1,600원에, 단가는 1구간에 90원, 2구간에는 180원이 적용되어 총 37,600원($=1,600+200×90+100×180$)의 전기 요금을 부담하게 된다.

최근 X국은 여름철에 사용한 전기에 대해서는 사용량의 각 구간을 '300 이하', '300 초과 450 이하', '450 초과'로 변경하되, 구간별 요금 체계는 이전과 동일하게 하는 '쿨섬머 제도'를 도입하였다.

〈논쟁〉

A: 안정적인 전력 공급을 위해서는 시간당 전력 소비가 가장 클 때의 전력을 발전 설비가 감당할 수 있어야 한다. 쿨섬머 제도 도입으로 전력 공급의 안정성은 낮아질 것이다.
B: 냉방은 선택이 아닌 필수이다. 대부분 가정의 여름철 전기 요금 부담을 낮춰 주기 위해 쿨섬머 제도보다는 1,600원의 기본 요금에 단가를 180원으로 하는 단일 요금제로 변경하는 것이 낫다.
C: 모든 가정보다는 취약 계층 복지에 초점을 맞추는 것이 낫다. 쿨섬머 제도를 취약 계층에 한해 적용하도록 변경할 필요가 있다.

〈보 기〉

ㄱ. X국의 시간당 전력 소비가 여름철에 가장 크게 나타난다는 자료는 A를 약화한다.
ㄴ. 대부분의 가정이 월 400~450kWh의 전력을 소비한다는 자료는 B를 약화한다.
ㄷ. 취약 계층의 대다수를 차지하는 독거노인들은 월 200kWh 이하의 전력만 사용한다는 자료는 C를 약화한다.

① ㄱ   ② ㄴ   ③ ㄱ, ㄷ
④ ㄴ, ㄷ   ⑤ ㄱ, ㄴ, ㄷ

29. 다음으로부터 추론한 것으로 옳은 것만을 〈보기〉에서 있는 대로 고른 것은?

> 주가의 수익률 변동성은 예측치 못한 상황으로 인한 수익률의 불확실성 정도를 의미한다. 일반적으로 수익률 변동성이 클수록 주식 투자에 따른 위험이 증가하는데, 투자자들은 위험한 주식을 보유하기를 꺼리므로 이런 주식에 투자할 유인이 생기려면 주가가 낮아 높은 기대 수익률이 보장되어야 한다.
> 수익률 변동성은 두 가지 특성을 가진다. 첫째, 수익률 변동성은 군집성을 가진다. 즉, 특정일의 변동성이 높으면 익일의 변동성도 높고, 변동성이 낮으면 익일의 변동성도 낮게 나타난다. 변동성의 군집성은 주가에 영향을 미치는 정보가 일정 기간 지속적으로 시장에 유입되기 때문에 나타난다.
> 둘째, 수익률 변동성은 주가가 상승할 때보다는 하락할 때 상대적으로 더 크게 나타나는 비대칭성을 가진다. 이러한 비대칭성을 설명하기 위한 가설로는 레버리지 효과 가설과 변동성 피드백 가설이 있다. 레버리지 효과 가설에 따르면, 주가 하락이 기업의 부채 비율인 레버리지를 상승시킴으로써 재무 위험이 증가하고 수익률 변동성을 높이는 반면, 주가 상승은 레버리지를 하락시켜 변동성을 낮춘다. 한편, 변동성 피드백 가설은 수익률 변동성의 증가로 주식 투자의 위험이 증가하므로 주식 보유 유인으로서의 위험 프리미엄*이 높아져 주가가 하락한다는 것이다. 두 가설은 수익률 변동성과 주가 간 음(−)의 상관관계를 예측한다는 점에서는 유사하나 인과 구조는 서로 상반된다.
>
> * 위험 프리미엄: 위험 보상을 위한 추가 수익률

〈보 기〉

ㄱ. 주가가 상승한 시기보다 하락한 시기에 수익률 변동성의 군집성이 더 오래 지속될 것이다.
ㄴ. 레버리지 효과 가설에 따를 경우, 부채 비율이 동일하게 유지되는 기업에서는 주가와 수익률 변동성 간 음(−)의 상관관계는 나타나지 않을 것이다.
ㄷ. 변동성 피드백 가설에 따를 경우, 수익률 변동성 증가로 인한 위험 프리미엄의 상승이 주식의 기대 수익률을 높이는 요인으로 작용할 것이다.

① ㄱ   ② ㄴ   ③ ㄱ, ㄷ
④ ㄴ, ㄷ   ⑤ ㄱ, ㄴ, ㄷ

30. 빅셀의 주장으로부터 추론한 것으로 옳은 것만을 〈보기〉에서 있는 대로 고른 것은?

> 리카도는 어음, 수표와 같은 신용 수단은 화폐 사용을 절약하는 도구로만 인식하여 화폐의 범주에서 제외하였다. 그에 따르면 화폐량 증가는 이자율을 하락시키고 물가는 상승시키는 요인이 된다. 이에 반해 투크는 물가는 화폐량뿐만 아니라 신용 수단을 포함한 모든 형태의 신용에 의해 영향을 받는다고 반박하였다. 그는 물가 상승은 기업가의 이윤 동기를 자극하여 투자를 위한 신용 수요를 확대시킴으로써 이자율을 상승하게 만든다고 보았다.
> 빅셀은 이자율과 물가의 관계에 대한 리카도와 투크의 주장이 서로 배치되지 않음을 보이고자 하였다. 그는 리카도와 투크가 사용하는 이자율을 '화폐 이자율'이라 정의하고 이와는 별개로 '자연 이자율'이라는 새로운 개념을 도입하였다. 화폐 이자율은 은행 신용에 대한 수요와 공급을 일치시키는 이자율이고, 자연 이자율은 자본재에 대한 수요와 공급을 일치시키는 이자율이다. 그는 두 이자율이 같아질 때 경제 내 균형이 달성된다고 보았다.
> 화폐량 증가로 화폐 이자율이 자연 이자율을 하회하여 경제가 균형에서 이탈하는 상황이 발생하였다고 하자. 이 상황의 초기에는 자본재에 대한 기업들의 투자 수요가 늘어난다. 이런 투자를 실행하기 위해서는 소비재 생산에 투입되던 생산 요소들이 자본재 생산으로 이동하면서 소비재 공급이 감소하고 물가는 상승한다. 한편 시간이 경과하면서 소비재 물가의 상승에 따른 기업들의 이윤 동기가 자극되어 소비재 생산을 위한 투자 수요 역시 증가한다. 이 과정에서 기업들의 은행 신용에 대한 수요가 확대되고 화폐 이자율이 상승하여 장기적으로는 자연 이자율과 일치하는 수준에서 균형이 회복된다. 빅셀은 ㉠두 이자율 간 괴리가 발생하는 초기 상황 및 이후의 동태적 조정 과정을 통해 이자율과 물가의 관계에 대한 리카도와 투크의 주장이 서로 양립 가능함을 보였다.

〈보 기〉

ㄱ. 자본재와 소비재 간 생산 요소의 이동이 빠를수록 리카도가 주장하는 물가와 이자율의 관계가 더 빨리 나타날 것이다.
ㄴ. 균형에서 벗어나 화폐 이자율이 자연 이자율을 상회할 경우, 은행이 신용 공급을 축소하여 자연 이자율을 상승시키면 두 이자율 간 균형이 회복된다.
ㄷ. ㉠에서 물가와 이자율의 관계는, 초기 상황에서는 리카도의 주장에 부합하고 이후의 동태적 조정 과정에서는 투크의 주장에 부합한다.

① ㄱ   ② ㄴ   ③ ㄱ, ㄷ
④ ㄴ, ㄷ   ⑤ ㄱ, ㄴ, ㄷ

31. 다음으로부터 추론한 것으로 옳지 <u>않은</u> 것은?

연역적 질의-응답 체계는 주어진 데이터베이스(DB)에 근거하여 입력된 명제에 대한 판정을 출력한다. 이 과정에서 DB는 '열린 세계' 또는 '닫힌 세계' 중 하나로 가정된다.

DB를 열린 세계로 가정하면, DB는 관련 영역에 대한 모든 정보를 갖는 것은 아니다. 따라서 DB 내에 명제로 표현된 사실들, 또는 그 명제들을 이용하여 참(또는 거짓)을 논리적으로 증명할 수 있는 명제들만 참(또는 거짓)으로 판정된다. 참 또는 거짓을 증명할 수 없는 명제는 결정불가능이라는 판정을 받는다.

DB를 닫힌 세계로 가정하면, DB는 관련 영역에 대한 모든 정보를 갖는다. 따라서 참을 증명할 수 있는 명제는 참, 그렇지 않은 명제는 거짓으로 판정된다.

한 항공사의 운항 정보 DB가 다음 〈사실〉을 포함하고 있고 〈규칙〉이 적용된다고 하자.

〈사실〉
○서울발 제주행 항공편이 있다.
○제주발 부산행 항공편이 있다.
○광주발 부산행 항공편이 있다.

〈규칙〉
○'X발 Y행 항공편이 있다'와 'Y발 X행 항공편이 있다'는 동일하게 판정한다.
○'X와 Y가 항공편으로 연결된다'와 'X발 Y행 항공편이 있거나, X와 Y 모두와 항공편으로 연결된 Z가 있다'는 동일하게 판정한다.

① 열린 세계를 가정하면 '광주발 제주행 항공편이 있다'는 결정불가능으로 판정된다.
② 열린 세계를 가정하면 '부산과 광주가 항공편으로 연결된다'는 참으로 판정된다.
③ 닫힌 세계를 가정하면 '제주발 서울행 항공편이 없다'는 거짓으로 판정된다.
④ 닫힌 세계를 가정하면 '서울과 부산이 항공편으로 연결되지 않는다'는 참으로 판정된다.
⑤ 열린 세계를 가정하든 닫힌 세계를 가정하든 '광주와 서울이 항공편으로 연결되지 않는다'는 거짓으로 판정된다.

32. 〈이론〉에 따라 〈사례〉를 분석한 것으로 옳은 것만을 〈보기〉에서 있는 대로 고른 것은?

〈이론〉
복지 분배의 불평등이 최소화되어야 한다고 주장하는 평등주의 이론에는 두 사람 사이의 불평등 정도를 결정하는 방식과 관련하여 다음과 같은 견해들이 있다.
○생애 전체 견해: 두 사람이 생애 전체에서 얻는 복지의 총량이 서로 다르면, 그 차이만큼 복지의 분배는 불평등하다.
○동시대 부분 견해: 20년 단위로 동시대 부분들을 구분하여, 두 사람이 모두 생존해 있는 동시대 부분에서만 그들이 얻는 복지의 양을 서로 비교하여 차이를 구한다. 복지의 분배는 그 차이들을 모두 더한 만큼 불평등하다.
○해당 부분 견해: 개인의 생애를 유년기, 청년기, 중년기, 노년기로 구분하여, 두 사람이 각 해당 기간마다 얻는 복지의 양을 서로 비교하여 차이를 구한다. 복지의 분배는 그 차이들을 모두 더한 만큼 불평등하다.

〈사례〉
갑과 을은 각각 1921년과 1941년에 태어나 80년 동안 살았다. 각 생애는 20년 단위로 유년기, 청년기, 중년기, 노년기로 나뉜다. 다음은 가설적인 두 상황에서 각 기간에 개인이 얻은 복지의 양을 숫자로 나타내었다.

(상황 1)

	1921~1940	1941~1960	1961~1980	1981~2000	2001~2020
갑	3	7	6	5	–
을	–	7	6	4	5

(상황 2)

	1921~1940	1941~1960	1961~1980	1981~2000	2001~2020
갑	2	8	6	5	–
을	–	7	6	4	5

〈보 기〉
ㄱ. 해당 부분 견해에 따르면, (상황 1)의 불평등 정도와 (상황 2)의 불평등 정도는 2만큼의 차이를 보인다.
ㄴ. (상황 1)과 (상황 2)의 불평등 정도를 비교한다면, 생애 전체 견해만이 두 상황의 불평등 정도가 같다고 판단할 것이다.
ㄷ. (상황 2)의 갑과 을이 1941~1960년의 동시대 부분에서 얻은 복지의 양이 서로 바뀐 경우, 생애 전체 견해에 따르면 불평등 정도가 커지지만, 동시대 부분 견해에 따르면 그렇지 않다.

① ㄱ   ② ㄷ   ③ ㄱ, ㄴ
④ ㄴ, ㄷ   ⑤ ㄱ, ㄴ, ㄷ

33. 다음 글에 대한 분석으로 옳은 것만을 〈보기〉에서 있는 대로 고른 것은?

> 다음 두 정의를 받아들여 보자.
> (정의 1) '사건 Y가 사건 X에 인과적으로 의존한다'는, X와 Y가 모두 실제로 일어났고 만약 X가 일어나지 않았더라면 Y도 일어나지 않았을 것이라는 것이다.
> (정의 2) '사건 X가 사건 Y의 원인이다'는, X로부터 Y까지 이르는 인과적 의존의 연쇄가 있다는 것이다.
>
> 갑이 치사량의 독약을 마시자마자 건물 10층에서 떨어졌고 땅바닥에 부딪쳐 죽었다. 사건 A~E는 다음과 같다.
> A: 갑이 독약을 마시는 사건
> B: 독약이 온몸에 퍼지는 사건
> C: 갑이 건물 10층에서 떨어지는 사건
> D: 갑이 땅바닥에 부딪치는 사건
> E: 갑의 죽음
>
> C로부터 D를 거쳐 E까지 모두 실제로 일어났다. 하지만 ㉠B는 실제로 일어나지 않았다. 즉, 독약이 온몸에 퍼지기 전에 갑은 이미 죽었다. 반면에 ㉡'만약 C가 일어나지 않았더라면 E는 일어나지 않았을 것이다'는 거짓이다. C가 일어나지 않은 경우에는, A로부터 B를 거쳐 E까지 이르는 인과적 의존의 연쇄가 실현되었을 것이기 때문이다. 그래서 ㉢C는 E의 원인이 아니라는 귀결이 도출되는 듯 보인다. 하지만 Z가 X에 인과적으로 의존하지 않더라도, Y가 X에, Z가 Y에 인과적으로 의존할 수 있다. C가 일어나지 않았더라면 D가 일어나지 않았을 것이고, D가 일어나지 않았더라면 E가 일어나지 않았을 것이다.

〈보 기〉

ㄱ. 위 글로부터 '갑이 건물 10층에서 떨어진 것이 갑의 죽음의 원인이다'가 따라 나온다.

ㄴ. (정의 1)과 ㉠으로부터 '어떠한 사건도 B에 인과적으로 의존하지 않는다'가 따라 나온다.

ㄷ. (정의 1), ㉡, 그리고 'C가 E의 원인이라면 E는 C에 인과적으로 의존한다'로부터, ㉢이 따라 나온다.

① ㄱ   ② ㄷ   ③ ㄱ, ㄴ
④ ㄴ, ㄷ   ⑤ ㄱ, ㄴ, ㄷ

---

34. 다음 글에 대한 평가로 적절한 것만을 〈보기〉에서 있는 대로 고른 것은?

> 다음 가설을 검증하기 위해 [실험 1]과 [실험 2]가 이루어졌다.
> (가설 1) 사람은 자신의 기대 수익*을 최대화하는 행위를 선택한다.
> (가설 2) 사람은 자신에게 유리하지만 불공정한 행위가 상대방에게 발각되지 않을 가능성이 높다고 믿을수록, 그 행위를 할 가능성이 높아진다.
>
> [실험 1]
> 참가자를 무작위로 제안자와 반응자로 나눈다. 제안자는 실험자로부터 받을 1만 원의 돈을 반응자와 어떻게 나눌 것인지에 대해 다음 중 하나를 제안한다.
> ○5-5안: 제안자와 반응자가 5천 원씩 가진다.
> ○8-2안: 제안자는 8천 원, 반응자는 2천 원을 가진다.
> ○동전안: 공평한 동전을 던져 앞면이 나오면 5-5안, 뒷면이 나오면 8-2안에 따른다.
> 반응자는 제안자의 제안을 수용 또는 거부한다. 제안된 5-5안이나 8-2안을 반응자가 수용하면 제안한 안대로 금액을 나눈다. 동전안이 제안되고 반응자가 수용하면 실험자는 반응자가 보는 앞에서 동전을 던져 동전안대로 금액을 나누어 준다. 어떤 제안에 대해서든 반응자가 거부하면 제안자와 반응자 모두 0원을 받는다. 실험 규칙은 참가자들에게 미리 알려준다.
>
> [실험 2]
> 다음을 제외하면 나머지는 [실험 1]과 동일하다. 제안자가 동전안을 선택하면, 실험자는 반응자가 모르게 동전을 던져 앞면이 나오면 5-5안이, 뒷면이 나오면 8-2안이 제안되었다고 반응자에게 알려준다. 예컨대 반응자는 8-2안을 제안받았을 때, 제안자가 직접 이 안을 제안한 것인지, 아니면 동전을 던져 뒷면이 나와 8-2안이 제안된 것인지 알 수 없다.
>
> * 기대 수익: '행위로 인해 각 상황에서 얻게 될 수익'에 '해당 상황이 발생할 확률이라고 믿는 값'을 곱한 값을 모두 더한 값

〈보 기〉

ㄱ. [실험 1]에서 8-2안을 제안 받은 반응자의 60%가 제안을 거부했다면, (가설 1)은 약화된다.

ㄴ. [실험 1]에서 반응자가 5-5안, 8-2안, 동전안을 수용할 확률이 각각 100%, 20%, 80%라고 믿는 제안자가 동전안을 제안했다면, (가설 1)은 강화된다.

ㄷ. 참가자들이 5-5안과 동전안은 공정하지만 8-2안은 불공정하다고 믿을 경우, [실험 1]에서보다 [실험 2]에서 8-2안을 선택하는 제안자의 비율이 더 높다면, (가설 2)는 강화된다.

① ㄱ   ② ㄷ   ③ ㄱ, ㄴ
④ ㄴ, ㄷ   ⑤ ㄱ, ㄴ, ㄷ

35. 〈이론〉에 대한 평가로 적절한 것만을 〈보기〉에서 있는 대로 고른 것은?

〈이론〉

A의 개념은 A를 정의하는 특성들, 즉 어떤 것이 A가 되기 위한 필요충분조건에 해당하는 특성들로 구성된다. 예를 들어, 어떤 대상이 총각이기 위한 필요충분조건이 미혼 남성이라면, 어떤 대상이 총각이기 위해서는 미혼이면서 남성이어야 하고, 미혼이면서 남성인 모든 대상은 총각이다. 이 경우 총각의 개념은 미혼이라는 특성과 남성이라는 특성으로 이루어진다. 만일 어떤 사람이 A의 개념을 가지고 있다면, 그는 어떤 대상이 A에 속하는지 아닌지 판단하는 데 A의 개념을 사용할 것이다. A의 개념을 사용해 어떤 대상이 A에 속하는지 판단하는 데 걸리는 시간은, A를 정의하는 각 특성을 그 대상이 가지는지 확인하는 데 소요되는 시간의 합이다.

〈실험〉

과학자들은 실험참여자들에게 다양한 종류의 동물들을 예로 들어 그것이 새인지 판단하는 과제를 수행하도록 했다. 그들은 실험참여자들에게 "x는 새입니까?"와 같은 질문을 던진 후 답하는 데 걸리는 시간을 측정했다. 그 결과, 참새가 새라고 답변하는 데 걸리는 시간은 평균 0.4초였던 반면, 펭귄의 경우 평균 1.4초였다.

〈보 기〉

ㄱ. 실험참여자들이 새의 개념을 가지지 않아서 '참새'와 '펭귄'의 언어표현이 주는 느낌에 의거해 답변을 했다면, 〈실험〉의 결과는 〈이론〉을 약화하지 않는다.
ㄴ. 새의 개념을 구성하는 각각의 특성에 대해, 참새와 펭귄이 그 특성을 가지는지 여부를 확인하는 데 걸리는 시간이 서로 다르다면, 〈실험〉의 결과는 〈이론〉을 약화한다.
ㄷ. 인간의 개념은 이성적 동물로 정의된다고 생각하는 사람들이 어떤 대상을 동물이라고 판단하는 데 걸리는 시간보다 그 대상을 인간이라고 판단하는 데 걸리는 시간이 더 짧다면, 〈이론〉은 약화된다.

---

① ㄱ   ② ㄴ   ③ ㄱ, ㄷ
④ ㄴ, ㄷ   ⑤ ㄱ, ㄴ, ㄷ

36. ㉠과 ㉡에 대한 평가로 적절한 것만을 〈보기〉에서 있는 대로 고른 것은?

서인도양의 세이셸 제도에는 '호랑이 카멜레온'이라는 토착종이 살고 있다. 그런데 세이셸 제도는 아프리카 남동쪽의 큰 섬인 마다가스카르로부터 북동쪽으로 약 1,100km, 인도로부터는 서쪽으로 약 2,800km 떨어진 외딴 곳이다. 날지도 못하고 수영도 능숙하지 않은 이 작은 동물이 어떻게 이곳에 살게 되었을까?

이에 대해 다음의 두 설명이 제시되었다. 하나는 ㉠호랑이 카멜레온의 조상은 원래 장소에 계속 살고 있었으나 대륙의 분리 및 이동으로 인해 외딴 섬들에 살게 되었다는 것이다. 세이셸 제도는 원래 아프리카, 인도, 마다가스카르 등과 함께 곤드와나 초대륙의 일부였으나 인도-마다가스카르와 아프리카가 분리되고, 이후 인도와 마다가스카르가 분리된 다음, 최종적으로 인도와 세이셸 제도가 분리되어 지금에 이르렀다. 위 설명에 따르면, 호랑이 카멜레온의 조상은 세이셸 제도가 다른 지역과 분리된 후 독립적으로 진화했다.

다른 하나는 ㉡호랑이 카멜레온의 조상이 마다가스카르 또는 아프리카의 강이나 해안가로부터 표류하는 나뭇가지 등의 '뗏목'을 타고 세이셸 제도에 도착했다는 것이다. 이에 따르면 호랑이 카멜레온의 조상은 본래 아프리카나 마다가스카르에 살고 있었는데, 서식지 근처 강의 범람과 같은 사건의 결과로 표류물을 타고 세이셸 제도로 이주한 후 독립적으로 진화했다.

〈보 기〉

ㄱ. 해저 화산의 분화로 형성된 후 대륙과 연결된 적이 없는 외딴 섬인 코모로 제도에만 서식하는 카멜레온 종이 있다는 사실은 ㉠을 강화한다.
ㄴ. 세이셸 제도가 인도에서 분리된 후 최근까지 서인도양의 해류가 서쪽에서 동쪽으로 흘렀다는 연구 결과가 있다면 이는 ㉡을 약화한다.
ㄷ. 아프리카 동부의 카멜레온과 호랑이 카멜레온의 가장 가까운 공동조상이 마다가스카르의 카멜레온과 호랑이 카멜레온의 가장 가까운 공동조상보다 더 나중에 출현했다는 연구 결과가 있다면 이는 ㉠을 약화하나 ㉡은 약화하지 않는다.

---

① ㄱ   ② ㄷ   ③ ㄱ, ㄴ
④ ㄴ, ㄷ   ⑤ ㄱ, ㄴ, ㄷ

37. ⊙에 대한 평가로 적절한 것만을 〈보기〉에서 있는 대로 고른 것은?

18세기 말 프랑스의 화학자 라부아지에는 물질의 연소는 물질이 그가 '산소'라고 명명한 물질과 결합하는 과정이라 주장했다. 그러나 이 주장은 물질이 산소와 결합할 때 왜 열이 발생하는지 설명할 수 없다는 반론에 부딪혔다.

그는 이에 대응하여 다음을 가정했다. 첫째, 열은 사실 '열소'라는 질량이 없는 물질로, 열의 발생은 물질과 결합했던 열소가 방출되는 과정이다. 둘째, 기체는 고체나 액체에 비해 훨씬 많은 열소를 포함하고 있다. 액체 상태의 물에 막대한 양의 열을 공급하면 수증기가 되는 이유는 물과 다량의 열소가 서로 결합했기 때문이다. 마찬가지로 기체 산소 역시 산소와 열소가 결합한 화합물이다. 이 두 가지 가정을 바탕으로 라부아지에는 ⊙물질이 연소하는 과정에서 기체 산소 내의 산소는 타는 물질과 결합하여 화합물을 생성하나, 기체 산소 내 열소는 물질과 결합하지 않고 공기 중으로 빠져나가기 때문에 열이 발생한다고 주장했다.

〈보 기〉

ㄱ. 많은 고체 물질이 연소할 때 열이 발생함과 동시에 기체가 생성된다는 사실은 ⊙을 강화한다.
ㄴ. 산소화합물을 포함한 화약은 기체 산소가 없어도 폭발적으로 연소하면서 엄청난 양의 열을 방출한다는 사실은 ⊙을 약화한다.
ㄷ. 물질이 연소하는 과정에서 발생한 열이 아무리 많이 공기 중으로 방출되더라도 공기의 질량은 증가하지 않는다는 사실은 ⊙을 약화한다.

① ㄱ
② ㄴ
③ ㄱ, ㄷ
④ ㄴ, ㄷ
⑤ ㄱ, ㄴ, ㄷ

38. 다음으로부터 추론한 것으로 옳은 것만을 〈보기〉에서 있는 대로 고른 것은?

포유동물의 소화기관은 위-소장-대장의 순서로 되어 있는데, 일반적인 포유동물의 경우 위에서는 일부 단백질의 분해가 일어나고 소장에서는 단백질, 탄수화물, 지질 등이 분해된 후 소장 점막을 통해 흡수가 일어난다. 이후 대장에서는 수분과 일부 영양분의 흡수가 일어난 후, 나머지 성분들이 대변의 형태로 배출된다.

식물을 주 영양원으로 사용하는 초식동물들조차 식물의 주성분인 셀룰로오스를 분해하는 효소를 가지고 있지 않아서 미생물의 도움을 받아 셀룰로오스를 분해한다. 소와 같은 반추동물의 경우, 반추위에서 셀룰로오스를 분해하여 먹고 사는 다양한 종류의 미생물을 배양한다. 이후 셀룰로오스가 분해 및 발효된 성분과 배양된 미생물은 실질적 위에 해당하는 네 번째 위와 소장, 대장을 지나게 된다. 토끼와 같은 초식동물들은 반추위가 없기 때문에 대장의 일부인 맹장에서 미생물에 의한 셀룰로오스의 분해와 미생물의 배양이 일어난다. 토끼는 맹장에서 배양된 미생물 등을 작은 알갱이 형태의 식변으로 배출한 후, 자신의 변을 먹는 자기분식(cecotrophy)을 함으로써 음식물에 포함된 영양분을 효과적으로 섭취한다. 초식동물이지만 반추와 자기분식을 하지 않는 말의 경우에도 셀룰로오스 성분의 분해와 발효는 주로 맹장에서 미생물에 의해 일어나며, 그 결과물은 대장을 지나게 된다.

〈보 기〉

ㄱ. 셀룰로오스가 주성분인 먹이를 섭취했을 때, 셀룰로오스로부터 유래된 영양분의 흡수가 주로 대장에서 일어나는 동물은 소, 말, 토끼 중 말일 것이다.
ㄴ. 소의 경우 소화된 영양분의 흡수는 주로 소장에서 일어나고, 토끼의 경우 소화된 영양분의 흡수는 주로 위에서 일어날 것이다.
ㄷ. 반추동물이 아니면서 자기분식을 하지 않는 육식성 포유동물인 고양이의 경우 섭취한 셀룰로오스의 대부분을 소장에서 분해하고 흡수할 것이다.

① ㄱ
② ㄷ
③ ㄱ, ㄴ
④ ㄴ, ㄷ
⑤ ㄱ, ㄴ, ㄷ

39. 다음으로부터 추론한 것으로 옳은 것만을 〈보기〉에서 있는 대로 고른 것은?

> 항원변이는 감염원이 자신의 표면에 존재하는 표면 항원을 변형시켜 숙주가 기존 감염을 통해 획득한 기억 면역시스템을 회피하는 메커니즘이다. 바이러스의 항원변이에는 항원연속변이와 항원불연속변이가 있는데, 항원연속변이는 하나의 바이러스 유전자에 돌연변이가 축적되는 과정을 통해 항원이 서서히 변하는 것이고, 항원불연속변이는 서로 다른 두 개 이상의 바이러스 유전자가 혼합되는 과정을 통해 항원이 급격하게 변하는 것이다.
>
> 항원변이에 대한 연구는 인플루엔자 바이러스 A와 B를 대상으로 주로 진행되어 왔다. 세균에 비해 인플루엔자 바이러스에서 돌연변이가 더 잘 일어나는 이유는 유전체의 복제 과정에서 교정기능이 없는 RNA 중합효소가 사용되기 때문이다. 돌연변이가 일어나는 정도는 인플루엔자 바이러스 사이에서도 차이가 있는데, 인플루엔자 바이러스 B보다 A에서 돌연변이가 더 잘 일어나는 것으로 알려져 있다.
>
> 인플루엔자 바이러스 A와 B는 8개의 절편으로 이루어진 유전체를 가지고 있기 때문에, 서로 다른 유전체를 가진 바이러스들이 한 세포를 감염시켜 새로운 바이러스가 만들어지는 경우 8개의 절편은 다양한 조합으로 재편성될 수 있다. 인플루엔자 바이러스 B는 주로 사람만 감염시키지만, 인플루엔자 바이러스 A는 사람뿐 아니라 돼지, 그리고 다양한 조류도 감염시키는 것으로 알려져 있다. 실제로 2009년에 전 세계적으로 대유행한 인플루엔자는 사람, 돼지, 조류 인플루엔자 바이러스의 유전자가 모두 섞인 새로운 형태로 밝혀졌다.

────────〈보 기〉────────

ㄱ. 항원연속변이를 통한 항원의 변화는 인플루엔자 바이러스 A보다 B에서 더 크고, 항원불연속변이를 통한 항원의 변화는 인플루엔자 바이러스 B보다 A에서 더 클 것이다.

ㄴ. 어린 시절 특정 인플루엔자 바이러스 A와 B에 노출되어 각각에 대한 기억 면역이 생긴 사람의 경우, 성인이 되었을 때 인플루엔자 바이러스 B보다 A에 감염될 확률이 더 높다.

ㄷ. '평년보다 다소 증가한 인플루엔자의 소규모 유행'이 발생한 것이 아니라 '전 세계적인 인플루엔자의 대규모 유행'이 발생했다면, 이 유행은 항원불연속변이보다 항원연속변이에 의해 일어났을 확률이 높다.

① ㄴ　　　　② ㄷ　　　　③ ㄱ, ㄴ
④ ㄱ, ㄷ　　　⑤ ㄱ, ㄴ, ㄷ

---

40. 다음으로부터 추론한 것으로 옳은 것만을 〈보기〉에서 있는 대로 고른 것은?

> 웨스턴 블랏은 단백질 사이의 특이적인 상호작용을 이용하여 원하는 단백질을 검출하는 방법으로, 단백질인 항체를 이용하여 이 항체와 특이적으로 결합하는 표적단백질을 검출하는 것이다. 웨스턴 블랏은 먼저 단백질들을 크기별로 분리하고, 이 단백질들을 여과막에 결합시키는 블랏 과정을 거친 후, 최종적으로 항체를 이용하여 표적난백실을 검출한다.
>
> 블랏 과정에 사용되는 여과막에는 모든 종류의 단백질이 비특이적으로 결합할 수 있다. 따라서 블랏 과정과 항체를 이용한 단백질 검출 과정 사이에는, 분리된 단백질이 결합해 있지 않아 비어 있는 여과막 부분에 다른 단백질을 결합시키는 과정이 필요하다. 이를 '여과막 차단'이라 하며, 이 과정을 거치는 이유는 여과막의 비어 있는 부분에 항체가 비특이적으로 결합하여 표적단백질과 상관없는 '백그라운드 신호'를 발생시키는 것을 방지하기 위함이다.
>
> 여과막 차단 과정을 거친 후에는 검출을 원하는 표적단백질과 특이적으로 결합하는 1차 항체를 처리한 후, 이 1차 항체에 특이적으로 결합하는 2차 항체를 순차적으로 처리한다. 2차 항체에는 효소가 결합되어 있는데, 이 효소에 의한 신호를 확인함으로써 표적단백질을 검출할 수 있게 된다.
>
> 표적단백질 검출을 위해 1차 항체만을 사용하지 않고 추가적으로 2차 항체를 사용하는 이유는 크게 두 가지로 요약할 수 있다. 첫째, 여러 종류의 표적단백질 검출을 위한 다양한 종류의 1차 항체 각각에 효소를 결합시킬 필요가 없어지기 때문이다. 둘째, 1차 항체 1개당 여러 개의 2차 항체가 결합할 수 있기 때문에 최종적으로 검출 신호의 증폭이 일어나기 때문이다.

────────〈보 기〉────────

ㄱ. 2차 항체가 1차 항체뿐 아니라 표적단백질에도 결합한다면, 백그라운드 신호가 증가할 것이다.

ㄴ. 여과막 차단에 사용된 단백질 중 2차 항체와 결합하는 능력을 가진 단백질이 존재한다면, 백그라운드 신호는 증가하지 않을 것이다.

ㄷ. 1차 항체에 단백질 검출을 위한 효소가 결합되어 있고 이 효소가 검출에 충분한 신호를 낸다면, 2차 항체를 사용하지 않고도 표적단백질 검출이 가능할 것이다.

① ㄱ　　　　② ㄷ　　　　③ ㄱ, ㄴ
④ ㄴ, ㄷ　　　⑤ ㄱ, ㄴ, ㄷ

정답 및 해설 p.22

2020학년도 기출문제

☑ 문제풀이 시작과 종료 시각을 정한 후, 실전처럼 기출문제를 풀어보세요.

_____ 시 _____ 분 ~ _____ 시 _____ 분(총 40문항 / 125분)

01. 〈견해〉에 대한 분석으로 옳은 것만을 〈보기〉에서 있는 대로 고른 것은?

〈사례〉
X국에서 다음의 사건이 발생하였다. 甲은 자신을 놀린 乙에게 복수하기로 하였다. 甲의 부탁을 받은 丙은 乙을 때려 상해를 입혔다. X국 법률에는 "사람의 신체를 상해한 자는 5년 이하의 징역에 처한다"고 상해죄가 규정되어 있다. 丙이 상해죄로 처벌되는 것 이외에 甲도 상해죄로 처벌할 수 있는지에 대해서 다음과 같은 견해가 있다.

〈견해〉
A: 甲이 乙에 대한 상해를 유발했다고 甲을 상해죄로 처벌해서는 안 돼. 甲이 직접 乙을 상해한 것은 아니잖아. 丙이 甲의 부탁을 거절할 수 없는 상황이었어야만 甲을 상해죄로 처벌할 수 있어.
B: 甲이 乙에 대한 상해를 유발했다는 사실만으로는 甲을 상해죄로 처벌할 수는 없어. 하지만 丙을 상해죄의 범죄자로 만들었으니까 甲을 처벌해야지. 甲의 부탁이 없었다면 丙은 상해죄의 범죄자가 되지 않았을 거야. 상해를 유발한 것보다 타인을 범죄자로 만든 것이 더 중한 범죄잖아.
C: 丙을 상해죄의 범죄자로 만들었다는 이유로는 甲을 처벌할 수 없어. 타인을 범죄자로 만든 것을 처벌하는 법이 없기 때문이야. 그렇지만 甲을 상해죄로는 처벌해야 해. 왜냐하면 상해죄의 법규정이 상해 행위를 직접 하는 경우로 한정하고 있지 않기 때문이야.

〈보 기〉
ㄱ. A와 C는 타인을 이용하여 상해를 유발한 자가 처벌을 받는 경우에 직접 폭력을 행사하여 상해를 입힌 자와 같은 죄목의 범죄로 처벌받을 수 있다고 본다.
ㄴ. 甲이 丙에게 부탁을 하였고 丙이 甲의 부탁을 거절할 수 있는 상황임에도 불구하고 丙이 乙에게 상해를 입힌 경우, A와 C는 甲을 상해죄로 처벌할 수 있는지 여부에 대해 견해가 일치하지 않는다.
ㄷ. A, B, C는 모두 甲이 처벌받지 않을 수 있음을 인정한다.

① ㄱ ② ㄷ ③ ㄱ, ㄴ
④ ㄴ, ㄷ ⑤ ㄱ, ㄴ, ㄷ

02. 다음으로부터 추론한 것으로 옳은 것만을 〈보기〉에서 있는 대로 고른 것은?

〈사례〉
X국에서는 장애아동보호법에 "장애아동은 각자의 능력과 필요에 따라 적절한 공교육을 무상으로 받을 권리를 가진다"고 규정하고 있다. 적절한 공교육의 범위에 관해 다음과 같이 견해가 나뉜다.

〈견해〉
甲: 잠재능력을 발현할 수 있도록 장애아동에게 제공되는 기회는 비장애아동에게 주어진 기회와 상응하는 수준이어야 한다. 이를 위해 공교육이 실시되기 전에 장애아동과 비장애아동의 잠재능력을 측정하고, 공교육의 결과 장애아동과 비장애아동이 잠재능력을 어느 정도 발현하고 있는지 확인해야 한다. 그런 다음 장애아동과 비장애아동이 각각 자신의 잠재능력에 비례하는 성과를 내는 데 차이가 나지 않도록 개별 장애아동에게 필요한 추가적인 학습 과정과 지원 서비스를 무상으로 제공해야 한다.
乙: 공교육이 적절하다는 것은 어떤 특별한 교육적 수준의 보장이나 능력에 관계없는 절대적 교육 기회의 평등을 의미하기보다는 장애아동에게 기본적 수준의 교육 기회에 평등하게 접근할 수 있도록 공교육을 무상으로 제공하는 것을 의미한다. 장애아동이 수업을 이수하고 과목별 합격 점수를 받아 상급 학년으로 진급하는 학업 성취 결과가 나왔다면 그러한 평등이 실현된 것으로 볼 수 있다.

〈보 기〉
ㄱ. 청각장애가 갑자기 생겨 성적이 떨어졌지만 상급 학년으로 진급하는 데에는 어려움이 없는 아동에게 부모가 자비로 수화 통역사를 제공하였더니 종전의 성적을 회복한 경우, 공교육이 그 아동에게 수화 통역사를 무상으로 제공해야 하는지 여부에 대하여 甲과 乙의 견해가 일치한다.
ㄴ. 乙의 견해에 따르면, 청각장애아동들이 공교육의 수업을 이수하고 과목별 합격 점수를 받아 중학교 1학년 과정에서 2학년 과정으로 모두 진급하는 데 성공하는 경우, 공교육 기관은 그 중학교 1학년 과정에 이전까지는 제공되지 않았던 학습 과정과 지원 서비스를 요청하는 청각장애아동의 요구를 받아들이지 않아도 된다.
ㄷ. 공교육 기관은 장애아동이 공교육에서 배제되지 않도록 하면 되고 공교육을 통한 장애아동의 학업 성취 결과까지는 고려하지 않아도 된다는 주장을 甲은 받아들이지 않고 乙은 받아들인다.

① ㄱ ② ㄴ ③ ㄱ, ㄷ
④ ㄴ, ㄷ ⑤ ㄱ, ㄴ, ㄷ

03. 다음 논쟁에 대한 평가로 옳은 것만을 〈보기〉에서 있는 대로 고른 것은?

> X국에서 甲은 불법 도박장을 운영하면서 乙, 丙, 丁을 종업원으로 고용하였다. 甲은 乙이 열심히 일하자 乙을 지배인으로 승진시켜 丙, 丁을 관리하게 하였다. 그러던 중 甲은 경찰의 단속을 피해 해외로 도주하였고 乙, 丙, 丁은 체포되었다. 검사는 乙, 丙, 丁 중 乙만 기소하고 丙, 丁은 기소하지 않았다. 검사의 기소와 관련하여 다음과 같은 논쟁이 전개되었다.
>
> A: 乙만 기소하고 丙과 丁을 기소하지 않았다면, 이것은 차별적 기소로 검사가 권한을 남용한 것이야.
> B: 범죄의 혐의가 있더라도 검사는 재량으로 기소하지 않을 수 있어. 경미한 범죄를 저지른 사람은 기소하지 않을 수 있게 해 주면, 법관이 중요한 사건의 재판에 전념할 수 있게 되어 사회 전체적으로 더 이득이 될 수 있어.
> C: 기소에 있어서 검사의 재량을 인정하면, 검사는 권한을 독선적으로 사용하게 되고, 누군가가 검사에 대해서 압력을 행사하는 것을 배제할 수 없어.
> D: 인권을 생각해 봐. 기소의 필요성이 적은 사람이 기소되지 않으면, 재판 절차를 거치지 않고서 빨리 자유롭게 생활할 수 있어. 그런 점에서 검사의 기소에 대한 재량을 인정하는 것이 인권 보호에 유리해.
> E: 지금 인권이 보호된다고 말하는데, 내가 말하고 싶은 것은 기소된 乙의 입장이야. 乙도 인권이 있는데, 검사의 권한 남용으로 乙만 혼자 기소되면 乙의 인권은 충분히 보호받지 못하잖아.
> F: 검사가 범죄 혐의자들을 차별적으로 기소했다고 바로 권한 남용이라고 볼 수는 없지. 검사가 최소한 어떤 부당한 의도를 가지고 차별적으로 기소한 경우에만 권한 남용이라고 해야 하는데 이 사안에서는 그런 의도를 찾을 수가 없어.

〈보기〉
ㄱ. 乙은 범행에 가담한 정도가 크지만 丙과 丁은 그렇지 않다는 사실을 검사가 기소 여부의 근거로 삼았다면, A를 강화하고 F를 약화한다.
ㄴ. 외부 압력에 의해 중한 범죄 혐의자도 기소하지 않은 경우가 많았고 그로 인해 검찰에 대한 국민들의 신뢰도가 낮아졌다는 조사 결과는 B를 약화하고 C를 강화한다.
ㄷ. D와 E는 모두 범죄 혐의자의 인권 보호에 대해 언급하고 있지만, 각 주장이 보호하고자 하는 구체적 대상이 다르다.

① ㄱ ② ㄴ ③ ㄱ, ㄷ
④ ㄴ, ㄷ ⑤ ㄱ, ㄴ, ㄷ

04. 다음 논쟁에 대한 분석으로 옳은 것만을 〈보기〉에서 있는 대로 고른 것은?

> X국에서는 유전자 검사를 통해 건강하고 재능 있는 자녀를 출산하려는 '선택적 출산'이 우려되었다. 이에 X국은 법률을 개정하여 의료인이 태아의 유전적 우열성 판별을 목적으로 임신 여성을 진찰하거나 검사하는 것을 금지하고, 의료인이 태아의 유전적 우열성을 알게 된 경우에도 태아의 부모 또는 다른 사람에게 알릴 수 없도록 하였다. 甲, 乙, 丙은 이 법률의 존속 여부에 대해 논쟁을 벌이고 있다.
>
> 甲: 무분별한 선택적 출산을 막을 필요는 있다고 생각하지만, 의료인이 임신 여성에게 태아의 상태나 유전적 질환 등을 무조건 알려 주지 못하게 한 것은 임신 여성의 알 권리를 침해할 소지가 커.
> 乙: 낙태를 할 경우 임신 여성의 생명이나 건강에 중대한 위험을 초래하여 낙태가 거의 불가능하게 되는 시기가 있어. 그러한 시기에는 태아의 유전적 소질을 부모에게 알려 줘도 무방하다고 생각해.
> 丙: 태아의 유전적 우열성에 따른 낙태가 계속된다면 생명과 인간의 존엄성이 경시될 수 있어. 이를 방지하기 위해서는 임신 여성이 태아의 유전적 소질에 대해 궁금하더라도 출산할 때까지 참아야 해. 태아의 유전적 소질에 관한 정보를 임신 여성에게 알려 주는 경우, 어떤 시기라 하더라도 낙태의 가능성이 완전히 사라지는 것은 아니야.

〈보기〉
ㄱ. 甲은 유전적 질환의 발생이 염려되어 진료 목적상 태아 상태의 고지가 필요한 경우 이를 고지할 수 있어야 한다고 본다.
ㄴ. 임신 말기로 갈수록 낙태 건수가 현저히 줄어든다는 통계는 乙의 견해를 강화한다.
ㄷ. 장래 가족의 일원이 될 태아의 유전적 우열성에 대해 미리 알고 싶은 인간의 본능에 가까운 호기심의 충족은 태아의 생명에 비해 중시될 이익이 아니라는 주장은 丙의 견해를 지지하지 않는다.

① ㄱ ② ㄷ ③ ㄱ, ㄴ
④ ㄴ, ㄷ ⑤ ㄱ, ㄴ, ㄷ

05. 〈견해〉에 대한 평가로 옳은 것만을 〈보기〉에서 있는 대로 고른 것은?

X국에서는 개명을 할 때 법원의 허가를 받도록 법으로 규정하고 있다. 그러나 법원의 개명 허가 기준에 관한 세부 규정이나 지침이 없어 다음과 같이 견해가 나뉘고 있다.

〈견해〉

A: 이름을 변경할 권리는 보호되어야 해. 자신의 의사와 상관없이 부모 등에 의해 일방적으로 결정되는 이름에 불만이 있는데도 그 이름으로 살아갈 것을 강요하는 것은 정당화될 수 없어. 개명 신청이 있으면, 법원은 과거의 범죄행위를 은폐하여 새로운 범죄행위를 할 위험이 있는 경우를 제외하고는 모두 허가해 주는 것이 마땅해.

B: 이름을 바꾸는 것은 이름을 짓는 것과 달라서 사회적 질서나 신뢰에 영향을 주어 혼란을 초래할 수 있어. 개명은 개인의 자유로운 의사에 맡기면 범죄를 은폐하는 수단으로 활용될 수도 있어. 그러니 개명은 독립된 사회생활의 주체라 할 수 없는 아동에 대해서만 제한적으로 허용해야 해.

C: 글쎄... A와 B 모두 일면 타당한 점이 있어. 다만 개명 허가 여부를 법관의 재량에 맡겨 두면 법관 개인의 기준에 따라 결과가 달라질 소지가 있기 때문에 현재로서는 어떻게든 구체적인 기준을 마련하여 이에 따라 허용 여부를 결정하는 것이 시급해.

─〈보 기〉─

ㄱ. 이름을 결정할 권리는 자기 고유의 권리이나 출생 시점에는 예외적으로 부모가 대신 행사하는 것일 뿐이라고 보는 견해는 A를 지지한다.

ㄴ. 수사 과정에서 범죄자의 동일성 식별에 이름 대신 주민등록번호가 사용된다는 사실은 B를 약화한다.

ㄷ. 개명을 원하는 초등학생이 바꾸려는 이름과 이유를 기재한 개명 신청서를 법원에 제출하기만 하면 범죄에 악용될 우려가 없는 한 개명을 허용하게 하는 '초등학생 개명허가처리지침'을 시행하는 것에는 A는 반대하고 B와 C는 찬성할 것이다.

① ㄴ　　　　　② ㄷ　　　　　③ ㄱ, ㄴ
④ ㄱ, ㄷ　　　　⑤ ㄱ, ㄴ, ㄷ

---

06. 다음으로부터 추론한 것으로 옳은 것만을 〈보기〉에서 있는 대로 고른 것은?

P회사에 근무하던 甲은 상습절도를 한 혐의로 수사를 받게 되었다. 甲은 혐의를 완강하게 부인하였고 명확한 증거는 없었다. 불구속수사가 원칙임에도 불구하고 검사는 甲의 혐의를 인정하고 구속기소하였다. 그러자 P회사는 이를 이유로 甲을 해고하였다. 이에 P회사의 직원들은 甲의 구속기소와 해고를 둘러싸고 논쟁을 하게 되었다.

乙: 평소에 甲의 행동이 수상하다고 생각했어. 우리 급여 수준에 비해 씀씀이가 지나치게 컸어. 우리 물건이 없어질 수도 있었는데 회사의 적절한 대응이었다고 생각해.

丙: 법에는 "누구든지 유죄의 판결이 확정될 때까지는 무죄로 추정된다"는 원칙이 있다고 들었어. 甲이 절도를 했다는 명확한 증거가 없는 상태에서 구속기소까지 한 것은 무죄추정의 원칙에 위배돼.

丁: 무죄추정의 원칙은 재판 과정에서 검사가 피고인의 유죄를 증명하지 못하는 한 피고인을 처벌할 수 없다는 의미일 뿐이고 다른 의미는 없어. 그러니까 수사 과정에서 유죄가 의심되면 구속기소해도 무방해.

乙: 무죄추정의 원칙은 수사 절차에서 재판 절차에 이르기까지 형사 절차의 전 과정에서 구속 등 어떠한 형사 절차상 불이익도 입지 않아야 한다는 것만을 말해. 회사에서 직원을 해고하는 것은 무죄추정의 원칙과 상관없어.

丙: 무죄추정의 원칙은 이를 실현하는 구체적인 규정이 있을 때 오직 그 경우에만 인정되는 거야. 형사 절차와 관련해서는 무죄추정에 관한 구체적인 규정이 있지만, 회사의 해고와 관련해서는 규정이 없어.

─〈보 기〉─

ㄱ. 丙은 甲의 해고가 무죄추정의 원칙에 위배되는지 여부에 대하여 乙과 결론을 같이한다.

ㄴ. 丁은 수사기관이 수사를 행하면서 알게 된 피의 사실을 재판 전에 공개하여 마치 유죄인 것처럼 여론을 형성하는 것이 무죄추정의 원칙에 위배되지 않는다고 주장할 것이다.

ㄷ. 상습절도의 재판에서 절도하지 않았음을 스스로 증명하지 못하는 피고인은 처벌을 받도록 하는 특별법이 무죄추정의 원칙에 위배된다는 주장에 대해 乙과 丁은 입장을 달리한다.

① ㄱ　　　　　② ㄷ　　　　　③ ㄱ, ㄴ
④ ㄴ, ㄷ　　　　⑤ ㄱ, ㄴ, ㄷ

07. 다음으로부터 추론한 것으로 옳은 것만을 〈보기〉에서 있는 대로 고른 것은?

X협회는 전국의 소상공인들이 결성한 단체로서, 회원총회와 대의원회를 두고 있다. 회원총회는 X협회의 재적회원 전원으로 구성된다. 대의원회는 소관 전문위원회와 전원위원회를 둔다. 전문위원회는 대의원회의 의장이 필요하다고 인정하거나 전문위원회 재적위원 4분의 1 이상의 요구가 있을 때에만 개최될 수 있다. 전문위원회는 재적위원 과반수의 출석과 출석위원 과반수의 찬성으로 의결한다.

대의원회는 전문위원회의 심사를 거친 안건 중 협회 구성, 회비 책정, 회칙 변경, 회원 징계, 협회 해산 등 주요 사항의 심사를 위하여 대의원회 재적의원 4분의 1 이상이 요구할 때에만 대의원 전원으로 구성되는 전원위원회를 개최할 수 있다. 전원위원회는 재적위원 4분의 1 이상의 출석과 출석위원 과반수의 찬성으로 의결한다.

회칙의 변경, 회원의 징계, 협회의 해산에 관한 사항은 대의원회 전원위원회를 거쳐서만 회원총회에 상정된다. 회원총회는 재적회원 과반수의 출석과 출석회원 과반수의 찬성으로 의결한다.

〈사례〉

X협회는 재적회원이 10,000명이다. 대의원회는 재적의원이 300명이고, 각 전문위원회는 재적위원이 20명이다. 대의원회 재적의원의 종사 업종 비율은 A업종 40%, B업종 35%, C업종 15%, D업종 10%이다. 이 협회의 재적회원 및 각 전문위원회의 재적위원의 종사 업종 비율도 위와 동일하다. 단, 각 회원, 의원, 위원은 하나의 업종에만 종사하고 있다. 회칙의 변경을 위한 안건(이하 안건이라 한다)이 대의원회 소관 전문위원회에서 의결된 후 전원위원회를 거쳐 회원총회에 상정되었다. 각 회의의 표결 결과 무효표나 기권표는 없는 것으로 한다.

─────〈보 기〉─────

ㄱ. 회비 인상에 대한 사항이 소관 전문위원회의 심사를 거친 때에는 대의원회의 의장이 필요하다고 인정하면 그 사항을 심사하기 위한 전원위원회가 개최될 수 있다.

ㄴ. A업종 종사 전문위원들만 안건 심사를 위한 전문위원회의 개최를 요구하고 다른 업종 종사 전문위원들이 그에 반대한다면, 전문위원회는 열리지 못한다.

ㄷ. 전문위원회에서 A업종 종사 전문위원 전원과 B업종 종사 전문위원 전원만 출석하여 투표하고 A업종 종사 전문위원 전원이 안건에 찬성한다면, 안건은 가결된다.

ㄹ. 회원총회에서 재적회원 전원이 출석하여 투표하고 A업종에 종사하는 회원 전원과 D업종에 종사하는 회원 전원만 안건에 찬성한다면, 안건은 부결된다.

① ㄱ, ㄴ   ② ㄱ, ㄹ   ③ ㄴ, ㄷ
④ ㄴ, ㄹ   ⑤ ㄷ, ㄹ

---

08. 다음으로부터 〈사례〉를 판단한 것으로 옳은 것만을 〈보기〉에서 있는 대로 고른 것은?

X국은 출산과 관련된 산모의 비밀 유지를 보장하고 신생아의 생명과 신체의 안전을 보장하기 위하여 익명출산제를 시행하기로 하였다. 이에 따라 의료기관의 적극적인 협조를 포함하는 다음의 〈규정〉이 제정되었다.

〈규정〉

제1조 ① 익명출산을 하고자 하는 자(이하 신청자라 한다)로부터 익명출산 신청을 받은 의료기관은 의료기록부에 신청자의 이름을 가명으로 기재한다.

② 신청자는 자녀가 출생한 때로부터 7일 내에 다음 사항을 포함하는 신상정보서를 작성하여 출산한 의료기관에 제출한다.

(1) 자녀의 이름을 정한 경우 그 이름, 성별, 출생 일시, 출생 장소 등 자녀에 관한 사항

(2) 신청자의 이름 및 주소, 익명출산을 하게 된 사정 등 자녀의 부모에 관한 사항

제2조 신청자는 신상정보서를 작성한 때로부터 2개월이 경과한 때 자녀에 관한 모든 권리를 상실한다.

제3조 국가심의회는 성년에 이른 자녀(자녀가 사망한 경우에는 성년에 이른 그의 직계 후손)의 청구가 있으면 제1조 ②의 신상정보서의 사항을 열람하게 한다.

제4조 제3조에도 불구하고 제1조 ② (2)의 사항은 신청자의 동의를 받은 때에만 열람하게 한다. 그러나 신청자가 신상정보서 작성 시 자신이 사망한 이후에 이를 공개하는 것에 대하여 명시적으로 반대하지 않으면, 신청자가 사망한 이후에는 청구에 따라 언제든지 열람할 수 있게 한다.

〈사례〉

X국에 살고 있는 甲(여)은 乙(남)과의 사이에 丙을 임신하였고, 甲은 익명출산을 신청하였다.

─────〈보 기〉─────

ㄱ. 甲과 乙이 혼인관계에 있다면, 乙이 甲의 출산 사실 및 丙에 대한 신상정보의 열람을 청구한 경우, 국가심의회는 甲의 동의를 받아 열람을 허용한다.

ㄴ. 성인이 된 丙이 신상정보서상 자신의 혈연에 관한 정보, 출생 당시의 정황에 관한 정보의 공개를 청구한 경우, 甲의 사망 사실이 확인되는 이상 국가심의회는 해당 정보를 열람할 수 있게 허용하여야 한다.

ㄷ. 丙이 사망한 후 그의 딸 丁(23세)이, 丙이 출생할 당시 甲이 丙에게 지어 준 이름, 丙의 출생 일시, 출생 장소에 관한 정보의 열람을 청구한 경우, 국가심의회는 甲의 명시적인 반대의 의사에도 불구하고 해당 정보를 열람하게 할 수 있다.

① ㄱ   ② ㄷ   ③ ㄱ, ㄴ
④ ㄴ, ㄷ   ⑤ ㄱ, ㄴ, ㄷ

09. 다음으로부터 〈사례〉를 판단한 것으로 옳지 <u>않은</u> 것은?

X국의 법에 의하면, 누구나 유언을 통하여 한 사람 또는 여러 사람의 상속인을 지정할 수 있다. 그리고 임의로 각 상속분도 정할 수 있다. 상속인을 지정하는 유언이 없는 경우에는 일정한 범위의 혈연관계 내지 가족관계에 있는 자들이 상속인 지위를 얻어 상속재산을 취득하는데, 자녀, 손자 같은 직계비속 및 배우자가 1순위 상속인이고, 부모, 조부모와 같은 직계존속이 2순위 상속인이며, 형제, 자매 같은 방계의 친족이 3순위를 이룬다. 선순위의 상속인이 상속을 받으면 후순위의 상속인은 상속을 받을 수 없다. 같은 순위의 공동상속인 사이의 상속분은 균등하다.

혈연관계 내지 가족관계에 있지 않은 사람도 유언을 통하여 상속인으로 지정될 수 있고, 직계존비속을 포함한 친족을 상속인으로 지정하지 않는 유언도 유효하다. 그렇지만 친족이면서도 상속인으로 지정되지 않아 상속에서 배제된 자가 사정에 따라서는 유언한 자의 사후에 경제적으로 매우 곤궁한 상태에 처하게 될 우려도 있다. 이와 같은 경우에 X국에서는 법이 정하고 있는 상속 순위에 있는 자 중 상속에서 배제된 자에 한하여 그 유언이 윤리에 반한다고 주장하면서 해당 유언의 무효를 선언해 줄 것을 요구하는 소(이하 반윤리의 소라 한다)를 제기할 수 있다. 판사가 유언의 반윤리성 여부를 심사할 때에는 그 상속 사안에서 상속 순위에 있는 친족들에게 존재하는 사정만을 판단의 근거로 삼을 수 있다. 유언의 반윤리성이 인정되어 유언이 효력을 잃으면 유언이 없는 것과 같은 상태가 된다.

〈사례〉

X국에 사는 甲에게는 혈연관계 내지 가족관계에 있는 사람으로는 자녀 乙과 동생 丙만 있고, 평소 친하게 지내는 친구 丁이 있다.

① 甲이 유언으로 丙과 丁만을 상속인으로 지정하였다면, 이때 乙이 반윤리의 소를 제기하여 승소하지 않는 한 乙은 상속에서 배제된다.

② 甲은 유언으로 乙과 丁만을 상속인으로 지정하면서 상속분을 균등하게 정할 수 있다.

③ 甲이 유언으로 丁을 유일한 상속인으로 지정하였고 이에 대해 乙이 반윤리의 소를 제기한 경우, 판사는 丁이 甲의 생전에 甲을 부양해 왔다는 丁의 주장을 반윤리성 판단의 근거로 삼을 수 없다.

④ 甲이 유언으로 乙과 丁만을 상속인으로 지정하면서 丁에게 더 많은 상속분을 정한 경우, 乙은 반윤리의 소를 제기할 수 있다.

⑤ 甲이 유언으로 丁을 유일한 상속인으로 지정한 경우, 丙이 제기한 반윤리의 소에 대하여 승소 판결이 내려지면 乙이 단독으로 상속재산을 취득한다.

10. 다음으로부터 추론한 것으로 옳은 것만을 〈보기〉에서 있는 대로 고른 것은?

인터넷이나 모바일 등에서 거래를 중개하는 사업 모델 중 포털사이트나 가격비교사이트는 판매 정보를 제공하고 판매자의 사이트로 연결하는 통로의 역할만 한다. 이에 비해 오픈마켓 형태의 모델은 사이버몰을 열어 놓고 다수의 판매자가 그 사이버 공간에서 물건을 판매하도록 한다. 후자의 모델은 중개자가 거래 공간을 제공할 뿐만 아니라 계약 체결이나 대금 결제의 일부에 참여하기도 하여 소비자가 중개자를 거래 당사자로 오인할 가능성이 크다. 이러한 판매 중개와 관련하여 X국의 법률은 다음과 같이 규정하고 있다.

(1) '사이버몰판매'란 판매자가 소비자와 직접 대면하지 않고 사이버몰(컴퓨터, 모바일을 이용하여 재화를 거래할 수 있도록 설정된 가상의 영업장을 말한다)을 이용하고 계좌이체 등을 이용하는 방법으로 소비자의 청약을 받아 재화를 판매하는 것이다.

(2) '사이버몰판매중개'란 사이버몰의 이용을 허락하거나 중개자 자신의 명의로 사이버몰판매를 위한 광고수단을 제공하거나 청약의 접수 등 사이버몰판매의 일부를 수행하는 방법으로 거래 당사자 간의 사이버몰판매를 알선하는 행위이다.

(3) 사이버몰판매중개자는 사이버몰 웹페이지의 첫 화면에 자신이 사이버몰판매의 당사자가 아니라는 사실을 고지하면 판매자가 판매하는 상품에 관한 손해배상책임을 지지 않는다. 다만, 사이버몰판매중개자가 청약의 접수를 받거나 상품의 대금을 지급받는 경우 사이버몰판매자가 거래상 의무를 이행하지 않을 때에는 이를 대신하여 이행해야 한다.

〈보 기〉

ㄱ. P는 인터넷에서 주문을 받아 배달하는 전문 업체로서, 유명 식당에 P의 직원이 직접 가서 주문자 대신 특정 메뉴를 주문하고 결제하여 주문자가 원하는 곳으로 배달까지 해 주는 서비스를 제공한다. 이 경우 P는 사이버몰판매중개자가 아니다.

ㄴ. Q는 모바일 어플리케이션을 이용하여 원룸과 오피스텔의 임대차를 전문적으로 중개하는 사업자이다. 이 경우 Q는 사이버몰판매중개자이다.

ㄷ. R은 인터넷에서 테마파크의 할인쿠폰을 판매하는 업체이다. R은 인터넷 쇼핑몰 웹페이지에 자신이 사이버몰판매의 당사자가 아니라고 고지한 경우 상품에 관한 손해배상책임에서 면제된다.

① ㄱ   ② ㄷ   ③ ㄱ, ㄴ

④ ㄴ, ㄷ   ⑤ ㄱ, ㄴ, ㄷ

11. 다음으로부터 추론한 것으로 옳은 것만을 〈보기〉에서 있는 대로 고른 것은?

여러 상품들을 취급하는 기업의 입장에서는 각 상품을 개별 단위로 판매하기보다 여러 조합으로 묶어서 판매하는 것이 비용 절감이나 시장 공략 측면에서 효과적인 전략일 수 있다. 휴대전화+집전화+초고속인터넷+IPTV 등 여러 상품을 묶어서 판매하는 경우가 자주 등장하는 이유도 그 때문이다. 예컨대 상품 A와 상품 B의 묶음상품 판매 방식은 다음 세 가지로 나눌 수 있다.

판매 방식 1: A와 B를 묶어서 가격을 할인하여 판매하고 개별 상품은 별도로 판매하지 않는 방식
판매 방식 2: A와 B를 묶거나 개별적으로 판매하는 방식. 다만 묶어서 판매하는 경우 가격을 할인
판매 방식 3: A를 구입하려면 B도 반드시 구입해야 하는 방식. 다만 B만 구입하는 것은 가능

하지만 이와 같이 상품을 묶어서 판매하는 것은 소비자의 선택권을 제한하거나 다른 기업에 불리한 경쟁 환경을 조성하는 결과를 초래할 수 있기 때문에 법적 규제의 대상이 된다. 다만 묶어서 판매하는 방식에 가격 할인이 뒤따르는 경우에는 그로 인해 기대되는 소비자의 경제상 이익이나 가격 경쟁 촉진 효과 등을 종합적으로 고려하여 법 위반 여부를 설성하게 된다. 형식적으로는 소비자에게 선택권을 주고 있으나 개별 상품 가격의 총합이 묶음상품의 가격에 비해 현저히 높아서 소비자들이 개별 구매할 가능성이 낮은 경우나 가격 할인이 과도해서 효율적인 경쟁자를 배제하는 경우는 규제 대상에 포함된다.

─────〈보 기〉─────
ㄱ. A, B를 개별적으로 모두 구매하려는 소비자는 판매 방식 2를 판매 방식 3보다 선호한다.
ㄴ. 소비자의 선택권을 선택지의 개수로만 판단하면 판매 방식 3이 선택권을 가장 크게 제한한다.
ㄷ. 두 상품을 묶어서 판매하는 가격이 단일 상품만 취급하는 기업의 단일 상품 가격보다도 낮은 경우에는 규제 대상에 포함될 수 있다.

① ㄱ
② ㄴ
③ ㄱ, ㄷ
④ ㄴ, ㄷ
⑤ ㄱ, ㄴ, ㄷ

---

12. 다음으로부터 추론한 것으로 옳은 것만을 〈보기〉에서 있는 대로 고른 것은?

X국 코인거래소에서는 A, B, C 3개 종류의 코인이 24시간 거래되고 있다.

구분	A코인	B코인	C코인
가격	1,000원	2,000원	2,500원

코인거래소는 코인의 구매 및 사용에 대해 다음과 같은 〈규정〉을 두고 있다.

〈규정〉
(1) 코인은 원화 또는 다른 종류의 코인으로 구매할 수 있다. 코인의 최소 거래단위는 1개이다.
(2) 원화로 구매할 수 있는 코인의 1개월간 총한도는 1인당 1,000만 원(이하 구매한도액이라 한다)을 초과할 수 없다.
(3) 코인을 다른 코인으로 구매할 경우 거래자 1명이 1회의 거래에서 그 지급대가로 사용할 수 있는 코인 개수는 구매한도액으로 취득할 수 있는 최대 코인 개수의 10분의 1을 초과할 수 없다. 단, 이때의 최대 코인 개수는 코인 종류별로 구매한도액 내에서 취득할 수 있는 최대 코인 개수를 비교하여 그중 최저치로 한다. 이 기준은 (4)에도 적용된다.
(4) 거래자 1명이 코인을 구매하거나 지급에 사용한 결과, 1일 동안(같은 날 0시부터 24시 사이를 말한다) 그 거래자의 총보유량이 같은 날 0시 총보유량과 비교하여 구매한도액으로 취득할 수 있는 최대 코인 개수의 5분의 1을 초과해서 감소한 경우 그 시점부터 24시간 동안 거래가 정지된다.

─────〈보 기〉─────
ㄱ. 1명의 거래자가 2개의 코인 계정을 가지고 1개월간 원화로 각각 600만 원의 코인을 구매하는 것은 허용된다.
ㄴ. 2019년 6월 26일 19시에 코인 1,000개를 보유한 채 그날의 거래를 시작한 자가 첫 거래에서 현금으로 200개를 구매하고 이후 3번의 거래에서 코인을 지급에 사용한 결과 마지막 거래의 종료 시점인 같은 날 20시에 총보유량이 300개가 된 경우 그 시점부터 24시간 동안 코인 사용이 정지된다.
ㄷ. 거래자가 1회의 거래에서 코인 구매에 사용할 수 있는 코인은 400개를 초과할 수 없다.
ㄹ. 2019년 6월 26일 23시 40분에 코인 1,500개를 보유한 채 그날의 거래를 시작한 자가 자정 전까지 몇 차례의 거래로 600개를 지급에 사용하고 자정 이후 300개를 추가로 지급에 사용하더라도, 그 시점에 코인 사용은 정지되지 않는다.

① ㄱ, ㄴ
② ㄱ, ㄷ
③ ㄴ, ㄷ
④ ㄴ, ㄹ
⑤ ㄷ, ㄹ

13. 다음으로부터 추론한 것으로 옳은 것만을 〈보기〉에서 있는 대로 고른 것은?

규칙을 제정할 때는 항상 그 규칙을 정당화하는 목적이 있어야 한다. 그런데 규칙의 적용이 그 목적의 관점에서 정당화되지 않는 경우들이 존재한다. 규칙이 그 목적의 관점에서 볼 때 어떤 사례를 포함하지 않아도 되는데도 포함하는 경우 이 사례를 '과다포함'한다고 하고, 어떤 사례를 포함해야 하는데도 포함하지 않는 경우 이 사례를 '과소포함'한다고 한다. 예를 들어 '시속 80km 초과 금지'라는 규칙이 있다고 하면, 그 목적은 '운전의 안전성 확보'가 된다. 하지만 운전자들이 시속 80km 초과의 속도로 운전하지 않아야 안전하다는 것이 대부분의 경우 사실이라 하더라도, 시속 80km 초과로 달려도 안전한 경우가 있다. 이때 이 규칙은 시속 80km 초과로 달려도 안전한 사례를 '과다포함'한다고 한다. 반면 '시속 80km 초과 금지'라는 규칙은 안개가 심한 날 위험한데도 시속 80km로 달리는 차량을 금지하지 않게 되어 그 목적을 달성하지 못할 수 있다. 이 경우 규칙이 해당 사례를 '과소포함'한다고 한다.

〈사례〉

X동물원에서는 동물원 내 차량 진입 금지 규칙의 도입을 검토하고 있다. 이 규칙의 목적은 ㉠ 동물원 이용자의 안전 확보, ㉡ 차량으로 인한 동물원 내의 불필요한 소음 방지의 두 가지이다. 도입될 규칙의 후보로 다음의 세 가지가 제시되었다.

규칙 1: 동물원 내에는 어떠한 경우에도 차량이 진입할 수 없다.
규칙 2: 동물원 내에는 동물원에 의해 사전 허가를 받은 차량 외에 다른 차량이 진입할 수 없다.
규칙 3: 동물원 내에는 긴급사태로 인해 소방차, 구급차가 진입하는 경우 외에 다른 차량은 진입할 수 없다.

─────〈보 기〉─────

ㄱ. 목적 ㉠의 관점에서 본다면, 규칙 1은 '동물원 내 무단 진입한 차량이 질주하여 이용자의 안전을 위협하자 이를 막기 위해 경찰차가 사전 허가 없이 진입하는 경우'를 '과다포함'한다.

ㄴ. 목적 ㉡의 관점에서 본다면, 규칙 2는 '불필요한 소음을 발생시키는 핫도그 판매 차량이 사전 허가를 받아 동물원에 진입하는 경우'를 '과소포함'한다.

ㄷ. 목적 ㉠, ㉡ 모두의 관점에서 본다면, 규칙 3은 '불필요한 소음을 발생시키지 않는 구급차가 동물원 이용자를 구조하기 위해 동물원 내로 진입하는 경우'를 '과다포함'하지도 않고 '과소포함'하지도 않는다.

① ㄱ   ② ㄴ   ③ ㄱ, ㄷ
④ ㄴ, ㄷ   ⑤ ㄱ, ㄴ, ㄷ

14. 다음으로부터 추론한 것으로 옳은 것만을 〈보기〉에서 있는 대로 고른 것은?

〈이론〉

각 사람의 행복을 극대화하는 행동이 올바른 행동이다. 이를 판단하기 위해서 다음의 네 가지 원리가 있다. 단, X와 Y는 가능한 상황을, p와 q는 사람을 나타낸다.

원리 1: p가 상황 X에서 누리는 행복보다 더 많은 행복을 누리게 될 다른 가능한 상황이 없다면, p는 X에서 나쁘게 대우받는 것은 아니다.

원리 2: p가 X에서 존재하고 X에서보다 더 많은 행복을 누리게 되는 가능한 상황 Y가 존재하는 경우, Y에서 존재하는 사람 중에 Y보다 X에서 더 많은 행복을 누리게 되는 q가 존재하지 않는다면 p는 X에서 나쁘게 대우받는 것이고, 그러한 q가 존재한다면 p는 X에서 나쁘게 대우받는 것이 아니다.

원리 3: p가 X에서 존재하지 않는다면, p가 존재하여 더 많은 행복을 누리게 될 가능한 상황이 있더라도 p가 X에서 나쁘게 대우받는 것은 아니다.

원리 4: 원리 1~3에 따라 X에서 누구도 나쁘게 대우받지 않는 경우에만 X는 도덕적으로 허용될 수 있다.

〈사례〉

남편인 甲과 아내인 乙에게 자녀 丙이 있다. 이 부부가 둘째 아이를 낳으면 甲의 행복도는 그대로인 반면 乙은 건강이 나빠져 행복도가 떨어지지만, 丙의 행복도는 알려져 있지 않다. A는 이 부부가 둘째 아이를 낳지 않는 상황이고, B는 이 부부가 둘째 아이 丁을 낳는 상황이다. 아래 표는 각각의 상황에서 甲, 乙, 丙, 丁의 행복도를 나타낸다. 단, 가능한 상황은 A와 B뿐이며, 甲, 乙, 丙, 丁 외에 다른 사람은 존재하지 않고, 상황 A에서 丁은 존재하지 않으므로 행복도는 0이라고 가정한다.

사람	A	B
甲	5	5
乙	5	3
丙	5	α
丁	0	5

─────〈보 기〉─────

ㄱ. A에서 甲~丁 중 누군가 나쁘게 대우받는 것이 가능하다.

ㄴ. B에서 甲~丁 중 한 사람만 나쁘게 대우받고 있다면 α는 5보다 작다.

ㄷ. A, B가 모두 도덕적으로 허용 가능하다면 α는 5보다 크다.

① ㄱ   ② ㄷ   ③ ㄱ, ㄴ
④ ㄴ, ㄷ   ⑤ ㄱ, ㄴ, ㄷ

15. 다음으로부터 추론한 것으로 옳은 것만을 〈보기〉에서 있는 대로 고른 것은?

연민은 이성에 앞서는 것으로 인간에게 보편적인 자연적 감정이다. 연민은 동물들에게도 뚜렷이 나타난다. 동물이 새끼에 대해 애정을 품고 같은 종의 죽음에 대해 불안감을 느낀다는 사실이 이를 보여 준다. 이 감정은 모든 이성적 반성에 앞서는 자연의 충동이며, 교육이나 풍속에 의해서도 파괴하기 어려운 자연적인 힘이다. 연민은, 본성에 의해서 우리에게 새겨진 또 다른 감정인 자기애가 자연이 설정한 범위를 넘어서 과도하게 작용되는 것을 방지하여 종 전체의 존속에 기여한다. 남이 고통 받는 모습을 보고 깊이 생각할 여지도 없이 도와주러 나서게 되는 것도 연민 때문이다. 하지만 연민이 자기희생을 의미하는 것은 아니다. 연민은 굶주리고 있는 인간에게까지 약한 어린이나 노인이 힘겹게 획득한 식량을 빼앗지 말라고 하지는 않는다. "남이 해 주길 바라는 대로 남에게 행하라"는 이성의 원리에 앞서 "타인의 불행을 되도록 적게 하라"라는 생각을 먼저 품게 하는 것이 연민이다. 인간이 고통을 당하는 것을 보거나 인간이 악을 행했을 때 느끼는 혐오감의 원인도 정교한 이성적 논거가 아니라 이 연민이라는 자연의 감정 속에서 그 근원을 발견할 수 있다. 만일 인류의 생존이 인류 구성원들의 이성적 추론에만 달려 있었다면 인류는 벌써 지상에서 사취를 감수었을 것이다.

─────〈보 기〉─────
ㄱ. 연민은 이성적 반성 없이는 작동되지 않는다.
ㄴ. 혐오감과 자기애는 모두 연민의 감정에서 비롯된다.
ㄷ. 타인에 대한 연민의 감정은 자기애와 양립 가능하다.

① ㄱ   ② ㄷ   ③ ㄱ, ㄴ
④ ㄴ, ㄷ   ⑤ ㄱ, ㄴ, ㄷ

16. 다음으로부터 추론한 것으로 옳은 것만을 〈보기〉에서 있는 대로 고른 것은?

甲, 乙, 丙 세 사람 모두 약속 위반이 잘못된 행위이며 특별한 사정이 없는 한 그런 행위자를 도덕적으로 비난할 수 있다고 생각한다. 이들이 인정하는 특별한 사정이란 "당위는 능력을 함축한다"라는 근본적인 도덕 원리와 관련된 것으로서, 만약 약속을 지킬 수 있는 능력이 없는 경우라면 약속 위반자를 도덕적으로 비난하지 않겠다는 것이나. 이와 너불어 세 사람은 모두 행위사가 물리력을 행사하여 수행할 수 있는 범위 내에 있는 행위라면 '그 행위자에게 그 행위를 할 수 있는 능력이 있는 것'으로 간주한다. 하지만 행위 능력이 있더라도 행위자가 그 능력을 인지하는지 여부에 따라 추가로 특별한 사정이 생길 수 있다는 ㉠입장과 그런 여부와 상관없이 특별한 사정은 생기지 않는다는 ㉡입장이 갈릴 수 있다.

〈사례〉
丁은 오늘 정오에 戊를 공항까지 태워 주기로 약속했지만 끝내 제시간에 약속 장소에 나타나지 않았다. 밝혀진 바에 따르면, 丁은 약속을 분명히 기억하고 있었고 시간을 착각한 것도 아니면서 제때 방에서 나오지 않았다. 하지만 약속 위반인 丁에게 특별한 사정이 있었을 수도 있다. 이제 다음 세 가지 상황을 고려해 보자.

〈상황〉
(1) 丁은 집주인이 방문을 잠가 놓았다는 사실을 알게 되었다. 밖에서 방문을 열어 주지 않는 한 그가 나갈 수 있는 방법은 전혀 없었고 외부와의 연락 수단도 없었다.
(2) 丁은 집주인이 방문을 잠가 놓았다는 사실을 알게 되었다. 밖에서 열어 주지 않는 한 방문을 열 수 있는 방법은 전혀 없었고 외부와의 연락 수단도 없었다. 하지만 방 안에는 丁이 전혀 모르는 버튼이 있는데, 그 버튼을 누르면 비밀 문이 열린다. 버튼을 누르는 일은 丁이 물리력을 행사하여 수행할 수 있는 범위 내에 있었다.
(3) 집주인이 방문을 잠가 놓았고 밖에서 방문을 열어 주지 않는 한 丁이 방에서 나갈 수 있는 방법은 전혀 없었다. 방에는 외부와의 연락 수단도 없었다. 하지만 丁은 귀찮아서 방을 나가려 하지 않았고 방문이 잠겨 있다는 사실을 전혀 몰랐다.

─────〈보 기〉─────
ㄱ. 甲이 (1)과 (3)의 상황에서 丁에 대한 도덕적 판단이 서로 달라야 할 이유가 없다고 생각한다면, 甲은 ㉡을 채택한 것이다.
ㄴ. ㉡을 채택한 乙은 (2)의 상황에서 丁을 도덕적으로 비난하지 않을 것이다.
ㄷ. 丙은 ㉠을 채택하든 ㉡을 채택하든 (3)의 상황에서 丁이 도덕적 비난의 대상이 될 수 있다는 것을 설명할 수 없다.

① ㄱ   ② ㄷ   ③ ㄱ, ㄴ
④ ㄴ, ㄷ   ⑤ ㄱ, ㄴ, ㄷ

17. 다음으로부터 평가한 것으로 옳은 것만을 〈보기〉에서 있는 대로 고른 것은?

사람들의 행위 동기를 연구하기 위해 다음 실험이 수행되었다.

〈실험〉

보상이 기대되는 긍정적인 업무와 아무런 보상도 기대할 수 없는 중립적 업무가 참가자에게 각각 하나씩 제시된다. 참가자에게 참가자가 아닌 익명의 타인이 한 명씩 배정되고, 참가자는 두 개의 업무를 그 타인과 본인에게 하나씩 할당해야 한다. 할당 방식에는 두 가지가 있다. A방식은 참가자 본인의 임의적 결정으로 업무를 할당하는 것이며, B방식은 참가자가 동전 던지기를 통해 업무를 할당하는 것이다. 참가자는 둘 중 하나의 방식을 공개적으로 선택하지만, 선택이 끝난 후 업무를 할당하기까지의 전 과정은 공개되지 않는다.

〈결과〉

40명의 참가자를 대상으로 실험한 결과, 20명의 참가자가 A방식을 선택하였고 이들 중 17명이 긍정적 업무를 자신에게 할당하였다. 긍정적 업무를 타인에게 할당한 참가자는 3명이었다. 한편 나머지 20명의 참가자는 B방식을 선택했는데, 이들 중 18명이 자신에게 긍정적 업무를 할당하였고 타인에게 긍정적 업무를 할당한 참가자는 2명이었다.

동전 던지기에서 통상적으로 기대되는 결과와 비교할 때 B방식에 따른 이런 할당 결과는 매우 이례적인 것이어서 이를 설명하기 위해 다음 가설들이 제시되었다.

가설 1: B방식을 택한 대부분의 사람들은 원래는 공정하게 업무를 할당할 의도가 있었지만, 실제로 동전을 던져서 자신에게 불리한 결과가 나왔을 때 이기적인 동기가 원래의 공정한 의도를 압도하면서 결과를 조작한 것이다.

가설 2: B방식을 택한 대부분의 사람들은 원래부터 공정하게 업무를 할당할 의도가 없었으며, 단지 결과 조작을 통해 업무 할당의 이득을 안전하게 확보할 수 있고 사람들에게 공정한 사람처럼 보일 수 있는 추가 이득까지 얻을 수 있기 때문에 이 방식을 택한 것뿐이다.

〈보 기〉

ㄱ. B방식을 택한 참가자들 대부분이 A방식도 B방식만큼 공정하다고 사람들이 생각하리라 믿었다면, 가설 2는 약화된다.

ㄴ. B방식을 택한 참가자들 중 결과를 조작한 사람들 대부분이 자신의 업무 할당이 공정하지 않았음을 인정한다면, 가설 1은 약화되고 가설 2는 강화된다.

ㄷ. B방식에서 동전 던지기를 통한 업무 할당 과정이 공개되도록 실험 내용을 수정하여 동일한 수의 새로운 참가자들을 대상으로 실험한 후에도 B방식을 선택하는 참가자의 수에 큰 변화가 없다면, 가설 1은 강화되고 가설 2는 약화된다.

① ㄱ   ② ㄴ   ③ ㄱ, ㄷ
④ ㄴ, ㄷ   ⑤ ㄱ, ㄴ, ㄷ

---

18. 다음으로부터 추론한 것으로 옳은 것만을 〈보기〉에서 있는 대로 고른 것은?

甲: 신은 완전한 존재이다. 이는 첫째로 신이 전능함을 함축한다. 따라서 신은 자신이 원한다면 무슨 일이든지 할 수 있을 것이다. 기적을 일으켜 자연법칙을 거스를 수도 있고 이미 지나가 버린 과거를 바꿀 수도 있다. 둘째로 신의 완전함은, 신이 이 세상을 완벽하게 창조했으며 자신이 계획한 그대로 역사를 진행시킨다는 것을 함축한다. 신의 이러한 계획에 개입할 수 있는 존재는 없다.

乙: 甲의 주장에는 문제가 있다. 우선 甲의 두 주장은 서로 상충한다. 신이 완벽하게 과거 현재 미래를 이미 결정한 채 역사를 진행시키고 있다는 것이 사실이라면, 신이 그렇게 진행되어 온 과거를 결코 바꾸지 않을 것이다. 게다가 각 주장도 거짓이라 볼 이유가 있다. 첫째, 신은 엄청난 능력을 가지고 있기는 하나 무엇이든지 다 할 수 있다고 보는 것은 문제가 있다. 신은 아직 결정되지 않은, 장차 벌어질 사건들에서는 무한한 능력을 발휘할 수 있다. 하지만 신조차도 시간의 흐름만은 통제할 수 없기에, 과거로 거슬러 올라가 이미 벌어진 사건을 바꿀 수는 없다. 둘째, 만일 신이 자신이 계획한 대로 역사를 진행시킨다면, 우리가 신에게 기도하는 현상을 설명할 수 없다. 우리는 기도를 통해 우리가 신의 계획에 영향을 줄 수 있다고 믿는다. 이 믿음이 옳다면, 신이 세상을 계획에 따라 창조했더라도 신의 계획은 변경될 수 있을 것이다.

〈보 기〉

ㄱ. 甲과 乙은 둘 다 기적이 있을 수 있다고 믿는다.

ㄴ. 甲과 乙은 신이 역사를 진행시키는 방식에 대한 견해가 다르다.

ㄷ. 乙은 신이 과거를 바꾼다는 것은 신의 계획이 완전하지 않음을 의미한다고 여긴다.

① ㄱ   ② ㄴ   ③ ㄱ, ㄷ
④ ㄴ, ㄷ   ⑤ ㄱ, ㄴ, ㄷ

19. 다음 논쟁에 대한 평가로 옳은 것만을 <보기>에서 있는 대로 고른 것은?

공포 영화의 중요한 특징은 영화 속의 공포의 존재가 우리에게 두려움과 역겨움의 반응을 유발하고 그로 인해 우리가 고통이나 불쾌감을 느끼게 된다는 것이다. 쾌락의 추구와 고통의 회피가 인간의 보편적인 성향임을 고려할 때, 어떻게 많은 사람들이 그런 공포 영화를 즐길 수 있는 것인지 의아해진다. 이를 설명하기 위해 다음과 같은 두 개의 주장이 제시되었다.

A: 우리가 공포 영화를 즐길 수 있는 이유는 결국은 고통이나 불쾌감을 상쇄하고도 남을 충분한 보상을 얻을 수 있기 때문이다. 그런 영화에 전형적으로 등장하는 미지의 대상은 두려움과 역겨움을 유발하기도 하지만 그만큼 그 대상의 정체를 알아내고 싶은 우리의 호기심을 자극하기도 한다. 우리는 영화를 보면서 그 대상의 정체를 파악하기 위해 가설을 세우고, 증거를 찾고, 추리를 하고, 검증을 하려 애쓴다. 그러다가 영화가 끝날 때쯤 그 대상의 정체가 밝혀지고 얽히고설킨 모든 문제가 해소되는 순간 우리는 ㉠ 엄청난 쾌감을 느끼게 되는 것이다.

B: 영화는 영화일 뿐이다. 정말로 눈앞에 괴물이 나타난다면 누구나 허겁지겁 도망치겠지만, 영화 속 괴물을 보고 그렇게 반응하는 사람은 거의 없다. 공포 영화에 아무리 두렵고 역겨운 대상이 등장하더라도 그로 인해 발생하는 고통이나 불쾌감은 충분히 통제할 만한 것이다. 그 정도의 고통이나 불쾌감을 상쇄하기 위해 ㉠까지 필요치는 않으며, 대부분 판에 박힌 플롯의 공포 영화가 그런 쾌감을 제공할 수도 없다. 우리가 공포 영화를 즐기는 이유는 통제 가능한 수준의 고통이나 불쾌감은 오히려 적절한 자극제가 되어 정신 건강에 유익하기 때문일 뿐이다.

─────〈보 기〉─────

ㄱ. 소설을 원작으로 한 공포 영화 관객 대부분이 소설을 먼저 읽어 본 사람들이었던 것으로 밝혀진다면 A는 약화된다.

ㄴ. 고통이나 불쾌감의 강도는 사람마다 다른 것이라면 A는 약화되고 B는 강화된다.

ㄷ. 호기심을 일으킬 만한 미지의 대상이 전혀 등장하지 않으면서 ㉠과 같은 수준의 엄청난 쾌감을 보상하는 공포 영화가 다수 존재한다면, A는 약화되고 B는 강화된다.

① ㄱ ② ㄴ ③ ㄱ, ㄷ
④ ㄴ, ㄷ ⑤ ㄱ, ㄴ, ㄷ

20. 다음 논증의 구조를 가장 적절하게 파악한 것은?

㉠ 선(善)을 정의하려는 시도는 성공할 수 없다. ㉡ 선을 정의할 수 있으려면 그것을 자연적 속성과 동일시하거나, 아니면 형이상학적 속성과 동일시해야 한다. ㉢ 선을 쾌락이라는 자연적 속성과 동일시하여 "선은 쾌락이다"라고 정의를 내릴 수 있다고 한다면, "선은 쾌락인가?"라는 물음은 "선은 선인가?"라는 물음과 마찬가지로 동어반복으로서 무의미한 것이 되어야 한다. ㉣ 그러나 "선은 쾌락인가?"라는 물음은 무의미하지 않다. ㉤ 쾌락 대신에 어떠한 자연적 속성을 대입하더라도 결과는 마찬가지이므로, ㉥ 선을 자연적 속성과 동일시하는 모든 정의는 오류이다. ㉦ 선을 형이상학적 속성과 동일시하는 정의들은 사실 명제로부터 당위 명제를 추론한다. ㉧ 즉 어떠한 형이상학적 질서가 존재한다는 사실로부터 "선은 무엇이다"라는 정의를 이끌어 낸다. ㉨ 그런데 당위는 당위로부터만 도출되기 때문에 사실로부터 당위를 끌어내는 것은 가능하지 않다. ㉩ 따라서 선을 형이상학적 속성과 동일시하는 정의들은 모두 오류이다.

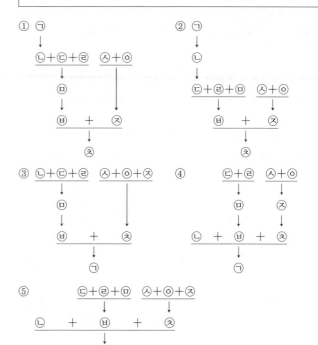

해커스 LEET 김우진 추리논증 기출문제+해설집

21. 다음 글에 대한 분석으로 옳은 것만을 〈보기〉에서 있는 대로 고른 것은?

한 명제가 다른 명제를 필연적으로 함축한다면 전자가 참일 가능성은 후자가 참일 가능성을 필연적으로 함축한다. 예를 들어 지구에 행성이 충돌하는 것이 인간이 멸종하는 것을 필연적으로 함축한다면, 지구에 행성이 충돌할 가능성은 인간이 멸종할 가능성을 필연적으로 함축한다. 왜 그럴까?

㉠ 지구에 행성이 충돌한다는 것이 인간 멸종을 필연적으로 함축하지만, 그런 충돌 가능성이 있는데도 인간 멸종의 가능성은 없다고 가정해 보자. 사람들은 지구에 행성이 충돌하는 일이 실제로 일어나겠느냐고 의심할지 모르지만, 그런 충돌이 가능하다고 가정했기 때문에, 그런 일이 실제로 일어나는 상황이 있다고 해도 아무런 모순이 없다. 그리고 그런 일이 실제로 일어난다는 것은 인간 멸종을 필연적으로 함축하므로, 그 상황에서는 인간이 멸종한다. 그런데 인간이 멸종하는 상황은 없다고 가정했으므로 모순이 발생한다. 그러므로 ㉡ 지구에 행성이 충돌한다는 것이 인간 멸종을 필연적으로 함축한다면, 행성 충돌의 가능성은 인간 멸종의 가능성을 필연적으로 함축한다.

─〈보 기〉─

ㄱ. ㉡을 도출하는 과정에서 인간 멸종이 가능하지 않다는 것과 인간이 멸종하는 상황이 없다는 것을 동일한 의미로 간주하고 있다.

ㄴ. 지구에 행성이 충돌할 가능성이 실제로는 없다고 밝혀지더라도, ㉠으로부터 ㉡을 추론하는 과정에 아무런 문제가 없다.

ㄷ. ㉠으로부터 ㉡으로의 추론은, 어떤 가정으로부터 모순이 도출된다면 그 가정의 부정은 참이라는 원리를 이용한다.

① ㄱ 　　② ㄴ 　　③ ㄱ, ㄷ
④ ㄴ, ㄷ 　　⑤ ㄱ, ㄴ, ㄷ

22. 다음 논증에 대한 평가로 옳은 것만을 〈보기〉에서 있는 대로 고른 것은?

인간의 마음을 연구하는 많은 학자들은 정신적인 현상이 물리적인 현상에 다름 아니라는 물리주의의 입장을 받아들인다. 물리주의는 다음과 같은 원리들을 받아들일 때 자연스럽게 따라 나온다고 생각된다. 첫 번째 원리는 모든 정신적인 현상은 물리적 결과를 야기한다는 원리이다. 이는 지극히 상식적이며 우리 자신에 대한 이해의 근간을 이루는 생각이다. 가령 내가 고통을 느끼는 정신적인 현상은 내가 "아야!"라고 외치는 물리적 사건을 야기한다. 두 번째 원리는 만약 어떤 물리적 사건이 원인을 갖는다면 그것은 반드시 물리적인 원인을 갖는다는 원리이다. 다시 말해 물리적인 현상을 설명하기 위해서 물리 세계 밖으로 나갈 필요가 없다는 것이다. 세 번째 원리는 한 가지 현상에 대한 두 가지 다른 원인이 있을 수 없다는 원리이다.

이제 이 세 가지 원리가 어떻게 물리주의를 지지하는지 다음과 같은 예를 통해서 살펴보자. 내가 TV 뉴스를 봐야겠다고 생각한다고 하자. 첫 번째 원리에 의해 이는 물리적인 결과를 갖는다. 가령 나는 TV 리모컨을 들고 전원 버튼을 누를 것이다. 이 물리적 결과는 원인을 가지고 있으므로, 두 번째 원리에 의해 이에 대한 물리적 원인 또한 있다는 것이 따라 나온다. 결국 내가 리모컨 버튼을 누른 데에는 정신적 원인과 물리적 원인이 모두 있게 되는 것이다. 정신적 원인과 물리적 원인이 서로 다른 것이라면, 세 번째 원리에 의해 이는 불가능한 상황이 된다. 따라서 정신적인 원인은 물리적인 원인에 다름 아니라는 결론이 따라 나온다.

─〈보 기〉─

ㄱ. 어떤 물리적 결과도 야기하지 않는 정신적인 현상이 존재한다면, 이 논증은 이런 정신적 현상이 물리적 현상에 다름 아니라는 것을 보여 주지 못한다.

ㄴ. 아무 원인 없이 일어나는 물리적 사건이 있다면, 위의 세 원리 중 하나는 부정된다.

ㄷ. 행동과 같은 물리적인 결과와 결심이나 의도와 같은 정신적인 현상을 동시에 야기하는 정신적 현상이 존재한다면, 이 논증이 의도한 결론은 따라 나오지 않는다.

① ㄱ 　　② ㄷ 　　③ ㄱ, ㄴ
④ ㄴ, ㄷ 　　⑤ ㄱ, ㄴ, ㄷ

23. 다음으로부터 추론한 것으로 옳은 것만을 〈보기〉에서 있는 대로 고른 것은?

형사사건에서는 검사의 입증이 '합리적 의심'의 수준을 넘어서야 한다. 정의의 관점에서 무고한 사람을 처벌하는 것이 범죄를 저지른 사람을 풀어 주는 것에 비해 훨씬 더 나쁘기 때문이다. 왜 그런지 보기 위해 유죄 입증 수준을 수치화할 수 있다고 해 보자. 가령 판사는 95% 이상으로 유죄를 확신할 수 있을 때만 유죄를 선고한다고 가정하자. 10명의 피고인이 있고 그늘 각각이 90%의 확률로 범죄자일 가능성이 있다고 생각해 보자. 검사는 이 확률로 각 피고인에 대해 유죄를 확신할 수 있는 증거를 확보하였다. 이때 판사가 자신의 역할을 제대로 수행한다면 모든 피고인이 처벌받지 않을 것이다. 검사가 95%라는 유죄 입증 수준을 충족하지 못한 셈이기 때문이다. 하지만 10명의 피고인 각각이 범죄를 실제로 저질렀을 확률이 90%이므로, 피고인 10명 중 9명이 실제로는 범죄를 저질렀지만 처벌받지 않은 것이라고 생각할 수 있다. 이는 정의롭지 못한 것이 틀림없으나 중요한 것은 그중 무고한 1명이 처벌받을 가능성을 없앨 수 있다는 점이다.

같은 계산을 구체적인 상황에 적용해 보자. 유죄 입증 수준을 다르게 설정한 A상황, B상황은 다음과 같다. 단, 각 상황에서 피고인의 수는 300명이며, 검사는 각 피고인이 실제 범죄자일 확률로 증거를 확보하였다.

상황	유죄 입증 수준	피고인의 수, 각 피고인이 실제 범죄자일 확률	유죄가 선고되는 피고인의 수	무죄가 선고되는 피고인의 수	범죄자인데도 처벌받지 않은 피고인의 수	범죄자가 아닌데도 처벌받은 피고인의 수
A	90%	100, 95%	100	0	0	5
		100, 80%	0	100	80	0
		100, 65%	0	100	65	0
B	75%	100, 95%	100	0	0	5
		100, 80%	100	0	0	20
		100, 65%	0	100	65	0

가령 범죄자인데도 처벌받지 않은 피고인이 1명 있을 경우 나쁨의 값을 1, 범죄자가 아닌데도 처벌받은 피고인이 1명 있을 경우 나쁨의 값을 10이라고 한다면, A상황에서보다 B상황에서 나쁨의 값의 총합이 더 크기 때문에 A상황보다 B상황이 더 나쁘다고 할 수 있다.

〈보 기〉

ㄱ. 한 사람의 무고한 피고인을 처벌하는 것이 세 사람의 범죄자를 방면하는 것과 똑같은 성도로 나쁘다고 가정한다면, A상황이 B상황보다 더 나쁘다.

ㄴ. B상황에서 피고인들이 실제로 범죄를 저질렀을 확률이 10%p 낮아져 각각 85%, 70%, 55%라면, 유죄 입증 수준을 65%로 낮추어도 무고하게 처벌받은 사람의 수는 변하지 않는다.

ㄷ. A상황에서 유죄 입증 수준을 95%로 높인다면, 무고하게 처벌받는 사람의 수를 줄일 수 있다.

① ㄱ　　　　　② ㄴ　　　　　③ ㄱ, ㄷ
④ ㄴ, ㄷ　　　　⑤ ㄱ, ㄴ, ㄷ

---

24. 다음 글에 대한 분석으로 옳은 것만을 〈보기〉에서 있는 대로 고른 것은?

A: 자기기만이란 문자 그대로 자기 자신을 속이는 행위이다. 그것은 타인을 속이는 행위와 동일한 방식으로 이해된다. 甲이 乙로 하여금 무언가를 사실로 믿도록 속인다는 것은 甲이 의도를 갖고서 자신은 그 무언가가 사실이 아니라고 믿으면서 乙이 그것을 사실로 믿도록 하는 것이다. 이 결과 甲이 자신의 믿음을 유지하면서 乙이 그 무언가가 사실이라고 믿으면 甲이 乙을 속이는 데 성공한 것이다. 자기기만을 이와 같은 방식으로 이해한다는 것은 '乙'의 자리에 단순히 '甲'을 대입하여 甲이 甲을 속이는 것과 같은 것으로 이해한다는 것이다. 자기기만에 의해 자기 자신을 속이는 것은 실제로 성공 가능하며 따라서 적어도 일부의 사람들은 자기기만에 의해 형성된 믿음들을 가지고 있다.

B: 자기기만이란 선택적이고 편향적인 정보 수집에 의한 믿음 형성이다. 가령 다음과 같은 사례가 자기기만의 전형적인 사례이다. 대부분의 엄마들은 자신의 아이가 머리가 좋다고 생각하는데, 이는 엄마들은 대부분 아이가 머리가 좋기를 희망하기 때문이다. 이 희망에 이끌려 자신도 모르게 아이가 머리가 좋다는 것을 보여 주는 일부 정보들에만 편향적으로 주의를 집중하게 된다. 즉 아이의 지적 우수성을 보여 주는 정보들만 아이 엄마에게 주어지는 것과 같은 일이 의도치 않게 벌어진다. 그리고 그 결과 자연스럽게 아이의 지적 능력에 관해 편향적인 믿음, 즉 자신의 아이가 머리가 좋다는 믿음을 형성하게 된다.

C: 사람은 때로 거짓된 믿음을 가질 수 있다. 예를 들어 대부분의 사람들은 지구가 둥글다고 믿겠지만, 어떤 사람들은 지구가 둥글지 않다고 믿는다. 하지만 그 누구도 지구가 둥글다고 믿으면서 동시에 둥글지 않다고 믿을 수는 없다. 모순된 믿음을 가지는 것은 불가능한 일이기 때문이다.

〈보 기〉

ㄱ. C는 A와 양립 불가능하지만 B와는 양립 가능하다.

ㄴ. 자기 자신의 지적 능력이 남들보다 뛰어나다고 자기기만하는 사람의 사례는 B로는 설명 가능하지만 A로는 그렇지 않다.

ㄷ. 진술 "甲이 乙을 속이려고 할 때, 乙을 속이려는 甲의 의도가 만일 乙에게 알려진다면 乙은 甲에게 속지 않을 것이다"와 "자신의 의도를 자신이 모를 수 없다"가 참이라면, A는 약화된다.

① ㄱ　　　　　② ㄴ　　　　　③ ㄱ, ㄷ
④ ㄴ, ㄷ　　　　⑤ ㄱ, ㄴ, ㄷ

해커스 LEET 김우진 추리논증 기출문제+해설집

25. A~D에 대한 평가로 옳은 것만을 〈보기〉에서 있는 대로 고른 것은?

〈연구 목적〉

X국에서 차량 과속 단속에 걸린 운전자 중 특정 인종의 비율이 높은 것으로 나타났다. 甲은 그러한 현상이 특정 인종이 실제 과속을 많이 하기 때문인지 아니면 경찰이 과속한 차량을 모두 단속하지 않고 인종적 편견에 따라 차별적으로 일부 차량만 단속했기 때문인지 궁금해졌다. 이에 甲은 "경찰이 과속하는 차량들 중 어떤 차는 세워 단속하고 어떤 차는 무시할지를 결정하는 데 운전자의 인종이 중요한 요인으로 작용한다"라는 ㉠ 가설을 세우고 이를 검증하고자 한다.

〈연구 설계〉

甲은 경찰의 과속 단속에서 어떤 인종 차별도 개입하지 않을 때 기대되는 특정 인종 집단에 대한 단속률과 경찰에 의해 실제 단속이 행해진 특정 인종 집단에 대한 단속률을 비교한다. 구체적인 연구 설계는 다음과 같다.

A: 고속도로 요금소를 통과하는 운전자 모집단 중 특정 인종 비율과 고속도로에서 과속으로 경찰에 의해 단속된 운전자들 중 특정 인종의 비율을 비교한다.

B: 주간과 야간의 과속 단속 결과에서 단속된 운전자의 인종별 비율을 비교한다.

C: 경찰의 6개월간 과속 운전자 단속 자료의 인종 분포를 같은 기간 동일한 조건(시간대, 장소 등)에서 甲이 객관적으로 직접 관찰한 과속 운전자의 인종 분포와 비교한다.

D: 관할 구역 거주민 모집단에서 특정 인종이 차지하는 비율과 경찰에 의해 단속된 운전자들 중에서 특정 인종이 차지하는 비율을 비교한다.

〈보 기〉

ㄱ. A는 ㉠의 타당성을 검증하지 못한다.

ㄴ. B를 통해 ㉠의 타당성을 검증하려면, 운전자의 인종을 구별할 수 있는 외양적 특징이 주·야간에 다르게 드러난다는 조건이 충족되어야 한다.

ㄷ. C에서 경찰 단속 결과에 나타난 과속 운전자의 인종 비율과 甲의 관찰 결과에 나타난 과속 운전자의 인종 비율이 유사하다면, 이는 ㉠을 약화한다.

ㄹ. D에서 만약 관할 구역 거주민 모집단 중 특정 인종 비율이 15%이고 단속된 운전자들 가운데 특정 인종 비율이 25%였다면, 이는 ㉠의 타당성을 뒷받침하는 논거가 된다.

---

① ㄱ, ㄹ   ② ㄴ, ㄷ   ③ ㄴ, ㄹ
④ ㄱ, ㄴ, ㄷ   ⑤ ㄱ, ㄷ, ㄹ

---

26. 다음으로부터 추론한 것으로 옳지 <u>않은</u> 것은?

인터넷 신문에 배치되어 있는 배너 광고들의 효과가 크지 않다는 연구 결과가 있다. 이 결과의 가장 근본적인 원인은 배너 광고가 독자들이 수행하고자 하는 과제(인터넷 신문 기사를 읽는 것)와 관련되지 않는 일종의 방해 자극이기 때문이다. 우리의 지각 시스템은 어떤 과제를 보다 잘 수행하기 위해 과제와 관련된 자극의 정보는 더 정교하고 빠르게 처리하는 반면, 관련 없는 자극은 방해 자극으로 간주하여 처리되지 않도록 억제하는데, 이를 주의 통제 기제라고 한다.

하지만 몇몇 연구들에 따르면 방해 자극의 정보도 처리되는 경우가 있다고 한다. 예를 들어 학자 甲은 방해 자극의 선명도에 따라 방해 자극의 정보가 처리되는 정도가 달라지며 그 결과 과제 수행이 영향을 받는다고 주장하였다. 甲은 연구 대상자들로 하여금 빠르게 제시되는 영어 알파벳 안에 숨겨져 있는 두 개의 숫자를 보고하도록 하면서 주변에 방해 자극을 주어 그것이 과제 수행을 방해하는 정도를 측정하였다. 그 결과, 방해 자극이 쉽게 지각될 수 있을 정도로 선명하면 과제 수행에 영향을 끼치지 못하지만, 방해 자극이 쉽게 지각되지 않는 역치하(subliminal) 수준일 때는 과제 수행을 효과적으로 방해하였다.

甲은 이 결과 또한 주의 통제 기제의 작용으로 설명하였다. 방해 자극의 선명도가 높을 경우 방해 자극에 주의가 가게 되어 방해 자극의 정보 처리가 효과적으로 억제됨으로써 과제 수행이 저하되지 않지만, 그 정도로 선명하지 않은 방해 자극인 경우에는 방해 자극에 주의를 기울일 수가 없어서 과제 수행이 저하될 수 있다는 것이다. 한편, 과제의 난이도를 높일수록 선명한 방해 자극의 정보가 처리될 가능성이 높아진다.

① 방해 자극의 지각 정도와 방해 자극이 과제 수행을 방해하는 정도는 역의 상관관계를 보인다.

② 만일 甲의 실험에서 과제의 난이도를 높이면, 선명한 방해 자극은 과제 수행을 방해할 것이다.

③ 방해 자극의 선명도를 매우 높게 해서 아주 쉽게 지각되도록 하면, 그 방해 자극의 정보는 처리될 것이다.

④ 방해 자극이 과제의 수행과 연관성이 높아 보여 방해 자극으로 보이지 않게 되면, 그 방해 자극의 정보는 처리될 것이다.

⑤ 방해 자극의 선명도를 역치하 수준으로 낮게 해도 방해 자극 자체에 의도적으로 주의를 가게 하면, 그 방해 자극의 정보 처리가 억제될 것이다.

27. 〈주장〉에 대한 평가로 옳은 것은?

〈주장〉
A: 지역 간 경제적 격차는 시장 논리에 따라 자연히 완화될 수 있다. 노동이나 자본은 수익률이 높은 곳으로 움직이는데 그 결과 노동이나 자본의 경쟁이 심화되어 수익률이 하락하게 된다. 이러한 경쟁을 방해하는 국가의 개입은 오히려 지역 간 균등화를 방해한다.

B: 지역 간 경제적 격차는 심화되는 경향이 있다. 경제 발전의 핵심은 혁신이다. 혁신은 다양한 인재가 모여 일어난다. 인재는 물리적, 문화적 인프라가 있는 곳에 몰린다. 따라서 자본과 노동은 발전된 곳을 쉽게 떠나려고 하지 않는다. 지역의 인프라를 무시하고 자본과 노동을 이동시키려는 국가 정책은 대부분 실패한다.

C: 지역 간 경제적 격차는 국가의 경제 발전 전략으로 생겨난다. 국가가 정치적 이해관계, 산업 정책 등을 이유로 특정한 발전 전략을 수행하면, 어떤 지역은 특권화되어 발전하나 다른 지역은 소외될 수 있다. 이렇게 해서 생긴 지역 간 격차는 국가가 개입함으로써 해소된다.

〈자료〉
ㄱ. 세세저으로 자본과 노동은 주로 북미, 서유럽, 동북아시아에서 움직인다. 남미와 아프리카는 배제되어 있다. 국내적으로도 자본과 노동은 산업화된 지역에 집중된다. 개별 국가나 지방자치단체의 노력으로 이러한 불균등이 시정된 경우는 거의 없다.

ㄴ. 예술 대학이 근처에 있고 임대료가 저렴하여 창의적인 인재와 산업이 모인 결과 X지역은 소비문화가 번성하고 사람과 돈이 몰려들었다. 그러나 X지역의 성장을 이끌었던 인재와 산업은 높아진 부동산 가격을 견디지 못하고 다른 곳으로 밀려났다. 국가는 그 지역의 쇠퇴를 지연할 수 있었지만 막을 수는 없었다.

ㄷ. 1980년대 Y국 정부는 금융과 서비스 산업 성장을 추진하는 동시에 노동조합의 약화를 꾀했다. 그 결과로 노동조합 근거지의 경제는 상대적으로 침체되고 실업이 크게 증가하였다. 1990년대 후반부터 Y국 정부는 지역 정책을 통해 외국 자본을 유치하여 쇠퇴된 지역의 경제를 회복하려 노력했지만 성공하지 못했다.

① ㄱ은 A를 강화한다.
② ㄱ은 B를 약화하고 C를 강화한다.
③ ㄴ은 B를 강화한다.
④ ㄴ은 A와 C를 강화한다.
⑤ ㄷ은 C를 약화한다.

28. 다음 글에 대한 분석으로 옳은 것만을 〈보기〉에서 있는 대로 고른 것은?

甲, 乙, 丙 세 사람이 상품 A, B, C를 소유한 사회를 고려하자. 세 사람이 각자 현재 소유한 상품과 가장 선호하는 상품은 다음과 같다.

사람	현재 소유한 상품	가장 선호하는 상품
甲	A	C
乙	B	A
丙	C	B

각 사람은 자신이 가장 선호하는 상품을 가질 때까지 다른 사람과 교환하며, 가장 선호하는 상품을 소유하면 더 이상 교환하지 않는다. 각 사람이 가장 선호하는 상품을 갖기 위해 다른 사람과 교환하여 잠시 보유하게 되는 상품은 그 사람에게 교환의 매개 도구 즉 화폐로 사용되는 것이다.

〈보 기〉
ㄱ. 모든 상품이 화폐가 될 수 있다.
ㄴ. 甲이 화폐로 사용할 수 있는 상품은 B뿐이다.
ㄷ. 이 사회에서는 세 번의 교환이 발생할 수 없다.
ㄹ. 상품 A가 화폐로 사용된다면 乙과 丙이 가장 먼저 교환해야 한다.

① ㄱ, ㄴ　　② ㄴ, ㄹ　　③ ㄷ, ㄹ
④ ㄱ, ㄴ, ㄷ　　⑤ ㄱ, ㄷ, ㄹ

29. 〈사실〉을 근거로 〈사례〉를 분석한 것으로 옳은 것만을 〈보기〉에서 있는 대로 고른 것은?

〈사실〉

순보험료란 과거에 발생한 보험금 지급 자료에 근거해 계산한 것으로, 보험사가 약정한 사안의 발생으로 가입자에게 지급하게 될 보험금의 기댓값에 상응하는 보험료를 뜻한다. 이를 기반으로 산정된 보험료 대비 실제 지급된 보험금을 나타내는 손해율은 보험사가 예상한 범위에서 벗어날 수 있다. 특히 과거 자료가 부족한 경우 손해율의 변동성은 커지게 된다.

〈사례〉

X국의 보험통계기관은 최근까지 축적된 각 보험사의 자료를 통합하여 반려동물보험(펫보험)에 대한 순보험료를 계산해 발표했다. 펫보험은 매년 손해율이 들쭉날쭉해 보험사들이 상품 출시에 소극적이었으나, 최근 반려동물 개체 수가 급증하면서 수요가 커졌다. 발표에 따르면 네 살 반려견을 기준으로 연간 25만 원의 순보험료라면 건수 상관없이 동물병원에서 총 200만 원 한도의 치료를 받을 수 있다고 한다. 반려묘에 대해 같은 수준의 보장을 받으려면 연간 20만 원의 순보험료가 필요한 것으로 계산되었다. ㉠ 반려동물 주인이 치료 비용의 일정 비율을 보험으로 보장받고 나머지는 본인이 부담하는 보험 상품이 출시될 수도 있다. 예를 들어 보장률이 70%인 상품이면 30%는 반려동물 주인이 부담한다. ㉡ 반려동물 주인이 일정 금액까지 치료비를 우선적으로 부담하고 나머지를 보험금으로 전액 충당하는 보험 상품도 나올 것으로 전망된다.

〈보 기〉

ㄱ. 반려묘의 보험금 수령 건수는 네 살 반려견의 보험금 수령 건수의 80%이다.

ㄴ. 보험통계기관의 순보험료 발표로 개별 보험사의 펫보험 손해율의 변동성이 작아질 것으로 기대된다.

ㄷ. ㉡에 가입하면 ㉠에 비해 진료비가 비싸질수록 진료비에 대한 보험 가입자의 부담이 커진다.

① ㄱ 　　　　② ㄴ 　　　　③ ㄱ, ㄷ
④ ㄴ, ㄷ 　　　⑤ ㄱ, ㄴ, ㄷ

30. 다음 글에 대한 분석으로 옳은 것만을 〈보기〉에서 있는 대로 고른 것은?

이동통신 사업자들이 서로 경쟁하는 수단에는 단말기 보조금(이하 보조금이라 한다)과 통신 서비스 요금(이하 요금이라 한다)이 있다. 현재 정부는 이동통신 사업자들이 설정된 상한을 넘겨 보조금을 지급하지 못하도록 보조금상한제를 실시하고 있다. 보조금상한제가 요금 인하에 미치는 영향에 대해 다음과 같은 논쟁이 있다.

甲: 사업자들은 통신 서비스 가입자를 유치하는 경쟁에서 높은 보조금을 이용한다. 보조금이 높으면 소비자가 더 쉽게 사업자를 전환할 수 있기 때문이다. 그런데 높은 보조금에 끌려 소비자가 통신 사업자를 전환할지 고려하다 보면 요금에 대한 소비자의 반응도 더 민감해질 수 있다. 그 결과 사업자 간 요금 경쟁이 더욱 활발해질 것이다.

乙: 경쟁이 보조금과 요금 중 어느 하나에 집중되면 다른 하나의 경쟁은 약화된다. 또한 한 영역의 경쟁을 제한하면 경쟁은 다른 쪽으로 옮겨 간다. 보조금 경쟁이 과열될수록 요금 경쟁이 약화될 것이므로, 정부가 법으로써 보조금 수준을 제한하면 요금 경쟁이 활성화되어 요금이 낮아질 것이다.

丙: 더 많은 가입자를 유치하기 위해 높은 보조금을 지급하는 것이 사업자에게는 전반적인 비용 상승 요인이 된다. 이를 보전하기 위해 요금은 높아질 것이다.

〈보 기〉

ㄱ. 보조금상한제 시행 후 소비자가 통신 사업자를 전환하는 비율이 증가했다는 사실은 甲의 주장을 강화한다.

ㄴ. 乙의 주장은 정부가 요금 인하를 위해 보조금상한을 낮추는 정책의 근거가 될 수 있다.

ㄷ. 요금 인하 효과의 측면에서 甲은 보조금상한제를 반대하고 丙은 찬성할 것이다.

① ㄱ 　　　　② ㄴ 　　　　③ ㄱ, ㄷ
④ ㄴ, ㄷ 　　　⑤ ㄱ, ㄴ, ㄷ

31. 〈성적 산출 기준〉으로부터 추론한 것으로 옳지 <u>않은</u> 것은?

> 어떤 교수가 수업 시간에 문제 1과 문제 2의 두 문제로 구성된 쪽지 시험을 실시하고 그 채점 결과로 성적을 산출한다. 각 문제의 채점 결과는 정답, 오답, 무답 중 하나만 가능하다. 정답, 오답, 무답에 따른 다음의 〈성적 산출 기준〉을 반영하여 각 학생에게 A, B, C, D 중 하나의 성적을 부여하고자 한다.
>
> 〈성적 산출 기준〉
> ○ 문제 1과 문제 2의 채점 결과가 모두 정답이면 A를 부여한다.
> ○ 문제 1의 채점 결과가 정답이 아니고 문제 2의 채점 결과도 정답이 아닌 경우 D를 부여한다. 단, 이때 문제 1과 문제 2의 채점 결과 중 적어도 하나가 무답이 아니면 풀이 내용에 따라 C를 부여할 수도 있다.

① 甲이 C를 받을 가능성이 없다면 B를 받을 수 없다.
② 乙이 두 문제 모두 무답으로 제출한 경우 반드시 D를 받는다.
③ 丙이 B를 받았다면 두 문제의 채점 결과 중 반드시 어느 한 쪽이 정답이어야 한다.
④ 丁의 답안지에서 문제 1의 채점 결과가 오답, 문제 2의 채점 결과가 정답이면 C를 받을 수 없다.
⑤ 戊가 문제 2를 무답으로 제출한 경우, 문제 1의 채점 결과가 정답이 아닌 한 B를 받을 수 없다.

32. 다음으로부터 추론한 것으로 옳지 <u>않은</u> 것은?

> 네 명의 피의자 甲, 乙, 丙, 丁은 다음과 같이 진술하였다. 단, 이 네 명 이외에 범인이 존재할 가능성은 없다.
>
> 甲: 丙이 범인이다.
> 乙: 나는 범인이 아니다.
> 丙: 丁이 범인이다.
> 丁: 丙의 진술은 거짓이다.

① 범인이 두 명이면 범인 중 적어도 한 명의 진술은 거짓이다.
② 거짓인 진술을 한 사람이 세 명이면 乙은 범인이다.
③ 범인이 세 명이면 두 명 이상의 진술이 거짓이다.
④ 丙과 丁 중에 적어도 한 명의 진술은 거짓이다.
⑤ 乙이 범인이 아니면 두 명 이상의 진술이 참이다.

33. 다음으로부터 추론한 것으로 옳은 것은?

어떤 교수가 피아노 연주회에서 자신이 지도하는 6명의 학생 甲, 乙, 丙, 丁, 戊, 己의 연주 순서를 정하는 데 다음 〈조건〉을 적용하고자 한다.

〈조건〉
○ 각자 한 번만 연주하며 두 명 이상이 동시에 연주할 수 없다.
○ 丙은 戊보다 먼저 연주해야 한다.
○ 丁은 甲과 乙보다 먼저 연주해야 한다.
○ 戊는 甲 직전 또는 직후에 연주해야 한다.
○ 己는 乙 직전에 연주해야 한다.

① 甲이 己 직전에 연주하면 丙과 丁의 순서가 결정된다.
② 乙이 丙 직전에 연주하면 甲과 戊의 순서가 결정된다.
③ 丙이 戊 직전에 연주하면 甲과 乙의 순서가 결정된다.
④ 丁이 甲 직전에 연주하면 丙과 己의 순서가 결정된다.
⑤ 戊가 己 직전에 연주하면 丙과 丁의 순서가 결정된다.

34. 다음으로부터 평가한 것으로 옳은 것만을 〈보기〉에서 있는 대로 고른 것은?

A이론은 과학적 연구가 가능하기 위해서는 '중력'과 같은 과학 용어의 정확한 의미, 즉 개념이 먼저 정의되어야 한다고 주장한다. "개념부터 정의해야 한다"가 이들의 핵심 구호이다. 그러나 甲은 다음 두 가지 이유에서 A이론은 과학의 실제 모습과 충돌한다고 비판한다.

첫째, A이론이 참이라면 과학자들은 과학 연구에 앞서 과학 용어의 완벽한 정의를 먼저 추구할 것이다. 하지만 실제 과학자들은 세계를 연구하기 전에 어떤 용어를 어떻게 정의할 것인지 거의 논쟁하지 않는다. 예를 들어 대학의 생물학과나 생물학 연구소에서는 '생명'의 정의를 논의하지 않으며, 생물학자들은 자신들의 연구가 정확한 정의의 부재 때문에 방해받는다고 생각하지 않는다. 과학 용어의 의미는 용어의 정의에 의해 주어지는 것이 아니라 자료와 이론의 상호 작용에 의해 주어지기 때문이다.

둘째, 실제 과학에서 용어의 정의는 연구가 진행됨에 따라 끊임없이 변화한다. 뉴턴 역학에서 중력은 질량을 가진 두 물체 사이의 잡아당기는 힘으로 정의되었으나, 아인슈타인의 일반상대성 이론에서 중력 개념은 뒤틀려 있는 시공간의 기하학적 구조의 발현으로 사용된다. A이론은 과학의 발전에 따른 이러한 변화를 제대로 해명하지 못한다.

〈보 기〉
ㄱ. 과학의 역사에서 결정적인 실험은 그 실험의 배경 이론에 포함된 용어의 정의보다 앞서 실행된 경우가 많다는 사실은 A이론을 약화한다.
ㄴ. 개념에 대한 정의를 내리는 활동과 그 개념에 관련된 과학 연구 활동은 원칙적으로 구별될 수 없다는 사실은 A이론을 강화한다.
ㄷ. 과학자들이 '중력'의 개념을 뉴턴 역학뿐만 아니라 일반상대성 이론에서의 개념과도 다르게 사용한다면 甲의 주장은 약화된다.

① ㄱ   ② ㄴ   ③ ㄱ, ㄷ
④ ㄴ, ㄷ   ⑤ ㄱ, ㄴ, ㄷ

35. 다음으로부터 추론한 것으로 옳은 것은?

어떤 데이터를 사전에 성공적으로 예측한 가설과 그 데이터를 사후에 설명하기 위해 도입된 가설이 있다고 하자. 이 데이터가 두 가설들을 입증했다고 말할 수 있을까? 입증에 관한 〈이론〉은 다음과 같이 대답한다.

〈이론〉

가설은 시험을 통과함으로써만 입증 정도가 높아지며, 통과하지 못함으로써만 입증 정도가 낮아진다. 그리고 가설은 예측 성공이나 실패를 통해서만 시험을 통과하거나 통과하지 못한다. 예측의 경우 가설이 먼저 만들어져 앞으로 어떤 일이 일어날지를 이야기하기에 실제로는 그런 일이 일어나지 않았음이 밝혀질 위험을 감수한다. 그러나 사후 설명은 그런 위험을 전혀 감수하지 않는다. 사후 설명의 절차를 통해서는 가설이 틀렸음이 밝혀질 수 없는데, 왜냐하면 그 가설은 애초부터 알려진 자료와 일치하도록 구성되었기 때문이다.

〈사례〉

지난 99일간의 날씨에 대해 甲은 강우 현상에 관한 과학적 이론인 A가설에 따라 매번 그다음 날에 비가 올지 안 올지에 대해 예측하였고, 그러한 甲의 예측은 매번 성공적이었다. 甲이 예측에 성공한 99번의 강우 현상들을 C증거라고 부르자. 이제 甲은 99일째인 오늘 A가설에 따라 내일 비가 온다고 예측한다. 甲과 달리 乙은 내일 비가 오지 않는다고 예측한다. 乙의 예측은 강우 현상에 관한 또 다른 과학적 이론인 B가설에 따른 것이다. 그런데 이 가설은 지난 99일의 날씨가 관측된 이후에 만들어졌다. 따라서 이 가설은 99일 시점까지 어떤 예측도 한 적이 없고, 이에 당연히 예측에 성공한 적도 없다. 그러나 B가설은 C증거에 대한 좋은 설명을 제시한다. C증거는 甲의 A가설과 乙의 B가설을 비교할 수 있는 경험적 증거의 전부이다.

① 두 가설이 같은 증거들을 가지고 있다면 그 가설들이 내놓는 예측은 서로 다를 수 없다.
② 〈이론〉에 따르면, 100일째에 비가 오지 않았다는 증거는 A가설의 입증 정도에 영향을 주지 않는다.
③ 〈이론〉에 따르면, 100일째에 비가 오지 않았다고 하더라도 B가설의 입증 정도는 올라가지 않는다.
④ 〈이론〉에 따르면, 99일째의 시점에서 볼 때 B가설은 입증되기는 하였으나 그 정도는 A가설보다 낮다.
⑤ 〈이론〉에 따르면, B가설이 아직 구성되지 않은 어떤 시점에서 A가설은 이미 어느 정도 입증되었다.

36. 다음으로부터 평가한 것으로 옳은 것만을 〈보기〉에서 있는 대로 고른 것은?

특정 병인에 의하여 발생하고 원인과 결과가 명확히 대응하는 '특이성 질환'과 달리, '비특이성 질환'은 그 질환의 발생 원인과 기전이 복잡하고 다양하며, 유전·체질 등 선천적 요인 및 개인의 생활 습관, 직업적·환경적 요인 등 후천적 요인이 복합적으로 작용하여 발생하는 질환이다.

역학조사를 통해 어떤 사람에게서 특정 위험인자와 비특이성 질환 사이에 역학적 상관관계가 인정된다고 하자. 이러한 경우 비특이성 질환의 원인을 밝히기 위해서는 추가적으로 그 위험인자에 노출된 집단과 노출되지 않은 다른 일반 집단을 대조하여 역학조사를 해야 한다. 그뿐만 아니라, 그 집단에 속한 개인이 위험인자에 노출된 시기와 정도, 발병 시기, 그 위험인자에 노출되기 전의 건강 상태, 생활 습관 등을 면밀히 살펴 특정 위험인자에 의하여 그 비특이성 질환이 유발되었을 개연성을 확실히 증명하여야 한다.

폐암은 비특이성 질환이다. 폐암은 조직형에 따라 크게 소세포암과 비소세포암으로 나뉜다. 비소세포암은 특정한 유형의 암을 지칭하는 것이 아니라 소세포암이 아닌 모든 유형의 암을 통틀어 지칭하는 것이다. 여기에는 흡연과 관련성이 전혀 없거나 현저하게 낮은 유형의 폐암도 포함되어 있다. 의학계에서는 일반적으로 흡연과 관련성이 높은 폐암은 소세포암이고, 비소세포암 중에서는 편평세포암과 선암이 흡연과 관련성이 높다고 보고하고 있다. 세기관지 폐포세포암은 선암의 일종이지만 결핵, 폐렴, 바이러스, 대기 오염 물질 등에 의해 발생한다는 보고가 있으며 흡연과의 관련성이 현저히 낮다고 알려져 있다.

〈사례〉

甲은 30년의 흡연력을 가지고 있으며 최근 폐암 진단을 받았다. 甲은 하루에 한 갑씩 담배를 피웠고, 이 때문에 폐암이 발생하였다고 주장하며 자신이 피우던 담배의 제조사 P를 상대로 소송을 제기하였다. 하지만 P는 甲의 폐암은 흡연에 의해 유발되었을 개연성이 낮다고 주장하였다.

─〈보 기〉─

ㄱ. 흡연에 노출되지 않은 집단에서 폐암이 발병할 확률이 甲이 포함된 흡연자 집단에서 폐암이 발병할 확률보다 낮은 것으로 확인되었다면 P의 주장이 강화된다.
ㄴ. 甲의 부친은 만성 폐렴으로 오랫동안 고생한 후 폐암으로 사망하였으며 甲 또한 청년기부터 폐렴을 앓아 왔고 조직검사 결과 甲의 폐암은 비소세포암으로 판명되었다면 P의 주장이 약화된다.
ㄷ. 조직검사 결과 甲의 폐암이 소세포암으로 판명되었다면 甲의 주장이 강화된다.

① ㄱ   ② ㄷ   ③ ㄱ, ㄴ
④ ㄴ, ㄷ   ⑤ ㄱ, ㄴ, ㄷ

37. ⊙과 ⓒ에 대한 판단으로 옳은 것만을 〈보기〉에서 있는 대로 고른 것은?

의태란 한 종의 생물이 다른 종의 생물과 유사한 형태를 띠는 것이다. 의태 중에서 가장 잘 알려진 것 중 하나는 베이츠 의태로, 이는 독이 없는 의태자가 독이 있는 모델과 유사한 경고색 혹은 형태를 가짐으로써 포식자에게 잡아먹히는 것을 피하는 것이다. 서로 형태가 유사하지만 독성이 서로 다른 2종의 모델, 즉 약한 독성을 가진 모델 A와 강한 독성을 가진 모델 B가 동시에 존재하는 경우에 의태자 C가 어떻게 의태할지에 대해서는 여러 가지 가설이 제시되었다. 그중 ⊙C가 A보다 B의 형태로 진화하는 것이 생존에 유리하다는 가설이 지배적이었다.

하지만 최근에 '자극의 일반화'라는 현상을 기반으로 ⓒC가 B보다 A의 형태로 진화하는 것이 생존에 유리할 것이라는 가설이 제시되었다. 자극의 일반화란 자신에게 좋지 않은 약한 자극에 노출된 경우에는 포식자가 이후에 이와 동일한 자극만 회피하려고 하지만, 자신에게 좋지 않은 강력한 자극에 노출된 경우에는 포식자가 이후에 이 자극과 동일 종류의 자극뿐 아니라 유사한 종류의 자극도 회피하려고 한다는 것이다. 이로 인해 C가 A를 의태할 경우에는 A 또는 B에 대한 학습 경험이 있는 포식자 모두로부터 잡아먹히지 않지만, B를 의태할 경우에는 B에 대한 학습 경험만 있는 포식자로부터만 잡아먹히지 않는다는 것이다.

〈보 기〉

ㄱ. 독에 대한 경험이 없던 닭들이 개구리의 형태로 독성을 판단하여 강한 독을 가진 개구리는 잡아먹으려고 시도하지 않지만 약한 독을 가진 개구리는 잡아먹으려고 시도한다는 사실은 ⊙을 강화하고, ⓒ을 약화한다.

ㄴ. 독에 대한 경험이 없던 닭들 중 강한 독이 있는 나방을 잡아먹은 닭들은 모두 죽었으나, 약한 독이 있는 나방을 잡아먹은 닭들은 죽지 않고 이후에 약한 독이 있는 나방과 동일하게 생긴 독이 없는 나방을 잡아먹지 않으려고 한다는 사실은 ⊙과 ⓒ 모두를 약화한다.

ㄷ. 독에 대한 경험이 없던 닭들이 아주 강력한 독이 있는 나방을 잡아먹은 이후에 이와 유사하게 생긴 독이 없는 나방은 잡아먹으려 하지 않지만, 전혀 다르게 생긴 독이 있는 개구리는 잡아먹으려고 시도한다는 사실은 ⓒ을 약화한다.

① ㄱ ② ㄷ ③ ㄱ, ㄴ
④ ㄴ, ㄷ ⑤ ㄱ, ㄴ, ㄷ

38. 〈실험〉에 대한 평가로 옳은 것만을 〈보기〉에서 있는 대로 고른 것은?

췌장은 고농도의 중탄산 이온(HCO_3^-)을 분비하여 위산을 중화시킨다. 췌장의 고농도 HCO_3^- 분비 기전을 알기 위해, 실험으로 다음 가설을 평가하였다.

〈가설〉

췌장에 존재하는 CFTR는 염소 이온(Cl^-)을 수송하는 이온 통로이나 특정 조건에서는 HCO_3^-도 수송한다. 췌장 세포에는 A단백질과 B단백질이 존재하는데, 세포 내 Cl^- 농도가 변화하면 CFTR와 직접 결합하여 CFTR의 기능을 변화시킨다.

〈실험〉

A단백질과 B단백질을 발현시키는 유전자를 제거한 췌장 세포를 이용하여 CFTR를 통해 이동하는 이온의 종류를 실시간으로 측정해 보았다. 이 세포에 A단백질, B단백질을 각각 또는 동시에 세포 내로 주입한 뒤 세포 내 Cl^- 농도 변화에 따라 CFTR를 통해 이동하는 이온 종류가 어떻게 변화하는지 시간별로 측정하고 이를 A단백질, B단백질을 주입하지 않은 경우와 비교하였다. 단, 췌장에는 A단백질, B단백질 외에 CFTR의 기능을 변화시킬 수 있는 단백질은 없다고 가정한다.

〈결과〉

세포 내 Cl^- 농도	A 단백질	B 단백질	수송되는 이온 종류		
			1분 후	5분 후	10분 후
낮음	X	X	Cl^-	Cl^-	Cl^-
높음	X	X	Cl^-	Cl^-	Cl^-
낮음	O	X	HCO_3^-	Cl^-, HCO_3^-	Cl^-
높음	O	X	Cl^-	Cl^-	Cl^-
낮음	X	O	Cl^-	Cl^-	Cl^-
높음	X	O	Cl^-	Cl^-	Cl^-
낮음	O	O	HCO_3^-	HCO_3^-	HCO_3^-
높음	O	O	Cl^-	Cl^-	Cl^-

O: 있음, X: 없음

〈보 기〉

ㄱ. CFTR의 기능이 Cl^- 수송에서 HCO_3^- 수송으로 전환되는 데 A단백질이 있어야 한다.

ㄴ. 세포 내 Cl^- 농도는 A단백질이 CFTR의 기능을 변화시키는 데 중요한 변수이다.

ㄷ. 세포 내 Cl^- 농도가 낮은 상황에서 A단백질이 존재할 때, B단백질은 CFTR의 HCO_3^- 수송 기능을 유지하는 데 중요하다.

① ㄱ ② ㄷ ③ ㄱ, ㄴ
④ ㄴ, ㄷ ⑤ ㄱ, ㄴ, ㄷ

39. 다음으로부터 추론한 것으로 옳은 것만을 〈보기〉에서 있는 대로 고른 것은?

단백질의 전하량은 각 단백질에 고유한 단백질의 pI와 이 단백질이 들어 있는 완충용액의 pH에 따라 결정된다. 단백질의 pI는 단백질의 전하량이 0이 되도록 하는 완충용액의 pH를 측정함으로써 알 수 있다. 완충용액의 pH가 단백질의 pI보다 낮아질수록 단백질은 양전하를 더 많이 가지게 되고, 높아질수록 음전하를 너 많이 가시게 된다.

이온교환 크로마토그래피는 단백질의 전하량 차이를 이용하여 단백질을 분리하는 방법이다. 이는 음전하를 가진 양이온교환수지를 사용하는 양이온교환 크로마토그래피와 양전하를 가진 음이온교환수지를 사용하는 음이온교환 크로마토그래피로 구분된다. 이온교환 크로마토그래피로 단백질을 분리하기 위해서는, 먼저 적절한 pH의 완충용액을 이용하여 분리하고자 하는 단백질을 이 단백질과 상반되는 전하를 가진 이온교환수지에 결합시키고 이온교환수지와 결합하지 않은 단백질은 씻어 낸다. 이후 완충용액 속의 NaCl 농도를 증가시키면 Na^+ 혹은 Cl^-가 이온교환수지에 결합해 있는 단백질과 교환됨으로써 단백질이 흘러나오게 된다. 단백질이 가진 전하량이 클수록 이온교환수지와의 결합력이 강해지기 때문에, 더 큰 전하량을 가진 단백질이 더 높은 농도의 NaCl에서 흘러나오게 된다.

─────〈보 기〉─────

ㄱ. pI가 7인 단백질은 pH8인 완충용액에서 양이온교환수지보다 음이온교환수지와 더 잘 결합한다.

ㄴ. pI가 9인 단백질은 pH7인 완충용액보다 pH8인 완충용액에서 양이온교환수지와 더 잘 결합한다.

ㄷ. pH8인 완충용액을 이용하여 pI가 6인 단백질과 pI가 7인 단백질을 분리하고자 할 경우, 음이온교환 크로마토그래피보다 양이온교환 크로마토그래피를 사용하면 이 두 단백질을 서로 더 잘 분리할 수 있다.

① ㄱ　　　　② ㄷ　　　　③ ㄱ, ㄴ
④ ㄴ, ㄷ　　　　⑤ ㄱ, ㄴ, ㄷ

40. 다음으로부터 추론한 것으로 옳은 것만을 〈보기〉에서 있는 대로 고른 것은?

갈바니 전지는 금속의 물리화학적 변화를 이용하여 전자를 이동시킴으로써 전기를 생산한다. 예컨대 황산아연 수용액에 들어 있는 아연 전극과 황산구리 수용액에 들어 있는 구리 전극을 이용할 경우, 아연 전극에서는 금속 아연(Zn)이 전자를 잃어 아연이온(Zn^{2+})으로 변하는 산화 반응이 일어나서 아연 전극의 질량이 감소하고, 구리 전극에서는 구리 이온(Cu^{2+})이 선사를 얻어 금속 구리(Cu)로 변하는 환원 반응이 일어나서 구리 전극의 질량이 증가한다.

각 전극에서 일어나는 반응은 '표준환원전위'를 이용하면 알 수 있는데, 이 값이 큰 물질일수록 그 물질은 환원되려는 경향이 크다. $Zn^{2+} \rightleftharpoons Zn$의 표준환원전위는 $-0.76V$이고, $Cu^{2+} \rightleftharpoons Cu$의 표준환원전위는 $+0.34V$이므로 위와 같은 반응이 일어난다.

표준 조건에서 전지를 구성하는 두 전극의 전위차를 '표준전지전위'라 하며, 이 값은 환원 전극의 표준환원전위 값에서 산화 전극의 표준환원전위 값을 빼서 얻는다. 따라서 구리-아연 전지의 표준전지전위는 1.10V가 된다.

표준 조건에서 금속 A, B, C, D를 이용하여 다양한 종류의 갈바니 전지를 구성했을 때, 다음과 같은 사실이 알려졌다. 단, 각 전극에서 각 금속 원자 및 이온이 잃거나 얻는 전자의 수는 동일하다.

○A~D에 대한 금속이온 $\rightleftharpoons$ 금속의 표준환원전위는 모두 $+1.20V$ 이하이다.

○A에 대한 금속이온 $\rightleftharpoons$ 금속의 표준환원전위는 $+0.92V$이다.

○C와 A를 이용한 전지에서 환원 반응은 C전극에서 일어났다.

○A와 B를 이용한 전지에서 양쪽 전극의 전위차는 1.05V이다.

○C와 D를 이용한 전지에서 양쪽 전극의 전위차는 1.95V이다.

─────〈보 기〉─────

ㄱ. D전극의 질량이 증가하는 갈바니 전지 구성이 적어도 하나 존재한다.

ㄴ. 가장 큰 표준전지전위를 갖는 갈바니 전지는 C와 D로 만든 전지이다.

ㄷ. A와 C를 이용한 전지의 표준전지전위는 B와 D를 이용한 전지의 표준전지전위보다 크다.

① ㄱ　　　　② ㄴ　　　　③ ㄱ, ㄷ
④ ㄴ, ㄷ　　　　⑤ ㄱ, ㄴ, ㄷ

정답 및 해설 p.30

2019학년도 기출문제

☑ 문제풀이 시작과 종료 시각을 정한 후, 실전처럼 기출문제를 풀어보세요.

___ 시 ___ 분 ~ ___ 시 ___ 분(총 40문항 / 125분)

01. 다음으로부터 추론한 것으로 옳은 것만을 〈보기〉에서 있는 대로 고른 것은?

국가는 국민의 기본권을 보장할 의무가 있다. 이를 위하여 국가는 입법·사법·행정의 활동을 행한다. 그중 행정은 법률에 근거해서 국민의 기본권을 적극적으로 실현하고, 때로는 다수 국민의 안전, 질서 유지, 공공복리를 위하여 국민의 권리를 제한하기도 한다. 그러나 원칙적으로 행정의 역할은 국민의 기본권을 실현하는 것이므로, 여하한 이유로 국민의 기본권을 제한함에 있어서는 선행 조건을 갖춰야 한다. 즉 행정으로 인하여 직접적으로 기본권을 제한받는 당사자 본인에게는 사전에 그 행정이 필요한 이유와 내용 및 근거를 알려야 한다.

행정은 다양하고 복합적인 형태로 이루어진다. 행정은 한 개인에게 권리를 갖게 하거나 권리를 제한하기도 하고, 한 개인을 대상으로 권리를 갖게 하는 동시에 일정 권리를 제한하기도 한다. 또한 행정은 국민 사이에 이해관계의 대립을 초래하기도 한다. 예컨대 신발회사가 공장설치 허가를 신청하고 행정청이 허가하는 경우에, 회사 측과 공장이 설치되는 인근 지역의 주민들은 대립할 수 있다. 회사는 공장설치 허가를 통해 영업의 자유라는 기본권을 실현하게 되는 반면, 주민들 입장에서는 환경권·건강권 등의 침해를 주장할 수 있다. 이러한 경우에도 행정 활동을 함에 있어 갖춰야 할 선행 조건은 엄격하게 요구된다.

〈보 기〉

ㄱ. 주유소 운영자 갑에게 주유소와 접하는 도로의 일부에 대해 행정청으로부터 점용 허가 처분과 점용료 납부 명령이 예정된 경우, 행정청은 사전에 갑에게 점용 허가 처분 및 점용료 납부 명령 각각의 이유와 내용 및 근거를 알려야 한다.

ㄴ. 행정청이 을 법인에게 원자로시설부지의 사전승인을 할 때 환경권·건강권의 침해를 직접 받게 되는 인근 주민 병이 있는 경우, 행정청은 원자로시설부지의 사전승인에 앞서 병에게 그 사전승인의 이유와 내용 및 근거를 알려야 하지만, 을 법인에게는 사전승인에 앞서 알릴 필요가 없다.

ㄷ. 대리운전기사 정이 음주운전으로 적발되어 행정청이 정의 운전면허를 취소하려는 경우, 행정청은 사전에 정과 그 가족에게 운전면허취소의 이유와 내용 및 근거를 알려야 한다.

① ㄱ   ② ㄴ   ③ ㄱ, ㄷ
④ ㄴ, ㄷ   ⑤ ㄱ, ㄴ, ㄷ

02. 다음 논쟁에 대한 평가로 적절한 것만을 〈보기〉에서 있는 대로 고른 것은?

A국은 마약류(마약·향정신성의약품 및 대마를 통칭함)로 인한 사회적 폐해를 방지하기 위하여 마약류의 제조 및 판매에 관한 '유통범죄'뿐 아니라 마약류의 단순 '사용범죄'까지도 형벌을 부과하는 정책을 시행하고 있다.

갑과 을은 이러한 자국의 마약류 정책에 대하여 다음과 같은 논쟁을 벌였다.

갑1: B국을 여행했는데 B국은 대마초 흡연이 합법이라 깜짝 놀랐어. 대마초의 성분은 중추신경에 영향을 주어 기분을 좋게 하고, 일단 이를 접한 사람은 끊을 수 없게 만드는 중독성이 있잖아. 이러한 폐해를 야기하는 대마초 흡연은 처벌하는 것이 맞아.

을1: 어떤 개인이 자신에게만 피해를 주는 행위를 했다는 이유로 처벌을 받아야 한다는 것이 이해가 되지 않아. 인간은 타인에게 피해를 주지 않는 한 자신의 생명과 신체, 건강에 대해서 스스로 결정할 자기 결정권을 가지고 있는데 그 권리 행사를 처벌하는 것은 최후의 수단이 되어야 할 형벌의 역할에 맞지 않아.

갑2: 그건 아니지. 마약을 사용하는 것은 스스로를 해치는 행위이기도 하지만, 마약을 사용한 상태에서는 살인, 강간 등의 다른 범죄를 저지를 가능성이 높아져. 타인에게 위해를 가할 위험성을 방지하기 위한 형벌은 필요해.

을2: 그 위험성을 인정하더라도 그런 행위는 타인을 위해할 목적으로 일어난 것이 아니라 중독 상태에서 발생하는 것이잖아. 중독은 치료와 예방의 대상이지 처벌의 대상이어서는 안 된다고 생각해.

갑3: 중독은 사회 전체의 건전한 근로 의식을 저해하기 때문에 공공복리를 위해서라도 형벌로 예방할 필요가 있어.

〈보 기〉

ㄱ. 전쟁 중 병역 기피 목적으로 자신의 신체를 손상한 사람을 병역법 위반으로 형사처벌하는 A국 정책이 타당성을 인정받는다면 을1의 주장은 약화된다.

ㄴ. 자해행위에 대한 형사처벌은 그 행위가 타인에게 직접 위해를 가하는 경우에만 정당화될 수 있고 위해의 가능성만으로 정당화되어서는 안 된다는 견해가 타당성을 인정받는다면 갑2의 주장은 약화된다.

ㄷ. 인터넷 중독과 관련하여 예방교육과 홍보활동을 강조하며 형벌을 가하지 않는 A국 정책이 타당성을 인정받는다면 을2의 주장은 약화된다.

① ㄴ   ② ㄷ   ③ ㄱ, ㄴ
④ ㄱ, ㄷ   ⑤ ㄱ, ㄴ, ㄷ

03. 〈논쟁〉에 대한 분석으로 옳은 것만을 〈보기〉에서 있는 대로 고른 것은?

〈X법〉

제1조(형벌) 형벌은 경중(輕重)에 따라 태형, 장형, 유배형, 교형, 참형의 5등급으로 한다.

제2조(속죄금) 70세 이상이거나 15세 이하인 자가 유배형 이하에 해당하는 죄를 지으면 속죄금만을 징수한다.

제3조(감경) 형벌에 대한 감경의 횟수는 제한하지 않는다.

제4조(밀매) 외국에 금지 물품을 몰래 판매한 자는 장형에 처하고, 금지 물품이 금, 은, 기타 보석 및 무기 등인 경우에는 교형에 처한다.

〈논쟁〉

신하 A: 중국 사신과 동행하던 71세 장사신이 은 10냥을 소지하고 있다가 압록강을 건너기 직전에 적발되었습니다. 최근 중국에 은을 팔면 몇 배의 시세 차익을 얻을 수 있기 때문에 이러한 행위가 만연하고 있습니다. 몰래 소지한 것은 몰래 판매한 것과 다르지 않습니다. ㉠장사신을 교형으로 처벌해야 합니다.

신하 B: 은 10냥을 몰래 소지하고 강을 건너는 것은 판매를 위해 준비하는 것일 뿐입니다. 역적을 처벌하는 모반죄(謀叛罪)는 모반을 준비하는 자에 대해서 형벌을 감경하여 처벌하는 규정을 두고 있기 때문에 모반의 준비 행위를 처벌할 수 있지만, 밀매죄는 이러한 규정을 두고 있지 않습니다. 법이 이와 같다면 장사신을 교형에 처할 수는 없습니다. 다만 사안에 대한 규정이 없더라도, ㉡사안에 들어맞는 유사한 사례를 다룬 판결이 있다면 그 판결을 유추해서 적용해야 할 것입니다.

신하 C: 이전 판결을 유추해서 적용하는 것은 유사한지 여부를 판단해야 하는 문제가 발생하니, 차라리 '금지 물품을 몰래 소지하고 외국으로 가다가 국경을 넘기 전에 적발된 자는 밀매죄의 형에서 1단계 감경한다'는 규정을 신설하여 처벌하는 것이 옳습니다.

국 왕: 신하 C가 말한 대로 규정을 추가로 신설하여 이를 장사신에게 적용하라.

―――――――――〈보 기〉―――――――――

ㄱ. '범죄를 준비한 자를 처벌하기 위해서는 법에 정한 바가 있어야 한다'는 논거에 의하면, ㉠은 약화된다.

ㄴ. 모반을 도운 자를 모반을 행한 자와 같이 모반죄로 처벌한 판결은 ㉡에 해당된다.

ㄷ. 국왕의 명령에 의하면, 장사신은 유배형에 처해진다.

① ㄱ   ② ㄴ   ③ ㄱ, ㄷ
④ ㄴ, ㄷ   ⑤ ㄱ, ㄴ, ㄷ

04. 다음 글에 대한 분석으로 옳은 것만을 〈보기〉에서 있는 대로 고른 것은?

A는 B가 뒤따라오고 있다는 것을 알면서도 출입문을 세게 닫아 B의 손가락이 절단되는 사건이 발생하였다. A가 B의 손가락을 절단하려 했는지가 밝혀지지 않은 상황에서, 갑, 을, 병은 A를 상해죄로 처벌할 수 있는지에 대해서 대화를 나누고 있다.

갑: B의 손가락이 절단된 결과에 대해서 A를 처벌할 수는 없어. A는 자신의 행위로 인해 B의 손가락이 잘리는 것까지 의도한 것은 아니니까. A가 자신의 행위로 인해 B의 손가락이 잘리는 것까지 의도했을 때만 처벌해야지.

을: A에게 B의 손가락을 절단하려는 의도는 없었어. 하지만 A는 어쨌든 자신의 행위가 B의 손가락을 절단할 수도 있다는 것을 몰랐을 리 없어. A는 B의 손가락이 절단된 결과에 대해서 처벌을 받아야 해.

병: A가 자신의 행동으로 인해 B의 손가락이 절단될 수도 있다는 것을 알고 있었다고 인정하지는 못하겠어. 그래도 A는 B의 손가락이 절단된 결과에 대해서 처벌을 받아야 해. 어쨌든 A는 B의 신체에 조금이라도 해를 입힐 의도는 있었으니까.

―――――――――〈보 기〉―――――――――

ㄱ. 갑과 을은 A의 처벌 여부에 대해서는 다른 의견이나, A의 의도에 대해서는 같은 의견이다.

ㄴ. 을과 병은 A의 처벌 여부에 대해서는 같은 의견이나, A의 인식에 대해서는 다른 의견이다.

ㄷ. 갑의 견해에서 상해죄의 처벌 대상이 되는 행위는 병의 견해에서도 모두 처벌의 대상이 된다.

ㄹ. 을의 견해에서 상해죄의 처벌 대상이 되는 행위는 병의 견해에서도 모두 처벌의 대상이 된다.

① ㄱ, ㄴ   ② ㄱ, ㄹ   ③ ㄷ, ㄹ
④ ㄱ, ㄴ, ㄷ   ⑤ ㄴ, ㄷ, ㄹ

05. 다음 글에 대한 분석으로 옳은 것만을 〈보기〉에서 있는 대로 고른 것은?

F국의 박물관에서 보석으로 장식된 여신상을 도난당하였다. 조사 결과 G국의 절도단이 이 여신상을 훔쳐 본국으로 밀반출한 것으로 밝혀졌다. G국 경찰은 절도단을 체포하고 해당 여신상을 압수하였다. G국 정부는 F국 정부의 요청에 따라 여신상을 F국에 반환하려고 하였다. 그런데 G국의 A시가 여신상에 대한 소유권을 주장하며 F국으로 반환하지 말 것을 요청하였다. A시가 제출한 기록에 의하면 해당 여신상은 원래 약 2000년 전에 시민들이 모금하여 제작한 것으로, A시 중앙에 위치한 신전 내에 봉헌되었다. 여신상이 신전에서 언제, 어떻게 없어졌는지 그 경위는 불확실하다. A시는 과거 긴 전쟁, 전후 혼란기 등의 시기에 F국 군인들이 G국의 문화재를 약탈한 사례가 많이 있었기 때문에, 해당 여신상도 같은 경위로 F국으로 반출되었을 것이라고 주장하였다. 이에 관하여 아래와 같은 두 가지 의견이 있다.

갑: A시가 여신상을 소유하고 있었다는 확실한 기록이 있어. 그리고 역사적으로 F국은 G국의 문화재를 탈취해 왔지. 여신상의 적법한 반출 경위를 확인할 수 없다면, 마찬가지로 약탈당한 것으로 봐야 하지 않을까. 비록 해당 여신상이 불법적인 방법에 의해 G국에 반입되었지만, 원래의 정당한 소유자라는 증거가 있는 A시에 돌려주는 것이 옳은 것 같아.

을: 기록을 보면 A시의 신전에 여신상이 안치되어 있던 것은 사실인 것 같아. 하지만 그 사실이 인정된다고 하더라도 해당 여신상의 약탈 여부는 알 수 없잖아. A시가 친선의 목적으로 여신상을 F국 유력자에게 선물하였거나, 매도했을 수도 있지. 그런 합법적 경로를 통하여 F국으로 반출되었을 가능성도 분명히 있기 때문에, 불법적인 방법으로 여신상을 G국으로 가져오는 것은 문제가 있어. 여신상은 F국에 돌려주는 것이 맞아.

─〈보 기〉─

ㄱ. '여신상이 G국에서 F국으로 불법적으로 반출되었을 가능성이 매우 높더라도 G국은 밀반입된 여신상을 F국에 돌려주어야 한다'는 견해에 갑은 동의하지 않지만, 을은 동의한다.
ㄴ. 'A시가 여신상을 반환받기 위하여, 해당 여신상이 F국으로 불법적으로 반출되었다는 것이 먼저 증명되어야 한다'는 견해에 갑은 동의하지 않지만, 을은 동의한다.
ㄷ. '여신상을 A시로 반환할지의 여부를 결정하기 위한 전제로서 A시의 신전이 그 여신상을 소유하였다는 사실이 인정되어야 한다'는 견해에는 갑, 을 모두 동의한다.

① ㄱ   ② ㄴ   ③ ㄱ, ㄷ
④ ㄴ, ㄷ   ⑤ ㄱ, ㄴ, ㄷ

06. 〈사실관계〉에서 국제법원의 판정 이후 A국이 〈규정〉에 합치하도록 취할 수 있는 조치로 옳은 것만을 〈보기〉에서 있는 대로 고른 것은?

〈사실관계〉

참치는 천적인 상어를 막아 주는 돌고래 주변에서 주로 이동한다. 참치가 많이 잡히는 열대성 동태평양 수역에서 작업을 하는 여러 국가의 어부들은 초대형 선예망(超大型旋曳網)으로 어업을 한다. 이때 참치뿐 아니라 주변의 돌고래까지 함께 어획되어 매년 만 마리 이상의 돌고래가 죽는 문제가 발생하였다. 지속적으로 돌고래 보호 운동을 펼쳐 온 A국의 한 환경 단체는 정부를 압박하여, 논의 끝에 A국 내에서 유통되는 참치 제품 중 초대형 선예망으로 잡지 않은 제품에 '돌고래 세이프 라벨'을 부착하는 규정이 상표법에 추가되었다. B국 어민들은 주로 열대성 동태평양 수역에서 어업을 하여 A국에 수출하고 있었고, A국의 상표법 개정으로 인하여 B국 어민 제품의 수출량은 급격히 감소하였다. B국 정부는 초대형 선예망을 사용하지 않는 어선도 돌고래를 위협하고 있다고 주장하며, A국에서 '돌고래 세이프 라벨'을 초대형 선예망으로 작업하는 자국 어선의 제품에 부착하지 못하도록 하는 것은 차별이라는 이유로 A국을 국제법원에 제소하였다. 이에 대하여 국제법원은 다음과 같이 판정하였다.
"A국이 B국의 제품에 행하고 있는 라벨 규제는 차별적인 조치에 해당하므로 아래의 〈규정〉에 합치하지 않는다."

〈규정〉

국가는 다른 국가로부터 수입되는 물품이 국내에서 생산된 동종 물품 또는 그 외의 다른 국가에서 생산된 동종 물품보다 불리한 취급을 받지 아니할 것을 보장하여야 한다.

─〈보 기〉─

ㄱ. A국은 상표법에 있는 '돌고래 세이프 라벨' 조항을 철폐하였다.
ㄴ. A국은 열대성 동태평양 수역 내 B국 어선의 제품에 대해서만 라벨 규정을 완화하였다.
ㄷ. A국은 모든 어업 방식에 적용될 수 있도록 상표법의 라벨 규정을 강화하였다.

① ㄱ   ② ㄴ   ③ ㄱ, ㄷ
④ ㄴ, ㄷ   ⑤ ㄱ, ㄴ, ㄷ

07. 원님 갑이 재판에서 채택할 진술을 〈사례〉에서 있는 대로 고른 것은?

원님 갑은 고을에서 일어나는 범죄에 대한 모든 재판을 담당하였다. 재판에서 증거로 받아들이기 어려운 진술들이 많이 제출되어 재판이 지연되자, 갑은 일정한 요건을 갖춘 증거들만 제출할 수 있도록 제한하였다. 그리하여 갑은 용의자의 평소 행실에 관한 진술은 재판에서 채택하지 않기로 하였다.

그러나 갑은 증인의 평소 인행의 진실성에 대한 진술은 들을 필요가 있다고 생각하였고, 이러한 진술의 채택 요건을 아래와 같이 제한하여 예외적으로 받아들였다.

첫째, 증인의 평소 언행의 진실성에 대해서 진술하는 것은 평소 고을에서의 평판에만 한정하고, 과거에 특정한 행위를 한 적이 있다는 진술은 채택하지 않는다.

둘째, 증인이 예전에 재판에서 허위 진술을 하여 처벌을 받은 적이 있다는 것은 중요하기 때문에 이에 대한 진술은 채택하기로 한다.

셋째, 증인의 평소 언행의 진실성을 모든 사건에서 다 확인할 필요는 없기 때문에 '증인이 진실하다'는 진술은 다른 사람이 '증인이 진실하지 못하다'고 진술하거나 '증인이 예전에 재판에서 허위 진술을 하여 처벌을 받은 적이 있다'고 진술을 한 때에 비로소 채택한다.

〈사례〉

현재 갑이 담당하고 있는 재판에서 갑돌이는 〈혐의 1〉 갑순이 집 앞에서 담배를 피우다 버려 갑순이 집의 외양간을 태웠고, 〈혐의 2〉 그 사실이 소문나면 주인마님에게 혼날까 봐 무서워 불이 나던 날 밤 '을돌이가 갑순이 집 앞에서 담배를 피우는 것을 보았다'는 거짓 소문을 냈다는 두 가지 혐의를 받고 있다.

〈혐의 1〉과 관련하여 갑이 갑돌이에게 그날의 행적에 대하여 묻자, 갑돌이는 ⊙ "저는 주변에서 매우 조심성 있는 사람이라는 평을 듣습니다."라고 진술하였다. 다음으로 〈혐의 2〉와 관련하여 갑돌이의 친구 마당쇠가 증인으로 나와 "갑돌이는 거짓말을 안 하는 진실한 놈이라는 평판이 자자합니다."라고 진술하였다. 그러자 대장장이가 증인으로 나와 ⓒ "예전에 마당쇠가 을순이에게 거짓말을 해서 을순이 아버지에게 크게 혼난 일이 있었지요."라고 진술하였다. 갑이 을돌이를 증인으로 불러 그날의 행적에 대하여 진술하게 하자 을돌이는 "그날 저는 집에 있었습니다."라고 진술하였다. 이에 다음 증인 병돌이는 ⓒ "예전에 을돌이가 아랫동네 살인 사건 재판에서 거짓말을 하여 곤장 다섯 대를 맞은 적이 있습니다."라고 진술하였다. 이에 다른 증인 방물장수는 ② "을돌이가 매우 진실하다는 소문이 윗마을까지 나 있습니다."라고 진술하였다.

① ⊙, ⓒ   ② ⊙, ②   ③ ⓒ, ②
④ ⊙, ⓒ, ⓒ   ⑤ ⓒ, ⓒ, ②

08. 〈규정〉을 근거로 〈사실관계〉에 대하여 옳은 판단을 하는 변호사는?

〈규정〉

종업원은 직무와 관련하여 한 발명에 대하여 기여도에 따라 다음과 같이 보상을 받을 권리를 가진다.
(1) 회사가 직무발명에 대한 특허출원을 할 경우 출원보상을 한다. 보상금은 그 중요도에 따라 건당 10만 원에서 30만 원을 지급하며, 나머지는 회사 내에 실시된 직무발명심의위원회의 결정 심사 후에 지급한다.
(2) 회사 명의로 등록된 특허권을 매도 또는 임대하였을 때 처분보상을 한다. 특허권을 타인에게 유상으로 임대한 경우에는 특허임대수익의 5~10%에 해당하는 금액을 발명자에게 보상금으로 지급한다.
(3) 단, 특허임대수익의 산정은 수령하였거나 수령할 총 임대료에서 개발비용, 영업비용을 제외한다.

〈사실관계〉

X는 Y사에 직무발명에 대한 정당한 보상금의 지급을 요청하는 소송을 하기 위해 법무법인에 찾아갔다. X는 Y사에서 2007년부터 4년 4개월 동안 연구원으로 근무하였다. X는 Y사의 다른 연구원들과 함께 A사가 독점하고 있는 의약품과 동등하면서도 제조원가 대비 38%로 생산 가능한 방법을 48억 원의 비용을 들여 발명하였다. 해당 발명에 관여한 연구원들은 Y사에게 직무발명에 관한 특허 받을 권리를 이전하였고, Y사는 자사명의로 특허출원을 하였다. 이와 관련된 특허발명에서 X의 기여도는 1/3로 인정받았고 출원보상은 상여금 명목으로 5천만 원을 지급받았다.

한편 Y사는 2010년도에 A사와 특허권 임대계약을 체결하기 위해 42억 원의 비용을 소요하였다. 그 계약에 의해 A사로부터 초회 대금 45억 원, 중간 정산대금 23억 원을 지급받음과 동시에 40개월 간의 임대료로 요율 3~5%에 의해 산정된 금액 24억 원을 수령하였다. 계약기간인 2030년까지 추가적으로 수령할 Y사의 임대료는 약 28억 원으로 추정된다.

① 갑: 특허임대수익의 5~10%에 해당하는 금액이 이미 지급받은 출원보상금 5천만 원을 넘지는 않을 것 같습니다.
② 을: 회사가 타인에게 특허권을 유상으로 임대했기 때문에 임대료 수익을 받을 수 있겠군요. 최대 1억 원은 청구 가능할 것 같아요.
③ 병: Y사가 해당 특허로 수령할 총 임대료는 120억 원이군요. 따라서 당신은 최대 4억 원의 보상금을 받을 수 있습니다.
④ 정: 본 특허로 얻을 Y사의 임대료 수익은 임대료 명목으로 지급받은 52억 원입니다. 따라서 최소 2억 6천만 원의 보상금을 청구할 수 있어요.
⑤ 무: 임대료 수익은 실제 발생한 금액만 가지고 산정하여야 합니다. 미래의 시장 상황까지는 고려할 수 없어요. 따라서 92억 원을 특허임대수익으로 봐야 해요.

09. 다음으로부터 〈사례〉를 판단한 것으로 옳은 것은?

> 지방자치단체의 구역변경이나 설치·폐지·분할 또는 합병이 있는 때에는 다음과 같이 당해 지방의회의 의원정수를 조정하고 의원의 소속을 정한다.
>
> 첫째, 지방자치단체의 구역변경으로 선거구에 해당하는 구역의 전부가 다른 지방자치단체에 편입된 때에는 그 편입된 선거구에서 선출된 의원은 종전의 지방의회의원의 자격을 상실하고 새로운 지방의회의원의 자격을 취득하되, 그 임기는 종전의 지방의회의원의 잔임기간으로 하며, 해당 의회의 의원정수는 재직하고 있는 의원수로 한다.
>
> 둘째, 선거구에 해당하는 구역의 일부가 다른 지방자치단체에 편입된 때에는 그 편입된 구역이 속해 있던 선거구에서 선출되었던 의원은 자신이 속할 지방의회를 선택한다. 그 선택한 지방의회가 종전의 지방의회가 아닌 때에는 종전의 지방의회의원의 자격을 상실하고 새로운 지방의회의원의 자격을 취득하되, 그 임기는 종전의 지방의회의원의 잔임기간으로 하며, 해당되는 의회 각각의 의원정수는 재직하고 있는 의원수로 한다.
>
> 셋째, 두 개 이상의 지방자치단체가 합병하여 새로운 지방자치단체가 설치된 때에는 종전의 지방의회의원은 새로운 지방자치단체의 지방의회의원으로 되어 잔임기간 재임하며, 그 잔임기간의 합병된 의회의 의원정수는 재직하고 있는 의원수로 한다.
>
> 넷째, 하나의 지방자치단체가 분할되어 두 개 이상의 지방자치단체가 설치된 때에는 종전의 지방의회의원은 후보자등록 당시의 선거구를 관할하게 되는 지방자치단체의 지방의회의원으로 되어 잔임기간 재임하며, 그 잔임기간의 분할된 의회의 의원정수는 재직하고 있는 의원수로 한다. 이 경우 비례대표의원은 자신이 속할 지방의회를 선택한다.
>
> 〈사례〉
> ㅇ 지방자치단체인 A구 의회의 선거구는 a1, a2, a3, a4로 구성되어 있다. 각 선거구에서 2명의 지역구의원이 선출되며, 비례대표의원은 2명으로 의원 정수는 10명이다.
> ㅇ 지방자치단체인 B구 의회의 선거구는 b1, b2, b3으로 구성되어 있다. 각 선거구에서 2명의 지역구의원이 선출되며, 비례대표의원은 2명으로 의원 정수는 8명이다.

① A구와 B구가 합병된다면, 합병된 지방의회의 잔임기간 의원정수는 16명이다.

② A구 선거구 a1이 B구로 편입된다면, a1에서 선출된 A구 의회의원은 A구 의회 소속을 유지한다.

③ A구 선거구 a2의 일부 구역이 B구로 편입된다면, a2에서 선출된 A구 의회의원은 B구 의회로 소속이 변경된다.

④ B구가 2개의 지방자치단체 B1(b1)구와 B2(b2+b3)구로 분할된다면, B1구 지방의회의 잔임기간 최대 의원정수는 4명이다.

⑤ 지방자치단체의 구역변경·합병·분할 중, 지방의회의원의 잔임기간이 경과한 후 해당 지방의회 의원정수가 조정될 가능성이 있는 것은 구역변경과 분할이다.

10. 다음 글에 대한 분석으로 옳은 것만을 〈보기〉에서 있는 대로 고른 것은?

> A국 형법에는 높은 것부터 사형, 국적박탈형, 채찍형, 회초리형으로 4등급의 주된 형벌이 있다. 그리고 범죄에 따라 주된 형벌에 문신형을 부가할 수 있다. A국에서 장애인 갑이 쌀을 훔치다 현장에서 체포되어 법정에 섰다.
>
> 검사: 형법에는 타인의 물건을 훔친 자를 채찍형에 처하고 문신형을 부가하도록 하고 있습니다. 이에 따라 갑을 채찍형과 문신형으로 처벌함이 마땅하나, '장애인이 국적박탈형 이하를 받게 되는 경우에는 사회봉사로 대체한다'는 규정이 있습니다. 따라서 장애인 갑은 사회봉사를 하게 하고 문신형을 부가해야 합니다.
>
> 변호인: 이의 있습니다! 왜 문신형은 사회봉사로 대체하지 않습니까? 문신형이 국적박탈형 이하인지 아닌지를 정한 규정이 없으니, ㉠ '의심스러울 때에는 가볍게 처벌한다'는 원칙을 이 경우에 적용해야 합니다.
>
> 검사: 갑은 타인의 물건을 훔친 것이 명백합니다. 의심스러울 때에 가볍게 처벌한다는 원칙을 이 경우에까지 적용할 수 있나요? 변호인의 주장은 억지입니다.
>
> 판사: 선고하겠습니다. "법률에 관련 규정이 없으면, 국민의 고통을 줄이는 방향으로 형벌을 부과하는 것이 헌법의 원칙에 합치한다. 따라서 문신형도 사회봉사로 대체한다."

> 〈보 기〉
>
> ㄱ. 만약 증거물이나 알리바이 등 범죄 성립 여부와 관련된 사항에만 ㉠을 적용하여야 한다는 주장이 옳다면 이는 검사의 견해를 강화한다.
>
> ㄴ. A국 형법에 '범죄행위시점과 형벌부과시점 사이에 장애의 유무로 형벌의 변경이 있는 경우에는 그 중 범죄자에게 가장 유리한 것을 부과한다'고 규정하고 있는 경우, 갑이 선고 전 수술을 통해 그 장애가 없어졌더라도, 판사의 결론은 같을 것이다.
>
> ㄷ. 만약 A국 형법에 '손아랫사람이 손위 어른을 대상으로 행한 친족 간의 범죄는 친족관계가 없는 자를 대상으로 행한 범죄에 비해 주된 형벌에 1등급을 높인다'고 규정하고 있고 갑이 훔친 쌀이 큰아버지의 것이라면, 문신형에 관한 검사의 주장과 판사의 결론 중 적어도 하나는 달라질 것이다.

① ㄱ   ② ㄷ   ③ ㄱ, ㄴ

④ ㄴ, ㄷ   ⑤ ㄱ, ㄴ, ㄷ

11. 〈규정〉과 〈견해〉로부터 추론한 것으로 옳은 것만을 〈보기〉에서 있는 대로 고른 것은?

〈규정〉
(1) CCTV란 일정한 공간에 지속적으로 설치되어 사람 또는 사물의 영상을 촬영하는 장치이다.
(2) 누구든지 CCTV를 설치·운영할 수 있으나, 공개된 장소에서의 설치·운영은 범죄의 예방 및 수사를 위하여 필요한 경우에만 가능하다.
(3) CCTV를 설치·운영하는 자는 CCTV를 설치하여 운영하고 있다는 내용을 알리는 CCTV 설치·운영 안내판을 설치하여야 한다.

〈견해〉
갑: 택시 안은 공개된 장소가 아니다.
을: 일정한 공간에 지속적으로 설치되어 사람의 영상을 촬영하는 휴대전화 카메라는 CCTV에 해당한다.
병: 비공개된 자동차 내부에 설치·운영되며, 외부를 촬영하고 있는 블랙박스도 CCTV에 해당한다.

───〈보 기〉───
ㄱ. 갑에 따르면, 택시 안에서는 CCTV 설치·운영 안내판을 설치하기만 하면 언제든지 CCTV를 설치·운영할 수 있다.
ㄴ. 을에 따르면, 비공개된 자신의 서재에 휴대전화 카메라를 지속적으로 설치하여 촬영할 경우에 CCTV 설치·운영 안내판을 설치하여야 한다.
ㄷ. 병에 따르면, 범죄의 예방 및 수사를 위하여 필요한 경우에만 블랙박스를 설치·운영할 수 있다.

① ㄱ　　　　② ㄷ　　　　③ ㄱ, ㄴ
④ ㄴ, ㄷ　　　⑤ ㄱ, ㄴ, ㄷ

12. 〈규정〉에 따라 〈사례〉를 판단한 것으로 옳은 것만을 〈보기〉에서 있는 대로 고른 것은?

〈규정〉
(1) 회사가 새로이 발행하는 주식의 취득을 50인 이상의 투자자에게 권유하기 위해서는 사전에 신고서를 금융감독청에 제출해야 한다.
(2) 위 (1)에서 50인을 산정함에 있어 투자자에게 주식의 취득을 권유하는 날로부터 그 이전 6개월 이내에 50인 미만에게 주식 취득을 권유한 적이 있다면 이를 합산한다.
(3) 다만, 위 (1)에서 50인 이상의 투자자에게 취득을 권유하는 경우에도 주식 발행 금액이 10억 원 미만인 경우에는 신고서의 제출 의무가 면제된다.
(4) 위 (3)에서 10억 원을 산정함에 있어 투자자에게 주식의 취득을 권유하는 날로부터 그 이전 1년 이내에 신고서를 제출하지 아니하고 발행한 주식 금액을 합산한다.

〈사례〉
A회사는 아래 표와 같은 순으로 주식을 새로이 발행하였다.

회차	주식 발행일	주식 발행 금액	취득 권유일	취득을 권유받은 투자자 수
1	2017년 3월 10일	7억 원	2017년 3월 3일	70명
2	2017년 10월 4일	9억 원	2017년 9월 27일	40명
3	2018년 3월 27일	8억 원	2018년 3월 20일	10명

───〈보 기〉───
ㄱ. 1회차에는 신고서를 제출하지 않아도 된다.
ㄴ. 2회차에는 신고서를 제출해야 한다.
ㄷ. 3회차에는 신고서를 제출해야 한다.

① ㄱ　　　　② ㄴ　　　　③ ㄱ, ㄷ
④ ㄴ, ㄷ　　　⑤ ㄱ, ㄴ, ㄷ

13. 〈비행기준〉에 따를 때, 신고와 비행승인이 모두 없어도 비행이 허용되는 경우만을 〈보기〉에서 있는 대로 고른 것은?

〈비행기준〉
1. 무인비행장치는 사람이 탑승하지 아니하는 것으로 연료의 중량을 제외한 자체 중량(이하 '자체 중량')이 150kg 이하인 무인비행기와 자체 중량이 180kg 이하이고 길이가 20m 이하인 무인비행선을 말한다.
2. 무인비행장치를 소유한 자는 무인비행장치의 종류, 용도, 소유자의 성명 등을 행정청에 신고하여야 한다. 다만 군사목적으로 사용되는 무인비행장치와 자체 중량이 18kg 이하인 무인비행기는 제외한다.
3. 오후 7시부터 이틀날 오전 6시 사이에 무인비행장치를 비행하려는 자는 미리 행정청의 비행승인을 받아야 한다.
4. 무인비행장치를 사용하여 비행장 및 이착륙장으로부터 반경 3km 이내, 고도 150m 이내인 범위에서 비행하려는 사람은 미리 행정청의 비행승인을 받아야 한다. 다만 군사목적으로 사용되는 무인비행장치와 자체 중량이 10kg 이하인 무인비행기는 제외한다.

〈보 기〉
ㄱ. 자체 중량이 120kg인 공군 소속 무인비행기를 공군 비행장 내 고도 100m 이내에서 오전 10시부터 오후 2시까지 군수물자 수송을 위하여 비행하려는 경우
ㄴ. 택배회사가 영업을 위하여 새로 구입한 자체 중량 160kg, 길이 15m인 무인비행선을 오후 4시부터 오후 5시 사이에 대학병원 헬기 이착륙장 반경 200m에 있는 사무실로 물품 배달을 위하여 비행하려는 경우
ㄷ. 육군 항공대가 자체 중량이 15kg인 농업용 무인비행기를 빌려서 군사훈련 보조용으로 공군 비행장 반경 2km 이내에서 오후 2시부터 오후 3시까지 고도 100m로 비행하려는 경우
ㄹ. 대학생들이 자체 중량이 8kg인 무인비행기를 김포공항 경계선 2km 지점에서 15m 이내의 높이로 오후 8시부터 30분 동안 취미로 비행하려는 경우

① ㄱ, ㄷ ② ㄱ, ㄹ ③ ㄴ, ㄹ
④ ㄱ, ㄴ, ㄷ ⑤ ㄴ, ㄷ, ㄹ

14. 다음으로부터 추론한 것으로 옳은 것만을 〈보기〉에서 있는 대로 고른 것은?

X국의 보험약관법에는 다음과 같이 보험사의 손해배상책임을 면제하는 약관조항을 금지하는 규정이 있다. (1) 보험사의 고의 또는 중대한 과실로 인한 손해배상책임을 면제하는 약관조항은 금지된다. (2) 보험사나 보험계약자의 잘못이 아닌 제3자의 잘못으로 보험계약자에게 발생한 손해에 대한 보험사의 책임을 타당한 이유 없이 면제하는 약관조항은 금지된다. 이러한 손해를 제3자 대신 보험사가 배상하는 것이 보험계약의 핵심이기 때문이다. 이들 금지규정에 위반되는 약관은 무효이다.

위 규정 (1)과 관련하여, ㉠ 보험사의 고의, 중대한 과실, 경미한 과실 여하에 대한 아무런 언급이 없이 보험사의 모든 책임을 면제하는 내용의 약관조항을 생각해 보자. 이 조항은 경우에 따라 무효가 될 수도 있고 유효가 될 수도 있다. 이러한 약관조항 전체를 무효로 보게 되면 이를 다시 만들어야 하므로, 무효인 경우를 제거하고 유효가 될 수 있는 경우에만 약관이 적용되도록 함으로써 그 약관조항을 유지할 수 있다. 이를 약관의 효력 유지적 축소 해석이라고 한다.

이런 축소 해석의 방법을 위 규정 (2)와 관련되는 약관조항에 적용해 보자. 예를 들어 ㉡ "무면허운전은 누가 운전을 하더라도 보험사는 아무런 책임이 없습니다."라는 자동차보험 약관조항은 무효가 될 수 있다. 무면허인 차량 절도범이 사고를 냈다면 차량 주인인 ㉢ 보험계약자의 지배와 관리가 불가능하였으므로, 보험사의 책임을 면제하는 것은 타당한 이유가 없기 때문이다. 그러나 차량 주인의 자녀가 운전면허 없이 운전하다 사고를 냈다면 보험계약자의 지배와 관리가 가능하였으므로 보험사의 책임을 면제하는 것이 약관의 효력을 유지하는 축소 해석이다.

〈보 기〉
ㄱ. ㉠에 대해 효력을 유지하면서 축소 해석을 하면, 보험사의 경미한 과실로 인한 손해배상책임은 면제될 것이다.
ㄴ. ㉢의 경우에 ㉡이 보험사의 책임을 면제한다면, ㉡은 보험약관법에 위반될 것이다.
ㄷ. 약관조항 전체를 무효로 하는 경우에 비하여 약관조항의 효력을 유지하는 방향으로 축소 해석을 하면, 보험사로 하여금 규정 (1), (2)에 부합하는 약관조항을 만들게 하는 유인이 약해질 것이다.

① ㄴ ② ㄷ ③ ㄱ, ㄴ
④ ㄱ, ㄷ ⑤ ㄱ, ㄴ, ㄷ

15. 다음으로부터 추론한 것으로 옳은 것만을 〈보기〉에서 있는 대로 고른 것은?

'죽이는 것'과 '죽게 내버려 두는 것'의 실제 적용 기준에 대해 다음 주장들이 제안되었다.

갑: '죽이는 것'은 죽음에 이르는 사건 연쇄를 시작하는 것이고, '죽게 내버려 두는 것'은 죽음에 이르는 사건 연쇄의 진행을 막지 않거나, 죽음에 이르는 사건 연쇄의 진행을 막는 장애물을 제거하는 것이다.

을: '죽이는 것'은 죽음에 이르는 사건 연쇄를 시작하거나, 죽음에 이르는 사건 연쇄의 진행을 막는 장애물을 제거하는 것이다. 반면에 '죽게 내버려 두는 것'은 죽음에 이르는 사건 연쇄의 진행을 막지 않는 것이다.

병: 죽음에 이르는 사건 연쇄를 시작하는 경우 '죽이는 것'이며, 죽음에 이르는 사건 연쇄의 진행을 막지 않는 경우 '죽게 내버려 두는 것'이다. 죽음에 이르게 되는 사건 연쇄의 진행을 막는 장애물을 제거할 경우, 그 장애물이 자신이 제공한 것이라면 '죽게 내버려 두는 것'이고 다른 사람이 제공한 것이라면 '죽이는 것'이다.

〈사례〉

(가) A는 수영장에서 물에 빠져 허우적거리는 아이를 발견하였다. A가 구조 요원에게 이 사실을 알렸더라면 그 아이는 죽지 않았을 것이다. A는 ㉠ 구조 요원에게 알리지 않았고 그 아이는 죽었다.

(나) 어떤 환자가 심각한 병에 걸려 의사가 제공한 생명 유지 장치의 도움으로 생명을 유지하고 있었다. 그 장치의 도움이 없었다면 환자는 곧 죽었을 것이다. 그런데 B가 의사 몰래 병실에 들어와 ㉡ 장치를 꺼 버렸고 그 환자는 죽었다.

(다) 어떤 사람이 생명 유지에 필요한 특정한 물질을 투입받지 못할 경우 죽게 되는 심각한 병에 걸렸다. 그 물질을 자신이 가지고 있음을 알게 된 C는 자신의 몸과 그 환자의 몸을 튜브로 연결하여 그 물질을 전달하였다. 며칠 동안 그 물질을 전달하고 있던 C는 마음이 변하여 ㉢ 튜브를 제거하였고, 그 직후에 그 환자는 죽었다.

〈보 기〉

ㄱ. ㉠ 행위는 갑과 을에 따르면 '죽게 내버려 두는 것'이고 병에 따르면 '죽이는 것'이다.

ㄴ. ㉡ 행위는 갑에 따르면 '죽게 내버려 두는 것'이고 을과 병에 따르면 '죽이는 것'이다.

ㄷ. ㉢ 행위는 갑과 병에 따르면 '죽게 내버려 두는 것'이고 을에 따르면 '죽이는 것'이다.

① ㄱ   ② ㄷ   ③ ㄱ, ㄴ
④ ㄴ, ㄷ   ⑤ ㄱ, ㄴ, ㄷ

---

16. 다음 논쟁에 대한 분석으로 옳은 것만을 〈보기〉에서 있는 대로 고른 것은?

수정란으로부터 태아를 거쳐 유아로의 발달은 점진적이고 연속적인 과정이다. 수정 이후 어느 시점부터 인간이라 할 수 있겠는가? 갑, 을, 병은 아래와 같이 주장한다.

갑: 출생이 기준이 된다고 해 보자. 그렇다면 7개월 만에 태어난 조산아는 인간인데, 그보다 더 발달한 9개월 뒤 임신 막기 태아는 인간이 아니게 된다. 이는 말이 되지 않는다. 출생만으로는 인간인지 여부의 기준이 될 수 없다.

을: 의식과 감각의 존재 여부가 중요한 기준이다. 일반적으로 태아의 두뇌는 18주부터 25주 사이에 충분히 발달하여 신경 전달이 가능하게 되는 수준에 이른다. 수정란은 의식을 갖지 않고 고통도 느끼지 않겠지만, 충분히 발달한 태아가 의식과 감각 능력을 갖게 된다면 인간으로 간주해야 한다.

병: 태아가 발달 과정의 어느 시점엔가 의식과 감각을 갖게 된다는 것은 분명하다. 그러나 언제부터 태아가 의식을 가지며 고통을 느끼기 시작하는지에 대한 직접적 증거는 원리적으로, 적어도 현재 기술로는 찾을 수 없다. 과학자들은 고통과 같은 감각의 생리학적 상관 현상으로서 두뇌 피질이나 행동을 관찰할 뿐, 고통을 직접 관찰하는 것이 아니다.

〈보 기〉

ㄱ. 갑에 따르면, 태아가 인간인지의 여부는 태아가 얼마나 발달했는지와 무관하다.

ㄴ. 을에 따르면, 아무런 의식이나 감각을 갖지 않는 임신 초기의 태아는 인간으로서의 지위를 갖지 않는다.

ㄷ. 병에 따르면, 의식이나 감각의 존재 여부는 인간인지의 여부와 무관하다.

① ㄴ   ② ㄷ   ③ ㄱ, ㄴ
④ ㄱ, ㄷ   ⑤ ㄱ, ㄴ, ㄷ

17. 다음 가설과 실험에 대한 평가로 옳은 것만을 〈보기〉에서 있는 대로 고른 것은?

우리는 어떤 도덕적 판단이 다른 도덕적 판단보다 더 객관적이라고 생각한다. 예를 들어 '살인은 나쁘다'는 판단은 '노약자에게 자리를 양보하는 것은 옳다'는 판단보다 더 객관적인 것으로 보인다. 그렇다면 왜 이런 차이가 생기는 것일까? 이를 알아보기 위해 다음 가설과 실험이 제시되었다.

가설 1: 사람들은 다른 사람의 신체에 직접 물리적인 해를 끼치는 행위에 대한 도덕적 판단이 그렇지 않은 행위에 대한 도덕적 판단보다 더 객관적이라고 생각한다.

가설 2: 사람들은 어떤 행위가 나쁘다는 도덕적 판단이 어떤 행위가 옳다는 도덕적 판단보다 더 객관적이라고 생각한다.

〈실험〉

실험 참가자들에게 갑, 을, 병의 다음 행위에 대한 이야기를 들려주었다.

갑의 행위: 술집에서 자신에게 모욕을 준 사람에게 직접 물리적 폭력을 가함.

을의 행위: 친구들에게 과시하고자 무명용사의 추모비를 발로 차서 깨뜨림.

병의 행위: 자신의 월급의 10%를 매달 복지 단체에 익명으로 기부함.

그리고 참가자들에게 '갑의 행위가 나쁘다는 판단이 전혀 객관적이지 않다면 0, 매우 객관적이라면 5를 부여하고, 그 정도를 0과 5 사이의 점수로 표현하라'고 요청하였다. 을의 행위가 나쁘다는 판단과 병의 행위가 옳다는 판단의 객관성에 대해서도 동일한 요청을 하였다.

〈보 기〉

ㄱ. 참가자들 모두가 갑의 행위와 을의 행위에 비슷하게 높은 점수를 부여하였다면, 이 사실은 가설 1을 약화한다.

ㄴ. 참가자들 모두가 병의 행위보다 갑의 행위에 더 높은 점수를 부여하였다면, 이 사실은 가설 2를 약화한다.

ㄷ. 참가자들 모두가 을의 행위보다 병의 행위에 더 높은 점수를 부여하였다면, 이 사실은 가설 1을 강화하고 가설 2를 약화한다.

① ㄱ   ② ㄴ   ③ ㄱ, ㄷ
④ ㄴ, ㄷ   ⑤ ㄱ, ㄴ, ㄷ

18. 가설 A, B에 대한 평가로 옳은 것만을 〈보기〉에서 있는 대로 고른 것은?

사람들은 고난에 빠진 사람을 볼 때 종종 그 사람을 돕는 행동을 한다. 왜 사람들은 그런 행동을 하게 되는가?

가설 A에 따르면, 사람들은 불쌍한 사람을 보면 공감하게 되고, 공감을 느끼는 것이 이타적인 욕구를 일으켜 돕는 행동을 하게 된다. 이 가설에 따르면 불쌍한 사람에게 더 많이 공감할수록 이타적인 욕구가 강해지고, 따라서 그 사람을 돕는 행동을 할 가능성이 높아진다.

한편 이 가설과 달리, 불쌍한 사람을 보고도 돕지 않는다는 것이 알려진다면 나쁜 사람으로 평가되어 사회적 제재나 벌을 받을 것이라고 두려워하기 때문에 돕는다는 견해가 있다. 그러나 이 견해는 가설 A와 달리 공감의 역할을 적절히 반영하지 못한다. 이를 보완하기 위해 제시된 가설 B에 따르면, 불쌍한 사람에게 더 많이 공감할수록, 그를 돕지 않는 것이 알려질 경우 사회적 비난이 더 커질 것이라고 두려워하고, 따라서 사회적 비난을 피하기 위해 돕는 행동을 할 가능성이 더 높아진다.

〈보 기〉

ㄱ. 불쌍한 X를 돕지 않는 것이 알려지지 않을 것이라고 믿더라도 X에 대해 공감하는 정도가 높아질수록 X를 도울 가능성이 높아지는 것으로 밝혀지면, 가설 A는 약화되지 않는다.

ㄴ. 불쌍한 X를 돕지 않는 것이 알려진다고 믿는지 여부와 상관없이 X를 돕는 행동을 할 가능성에 큰 차이가 없는 것으로 밝혀지면, 가설 B는 강화된다.

ㄷ. 불쌍한 X를 돕지 않는 것이 알려지지 않을 것이라고 믿을 때 X에 대해 공감하는 정도가 높아짐에도 불구하고 X를 도울 가능성이 높아지지 않는 것으로 밝혀지면, 가설 B는 약화된다.

① ㄱ   ② ㄴ   ③ ㄱ, ㄷ
④ ㄴ, ㄷ   ⑤ ㄱ, ㄴ, ㄷ

19. A와 B의 논쟁에 대한 분석으로 옳은 것만을 〈보기〉에서 있는 대로 고른 것은?

A1: 많은 사람들이 마음과 뇌를 동일시하는데, 왜 그렇게 잘못된 생각이 퍼져 있는지 모르겠어.
B1: 카페인을 섭취하면 각성 효과가 나타나고 우리가 통증을 느낄 때마다 뇌의 특정 영역의 신경세포가 활성화되듯, 마음과 뇌 작용 사이에 체계적 상관관계가 성립한다는 것은 잘 알려진 사실이야. 마음과 뇌가 동일하다는 가설을 받아들이면 이 사실이 잘 설명되잖아.
A2: 한 가설이 어떤 사실을 잘 설명한다고 해서 그 가설을 무작정 받아들일 수는 없어. 천동설은 화성의 역행 운동을 잘 설명하지만 그렇다고 천동설을 받아들이는 사람은 없잖아.
B2: 천동설과 내 가설의 경우는 전혀 달라. 천동설이 화성의 역행 운동은 잘 설명할지 몰라도 천동설로는 설명되지 않는 중요한 천문 현상들이 많아.
A3: 너의 가설도 똑같은 문제가 있어. 내가 통증을 느낀다는 것을 나는 잘 알지만, 나는 내 뇌의 신경상태에 대해서는 아무것도 몰라. 너의 가설이 맞다면 어떻게 이런 일이 가능하겠니?
B3: 그건 얼마든지 가능해. 물이 액체라는 것은 알면서 H₂O가 액체라는 것은 얼마든지 모를 수 있어. 그렇다고 물과 H₂O가 다른 것은 아니잖아.

〈보 기〉

ㄱ. A2가 B1을 반박하는 근거는 '마음과 뇌가 동일하다는 가설이 마음과 뇌 작용 사이의 상관관계를 설명하지 못한다'는 것이다.
ㄴ. B2는 '설명하지 못하는 중요한 현상이 많은 가설은 거부해야 한다'는 데에 동의한다.
ㄷ. B3은 'X에 대해 잘 알면서 Y에 대해 모른다면, X와 Y는 동일한 것일 수 없다'는 가정을 반박함으로써 A3을 비판하고 있다.

① ㄱ
② ㄷ
③ ㄱ, ㄴ
④ ㄴ, ㄷ
⑤ ㄱ, ㄴ, ㄷ

20. 다음 논증의 구조를 가장 적절하게 분석한 것은?

ⓐ 행복을 추구하는 인간의 성향도, 자비심과 같은 도덕적 감정도 보편적 윤리의 토대가 될 수 없다. ⓑ 행복 추구의 동기가 올바른 삶을 살아야 하는 당위의 근거가 될 수는 없다. ⓒ 우선 윤리적으로 살면 언제나 행복해진다는 것은 참이 아니다. ⓓ 더욱이 행복한 삶을 산다는 것과 올바른 삶, 선한 삶을 산다는 것은 완전히 다른 것이기에, ⓔ 옳고 그름의 근거를 구할 때 자기 행복의 원칙이 기여할 부분은 없다. ⓕ 가장 중요한 점은 행복 추구의 동기가 오히려 도덕성을 훼손하고 윤리의 숭고함을 파괴해 버린다는 것이다. ⓖ 자기 행복의 원칙에 따라 행하라는 명법은 이해타산에 밝아지는 법을 가르칠 뿐 옳고 그름의 기준과 그것의 보편성을 완전히 없애버리니 말이다. ⓗ 인간 특유의 도덕적 감정은 자기 행복의 원칙보다는 윤리의 존엄성에 더 가까이 있긴 하지만 여전히 도덕의 기초로서 미흡하다. ⓘ 개인에 따라 무한한 차이가 있는 인간의 감정을 옳고 그름의 보편적 잣대로 삼을 수는 없다.

①
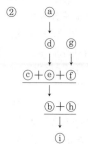

②
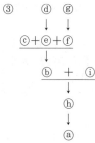

③
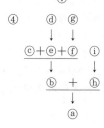

④
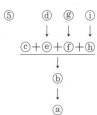

⑤
```
       ⓓ   ⓖ   ⓘ
       ↓   ↓   ↓
      ⓒ+ⓔ+ⓕ+ⓗ
           ↓
           ⓑ
           ↓
           ⓐ
```

2023 2022 2021 2020 2019 2018 2017 2016 2015 2014 2013

해커스 LEET 김우진 추리논증 기출문제 + 해설집

21. 다음으로부터 추론한 것으로 옳은 것만을 〈보기〉에서 있는 대로 고른 것은?

우리에게 미래 세대의 행복을 극대화해야 할 책임이 있다고 할 때, 우리는 행복 총량의 증대를 추구해야 할까, 아니면 행복 평균의 증대를 추구해야 할까? 인구가 고정되어 있다면 어느 쪽을 채택하든 결과가 같기 때문에 고민할 필요가 없다. 하지만 미래 인구의 변동을 고려해야 하는 상황이라면, 행복 총량과 행복 평균의 구분이 중요해진다.

먼저, 행복 총량 견해를 선택한다고 해 보자. 행복 총량을 증대하려면 가능한 한 많은 미래 세대를 낳아야 할 것이다. 사람들마다 누리는 행복의 크기는 다르겠지만, 적어도 전혀 행복을 누리지 못하는 사람들만 늘어나는 것이 아닌 한, 인구가 증가하면 어쨌든 행복 총량은 조금이라도 증대될 것이다. 하지만 이것은 행복 총량이 늘어나기만 하면, ㉠ 행복보다 고통이 더 큰 사람들이 무수히 많아지는 상황을 야기해도 상관없음을 함의한다. 한편, 행복 평균 견해를 선택해도 역시 당혹스러운 결론에 도달한다. 이 선택에 따르면 생활환경이 열악한 지역의 미래 세대는 행복 평균 증대에 도움이 안 될 개연성이 크므로 그런 곳의 인구 증가는 바람직하지 않다. 결국, 생활수준이 높은 지역만이 출산의 당위성을 확보하게 되고 ㉡ 낙후 지역의 출산율은 인위적으로 통제되는 상황이 이어질 수도 있다.

───〈보 기〉───

ㄱ. 인구가 감소하면 행복 총량은 감소하고 행복 평균은 증대한다.
ㄴ. 만약 행복 총량 견해가 행복 총량에서 고통 총량을 뺀 소위 '순(純)행복' 총량의 극대화를 목표로 한다면, ㉠이 야기될 가능성이 낮아진다.
ㄷ. 먼저 행복 총량 견해를 선택하고 한 세대가 지난 후 행복 평균 견해로 변경하는 경우, 처음부터 행복 평균 견해만 선택하는 경우보다 ㉡의 확대 가능성이 더 낮아진다.

① ㄱ   ② ㄴ   ③ ㄱ, ㄷ
④ ㄴ, ㄷ   ⑤ ㄱ, ㄴ, ㄷ

---

22. A, B에 대한 평가로 옳은 것만을 〈보기〉에서 있는 대로 고른 것은?

사람들의 미적 감각이 결코 우열을 가릴 대상이 아님을 당연시하는 오늘날의 상식은 흔히 ㉠ 미적 취향의 보편적 기준을 부정하고 모든 이의 미적 취향을 동등하게 인정하는 태도로 이어지곤 한다. 하지만 때로는 상식이 정반대의 견해를 옹호하는 것처럼 보이기도 한다. 우리는 흔히 예술가의 우열 구분에 쉽게 동의하곤 하는데, 미켈란젤로가 위대한 예술가라는 믿음은 실제로 상식이 아닌가. 이럴 때는 마치 상식이 미적 취향의 보편적 기준을 인정하는 것처럼 보인다. 그렇다면 상식은 한편으로는 미적 취향의 보편적 기준은 없다고 판단하면서 다른 한편으로는 그런 보편적 기준이 있다고 판단하는 셈이다.

A: 인간의 자연 본성에는 미적 취향과 관련하여 고정된 공통 감정이란 것이 있다. 편견이나 선입견 때문에 나쁜 작품이 일정 기간 명성을 얻을 수 있으나 그런 현상이 결코 지속될 수 없는 것도 바로 이 공통 감정 때문이다. 편견이나 선입견은 결국 인간의 올바른 감정의 힘에 굴복하게 되어 있다.
B: 사회 지배층이 자신들의 탁월성을 드러내고 피지배자들과의 차별성을 부각하는 과정에서 미적 취향의 기준이 생성된다. 미적 취향은 이런 사회적 관계가 체화된 것일 뿐 인간의 자연 본성에 근거한 것이 아니다. 사회적 관계가 늘 변할 수 있듯이 그런 미적 취향의 기준도 항상 변화할 수 있다.

───〈보 기〉───

ㄱ. A는 ㉠을 거부한다.
ㄴ. B는 '사회를 구성하는 모든 이의 미적 취향을 동등하게 인정해야 한다'는 주장에 동의한다.
ㄷ. A도 B도 '피카소가 위대한 예술가라는 현재의 평가가 미래에는 달라질 수 있다'는 주장과 모순되지 않는다.

① ㄱ   ② ㄴ   ③ ㄱ, ㄷ
④ ㄴ, ㄷ   ⑤ ㄱ, ㄴ, ㄷ

23. ⊙에 대한 평가로 옳은 것만을 〈보기〉에서 있는 대로 고른 것은?

의회 의원 선거제도는 선거구 크기와 당선 결정 방식이라는 두 가지 요소에 의해 A제도와 B제도로 구분된다. 선거구 크기(M)는 한 선거구에서 선출하는 대표의 수를 의미하며, 한 선거구에서 1명의 의원을 선출하면 M=1로 표시한다. 당선 결정 방식은 다른 후보보다 한 표라도 더 얻은 후보가 당선되는 방식과 정당 득표율에 비례해서 정당별로 의석을 배분하는 방식, 이렇게 두 가지가 있다. A제도는 한 선거구에서 1명의 대표를 선출하되, 다른 후보보다 한 표라도 더 얻은 후보를 당선자로 결정하는 방식이다. B제도는 한 선거구에서 2명 이상의 대표를 선출하되, 정당 득표율에 따라 정당별로 의석을 배분하는 방식이다.

A제도에서는 선거구 크기와 당선 결정 방식의 특징상 군소 정당이 의석을 획득하는 것이 어렵다. 이 제도에서 유권자는 군소 정당에 투표하면 자신의 표가 사표가 될 가능성이 크다는 것을 잘 알고 있으며, 따라서 당선 가능성이 높은 차선호 후보에게 전략적으로 투표한다. 그 결과 군소 정당 후보는 더 불리해진다. 반면 B제도에서 유권자는 자신의 표가 사표가 될 가능성이 낮기 때문에 전략적 투표를 할 필요가 없으며, 자신의 선호에 따라 투표한다. 이러한 이유로 특정 국가에서 의회 의석을 점유한 정당의 수를 의미하는 ⊙ 정당 체제는 그 국가의 신거제도에 의해 결정된다. 즉 A제도는 양당 체제를, B제도는 다당 체제를 형성할 것이다.

〈사례〉

X국과 Y국은 A, B제도 중 하나를 택하고 있다. X국의 경우 10개의 정당이 선거에서 경쟁하나 의회 의석은 2개 정당이 점유하고 있다. 반면 Y국의 경우 10개의 정당이 선거에서 경쟁하며, 의회 의석은 8개의 정당이 비슷한 비율로 점유하고 있다.

─────〈보 기〉─────

ㄱ. X국 선거제도에서 M=1이라면, X국 사례는 ⊙을 강화한다.

ㄴ. Y국 선거제도에서 M>1이라면, Y국 사례는 ⊙을 약화한다.

ㄷ. Y국 선거제도가 다른 후보보다 많은 표를 얻은 후보를 당선자로 결정하는 방식이라면, Y국 사례는 ⊙을 약화한다.

ㄹ. 전략적 투표 현상이 Y국보다 X국에서 많이 일어난다면, 이 현상은 ⊙을 강화한다.

① ㄱ, ㄴ   ② ㄱ, ㄹ   ③ ㄴ, ㄷ
④ ㄱ, ㄷ, ㄹ   ⑤ ㄴ, ㄷ, ㄹ

24. 이론 A~C에 대한 분석으로 옳은 것은?

A: 범죄를 저지르는 사람은 주류 사회가 받아들이지 않는 일련의 기준을 따르는 사람이다. 인간의 다른 모든 행동과 마찬가지로 범죄도 학습된다. 그래서 범죄에 친화적인 생각, 태도, 행동을 학습하여 그러한 행동을 하게 된다고 봐야 한다. 물론 범죄에 부정적인 생각, 태도, 행동도 학습되며, 이는 주류 사회의 일반적 규범을 내면화하는 것이다. 하지만 이보다 범죄에 친회적인 생각, 태도, 행동을 더 많이 집촉하고 학습하면 범죄를 저지르게 된다. 따라서 어떤 규범을 얼마나 내면화했는가가 행동을 결정한다. 결국 인간은 자신이 사회화한 문화의 가치와 규범에 따라 행동하기 마련이다.

B: 모든 인간은 사회의 구성원으로서 사회화 과정을 통해 그 사회의 공통 규범을 공유한다. 하지만 개인에 따라 규범을 사회화하는 정도는 차이가 있기 때문에 도덕성의 정도가 사람에 따라 다를 수 있다. 그리고 규범의 사회화 정도는 사회에 대한 개인의 유대 정도와 깊은 관계가 있다. 사회에 대한 유대가 약한 사람들은 규범을 어기는 행위를 비교적 자유롭게 하게 된다. 따라서 범죄의 원인은 사회 유대의 결여 내지는 약화이다.

C: 인간은 사회의 공통 규범을 따르며 사회가 규정하는 가치를 추구하려고 한다. 하지만 규범에 순응해서는 이러한 가치 추구의 정당한 욕망이 충족될 수 없을 때, 범죄를 저지르게 된다. 누구나 성공을 욕망하지만 모든 사람이 성공하는 것은 아니다. 사회에는 엄연히 불평등 구조가 존재하기 때문이다. 어떤 사람들은 규범에 순응하면서도 성공을 하지만, 많은 사람들은 합법적인 방법으로는 목표를 달성하지 못한다. 이는 내적 긴장 상황을 야기하고 이로 인한 좌절과 절박함은 사람들로 하여금 규범을 어겨서라도 목표를 달성하려고 하게 만든다.

① A는 인간 본성이 어떤지에 대한 가정을 하지만, C는 그러한 가정을 하지 않는다.

② B는 사회 구성원들이 사회의 공통 규범을 내면화한다고 가정하지만, C는 그렇지 않다.

③ B는 범죄를 저지르게 하는 외부적 동기나 압력을 중시하지만, A와 C는 그렇지 않다.

④ B는 개인에 따라 규범을 내면화하는 정도에 차이가 있다고 가정하지만, A는 그렇지 않다.

⑤ A는 한 사회에서 서로 다른 문화가 갈등한다고 가정하지만, B는 서로 갈등하는 다른 문화의 존재를 고려하지 않는다.

25. 다음 주장에 대한 반론이 될 수 있는 것만을 〈보기〉에서 있는 대로 고른 것은?

모든 인간은 인류 진화의 결과로 고착된 일체의 생물학적 특성과 자질이 동일한 상태로 태어난다. 그래서 아기들은 어디에서 태어나든 기본적인 특성과 자질 면에서 모두 같다. 하지만 성인들은 행동적·정신적 조직화(패턴화된 행동, 지식 등) 면에서 상당히 다르다는 사실이 일관되게 관찰된다. 성인에게서 발견되는 행동적·정신적 조직화의 내용은 유아에게 결여되어 있으므로, 유아는 성장 과정에서 그것을 외부로부터 획득할 수밖에 없다. 그 외부 원천은 사회문화적 환경이다. 인간 생활의 내용을 복잡하게 조직화하고 풍부하게 형성하는 것은 바로 이 사회문화적 환경인 것이다. 복잡한 사회질서를 만드는 것은 인간 본성이나 진화된 심리처럼 선천적으로 주어진 그 무엇이 아니라 개인의 외부에 있는 사회 세계이다. 결국 인간 본성과 같이 선천적으로 주어진 생물학적 특성과 자질은 인간 생활의 조직화에 아무런 중요한 역할을 못하는 빈 그릇과 같다. 인간 정신은 사회문화적 환경에 따라 거의 무한정하게 늘어나는 신축적인 특성을 지니기 때문이다.

─────〈보 기〉─────

ㄱ. 갓 태어났을 때는 치아가 없지만 성숙하면서 사람마다 다른 형태로 생겨나는 것처럼, 진화된 심리적 기제가 동일 사회문화적 환경에서도 각자 복잡하고 다양한 형태의 행동적·정신적 조직화로 발현된다.

ㄴ. 사회현상의 원인으로서 생물학적 요인과 사회환경적 요인은 서로 배타적이지 않다. 인간의 진화된 심리적 구조를 고려하지 않고 사회현상을 설명하려고 할 때 오류에 빠질 가능성이 늘 존재한다.

ㄷ. 태어나자마자 떨어져 서로 다른 문화권에서 자란 일란성 쌍둥이가 성인이 된 이후에도 매우 유사한 행동적·정신적 특성을 갖는 경우가 많은데, 그 이유는 태어날 때부터 동일한 생물학적 특성과 자질을 공유하기 때문이다.

① ㄱ   ② ㄷ   ③ ㄱ, ㄴ
④ ㄴ, ㄷ   ⑤ ㄱ, ㄴ, ㄷ

26. 다음으로부터 추론한 것으로 옳지 않은 것은?

〈제도〉

온실가스 배출권 거래 제도는 정부가 온실가스 배출 총량을 정해 온실가스를 배출하는 사업장에 연 단위 배출권을 할당하고, 사업장이 할당 범위 안에서 온실가스를 배출하거나 과부족 분량을 다른 사업장과 거래할 수 있도록 한 제도이다. 총량 설정을 통해 온실가스 배출량을 줄이되 거래 제도를 이용하여 효율성을 극대화한 것이 이 제도의 특징이다.

〈사례〉

갑국에는 온실가스를 연간 5단위씩 배출해 오던 기업 A와 B가 있는데 정부가 연간 배출권을 각각 2단위씩 할당했다. 즉 A와 B가 할당된 배출권대로 온실가스를 감축하면 각각 3단위씩 감축해야 한다. A와 B는 온실가스 배출량을 감축하는 설비를 갖추고 있고, 온실가스 배출량 한 단위를 감축하는 비용은 감축량에 정비례한다. A의 경우 첫째 단위 감축 비용은 2가 들지만 둘째 단위 감축 비용은 4가 들어, 단위가 늘어날 때 단위당 감축 비용은 2씩 증가한다. B의 경우 첫째 단위 감축 비용은 4가 들지만 둘째 단위 감축 비용은 8이 들어 4씩 증가한다. A, B 모두 감축 비용이 소요됨에도 불구하고 조업 수준은 유지하고자 한다.

배출권 거래는 한 번에 한 단위씩 A, B 사이에서만 가능하다고 하자. 거래가 성립하려면 A와 B 모두에게 이득이 될 수준에서 가격이 형성되어야 한다. 예컨대, A는 배출권 한 단위의 거래 가격이 배출량을 한 단위 더 감축하는 비용보다 높으면 파는 것이 이득이 되고, B는 구입한 배출권 덕분에 감축하지 않아도 되는 한 단위의 감축 비용보다 거래 가격이 낮으면 사는 것이 이득이 된다.

① 할당된 배출권대로 감축할 때 최종 단위 감축 비용은 A가 6, B가 12이다.
② 배출권 거래 가격이 10이라면 1단위 거래가 성립할 수 있다.
③ 배출권은 결과적으로 1단위만 거래될 것이다.
④ 거래가 종료된 결과 A의 총 감축 비용과 B의 총 감축 비용의 합은 34이다.
⑤ A, B 중 단위당 감축 비용이 더 낮은 기업이 온실가스 배출량을 더 많이 감축하게 된다.

27. 〈논쟁〉에 대한 평가로 옳은 것만을 〈보기〉에서 있는 대로 고른 것은?

정부는 대부업자 및 여신금융회사의 법정 최고 금리를 35%에서 28%로 인하하기로 발표하였다. 이 정책에 대해 A와 B가 다음과 같은 논쟁을 벌였다.

〈논쟁〉

A1: 이번 조치의 결과 최대 3백만 명에게 7천억 원 규모의 이자 부담이 경감될 것으로 예상된다. 이는 신용도가 높지 않은 서민의 부담을 덜어 주는 효과가 있을 것이다.

B1: 지나치게 낙관적인 예상이다. 이는 현재 28%를 초과하는 금리를 적용받는 모든 사람들이 28% 이하의 금리로 대출을 받을 수 있다는 가정에 기반하고 있다. 하지만 금리는 대출 받는 사람의 상환 불이행 위험을 반영하기 때문에, 금리가 강제로 인하되면 기존에는 대부업자나 여신금융회사에서 대출을 받았지만 이후에는 받을 수 없게 되는 사람이 늘어날 것이다.

A2: 그렇지 않을 수 있다. 금리가 인하되면 이전에 비해 대부업자 등이 거두는 이자 수입이 감소할 것이고 이를 보전하기 위해 대출 규모를 확대하려 할 것이기 때문이다.

B2: 대출 규모가 확대되더라도 법정 최고 금리가 35%일 때 대출을 받을 수 없던 사람들까지 대출을 받게 되지는 않을 것이다. 그들은 이번 조치에 전혀 혜택을 받지 못하고 있다.

A3: 그렇다 하더라도 많은 사람들이 이자 부담을 덜게 되는 것은 사실이다. 계산해 보면 최대 3백만 명이 1년에 1인당 21만 원 정도 이자를 덜 내도 된다.

B3: 대출을 받을 수 있는 사람들이 이자 부담을 덜게 되는 장점이 신용도가 낮은 사람들이 대출을 받을 수 없게 되는 단점보다 클지 불분명하다.

〈보 기〉

ㄱ. 정책 시행 후, 대출 규모가 증가함과 동시에 기존에는 대출을 받았는데 대출을 받을 수 없게 된 사람 수가 증가한 데이터는 A2를 약화한다.

ㄴ. 법정 최고 금리가 35%를 초과하던 시기에 35% 초과 금리가 적용되는 대상자가 거의 없었다는 데이터는 B2를 강화한다.

ㄷ. 정책에 대해 A3이 주장한 장점을 B3은 인정하지 않고 있다.

① ㄱ   ② ㄴ   ③ ㄱ, ㄷ
④ ㄴ, ㄷ   ⑤ ㄱ, ㄴ, ㄷ

---

28. 다음으로부터 추론한 것으로 옳은 것만을 〈보기〉에서 있는 대로 고른 것은?

소득곡선과 생존선을 함께 나타낸 그래프를 이용하면 경제성장의 역사를 간단하게 설명할 수 있다. 소득곡선은 인구가 생산에 투입되어 얻을 수 있는 소득을 보이는 것으로, 인구와 소득을 각각 가로축과 세로축에 표시한 평면에 나타내면 그림과 같다. 생존선은 주어진 인구가 생존하기 위해 필요한 최소한의 소득을 나타낸 것이다. 소득에 기여하는 요소는 인구, 자본, 기술이 있는데, 이 중 인구와 자본은 한계소득체감의 법칙을 따른다. 이 법칙은 다른 요소가 일정할 때 해당 요소가 증가할수록 소득이 증가하지만 소득의 증가 정도는 점점 줄어드는 법칙이다. 소득을 인구로 나눈 1인당 소득은 인구가 증가할수록 감소하는 것을 그림에서 알 수 있다. 기술은 한계소득체감의 법칙을 따르지 않는다.

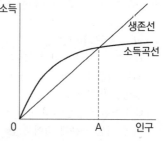

두 선이 교차할 때의 인구 수준 A를 기준으로 인구가 적을 때는 소득곡선이 생존선 위에 있고 인구가 많을 경우에는 반대가 된다. 학자 M은 한 사회의 소득 수준이 생존 수준을 상회하면 인구가 늘어나고 하회하면 인구가 감소하는 경향이 있기 때문에 A를 중심으로 인구가 주기적으로 늘거나 주는 움직임이 반복된다고 주장했다. 이를 'M의 덫'이라고 하며, 자본과 기술이 일정할 때 일어나는 전근대적 현상이라 볼 수 있다. 이와 대조적으로 학자 K는 '근대적 경제성장'의 시기에는 인구와 소득이 함께 늘어날 수 있다고 설파했다. 이것은 소득곡선의 이동으로 설명할 수 있다. 예를 들어 자본이 축적되면 소득곡선이 위로 이동하여 생존선과 교차하는 점이 오른쪽 위로 바뀌고 소득과 인구가 동시에 증가하는 것이 가능해진다.

〈보 기〉

ㄱ. 'M의 덫'에 빠져 있을 때 인구와 1인당 소득 사이에는 양(+)의 상관관계가 나타날 것이다.

ㄴ. 다른 요소가 일정할 때 자본이 축적될수록 추가되는 자본 단위당 소득곡선이 위로 이동하는 정도는 점점 줄어들 것이다.

ㄷ. 인구의 증가만으로는 K의 '근대적 경제성장'을 이룰 수 없을 것이다.

① ㄱ   ② ㄴ   ③ ㄱ, ㄷ
④ ㄴ, ㄷ   ⑤ ㄱ, ㄴ, ㄷ

29. 〈원리〉에 따라 추론한 것으로 옳은 것만을 〈보기〉에서 있는 대로 고른 것은?

수십 명의 직원이 근무하는 정보국에는 A, B, C 세 부서가 있고, 각 부서에 1명 이상이 소속되어 있다. 둘 이상의 부서에 소속된 직원은 없다. 이들 직원의 감시와 관련하여 세 가지 사실이 알려져 있다.
(1) A의 모든 직원은 B의 어떤 직원을 감시한다. 이는 A 부서에 속한 직원은 누구나 B 부서 소속의 직원을 1명 이상 감시하고 있음을 의미한다.
(2) B의 모든 직원이 감시하는 C의 직원이 있다. 이는 C 부서의 직원 가운데 적어도 한 사람은 B 부서 모든 직원의 감시 대상임을 의미한다.
(3) C의 어떤 직원은 A의 모든 직원을 감시한다. 이는 C 부서에 속한 직원 가운데 적어도 한 사람은 A 부서의 모든 직원을 감시 대상으로 삼고 있음을 의미한다.

〈원리〉
갑이 을을 감시하고 을이 병을 감시하면, 갑은 병을 감시하는 것이다.

─────〈보 기〉─────
ㄱ. A의 모든 직원은 C의 직원 가운데 적어도 한 사람을 감시하고 있다.
ㄴ. B의 어떤 직원은 A의 모든 직원을 감시하고 있다.
ㄷ. C의 어떤 직원은 B의 직원 가운데 적어도 한 사람을 감시하고 있다.

① ㄱ
② ㄴ
③ ㄱ, ㄷ
④ ㄴ, ㄷ
⑤ ㄱ, ㄴ, ㄷ

30. 다음으로부터 추론한 것으로 옳은 것만을 〈보기〉에서 있는 대로 고른 것은?

다음과 같이 10개의 숫자가 사각형 안에 적혀 있다.

1	2	3
4	5	6
7	8	9
	0	

숫자가 적혀 있는 두 사각형이 한 변을 서로 공유할 때 두 숫자가 '인접'한다고 하자. 서로 다른 6개의 숫자를 한 번씩만 사용하여 만든 암호에 대하여 다음 정보가 알려져 있다.

○4와 인접한 숫자 중 두 개가 사용되었다.
○6이 사용되었다면 9도 사용되었다.
○8과 인접한 숫자 중 한 개만 사용되었다.

─────〈보 기〉─────
ㄱ. 8이 사용되었다.
ㄴ. 2와 3은 모두 사용되었다.
ㄷ. 5, 6, 7 중에 사용된 숫자는 한 개이다.

① ㄱ
② ㄴ
③ ㄱ, ㄷ
④ ㄴ, ㄷ
⑤ ㄱ, ㄴ, ㄷ

31. 다음으로부터 추론한 것으로 옳은 것만을 〈보기〉에서 있는 대로 고른 것은?

8개의 축구팀 A, B, C, D, E, F, G, H가 다음 단계 1~3에 따라 경기하였다.

단계 1: 8개의 팀을 두 팀씩 1, 2, 3, 4조로 나눈 후, 각 조마다 같은 조에 속한 두 팀이 경기를 하여 이긴 팀은 준결승전에 진출한다.

단계 2: 1조와 2조에서 준결승전에 진출한 팀끼리 경기를 하여 이긴 팀이 결승전에 진출하고, 3조와 4조에서 준결승전에 진출한 팀끼리 경기를 하여 이긴 팀이 결승전에 진출한다.

단계 3: 결승전에 진출한 두 팀이 경기를 하여 이긴 팀이 우승한다.

무승부 없이 단계 3까지 마친 경기 결과에 대하여 갑, 을, 병, 정이 아래와 같이 진술하였다.

갑: A는 2승 1패였다.
을: E는 1승 1패였다.
병: C는 준결승전에서 B에 패했다.
정: H가 우승하였다.

그런데 이 중에서 한 명만 거짓말을 한 것으로 밝혀졌다.

─────〈보 기〉─────

ㄱ. 을의 진술은 참이다.
ㄴ. 갑이 거짓말을 하였으면 H는 준결승에서 E를 이겼다.
ㄷ. H가 1승이라도 했다면 갑 또는 병이 거짓말을 하였다.

① ㄴ   ② ㄷ   ③ ㄱ, ㄴ
④ ㄱ, ㄷ   ⑤ ㄱ, ㄴ, ㄷ

---

32. 다음으로부터 추론한 것으로 옳은 것만을 〈보기〉에서 있는 대로 고른 것은?

사회관계망 서비스(SNS)는 온라인에서 사용자를 연결해 주는 기능을 제공한다. 두 사용자가 다른 사용자를 거치지 않고 연결되어 있는 경우 '직접 연결'되어 있다고 한다. 어느 SNS를 이용하는 일곱 명의 사용자 A, B, C, D, E, F, G는 다음과 같이 연결되어 있다.

○A와 직접 연결되어 있는 사용자는 D, E를 포함하여 세 명이다.
○B와 직접 연결되어 있지 않은 사용자는 D를 포함하여 두 명이다.
○C와 직접 연결되어 있는 사용자는 F를 포함하여 세 명이다.
○A와 C 둘 다에게 직접 연결된 사용자는 G뿐이다.
○D와 직접 연결된 사용자는 한 명이다.
○E와 직접 연결된 사용자는 두 명이고, F와 직접 연결된 사용자는 세 명이다.

─────〈보 기〉─────

ㄱ. A와 F는 직접 연결되어 있지 않다.
ㄴ. C와 D 둘 다에게 직접 연결된 다른 사용자가 있다.
ㄷ. 팀의 구성원들 각자가 나머지 구성원들 모두와 직접 연결되어 있도록 팀을 만들 때, 가능한 팀의 최대 인원은 4명이다.

① ㄱ   ② ㄴ   ③ ㄱ, ㄷ
④ ㄴ, ㄷ   ⑤ ㄱ, ㄴ, ㄷ

33. A, B에 대한 평가로 옳은 것만을 〈보기〉에서 있는 대로 고른 것은?

로버트 밀리컨은 전하의 기본단위를 측정한 업적으로 노벨상을 받은 미국 물리학자이다. 그는 원통형 실린더 내부에 작은 기름방울들을 분사하고, 여기에 전기장을 걸어 주어 기름방울이 전하를 띠게 한 후 중력과 전기력의 영향으로 나타나는 기름방울의 운동을 관찰함으로써 전하의 값을 알아냈다. 노벨상을 받는 데 결정적인 역할을 한 1913년 논문에서 밀리컨은 58개의 기름방울에 대한 자료를 제시했다. 하지만 이후 밀리컨의 실험 노트를 분석한 결과에 따르면, 그는 1911년 10월부터 1912년 4월까지 100개 이상의 기름방울에 대한 실험을 수행하였고, 기름방울 실험에 대해 '아름다움', '뭔가 잘못됨', '최고의 결과' 등의 논평을 달아 놓은 것으로 밝혀졌다.

A: 밀리컨은 자신의 이론에 맞는 좋은 데이터만 남기고 이론에 잘 들어맞지 않는 나머지는 버리는 방식으로 '데이터 요리'를 저질렀기 때문에, 이는 명백히 의도적인 연구 부정행위에 해당한다.

B: 밀리컨이 일부 데이터를 버린 것은 사실이지만, 자신의 이론에 불리해서가 아니라 실험의 여러 가지 조건들이 최적으로 맞춰지지 않은 상태에서 얻은 데이터여서 버린 것이기 때문에, 이는 통상적인 과학 활동의 일부이다.

─────〈보 기〉─────

ㄱ. 논문에 포함되지 않은 대부분의 기름방울에 대해서는 단순히 관찰만 이루어졌고 전하량의 계산과 같은 추가적인 분석이 이루어지지 않았을 경우, A는 강화된다.

ㄴ. 논문에 포함된 58개 기름방울의 데이터를 이용했을 때와 실험 노트에 기록된 모든 기름방울의 데이터를 이용했을 때 단위 전하량의 계산 결과가 서로 많이 달랐다면, A는 약화된다.

ㄷ. 논문에 포함되지 않은 데이터 대부분이 기름방울의 크기가 크거나 측정 오차가 큰 경우 등 실험 조건이 완벽하지 못한 것들이었다면, B는 강화된다.

① ㄱ   ② ㄷ   ③ ㄱ, ㄴ
④ ㄴ, ㄷ   ⑤ ㄱ, ㄴ, ㄷ

34. 다음 논쟁에 대한 분석으로 옳은 것만을 〈보기〉에서 있는 대로 고른 것은?

(가) 저탄수화물 식단은 저지방 식단보다 체중 감량 효과가 뛰어나다. W 연구팀은 과체중이지만 건강한 지원자 51명을 대상으로 실험을 실시했다. 피실험자들은 원하는 만큼 음식을 섭취할 수 있었다. 하지만 그 음식에 포함된 탄수화물은 극도로 제한되었다. 실험 결과, 6개월 뒤 피실험자들의 체중은 약 10% 감소했다. W 연구팀은 후속 연구를 통해서 과체중 환자들을 저지방 식단 그룹과 저탄수화물 식단 그룹으로 나누고 비교했다. 이 연구에 따르면 저지방 식단 그룹의 체중은 6개월 동안 평균 6.7% 감소한 반면, 저탄수화물 식단 그룹의 체중은 평균 12.9% 감소했다.

(나) (가)의 주장은 저탄수화물 다이어트에 대한 오해를 야기한다. 그 주장은 음식 섭취량에 상관없이 탄수화물만 적게 먹으면 살을 뺄 수 있다는 것처럼 들린다. 하지만 이는 잘못이다. W 연구팀의 논문에서도 언급되었듯이 체중이 감소한 것은 근본적으로 피실험자들의 섭취 칼로리가 적었기 때문이다. 즉 저탄수화물 식단이 식욕을 억제함으로써 피실험자들의 음식 섭취량을 줄였다고 볼 수 있다.

(다) L 연구팀은 W 연구팀과 비슷한 방식으로 저탄수화물 식단과 저지방 식단이 피실험자에게 미치는 영향을 12개월 동안 추적했지만, 두 그룹 간 체중 감소량에 큰 차이를 발견하지 못했다. 하지만 첫 6개월 동안의 체중 감소량에는 큰 차이가 있었다. 저탄수화물 식단 그룹은 첫 6개월 동안 체중이 감소한 뒤 그 체중을 유지한 반면 저지방 식단 그룹은 12개월에 걸쳐 체중이 계속 감소했다. 따라서 저탄수화물 식단에 식욕 억제 효과가 있다고 하더라도 그 효과가 나타나는 기간은 제한적일 것이다.

─────〈보 기〉─────

ㄱ. (가), (나), (다)는 모두 저탄수화물 식단이 체중을 감소시키는 효과가 있다는 것에 동의한다.

ㄴ. (다)가 언급한 실험 결과는 W 연구팀의 실험 데이터에 오류가 있었음을 증명한다.

ㄷ. W 연구팀의 실험에서 저탄수화물 식단 그룹과 저지방 식단 그룹에 속한 피실험자들이 섭취한 칼로리가 동일하게 감소했다면, (가)에 대한 (나)의 비판은 약화된다.

① ㄱ   ② ㄴ   ③ ㄱ, ㄷ
④ ㄴ, ㄷ   ⑤ ㄱ, ㄴ, ㄷ

35. 다음으로부터 추론한 것으로 옳은 것만을 〈보기〉에서 있는 대로 고른 것은?

가설과 증거 사이에는 다양한 관계가 성립한다. 증거는 가설을 강화하기도 하고 약화하기도 하며 그 정도는 다양하다. '구리를 가열했더니 팽창했다'는 증거가 '모든 금속은 가열하면 팽창한다'는 가설을 강화하는 정도는 그 증거가 '어떤 금속은 가열하면 팽창한다'는 가설을 강화하는 정도와 다르다.

어떤 이론가들은 이런 강화 및 약화의 정도 사이에 다음과 같은 대칭성이 성립한다고 주장한다.

○증거-대칭성: 증거 E가 가설 H를 강화하는 정도와 증거 E의 부정이 가설 H를 약화하는 정도는 같다.

한편, 이런 강화 및 약화의 정도에는 최댓값이 있다. 주어진 배경 지식과 함께 증거 E가 가설 H를 논리적으로 함축하면 증거 E는 가설 H를 최대로 강화한다. 마찬가지로 주어진 배경 지식과 함께 증거 E가 가설 H의 부정을 논리적으로 함축하면 증거 E는 가설 H를 최대로 약화한다. 그리고 증거 E가 가설 H를 최대로 강화하고 E의 부정이 H를 최대로 약화하면, E가 H를 강화하는 정도와 E의 부정이 H를 약화하는 정도는 같다.

〈배경 지식〉

이번 살인 사건의 용의자는 갑, 을, 병 세 사람이다. 그리고 이 중 한 사람만 범인이다.

─〈보 기〉─

ㄱ. '갑이 범인이다'라는 증거는 '을이 범인이 아니다'라는 가설을 최대로 강화하지만, '갑이 범인이 아니다'라는 증거는 '을이 범인이 아니다'라는 가설을 최대로 강화하지 않는다.

ㄴ. 병이 범인이 아니라는 사실이 〈배경 지식〉에 추가된다면, '갑이 범인이다'라는 증거는 '을이 범인이다'라는 가설을 최대로 약화하고, '갑이 범인이 아니다'라는 증거는 '을이 범인이 아니다'라는 가설을 최대로 약화한다.

ㄷ. 병이 범인이 아니라는 사실이 〈배경 지식〉에 추가된다면, '갑이 범인이다'라는 증거와 '을이 범인이 아니다'라는 가설 사이에는 증거-대칭성이 성립한다.

① ㄱ   ② ㄴ   ③ ㄱ, ㄷ
④ ㄴ, ㄷ   ⑤ ㄱ, ㄴ, ㄷ

36. 다음으로부터 추론한 것으로 옳은 것만을 〈보기〉에서 있는 대로 고른 것은?

질병의 원인을 어떻게 추정할 수 있을까? 19세기 과학자 K가 제안한 단순한 초기 가설에 따르면, 어떤 병원균의 보균 상태가 아님에도 어떤 질병이 발병하거나 그 병원균의 보균 상태임에도 그 질병이 발병하지 않는다면, 그 병원균은 그 질병의 원인이 아니다. 이를테면 결핵 환자들 중에 어떤 병원균의 보균자인 사람도 있고 아닌 사람도 있다면 그 병원균을 결핵의 원인으로 추정할 수 없으며, 어떤 병원균의 보균자들 중에 결핵을 앓고 있는 사람도 있고 아닌 사람도 있다면 그 병원균 역시 결핵의 원인으로 추정할 수 없다는 것이다. 이를 엄밀하게 표현하면 아래와 같다.

다음 두 조건을 모두 만족하는 경우에, 병원균 X를 질병 Y의 원인으로 추정할 수 있다.
조건 1: Y를 앓는 모든 환자가 X의 보균자이다.
조건 2: 누구든 X의 보균자가 되면 그 때 반드시 Y가 발병한다.

─〈보 기〉─

ㄱ. 질병 D를 앓는 모든 환자들이 병원균 α와 β 둘 다의 보균자이고, 누구든 α와 β 둘 다의 보균자가 되면 그 때 반드시 D가 발병하는 경우, α도 조건 2를 만족하고 β도 조건 2를 만족한다.

ㄴ. 질병 D를 앓는 환자에게서 병원균 α와 β가 함께 검출되는 경우가 없다면, α와 β 중 기껏해야 하나만 위 두 조건을 모두 만족할 수 있다.

ㄷ. 질병 D를 앓는 모든 환자에게서 병원균 α와 β 중 적어도 하나가 검출된다면, α와 β 중 적어도 하나는 조건 1을 만족한다.

① ㄱ   ② ㄴ   ③ ㄱ, ㄷ
④ ㄴ, ㄷ   ⑤ ㄱ, ㄴ, ㄷ

37. 다음으로부터 추론한 것으로 옳은 것만을 〈보기〉에서 있는 대로 고른 것은?

인체에서 에너지는 주로 미토콘드리아의 전자전달계와 ATP 합성효소에 의해 생성된다. 전자전달계는 영양소를 분해할 때 생긴 전자가 단백질 복합체를 거쳐 최종적으로 산소에 전달되는 체계이다. 산소가 전자를 받으면 물이 되므로 전자전달계가 활성화되면 산소 소모량이 증가하게 된다.

1961년 미첼 박사는 전자전달계가 어떻게 ATP 합성과 연결되어 있는지에 대한 이론을 발표하였다. 이 이론에 따르면 전자전달계가 전자를 전달하는 동안 수소이온이 미토콘드리아 내막 바깥으로 투과되어 수소이온 전위차가 형성된다. 이 수소이온은 미토콘드리아 내막에 존재하는 ATP 합성효소를 통과하여 내막 안쪽으로 다시 들어온다. 이로써 전위차가 해소되고 효소가 활성화되어 ATP가 합성된다. 이처럼 전자전달계와 ATP 합성은 전위차를 통해 서로 연결되어 있다. 즉 전자전달이 일어나지 않으면 전위차가 형성되지 않아 ATP 합성이 일어날 수 없으며, 반면에 ATP 합성이 억제되면 전위차 해소가 일어날 수 없기 때문에 전자전달도 중지된다. 전위차가 해소되어야 지속적인 전자전달과 산소 소모가 이루어질 수 있기 때문이다. 이러한 이론은 전자전달계를 억제하는 약물 X 또는 ATP 합성효소 활성을 억제하는 약물 Y를 이용하여 다음과 같이 검증할 수 있다.

미토콘드리아를 분리하여 시험관에 넣은 후 반응을 일으키면 전자전달과 ATP 합성이 시작되어 산소 소모량과 ATP 합성량이 증가하게 된다. 일정 시간 경과 후에 약물 X 또는 약물 Y를 처리하여 변화를 관찰한다. 또한 약물 X 또는 약물 Y를 처리한 후 약물 Z를 처리하고 변화를 관찰한다. 약물 Z는 미토콘드리아 내막의 수소이온 투과도를 높임으로써 전자전달에 의한 전위차를 ATP 합성효소에 의하지 않고 급격하게 해소할 수 있는 약물이다. 약물 X, Y, Z는 모두 독립적으로 작용한다.

─────〈보 기〉─────
ㄱ. 약물 X만 처리한 경우 ATP 합성에는 영향을 주지 못한다.
ㄴ. 약물 Y만 처리한 경우 산소 소모량은 감소한다.
ㄷ. 약물 Y에 이어 약물 Z를 처리한 경우, 약물만 처리한 때에 비해 산소 소모량이 증가한다.

① ㄱ   ② ㄴ   ③ ㄱ, ㄷ
④ ㄴ, ㄷ   ⑤ ㄱ, ㄴ, ㄷ

38. 다음으로부터 추론한 것으로 옳은 것만을 〈보기〉에서 있는 대로 고른 것은?

B형 간염 바이러스는 바이러스 DNA와 그것을 둘러싼 단백질들로 되어 있다. 이 바이러스 단백질들은 체내 면역시스템에 대한 항원으로 작용하여 바이러스에 감염된 사람은 이에 대한 항체를 만들게 된다. 단백질 항원은 바이러스 DNA로부터 만들어지며, 바이러스 DNA가 체내에서 완전히 사라지면 항원도 결국 사라지게 된다. B형 간염 바이러스는 HBs 항원과 HBc 항원을 가지고 있다.

HBs 항원은 바이러스 감염 시 1~10주 이내에 혈중에 나타나며 회복되는 경우 4~6개월 후 사라진다. 6개월 이후에도 증상이 지속되고 HBs 항원이 양성이면 '만성 B형 간염'으로 진단한다. HBs 항원이 양성이지만 간의 염증 등 다른 증상이 나타나지 않는 경우는 'B형 간염 보유자'로 정의한다. HBs 항원이 소실되면서 HBs 항체가 양성이 되는데, 이는 인체에서 지속적으로 방어 항체로서 기능한다.

HBc 항원은 감염된 간세포 내에 존재하여 혈중에서는 검출되지 않는다. 반면 이에 대한 항체인 HBc 항체는 혈중에서 감염 직후부터 나타나며, M형과 G형 항체로 구분된다. M형 항체는 바이러스 복제가 활발한 시기에 나타나고, G형 항체는 급성, 만성기는 물론 회복기를 거쳐 평생 동안 지속된다.

B형 간염을 예방하기 위한 백신은 HBs 항원만을 분리하여 제조한다. 이를 주사할 경우 간염 바이러스 없이 HBs 항체를 생성하여 바이러스의 감염을 방어하게 된다.

─────〈보 기〉─────
ㄱ. HBs 항체가 양성이면서 HBc 항체가 음성이면 B형 간염 백신을 맞은 사람이다.
ㄴ. HBs 항체가 양성이면서 G형 HBc 항체가 양성인 사람은 과거에 B형 간염 바이러스에 감염된 적이 있다.
ㄷ. 만성 B형 간염 환자와 B형 간염 보유자의 차이는 체내 바이러스 DNA의 존재 유무이다.

① ㄱ   ② ㄷ   ③ ㄱ, ㄴ
④ ㄴ, ㄷ   ⑤ ㄱ, ㄴ, ㄷ

39. ⊙에 대한 평가로 옳은 것만을 〈보기〉에서 있는 대로 고른 것은?

초파리의 장에는 많은 종류의 세균이 존재하는데, 이들 세균은 초파리를 죽이는 병독균, 병독균의 성장을 저해하여 초파리에게 도움을 주는 유익균, 그 외의 일반균으로 구분된다. 이들 세균의 성장은 초파리의 장세포가 분비하는 활성산소에 의해 조절되며, 활성산소의 분비는 세균이 분비하는 물질에 의해 조절된다. 활성산소가 적정량 분비될 때는 초파리에게 해를 끼치지 않지만 다량 분비될 때는 초파리의 장세포에 염증을 일으킨다. 초파리 장내세균의 종류와 이를 조절하는 메커니즘을 알기 위해 장내세균이 전혀 없는 무균 초파리에 4종류의 세균 A~D 혹은 이들 세균이 분비하는 물질 X를 주입하여 다음과 같은 실험 결과를 얻었다. 단, 세균 B와 D는 물질 X를 분비한다.

장내 주입물	활성산소 분비	초파리 생존
물질 X	분비됨	건강하게 생존
세균 A	분비되지 않음	건강하게 생존
세균 B	적정량 분비됨	건강하게 생존
세균 C	분비되지 않음	죽음
세균 D	다량 분비됨	생존했으나 만성 염증
세균 A+세균 C	분비되지 않음	죽음
세균 B+세균 C	적정량 분비됨	건강하게 생존

이 실험 결과로부터 ⊙'초파리의 장세포가 분비하는 활성산소는 병독균의 성장을 저해한다'는 가설을 도출하고 추가 실험을 실시하였다.

〈보 기〉

ㄱ. 세균 A와 세균 B를 주입했을 때 활성산소가 적정량 분비되고 초파리는 건강하게 생존했다는 추가 실험 결과는 ⊙을 강화한다.
ㄴ. 물질 X와 세균 C를 주입했을 때 활성산소가 적정량 분비되고 초파리는 건강하게 생존했다는 추가 실험 결과는 ⊙을 강화한다.
ㄷ. 세균 C와 세균 D를 주입했을 때 활성산소가 다량 분비되고 초파리는 생존했지만 만성 염증이 발생했다는 추가 실험 결과는 ⊙을 강화한다.

① ㄱ   ② ㄴ   ③ ㄱ, ㄷ
④ ㄴ, ㄷ   ⑤ ㄱ, ㄴ, ㄷ

40. 다음으로부터 추론한 것으로 옳은 것만을 〈보기〉에서 있는 대로 고른 것은?

대부분의 세포는 생명 활동을 위해 금속인 철을 필요로 한다. 세포 내에 철이 부족할 경우 철을 필수적으로 사용하는 효소들이 제대로 기능을 할 수 없고, 철이 많을 경우 세포를 손상시키기 때문에 세포는 적당한 수준의 세포 내 철 농도를 유지하는 것이 필요하다. 세포 내에 철이 부족할 경우, 세포 외부로부터 철을 세포 내로 수송하는 단백질 A는 생산되지만 세포 내에서 철과 결합해 철 농도를 낮추는 단백질 B는 생산되지 않는다. 반대로 세포 내에 철이 많을 경우, 단백질 A는 생산되지 않고 단백질 B는 생산된다. 전사인자 T는 철이 많을 경우 철과 결합하고 철이 부족할 경우 철과 결합하지 않는 단백질로서, 다음 (가)~(다) 단계를 거쳐 단백질 A와 B의 생산을 조절한다.

단계 (가): 전사인자 T와 DNA의 결합 여부는 다음 중 하나로 결정된다.
　　ⓐ 철과 결합한 T는 DNA와 결합하고, 철과 결합하지 않은 T는 DNA와 결합하지 않는다.
　　ⓑ 철과 결합한 T는 DNA와 결합하지 않고, 철과 결합하지 않은 T는 DNA와 결합한다.
단계 (나): RNA C는 T가 DNA와 결합하면 생산되고, 결합하지 않으면 생산되지 않는다.
단계 (다): 단백질 A와 B 각각의 생산 여부는 다음 중 하나로 결정된다.
　　ⓒ RNA C가 있으면 생산되고, 없으면 생산되지 않는다.
　　ⓓ RNA C가 있으면 생산되지 않고, 없으면 생산된다.

〈보 기〉

ㄱ. 단백질 A의 생산 조절이 (가)의 ⓐ를 거칠 경우, (다)의 ⓓ를 거칠 것이다.
ㄴ. 단백질 B의 생산 조절이 (가)의 ⓐ를 거칠 경우, (다)의 ⓒ를 거칠 것이다.
ㄷ. 단백질 B의 생산 조절이 (다)의 ⓒ를 거칠 경우, T를 만드는 유전자를 제거한 돌연변이가 세포 내에서는 철이 많은 경우라도 B는 생산되지 않을 것이다.

① ㄱ   ② ㄷ   ③ ㄱ, ㄴ
④ ㄴ, ㄷ   ⑤ ㄱ, ㄴ, ㄷ

정답 및 해설 p.38

LEET 추리논증 기출문제

2018학년도
기출문제

01. A~C에 대한 평가로 옳은 것만을 〈보기〉에서 있는 대로 고른 것은?

X국은 "국가의 행정은 법적 근거를 갖고서 이루어져야 한다."라는 원칙을 세우고, 헌법에 "국민의 모든 자유와 권리는 필요한 경우에 한하여 법으로써 제한할 수 있다."라고 규정하였다. 그런데 모든 행정 영역에서 행정의 내용을 법에 미리 정하기는 쉽지 않다. 그렇다면 법으로 그 내용을 정하지 않은 행정 영역에 대하여도 이 원칙이 적용되는가? 이에 관해 견해의 다툼이 있다.

A: 자유권, 재산권 등 국민의 기본적인 권리를 제한하고 침해하는 행정에 대해서만큼은 행정의 자율에 맡겨둘 수 없고 법에 근거를 두어야 하지만, 기본적 권리를 제한하지 않고 국민에게 이익이 되는 행정은 법적 근거가 없어도 행정부에서 자유롭게 시행할 수 있다.

B: 법적 근거 없이 이뤄질 수 있는 행정의 자유영역은 존재하지 않는다. 행정이 법에 근거할 때 행정기관의 자의가 방지되고 행정작용의 적법성이 확보되므로 국가의 모든 행정작용은 법에 근거해야 한다.

C: 이 원칙을 모든 행정 영역에 무조건 적용하기보다 개인과 공공에게 영향을 미치는 중요한 행정의 영역에서만 적용하는 것이 타당하다. 개인과 공공에게 영향을 미치는 중요한 사항에 대해서는 입법자가 사전에 그 근거를 법으로 정해야 한다.

〈보 기〉

ㄱ. A에 따르면, 법에 시위 진압에 관한 근거가 없는 경우, 교통편의를 위해 시위를 진압할 필요가 있더라도 행정부는 집회의 자유권을 제한하는 시위진압행위를 해서는 안 된다.

ㄴ. B에 따르면, 구호품 지급에 관한 사항이 국민에게 이익이 되더라도 법에 그 내용이 규정되어 있지 않으면 행정부는 재난 시 이재민에게 구호품을 지급할 수 없다.

ㄷ. C에 따르면, 초등학교 무상급식 정책이 개인과 공공에 영향을 미치는 중요한 사항일 경우, 이 정책은 권리를 제한하지 않는 행정이어도 그 시행에 있어 사전에 법적 근거가 필요하다.

① ㄱ   ② ㄴ   ③ ㄱ, ㄷ
④ ㄴ, ㄷ   ⑤ ㄱ, ㄴ, ㄷ

02. 〈규정〉에 따라 〈사례〉를 판단한 것으로 옳은 것만을 〈보기〉에서 있는 대로 고른 것은? (단, 기간을 계산할 때 초일(初日)은 산입하지 않고, 공휴일 여부는 무시한다.)

〈규정〉

제1조(합당) ① 정당이 새로운 당명으로 합당(이하 '신설합당'이라 한다)할 때에는 합당을 하는 정당들의 대의기관의 합동회의의 결의로써 합당할 수 있다.

② 정당의 합당은 제2조 제1항의 규정에 의하여 선거관리위원회에 등록함으로써 성립한다.

③ 본조 제1항 및 제2항의 규정에 의하여 정당의 합당이 성립한 경우에는 그 소속 시·도당도 합당한 것으로 본다. 다만, 신설합당의 경우 합당등록신청일로부터 3개월 이내에 시·도당 개편대회를 거쳐 변경등록신청을 해야 한다.

④ 신설합당된 정당이 제3항 단서의 규정에 의한 기간 이내에 변경등록신청을 하지 아니한 경우에는 그 기간만료일의 다음 날에 당해 시·도당은 소멸된다.

제2조(합당된 경우의 등록신청) ① 신설합당의 경우 정당의 대표자는 제1조 제1항의 규정에 의한 합동회의의 결의가 있은 날로부터 14일 이내에 선거관리위원회에 합당등록신청을 해야 한다.

② 제1항의 경우에 시·도당의 소재지와 명칭, 대표자의 성명 및 주소는 합당등록신청일로부터 120일 이내에 보완해야 한다.

③ 제2항의 경우에 그 기간 이내에 보완이 없는 때에는 선거관리위원회는 시·도당의 등록을 취소할 수 있다.

〈사례〉

A당과 B당은 국회의원 선거를 앞두고 2017년 5월 1일 대의기관 합동회의에서 합당 결의를 하고 C당으로 당명을 변경하였다.

〈보 기〉

ㄱ. C당으로의 합당이 성립하려면 그 대표자에 의한 합당등록신청 외에 그 소속 시·도당의 합당이 전제되어야 한다.

ㄴ. C당 소속 시·도당이 개편대회를 통해 변경등록신청을 하지 않은 경우 당해 시·도당이 소멸되는 시점은 2017년 8월 16일이다.

ㄷ. C당의 대표자가 2017년 5월 10일 합당등록신청을 한 경우 늦어도 2017년 9월 7일까지 그 소속 시·도당의 대표자의 성명을 보완하지 않으면 당해 시·도당의 등록이 취소될 수 있다.

① ㄴ   ② ㄷ   ③ ㄱ, ㄴ
④ ㄱ, ㄷ   ⑤ ㄱ, ㄴ, ㄷ

03. 〈규정〉과 〈견해〉로부터 추론한 것으로 옳은 것만을 〈보기〉에서 있는 대로 고른 것은?

〈규정〉
A: 타인의 물건의 효용을 해한 자는 곤장 10대에 처한다.
B: 타인의 문서를 숨긴 자는 곤장 3대에 처한다.
　　단, B가 적용되는 경우에는 A는 적용하지 않기로 한다.

〈견해〉
갑: 물건의 효용을 해하는 행위란 파손뿐 아니라 숨기는 것도 포함한다. B는 물건의 효용을 해하는 행위 중에서 문서를 숨기는 행위를 가볍게 벌하는 규정이다. 타인의 문서를 숨긴 경우에는 B가 적용된다.
을: 물건의 효용을 해하는 행위란 파손뿐 아니라 숨기는 것도 포함한다. B는 물건 중에서 문서의 효용을 해하는 행위를 가볍게 벌하는 규정이다. 타인의 문서의 효용을 해한 경우에는 B가 적용된다.
병: 물건의 효용을 해하는 행위란 파손만을 포함하고 숨기는 것은 포함하지 않는다. B는 물건 중에서 문서를 숨기는 것을 벌하는 규정이다. 타인의 문서를 숨긴 경우에는 B가 적용된다.

─────〈보 기〉─────
ㄱ. 갑에 따르면, 타인의 문서를 파손한 경우 B가 적용되지 않는다.
ㄴ. 을에 따르면, 타인의 문서를 파손한 경우 B가 적용된다.
ㄷ. 병에 따르면, 타인의 문서를 파손한 경우 A가 적용된다.

① ㄱ　　　　　② ㄴ　　　　　③ ㄱ, ㄷ
④ ㄴ, ㄷ　　　　⑤ ㄱ, ㄴ, ㄷ

04. 〈규정〉에 따라 〈사례〉를 판단한 것으로 옳은 것만을 〈보기〉에서 있는 대로 고른 것은?

〈규정〉
(1) 주주가 소유하는 주식 1주 당 의결권 1개가 인정된다. 다만, 어떤 안건에 특별한 이해관계가 있는 주주는 주주총회에서 그 안건에 의결권을 행사하지 못한다.
(2) 이사는 주주총회의 특별결의로 해임될 수 있다.
(3) 주주총회의 특별결의는 출석 주주의 소유 주식 수가 회사 발행주식 총수의 3분의 1 이상이고, 출석 주주 중에서 의결권을 행사할 수 있는 주주의 의결권 수의 3분의 2 이상 찬성이라는 두 가지 요건을 모두 충족하는 결의를 말한다.

〈사례〉
　　X 주식회사의 발행주식 총수는 1,000주인데 모두 의결권이 있는 주식이다. 갑은 발행주식 총수의 34%, 을은 26%, 병은 40%를 갖고 있다. 병은 이 회사의 이사이다. 한편, 병의 이사해임 안건이 주주총회에 상정되었다. 병이 자신의 해임 안건에 대하여 특별한 이해관계가 있는 주주인지 여부가 다투어지고 있다.

─────〈보 기〉─────
ㄱ. 병이 해임 안건에 특별한 이해관계가 있다면, 갑, 을, 병이 모두 출석한 경우 갑과 을이 모두 해임에 찬성해야만 병의 해임 안건이 가결된다.
ㄴ. 병이 해임 안건에 특별한 이해관계가 없다면, 갑과 을은 불참하고 병만 출석한 경우 해임에 대한 가부의 결의를 할 수 없다.
ㄷ. 병이 해임 안건에 특별한 이해관계가 있다면, 을은 불참하고 갑과 병은 참석한 경우 갑의 찬성만으로 병의 해임을 가결할 수 없다.

① ㄱ　　　　　② ㄴ　　　　　③ ㄱ, ㄷ
④ ㄴ, ㄷ　　　　⑤ ㄱ, ㄴ, ㄷ

05. 〈견해〉에 따라 판단한 것으로 옳은 것만을 〈보기〉에서 있는 대로 고른 것은?

〈견해〉

갑: '행위 당시 행위자가 인식한 사실' 또는 '행위 당시 행위자 이외의 일반인이 인식·예견 가능했던 사실'에 기초해서 판단할 때, 그 행위에 의해 그 결과가 발생하는 것이 이례적이지 않은 경우에는 그 행위와 그 결과 사이의 인과관계가 인정된다.

을: '행위 당시 행위자의 인식 여부 또는 일반인의 인식·예견가능성 유무와 상관없이 그 당시 객관적으로 존재한 모든 사실'에 기초해서 판단할 때, 그 행위에 의해 그 결과가 발생하는 것이 이례적이지 않은 경우에는 그 행위와 그 결과 사이의 인과관계가 인정된다.

〈보 기〉

ㄱ. A가 땅콩에 대해 특이체질이라는 것을 알고 있는 X가 A에게 땅콩이 든 빵을 주어 이를 먹은 A가 땅콩에 대한 특이체질 반응을 일으켜 상해를 입은 경우, 갑과 을 모두 X의 행위와 A의 상해 사이의 인과관계를 인정한다.

ㄴ. 대낮에 보행신호에 따라 횡단보도를 건너던 B를 Y가 운전하는 트럭이 치고 지나가 B가 즉사했는데 Y는 운전 중 조는 바람에 이를 인식하지 못한 경우, 갑은 Y의 행위와 B의 사망 사이의 인과관계를 인정하지 않지만 을은 인정한다.

ㄷ. Z가 시속 10km로 자전거를 타다가 건장한 보행자 C와 부딪쳤는데 C가 아무렇지도 않다고 하여 그 자리를 떴다. 그 후 5분 정도 지나 C는 갑자기 의식을 잃고 쓰러져 병원으로 이송되었는데, 고혈압이 있는 C는 고혈압성 뇌출혈로 사망하였다. 이 경우 갑과 을 모두 Z의 행위와 C의 사망 사이의 인과관계를 인정한다.

① ㄱ　　　　　② ㄴ　　　　　③ ㄱ, ㄷ
④ ㄴ, ㄷ　　　　⑤ ㄱ, ㄴ, ㄷ

06. 다음 글로부터 추론한 것으로 옳지 <u>않은</u> 것은?

X국은 중소기업을 보호하기 위하여 2010년부터 중소기업 판단 규정을 적용하고 있다. 이 규정에 의하면, 1년간 매출액이 1,000억 원 이하이면 중소기업, 1,000억 원 초과이면 대기업에 해당한다. 그런데 중소기업의 매출액이 증가하여 대기업의 기준에 해당하게 되더라도 바로 그 해와 그 다음 해부터 3년간은 계속하여 중소기업으로 인정한다(이를 '중소기업보호기간'이라고 한다). 다만, 다음의 경우에는 중소기업보호기간을 인정하지 않는다.

○ 중소기업(중소기업보호기간 중인 기업 포함)이 아닌 기업과 합병한 경우

○ 중소기업보호기간을 적용받았던 기업이 매출액 감소로 원래 의미의 중소기업이 되었다가 매출액 증가로 다시 중소기업에 해당하지 않게 된 경우

기업별 매출액은 다음과 같다.

(단위: 억 원)

연도 기업	2010	2011	2012	2013	2014	2015	2016
A	900	900	900	900	900	900	2,000
B	900	900	900	900	900	2,000	3,000
C	900	900	900	900	900	900	3,000
D	900	2,000	2,000	2,000	2,000	900	2,000
E	900	900	900	2,000	2,000	2,000	2,000
갑	900	900	900	900	900	900	
을	2,000	2,000	2,000	2,000	2,000	2,000	
병	900	900	2,000	2,000	2,000	2,000	

① 2015년 A가 갑을 합병한 경우, 2016년 기준 A는 중소기업이다.

② 2015년 B가 을을 합병한 경우, 2016년 기준 B는 대기업이다.

③ 2015년 C가 병을 합병한 경우, 2016년 기준 C는 중소기업이다.

④ 2015년 D가 어떤 중소기업을 합병한 경우, 2016년 기준 D는 중소기업이다.

⑤ 2015년 E가 어떤 중소기업을 합병한 경우, 2016년 기준 E는 중소기업이다.

07. 〈X법〉을 〈사례〉에 적용할 때 갑이 지급받을 수 있는 보상금의 총합은?

〈X법〉

제1조(재해 등에 대한 보상) 국가의 업무 수행 중에 부상을 입거나 사망하면 재해 보상금을 지급하고, 치료로 인하여 생업에 종사하지 못하면 그 기간 동안 휴업 보상금을 지급한다. 다만, 다른 법령에 따라 국가의 부담으로 같은 종류의 보상금을 받은 자에게는 그 보상금에 상당하는 금액은 지급하지 아니한다.

제2조(재해 보상금의 지급) ① 제1조에 따른 재해 보상금은 사망 보상금과 장애 보상금으로 구분하며, 그 지급액은 다음과 같다.

1. 사망 보상금은 고용노동부에서 공표하는 전체 산업체 월평균임금총액(사망한 해의 전년도를 기준으로 한다)의 36배에 상당하는 금액

2. 장애 보상금은 장애등급에 따라 다음과 같이 정한다.

　가~마. 장애등급 1급~5급: (생략)

　바. 장애등급 6급: 사망 보상금의 $\frac{1}{2}$

제3조(휴업 보상금의 지급) 제1조에 따른 휴업 보상금은 통계청이 매년 공표하는 도시 및 농가가계비를 평균한 금액(전년도를 기준으로 한다)의 100분의 60에 해당하는 금액을 월 30일을 기준(31일이 말일인 경우에도 같다)으로 하여 1일 단위로 계산한 금액에 치료로 인하여 생업에 종사하지 못한 기간의 일수를 곱한 금액으로 한다.

〈사례〉

자영업자 갑은 2016년 8월 예비군 훈련 중 자신의 과실 없이 사고로 부상을 입어 60일간의 입원 치료로 생업에 종사하지 못하였고, 장애등급 6급 판정을 받았다. 갑의 월평균 수입은 360만 원이고, 고용노동부에서 공표하는 전체 산업체 월평균임금총액은 2015년 240만 원, 2016년 250만 원이다. 통계청이 공표하는 도시 및 농가가계비를 평균한 금액은 2015년 월 100만 원, 2016년 월 120만 원이다. 한편, 갑은 위 부상과 관련하여 X법이 아닌 다른 법령에 따라 국가로부터 재해 보상금으로 400만 원을 지급받았다.

① 4,040만 원　　② 4,120만 원　　③ 4,440만 원

④ 4,464만 원　　⑤ 4,840만 원

---

08. 다음 글을 근거로 판단한 것으로 옳은 것만을 〈보기〉에서 있는 대로 고른 것은?

행정청이 권한을 행사한 행위를 취소해 달라고 청구하는 소송을 취소소송이라 한다. 취소소송이 적법하기 위해서는 소송의 대상인 행정청의 행위가 다음 세 요소를 모두 갖추고 있어야 한다.

A: '행정청이 우월한 지위에서 한 공권력의 행사'여야 한다. 계약 당사자처럼 행정청이 상대방과 대등한 관계에서 행한 행위는 이에 해당하지 않는다.

B: '구체적 사실에 관한 행위'여야 한다. 이는 관련자가 특정되거나 개별적이고 규율대상이 구체적인 행위를 말하고, 시행령 제정행위와 같이 규율대상이 일반적인 행위는 이에 해당하지 않는다.

C: '권리·의무에 직접적으로 영향을 미치거나, 변동을 일으키는 것'이어야 한다. 행정청의 행위에 의하여 비로소 변동이 발생하여야 하므로, 기존의 법률관계에 의하여 이미 발생한 의무를 이행하라고 독촉하는 행위는 이에 해당하지 않는다.

〈보　기〉

ㄱ. 행정청과 갑은 행정청이 갑에게 제품개발자금을 지급하되 갑의 책임으로 사업이 실패할 경우에는 행정청이 지급한 자금의 반환을 요구할 수 있도록 정한 계약을 체결하였다. 행정청은 이 계약에 따라 갑에게 개발자금을 지급하였는데, 갑의 책임으로 사업이 실패하자, 지급한 개발자금을 반환하라고 요구하였다. 행정청의 개발자금 반환 요구행위는 A, B, C 모두 갖추었다.

ㄴ. 감사기관이 P시의 공무원 을의 징계권자인 P시장에게 복무규정을 위반한 을을 징계하라고 요구하였으나, 감사기관의 징계요구는 강제성이나 구속력이 없어 P시장은 이에 따르지 않고 을에게 아무런 징계를 하지 않았다. 을이 감사기관의 징계요구에 대해 취소소송을 제기하는 것은 C를 갖추지 못하였다.

ㄷ. S시장은 S시 소유의 X토지를 병에게 적법하게 임대해 주었고, 그 후 임대차계약에서 정한 사용료산정방식에 따라 X토지를 사용한 기간 동안의 토지 사용료를 납부하라고 병에게 통보하였다. 시장이 병에게 한 X토지 사용료의 납부통보는 A와 C를 갖추지 못하였다.

① ㄱ　　　　　② ㄴ　　　　　③ ㄱ, ㄷ

④ ㄴ, ㄷ　　　　⑤ ㄱ, ㄴ, ㄷ

09. 다음 글로부터 추론한 것으로 옳지 <u>않은</u> 것은?

행정청이 허가를 내린 후에 허가의 효력을 상실시키기 위해서 그 허가를 취소하는 경우가 있다. 이러한 허가 취소는 두 유형으로 나눌 수 있다.

유형 A는 허가를 내릴 당시에는 허가를 받을 요건을 모두 갖추고 있어 허가가 내려졌는데 그 후에 의무를 위반하는 등으로 허가를 받은 자에게 책임이 있거나 공익을 위해 허가를 거둬들여야 하는 새로운 사정이 발생하여 행정청이 장래를 향해 허가의 효력을 소멸시키는 것이다. 허가가 발령 당시에는 정당하게 내려진 허가이므로 행정청은 함부로 이 유형의 허가 취소를 할 수 없고, 법에 이러한 사정이 개별적으로 허가 취소의 사유로 규정되어 있어야 한다. 허가를 받은 자에게 책임이 있어서 내려지는 유형 A의 허가 취소는 제재적 의미를 갖기 때문에 허가를 받은 자가 이미 받은 허가에 대한 신뢰를 보호해 달라고 주장할 수 없지만, 공익을 위해 허가를 거둬들여야 하는 새로운 사정이 발생해서 내려지는 유형 A의 허가 취소에 대해서는 허가에 대한 신뢰를 보호해 달라고 주장할 수 있다.

유형 B는 애초에 허가를 받을 요건을 구비하지 못하였음에도 허가가 위법 또는 부당하게 내려진 것에 대하여 행정청이 이를 바로잡기 위해 허가의 효력을 소급해서 소멸시키는 것이다. 유형 B의 허가 취소는 법에 이를 할 수 있는 사유에 관한 규정이 없어도 이뤄질 수 있다. 또한 이 유형의 허가 취소는 허가를 받은 자가 스스로 위법 또는 부당한 방법으로 허가를 받았거나 허가가 위법 또는 부당하게 내려진 사실을 알 수 있었기 때문에, 허가를 받은 자가 허가에 대한 신뢰를 보호해 달라고 주장할 수 없다.

① 허가를 받은 자가 행정청의 정당한 약관변경명령을 이행하지 않아 행정청이 허가 취소를 하는 경우는 유형 A에 해당한다.

② 허가에 필요한 시설을 갖춘 것처럼 허위의 자료를 제출하여 허가를 받은 자에 대해 행정청이 허가 취소를 하는 경우는 유형 B에 해당한다.

③ 허가가 내려진 이후 해당 사업을 폐지하기로 행정정책이 바뀌어 행정청이 그 허가를 취소하려는 경우, 허가를 받은 자는 허가에 대한 신뢰를 보호해 달라고 주장할 수 있다.

④ 허가에 필요한 동의서의 수가 부족하였으나 이를 간과하고 허가가 내려진 것이 발견되어 행정청이 허가 취소를 하는 경우, 법에 이 사유가 허가 취소 사유로 규정되어 있지 않으면 행정청이 허가 취소를 할 수 없다.

⑤ 허가를 받은 자가 허가를 받은 날부터 정당한 사유 없이 2년이 지나도록 사업을 개시하지 않고 있어 이를 이유로 행정청이 허가 취소를 하는 경우, 법에 이 사유가 허가 취소 사유로 규정되어 있어야 행정청이 허가 취소를 할 수 있다.

10. 다음으로부터 추론한 것으로 옳은 것만을 〈보기〉에서 있는 대로 고른 것은?

계약 위반을 두고 갑과 을이 다투는 소송에서 판사가 판결을 내리는 상황을 생각해 보자. 둘 사이의 계약에서 계약 위반이 발생하는 조건은, 첫째, 계약이 특정한 행위 X를 금지하고, 둘째, 계약 당사자가 그 금지된 행위를 하는 것이다. 갑은 을이 계약을 위반했다고 주장하는 반면, 을은 위반하지 않았다고 주장한다. 을이 계약을 위반했는지를 따지는 쟁점은 다음 두 쟁점에 달려 있다. 하나는 이 계약이 을로 하여금 행위 X를 하지 못하도록 금지하는지 여부이고, 다른 하나는 을이 실제로 행위 X를 했는지 여부이다.

세 명의 판사가 내린 판단은 각각 달랐다. 판사1은 이 계약이 행위 X를 금지하고 을이 행위 X를 했다고 본다. 판사2는 이 계약이 행위 X를 금지하는 것은 맞지만 을이 행위 X를 한 것은 아니라고 본다. 판사3은 을이 행위 X를 한 것은 맞지만 이 계약이 행위 X를 금지하는 것은 아니라고 본다. 이 경우 우리는 어떤 결론을 내리는 것이 옳을까?

각 쟁점에 대해서 다수의 판사들이 내리는 판단을 따른다는 원칙을 받아들이기로 하자. 만약 각 쟁점에 대해서 서로 다른 판단을 내리는 판사의 수가 같다면, 가장 경력이 오래된 판사의 판단에 따르기로 한다. 세 명의 판사 중 가장 경력이 오래된 판사는 판사1이다. 그렇다면 우리는 이 계약이 행위 X를 금지하고 있다고 받아들여야 하고 을이 행위 X를 한 것도 받아들여야 한다. 그럼에도 불구하고 을이 계약 위반을 한 것은 아니라고 판단해야 하는 ㉠ 곤란한 상황에 도달한다. 왜냐하면 이 다툼에서 을이 계약을 위반했다고 판단하는 판사는 한 명뿐이기 때문이다.

〈보 기〉

ㄱ. 을은 자신이 행위 X를 하지 않았다고 주장하였을 것이다.

ㄴ. 만약 다른 조건은 동일한데 판사3이 '이 계약은 행위 X를 금지하는 것도 아니고 을이 행위 X를 한 것도 아니다'라고 판단했더라면, ㉠은 발생하지 않았을 것이다.

ㄷ. 만약 다른 조건은 동일한데 판사 한 명을 추가하여 네 명이 판단하도록 했다면, ㉠은 발생하지 않았을 것이다.

① ㄱ　　　　　② ㄴ　　　　　③ ㄱ, ㄷ
④ ㄴ, ㄷ　　　⑤ ㄱ, ㄴ, ㄷ

11. ⊙과 ⓒ에 대한 평가로 옳은 것만을 〈보기〉에서 있는 대로 고른 것은?

많은 사람들은 ⊙ 동물에게도 도덕적 지위를 인정해야 한다고 주장한다. 어떤 대상에게 도덕적 지위를 부여하려면 적어도 그것이 쾌락과 고통의 감각 능력뿐만 아니라 주체적으로 지각하고 판단할 수 있는 능력까지 갖고 있어야 할 것이다. 사람들은 많은 고등 동물들이 이 두 가지 능력을 갖추었다고 판단한다. 물론 개니 고양이의 지각·판단 능력은 인간에 비해 열등하지만, 그렇다고 동물들이 주체적이지 않다고 하기는 어렵다. 단지 인간 수준에 못 미치는 것이 이유라면, 혹시라도 인간보다 훨씬 우월한 외계 종족 앞에서 우리가 주체적이지 않은 존재로 무시될 가능성이 있다. 그런 가능성이 우려된다면, 우리도 개나 고양이의 주체적 지각·판단 능력을 인정하는 편이 낫다.

로봇의 경우는 어떤가? 일반적으로 로봇의 핵심 특성으로 간주되는 지각, 정보처리, 행동출력의 세 요소는 동물의 주요 특징이기도 하다. 게다가 외부 자극을 수용하고 그 정보를 처리하여 적절한 반응을 출력하는 능력을 인정한다면, 쾌락과 고통의 감각 능력도 함께 인정하는 것이 자연스럽다. 이를테면, 로봇의 팔을 송곳으로 찔렀을 때 팔을 움츠리며 "아야!" 한다면 지금 고통을 느끼고 있다고 판단할 수 있다는 것이다. 또한 로봇을 금속이나 플라스틱이 아니라 동물의 신체와 동질적인 유기물 재료로 구성하는 일도 얼마든지 가능하다. 그렇게 보면 아마도 로봇과 동물의 차이가 분명해지는 측면은 양자의 발생적 맥락뿐일 것이다. 이렇듯 동물과 로봇의 유사성이 충분히 인정되는 상황에서, 적어도 동물에게 도덕적 지위를 부여할 수 있다고 생각하는 사람이라면, 심지어 지각 및 정보처리 능력에서 인간 수준에 필적해 있는 ⓒ 로봇에게 도덕적 지위를 부여하지 못할 이유는 없을 것 같다.

〈보 기〉

ㄱ. 동물과 로봇의 발생적 이력 차이가 쾌락 및 고통의 감각 능력을 평가하는 데 매우 중요한 요소로 밝혀진다면, ⊙에는 영향이 없고 ⓒ은 약화된다.

ㄴ. 동물과 로봇의 구성 소재 차이가 극복할 수 없는 것으로 밝혀진다면, ⊙은 강화되지만 ⓒ은 약화된다.

ㄷ. 인간보다 우월한 지각 및 판단 능력을 가진 대상이 존재하지 않는다면, ⊙은 약화되지만 ⓒ은 강화된다.

① ㄱ ② ㄴ ③ ㄱ, ㄷ
④ ㄴ, ㄷ ⑤ ㄱ, ㄴ, ㄷ

12. 다음 글에 대한 분석으로 적절한 것만을 〈보기〉에서 있는 대로 고른 것은?

'선의의 거짓말'이라는 말이 있다. 도망자의 행방을 당신이 알고 있는 상황에서 그를 죽이려고 찾아온 사람에게 그의 행방을 알려주지 않고 거짓말을 하는 경우가 전형적 사례이다. 선의의 거짓말을 두고 서로 다른 견해가 있다.

A: 선의의 거짓말의 결과가 오히려 예상 외로 나쁠 수 있다. 도망자의 행방을 사실대로 말했더라면 죽지 않았을 텐데, 선의의 거짓말을 한 결과 도리어 도망자가 그를 죽이려고 찾아온 사람과 마주쳐 죽임을 당했다고 해 보자. 이때 당신은 아마 그 죽음의 원인 제공자로 비난받아 마땅할 것이다. 누구든 거짓말을 하는 자는 그 결과에 대해 책임을 져야 하기 때문이다. 따라서 가장 합리적인 방침은 이미 알려진 죄악인 거짓말을 하지 않고, 결과는 순리에 맡기는 것이다. 비록 그 결과가 나쁘더라도 우리는 의무를 다했으므로 우리의 잘못으로 여겨지지는 않을 것이다.

B: 사실대로 말할 경우 피해자가 죽임을 당할 것이 분명한데도 사실을 말한다면 이는 비난받아 마땅할 것이다. 대부분의 일상적 경우에 우리는 우리 행위의 결과에 대해 상당 정도 확신할 수 있고, 그러한 상황에서는 불확실성 때문에 망설이지 않아도 된다. 주어진 정황상 혹은 우리에게 주어진 정보 하에서 내가 거짓말을 함으로써 피해자를 보호할 수 있으리라고 생각할 만한 충분한 이유가 있다면, 그러한 상황에서는 거짓말을 하는 것이 옳다. 물론 그러한 행위가 어떤 결과를 낳을지 우리는 절대 확신할 수 없다. 그러나 우리는 그저 최선의 결과를 낳을 것으로 생각되는 행위를 하면 될 뿐이다.

〈보 기〉

ㄱ. A는 거짓말로 인한 나쁜 결과에 대해서는 책임을 져야 하지만 사실을 말해서 얻게 되는 나쁜 결과에 대해서는 책임이 없다고 전제하고 있다.

ㄴ. B는 어떤 행위의 실제 결과가 나쁜 것으로 드러나더라도 그 행위를 하는 것이 올바른 선택일 수 있다는 점을 인정한다.

ㄷ. A와 B 모두 행위의 옳고 그름이 그 행위의 실제 결과에 전적으로 달려 있다는 데 동의하지 않는다.

① ㄴ ② ㄷ ③ ㄱ, ㄴ
④ ㄱ, ㄷ ⑤ ㄱ, ㄴ, ㄷ

13. 다음 글로부터 추론한 것으로 옳은 것만을 〈보기〉에서 있는 대로 고른 것은?

우리는 대상이 갖고 있는 성질들을 본질적 속성과 우연적 속성으로 나눌 수 있다. 본질적 속성은 어떤 대상을 바로 그 대상이게끔 하는 성질로서 그 대상이 바로 그 대상으로서 존재하는 한 절대 잃어버릴 수 없는 것이다. 반면 우연적 속성이란 그 대상이 바로 그 대상으로 존재하는 데 반드시 필요한 것은 아니라서 그 대상으로 존재하면서도 갖고 있지 않을 수 있는 성질이다. 예를 들어, 시간을 표시해 주는 것이 시계의 본질적 속성이라면, 시침과 분침이 있다는 것은 우연적 속성이다. 문제는 이런 구분의 보편적 기준을 확립할 수 있느냐에 있다. 다음 우화에 등장하는 동물들은 저마다 기준이 다른 것처럼 보인다.

어느 날 사슴 초롱이가 암소 얼룩이를 만났다.
"너는 참 우스꽝스럽게 생긴 사슴이구나! 그래도 뿔은 멋진걸." 하고 초롱이가 말했다.
"나는 암소지 사슴이 아니야!" 하고 얼룩이가 말했다.
"다리 네 개와 꼬리 하나와 머리에 뿔이 있는 걸 보니, 넌 틀림없이 사슴이야! 만약에 그 중에 하나라도 너한테 없다면, 당연히 나랑 같은 사슴이라 할 수 없겠지만 말이야."
"하지만 나는 '음매' 하고 우는데!"
"나도 '음매' 하고 울 수 있어." 하고 초롱이가 말했다.
"그래? 그럼 너는 네 몸에서 젖을 짜서 사람들에게 줄 수 있어? 나는 그런 일도 할 수 있단 말이야!" 하고 얼룩이가 말했다.
"그래, 맞아, 난 못해. 그러니까 너는 사람들을 위해 젖을 짜낼 수 있는 사슴인 거야!"
초롱이와 얼룩이가 토끼 깡총이를 만났다. 깡총이는 초롱이와 얼룩이를 귀가 작은 토끼들이라고 부른다. 그러고 나서 초롱이와 얼룩이와 깡총이가 함께 조랑말 날쌘이에게로 간다. 그러자 날쌘이가 그들 모두에게 "조랑말들아, 안녕!" 하고 인사를 건넨다.

〈보 기〉
ㄱ. 얼룩이가 젖을 짜낼 수 있는 성질을 암소의 본질적 속성으로 여긴다면, 얼룩이는 초롱이를 암소로 여기지 않을 것이다.
ㄴ. 만약 깡총이 머리에 뿔이 없다면, 초롱이는 깡총이를 사슴으로 여기지 않을 것이다.
ㄷ. 만약 초롱이가 날쌘이를 사슴으로 여긴다면, 날쌘이는 '음매'하고 울 수 있을 것이다.

① ㄱ   ② ㄷ   ③ ㄱ, ㄴ
④ ㄴ, ㄷ   ⑤ ㄱ, ㄴ, ㄷ

---

14. 다음 논쟁에 비추어 〈사례〉를 평가한 것으로 옳은 것만을 〈보기〉에서 있는 대로 고른 것은?

갑: 어떤 것이 없다거나 어떤 것을 행하지 않았다는 것은 원인이 될 수 없어. 예를 들어, 철수가 화초에 물을 주지 않았다는 것이 그 화초가 죽게 된 원인이라고는 할 수 없지. 다른 것의 원인이 되기 위해서는 일단 존재하는 것이어야 하니까. 만약 철수가 화초에 뜨거운 물을 주어 화초가 죽었다면, 철수가 준 뜨거운 물이 화초가 죽게 된 원인이라고 할 수 있지. 철수가 준 뜨거운 물은 존재하는 것이니까 말이야.
을: 원인이 되는 사건이 일어나지 않았더라면 결과도 일어나지 않았을 것이라고 판단할 수 있는지가 원인과 결과를 찾는 데 중요해. 철수가 화초에 물을 주었더라면 화초가 죽는 사건은 일어나지 않았을 거야. 그런 점에서 철수가 화초에 물을 주지 않았다는 것이 화초가 죽게 된 원인이라고 해야겠지.
병: 이미 일어난 사건이 일어나지 않았을 상황을 상상하라는 것은 지나친 요구가 아닐까? 어떤 사건이 다른 사건의 원인인지 여부는 경험할 수 있는 것을 토대로 밝혀져야 한다고 생각해. 어떤 사건이 일어난 시점 이후에 다른 사건이 일어나는 경우에만 앞선 사건이 뒤이은 사건의 원인일 수 있어. 물론 그것만 가지고 그 사건을 원인이라고 단정할 수는 없지만 말이야.

〈사례〉

탐험가 A는 홀로 사막으로 탐험을 떠날 예정이다. 그런데 그의 목숨을 노리는 두 사람 B와 C가 있다. A는 사막에서 생존하는 데 필수적인 물을 물통에 가득 담아 챙겨 두었다. B는 몰래 이 물통을 비우고 물 대신 소금을 넣었다. 이후 이를 모르는 C는 A가 탐험을 떠나기 직전 물통을 훔쳤다. 탐험을 떠난 A는 주변에 마실 물이 없었기 때문에 갈증 끝에 죽고 말았다.

〈보 기〉
ㄱ. 갑은 A 주변에 오아시스가 없다는 것이 A가 사망한 사건의 원인이라고 보지 않을 것이다.
ㄴ. 을은 B의 행위와 C의 행위가 각각 A가 사망한 사건의 원인이라고 볼 것이다.
ㄷ. 병은 B의 행위가 A가 사망한 사건의 원인이라고 볼 것이다.

① ㄱ   ② ㄴ   ③ ㄱ, ㄷ
④ ㄴ, ㄷ   ⑤ ㄱ, ㄴ, ㄷ

15. 다음 글을 분석한 것으로 옳은 것만을 〈보기〉에서 있는 대로 고른 것은?

> 일상적인 조건문의 진위는 어떻게 결정되는가? 다음 예를 통해 알아보자.
>
> K공항에서 비행기가 이륙하기 위해서는 1번 활주로와 2번 활주로 중 하나를 통해서만 가능하다. 영우는 1번 활주로가 며칠 전부터 폐쇄되어 있다는 것을 안다. 그래서 ㉠ "어제 K공항에서 비행기가 이륙했다면, 1번 활주로로 이륙하지 않았다."라고 추론한다. 경수는 2번 활주로가 며칠 전부터 폐쇄되어 있다는 것과 비행기 이륙이 1번 활주로와 2번 활주로 중 하나를 통해서만 가능하다는 것을 알고 있다. 경수는 이로부터 ㉡ "어제 K공항에서 비행기가 이륙했다면, 1번 활주로로 이륙했다."라고 추론한다.
>
> 위 예에서 영우와 경수가 사용한 정보들은 모두 참이며 영우와 경수의 추론에는 어떤 잘못도 없으므로 ㉠도 참이고 ㉡도 참이라고 결론 내릴 수 있다.
>
> 그런데 정말 ㉠과 ㉡이 둘 다 참일 수 있을까? 우리가 일상적으로 'A이면 B이다'라는 조건문의 진위를 파악하는 (가) 방식에 따르면, A를 참이라고 가정하고 B의 진위를 따져본다. 즉 A를 참이라고 가정할 때, B가 참으로 밝혀지면 'A이면 B이다'가 참이라고 판단하고, B가 거짓으로 밝혀지면 'A이면 B이다'가 거짓이라고 판단한다. 이에 따라 A가 참이라고 가정해 보자. 그런데 'B이다'와 'B가 아니다' 중에 하나만 참일 수밖에 없으므로, 'A이면 B이다'와 'A이면 B가 아니다'가 모두 참이라고 판단하는 것이 가능하지 않다. 그렇다면 조건문의 진위를 파악하는 이 방식에 따르면, ㉠과 ㉡ 중 최소한 하나는 참이 아니라고 결론 내려야 한다. 그러나 이는 앞의 결론과 충돌한다.

〈보 기〉

ㄱ. 영우가 가진 정보와 경수가 가진 정보를 모두 가지고 있는 사람은 "어제 K공항에서는 어떤 비행기도 이륙하지 않았다."를 타당하게 추론할 수 있다.

ㄴ. 영우가 가진 정보가 참이라는 것을 아는 사람이 (가)를 적용하면 ㉡이 거짓이라고 판단할 것이다.

ㄷ. 영우나 경수가 가진 어떤 정보도 갖지 않은 사람이 (가)를 적용하면, ㉠과 ㉡이 모두 거짓이라고 판단할 것이다.

① ㄱ   ② ㄷ   ③ ㄱ, ㄴ
④ ㄴ, ㄷ   ⑤ ㄱ, ㄴ, ㄷ

---

16. A~C에 대한 분석으로 적절한 것만을 〈보기〉에서 있는 대로 고른 것은?

> 대개 우리는 사실 판단과 당위 판단을 엄격히 구분한다. 예컨대 '약속한다'거나 '선언한다'고 할 때 '~한다'는 행위는 누군가가 어떤 시점에 어떤 것을 말한다는 사실의 문제인 반면, 그 말을 한 사람이 이후에 무언가를 '해야 한다'는 것은 사실의 문제와는 다른 당위의 문제라고 생각한다. 그런데 다음 논증을 보자.
>
> (1) 존은 다음과 같이 말한다. "나는 스미스에게 5달러를 지불하기로 약속한다."
> (2) 따라서 존은 스미스에게 5달러를 지불하기로 약속한 것이다.
> (3) 따라서 존은 스미스에게 5달러를 지불해야 한다.
>
> 사실로부터 시작해 당위를 최종 결론으로 이끌어내는 이 논증에 대해 세 사람 A, B, C는 각각 아래와 같이 평가하였다.
>
> A: 이 논증은 (2)에서 (3)으로 나아가는 과정은 문제가 없지만, (1)에서 (2)로 나아가는 과정에 논리적 결함이 있다. 단순히 연극의 대사나 문법책의 예문을 읊은 경우라면 (1)로부터 (2)가 도출되지 않는다. 이런 예외적인 경우가 아니라면 (1)로부터 (2)가 도출되며, 이때는 존이 (3)과 같은 의무를 지닌다고 할 수 있다.
> B: 이 논증은 존이 보통의 상황에서 약속을 했다고 할 때 (1)에서 (2)로 나아가는 과정은 문제가 없지만, (2)에서 (3)으로 나아가는 과정에 논리적 결함이 있다. (2)로부터 (3)이 바로 도출되는 것은 아니다. 그것이 도출되려면 사실과 당위를 연결해주는 암묵적 전제를 새로 추가해야 한다.
> C: 이 논증은 (2)에서 (3)으로 나아가는 과정에 논리적 결함이 있다. '약속한다'는 말은 때로 당위를 의미하기도 하지만 때로 누구와 어떤 약속을 한다는 객관적 사실을 표현하기도 한다. 이처럼 '약속한다'는 말은 다의적이며, (2)에서 그것이 당위를 의미한다는 보장이 없는 한 (3)으로 나아가는 과정은 문제가 된다.

〈보 기〉

ㄱ. A가 (2)를 당위 판단으로 여기는지 여부는 알 수 없다.

ㄴ. B는 (2)를 사실 판단으로 여기는 반면 C는 (2)를 당위 판단으로 여긴다.

ㄷ. A는 사실 판단에서 당위 판단이 도출될 수 있다고 보지만 C는 그렇지 않다.

① ㄴ   ② ㄷ   ③ ㄱ, ㄴ
④ ㄱ, ㄷ   ⑤ ㄱ, ㄴ, ㄷ

17. ⊙으로 적절한 것만을 〈보기〉에서 있는 대로 고른 것은?

어떤 논리학 교수가 한 농부와 대화를 나누었다.

교수: 자, 독일에 낙타가 없다고 합시다. 그리고 B라는 도시가
독일에 있다는 건 잘 아시죠? 그럼 B에 낙타가 있을까요,
없을까요?

농부: 글쎄요, 잘 모르겠습니다. 독일에는 가본 적이 없어서요.

교수: 다시 생각해 보시죠. 그냥 독일에 낙타가 없다고 치자는
겁니다.

농부: 음, 다시 생각해 보니 B에 낙타가 있을 것도 같군요.

교수: 그래요? 어째서 그렇게 생각하시죠? 제 질문을 제대로 기
억하시나요?

농부: 독일에는 낙타가 없는데, 그럴 때 B에 낙타가 있느냐, 없
느냐, 물으시는 거 아닌가요? 그런데 B가 꽤 큰 도시라고
알고 있거든요. 그래서 거기에 낙타가 있을 것 같다는 생
각이 드는 겁니다.

교수: 그러지 말고 제 질문을 다시 잘 생각해 보시죠.

농부: 아무래도 그 도시에는 확실히 낙타가 있을 것 같습니다.
왜냐하면 세상에는 큰 도시들이 있는데, 그런 곳에는 꼭
낙타들이 있는 법이니까요. B가 큰 도시라는 건 당신도
아실 테고요.

교수: 그렇지만, 독일 안에 그 어디에도 낙타라고는 단 한 마리
도 없다고 치자고 했는데 그건 어떻게 되나요?

농부: 그건 모르겠고 하여튼 B가 큰 도시잖아요. 그러면 카자
크스나 크리기즈(둘 다 낙타의 종들이다)가 거기에 있을
것입니다.

대화를 마친 직후 교수는 이 농부가 논리적 추론을 전혀 할
줄 모른다고 판단했다. 하지만 얼마 후 교수는 ⊙이 대화의 녹
취록에서 찾아낸 근거를 고려하여 자신의 판단이 너무 성급했다
고 생각하게 되었다.

─────〈보 기〉─────
ㄱ. 실제로 농부는 대화 중에 올바른 논증을 사용한 적이 있다.
ㄴ. 큰 도시에 낙타가 있고 B가 큰 도시라는 농부의 말은 거짓
이 아니었다.
ㄷ. 농부는 순전히 가정적인 전제에서 시작하는 추론을 굳이 할
필요가 없다고 여긴 것 같다.

① ㄱ   ② ㄴ   ③ ㄱ, ㄷ
④ ㄴ, ㄷ   ⑤ ㄱ, ㄴ, ㄷ

18. A~C에 대한 평가로 옳은 것만을 〈보기〉에서 있는 대로
고른 것은?

우리는 나무나 별과 같은 물리적 대상이 존재한다는 점은 모
두 인정한다. 수나 집합과 같은 수학적 대상도 마찬가지로 존재
한다고 할 수 있을까? 물리적 대상은 특정 시점과 특정 장소에
존재한다고 말할 수 있지만, 수학적 대상은 그렇지 않다는 점에
서 비시간적이고 비공간적인 대상으로 생각된다. 또한 나무나
별은 우리의 감각에 직간접으로 어떤 영향을 미친다는 점에서
인과적 대상인 반면, 수나 집합과 같은 수학적 대상은 인과적
영향을 전혀 미치지 않는다는 점에서 비인과적 대상으로 생각된
다. 이처럼 비시간적이고 비공간적이고 비인과적인 대상을 '추
상적' 대상이라 부르기도 한다.

A: "2는 소수이다."를 참으로 받아들이면서 2의 존재를 부정할
수는 없다. 이는 우리가 "저 나무는 파랗다."를 참으로 받아
들이면서 저 나무의 존재를 부정할 수는 없는 이치와 같다.
따라서 수학적 대상은 추상적 대상일 뿐 존재한다는 점에서
는 물리적 대상과 다르지 않다.

B: 수학적 대상은 추상적 대상이므로 그것은 비인과적 대상이
다. 그러므로 그러한 대상이 있건 없건 우리의 구체적이고
물리적인 세계는 아무런 차이 없이 그대로 유지될 것이다.
따라서 수학적 대상이 존재한다고 볼 이유는 전혀 없는 것이
고, 수학적 대상은 존재하지 않는다고 결론 내려야 한다.

C: 추상적 대상이 우리와 어떤 인과적 관계도 맺을 수 없다면,
우리는 그 대상이 어떤 성질을 가졌는지도 알 수 없다. 우리
가 나무나 별에 대한 지식을 가질 수 있는 이유는 감각을 통
해 그러한 대상과 인과적 관련을 맺을 수 있다는 사실에 근
거하고 있기 때문이다. 그런데 우리가 많은 수학적 지식을
가지고 있다는 것은 틀림없는 사실이다. 그렇다면 도리어 수
학적 대상은 추상적 대상이 아니라고 결론 내려야 한다.

─────〈보 기〉─────
ㄱ. A는 물리적 대상만 존재한다는 것을 부정하지만 B는 그것
을 받아들인다.
ㄴ. B는 수학적 대상이 추상적 대상이라고 보는 반면 C는 이를
부정한다.
ㄷ. C는 우리가 인과적 대상에 대해서만 지식을 가질 수 있다고
전제하고 있다.

① ㄴ   ② ㄷ   ③ ㄱ, ㄴ
④ ㄱ, ㄷ   ⑤ ㄱ, ㄴ, ㄷ

19. A의 계획에 대한 평가로 옳은 것만을 〈보기〉에서 있는 대로 고른 것은?

연구자 A는 우리나라 기독교인들의 특성을 알아보기 위해 설문조사를 시행하려고 한다. 이를 위해서는 우리나라 기독교인을 대표할 수 있는 표본을 뽑아야 한다. 이 표본으로부터 얻은 정보에서 모집단인 우리나라 전체 기독교인의 정보를 추론하려는 것이다. 이를 위해서는 A가 뽑은 표본의 총체적 특성이 모집단인 전체 기독교인의 총체적 특성에 거의 근접해야 하며, 이러한 표본을 대표성 있는 표본이라고 한다. 표본의 대표성을 확보하기 위해서는 전국의 모든 기독교인들이 표본으로 뽑힐 확률을 동일하게 해야 한다. 또한 표본의 대표성은 많은 수의 기독교인을 뽑을수록 높아질 것이다. 만약 우리나라 모든 기독교인의 명단이 있다면, 이로부터 충분히 많은 수의 교인을 무작위로 뽑으면 된다. 하지만 그러한 명단은 존재하지 않는다. 대신 초대형교회부터 소형교회까지 전국의 모든 교회를 포함하는 교회 명단은 존재하므로, A는 이 명단으로부터 일정 수의 교회를 무작위로 뽑기로 하였다. 다음 단계로 이 교회들의 교인 명단을 확보하여 이 명단으로부터 각 교회 당 신도 일정 명씩을 무작위로 뽑기로 하였다. 이렇게 하여 A는 1,000명의 표본을 대상으로 설문조사를 실시하려고 계획한다. 여기서 고려할 점은 집단의 구성원들이 동질적일수록 그 집단으로부터 뽑은 표본은 그 집단을 더 잘 대표할 것이며, 교회처럼 자연스럽게 형성된 집단에 속한 사람들은 전체 모집단에 속한 사람들과 비교할 때 일반적으로 더 동질적이라는 사실이다.

〈보 기〉

ㄱ. 이 표본은 전국의 모든 기독교인들이 뽑힐 확률을 동일하게 하였으므로 대표성이 높다.
ㄴ. 뽑을 교회의 수를 늘리고 각 교회에서 뽑을 신도의 수를 줄이는 것보다, 뽑을 교회의 수를 줄이고 각 교회에서 뽑을 신도의 수를 늘리는 것이 표본의 대표성을 더 높인다.
ㄷ. 표본의 대표성을 높이기 위해서는 교회가 뽑힐 확률을 교인 수에 비례하여 정해야 한다.

① ㄱ   ② ㄷ   ③ ㄱ, ㄴ
④ ㄴ, ㄷ   ⑤ ㄱ, ㄴ, ㄷ

20. ㉠을 지지하는 사례로 옳은 것만을 〈보기〉에서 있는 대로 고른 것은?

사람들의 선호는 항상 일정해서 변하지 않는 것이 아니라 시간의 경과에 따라 변할 수 있고 이런 현상을 '시간적 비정합성'이라고 부른다. 미래의 결과들 A, B에 대해 처음에는 A를 B보다 더 선호하다가 시간이 경과함에 따라 선호가 역전되거나 선호의 차이가 좁혀지는 현상이다. 이러한 현상을 설명하는 이론으로 ㉠ 시간해석이론이 있다. 이 이론에 따르면, 사람은 어떤 대상의 가치를 평가할 때 마음속으로 해석하여 선호를 결정하며, 동일한 대상이라도 시간적으로 멀리 있는 경우와 가까운 경우에 대상을 바라보는 관점이 달라진다는 것이다. 사람들은 시간적으로 멀리 있는 대상에 대해서는 더 본질적인 점에 주목하는 '고차원적 수준'의 해석에 상대적으로 강하게 의지하고, 시간적으로 가까운 대상에 대해서는 더 부수적인 점에 착안하는 '저차원적 수준'의 해석에 집착한다. 예를 들어, 미래 이익에 대한 평가에서 이익의 크기 변화는 고차원적 수준이고, 그 실현 시점의 다소간 차이는 저차원적 수준이다. 결국 시간적 거리에 따라 대상에 대한 해석 수준이 달라지면서 시간적 비정합성이 발생한다고 본다.

〈보 기〉

ㄱ. 5천 원인 노트를 반값에 구매하기 위해 20분 동안 운전할 용의는 있지만, 202만 원인 냉장고를 200만 원에 구매하기 위해 20분 동안 운전하려 하지 않는다.
ㄴ. 여행 출발이 많이 남은 시점에서는 좋은 경치, 맛있는 음식 등을 상상하면서 기대에 부풀지만, 여행 출발이 다가올수록 준비물, 교통수단 등 세부 사항을 걱정하게 된다.
ㄷ. "60일 후에 배달 예정인 냉장고를 배달이 하루 늦어지면 5% 할인해 주겠다."는 제안을 받아들이지만, "내일 배달 예정인 냉장고를 배달이 하루 늦어지면 5% 할인해 주겠다."는 제안은 거부하였다.

① ㄱ   ② ㄴ   ③ ㄱ, ㄷ
④ ㄴ, ㄷ   ⑤ ㄱ, ㄴ, ㄷ

21. 다음 글로부터 추론한 것으로 옳은 것만을 〈보기〉에서 있는 대로 고른 것은?

주가 변동에 관해 효율적 시장 가설은 주가가 현재 이용 가능한 모든 정보를 반영하고 있으므로 오로지 새로운 정보만이 미래의 주가 변화를 설명할 수 있다는 가설이다. 그러나 새로운 정보는 현 시점에서 예측이 불가능하므로 주가의 변동 역시 예측이 불가능하고, 따라서 미래 주가에 대한 가장 합리적인 예측치는 결국 현재 주가가 된다.

한편, 주가는 평균 회귀 성향을 가지고 있어 평균 추세 주위에서 등락을 반복하는 경향이 있다는 주장도 있다. 이런 입장을 대변하는 투자전략으로 A 전략과 B 전략이 있다. A 전략은 가격이 오른 주식은 사고, 가격이 내린 주식은 파는 투자기법이다. 반면, B 전략은 가격이 오른 주식은 팔고, 가격이 내린 주식은 사는 투자기법이다. A 전략은 시장상황에 편승하여 당시에 인기 있는 주식이 당분간 상승세를 유지할 것으로 판단하고 추격매수를 수행하는 것으로, 기업의 재무 정보보다는 해당 기업 주식에 대한 시장의 평가에 더 의존하는 경향을 보인다. B 전략은 주가가 급변하는 경우 이를 해당 주식의 본질적인 가치와는 괴리된 상황으로 인식하고 조만간 주가가 본질적인 가치를 반영하는 수준으로 수렴될 것이라고 생각한다.

〈보 기〉

ㄱ. 효율적 시장 가설이 옳다면 이미 시장에 알려진 정보만을 이용한 투자로는 시장의 평균 수익을 초과하는 수익을 달성할 수 없다.
ㄴ. A 전략은 기업실적 대비 주가가 낮은 주식을, B 전략은 기업실적 대비 주가가 높은 주식을 선호한다.
ㄷ. B 전략은 A 전략에 비해 주가가 평균 추세 수준으로 수렴하기 위해 상대적으로 긴 시간이 소요될 것으로 전망한다.

① ㄱ   ② ㄴ   ③ ㄱ, ㄷ
④ ㄴ, ㄷ   ⑤ ㄱ, ㄴ, ㄷ

---

22. 다음 글로부터 추론한 것으로 옳은 것을 〈보기〉에서 고른 것은?

15세 이상 인구를 생산가능인구라고 한다. 이 중 적극적으로 노동할 의사가 있는 사람들을 경제활동인구, 나머지를 비경제활동인구라고 한다. 경제활동인구는 다시 실업자와 취업자로 구분된다. 실업자에 대한 정의는 조사대상 1주일간에 수입이 발생하는 일에 전혀 종사하지 못하고, 적극적으로 구직활동을 했으며, 일자리가 생기면 즉시 일을 시작할 수 있는 사람을 말한다. 실업자를 뺀 나머지 경제활동인구를 취업자로 정의한다.

경제활동인구 가운데 실업자의 비율로 정의되는 '실업률'은, 일을 하고 싶지만 일자리가 없어서 일을 하지 못하는 사람이 어느 정도인지를 보여주는 것으로서 노동시장의 상태를 나타내는 대표적인 통계이다. 하지만 실업률은 오랫동안 일자리를 구하지 못해 구직을 단념한 '구직단념자', 구직을 위해 취업준비를 하는 사람들, 더욱 많은 시간 동안 일하고 싶지만 마땅한 일자리를 구하지 못하여 원하는 시간보다 짧은 시간만 일하고 있는 '불완전취업자' 등의 존재를 파악하지 못하는 한계가 있다. 이 때문에 노동시장의 상태를 나타내는 지표로 실업률과 함께 생산가능인구 중 경제활동인구 비율을 나타내는 '경제활동참가율'이나 생산가능인구 중 취업자 비율을 나타내는 '고용률'을 이용하기도 한다. 단기적으로 인구의 변화가 없는 경제에서 위 경제지표들의 상호 관계가 중요한 의미를 갖는다.

〈보 기〉

ㄱ. 일자리가 증가함과 동시에 실업률이 상승할 수는 없다.
ㄴ. 실업률과 고용률을 통해 취업자 중 불완전취업자의 비중을 알 수 있다.
ㄷ. 구직단념자가 많아질수록 실업률은 하락하는 반면 고용률은 변화가 없다.
ㄹ. 실업률 하락과 고용률 하락이 동시에 발생하면 경제활동참가율도 하락한다.

① ㄱ, ㄴ   ② ㄱ, ㄷ   ③ ㄴ, ㄷ
④ ㄴ, ㄹ   ⑤ ㄷ, ㄹ

23. 다음으로부터 추론한 것으로 옳은 것만을 〈보기〉에서 있는 대로 고른 것은?

개발 중인 신약의 효과를 확인하기 위해서 실험연구를 시행한다. 약 처방에서 원래 의도한 효과를 '직접적인 생리적 효과'라고 부른다면, 이와 대비되는 효과로 '간접적인 생리적 효과'가 있다. 후자를 ⓐ 플라시보 효과라고 하는데 피험자가 실제 아무런 생리적 효과가 없는 가짜 약을 복용하고 있음에도 자신이 진짜 약을 처방받았다고 생각하여 그러한 생각이 몸의 상태에 영향을 주어 실제로 긍정적 신체 효과가 나타난 경우이다. 이처럼 생리적으로 활성이 없는 약이 실험에서 애초에 의도했던 효과와는 다른 방식으로 실험 결과에 영향을 끼칠 수 있는 효과가 세 가지 더 있다.

먼저 ⓑ 피험자 보고편향은 긍정적 신체 효과가 없는데도 진짜 약을 처방받았다고 생각하여 자신의 기분을 보고하는 방식에서 생기는 효과를 일컫는다. ⓒ 기대성 효과는 실험자가 신약의 잠재력에 대해서 분명하게 낙관적일 경우, 그 낙관적 느낌이 피험자에게도 전달되어 피험자 보고편향과 플라시보 효과를 강화하는 경우이다. ⓓ 실험자 보고편향은 신약의 효과를 시험하는 실험자들이 실험의 결과에 대해 특정한 희망과 기대를 가지기 때문에 생기는 효과이다. 실험 결과가 애매할 경우 실험자들이 결과를 읽는 방식은 그들이 보고자 하는 것에 의해 강하게 영향을 받는다.

〈보 기〉
ㄱ. 동일한 예방조치로 ⓐ과 ⓑ을 차단할 수 없다.
ㄴ. ⓒ과 ⓓ을 차단하기 위한 예방조치는 서로 다를 수 있다.
ㄷ. ⓓ을 차단하기 위해서는 어떤 피험자가 진짜 약을 처방하는 집단에 속하고 어떤 피험자가 가짜 약을 처방하는 집단에 속하는지에 대해 실험자가 몰라야 한다.

① ㄱ ② ㄴ ③ ㄱ, ㄷ
④ ㄴ, ㄷ ⑤ ㄱ, ㄴ, ㄷ

24. ⓐ에 대한 근거로 적절한 것만을 〈보기〉에서 있는 대로 고른 것은?

화재가 발생하여 화재의 기전에 의해 사망하는 것을 화재사라고 한다. 화재 현장에서 불완전연소의 결과로 발생한 매연(煤煙)을 들이키면 폐 기관지 등 호흡기 점막에 새까맣게 매(煤)가 부착된다. 화재 현장에서 생성되는 다양한 유독가스 중 일산화탄소는 피해자의 호흡에 의해 혈류로 들어가 헤모글로빈에 산소보다 더 강하게 결합하여 산소와 헤모글로빈의 결합을 방해한다. 생체의 피부에 고열이 작용하면 화상이 일어나는데 그중 가장 경미한 정도인 1도 화상에서는 손상에 대한 생체의 반응으로 피부로의 혈액공급이 많아져 발적과 종창이 나타난다. 더 깊이 침범된 2, 3도 화상에서는 피부의 물집, 피하조직의 괴사 등이 나타난다. 불길에 의해 고열이 가해지면 근육은 근육 단백질의 형태와 성질이 변하여 위축되는 모양을 띤다. 근육의 위축은 그 근육에 의해 가동되는 관절 부위의 변화를 가져오게 되는데 관절을 펴는 근육보다는 굽히는 근육의 양이 더 많으므로 불길에 휩싸여 열변성이 일어난 시신은 대부분의 관절이 약간씩 굽은 모습으로 탄화된다.

한편, 화재 현장에서 변사체가 발견되어 부검이 시행되었다. 부검을 마친 법의학자는 ⓐ 희생자가 생존해 있을 때에 화재가 발생하여 화재의 기전에 의해 사망하였다고 판단하였다.

〈보 기〉
ㄱ. 불에 탄 시체의 관절이 약간씩 굽어 있다.
ㄴ. 얼굴에 빨간 발적이나 종창이 일어난 화상이 있다.
ㄷ. 혈액 내에 일산화탄소와 결합한 헤모글로빈 농도가 높다.

① ㄱ ② ㄴ ③ ㄱ, ㄷ
④ ㄴ, ㄷ ⑤ ㄱ, ㄴ, ㄷ

해커스 LEET 김우진 추리논증 기출문제+해설집

25. 다음에서 추론한 것으로 옳은 것만을 〈보기〉에서 있는 대로 고른 것은?

> 컴퓨터 사용자 갑, 을, 병, 정의 아이디와 패스워드를 다음 규칙으로 정하고자 한다.
>
> ○아이디는 apple, banana, cherry, durian 중 하나이다.
> ○패스워드는 apple, banana, cherry, durian 중 하나이다.
> ○하나의 아이디를 두 명 이상이 같이 쓸 수 없다.
> ○하나의 패스워드를 두 명 이상이 같이 쓸 수 없다.
> ○사용자의 아이디와 패스워드는 같을 수 없다.
> ○을의 아이디는 cherry이다.
> ○정의 패스워드는 durian이다.
> ○병의 아이디는 아이디가 banana인 사용자의 패스워드와 같다.

―――――〈보 기〉―――――

ㄱ. 정의 아이디는 apple이다.
ㄴ. 갑의 패스워드가 cherry라면 을과 병의 패스워드를 확정할 수 있다.
ㄷ. 아이디가 durian인 사용자의 패스워드로 banana를 쓸 수 있다.

① ㄱ   ② ㄷ   ③ ㄱ, ㄴ
④ ㄴ, ㄷ   ⑤ ㄱ, ㄴ, ㄷ

26. 다음으로부터 추론한 것으로 옳은 것은?

> 어떤 학과의 졸업 예정자 갑~무에 대해 다음이 알려졌다.
>
> ○취업을 한 학생은 졸업평점이 3.5 이상이거나 외국어 인증시험에 합격했다.
> ○인턴 경력이 있는 학생들 중 취업박람회에 참가하지 않은 학생은 아무도 없었다.
> ○졸업평점이 3.5 이상이고 취업박람회에 참가한 학생은 모두 취업을 했다.
> ○외국어 인증시험에 합격하고 인턴 경력이 있는 학생들은 모두 취업을 했다.

① 취업박람회에 참가하고 취업을 한 갑은 인턴 경력이 있다.
② 외국어 인증시험에 합격했지만 취업을 하지 못한 을은 취업박람회에 참가하지 않았다.
③ 취업박람회에 참가하고 외국어 인증시험에 합격한 병은 취업을 했다.
④ 취업박람회에 참가하지 않았는데 취업을 한 정은 외국어 인증시험에 합격했다.
⑤ 인턴 경력이 있고 졸업평점이 3.5 이상인 무는 취업을 했다.

27. 다음에서 추론한 것으로 옳은 것만을 〈보기〉에서 있는 대로 고른 것은?

여러 개의 프로그램이 동시에 실행되면서 같은 작업을 수행하는 병렬 프로그래밍에서, 각 프로그램이 사용하는 데이터는 일정한 메모리 영역에 저장되고 공유된다. 프로그램 P1~P4와 이들이 사용하는 메모리 영역 M1~M4에 대하여 다음이 성립한다.

○ P1~P4만이 실행되고 각 프로그램은 M1~M4를 사용한다. 각 프로그램은 적어도 1개 이상의 메모리 영역을 사용하고 어떤 프로그램에 의해서도 사용되지 않는 메모리 영역은 없다.
○ 메모리 영역은 M1~M4의 순서대로 일렬로 연결되어 있다.
○ 전체 프로그램이 사용하는 메모리 영역의 개수의 합은 최대 6이다.
○ 어떤 프로그램도 연속되는 2개의 메모리 영역을 사용할 수 없다.
○ P1은 2개의 메모리 영역을 사용한다.
○ P2는 M2를 사용한다.
○ P4는 P2가 사용하는 메모리 영역을 1개 이상 공유한다.

─────〈보 기〉─────
ㄱ. 만약 P2가 2개의 메모리 영역을 사용한다면 P3은 1개의 메모리 영역만을 사용한다.
ㄴ. M2가 3개의 프로그램에 의해서 사용될 수도 있다.
ㄷ. 만약 P4가 M4를 사용한다면 P4는 M2도 사용한다.

① ㄱ   ② ㄷ   ③ ㄱ, ㄴ
④ ㄴ, ㄷ   ⑤ ㄱ, ㄴ, ㄷ

28. 다음에서 추론한 것으로 옳은 것만을 〈보기〉에서 있는 대로 고른 것은?

A반 4명, B반 3명, C반 3명, D반 2명으로 구성된 동아리를 세 개의 팀으로 나누는데, 다음 조건을 만족한다.

○ 각 학생은 어느 한 팀에만 포함된다.
○ 각 팀은 최소한 3개의 반의 학생을 포함한다.
○ 특정 반의 학생 전체를 포함한 팀은 없다.

─────〈보 기〉─────
ㄱ. 각 팀의 학생의 수가 모두 같을 수 있다.
ㄴ. A반, B반, C반으로만 구성된 6명인 팀이 있을 수 있다.
ㄷ. B반, C반, D반으로만 구성된 5명인 팀이 있을 수 없다.

① ㄱ   ② ㄷ   ③ ㄱ, ㄴ
④ ㄴ, ㄷ   ⑤ ㄱ, ㄴ, ㄷ

29. 다음으로부터 추론한 것으로 옳은 것만을 〈보기〉에서 있는 대로 고른 것은?

우리는 여러 검사법을 이용해 사물이 가진 특징을 확인한다. 가령, 우리는 위폐 여부를 확인하기 위해 다양한 검사법을 이용하기도 한다. 그럼 훌륭한 검사법은 어떤 특징을 갖추어야 하는가? 위폐 검사법을 예로 들어 생각해 보자. 첫 번째는 위폐를 누락해서는 안 된다는 것이다. 즉 훌륭한 위폐 검사법이라면 위폐는 모두 '위폐이다'라고 판정해야 한다. 이런 특징을 가진 검사법은 완전한 검사법이라고 불린다. 두 번째는 '위폐이다'라는 판정 결과가 틀리지 말아야 한다는 것이다. 즉 해당 검사법이 '위폐이다'라고 판정한 것은 모두 위폐이어야 한다. 이런 특징을 가진 검사법은 건전한 검사법이라고 불린다. 여기서 주의할 것은 건전한 검사법이 위폐가 아닌 모든 것을 '위폐가 아니다'라고 판정하는 것은 아니라는 점이다. 건전한 검사법은 위폐가 아닌 것을 '위폐이다'라고 판정하지 않을 뿐이다. 여기서 "'위폐이다'라고 판정하지 않는다."라는 것은 '위폐가 아니다'라고 판정할 가능성과 아무런 판정 결과도 내놓지 않을 가능성을 포함한다. 이와 관련해 훌륭한 검사법이 갖추어야 할 마지막 특징은 결정가능성이다. 결정가능한 검사법은 '위폐이다'라는 판정과 '위폐가 아니다'라는 판정 중 하나의 결과를 내놓는 검사법을 말한다. 이에 결정가능한 검사법은 아무런 판정 결과도 내놓지 않을 가능성을 배제한다.

〈보 기〉

ㄱ. 완전하고 건전한 위폐 검사법은 위폐인 A에 대해서 어떤 판정 결과도 내놓지 않을 수 있다.
ㄴ. 건전하고 결정가능한 위폐 검사법은 위폐가 아닌 B를 '위폐가 아니다'라고 판정한다.
ㄷ. 완전하고 결정가능한 위폐 검사법이 C에 대해서 '위폐가 아니다'라는 판정을 내리지 않았다면 C는 위폐이다.

① ㄱ   ② ㄴ   ③ ㄱ, ㄷ
④ ㄴ, ㄷ   ⑤ ㄱ, ㄴ, ㄷ

30. 다음으로부터 추론한 것으로 옳지 <u>않은</u> 것은?

자료와 가설 사이에 성립하는 증거 관계는 자료가 가설의 확률을 어떻게 변화시키느냐에 의해 정의된다. '자료가 어떤 가설에 대해 긍정적 증거'라는 말은 그 자료가 해당 가설이 참일 확률을 높인다는 뜻이다. 마찬가지로 '자료가 어떤 가설에 대해 부정적 증거'라는 말은 그 자료가 해당 가설이 참일 확률을 낮춘다는 뜻이다. 또한 '자료가 어떤 가설에 대해 중립적 증거'라는 말은 그 자료가 해당 가설이 참일 확률을 높이지도 낮추지도 않는다는 뜻이다. 이를 통해 하나의 자료가 서로 양립할 수 없는 여러 경쟁가설들과 어떤 관계에 있는지 추적할 수 있다. 이를 위해 경쟁가설들로 이루어진 집합을 생각해 보자. 참일 수 없는 가설은 고려할 가치가 없으므로 우리가 고려하는 경쟁가설의 확률은 모두 0보다 크다고 할 수 있다. 또한 경쟁가설 집합에 속한 가설들은 동시에 참이 될 수 없으며, 그 가설들 중 하나는 참이라고 상정한다. 그러므로 경쟁가설 집합에 속한 각 가설들이 참일 확률의 합은 1이 된다. 물론 경쟁가설 집합의 크기는 다양할 수 있다. 위 정의에 따라 경쟁가설 집합에 속한 가설들과 자료 사이의 관계를 규명할 수 있다. 가령, 경쟁가설 집합에 H1과 H2라는 두 개의 가설만 있는 경우를 생각해 보자. 이 경우 H1이 참일 확률과 H2가 참일 확률의 합은 1로 고정되어 있어 하나의 확률이 증가하면 다른 것의 확률은 감소할 수밖에 없다. 따라서 H1에 대해 긍정적 증거인 자료는 H2에 대해 부정적 증거가 된다. 비슷한 이유에서, H1에 대해 중립적 증거인 자료는 H2에 대해서도 중립적 증거가 된다.

① 어떤 자료가 세 개의 가설 각각에 대해 부정적 증거라면, 이 세 가설이 속하는 경쟁가설 집합에는 또 다른 가설이 적어도 하나는 있어야 한다.
② 어떤 자료가 경쟁가설 집합에 속한 한 가설의 확률을 1로 높이면, 그 자료는 그 집합에 속한 다른 가설에 대해 중립적 증거일 수 있다.
③ 경쟁가설 집합에 속한 어떤 가설에 대해 긍정적 증거인 자료는 그 집합에 속한 적어도 한 개의 다른 가설에 대해 부정적 증거가 된다.
④ 경쟁가설 집합 중에서 어떤 자료가 긍정적 증거가 되는 경쟁가설의 수와 부정적 증거가 되는 경쟁가설의 수는 다를 수 있다.
⑤ 경쟁가설 집합에 세 개의 가설만 있는 경우, 그 집합에 속한 가설 중 단 두 개에 대해서만 중립적인 자료는 있을 수 없다.

31. 다음으로부터 추론한 것으로 옳은 것은?

여기 동전이 하나 있다. 이 동전은 앞으로 4번 던져질 것이며, 4번 던져진 이후 폐기될 것이다. 이 동전이 어느 쪽으로 치우쳐 있는지는 알 수 없으며, 각 동전 던지기는 서로 영향을 주지 않는다. 이 동전을 던졌을 때 앞면이 나올 확률은 얼마인가? 한 가지 방법은 관련된 빈도가설에 따라 확률을 결정하는 것이다. '4번 동전 던지기에서 앞면이 N번 나온다'를 빈도가설-N이라 하자. 위 동전 던지기와 관련된 빈도가설들은 모두 이런 형태이고 다른 어떤 빈도가설도 없다. 그럼 우리는 동전 던지기 결과들의 확률에 대해 말할 수 있다. 가령, '빈도가설-2에 따르면, 앞면이 나올 확률은 1/2이고 4번 모두 앞면이 나올 확률은 1/16이다'가 성립한다.

위 방식을 이용하면 특정 빈도가설이 참일 확률에 대해서도 말할 수 있다. 가령, 빈도가설-4를 생각해 보자. 이 가설은 '4번 모두 앞면이 나온다'라는 것과 같은 말이다. 따라서 '빈도가설-2에 따르면 빈도가설-4가 참일 확률은 1/16이다'가 성립한다. 이렇게 각 빈도가설은 자신을 포함해 여러 빈도가설들에 대해서 확률적 판단을 내린다.

위 빈도가설들 중, 자신 이외에 다른 가설들도 참일 수 있다고 판단하는 가설, 즉 자신과 다른 몇몇 빈도가설에 0보다 큰 확률을 부여하는 가설은 '겸손한 빈도가설'이라고 불린다. 한편, 자신 이외에 어떤 다른 빈도 가설도 참일 수 없다고 판단하는 가설은 '겸손하지 않은 빈도가설'이라고 불린다. 예를 들어, 빈도가설-2는 겸손하지만 빈도가설-4는 겸손하지 않다. 왜냐하면 빈도가설-2에 따르면 자신과 다른 몇몇 빈도가설에 0보다 큰 확률이 부여되지만, 빈도가설-4에 따르면 자기 자신을 제외하고 모든 빈도가설에 0의 확률이 부여되기 때문이다. 한편, 겸손하지 않은 가설들 각각에 대해서 그 가설들이 참일 수 있다고 판단하는 가설은 '포용력 있는 빈도가설'이라고 불린다.

① 포용력 있는 빈도가설들 중 겸손하지 않은 빈도가설이 있다.
② 모든 빈도가설들에 의해 참일 수 있다고 판단되는 빈도가설이 있다.
③ 자신을 포함하여 모든 빈도가설들에 동일한 확률을 부여하는 빈도가설은 없다.
④ 자신이 참일 수 있다고 판단하는 빈도가설은 모두 포용력 있는 빈도가설이다.
⑤ 겸손한 빈도가설은 다른 어떤 가설보다 자기 자신에게 가장 낮은 확률을 부여한다.

32. ㉠~㉢에 대한 평가로 적절한 것만을 〈보기〉에서 있는 대로 고른 것은?

대뇌피질에는 운동을 전담하는 영역, 시각을 전담하는 영역 등이 있다. 그럼 대뇌피질 속 이런 전담 영역들을 결정하는 것은 무엇인가? 최근 연구 결과에 따르면, 각 영역의 겉모습이나 구조에 의해 그 전담 영역이 결정되는 것이 아니다. 그보다 대뇌피질 영역들 사이의 연결 방식과 대뇌피질 영역과 중추신경계의 다른 영역 사이의 연결 방식에 따라 각 대뇌피질의 전담 영역이 결정된다. 즉 ㉠대뇌피질의 전담 영역은 각 영역이 가진 고유한 물리적 특징에 의해 결정되는 것이 아니라 다른 영역들과의 연결 양상에 의해 결정된다.

㉡대뇌피질로 들어오는 입력의 유형은 근본적으로 똑같다. 물론 청각과 시각은 그 성질이 다르다. 소리는 파동의 형태로 공기를 통해 전달되고, 시각은 빛의 형태로 전달된다. 그리고 시각은 색깔·결·형태를, 청각은 음조·리듬·음색을 지닌다. 이런 점들 때문에, 각 감각기관들은 서로 근본적으로 분리된 상이한 실체로 생각되곤 한다. 그러나 그런 상이한 감각이 관련 기관에서 활동전위로 전환되고 나면, 각 기관이 뇌로 전달한 신호는 모두 똑같은 종류의 활동전위 패턴에 불과해진다. 우리 뇌가 아는 것이라곤 이들 패턴들뿐이며, 우리 자신을 비롯하여 우리가 인식한 외부 세계의 모습은 모두 그런 패턴들로부터 구축된다.

결국, ㉢뇌에 의해 파악된 외부 세계와 몸 사이의 경계는 바뀔 수 있다. 활동전위의 패턴이 전달되면, 뇌는 전달된 패턴들에 정합성을 주는 방식으로 몸의 경계를 파악한다. 이때 패턴이 흔히 몸의 일부라고 여겨지는 것에서 유래되었는지 그렇지 않은지는 중요하지 않다. 패턴이 정합적으로 전달되기만 하면, 뇌는 그 패턴만을 이용해서 그것이 유래된 것을 몸의 일부로 통합하게 된다. 외부 세계와 우리 몸에 대한 지식은 모두 패턴들로부터 구축된 하나의 모형일 뿐이다.

〈보 기〉

ㄱ. 대뇌피질 전체가 겉모습이나 구조 면에서 놀라울 정도로 균일하다는 사실은 ㉠을 강화한다.
ㄴ. 뇌기능 영상촬영 기법들을 이용하여 특정 과제가 수행될 때 평소보다 더 활성화되는 부위를 검출함으로써 얼굴인식 영역, 수학 영역 등과 같은 특화된 영역들을 확인하였다는 사실은 ㉡을 약화한다.
ㄷ. 다른 감각을 차단한 채, 작은 갈퀴를 손에 쥐고 무엇인가를 건드리도록 한다면 뇌는 작은 갈퀴를 우리 몸의 일부로 여긴다는 사실은 ㉢을 강화한다.

① ㄱ   ② ㄴ   ③ ㄱ, ㄷ
④ ㄴ, ㄷ   ⑤ ㄱ, ㄴ, ㄷ

33. 다음의 가설과 실험에 대한 평가로 옳은 것만을 〈보기〉에서 있는 대로 고른 것은?

교통사고로 뇌 손상을 입은 어떤 환자는 사고 후 의사나 가족들, 친구들에게 자신의 아내가 가짜라고 말하지만 여전히 아내와 함께 식사를 하고 같은 집에 살면서 일상을 함께 보낸다. 이 환자는 자신의 아내가 가짜라고 믿고 있는가? 사람들이 이 질문에 답하는 데에 무엇을 고려하는지 알기 위해, 실험으로 다음 가설들을 평가하였다.

〈가설 1〉
사람들은 다른 사람이 어떤 믿음을 갖는지 판단할 때, 그 사람의 언어적 행동과 일치하는 믿음을 갖는다고 판단한다.

〈가설 2〉
사람들은 다른 사람이 어떤 믿음을 갖는지 판단할 때, 그 사람의 비언어적 행동과 일치하는 믿음을 갖는다고 판단한다.

〈실험 1〉과 〈실험 2〉에서 실험 참가자들에게 교통사고로 뇌 손상을 입은 K에 관한 이야기를 해 주고 "K는 그의 아내가 가짜라고 믿고 있는가?"라고 질문하였다.

〈실험 1〉
실험 참가자 120명을 무작위로 A 그룹과 B 그룹으로 나누었다. A 그룹에게는 K가 아내를 가짜라고 말하지만 사고 전과 동일하게 아내와 일상을 보내고 있다고 이야기해 주었다. B 그룹에게는 K가 아내를 가짜라고 말하면서 사고 전과 달리 아내와 일상을 보내기를 거부한다고 이야기해 주었다.

〈실험 2〉
실험 참가자 90명을 무작위로 A 그룹과 B 그룹으로 나누었다. A 그룹에게는 K가 사고 후 단 한 번 아내에게 "당신은 가짜다."라고 말했지만 사고 전과 동일하게 아내와 일상을 보내고 있다고 이야기해 주었다. B 그룹에게는 사고 후 아내에게 "당신은 가짜다."라는 말을 매일 한다는 점에서만 A 그룹에게 해 준 것과 다른 K의 이야기를 해 주었다.

〈보 기〉
ㄱ. 〈실험 1〉의 결과 A 그룹과 B 그룹 모두에서 질문에 '예'라고 답한 사람의 비율이 95% 이상이라면, 〈가설 2〉는 약화된다.
ㄴ. 〈실험 1〉의 결과 A 그룹에서 질문에 '예'라고 답한 사람의 비율은 20% 이하지만 B 그룹에서 '예'라고 답한 사람의 비율은 90% 이상이라면, 〈가설 2〉는 강화된다.
ㄷ. 〈실험 2〉의 결과 A 그룹에서 질문에 '예'라고 답한 사람의 비율은 10% 이하지만 B 그룹에서 '예'라고 답한 사람의 비율은 90% 이상이라면, 〈가설 1〉은 약화된다.

① ㄴ   ② ㄷ   ③ ㄱ, ㄴ
④ ㄱ, ㄷ   ⑤ ㄱ, ㄴ, ㄷ

34. ㉠을 평가한 것으로 적절한 것만을 〈보기〉에서 있는 대로 고른 것은?

종양억제유전자는 정상세포가 암세포로 전환되는 것을 억제한다. 대표적인 종양억제유전자인 p53 유전자는 평상시에는 소량 발현되지만, DNA 손상 등의 외부 자극에 반응하여 발현량이 증가한다. p53 유전자의 발현에 의해 생성되는 p53 단백질은 세포 내에서 세포자살 유도, 세포분열 정지, 물질대사 억제 등의 기능을 수행한다. ㉠ 발현량이 증가된 p53 단백질의 물질대사 억제 기능이 암 발생을 억제한다는 가설을 검증하려 한다.

〈실험〉
A, B, C 형태의 p53 돌연변이 단백질을 각각 발현하는 생쥐 실험군 a, b, c와 함께, 대조군으로 정상 생쥐와 p53 유전자가 제거된 생쥐 x를 준비하였다. 모든 실험 대상 생쥐에 대해 DNA를 손상시키는 조작을 가하였고 실험 대상 생쥐에서 p53 단백질의 발현량을 측정하고, 발현된 p53 단백질의 세포 내 기능을 확인하였다. 이후 일정 기간 동안의 암 발생률을 확인하였다.

〈실험 결과〉
○DNA를 손상시키는 자극에 반응하여 정상 생쥐의 p53 단백질과 생쥐 실험군 a, b의 A, B 돌연변이 p53 단백질의 발현량은 증가한 반면, 생쥐 실험군 c의 C 돌연변이 p53 단백질의 발현량은 변화가 없었다.
○생쥐 실험군 a는 암 발생률이 정상 생쥐와 동일하였고, 생쥐 실험군 b, c와 x는 정상 생쥐에 비해 암 발생률이 높았다.

〈보 기〉
ㄱ. 실험군 a의 p53 단백질에서 세포자살 유도 기능은 사라졌지만 세포분열 정지, 물질대사 억제 기능은 여전히 남아 있다면 가설은 약화된다.
ㄴ. 실험군 b의 p53 단백질에서 물질대사 억제 기능은 사라졌지만 세포자살 유도, 세포분열 정지 기능은 여전히 남아 있다면 가설은 강화된다.
ㄷ. 실험군 c의 p53 단백질에서 세포자살 유도, 물질대사 억제 기능은 사라졌지만 세포분열 정지 기능은 여전히 남아 있다면 가설은 강화된다.

① ㄱ   ② ㄴ   ③ ㄱ, ㄷ
④ ㄴ, ㄷ   ⑤ ㄱ, ㄴ, ㄷ

35. 다음으로부터 추론한 것으로 옳은 것만을 〈보기〉에서 있는 대로 고른 것은?

염색체에는 짧은 염기서열 단위가 여러 번 반복되는 STR (short tandem repeat)이라는 부위들이 존재한다. STR의 반복횟수는 개인에 따라 다양하며, 부모로부터 자식에게 유전된다. STR의 반복횟수를 검사 및 대조하여 유전자 감식에 이용한다. 예를 들어, 두 검체를 가지고 상염색체 STR을 통해 아버지와 사식 관계를 검사할 때, 부모의 STR 한 쌍 중 사식은 한쪽만을 받으므로 동일한 STR 부위에서 한 쌍 중 하나의 반복횟수는 반드시 동일해야 한다. 만약 그렇지 않으면 친자관계의 가능성은 배제된다. 성염색체인 Y염색체는 상염색체와는 달리 쌍을 이루지 않고 1개만 존재하며 아버지의 것이 아들에게 그대로 유전된다. 그러므로 아버지와 아들의 Y염색체 STR의 검사 결과는 동일하다. 반면 미토콘드리아 DNA는 염색체와는 무관하게 독립적인 유전을 하는데, 어머니의 것이 아들과 딸에게 그대로 유전되지만 아버지의 것은 자식에게 전해지지 않는다. 따라서 미토콘드리아 DNA 염기서열의 동일성 여부가 모계 추정에 활용된다.

비행기 추락 지역에 흩어진 다수의 시체 파편에 대해 DNA 감식이 시행되었다. 유가족 갑과 우선 발견된 유해 파편 검체의 DNA 감식 결과가 다음 〈표〉와 같았다. 각 STR 부위의 유전형은 반복횟수로 표기되며, 상염색체는 한 쌍이므로 두 개의 숫자로, Y염색체는 한 개이므로 한 개의 숫자로 표기된다. 예를 들어 어떤 상염색체 STR 부위의 유전형이 (9–11)이라면 (11–9)로 표기해도 무방하다. 미토콘드리아 DNA 감식 결과는 염기서열의 특징을 그리스 문자로 표기하였다.

〈표〉 갑과 검체들의 DNA 감식 결과

DNA 부위 이름	갑	검체 A	검체 B	검체 C
상염색체 STR1	15–15	10–15	13–13	12–15
상염색체 STR2	10–11	11–12	9–10	9–11
상염색체 STR3	7–9	8–9	5–7	8–8
Y염색체 STR1	8	8	10	8
Y염색체 STR2	12	12	12	12
Y염색체 STR3	10	10	8	12
미토콘드리아 DNA	α형	β형	α형	α형

─────〈보 기〉─────
ㄱ. 검체 A는 갑의 친부일 가능성이 있다.
ㄴ. 검체 B는 갑의 이종사촌(이모의 자녀)일 가능성이 있다.
ㄷ. 검체 C는 갑의 이복형제일 가능성이 있다.

① ㄱ ② ㄷ ③ ㄱ, ㄴ
④ ㄴ, ㄷ ⑤ ㄱ, ㄴ, ㄷ

정답 및 해설 p.48

2017학년도
기출문제

☑ 문제풀이 시작과 종료 시각을 정한 후, 실전처럼 기출문제를 풀어보세요.

___ 시 ___ 분 ~ ___ 시 ___ 분(총 35문항 / 110분)

01. 다음 글에 대한 평가로 옳지 <u>않은</u> 것은?

> X국 헌법에 따르면 정당의 목적이나 활동이 민주적 기본질서에 위배될 때, 정부는 헌법재판소에 그 해산을 제소할 수 있고, 정당은 헌법재판소의 심판에 의하여 해산된다. 이는 정당존립의 특권을 보장하기 위해, 법령으로 해산되는 일반 결사와는 달리 헌법재판소의 판단으로 해산 여부가 결정되도록 한 것이다. 강제 해산의 대상이 되는 정당은 정당으로서의 등록을 완료한 기성(旣成) 정당에 한한다. 정당이 설립한 연구소와 같은 방계조직 등은 일반 결사에 속할 뿐이다. 그런데 중앙선거관리위원회에 창당신고를 하였으나 아직 정당으로서 등록을 완료하지 않은 창당준비위원회를 기성 정당과 동일하게 볼 수 있는지에 대하여 견해가 대립한다.
>
> A: 창당준비위원회는 정치적 목적을 가진 일반 결사일 뿐이다. 그 해산 여부는 정당 해산의 헌법상 사유와 절차가 요구되지 않고 일반 결사의 해산 방식으로 결정해야 한다.
> B: 창당준비위원회는 정당에 준하는 것이다. 그 해산 여부는 기성 정당과 같이 헌법상의 사유와 절차가 요구된다.
> C: 정당설립의 실질적 요건을 기준으로, 아직 이를 갖추지 못한 창당준비위원회는 일반 결사와 동일하게 보고, 이미 이를 완비하였지만 현재 등록절차를 진행하고 있는 창당준비위원회는 정당에 준하는 것으로 보아야 한다.

① 창당준비위원회는 등록기간 안에 등록신청을 하지 아니하면 X국 '정당법'에 따라 특별한 절차 없이 자동 소멸된다는 주장이 옳다면, 이는 A의 설득력을 높인다.
② 집권 여당과 정부가 그 목적이나 활동이 민주적 기본질서에 반하지 않는 반대당의 성립을 등록 이전에 손쉽게 봉쇄할 수 있다는 주장이 옳다면, 이는 A의 설득력을 낮춘다.
③ 창당준비위원회는 앞으로 설립될 정당의 주요 당헌과 당규를 실질적으로 입안한다는 주장이 옳다면, 이는 B의 설득력을 높인다.
④ 정당설립의 실질적 요건을 갖춘 창당준비위원회에게 정당등록은 지극히 통과의례의 과정이라는 주장이 옳다면, 이는 C의 설득력을 낮춘다.
⑤ 정당설립의 실질적 요건을 강화할수록 C는 A와 비슷한 결론을 내릴 것이다.

02. 다음 글로부터 추론할 수 있는 A국 법원의 입장으로 옳은 것은?

> 1940년대 말 이후부터 A국은 제2차 세계대전의 패배에 따른 여러 가지 법적 청산 작업을 진행하였다. 이때 나치 체제에 협력하였던 나치주의자들은 형사상 책임을 졌을 뿐만 아니라 회사로부터도 해고되었다. 더 나아가 당시에는 회사의 사용자가 나치 체제에 동조한 '혐의'가 있는 근로자에 대하여도 해고하는 일이 자주 있었고, 이러한 해고의 유효 여부의 다툼에서 A국 법원은 혐의가 있다는 것만으로도 해고의 정당한 이유가 있다고 보았다. 그런데 당시 A국 Y사의 기능공이었던 갑은 1951년 3월 나치 체제에 동조한 사실이 있다는 혐의로 A국 검찰에 소환 조사를 받고 형사재판을 기다리고 있었는데, 이러한 일이 발생하자 Y사의 사용자 을은 갑에게 해고 통고를 하였다. 갑이 이 해고의 무효를 주장하였지만 A국 법원은 1951년 12월 을의 해고는 정당한 이유 있는 해고라고 판시하였다. 그런데 그 후 1954년 갑은 나치 체제에 동조한 사실이 없었던 것으로 최종 밝혀졌다. 이에 갑은 1955년 법원을 상대로 자신의 해고가 잘못된 것임을 주장하면서 해고 무효를 구하였으나, 법원은 당시 해고가 무효는 아니라고 했다. 근로 계약의 양 당사자에게 중요한 것은 '신뢰'로서 사용자가 근로자에 대하여 인간적 신뢰를 잃게 되면 근로 관계를 지속하게 하는 것을 기대할 수 없기 때문이라는 것이 그 이유이다. 하지만 갑의 사정을 고려하여 특이한 청구권을 갑에게 인정하는 판결을 내렸다. 즉, 갑에게 Y사 사용자 을로 하여금 자신을 신규로 고용해 줄 것을 요구할 수 있는 청구권을 인정하였던 것이다. 그리고 이러한 청구권을 행사할 경우, 을은 갑을 고용할 의무가 발생한다고 판결하였다.

① 갑의 해고 결정은 무죄 판결에 의해 소급적으로 소멸한다.
② 갑의 해고에 대한 정당성의 판단 기준 시점은 해고 통고 시이다.
③ 해고의 정당한 사유나 원인이 없는 경우라도 갑의 해고는 적법하다.
④ 해고와 달리 갑의 신규 고용 여부를 정당화하는 사유에서는 신뢰관계가 고려되지 않는다.
⑤ 무죄 추정의 원칙에 따라 갑에게 범죄 혐의가 있다는 사실만 가지고는 근로 관계 지속을 위한 신뢰가 깨진다고 볼 수 없다.

03. 다음 글로부터 추론한 것으로 옳은 것은?

> 친자 관계는 자연적 출산 또는 입양에 의해 성립한다. 이에 따를 경우 보조 생식 의료를 통해 태어난 아이는 누구의 아이인가? '보조 생식 의료'라 함은 시험관 아기 시술, 배아이식 및 인공 수정을 가능하게 하는 임상적·생물학적 시술 및 이와 동일한 효과를 갖는 시술로, 자연적 과정 외의 생식을 가능하게 하는 모든 의료 기술을 말한다.
>
> A국에서는 자신의 체내에 생식세포가 주입되거나 배아가 이식된 결과 아이를 출산하면 출산한 여성이 아이의 모(母)로 확정된다. 그리고 부(父)의 결정에 있어 가장 중요한 요건은 보조 생식 의료에 동의하였는지 여부인데, 법이 정한 동의의 요건만 갖추면 자녀와의 혈연 관계와 여성과의 혼인 관계라는 요건이 없어도 법적 부의 지위가 인정된다. 더구나 남성뿐만 아니라 여성이라도 이 동의라는 요건만 갖추면 혼인 여부와 상관없이 부가 될 수 있다. 한편 대리모 계약을 금지하고 있지는 않지만 그 계약을 강제 이행할 수는 없는 것으로 하고 있다.
>
> B국에서는 보조 생식 의료에 있어서 "사람은 생식 가능한 남녀로부터 태어난다."라고 하는 자연적 섭리를 중시한다. 따라서 보조 생식이 행해질 수 있는 경우는 '질병의 치료'라고 하는 목적에 의해 제한된다. B국에서 난자 또는 정자를 제3자로부터 받는 등 보조 생식 의료를 행하기 위해서는 남녀 모두 자연적으로 생식 가능하다고 간주되는 연령에 있고, 혼인 관계에 있어야 한다. 또한 시술 시점에 의뢰한 남녀가 함께 생존하고 시술에 동의해야 한다. 출산한 사람만이 모로 되고 이 여성과의 혼인 관계에 따라 부가 확정된다. B국에서는 대리모 계약을 선량한 풍속에 반한다고 하여 무효로 하고 있다.

① A국에서는 여성도 다른 여성의 보조 생식 의료에 동의할 경우 그 출산한 여성과 부부로 인정된다.

② A국에서 대리모에게 난자를 제공한 의뢰인이 모가 되기 위해서는 그 출생한 자를 입양하는 방법밖에 없다.

③ B국에서는 자연적으로 생식이 불가능한 모든 자가 보조 생식 의료를 통해 합법적으로 자녀를 가질 수 있게 되었다.

④ B국에서 아이를 갖기 위한 여성이 남편의 동의를 얻어 보조 생식 의료를 통해 다른 남성의 정자를 제공받아 출산하면 그 아이의 부는 정자를 제공한 자이다.

⑤ A국과 B국 모두 '제3자를 위해 출산을 하는 계약은 무효'라는 내용의 법규정을 가지고 있다.

04. 갑과 을의 주장에 대한 판단으로 옳은 것만을 〈보기〉에서 있는 대로 고른 것은?

> 갑: 범죄의 불법성을 판단하는 척도가 범죄를 행하는 자의 의사에 있다고 믿는 것은 잘못이다. 범죄의 의사는 사람마다 다르고 심지어 한 사람에 있어서도 그 사상, 감정, 상황의 변화에 따라 시시각각 달라질 수 있기 때문이다. 범죄의 척도를 의사에서 찾는다면 개인 의사의 경중에 따른 별도의 법을 만들어야 할 것이다. 따라서 처벌은 의사가 아닌 손해의 경중을 기준으로 차등을 두어야 한다.
>
> 을: 갑은 범죄자의 '의사'를 객관화할 수 없다고 전제하고 있다. 그러나 범죄자의 '의사'를 몇 가지 기준에 의해서 유형화한다면 의사 자체의 경중도 판단할 수 있다. 우선, 의도한 범죄의 경중을 기준으로 삼는 경우, 더 중한 결과를 발생시키려는 범죄를 행하려는 의사가 더 경한 결과를 발생시키는 범죄를 행하려는 의사보다 중하다. 다음으로 의욕의 정도를 기준으로 삼는 경우, 결과 발생을 의도한 범죄자의 의사가 결과 발생을 의도하지 않고 단지 부주의로 손해를 발생시킨 범죄자의 의사보다 중하다. 따라서 처벌은 손해뿐만 아니라 범죄자의 의사의 경중 또한 고려하여 차등을 두어야 한다.

─────────〈보 기〉─────────

ㄱ. 살인의 의사를 가지고 가격하였으나 상해의 결과가 발생한 경우와 폭행의 의사를 가지고 가격하였으나 사망의 결과가 발생한 경우를 동일하게 처벌한 법원의 태도는 갑의 주장에 부합한다.

ㄴ. 강도의 의사로 행위를 하였으나 강도는 실패하고 중(重)상해의 결과를 발생시킨 경우와 살인의 의사로 행위를 하였으나 역시 중상해의 결과를 초래한 경우에 있어서 전자를 중하게 처벌한 법원의 태도는 갑과 을의 주장 모두에 부합하지 않는다.

ㄷ. 살인의 의사가 있었으나 그 행위에 나아가지 않은 경우와 부주의로 사람을 다치게 한 경우에 있어서 전자를 처벌하지 않고 후자만 처벌한 법원의 태도는 갑과 을의 주장 모두에 부합한다.

① ㄱ   ② ㄷ   ③ ㄱ, ㄴ

④ ㄴ, ㄷ   ⑤ ㄱ, ㄴ, ㄷ

05. 다음 글에 대한 평가로 옳은 것만을 〈보기〉에서 있는 대로 고른 것은?

K국 형법은 "미성년자를 약취(略取)한 사람은 10년 이하의 징역에 처한다."라고 하여 '미성년자약취죄'를 규정하고 있다. 이 규정에서 '약취'라고 하는 것은 폭행·협박을 행사하거나 정당한 권한 없이 사실상의 힘을 사용하여 미성년자를 생활관계 또는 보호관계로부터 약취행위자나 제3자의 지배하에 옮기는 행위를 의미한다. 그런데 '정당한 권한 없이 사실상의 힘을 사용하여'의 해석에 관해서는 아래와 같이 견해가 나뉜다.

〈견해 1〉

미성년자약취죄가 보호하고자 하는 법익(法益)은 미성년자의 평온·안전이다. 따라서 미성년자의 평온·안전을 해치지 않는 한 부모 일방이 다른 일방의 동의 없이 미성년자의 거소를 옮기는 행위만으로는 정당한 권한 없이 사실상의 힘을 사용한 것에 해당하지 않는다.

〈견해 2〉

미성년자약취죄가 보호하고자 하는 법익은 미성년자의 사유와 보호자의 보호·양육권이다. 따라서 부모 일방이 다른 일방의 동의 없이 미성년자의 거소를 옮기는 행위는 정당한 권한 없이 사실상의 힘을 사용한 것에 해당한다.

─── 〈보 기〉───

ㄱ. 부모가 이혼하였거나 별거하는 상황에서 미성년의 자녀를 부모의 일방이 평온하게 보호·양육하고 있는데, 부모 중 다른 일방이 폭행·협박을 행사하여 그 보호·양육 상태를 깨뜨리고 자녀를 탈취하여 자기 또는 제3자의 사실상 지배하에 옮긴 경우라면, 위의 어떠한 견해에 따르더라도 미성년자약취죄에 해당한다.

ㄴ. 부모가 함께 동거하면서 미성년의 자녀를 보호·양육하여 오던 중 부(父)가 모(母)나 그 자녀에게 어떠한 폭행·협박을 행사하지 않고 그 자녀를 데리고 종전의 거소를 벗어나 다른 곳으로 옮겨 자녀에 대한 보호·양육을 적절히 한 경우, 〈견해 1〉에 따르면 미성년자약취죄에 해당하지 않는다.

ㄷ. 보호·양육하던 미성년자를 종전에 거주하던 K국 거주지에서 부의 동의 없이 모가 국외로 이전하는 행위로 인해, K국 국적을 가진 자녀가 생활환경 등이 전혀 다른 외국에서 부의 보호·양육이 배제된 채 정신적·심리적 충격을 겪는 경우, 〈견해 1〉에 따르면 미성년자약취죄에 해당하지 않지만 〈견해 2〉에 따르면 미성년자약취죄에 해당한다.

① ㄱ   ② ㄷ   ③ ㄱ, ㄴ
④ ㄴ, ㄷ   ⑤ ㄱ, ㄴ, ㄷ

06. 고대 국가 R의 상속법 〈원칙〉에 근거해서 〈판단〉을 평가할 때, 옳은 것만을 〈보기〉에서 있는 대로 고른 것은?

〈원칙〉

상속은 가장(家長)의 유언에 따라야 한다. 유언으로 정한 대로 상속이 이루어질 수 없으면, 법이 정한 방법에 따라 상속이 이루어져야 한다. 법정상속은 직계비속이 균분으로, 직계비속이 없을 경우 직계존속이 균분으로, 직계존속이 없으면 배우자의 순으로 이루어진다. 태아는 상속인의 지위를 갖는다. 가장은 배우자 및 직계비속 중 상속인에서 제외하려는 자가 있을 경우 반드시 유언으로 그를 지정해야 한다. 만약 상속인으로 지정되지도 제외되지도 않은 직계비속이 있을 경우 가장의 유언은 무효이다. 상속인의 지위를 상실하게 할 수 있는 조건을 부가하여 상속인을 지정한 가장의 유언은 무효이다.

〈판단〉

아직 자녀가 없는 가장 A는 아내가 임신한 상태에서 "태아와 아내만을 상속인으로 지정한다. 만약 아들이 태어나면, 그가 내 재산의 2/3를 상속받고 나머지는 내 아내가 상속받는다. 그러나 만약 아들이 아니라 딸이 태어나면, 그녀가 내 재산의 1/3을 상속받고 나머지는 아내가 상속받는다."와 같은 유언을 남기고 사망하였다. 그런데 아내는 A의 예상과 달리 아들 1명과 딸 1명의 쌍둥이를 출산하였다. 이에 대해 법률가 X는 "유언자의 의사에 따라 유산을 7등분하여 아들이 4, 아내가 2, 딸이 1을 갖도록 하는 것이 올바르다."고 판단하였다.

─── 〈보 기〉───

ㄱ. X는 "아들과 딸은 각각 1/2씩 상속을 받아야 하며 아내는 상속을 받을 수 없다."고 판단해야 했다.

ㄴ. X는 "'만약 ……이 태어나면'이라는 조건을 부가하여 상속인을 지정하고 있기 때문에 A의 유언은 처음부터 무효이다."고 판단해야 했다.

ㄷ. X는 "A가 아들 또는 딸이 출생하는 경우에 대하여 유언을 한 것이지 아들과 딸이 동시에 출생하는 경우에 대하여 한 것은 아니었다."고 판단해야 했다.

① ㄴ   ② ㄷ   ③ ㄱ, ㄴ
④ ㄱ, ㄷ   ⑤ ㄱ, ㄴ, ㄷ

07. 19세기 X국의 저작권법 개정 논쟁에 대한 평가로 옳은 것만을 〈보기〉에서 있는 대로 고른 것은?

A: 지금까지 작가와 출판가는 작품을 적은 부수만 출간하여 일반 대중의 1개월분 급여 정도의 높은 가격으로 판매해 왔다. 이 때문에 일반 대중은 뛰어난 작품들을 접하기 어려웠다. 이러한 문제는 작가에게 수십 년 동안 독점적 출판권을 부여하는 현행 저작권법에 의해 비롯되었다. 국가는 새로운 작품의 공급이 감소되지 않도록 작가에게 창작의 유인책을 줄 필요가 있지만, 그것은 창작 비용을 회수할 수 있을 정도에 그쳐야 한다. 현재 작가는 최초 출판 후 1년 내에 창작 비용을 충분히 회수할 수 있다. 저작권법은 독점적 출판권을 1년으로 제한하고, 그 이후에는 모든 출판가들이 소매가의 5%를 로열티로 작가에게 지불하고 자유롭게 출판할 수 있도록 개정되어야 한다. 대중도 저렴한 가격으로 뛰어난 작품을 접할 수 있을 것이다. 사실 독점적 권리는 희소한 재화에 대해서만 인정되는 권리다. 일단 출간된 작품은 인쇄비용 문제를 제외하면 무한정 출판될 수 있다. 아무리 소비해도 줄지 않는 재화는 모든 사람이 자유롭게 향유해야 한다.

B: 고급작품은 고상한 학문과 예술을 다루지만, 저급작품은 선정적 내용만 다룬다. 책 가격이 떨어져도 대중이 고급작품을 구매하려 할 것인가? 그들은 교육을 받지 않았기에 선정적 작품만을 읽으려 한다. 반면 고급작품을 높게 평가하는 교양인은 아무리 책 가격이 높더라도 구매하려 한다. 작가는 자신의 책을 높은 가격에 판매함으로써 합당한 대우를 받을 자격이 있다. 즉, 그는 자신이 원하는 방식과 기간으로 출판 조건을 결정하고, 이 조건에 부합하는 출판사와 자유롭게 계약을 체결할 자연적 권리를 가진다. 국가는 작가의 이러한 자연적 권리를 보호해야 할 의무가 있다.

〈보 기〉

ㄱ. 작가마다 작품을 창작하는 데 들인 비용은 천차만별이어서 국가가 작가의 창작 비용 회수기간을 일률적으로 정할 수 없다는 주장이 옳다면, 이는 A의 설득력을 낮춘다.

ㄴ. 특정한 원인에 의해 재화의 공급이 제한될 경우, 그 재화에 대한 독점적 권리를 인정할 수 있다는 주장이 옳다면, 이는 A의 설득력을 낮춘다.

ㄷ. 계약을 누구와 어떻게 체결할 것인지는 당사자가 결정해야 한다는 주장이 옳다면, 이는 B의 설득력을 낮춘다.

① ㄱ   ② ㄷ   ③ ㄱ, ㄴ
④ ㄴ, ㄷ   ⑤ ㄱ, ㄴ, ㄷ

08. 〈사실 관계〉의 (가)와 (나)에 들어갈 방법으로 옳은 것은?

채무자가 채무를 이행할 수 있는데도 하지 않을 경우, 채권자가 직접 돈을 뺏어오거나 할 수 없고 법원에 신청하여 강제적으로 채무를 이행하게 할 수밖에 없다. 이렇게 강제로 이행하게 하는 방법은 상황에 따라 다른데, K국에서 법으로 인정하고 있는 방법은 세 가지이다. 'A방법'은 채무자가 어떤 행위를 하여야 하는데 하지 않는 경우, 채무자의 비용으로 채권자 또는 제3자에게 하도록 하여 채권의 내용을 실현하는 방법이다. 'B방법'은 목적물을 채무자로부터 빼앗아 채권자에게 주거나 채무자의 재산을 경매하여 그 대금을 채권자에게 주는 것과 같이, 국가 기관이 직접 실력을 행사해서 채권의 내용을 실현하는 방법이다. 이 방법은 금전·물건 등을 주어야 하는 채무에서 인정되며, 어떤 행위를 해야 하는 채무에 대하여는 인정되지 않는다. 'C방법'은 채무자만이 채무를 이행할 수 있는데 하지 않을 경우에 손해배상을 명하거나 벌금을 과하는 등의 수단을 써서 채무자를 심리적으로 압박하여 채무를 강제로 이행하도록 만드는 방법이다. 'C방법'은 채무자를 강제하여 자유의사에 반하는 결과에 이르게 하는 것이므로 다른 강제 수단이 없는 경우에 인정되는 최후의 수단이다.

〈사실 관계〉
○ K국은 통신회사가 X회사 하나였는데 최근 통신서비스 시장 개방에 따라 다수의 다른 통신회사가 설립되어 공급을 개시하였다.
○ K국의 X회사는 소비자 Y에게 계약에 따라 통신서비스를 제공할 의무가 있는데 요금 인상을 주장하며 이행하지 않았다. Y가 X회사의 강제 이행을 실현할 수 있는 방법은 통신서비스 시장 개방 전에는 (가) 방법, 시장 개방 후에는 (나) 방법이다.

	(가)	(나)
①	A	C
②	B	A
③	B	B
④	C	A
⑤	C	C

09. 다음 글로부터 추론한 것으로 옳은 것만을 〈보기〉에서 있는 대로 고른 것은?

A국은 각 지방자치단체에 대한 재정적 지원제도인 교부금제도를 시행하고 있다. 각 지방자치단체의 수입은 국가로부터의 교부금과 지방자치단체의 자체수입금으로 구성된다. 국가는 지방자치단체가 제출한 자체수입예상액과 지출예상액을 고려하여 국가가 판단한 총지출규모를 수립한 후 필요한 교부금을 지급한다.
A국은 아래의 교부금 중 하나를 선택하여 모든 지방자치단체에 지급할 수 있다.

o 동액교부금: 모든 지방자치단체에 대해 획일적으로 동일한 금액이 지급되는 교부금
o 동률교부금: 각 지방자치단체의 자체수입금에 비례하는 금액이 지급되는 교부금
o 보통교부금: 각 지방자치단체의 자체수입금이 국가가 수립한 총지출규모를 충당하지 못하는 경우 국가가 그 재정부족분만큼 지급하는 교부금. 다만 자체수입금이 풍부하여 재정부족분이 발생하지 않는 지방자치단체에 대해서는 보통교부금이 지급되지 않음(이를 '불교부단체'라 함).

〈보 기〉

ㄱ. A국이 보통교부금을 지급할 경우, 불교부단체를 제외한 모든 지방자치단체는 자체수입금 증대를 위한 최대의 재정적 노력을 기울일 것이다.
ㄴ. 국가가 수립한 각 지방자치단체의 총지출규모가 동일한 상황에서 재정부족분이 많이 발생하는 지방자치단체(갑)와 상대적으로 적게 발생하는 지방자치단체(을)가 있다면, 보통교부금을 지급받을 때에는 갑이 을에 비해, 동률교부금을 지급받을 때에는 을이 갑에 비해 언제나 많이 받는다.
ㄷ. 국가가 수립한 각 지방자치단체의 총지출규모가 같고 각 지방자치단체의 자체수입액이 같다면, 어떠한 교부금에 의하더라도 각 지방자치단체가 지급받는 교부금의 액수는 동일하다.

① ㄱ   ② ㄷ   ③ ㄱ, ㄴ
④ ㄴ, ㄷ   ⑤ ㄱ, ㄴ, ㄷ

10. 다음 논쟁에 대한 분석으로 옳은 것만을 〈보기〉에서 있는 대로 고른 것은?

남성 우월주의를 표방하는 단체에 소속된 회원 백여 명이 도심에 모여 나체로 행진하는 시위를 하겠다는 계획을 밝혔다. 이를 두고 다음과 같은 논쟁이 벌어졌다.

갑: 다른 사람에게 직접적인 물리적 위해를 줄 것이 분명히 예상되는 경우를 제외한다면, 어떤 행위도 할 수 있는 권리가 보장되어야 해. 자신의 의사를 밝히는 행위 자체가 다른 사람에게 물리적 위해를 준다고는 볼 수 없지.
을: 그렇다면 예를 들어 인종차별을 옹호하는 단체가 시위를 하겠다는 것도 허용해야 할까? 공동체 구성원의 다수가 비도덕적이라고 여기는 가치를 떠받드는 행위를 금지하는 것은 당연해.
병: 인종차별이 정당하다고 주장하면서 시위를 하면 많은 사람들로부터 공격을 받기 쉽지 않을까?
갑: 그런 경우라면 시위자를 공격하는 사람의 행위를 막아야지, 시위 자체를 막아서는 안 되지.
을: 물리적 충돌이 생기는 건 불행한 일이지만 문제의 핵심은 아니야. 왜 그런 일이 생겨나겠어? 결국 대다수 사람들이 보기에 비도덕적인 견해를 공공연하게 지지하니까 직접적인 물리적 위해를 서로 주고받게 되는 거지.
병: 직접적인 물리적 위해가 중요한 게 아니란 점에는 동의해. 하지만 내가 보기에 한 사람의 행동이 다른 사람들에게 불쾌하게 받아들여지는지가 중요하지. 그들의 주장이 옳다 해도 이 시위를 막아야 하는 것은 그 행위가 충분히 불쾌하게 받아들여지기 때문이야. 만약 사람들의 눈에 잘 띄지 않는 장소와 시간에 시위를 한다면 다른 이야기가 되겠지.

〈보 기〉

ㄱ. 시위대가 시민들로부터 물리적 위해를 받을 가능성이 시위 허용 여부를 결정하는 데 중요한 요소인지에 대해서 갑과 을은 의견을 달리한다.
ㄴ. 시위대의 주장이 대다수 시민의 윤리적 판단에 부합하는지가 시위 허용 여부를 결정하는 데 중요한 요소인지에 대해서 을과 병은 의견을 달리한다.
ㄷ. 나체 시위를 불쾌하게 여길 사람이 시위를 회피할 수 있을 가능성이 시위 허용 여부를 결정하는 데 중요한 요소인지에 대해서 갑과 병은 의견을 달리한다.

① ㄱ   ② ㄴ   ③ ㄱ, ㄷ
④ ㄴ, ㄷ   ⑤ ㄱ, ㄴ, ㄷ

11. A~C에 대한 분석으로 옳은 것만을 〈보기〉에서 있는 대로 고른 것은?

A: 유용성의 원리가 의미하는 바는, 한 행위가 그것과 관련되는 사람들의 행복을 증가시키느냐 아니면 감소시키느냐에 따라서 그 행위를 용인하거나 부인한다는 점이다. 오직 유용성의 원리만이 구체적이고, 관찰 가능하며, 검증 가능한 옳은 행위의 개념을 산출할 수 있다. 어떤 범위와 기간까지 고려하여 유용성을 평가할 것인지도 각 행위가 행해지는 상황을 통해 충분히 결정 가능하다. 따라서 행위자의 개별 행위에 직접 적용되는 유용성의 원리만이 도덕적 고려의 대상이 되어야 한다.

B: 유용성의 원리는 개별 행위보다는 행위 규칙과 연관되어야 한다. 한 행위가 아니라, "거짓말을 하지 말라."와 같은 행위 규칙이 유용한지 아닌지를 물어야 한다. 거짓말을 허용하는 것보다 허용하지 않는 규칙이 장기적인 관점에서 더 많은 유용성을 산출한다면, 당장 거짓말하는 행위가 유용하다 할지라도 이를 금하고 그 규칙을 따르도록 해야 한다. 유용성이 입증된 행위 규칙들이 마련되면, 행위자는 매 행위의 유용성을 일일이 계산할 필요 없이 그 규칙에 부합하는 행위를 하는 것만으로 옳은 행위를 수행할 수 있다.

C: 유용성의 원리는 하나의 통일적 삶, 즉 하나의 전제로서 파악하고 평가할 수 있는 삶 속에서만 판단되고 적용되어야 한다. 인간은 그가 만들어내는 허구 속에서 뿐만 아니라 자신의 행위와 실천에 있어서도 '이야기하는 존재'이다. "나는 무엇을 해야만 하는가?"라는 물음은 이에 선행하는 물음, 즉 "나는 어떤 이야기의 부분인가?"라는 물음에 답할 수 있을 때에만 제대로 답변될 수 있다. 나는 나의 가족, 나의 도시, 나의 부족, 나의 민족으로부터 다양한 부채와 유산, 기대와 책무들을 물려받는다. 이런 것들은 나의 삶에 주어진 사실일 뿐만 아니라, 나의 행위가 도덕적이기 위해 부응해야 할 요소이기도 하다.

〈보 기〉

ㄱ. A와 B에 따르면, 한 명의 전우를 적진에서 구하기 위해 두 명의 전우가 죽음을 무릅쓰는 행위가 도덕적일 수 있다.
ㄴ. A와 C에 따르면, 거짓말을 하는 것이 상황에 따라 옳을 수 있다.
ㄷ. A, B, C 모두 유용성의 원리를 도덕적 판단의 기준으로 고려한다.

① ㄱ ② ㄷ ③ ㄱ, ㄴ
④ ㄴ, ㄷ ⑤ ㄱ, ㄴ, ㄷ

12. ㉠에 대한 반론으로 적절한 것만을 〈보기〉에서 있는 대로 고른 것은?

인간은 생각하고, 대화하는 등의 '인지 기능'도 하고, 음식을 소화시키고, 이리저리 움직이는 등의 '신체 기능'도 한다. 이 두 기능 모두 인간의 몸이 하는 기능이다. 인간에게 죽음이란 인간의 몸이 하는 기능이 멈추는 사건이다. 그런데 사람에 따라서는 인지 기능은 멈추었지만 신체 기능은 멈추지 않은 시점을 맞기도 한다. 이 시점의 인간은 죽은 것인가? 인간의 몸이 가진 두 기능 중 죽음의 시점을 정하는 데 결정적인 기능은 무엇인가?

죽음의 시점을 정하는 데 결정적인 요소는 인지 기능이라는 견해를 취해 보자. 이 견해에 따르면 죽음은 인지 기능의 정지이다. 하지만 예를 들어 어젯밤 당신은 아무런 인지 작용도 없는 상태에서 꿈도 꾸지 않는 깊은 잠에 빠져 있었다고 해보자. 죽음이 인지 기능의 정지라면, 당신은 어젯밤에 죽어 있었다고 해야 한다. 하지만 당신은 오늘 여전히 살아 있다. 이런 반례를 피하기 위해서 이 견해를 수정할 필요가 있다. 즉, 죽음은 인지 기능이 일시적으로 정지하는 것이 아니라 영구히 정지하는 것이다. 이 ㉠수정된 견해에 따르면 당신은 어젯밤 죽은 상태에 있지 않았다. 왜냐하면 오늘 당신은 살아 있기 때문이다.

〈보 기〉

ㄱ. 철수는 어제 새벽 2시부터 3시까지 꿈 없는 잠을 자고 있다가, 3시에 심장마비로 사망했다. 3시부터 철수는 인지 기능과 함께 신체 기능도 멈추게 된 것이다. ㉠에 따르면 철수는 어제 새벽 2시부터 이미 죽어 있었다. 하지만 이때 철수는 분명 살아 있었다고 해야 한다. 그때 철수를 깨웠다면 그는 일어났을 것이기 때문이다.
ㄴ. '부활'은 모순적인 개념이 아니다. 죽었던 철수가 부활했다고 상상해 보자. 부활한 철수는 다시 인지 기능을 갖게 될 것이다. ㉠에 따르면, 철수는 부활 이전에도 죽어 있던 것이 아니라고 해야 한다. 하지만 철수는 부활 이전에 죽어 있었다. 그렇지 않다면 철수가 '죽음에서 부활했다'고 말할 수조차 없고 '부활'은 모순적인 개념이 되고 만다.
ㄷ. 철수가 주문에 걸려서 인지 기능이 작동하지 않은 상태로 잠을 자게 되었다고 해보자. 그런데 이 주문은 영희가 철수에게 입맞춤을 하면서 풀려 버렸다. ㉠에 따르면, 철수는 주문에 걸려 있던 동안 죽은 것이다. 하지만 잠에 빠져든 후에도 철수는 분명 살아 있다고 해야 한다. 영희의 입맞춤으로 철수는 깨어났기 때문이다.

① ㄱ ② ㄷ ③ ㄱ, ㄴ
④ ㄴ, ㄷ ⑤ ㄱ, ㄴ, ㄷ

13. 다음으로부터 추론한 것으로 옳지 <u>않은</u> 것은?

존재하는 것 중에는 '좋은 것'도 있고, '나쁜 것'도 있으며, '좋지도 나쁘지도 않은 것'도 있다. 덕, 예컨대 분별력과 정의는 좋은 것이다. 이것의 반대, 즉 우매함과 부정의는 나쁜 것이다. 반면에 유익하지도 해롭지도 않은 것은 덕도 아니며 덕의 반대도 아니다. 건강, 즐거움, 재물, 명예, 그리고 이것들의 반대인 질병, 고통, 가난, 불명예가 바로 그런 것이다. 이것들은 선호되거나 선호되지 않을 수는 있어도, 좋은 것도 아니고 나쁜 것도 아니다. 오히려 이것들은 차이가 없는 것이다. 여기서 '차이가 없는 것'은 행복에 대해서도, 불행에 대해서도 어떤 기여도 하지 않는 것을 의미한다. 왜냐하면 이런 것이 없어도 행복할 수 있기 때문이다. 이런 것을 얻는 과정에서 행복하거나 불행할 수는 있을지라도 말이다. 차갑게 만드는 것이 아니라 뜨겁게 만드는 것이 뜨거운 것의 고유한 속성인 것처럼, 해를 끼치는 것이 아니라 유익하게 하는 것이 좋은 것의 고유한 속성이다. 그런데 건강과 재물은 해를 끼치지도 않고 유익하게 하는 것도 아니다. 건강과 재물은 좋게 사용될 수도 또한 나쁘게 사용될 수도 있다. 좋게 사용될 수도 있고 나쁘게 사용될 수도 있는 것은 좋은 것이 아니다.

– 디오게네스, 『철학자 열전』 –

① 건강의 반대, 즉 질병은 좋은 것이 아니다.
② 재물을 얻는 과정에서 행복할 수 있다.
③ 나쁜 것이 아닌 것은 좋은 것이다.
④ 건강과 재물은 좋은 것이 아니다.
⑤ 분별력은 나쁘게 사용될 수 없다.

14. 다음 글에 대한 분석으로 옳은 것만을 〈보기〉에서 있는 대로 고른 것은?

우리 행위가 우리 자신의 자유로운 선택의 결과일 때에만 우리는 그 행위에 도덕적 책임을 진다. 그러나 만약 인간 행위가 결정론적 인과 법칙에 의해 전적으로 지배된다면, 어떻게 내 행위가 자유로운 행위였다 할 수 있는지의 질문이 제기될 수 있다. 이에 대해 "우리가 자유 의지를 가지고 있고 자유롭게 행위한다는 것을 우리는 누구보다 잘 알고 있습니다. 여기에는 아무 문제가 없습니다."라고 주장하는 것은 문제의 해결이 아니다. 만약 우리가 우리의 의지가 자유롭다는 것을 정말로 안다면, 우리의 의지가 자유롭다는 것은 참일 수밖에 없다. 사실이 아닌 어떤 것을 알 수는 없기 때문이다. 그러나 "우리의 의지는 자유롭지 않으므로 어느 누구도 우리 의지가 자유롭다는 것을 알지 못한다."는 주장 역시 가능하다. 사람들이 자신들이 자유롭게 행위한다고 믿는다는 것은 분명한 사실이다. 그러나 자유롭게 행위한다고 느낀다는 것이 우리가 실제로 자유롭다는 점을 입증하지는 못한다. 그것은 단지 우리가 행위의 원인에 대해 인식하고 있지 못함을 보여줄 뿐이다.

〈보 기〉

ㄱ. 이 글에 따르면, 자유로운 선택에 의한 것이지만 도덕적 책임을 지지 않는 행위는 있을 수 없다.
ㄴ. 이 글에 따르면, 우리가 무언가를 안다는 것은 그것이 참임을 함축한다.
ㄷ. 우리가 자유롭게 행했다고 여기는 많은 행위들을 인과 법칙적으로 설명할 수 있다면, 이 글의 논지는 약화된다.

① ㄴ   ② ㄷ   ③ ㄱ, ㄴ
④ ㄱ, ㄷ   ⑤ ㄱ, ㄴ, ㄷ

15. 다음 글에 대한 분석으로 옳은 것만을 〈보기〉에서 있는 대로 고른 것은?

> ㉠ 내가 이전에 먹었던 빵은 나에게 영양분을 제공하였다. 과거에 경험한 이런 한결같은 사실을 근거로, ㉡ 미래에 먹을 빵도 반드시 나에게 영양분을 제공할 것이라고 결론 내릴 수 있을까?
> 어떤 사람들은 미래에 관한 이런 명제가 과거에 관한 명제로부터 올바르게 추리된다고 주장한다. 즉 전제가 참이면 결론도 반드시 참이라는 의미에서, 미래에 관한 명제가 과거에 관한 명제로부터 추리된다고 말한다. 하지만 그들이 말하는 그 추리가 연역적으로 타당하게 이끌어진 추리가 아니라는 점은 명백하다. 왜냐하면 그 경우 전제가 참이더라도 결론이 거짓일 수 있기 때문이다. 그렇다면 그 추리는 어떤 성질을 지닌 추리인가?
> 만약 어떤 사람이 그 추리가 경험에 근거해서 결론이 필연적으로 따라나오는 추리라고 주장한다면, 그 사람은 논점 선취의 오류를 범하는 것이다. 왜냐하면 경험에 근거해서 결론이 필연적으로 따라나오는 추리가 되려면, ㉢ 미래가 과거와 똑같다는 것을 기본 전제로 가정해야 하기 때문이다. 만일 자연의 진행 과정이 변할 수도 있다고 생각할 수 있다면, 모든 경험은 소용이 없게 될 것이며 아무런 추리도 할 수 없게 되거나 아무런 결론도 내릴 수 없게 될 것이다. 따라서 경험을 근거로 하는 어떠한 논증도 미래가 과거와 똑같을 것이라는 점을 증명할 수는 없다. 왜냐하면 그런 논증은 모두 미래가 과거와 똑같을 것이라는 그 가정에 근거해 있기 때문이다.

─〈보 기〉─

ㄱ. ㉢을 참이라고 가정하면 ㉠으로부터 ㉡을 추리할 수 있다.
ㄴ. ㉢이 거짓이라면 ㉡의 참을 확신할 수 없다.
ㄷ. ㉢을 정당화할 수 있는, 경험에 근거한 추리란 없다.

① ㄱ   ② ㄷ   ③ ㄱ, ㄴ
④ ㄴ, ㄷ   ⑤ ㄱ, ㄴ, ㄷ

---

16. 다음 논쟁에 대한 분석으로 옳은 것만을 〈보기〉에서 있는 대로 고른 것은?

> 설거지를 하던 철수는 수지로부터의 전화벨 소리에 깜짝 놀라고 접시를 깨뜨린다. 접시를 깬 이유가 무언지 생각해본 철수는 '수지가 자신에게 전화를 건 사건'이 '자신이 깜짝 놀란 사건'의 원인이며, '자신이 깜짝 놀란 사건'이 '자신이 접시를 깬 사건'의 원인이라고 추론한다. 왜냐하면 철수는 다음의 원리를 받아들이기 때문이다.
>
> 원리A: 임의의 사건 a, b에 대하여, a가 b의 원인이라는 것은 a가 발생하지 않았더라면 b가 발생하지 않았다는 것이다.
>
> 이어서 철수는 다음의 원리를 통해 '수지가 전화를 건 사건'이 '자신이 접시를 깬 사건'의 원인이라고 결론 내린다.
>
> 원리B: 임의의 사건 a, b, c에 대하여, a가 b의 원인이고 b가 c의 원인이라면, a는 c의 원인이다.
>
> 철수는 자신이 접시를 깬 것은 수지 때문이라며 수지를 원망한다. 이에 수지는 다음의 사례를 들어 반박한다. 사실 어젯밤 철수의 집에 누군가 몰래 침입하여 폭탄을 설치하였다. 오늘 아침 수지가 다행히 폭탄을 발견하였고 이를 제거하였다. 철수는 무사히 출근할 수 있었다. 수지는 다음과 같이 말한다.
> "'만약 누군가가 폭탄을 설치하지 않았더라면, 내가 폭탄을 제거할 일이 없었을 것'이라는 점은 당연하지. 그렇다면 원리A에 의해 '누군가 폭탄을 설치한 사건'이 '내가 그 폭탄을 제거한 사건'의 원인이라 해야 할 거야. 마찬가지 방식으로 '내가 폭탄을 제거한 사건'이 '네가 출근한 사건'의 원인이라고 해야 하겠지. 그런데 원리B에 의하면, '누군가 폭탄을 설치한 사건'이 '네가 출근한 사건'의 원인이라고 말해야 할 거야. 누군가 폭탄을 설치했기 때문에 네가 출근할 수 있었다는 게 말이 된다고 생각하니?"

─〈보 기〉─

ㄱ. '철수가 접시를 구입하지 않았더라면, 철수는 접시를 깨지 않았을 것'이라는 것은 당연하다. 하지만 '철수가 접시를 구입한 것'이 '철수가 접시를 깬 사건'의 원인이라고 말하는 것은 부적절해 보인다. 그렇다면 이는 원리A를 약화한다.
ㄴ. 철수의 추론은 '수지가 자신에게 전화 걸지 않았더라면, 자신은 접시를 깨지 않았을 것'이라는 전제를 사용한다.
ㄷ. 수지의 추론은 '자신이 폭탄을 제거하지 않았더라면, 철수는 출근하지 못했을 것'이라는 전제를 사용한다.

① ㄱ   ② ㄴ   ③ ㄱ, ㄷ
④ ㄴ, ㄷ   ⑤ ㄱ, ㄴ, ㄷ

17. 다음 논쟁에 대한 평가로 적절한 것만을 〈보기〉에서 있는 대로 고른 것은?

> 갑: 당신 진열장이 마음에 들어 내가 어제 당신이 요구한 대로 100만원을 주고 구입했는데, 왜 물품을 인도하지 않습니까?
>
> 을: 그 100만원 외에 그 진열장을 이루고 있는 부품 가격으로 100만원을 더 지불해야 합니다. 진열장을 사려면 부품들도 함께 구입해야 하는데, 그 금액을 아직 받지 못했습니다.
>
> 갑: 진열장과 그 부품들이 따로따로라고요? 도대체 무슨 근거로 그 둘이 다르다는 겁니까?
>
> 을: 진열장과 그 부품들은 성질이 다릅니다. 진열장은 세련된 조형미를 갖추고 있지만 그 부품들엔 그런 것이 없습니다. 또 진열장을 분해하면 진열장은 더 이상 존재하지 않지만 그 부품들은 여전히 존재합니다. 따라서 둘은 별개의 사물입니다.
>
> 갑: 당신은 마치 가구 판매자로서의 당신과 가구 제작자로서의 당신이 별개의 사람인 듯이 이야기하는군요. 그건 관념적인 구별이고 실제 당신은 하나가 아닙니까? 진열장은 특정한 형태로 조합된 부품들일 뿐입니다. 둘은 다르지 않습니다. 나는 특정한 형태로 조합되어 진열장을 만드는 부품들을 구매했고, 따라서 그 부품들은 자동으로 따라오는 것입니다. 당신은 분해된 부품들이 아니라 특정한 형태로 조합된 부품들을 저에게 건네주기만 하면 됩니다.

〈보 기〉

ㄱ. 을은 '서로 다른 성질을 지녔다면 서로 다른 사물'이라고 가정하고 있다.

ㄴ. 부품이 진열장으로 조립·가공되면서 창출되는 가치의 대가가 처음 지불한 100만원에 이미 포함되어 있다면 을의 주장은 강화된다.

ㄷ. 을의 논리에 따르면 부품 역시 부분들로, 또 그것들을 더 작은 부분들로 나눌 수 있으므로, 부분들에도 값이 있다면 진열장을 받기 위해 거의 무한대의 비용을 지불해야 할 수도 있다.

① ㄴ   ② ㄷ   ③ ㄱ, ㄴ
④ ㄱ, ㄷ   ⑤ ㄱ, ㄴ, ㄷ

18. A~C를 분석한 것으로 적절하지 <u>않은</u> 것은?

> A: 개인의 어떤 행동이 자신에게만 영향을 주고 다른 사람에게는 아무런 손해도 입히지 않는다면, 그런 행동에 대한 국가의 간섭은 정당화되지 않는다. 다만 다른 사람의 이익을 침해하는 행동에 대해서는 침해 당사자가 당연히 책임을 져야 하며, 사회 전체의 이익을 보호하기 위해 국가는 다른 사람의 이익 침해 행동에 대해 처벌을 가할 수 있다.
>
> B: 다른 사람에게 손해를 입힐 때만 국가의 간섭이 정당화되기는 하지만, 그렇다고 그런 간섭이 언제나 정당화될 수 있다고 생각해서는 안 된다. 사람이 살다 보면 합법적인 목표를 추구하는 과정에서 불가피하게 다른 사람에게 아픔이나 상실감을 줄 수도 있다. 원하는 대상을 놓고 서로 경쟁한 결과 실패한 사람은 어떤 의미에서 손해를 입었다고 할 수 있지만 그렇다고 해서 그런 경쟁을 국가가 나서서 꼭 막아야 하는 것은 아니다.
>
> C: 다른 사람에게 손해를 입히거나 또는 손해를 입힐 가능성이 있을 때는 국가의 간섭이 정당화된다. 그래서 때로는 국가가 사후에 범죄 행위를 적발하고 그 범죄자를 처벌하는 것뿐만 아니라 사전에 확실한 예방 조치를 취해야 할 경우도 있다. 어떤 사람이 분명히 범죄를 저지를 것이라는 판단이 서면, 국가가 실제 그런 일이 일어날 때까지 아무런 조치도 취하지 않은 채 그냥 방관만 해서는 안 되고 그것을 막기 위해 어떤 식으로든 개입해야 한다.

① A는 B보다 국가가 간섭할 수 있는 행동의 범위를 넓게 잡고 있다.

② C는 A보다 국가가 간섭할 수 있는 행동의 범위를 넓게 잡고 있다.

③ 오직 자신에게만 영향을 주는 행동은 있을 수 없다면 A와 B는 사실상 같은 견해이다.

④ A와 B에 따르면, 국가가 어떤 행동을 간섭했다면 그 행동은 다른 사람에게 손해를 입힌 행위이다.

⑤ A와 C에 따르면, 다른 사람에게 손해를 입힌 행동 가운데는 국가의 간섭 대상이 아닌 것은 없다.

19. 다음 논증의 지지 관계를 분석한 것으로 적절하지 <u>않은</u> 것은?

> ㉠ 자연권이란 개개인이 자신의 생명을 보존하기 위해 원할 때는 언제나 자신의 힘을 사용할 수 있는 자유를 의미하는 것으로, 모든 사람에게 동등하게 보장된 것이다. 반면 ㉡ 자연법이란 이성에 의해 발견된 계율 또는 일반규칙으로서, 그러한 규칙의 하나에 따르면 인간은 자신의 생명을 보존하는 수단을 박탈하거나, 자신의 생명 보존에 가장 적합하다고 생각되는 행위를 포기하는 것이 금지된다. 권리는 자유를 주는 반면, 법은 자유를 구속한다.
> ㉢ 인간의 자연 상태는 만인에 대한 만인의 전쟁 상태이며, ㉣ 이 상태에서 모든 이성적 인간은 적에 맞서 자신의 생명을 보존하는 데 도움이 되는 것은 어떤 것이든 사용할 수 있다. 따라서 ㉤ 그런 상태에서는 모든 사람은 모든 것에 대해, 심지어는 상대의 신체에 대해서도 권리를 갖게 된다. ㉥ 상대의 신체에 대한 권리는 그 신체를 훼손할 권리까지 포함하므로, ㉦ 모든 것에 대한 이러한 자연적 권리가 유지되는 한 인간은 누구도 안전할 수 없다. 그런데 자연법은 생명의 안전한 보존에 가장 적합하다고 생각되는 행위를 결코 포기해서는 안 된다고 명하고 있으므로, ㉧ 모든 사람은 평화를 이룰 희망이 있는 한 그것을 얻기 위해 노력하지 않으면 안 된다. 그렇다면 이성이 우리에게 명하는 또 하나의 계율은 이렇게 요약될 수 있다. ㉨ 평화와 자기 방어에 필요하다고 생각하는 한 우리는 모든 사물에 대한 자연적 권리를 기꺼이 포기하고, 우리가 다른 사람에게 허용한 만큼의 자유에 스스로도 만족해야 한다.

① ㉠이 ㉣의 근거로 제시되고 있다.
② ㉢과 ㉣이 ㉤의 근거로 제시되고 있다.
③ ㉤이 ㉥의 근거로, 그리고 이 ㉥이 다시 ㉦의 근거로 제시되고 있다.
④ ㉡이 ㉧의 근거로 제시되고 있다.
⑤ ㉦과 ㉧이 ㉨의 근거로 제시되고 있다.

20. 다음으로부터 추론한 것으로 옳지 <u>않은</u> 것은?

> 어느 회사가 새로 충원한 경력 사원들에 대해 다음과 같은 정보가 알려져 있다.
>
> ○ 변호사나 회계사는 모두 경영학 전공자이다.
> ○ 경영학 전공자 중 남자는 모두 변호사이다.
> ○ 경영학 전공자 중 여자는 아무도 회계사가 아니다.
> ○ 회계사이면서 변호사인 사람이 적어도 한 명 있다.

① 여자 회계사는 없다.
② 회계사 중 남자가 있다.
③ 회계사는 모두 변호사이다.
④ 회계사이면서 변호사인 사람은 모두 남자이다.
⑤ 경영학을 전공한 남자는 회계사이면서 변호사이다.

21. 다음으로부터 추론한 것으로 옳지 <u>않은</u> 것은?

아래 배치도에 나와 있는 10개의 방을 A, B, C, D, E, F, G 7명에게 하나씩 배정하고, 3개의 방은 비워두었다. 다음 〈정보〉가 알려져 있다.

1호		6호
2호		7호
3호		8호
4호		9호
5호		10호

〈정보〉
○빈 방은 마주 보고 있지 않다.
○5호와 10호는 비어 있지 않다.
○A의 방 양옆에는 B와 C의 방이 있다.
○B와 마주 보는 방은 비어 있다.
○C의 옆방 가운데 하나는 비어 있다.
○D의 방은 E의 방과 마주 보고 있다.
○G의 방은 6호이고 그 옆방은 비어 있다.

① 1호는 비어 있다.
② A의 방은 F의 방과 마주 보고 있다.
③ B의 방은 4호이다.
④ C와 마주 보는 방은 비어 있다.
⑤ D의 방은 10호이다.

22. 다음으로부터 추론한 것으로 옳은 것만을 〈보기〉에서 있는 대로 고른 것은?

대형 전시실 3개와 소형 전시실 2개를 가진 어느 미술관에서 각 전시실 별로 동양화, 서양화, 사진, 조각, 기획전시 중 하나의 주제로 작품을 전시하기로 계획하였다. 설치 작업은 월요일부터 금요일까지 〈작업 계획〉에 따라 하루에 한 전시실씩 진행한다.

〈작업 계획〉
○동양화 작품은 금요일 이전에 설치한다.
○수요일과 금요일에는 대형 전시실에 작품을 설치한다.
○조각 작품을 설치한 다음다음날에 소형 전시실에 사진 작품을 설치한다.
○기획전시 작품을 설치한 다음다음날에 대형 전시실에 작품을 설치하는데, 그 옆 전시실에는 서양화가 전시된다.

〈보 기〉
ㄱ. 서양화 작품은 수요일에 설치한다.
ㄴ. 동양화 전시실과 서양화 전시실은 옆에 있지 않다.
ㄷ. 기획전시가 소형 전시실이면 조각은 대형 전시실이다.

① ㄴ
② ㄷ
③ ㄱ, ㄴ
④ ㄱ, ㄷ
⑤ ㄱ, ㄴ, ㄷ

23. 가설 A~C에 대한 평가로 옳은 것만을 〈보기〉에서 있는 대로 고른 것은?

A: 기온과 공격성 사이에는 정(+)의 상관관계가 있다. 기온이 높아지면 공격적인 행동이 증가한다.

B: 기온과 공격성의 관계는 역 U자 형태를 나타낸다. 집단과 개인의 공격성은 매우 덥거나 매우 추울 때보다도 중간 정도의 기온에서 두드러진다.

C: 기온과 공격 행동 간에 유의미한 관계가 나타난다고 하더라도 기온이 공격 행동을 유발한다고 볼 수는 없다. 기온과 공격성 간의 관계는 단지 공격 행동의 기회가 기온에 따라 달라지기 때문에 나타나는 효과일 뿐이다.

〈보 기〉

ㄱ. 섭씨 30도가 넘는 무더운 여름 날 신호등이 주행 신호로 바뀌어도 계속 정지해 있는 차량이 있을 때, 운전자들이 신경질적으로 경적을 누르는 횟수와 경적을 계속 누르고 있는 시간이 증가했고 이런 행동은 에어컨이 없는 차량의 운전자들에게서 특히 강하게 나타났다는 실험 연구 결과는 A를 강화한다.

ㄴ. 한여름 낮 시간에 실내 온도가 섭씨 30도 이상으로 올라갈 때 냉방 장치가 없는 장소보다 냉방 장치가 가동되는 장소에서 폭력 범죄가 더 많이 발생한다는 연구 결과는 B를 약화한다.

ㄷ. 한여름에 같은 심야 시간대일지라도 유흥가가 한적해지는 주중보다 유흥가가 북적거리는 주말에 폭력 범죄가 훨씬 더 많이 발생한다는 사실은 C를 약화한다.

---

① ㄱ   ② ㄴ   ③ ㄱ, ㄷ
④ ㄴ, ㄷ   ⑤ ㄱ, ㄴ, ㄷ

---

24. 다음 글에 대한 분석으로 옳은 것만을 〈보기〉에서 있는 대로 고른 것은?

일반적으로 과학적 탐구는 관찰과 관찰한 것(자료)의 해석으로 압축된다. 특히 자료의 해석은 객관적이고 올바르며 엄밀해야 한다. 그런데 간혹 훈련받은 연구자들조차 사회 현상을 해석할 때 분석 단위를 혼동하거나 고정관념, 속단 등으로 인해 오류를 범하기도 한다. 예를 들어 집단, 무리, 체제 등 개인보다 큰 생태학적 단위의 속성에 대한 판단으로부터 그 단위를 구성하는 개인들의 속성에 대한 판단을 도출하는 경우(A 오류), 편견이나 선입견에 사로잡혀 특정 집단에 특정 성향을 섣불리 연결하는 경우(B 오류), 집단의 규모를 고려하지 않고, 어떤 집단이 다른 집단보다 특정 행위의 발생 건수가 많다는 점으로부터 그 집단은 다른 집단보다 그 행위 성향이 강할 것이라고 속단하는 경우(C 오류) 등이 이에 해당한다. 이와 같은 오류들로 인해 과학적 탐구 결과가 왜곡될 수 있으므로 주의가 필요하다.

〈보 기〉

ㄱ. 상대적으로 젊은 유권자가 많은 선거구가 나이 든 유권자가 많은 선거구보다 여성 후보에게 더 많은 비율로 투표했다는 사실로부터 젊은 사람이 나이 든 사람보다 여성 후보를 더 지지한다고 결론을 내린다면, A 오류를 범하게 된다.

ㄴ. 외국인과 내국인 사이에 발생한 범죄가 증가하고 있다는 자료로부터 가해자가 외국인이고 피해자가 내국인인 범죄가 증가한다고 결론을 내린다면, B 오류를 범하게 된다.

ㄷ. 자살자 수가 가장 많은 연령대는 1,490명을 기록한 50~54세라는 통계로부터 50~54세의 중년층은 다른 연령대보다 자살 위험성이 가장 크다고 결론을 내린다면, C 오류를 범하게 된다.

---

① ㄴ   ② ㄷ   ③ ㄱ, ㄴ
④ ㄱ, ㄷ   ⑤ ㄱ, ㄴ, ㄷ

25. 다음 글에 대한 평가로 옳은 것만을 〈보기〉에서 있는 대로 고른 것은?

특정 학생이 공부를 잘할 것이라거나 못할 것이라는 교사의 기대와 그 학생의 실제 성적 간에는 유의미한 관계가 나타난다. A와 B는 그 관계를 설명하는 견해이다.

A: 교사가 공부를 잘할 것이라 믿는 학생의 성적은 향상되지만 공부를 못할 것이라 믿는 학생의 성적은 떨어진다. 교사의 기대 효과는 교사와 학생 간 상호작용을 통해 실현된다. 예를 들어 성적이 좋아질 것이라고 생각되는 학생에게 질문 기회를 더 많이 주고 칭찬과 격려를 아끼지 않는 등 긍정적으로 반응하는 것은 그 기대에 부응하고자 하는 학생의 노력을 유도함으로써 성적 향상으로 이어진다. 반대로 성적이 좋지 않을 것이라고 생각되는 학생에게는 긍정적인 반응을 적게 하고 부정적인 반응을 많이 함으로써 해당 학생의 학업에 대한 관심은 낮아지고 이는 성적 하락으로 귀결된다.

B: 교사의 기대가 높은 학생의 성적이 높게 나타나는 것은 교사의 예측 능력이 뛰어나기 때문이다. 교사는 특정 학생에 대한 정보나 상징적 상호작용을 통해 학업에 대한 기대를 형성하는데, 과거의 교육 경험에 기반을 둔 이러한 기대는 매우 예측력이 높다. 따라서 교사의 기대 효과는 존재하지 않으며, 교사의 기대가 높은 학생의 성적이 높고 기대가 낮은 학생의 성적이 낮은 것은 학생의 지적 능력에 대한 교사의 정확한 예측을 반영하는 것일 뿐이다.

〈보 기〉

ㄱ. 질병으로 휴직한 담임교사 후임으로 새로운 교사가 부임해 옴에 따라 이전만큼 담임교사로부터 높은 기대와 관심을 받지 못하게 된 학생들의 성적이 크게 하락했다면, A는 강화된다.

ㄴ. 학생에 대한 교사의 기대 수준과 학생의 실제 성적을 비교하였을 때 그 값의 편차가 교육 경험이 없는 새내기 교사보다 경험이 매우 많은 교사에게서 더 크게 나타났다면, B는 강화된다.

ㄷ. 교사가 학생들에 대해 가지고 있는 기대치와 학생들의 실제 성적을 동일 시점에서 측정하여 비교하였을 때 기대치가 높은 학생들의 성적은 높았고 기대치가 낮은 학생들의 성적은 낮았다면, A는 강화되고 B는 약화된다.

① ㄱ ② ㄴ ③ ㄱ, ㄷ
④ ㄴ, ㄷ ⑤ ㄱ, ㄴ, ㄷ

26. 〈비판〉에 대한 분석으로 옳은 것만을 〈보기〉에서 있는 대로 고른 것은?

덕 윤리학에 의하면 올바른 행동이란 덕을 갖춘 사람이 할 법한 행동을 말한다. 여기서 덕을 갖춘 사람이란 좋은 삶을 영위하기 위해 필요한 어떤 특정한 성격 특성을 가진 사람을 말한다. 이러한 성격 특성은 단순하고 일시적인 경향성이 아니라 다른 특성 및 성향들과 지속적으로 긴밀하게 결합되어 있는 어떤 복합적인 심리적 경향성이다. 예를 들어, 정직한 사람이 된다는 것은 "가능한 한 정직한 사람들과 함께 일하고, 자식도 정직한 사람으로 기르려고 하며, 부정직함을 싫어하고 개탄한다."와 같은 복합적 경향성을 가진 특정 유형의 사람이 된다는 의미이다.

〈실험 결과〉

쇼핑몰 내 공중전화 박스 밖에서 서류를 떨어뜨린 후 얼마나 많은 사람들이 서류 줍는 일을 도와주는지 살펴본 결과, 공중전화의 동전 반환구에서 운 좋게 동전을 주운 사람들은 그렇지 않은 사람들보다 서류 줍는 일을 도와줄 확률이 훨씬 높았다.

〈비판〉

우리는 보통 사람들의 행동이 그의 성격에서 기인한다고 생각하지만, 〈실험 결과〉는 사람들이 처한 상황이 그들의 행동에 영향을 미친다는 것을 보여 준다. 특히 이는 타인을 돕는 행위가 여러 상황에서 일관적으로 발휘되지 않음을 보여 준다. 이것은 덕 윤리학이 주장하는 성격 특성이란 존재하지 않음을 보여 준다. 따라서 덕 윤리학은 올바른 윤리 이론일 수 없다.

〈보 기〉

ㄱ. 〈비판〉은 '어떤 이론이 가정하고 있는 중심 요소가 실제로 존재하지 않는 것으로 판명된다면 그 이론에는 심각한 문제가 있다'는 원리에 의존하고 있다.

ㄴ. 〈비판〉은 '우리의 행동 성향이 일시적이고 상황에 크게 좌우된다면 우리는 좋은 삶을 영위할 수 없다'고 가정하고 있다.

ㄷ. 〈비판〉은 '덕 윤리학이 주장하는 친절함의 덕을 지닌 사람이라면 여러 상황 하에서 일관되게 친절한 행동을 하는 성향을 가질 것'이라 가정하고 있다.

① ㄱ ② ㄴ ③ ㄱ, ㄷ
④ ㄴ, ㄷ ⑤ ㄱ, ㄴ, ㄷ

27. 다음 논쟁에 대한 평가로 옳은 것만을 〈보기〉에서 있는 대로 고른 것은?

> A: 인간은 이기적인 존재다. 인간은 주어진 상황에서 자신의 이익을 극대화하려고 노력한다. 다음과 같은 가상적 상황을 생각해 보자. 1천 원을 갑과 을이 나눠 가져야 한다. 먼저 갑이 각자의 몫을 정해 을에게 제안한다. 을이 이 제안을 받아들이면 그 제안대로 상황은 종료된다. 하지만 만약 을이 이 제안을 받아들이지 않으면 갑과 을 모두 한 푼도 받지 못하고 상황은 종료된다. 인간이 이기적이라면, 을은 제안을 거절해서 한 푼도 받지 못하는 것보다 돈을 조금이라도 받는 것을 선호할 것이므로 갑이 아무리 적은 돈을 제안해도 받아들일 것이다. 이를 예상한 갑은 당연히 을에게 최소한의 돈만 제안할 것이다. 따라서 갑은 허용되는 최소한의 액수, 예를 들어 10원만을 을에게 주고 나머지 990원을 자신이 가질 것이다.
> B: 인간은 이기적인 존재만은 아니다. 위와 같은 이기적인 결과를 실제 실험에서는 거의 찾아보기 힘들다. 갑의 역할을 하는 사람이 돈을 거의 전부 차지하겠다고 제안하는 사례는 극히 드물었다. 많은 경우 상대방에게 40% 이상의 몫을 제안하는 관대함을 보였다.
> C: 이제 조금 ㉠변형된 실험을 고려해 보자. 위와 같이 갑이 먼저 제안하지만 을은 이 제안을 거부할 수 없으며 이를 갑이 알고 있다. 이때 갑의 제안 금액이 달라지는지를 관찰하였다.

───────〈보 기〉───────
ㄱ. 만약 ㉠에서 갑이 10원만을 제안한다면 B의 주장이 약화된다.
ㄴ. 만약 갑이 을을 이기적인 사람이라고 확신한다면 ㉠에서 10원만을 제안할 것이다.
ㄷ. ㉠의 결과를 통해 B에서 갑의 관대한 행동의 원인이 을의 거부 가능성에 영향을 받는지 알아볼 수 있다.

① ㄱ   ② ㄴ   ③ ㄱ, ㄷ
④ ㄴ, ㄷ   ⑤ ㄱ, ㄴ, ㄷ

28. 다음 글로부터 추론한 것으로 옳은 것만을 〈보기〉에서 있는 대로 고른 것은?

> 시장에 나온 상품의 양이 유효수요를 초과하는 경우, 그 상품 가격의 구성부분들(지대, 임금, 이윤) 중 일부는 그 자연율 이하의 대가를 받을 수밖에 없다. 만약 그것이 지대라면, 토지 소유자의 이해관계는 즉시 그의 토지의 일부를 그 사업으로부터 거둬들이도록 할 것이고, 만약 그것이 임금 또는 이윤이라면 노동자 또는 고용주의 이해관계는 그들의 노동 또는 자본의 일부를 그 사업으로부터 줄이도록 할 것이다. 이리하여 시장에 나오는 상품의 양은 겨우 유효수요를 만족시키는 데 충분한 수준이 될 것이다. 따라서 상품가격의 모든 구성부분들은 그들의 자연율로 상승할 것이고, 상품의 가격은 자연가격으로 상승할 것이다.
>
> 이와는 반대로, 시장에 나오는 상품의 양이 유효수요보다 적다면, 상품가격의 구성부분들 중 일부는 그 자연율을 웃도는 대가를 받게 될 것이다. 만약 그것이 지대라면, 여타의 토지 소유자의 이해관계는 당연히 이 상품의 제조에 더 많은 토지를 제공하게 만들 것이고, 그것이 임금 또는 이윤이라면, 여타의 모든 노동자와 제조업자들의 이해관계는 그 상품을 제조하여 시장에 내보내는 데 더 많은 노동과 자본을 사용하게 만들 것이다. 그리하여 시장에 나오는 상품의 양은 곧 유효수요를 만족시키는 데 충분하게 될 것이다. 따라서 가격의 모든 구성부분들은 곧 그들의 자연율 수준으로 하락할 것이며, 전체 가격은 자연가격으로 하락할 것이다.
>
> – 애덤 스미스, 『국부론』 –

───────〈보 기〉───────
ㄱ. 궁극적으로 모든 토지의 소유주들이 얻는 지대는 그 자연율을 향해 움직이는 경향을 보인다.
ㄴ. 노동자들이 노동의 자연율 수준을 안다면, 이 수준을 자신의 노동을 어디에 투입할 것인지를 결정하는 하나의 준거로 삼을 수 있다.
ㄷ. 자동차 가격과 그 중간재인 철강 가격이 동시에 자연가격 이하로 떨어지는 경우, 자동차 산업의 자본 소유주는 자신의 자본을 자동차 산업에서 회수할 것이다.

① ㄱ   ② ㄷ   ③ ㄱ, ㄴ
④ ㄴ, ㄷ   ⑤ ㄱ, ㄴ, ㄷ

29. 다음 글로부터 추론한 것으로 옳은 것만을 〈보기〉에서 있는 대로 고른 것은?

세 명의 위원 갑, 을, 병으로 구성된 위원회에서 세 명의 후보 a1, a2, b 중 한 사람을 선발하는 상황을 고려해 보자. a1과 a2는 동일한 A당(黨)에 속한 사람이고, b는 다른 B당 사람이다. 각 위원의 후보에 대한 선호는 다음과 같이 알려져 있다. (예를 들어, a1>b는 a1을 b보다 선호한다는 의미다.)

위원	선호
갑	a1>a2>b
을	a2>a1>b
병	b>a1>a2

위원회의 결정은 다수결 투표에 따른다. 각 위원은 자신의 선호에 따라 정직하게 투표에 임할 수도 있고, 전략적으로 투표에 임할 수도 있다. 전략적 투표란 자신이 더 선호하는 후보가 선발되게 만들기 위해 정직하지 않게 투표를 하는 행위다. 예를 들어, 위원 갑이 a1이 최종 선발될 가능성이 없다고 판단하여 자신이 가장 싫어하는 b가 당선되는 경우를 막기 위해 a2에게 투표하는 것이 이에 해당한다.

〈보 기〉

ㄱ. 1차 투표에서 후보 세 명을 대상으로 투표한 후 만약 승자가 없다면 갑이 최종 결정한다고 하자. 이 경우 전략적 투표를 허용하더라도 정직하게 투표한 결과와 같다.
ㄴ. A당의 두 후보 중 한 사람을 1차 선발하고, 그 승자를 b와 결선하여 최종 승자를 결정하는 방식을 고려하자. 이 경우 위원 을은 전략적 투표를 할 유인이 있다.
ㄷ. A당과 B당 중 하나를 1차 투표로 결정하고, 만약 A당이 선택되면 a1과 a2의 결선의 승자를, 만약 B당이 선택되면 b를 최종 승자로 결정하는 방식을 고려하자. 이 경우 전략적 투표를 허용하면 b가 선발될 것이다.

① ㄱ   ② ㄷ   ③ ㄱ, ㄴ
④ ㄴ, ㄷ   ⑤ ㄱ, ㄴ, ㄷ

30. 다음 글로부터 추론한 것으로 옳지 않은 것은?

우리는 다양한 사건을 관찰하여 여러 정보를 획득한다. 이때 우리가 획득하는 정보의 양은 해당 사건의 관찰과 관련된 우리 상태에 따라 달라진다. 특히 어떤 관찰 이후 우리가 획득하는 정보의 양은 해당 관찰에 대해 느끼는 놀라움에 정도에 비례한다. 우리는 검은 까마귀를 관찰했을 때보다 흰 까마귀를 관찰했을 때 더 많이 놀란다. 이런 경우에 우리는 검은 까마귀를 관찰했을 때보다 흰 까마귀를 관찰했을 때 더 많은 정보를 획득한다. 여기서 말하는 놀라움의 정도는 예측의 정도와 반비례한다. 좀처럼 예측되기 어려운 사건이 일어나면 더 놀라움을 느끼고, 쉽게 예측되는 사건이 일어나면 덜 놀라움을 느낀다. 그럼 이 예측의 정도는 어떻게 측정할 수 있는가? 한 가지 방법은 확률을 이용하는 것이다. 즉 어떤 사건을 관찰하기 전에 우리가 그 사건에 부여하고 있었던 확률이 작으면 작을수록 예측의 정도는 더 작아진다. 저 앞에 있는 까마귀의 색을 확인하기 전이라고 해보자. 분명 우리는 그 까마귀가 검은 색이라는 것보다 흰색이라는 것에 더 작은 확률을 부여한다. 바로 이런 확률의 차이를 통해 우리가 검은 까마귀의 관찰보다 흰 까마귀의 관찰을 더 약하게 예측한다는 것을 드러낼 수 있다.

① 서로 다른 두 사람이 무언가를 관찰한 후에 획득한 정보의 양이 서로 같다고 하더라도 그들이 관찰한 사건은 다를 수 있다.
② 어떤 사람이 서로 다른 두 사건을 관찰했을 때 느끼는 놀라움의 정도의 차이는 그 사람이 관찰 이전에 두 사건에 부여했던 확률의 차이에 반비례한다.
③ 어떤 사건이 발생했다는 것을 관찰했을 때 획득되는 정보의 양은 그 사건이 발생하지 않았다는 것을 관찰했을 때 획득되는 정보의 양과 서로 반비례한다.
④ 어떤 사건이 반드시 일어날 수밖에 없다고 생각하는 사람이 그 사건이 일어나는 것을 관찰했을 때 획득하는 정보의 양은 그 어떤 정보의 양보다 크지 않다.
⑤ 주사위를 던져서 나올 결과들에 대해 서로 다른 확률을 부여하는 사람이 있다면, 해당 주사위 던지기의 결과 중 무엇을 관찰하든 그가 느끼는 놀라움의 정도는 서로 다르다.

31. 다음 글로부터 추론한 것으로 옳지 <u>않은</u> 것은?

증거는 가설을 입증하기도 하고 반증하기도 한다. 물론, 어떤 증거는 가설에 중립적이기도 하다. 이렇게 증거와 가설 사이에는 입증·반증·중립이라는 세 가지 관계만이 성립하며, 이 외의 다른 관계는 성립하지 않는다. 그럼 이런 세 관계는 어떻게 규정될 수 있을까? 몇몇 학자들은 이 관계들을 엄격한 논리적인 방식으로 규정한다. 이 방식에 따르면, 어떤 가설 H가 증거 E를 논리적으로 함축한다면 E는 H를 입증한다. 또한 H가 E의 부정을 논리적으로 함축한다면 E는 H를 반증한다. 물론 H가 E를 함축하지 않고 E의 부정도 함축하지 않는다면, E는 H에 대해서 중립적이다. 이런 증거와 가설 사이의 관계는 '논리적 입증·반증·중립'이라고 불린다.

그러나 증거와 가설 사이의 관계는 확률을 이용해 규정될 수도 있다. 가령 우리는 "E가 가설 H의 확률을 증가시킨다면 E는 H를 입증한다."고 말하기도 한다. 이와 비슷하게 우리는 "E가 H의 확률을 감소시킨다면 E는 H를 반증한다."고 말한다. 물론 E가 H의 확률을 변화시키지 않는다면 E는 H에 중립적이라고 하는 것이 자연스럽다. 이런 증거와 가설 사이의 관계에 대한 규정은 '확률적 입증·반증·중립'이라고 불린다.

그렇다면 논리적 입증과 확률적 입증은 어떤 관계가 있을까? 흥미롭게도 H가 E를 논리적으로 함축한다면 E가 H의 확률을 증가시킨다는 것이 밝혀졌다. 반면에 그 역은 성립하지 않는다. 우리는 이 점을 이용해 입증에 대한 두 규정들 사이의 관계를 추적할 수 있다.

① E가 H를 논리적으로 반증하지 않고 H에 논리적으로 중립적이지도 않다면, E는 H에 확률적으로 중립적이지 않다.
② E가 H를 논리적으로 입증한다면 E의 부정은 H를 논리적으로 반증한다.
③ E가 H를 논리적으로 반증한다면 E의 부정은 H를 확률적으로 입증한다.
④ E가 H에 확률적으로 중립적이라면 E는 H를 논리적으로 입증하지 않는다.
⑤ E가 H를 확률적으로 입증하지 않는다면 E는 H를 논리적으로 반증한다.

32. 다음 글로부터 추론한 것으로 옳은 것만을 〈보기〉에서 있는 대로 고른 것은?

과학자들은 "속성 C는 속성 E를 야기한다."와 같은 인과 가설을 어떻게 입증하는가? 다른 종류의 가설들과 마찬가지로 인과 가설 역시 다양한 사례들에 의해 입증된다. 예를 들어 과학자들은 '폐암에 걸린 흡연자의 사례'와 '폐암에 걸리지 않은 비흡연자의 사례'가 "흡연이 폐암을 야기한다."는 인과 가설을 입증한다고 생각한다. 'C와 E를 모두 가진 사례'와 'C와 E를 모두 결여한 사례'가 "C가 E를 야기한다."를 입증한다는 것이다. 여기서 문제의 두 사례들이 해당 인과 가설을 입증하기 위해서는 두 사례 중 하나는 다른 사례의 '대조 사례'여야 한다. 물론, C와 E를 모두 가진 사례와 C와 E를 모두 결여한 사례들이 언제나 서로에 대한 대조 사례가 되는 것은 아니며, 다음 조건들을 만족해야만 "C가 E를 야기한다."를 입증하는 대조 사례라 할 수 있다.

○ 두 사례는 속성 C의 존재 여부를 제외한 거의 모든 측면에서 유사하다.
○ 속성 E를 가진다는 것을 설명할 때, 속성 C를 가진다는 것보다 더 잘 설명하는 다른 속성 P가 존재하지 않는다.
○ 속성 E의 결여를 설명할 때, 속성 C의 결여보다 더 잘 설명하는 다른 속성 Q가 존재하지 않는다.

예를 들어, 오랫동안 흡연한 60대 폐암 환자 갑과 담배에 전혀 노출되지 않고 폐암에도 걸리지 않은 신생아 을은 "흡연이 폐암을 야기한다."를 입증하는 좋은 대조 사례가 아니다. 갑과 을은 흡연 이외에도 많은 차이가 있으며, 흡연을 하지 않았다는 것보다 신생아라는 것이 을이 폐암에 걸리지 않았다는 것을 보다 잘 설명하기 때문이다.

─────〈보 기〉─────
ㄱ. 전혀 다른 가정에 입양되어 자란 일란성 쌍둥이 갑과 을이 모두 조현병에 걸렸다면 갑과 을은 "유전자가 조현병을 야기한다."는 인과 가설을 입증하는 대조 사례이다.
ㄴ. β형 모기에 물린 이후 말라리아에 걸린 갑과 β형 모기에 물리지 않고 말라리아에 걸리지 않은 을이 "β형 모기에 물린 것이 말라리아를 야기한다."는 인과 가설을 입증하는 대조 사례가 되기 위해서는 적어도 말라리아에 대한 선천적 저항력과 관련해 갑과 을 사이에는 별 차이가 없다는 것이 밝혀져야 한다.
ㄷ. 총 식사량을 줄이면서 저탄수화물 식단을 시작한 이후 체중이 줄어든 갑과 총 식사량을 줄이지 않고 일반적인 식단을 유지하여 체중 변화가 없었던 을이 "저탄수화물 식단이 체중 감소를 야기한다."는 인과 가설을 입증하는 대조 사례가 되기 위해서는 적어도 갑의 체중 감소가 저탄수화물 식단보다 총 식사량의 감소에 의해서 더 잘 설명되지 않아야 한다.

① ㄱ
② ㄴ
③ ㄱ, ㄴ
④ ㄴ, ㄷ
⑤ ㄱ, ㄴ, ㄷ

33. 다음 글로부터 추론한 것으로 옳은 것만을 〈보기〉에서 있는 대로 고른 것은?

모든 생명체는 탄수화물, 지질, 단백질, 핵산 등의 유기물로 이루어진 유기체이다. 유기물이란 탄소에 수소, 산소, 질소, 인 등이 결합한 탄소화합물이다.

생명체는 자신의 몸을 구성하는 탄소를 얻는 방식에 따라 독립영양생물과 종속영양생물로 분류된다. 독립영양생물은 탄소가 산화된 형태인 이산화탄소로부터 탄소를 얻고, 종속영양생물은 독립영양생물 혹은 다른 종속영양생물로부터 유래된 유기물로부터 탄소를 얻는다.

또한 생명체가 살아가기 위해서는 몸을 구성하는 유기물 성분뿐 아니라, 에너지도 필요하다. 에너지를 얻는 방식에 따라 생명체는 광영양생물과 화학영양생물로 분류된다. 광영양생물은 광합성을 통해 에너지를 빛으로부터 얻고, 화학영양생물은 화학반응을 통해 에너지를 화합물로부터 얻는다.

따라서 모든 생명체는 에너지를 얻는 방식과 탄소를 얻는 방식에 따라 광독립영양생물, 광종속영양생물, 화학독립영양생물, 화학종속영양생물 중 하나로 분류되며, 지구에는 각각의 그룹에 해당되는 생명체들이 존재한다.

〈보 기〉

ㄱ. 화성에서 광독립영양생물이 발견된다면 화학종속영양생물도 존재할 것이다.

ㄴ. 지구에서 식물을 포함하는 모든 광독립영양생물이 사라진다면 화학종속영양생물인 모든 동물 또한 사라질 것이다.

ㄷ. 빛이 닿지 않는 바다 속 10km에서 살면서, 해저 화산으로부터 나오는 무기물인 황화수소를 산화시켜 에너지를 얻고, 이 에너지를 이용해 이산화탄소로부터 유기물을 합성하여 살아가는 박테리아는 화학독립영양생물이다.

① ㄱ   ② ㄷ   ③ ㄱ, ㄴ
④ ㄴ, ㄷ   ⑤ ㄱ, ㄴ, ㄷ

34. (A)와 (B)에 대한 평가로 옳은 것만을 〈보기〉에서 있는 대로 고른 것은?

대부분의 포유동물은 다섯 가지 기본적인 맛인 단맛, 쓴맛, 신맛, 짠맛 그리고 감칠맛을 느낄 수 있으며, 이 맛들은 미각세포에 존재하는 맛 수용체에 의해 감지된다. 많은 포유동물들은 단맛과 감칠맛을 선호하는데, 일반적으로 단맛은 과일을 포함한 식물성 먹이에 대한 정보를 제공하고, 감칠맛은 단백질 성분의 먹이에 대한 정보를 제공한다. 단맛과 감칠맛과는 달리, 쓴맛은 몸에 좋지 않은 먹이에 대한 정보를 제공한다.

사람과 달리 고양이는 단맛을 가진 음식을 선호하지 않는데, 고양이의 유전자 분석 결과 단맛 수용체 유전자에 돌연변이가 일어나 기능을 할 수 없다는 사실이 밝혀졌다. 육식동물로 진화한 고양이는 단맛 수용체 유전자가 작동하지 않아도 사는 데 지장이 없기 때문이라는 진화론적 설명이 가능하다. 즉, (A) 생명체는 게놈의 경제학을 통해 유전자가 필요 없을 경우 미련 없이 버린다는 것이다.

이후 연구자들이 진화적으로 가깝지 않은 서로 다른 종에 속하는 육식 포유동물들의 단맛 수용체 유전자를 연구한 결과, 단맛 수용체 유전자에 돌연변이가 일어나 단맛 수용체가 정상적으로 기능을 할 수 없음을 확인하였다. 단맛 수용체 유전자의 돌연변이가 일어난 자리는 종마다 달랐는데, 이는 서로 다른 종의 동물들이 육식에만 전적으로 의지하는 동물로 진화해 가는 과정에서 독립적으로 유전자 변이가 일어났음을 의미한다. 즉, 단맛 수용체 유전자의 고장은 수렴진화의 예로서, (B) 진화적으로 가깝지 않은 서로 다른 종의 생물이 적응의 결과, 유사한 형질이나 형태를 보이는 모습으로 진화했다는 것이다.

〈보 기〉

ㄱ. 진화적으로 서로 가깝지 않은 다른 종의 잡식동물인 집돼지와 불곰은 쓴맛 수용체 유전자의 개수가 줄어든 결과로 보다 강한 비위와 왕성한 식욕을 가지게 되었다는 사실이 밝혀졌다. 이는 (A)를 약화하고 (B)를 강화한다.

ㄴ. 진화적으로 서로 가깝지 않은 다른 종의 육식동물인 큰돌고래와 바다사자는 먹이를 씹지 않고 통째로 삼키는 형태로 진화한 결과로 단맛 수용체 유전자뿐 아니라 감칠맛 수용체 유전자에도 돌연변이가 일어나 기능을 할 수 없게 되었다는 사실이 밝혀졌다. 이는 (A)와 (B) 모두를 강화한다.

ㄷ. 사람과 오랑우탄의 공동조상은 과일 등을 통해 충분한 양의 비타민C를 섭취할 수 있도록 진화한 결과로 비타민C 합성 유전자에 돌연변이가 일어나 기능을 할 수 없게 되었으며, 이로 인해 진화적으로 서로 가까운 사람과 오랑우탄이 비타민C를 합성하지 못한다는 사실이 밝혀졌다. 이는 (A)를 강화하고 (B)를 약화한다.

① ㄱ   ② ㄴ   ③ ㄱ, ㄷ
④ ㄴ, ㄷ   ⑤ ㄱ, ㄴ, ㄷ

35. 다음 글로부터 추론한 것으로 옳은 것만을 〈보기〉에서 있는 대로 고른 것은?

세포 내에는 수천 가지 이상의 서로 다른 단백질들이 존재하는데, 이들은 서로 간의 작용, 즉 상호작용을 통해 다양한 생명 현상에 관여한다. 단백질의 상호작용 중 가장 대표적인 것은 2개 이상의 서로 다른 단백질이 결합을 통해 상호작용하는 것이다. 이때 2개의 단백질이 서로 결합하는 경우 두 단백질은 직접적으로 결합하지만, 3개 이상의 서로 다른 단백질이 결합하여 상호작용하는 경우에는 이 중 두 단백질 사이에 직접적인 결합이 존재하지 않을 수 있다.

세포 내에 존재하는 어떤 단백질을 분리하기 위해 가장 널리 사용되는 방법 중 하나는 단백질과 결합할 수 있는 능력을 가진 항체를 이용하는 것이다. 단백질 A를 분리할 경우, 단백질 A에 결합할 수 있는 항체 X와, 자성(磁性)을 가지면서 항체 X에 결합할 수 있는 항체 Y를 이용한다. 먼저, 항체 X와 항체 Y를 단백질 A가 들어있는 용액에 첨가하여 결합 반응을 유도한다. 이후 자성을 가진 물질이 금속에 붙는 성질을 이용하여 자성을 가진 항체 Y를 금속을 이용해 용액에서 분리하면, 항체 X뿐 아니라 항체 X에 결합된 단백질 A도 함께 분리할 수 있다.

〈실험 및 결과〉

단백질 A와 상호작용하는 세포 내 단백질이 무엇인지 알아보기 위해서 위의 항체 X와 항체 Y를 이용하여 실험을 수행한다. 실험군으로 세포 내의 모든 단백질을 포함하고 있는 세포추출물에 항체 X와 항체 Y를 첨가하여 결합 반응을 유도한 후, 금속을 이용해서 항체 Y를 분리하고 이와 함께 분리된 모든 단백질의 종류를 분석한다. 항체 X와의 결합이 아니라 금속 또는 항체 Y와의 결합으로 분리되는 단백질을 파악하기 위해, 대조군으로는 동일한 세포추출물에 항체 Y만 첨가하여 결합 반응을 유도한 후 실험군과 동일한 분리 및 분석을 수행한다.

실험 결과, 실험군에서는 항체 X 및 항체 Y와 더불어 단백질 A, B, C, D가 검출되었고, 대조군에서는 항체 Y와 단백질 B만 검출되었다. 항체 X와 단백질 사이의 결합을 분석한 결과, 항체 X는 단백질 A뿐 아니라 B에도 직접 결합했으며, 단백질 C와 D에는 직접 결합할 수 없었다.

〈보 기〉

ㄱ. 단백질 A, C, D는 자성을 갖지 않는다.
ㄴ. 단백질 B가 대조군에서 검출된 이유는 자성을 갖기 때문이다.
ㄷ. 단백질 C와 단백질 D 둘 다 단백질 A와 직접 결합하는 단백질이다.

① ㄱ   ② ㄷ   ③ ㄱ, ㄴ
④ ㄴ, ㄷ   ⑤ ㄱ, ㄴ, ㄷ

정답 및 해설 p.58

2016학년도 기출문제

☑ 문제풀이 시작과 종료 시각을 정한 후, 실전처럼 기출문제를 풀어보세요.

시   분 ~   시   분(총 35문항 / 110분)

01. 다음 견해들에 대한 평가로 옳은 것만을 〈보기〉에서 있는 대로 고른 것은?

A: 보편적 도덕으로서의 인권이념은 강대국이 약소국을 침략하기 위한 이데올로기였다. 16세기 스페인의 아메리카 대륙 침략은 비도덕적인 관습으로 핍박받는 원주민 보호 등, 보편적 도덕 가치의 전파라는 명분으로 이루어졌다. 그러나 스페인의 인도적 개입은 자국의 이익을 도모하였던 것에 불과하였다. 인도적 군사개입은 주권국가의 자율성을 짓밟는 것으로서 정당화될 수 없다.

B: 인권은 개별국가 각각의 정치적 맥락 속에서 이룩한 구체적인 산물이다. 주권국가는 고유의 문화적·도덕적 가치에 따라 인권의 구체적 모습을 발전시킬 권한을 갖는다. 그러나 이를 인정하더라도 모든 주권국가들이 보호해야 하는 최소한의 도덕적 인권조차 부정한다면 인종청소와 대량학살과 같은 사태를 막을 수 없을 것이다. 국제사회는 개별국가의 고유한 인권을 존중해야 할 의무가 있지만, 최소한의 도덕적 인권을 지키기 위해 인도적 군사개입을 할 권한을 갖는다.

C: 특정 가치가 특정 국가의 자의에 따라 보편적 권리로 간주되었던 역사를 부정할 수는 없다. 그러나 역사적으로 보편적 인권이 확장되어 왔으며 법을 통해 규범성을 갖게 되었음도 인정해야 한다. 오늘날 대부분의 나라들은 '세계인권선언'에 동참하고 인권 규약을 비준하는 등 인권 이념을 국제법적으로 승인하고 있다. 인권은 보편적인 법적 권리인 것이다. 따라서 인도적 군사개입은 국제법으로 정한 요건과 한계를 준수하였을 때에만 인정될 수 있다.

〈보 기〉

ㄱ. A와 B는 보편적 인권을 부정하지만 C는 인정한다.
ㄴ. 만약 "어떠한 국가도 다른 규정에 정한 바가 없을 경우 무력을 사용하여 다른 주권국가를 침략할 수 없다."라는 국제법 규정이 있다면, 이러한 규정은 C를 약화한다.
ㄷ. B와 C는 어떤 국가가 종교적 가치에 따라 사상·표현의 자유를 억압하고 있다는 근거만으로는 인도적 군사개입을 인정할 수 없다고 본다.

① ㄱ   ② ㄷ   ③ ㄱ, ㄴ
④ ㄱ, ㄷ   ⑤ ㄴ, ㄷ

02. 다음 견해들에 대한 평가로 옳지 <u>않은</u> 것은?

X국 헌법 제34조는 "모든 국민은 인간다운 생활을 할 권리를 가진다."라고 정하고 있는데, 이 조항의 해석으로 여러 견해가 제시되고 있다.

A: 법적 권리는 그 내용이 구체적이고 의미가 명확해야 한다. 그런데 '인간다운 생활'이라는 말은 매우 추상적이고, 사람마다 그 의미를 다르게 해석할 수 있는 여지를 광범위하게 제공한다. 따라서 위 조항은 국민에게 법적 권리를 부여하는 것이 아니라 모든 국민이 인간다운 생활을 할 수 있도록 노력하라고 하는 법률 제정의 방침을 제시하고 있을 뿐이며, 그것을 재판의 기준으로 삼을 수는 없다.

B: 위 조항은 국민에게 법적 권리를 부여하고 있다. 하지만 그 자체로는 아직 추상적인 권리에 불과하기 때문에 그에 근거하여 국가기관을 상대로 구체적인 요구를 할 수는 없고, 입법부가 그 권리의 내용을 법률로 구체화한 다음에라야 비로소 국민은 국가기관에 주장하여 실현할 수 있는 구체적인 법적 권리를 가지게 된다.

C: 위 조항은 국민에게 법적 권리를 부여하지만, 그 권리의 구체적인 내용은 잠정적이다. 그 권리의 확정적인 내용은 국민이나 국가기관이 구체적인 사태에서 다른 권리나 의무와 충돌하지는 않는지, 충돌할 경우 어느 것이 우선하는지, 그 권리를 실현하는 데 재정상황 등 사실적인 장애는 없는지 등 여러 요소를 고려하여 판단한다. 국민은 이렇게 확정된 권리를 국가기관에 주장하여 실현할 수 있다.

D: 위 조항에 규정된 '인간다운 생활'의 수준은 최소한의 물질적인 생존 조건에서부터 문화생활에 이르기까지 여러 층위로 나누어 생각할 수 있다. 위 조항은 그중에서 적어도 최소한의 물질적인 생존 조건이 충족되는 상태에 대하여는 어떤 경우에도 구체적인 법적 권리를 인정하는 것이며, 사회의 여건에 따라서는 이를 넘어서는 상태에 대한 구체적인 법적 권리도 바로 인정할 수 있다.

① A에 대하여는, 헌법 제34조의 문언에 반하는 해석을 하고 있다는 비판을 할 수 있다.
② B에 의하면, 국가가 그 권리의 구체적인 내용을 법률로 정하지 않을 경우 국민은 자신의 권리를 실현할 수 없다.
③ C에 대하여는, 헌법 제34조의 구체적인 내용을 사람마다 달리 이해할 수 있어서 권리의 내용이 불안정하게 된다고 비판할 수 있다.
④ D가 인정하는 구체적인 법적 권리가 실현될 수 있을지는 사회 여건에 따라 다를 수 있다.
⑤ A, B, C는 국가의 다른 조치가 없다면 헌법 제34조를 근거로 법원에 구체적인 권리 주장을 할 수 없다는 점에 견해를 같이한다.

03. A, B 주장에 대한 분석으로 옳은 것만을 〈보기〉에서 있는 대로 고른 것은?

P국의 민사소송에서 당사자란 자기의 이름으로 국가의 권리 보호를 요구하는 자와 그 상대방을 말한다. 당사자가 적법하게 소송을 수행할 수 있으려면 당사자능력, 당사자적격, 소송능력 등의 당사자자격을 갖추어야 한다. 당사자능력은 소송의 주체가 될 수 있는 일반적인 능력을 말한다. 대표적으로 살아있는 사람이라면 누구나 민사소송의 주체가 될 수 있다. 당사자적격이란 특정한 소송사건에서 정당한 당사자로서 소송을 수행하고 판결을 받기에 적합한 자격이다. 이는 무의미한 소송을 막고 남의 권리에 대하여 아무나 나서서 소송하는 것을 막는 장치이기도 하다. 소송능력이란 당사자로서 유효하게 소송상의 행위를 하거나 받기 위해 갖추어야 할 능력을 말한다.

A: 인간이 아닌 자연물인 올빼미는 적법하게 소송을 수행할 수 없다. 왜냐하면 소송의 주체가 될 수 있는 당사자능력을 현행법은 사람이나 일정한 단체에만 인정하고 있기 때문이다. 그리고 어떤 존재에게 당사자능력을 인정할지는 소송사건의 성질이나 내용과는 관계없이 일반적으로 정해져야 법과 재판의 안정성을 확보할 수 있다. 따라서 법에서 명시적으로 인정하는 자 이외에는 당사자능력을 추가로 인정할 수 없다.

B: 적법하게 소송을 수행할 수 있는 자격을 누군가에게 인정할지 여부는 그에게 법으로 보호할 이익이 있는지에 따라서 판단해야 한다. 만약 어떤 사람이 살고 있는 곳의 환경이 대규모 공사로 심각하게 훼손될 위험에 처하였다면, 우리는 그 사람에게 이익침해가 있다고 보아 법으로 보호받을 수 있는 자격과 기회를 인정하여야 한다. 민사소송의 당사자가 갖추어야 할 여러 가지 자격이란 이를 구체화한 것일 뿐이다. 그렇다면 자기가 살고 있는 숲이 파괴될 위험에 처한 올빼미에게 법으로 보호받을 자격과 기회를 부정할 이유는 없다. 다만 원활한 소송 진행을 위하여 시민단체가 올빼미를 대리하여 소송을 수행할 수 있을 것이다.

─────〈보 기〉─────
ㄱ. A, B는 모두, 소송에서 당사자능력을 인정받기 위해서는 침해되는 이익이 있어야 한다는 점을 전제하고 있다.
ㄴ. A에 따르면, 올빼미가 현실적으로 이익을 침해당하더라도 법 개정이 없이는 소송을 수행할 수 없다.
ㄷ. 법규정의 명문에 반하는 해석이 허용된다면 B는 강화된다.

① ㄱ   ② ㄴ   ③ ㄱ, ㄷ
④ ㄴ, ㄷ   ⑤ ㄱ, ㄴ, ㄷ

04. 다음에 대한 평가로 옳은 것만을 〈보기〉에서 있는 대로 고른 것은?

자유를 박탈하는 징역형의 경우, 기간이 동일하다면 신분, 경제력 등의 차이와 무관하게 범죄자들이 느끼는 고통은 동일하다고 간주되고 있다. 때문에 형벌 기간이 범죄자의 책임에 비례하도록 한다면, 동일한 범죄에 대해서는 동일한 고통을 부과해야 한다는 '고통평등의 원칙'뿐만 아니라, 형벌은 범죄자의 책임의 양과 일치해야 하며 이를 초과해서 안 된다는 '책임주의 형벌원칙'을 모두 충족할 수 있다.

그러나 벌금형에 있어서 총액벌금형제를 채택하고 있는 A국 형법은 '고통평등의 원칙'이 적용되기 어렵다. 총액벌금형제란 벌금을 부과할 때 단순히 법률에 규정된 형량의 범위 내에서 벌금액을 결정하여 선고하는 것을 말한다. 이 경우 불법과 책임이 동일한 행위에 대하여 동일한 벌금을 부과할 수 있을 것이다. 하지만 범죄자마다 경제적 능력이 다르기 때문에 실제로는 경제적 능력이 작은 사람이 더 큰 고통을 받게 되어 '고통평등의 원칙'에 반하게 된다. 물론 법원이 선고할 때에는 범행의 동기, 범죄자의 연령과 지능 등 범죄자의 행위와 관련된 책임의 정도를 추론할 수 있는 것들을 참작하여 형량을 조정할 수 있다. 하지만 범죄자의 경제적 능력은 이러한 사유에 해당하지 않기 때문에 총액벌금형제의 문제점을 극복할 수 없다.

이러한 이유로 일수벌금형제의 도입이 요구된다. 일수벌금형제란 행위의 불법 및 행위자의 책임의 크기에 따라 벌금 일수(日數)를 정하고, 고통평등의 원칙을 충족시키기 위해 행위자의 경제적 능력에 따라 일일 벌금액을 차별적으로 정한 뒤 이를 곱하여 최종벌금액을 산정하는 벌금부과 방식이다.

─────〈보 기〉─────
ㄱ. 범죄예방 효과는 형벌이 주는 고통에 비례한다고 전제한다면, 경제적 능력이 높은 사람에 대한 범죄예방 효과는 총액벌금형제보다 일수벌금형제가 클 것이다.
ㄴ. 경제적 능력이 같더라도 동일한 벌금을 통해 느끼는 고통의 정도는 다를 수 있다는 점은 일수벌금형제 도입론을 약화한다.
ㄷ. 일수벌금형제 도입론은 징역형에서 기간을 정할 때 충족되는 원칙들이 벌금형에서 일수를 정하는 것만으로도 충족된다고 본다.

① ㄱ   ② ㄷ   ③ ㄱ, ㄴ
④ ㄱ, ㄷ   ⑤ ㄱ, ㄴ, ㄷ

해커스 LEET 김우진 추리논증 기출문제+해설집

05. 다음에 대한 평가로 옳은 것만을 〈보기〉에서 있는 대로 고른 것은?

P국 근로기준법은 "추가근로수당은 통상임금의 150% 이상으로 한다."라고 정하고 있지만, 통상임금이 무엇인지는 따로 정하고 있지 않다. 정기상여금이 통상임금에 해당하는지에 대하여 명확한 판결도 없었다.

X회사 노사는 정기상여금을 통상임금에서 제외하기로 단체협약을 체결하였다. 이후 X회사의 노동자가 그것도 통상임금에 포함되는 것으로 보아야 한다고 주장하면서, 그에 따른 추가근로수당 미지급분을 달라고 하는 소를 제기하였다.

이 재판에서 법관들은 정기상여금이 통상임금에 포함된다고 근로기준법을 해석해야 하며, 이와 어긋난 기존의 노사협약이 있는 경우에는 추가근로수당 미지급분을 청구할 수 있다고 판단하였다. 그런데 추가근로수당 미지급분 청구를 허용할 수 없는 예외를 인정할지에 대하여 다음과 같이 상반된 견해가 제시되었다.

A: 근로기준법의 효력은 당사자의 의사에 좌우될 수 없는 것이 원칙이다. 하지만 이 재판의 결과를 계기로 추가근로수당 미지급분을 청구하는 것이 임금협상 당시 서로가 전혀 생각하지 못한 사유를 들어서 노동자 측이 그때 합의한 임금수준을 훨씬 초과하는 예상 외의 이익을 추구하는 것이고, 그 결과 사용자에게 예측하지 못한 큰 재무부담을 지워서 중대한 경영상의 어려움이 발생하거나 기업의 존립이 위태로워진다면 이는 노사관계의 기반을 무너뜨릴 정도로 서로의 신의를 심각하게 저버리는 처사가 된다. 따라서 그런 특별한 사정이 있는 경우 추가근로수당 미지급분 청구는 신의에 반하는 것으로서 허용될 수 없다.
B: 근로기준법에서 정하고 있는 근로조건은 당사자의 합의로도 바꿀 수 없다. 그런 법의 내용을 오해한 데서 비롯된 신뢰보다는, 법에 따른 정당한 권리행사를 보호할 필요가 훨씬 크다. 또, 기업 경영의 중대한 어려움이나 기업 존립의 위태로움은 그 내용이 막연하고 불확정적이어서, 개별 사안에서 그 판단이 어렵다. 따라서 그런 예외를 인정할 수 없다.

〈보 기〉

ㄱ. 임금협상을 할 때 법원이 정기상여금을 통상임금으로 인정하는 판결을 곧 할 것이라는 사실을 X회사의 노사가 알았다면 A가 인정하는 예외적인 경우에 해당하지 않는다.
ㄴ. 노사관계는 자율적으로 형성되고 발전하는 것이 바람직하다는 요청을 A는 B보다 더 중요하게 생각한다.
ㄷ. 다른 기업들이 추가근로수당 미지급분 지급 여부를 이 판결에 따라 결정한다면, 법적 분쟁이 생길 가능성은 A를 따를 때가 B를 따를 때보다 더 높다.

① ㄱ   ② ㄷ   ③ ㄱ, ㄴ
④ ㄴ, ㄷ   ⑤ ㄱ, ㄴ, ㄷ

---

06. 다음에서 추론한 것으로 옳은 것만을 〈보기〉에서 있는 대로 고른 것은?

혼인 중 일정 금액을 납입하여 장래 퇴직한 후에 받을 것으로 기대되는 연금의 경우, 이혼 상대방이 연금 수령자에게 재산분할을 청구할 수 있는지, 청구할 수 있다면 어떻게 분할할지에 대해 의견이 대립되고 있다.

A: 이혼 전 퇴직하여 이미 받은 연금만이 분할 대상이 된다. 이혼 후 받게 될 연금은 장래 발생 여부가 불확실하기 때문에 재산분할의 대상이 될 수 없다.
B: 이혼일에는 퇴직 후 받게 될 연금총액을 현재 가치로 산정한 후 그 금액에 대해서만 이혼 상대방의 연금형성 기여율만큼 미리 지급하고, 연금 수령자는 퇴직 시에 연금총액을 지급받도록 해야 한다.
C: 이혼일에는 이혼 상대방의 연금형성 기여율만을 정하여 둔 후, 퇴직일에는 실제 받게 될 연금총액 중 이혼일에 정했던 기여율만큼 이혼 상대방에게 지급해야 한다.
D: 이혼일에는 연금 수령자가 그날에 사퇴한다면 받게 될 연금액 중 이혼 상대방의 연금형성 기여율에 해당하는 금액만을 결정한 후, 실제 퇴직 시에는 그 금액에 물가상승률을 반영하여 이혼 상대방에게 지급해야 한다.

〈보 기〉

ㄱ. 이혼 상대방이 연금형성에 기여했음에도 불구하고 연금분할 여부가 이혼절차의 종결시점에 따라 결정되는 것은 불합리하다면, A는 약화된다.
ㄴ. 만약 이혼 후 회사의 퇴직연한이 65세에서 60세로 바뀌었기 때문에 연금 수령자가 연금 전액을 수령하기 위한 최소한의 근속연수를 채우지 못하는 경우가 발생한다면, 연금 수령자에게는 B보다 D가 더 유리하다.
ㄷ. 만약 이혼 후 연금 자산운용의 수익률 증가로 인하여 연금 수령자가 이혼 시 예상했던 것보다 더 많은 연금을 받게 된다면, 이혼 상대방에게는 C보다 B가 더 유리하다.

① ㄱ   ② ㄴ   ③ ㄱ, ㄴ
④ ㄱ, ㄷ   ⑤ ㄴ, ㄷ

07. 다음에서 추론한 것으로 옳은 것만을 〈보기〉에서 있는 대로 고른 것은?

권리를 가진 자만이 타인에게 권리를 이전해 줄 수 있다. 하지만 예외적으로, 물건의 일종인 동산에 대하여는 거래 시에 물건이 매도인의 것이라고 믿은 매수인이 유효한 거래에 의하여 넘겨 받는 경우라면 무권리자(소유권이 없는 자)로부터도 물건에 대한 권리를 취득할 수 있다. 예컨대, 갑이 병의 자전거를, 갑의 소유가 아니라는 사실을 모르고 있는 을에게 돈을 빌고 넘겨주면, 그 자전거가 갑의 것이 아니기 때문에 원래는 을의 것이 되지 않는다고 보아야겠지만, 예외적으로 이러한 경우 을은 그 자전거가 갑의 소유가 아님을 알지 못하였기 때문에 즉시 을의 것이 된다. 거래의 안전을 보호하기 위해 이러한 예외가 필요하다.

그런데 거래의 목적물인 동산이 도품인 경우에는 도품의 성질 때문에, 거래 시에 그 물건이 매도인의 것이라고 매수인이 믿고 유효한 거래에 의하여 넘겨 받았다 하더라도 무권리자(소유권이 없는 자)로부터 그 물건에 대한 권리를 취득할 수는 없다고 보아야 한다. 즉 위의 예에서 자전거가 병으로부터 절취된 경우라면 거래의 안전보다는 진정한 소유자로서의 병의 권리를 우선적으로 고려하여 갑이 을에게 병의 자전거를 매도하고 넘겨주었다 해도 을의 것이 되는 것이 아니라 여전히 병의 것으로 남는 것으로 보아야 한다.

반면, 돈은 물건이라는 측면과 가치(비물건)라는 측면 모두를 가지고 있다. 돈을 물건으로 보면 동산과 동일하게 취급하여야 한다. 하지만, 돈을 가치로 본다면 돈은 물건으로서의 성질이 부정되며 그 돈을 가지고 있는 사람에게 속하는 것으로 보아야 한다.

〈보 기〉

ㄱ. 도품 아닌 시계를 갑이 을에게 매도하고 넘겨주었는데, 을은 그 시계가 갑의 것이 아님을 알고 있었다. 을이 다시 정에게 그 시계를 매도하고 넘겨주었는데, 이 때 정은 을이 시계의 소유자라고 믿었다. 정은 시계에 대하여 유효하게 권리를 취득한다.
ㄴ. 돈을 물건으로 보는 경우, 갑이 을에게 도품인 돈을 넘겨 주었는데, 을은 그 돈이 도품이라는 사실을 몰랐으며 갑의 것이라고 믿었음에도 불구하고 그 돈은 을의 것이 되지 못한다.
ㄷ. 돈을 가치로 보는 경우, 갑이 을에게 돈을 주었는데, 을은 갑이 그 돈을 훔쳤다는 사실을 알고 있었다 하더라도 그 돈은 을의 소유가 된다.

① ㄱ　　　　② ㄴ　　　　③ ㄱ, ㄷ
④ ㄴ, ㄷ　　　⑤ ㄱ, ㄴ, ㄷ

08. 다음에서 추론한 것으로 옳은 것만을 〈보기〉에서 있는 대로 고른 것은?

행정청의 법적 행위의 위법 여부는 원칙적으로 각각의 행위별로 독립적으로 검토되어야 한다. 그러나 둘 이상의 행위가 연속적으로 행해지는 경우 일정한 요건 하에서 행정청의 앞선 행위의 하자를 이유로 후속 행위의 위법을 인정하는 경우가 있다.

만약 앞선 행위의 하자를 다툴 수 있는 제소기간이 지나서 취소소송으로 더 이상 다툴 수 없음에도 불구하고, 후속 행위를 다투는 취소소송에서 앞선 행위의 하자를 후속 행위의 위법사유로 계속해서 주장할 수 있게 한다면, 법적 안정성이나 제소기간을 둔 취지가 훼손되므로, 행정행위 상호간의 하자는 승계되지 않는 것이 원칙이다. 그러나 앞선 행위와 후속 행위가 서로 결합하여 하나의 법적 효과를 완성하는 경우에는, 앞선 행위에 대한 하자를 다투는 제소기간이 경과하였더라도 앞선 행위의 하자를 후속 행위의 위법사유로 주장할 수 있도록 함으로써 후속 행위의 효력을 제거하는 것을 인정한다.

예컨대, 행정청이 갑에게 건축물의 철거명령(앞선 행위)을 내렸으나, 갑이 이를 스스로 이행하지 않아 행정청이 직접 갑의 건축물을 철거하는 대집행 절차(후속 행위)에 이르게 된 경우, 철거명령과 대집행 절차는 서로 별개의 법적 효과를 발생시키는 독립적 행위로 인정된다. 또한 대집행 절차를 구성하는 일련의 단계적인 행위들(대집행의 계고, 실행의 통지, 실행, 비용징수)은 서로 결합하여 하나의 법적 효과를 발생시키는 행위로 인정된다.

다른 한편으로 앞선 행위의 하자가 중대하고 명백하여 제소기간의 적용을 받지 않는 무효에 해당한다면, 법적 안정성의 가치에 비해 권리구제의 필요성이 크므로 앞선 행위와 후속 행위가 서로 결합하여 하나의 법적 효과를 발생시키는지 여부를 묻지 아니하고 앞선 행위의 하자를 후속 행위의 위법사유로 주장할 수 있다.

〈보 기〉

ㄱ. 철거명령에 하자가 있었으나 이에 대한 제소기간이 지났고 그 하자가 무효가 아니라면, 대집행 계고 처분 취소소송에서 철거명령의 하자를 대집행 계고 처분의 위법사유로 주장할 수 없다.
ㄴ. 철거명령이 무효인 경우, 철거명령과 대집행 계고가 서로 결합하여 하나의 법적 효과를 발생시키는지 여부에 관계없이, 대집행 계고 처분 취소소송에서 철거명령의 하자를 대집행 계고 행위의 위법사유로 주장할 수 있다.
ㄷ. 철거명령과 대집행 절차상의 행위가 서로 결합하여 하나의 법적 효과를 발생시키는지 여부에 관계없이, 비용징수 처분 취소소송에서 대집행 계고 행위의 하자를 비용징수 행위의 위법사유로 주장할 수 있다.

① ㄱ　　　　② ㄴ　　　　③ ㄱ, ㄷ
④ ㄴ, ㄷ　　　⑤ ㄱ, ㄴ, ㄷ

09. 다음에서 추론한 것으로 옳은 것만을 〈보기〉에서 있는 대로 고른 것은?

제대로 조직된 국가에서 사형은 정말 유용하고 정당한가? 인간들은 무슨 권리로 그들의 이웃을 살해할 수 있는가? 주권과 법의 토대를 이루는 권리가 그것이 아님은 분명하다. 법은 각자의 개인적 자유 중 최소한의 몫을 모은 것일 뿐인데, 자신의 생명을 빼앗을 권능을 타인에게 기꺼이 양도할 자가 세상에 어디 있겠는가? 개인의 자유 가운데 희생시킬 최소한의 몫에 어떻게 모든 가치 중 최대한의 것인 생명 자체가 포함될 수 있겠는가? 만약 그렇다 하더라도, 자살을 금지하는 다른 원칙과 어떻게 조화될 수 있겠는가?

그러니 사형은 권리의 문제가 아니라, 사회가 자신의 존재를 파괴당하지 않기 위해서 시민에 대하여 벌이는 전쟁행위이다. 따라서 국가가 자유를 상실할 기로에 서거나, 무정부상태가 도래하여 무질서가 법을 대체할 때가 아니라면 시민의 죽음은 불필요하며, 그런 비상한 상황이 아닌 다음에는 한 사람의 죽음이 타인들의 범죄를 억제하는 유일한 방법이어서 사형이 필요하고 정당한 경우가 있을 수 있는지만이 문제된다.

결심이 선 인간이 사회를 침해하는 것을 사형이 막지 못한다는 것을 모든 시대의 경험이 입증하고 있지만, 이것으로는 부족하다고 의심하는 이들을 설득하는 데는 인간의 속성을 살펴보기만 해도 된다. 인간의 정신에 무엇보다 큰 효과를 미치는 것은 형벌의 강도가 아니라 지속성이다. 우리의 감수성은 강력하지만 일시적인 충격보다는 미약하더라도 반복된 인상에 훨씬 쉽고도 영속적으로 영향을 받기 때문이다. 범죄자가 처형되는 무섭지만 일시적인 장면을 목격하는 것이 아니라, 일하는 짐승처럼 자유를 박탈당한 채 노동해서 사회에 끼친 피해를 갚아나가는 인간의 모습을 오래도록 보는 것이 범죄를 가장 강력하게 억제한다.

– 베카리아(1738-1794), 『범죄와 형벌』 –

─────〈보 기〉─────

ㄱ. 법에 따른 지배가 구현되고 있는 평화로운 나라에서 사형은 허용되지 않는다.
ㄴ. 형벌의 주된 목적은 범죄자의 잘못된 습관을 교정하는 데 있다.
ㄷ. 형벌의 공개집행에 반대한다.

① ㄱ   ② ㄴ   ③ ㄱ, ㄷ
④ ㄴ, ㄷ   ⑤ ㄱ, ㄴ, ㄷ

10. 다음 주장들에 대한 평가로 옳은 것만을 〈보기〉에서 있는 대로 고른 것은?

A: 인간은 일해야만 하는 유일한 동물이다. 일에 몰두하는 것은 그 자체로는 즐겁지 않고 사람들은 일을 다른 목적 때문에 떠맡는다. 반대로 놀이에 몰두하는 것은 그 자체로 즐거우며 놀이 이상의 목적을 의도하지 않는다. 인간은 무위도식하려는 강력한 경향성을 가지고 있어 일 안하고 놀수록 일하려고 결심하는 것은 힘들다. 그러므로 어린 시절부터 일을 위한 숙련성이 양성되어야 한다. 교과를 배우는 것도 목적의 도달에 숙련되기 위해서이다. 숙련성의 양성을 위해서는 강제가 동원되어야 하는데 학교 밖에서 이것이 가능하겠는가? 학교에서 놀이를 통해 교과를 배우도록 하는 것은 일종의 공상이다.

B: 인간은 일을 통해 자신을 창조한다. 성인은 외적으로 요구되는 것에 대해 자신의 노력을 기울임으로써 일하지만, 어린이가 일하는 과정은 내적 자아를 구성하는 과정이다. 그래서 성인은 일을 위해 최소한의 노력으로 최대한의 효과를 얻으려는 법칙을 사용하지만, 어린이는 일하면서 최대한의 에너지를 소비하며 사소한 일을 행하는 데에도 모든 잠재력을 사용한다. 어린이는 일을 하면서 놀이를 하는 것이다. 그러므로 교육기관은 어린이가 일을 통해 자신을 창조할 수 있는 환경 및 교구를 제공해야 한다.

C: 인간은 놀이할 때 비로소 완전한 인간이 된다. 일은 세계를 이용해야 할 대상으로 보는 활동인 반면, 놀이는 세계를 설명하고 이해하고자 하는 마음이 담긴 활동이다. 놀이는 그 어떤 것의 수단이 아니며 그 자체로 의미와 가치를 지닌다. 철학, 과학, 역사는 세계에 대한 이해와 설명으로 들어가는 각기 다른 모험들이다. 이런 교과를 배워서 철학자, 역사가, 과학자의 사유 방식을 탐구하는 동안 우리는 일하는 것이 아니라 이들과 대화를 통해 놀이하는 것이다. 학교는 직업적 숙련성을 양성하는 장소가 아니다.

─────〈보 기〉─────

ㄱ. '수학 교과를 놀이하면서 배우는 것은 불가능하다'라는 주장에 A는 동의하고 B와 C는 동의하지 않는다.
ㄴ. '학교는 일을 위한 공간이다'라는 주장에 A는 동의하고 B와 C는 동의하지 않는다.
ㄷ. '과학을 배우는 이유는 일을 위한 쓸모 때문이다'라는 주장에 A는 동의하고 C는 동의하지 않는다.

① ㄱ   ② ㄴ   ③ ㄱ, ㄷ
④ ㄴ, ㄷ   ⑤ ㄱ, ㄴ, ㄷ

11. 다음 논쟁에 대한 평가로 옳지 <u>않은</u> 것은?

> 갑: 법적으로 장기는 판매 대상이 되지 못합니다. 장기는 인신의 일부이고, 인신은 인간 존엄성의 기반이기 때문입니다. 성매매는 비록 단기간이라고 해도 성판매자의 인신에 대한 사용권한을 매수자에게 준다는 점에서 인간 존엄성 원칙에 위배됩니다.
>
> 을: 성적 서비스 제공 역시 노동의 일종이지 않을까요. 노동을 제공하고 그 대가로 금전적 보상을 받는다는 섬에서는 다른 직업과 다를 바 없다고 봅니다. 직업선택의 자유를 보장하는 것은 인간 존엄성의 중요한 내용을 이룹니다.
>
> 갑: 모든 선택의 자유가 인정되어야 하는 것은 아닙니다. 마약복용은 그것이 자율적 선택에 기인하는 것이라고 해도 국가의 개입이 가능합니다. 어떻게 사는 것이 인간의 존엄성을 지키는 것인지를 전적으로 국민 개인의 판단에 맡길 수는 없습니다.
>
> 을: 마약복용을 성매매와 같은 것으로 볼 수 없습니다. 성매매가 당사자들에게 어떤 해악을 끼치는지 의심스러우며, 설령 해악을 끼친다고 해도 그것이 정상적인 인지능력을 가진 성인들 간에 이뤄지는 것이라면 당사자들 스스로 위험을 감수한 해악입니다.
>
> 갑: 성매매가 상호 선택에 의한 것이라 할지라도 성매매를 통해 팔리는 것은 남성이 마음대로 권력을 행사할 수 있는 여성상, 즉 종속적 여성상입니다. 성매매는 여성의 종속성을 재생산함으로써 여성 억압의 전형을 보여줍니다.
>
> 을: 우리 사회의 다양한 제도와 관행을 살펴볼 때 결혼, 외모성형 등도 성매매 못지않게 여성의 고정된 성정체성을 재생산하는데, 유독 성매매만 법적으로 금지하는 것은 설득력이 없습니다.

① 유모(乳母)가 자신의 인신에 대한 사용권한을 매수자에게 준다고 해서 비난 받지 않는다는 사실은 을의 입장을 강화한다.

② 성매매의 불법화로 인해 성판매자가 범죄자로 취급받는 적대적 환경 때문에 자신의 권리조차 행사할 수 없게 된다는 주장은 을의 입장을 지지한다.

③ 자발적 선택으로 노예가 되기로 계약했다고 하더라도 노예노동이 금지되고 있다는 사실은 갑의 입장을 강화한다.

④ 마약복용은 행위자가 인지능력을 제대로 발휘하지 못하는 상태에서 행해진다는 주장은 갑의 입장을 지지한다.

⑤ 미스 코리아 대회가 여성의 고정된 성정체성을 확대 재생산함에도 불구하고 시행되고 있다는 사실은 을의 입장을 강화한다.

12. 아래 글의 저자가 암묵적으로 전제하는 것으로 옳지 <u>않은</u> 것은?

> 육식을 정당화하는 사람들은 동물들이 서로 잡아먹는 것을 근거로 들 때가 있다. '그래, 너희들이 서로 먹는다면, 내가 너희들을 먹어서는 안 될 이유가 없지'라고 생각하는 것이다. 그러나 이런 주장에 대해 제기될 수 있는 반박은 명백하다. 먹기 위해 다른 동물을 죽이지 않으면 살아남을 수 없는 많은 동물들과 달리, 사람은 생존을 위해 반드시 고기를 먹을 필요가 없다. 나아가 동물은 여러 대안을 고려할 능력이나 식사의 윤리성을 반성할 능력이 없다. 그러므로 동물에게 그들이 하는 일에 대한 책임을 지우거나, 그들이 다른 동물을 죽인다고 해서 죽임을 당해도 괜찮다고 판정하는 것은 타당하지 않다. 반면에 인간은 자신들의 식사습관을 정당화하는 일이 가능한지를 고려하지 않으면 안 된다.
>
> 한편 어떤 사람들은 동물들이 서로 잡아먹는다는 사실은 일종의 자연법칙이 있다는 것을 의미하는 것으로 간주하곤 한다. 그것은 더 강한 동물이 더 약한 동물을 먹고 산다는 일종의 '적자생존'의 법칙을 말한다. 그들에 따르면, 우리가 동물을 먹는 것은 이러한 법칙 내에서 우리의 역할을 하는 것일 뿐이다. 그러나 이런 견해는 두 가지 기본적인 잘못을 범하고 있다. 첫째로, 인간이 동물을 먹는 것이 자연적인 진화 과정의 한 부분이라는 주장은 더 이상 설득력이 없다. 이는 음식을 구하기 위해 사냥을 하던 원시문화에 대해서는 참일 수 있지만, 오늘날처럼 공장식 농장에서 가축을 대규모로 길러내는 것에 대해서는 참일 수 없다. 둘째로, 가임 여성들이 매년 혹은 2년마다 아기를 낳는 것은 의심할 여지없이 '자연스러운' 것이지만, 그렇다고 해서 그 과정에 간섭하는 것이 그릇된 것임을 의미하지는 않는다. 우리가 하는 일의 결과를 평가하기 위해서 우리에게 영향을 미치는 자연법칙을 알 필요가 있음을 부정할 필요는 없다. 그러나 이로부터 어떤 일을 하는 자연적인 방식이 개선될 수 없음이 따라 나오지는 않는다.

① 반성 능력이 없는 존재에게는 책임을 물을 수 없다.

② 자신의 생존에 위협이 되는 행위는 의무로 부과할 수 없다.

③ 어떤 행위의 대안을 고려할 수 있는 존재는 윤리적 대안이 있는데도 그 행위를 하는 경우라면 그것을 정당화해야 한다.

④ 공장식 농장의 대규모 사육은 자연스러운 진화의 과정이 아니다.

⑤ 자연적인 방식이 개선되면 기존의 자연법칙은 더 이상 유효하지 않다.

13. 다음 견해들에 대한 분석으로 옳은 것만을 〈보기〉에서 있는 대로 고른 것은?

온실가스의 배출이 국제적으로 기후변화와 자연재해를 일으킨다고 알려져 있다. 다음은 기후변화에 대응하기 위해 온실가스의 배출을 제한하는 경우 그 부담을 각국에 공정하게 분배하기 위한 견해들이다.

A: 지구상의 모든 사람들은 평등한 대기 이용 권리를 가지므로 각 개인이 배출할 권리를 갖는 온실가스의 양은 동등해야 한다. 따라서 각 국가가 가지는 온실가스 배출권은 그 국가의 인구에 비례해서 주어져야 한다.

B: 과거에 온실가스를 많이 배출한 국가들은 온실가스를 저장할 수 있는 대기의 능력 중 자신의 몫의 일부를 이미 사용한 것이므로 그만큼 장래 온실가스를 배출할 권리를 적게 가져야 한다.

C: 국제적으로 온실가스 배출량을 제한함으로써 얻을 이익이 더 큰 국가들, 즉 온실가스로 인한 자연재해의 피해가 배출 제한 이후 더 많이 경감되는 국가들이 그 이익의 양에 비례해서 국제적 비용을 더 많이 지불하도록 해야 한다.

※ 각 국가는 자기 이익을 극대화하려는 성향을 가진다고 가정한다.

─────〈보 기〉─────

ㄱ. 사치성 소비를 위한 온실가스 배출 권리와 필수 수요 충족을 위한 온실가스 배출 권리에 차별을 두는 것이 합당하다면 A는 약화된다.

ㄴ. 과거 세대의 행위에 대해 현재 세대에게 책임을 지울 수 없다는 이유로 B를 비판한다면, B는 과거 화석 연료를 이용한 산업화 과정을 거친 국가들이 현재 1인당 국민총생산도 일반적으로 높다는 사실을 들어 이 비판을 약화할 수 있다.

ㄷ. 온실가스로 인해 자연재해의 피해를 크게 입은 국가와 온실가스를 많이 배출한 국가가 일치하지 않고, 현재 인구가 많은 국가일수록 과거에 온실가스를 더 많이 배출했다면, 현재 인구가 많은 국가는 A보다는 C에 더 동의할 것이다.

① ㄴ   ② ㄷ   ③ ㄱ, ㄴ
④ ㄱ, ㄷ   ⑤ ㄱ, ㄴ, ㄷ

14. 다음 논쟁에 대한 분석으로 옳지 <u>않은</u> 것은?

갑: 자유주의 사회의 시민 대다수는 사실적 행위인과성과 이에 기초한 법적 책임소재가 분명할 때에만 누군가에게 합당하게 의무를 부과할 수 있다고 믿는다. 이에 따르면 대한민국의 시민인 우리는 아프리카 등지에 사는 사람들의 재산을 강탈한 적이 없으므로 그들의 가난에 대해 책임질 일도 없다. 따라서 우리는 먼 나라의 빈곤을 감축하는 데 일조해야만 한다는 막연한 느낌 때문에 불편할 이유가 없다. 자유주의 사회의 도덕은 최대의 '자선'을 장려하는 적극적 도덕이 아니라 행위를 규제하는 최소의 공리로서 '가해금지의 원칙'에 충실할 것을 요구하는 소극적 도덕을 근간으로 한다. 그렇기 때문에 나의 가해행위에 대한 사죄의 차원을 넘어선 적극적 자선은 자유주의적 개인에게 가외의 기특한 행동으로 여겨질 수는 있어도 보편적 승인과 준수를 요하는 의무일 수는 없다.

을: 분명한 행위인과성과 이에 기초한 책임소재에 입각하여 부과된 의무만이 구속력을 갖는다는 견해는 정당한 근거도 없이 유지되어 온 윤리적 통념에 불과하다. 이 통념의 영향권을 벗어나면 윤리적 책임은 힘의 기능이라고 생각할 여지가 분명히 존재한다. 다시 말해 윤리적인 책임의 본래적인 대상은 적법한 발언권과 로비력을 가진 강하고 자립적인 주체가 아니라 권리를 주장할 힘조차 없는 무력하고 의존적인 주체이며, 이 작고 무력한 주체에 대한 크고 유력한 주체의 윤리적 반응이 바로 책임이라고 생각할 수 있는 것이다. 여기서 무력한 주체를 무력하게 만든 장본인이 내가 아니라는 사실은 조금도 중요하지 않다. 중요한 것은 그보다 더 크고 유력한 나와 같은 사람들이 그를 돕지 않으면 그는 어쩔 수 없이 죽게 된다는 사실뿐이다. 우리는 이 확장된 책임의 개념으로 동등한 법적 지위를 전제로 한 기존의 협소한 의무 개념을 극복하고 지구적 양극화 시대의 인간 존엄을 바로세우기 위한 의무론의 새로운 지평을 열어 가야 한다.

① 을은 어떤 윤리적 기준에 많은 사람이 찬성한다는 것과 그것이 옳다는 것은 각기 다른 문제라고 볼 것이다.

② 을은 가난한 나라를 도와주는 부자 나라는 나중에 어려울 때 도움 받을 수 있을 것이기 때문에 도울 의무가 있다고 볼 것이다.

③ 갑은 원조의 의무에서 핵심은 행위주체가 도와줄 수 있는 힘이 있느냐이지 그 외의 것은 부차적이라고 보는 것에 반대할 것이다.

④ 을은 설령 가난한 나라가 과거 부자 나라에게 피해를 끼쳤다 하더라도 이것과 상관없이 부자 나라는 가난한 나라를 도울 의무가 있다고 볼 것이다.

⑤ 갑은 가난한 나라가 부자 나라로부터 도움 받기를 원하는지 아닌지와 상관없이 부자 나라는 가난한 나라를 도울 의무가 있다는 것에 반대할 것이다.

15. 다음 논쟁으로부터 적절하게 추론할 수 있는 것은?

갑: 자유지상주의자는 출생과 같은 행운에 의한 이득은 사기, 절도 등 권리침해로 취한 것이 아니므로, 각 개인이 가질 자격을 갖는다고 본다. 그러나 타고난 재능에 의한 불평등을 그냥 개인들의 문제로 치부하는 것은 도덕적으로 무책임한 태도이다. 사회·경제적 불평등은 가장 불리한 사회구성원들에게 혜택을 주는 경우에만 허용되어야 한다. 그런데 타고난 재능은 오지 우연에 의해 개인의 것이 되었으며, 그러한 우연적 자산에 혜택을 주는 것은 개인이 노력한 결과에 혜택을 주는 것과 달리 최소수혜자의 복지를 증진하는 데 아무런 기여도 하지 않는다. 따라서 이러한 자산은 본질적으로 공동의 것이며, 사회는 그것을 활용해 얻은 결과물에 대해 우선적으로 소유권을 주장할 수 있어야 한다.

을: 당신이 기반하고 있는 원칙은 사실상 ⓐ 정체불명의 '우리'를 가정하고 있다. 우연히 '여기'에 놓인 자산에 대해 한 개인이 우선적 소유권을 주장할 수 없다고 해서, 그것이 곧바로 이 세상 모든 사람들이 동등한 소유권을 주장할 수 있음을 의미하지는 않는다. 이 점에서 당신의 원칙은 공리주의와 마찬가지로 일종의 공유 원칙이다. 왜냐하면 공리주의 역시 개인들을 모두의 행복을 위한 수단으로 사용하고, 공리의 최대화에 기여한다는 계산에 바탕해서만 개인의 권리와 개인 간의 차이를 옹호하기 때문이다. 하지만 이러한 원칙은 개인들에 우선하는 도덕적 연대를 전제해야 한다. 협동적인 공동체가 우리의 이상임은 분명하다. 하지만 그 공동체는 개인의 덕을 존중하는 공동체여야 한다. 그렇다면 사회적 공유의 범위는 상당히 제한될 수밖에 없다. 또한 공동선을 이유로 개인들의 다원성과 독자성을 위반할 가능성 역시 경계하지 않을 수 없다. 이 점에서 당신은 공리주의와 똑같은 반론에 부딪힐 수밖에 없다.

① ⓐ가 한 사회 속의 특정 집단이나 계층이 아니라 그 사회 전체를 의미하는 것이라면, 갑은 을의 비판에서 벗어날 수 있다.

② 갑은 공리주의자와 마찬가지로 공동체 전체의 이익 총량을 증대할 수 있다면 소유에 관한 개인의 권리는 어느 정도 제한될 수 있다고 본다.

③ 을은 우연적 재능으로 얻은 혜택에 대해 개인이 우선적 소유권을 가질 수 있음을 부정하지 않는다.

④ 을은 개인의 다원성과 독자성이 공유 원칙과 충돌하지 않을 경우 전자를 우선하지만, 충돌할 경우 후자를 우선해야 한다고 본다.

⑤ 을이 개인의 우연적 자산을 사회의 공동 자산으로 삼는 견해에 반대하는 까닭은 그것을 공동의 자산으로 공유해도 이것이 최소수혜자의 복지 증진으로 이어지는 것은 아니라고 보기 때문이다.

16. [A]에 들어갈 진술 중 을의 반박을 약화할 수 있는 갑의 주장으로 가장 적절한 것은?

등산을 좋아하는 X는 가을에 에베레스트 등반을 계획하고 있었다. 그런데 그 해 봄에 임신 2개월째라는 것을 알게 되었다. X는 분명히 그 해에 아이를 가질 예정이었다. 그러나 그 시기는 등반을 마친 이후였는데 실수로 먼저 임신을 하게 되었다. 그는 등반 이후에 다시 아이를 갖기로 하고 낙태 수술을 받았다.

Y도 임신을 계획하고 있었다. 다만 지료자 목봉 중이던 약 때문에 바로 아이를 가지면 아이에게 장애가 생기게 되지만, 3개월 후 완치된 다음에 임신하면 건강한 아이를 갖게 된다는 것을 알았다. 그러나 Y는 기다리지 않고 곧 아이를 가졌다.

Y에게서 장애가 있는 아이가 태어났다. 아이가 자라서 "엄마는 왜 그때 나를 낳았어요? 3개월 후에 임신했다면 나는 장애를 안 가지고 태어났을 텐데요."라고 말한다. 이에 Y는 "그때 3개월을 기다려 임신했다면 너는 안 태어났을 거야. 다른 아이가 태어났겠지. 장애가 있긴 해도 너는 그렇게라도 태어났기에 이런 말도 할 수 있는 거야. 나는 네게 잘못한 것이 없어."라고 말한다.

갑: X의 행동은 옳지 못하다. 인간의 생명은 마음에 들지 않는다고 대체할 수 있는 성격의 것이 아니다.

을: 그럼 Y의 사례는 어떻게 생각하는가?

갑: Y가 뭔가 잘못하지 않았나? Y는 장애가 없는 아이를 가질 수도 있었는데 장애가 있는 아이를 가졌으니까.

을: 당신의 입장은 일관되지 않다. 당신의 말대로 아이가 대체 가능하지 않다면 아이의 항의보다 Y의 대답이 더 정당해야 한다. Y는 아이가 대체 가능하지 않다고 생각하고 있으니까.

갑: 내가 X에 적용한 기준은 Y에 적용할 수 없다.

[A]

① X는 산모의 생명이나 건강 이외의 다른 이유로 낙태를 할 수 있다고 생각했고, Y는 어떤 것도 낙태의 이유가 될 수 없다고 생각했기 때문이다.

② X는 만족스러운 삶의 질을 가질 아이를 낳지 않은 것에 잘못이 있고, Y는 덜 만족스러운 삶의 질을 가진 아이를 낳은 것에 잘못이 있기 때문이다.

③ X는 7개월을 기다렸다면 태어났을 아이를 존재하지 않게 하였고, Y는 3개월을 기다렸다면 가졌을 아이를 존재하지 않게 했기 때문이다.

④ X는 이미 존재한 생명에 대해 결정을 했고, Y는 아직 생명이 존재하기 전에 결정을 내렸기 때문이다.

⑤ X는 누구인지 모르는 아이에게 해를 끼쳤고, Y는 누구인지 아는 아이에게 해를 끼쳤기 때문이다.

17. 다음 논증에 대한 비판으로 가장 적절한 것은?

로크는 자연에 있는 사물들이 "적어도 다른 사람들도 좋은 상태로 사용할 만큼 충분히 남아있는 한" 그 사물을 노동을 통해 소유할 수 있다고 주장한다. 이러한 로크의 제한조건이 의미하는 바는 "다른 사람들의 상황을 더 나쁘게 하지 않는 한에서만" 소유권이 인정된다는 것이다. 그러나 로크의 이 제한조건이 현재에는 더 이상 만족될 수 없다고 한다면 어떻게 될까? 만약 그렇다면 우리는 "이전에 우리가 인정했던 소유권을 포함해서 그 어떤 소유권도 성립할 수 없다."라는 놀라운 결론을 이끌어낼 수 있다.

우선 "로크의 제한조건에 위배된다."를 곧 "다른 사람들의 상황을 더 나쁘게 한다."라는 것으로 정의하자. 그리고 ⓐ 어떤 종류의 사물 t가 여러 사람들에 의해 소유되어 이제 그것이 충분히 남아 있지 않아, Z는 그 사물을 사용할 수 없게 되었다고 가정하자. 즉, Z가 사용할 수 있는 좋은 상태의 충분한 사물 t가 세상에 존재하지 않는다고 가정해 보자. 그렇다면 Z 바로 전에 t를 소유한 Y의 행위는, Z가 t를 사용할 자유를 갖지 못하게 하여 Z의 상황을 더 나쁘게 하였으므로 로크의 제한조건에 위배된다. 그런데 더 거슬러 올라가, ⓑ Y가 t를 소유하기 바로 전에 t를 소유한 X 역시 Y를 더 나쁜 상황에 빠뜨린 셈이다. 왜냐하면 ⓒ X가 t를 소유함으로써 Y는 로크의 제한조건에 위배되지 않고서는 t를 소유하지 못하게 되었고, X의 소유는 결국 Y의 소유가 로크의 제한조건에 위배되게끔 만들었기 때문이다. 따라서 ⓓ X의 소유 역시 로크의 제한조건에 위배된다. 이와 같은 방식으로, X 전에 t를 소유한 W에 대해서도, W는 X를 더 나쁜 상황에 빠뜨렸으므로, W의 소유는 로크의 제한조건에 위배된다고 말할 수 있다. ⓔ 같은 방식으로 계속 추론하다보면, t를 최초로 소유한 A의 소유 역시 로크의 제한조건에 위배된다고 말하지 않을 수 없다.

① ⓐ의 가정은 현실에 부합하지 않는다. 자연에는 아직 모든 사람들이 사용하기에 충분할 정도로 많은 자원이 남아 있다.

② ⓑ는 ⓒ로부터 도출되지 않는다. 만약 Y 바로 전에, X가 아니라 W가 t를 소유했다면 W가 Y를 나쁜 상황에 빠뜨렸을 것이므로, X가 Y를 더 나쁜 상황에 빠뜨렸다고 볼 수 없다.

③ ⓒ의 주장은 받아들일 수 없다. X가 t를 소유해도, Y가 로크의 제한조건에 위배되지 않고 t를 소유할 여지가 여전히 남아 있다.

④ ⓓ는 ⓑ로부터 도출되지 않는다. X가 Y를 더 나쁘게 한 방식은 Y가 Z를 그렇게 한 방식과 차이가 있음을 간과하고 있다.

⑤ ⓔ의 진술은 의심스럽다. 어떤 사물을 최초로 소유한 자를 확정하기란 거의 불가능하므로 우리는 한 사물의 소유에 대해 누가 최초로 로크의 제한조건을 위반하는지를 판단할 수 없다.

18. 〈자료〉를 토대로 다음 주장들을 옳게 평가한 것은?

갑: 자살의 원인은 존재의 어려움으로 인한 절망이다. 삶의 짐이 버거울 때 사람들은 자살을 생각하게 되는 것이다. 통계에 따르면 1873~1878년 동안 16,264명의 기혼자들이 자살한 데 비해, 미혼자의 자살자 수는 11,709명에 불과하다. 따라서 결혼과 가족은 자살의 가능성을 높인다. 미혼자는 기혼자보다 쉬운 삶을 산다고 할 수 있다. 결혼은 여러 종류의 부담과 책임을 부과하기 때문이다.

을: 그 통계 자료를 자세히 보면 미혼자의 상당수는 16세 미만이고, 기혼자는 모두 16세 이상이다. 그리고 16세까지는 자살 경향이 매우 낮다. 미혼자들이 낮은 자살 경향을 보이는 것은 미혼이기 때문이 아니라 대다수가 미성년자이기 때문이다. 결혼이 자살에 미치는 영향을 알기 위해서는 기혼자와 16세 이상 미혼자만 비교해야 한다. 16세 이상인 기혼자와 미혼자의 인구 백만 명당 자살 건수를 비교하면, 미혼자는 173이나 기혼자는 154.5이다. 따라서 결혼은 자살을 막는 효과가 있다.

병: 결혼이 최소한 사살 가능성을 높이지 않는다는 짐에 동의한다. 하지만 미혼자의 자살률은 기혼자의 자살률의 고작 1.12배로, 둘 사이의 차이는 미미하다. 결혼의 자살 예방 효과를 확신하기 어렵다.

─〈자 료〉─

ㄱ. 1848~1857년의 통계를 보면, 미혼자의 평균 연령은 27~28세, 기혼자의 평균 연령은 40~45세이다. 이 기간의 연령별 자살률은 연령대가 높아질수록 증가한다. 만약 연령이 자살에 영향을 미치는 유일한 요소라면, 기혼자의 인구 백만 명당 자살률은 140 이상이고 미혼자의 인구 백만 명당 자살률은 97.9 이하여야 한다. 하지만 실제 자살률은 기혼자보다 미혼자가 더 높다.

ㄴ. 1889~1891년 통계에 의하면, 미혼 여성의 자살률은 기혼 여성 자살률의 1.56배이고 미혼 남성의 자살률은 기혼 남성 자살률의 2.73배이다.

ㄷ. 1889~1891년 통계는 미혼 여성의 자살률이 배우자와 사별한 여성의 자살률의 0.84배이고 미혼 남성의 자살률은 배우자와 사별한 남성의 자살률의 1.32배임을 보여 준다.

ㄹ. 인구 대비 혼인 건수는 수십 년 동안 큰 변화가 없었으나, 자살률은 3배로 증가하였다.

① ㄱ은 을이 병의 주장을 반박하는 근거가 된다.

② ㄴ은 병이 을의 주장을 반박하는 근거가 된다.

③ ㄴ은 갑을 강화한다.

④ ㄹ은 을을 강화한다.

⑤ ㄹ은 병을 약화한다.

19. 다음을 분석한 것으로 옳지 <u>않은</u> 것은?

> ⓐ A국 식약청은 특정 질환에 대한 신약을 출시하려는 제약회사에게 위약시험을 통해 신약의 효능을 입증하도록 요구한다. 즉, 치료약인 것처럼 제시되지만 실제 약효가 전혀 없는 가짜 약품(위약)으로 치료받은 환자들과 비교하여 신약으로 치료받은 환자들의 치료 효과가 우월해야 신약의 출시가 허용된다. 이미 해당 질환에 대한 치료 효능이 입증되어 신약과 비교 가능한 약품이 존재하더라도, 신약 제조사는 신약에 대한 위약시험을 거쳐야 한다.
>
> 반면 ⓑ H선언은 기존 약품 중 효능이 가장 좋은 것과 신약의 효능을 비교하는 동등성시험으로 신약의 효능 입증 시험을 해야 한다고 요구한다. H선언의 윤리적 기준에 따르면, 효과적인 치료법이 있는 경우 의사는 환자에게 그것을 제공할 윤리적·법적 의무를 갖는다. 동등성시험으로 신약의 효능을 검증하는 것은 환자에게는 치료를 제공하고 의사에게는 안전성과 효능에 대한 비교 가능한 정보를 제공한다.
>
> 이러한 윤리적 원칙들에도 불구하고 ⓒ 몇몇 의사들은 향정신성 의약품에 대한 임상 시험에는 다른 기준이 적용되어야만 한다고 주장한다. 이들에 따르면, 향정신성 의약품의 효능을 검증하는 것은 어려운데, 특히 우울증의 경우, 치료의 성패는 대개 환자 개인의 주관에 따라 결정된다. 때문에 동등성시험으로 신약 효과를 평가하는 방법은 부적절하다는 것이다. 이런 주장은 만약 위약이 약리 효과를 검증하는 항상적 기준을 제공하는 것으로 가정할 수 있다면 타당할 수도 있다. 하지만 ⓓ 시험 참가자들이 평가하는 위약의 효과는 일정치 않고 상당히 가변적인 것으로 알려지고 있다. 정신과 치료의 경우에 위약 효과는 특히 가변적이고 예측 불가능할 수 있는데, 신약의 약리적 평가에 상대적으로 큰 영향력을 미치는 개인의 주관이 위약에 대한 효과의 평가에도 동일하게 개입하기 때문이다. 이러한 결과는 약품의 실질적 효능을 측정할 수 있다고 가정되는 확고한 준거점으로서의 위약 개념에 의문을 제기한다.

① 기존 시판 약품과 비교해서 신약의 효능이 더 우월하다고 입증되었을 경우에도, ⓐ는 이 신약의 출시를 불허할 수 있다.

② 동등성시험 대신 위약시험에 참여하는 환자들이 그 기간 동안 효과적인 약품으로 치료받을 수 있는 기회를 박탈당한다는 점은 ⓑ가 위약시험으로 신약의 효능을 검증하는 방식을 비판하는 논거가 된다.

③ 알레르기 치료제로 속인 위약을 먹은 환자 집단의 알레르기 증상이 실제 완화되었다면, 이는 ⓑ가 주장하는 동등성시험의 필요성을 약화하는 근거가 된다.

④ ⓒ는 향정신성 의약품의 경우 위약시험이 동등성시험보다 환자의 주관적 판단이 초래하는 오류로부터 상대적으로 자유롭다고 전제하고 있다.

⑤ 무작위로 선정된 대상자가 치료 효과를 주관적으로 평가하는 50차례 위약시험 결과, 50개 신약 치료 집단 간 응답의 분포 및 평균값에는 유의미한 차이가 없었고 50개 위약 치료 집단 간 응답의 분포 및 평균값에는 유의미한 차이가 있었다면, 이는 ⓓ를 지지하는 근거가 된다.

20. 〈가설〉과 〈실험〉의 관계에 대한 진술로 옳은 것만을 〈보기〉에서 있는 대로 고른 것은?

> **〈가설〉**
>
> 인적 자본 가설은 기업에 채용될 남녀의 확률이 다르게 나타나는 현상을 생산성을 나타내는 인적 자본의 성별 차이로써 설명한다. 인적 자본은 교육 수준, 직무 경험, 직무에 대한 능력 및 헌신 등 업무 수행에 필요한 인적 특성을 뜻하는데, 이 가설은 여성이 남성에 비해 이러한 인적 자본이 부족하다는 점을 강조한다. 기업의 입장에서 낮은 인적 자본은 낮은 생산성으로 이어지기 때문에 여성 대신 남성을 선호한다는 것이다.
>
> 이에 반해 차별 가설은 교육 수준이 동일하고 직무 경험도 비슷하며 유사한 능력을 갖췄다고 하더라도 같은 직무에 지원할 경우 여성이 남성보다 채용될 확률이 낮은 현상에 주목한다. 차별 가설은 여성이 특정 업무에 적합하지 않으며 업무 수행 능력 등이 남성보다 뒤떨어진다는 고용주의 편견과 고정 관념으로 인해 채용상의 불이익을 받는다고 설명한다.
>
> **〈실험〉**
>
> 갑은 오케스트라 단원 채용에 관한 자료를 가지고 두 가설을 검증해 보았다. 채용 시험은 서류 심사와 연주 심사라는 두 단계로 이루어진다. 우선 서류 심사로 일정 배수의 지원자를 뽑는다. 서류 심사를 통과한 지원자들은 연주 능력 등 오케스트라 단원으로서 요구되는 최소한의 인적 자본을 갖추고 있는 것으로 간주된다. 최종 합격 여부는 서류 심사를 통과한 지원자를 대상으로 한 연주 심사 점수에 의해 결정된다.
>
> 갑이 모은 자료를 보면 연주 심사는 두 가지 형태가 있었는데, 하나는 평가자들이 지원자의 성별을 파악할 수 있는 공개 평가 방식이었고, 다른 하나는 연주자를 커튼으로 가려 성별을 알 수 없게 하는 방식이었다. 자료 검토 결과, 지원자들은 두 방식에 무작위로 배정되었다고 간주할 수 있었다. 갑은 각 방식에 따라 연주 심사에 응한 남성과 여성의 수를 파악한 후 채용된 남성과 여성의 수를 분석하였다.

> * 서류 심사에서는 지원자의 성별이 노출되지 않으며, 연주 심사의 평가는 지원자의 인적 자본 변인들이나 성별에 의해서만 이루어진다고 가정한다.
>
> ** 남성 합격률 = (남성 합격자 수/연주 심사에 응한 남성 지원자 수)×100
> 여성 합격률 = (여성 합격자 수/연주 심사에 응한 여성 지원자 수)×100

> ─────〈보 기〉─────
>
> ㄱ. 공개 연주 심사의 여성 합격률이 커튼으로 가린 연주 심사의 여성 합격률보다 유의미하게 높다는 결과는 인적 자본 가설을 지지한다.
>
> ㄴ. 공개 연주 심사에서 여성 합격률이 남성 합격률보다 유의미하게 낮다는 결과는 차별 가설을 지지한다.
>
> ㄷ. 커튼으로 가린 연주 심사에서 여성의 합격률이 남성의 합격률보다 유의미하게 낮다는 결과는 인적 자본 가설을 지지한다.

① ㄱ   ② ㄴ   ③ ㄷ

④ ㄴ, ㄷ   ⑤ ㄱ, ㄴ, ㄷ

21. ⟨주장⟩을 비판하기 위한 논거로 적절한 것만을 ⟨보기⟩에서 있는 대로 고른 것은?

아래 그림은 2010년경에 33개 OECD 회원국이 시장소득과 처분가능소득이라는 두 가지 기준에서 자국에 대해 조사한 지니계수를 함께 나타낸 것이다. 여기에서 '지니계수'란 소득분배의 불평등 정도를 나타내는 수치로서, 0은 완전평등, 1은 완전불평등한 상태이며 수치가 클수록 불평등이 더욱 심한 소득분배 상황을 나타낸다. '시장소득'은 정부의 개입 없이 애당초 시장에서 획득한 소득을 말하며, '처분가능소득'은 정부에 세금을 납부하거나 보조금을 받은 이후의 재분배된 소득이다.

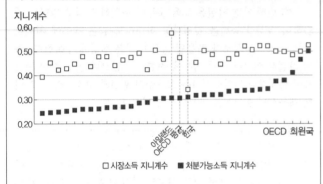

⟨주장⟩

한국은 소득이 상당히 평등하게 분배되어 있는 나라이다. 시장소득 기준으로는 OECD 회원국 중에서 가장 평등한 나라이며, 처분가능소득 기준으로도 OECD 회원국 가운데 중위권에 속한다. 한국 사회에서 소득이 불평등하게 분배되고 있다는 일부의 주장은 현실과 거리가 먼 것이다. 따라서 우리나라에서 소득불평등을 개선하기 위한 추가적인 재분배 정책은 필요하지 않다.

─────── ⟨보 기⟩ ───────

ㄱ. 시장소득 지니계수가 가장 높은 아일랜드의 경우, 시장소득 지니계수와 처분가능소득 지니계수의 차이가 가장 크다.
ㄴ. 소득세 자료가 아니라 가계설문조사에 기초한 우리나라 소득분포통계의 경우에는 상층 소득자에서 표본의 누락이 심각하며 금융소득의 경우도 상당히 과소 보고된다고 알려져 있다.
ㄷ. 소득분포통계 조사 방법이 나라마다 다르다는 점을 감안한다면 지니계수를 국가 간에 비교하는 것은 큰 의미가 없고 시장소득 지니계수와 처분가능소득 지니계수 사이의 차이가 중요하다.

① ㄱ ② ㄷ ③ ㄱ, ㄴ
④ ㄴ, ㄷ ⑤ ㄱ, ㄴ, ㄷ

22. 다음에서 추론한 것으로 옳은 것만을 ⟨보기⟩에서 있는 대로 고른 것은?

2007년에 스페인의 정부 부채는 GDP의 43%에 불과하여 66% 수준이었던 독일보다도 낮았다. 따라서 지난 2008년의 세계금융위기 이전까지만 해도 스페인은 모범적으로 재정을 운영한다고 여겨졌다. 온화한 날씨와 아름다운 해변 때문에 유럽의 플로리다로 불리는 스페인은 2002년에 유로화로 통합되면서 유럽의 다른 나라들로부터 자본이 흘러들어와 엄청난 건설 경기 호황과 인플레이션을 경험했다. 다른 유럽 국가들에 비해 상대적으로 높은 물가와 낮은 생산성 때문에 스페인의 수출은 경쟁력을 상실했지만, 건설 경기 덕분에 전반적으로 호황이 유지되었다. 하지만 부동산 거품이 꺼지게 되자 실업률이 치솟는 등 경제가 침체하여 정부 재정은 큰 적자를 기록하게 되었다. 만약 스페인이 유로화를 사용하지 않고 여전히 구(舊)화폐인 페세타를 사용하고 있었더라면, 정부는 팽창적인 통화정책을 통해 비교적 신속하게 문제를 해결할 수 있었을 것이다. 또 만약 스페인이 정치통합 없이 화폐통합을 이룬 유로 지역의 한 나라가 아니라 미국의 한 주(州)였더라면 지금저럼 상황이 악화뇌시는 않았을 것이다. 호황이었을 때 다른 주로부터 노동자들이 몰려들어 그처럼 과도한 임금 상승이나 물가 상승이 발생하지 않았을 것이고, 위기가 닥쳤다 해도 연방정부로부터 지원을 받아 실업을 비롯한 여러 가지 어려움이 그처럼 심각한 수준에 처하지 않았을 것이며 연방정부가 통화정책을 사용해 경제를 회복시킬 수 있었을 것이기 때문이다. 하지만 미국의 한 주가 아니라 유로 지역의 한 국가인 스페인은 느리고도 고통스러운 디플레이션 과정을 통해서만 경쟁력을 다시 회복할 수 있을 것이다.

─────── ⟨보 기⟩ ───────

ㄱ. 스페인의 재정적자는 스페인 경제 침체의 원인이 아니라 결과이다.
ㄴ. 유로 지역에 속한 스페인은 경제 침체에 대응할 수 있는 통화정책 수단을 갖고 있지 않기 때문에 디플레이션 과정을 통해서만 경쟁력 회복이 가능한 상태에 처하게 되었다.
ㄷ. 스페인이 유로화가 아니라 미국과 정치통합 없이 달러화로 화폐통합을 했더라도 비슷한 어려움에 처했을 것이다.

① ㄱ ② ㄷ ③ ㄱ, ㄴ
④ ㄴ, ㄷ ⑤ ㄱ, ㄴ, ㄷ

23. 다음 글에 나타난 견해를 비판하는 논거로 가장 적절한 것은?

음모론은 기존에 알려진 사실들을 그 이면에 숨겨진 원인으로 설명하는데, 음모론에 등장하는 가설들은 상식에 비춰볼 때 너무 예외적이어서 많은 경우 터무니없다는 반응을 불러일으킨다. 그렇지만, 어떤 사람들은 음모론 속 가설들이 기존 사실들을 무척 잘 설명한다는 것을 근거로 그 가설이 참이라고 생각하기도 한다. 그럼, 그런 높은 설명력을 가진다는 것이 음모론에 등장하는 가설에 대한 과학적 근거라고 할 수 있는가?

사실, 과학적 추론들 중에도 가설의 뛰어난 설명력을 근거로 가설의 채택 여부를 결정하는 것이 있다. 그런 추론은 흔히 '최선의 설명으로의 추론'이라고 부른다. 이 추론은 기존 증거를 고려하여 가장 그럴듯한 가설, 즉 해당 증거에 대해서 가장 개연적인 설명을 제공하는 가설을 골라낸다. 이와 더불어 그 추론은 가설의 이론적 아름다움, 즉 단순성과 정합성 등을 파악하여 미래 증거에 대해서도 가장 좋은 설명을 제공할 것 같은 가설을 찾아낸다. 이렇듯 최선의 설명으로의 추론은 기존 증거와 미래 증거를 모두 고려하여 가장 그럴듯하면서도 아름다운 가설을 채택하는 과정이다.

이런 점을 생각해볼 때, 음모론 속 가설의 설명력이 그 가설에 대한 과학적 근거를 제공하지 못한다는 것은 분명하다. 왜냐하면 그런 가설들은 예외적인 원인을 이용하여 기존 증거에 대해서는 놀라운 설명을 제공하지만, 그 예외적인 원인의 뛰어난 설명력을 유지하기 위해서 복잡하고 비정합적일 수밖에 없게 되어 미래 증거에 대한 올바른 설명을 제공할 수 없기 때문이다.

① 기존 증거를 잘 설명하는 음모론의 가설들은 미래에 대한 예측의 부정확성이 높을 뿐 예측 자체를 못하는 것은 아니다.

② 과학사에 등장했던 이론적으로 아름다운 가설들은 대개 기존 증거들에 대해 충분히 개연적인 설명을 제공하는 가설들이었다.

③ 몇몇 놀라운 과학적 성취는 그 초기에 기존 증거들을 제대로 설명하지 못했지만 그것의 뛰어난 이론적 아름다움 때문에 일부 과학자들에게 채택되기도 했다.

④ 기존 증거들을 잘 설명하지만 복잡한 형태로 제시된 가설들이 후속 연구에 의해서 설명력을 훼손하지 않은 채 이론적으로 단순하고 아름다워지는 경우가 많다.

⑤ 음모론에 등장하는 가설에 대한 사람들의 믿음은 그 가설이 갖추고 있는 과학적 근거보다는 그것을 믿게 되었을 때 얻을 수 있는 정신적 혹은 사회적인 이익에 의해서 결정된다.

24. 다음에서 추론한 것으로 옳은 것만을 〈보기〉에서 있는 대로 고른 것은?

유권자들이 오로지 후보자의 정치성향만을 고려하여 투표한다고 가정할 때, 다음과 같은 한 지역구의 선거 상황을 생각해보자.

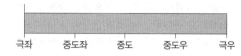

이 지역구에는 매우 많은 유권자가 존재하는데, 정치성향에 따른 이들의 분포는 위의 그림과 같다. 즉 이 지역구의 유권자들은 극좌에서 극우까지 연속적으로 동일한 비율로 균등하게 분포되어 있다. 후보자들은 위에 제시된 5가지의 정치성향 중 하나만을 선택하여 공표할 수 있고, 유권자는 자신의 정치성향과 가장 가까운 정치성향을 공표한 후보자에게 투표한다. 극좌, 중도좌, 중도, 중도우, 극우 간의 간격은 동일하고, 동일한 정치성향을 선택한 후보자가 둘 이상이면 해당 득표를 균등하게 나누어 갖는다. 가령 두 후보자 A, B가 출마하고 A는 '중도좌', B는 '극우'를 선택한다면, A는 5/8를 득표하고 B는 3/8을 득표하게 된다. 당선 결과는 가장 많은 표를 얻는 후보자가 당선되는 다수결 원칙으로 결정되며, 최다 득표자가 둘 이상이면 임의로 승자를 결정한다.

그런데 각 후보자는 하나의 정치성향을 반드시 공표해야 하며, 다른 후보자의 선택에 대응하여 자신의 당선 가능성을 극대화하는 방향으로 자신의 정치성향을 바꾼다고 하자. 가령 앞의 예에서 B는 자신의 성향을 '중도'로 바꿈으로써 자신의 득표를 3/8에서 5/8로 바꾸어 당선 가능성을 극대화할 수 있다. 만약 정치성향의 변경이 당선 가능성에 변화를 가져오지 않는다면 더 이상 정치성향을 바꾸지 않는다. 모든 후보자가 더 이상 자신의 정치성향을 변경할 유인이 없어지면 균형에 이르렀다고 한다.

─〈보 기〉─

ㄱ. 후보자가 2명인 경우, 두 후보자 모두 '중도'를 선택하는 것이 균형이다.

ㄴ. 후보자가 3명인 경우, 균형에서 각 후보자의 당선 가능성은 모두 같다.

ㄷ. 후보자가 4명인 경우, 균형에서 모든 후보자가 같은 정치성향을 선택한다.

① ㄱ   ② ㄷ   ③ ㄱ, ㄴ

④ ㄱ, ㄷ   ⑤ ㄴ, ㄷ

25. 다음 주장에 대한 평가로 옳은 것만을 〈보기〉에서 있는 대로 고른 것은?

인간의 심리는 자연선택에 의한 진화의 산물이다. 즉, 우리의 마음이나 감정은 번식 가능성의 증대라는 기준으로 진행되는 자연선택의 산물이라는 것이다. 예를 들어 토사물, 배설물, 상한 음식, 시체 등의 자극이 일으키는 혐오감은 강한 불쾌감과 함께 때로는 구역질까지 동반하는 정서로 인간이 지니는 보편적인 감정 중의 하나이다. 번식이나 생존과 같은 고도의 생물학적 충동에서는 혐오 체계가 억제되기도 하지만, 대체로 혐오를 느낀 사람들은 혐오를 유발한 자극을 회피하는 행동을 한다. 왜 우리는 이처럼 역겨워하는 정서를 경험할까?

구체적인 대상들에 대한 혐오감은 전염성 병원체를 옮길 수 있는 매개체를 회피하게끔 자연선택에 의해 설계된 적응이다. 혐오를 주로 일으키는 자극은 유해한 미생물의 온상이므로 몸속에 들어서는 안 되는 것들이다. 혐오를 유발하는 토사물, 배설물, 상한 음식 등은 상당수의 전염성 세균이나 바이러스를 포함한다. 기침할 때 나오는 침이나 콧물은 체내에 들어오면 폐결핵이나 인플루엔자 등을 옮길 수 있다. 특히 낯선 사람의 분비물은 우리 면역 체계가 방어하기 어려운 낯선 병원체를 전파하기 쉽기 때문에 혐오 정도가 더 심하다.

〈보 기〉

ㄱ. 건강한 사람이 병에 걸리고 난 후, 같은 자극에 대해서 혐오감을 더 강하게 느낀다면, 위 주장은 약화된다.
ㄴ. 대변에서 풍기는 냄새에 혐오감을 느끼는 정도는 그 냄새가 자신의 것에서 나든지 다른 사람의 것에서 나든지 차이가 없다면, 위 주장은 약화된다.
ㄷ. 목이 말라 곧 죽을 것 같은 상황에서는 깨끗해 보이지 않는 물에 혐오감을 덜 느끼면서 마신다면, 위 주장은 약화된다.

① ㄱ   ② ㄴ   ③ ㄷ
④ ㄱ, ㄷ   ⑤ ㄴ, ㄷ

26. 다음에서 제시된 논증의 설득력을 약화하는 것만을 〈보기〉에서 있는 대로 고른 것은?

지금껏 지구에 존재했던 다양한 생물종들이 모두 하나의 원시 조상으로부터 유래했다는 다윈의 주장은 합리적인 근거를 가지고 있다. 그것은 바로 지구의 모든 생물들이 DNA라는 공통 유전물질을 가지고 있다는 것이다. 이 DNA는 네 가지 뉴클레오티드로 구성되어 있으며, 이들에 담긴 생명체의 유전 정보가 세대 간 전달된다. 수천만 개를 훨씬 상회하는 분자들 중, DNA만이 유전 정보의 보존과 복제를 가능하게 하는 구조를 가지고 있다는 점은 무척 놀라운 일이다. 왜냐하면 생명체가 유전 정보를 후대에 전달하기 위하여 DNA를 사용해야 할 어떤 필연적인 이유도 없기 때문이다. 그럼에도 불구하고 지구에 현존하는 모든 생물종은 DNA를 통해 그 정체성을 유지하고 있다. 이것이 바로 다윈의 주장이 설득력을 갖는 이유다.

〈보 기〉

ㄱ. 남극에서 화석의 형태로 발견된 어느 고생물을 조사한 결과 그것의 유전물질은 DNA와 다른 구조를 지녔던 것임이 밝혀졌다.
ㄴ. 생물학적으로 가능한 모든 형태의 생명체들은 유전물질로 DNA를 사용할 수밖에 없다는 사실이 밝혀졌다.
ㄷ. 지구에 존재하는 생명체들은 DNA가 유전물질의 역할을 하는 여러 외계 생명체들로부터 기원했다는 사실이 밝혀졌는데, 그중 하나는 다른 모든 것들의 조상이었다.

① ㄴ   ② ㄷ   ③ ㄱ, ㄴ
④ ㄱ, ㄷ   ⑤ ㄱ, ㄴ, ㄷ

27. A, B에 대한 평가로 옳은 것만을 〈보기〉에서 있는 대로 고른 것은?

다음은 모기가 인간의 혈액을 섭취하는 과정에서 섭취한 혈액 속의 액체성분을 꽁무니로 분비하는 이유에 대한 가설들이다.

A: 인간의 혈액은 적혈구 등의 세포성분과 혈장으로 불리는 액체성분으로 구성되어 있다. 모기가 인간의 혈액을 섭취할 때 단백질 성분이 풍부한 세포성분을 더 많이 몸속에 저장할수록 알을 더 많이 생산한다. 따라서 모기가 인간의 혈액을 섭취하는 과정에서 액체성분을 분비하는 것은 더 많은 세포성분을 몸속에 저장하기 위한 행동이다.

B: 급격한 온도 변화는 곤충의 생리에 좋지 않은 영향을 미친다. 평소 인간보다 낮은 체온을 가진 모기는 인간의 혈액을 섭취할 때 고온 스트레스의 위험에 직면하게 된다. 따라서 모기가 인간의 혈액을 섭취하는 과정에서 액체성분을 분비하는 것은 증발 현상을 이용하여 체온 상승을 조절하기 위한 행동이다.

─────〈보 기〉─────

ㄱ. 세포성분이 정상이고 모기의 체온과 같은 온도의 혈액을 섭취한 모기로부터 분비되는 액체성분의 양보다, 세포성분이 정상보다 적고 모기의 체온과 같은 온도의 혈액을 섭취한 모기로부터 분비되는 액체성분의 양이 많다면, A는 강화된다.

ㄴ. 세포성분이 없고 인간의 체온과 같은 온도의 혈액을 섭취한 모기로부터는 액체성분이 분비되지만, 세포성분이 없고 모기의 체온과 같은 온도의 혈액을 섭취한 모기로부터는 액체성분이 분비되지 않는다면, B는 강화된다.

ㄷ. 세포성분이 정상이고 모기의 체온과 같은 온도의 혈액을 섭취한 모기로부터 분비되는 액체성분의 양보다, 세포성분이 정상보다 적고 인간의 체온과 같은 온도의 혈액을 섭취한 모기로부터 분비되는 액체성분의 양이 많다면, A와 B 모두 강화된다.

① ㄱ ② ㄷ ③ ㄱ, ㄴ
④ ㄴ, ㄷ ⑤ ㄱ, ㄴ, ㄷ

---

28. 다음에서 추론한 것으로 옳은 것만을 〈보기〉에서 있는 대로 고른 것은?

사람의 유전 정보는 대부분 핵에 있는 22쌍의 상염색체와 1쌍의 성염색체로 구성되는 DNA에 보관되어 있다. 남자의 경우 아버지와 어머니로부터 물려받은 상염색체는 재조합을 통해 서로 섞일 수 있지만, X와 Y로 이루어진 성염색체는 서로 섞이지 않는다. 또한, X염색체는 어머니로부터 아들과 딸에게로 유전되는데 반해, Y염색체는 아버지로부터 아들로 유선되며 딸에게는 유전되지 않는다. 핵에 존재하는 DNA 이외에 사람의 유전 정보의 일부는 미토콘드리아 DNA에 보관되어 있으며, 어머니의 미토콘드리아는 아들과 딸에게 전해지지만, 아버지의 미토콘드리아는 자식에게 전해지지 않는다. DNA를 통한 혈연관계 감정에는 이러한 Y염색체와 미토콘드리아의 특성이 활용된다.

러시아 로마노프 왕조의 마지막 황제인 니콜라이 2세와 황후인 알렉산드라 그리고 5명의 자식들은 볼셰비키 혁명 이후 살해당한 후 매장되었다. 1991년 이들의 유골이 매장된 곳이 공식적으로 발굴되었으며, 이후 유골이 누구의 것인지를 밝히기 위해 DNA를 이용한 혈연관계 검사가 진행되었다. 이때 영국 엘리자베스 여왕의 남편인 필립 공의 DNA도 사용되었는데, 필립 공의 외할머니는 알렉산드라 황후와 자매지간으로 영국 빅토리아 여왕의 외손녀이다. 한편 당시 발굴된 유골 중에는 연령 및 성별 추정으로 판단할 때 아들인 알렉세이와 딸인 아나스타샤로 추정되는 유골이 없어서 이들이 살아남은 것은 아닌가 하는 의혹이 제기된 적이 있다.

─────〈보 기〉─────

ㄱ. 본인이 아나스타샤라고 주장하는 여인이 나타났다. 필립 공의 미토콘드리아 DNA와 이 여인의 미토콘드리아 DNA를 이용한 혈연관계 검사를 통해 서로 관계가 없다는 결과가 나온다면, 이 여인이 아나스타샤가 아님을 알 수 있다.

ㄴ. 알렉세이로 추정되는 유골이 발견되었다. 유골의 Y염색체 DNA와 필립 공의 아들인 찰스 왕세자의 Y염색체 DNA를 이용한 혈연관계 검사를 통해 서로 관계가 없다는 결과가 나온다면, 이 유골이 알렉세이의 유골이 아님을 알 수 있다.

ㄷ. 미토콘드리아 DNA를 이용한 혈연관계 검사를 수행한다면, 니콜라이 2세 유골은 니콜라이 2세 누이의 외손자와 외손녀 모두와 혈연관계가 있다는 결과가 나올 것이다.

① ㄱ ② ㄴ ③ ㄱ, ㄷ
④ ㄴ, ㄷ ⑤ ㄱ, ㄴ, ㄷ

29. (라)에 대한 추론으로 옳은 것을 〈보기〉에서 고른 것은?

면역체계는 다양한 종류의 항원을 인식하고 파괴하는 방어메커니즘으로, 면역체계의 특징 중 하나는 기억 메커니즘을 가진다는 것이다. 즉, 특정 항원 P에 대한 면역 반응이 유도되면 이후에 이 항원과 동일하거나 유사한 항원은 기억 메커니즘에 의해 효율적으로 제거되고, 어떤 항원 Q가 그 기억 메커니즘에 의해서 효율적으로 제거되면 P와 Q는 동일하거나 유사한 항원이다.

면역체계는 외부 인자뿐 아니라, 암세포도 항원으로 인식하여 효율적으로 제거함으로써 암이 발생하는 것을 방지하는 역할을 수행한다. 암세포는 다양한 종류의 바이러스 혹은 화합물에 의해 유도될 수 있는데, 암 유발 물질의 종류에 따라 서로 같거나 다른 종류의 항원성을 가지는 암세포가 유도될 수 있다.

〈실험〉
(가) 바이러스 SV40으로부터 유발된 암세포 (A1, A2) 및 화합물 니트로벤젠으로부터 유발된 암세포 (B1, B2)를 분리하였다.
(나) 암세포에 노출된 적이 없어 암세포를 이식하면 암이 발생되는 4마리의 생쥐를 준비한 후, 2마리의 생쥐 (X1, X2)에는 A1을 이식하였고, 다른 2마리의 생쥐 (Y1, Y2)에는 B1을 이식하였다. 이들 암세포를 항원으로 하는 면역반응이 유도될 수 있는 충분한 시간이 지난 후, 수술을 통해 암세포로부터 형성된 암조직을 제거하여 암을 완치시켰다.
(다) 암이 완치된 2마리의 생쥐 (X1, Y1)에는 A2를, 암이 완치된 다른 2마리의 생쥐 (X2, Y2)에는 B2를 이식하였다. 이들 암세포를 항원으로 하는 면역반응이 유도될 수 있는 충분한 시간 동안 생쥐를 키우며 암 발생 여부를 관찰한 결과, X1에서만 암이 발생되지 않았다.
(라) (다)실험에서 암이 발생한 생쥐들은 암조직을 제거하여 암을 완치시킨 후, 이 생쥐들 (X2, Y1, Y2) 및 (다)실험에서 암이 발생하지 않은 X1에게 또 다시 암세포를 이식한 후 암 발생 여부를 관찰하였다.

〈보 기〉
ㄱ. A1을 이식했다면 Y1과 Y2에서 암이 발생했을 것이다.
ㄴ. A2를 이식했다면 X2와 Y2에서 암이 발생했을 것이다.
ㄷ. B1을 이식했다면 X1과 X2에서 암이 발생했을 것이다.
ㄹ. B2를 이식했다면 X1과 Y1에서 암이 발생했을 것이다.

① ㄱ, ㄴ   ② ㄱ, ㄷ   ③ ㄱ, ㄹ
④ ㄴ, ㄹ   ⑤ ㄷ, ㄹ

30. 〈사례〉에 대해 추론한 것으로 옳은 것만을 〈보기〉에서 있는 대로 고른 것은?

우리는 미래에 일어날 사건의 확률을 결정하기 위해 관련된 여러 정보를 이용한다. 그럼 어떤 정보도 없는 경우에는 어떻게 확률을 결정해야 하는가?
갑: 동전에 대한 아무 정보도 없다면, 그 동전을 던졌을 때 앞면이 나온다는 것을 더 믿을 이유가 없고, 뒷면이 나온다는 것을 더 믿을 이유도 없다. 따라서 우리는 앞면이 나온다는 것과 뒷면이 나온다는 것이 동일한 확률 0.5를 가진다고 생각해야 한다.
을: 그렇지 않다. 동전이 어느 쪽으로도 편향되지 않았다는 정보를 획득한 경우를 생각해 보자. 이 경우, 누구나 인정하듯이, 앞면이 나온다는 것의 확률은 0.5여야 한다. 이에, 당신의 입장은 편향되지 않았다는 정보가 있는 경우와 그렇지 않은 경우를 구분하지 못한다. 편향되지 않았다는 정보를 가지고 있을 때와 달리, 그런 정보가 없을 때는 앞면이 나올 확률의 최솟값은 0이고 최댓값은 1이라고만 말할 수 있을 뿐이다.

〈사례〉
구슬 100개가 잘 섞여 있는 항아리가 있다. 각 구슬들의 색깔은 붉거나, 희거나, 검으며, 각 구슬들의 재질은 나무이거나 금속이다. "붉은색 구슬은 모두 50개다."라는 정보는 주어졌지만, 다른 색 구슬의 개수에 대한 정보는 주어지지 않았다. 그리고 "나무로 된 흰색 구슬의 개수와 금속으로 된 흰색 구슬의 개수는 같다."라는 정보는 주어졌지만, 다른 구슬에 대해서는 이런 정보가 주어지지 않았다. 이제 이 항아리에서 무작위로 구슬을 하나 뽑을 것이다.

〈보 기〉
ㄱ. 나무로 된 흰색 구슬이 뽑힐 확률에 대해서 갑과 을은 동일한 값을 부여할 것이다.
ㄴ. 붉은색 구슬이 뽑힐 확률이 흰색이 아닌 구슬이 뽑힐 확률보다 크지 않다는 것에 대해서 갑과 을은 동의할 것이다.
ㄷ. 나무로 된 구슬은 모두 흰색이라는 정보가 주어진다면, 흰색 구슬이 뽑힐 확률이 검은색 구슬이 뽑힐 확률보다 작지 않다는 것에 대해서 갑과 을은 동의할 것이다.

① ㄱ   ② ㄴ   ③ ㄱ, ㄴ
④ ㄱ, ㄷ   ⑤ ㄴ, ㄷ

31. 다음에서 추론한 것으로 옳은 것만을 〈보기〉에서 있는 대로 고른 것은?

어떤 국가는 A, B, C, D, E, F의 6개 주(州)로 구성되어 있다. 각 주는 하나의 덩어리 형태이며 다음과 같이 접경을 이루고 있다.

○A는 C 이외의 모든 주와 접경을 이루고 있다.
○B는 A, C, D, F와만 접경을 이루고 있다.
○C는 B, D와만 접경을 이루고 있다.
○D, E, F는 서로 접경을 이루지 않는다.

이제 빨강, 주황, 초록, 파랑, 보라의 5개 색을 사용하여 6개 주를 색칠하려고 한다. 각 주는 하나의 색만을 사용하여 색칠되어야 한다. 또한 아래와 같은 조건들이 주어진다.

〈조건1〉 A는 초록색으로 칠한다.
〈조건2〉 C와 F는 보라색으로 칠한다.
〈조건3〉 접경을 이룬 주끼리 같은 색을 사용해서는 안 된다.
〈조건4〉 파란색과 보라색은 접경을 이룬 주끼리 사용될 수 없다.
〈조건5〉 5개의 색이 모두 사용되어야 한다.

─────────〈보 기〉─────────
ㄱ. E는 파란색이다.
ㄴ. B가 주황색이면 D는 빨간색이다.
ㄷ. 위의 조건들 중 〈조건5〉를 없애면 최소 3개의 색으로 6개의 주를 모두 색칠할 수 있다.

① ㄱ   ② ㄷ   ③ ㄱ, ㄴ
④ ㄴ, ㄷ   ⑤ ㄱ, ㄴ, ㄷ

32. 다음에서 추론한 것으로 옳은 것만을 〈보기〉에서 있는 대로 고른 것은?

3개의 상자 A, B, C가 다음 조건을 만족한다.

○A, B, C 중 적어도 하나에는 상품이 들어 있다.
○A에 상품이 들어 있고 B가 비었다면 C에도 상품이 들어 있다.
○C에 상품이 들어 있다면 상품이 들어 있는 상자는 2개 이상이다.
○A와 C 중 적어도 하나는 빈 상자이다.

─────────〈보 기〉─────────
ㄱ. A에 상품이 들어 있다면 B에도 상품이 들어 있다.
ㄴ. B에 상품이 들어 있다면 A와 C 중 적어도 하나에는 상품이 들어 있다.
ㄷ. C에 상품이 들어 있다면 B에도 상품이 들어 있다.

① ㄱ   ② ㄴ   ③ ㄱ, ㄷ
④ ㄴ, ㄷ   ⑤ ㄱ, ㄴ, ㄷ

33. 다음에서 추론한 것으로 옳은 것만을 〈보기〉에서 있는 대로 고른 것은?

일렬로 위치한 5개 사무실에 회사 A, B, C, D, E가 입주해 있다. 각 회사는 로고 색이 한 가지 색으로 되어 있고, 음료와 과자를 하나씩 생산하며, 수출대상국이 한 국가씩 있다. 5개 회사의 로고 색, 음료, 과자, 수출대상국은 모두 다르다.

로고 색: 연두색, 회색, 보라색, 하늘색, 검정색
음료: 생수, 커피, 이온음료, 녹차, 주스
과자: 와플, 전병, 비스킷, 마카롱, 쌀과자
수출대상국: 싱가포르, 중국, 태국, 일본, 대만

○ 생수를 생산하는 회사의 사무실은 정 가운데 위치한다.
○ C회사의 사무실은 가장 왼쪽에 위치하고, 보라색 로고의 회사 사무실 옆에 위치한다.
○ 연두색 로고의 회사는 커피를 생산하고, 그 사무실은 회색 로고의 회사 사무실 왼쪽에 붙어있다.
○ A회사의 로고는 하늘색이다.
○ 검정색 로고의 회사는 싱가포르로 수출하며, 와플을 생산하는 회사 사무실 옆에 위치한다.
○ 태국에 수출하는 회사의 사무실은 주스를 생산하는 회사의 사무실 오른쪽에 붙어있다.

─────〈보 기〉─────
ㄱ. A회사는 생수를 생산한다.
ㄴ. 싱가포르에 수출하는 회사는 주스를 생산한다.
ㄷ. 보라색 로고의 회사는 중국에 수출한다.

① ㄱ   ② ㄴ   ③ ㄷ
④ ㄱ, ㄴ   ⑤ ㄴ, ㄷ

34. 다음에서 추론한 것으로 옳은 것만을 〈보기〉에서 있는 대로 고른 것은?

도시의 두 지점 사이를 건물을 가로지르지 않고 도로만으로 이동하였을 때의 최단 거리를 '도로거리'라 하고, 두 지점 간에 장애물이 없는 최단 거리를 '직선거리'라고 한다. 직선거리가 적용되는 공간을 유클리드 공간이라고 하고, 도로거리가 적용되는 공간을 도로 공간이라고 한다. 모든 도로는 같은 크기의 정사각형으로 이루어진 바둑판 모양이고 도로 공간에서의 모든 지점은 도로의 교차점에서만 정의된다고 가정한다.
아래 그림에서 실선은 A지점에서 B지점까지의 직선거리를, 점선은 도로거리를 표시한다.

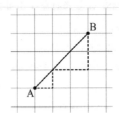

─────〈보 기〉─────
ㄱ. A지점까지의 도로거리와 B지점까지의 도로거리가 같은 모든 지점들은 유클리드 공간에서 한 직선 위에 있다.
ㄴ. 서로 같은 도로거리에 있는 세 지점을 유클리드 공간에서 선분으로 서로 연결하면 정삼각형 모양이 된다.
ㄷ. 한 지점에서 같은 도로거리에 있는 모든 지점을 유클리드 공간에서 정사각형 모양이 되도록 연결할 수 있다.

① ㄱ   ② ㄴ   ③ ㄷ
④ ㄱ, ㄴ   ⑤ ㄱ, ㄷ

35. 〈그림〉의 라우터에서 입력포트에 대기 중인 패킷들이 모두 출력포트로 전달되는 데 걸리는 최소 시간은?

라우터는 입력포트로 들어오는 패킷을 목적지 방향에 연결된 출력포트로 전달하는 역할을 한다. 〈그림〉의 라우터는 어떤 패킷이 입력포트 A, B, C, D 중 하나로 들어와서 X, Y, Z 출력포트 중 하나로 나가는 구조를 가지고 있다. 입력포트 A, B, C, D에는 각각 4개의 패킷이 도착해 있고, 각각의 패킷은 자신의 출력포드인 X, Y, Z로 나가기 위해 대기 중이다.

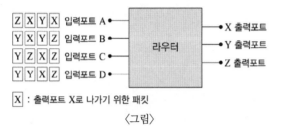

X : 출력포트 X로 나가기 위한 패킷

〈그림〉

라우터는 출력포트만 겹치지 않으면 서로 다른 입력포트에서 서로 다른 출력포트로 동시에 패킷을 전달할 수 있다. 예를 들어, 〈그림〉에서 입력포트 A, B의 첫 번째 패킷은 출력포트가 각각 X, Z이므로 동시에 전달될 수 있다. 그러나 입력포트 B, C, D의 첫 번째 패킷과 같이 출력포트가 같으면 동시에 전달되지 못하고 이들 중 하나만 무작위로 선택되어 출력포트로 전달되고 나머지 두 패킷은 앞선 패킷의 출력이 완료될 때까지 기다려야 한다. 그리고 한 입력 포트에 대기 중인 패킷들은 입력포트에 들어온 순서에 따라 출력포트로 전달된다. 모든 패킷의 길이는 동일하고, 입력포트에 있는 하나의 패킷이 출력포트로 전달되는 데 걸리는 시간은 1ms(1/1000초)이다.

① 9ms   ② 8ms   ③ 7ms

④ 6ms   ⑤ 5ms

정답 및 해설 p.70

해커스 LEET
김우진 추리논증 기출문제 + 해설집

2015학년도
기출문제

☑ 문제풀이 시작과 종료 시각을 정한 후, 실전처럼 기출문제를 풀어보세요.

_____시 _____분 ~ _____시 _____분(총 35문항 / 110분)

01. 다음 글로부터 추론한 것으로 옳은 것만을 〈보기〉에서 있는 대로 고른 것은?

우리 헌법은 국가가 개인이 가지는 불가침의 기본적 인권을 확인하고 이를 보장할 의무를 진다고 규정함으로써, 소극적으로 국가가 국민의 기본권을 침해하는 것을 금지하는 데 그치지 않고 적극적으로 국민의 기본권을 타인의 침해로부터 보호할 의무를 부과하고 있다. 국가가 소극적 방어권으로서의 기본권을 제한하는 경우, 자유와 권리의 본질적 내용을 침해할 수는 없으며 침해 범위도 필요 최소한도에 그쳐야 한다. 그러나 국가가 적극적으로 국민의 기본권을 보호해야 하는 경우에는 설사 그 보호의 정도가 국민이 바라는 이상적인 수준에 미치지 못한다고 해서 헌법 위반으로 보기는 어렵다. 국가가 기본권 보호의무를 어떻게, 어느 정도로 이행할지는 국가의 정치·경제·사회·문화적인 제반 여건을 고려하여 정책적으로 판단해야 하는 재량의 범위에 속하기 때문이다. 따라서 헌법재판소는 이러한 재량을 존중하는 취지에서 소위 과소보호금지원칙을 적용하여 국가의 기본권 보호의무 위반 여부를 판단한다. 이 원칙에 따르면 국가는 국민의 기본권 보호를 위하여 적절하고 효율적인 최소한의 보호 조치를 취해야 하고, 이에 미치지 못하는 경우에만 기본권 보호의무를 위반한 것으로 판단된다.

〈보 기〉

ㄱ. 건축 공사장의 먼지로 주변 주민들의 주거권이라는 기본권이 침해된다고 인정된다. 그런데 국가가 건축 경기 활성화를 이유로 아무 규제 조치도 취하지 않는다면 이는 주거권 보호의무 위반이다.

ㄴ. 농어촌 지역에 약국이 부족해서 주민들의 건강권이라는 기본권이 침해된다고 인정된다. 이에 주민 수와 상관없이 일정한 면적마다 약국을 설치하는 것이 적절하고 효율적인 최소한의 조치로 평가되는데, 제시된 면적보다 10배 이상 넓은 면적 단위마다 약국을 설치하도록 국가가 조치했다면 이는 건강권 보호의무 위반이다.

ㄷ. 확성장치 사용에 의한 소음으로 환경권이라는 기본권이 침해된다고 인정된다. 이에 확성장치의 '전면적 사용 금지', '특정 시간대별 사용제한', '사용 대수 제한' 등이 적절하고 효율적인 조치로 평가받고 있는데 국가가 그중 효율성이 중간 정도라 평가받는 '사용 대수 제한' 조치를 취했다면 이는 환경권 보호의무 위반이다.

① ㄴ   ② ㄷ   ③ ㄱ, ㄴ
④ ㄱ, ㄷ   ⑤ ㄱ, ㄴ, ㄷ

02. 다음 글로부터 추론한 것으로 옳은 것만을 〈보기〉에서 있는 대로 고른 것은?

형사법은 형법과 형사소송법 등으로 구성된다. 형법은 범죄와 형벌에 관한 내용을, 형사소송법은 범죄의 수사, 공소의 제기, 공판절차, 유·무죄의 선고 등 형사절차를 규정하고 있다.

형법의 경우 원칙적으로 범죄와 형벌은 행위자가 행위할 당시의 법규정에 의해서만 결정되어야 한다. 행위할 당시 범죄가 되지 않았던 행위를 이후에 법을 제정 또는 개정하여 처벌하거나, 범죄를 저지를 당시에 규정되었던 처벌의 범위를 넘어서 나중에 중하게 처벌한다면, 어떠한 국민도 자유롭게 자신의 삶을 살아갈 수 없게 된다. 그러나 이러한 원칙은 국가 형벌권이 국민에게 불이익을 줄 경우에만 해당할 뿐, 만약 과거의 국가 형벌권이 남용되었다는 반성에 근거하여 형을 감경 또는 면제할 때에는 적용되지 않는다.

그런데 형사소송법의 경우에도 형법상의 원칙이 적용되어야 하는지에 대해서는 견해가 대립되고 있다. A견해는 형사소송법이 국가 형벌권을 실현하는 절차를 규율할 뿐 범죄와 형벌 그 자체를 정하는 것은 아니기 때문에 형법상 원칙이 적용될 필요는 없다는 입장이다. 반면, B견해는 형사소송법이 절차에 관한 규정이지만 이것을 새롭게 만들거나 바꾸는 것이 국가 형벌권을 이용하여 국민에게 불이익을 주는 경우와 실질적으로 다르지 않다면, 행위자가 행위를 할 당시의 규정이 적용되어야 한다는 입장이다.

〈보 기〉

ㄱ. 헌법재판소의 위헌결정으로 인하여 형벌에 관한 법률이 소급하여 효력을 상실하였다면, 당해 법률조항이 적용되어 공소가 제기된 사건에 대해 무죄판결이 선고되어야 한다.

ㄴ. 형사소송법상 친고죄는 고소기간 내에 고소가 있어야 검사가 공소를 제기할 수 있다. 만약 행위자가 친고죄에 해당하는 범죄를 저지른 후 고소기간이 경과되지 않은 상태에서 법률이 개정되어 친고죄의 고소기간이 연장되었다면, A견해에 의할 경우 개정된 법률은 당해 행위자에게 적용된다.

ㄷ. 행위자가 범죄를 저지른 후 외국에 도피해 있는 동안 공소시효가 완성되었음에도 불구하고, 만약 행위자가 외국에 있는 기간 동안은 공소시효가 정지되는 것으로 형사소송법이 개정되었다면, B견해에 의할 경우 행위자가 귀국하여 그에 대한 공소제기 여부를 판단할 때 외국에 도피해 있던 기간은 제외하고 공소시효 기간을 계산해야 한다.

① ㄱ   ② ㄴ   ③ ㄷ
④ ㄱ, ㄴ   ⑤ ㄱ, ㄷ

03. 다음 글로부터 추론한 것으로 옳은 것만을 〈보기〉에서 있는 대로 고른 것은?

법은 여러 종류의 규칙들이 결합하여 이루어지는 체계이고, 그 기저에는 '무엇이 법인가'에 대한 규칙인 '승인규칙'이 자리한다. 승인규칙은 '사회적 규칙'의 일종이다. 사회적 규칙은 어떤 집단에서 구성원 대부분이 어떤 행위를 반복적으로 할 때 존재한다는 점에서 집단적인 습관과 비슷하지만, 그에 대한 준수의 입력이 있고, 그로부터의 일탈은 잘못된 것으로 비판받으니, 그래서 적어도 일부 구성원들이 그 행동을 집단 전체가 따라야 하는 일반적인 기준으로 보는 반성적이고 비판적 태도를 가진다는 점에서 습관과 구별된다. 사회적 규칙에 대하여 사회구성원 다수는 그것을 행동의 기준이나 이유로 받아들이고 사람들의 행위에 대한 비판적인 태도를 정당화하는 근거로 여기는 '내적 관점'을 취한다.

승인규칙은 법관들과 공직자들 및 시민들이 일정한 기준에 비추어서 법을 확인하는 관행 또는 실행으로 존재한다. 그럴 때 그들은 그 규칙에 대하여 내적 관점을 가지고 있다. 그 체계의 다른 규칙들에 대한 효력기준을 제공하는 궁극적인 규칙이기 때문에, 승인규칙에 대하여는 다시 효력을 물을 수는 없고, 과연 그것이 실제와 부합하는지, 그런 승인규칙을 가진 법체계가 없는 것보다 나은지, 그것을 지지할 타산적 근거나 도덕적 의무가 있는지 등의 문제가 제기될 수 있을 뿐이다. 어딘가에 법이 있다고 할 수 있기 위해서는 법관들이 그 규칙을 내적 관점에서 올바른 판결의 공적이고 공통된 기준으로 여겨야 한다. 이는 법체계 존재의 필수조건이다. 통일적이고 계속적이지 않다면 법체계가 존재한다고 할 수 없고, 법체계의 통일성과 계속성은 법관들이 법적 효력에 대한 공통의 기준을 수용하는 데 달려 있기 때문이다.

─────〈보 기〉─────

ㄱ. 어떤 사회에 소수의 채식주의자가 있다면, "육식을 하면 안 된다."는 것이 그 사회의 사회적 규칙이다.

ㄴ. 법으로 음주를 금지하지 않는 나라의 국민이 법으로 음주를 금지하는 나라의 이야기를 하면서 "그 나라에서는 술을 마시면 안 된다."고 할 때, 그는 '내적 관점'을 취하고 있다.

ㄷ. 군주가 법을 제정하는 나라와 의회에서 법을 제정하는 나라의 승인규칙은 다르다.

① ㄱ ② ㄷ ③ ㄱ, ㄴ
④ ㄴ, ㄷ ⑤ ㄱ, ㄴ, ㄷ

04. 다음 글로부터 추론한 것으로 옳은 것을 〈보기〉에서 고른 것은?

A: 특허법은 발명을 장려하여 기술 발전을 촉진해야 한다. 발명가가 혁신적인 기술을 만들려면 상당한 노동이 요구된다. 하지만 노동의 산물로부터 이익을 얻을 수 없다면, 어느 누구도 노동을 하려 하지 않을 것이다. 때문에 국가는 당해 기술이 최초로 공개된 신규의 것으로서 산업상 이용 가능할 정도로 충분히 개발이 완료된 것이라면, 발명가에게 독점적 특허권을 부여함으로써 독점적 이익을 얻을 수 있게 해야 한다. 그러나 독점적 특허권은 기술의 사회적 이용을 가로막아 사회 전체의 효율성을 감소시킬 수 있다. 때문에 국가는 발명가가 당해 기술의 내용을 구체적으로 공개하고, 제한된 기간 동안에만 독점권을 행사할 수 있게 해야 한다.

B: 특허법은 기술 발전을 촉진하여 사회적 이익을 증대하기 때문에 반드시 요구되지만, 그로 인해 발생하는 사회적 손실을 최소화할 필요가 있다. 독점적 특허권을 통해 발명가가 얻을 수 있는 막대한 이익은 치열한 특허 경쟁과 과도한 중복 투자를 유발하는데, 이때 경쟁에 탈락한 사람들의 투자 비용은 모두 사회적 손실이 된다. 특히 특허법이 개발이 충분히 완료된 기술이어야 함을 요구한다면 특허 경쟁은 오랫동안 지속될 수밖에 없고 그에 비례하여 사회적 손실은 커지게 된다. 이러한 이유로 국가는 아직 기술 개발이 완료되지 않았어도 장래 혁신적인 것으로 개발될 가능성이 있는 발명에 대해 독점적 특허권을 부여함으로써 중복 투자가 발생할 수 있는 기간을 단축시켜야 한다. 또한 개선 단계에서의 경쟁을 제한하기 위해 발명가에게 앞으로 개발될 수 있는 기술의 구체적 개선 과정들을 조정할 수 있는 광범위한 권한을 부여해야 한다. 더불어 발명가가 개발 가능한 기술을 상업화하여 독점적 이익을 얻으려면 더 오랜 기간이 필요하기 때문에 특허권의 보호 기간도 연장해야 한다.

─────〈보 기〉─────

ㄱ. A는 특허법의 목적이 기술 발전을 통한 사회적 효율성의 증대라고 보는 반면, B는 그렇지 않다.

ㄴ. A는 '만약 B에 따라 특허법을 제정한다면 최초 발명가는 특허권을 통해 보다 큰 독점적 이익을 얻을 수 있으므로 특허 경쟁은 더 치열해져 결국 B가 우려하는 사회적 비용은 줄지 않을 것이다'라고 반박할 수 있다.

ㄷ. 신약 개발 과정에서 최초의 아이디어가 상업화 단계에 이르기 위해서는 너무 오랜 시간과 많은 비용이 든다면 B의 설득력은 높아진다.

ㄹ. 수많은 기존 발명에 근거하여 혁신적 연구가 이루어져야만 신제품을 개발할 수 있는 생명공학 분야에서, 발명가의 조정 권한을 광범위하게 인정할 경우 혁신적 신제품이 시장에 등장하는 속도가 늦어진다면, B의 설득력은 높아진다.

① ㄱ, ㄴ ② ㄱ, ㄷ ③ ㄴ, ㄷ
④ ㄴ, ㄹ ⑤ ㄷ, ㄹ

05. 〈사례〉별로 그것의 정당성을 인정하는 〈주장〉들을 모두 골라 바르게 배열한 것은?

대통령의 특권인 사면에는 일반 사면과 특별 사면이 있다. 일반 사면은 죄의 종류를 지정하여 이에 해당하는 모든 죄인에 대해 형의 선고의 효력을 소멸시키며 형의 선고를 받지 않은 자에 대해서는 공소권을 소멸시키는 것을 말한다. 특별 사면은 형의 선고를 받은 특정인에 대해 형의 집행을 면하는 것을 말한다. 대통령의 사면권은 사법부 결정을 무효화한다는 점에서 남용에 대한 우려가 제기되어 왔고 그 행사에는 일정한 제한이 필요하다는 논의가 있다.

〈주장〉

갑: 일반 사면이든 특별 사면이든 정권에 대립하는 정적을 포용하는 대승적 차원에서만 그 행사가 정당화될 것입니다.

을: 일반 사면이든 특별 사면이든 폭넓게 인정될 필요가 있지만, 정적이나 측근에 대한 특별 사면은 대통령의 사면권 남용의 적나라한 모습이므로 정당화될 수 없습니다.

병: 특정인만을 대상으로 하지 않는 일반 사면은 대통령에 의하여 남용될 가능성이 낮아 큰 문제가 없지만, 특별 사면은 그렇지 않아 일정한 제한이 필요합니다. 헌정 질서를 파괴 또는 교란하는 행위를 한 자나 뇌물 수수를 한 범죄자의 경우에 한해서는 특별 사면을 허용하지 않도록 해야 합니다.

정: 다들 사면권 행사의 절차적 정당성은 고려하지 않는군요. 대통령의 사면권 행사에는 전면적인 재량을 인정할 필요가 있지만 권력분립 원칙상 이에 대한 절차적 견제 장치는 필요합니다. 일반 사면이나 특별 사면 모두 관련 심의 기관의 심의 과정을 거치고 국회의 동의도 받아야 정당화될 것입니다.

〈사례〉

(가) 헌정 질서를 교란한 죄로 징역형을 선고받고 대통령과 정치적으로 대립 중인 야당 대표 A에 대하여 대통령은 야당과의 연립정부를 구성하기 위하여 관련 심의 기관의 심의를 거치고 국회의 동의를 받아 사면을 내렸다.

(나) 대통령의 최측근인 B가 간통죄로 기소되어 벌금형을 선고받았는데 그의 정치적 복귀를 돕고자 대통령은 관련 심의 기관의 심의를 거쳤지만 국회의 동의를 받지는 않고 B에 대하여 사면을 내렸다.

(다) 소비자보호법을 위반하여 300만 원 이하의 벌금형을 받은 자 모두에 대하여, 경기 활성화 차원에서 대통령은 관련 심의 기관 심의를 거치고 국회의 동의를 받아 형의 선고의 효력을 소멸시키는 사면을 내렸다.

	(가)	(나)	(다)
①	갑	병, 정	을, 정
②	정	갑, 병	을, 병, 정
③	갑, 정	병	을, 정
④	갑, 정	병, 정	병, 정
⑤	갑, 정	병	을, 병, 정

06. 〈규정〉으로부터 추론한 것으로 옳은 것만을 〈보기〉에서 있는 대로 고른 것은?

〈규정〉

(가) A법은 상시 사용하는 근로자 수가 5명 이상인 모든 사업장에 적용한다. 다만, 사용자가 그와 동거하는 친족만을 사용하는 사업장에 대하여는 적용하지 아니한다.

(나) (가)에서의 '상시 사용하는 근로자 수'는, 해당 사업장에서 법 적용 사유 발생일 전 1개월 동안 사용한 근로자의 '연인원'을 같은 기간 중의 '가동일수'로 나누어 산정한다. 여기서 '연인원'이라 함은 특정 업무를 위해 일정한 기간 동안 동원된 총 인원수를 말하는데, 예를 들면 열흘 동안 매일 다섯 사람이 근로하여 완성한 일의 연인원은 50명이다. 그리고 '가동일수'는 실제 사업장이 운영된 일수를 말한다.

(다) 위 (나)에 따라 해당 사업장에서 상시 사용하는 근로자 수를 산정한 결과 법 적용 사업장에 해당하는 경우에도, 가동일수의 일별로 근로자 수를 파악하였을 때 법 적용 기준에 미달한 일수가 가동일수의 2분의 1 이상인 경우, A법이 적용되지 않는다.

(라) 연인원의 산정 시, 사용자에게 고용되어 있지 않은 파견근로자는 제외되지만 해당 사업장의 사용자에 고용된 단시간 근로자(하루 중 일부 시간만 근무하는 근로자)는 포함된다.

〈보 기〉

ㄱ. 법 적용 사유 발생일 전 1개월 동안, 가동일수가 20일이며, 처음 10일은 6명, 나중 10일은 4명이 사용자에게 고용되어 근무하였다면 당해 사업장에 A법은 적용된다.

ㄴ. 법 적용 사유 발생일 전 1개월 동안, 사용자에게 고용된 4명의 근로자가 오전 중 3시간을 매일 근무하고, 사용자에게 고용된 또 다른 4명의 근로자가 오후 중 3시간을 매일 근무한 사업장에 A법은 적용된다.

ㄷ. 법 적용 사유 발생일 전 1개월 동안, 동거하는 친족 3명과 단시간 근로자 2명이 당해 사업장에서 사용자에게 고용되어 고정적으로 매일 근무하였고 이에 더하여 사용자에게 고용되어 있지 않은 파견근로자 2명이 함께 매일 근무하였다면 당해 사업장에 A법은 적용되지 않는다.

① ㄱ   ② ㄴ   ③ ㄱ, ㄷ
④ ㄴ, ㄷ   ⑤ ㄱ, ㄴ, ㄷ

07. 다음 글로부터 추론한 것으로 옳지 <u>않은</u> 것은?

민사소송에서는 원칙적으로 당사자가 절차의 개시와 종결을 주도하고, 심판의 대상과 범위를 정한다. 그리하여 법원은 당사자가 판결을 신청한 사항에 대하여 그 신청 범위 내에서만 판단하여야 한다. 따라서 당사자가 신청한 사항과 별개의 사항에 대해서 판결하여서는 안 된다. 예컨대, 원고가 불법행위를 이유로 손해배상을 청구한 경우에 계약불이행과 같이 그와 다른 이유를 근거로 하여 손해배상을 명할 수는 없다. 또, 당사자가 신청한 것보다 적게 판결하는 것은 허용되지만, 신청의 범위를 넘어서 판결하여서는 안 된다.

이와 관련하여, 신체상해로 인한 손해배상을 청구하는 경우에 심판대상을 어떻게 볼지 견해가 엇갈린다. A견해는 치료비 등의 적극적인 손해와 치료기간 동안 얻지 못한 수입 등의 소극적인 손해, 그리고 정신적 손해를 구별하여 서로 다른 세 개의 심판대상으로 보고, B견해는 그 전체가 하나의 심판대상이라고 본다.

〈사례〉
○ 갑은 을에게 1,000만 원을 빌려주었다.
○ 병은 정의 잘못으로 교통사고를 당하였고, 정에게 치료비 2,000만 원, 치료기간 동안 얻지 못한 임금 7,000만 원, 정신적 손해 1,000만 원의 손해에 대한 배상을 청구하였다. 법원은 병이 입은 손해를 치료비 3,000만 원, 치료기간 동안 얻지 못한 임금 4,000만 원, 정신적 손해 3,000만 원으로 평가하였다.

① 갑은 을에게 빌려준 돈 1,000만 원을 지급하라고 청구하였지만 법원이 판단하기에 빌려준 돈은 500만 원이고 을에게 받을 매매대금이 500만 원이라면, 법원은 500만 원을 한도로 하여 갑의 청구를 받아들이는 판결을 할 수 있다.

② 갑이 을에게 빌려준 돈 500만 원을 지급하라고 청구하였다면, 법원이 판단하기에 빌려준 돈이 1,000만 원이라도 법원은 500만 원을 한도로 하여 갑의 청구를 받아들이는 판결을 할 수 있다.

③ A견해에 따르면, 법원은 치료비의 경우 2,000만 원을 한도로 하여 병의 청구를 받아들이는 판결을 할 수 있다.

④ B견해에 따르면, 법원은 1억 원을 한도로 하여 병의 청구를 받아들이는 판결을 할 수 있다.

⑤ 어떤 견해에 따르든, 원고가 신청한 교통사고 손해배상액의 총액이 법원이 인정한 손해배상액의 총액보다 적은 경우에 원고가 신청한 액수보다 적은 금액을 배상하라고 판결할 수는 없다.

08. Y의 소유권자에 대하여 A와 B의 판단이 일치하지 <u>않는</u> 경우는?

〈사건 개요〉
갑은 을 소유의 소 X를 훔쳐 병에게 팔았다. 갑은 이러한 사실을 병에게 말하지 않았기 때문에 병은 매수할 당시 X가 도둑맞은 소임을 알지 못했다. X는 병의 농장에서 송아지 Y를 출산하였다. 그 후 을은 병의 농장에서 X를 찾게 되었고, 병에게 X와 Y를 모두 자기에게 반환하라고 요구하고 있다.

〈법률〉
원래의 소유권자는 도둑맞은 물건(도품)을 매수한 사람에게 자신의 소유물을 반환하라고 요구할 수 있다. 그러나 매수자가 그 물건을 매수하였을 당시에 도품인 것을 알지 못한 상태에서 2년 동안 보유하였을 때에는 도품에 대한 소유권을 갖게 된다.

〈논쟁〉
A: Y는 X의 일부로 보아 판단해야 해. 〈법률〉에 따라 아직 일정한 기간이 지나지 않았기 때문에 병이 X를 소유할 수 없다고 판단된다면 그 경우에 Y도 을의 것이어야 해. 이 경우 X가 Y를 을의 농장에서 수태하였던 병의 농장에서 수태하였든 그것은 고려할 필요가 없어. 또한 〈법률〉이 정한 기간이 지나 병이 X의 소유권을 갖게 되면 병은 Y도 소유하게 돼.

B: 항상 Y를 X의 일부로 판단할 수는 없어. 물론 병이 X를 소유할 수 있을 정도로 〈법률〉이 정한 기간이 지났다면 Y도 병의 소유가 된다는 점은 당연해. 하지만 그러한 기간이 지나지 않은 경우에도 병이 X를 매수한 다음에 Y가 수태되었고, Y가 태어날 때까지 X가 도품인 줄 병이 몰랐다면, 병은 Y를 가질 자격이 있어. 이 경우만은 X와 Y의 소유를 별개로 생각해야 해.

① X가 Y를 수태한 것이 도난되기 전이었고, Y의 출산 이후 X가 도품임을 병이 알았는데 그 시점이 매수 이후 2년이 지나기 전인 경우

② X가 Y를 수태한 것이 도난되기 전이었고, Y의 출산 이후 X가 도품임을 병이 알았는데 그 시점이 매수 이후 2년이 지난 뒤인 경우

③ X가 Y를 수태한 것이 매수 이후이었고, Y의 출산 이후 X가 도품임을 병이 알았는데 그 시점이 매수 이후 2년이 지나기 전인 경우

④ X가 Y를 수태한 것이 매수 이후이었고, Y의 출산 이후 X가 도품임을 병이 알았는데 그 시점이 매수 이후 2년이 지난 뒤인 경우

⑤ X가 Y를 수태한 것이 매수 이후이었고, Y의 출산 이전에 X가 도품임을 병이 알았는데 그 시점이 매수 이후 2년이 지나기 전인 경우

09. 갑~병의 견해에 대한 판단으로 옳은 것만을 〈보기〉에서 있는 대로 고른 것은?

갑: 오늘 흥미로운 사건의 재판이 있었어. 피고인은 피해자를 칼로 찔렀다는 점을 인정했지만 자신이 피해자를 살해하지는 않았다고 주장했지. 이 사건이 흥미로운 점은 피해자가 나타나지 않는다는 거야. 사건 발생 이후로 피해자를 목격했다는 사람도 없고 피해자의 시체도 발견되지 않았어. 하지만 피고인이 인정했듯이 피해자는 많은 피를 흘렸어. 일반적으로 사람은 혈액량의 30%를 잃으면 사망할 확률이 높은데, 경찰 수사에 따르면 피해자는 혈액량의 40%에 해당하는 피를 현장에서 쏟은 것으로 추정된다고 해. 피고인의 진술과 주변 사람들의 증언을 고려할 때, 피해자가 사망했을 것은 확실해. 나는 피고인이 피해자를 살해한 범인이라고 판결을 내리는 것이 옳다고 생각해.

을: 여러 증거를 종합할 때, 누군가 피해자를 살해했다면, 피고인이 그런 일을 저질렀다는 점은 분명하지. 하지만 시체의 발견 여부는 다른 증거와는 차원이 다른 중대한 문제라는 걸 염두에 두어야 해. 피해자의 혈흔을 지우기 위해서 근처 해안가에서 바닷물을 떠다가 자동차 좌석을 씻었다는 피고인의 주장이 참일 수 있지 않을까? 만약 그렇다면 피고인이 주장하고 있듯이 피해자가 혈액량의 40%를 잃었다는 추정은 잘못일 가능성이 있어. 피고인이 피해자를 살해했을 가능성을 부정하지는 않지만, 피고인이 피해자를 살해하지 않았다고 합리적으로 의심할 여지는 여전히 있다고 보여.

병: 물론 여러 가지를 의심해 볼 수 있지. 심지어 피해자가 자신의 혈액을 평소 조금씩 모으고 있었고 이를 자동차 좌석에 부어서 자신이 죽은 것처럼 위장한 후 잠적했을 가능성도 있지. 하지만 여러 정황을 고려할 때, 그런 의심을 '합리적'이라고 여길 수는 없어. 모든 증거는 피고인이 살인을 저지른 자가 분명함을 말하고 있어. 하지만 문제는 살인 사건이 성립하기 위한 조건이야. 이 사건은 시체를 발견하지 못한 사건이야. 시체를 발견하지 못했다면, 살인 사건은 성립할 수 없어.

〈보 기〉

ㄱ. '피해자가 사망했다는 것은 확실하다'는 견해에 갑과 병은 동의할 것이다.

ㄴ. '피고인이 살인 사건의 범인이라고 판결을 내리는 것이 옳다'는 견해에 을은 동의하지 않지만 병은 동의할 것이다.

ㄷ. '피해자가 살해된 시체로 발견된다면 피고인이 살인범이라는 점은 확실하다'는 견해에 갑, 을, 병 모두 동의할 것이다.

① ㄱ ② ㄴ ③ ㄱ, ㄷ
④ ㄴ, ㄷ ⑤ ㄱ, ㄴ, ㄷ

10. (A)에 들어갈 두 진술로 적절한 것을 〈보기〉에서 고른 것은?

인간 다수의 이익을 위해서 영장류를 포함한 동물 소수에게 고통을 가하는 동물 실험은 도덕적으로 정당화될 수 있는가? 인간이 아닌 동물은 도덕적 고려의 대상이 될 수 없다는 주장은 논외로 하겠다. 도덕적 고려의 대상이 되어야 하는지는 고통을 느끼는 감각 능력이 있는지에 달려 있기 때문이다. 어떤 종에 속하는지에 상관없이 고통을 느낄 수 있는 개체들의 이익은 서로 동등하게 고려되어야 한다.

동물 실험을 크게 두 가지 경우로 나눠 생각할 수 있다. 하나는 인간의 사소한 이익을 위해서 동물이 상당한 고통을 겪는 경우이고, 다른 하나는 인간의 상당한 이익을 위해서 동물이 상당한 고통을 겪는 경우이다. 화장품이나 식용 색소와 같은 제품을 개발하기 위해서 하는 동물 실험이 전자에 속한다. 이를 통해서 생기는 이익은 동물에게서 박탈되는 이익에 비해 사소하기에 이런 동물 실험은 도덕적으로 정당화될 수 없다. 그렇다면 후자의 경우는 어떤가? 나는 후자의 동물 실험도 도덕적으로 정당화될 수 없다고 생각한다. 동물은 대개의 인간과는 달리 자신의 먼 미래를 계획할 수 없다는 이유에서 인간의 이익이 동물의 이익보다 더 크지만, 그렇다고 해도 동물 실험을 통해서 동물에게 고통을 줌으로써 그 이익을 박탈할 수는 없다. 다음 두 진술을 함께 받아들임으로써 나의 주장은 정당화된다.

(A)

〈보 기〉

(가) 갓난아기는 자신의 먼 미래를 계획할 수 없다.

(나) 갓난아기는 누린 이익이 없으므로 박탈될 이익도 없다.

(다) 다른 인간의 이익을 위해서 갓난아기의 이익을 박탈할 수 없다.

(라) 동물 실험을 통해서 얻게 될 인간의 상당한 이익과 그 실험에서 박탈될 동물의 이익은 상쇄된다.

(마) 이익을 포기하는 것이 도덕적으로 정당한 행위라고 해서 다른 사람에게 이를 하라고 명령할 수는 없다.

① (가)와 (다) ② (가)와 (라)
③ (나)와 (다) ④ (나)와 (마)
⑤ (라)와 (마)

11. 갑~병에 대한 판단으로 옳지 <u>않은</u> 것은?

> 갑: 금욕이 인간을 자유롭게 만든다. 고통을 견디는 것을 습관
> 화하고 쾌락의 추구를 삼가도록 습관화하라. 우리 삶의 궁
> 극 목표는 일체의 필요와 외적 가치로부터의 자유, 즉 자족
> 성이다. 온갖 욕망들로부터 내적으로 자유로워지고 어떠한
> 정념에도 휘둘리지 않는 부동심이 자족적 삶의 특징이다.
> 금욕의 훈련에 의해 슬픔이나 기쁨에도 전혀 무관심한 부동
> 심의 경지에 이를 수 있다.
>
> 을: 금욕주의는 숨겨진 쾌락주의다. 자유를 지향하는 금욕도 결
> 국은 고도의 정신적 기쁨을 지향한다는 점에서 소극적 쾌락
> 주의와 다름없다. 금욕주의자들이 버린 것은 순수하지 않은
> 것, 즉 육체의 쾌락이나 그로부터 파생되는 쾌락일 뿐, 그들
> 조차도 순수한 것은 함양하였다. 그 이름이야 어떠하든 이
> 순수한 것 또한 쾌락과 다름없으며, 쾌락이야말로 쾌락 이
> 외의 그 무엇인가를 위한 것이 아닌 유일무이의 본래적 가
> 치이다. 그런 점에서 금욕을 위한 금욕은 어리석다.
>
> 병: 금욕을 위한 금욕은 어리석다기보다는 도덕의 명령에 대한
> 은밀한 혐오를 감추고 있다. 자신에게 잘못이 없는데도 스스
> 로를 고통으로 몰아넣기 때문이다. 고통의 추구가 아니라 오
> 히려 쾌락의 추구가 의무이다. 욕구가 충족되지 않은 자신의
> 처지에 대한 불만족의 누적은 더 중요한 의무들을 위반하게
> 하는 커다란 유혹이 될 수 있기 때문이다. 그런 점에서 쾌락
> 의 추구는 간접 의무이다. 즉, 의무 수행에 장애가 되지 않을
> 만큼은 쾌락을 추구해야 한다는 것이다.

① 쾌락은 추구할 만하다는 것에 을은 동의하고, 갑은 동의하지 않을 것이다.

② 욕망을 절제하여 도달한 상태도 쾌락의 상태라는 것에 갑과 을은 동의할 것이다.

③ 일체의 욕망 추구를 금지하는 것에 갑은 동의하고, 을과 병은 동의하지 않을 것이다.

④ 쾌락보다 상위의 가치가 있다는 것에 갑과 병은 동의하고, 을은 동의하지 않을 것이다.

⑤ 쾌락 추구의 허용 근거가 쾌락 자체에 있다는 것에 을은 동의하고, 병은 동의하지 않을 것이다.

12. 다음 대화를 분석한 것으로 옳지 <u>않은</u> 것은?

> 소크라테스: 자네 생각으로는 어떤 이는 좋은 것을 원하지만 Ⓐ어
> 떤 이는 나쁜 것을 원한다는 건가?
>
> 메논: 네.
>
> 소크라테스: 나쁜 것을 원하는 자는 ㉠ 나쁜 것을 좋은 것인 줄
> 로 여기고서 원하는 자인가, 아니면 나쁜 것인 줄 알면서
> 도 원하는 자인가?
>
> 메논: 양쪽 다 있습니다.
>
> 소크라테스: 나쁜 것인 줄 알면서도 원하는 자는 ㉡ 그 나쁜 것
> 이 자신에게 이로울 줄로 여기고서 원하는 자인가, 아니
> 면 해로울 줄 알고서 원하는 자인가?
>
> 메논: 두 부류 다 있습니다.
>
> 소크라테스: 또한 그 나쁜 것이 자신에게 이로울 것으로 여기는
> 자들은 그 나쁜 것이 나쁜 줄을 아는 자일까?
>
> 메논: 적어도 그건 전혀 아닐 것입니다.
>
> 소크라테스: 그렇다면 그는 나쁜 것을 원하는 자는 아니네. 나쁜
> 줄 몰라서 그게 좋은 줄로 여긴 거니까 실상 그런 사람은
> ㉢ 좋은 것을 원하는 자임이 명백하네.
>
> 메논: 적어도 그들은 그런 것 같습니다.
>
> 소크라테스: 한편 자네 주장처럼, ㉣ 나쁜 것이 해로울 줄로 여
> 기면서도 그 나쁜 것을 원하는 자는, 그것으로 해서 자신
> 이 해로움을 당할 것임을 알고 있을까?
>
> 메논: 그야 물론입니다.
>
> 소크라테스: 그러나 이들은 해로움을 당하는 자를 비참한 자로
> 간주하겠지?
>
> 메논: 그것 또한 필연적입니다.
>
> 소크라테스: 하지만 ㉤ 비참하기를 원하는 자가 있을까?
>
> 메논: 없을 것으로 생각됩니다.
>
> 소크라테스: 그렇다면 Ⓑ 아무도 나쁜 것을 원하지는 않네.
>
> 메논: 참으로 맞는 말씀입니다.
>
> — 플라톤, 「메논」—

① 메논은 Ⓐ에 대한 견해를 바꾸었다.

② 메논은 나쁜 것이 나쁜 줄을 아는 자에 ㉠이 포함되지 않는다고 인정하였다.

③ 소크라테스는 ㉠과 ㉡을 모두 ㉢에 포함시켰다.

④ 메논은 ㉣이 있을 수 있다는 견해를 유지하였다.

⑤ ㉤이 있다면 메논은 Ⓑ에 동의할 필요가 없다.

13. 다음 글을 분석한 것으로 옳지 <u>않은</u> 것은?

가장 강한 자라고 하더라도 자기의 힘을 권리로, 복종을 의무로 바꾸지 않고서는 언제나 지배자 노릇을 할 수 있을 만큼 강하지는 않다. 따라서 '강자의 권리'라는 구절이 언뜻 반어적인 의미를 가진 것으로 보이면서도 실제로 하나의 근본 원리인 것처럼 여겨지는 것에 대하여 뭔가 설명이 필요하다. ⓐ 힘이란 물리력인데, 물리력이 어떻게 도덕적 결과를 가져올 수 있는지 나는 이해할 수 없다. ⓑ 힘에 굴복하는 것은 어쩔 수 없어서 하는 행동이요 기껏해야 분별심에서 나온 행동이지 의무에서 나온 행동은 아니다.

ⓒ 만일 강자의 권리라는 것이 있어서, 힘이 권리를 만들어낸다고 해보자. 그렇다면, 원인이 바뀜에 따라 결과도 달라지므로, 최초의 힘보다 더 강한 힘은 최초의 힘에서 생긴 권리까지도 차지해 버릴 것이다. 힘이 있어서 불복한다면 그 불복종은 정당한 것이 되며 강자는 언제나 정당할 터이므로 오직 중요한 점은 강자가 되는 것뿐이다. ⓓ 힘이 없어질 때 더불어 없어지고 마는 권리란 도대체 무엇인가? ⓔ 강도가 덮쳤을 때 내가 강제로 지갑을 내수어야 할 뿐만 아니라 지갑을 살 숨길 수 있을 때에도 강도의 권총이 권력이랍시고 양심에 따라 지갑을 내줄 의무가 있는 것은 아니다. ⓕ 어쩔 수 없어서 복종해야 한다면 의무 때문에 복종할 필요는 없으며 복종을 강요받지 않을 경우에는 복종할 의무도 없다. 권리에 복종하라는 말이 만약 힘에 복종하라는 말이라면, 이는 좋은 교훈일지는 몰라도 하나마나한 말로서, ⓖ 나는 그러한 교훈이 지켜지지 않는 일은 결코 없으리라고 장담할 수 있다. ⓗ '강자의 권리'라는 말에서 '권리'는 '힘'에 덧붙이는 것이 없으며, 따라서 공허한 말이다.

– 루소, 「사회계약론」 –

① ⓑ가 ⓐ를 뒷받침하려면 '물리적인 것'과 '도덕적인 것'의 구별이 전제되어야 한다.

② ⓒ~ⓗ에서 글쓴이는 '강자의 권리'라는 구절로부터 불합리한 귀결이 나옴을 보임으로써 '강자의 권리'를 부정하는 논증을 펴고 있다.

③ ⓔ는 ⓑ의 예시이다.

④ ⓖ에서 글쓴이가 '장담'하는 근거는 ⓕ이다.

⑤ ⓓ와 ⓗ는 둘 다 힘에서 나오는 '권리'라는 것은 무의미한 말임을 지적하고 있다.

14. 다음 글로부터 추론한 것으로 옳은 것만을 〈보기〉에서 있는 대로 고른 것은?

옛날 주나라는 정전제를 실시하여 토지를 분배하였다. 요즘 학자들은 그렇게 분배할 만큼 토지가 풍족하지 않다거나 전국 사유지의 소유권을 모두 바꿀 수는 없다는 이유로 정전제의 부활이 불가능하다고 말한다. 그러나 지금 군호(軍戶)를 상대로 실시하고 있는 둔전제의 원리를 전국에 확대하면 정전제의 부활도 불가능하지 않다.

둔전제에서는 군호마다 토지 50무(畝)를 경작하는데, 전국의 둔전은 약 70만 경(頃)으로 전국 토지 면적 약 700만 경의 10분의 1이나 된다. 이를 나머지 10분의 9의 토지에 확대하는 개혁은 결코 불가능한 일이 아니다. 또한 전국적으로 둔전이 아닌 일반 토지 가운데 3분의 1은 국유지이므로, 사유지의 소유권을 건드리지 않고도 많은 민호(民戶)에게 토지를 분배할 수 있다. 물론 지금 전국의 민호는 약 1,000만 호를 헤아리니, 1호마다 50무씩 지급하려면 국유지만으로는 토지가 부족하다. 그렇다고 하더라도 모든 사유지의 소유권을 죄다 바꿀 필요는 없다. 1호마다 50무씩 분배한 뒤에도 1억 3천만 무에 날하는 사유시가 남기 때문이다.

〈보 기〉

ㄱ. 군호는 약 140만 호일 것이다.

ㄴ. 둔전이 아닌 전국의 국유지는 약 420만 경일 것이다.

ㄷ. 개혁의 실시로 소유권 변동이 일어날 수 있는 사유지는 전국 사유지 면적의 절반을 넘지 않을 것이다.

① ㄱ
② ㄷ
③ ㄱ, ㄴ
④ ㄱ, ㄷ
⑤ ㄴ, ㄷ

15. 다음 글로부터 추론한 것으로 옳은 것만을 〈보기〉에서 있는 대로 고른 것은?

고대 아테네의 클레이스테네스는 지연과 혈연에 따른 참주의 출현을 방지하기 위해 다음과 같이 행정을 개편하였다. 모든 아테네인들을 총 139개의 데모스에 등록하게 한 다음, 아테네를 세 지역(도시, 해안, 내륙)으로 나누어 각 지역에 데모스를 할당하였다. 그 방식은 우선 각 지역에 균등하게 데모스를 할당하되, 남는 데모스는 도시 지역에 포함시키는 것이었다.

다음으로 각 지역마다 10개씩의 트리튀스를 만들고, 그 안에 데모스를 할당하였다. 그 방식은 우선 각 트리튀스에 균등하게 데모스를 할당하되, 남는 데모스는 1개의 트리튀스에 포함시키는 것이었다.

그런 다음 추첨으로 각 지역마다 트리튀스 1개씩을 뽑아 3개의 트리튀스로 1개의 필레를 구성하였다. 그리고 각 필레에서 추첨으로 50명씩 뽑아 평의회를 구성하였다. 역사가 A는 필레에 포함된 데모스 1개의 정원을 100명으로 가정할 경우, 각 지역에 거주하는 아테네인이 평의회에 뽑힐 확률을 분석하였다.

─────〈보 기〉─────

ㄱ. 트리튀스는 최소 4개의 데모스를 포함한다.
ㄴ. 필레는 최대 31개의 데모스를 포함한다.
ㄷ. A의 가정에 따르면, 평의회에 뽑힐 확률이 가장 낮은 사람은 도시 지역 거주자이다.

① ㄱ   ② ㄷ   ③ ㄱ, ㄴ
④ ㄴ, ㄷ   ⑤ ㄱ, ㄴ, ㄷ

16. 다음 글로부터 추론한 것으로 옳은 것만을 〈보기〉에서 있는 대로 고른 것은?

고대 로마 공화정에서는 전투 단위인 켄투리아가 민회를 구성하는 역할도 하였다. 민회에서 1켄투리아는 1표를 행사하였다. 켄투리아의 수는 최고 등급인 기병이 18개였고, 보병은 재산 등급에 따라 1등급 80개, 2등급 20개, 3등급 20개, 4등급 20개, 5등급 30개였으며, 재산이 기준에 미달하는 최하 등급이 5개로 편세되어, 총 투표수는 193표였다. 투표는 높은 등급인 기병부터 등급 순서대로 찬반 투표를 시행하였다. 각 등급의 투표는 한꺼번에 이루어졌는데, 그 결과 찬성표나 반대표가 과반을 넘는 순간 투표는 중지되었다. 그러다가 기원전 241년 경, 켄투리아의 개편이 단행되었다. 개편 이후, 기병 켄투리아와 최하 등급 켄투리아의 수는 이전과 동일하였으나, 1등급부터 5등급까지는 70개씩의 켄투리아를 두게 되었다.

역사가 A와 B는 켄투리아의 개편 이후 민회의 투표 방식을 추론하는 데에 이견을 보였다. A는 개편 이후에도 이전처럼 1켄투리아가 1표를 행사하는 방식으로 투표하였다고 가정하였다. 반면 B는 개편에도 불구하고 총 투표수는 개편 이전과 마찬가지로 193표였고, 개편 이후 2등급에서 4등급의 투표수는 과거와 같았지만 1등급 중 10표가 줄고 이 10표가 5등급에 가산되었다고 보았다.

─────〈보 기〉─────

ㄱ. 개편 이전에 2등급 켄투리아는 투표하지 못할 수도 있었다.
ㄴ. A의 가정에 따를 경우, 3등급 켄투리아는 투표하지 못할 수도 있었다.
ㄷ. B의 가정에 따를 경우, 3등급 켄투리아는 투표하지 못할 수도 있었다.

① ㄱ   ② ㄷ   ③ ㄱ, ㄴ
④ ㄱ, ㄷ   ⑤ ㄴ, ㄷ

17. 다음으로부터 추론한 것으로 옳은 것만을 〈보기〉에서 있는 대로 고른 것은?

디지털 통신에서 0과 1로 구성된 데이터 비트들을 전송하다 보면 오류로 인해 일부 데이터가 0에서 1로 혹은 1에서 0으로 바뀌어 전달될 수 있다. 송신자(sender)는 수신자(receiver) 쪽에서 오류를 탐지하는 데 도움을 주고자 부가 비트를 붙여 전송한다. 〈그림 1〉에서 행렬의 5행과 5열이 부가 비트에 해당하고, 그 이외의 비트는 데이터 비트에 해당한다. 송신자는 데이터의 각 행과 각 열에서 1의 개수를 세어 1의 개수가 홀수이면 1을, 짝수이면 0을 부가 비트로 부여한다. 이렇게 만들어진 부가 비트를 데이터 비트들과 함께 전송하면 수신자는 부가 비트를 포함하여 각 행과 열의 1의 개수를 세어 짝수이면 정상 수신, 홀수이면 오류로 간주한다. 〈그림 2〉와 같이 2행 2열의 데이터 비트가 전송 중 1에서 0으로 변경되면 수신자 측에서는 2행과 2열에서 1의 개수가 홀수가 되어 오류가 났음을 알 수 있다. 그러나 행과 열 각각에서 짝수 개의 데이터 비트들이 변경될 경우 부가 비트를 사용하더라도 수신자 측에서 오류를 탐지해 내지 못한다. 〈그림 2〉의 A 영역에 있는 4개의 데이터 비트가 모두 0에서 1로 바뀌는 경우에는 3행, 4행, 3열, 4열에서 각각 1의 개수가 짝수이므로 오류를 탐지해 내지 못한다.

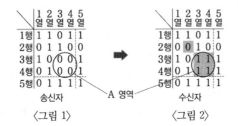

	1열	2열	3열	4열	5열
1행	1	1	0	1	1
2행	0	1	1	0	0
3행	1	0	0	0	1
4행	0	1	0	0	1
5행	0	1	1	1	1

송신자

〈그림 1〉

A 영역

	1열	2열	3열	4열	5열
1행	1	1	0	1	1
2행	0	0	1	0	0
3행	1	0	1	1	1
4행	0	1	1	1	1
5행	0	1	1	1	1

수신자

〈그림 2〉

수신자가 〈그림 3〉과 같은 정보를 수신하였고 부가 비트에는 오류가 없다고 가정하자.

	1열	2열	3열	4열	5열
1행	0	1	0	1	0
2행	1	0	1	0	1
3행	1	0	0	1	1
4행	0	1	1	1	1
5행	1	0	1	1	1

수신자

〈그림 3〉

〈보 기〉

ㄱ. 〈그림 3〉의 2행과 3행에서 오류가 발생하였다.
ㄴ. 〈그림 3〉의 2열과 4열에서는 오류가 발생하지 않았다.
ㄷ. 〈그림 3〉에서 오류가 발생한 데이터 비트는 4개 이상이다.

① ㄱ ② ㄴ ③ ㄷ
④ ㄱ, ㄷ ⑤ ㄴ, ㄷ

18. 다음으로부터 추론한 것으로 옳은 것만을 〈보기〉에서 있는 대로 고른 것은?

수리 센터에서 A, B, C, D, E 5가지 부품의 불량에 대해 조사한 결과 다음 사실이 밝혀졌다.

○ A가 불량인 제품은 B, D, E도 불량이다.
○ C와 D가 함께 불량인 제품은 없다.
○ E가 불량이 아닌 제품은 B나 D도 불량이 아니다.

〈보 기〉

ㄱ. E가 불량인 제품은 C도 불량이다.
ㄴ. C가 불량인 제품 중에 A도 불량인 제품은 없다.
ㄷ. D는 불량이 아니면서 B가 불량인 제품은, C도 불량이다.

① ㄱ ② ㄴ ③ ㄱ, ㄷ
④ ㄴ, ㄷ ⑤ ㄱ, ㄴ, ㄷ

19. 다음으로부터 추론한 것으로 옳은 것은?

> 동물 애호가 A, B, C, D가 키우는 동물의 종류에 대해서 다음 사실이 알려져 있다.
>
> ○A는 개, C는 고양이, D는 닭을 키운다.
> ○B는 토끼를 키우지 않는다.
> ○A가 키우는 동물은 B도 키운다.
> ○A와 C는 같은 동물을 키우지 않는다.
> ○A, B, C, D 각각은 2종류 이상의 동물을 키운다.
> ○A, B, C, D는 개, 고양이, 토끼, 닭 외의 동물은 키우지 않는다.

① B는 개를 키우지 않는다.
② B와 C가 공통으로 키우는 동물이 있다.
③ C는 키우지 않지만 D가 키우는 동물이 있다.
④ 3명이 공통으로 키우는 동물은 없다.
⑤ 3종류의 동물을 키우는 사람은 없다.

20. 다음으로부터 추론한 것으로 옳은 것은?

> 어떤 회사가 A, B, C, D 네 부서에 한 명씩 신입 사원을 선발하였다. 지원자는 총 5명이었으며, 선발 결과에 대해 다음과 같이 진술하였다. 이중 1명의 진술만 거짓으로 밝혀졌다.
>
> 지원자 1: 지원자 2가 A 부서에 선발되었다.
> 지원자 2: 지원자 3은 A 또는 D 부서에 선발되었다.
> 지원자 3: 지원자 4는 C 부서가 아닌 다른 부서에 선발되었다.
> 지원자 4: 지원자 5는 D 부서에 선발되었다.
> 지원자 5: 나는 D 부서에 선발되었는데, 지원자 1은 선발되지 않았다.

① 지원자 1은 B 부서에 선발되었다.
② 지원자 2는 A 부서에 선발되었다.
③ 지원자 3은 D 부서에 선발되었다.
④ 지원자 4는 B 부서에 선발되었다.
⑤ 지원자 5는 C 부서에 선발되었다.

21. 다음 글로부터 추론한 것으로 옳은 것은?

> 과학자가 자신이 수행한 연구 결과의 우선권을 인정받기 위해 만족해야 할 조건으로 다음을 고려할 수 있다.
>
> F-조건: 연구 결과는 산출 당시 관련 학문의 지식에 비추어 최초의 것이어야 한다.
> I-조건: 연구 결과는 다른 사람의 연구 내용을 그대로 가져온 것이 아닌, 독립적으로 성취한 것이어야 한다.
> P-조건: 연구 결과가 동료 연구자에게 학술지, 저서 등을 통해 공개되어야 한다.
>
> ○ 16세기 초 델 페로는 3차 방정식의 한 형태인 '약화된' 3차 방정식의 해법을 최초로 발견하였으나 이를 학계에 공개하지 않고 죽었다. 동시대의 타르탈리아는 독자적으로 '약화된' 3차 방정식을 포함한 3차 방정식의 일반 해법을 최초로 발견하였지만 이를 다른 사람에게 공개하지 않았다. 이 소식을 들은 카르다노는 타르탈리아를 설득하여 이 해법을 알게 되었지만 타르탈리아의 허락 없이는 해법을 공개하지 않겠다는 약속을 했기에 그 내용을 출판할 수 없었다. 그러다가 카르다노는 델 페로가 타르탈리아보다 먼저 '약화된' 3차 방정식의 해법을 발견했다는 사실을 알게 되었고, 이를 근거로 3차 방정식의 일반 해법을 1545년 「위대한 기예」라는 저서에서 발표하였다.
> ○ 뉴턴은 미적분법을 누구보다 먼저 1666년부터 연구해 왔지만 완성된 전체 내용을 공식적으로 출판하지는 않고 있었다. 그 후 라이프니츠는 1675년부터 미적분법에 대한 독자적 연구를 수행하였고, 완성된 내용을 정리하여 1684년 논문으로 출판하였다. 뉴턴은 1687년에야 자신의 미적분법 연구를 「프린키피아」를 통해 처음으로 공식 발표하였다.

① F-조건만을 적용하면, 델 페로는 3차 방정식의 일반 해법에 대한 우선권을 가진다.
② I-조건만을 적용하면, 타르탈리아가 아니라 카르다노만이 3차 방정식의 일반 해법에 대한 우선권을 가진다.
③ F-조건과 I-조건을 모두 적용하면, 타르탈리아와 뉴턴 모두 우선권을 가진다.
④ 세 조건을 모두 적용하면, 우선권을 가지는 사람은 아무도 없다.
⑤ '약화된' 3차 방정식의 해법에 대해 델 페로와 타르탈리아 모두 우선권을 가지도록 허용하는 조건만을 적용하면, 미적분법에 대해 라이프니츠만 우선권을 가진다.

22. 가설 A, B를 평가한 것으로 옳은 것은?

> 조류가 군집을 이루어 생활하는 경우가 많다는 사실은 큰 집단을 이루어 살기 위해 치러야 하는 비용이 많다는 점을 고려할 때 설명하기 쉽지 않다. 집단 내의 개체수가 많을수록 둥지를 마련하고 짝을 쟁취하기 위한 경쟁이 치열해진다. 게다가 모여 사는 새떼에는 전염성 질병과 기생충이 퍼질 가능성도 높다. 이러한 잠재적 비용에도 불구하고 새들이 군집 생활을 하는 현상을 설명하기 위해 다음 두 가설이 제안되었다.
>
> A: 새들이 군집을 형성하는 이유는 집단에 합류함으로써 개체가 얻는 이익이 홀로 생활할 때에 비해 크기 때문이다. 예를 들어, 포식자에 공동으로 대응해서 잡아먹힐 위험을 줄일 수 있고, 먹이를 찾거나 환경에 효율적으로 대응하기 위한 정보를 보다 쉽게 얻을 수 있다.
> B: 새들의 군집 생활은 단지 모든 개체가 서식지와 배우자를 선택할 때 본능적으로 동일한 '규칙'을 적용하기 때문에 나타나는 부산물에 불과하다. 예를 들어, 각 개체는 먹이가 풍부하고 포식자가 적은 서식지를 선호하며, 일반적으로 암컷은 강하거나 새끼에게 헌신적인 수컷을 선호한다.

① 네브래스카의 벼랑제비 둥지에서 제비벌레 등을 제거하기 위해 순한 살충제로 훈증하면 그러지 않았을 경우에 비해 새끼들의 생존율이 증가한다는 사실은 A의 설득력을 높인다.
② 아이오와의 둑방제비는 먹이를 얻기 위해 군집을 떠날 때 많은 먹이를 물고 온 다른 제비를 따라가지 않고 사방으로 흩어져 날아간다는 사실은 A의 설득력을 높인다.
③ 뉴질랜드의 동박새 수컷들은 새벽에 경쟁적으로 노래를 부르는데, 영양 상태가 좋을수록 더 오랫동안 복잡한 노래를 부르고 대다수의 암컷들이 복잡한 노래를 길게 부른 수컷을 선호한다는 사실은 B의 설득력을 높인다.
④ 혹독한 추위를 견뎌야 하는 남극의 수컷 펭귄은 암컷이 먹이를 구하러 간 사이에 서로 몸을 붙여 체온을 유지하며 바깥쪽과 안쪽 자리를 서로 번갈아 바꾼다는 사실은 B의 설득력을 높인다.
⑤ 1950년대 영국의 군집 생활을 하는 푸른박새들 사이에서 문간에 놓아둔 우유병 뚜껑에 구멍을 내고 크림을 마시는 새로운 행동이 순식간에 퍼졌다는 사실은 B의 설득력을 높인다.

23. ㉠에 대한 분석으로 옳은 것은?

고생대 오르도비스기가 시작될 때 지구는 해수 온도가 45℃에 이를 정도로 뜨거웠을 것으로 추정된다. 하지만 오르도비스기 후반기로 갈수록 지구는 차츰 냉각되어 실루리아기로 넘어설 즈음에는 빙하기가 시작되었다. 과학자들은 오르도비스기 초기의 지구 대기에 현재 수준의 14~22배에 이를 것으로 추정되는 풍부한 양의 이산화탄소가 있었음에도 불구하고 빙하기가 시작되었다는 사실을 설명하는 데 어려움을 겪어 왔다. 오르도비스기의 기후 조건에서는 이산화탄소 농도가 최소한 현재 수준의 8배 이하로 떨어져야만 빙하기가 시작될 수 있다고 여겨지는데, 이런 극적인 이산화탄소 감소를 설명해 줄 수 있는 인과 작용을 찾기 어려웠던 것이다.

이산화탄소 감소의 원인에 대한 가장 유력한 이론은 당시 활발해진 화산 활동을 통해 만들어진 많은 양의 광물이 풍화 과정에서 대기 중의 이산화탄소를 흡수했다는 것이다. 하지만 최근의 추산에 따르면 이 지구화학적 과정만으로는 오르도비스기 말기에 빙하기가 시작되기 위해 필요한 이산화탄소 농도 감소를 완전히 설명하기 어렵다. 그래서 일부 과학자들이 추가적으로 고려하는 원인이 최초의 육상 식물인 이끼다. 오르도비스기 중반에 등장한 이끼는 유기산을 분비하여 암석으로부터 막대한 양의 칼슘과 마그네슘을 분리했다. 이것들이 대기 중의 이산화탄소와 결합하여 엄청난 양의 석회암이 만들어졌다. 또한 이끼에 의한 풍화로 바다에 유입된 무기물 중에는 인과 철도 있었는데, 이것들은 바다에서 해조류가 번성하는 데 필수적인 요소였다. 덕분에 급속하게 늘어난 해조류는 많은 양의 이산화탄소를 대기로부터 흡수했다. ㉠지구 최초의 육상 식물은 지구를 차츰 냉각시켜 결국 빙하기가 시작되는 데 중요한 역할을 담당했던 것이다.

① 오르도비스기에는 이산화탄소가 온실 기체로 기능하지 않았다고 ㉠은 전제하고 있다.

② 오르도비스기에 대기 중 이산화탄소 양이 급격히 감소한 것은 지구가 급격히 냉각되었기 때문이라고 ㉠은 전제하고 있다.

③ 오르도비스기 해조류의 생장 과정에서 방출되는 물질에 이끼의 번성을 억제하는 성분이 포함되어 있었다면 ㉠의 설득력은 강화된다.

④ 오르도비스기의 이끼가 호흡과 대사 과정에서 방출하는 이산화탄소의 양이 석회암의 형성 과정에서 흡수되는 이산화탄소의 양보다 많다면 ㉠의 설득력은 약화된다.

⑤ ㉠에 대해 이 글에서 제시된 논거를 활용하면, 오늘날 대기 중 이산화탄소의 양이 오르도비스기 말 빙하기가 시작되기 직전보다 훨씬 적은데도 현재가 빙하기가 아닌 이유를 설명할 수 있다.

24. 〈이론〉을 반박하는 관찰 결과만을 〈보기〉에서 있는 대로 고른 것은?

증후군 A는 손가락이 굳는 증상에서 시작하여 피부가 딱딱해져서 끝내는 몸 전체가 굳는 증상을 보이는 희귀 질환이다. 이 질환은 대개 45세에서 55세 사이에 발병하는데, 심한 경우 혈관과 폐까지 경화가 진행되어 사망한다. 이 질환의 정확한 발병 원인이 알려져 있지 않다. 최근 한 연구팀은 증후군 A에 걸린 여성의 혈액을 조사하였다. 이 여성은 27년 전 출산한 적이 있는데, 임신 당시 태아에서 유래한 세포('태아 유래 세포')가 27년이 지난 시점에도 이 여성의 혈액에 잔존하고 있었다. 이를 발견한 연구 팀은 다음 〈이론〉을 제시하였다.

〈이론〉

여성이 임신을 하게 되면 면역 체계가 태아 유래 세포를 외부 침입자로 인식하여 제거하지만, 산모의 세포와 태아 유래 세포가 유사할 경우 태아 유래 세포 중 일부가 면역 체계에 의하여 제거되지 않고 남아 있을 수 있다. 이 경우 이 세포들은 산모의 혈액 속을 떠돌다가 다양한 세포로 분화하는데 이 과정에서 면역 체계는 더 이상 이 태아 유래 세포를 외부 침입자로 여기지 않는다. 시간이 흘러 원인 불명의 계기로 산모의 면역 체계에 특정한 변화가 생기는 경우가 있을 수 있는데, 이 경우 면역 체계가 이 세포들을 외부 침입자로 인식하여 공격하게 되면 증후군 A가 발병한다. 현재까지 알려진 증거로 볼 때 증후군 A는 이와 같은 경로 이외로는 발병할 수 없다.

─〈보 기〉─

ㄱ. 임신 경험이 있는 증후군 A 환자의 혈액에서 태아 유래 세포가 발견되지 않았다.

ㄴ. 임신 경험은 있지만 증후군 A의 증상은 없는 여성의 혈액에서 태아 유래 세포가 발견되었다.

ㄷ. 임신 경험이 있고 면역 체계에 문제가 있는 여성에게서 증후군 A의 증상이 나타나지 않았다.

① ㄱ   ② ㄴ   ③ ㄱ, ㄷ
④ ㄴ, ㄷ   ⑤ ㄱ, ㄴ, ㄷ

25. 다음 글로부터 추론한 것으로 옳은 것만을 〈보기〉에서 있는 대로 고른 것은?

한 경제의 노동량을 계산하는 것은 그 자체로 중요한 문제일 뿐 아니라 노동량의 변화 추이를 파악하거나 국가 간 노동량 비교를 위해서도 필요하다. 경제 전체의 노동량을 계산하기 위해서는 숙련도가 다른 노동을 적절한 비율로 환산할 필요가 있다. 숙련노동 1시간과 미숙련노동 1시간을 동일하게 취급할 수는 없기 때문이다. 숙련도가 다른 두 노동이 동일한 상품을 협업 없이 독립적으로 생산한다고 하자. 이 두 노동 간 환산에 관해 다음과 같은 제안이 있다. 단, 하나의 상품은 하나의 가격을 갖는다.

A: 각 노동의 단위 시간당 보수를 계산하여 그 비율을 환산율로 삼는다.
B: 각 노동의 단위 시간당 생산물의 시장 가치를 계산하여 그 비율을 환산율로 삼는다. (시장 가치=생산량×가격)

〈보 기〉
ㄱ. A와 B에 따른 환산율이 동일할 수 있다.
ㄴ. 생산물 가격이 변동하면 B에 따른 환산율도 변한다.
ㄷ. 설비 증가에 따라 노동의 단위 시간당 생산량이 같은 비율로 증가할 때 그에 따른 잉여 증가분을 설비 소유자가 모두 가져간다면, A는 숙련도가 다른 두 노동 간의 숙련도 차이를 반영하지 못한다.

① ㄱ ② ㄴ ③ ㄷ
④ ㄱ, ㄴ ⑤ ㄱ, ㄴ, ㄷ

26. 다음으로부터 추론한 것으로 옳은 것만을 〈보기〉에서 있는 대로 고른 것은?

아래 그림은 Z국의 1인당 실질 소득과 사망률 및 출생률을 나타낸다. Z국의 1인당 실질 소득은 꾸준히 증가했으며, 사망률은 꾸준히 감소했고 출생률은 처음에는 증가하다가 나중에는 감소하는 추세를 보였다. B는 출생률에서 사망률을 뺀 값이 가장 큰 점이다. 단, 인구의 유출입은 없었다.

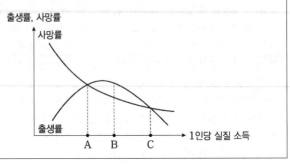

〈보 기〉
ㄱ. 인구는 B에서 최대가 되었다.
ㄴ. A~C 구간에서 인구는 꾸준히 증가했다.
ㄷ. Z국 전체의 실질 소득은 꾸준히 증가했다.

① ㄱ ② ㄴ ③ ㄷ
④ ㄱ, ㄷ ⑤ ㄴ, ㄷ

27. (가)와 (나)를 모두 설명할 수 있는 가설로 가장 적절한 것은?

> (가) 정가가 1,900만 원인 자동차가 인기가 높아져 물량이 달리자 자동차 회사에서 가격을 2,000만 원으로 인상했다. 이에 대해 소비자의 29%는 납득할 수 있다고 답한 반면 71%는 불공정하다고 답했다. 반면, 정가가 2,000만 원이지만 100만 원을 할인해 1,900만 원에 팔다가 인기가 높아져 물량이 달리자 자동차 회사에서 가격을 2,000만 원으로 환원한 경우에 대해서는 소비자의 58%가 납득한다고 답하고 42%가 불공정하다고 답했다.
>
> (나) 어느 수업에서 학생들 중 반을 무작위로 골라 학교 로고를 새긴 머그잔을 나눠준 후 머그잔을 받은 학생과 받지 못한 학생을 한 명씩 무작위로 짝지어 머그잔을 거래하도록 했다. 그런데 머그잔을 가진 학생이 최소한 받아야겠다고 생각하는 금액이 머그잔을 사려 하는 학생이 제시하는 금액보다 훨씬 높은 경우가 많아서 거래가 잘 이루어지지 않았다.

① 사람들은 이득이나 손실의 크기가 작을 때는 변화에 매우 민감하지만 이득이나 손실의 크기가 커지면 변화에 덜 민감해진다.

② 사람들이 물건에 부여하는 가치는 자신이 현재 그 물건을 소유하고 있는지 여부에 따라 달라진다.

③ 사람들은 이득에 관해서는 모험적인 선택을 하지만 손실에 관해서는 안정적인 선택을 한다.

④ 사람들은 명시적으로 지불하지 않는 암묵적 비용에 대해 훨씬 덜 민감하게 반응한다.

⑤ 사람들의 태도는 어떤 것을 초기 상황으로 인식하는지에 따라 달라진다.

28. A와 B에 대한 판단으로 적절하지 <u>않은</u> 것은?

> A: 어떤 사람이 자기가 한 일에 따르는 기쁨 때문에 자선 행위를 한다면, 비록 그것이 나쁘다고 말할 수는 없어도 그 행위에 도덕적 가치는 없다. 왜냐하면 이 행위는 옳은 일을 해야 한다는 '의무감' 때문에 행해진 것은 아니기 때문이다. 의무란 보편타당한 도덕적 명령으로서 감정이 아니라 이성에 의해 파악된다.
>
> B: 하지만 어떻게 의무에 따라 행위하는 인간으로 성장시킬 것인가의 문제는 별도로 고려해야 한다. 습관을 통해 선행을 기뻐하도록 미리 준비되어 있어야만 의무도 잘 받아들일 수 있다. 선행을 기뻐하지 않는 사람은 의무를 말해 주어도 잘 실천하지 못할 것이다. 마땅히 기뻐해야 할 것에 기뻐하고 마땅히 괴로워해야 할 것에 괴로워하도록 훈련시키는 것이 올바른 도덕 교육이다.
>
> A: 도덕 교육에서 더 중요한 것은 기쁨이 동반되지 않더라도 자신이 옳다고 생각하는 원칙에 따라 행위하는 것에 능숙해지도록 가르치는 것이다. 이는 모든 사람에게 보편적으로 적용될 수 있는 행위 원칙이 무엇인가에 대해 생각하기를 배우는 과정이다.
>
> B: 하지만 도덕적으로 행위하는 것에서 고통만을 계속 느낀다면 그 누구도 감당할 수 없을 것이다. 어린이를 도덕적 인간으로 키우려면 '상이 주는 기쁨에 대한 기대'나 '벌이 주는 고통에 대한 두려움'에 의존해야 한다.
>
> A: 벌을 통한 교육은 악행에 대한 벌이라는 행위의 결과를 염두에 두고 행위하는 인간을 양성할 뿐이다. 이러한 인간은 상황에 따라 얼마든지 악해질 수 있다. 악행을 했을 때 도덕 교육의 수단은 존중받고 싶은 아이의 바람을 거부함으로써 수치심을 유발하는 냉담한 태도이어야 한다.

① A는 '도덕 교육의 수단으로 감정을 활용할 수 있다'는 주장에 동의할 것이다.

② A는 '타인을 돕는 데서 그 어떤 기쁨을 느끼지 못하는 사람도 도덕적 인간일 수 있다'는 주장에 동의할 것이다.

③ A는 '어떤 일을 올바른 일이라 스스로 생각하고 판단할 수 없는 인간은 도덕적 인간일 수 없다'는 주장에 동의할 것이다.

④ B는 '어떤 행위에 따르는 결과의 좋고 나쁨에 의해서 그 행위의 올바름 여부가 결정된다'는 주장에 동의할 것이다.

⑤ B는 '도덕 교육에서 옳은 행위를 잘 실천하도록 만드는 것이 왜 그 행위가 옳은지의 이유를 가르치는 것보다 더 중요하다'는 주장에 동의할 것이다.

29. 다음 논증에 대한 반론이 될 수 있는 것만을 〈보기〉에서 있는 대로 고른 것은?

신경학적 불균형이나 외상 때문에 뇌 기능이 잘못될 수 있고, 이것이 폭력 행위나 범죄 행위의 원인이라고 설명할 수도 있다. 이 경우 사람들은 그러한 원인 때문에 특정 행동을 한 사람에게 책임을 지울 수 없게 될 우려한다. 그런데 이러한 우려는 보통 사람들의 경우에도 마찬가지로 적용된다. 신경 과학은 우리가 어떤 결정을 내리는 것을 의식적으로 자각할 때, 그때는 이미 뇌가 그것이 발생하도록 만든 후라는 사실을 알려준다. 이는 다음의 질문을 제기하도록 만든다. 내 스스로의 의도적인 선택에 의해 자유롭게 행동한다는 것은 환상이며, 우리는 개인적 책임이라는 개념을 포기해야 하는가? 나는 그렇지 않다고 생각한다. 사람과 뇌는 구분될 수 있다. 뇌는 결정되어 있지만, 책임 개념은 뇌에 적용될 수 있는 것이 아니다. 뇌와 달리 사람들은 자유롭고, 따라서 그들의 행위에 책임이 있다.

신경 과학을 통해서 어떤 행동의 원인을 궁극적으로 뇌 기능의 차원에서 설명할 수 있게 될 것이다. 그렇다고 하더라도, 어떤 행동을 한 사람의 책임이 면제되는 것은 아니다. 나는 최신의 신경 과학적 지식과 법적 개념이 갖고 있는 가정들에 기반을 두고서 다음의 원칙을 믿는다. 뇌는 자동적이고 법칙 종속적이며 결정론적 도구인 반면, 사람들은 자유롭게 행동하는 행위자들이다. 교통 상황이 물리적으로 결정된 자동차들이 상호작용을 할 때에 발생하는 것처럼, 책임은 사람들이 상호작용을 할 때에 비로소 발생한다. 책임이란 사회적 차원에서 존재하는 것이지 개인 안에 존재하는 것이 아니다. 만약 당신이 지구에 존재하는 유일한 사람이라면 책임이라는 개념은 존재하지 않을 것이다. 책임이란 당신이 타인의 행동에 대해 그리고 타인이 당신의 행동에 대해 부과하는 개념이다. 사람들이 함께 생활할 때 규칙을 따르도록 만드는 상호작용으로부터 행동의 자유라는 개념이 발생한다.

〈보 기〉

ㄱ. 우리의 선택이나 그에 따른 행위는 미시적인 차원에 속하는 뇌의 작용에서 비롯된다. 미시적 요소들을 완전히 이해하더라도, 그것으로부터 거시적인 차원에서 어떤 행동이 발생할지 아는 것은 원리적으로 불가능하다.

ㄴ. 나는 나의 육체와 구별되지 않는다. 뇌가 결정론적으로 작동한다면 나의 행동 역시 결정되어 있다고 보아야 한다. 만약 모든 이의 행동이 각기 결정되어 있다면, 물리적 세계 속에서 일어나는 그것들의 상호작용 또한 결정되어 있을 것이므로, 우리 모두는 달리 행동할 여지를 갖지 않는다.

ㄷ. 사람들의 행동에 책임을 부과하는 것은 관행에 불과하며, 그런 사회적 관행은 인간이 자유롭다는 것을 전제하고 있을 뿐, 인간이 실제로 자유롭다는 것을 보여주지는 않는다.

① ㄱ ② ㄷ ③ ㄱ, ㄴ
④ ㄴ, ㄷ ⑤ ㄱ, ㄴ, ㄷ

30. A와 B의 논쟁에 대한 판단으로 옳지 <u>않은</u> 것은?

A₁: 유기체란 특정 유전자가 더 많은 복제본을 만들어 내는 영속적인 과업을 위해 이용하고 버리는 꼭두각시이다. 유기체는 유전자로 알려진 '이기적' 분자들을 보존하기 위해 프로그램된 생존 기계에 불과하기 때문이다.

B₁: 우리는 누구나 '이기적'이라는 말이 부정적인 의미의 용어임을 잘 알고 있다. 바이러스도 유전자와 마찬가지로 자기 복제의 경향을 강하게 지니고 있다. 그러면 바이러스도 이기적인가? 유전자가 이기적이라는 것은 바이러스가 부끄러움을 많이 탄다고 말하는 것과 같은 말장난에 지나지 않는다.

A₂: 유전자가 심성을 지닌 목적 지향적 존재라는 것은 아니다. 내가 의도한 바는, 유기체란 유전자가 자기 복제본의 수를 늘리는 과정의 한 부분으로서 기획, 구축, 조작하는 수단이자 도구라는 것이다. 만약 개코원숭이의 어떤 행동이 자신의 생존 및 번식 가능성을 낮추고 다른 존재의 생존 기회를 증진하는 결과를 낳았다면, 그 행동을 이타적이라 말할 수 있을 것이다. '이기적인'이라는 말도 마찬가지 방식으로 이해될 수 있다.

B₂: 이기적이라는 말을 그렇게 이해한다고 하자. 그런데 과학자인 내가 나 자신의 복제본을 만들어 냈다고 가정해 보자. 이때 내 복제본은 '내 이기심'이 귀속되는 대상이 아니다. 그것은 나에게 만족감은 줄지 모르지만, 자기 복제를 하는 주체인 나의 수명은 단 1초도 늘려주지 못한다.

A₃: 여기서 내가 말하는 이기적 유전자란 DNA의 한 특수한 물리적 조각이 아니라 그것의 '모든 복제'를 통칭한다. 특정의 물리적 DNA 분자는 생명이 매우 짧지만, 자신의 복사본 형태로는 1억 년을 생존하는 것도 가능하다.

B₃: 그렇다면 같은 논리로, 예컨대 마이클 잭슨과 똑같은 복제 마이클 잭슨을 만들 수 있다면, 마이클 잭슨이 지금도 생존하고 있다고 말할 수 있는가? 만약 그렇다면, 우리는 자신을 복제한 존재를 계속 만들어 냄으로써 영생을 누릴 수 있을 것인가? 이는 '생존'이라는 말의 의미 또한 바꾸자는 소리이다.

① B₁은 유전자와 바이러스의 유비를 통하여 유기체가 유전자의 꼭두각시라는 주장을 비판하고 있다.
② A₂는 '이기적'의 개념을 재정의함으로써 B₁에 대응하고 있다.
③ B₂는 A₁이 특정 유전자와 그것의 복제 유전자는 서로 구분되는 독립적인 존재라는 사실을 무시하고 있음을 비판하고 있다.
④ A₃은 '이기적임'의 성질이 적용되는 대상의 수준이 유기체의 경우와 유전자의 경우에 서로 다름을 들어서 B₂에 대응하고 있다.
⑤ B₃은 A₁의 주장과 반대로 유전자가 유기체의 꼭두각시일 수 있음을 주장하고 있다.

31. 을이 갑을 비판하는 근거로 적절한 것만을 〈보기〉에서 있는 대로 고른 것은?

X시는 A, B 두 인종으로 이루어져 있으며, A인종의 비율이 더 높다. 갑과 을은 X시 성인들을 대상으로 시민권에 대한 태도를 묻는 설문조사를 실시한 후 그 자료를 분석하여 다음과 같이 주장하였다. (분석에 사용된 X시 설문조사 자료는 대표성이 있으며, 자료의 인종 및 계급 분포는 X시 성인 전체의 인종 및 계급 분포와 동일하다.)

갑: 설문조사 자료를 분석하면 〈표 1〉을 얻을 수 있는데, 〈표 1〉은 X시의 경우 하층계급이 중간계급보다 시민권에 대해 더 긍정적인 태도를 가진다는 것을 보여준다.

을: 동일한 자료를 분석하면 〈표 2〉를 얻을 수 있으므로 〈표 1〉만 놓고 갑과 같은 결론을 내려서는 안 된다. 〈표 2〉는 중간계급이 하층계급보다 시민권에 대해 더 긍정적인 태도를 가진다는 것을 보여준다.

〈표 1〉 사회계급에 따른 시민권에 대한 태도

시민권에 대한 태도	긍정적	부정적	계
중간계급	37%	63%	100%
하층계급	45%	55%	100%

〈표 2〉 사회계급과 인종에 따른 시민권에 대한 태도

시민권에 대한 태도		긍정적	부정적	계
중간계급	A인종	70%	30%	100%
	B인종	30%	70%	100%
하층계급	A인종	50%	50%	100%
	B인종	20%	80%	100%

─────〈보 기〉─────

ㄱ. 중간계급 중 A인종이 더 많기 때문에 〈표 1〉은 X시 성인들의 시민권에 대한 태도를 제대로 드러내지 않는다.

ㄴ. 하층계급 중 A인종이 더 많기 때문에 〈표 1〉은 X시 성인들의 시민권에 대한 태도를 제대로 드러내지 않는다.

ㄷ. B인종 중 하층계급이 더 많기 때문에 〈표 1〉은 X시 성인들의 시민권에 대한 태도를 제대로 드러내지 않는다.

① ㄱ　　　　② ㄴ　　　　③ ㄷ

④ ㄱ, ㄴ　　　⑤ ㄱ, ㄷ

---

32. 갑~병의 논쟁에 대한 분석으로 옳지 않은 것은?

갑: 민주주의에서 자발적 결사체의 역할은 중요하다. 비정치적인 자발적 결사체도 궁극적으로 민주주의를 향상시킨다. 자발적 결사체 구성원들은 서로 다른 입장과 목적을 가지고 있지만 상호작용을 통해 서로를 이해하게 되고 시민적 덕목인 관용과 타협의 정신을 익힌다. 이 과정에서 사람들은 모두를 위해 이로운 것이 무엇인가를 깨닫고 공적인 사안에의 참여, 즉 정치 참여에 적극적이게 된다. 생각과 배경이 다른 사람들이 공적인 사안에 대해 다양한 목소리를 낸다면, 정부가 어느 한 쪽만을 옹호하거나 불투명하게 정책 결정을 하는 일도 줄어들 것이다.

을: 자발적 결사체는 추구하는 바가 비슷한 사람들이 모인 집단이다. 같은 입장과 목적을 가진 사람들이 함께 활동한다고 시민적 덕목이 길러지지는 않는다. 오히려 동질적 가치관이 강화되고 다른 집단에 대한 배타적 태도가 심화된다. 자발적 결사체는 특정 집단만을 위해 존재하는 당파일 뿐이다. 사람들이 자발적 결사체를 통해 공적인 사안에 더 참여하게 되는 것도 알고 보면 자신들의 이익을 보다 조직적으로 취하기 위함이다. 그 행위가 다른 집단의 권리를 침해할 수 있다는 점은 그들에게 고려 대상이 아니다. 자발적 결사체가 활발했던 곳에서 비민주적 정치체제가 발흥했던 경우들을 역사에서 종종 접할 수 있는 것도 같은 맥락에서 이해 가능하다.

병: 구성원들의 입장과 목적이 동질적이든 이질적이든 다양한 종류의 자발적 결사체가 자꾸 생겨나는 것이 가장 중요하다. 이는 민주주의의 토양이 단단해지기 위해서는 가능하면 다양한 집단들이 공적 결정 과정에 참여해야 하기 때문이다. 이들의 정치참여는 정부로 하여금 보다 공명정대하게 결정하도록 강제한다. 사람들은 자발적 결사체에서 활동하면서 자신의 능력만으로는 얻을 수 없는 정보와 기회를 갖게 되는데, 그 과정에서 정치에 참여할 수 있는 통로가 확보된다. 민주주의에 원래부터 이롭거나 해로운 자발적 결사체는 없다. 특권층이 주도하는 결사체만 존재한다면 문제가 있지만, 사회적 약자들도 자발적 결사체를 조직해 자신의 목소리를 낼 수 있다.

① '자발적 결사체가 민주적 시민으로서의 자질을 함양한다'는 견해에 갑은 동의하나 을은 동의하지 않을 것이다.

② '자발적 결사체는 정부의 정책 결정 과정에 다양한 목소리들이 반영되도록 한다'는 견해에 갑과 병은 동의할 것이다.

③ '사람들은 자발적 결사체를 통해 정치 참여의 기회를 얻는다'는 견해에 을은 동의하지 않으나 병은 동의할 것이다.

④ '사람들이 자발적 결사체를 통해 활발하게 정치에 참여하면 정부의 정책 결정 과정에서 투명성이 높아진다'는 견해에 갑과 병은 동의할 것이다.

⑤ '동질적 배경을 가진 사람들의 자발적 결사체는 민주주의에 부정적 영향을 준다'는 견해에 을은 동의하나 병은 동의하지 않을 것이다.

33. ㉠에 대한 대답으로 적절한 것만을 〈보기〉에서 있는 대로 고른 것은?

　　타인에 대한 신뢰의 형태는 크게 두 가지로 구분된다. 좁은 범위의 친숙하고 가까운 타인들에 대한 특수한 신뢰와 넓은 범위의 잘 알지 못하는 타인들에 대한 일반적 신뢰가 그것이다. 통상적으로 신뢰는 후자인 일반적 신뢰를 지칭한다. 사회학자들은 일반적 신뢰를 조사를 통해 측정해 왔다. 일반적 신뢰를 묻는 질문의 의도는 가깝고 익숙한 사람들이 아닌 멀고 낯선 사람들에 대한 신뢰를 측정하는 것이다. 기존 설문조사는 일반적 신뢰를 측정하기 위해 "귀하는 일반적으로 대부분의 사람들을 신뢰할 수 있다고 생각하십니까, 아니면 조심해야 한다고 생각하십니까?"라는 질문을 사용한다.

　　한편, 사회학자 A는 한 사회의 지배적 문화에서 나타나는 신뢰의 범위가 저신뢰 사회와 고신뢰 사회를 구분하는 기준이라고 주장한다. 그에 따르면, 신뢰의 범위가 가족이나 잘 아는 친구에 머무는지 아니면 잘 모르는 사람에게까지 확장되는지가 중요하다. 그는 아시아에 위치한 Z국처럼 연줄을 중시하고 특수한 관계에 기초한 좁은 범위의 신뢰만을 허용하는 문화는 저신뢰 사회로 흐를 가능성이 높고, 서구 선진국들처럼 보편주의의 원칙에 입각한 넓은 범위의 신뢰가 지배적인 문화는 고신뢰 사회가 될 가능성이 높다고 주장한다. 그럼에도 불구하고, 다수의 국제 비교 조사는 Z국의 일반적 신뢰 수준이 최상위권에 위치하고 있음을 보여준다. ㉠Z국의 일반적 신뢰 수준이 최상위권이라는 조사 결과와 Z국이 저신뢰 사회라는 주장을 어떻게 동시에 받아들일 수 있을까?

───────〈보 기〉───────

ㄱ. Z국 사람들은 이동이 어려웠던 국토의 특성상 지역 단위 경제권을 발달시켜 살았던 역사가 있기 때문에 같은 지역 출신 지인들만을 신뢰하는 경향이 강하기 때문이다.
ㄴ. Z국 사람들은 타인에 대한 불신을 다른 사람에게 밝히는 것을 꺼려 하는 경향이 강하기 때문이다.
ㄷ. Z국 사람들은 '대부분의 사람들'에 해당하는 사람을 떠올릴 때 자신의 신뢰 범위 내에 있는 사람들 중에서 찾는 경향이 강하기 때문이다.

① ㄱ　　　　　② ㄷ　　　　　③ ㄱ, ㄴ
④ ㄱ, ㄷ　　　　⑤ ㄴ, ㄷ

34. 다음으로부터 추론한 것으로 옳은 것만을 〈보기〉에서 있는 대로 고른 것은?

　　심사단 100명이 가수 A, B, C, D의 경연을 보고 이중 제일 잘했다고 생각하는 한 명에게 투표한다. 각 심사자는 1표를 행사하며 기권은 없다. 이런 경연을 2번 실시한 뒤 2번의 투표 결과를 합산하여 최종 순위가 결정되고, 최하위자는 탈락한다. 1차와 2차 경연에 대해 다음 사실이 알려져 있다.

○1차 경연 결과 순위는 A, B, C, D 순이고, A는 30표, C는 25표를 얻었다.
○2차 경연 결과 1등은 C이고 2등은 B이며, B는 30표, 4등은 15표를 얻었다.
○각 경연에서 동점자는 없다.

───────〈보 기〉───────

ㄱ. 탈락자는 D이다.
ㄴ. A의 최종 순위는 3등이다.
ㄷ. 2차 경연에서 C가 얻은 표는 35표를 넘을 수 없다.

① ㄱ　　　　　② ㄷ　　　　　③ ㄱ, ㄴ
④ ㄴ, ㄷ　　　　⑤ ㄱ, ㄴ, ㄷ

35. 다음으로부터 추론한 것으로 옳은 것만을 〈보기〉에서 있는 대로 고른 것은?

> A, B, C가 추리논증 영역 35문항을 풀었다. 세 명이 모두 25문항씩 정답을 맞혔으며 아무도 정답을 맞히지 못한 문항은 없었다. 한 명만 정답을 맞힌 문항을 '어려운 문항', 세 명 모두 정답을 맞힌 문항을 '쉬운 문항'이라 한다.

〈보 기〉
ㄱ. 쉬운 문항이 어려운 문항보다 5개 더 많다.
ㄴ. 어려운 문항의 개수는 최대 10개이다.
ㄷ. 두 명만 정답을 맞힌 문항의 개수는 최소 2개이다.

① ㄱ   ② ㄴ   ③ ㄱ, ㄷ
④ ㄴ, ㄷ   ⑤ ㄱ, ㄴ, ㄷ

정답 및 해설 p.84

LEET **추리논증** 기출문제

2014학년도
기출문제

01. A~C에 대한 진술로 옳은 것을 〈보기〉에서 고른 것은?

P: 법문(法文)은 '의미의 폭'을 보유하고 있습니다. 예컨대, "음란한 문서를 반포, 판매 또는 임대한 자는 1년 이하의 징역에 처한다."라는 법률 규정에서 '음란한' 문서가 무엇을 의미하는지에 대해서는 사람마다 다른 표상(表象)을 가질 수 있습니다. 이런 경우 법문의 의미를 바르게 한정하는 것이 법률가가 행해야 하는 법해석의 과제입니다. 문제는 법해석 시 누구의 표상을 기준으로 삼을 것인가 입니다.

A: 법문의 의미 해석은 입법자의 의도가 최우선의 기준일 수밖에 없습니다. 법의 적용은 법률의 기초자(起草者)가 법률과 결부하려고 했던 표상을 기준으로 삼는 것이 옳습니다.

P: 시간이 흐르면서 입법자가 표상했던 것이 시대적 적실성을 잃을 수도 있지 않을까요?

B: 법문의 해석이 문제시되는 상황과 시점에서 법 공동체 구성원의 대다수가 표상하는 바를 법문의 의미로 보는 것이 옳다고 생각합니다. 이 규정과 관련해서는 변화된 사회 상황에서 사람들 대다수가 무엇을 '음란한' 문서로 간주하고 있는가를 알아내야 합니다.

P: 다수의 견해가 항상 옳다고 할 수 있나요?

C: 다수의 표상보다는 당대의 시대정신을 구현하는 표상이 법문의 의미를 결정하는 기준이 되어야 합니다. 시대정신은 결코 머릿수의 문제가 아닙니다.

〈보 기〉

ㄱ. A는 법률가가 법문의 의미를 알아내기 위해 국회 속기록과 입법 이유서를 검토하는 것이 중요하다고 볼 것이다.

ㄴ. B의 주장에 대해 A는 법문의 해석에서 시점과 상황 변화를 고려하는 것은 법의 불확실성을 초래한다고 반박할 수 있다.

ㄷ. 인간은 누구나 이성을 갖고 있고 시대정신은 시대적 상황에 부합되게 이성에 의해 파악된 것이라고 한다면, B와 C 사이의 차별성이 분명해진다.

ㄹ. B와 C는 법문의 의미가 내재적으로 고정되어 있으며 이를 발견하는 것이 법률가가 행해야 할 법해석 작업이라고 본다.

① ㄱ, ㄴ   ② ㄱ, ㄷ   ③ ㄱ, ㄹ
④ ㄴ, ㄷ   ⑤ ㄷ, ㄹ

02. 〈규정〉을 적용한 것으로 옳지 않은 것은?

〈규정〉

혼인무효의 소는 다음 각 호에 해당하는 가정법원에 제기하여야 한다.

1. 부부가 같은 가정법원의 관할구역 내에 주소지가 있을 때에는 그 가정법원

2. 부부가 최후의 공통의 주소지를 가졌던 가정법원의 관할구역 내에 부부 중 일방의 주소지가 있을 때에는 그 가정법원

3. 위 1 및 2에 해당하지 아니하는 경우로서 부부의 일방이 타방을 상대로 하는 때에는 상대방의 주소지, 제3자가 부부의 쌍방을 상대로 하는 때에는 부부 중 일방의 주소지의 가정법원

4. 부부의 일방이 사망한 경우에는 생존한 타방의 주소지의 가정법원

5. 부부 쌍방이 사망한 경우에는 부부 중 일방의 최후 주소지의 가정법원

① A−B 부부가 서울에 주소지를 두고 있던 중 A가 B를 상대로 혼인무효의 소를 제기하고자 할 때에는 서울가정법원에 제기하여야 한다.

② 서울에 주소지를 두고 있던 A−B 부부 중 A가 홀로 부산으로 이사하여 자신의 주소지를 변경한 후 A가 B를 상대로 혼인무효의 소를 제기하고자 할 때에는 서울가정법원에 제기하여야 한다.

③ 서울에 주소지를 두고 있던 A−B 부부 중 A가 홀로 부산으로 이사하여 자신의 주소지를 변경하였고, 그 후 B가 A를 상대로 혼인무효의 소를 제기하고자 할 때에는 부산가정법원에 제기하여야 한다.

④ 서울에 주소지를 두고 있던 A−B 부부 중 A는 부산으로, B는 광주로 이사하여 각각 자신의 주소지를 변경하였고, 그 후 A의 모친(대구에 주소지를 두고 있음)이 A와 B를 상대로 혼인무효의 소를 제기하고자 할 때에는 부산가정법원에 제기할 수 있다.

⑤ 서울에 주소지를 두고 있던 A−B 부부 중 A가 홀로 부산으로 이사하여 자신의 주소지를 변경한 후 A가 사망한 상태에서 B가 혼인무효의 소를 제기하고자 할 때에는 서울가정법원에 제기하여야 한다.

03. 〈원칙〉을 적용한 것으로 옳은 것을 〈보기〉에서 고른 것은?

〈원칙〉

　자신의 권리를 주장하는 자는 그 권리의 발생에 필요한 사실을 증명할 책임이 있다. 권리가 발생하였으나 사후에 소멸하였다고 주장하는 자는 권리의 소멸에 관한 사실을 증명할 책임이 있다. 분쟁 당사자 사이에 이러한 권리 발생의 주장이나 그 사후 소멸에 관한 주장에 관한 다툼이 없으면 권리의 발생이나 그 소멸을 주장하는 자는 그 주장이 진실하다는 것을 증명할 필요가 없다.

―――――〈보　기〉―――――

ㄱ. 갑이 을에게 "당신이 빌려 간 100만원을 돌려 달라."라고 주장하였다. 을은 "돈이 생기면 갚겠다."라고 주장하였다. 이 경우에 갑이 을에게 100만원을 빌려 주었다는 사실을 증명할 책임이 갑에게 없다.

ㄴ. 갑이 을에게 "당신이 빌려 간 100만원을 돌려 달라."라고 주장하였다. 을은 "빌렸지만 그 후에 갚았다."라고 주장하였다. 이 경우에 갑으로부터 빌린 돈을 을이 갚았다는 사실을 증명할 책임이 을에게 있다.

ㄷ. 갑이 을에게 "당신이 빌려 간 100만원을 돌려 달라."라고 주장하였다. 을은 "당신으로부터 100만원을 빌린 적이 없다."라고 주장하였다. 이 경우에 갑이 을에게 100만원을 빌려 주었다는 사실을 증명할 책임이 갑에게 없다.

ㄹ. 갑이 을에게 "당신이 빌려 간 100만원을 돌려 달라."라고 주장하였다. 을은 "100만원을 받기는 하였지만 그것은 당신이 빌려 준 게 아니라 그냥 준 것이다."라고 주장하였다. 이 경우에 갑이 을에게 100만원을 빌려 주었다는 사실을 증명할 책임이 갑에게 없다.

① ㄱ, ㄴ　　　② ㄱ, ㄷ　　　③ ㄱ, ㄹ
④ ㄴ, ㄹ　　　⑤ ㄷ, ㄹ

04. X국 Z법률의 〈규정〉과 〈사실관계〉로부터 추론한 것으로 옳은 것을 〈보기〉에서 고른 것은?

〈규정〉

　군인·경찰관 기타 공무원의 직무상 불법행위로 손해를 받은 사람은 국가에 손해배상을 청구할 수 있다. 다만 군인·경찰관이 전투·훈련과 관련된 직무집행과 관련하여 받은 손해에 대하여 다른 법률에 따라 보상금을 지급 받을 수 있는 경우에는 국가에 대해 손해배상을 청구할 수 없다.

〈사실관계〉

　회사원 A는 동료인 B를 태우고 자기 아버지 C 소유의 승용차를 운전하던 중, 육군 하사인 D가 운전하던 오토바이와 충돌하였다. 당시 그 오토바이 뒷좌석에는 육군 중사인 E가 타고 있었고 D와 E는 직무를 집행하던 중이었다. 위 교통사고는 D가 운전 중 졸음을 이기지 못하고 전방을 제대로 주시하지 못하여 발생한 것이었다. 이 사고로 인하여 B와 E는 각각 약 8주간의 치료를 필요로 하는 우슬관절내측부인대파열 및 전방십자인대파열 등의 상해를 입었다.

―――――〈보　기〉―――――

ㄱ. D의 직무상 불법행위가 인정되고 A도 상해를 입었다면 A는 국가에 대해 손해배상을 청구할 수 있을 것이다.

ㄴ. D의 직무상 불법행위가 인정되더라도 사고 당시 D의 직무집행행위가 전투·훈련과 무관한 것이라면 B는 국가에 대해 손해배상을 청구할 수 없을 것이다.

ㄷ. D의 직무상 불법행위가 인정되고 그로 인해 C의 자동차가 파손되었더라도 C는 그 피해의 배상을 국가에 청구할 수 없을 것이다.

ㄹ. D의 직무상 불법행위가 인정되고 사고 당시 D와 E의 직무가 전투·훈련과 무관한 것이라면 E는 국가에 대해 손해배상을 청구할 수 있을 것이다.

① ㄱ, ㄴ　　　② ㄱ, ㄹ　　　③ ㄴ, ㄷ
④ ㄴ, ㄹ　　　⑤ ㄷ, ㄹ

05. 을의 입장에 대한 분석으로 옳은 것만을 〈보기〉에서 있는 대로 고른 것은?

갑: 민사소송에서의 확인소송은 원고의 법적 지위가 불안하거나 위험할 때 확인판결을 받는 것이 그러한 불안이나 위험을 제거하기 위하여 실효적인 경우에만 인정되고, 다른 소송방법에 의하여 효과적인 권리구제가 가능한 경우에는 인정되지 않는다는 보충성의 원칙이 요구된다. 예컨대, 특정한 의무의 이행을 직접적으로 청구하는 소송을 할 수 있는데도 불구하고 그러한 방법에 의하지 않고, 단지 확인만을 구하는 소송을 하는 것은 분쟁의 종국적인 해결방법이 아니어서 소송을 할 이익이 없다. 행정소송에서의 무효확인소송도 확인소송의 성질을 가지므로, 민사소송에서처럼 보충성의 원칙이 요구된다.

을: 행정소송은 행정청의 위법한 처분 등을 취소하거나 그 효력 유무 등을 확인함으로써 국민의 권리 또는 이익의 침해를 구제하는 것을 목적으로 하므로, 대등한 주체 사이의 사법상(私法上) 생활관계에 관한 분쟁을 심판대상으로 하는 민사소송과는 목적, 취지 및 기능 등을 달리한다. 또한 행정소송법은 무효확인소송의 판결의 효력에 있어서 그 자체만으로도 권리구제의 실효성을 담보할 수 있는 여러 특수한 효력을 추가적으로 인정하고 있기 때문에 권리구제방법으로서 효과적인 다른 소송수단이 있다 하더라도 무효확인소송을 제기할 수 있다.

〈보 기〉

ㄱ. 을은 민사소송에서의 확인소송은 보충성의 원칙이 요구되지 않는다는 것을 전제하고 있다.

ㄴ. 을은 행정소송에서의 무효확인소송의 성질이 확인소송임을 부인하고 있다.

ㄷ. 을은 확인소송의 보충성의 원칙을 민사소송에만 한정하고자 한다.

① ㄱ   ② ㄴ   ③ ㄷ
④ ㄴ, ㄷ   ⑤ ㄱ, ㄴ, ㄷ

06. 다음 설명이 적용될 수 있는 예를 〈보기〉에서 고른 것은?

X국의 형법 B조의 구성요건은 형법 A조의 구성요건의 모든 요소를 포함하고 그 이외의 다른 요소를 구비한다. B조에 해당하는 모든 경우는 A조에도 해당되지만, 이 경우 법원은 A조를 적용하지 않고 B조를 적용한다. A조는 "사람의 신체에 대하여 폭행을 가한 자는 2년 이하의 징역 또는 500만원 이하의 벌금에 처한다."라고 규정하고 있다. B조는 "단체 또는 다중의 위력을 보이거나 위험한 물건을 휴대하여 사람의 신체에 대하여 폭행을 가한 자는 5년 이하의 징역에 처한다."라고 규정하고 있다. 일방이 상대방의 신체에 대하여 폭행을 가한 경우에는 A조가 적용되지만, 일방이 위험한 물건을 휴대하여 상대방의 신체에 대하여 폭행을 가한 경우에는 B조가 적용될 것이다.

〈보 기〉

ㄱ. ○타인의 재물을 절취한 자는 6년 이하의 징역 또는 1,000만원 이하의 벌금에 처한다.
○야간에 사람의 주거, 간수하는 저택, 건조물이나 선박 또는 점유하는 방실에 침입하여 타인의 재물을 절취한 자는 10년 이하의 징역에 처한다.

ㄴ. ○미성년자를 약취 또는 유인한 자는 10년 이하의 징역에 처한다.
○추행, 간음 또는 영리의 목적으로 사람을 약취 또는 유인한 자는 1년 이상 30년 이하의 징역에 처한다.

ㄷ. ○부녀의 촉탁 또는 승낙을 받아 낙태하게 한 자는 1년 이하의 징역 또는 200만원 이하의 벌금에 처한다.
○의사, 한의사, 조산사, 약제사 또는 약종상이 부녀의 촉탁 또는 승낙을 받아 낙태하게 한 때에는 2년 이하의 징역에 처한다.

ㄹ. ○사람의 궁박한 상태를 이용하여 현저하게 부당한 이익을 취득한 자는 3년 이하의 징역 또는 1,000만원 이하의 벌금에 처한다.
○사람을 공갈하여 재물의 교부를 받거나 재산상의 이익을 취득한 자는 10년 이하의 징역 또는 2,000만원 이하의 벌금에 처한다.

① ㄱ, ㄴ   ② ㄱ, ㄷ   ③ ㄴ, ㄷ
④ ㄴ, ㄹ   ⑤ ㄷ, ㄹ

07. 〈사안〉, 〈주장〉, 〈사실〉과 관련하여 진술한 것으로 옳지 않은 것은?

〈사안〉

A는 교제 중이던 B가 임신하자 낙태를 강요한 뒤 헤어졌다. B는 괴로움을 이기지 못하고 유서를 남기고 자살했다. B의 어머니는 딸의 미니홈피에 유서 전문과 장문의 글을 올렸다. 이후 네티즌 사이에 A의 개인 정보가 노출되고 인신공격적 댓글이 이어졌다. 또 포털 사이드에 관련 뉴스가 게재되고 블로그, 커뮤니티 등에 기사가 스크랩되자, A(원고)는 포털 사업자(피고)를 상대로 명예훼손을 이유로 손해배상 청구소송을 제기했다.

위 포털 사업자에게 명예훼손으로 인한 손해배상책임을 물을 수 있는지를 두고 다음과 같은 쟁점이 특히 문제되었다.

쟁점(1): 포털이 사이트에 올린 기사에 편집권을 행사한 것으로 볼 수 있는지 여부

쟁점(2): 명예훼손적 게시물에 대해 피해자의 명시적 삭제 요구가 없더라도 포털의 삭제 의무가 발생하는지 여부

〈주장〉

(가) 포털이 내용 수정 없이 원문을 그대로 전재하는 경우라 하더라도 자신의 제공 서비스 화면에 오르게 하는 것은 실제적 의미에서 지적인 전파 내지 재공표를 행한 것에 해당할 수 있다.

(나) 뉴스 서비스 초기 화면에 기사를 예시적으로 게재하기 위해 일부 기사들을 적절히 배치하거나 긴 기사 제목의 일부를 말줄임표로 간결하게 요약해 보여 주는 것은 링크 제목의 수정일 뿐 원문의 수정이 아니다.

(다) 하루에 수만 건씩 쏟아지는 게시물의 내용을 포털이 다 알고 통제할 수 있는 지위에 있다고 보기 어렵다.

(라) 포털에 게시물 감시 및 삭제 의무를 부과한다면 명예훼손이라는 개인의 이익보다 더 큰 공익이 침해될 것이다.

〈사실〉

(마) 명예훼손적 게시물을 피해자의 명시적 요구 없이도 삭제할 의무를 포털에게 지우는 법률 조항이 없다.

① 원고 측이 (가)를 쟁점(1)과 관련하여 자신의 입장을 옹호하는 논거로 사용하려면, 원문을 포털에 그대로 전재하는 경우도 편집권의 행사에 해당한다는 전제가 필요하다.

② 피고 측이 (나)를 쟁점(1)과 관련하여 자신의 입장을 옹호하는 논거로 사용하려면, 포털이 행한 원문 기사의 배치나 제목의 간결한 요약은 편집권의 행사가 아니라는 전제가 필요하다.

③ 피고 측이 (다)를 쟁점(2)와 관련하여 자신의 입장을 옹호하는 논거로 사용하려면, 게시물의 존재와 내용에 대한 인식이 피고의 책임을 구성하는 요건이라는 전제가 필요하다.

④ 피고 측이 (라)를 쟁점(2)와 관련하여 자신의 입장을 옹호하는 논거로 사용하려면, 개인의 이익이 공익보다 우선한다는 전제가 필요하다.

⑤ (마)가 쟁점(2)와 관련하여 피고의 입장을 옹호하는 논거로 사용될 수 없다고 원고 측이 주장한다면, 원고는 명문의 법률규정이 없는 의무가 있을 수 있음을 전제하고 있다.

08. 갑과 을의 논쟁에 대한 평가로 옳지 않은 것은?

〈법안〉

만 16세 미만인 사람에게 성폭력 범죄를 저지른 소아 성기호증 환자로 재범의 위험성이 있다고 인정되는 19세 이상의 사람에게 성충동 억제 약물요법을 시행한다. 약물 투여 명령을 받은 자는 출소 후 3개월에 1회씩 최장 15년 동안 약물 투여를 받도록 한다.

갑과 을은 〈법안〉을 도입할지를 두고 논쟁을 벌였다.

갑₁: 이미 처벌을 받은 자에게 신체 훼손을 가져오는 약물 투여를 최장 15년 동안 강제하는 것은 이중 처벌로서 위헌적이다.

을₁: 약물요법은 일종의 치료이다. 약물요법을 중지하면 신체 기능이 정상 상태로 복귀하므로 신체 기능의 훼손은 없다. 약물요법은 재범의 위험성이 높은 자의 재범률을 낮추므로 오히려 당사자의 이익을 위한 것이고, 따라서 처벌이 아니다.

갑₂: '재범의 위험성'에 대한 판단은 인간의 미래 행위에 대한 판단이다. 인간의 미래 행위가 위험성이 높다고 예측된다고 해서 화학적 거세를 실시하는 것은 부당한 일이다.

을₂: 당신은 우리 사회가 얼마나 많은 위험성 예측을 근거로 작동하고 있는지 모르는가? 우리는 기상 예보에 근거하여 하루 일과를 결정하고 한 해의 농사 계획을 짠다.

갑₃: 약물요법의 시행은 비용 대비 효율성의 관점에서도 온당치 않다. 약물요법을 포함한 각종 성폭력 방지책에 투입할 수 있는 예산은 한정되어 있다. 성충동 억제 약물은 현재 매우 고가이고, 약물요법 시행에는 막대한 예산 투입이 요구된다.

을₃: 약물요법은 재범률 감소에 효과적이다. 성폭력범을 대상으로 한 실험 통계 A에 따르면, 약물투여자의 재범률은 5%로 비투여자의 재범률 20~40%보다 낮다. 성폭력은 피해자에게 장기적으로 심각한 트라우마를 남기며 미성년자인 경우에는 더욱 그렇다. 약물요법이 비록 고비용이라고 해도 실효성 있는 방지책이라면, 이를 시행하는 것이 국가의 책무이다.

① 신체 기능을 잠정적으로 제한하는 것도 '신체 기능의 훼손'에 해당된다면, 을₁은 약화된다.

② 갑은 을₁에 대해 '약물요법이 당사자의 이익을 위한 것이므로 처벌이 아니라고 한다면 징역형도 당사자의 교화를 돕는다는 점에서 처벌이 아니게 된다'고 반박할 수 있다.

③ 인간의 미래 행위에 대한 예측이 더욱 정확해진다면, 을₂는 강화된다.

④ 갑은 을₃의 실험 통계 A를 받아들여 약물요법의 효과를 인정하면서도 여전히 갑₃을 고수할 수 있다.

⑤ 실험 통계 A에서 약물 투여자는 대부분 초범이었고 비투여자는 대부분 재범이었다면, 을₃은 강화된다.

09. A~D의 입장을 적용한 것으로 옳은 것만을 〈보기〉에서 있는 대로 고른 것은?

정조 11년(1787) 김성백과 문정추가 황해도 황주의 계 모임에서 만났다. 말다툼 중에 김성백이 주먹으로 문정추의 얼굴을 때렸다. 문정추는 맞은 데 화가 나서 술을 많이 마시고 집으로 돌아가던 중, 술기운에 냇물에서 넘어져 결국 얼어 죽었다. 김성백이 문정추의 죽음에 대하여 책임을 져야 하는지에 관하여 다음과 같은 주장들이 제기되었다.

A: 김성백이 문정추를 구타하지 않았다면 문정추가 화가 나서 술을 많이 마시지 않았을 것이다. 문정추가 술을 많이 마시지 않았다면 술기운에 냇물에 빠졌을 리가 없다. 김성백의 구타가 문정추의 죽음의 원인이 된 것이므로 김성백을 처벌해야 한다.

B: 문정추의 죽음을 야기한 직접적 원인에 대해서만 죄책을 물을 수 있다. 어떤 행위가 피해 결과의 직접적 원인인지 여부는 행위자의 의도를 고려해 판단해야 한다. 문정추의 죽음은 술기운에 물에 빠진 것이 원인이 된 사고사이므로 김성백을 처벌할 수 없다.

C: 그 행위가 발생된 결과를 일으키는 전형적인 원인이라고 일반 사람들이 평가할 때 그 결과에 대하여 책임을 물을 수 있다. 일반 사람들이 김성백의 구타 행위가 문정추가 물에 빠져 얼어 죽은 결과의 전형적인 원인이라고 평가하지 않기 때문에 김성백을 처벌할 수 없다.

D: 그 행위가 없었다면 결과가 발생하지 않았다고 볼 수 있는 경우 그 행위자는 그 결과에 대하여 책임이 있다. 그러나 피해자의 노력으로 그 피해 결과를 회피할 수 있었던 경우에는 가해자에게 피해 결과에 대한 책임을 지울 수 없다. 문정추가 스스로 술을 많이 마셨고 그 때문에 냇물에 넘어진 것이므로 김성백을 처벌할 수 없다.

───────〈보 기〉───────

ㄱ. 의사 갑이 독약 관리를 제대로 하지 않은 틈을 타서 간호사 을이 독약을 빼돌려 변심한 애인을 죽였다. A와 B는 갑이 독살 당한 자의 죽음에 대한 책임이 없다고 할 것이다.

ㄴ. 갑이 을을 때려 다리를 부러뜨렸다. 을이 구급차에 실려 병원으로 옮겨지던 중 교통사고가 발생하여 즉사하였다. B와 C는 갑이 을의 죽음에 대한 책임이 없다고 할 것이다.

ㄷ. 갑이 을을 절벽에서 밀어 떨어뜨려 죽이기 위하여 산책을 권유하였다. 절벽 쪽으로 걸어가던 중 을이 번개를 맞아 죽었다. C와 D는 갑이 을의 죽음에 책임이 있다고 할 것이다.

ㄹ. 갑이 을을 독살하려고 하였으나 독약이 치사량에 미치지 못하여 질병을 얻게 하는 데 그쳤다. 의사는 완치 전에 술을 마시면 위험하다고 경고를 하였으나, 을은 이를 무시하고 술을 많이 마셨고 병이 악화되어 사망하였다. A와 D는 갑이 을의 죽음에 책임이 있다고 할 것이다.

① ㄱ ② ㄴ ③ ㄱ, ㄷ
④ ㄴ, ㄹ ⑤ ㄷ, ㄹ

10. A~C 모두와 양립할 수 있는 것만을 〈보기〉에서 있는 대로 고른 것은?

A: 오늘날 인류가 지니는 양심은 사회적 감정으로서 타인의 고통과 쾌락에 대한 공감의 감정이 역사적으로 학습된 결과, 즉 인류가 공유하는 습관화된 동정심이다. 타인의 쾌락을 증진시키고 고통을 감소시키는 데 기여하지 않는 양심은 잘못된 양심일 뿐이다. 우리는 양심에서 비롯된 잘못된 행위의 많은 사례들을 실제로 인류 역사에서 확인할 수 있다.

B: 양심은 취득될 수 있는 것이 아니며 양심을 구비해야 할 의무란 없다. 모든 사람은 근원적으로 양심을 자기 내에 가지고 있다. '이 사람은 양심이 없다'고 말하는 것은 그가 양심의 요구를 외면하고 있음을 의미하지, 그가 실제로 양심을 결여하고 있음을 의미하지 않는다. 양심이란 개인적 욕구로부터 독립적인 보편타당한 도덕 판단을 하는 실천이성에 다름 아니다. 어떤 사람이 종교적 이단 처형을 '신의 계시에 따른 내적 확신에서 비롯된 순수한 양심'을 통하여 정당화한다면, 이때의 '양심'은 실은 양심이 아니다.

C: 양심이란 부모의 권위가 내면화된 초자아의 기능이다. 어린이는 특정 시기를 지나면서 부모라는 대상을 향한 성적 욕구를 포기하고, 이러한 포기에 대한 보상으로서 부모와의 동일시를 강화하게 된다. 아이의 초자아는 부모의 초자아에 따라 형성되며 따라서 초자아는 이런 식으로 세대를 넘어 이어진 가치의 계승자가 된다. 많은 신경증적 증후들은 초자아가 지나치게 강한 결과, 즉 양심이 과도하게 열등감이나 죄의식으로 자아를 벌한 결과이다.

───────〈보 기〉───────

ㄱ. 양심 없는 인간이 있을 수 있다.

ㄴ. 양심의 명령에 따르는 행동이 비도덕적일 수 있다.

ㄷ. 나의 행동이 양심이 명령하는 바와 일치하지 않을 수 있다.

① ㄴ ② ㄷ ③ ㄱ, ㄴ
④ ㄱ, ㄷ ⑤ ㄱ, ㄴ, ㄷ

11. 다음 논증의 구조를 분석한 것으로 옳지 <u>않은</u> 것은?

아담 스미스는 자본이 증가하면 자본의 경쟁도 심화되기 때문에 이윤은 낮아진다고 주장하였다. 『국부론』의 「자본의 이윤」에서 그는 이렇게 말한다. "ⓐ 많은 부유한 상인들이 한 업종에 투자하게 되면 그들 간의 상호 경쟁 때문에 이윤은 자연스럽게 낮아지는 경향이 있다. ⓑ 한 사회 안에서 모든 업종에 걸쳐 투자액이 증가한다면, 그 모든 업종에서 같은 경쟁 때문에 동일한 효과가 발생할 수밖에 없다." 이 대목에서 아담 스미스는 ⓒ 자본의 경쟁이 이윤을 낮추는 것은 가격을 낮추기 때문이라고 생각하는 것 같다. 어떤 특정 업종에서 자본 투자가 증가하기 때문에 그 업종에서 이윤율이 낮아지는 것은 보통 가격의 하락에 기인하기 때문이다. 그러나 이것이 그가 뜻한 바라면, ⓓ 가격 하락이 한 상품에만 국한되는 경우에는 실제로 생산자의 이윤을 축소시키지만 모든 상품에 함께 일어나는 경우에는 그런 효과가 없어진다는 점을 그는 놓친 것이다. ⓔ 모든 물건의 가격이 내린다면 실질적으로는 어떤 물건도 가격이 내리지 않는 것과 마찬가지이기 때문이다. 화폐로 계산해 보아도 모든 생산자에게 매출이 줄어든 만큼 생산비도 줄어든다. ⓕ 모든 다른 물건들은 가격이 하락하는데 노동만이 가격이 하락하지 않는 유일한 상품이라면 실질 이윤은 감소할 것이지만, 그런 경우에 실제로 일어난 일은 임금 상승이다. 이 경우에 자본의 이윤을 낮춘 것은 가격 하락이 아니라 임금 상승이라고 해야 맞다.

– 존 스튜어트 밀, 『정치경제학 원리』 –

① 글쓴이는 ⓐ의 타당성을 인정하고 있다.
② ⓓ는 ⓑ를 비판하고 있다.
③ ⓔ는 ⓓ의 근거이다.
④ ⓕ는 ⓒ를 비판하고 있다.
⑤ ⓕ는 ⓔ의 근거이다.

12. 〈가정〉과 〈상황〉으로부터 추론한 것으로 옳은 것만을 〈보기〉에서 있는 대로 고른 것은?

법률이나 정책 등을 바꾸려면 '거부권 행사자'라 불리는 일정 수의 개인 또는 집합적 행위자들의 동의가 필요하다. 거부권 행사자는 헌법에 의거한 '제도적' 거부권 행사자와 정치체제에 의거한 '당파적' 거부권 행사자로 나뉜다.

대통령중심제 국가이면서 양원제를 채택하고 있는 미국에서는 법률이나 정책을 바꾸려고 할 때 대통령, 상원, 하원의 통의를 필요로 하며 이때 제도적 거부권 행사자의 수는 셋이 된다. 의원내각제 국가의 경우에는 행정부가 입법부와 긴밀히 연계되어 있어서 행정부를 별도의 거부권 행사자로 보기 어렵다.

다른 한편, 의원내각제 국가의 경우에는 정치 체제의 특성상 대통령중심제와 달리 당파적 거부권 행사자가 존재한다. 말하자면, 정부를 구성하는 정당들 하나하나가 별도의 거부권 행사자가 되는데, 연립정부는 단일정당정부에 비해 더 많은 수의 당파적 거부권 행사자를 갖게 된다. 국회의원 선거제도에는 소선거구제와 비례대표제가 있다.

〈가정〉
ㅇ 거부권 행사자의 수가 많을수록 정책안정성은 높아진다.
ㅇ 소선거구제에서는 양당제가, 비례대표제에서는 다당제가 출현한다.
ㅇ 의원내각제 하에서 다당제가 출현하면 연립정부가 출범한다.

〈상황〉
ㅇ A국은 대통령중심제, 비례대표제, 단원제 국가이다.
ㅇ B국은 대통령중심제, 소선거구제, 양원제 국가이다.
ㅇ C국은 의원내각제, 소선거구제, 단원제 국가이다.
ㅇ D국은 의원내각제, 비례대표제, 양원제 국가이다.

〈보 기〉
ㄱ. A국이 B국보다 정책안정성이 높을 것이다.
ㄴ. D국이 A국보다 정책안정성이 높을 것이다.
ㄷ. D국이 C국보다 정책안정성이 높을 것이다.

① ㄱ   ② ㄷ   ③ ㄱ, ㄴ
④ ㄴ, ㄷ   ⑤ ㄱ, ㄴ, ㄷ

13. 다음 글로부터 추론한 것으로 옳은 것만을 〈보기〉에서 있는 대로 고른 것은?

사람들은 흡연자이거나 비흡연자이고, 또 폐암에 걸리거나 걸리지 않는다. 흡연자가 폐암에 걸리는 확률이 비흡연자가 폐암에 걸리는 확률보다 높을 때, 다시 말해서 흡연자 중 폐암 발생자의 비율이 비흡연자 중 폐암 발생자의 비율보다 클 때 흡연은 폐암과 긍정적으로 상관되어 있다고 말한다. 가령 흡연자 중 폐암 발생자의 비율이 2%이고 비흡연자 중 폐암 발생자의 비율이 0.5%라면, 흡연과 폐암은 긍정적으로 상관된다.

역으로 흡연자가 폐암에 걸리는 확률이 비흡연자가 폐암에 걸리는 확률보다 낮을 때 흡연은 폐암과 부정적으로 상관되어 있다고 말한다. 상관관계는 대칭적이어서, 흡연이 폐암과 긍정적으로 상관되어 있으면, 역으로 폐암도 흡연과 긍정적으로 상관된다.

두 사건 사이에 직접적인 인과관계가 없을 때에도 그 둘은 상관관계를 가질 수 있다. 가령 그것들이 하나의 공통 원인의 결과일 때 그런 일이 있을 수 있다. 다른 한편, 두 사건 사이에 인과관계가 있어도 이들 사이에 긍정적 상관관계가 없을 수도 있다. 예를 들어, 흡연은 심장 발작을 촉진하지만, 흡연자들은 비흡연자들보다 저염식 식단을 선호하는 성향이 있다고 하자. 이런 경우 흡연이 심장 발작을 일으키는 성향은 흡연이 흡연자로 하여금 심장 발작을 방지하는 음식을 선호하게 만드는 성향과 상쇄되어 흡연과 심장 발작 사이에는 상관관계가 없을 수 있으며, 심지어는 부정적 상관관계가 있을 수도 있다.

〈보 기〉

ㄱ. 흡연이 비만과 부정적으로 상관되어 있다면, 비만인 사람 중 흡연자의 비율이 비만이 아닌 사람 중 흡연자의 비율보다 작다.
ㄴ. 흡연과 비만 사이에 긍정적 상관관계가 있다면, 비만인 사람 중 흡연자의 수가 비흡연자의 수보다 많다.
ㄷ. 흡연이 고혈압의 원인이고 고혈압이 심장 발작과 긍정적 상관관계를 갖는다면, 흡연은 심장 발작과 긍정적 상관관계를 갖는다.

① ㄱ   ② ㄷ   ③ ㄱ, ㄴ
④ ㄱ, ㄷ   ⑤ ㄴ, ㄷ

14. '압력 조절실'에 대해 추론한 것으로 옳은 것은?

기체의 용해도는 기체가 액체에 녹는 정도를 말하는데 압력이 높을수록 높아진다. 주변 기압에 적응된 인체의 혈액에도 일정량의 공기가 녹아 있는데, 갑작스러운 주변 기압의 변화로 인해 이 공기의 용해도가 급격하게 변화될 수 있다. 따라서 심해나 우주처럼 일반적인 대기압 조건과 다른 곳을 왕래하는 경우, 혈액 내 공기 용해도의 급격한 변화에 의해 인체가 해를 입을 수 있다. 일반적으로 잠수부가 물속으로 잠수해 들어가는 것은 큰 문제가 되지 않는데 비해, 물속에서 수면으로 빠르게 올라오면 혈액에 녹아 있던 질소가 기체 상태로 변하면서 혈류를 막아 심각한 위험을 초래할 수 있다.

아폴로-소유즈 실험 계획은 미국과 소련 간 최초의 국제 공동 유인 우주 비행 실험으로, 그 임무 중 하나는 장래의 미-소 우주선의 도킹 시스템을 점검하는 것이었다. 이 계획의 실행 당시 소련 우주선인 소유즈 내에는 지상의 공기와 기체 구성비 및 기압이 동일한 공기가 공급되었지만, 미국 우주선인 아폴로 내에는 지상의 공기에서 질소 등의 다른 대기 성분을 뺀 순수 산소만이 대기압보다 낮은 압력으로 공급되었다. 도킹할 때마다 두 우주선 전체의 압력을 같게 만드는 것은 현실성이 없었기에, 두 우주선 중간에 압력 조절실을 따로 두고 우주인이 이를 통과하면서 자신의 신체가 두 우주선 사이의 압력 차이에 천천히 적응할 수 있도록 했다.

① 압력 조절실을 통과하는 과정에서 우주인 혈액 내의 기체 용해도는 변화하지 않을 것이다.
② 아폴로 우주선에 산소 외에 다른 기체를 섞어 대기압과 같게 되도록 공급하더라도 압력 조절실은 여전히 필요할 것이다.
③ 압력 조절실 없이 미국 우주인이 소유즈 우주선으로 이동하는 상황은 잠수부가 수면으로 급격히 상승하는 상황과 유사할 것이다.
④ 압력 조절실 없이 소련 우주인이 아폴로 우주선으로 바로 이동할 경우 소련 우주인의 혈액 속의 질소가 기체 상태로 바뀔 것이다.
⑤ 압력 조절실을 통해 이동할 경우, 소련 우주인이 아폴로 우주선으로 이동할 때보다 미국 우주인이 소유즈 우주선으로 이동할 때가 더 위험할 것이다.

15. 다음 글로부터 추론한 것으로 옳은 것만을 〈보기〉에서 있는 대로 고른 것은?

> 콜레스테롤은 지용성 분자로 동물 세포에서 발견된다. 콜레스테롤은 세포막을 구성하는 주요 성분으로, 세포막을 통한 물질 이동과 관련된 세포막 유동성(fluidity)을 조절한다고 알려져 있다. 세포막 유동성은 일반적으로 온도가 올라갈수록 증가한다. 그런데 저온에서는 콜레스테롤이 있는 경우가 없는 경우보다 세포막 유동성이 크고, 고온에서는 콜레스테롤이 있는 경우가 없는 경우보다 세포막 유동성이 작다.
>
> 에르고스테롤은 진균의 세포막에 존재하는 물질로 세포막 유동성과 관련하여 콜레스테롤과 같은 기능을 한다. 다만 콜레스테롤과는 구조적인 차이가 있어서 이를 활용한 항진균제 개발이 가능하다. 대표적인 항진균제인 케토코나졸은 에르고스테롤의 생체 내 합성을 방해함으로써 세포막 유동성을 변화시켜 진균의 성장을 억제한다. 반면 또 다른 항진균제인 암포테리신-B는 세포막 유동성에는 거의 영향을 주지 않지만, 에르고스테롤과 결합하여 진균 세포막에 구멍이 나게 함으로써 진균의 성장을 억제한다.

〈보 기〉

ㄱ. 진균의 세포막 유동성은 케토코나졸로 처리하면 증가할 것이다.
ㄴ. 암포테리신-B로 처리한 진균의 세포막 유동성은 고온보다 저온에서 더 클 것이다.
ㄷ. 암포테리신-B로만 처리할 때보다 케토코나졸과 암포테리신-B로 동시에 처리할 때, 진균 세포막에 구멍이 나는 정도가 줄어들 것이다.

① ㄴ   ② ㄷ   ③ ㄱ, ㄴ
④ ㄱ, ㄷ   ⑤ ㄴ, ㄷ

16. 다음 글로부터 그레이브스병 환자에 대해 추론한 것으로 옳은 것만을 〈보기〉에서 있는 대로 고른 것은?

> 갑상선 호르몬의 일종인 티록신은 포도당의 분해를 증가시키고 체온을 높이는 등 신체의 물질대사를 촉진하는 기능을 한다. 정상적인 신체는 체내의 티록신 농도를 일정하게 조절하여 항상성을 유지한다. 이를 위해 간뇌의 시상 하부에는 티록신 농도를 감지하는 조직이 있어, 티록신이 부족하면 이곳에서 '갑상선 자극 호르몬 방출 호르몬'(TRH)이 분비된다. TRH는 다시 뇌하수체 전엽에서 '갑상선 자극 호르몬'(TSH)의 분비를 촉진하고, TSH는 갑상선 세포 표면에 있는 TSH-수용체에 결합하여 티록신의 분비를 촉진한다. 이 신호를 받아 갑상선에서 티록신이 더 많이 생산되고 티록신의 혈중 농도가 높아지면, 시상 하부의 TRH 분비량이 줄어들며 이에 따라 TSH의 분비량과 티록신 합성량이 차례로 줄어들어 티록신 농도를 정상 수준으로 조절한다.
>
> 그레이브스병은 티록신 농도가 정상보다 높은 수준으로 유지되는 질병이다. 이 병의 특이한 증상은 환자의 체중이 왕성한 식욕에도 불구하고 감소하는 것이다. 그레이브스병은 신진대사 속도에 영향을 주는 자가면역 질환의 일종이다. 이 병은 TSH-수용체에, TSH를 대신하여 결합하는 항체가 생성되는 것이 그 원인이라고 알려져 있다. 이 항체가 TSH-수용체에 결합하면 TSH 농도와 무관하게 티록신 합성이 촉진된다.

〈보 기〉

ㄱ. TRH와 TSH의 분비량이 정상인에 비해 적을 것이다.
ㄴ. TSH를 감소시키는 약물을 주사하면 티록신의 분비가 감소할 것이다.
ㄷ. TSH-수용체가 부족해지거나 파괴된 경우에도 유사한 증상을 보일 것이다.

① ㄱ   ② ㄴ   ③ ㄷ
④ ㄱ, ㄴ   ⑤ ㄱ, ㄷ

17. 다음 글로부터 추론한 것으로 옳은 것만을 〈보기〉에서 있는 대로 고른 것은?

대칭적 암호체계를 이용한 비밀 통신의 원리는 간단하다. 즉 송신자와 수신자 둘만이 공유하고 있는 하나의 열쇠를 이용해 송신자가 메시지를 암호화하여 보내면 수신자는 공유하고 있는 동일한 열쇠를 이용해서 암호화된 메시지를 해독하는 것이다.

그러나 동일한 열쇠를 오랜 기간 동안 반복해서 사용하게 되면, 외부에 열쇠가 노출될 위험이 커지는 문제가 발생한다. 오랜 기간 사용한 열쇠를 '장기열쇠'라고 한다. 장기열쇠가 노출되는 위험을 피하기 위해서 통신을 할 때 장기열쇠 외에 단기적으로 사용하는 열쇠, 즉 '단기열쇠'를 따로 설정해서 메시지를 암호화하게 된다.

채은과 유진 두 사람이 대칭적 암호체계를 이용해서 비밀 통신을 한다고 하자. 채은과 유진은 두 사람이 모두 동일한 장기열쇠와 단기열쇠를 공유하고 있는지를 확인할 필요가 있고 동시에 제3자가 단기열쇠를 알아채지 못하게 해야 할 필요가 있다. 이를 위해서 두 사람은 다음과 같은 단계들을 거쳐야 한다.

단계(1): 채은은 자신이 만든 임의의 메시지 M과 자신의 아이디(ID)를 유진에게 보낸다.

단계(2): 유진은 자신이 갖고 있는 장기열쇠를 이용하여 M과 자신이 임의로 지정한 단기열쇠 S를 암호화한 후 이를 채은에게 보내고, 채은은 자신이 갖고 있는 장기열쇠를 이용하여 이를 해독한 후 해독한 메시지에 M이 있는지 확인한다.

단계(3): 채은은 유진이 보낸 S를 이용하여 M을 암호화한 후 이를 보내고, 유진은 이를 해독한 메시지가 M과 동일한지 확인한다.

─────〈보 기〉─────

ㄱ. 단계(2)가 완료되었을 때 유진은 자신과 채은이 S를 공유하게 되었음을 알 수 있다.

ㄴ. 단계(2)에서 채은이 해독한 메시지에 M이 없다면, 채은은 자신과 유진이 장기열쇠를 공유한다고 확신할 수 없다.

ㄷ. M과 유진이 사용한 장기열쇠를 알고 있는 제3자가 단계(2)에서 유진이 채은에게 전송한 메시지를 가로챘다면 그는 S를 알 수 있다.

① ㄱ　　　　② ㄴ　　　　③ ㄱ, ㄷ
④ ㄴ, ㄷ　　　⑤ ㄱ, ㄴ, ㄷ

---

18. 다음 글로부터 추론한 것으로 옳은 것만을 〈보기〉에서 있는 대로 고른 것은?

17세기 중국의 사상가 황종희는 국가 재정이 넉넉해지려면 지금 국가가 지고 있는 군대 부양(扶養)의 부담을 줄여야 하는데, 이를 위해서는 직업 군인제 대신 병농 일치의 군사 제도를 채택해야 한다고 주장하였다. 그는 구체적으로 다음과 같은 방안을 제안했다.

(1) 병사는 마땅히 구(口)에서 취해야 하고, 병사 부양은 마땅히 호(戶)에서 취해야 한다. 구에서 취한다는 말은 50인마다 훈련병 1인과 복무병 1인을 차출한다는 것이다. 호에서 취한다는 말은 10호마다 1인의 복무병을 부양토록 한다는 것이다. 지금 천하 호구(戶口)의 숫자를 보면 구가 약 6,000만 인, 호가 약 1,000만 호이니, 충분한 병력을 확보하면서도 백성의 부담은 무겁지 않게 할 수 있다. 병역을 지는 남자는 만 20세에 의무를 시작하여 만 30년 동안 의무를 지고, 훈련병의 훈련은 생업에 지장이 없게 실시하여 따로 부양할 필요가 없도록 한다.

(2) 궁성 수비는 수도가 위치한 강남 지방의 군현에 거주하는 병역 의무자 중에서 차출하여 충당한다. 먼저 강남 지방의 병역 의무자 전원을 복무병 2개 조, 훈련병 2개 조로 나누고, 각 조의 병력 수를 같도록 한다. 이 중 복무병의 첫 번째 조 10만 명은 각자 소속된 군현을 지키게 하고, 두 번째 조 10만 명은 궁성을 수비하게 한다. 이듬해에는 군현을 지키던 자로 궁성을 지키게 하고, 궁성을 수비하던 자는 돌아가서 군현을 지키게 한다. 그 다음 해에는 훈련병을 동원하여 복무하게 하고, 복무병은 귀가하여 훈련만 받게 한다.

─────〈보 기〉─────

ㄱ. 17세기 중국의 인구 중 약 6분의 1이 강남 지방에 거주하고 있었다.

ㄴ. 국가 재정의 부담 없이 유지할 수 있는 복무병은 최대 100만 명이다.

ㄷ. 강남 지방의 병역 의무자가 일생 동안 궁성 수비를 맡는 기간은 최대 5년이다.

① ㄴ　　　　② ㄱ, ㄴ　　　③ ㄱ, ㄷ
④ ㄴ, ㄷ　　　⑤ ㄱ, ㄴ, ㄷ

19. 다음 글로부터 추론한 것으로 옳은 것만을 〈보기〉에서 있는 대로 고른 것은?

주상께서는 오제 가운데 저희 왕조를 낳아 주신 신께 남교에서 제사를 올려야 합니다. 오제는 적제, 흑제, 청제, 백제, 황제를 말하는데, 각기 오행(화, 수, 목, 금, 토)을 상징하는 신들입니다. 역대 각 왕조는 오덕종시설(五德終始說) 즉 오행의 상생 또는 상극의 순환 순서에 따라서 왕조 교체가 규칙적으로 이루어진다는 주장을 받아들여, 오덕 중 자신의 덕에 맞는 신에게 제사를 올렸던 것입니다. 그러나 상극설과 상생설에 따른 오행의 순환 순서에는 차이가 있습니다. 예를 들어 상극설에서는 화 다음에 수가 이어지지만, 상생설에서는 금 다음에 수가 이어집니다.

상생설과 상극설에 따른 오행의 순환 순서가 논란이 되자, 한(漢)왕조는 우선 자신을 중심으로 상생설과 상극설의 순환 순서를 결정하였습니다. 만약 한왕조가 상극설에 따라 토덕(土德)을 받들고 이후 여러 왕조에서 모두 상극설을 따랐다면, 저희 왕조는 한왕조가 망한 뒤 여섯 번째에 들어선 왕조이므로 목덕(木德)을 받들어야 했을 것입니다. 그러나 한왕조는 상생설에 따라서 화덕(火德)을 받들었고, 이후 여러 왕조에서는 모두 상생설을 따랐습니다. 한의 다다음 왕조는 금덕(金德)을 받들었는데, 한과 그 이후 왕조가 계속 상극설을 따랐어도 이는 마찬가지였을 것입니다. 저희 왕조도 한왕조 이후의 전례에 따라 상생설을 따르는 것이 좋으니, 원컨대 주상께서는 토덕을 받들어 황제(黃帝)께 제사 드리기를 바라옵니다.

〈보 기〉
ㄱ. 현 왕조의 직전 왕조는 한왕조와 마찬가지로 화덕을 받들었을 것이다.
ㄴ. 한왕조부터 상극설이 채택되어 계속 유지되었다면 현 왕조의 전전 왕조는 황제에게 제사 지냈을 것이다.
ㄷ. 상생설과 상극설 중 한왕조가 어떤 설을 선택하든 그 설이 이후 왕조에서 계속 유지된다면, 현 왕조의 다음 왕조는 백제에게 제사 지낼 것이다.

① ㄱ   ② ㄴ   ③ ㄱ, ㄷ
④ ㄴ, ㄷ   ⑤ ㄱ, ㄴ, ㄷ

20. '결정적 정보'에 해당하는 것은?

A~E의 증언에 대해서 다음과 같은 〈관계〉가 성립한다는 것이 알려졌다.

〈관계〉
○A, B, C 가운데 적어도 한 사람의 증언은 참이다.
○D와 E 가운데 적어도 한 사람의 증언은 참이다.
○A의 증언이 참이면, C의 증언도 참이고 D의 증언도 참이다.
○B의 증언이 참이면, E의 증언은 참이 아니다.

〈관계〉만으로는 5명의 증언이 각각 참인지 아닌지가 결정되지 않지만, 어떤 정보가 추가된다면 이들의 증언이 각각 참인지 아닌지가 완전히 결정될 수 있다. 5명의 증언이 각각 참인지 아닌지를 완전히 결정하게 만드는 추가 정보를 '결정적 정보'라고 하자.

① A의 증언은 참이다.
② B의 증언은 참이다.
③ C의 증언은 참이다.
④ D의 증언은 참이 아니다.
⑤ E의 증언은 참이 아니다.

21. 다음으로부터 추론한 것으로 옳은 것만을 〈보기〉에서 있는 대로 고른 것은?

6명의 선수 A, B, C, D, E, F가 참가하는 어떤 게임은 다음 조건을 만족한다고 한다. 이 게임에서 선수 X가 선수 Y에게 우세하면 선수 Y는 선수 X에게 열세인 것으로 본다.

○A, B, C 각각은 D, E, F 중 정확히 2명에게만 우세하다.
○D, E, F 각각은 A, B, C 중 정확히 2명에게만 열세이다.
○A는 D와 E에게 우세하다.

〈보 기〉

ㄱ. C는 E에게 우세하다.
ㄴ. F는 B와 C에게 열세이다.
ㄷ. B가 E에게 우세하면 C는 D에게 우세하다.

① ㄱ ② ㄴ ③ ㄷ
④ ㄱ, ㄷ ⑤ ㄴ, ㄷ

22. '도덕적으로 훌륭하지만 미적으로는 열등한 예술 작품이 있을 수 있다'는 주장에 동의할 사람만을 있는 대로 고른 것은?

갑: 예술 작품은 모두 도덕적 성질을 갖고 있을 뿐 아니라, 예술 작품의 미적 성질과 도덕적 성질 사이에는 내재적인 관계가 있다. 도덕적으로 나쁜 작품은 바로 그 이유 때문에 미적으로도 열등하며, 도덕적으로 훌륭한 작품은 바로 그 이유 때문에 미적으로 뛰어나다. 나아가 두 작품 중에서 도덕적으로 더 나쁜 작품은 바로 그 이유 때문에 다른 작품보다 미적으로 더 열등하다.

을: 예술 작품에 대해서 도덕적 평가를 할 수는 있지만 그 작품의 미적 성질은 도덕적 성질과 내재적인 관계를 갖지 않는다. 예를 들어, 수치심을 불러일으키기 때문에 어떤 작품을 도덕적으로 나쁘다고 평가하는 것이 정당하더라도, 그런 도덕적 평가가 그 작품에 대한 미적 평가는 아니다.

병: 도덕적 평가를 내리는 것이 적절한 예술 작품들이 있고, 도덕적 평가를 내리는 것이 부적절한 예술 작품들이 있다. 순수한 형식미를 추구하는 음악을 듣고 도덕적 평가를 내리는 것은 적절치 않다. 도덕적 평가를 내리는 것이 적절한 예술 작품의 경우에도 도덕적 성질이 그 작품의 미적인 성질에 영향을 주는 경우는 부정적인 사례에만 국한된다. 즉 도덕적으로 나쁜 작품은 바로 그 이유 때문에 미적으로도 열등하다. 긍정적인 사례에는 이와 같은 영향 관계가 없다.

정: 도덕적으로 나쁜 작품이 있을 수 있을 뿐 아니라 도덕적으로 나쁘다는 점이 바로 미적 장점이 되는 예술 작품이 있다. 다시 말해서 어떤 작품의 경우, 그 작품이 도덕적으로 부정적인 성질을 갖는다는 것이 그 작품을 미적으로 뛰어나게 만들 수 있다. 반대로 도덕적으로 훌륭한 가치를 드러낸다는 점은 인정할 수 있지만 바로 그 도덕적 메시지 때문에 미적으로는 형편없게 되는 예술 작품도 있다.

① 갑, 을
② 갑, 병
③ 을, 정
④ 갑, 병, 정
⑤ 을, 병, 정

23. ⓐ~ⓒ에 관한 진술로 옳은 것만을 〈보기〉에서 있는 대로 고른 것은?

> 필로누스: 우리가 감각을 통해 뜨거움이나 차가움을 지각할 때, 그 뜨거움이나 차가움은 우리 마음 바깥의 사물에 있는 것일까, 아니면 그것들은 우리의 마음에 의해 지각되는 것으로만 존재하는 것일까? 자네는 뜨거움이나 차가움에 관해서 어떻게 생각하는가?
>
> 하일라스: 강렬한 뜨거움이나 차가움은 통증으로 지각되네. 통증이란 지독한 불쾌감의 일종이므로, 강렬한 뜨거움과 강렬한 차가움은 지독한 불쾌감에 불과하네. ⓐ그러므로 강렬한 뜨거움과 강렬한 차가움은 사물에 있는 것이 아니네. 그러나 그보다 덜한 정도의 뜨거움이나 차가움은 통증과는 무관한 것이네. 우리는 그것들을 뜨거움이나 차가움으로 지각할 뿐 아니라 '더 뜨거운 것'과 '덜 뜨거운 것' 등을 구별하여 지각하네. ⓑ그러므로 이런 정도의 뜨거움은 사물에 있다고 여겨지네.
>
> 필로누스: 우리 모두가 인정하듯이, 어떤 것이 동시에 차기도 하고 뜨겁기도 할 수는 없네. 그러면 이제 자네의 한 손은 뜨겁고 다른 한 손은 차다고 가정해 보세. 그리고 두 손을 모두 한꺼번에 미지근한 물에 넣었다고 해보세. 그러면 뜨겁던 손에는 그 물이 차갑게 느껴지고 차갑던 다른 한쪽 손에는 뜨겁게 느껴질 것이야. 그 물에서 자네의 한 손은 뜨거움을 느끼고 다른 한 손은 차가움을 느끼는 것이네. ⓒ그러므로 자네의 손이 느끼는 뜨거움과 차가움이 그 물에 있다고 말할 수는 없네.

〈보 기〉

ㄱ. ⓐ의 추리는 "쾌감이나 불쾌감은 그것들을 지각하는 주체에만 존재하는 것이다."라는 것을 전제하고 있다.

ㄴ. ⓑ의 추리는 "사물의 성질 중에 인간이 지각할 수 없는 것이 있다."라는 것을 전제하고 있다.

ㄷ. ⓒ의 추리는 "어떤 주장이 불합리한 귀결을 갖는다면 그 주장은 참일 수 없다."는 원리를 이용하고 있다.

① ㄴ　　　　　② ㄷ　　　　　③ ㄱ, ㄴ
④ ㄱ, ㄷ　　　　⑤ ㄱ, ㄴ, ㄷ

24. A, B 간의 논쟁에 대한 분석으로 옳은 것은?

A$_1$: 경제 발전을 위해서는 대중의 지식수준을 높여야 한다. 그런 점에서 대중 교육이 중요하다. 전 국민의 교육 수준이 높기로 유명한 동아시아 국가들의 경제적 성공과 세계에서 가장 학력이 낮은 사하라 이남 아프리카 국가들의 경제 침체를 비교해 보면 이 문제는 더 이상 논란의 여지가 없어 보인다.

B$_1$: 대만은 1960년 당시 문맹률이 46%나 되었지만 가히 기록적인 경제 성장률을 보였다. 반면, 같은 시기에 소득 수준이 대만과 비슷했던 필리핀의 문맹률은 28%로 대만에 비해 대중의 교육 수준이 높았음에도 불구하고 오늘날 평균 국민소득은 대만의 1/10에 불과하다.

A$_2$: 그렇지만 문맹률보다 대중 교육의 수준을 더 잘 대표하는 잣대인 고등학교 진학률을 따져본다면 대만이 필리핀보다 더 높았다는 사실을 간과해서는 안 된다.

B$_2$: 경제 성장에 직접적인 도움을 주는 교육은 대중 교육이 아니다. 학교에서 행해지는 교육은 경제 성장에 직접적인 도움을 주지 못하거나, 실제 산업 생산성과 관련이 있을 것으로 기대되는 교육도 생산성 향상에 크게 도움이 되지 못한다는 지적이 많다. 특히 오늘날과 같은 지식기반 사회에서 경제 발전을 위해 필요한 것은 일반 대중이 보편적으로 가지고 있는 지식이 아니라 소수의 전문가 집단이 보유한 전문적 지식이다. 그런 점에서 대중을 위한 보편적 교육이 불필요한 것은 아니지만, 그보다는 전문 지식인을 육성하기 위한 엘리트 교육에 관심을 가져야 한다.

A$_3$: 평범한 노동자라도 생산성을 높이기 위해서는 알아야 할 지식의 양이 크게 늘어났다는 점 자체를 부인할 수는 없을 것이다. 또 전문 지식인이 사회에서 필요한 정도로 공급되기 위해서는 대중 교육을 통해서 국민의 전반적인 지식수준을 향상하는 것이 선행되어야 한다. 그러므로 대중 교육이 중요하다는 점은 여전히 분명하다.

① B$_1$은 대중 교육을 확대해도 대중의 교육 수준이 높아지지 않는다고 전제한다.

② B는 1980년에서 2000년 사이에 사하라 이남 국가의 문맹률은 60%에서 39%로 현저하게 감소되었지만 경제 성장은 미미했다는 사실을 들어 A$_2$를 반박할 수 있다.

③ B$_2$는 경제 발전을 위한 전문적 지식이 보편적인 대중 교육의 확대를 통해서 얻어지기 어렵다고 전제한다.

④ A$_3$는 한 사회가 생산성 향상에 필요한 전문 지식을 갖추기 위하여 대중 교육만으로 충분하다고 주장하고 있다.

⑤ A와 B는 경제 발전을 위해서 전문 지식인이 필요한지에 대해서 이견을 보이고 있다.

25. (가)와 (나)에 대한 평가로 옳지 <u>않은</u> 것은?

(가) 저출산은 장기적으로 경제 활동 인구를 감소시켜 국가의 경제력을 낮추고 국민 전체의 삶의 질을 떨어뜨리게 된다. 또한 고령화와 함께 발생하면 젊은 세대의 부양 부담이 지나치게 커져서 세대 간 갈등도 증가할 수 있다. 그러므로 국가 경제력의 유지를 위해 출산율을 높이는 것이 급선무이다. 출산율이 낮아진 데에는 무엇보다 사회적 환경이 가장 큰 요인으로 작용한다. 젊은 세대는 결혼을 하더라도 아이를 낳아 기르는 데 경제적 부담을 느끼는 경우가 많다. 설사 아이를 낳더라도 직업 활동과 육아를 함께 할 수 있는 적당한 사회적 환경이 마련되어 있지도 않다. 이러한 문제들이 개선되어야 출산율이 높아질 수 있다. 출산율이 높아져야 장기적으로 경제 활동 인구가 늘어나고 고령화 문제와 삶의 질의 문제 해결도 쉬워진다. 장기적으로 경제 활동 인구를 늘려야 노인을 포함한 전체 인구에 대한 사회적 부양 비용을 충당할 수 있기 때문이다.

(나) 현대는 더 이상 인간의 육체 노동이 경제 활동을 주도하는 시대가 아니다. 기술적 진보에 기반을 눈 높은 제조업 생산력, 그리고 서비스 노동과 정신 노동이 중요해진 지식 정보 사회가 도래했다. 그래서 더 이상 인구수가 국가 경제력을 결정하지 않기에, 저출산을 국가 경제력을 위협하는 가장 큰 문제로 생각하는 주장은 근거가 약하다. 저출산이 고령화와 함께 발생하면서 젊은 세대의 경제적 부양 부담이 커져 세대 간 갈등을 낳을 수는 있다. 기술 발전과 기계·사무 자동화로 인해 직업이 줄어들고 청년 실업이 늘어날 여지도 없지 않다. 하지만 이런 문제들은 과학 기술에 의해 얼마든지 극복 가능하다. 정보 혁명과 기술적 진보는 사회적 생산력의 증대를 낳아 일자리로부터 배제된 잉여 인구를 충분히 먹여 살릴 수 있게 될 것이다.

① 양육 수당과 무상 교육의 확대로 국가 경제력이 높아진다는 사실이 밝혀진다면, (가)의 설득력은 높아진다.

② 저출산이 장기화되더라도 사회적 생산력은 감소되지 않는다는 사실이 밝혀진다면, (나)의 설득력은 높아진다.

③ 고령화 문제의 효과적인 해결책이 노인에게 적합한 일자리를 많이 만드는 것이라고 밝혀진다면, (가)의 설득력은 낮아진다.

④ 인구가 감소해도 과학 기술 혁신을 통해 인구 전체의 삶의 질이 향상된다는 사실이 밝혀진다면, (나)의 설득력은 낮아진다.

⑤ 국가 경제력 향상이 부양 부담에 따른 세대 간 갈등을 완화한다는 사실이 밝혀지더라도, (가)와 (나)의 설득력은 낮아지지 않는다.

26. 사형 찬성론자들이 〈표〉의 결과를 자신들의 입장에 불리하지 않게 해석한 것으로 옳은 것만을 〈보기〉에서 있는 대로 고른 것은?

사형을 지지하는 사람들은 사형 집행의 위협이 잠재적 살인자의 살인 행위를 억제할 수 있다고 주장한다. 사형을 반대하는 사람들은 이러한 효과가 없다고 주장한다. 사형 제도가 실제로 살인을 억제하는 효과가 있다면, 사형 제도가 있는 지역이 그렇지 않은 지역보다 낮은 살인 범죄율을 보일 것이라고 기대된다. 〈표〉는 연방 국가인 A국의 사형 제도가 있는 지역과 사형 제도가 없는 지역 간 1급 및 2급 살인 범죄율을 제시한 것이다. 이 〈표〉에 근거하여 사형 제도가 살인과 같은 중범죄를 억제할 수 있는가에 대한 논쟁이 제기되고 있다.

〈표〉 사형 제도가 없는 주(州)와 사형 제도가 있는 주의 살인 범죄율

구분	사형 제도가 없는 주		사형 제도가 있는 주	
	1967년	1968년	1967년	1968년
1급 살인	0.18	0.21	0.47	0.59
2급 살인	0.30	0.43	0.92	0.99
계	0.48	0.64	1.39	1.58

※ 살인 범죄율 = (살인 범죄 발생 건수/인구수)×100,000

〈보 기〉

ㄱ. 〈표〉는 제도적으로는 사형 제도를 도입했지만 실제로는 사형을 집행하지 않았기 때문에 나타난 결과일 수 있다.

ㄴ. 〈표〉는 사형 제도 이외의 다른 사회적 요소가 각 지역별 살인 범죄율의 차이를 만들었으며 사형 제도의 억제 효과를 압도했기 때문에 나타난 결과일 수 있다.

ㄷ. 사형 제도가 폐지되었다고 하더라도 그 효과는 당분간 지속될 수 있으므로, 〈표〉의 사형 제도가 없는 주의 경우 1967년 이전까지 사형 제도가 있었는지 살펴보아야 한다.

① ㄱ   ② ㄴ   ③ ㄱ, ㄷ

④ ㄴ, ㄷ   ⑤ ㄱ, ㄴ, ㄷ

27. 〈이론〉에 대한 평가로 옳지 <u>않은</u> 것은?

〈이론〉

　모든 사람은 행위로부터 얻어지는 잠재적 쾌락과 고통을 합리적으로 계산하여 법을 준수하거나 위반한다. 만일 그들이 범죄로부터 얻는 이득보다 처벌로부터 받는 고통이 더 크다고 생각한다면 범죄를 저지르지 않을 것이다. 다음에 설명하는 형벌의 확실성, 엄격성, 신속성이 범죄를 억제하는 세 가지 요소로 알려져 있다.

　'확실성'은 범죄자가 체포되거나 처벌 받을 가능성을 말한다. 검거될 확률이 매우 낮을 때는 억제 효과가 발생하지 않는다. 처벌의 확실성은 엄격성과 신속성보다 범죄를 억제하는 데 더 효과적이다.

　'엄격성'은 강력하게 처벌함으로써 범죄를 억제하려는 것이다. 엄격성은 범죄의 성격상 합리적인 판단이 많이 개입하는 유형에 더 효과적이다.

　'신속성'은 범행 후에 얼마나 빨리 처벌되는가를 의미한다. 범행과 처벌 사이의 시간적 간격이 짧을수록 범죄 억제에 효과적이다. 신속성은 재산 범죄로 재물을 취득한 범죄자가 그것으로부터 이득을 취할 기회를 감소시킴으로써 범죄를 억제하는 효과가 있다.

① 사람들이 공식적인 제재를 알지 못하거나 범죄를 저지르더라도 처벌의 가능성이 희박하다고 믿을 경우 처벌의 억제 효과가 거의 없다고 한다면, 〈이론〉은 약화된다.

② 집중적인 수사와 형사절차의 간소화를 통해 형사 제재까지 소요되는 시간을 단축하는 것이 사기 범죄의 발생률을 낮춘다면, 〈이론〉은 강화된다.

③ 형량이 높아질수록 은행 강도 발생률은 크게 낮아지나 우발적인 살인 사건 발생률은 미세한 감소만을 보인다면, 〈이론〉은 강화된다.

④ 폭력 범죄를 방지하는 데 공소 제기 기간을 단축하는 것이 검거율을 높이는 것보다 더 효과적이라면, 〈이론〉은 약화된다.

⑤ 음주 단속을 강화하는 것이 형량을 높이는 것보다 음주 운전의 예방에 더 효과적이라면, 〈이론〉은 강화된다.

28. 갑의 추론이 설득력을 갖기 위해 전제되어야 하는 것만을 〈보기〉에서 있는 대로 고른 것은?

　A국 범죄학자 갑은 형사 사법 기관이 작성한 공식 범죄 통계를 이용하여 전체 범죄 및 범죄 유형별 발생 건수의 추이를 분석하였다. 그는 범죄 유형별 범죄 신고율을 과학적으로 밝혀내기가 매우 어렵다고 판단하여, 그 비율을 이용하여 공식 범죄 통계로부터 실제 범죄 발생 건수를 계산하지는 않았다. 대신 공식 범죄 통계의 추이로부터 직접적으로 진제 범죄 건수와 범죄 유형별 범죄 건수의 추이를 추정하였다. 공식 범죄 통계를 분석한 결과, 2009년 대비 2010년의 성폭력 범죄 발생 건수는 2% 증가했으나 2010년 대비 2011년의 성폭력 발생 건수는 30% 증가한 것으로 나타났다. 갑은 이런 분석 결과를 기초로 2010년과 2011년 사이에 A국의 성폭력 범죄가 폭발적으로 증가했다고 주장하였다.

　하지만 이런 갑의 주장에는 문제가 있다. 일반적으로 공식 범죄 통계는 경찰 혹은 검찰이 직접 인지하거나 범죄 피해자 혹은 목격자가 신고한 사건을 기초로 하여 작성된다. 그렇지만 공식 범죄 통계는 암수(暗數) 범죄, 즉 실제 발생하기는 했지만 통계의 집계에서 누락된 범죄를 포착하지 못한다. 사람들이 사건을 신고하지 않거나, 신고하더라도 이를 경찰이 통계에 포함하지 않는다면 암수 범죄의 문제가 발생한다. 이 문제를 고려하지 않은 갑의 주장을 신뢰하기는 어렵다.

〈보 기〉

ㄱ. 암수 범죄의 전년 대비 증가율은 매년 일정하다.
ㄴ. 발생한 범죄 사건 중 신고된 사건의 비율은 범죄 유형별로 매년 일정하다.
ㄷ. 형사 사법 기관이 신고를 받거나 인지한 사건들을 범죄 통계에 반영하는 기준과 방식에 일관성이 있다.

① ㄴ　　　　② ㄷ　　　　③ ㄱ, ㄴ
④ ㄱ, ㄷ　　　⑤ ㄴ, ㄷ

29. 〈가설〉을 강화하는 것은?

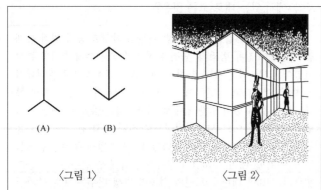

(A)   (B)

〈그림 1〉   〈그림 2〉

〈그림 1〉에서 수직으로 그어진 두 선분의 길이는 서로 같다. 그러나 (A)의 선분이 (B)의 선분보다 길어 보이는데, 이러한 현상을 '뮐러–라이어(Müller–Lyer) 착시'라고 부른다.

〈가설〉

뮐러–라이어 착시는 입체적 시각 경험이 배경 지식으로 작용하여 평면적 형태의 지각에 영향을 끼치기 때문에 발생한다. 〈그림 1〉의 (A)는 〈그림 2〉의 벽면에서 안으로 오목하게 들어간 모서리에 해당하고, (B)는 벽면에서 앞으로 볼록하게 나온 모서리에 해당한다. 우리는 일상에서 입체적 모서리를 자주 경험하게 되고 이러한 경험이 누적되면, 우리의 인지체계는 〈그림 1〉의 두 선분을 볼 때에 볼록한 모서리를 닮은 (B)가 오목한 모서리를 닮은 (A)보다 우리에게 더 가까이 있다고 가정하게 된다. 그런데 우리의 망막에 맺힌 두 선분의 상의 길이는 같다. 그래서 우리의 인지체계는 더 멀리 있는 (A)의 선분 길이가 실제로는 더 길다고 판단하게 되며, 그 영향 때문에 우리는 같은 길이의 두 선분을 다른 길이의 선분으로 경험한다.

① 3차원 형태를 지각하는 방식이 우리와 다른 꿀벌에게도 뮐러–라이어 착시가 발생한다는 것이 알려졌다.

② 선분의 양 끝에 있는 화살표 모양을 둥근 곡선 모양으로 대체하여도 뮐러–라이어 착시는 똑같이 나타난다.

③ 자로 두 선분의 길이를 재서 서로 같음을 확인하고 난 뒤에도 뮐러–라이어 착시는 여전히 사라지지 않는다.

④ 모서리를 가진 직선형 건물이나 사물에 대한 경험이 없는 원주민 부족은 뮐러–라이어 착시를 거의 경험하지 않는다.

⑤ 비슷한 크기의 두 정육면체가 서로 다른 거리에 놓여 있는 경우 우리는 두 입체의 실제 크기를 쉽게 판단하지 못한다.

30. (가)와 (나)에 대한 분석으로 적절한 것은?

(가) 분류학자들은 생물 종을 분류하기 위해, 종을 규정하는 형태가 종을 구성하는 개체들 사이에서 충분히 일정하게 유지되고 다른 종의 형태와 분명히 확인될 수 있을 만한 차이를 보이는지 여부와, 만약 그런 차이가 있다면 새로운 종으로 이름을 부여할 만큼 그 차이가 충분히 중요한 것인지 여부만을 결정하면 된다. 후자의 결정은 현재 받아들여지고 있는 것보다 종 지위 결정에 있어서 훨씬 더 본질적인 사안이 될 것이다. 왜냐하면 그 둘을 연결해 주는 중간 형태가 없다면, 두 형태 사이의 차이가 아무리 사소하더라도 대부분의 분류학자들은 두 형태 각각에 종의 지위를 부여하는 것이 마땅하다고 생각할 것이기 때문이다. 그러므로 우리는 한 종과 그 종과는 뚜렷이 구별되는 변종을 식별하는 유일한 기준은, 변종은 현 상태에서 중간 형태를 통해 특정 종과 연결된다고 알려져 있거나 믿어지는 데 반해, 서로 다른 종들 사이에는 그러한 방식의 연결이 오직 과거에만 있었다는 점임을 인정해야만 한다.

(나) 종이라는 용어가 서로 닮은 개체들의 집합에 대해 편의상 임의적으로 붙인 것이라는 점, 그리고 종이라는 용어가 변종이라는 용어와 본질적으로 다른 것이 아니라는 점은 이제 분명하다. 단지 변종에 속하는 개체는 같은 종에 속한다고 보기에는 다른 개체와의 차이가 큰 형태이면서도, 종으로 분류하기에는 그 차이의 정도가 좀 덜 분명한 것일 뿐이다. 그런 점에서 종과 변종을 구별하는 차이는 같은 종에 속하는 개체들 사이의 차이와 비교할 때 편의상 임의적으로 구별한 것에 불과하다. 이런 생각은 분류학자들에게 기분 좋은 소식이 아닐 것이다. 하지만 우리는 이 견해를 따름으로써, 적어도 아직 발견되지 않은 그리고 발견될 수 없을 종의 본질을 헛되이 찾는 일로부터는 자유롭게 될 것이다.

– 찰스 다윈, 『종의 기원』 –

① (가)는 종이란 분류의 편리함을 위해 임의적으로 이름 붙인 것에 불과하다고 주장하고 있다.

② (나)는 종과 변종의 차이는 그 둘 사이의 연결 고리가 현재 존재하는지의 여부라고 주장하고 있다.

③ (가)와 (나)는 종의 본질을 찾는 노력이 헛된 일이라는 견해를 받아들이지 않을 것이다.

④ (가)와 (나)는 종이 다른 종들과 구별될 수 있는 불변하는 속성을 가지고 있다는 견해를 받아들이지 않을 것이다.

⑤ (가)와 (나)는 종과 변종 사이의 차이가 개체들 사이의 차이보다 그 정도가 큰 것일 뿐이라는 견해를 받아들이지 않을 것이다.

31. 다음 글로부터 추론한 것으로 옳은 것만을 〈보기〉에서 있는 대로 고른 것은?

대통력(大統曆)은 한 해를 12개월, 한 달을 큰달(대, 30일) 혹은 작은달(소, 29일)로 하되, 19년 중 7년은 윤달을 추가하여 1년을 13개월로 하였다. 윤달의 이름은 다음과 같이 정했다. 예를 들어 어느 해의 넷째 달을 윤달로 정하면 그 달은 '윤3월'로 불렀다. 윤달을 어떤 달에 넣을 것인지의 결정은 절기와 깊은 관계가 있었다.

절기(節氣)란 동지점을 기점으로 태양이 지나는 황도(黃道)를 15도 간격으로 24개의 기준점으로 나눈 것인데, 12개의 '중기(中氣)'와 12개의 나머지 절기로 구분된다. 달의 이름이 무엇이 될지는 '중기'의 포함 여부와 어떤 '중기'가 포함되는지에 따라 결정되었다. 예를 들어 '중기' 중 하나인 동지를 포함한 달은 11월이 되는 식이었다.

11월	12월	정월	2월	3월
… **동지** – 소한 –	**대한** – 입춘 –	**우수** – 경칩 –	**춘분** – 청명 –	**곡우** …

(굵은 글씨는 각 달의 '중기')

대통력에서는 '중기' 간의 시간 간격이 태양년의 1년을 12로 나눈, 약 30.4일로 일정하다고 간주하였다. 이 간격은 30일보다 컸으므로, 간혹 어떤 달의 끝에 '중기'가 오고 나음 '중기'가 한 달을 건너뛰어 다다음 달의 처음에 오는 일이 생긴다. 이런 경우 '중기'가 없는 달을 윤달로 삼는데, 이를 무중치윤법(無中置閏法)이라고 한다.

효종(孝宗) 초년 조선에서는 대통력을 썼는데, 효종 1년(경인년)에서 효종 2년(신묘년)에 걸쳐 윤달의 위치와 달의 대소는 다음과 같았다.

경인년: 10월(대), 11월(소), 윤11월(소), 12월(대)
신묘년: 정월(소), 2월(대)

〈보 기〉
ㄱ. 대통력에서는 같은 달에 24절기 중 3개의 절기가 함께 들어 있을 수 없다.
ㄴ. 경인년 윤11월에는 24절기 중 소한만 들어 있을 것이다.
ㄷ. 신묘년 2월에는 24절기 중 경칩과 춘분이 들어 있을 것이다.

① ㄱ　　　　② ㄷ　　　　③ ㄱ, ㄴ
④ ㄴ, ㄷ　　　⑤ ㄱ, ㄴ, ㄷ

32. 다음 글로부터 추론한 것으로 옳은 것만을 〈보기〉에서 있는 대로 고른 것은?

당(唐)의 수도 장안은 사각형의 성벽으로 둘러싸인, 마치 바둑판과 같은 형태의 도성이었다. 그 내부 구조를 자세히 묘사하면 다음과 같다.

(1) 도성은 황궁, 시장, 일반인 거주지인 방(坊)으로 이루어져 있었고, 남북으로 뻗은 주작대로를 중심으로 좌우 대칭이었다. 황궁, 시장, 방은 사면이 모두 도로에 둘러싸인 구역이었다. 황궁은 1곳, 시장은 동시와 서시 2곳, 방은 110개로 그 크기가 일률적이지 않았다.

(2) 동서로는 14개의 도로가, 남북으로는 11개의 도로가 있었는데, 성벽의 바로 안쪽부터 도로가 나 있었다. 도로가 황궁과 시장을 관통할 수 없어서 도로가 이어지지 않는 경우도 있었다.

(3) 황궁의 위치는 가장 북쪽에 있는 1번째 동서 도로부터 5번째 도로인 동서대가까지, 그리고 남북 도로 중 서쪽에서 4번째에서 8번째 도로까지의 구역을 차지하고 있었다. 황궁의 정남향에는 오로지 방만 존재하였다.

(4) 시장인 동시와 서시는 주작대로를 중심으로 대칭적 위치에 있었다. 서시는 북쪽으로는 동서대가에, 남쪽으로는 7번째 동서 도로에 접해 있었으며, 남북 도로 중 서쪽부터 2번째 도로에 접해 있었다.

〈보 기〉
ㄱ. 황궁의 정서쪽에 있는 방은 모두 12개이다.
ㄴ. 동시의 정동쪽에 있는 방은 모두 4개이다.
ㄷ. 동시와 서시 사이의 남북 도로는 모두 4개이다.

① ㄱ　　　　② ㄷ　　　　③ ㄱ, ㄴ
④ ㄴ, ㄷ　　　⑤ ㄱ, ㄴ, ㄷ

33. 다음으로부터 추론한 것으로 옳은 것만을 〈보기〉에서 있는 대로 고른 것은?

한 아파트에서 발생한 범죄 사건의 용의자로 유석, 소연, 진우가 경찰에서 조사를 받았다. 사건이 발생한 아파트에서 피해자와 같은 층에 사는 사람은 이 세 사람뿐인데, 이들은 각각 다음과 같이 차례로 진술하였다. 이 중 진우의 두 진술 ⓔ와 ⓕ는 모두 참이거나 또는 모두 거짓이다.

유석 ┌ ⓐ: "범행 현장에서 발견된 칼은 진우의 것이다."
     └ ⓑ: "나는 피해자를 만나본 적이 있다."

소연 ┌ ⓒ: "피해자와 같은 층에 사는 사람은 모두 피해자를 만난 적이 있다."
     └ ⓓ: "피해자와 같은 층에 사는 사람 중에서 출근이 가장 늦은 사람은 유석이다."

진우 ┌ ⓔ: "유석의 두 진술은 모두 거짓이다."
     └ ⓕ: "소연의 두 진술은 모두 참이다."

─────〈보 기〉─────
ㄱ. ⓑ가 거짓이면, 범행 현장에서 발견된 칼은 진우의 것이다.
ㄴ. ⓒ가 참이면, 범행 현장에서 발견된 칼은 진우의 것이다.
ㄷ. ⓐ가 거짓이고 ⓓ가 참이면, 소연과 진우 중 적어도 한 사람은 피해자를 만난 적이 없다.

① ㄱ   ② ㄴ   ③ ㄱ, ㄷ
④ ㄴ, ㄷ   ⑤ ㄱ, ㄴ, ㄷ

34. 다음으로부터 추론한 것으로 옳은 것만을 〈보기〉에서 있는 대로 고른 것은?

어떤 경비업체는 보안 점검을 위탁받은 한 건물 내에서 20개의 점검 지점을 지정하여 관리하고 있다. 보안 담당자는 다음 〈규칙〉에 따라서 20개 점검 지점을 방문하여 이상 여부를 기록한다.

〈규칙〉
○ 첫 번째 점검에서는 1번 지점에서 출발하여 20번 지점까지 차례로 모든 지점을 방문한다.
○ 두 번째 점검에서는 2번 지점에서 출발하여 한 개 지점씩 건너뛰고 점검한다. 즉 2번 지점, 4번 지점, …, 20번 지점까지 방문한다. 또한 세 번째 점검에서는 3번 지점에서 출발하여 두 개 지점씩 건너뛰고 점검한다. 즉 3번 지점, 6번 지점, …, 18번 지점까지 방문한다.
○ 이런 식으로 방문이 이루어지다가 20번째 점검에서 모든 점검이 완료된다.

─────〈보 기〉─────
ㄱ. 20번 지점은 총 6회 방문하게 된다.
ㄴ. 2회만 방문한 지점은 총 8개이다.
ㄷ. 한 지점을 최대 8회 방문할 수 있다.

① ㄱ   ② ㄷ   ③ ㄱ, ㄴ
④ ㄴ, ㄷ   ⑤ ㄱ, ㄴ, ㄷ

35. 다음으로부터 추론한 것으로 옳은 것만을 〈보기〉에서 있는 대로 고른 것은?

A, B, C, D 네 팀이 서로 한 번씩 상대하여 총 6번 경기를 치르는 축구 리그전에서 각 팀이 2번씩 경기를 치렀다. 각 팀은 다음 〈규칙〉에 따라 승점을 얻는다.

〈규칙〉
○이기면 승점 3점, 비기면 승점 1점, 지면 승점 0점을 얻는다.
○승부차기는 없다.

4번의 경기를 치른 결과가 다음과 같다.

팀	승점	득점	실점
A	4	3	2
B	4	2	1
C	3	3	2
D	0	0	3

〈보 기〉
ㄱ. A와 B는 0:0으로 비겼다.
ㄴ. B는 C와 아직 경기를 하지 않았다.
ㄷ. C는 D에 2:0으로 이겼다.

① ㄱ　　　　② ㄴ　　　　③ ㄱ, ㄷ
④ ㄴ, ㄷ　　　⑤ ㄱ, ㄴ, ㄷ

정답 및 해설 p.98

2013학년도 기출문제

☑ 문제풀이 시작과 종료 시각을 정한 후, 실전처럼 기출문제를 풀어보세요.

시   분 ~   시   분(총 35문항 / 110분)

01. 다음 글에 비추어 판단한 것으로 옳지 <u>않은</u> 것은?

〈상황〉

민주주의를 채택하고 있는 A국은 다수결 원칙에 따른 직접선거로 입법부, 행정부(대통령), 사법부를 구성한다. 문서화된 헌법을 보유하고 있으며 입법부에 대한 견제의 일환으로 사법부 외에 별도의 헌법재판기관을 두어 법률이 헌법에 합치하는지를 심사하도록 하고 있다. 헌법재판기관의 구성원은 국민에 의하여 직접 선출되지 않으며 대통령의 결정에 따라 임명되는데 종신직위를 보장받는다. 최근 A국에서는 선거를 통하여 입법부와 행정부에 있어 정권교체가 이루어졌고 이후 새로운 입법부가 다수의 개혁 법안을 통과시켰다. 하지만 구(舊)정권에 의하여 임명된 헌법재판기관의 구성원들은 이러한 법률들이 위헌이라는 결정들을 내렸다. 이에 다음과 같은 비판이 헌법재판기관에 제기되었다.

〈비판〉

(가) A국의 헌법재판기관의 구성은 민주주의 체제에 부합하지 않는다. 헌법재판기관이 민주적 정당성을 갖추려면 그 구성에 있어 국민의 의사가 반영되어야 한다. 정기적인 선거를 통하여 국민이 직접 헌법재판기관을 구성하고 그 구성원에 정치적 책임을 추궁할 수 있어야 헌법재판기관은 민주적 정당성을 갖출 수 있다.

(나) A국의 헌법재판기관은 구성뿐만 아니라 활동도 민주주의 체제에 부합하지 않는다. 헌법재판기관의 심사대상은 국민이 직접 선출한 입법부의 결정인 법률이다. 국민들이 선출한 대표들의 결정이기 때문에 법률은 당연히 국민 의사의 반영이다. 이에 대하여 위헌결정을 내리는 경우 헌법재판기관은 입법부에 반영된 국민의 의사에 반대하게 되어 민주적 정당성을 갖추지 못한다.

① 헌법재판기관 구성원의 선출 방식을 직선제로 변경하는 것으로 (가)는 해소된다.

② 헌법재판기관이 법률들에 대하여 합헌 결정을 내렸더라도 (가)는 해소되지 않는다.

③ (나)에 따라 헌법재판 제도 자체가 입법부에 대한 견제 수단으로 적절하지 않다고 주장할 수 있다.

④ (나)에서는 헌법재판기관 구성과 관련된 대통령의 결정이 국민 의사의 반영이라고 이해하지 않는다.

⑤ (가), (나) 모두 '국민의 의사'라는 용어를 다수결로 정해진 국민의 의사라는 의미로 사용하고 있다.

02. 다음 글에 비추어 바르게 판단한 것만을 〈보기〉에서 있는 대로 고른 것은?

P국에서는 권력형 비리에 대한 검찰수사의 정치적 중립성에 관한 국민들의 불신이 팽배해짐에 따라, 검찰과는 별도로 정치적으로 민감한 사건, 권력형 범죄·비리사건에 대해 위법 혐의가 드러났을 때, 기소하기까지 독자적인 수사를 할 수 있는 독립 수사기구를 두는 제도로서 특별검사제도(특검)를 도입하여 대처하기 위한 논의가 진행되고 있다. P국에서 고려되고 있는 특검에는 특별검사의 임명방식과 특검의 대상 등을 미리 법정해 놓고 이에 해당하면 자동적으로 특검이 작동하는 상설특검과 사안별로 법률을 제정해야 하는 사안별 개별특검이 있다.

A: 특검을 도입해야 한다. 상설특검을 도입하면 정치적 의혹이 있는 사건이 있을 때 사안별로 특검법을 제정하지 않고 간편한 절차에 의해 신속하게 특검이 작동될 수 있다. 이에 반해 개별특검은 매번 특별한 법안을 만들어 실시해야 하므로 더 많은 비용과 시간이 소요된다. 상설특검이 도입되면 사안의 규모가 작아도 특검이 작동될 수 있다.

B: 특검의 필요성은 인정하지만, 특검은 검찰에 대해 정치적 중립성을 기대하기 어려운 경우에 한정하여 사안별로 실시하여야 한다. 따라서 특검의 본질상 이를 상설화하는 것은 제도의 취지에 어긋난다. 구성절차나 운영에서 상설특검이 개별특검에 비해 상대적으로 비용이 적게 들고 신속하게 이루어질 수 있음은 인정한다. 하지만 정치인이 연루된 작은 사건에 대하여 검찰이 수사를 개시하는 경우 특정 정파가 수사의 불공정성을 주장하며 검찰을 압박하기 위하여 수시로 상설특검을 사용하게 되면 중립적이어야 할 특검이 정치적으로 변질될 우려가 있다.

─────〈보 기〉─────

ㄱ. 특별검사의 권한남용에 대한 적절한 통제수단이 없다면 A와 B는 모두 약화된다.

ㄴ. 특검이 쉽게 작동되는 경우 오히려 정치적 투쟁의 도구로 남용될 가능성이 있다면 A는 강화되고 B는 약화된다.

ㄷ. 기존의 검찰이 권력형 범죄·비리를 제대로 수사하지 못하여 발생하는 사회적 비용이 개별특검에 소요되는 비용보다 크다면 A는 약화되고 B는 강화된다.

① ㄱ   ② ㄴ   ③ ㄱ, ㄷ

④ ㄴ, ㄷ   ⑤ ㄱ, ㄴ, ㄷ

03. 다음 글로부터 바르게 판단한 것만을 〈보기〉에서 있는 대로 고른 것은?

> Z국은 A, B, C 세 인종으로 구성되어 있는데 전체 인구의 절반 가까이를 차지하여 온 A인종이 사회의 주류 세력으로서 타인종들에 대한 배타적인 정책을 실시해 왔다. 교육에서도 A인종만의 입학을 허용하는 교육기관, 그 외의 인종만의 입학을 허용하는 교육기관, 그리고 모든 인종의 입학이 허용되는 교육기관을 분리하여 설치·운영하였다. 이후 인종 간의 통합이 강조되면서 재학생 중 A인종의 비율이 60%를 초과하는 교육기관을 대상으로 A인종의 비율이 60%를 넘지 못하도록 하는 정책을 시행하였다. 이러한 정책이 지나치게 일률적이라는 반발이 거세지자 정부는 교육기관마다 선별적으로 정책을 집행하기로 하고, 그 정책 적용의 제한기준에 대하여 법률가 갑, 을, 병에게 자문을 구하였다. 이들은 각각 아래와 같은 원칙을 제시하였다.
>
> 갑: 이 정책은 특정 인종에 유리하도록 학생을 선발해 온 교육기관에 적용되어야 한다.
> 을: 이 정책은 교육기관에 재학 중인 각 인종 학생들 모두의 학업성취도를 향상시키는 데 이바지하여야 한다.
> 병: 이 정책은 교육기관에 보다 다양한 인종의 학생들이 다니는 결과를 낳아야 한다.

〈보 기〉

ㄱ. 교육기관 P의 입학생 중 A인종의 비율이 매년 평균 78%로 유지되고 있었다. 교육기관 P가 A인종이 다른 인종에 비하여 언어능력시험성적이 높다는 사실을 발견하고 이를 학생 선발에 적극적으로 활용해 왔다면, 갑의 원칙에 따를 때 교육기관 P에 위 정책이 적용된다.

ㄴ. 교육기관 Q에는 A인종만이 재학하고 있는데 B, C인종의 학생들이 전학해 올 경우 그 학생들의 학업성취도는 이전 학교에서보다 상당히 상승할 것으로 예측된다. 을의 원칙에 따르면 교육기관 Q에 위 정책이 적용된다.

ㄷ. 교육기관 R은 B, C인종의 낙후된 교육수준을 높이기 위하여 설립되어 나름대로 훌륭한 교사진과 시설을 갖추고 인종을 기준으로 B, C인종의 학생들만 선발하여 왔다. 병의 원칙에도 불구하고 교육기관 R에는 위 정책이 적용되지 않는다.

① ㄱ ② ㄴ ③ ㄱ, ㄷ
④ ㄴ, ㄷ ⑤ ㄱ, ㄴ, ㄷ

04. 다음 대화로부터 추론한 것으로 적절하지 <u>않은</u> 것은?

> 갑: 아무리 권리자라고 하더라도 몇 십 년의 시간이 흐른 후에야 비로소 권리를 행사하는 것까지 허용할 수는 없어.
> 을: 하지만 어쩔 수 없이 권리를 행사하지 못한 사람들도 있는데, 이러한 경우에도 오랜 시간이 지났다는 이유만으로 권리를 행사할 수 없게 하는 것은 부당하지 않아?
> 갑: 물론 권리를 행사하는 것이 법률상 불가능했던 사람들에게까지 권리행사를 못하도록 하여서는 안 되겠지. 하지만 권리행사가 법률상 가능했던 사람들에게는 오랜 시간 동안 권리를 행사하지 않았고, 그동안 이러한 상황을 토대로 많은 사람들이 관련되어 우리의 사회생활이 형성되어 왔다는 점을 고려하면, 그 권리행사를 제한할 수 있다고 봐.
> 을: 권리를 행사하는 것이 법률상 가능했던 경우라도 마찬가지야. 권리가 존재한다는 것 자체를 알지 못했다거나, 권리가 존재한다는 것을 알았더라도 그것을 행사하는 것이 사실상 불가능한 상태에 놓여 있었던 사람들의 권리는 보호할 필요가 있다고.

① 갑의 주장에 따르면, 인접 지역에 고층빌딩이 건축됨으로써 일조권을 침해당하게 된 사람은 아무런 권리주장 없이 일정 기간이 지나면 고층빌딩 소유자를 상대로 손해배상청구권을 행사할 수 없을 것이다.

② 을의 주장에 따르면, 불법구금상태에서 고문을 당한 후 정치·사회적 상황상 수십 년간 국가를 상대로 손해배상을 청구하지 않던 사람이 과거사정리위원회의 진실규명결정을 받은 후에 비로소 손해배상을 청구하는 경우 이를 인정할 수 있을 것이다.

③ 을의 주장에 따르면, 교통사고로 인해 혼수상태에 빠진 사람은, 스스로 손해배상청구권을 행사할 수 없고 법정대리인도 없었던 경우 자신을 대신하여 손해배상청구권을 행사해 줄 법정대리인을 선임해 달라고 청구할 수도 없으므로, 실제로 법정대리인이 선임되기까지 오랜 시간이 지났더라도 그 권리를 행사할 수 있도록 해야 할 것이다.

④ 갑의 주장에 따르더라도, 국가에 의해 자신의 재산권이 침해당하였으나 오랜 시간 동안 보상에 관한 법규정이 없어 보상을 받지 못한 사람은 이러한 법규정의 흠결이 재산권을 보장하고 있는 헌법에 합치되지 않는다는 헌법재판소의 결정이 있은 이후에는 보상청구권을 행사할 수 있을 것이다.

⑤ 을의 주장에 따르더라도, AIDS가 발병한 후 자신의 병이 20년 전 투여 받은 HIV 감염 혈액제제 때문이라는 것을 알게 된 사람은 위 혈액제제를 투여한 의사 또는 위 혈액제제를 제조·공급한 자를 상대로 손해배상청구권을 행사할 수 없을 것이다.

05. 〈C국 법원의 판단〉의 근거로 가장 적절한 것은?

〈사안〉

A국의 국민 X는 배우자 Y와 B국에 주소를 두고 생활하던 중 사망하였다. X의 상속재산으로는 C국 소재 부동산이 있었다. Z는 자신도 X의 상속인임을 주장하면서 C국 법원에 Y를 상대로 상속인 지위의 확인을 구하는 취지의 소를 제기하였다.

A국, B국, C국 모두에서 고려되어야 할 법률은 〈당해 재판에 적용할 법률〉과 상속법이며, 〈당해 재판에 적용할 법률〉은 상속법에 우선하여 적용된다.

각국의 〈당해 재판에 적용할 법률〉 규정
A국: 상속에 관하여는 사망자의 최후 주소지의 법률에 따른다.
B국: 상속에 관하여는 상속재산 소재지의 법률에 따른다.
C국: 상속에 관하여는 사망자의 본국의 법률에 따른다.

〈C국 법원의 판단〉
이 사건 재판에 A국의 상속법이 적용되어야 한다.

① C국의 〈당해 재판에 적용할 법률〉이 다른 나라의 〈당해 재판에 적용할 법률〉에 따르도록 하는 경우 그 다른 나라는 자국의 법률을 따라야 한다.

② C국은 자국의 〈당해 재판에 적용할 법률〉은 물론 A국, B국의 〈당해 재판에 적용할 법률〉에 따라 적용할 법률을 결정해야 한다.

③ C국의 〈당해 재판에 적용할 법률〉에서 언급되고 있는 법률에는 다른 나라의 〈당해 재판에 적용할 법률〉 자체는 포함되지 않는다고 해석해야 한다.

④ C국의 〈당해 재판에 적용할 법률〉이 다른 나라의 〈당해 재판에 적용할 법률〉에 따르도록 하는 경우 재판을 하는 C국 법원은 그 다른 나라의 〈당해 재판에 적용할 법률〉을 따라야 한다.

⑤ C국의 〈당해 재판에 적용할 법률〉에 따른 결과가 다시 C국의 법률을 적용하도록 명하는 경우 C국의 〈당해 재판에 적용할 법률〉은 적용하지 않는 것이 타당하다.

06. 다음으로부터 바르게 추론한 것만을 〈보기〉에서 있는 대로 고른 것은?

〈사실관계〉

A국과 B국은 지역안보조약을 체결하면서 지역 내 C국과 D국에도 안보적 지원을 하되 약소국인 C국이 요청하는 경우 무상으로 지원을 제공하는 조항(a조항)과 자원 부국인 D국이 그 비용의 일부를 부담하도록 하는 조항(b조항)을 규정하였다. 이 과정에서 C국은 명시적으로는 동의하지 않았으나 해당 조항의 내용은 인지하고 있었다. 그리고 D국은 C국에 대한 지원 비용을 A, B, D 3국 간에 균등하게 분배하는 것을 내용으로 하는 b조항에 서면으로 동의하였다.

〈조약에 관한 법적용을 규정하는 협약〉
제35조 (제3국의 의무 또는 권리의 발생)
  1. 조약은 원칙적으로 조약 당사국이 아닌 제3국에 대해서는 그 국가의 동의 없이 의무 또는 권리를 창설하지 아니한다.
  2. 조약 당사국이 조약을 통해 제3국에게 의무를 설정하고, 해당 제3국이 서면으로 그 의무를 명시적으로 수락하는 경우에는 해당 제3국에게 의무가 발생한다.
  3. 조약 당사국이 조약을 통해 제3국에게 권리를 부여하고, 해당 제3국이 이에 동의하는 경우에는 해당 제3국에게 권리가 발생한다. 다만, 제3국의 동의는 반대의 표시가 없는 동안 있은 것으로 추정된다.
제37조 (제3국의 의무 또는 권리의 취소 또는 변경)
  1. 제35조에 따라 제3국에게 의무가 발생된 때에는 그 의무는 조약 당사국과 제3국의 동의를 얻는 경우에만 취소 또는 변경될 수 있다.
  2. 제35조에 따라 제3국에게 권리가 발생된 때에는 그 권리는 제3국의 동의 없이도 조약 당사국에 의하여 취소 또는 변경될 수 있다.

─────〈보 기〉─────
ㄱ. 조약의 b조항은 D국에게 의무를 창설한다.
ㄴ. 조약 체결 당시 C국이 조약의 a조항에 반대의 의사표시를 하더라도 조약의 a조항은 유효하다.
ㄷ. C국의 동의가 없어도 조약의 a조항에 따라 발생된 권리는 조약 당사국에 의해 변경될 수 있다.
ㄹ. D국의 동의가 없어도 조약의 b조항에 따라 발생된 의무는 조약 당사국에 의해 취소될 수 있다.

① ㄱ, ㄴ   ② ㄱ, ㄷ   ③ ㄴ, ㄹ
④ ㄱ, ㄷ, ㄹ   ⑤ ㄴ, ㄷ, ㄹ

07. 다음으로부터 추론한 것으로 옳지 <u>않은</u> 것은?

형사소송절차에서 특정인을 피고인으로 인식한 검사의 의사 이외에 그 특정인이 제3자의 이름을 도용해 공소장에 기재토록 하거나 특정인을 대신해 제3자가 법정에 위장 출석하는 경우 등 피고인을 정할 요소가 복수로 발생하는 경우가 있다. 이런 경우 A, B, C국은 다음 원칙에 의해 한 명만을 피고인으로 인정한다.

〈A, B, C국 법원의 피고인 인정 절차의 원칙〉
(가) A, B, C 각국은 세 가지의 피고인 인정 요소(특정인을 피고 인으로 인식한 검사의 의사, 공소장에 기재된 이름, 실제 소송에서 법정에 출석한 자) 중 두 가지 요소만을 고려하 며, 두 가지 요소 중 우선순위가 높은 요소 한 가지만을 사 용하여 피고인으로 인정한다.
(나) A, B, C 각국은 우선순위가 높은 요소에 해당하는 자가 복 수이거나 없을 경우, 차순위 요소에 해당하는 자를 피고인 으로 인정한다.
(다) A, B, C 각국이 고려하지 않는 한 가지 요소는 세 나라가 모두 다르다.

〈A, B, C국 법원의 처리 결과〉
(1) 검사가 갑을 피고인으로 인식하였으나 공소장에는 을의 이 름이 기재되어 있고 법정에는 병만 출석한 경우, A국에서는 병을 피고인으로 인정하였다.
(2) 검사가 갑을 피고인으로 인식하였으나 공소장에는 을의 이 름이 기재되어 있고 법정에는 아무도 출석하지 않은 경우, A국과 B국에서는 을을 피고인으로 인정하였다.
(3) 검사가 갑을 피고인으로 인식하고 공소장에도 갑의 이름이 기재되었으나 법정에는 을만 출석한 경우, C국에서는 갑을 피고인으로 인정하였다.

① B국에서는 '법정에 출석한 자'를 피고인 인정 요소로 삼지 않을 것이다.
② 검사가 피고인으로 인식한 갑과 공소장에 기재된 을이 모두 법 정에 출석한 경우, A국에서는 을을 피고인으로 인정할 것이다.
③ 검사가 피고인으로 인식한 갑과 공소장에 기재된 을이 모두 법 정에 출석하지 않고 대신 병이 출석한 경우, C국에서는 갑을 피 고인으로 인정할 것이다.
④ 검사가 피고인으로 인식한 갑과 공소장에 기재된 을이 모두 법 정에 출석한 경우, C국에서는 을을 피고인으로 인정할 것이다.
⑤ 검사가 갑을 피고인으로 인식하였으나 공소장에는 을의 이름이 기재되었고 법정에는 을만 출석한 경우, A국에서는 을을 피고 인으로 인정할 것이다.

08. 다음으로부터 바르게 추론한 것만을 〈보기〉에서 있는 대 로 고른 것은?

〈사실관계〉
500여 년 전 X국에서 조전남은 본처 김씨와의 사이에 장남 조 방림, 차남 조부림을, 첩과의 사이에 아들 조서자, 딸 조서녀를 두었는데, 장남 조방림에게 제사를 받들게 하고 사망하였다. 장 남 조방림은 본처와의 사이에 아들 조적자, 첩과의 사이에 아들 조복해를 차례로 두고 있는데, 조직자가 사고로 갑자기 죽자 조복해로 하여금 제사를 받들게 하고 사망하였다. 그러나 조방 림의 아우 조부림은 자신의 부 조전남의 제사를 받들 권한이 조 복해가 아니라 자신에게 있다고 주장하면서 조복해로부터 제사 와 관련된 집과 땅을 빼앗아 갔다.

〈관련규정〉
본처 소생 장남이 가계를 승계하여 제사를 받든다. 본처 소생 장남이 없으면 장남 이외의 아들이, 그도 없으면 첩 소생 아들 이 제사를 받들어야 한다.

〈보 기〉
ㄱ. 〈관련규정〉만으로는 조부림이 조방림의 제사를 받들 근거가 되지 못할 것이다.
ㄴ. 〈관련규정〉의 '본처 소생 장남'이 조적자를 가리킨다면, 조부 림의 행동은 정당화될 수 없을 것이다.
ㄷ. 〈관련규정〉에 근거해서 조부림을 옹호하려는 편은 〈관련규 정〉의 '장남 이외의 아들'이 조부림이라고 주장할 것이다.

① ㄱ　　　　② ㄷ　　　　③ ㄱ, ㄴ
④ ㄴ, ㄷ　　　　⑤ ㄱ, ㄴ, ㄷ

09. 다음으로부터 바르게 추론한 것은?

〈상황〉

평민 A, B와 관리 C가 금주기간에 술을 마신 혐의를 받고 있었는데 각자 자백이 있어야 처벌이 가능하였다. 수사를 하기 위해 포도청 소속 X가 이들을 포박하려던 중 A가 X를 폭행하여 장출혈을 야기하였다. 수사과정에서 수사관 Y가 모두에게 "술을 마셨는지 마시지 않았는지 숨김없이 말하라!"라고 명령하자 A와 C는 술을 마셨다고 자백하였다. 하지만 나름대로 적용법률과 형량을 모두 따져 자신이 자백을 하면 『일반 형사령』 제10조에 따라 처벌될 것이라 생각한 B는 차라리 ⓒ대를 맞을 것을 작심하고 아무런 말도 하지 않아 『일반 형사령』 제50조 공무집행방해죄를 범하였다. 이에 국왕은 아래 〈사법관리들간의 논의〉를 토대로 판단을 내리려 하고 있다.

〈관련법률〉

『금주에 관한 왕령』 금주기간에 술을 마신 자는 곤장 ⓒ대에 처한다.

『일반 형사령』

제10조(왕령위반죄) 왕령을 위반하였을 경우 곤장 60대에 처한다.

제50조(공무집행방해죄) 공무를 담당하는 자의 명령에 저항하여 복종하지 아니하거나 파견된 사람을 폭행한 경우에는 곤장 ⓒ대에 처한다. 폭행의 정도가 심하여 상해에 이르렀을 경우 20대를 가중한다.

제91조(2개의 죄) 2개의 죄를 저질렀을 경우 형을 합산하여 처벌한다.

제92조(곤장형) 곤장형은 가중 또는 감경 전 기준으로 최하 40대부터 최고 120대까지이며 10대 단위로 부과한다.

〈사법관리들의 논의〉

갑: 관리와 달리 평민이 금주기간에 술을 마셨다면 『금주에 관한 왕령』에 따라 처벌해야 합니다.

을: 아닙니다. 금주기간에 술을 마신 경우 어떻든 왕령을 위반했으니 평민, 관리 모두 『일반 형사령』 제10조 왕령위반죄에 따라 처벌해야 합니다.

갑: 『일반 형사령』 제10조부터 제19조까지는 체계상 '제3장 관리들의 죄'에 포함된 조문입니다. 전에는 이를 잘못 적용하여 평민에게도 적용했기 때문에 모든 평민들이 왕령 위반 시 제10조에 따라 60대를 맞는 줄 오해하고 있지만, 이제부터는 관리에게만 적용해야 합니다.

을: 하지만 왕령위반죄 조문 어디에도 '관리'라는 단어가 나오지 않으므로 그러한 해석은 불가능합니다. 왕령 위반의 경우 관리뿐만 아니라 평민에게도 『일반 형사령』 제10조가 적용되어야 합니다.

갑: 그러한 잘못된 해석으로 인하여 평민들이 어리석은 판단을 내리는 것입니다. B의 경우만 하더라도 만약 술을 마셨다고 자백했다면, 공무집행방해죄에 의해 처벌받는 것보다 유리하였을 것입니다.

① 국왕이 갑의 판단을 따르는 경우, C는 A보다 곤장을 더 많이 맞을 것이다.

② 국왕이 갑의 판단을 따르는 경우, B가 처음부터 술을 마셨다고 자백했다면 C와 같은 대수의 곤장을 맞을 것이다.

③ 국왕이 을의 판단을 따르는 경우, B가 처음부터 술을 마셨다고 자백했다면 B는 C보다 곤장을 더 적게 맞을 것이다.

④ 국왕이 을의 판단보다 갑의 판단을 따르는 경우가 A에게는 유리할 것이다.

⑤ 국왕이 을의 판단보다 갑의 판단을 따르는 경우가 C에게는 유리할 것이다.

10. 다음 논증에 대한 분석으로 옳지 <u>않은</u> 것은?

ⓐ 다른 지식에서 추론됨으로써 정당화되는 지식이 있다.
ⓑ 이러한 지식을 '추론적 지식'이라고 하고, 추론적 지식이 아닌 지식을 '비추론적 지식'이라고 하자.
ⓒ 모든 지식이 추론적 지식이라고 가정해 보자.
ⓓ 어떤 추론적 지식을 G_1이라고 하면, G_1을 추론적으로 정당화하는 다른 지식이 있다.
ⓔ 그중 어떤 것을 G_2라고 하면, G_2는 추론적 지식이다.
ⓕ G_2를 추론적으로 정당화하는 다른 지식이 있고, 그중 하나를 G_3이라고 하면 G_3도 추론적 지식이다.
ⓖ 이런 과정은 무한히 계속될 것이다.
ⓗ 정당화의 과정이 무한히 이어질 수는 없다.
ⓘ 정당화의 과정이 끝나려면 다른 지식을 정당화하는 어떤 지식은 비추론적 지식이어야 한다.
ⓙ 그러므로 비추론적 지식이 존재한다.

---

① ⓔ는 ⓒ와 ⓓ로부터 도출된다.
② ⓒ~ⓖ는, ⓒ의 '가정'이 주어지는 한, 지식을 정당화하는 과정이 끝나지 않는다는 것을 보여준다.
③ ⓖ의 '과정'이 순환적일 가능성을 배제할 수 없으므로, ⓖ가 참이기 위해 무한히 많은 추론적 지식이 존재할 필요는 없다.
④ ⓖ와 ⓗ가 충돌하므로 ⓐ도 부정되고 ⓒ의 '가정'도 부정된다.
⑤ 이 논증이 타당하다면 '비추론적 지식이 없으면 추론적 지식도 있을 수 없다'는 것이 증명된다.

---

11. 다음 논증의 결함을 가장 적절하게 지적한 것은?

우리 눈앞에 서 있는 이 피고인이 얼마 전 일어난 여성 살해 사건의 진범이라는 점은 물증과 정황을 통해서 명백히 드러났습니다. 하지만 과연 이 사람이 죽인 사람이 그 여성 한 명뿐일까요? 이 피고인이 우리가 찾던 바로 그 연쇄살인범은 아닐까요? 비록 피고인은 살인을 한 적이 단 한 번뿐이라고 말하고 있지만 말이죠. 우리 모두가 목격했듯이 피고인은 자기가 연쇄적으로 살인을 했다는 것을 아무런 감정적 동요 없이 단호하게 부인하고 있습니다. 거짓말 탐지기 앞에서도 그는 다른 피해자들을 알지 못한다고 말하면서 아무런 감정적 동요를 보이지 않았지만, ㉠ 거짓말 탐지기는 그가 거짓말을 하고 있다는 반응을 보였습니다. ㉡ 거짓말 탐지기의 결과에 전적으로 의존할 수는 없습니다. 하지만 피고인이 거짓말을 하고 있다고 거짓말 탐지기가 반응한다면 실제로 거짓말을 하고 있을 가능성이 있지요. 만약 피고인이 연쇄적으로 살인을 저지른 것이 확실한데도 자기가 연쇄살인범이라는 것을 아무런 감정적 동요 없이 단호하게 부인한다면, ㉢ 그는 극단적 유형의 사이코패스에 속한다고 보아야 합니다. 사이코패스는 일반적인 살인자와 달리 살인을 저지르는 동안에 오히려 심리적으로 안정되고 심장 박동이 느려지기까지 한다는 점이 여러 사례에서 밝혀진 바 있습니다. 살인을 경험한 극단적 유형의 사이코패스는 전혀 죄책감을 느끼지 않죠. ㉣ 피고인처럼 당연히 감정적 동요도 느끼지 않습니다. 살인을 경험한 극단적 유형의 사이코패스는 연쇄적으로 살인을 저지르기 마련입니다. 그러므로 ㉤ 피고인은 연쇄적으로 살인을 저지른 것이 분명합니다.

---

① ㉠과 모순되는 전제를 포함하고 있다.
② ㉡을 불충분한 수의 사례들로부터 일반화하여 도출하고 있다.
③ ㉢에 인신공격적 내용을 포함하고 있다.
④ ㉣을 입증하지 못한 채 전제로 받아들이고 있다.
⑤ ㉤을 암묵적 전제로 요구하는 동시에 결론으로 도출하고 있다.

12. 한국화학회는 〈시상규칙〉에 따라 학술상을 수여한다. 어느 해 같은 계절에 유기화학과 무기화학 분야에 상을 수여하였다면, 그해의 시상에 대한 진술 중 참일 수 <u>없는</u> 것은?

〈시상규칙〉
○매년 물리화학, 유기화학, 분석화학, 무기화학의 네 분야에 대해서만 수여한다.
○봄, 여름, 가을, 겨울에 수여하며 매 계절 적어도 한 분야에 수여한다.
○각각의 분야에 매년 적어도 한 번 상을 수여한다.
○매년 최대 여섯 개까지 상을 수여한다.
○한 계절에 같은 분야에 두 개 이상의 상을 수여하지 않는다.
○두 계절 연속으로 같은 분야에 상을 수여하지 않는다.
○물리화학 분야에는 매년 두 개의 상을 수여한다.
○여름에 유기화학 분야에 상을 수여한다.

① 봄에 분석화학 분야에 수여한다.
② 여름에 분석화학 분야에 수여한다.
③ 여름에 물리화학 분야에 수여한다.
④ 가을에 무기화학 분야에 수여한다.
⑤ 겨울에 유기화학 분야에 수여한다.

13. 다음으로부터 바르게 추론한 것만을 〈보기〉에서 있는 대로 고른 것은?

(가)~(마)팀이 현재 수행하고 있는 과제의 수는 다음과 같다.
(가)팀: 0
(나)팀: 1
(다)팀: 2
(라)팀: 2
(마)팀: 3
이 과제에 추가하여 8개의 새로운 과제 a, b, c, d, e, f, g, h를 다음 〈지침〉에 따라 (가)~(마)팀에 배정한다.

〈지침〉
○어느 팀이든 새로운 과제를 적어도 하나는 맡아야 한다.
○기존에 수행하던 과제를 포함해서 한 팀이 맡을 수 있는 과제는 최대 4개이다.
○기존에 수행하던 과제를 포함해서 4개 과제를 맡는 팀은 둘이다.
○a, b는 한 팀이 맡아야 한다.
○c, d, e는 한 팀이 맡아야 한다.

〈보 기〉
ㄱ. a를 (나)팀이 맡을 수 없다.
ㄴ. f를 (가)팀이 맡을 수 있다.
ㄷ. 기존에 수행하던 과제를 포함해서 2개 과제를 맡는 팀이 반드시 있다.

① ㄱ   ② ㄴ   ③ ㄱ, ㄷ
④ ㄴ, ㄷ   ⑤ ㄱ, ㄴ, ㄷ

14. 다음으로부터 바르게 추론한 것은?

이번 학기에 4개의 강좌 〈수학사〉, 〈정수론〉, 〈위상수학〉, 〈조합수학〉이 새로 개설된다. 수학과장은 강의 지원자 A, B, C, D, E 중 4명에게 각 한 강좌씩 맡기려 한다. 배정 결과를 궁금해 하는 A~E는 다음과 같이 예측했다.

A: "B가 〈수학사〉 강좌를 담당하고 C는 강좌를 맡지 않을 것이다."
B: "C가 〈정수론〉 강좌를 담당하고 D의 말은 참일 것이다."
C: "D는 〈조합수학〉이 아닌 다른 강좌를 담당할 것이다."
D: "E가 〈조합수학〉 강좌를 담당할 것이다."
E: "B의 말은 거짓일 것이다."

배정 결과를 보니 이 중 한 명의 진술만 거짓이고, 나머지는 참임이 드러났다.

① A는 〈수학사〉를 담당한다.
② B는 〈위상수학〉을 담당한다.
③ C는 강좌를 맡지 않는다.
④ D는 〈조합수학〉을 담당한다.
⑤ E는 〈정수론〉을 담당한다.

15. 다음으로부터 바르게 추론한 것만을 〈보기〉에서 있는 대로 고른 것은?

신입사원 선발에서 어학능력, 적성시험, 학점, 전공적합성을 각각 상, 중, 하로 평가하여 총점이 높은 사람부터 선발하기로 하였다. 합격선에 있는 동점자는 모두 선발하기로 하고, 상은 3점, 중은 2점, 하는 1점을 부여하였다. 지원자 A, C, D의 평가 결과는 다음과 같았다.

	어학능력	적성시험	학점	전공적합성
A	중	상	중	상
C	상	중	상	상
D	하	하	상	상

문서 전달의 실수로 인사 담당자에게 B의 평가 결과가 알려지지 않았다. 그 대신에 다음 사실이 알려졌다.

○B가 선발되지 않고 C가 선발된다면, A는 선발된다.
○D가 선발되지 않을 경우, 나머지 세 명의 지원자는 선발된다.

〈보 기〉

ㄱ. A와 C는 반드시 선발된다.
ㄴ. 두 명을 선발하는 경우가 있다.
ㄷ. B는 상, 중, 하로 평가 받은 영역이 최소한 하나씩은 있다.

① ㄱ
② ㄴ
③ ㄱ, ㄷ
④ ㄴ, ㄷ
⑤ ㄱ, ㄴ, ㄷ

16. 다음으로부터 바르게 추론한 것만을 〈보기〉에서 있는 대로 고른 것은?

4개의 부서 A, B, C, D의 업무 역량을 평가하기 위해서 두 부서끼리 빠짐없이 한 번씩 서로 비교하려 한다. 이 업무 역량 평가는 매 평가마다 서로 다른 요인을 평가하기 때문에 평가 결과끼리는 서로 영향을 주지 않는다. 예를 들어, A가 B보다 우월하고 B가 C보다 우월하더라도 A가 C보다 반드시 우월하다고 할 수 없다. 두 부서의 업무 역량에 우열이 드러나면, 업무 역량이 더 나은 부서에 5점, 상대 부서에 0점을 부여한다. 두 부서의 업무 역량이 서로 동등하다고 평가되면, 두 부서 모두에 2점씩 부여한다. 평가 결과는 다음과 같았다.

A: 7점
B: 7점
C: 4점
D: 10점

─────〈보 기〉─────
ㄱ. A와 C의 비교에서 두 부서는 동등하다고 평가되었다.
ㄴ. B와 D의 비교에서 B가 더 나은 평가를 받았다.
ㄷ. A와 B의 비교에서 A가 더 나은 평가를 받았다는 정보를 추가하면 우열 관계에 대한 나머지 모든 결과를 알 수 있다.

① ㄱ
② ㄴ
③ ㄱ, ㄷ
④ ㄴ, ㄷ
⑤ ㄱ, ㄴ, ㄷ

17. 〈주장〉과 〈상황〉으로부터 바르게 추론한 것만을 〈보기〉에서 있는 대로 고른 것은?

〈주장〉
A: 최소한 체험적 이익(experiential interest)을 기대할 수 있다면 생명은 존중되어야 한다. 체험적 이익이란 어떤 행위를 통하여 느끼는 좋음이나 얻게 되는 만족을 말한다. 예컨대 먹거나 자거나 음악을 듣거나 숲을 산책하면서 느끼는, 경험에서 오는 만족이나 즐거움 등이 이에 속한다.

B: 생명가치의 존중은 자기결정권을 바탕으로 이루어져야 한다. 그런데 자기결정권을 행사할 수 없는 환자의 경우에는, 환자의 평소 가치관이나 신념들에 비추어 자기결정권 행사가 가능했었다면 그가 하였을 의사결정을 추정하여 대리 의사결정자가 환자의 자기결정권을 대신 행사할 수 있다. 만일 환자의 의사를 추정할 수 없다면 타인은 환자의 죽음을 앞당기는 결정을 해서는 안 된다.

C: 생명을 무조건 보존하는 것이 곧 생명에 대한 존중이라고 생각하는 것은 잘못이다. 생명은 인간 존엄성과 관련된 결정적 이익(critical interest)이 있거나 이를 기대할 수 있는 경우에 한하여 보호할 가치가 있다. 인간 존엄성은 개인의 정체성이나 삶의 정합성과 깊은 관련이 있다. 우리는 좋은 삶의 모습이 어떤 것인지에 대한 신념과 함께 그것을 이루고자 하는 소망을 가지고 있다. 우리는 자신의 삶이 그러한 신념들과 일관된 경험이나 성취들로 채워지기를 원하며, 그것들과 어긋나는 방식으로 삶이 끝나기를 원하지 않는다. 결정적 이익은 환자의 인격에서 비롯되므로 타인은 환자의 결정적 이익을 새롭게 만들어 낼 수 없으며, 이미 존재하는 결정적 이익이 있을 경우 이를 보호하는 결정을 내릴 수 있을 뿐이다.

〈상황〉
(1) 갑은 비정상적으로 뇌가 작고 뇌에 액체가 지나치게 많으며 척추가 심하게 튀어나오는 등 많은 신체적 결함을 가지고 태어났다. 즉시 수술을 하지 않으면 생명이 유지될 수 없다. 수술을 받으면 20대까지 생존할 가능성은 있다. 자각적 인지 능력은 기대할 수 없지만, 기초적인 쾌·불쾌만을 느끼며 타인에 의존하여 살아가는 것은 가능하다.

(2) 을은 알츠하이머 병 진단을 받고, 치매가 심각해지면 폐렴 등의 진단을 받더라도 어떤 치료도 받지 않겠다는 사전의료 지시서를 남겼다. 그 후 을은 병세가 악화되어 가족도 알아볼 수 없는 지경에 이르러 애초의 희망과 달리 "배고프다.", "목마르다."라고 말하며 생에 대한 애착을 보였다. 그런데 을은 갑작스러운 교통사고로 현재는 혼수상태에 있지만, 수술을 하면 생명 유지와 의식 회복은 가능한 상태이다.

─────〈보 기〉─────
ㄱ. A와 B는 상황(2)에서 수술 여부에 대하여 다르게 판단할 것이다.
ㄴ. B와 C는 상황(1)에서 수술 여부에 대하여 동일하게 판단할 것이다.
ㄷ. C는 상황(1)과 상황(2)에서 수술 여부에 대하여 동일하게 판단할 것이다.

① ㄱ
② ㄴ
③ ㄱ, ㄷ
④ ㄴ, ㄷ
⑤ ㄱ, ㄴ, ㄷ

18. 〈판단〉과 〈원칙〉에 대한 진술로 옳은 것만을 〈보기〉에서 있는 대로 고른 것은?

〈판단〉

A: 암환자의 극심한 고통을 감소시킨다는 좋은 결과를 위해 모르핀을 투여하는 행위는 기대수명을 단축하는 나쁜 결과를 낳을 수 있다. 다른 진통제의 효과가 없는 상황에서 암환자가 죽음이 임박한 상태라면 모르핀 투여 행위가 도덕적으로 허용될 수 있지만, 완치 확률이 높은 상태라면 도덕적으로 허용될 수 없다.

B: 생명을 구한다는 좋은 결과를 위해 신체 일부를 절단하는 행위는 불구가 된다는 나쁜 결과를 낳는다. 신체 일부를 절단하지 않으면 죽음에 이르게 될 확률이 대단히 높은 상황에서 신체 일부를 절단하는 행위는 도덕적으로 허용될 수 있지만, 약물치료를 통해 죽음을 피할 확률이 신체 일부를 절단해서 죽음을 피할 확률과 비슷하다면 도덕적으로 허용될 수 없다.

C: 어린이를 구하기 위해 달리는 자동차 앞으로 뛰어드는 행위는 어린이의 생명을 구한다는 좋은 결과를 의도한 행위이지만, 자신이 부상을 입거나 목숨을 잃는다는 나쁜 결과의 가능성도 있다. 급박한 상황에서 어린이를 구하기 위해 달리는 자동차 앞으로 뛰어드는 행위는 도덕적으로 허용될 수 있지만, 동일한 상황에서 어린이가 아니라 유기견을 구하기 위해 뛰어드는 행위는 도덕적으로 허용될 수 없다.

〈원칙〉

p: 의도된 좋은 결과가 일어날 확률이 예상되는 나쁜 결과가 일어날 확률보다 높아야 도덕적으로 허용될 수 있다.

q: 의도된 좋은 결과를 달성하면서 예상되는 나쁜 결과를 피할 수 있는 대안이 없어야 도덕적으로 허용될 수 있다.

r: 의도된 좋은 결과가 예상되는 나쁜 결과를 감수할 정도로 더 높은 가치를 가져야 도덕적으로 허용될 수 있다.

─────〈보 기〉─────

ㄱ. A에서 도덕적 허용 가능성의 차이를 낳는 원칙은 r이다.
ㄴ. B에서 원칙 p는 적용되지 않았다.
ㄷ. C에서 도덕적 허용 가능성의 차이를 낳는 원칙은 q이다.

① ㄱ   ② ㄷ   ③ ㄱ, ㄴ
④ ㄴ, ㄷ   ⑤ ㄱ, ㄴ, ㄷ

19. 다음 논쟁에 대한 평가로 적절하지 <u>않은</u> 것은?

갑: 법은 사회계약의 산물이다. 그런데 누가 자신의 생명을 빼앗을 수 있는 법에 동의하겠는가? 그 누구도 사형 받기를 의도하지 않는다. 사회계약은 각자가 자유의 최소한을 양도하여 법적 강제력을 형성하는 것인데, 사형은 자유의 최대한을 내놓으라고 강제하는 것이다. 그런 이유로 사회계약에 사형을 포함하는 것은 모순이다. 따라서 사형은 법에 의해 정당화될 수 없다.

을: 사형 받기를 의도했기 때문이 아니라 의도적으로 사형 당할 만한 행위를 실행했기 때문에 사형을 당하는 것이다. 법을 규정하는 공동입법자로서의 나는 그 법에 따라 처벌받는 나와 구별되어야 한다. 그래서 범죄자로서의 개별적 나는 비록 처벌받기를 원치 않는다 하더라도 공동입법자로서의 나, 즉 보편적 인간성으로서의 나는 처벌을 명해야 한다. 처벌은 범죄자가 갖고 있는 보편적 인간성에 대한 존중이기 때문이다.

병: 사형을 통해 죽는 것은 범죄자 개인뿐만 아니라 범죄자 안에서 처벌을 명하는 범죄자의 보편적 인간성이기도 하다. 보편적 인간성을 존중하는 일이 동시에 그것을 죽이는 것이라면 이는 모순이다. 범죄자의 보편적 인간성은 희생되어서는 안 되고 오히려 도덕적 자기반성을 위해 유지되어야 한다.

① "사회계약에 참여하는 사람들은 자신이 사형당할 만한 죄를 저지를 가능성을 염두에 두지 않는다."라는 주장은 갑의 논지를 강화한다.

② "살인범이 살인을 통해 자신의 인격도 침해되었다는 것을 깨닫는다면 그는 명예롭게 사형을 택할 것이다."라는 주장은 갑의 논지를 약화한다.

③ "살인을 함으로써 보편적 인간성을 희생시킨 범죄자는 자신의 보편적 인간성도 이미 죽인 것이다."라는 주장은 병의 논지를 약화한다.

④ "신체의 소멸을 통해서 보편적 인간성을 회복할 수 있다."라는 주장은 을의 논지를 강화하고 병의 논지를 약화한다.

⑤ "개별적 인간들에 공통적으로 귀속되는 것으로 여겨지는 보편적 인간성이란 허구일 뿐이다."라는 주장은 을과 병의 논지를 모두 약화한다.

2023 2022 2021 2020 2019 2018 2017 2016 2015 2014 2013

해커스 LEET 김우진 추리논증 기출문제 + 해설집

20. 글쓴이의 시각에서 〈갑의 주장〉을 비판한 진술로 가장 적절한 것은?

전족이란 여성의 발을 옥죄어 기형적으로 작게 만드는 관습으로 10세기 후반 중국에서 시작되어 20세기 초까지 존속했다. 일부 지배층에서 시작된 전족은 시간이 흐를수록 서민층에도 파급되었다. 이러한 현상을 이해하기 위해서는 전족을 당시 여성문화의 문제로 위치시키고 전족을 경험했던 사람들의 시선, 즉 내부자의 시선에서 바라볼 필요도 있다. 이때 여성이라 함은 남녀의 생리적 차이를 말하는 성(sex)이 아니라 특정한 역사적 국면에서 사회문화적으로 구성되는 역할인 젠더(gender)로서의 여성을 말한다. 전족 관습이 남아 있던 시절 남성은 전족의 아름다움을 찬미하고 여성의 성적인 매력을 높여 준다는 점에서 전족을 찬양했다. 이는 여성을 생활의 동반자가 아닌 쾌락의 제공자 내지 관상물로 인식했음을 의미한다. 19세기 후반 서양 선교사나 서구 문물의 영향을 받은 남성 지식인들이 전족을 미개의 상징이자 가부장적 사회의 봉건적 악습으로 비판했지만, 이 역시 외부자의 시선에서 전족을 보았다는 점에서는 동일하다. 당시 여성의 입장에서 전족은 생산 노동으로부터의 자유를 의미하였고, 도시의 세련됨과 부유한 생활의 상징이었다. 본인의 인내력과 정숙도, 그리고 가정교육의 정도를 반영해주는 것으로 여겨졌으며, 전족 경연대회가 말해주듯 전족은 당시 여성이 동경하던 이상이었다. 상류층의 여성들은 전족을 완성한 후에 전족을 하지 않는 여성들 위에 군림했다. 전족이 쇠퇴의 운명에 처하게 되었을 때 전족한 여성들은 주어진 '해방'을 기쁘게 받아들이지만은 않았고 자신의 '낙오된 발'에 절망하기도 했다. 전족에 관한 한 그 당시 여성은 피해자이면서 적극적인 행위자이기도 했던 셈이다.

〈갑의 주장〉

최근의 드라마나 쇼에는 작고 갸름한 얼굴, 잘록한 허리, 가는 팔과 긴 다리를 가진 젊은 여성이 짧은 치마와 하이힐 차림으로 등장한다. 많은 여성들이 이러한 모습을 닮기 위하여 고통스러운 다이어트를 감내하고 성형수술도 받는다. 그러나 여성들이 추구하는 이러한 아름다움에는 여성을 성적 대상으로 치부하는 남성의 시선이 투영되어 있으며, 그 이면에는 성을 상품화하는 문화산업의 자본 논리가 작동하고 있다. 이는 자연스러운 아름다움에 대한 건강한 인식을 왜곡한다.

① 자연스러운 아름다움을 여성이 추구해야 할 또 다른 이상으로 제시하는 것에 불과하므로 적절하지 않다.
② 왜곡된 남성의 시선이 아니라 오히려 그 피해자인 여성을 문제삼고 있으므로 적절하지 않다.
③ 가냘픈 외모가 여성이 자신을 실현하는 하나의 방식임을 간과하고 있으므로 적절하지 않다.
④ 여성을 바라보는 남성의 시선이 왜곡되었음을 전제하고 있으므로 적절하지 않다.
⑤ 젠더가 아닌 성의 구분으로서의 여성에 관한 것이므로 적절하지 않다.

21. (가)~(다)의 분석으로 옳지 <u>않은</u> 것은?

소크라테스: 라케스여! 용기는 무엇인가요?
라케스: ㉠ 용기는 영혼의 끈기입니다.
소: 당신은 용기가 아름다운 것들 가운데 하나라고 생각하시지요?
라: 가장 아름다운 것들 중의 하나라고 생각합니다.
소: 그런데 똑똑한 끈기가 아름답고 훌륭하지 않을까요?
라: 그야 물론입니다.
소: 똑똑하지 못한 끈기는 어떨까요? 앞의 것과 반대로 나쁜 결과를 낳고 해롭지 않을까요?
(가) 라: 네.
소: 그러면 당신은 나쁜 결과를 낳고 해로운 것이 아름답다고 말하시렵니까?
라: 아뇨, 그것은 옳은 말이 아닙니다.
소: 그렇다면 적어도 그런 종류의 끈기가 용기라고는 동의하시지 않겠네요? 용기는 아름다우니까요.
라: 맞는 말씀입니다.
소: 따라서 당신 말에 따르면 ㉡ 용기는 똑똑한 끈기가 되겠네요.
라: 그럴 것 같네요.

소: 그럼 봅시다. 돈을 투자함으로써 돈을 더 많이 벌게 되리라는 것을 알기에 똑똑한 방식으로 끈기 있게 계속 투자를 하는 사람은 어떤가요? 이 자를 용감한 사람이라고 당신은 부르나요?
(나) 라: 맙소사! 절대로 그렇게 부르지 않죠.
소: 환자가 먹을 것을 달라고 간청하지만, 의사는 지금 주면 건강에 해롭다는 것을 알고 있기에 굽히지 않고 끈기 있게 거절합니다.
라: 이것도 역시 결코 용기가 아니죠.

소: 이제 다른 경우를 봅시다. 두 사람의 군인이 있습니다. 한 사람은 똑똑한 계산 하에서, 즉 자신의 부대에 지원군이 올 것이라는 점 그리고 지금 자신의 군대가 더 유리한 지형을 점하고 있다는 것을 알면서 끈기 있게 버팁니다. 반면에 다른 한 사람은 반대편 군대에서 머물며 온갖 어려움 속에서 끈기 있게 버티면서 싸우고자
(다) 합니다. 누가 더 용감한가요?
라: 소크라테스여! 후자가 더 용감합니다.
소: 그렇지만 후자의 끈기는 전자의 끈기에 비교할 때 어리석은 것입니다.
라: 맞습니다.

– 플라톤, 『라케스』 –

① (가)에서 용기에 대한 라케스의 정의는 ㉠에서 ㉡으로 가면서 외연이 줄어들었다.
② (나)에서 소크라테스는 ㉡에 대한 반례를 제시하고 있다.
③ (나)에서 라케스가 동의한 내용에 따라 용기를 다시 정의한다면 그 정의는 ㉡보다 외연이 줄어들 것이다.
④ (다)에서 라케스가 대답한 내용은 ㉠과 양립할 수 없다.
⑤ (다)에서 라케스가 동의한 내용은 ㉡과 충돌한다.

22. (가)~(바)의 분석으로 옳지 <u>않은</u> 것은?

┌─ 그대가 다음 실수를 피하기를 나는 진심으로 바라노라.
│ 즉 우리 눈은 보기 위해 창조된 것이며
(가)
│ 또 우리 다리는 직립보행을 하도록
└─ 그렇게 생긴 것이라고 그대가 생각하지 말기를.

┌─ 사람들이 내세우는 이런 주장들은
│ 모두가 뒤집힌 추론으로 인해 앞뒤가 뒤바뀌어 있다.
(나)
│ 왜냐하면 우리 몸에서 시초을 목적으로 생겨난 것은
└─ 아무것도 없고, 생겨난 그것이 용도를 창출하기 때문이다.

┌─ 눈이 생겨나기 전에는 본다는 것은 없었고,
│ 혀가 생기기 전에는 단어로써 말한다는 것은 없었다.
│ 오히려 혀의 시초가 말보다 훨씬 앞서 있으며,
(다) 소리가 들리기 오래 전에 귀가 생겨났고,
│ 내 생각으로는 우리의 모든 신체적 지체가
│ 그 사용보다 먼저 있었도다.
└─ 따라서 이것들은 사용되기 위해 생겨난 것일 수 없다.

┌─ 빛나는 창들이 날아가기 오래 전에 이미 전투에서 맨손으로
│ 싸웠으며,
(라) 또 잔이 생기기 훨씬 전부터 갈증을 해소해 오지 않았던가.
│ 따라서 삶과 사용의 필요로부터 나온 것들은 모두
└─ 사용을 위해 발명된 것으로 믿을 수 있다.

┌─ 그러나 자신이 홀로 먼저 생겨나고
(마) 나중에 사용에 관한 개념을 낳은 것들은
└─ 이것들과는 완전히 다른 부류에 속한다.

┌─ 따라서 반복하노니, 우리의 감각기관들과 지체들이
(바) 그 사용을 위해서 창조되었다고
└─ 그대가 믿을 만한 이유가 전혀 없도다.

– 루크레티우스, 『사물의 본성에 관하여』 –

① (가)는 논증이 비판하고자 하는 견해를 제시하고 있다.
② (나)는 논증이 비판하고자 하는 견해가 인과 관계를 잘못 파악하고 있음을 지적하고 자신이 논증할 견해를 제시하고 있다.
③ (다)는 발생과 사용의 시간적 선후 관계를 이용해서 논증하고 있다.
④ (라)는 논증이 비판하고자 하는 견해가 설득력을 갖는 대상 영역을 제시하고 있다.
⑤ (마)는 (다)와 (라)가 양립할 수 없음을 지적함으로써 (바)가 옳음을 논증하고 있다.

23. A~D에 대한 진술로 옳지 <u>않은</u> 것은?

A: 강한 네트워크란 서로 간에 자주 만나며 많은 정보를 교환하고 정서적으로 친밀한 소수의 집단을 지칭한다. 대표적으로 가족, 친한 친구 등을 예로 들 수 있다. 강한 네트워크는 사람들의 삶에 많은 영향을 미치며, 취업 등과 같은 경우에도 실질적인 도움이 된다.

B: 취업동아리에 소속된 대학생들은 자주 만나 외국어 시험, 학점 취득, 취입 시험 등을 위해 함께 공부하고 많은 양의 취업 관련 정보를 공유함으로써 취업 준비의 효율성을 높여 취업 가능성을 높인다. 이들은 취업 준비라는 공식적인 목표를 위해 만났지만 신뢰관계가 형성되어 서로 정서적으로도 의존하는 가까운 사이가 되는 경향이 있다.

C: 취업동아리 회원들이 많은 정보를 공유하고 회원들 간에 친밀한 관계가 형성된다는 것은 인정한다. 하지만 학생 신분으로는 취업 기회를 얻는 데 실질적으로 도움이 될 만한 구인 정보를 특정 업계나 회사로부터 얻기 어렵다. 취업동아리가 공유하는 정보는 일반에게 공개된 정보를 재정리한 정도의 것이므로 취업 기회를 찾는 것과 거리가 있다. 또한 같은 분야를 희망하는 학생들이 모인 취업동아리의 경우, 그들이 공통으로 희망하는 기업체의 구인 정보를 접하는 순간 그들의 관계는 경쟁적으로 돌변하기도 한다. 오히려 어쩌다 한 번 방문할 뿐이지만 다양한 회사의 구인 정보를 가지고 있는 대학의 취업지원센터에서 자신의 희망과 상황에 맞는 회사들의 취업 정보 등을 얻는 경우가 많다.

D: 친한 친구는 이미 서로 잘 알고 있기 때문에 취업의 상황에서는 더 이상 실질적인 도움을 주고받지 못한다. 오히려 취업 기회를 찾는 데는 강한 네트워크보다 약한 네트워크가 더 큰 도움이 된다. 약한 네트워크는 접촉의 빈도가 낮고 정보의 교환도 많지 않지만, 느슨한 관계를 통해서 여러 집단을 연결하거나 확산시키는 위치에 있기 때문에 정보의 취득에 강점을 지닌다.

① A와 C는 강한 네트워크가 취업에 도움이 되는 정도에 대해서 다른 주장을 하고 있다.
② "병(病) 자랑은 하여라."라는 속담의 취지는 A보다 D에 더 적합하다.
③ B와 C는 취업동아리에서 얻는 취업 정보의 내용과 질에 대해 다르게 판단한다.
④ 객관적이고 투명한 공채 시험만으로 취업할 수 있는 분야를 준비하는 취업동아리의 사례는 C보다 B에 더 적합하다.
⑤ 가끔 만나는 먼 지인을 통해 취직이 성사되는 사례가 많다는 사실은 D를 강화하고 C를 약화한다.

24. A, B에 공통으로 필요한 전제만을 〈보기〉에서 있는 대로 고른 것은?

A: 많은 범죄예방 프로그램은 구체적인 목적을 가지고 특정한 대상(지역, 범죄유형, 시간대 등)에 한정하여 시행되며, 그 대상의 범죄감소를 목표로 한다. 하지만 범죄예방 프로그램들은 의도한 효과와 더불어 의도하지 않은 결과를 초래하기도 한다. 예를 들어, 어떤 지역에 적용된 범죄예방 프로그램으로 인해 그 지역의 범죄는 줄어들지만 동시에 그로 인해 다른 지역의 범죄가 증가하기도 한다. 야간 주거침입절도를 줄이기 위한 프로그램이 시행됨에 따라 낮 시간의 주거침입절도가 증가하기도 하며, 침입경보기를 설치하는 주택이 늘어나면 이를 설치하지 않은 주택의 범죄피해가 증가하기도 한다. 이처럼 특정 범죄예방 프로그램의 시행은 다른 지역이나 다른 표적, 혹은 다른 시간에 의도하지 않게 범죄의 증가를 가져오기도 한다. 범죄 발생이 범죄예방 활동에 반응하여 단순히 이동할 뿐이라면 전체적인 수준에서의 범죄율의 변화는 나타나지 않을 것이다.

B: 범죄자를 교도소에 구금하는 정책이 범죄자의 출소 후 재범을 막기는 어려울 수도 있지만, 적어도 교도소에 구금되어 있는 동안 그가 사회를 대상으로 범죄를 저지르는 것을 제한할 수는 있다. 나이가 많아지면 범죄를 더 이상 저지르지 않는 경우가 많기 때문에 대부분의 사람들의 범죄경력 기간은 제한된다. 따라서 한창 때의 범죄자를 교도소에 가둬 둘 경우 범죄기회를 줄일 수 있다. 범죄기회가 주어지는 기간이 짧을수록 그 기간만큼 범죄를 덜 저지르게 되고, 따라서 전체적인 범죄는 그들이 구금되지 않았다면 발생했을 만큼 감소할 것이다. 예를 들어 마약 남용자 200명이 1년 동안 교도소에 구금된다면 그들이 상당수의 범죄를 저지를 수 없어 1천 건의 노상강도, 4천 건의 주거침입절도, 1만 건의 상점절도, 3천 건 이상의 다른 범죄가 감소할 것이다.

─────────〈보 기〉─────────

ㄱ. 범죄자는 필요한 정보를 사용하여 자유의지에 의해 범죄행동을 선택할 수 있는 합리적 행위자이다.

ㄴ. 어떤 범죄자의 범행이 좌절되거나 억제되었을 때 다른 범죄자가 그 자리를 채워 범행을 하지 않는다.

ㄷ. 범죄자의 범행욕구는 비탄력적이어서 범죄자는 일정 기간 동안 일정한 정도의 범죄를 저지르도록 동기부여되어 있다.

① ㄱ   ② ㄷ   ③ ㄱ, ㄴ
④ ㄴ, ㄷ   ⑤ ㄱ, ㄴ, ㄷ

---

25. A, B와 〈조건〉으로부터 바르게 추론한 것만을 〈보기〉에서 있는 대로 고른 것은?

A: 표적의 매력성이란 범죄자가 범행대상(표적)을 원하는 정도, 그 대상을 가치 있다고 생각하는 정도를 의미한다. 이는 범행가능성과 범행거리(범죄자의 거주지와 범행 현장 간의 거리)를 결정할 때 고려하는 이익요소이다. 범죄자는 매력 있는 표적에 가치를 두기 때문에 그러한 표적이 있는 지역으로 이동하게 될 것이다. 범죄자가 표적의 매력성을 중시하는 정도가 강할수록 범행할 가능성이 높고, 범행을 위해서 더 먼 거리를 이동하는 경향이 있다. 매력성을 중시하는 경향은 범행의 계획성이 높을수록 그리고 전과가 많을수록 강해진다.

B: 검거위험성이란 범죄자가 범행을 결정할 때 고려하는 손해요소로서 범행가능성과 범행거리에 영향을 미친다. 범죄자들은 범행을 위해 자신의 집에서 비교적 가까운 거리를 이동하려고 하는 특성을 가지고 있지만, 자신의 집으로부터 아주 가까운 지역에서는 범행을 피하려 한다. 자신을 알아보는 사람들이 많아 범행이 발각될 가능성을 우려하기 때문이다. 따라서 범행을 가장 많이 하는 지역은 주로 범죄자의 집에서 약간 떨어진 곳에 위치하며, 범죄자의 거주지로부터 이 지점에 이를 때까지 범행의 빈도는 거리가 늘어남에 따라 증가하지만 이 지점을 넘어선 다음부터는 거리가 늘어남에 따라 범행 빈도가 감소한다. 또한 범죄자는 나이가 들수록 검거위험성을 표적의 매력성에 비해 더 많이 고려하는 경향이 있으며, 검거위험성을 매우 중시하면 검거위험성이 높다고 생각하는 곳에서는 표적의 매력성이 높더라도 범행을 하지 않는다.

〈조건〉
○ 다른 조건들이 동일할 때, 같은 유형의 범죄에서는 범행을 위한 이동 거리가 같다.
○ 재산범죄는 폭력범죄보다 계획성이 높다.
○ 범죄자는 자신의 거주지 근처의 지형에 대해 잘 알고 있다.

─────────〈보 기〉─────────

ㄱ. 젊은 절도범은 같은 동네에 거주하는 나이 든 성폭행범보다 범행거리가 더 길 것이다.

ㄴ. 현재 주거지에 오래 거주한 강도범의 범행거리는 다른 동네에서 갓 이사 온 강도범의 범행거리보다 더 길 것이다.

ㄷ. 검거위험성을 매우 중시하는 두 명의 강도범 중 전과가 많은 쪽이 전과가 적은 쪽보다 보안시스템이 아주 잘 된 은행을 대상으로 범행을 저지를 가능성이 높을 것이다.

① ㄴ   ② ㄷ   ③ ㄱ, ㄴ
④ ㄱ, ㄷ   ⑤ ㄱ, ㄴ, ㄷ

26. 다음 글에 비추어 바르게 판단한 것만을 〈보기〉에서 있는 대로 고른 것은?

우리가 의사결정을 할 때 선택의 결과가 미래에 나타나는 경우에는 선택에 따른 이익을 미리 정확히 아는 것이 불가능하다. 이때 실제로 실현된 이익이 기대했던 이익보다 작을수록 선택의 위험은 커진다. 이처럼 미래의 결과를 미리 알 수 없을 때는 기대이익과 위험을 동시에 고려해 의사결정을 해야 한다.

〈그림 1〉은 어떤 사람이 이러한 상황에서 여러 대안들을 놓고 어떤 선호관계를 갖는지를 보여준다. 〈그림 1〉에서 곡선 OE는 위험과 기대이익의 수준이 다르더라도 이 사람이 선호의 차이가 없다고 판단하는 대안들을 연결한 선이다. 따라서 이 사람에게 B와 C는 차이가 없는 대안들이 된다. 그리고 A와 B의 관계에서는 두 대안의 기대이익은 같지만 B의 경우 위험이 더 작으므로 B가 A보다 선호되며, A와 C의 관계에서는 두 대안의 위험은 같지만 C의 경우 기대이익이 더 크므로 C가 A보다 선호된다. 따라서 어느 대안이 다른 대안에 비해 더 큰 기대이익과 더 작은 위험을 동시에 갖는다면 이 대안은 그 다른 대안보다 선호된다. 한편 곡선 OE는 위험에 대한 이 사람의 태도도 알려준다. 이 사람은 기대이익을 X_2-X_1만큼 늘리려 할 때는 Y_2-Y_1의 추가적인 위험을 감수할 의사가 있다. 그리고 이 상태에서 동일한 크기의 기대이익(X_3-X_2)을 추가로 늘리기 위해 감수할 의사가 있는 추가적인 위험의 크기(Y_3-Y_2)는 이전에 비해 작다. 이처럼 기대이익의 크기가 커질수록 감수하려는 추가적인 위험의 크기가 줄어든다는 것은 이 사람이 위험을 기피하는 정도가 커짐을 의미한다.

〈그림 2〉는 위험에 대한 태도가 상이한 갑과 을 두 사람이 갖고 있는 기대이익과 위험 사이의 선호관계를 동시에 나타낸 것이다. 곡선 OP(실선)와 QR(점선)은 각각 갑과 을 두 사람이 차이가 없다고 판단하는 대안들을 연결한 선이다.

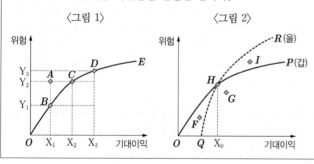

〈그림 1〉　　　　〈그림 2〉

──── 〈보 기〉────
ㄱ. 갑은 G보다 I를 선호한다.
ㄴ. 을은 F보다 H를 선호한다.
ㄷ. 기대이익이 X_0보다 큰 영역에서 갑보다 을이 더 위험기피적 태도를 보인다.

① ㄱ　　　　② ㄴ　　　　③ ㄱ, ㄷ
④ ㄴ, ㄷ　　　　⑤ ㄱ, ㄴ, ㄷ

27. 다음 글에 비추어 〈표〉를 바르게 해석한 것만을 〈보기〉에서 있는 대로 고른 것은?

K국에는 농산물 안전 관리를 위해 우수인증, 저농약인증, 유기농인증 제도가 있다. 우수인증은 농약, 중금속 등 위해 요소들이 기준치를 넘지 않게 관리한 농산물에, 저농약인증은 농약과 화학비료를 기준치의 절반 이하로 사용한 농산물에, 유기농인증은 농약과 화학비료를 전혀 쓰지 않은 농산물에 부여하는 인증이다.

아래의 〈표〉는 농산물 유통에 참여하는 각 주체들을 대상으로 그들이 각 유통 단계별로 거래 현장에서 실제 접하는 현재 가격과 그들이 적절하다고 생각하는 적정가격을 조사한 것인데, 숫자들은 각 유통 단계별로 일반 농산물 가격을 100으로 했을 때의 환산가격이다. 예를 들어 생산농의 경우 일반 농산물의 현재 판매가격이 2만원이고 우수인증 농산물의 현재 판매가격이 2만2천원이라면, 일반 농산물의 환산가격은 100, 우수인증 농산물의 환산가격은 110이 된다. 〈표〉를 통해 생산농은 인증 농산물들이 적정한 가격을 받지 못하고 있다고 보며, 우수인증 농산물의 현재 판매가격에 불만이 가장 크다는 것을 알 수 있다.

〈표〉

유통 참여 주체	가격	일반 농산물	우수인증 농산물	서농약 인증 농산물	유기농 인증 농산물
생산농	현재 판매가격	100	110	115	125
	적정 판매가격	100	122	124	130
도매상	현재 판매가격	100	105	105	131
	적정 판매가격	100	(가)	120	138
소매상	현재 판매가격	100	110	113	135
	적정 판매가격	100	112	126	140
소비자	현재 구매가격	100	110	113	135
	적정 구매가격	100	110	112	130

──── 〈보 기〉────
ㄱ. 소매상은 인증 농산물 중 우수인증 농산물의 현재 판매가격에 불만이 가장 크다.
ㄴ. 저농약인증 농산물과 유기농인증 농산물의 현재 가격 수준이 낮다는 데에 모든 유통 참여 주체들이 인식을 공유하고 있다.
ㄷ. 모든 유통 참여 주체들이 인증 농산물간 적정가격 서열에 대해 동일하게 판단하고 있다면 (가)에 들어갈 수 있는 숫자에 105가 포함된다.

① ㄱ　　　　② ㄷ　　　　③ ㄱ, ㄴ
④ ㄴ, ㄷ　　　　⑤ ㄱ, ㄴ, ㄷ

28. 다음 글에 비추어 판단한 것으로 적절하지 <u>않은</u> 것은?

과거 영국은 파운드화의 가치를 금에 고정시키는 금본위제를 운영했다. 원하는 사람에게 은행권을 금화로 교환해주어야 할 의무가 있었던 잉글랜드은행은 파운드화 가치의 안정을 위해 은행권의 발행량을 금보유량에 원칙적으로 연계시켰다. 그런데 1797년 가뜩이나 어려운 경제상황에 프랑스 군대의 본토 침공이 임박했다는 소문까지 겹치면서 은행권을 금화로 바꿔줄 것을 요구하는 사람들이 늘어났고, 중앙은행인 잉글랜드은행은 결국 ⊙ 금태환의 한시적 정지를 선언하였다.

이후 금화가 아닌 순수한 금, 곧 지금(地金)의 시장가격과 물가가 상승함에 따라 영국 의회는 조사위원회를 구성해 그 원인을 규명하려 했다. 이때 물가상승의 원인을 금태환의 정지에서 찾았던 '지금파'는 '금보유량에 비례하는 은행권 발행'이라는 규율원리가 깨짐으로써 잉글랜드은행이 은행권을 초과발행하게 되었고 이로 인해 물가가 올라갔다는 주장을 펼쳤다. 그러나 '반지금파'는 은행권의 경우 상거래 과정에서 사용된 우량어음을 매입해 주거나 이들 어음을 담보로 대출해 주는 방식으로 발행되므로 모든 은행권 발행의 배후에는 상거래와 실물경제 활동이 대응된다며, 은행권의 초과발행이란 있을 수 없다고 반박했다.

그런데 논쟁 과정에서 가장 돋보였던 사람은 헨리 손턴이었다. 그는 통화정책의 우선순위를 어디에 둘 것이며, 정책목표를 어떻게 달성할 것인가에 대한 체계적인 인식을 제공함으로써 물가상승의 원인을 놓고 벌어졌던 이 논쟁을 한 차원 높게 발전시켰다. 그는 파운드화 가치 안정에만 초점을 맞춘 정책에 비판적이었고 물가상승의 원인이 통화량 증가가 아닌 다른 것일 수 있음을 인정했던 점에서는 반지금파와 입장을 같이 했다. 하지만 그는 은행에 제시된 어음의 경우 과거 생산활동의 결과는 물론 미래의 수익성에 대한 사업가들의 기대에도 좌우되므로, 호황으로 기대가 낙관적인 상황에서 모든 우량어음에 대해 은행권을 제공하는 것은 미래의 추가적인 물가상승과 경기의 팽창으로 이어질 수 있다며 규율원리의 필요성을 인정했는데, 이 점에서는 지금파로 분류될 수도 있다. 하지만 그는 불황일 때는 중앙은행이 재량권을 가지고 경기 악화에 능동적으로 대응할 수 있어야 한다는 점도 함께 강조함으로써 지금파의 일면적 인식을 뛰어넘을 수 있었다.

① ⊙에 대한 손턴의 입장은 '지금파'보다 '반지금파'에 가까웠을 것이다.

② 당시에 극심한 흉년으로 곡물가가 상승했다면, '지금파'의 논지는 약화되고 '반지금파'와 손턴의 논지는 강화될 것이다.

③ 재산을 금융자산으로 보유한 사람들은 '지금파'를, 농산물을 판매해야 할 사람들은 '반지금파'의 주장을 지지했을 것이다.

④ 은행권 발행에 관한 중앙은행의 결정을 엄격한 원리에 의해 제약할 필요성은 '지금파'가 가장 강하게 인정하고, 다음으로 손턴, '반지금파'의 순서일 것이다.

⑤ 실물경제 활동이 부진한 상황에서 불황의 심화를 우려해 은행권을 사용하지 않고 보관하는 사업가들이 늘어났다면, 손턴의 논지는 약화되고 '지금파'의 논지는 강화될 것이다.

29. 다음 논증에 대한 분석으로 가장 적절한 것은?

"'과학의 힘'이란 사실상 '주술의 효력'과 비슷한 수준에서 평가될 수 있는 표현"이라고 주장하는 이들이 있다. 주술도 과학도 모두 특정 사회와 문화의 산물이라는 이유에서다. 그들은 아리스토텔레스의 운동이론보다 뉴턴의 운동이론을, 또는 창조론보다 다윈의 이론을 선호해야 할 이유를 자연 자체에서는 찾을 수 없다고 본다. 중세 유럽인이나 오스트레일리아 원주민의 자연관과 마찬가지로 과학이 제공하는 이론들도 특정 사회의 정치적, 경제적 목적과 결부된 문화적 산물일 뿐만 아니라 과학이론에 대한 평가 역시 특정한 사회적 배경의 제약을 벗어날 수 없다는 것이다. 그러나 과학과 사회의 관계에 관한 이런 주장은 두 가지 점에서 타당하지 않다. 먼저, 문학이나 예술과 마찬가지로 과학 역시 특정한 사회적 환경 속에 존재하는 개인이나 집단에 의해 산출되지만, 과학은 그런 개인의 특성이나 사회 환경에 의해 속박되지 않는다. 『햄릿』이나 「B단조 미사」는 셰익스피어와 바흐가 없었더라면 영원히 존재하지 않았겠지만 과학은 이와 다르다. 뉴턴이 어려서 죽는 바람에 1687년에 『프린키피아』가 저술되지 않았다고 해도 필시 다른 누군가가 몇 년 혹은 늦어도 몇십 년 뒤에 그 책에 담긴 역학의 핵심 내용, 즉 보편중력의 법칙과 운동 3법칙에 해당하는 것을 발표했을 것이다. 여러 명의 과학자가 같은 시기에 서로 독립적으로 동일한 과학적 발견에 도달하는 동시발견의 사례들이 이를 간접적으로 입증한다. 또 과학적 발견을 성취해 낸 과학자가 지닌 고유한 품성은 설령 그것이 그 발견에 중요한 역할을 한 경우라 해도 그 성과물이 일단 그의 손을 떠나고 난 뒤에는 과학자들의 연구 활동에 아무런 영향도 미치지 않는다. 둘째로, 근대 이후 과학이 확산된 모습을 보라. 16세기 이후 최근에 이르기까지 실질적으로 모든 과학적 발견은 유럽 문명의 울타리 안에서 이루어졌지만 그 열매인 과학 이론은 전 세계에 확산되어 활용되고 있다. 모든 문화권이 이렇게 과학을 수용한 것과 대조적으로 유럽의 정치체제나 종교나 예술이 그처럼 보편적으로 수용된 것은 아니다. 과학은 특정한 개인들이 특정한 문화 속에서 만든 것이지만 이처럼 개인과 문화를 초월하는 보편적인 것이다. 과학 이외에 이런 특성을 지니는 것은 없는 듯하다.

① 뉴턴의 과학적 성과가 역학의 몇몇 핵심 법칙에 국한되지 않고 『프린키피아』에 나타난 문체와 탐구정신 같은 요소들까지 포함한다고 보면 논증의 설득력은 커진다.

② 글쓴이는 과학과 사회적 배경의 관계를 평가할 때 과학 이론이 탄생하는 과정보다 그 이론이 수용되고 사용되는 맥락이 더 중요하다고 전제하고 있다.

③ 유럽의 정치체제나 사회사상이 유럽의 과학보다 먼저 세계의 다른 지역에 전파된 경우가 확인된다면 논증의 설득력은 약화된다.

④ 글쓴이는 과학적 업적의 탄생 과정에 과학자의 개인적 특성이나 문화적 환경은 영향을 미치지 않는다고 전제하고 있다.

⑤ 과학에서 동시발견이 이루어진 사례들이 특정 문화권에 국한되어 있음이 입증되는 경우 논증의 설득력은 커진다.

30. (가), (나)에 대한 평가로 적절하지 <u>않은</u> 것은?

(가) 법원이 허용할 수 있는 과학적 증거는 관련 과학자 집단 내에서 일반적으로 승인된 것이어야 한다. 특정 과학적 주장이 승인될 만한 것인지의 여부는 관련 과학자 집단의 논의를 거쳐서만 올바르게 평가될 수 있다. 과학자들은 특정 주장을 사실로 인정할 것인지 여부를 오랜 시간 비판적으로 검토하면서 자연스럽게 가능한 모든 반론을 따져 보게 된다. 이 과정에서 나중에 법정에서 원고와 피고 양측이 제기할 수 있는 쟁점이 효과적으로 미리 검토될 수 있다. 그러므로 법원은 과학적 증거의 채택 기준에 있어 관련 과학자 집단의 판단을 따름으로써 기준의 일관성과 증거의 신뢰성을 확보할 수 있다.

(나) 특정 사실 주장이 과학적 타당성을 갖는지 여부는 그것이 관련 과학자 집단에서 합의된 과학적 방법을 올바르게 적용하여 얻어졌는지에 의해 결정된다. 그러므로 법관은 법정에 제출된 사실 주장의 과학적 타당성을 과학적 방법의 기준을 적용하여 스스로 결정할 수 있다. 그런 다음 법원은 과학적 타당성을 갖는 것으로 판단한 사실 중에서 당해 사건의 실체적 진실 규명과 법적 판단에 도움을 줄 수 있는 것만을 과학적 증거로 채택하면 된다. 이는 과학적 증거의 승인 여부에 대한 법원의 판단이 관련 과학자 집단의 의견에 의해 좌우되지 않도록 보장함으로써 법적 판단의 독립성을 확보하는 데 도움을 준다.

① 법원이 관련 과학자 집단과 독립적으로 사실 주장의 과학적 타당성을 평가하여 확정하는 일은 법관에게 과중한 책임을 부과한다고 보는 견해는 (가)에 유리하다.

② 특정 약물이 기형아 출산을 일으킬 수 있는지 여부에 대한 관련 과학자 집단의 의견이 어떤 과학자 집단을 기준으로 판단하는지에 따라 달라질 수 있다는 견해는 (가)에 불리하다.

③ 특정 사실 주장이 법정에서 증거로 수용될지 여부에 대한 판단에서 제출된 사실의 과학적 타당성에 대한 판단과 그것의 사건 관련성에 대한 판단 모두 법원이 수행하는 것이 효율적이라는 견해는 (나)에 유리하다.

④ STR(Short-Tandem Repeats)을 활용한 유전자 감식 기법의 과학적 타당성이 관련 과학자 집단에서 수용되고 있더라도 법원은 기법이 올바로 적용되었는지 여부와 미숙련자에 의해 분석이 수행되었는지 여부도 판단해야 한다는 견해는 (나)에 불리하다.

⑤ 연탄 공장 인근에 사는 주민이 공장에서 날아온 분진 때문에 진폐증에 걸렸다는 점을 관련 과학자 집단이 모두 만족스럽게 여길 정도로 입증할 수 없더라도 제출된 과학적 증거가 주민의 진폐증을 다른 대안에 비해 더 잘 설명한다고 법원이 판단하면 연탄 공장의 손해배상책임을 인정할 수 있다는 견해는 (나)에 유리하다.

31. 다음 논증의 설득력을 약화하는 논거로 가장 효과적인 것은?

인간 복제 연구는 적극적으로 장려되어야 할 과제다. 그런데도 이 과제를 통해 인류에게 큰 혜택을 제공하게 될 이들이 자신들의 목적은 단지 연구용 줄기세포를 생산하는 것일 뿐 인간 복제의 의도가 없다고 둘러대고 있어 아쉽다. 그러다 보면 연구의 방향성과 추동력을 상실하고 고귀한 성취의 희망을 스스로 무산시키게 될 가능성이 있기 때문이다. 복제 연구를 훼방하는 최대 요소는 복제에 대한 그릇된 혐오와 그 효용에 대한 인식이 부족이다. 따지고 보면 인간 복제는 누군가의 쌍둥이 형제나 자매를 낳는 것과 다를 바 없는 일이다. 형제나 자매가 태어나도록 하는 일을 부자연스럽다거나 악하다고 할 이유가 없다. 다음 경우를 보면 판단은 분명해진다. 남편의 불임증 때문에 아이를 가질 수 없는 부부의 경우, 모르는 남성의 정자를 아내에게 인공수정하여 아이를 가지는 것과 부부 스스로의 힘으로, 즉 아내나 남편을 복제하여 아이를 가지는 것, 둘 중 어느 편이 나은가? 전자의 방식으로 태어난 아이는 훗날 자신의 '생물학적 부친'이 누군지 궁금해 할 것이고, 이 방식의 해결이 함축하는 가족 내부의 유전적 이질성은 결국 가정의 내적 결속을 와해할 가능성이 크다. 그러나 복제를 통해 태어난 아이는 모든 유전적 특성을 아내 혹은 남편으로부터 고스란히 물려받았기 때문에 이런 위험이 존재하지 않는다. 자녀 갖기를 포기하거나 다른 부모가 낳은 아이를 입양할 수도 있지만, 부부 스스로의 힘으로 자녀를 낳은 경우와 견줄 수는 없을 것이다. 불임 가정의 고통을 해소할 최선의 길을 열어준다는 점에서 인간 복제 연구는 우리 사회의 미래를 밝히는 중요한 희망이다.

① 가정의 결속을 위협할 것은 유전적 이질성이 아니라 복제로 태어난 아이가 부부 중 한 사람의 쌍둥이 형제이기도 한 까닭에 겪게 될 정체성 갈등이다.

② 연구개발 과정에서 희생되는 숱한 실험동물의 생명을 고려할 때 복제 연구를 비롯한 모든 의학 연구는 인간만을 위한 종(種) 이기주의적 행위에 불과하다.

③ 고유하고 독립적인 인격을 지닌 개체라는 점을 고려하면 복제 인간도 사회적, 법적 차원에서 보통 인간과 동등하게 존엄성을 지닌 존재로 취급되어야 할 것이다.

④ 사회 전체의 이익이라는 관점에서는 가정을 이룬 부부가 자녀 갖기를 거부하거나 포기하는 편보다 어떤 방식으로든 자녀를 갖는 편을 선택하도록 유도하는 것이 옳다.

⑤ 연구 과정에서 최초에 의도하지 않았던 과학적 업적이 이루어지는 일이 다반사라고 해도 연구목적을 명료하게 설정하는 것이 연구 효율성의 전제조건이라는 사실은 부정되지 않는다.

32. 다음 글로부터 추론한 것으로 옳은 것은?

제자리에서 높이뛰기를 하는 것보다 도움닫기를 한 후 높이뛰기를 할 경우 훨씬 더 높이 뛰어오를 수 있다. 그 이유를 물리학적으로 설명하면, 제자리높이뛰기를 하는 경우 우리 몸의 근육에 저장되어 있는 에너지가 위치에너지로 변환되지만, 도움닫기를 하는 경우에는 추가적으로 도움닫기 과정의 운동에너지가 위치에너지로 변환되기 때문이다. 이때 우리 몸의 질량, 도움닫기 시 달리는 속도, 중력가속도 및 뛰어오르는 높이를 사용하여 물리학적으로 물체의 운동에너지와 위치에너지를 정의할 수 있는데, 운동에너지는 질량에 속도 제곱을 곱한 양의 절반으로 정의되며, 위치에너지는 질량과 중력가속도, 그리고 높이의 곱으로 정의된다. 이상적인 상황에서 물체의 운동에너지가 모두 위치에너지로 변환된다면, 물체의 높이는 속도 제곱의 절반을 중력가속도인 $10m/s^2$로 나눈 값으로 나타낼 수 있다. 예를 들어 $10m/s$의 속도를 가진 물체의 운동에너지가 위치에너지로 변환될 경우 물체의 높이는 5m가 된다.

실제 상황에서는 운동에너지를 모두 위치에너지로 변환시킬 만큼 우리 몸의 근육과 뼈가 충분한 탄성과 강도를 지니고 있지 않고, 또한 마찰 등에 의한 에너지 손실이 있기 때문에 도움닫기로 얻어진 모든 운동에너지가 위치에너지로 변환되는 것은 아니다. 하지만 장대높이뛰기에서처럼 장대를 사용하게 되면 운동에너지를 위치에너지로 효율적으로 변환시킬 수 있기 때문에 같은 도움닫기를 하더라도 다리의 근육과 뼈를 이용한 일반적인 높이뛰기보다 더 높이 뛰는 것이 가능하다. 현재 장대높이뛰기의 세계기록은 6.14m이며 17명만이 6m 이상의 기록을 보유하고 있다고 알려져 있다.

① 같은 양의 운동에너지가 위치에너지로 변환된다면, 다른 모든 조건이 동일한 경우 중력가속도가 클수록 더 높이 뛸 수 있을 것이다.

② 뛰어오르기 직전의 달리기 속도가 $10m/s$ 이하인 경우, 근육으로부터 나오는 에너지의 양이 얼마든 상관없이 장대높이뛰기 세계기록은 갱신될 수 없을 것이다.

③ 높이뛰기에 사용되는 에너지가 오로지 도움닫기에 의한 운동에너지뿐이라면, 다른 모든 조건이 동일한 경우 질량이 작을수록 더 높이 뛸 수 있을 것이다.

④ 두 장대높이뛰기 선수의 도움닫기 속도 및 근육으로부터 나오는 에너지의 총량이 각각 서로 같다면, 다른 모든 조건이 동일한 경우 질량이 작은 선수가 뛸 수 있는 높이는 질량이 큰 선수가 뛸 수 있는 높이 이상일 것이다.

⑤ 도움닫기와 장대의 도움이 있어도 키 높이의 3~4배 정도만 뛰어 오를 수 있는 인간과 달리 일부 곤충이 도움닫기 없이도 자신의 몸 크기의 수십 배 이상을 뛰어오를 수 있는 이유는 이들 곤충의 질량이 인간보다 작기 때문이다.

33. 다음 글의 논지를 약화하는 것으로 가장 적절한 것은?

큰 눈은 긴 초점거리를 가지고 있기 때문에 망막에 상이 크게 맺힌다. 큰 상이 작은 상보다 더 많은 시각세포에 의해 처리되므로 눈이 클수록 예민한 시력을 가진다. 예민한 시력을 가지면 보다 짧은 시간에 장애물을 발견하고 회피할 수 있다. 장애물을 회피하지 못하면 치명적인 충돌사고로 이어진다. 따라서 최대 속도가 빠른 동물일수록 각종 장애물을 보다 짧은 시간에 효과적으로 회피하기 위해 큰 눈을 가진다.

① 먹이를 찾을 때는 다른 새들에 비해 느리게 날지만 먹이를 사냥하는 순간에는 장애물이 많은 곳이라도 순간적으로 아주 빠르게 나는 매의 경우, 비슷한 몸 크기를 가진 다른 새들에 비해 눈이 크다.

② 일반적으로 새를 포함하는 척추동물의 경우 몸이 클수록 더 큰 눈을 가지고 또한 이동속도도 빠르지만, 성장의 법칙에 따라 몸이 큰 척추동물일수록 눈의 크기는 몸 크기에 비해 상대적으로 작다.

③ 눈이 작으면 몸의 크기도 작아서 먼 거리를 이동할 때 에너지가 적게 들고, 이 때문에 눈의 크기가 작은 철새들이 눈의 크기가 큰 철새들보다 더 빠른 평균 이동속도로 먼 거리를 이동한다.

④ 날지 못하는 쪽으로 진화한 새들은 비슷한 몸 크기의 다른 새들에 비해 눈 크기가 작지만, 장애물이 많은 곳에서 빨리 달릴 수 있는 타조 같이 큰 눈을 가진 새들도 있다.

⑤ 매보다 최대 속도가 느린 새들 중에 눈이 매보다 더 큰 새들이 있지만, 상이 맺히는 망막 부분에 존재하는 시각세포는 이 새들보다 매가 더 많다.

34. 다음 글에 비추어 〈보기〉 A의 다리 감각을 검사한 결과로 가장 적절한 것은?

척수는 31개의 분절로 이루어져 있으며, 각 분절에서 좌우 한 쌍의 척수신경이 뻗어 나간다. 척수는 뇌의 기저부에서 시작하여 아래로 내려가면서 차례로 목척수, 가슴척수, 허리척수, 천골척수로 구분된다. 팔과 다리의 감각 신호는 척수를 따라 위쪽으로 이동하면서 최종적으로 뇌로 전달되는데, 팔에서 발생한 간가 신호는 목척수로, 다리에서 오는 신호는 주로 허리척수를 통해 뇌로 전달된다. 또 왼쪽 팔과 다리에서 발생한 신호는 오른쪽 뇌에서, 오른쪽 팔과 다리에서 발생한 신호는 왼쪽 뇌에서 인식된다. 이를 감각의 좌우교차라고 한다.

좌우교차는 어떤 종류의 감각이냐에 따라 교차되는 위치가 다르다. 팔과 다리의 피부를 통해 감지된 촉각은 척수로 입력되어 같은 쪽의 척수를 타고 뇌에 입력된 후 좌우교차가 일어나는 반면, 통증과 차가운 온도 감각은 입력되는 척수에서 좌우교차가 먼저 일어난 후 척수를 타고 뇌에 전달된다. 예를 들어 왼쪽 팔에 통증이나 차가운 온도에 해당하는 감각 신호가 주어지는 경우, 이 신호는 척수에 입력되는 부위인 목척수에서 좌우가 교차하여 오른쪽 척수를 타고 뇌로 전달된다. 반면, 왼쪽 팔에 가볍게 만지는 촉각 신호가 주어지는 경우, 감각 신호는 왼쪽 척수를 타고 올라가 뇌로 입력되고 뇌 안에서 좌우가 교차되어 인식된다.

〈보 기〉

A는 교통사고로 척수가 손상되었다. A는 사고 당시 의식을 잃지 않았으나 사고 직후 다리를 움직이지 못하였다. A의 척수 손상 위치를 확인하기 위해 MRI 검사를 시행한 결과 오른쪽 가슴척수가 절단되었음이 밝혀졌다. 그러나 왼쪽 척수는 전혀 손상되지 않았다.

① 왼쪽 다리를 핀으로 찌르자 아프다는 느낌이 있다.
② 왼쪽 다리를 얼음으로 문지르자 만지고 있다는 느낌이 있다.
③ 오른쪽 다리를 핀으로 찔러도 아프다는 느낌이 없다.
④ 오른쪽 다리를 얼음으로 문질러도 차갑다는 느낌이 없다.
⑤ 오른쪽 다리를 부드러운 솔로 문지르자 만지고 있다는 느낌이 있다.

35. 다음 글로부터 바르게 추론한 것만을 〈보기〉에서 있는 대로 고른 것은?

1860년대에 새로운 이론으로 널리 알려진 기체 운동 이론에 따라 클라우지우스가 계산한 바에 따르면, 상온에서 기체 입자들은 평균적으로 초속 수백 미터의 순간 속도로 움직인다. 하지만, 이 속도는 우리의 경험적 사실과는 맞지 않는다. 예를 들어, 방의 한 쪽 구석에서 향수병의 뚜껑을 열면, 향기가 방의 다른 쪽 구석까지 전달되는 데는 기체 입자들의 순간 속도로 계산한 것보다 훨씬 더 오랜 시간이 걸린다.

클라우지우스는 이를 다음과 같이 설명했다. 기체 입자들은 다른 기체 입자들과 빈번하게 충돌해서 방향을 바꿔가며 이동한다. 이로 인해 기체 입자들이 이동해야 하는 거리가 늘어나게 되므로 기체 입자들이 이동하는 데 더 많은 시간이 걸리게 된다. 이때 평균적으로 기체 입자들이 한 번 충돌하고 나서 다음 번 충돌할 때까지 움직이는 거리를 평균 자유이동거리라고 한다. 만일 기체 입자들의 크기가 유클리드의 점과 같이 0이라면 서로 충돌하지 않을 것이므로, 평균 자유이동거리라는 개념에는 기체 입자가 유한한 크기를 갖는다는 중요한 가정이 들어 있다. 결국 클라우지우스의 설명에 따르면 기체 입자는 크기를 가진 존재이며, 그 크기에 따라 기체 입자의 충돌 횟수와 평균 자유이동거리가 변하게 되는 것이다.

〈보 기〉

ㄱ. 다른 모든 조건이 동일하다면, 기체 입자들의 크기가 클수록 기체 입자들의 순간 속도의 평균은 클 것이다.
ㄴ. 다른 모든 조건이 동일하다면, 기체 입자들의 크기가 클수록 기체 입자들의 평균 자유이동거리는 짧을 것이다.
ㄷ. 다른 모든 조건이 동일하다면, 기체 입자들의 수가 많을수록 기체 입자들의 평균 자유이동거리는 길 것이다.

① ㄴ   ② ㄷ   ③ ㄱ, ㄴ
④ ㄱ, ㄷ   ⑤ ㄱ, ㄴ, ㄷ

정답 및 해설 p.110

해커스로스쿨

2023학년도 기출문제

성명

수험번호

⓪	⓪	⓪	⓪	⓪	⓪	⓪	⓪
①	①	①	①	①	①	①	①
②	②	②	②	②	②	②	②
③	③	③	③	③	③	③	③
④	④	④	④	④	④	④	④
⑤	⑤	⑤	⑤	⑤	⑤	⑤	⑤
⑥	⑥	⑥	⑥	⑥	⑥	⑥	⑥
⑦	⑦	⑦	⑦	⑦	⑦	⑦	⑦
⑧	⑧	⑧	⑧	⑧	⑧	⑧	⑧
⑨	⑨	⑨	⑨	⑨	⑨	⑨	⑨

문제유형

○ 홀수형   ○ 짝수형

감독관 확인

답란

문항	①	②	③	④	⑤	문항	①	②	③	④	⑤	문항	①	②	③	④	⑤	문항	①	②	③	④	⑤
1	①	②	③	④	⑤	11	①	②	③	④	⑤	21	①	②	③	④	⑤	31	①	②	③	④	⑤
2	①	②	③	④	⑤	12	①	②	③	④	⑤	22	①	②	③	④	⑤	32	①	②	③	④	⑤
3	①	②	③	④	⑤	13	①	②	③	④	⑤	23	①	②	③	④	⑤	33	①	②	③	④	⑤
4	①	②	③	④	⑤	14	①	②	③	④	⑤	24	①	②	③	④	⑤	34	①	②	③	④	⑤
5	①	②	③	④	⑤	15	①	②	③	④	⑤	25	①	②	③	④	⑤	35	①	②	③	④	⑤
6	①	②	③	④	⑤	16	①	②	③	④	⑤	26	①	②	③	④	⑤	36	①	②	③	④	⑤
7	①	②	③	④	⑤	17	①	②	③	④	⑤	27	①	②	③	④	⑤	37	①	②	③	④	⑤
8	①	②	③	④	⑤	18	①	②	③	④	⑤	28	①	②	③	④	⑤	38	①	②	③	④	⑤
9	①	②	③	④	⑤	19	①	②	③	④	⑤	29	①	②	③	④	⑤	39	①	②	③	④	⑤
10	①	②	③	④	⑤	20	①	②	③	④	⑤	30	①	②	③	④	⑤	40	①	②	③	④	⑤

성명

※ 필적 확인란에 다음의 문구를 정자로 기재하시오.

해커스로스쿨에서 눈부시게 빛날 여러분의 내일을 응원합니다.

필적
확인란

자르는 선

해커스로스쿨

2022학년도 기출문제

성명

수험번호

⓪	⓪	⓪	⓪	⓪	⓪	⓪
①	①	①	①	①	①	①
②	②	②	②	②	②	②
③	③	③	③	③	③	③
④	④	④	④	④	④	④
⑤	⑤	⑤	⑤	⑤	⑤	⑤
⑥	⑥	⑥	⑥	⑥	⑥	⑥
⑦	⑦	⑦	⑦	⑦	⑦	⑦
⑧	⑧	⑧	⑧	⑧	⑧	⑧
⑨	⑨	⑨	⑨	⑨	⑨	⑨

문제유형

○ 홀수형   ○ 짝수형

감독관 확인

답란

번호	1	2	3	4	5	번호	1	2	3	4	5	번호	1	2	3	4	5	번호	1	2	3	4	5
1	①	②	③	④	⑤	11	①	②	③	④	⑤	21	①	②	③	④	⑤	31	①	②	③	④	⑤
2	①	②	③	④	⑤	12	①	②	③	④	⑤	22	①	②	③	④	⑤	32	①	②	③	④	⑤
3	①	②	③	④	⑤	13	①	②	③	④	⑤	23	①	②	③	④	⑤	33	①	②	③	④	⑤
4	①	②	③	④	⑤	14	①	②	③	④	⑤	24	①	②	③	④	⑤	34	①	②	③	④	⑤
5	①	②	③	④	⑤	15	①	②	③	④	⑤	25	①	②	③	④	⑤	35	①	②	③	④	⑤
6	①	②	③	④	⑤	16	①	②	③	④	⑤	26	①	②	③	④	⑤	36	①	②	③	④	⑤
7	①	②	③	④	⑤	17	①	②	③	④	⑤	27	①	②	③	④	⑤	37	①	②	③	④	⑤
8	①	②	③	④	⑤	18	①	②	③	④	⑤	28	①	②	③	④	⑤	38	①	②	③	④	⑤
9	①	②	③	④	⑤	19	①	②	③	④	⑤	29	①	②	③	④	⑤	39	①	②	③	④	⑤
10	①	②	③	④	⑤	20	①	②	③	④	⑤	30	①	②	③	④	⑤	40	①	②	③	④	⑤

※ 필적 확인란에 다음의 문구를 정자로 기재하시오.

해커스로스쿨에서 눈부시게 빛날 여러분의 내일을 응원합니다.

필적 확인란

2021학년도 기출문제

해커스로스쿨

성명

	1	2	3	4	5
1	①	②	③	④	⑤
2	①	②	③	④	⑤
3	①	②	③	④	⑤
4	①	②	③	④	⑤
5	①	②	③	④	⑤
6	①	②	③	④	⑤
7	①	②	③	④	⑤
8	①	②	③	④	⑤
9	①	②	③	④	⑤
10	①	②	③	④	⑤

	1	2	3	4	5
11	①	②	③	④	⑤
12	①	②	③	④	⑤
13	①	②	③	④	⑤
14	①	②	③	④	⑤
15	①	②	③	④	⑤
16	①	②	③	④	⑤
17	①	②	③	④	⑤
18	①	②	③	④	⑤
19	①	②	③	④	⑤
20	①	②	③	④	⑤

답란

	1	2	3	4	5
21	①	②	③	④	⑤
22	①	②	③	④	⑤
23	①	②	③	④	⑤
24	①	②	③	④	⑤
25	①	②	③	④	⑤
26	①	②	③	④	⑤
27	①	②	③	④	⑤
28	①	②	③	④	⑤
29	①	②	③	④	⑤
30	①	②	③	④	⑤

	1	2	3	4	5
31	①	②	③	④	⑤
32	①	②	③	④	⑤
33	①	②	③	④	⑤
34	①	②	③	④	⑤
35	①	②	③	④	⑤
36	①	②	③	④	⑤
37	①	②	③	④	⑤
38	①	②	③	④	⑤
39	①	②	③	④	⑤
40	①	②	③	④	⑤

성명

수험번호

⓪	①	②	③	④	⑤	⑥	⑦	⑧	⑨

문제유형

○ 홀수형   ○ 짝수형

감독관 확인

※ 필적 확인란에 다음의 문구를 정자로 기재하시오.

해커스로스쿨에서 눈부시게 빛날 여러분의 내일을 응원합니다.

필적 확인란

해커스로스쿨

2020학년도 기출문제

성명

수험번호

⓪	⓪	⓪	⓪	⓪	⓪	⓪
①	①	①	①	①	①	①
②	②	②	②	②	②	②
③	③	③	③	③	③	③
④	④	④	④	④	④	④
⑤	⑤	⑤	⑤	⑤	⑤	⑤
⑥	⑥	⑥	⑥	⑥	⑥	⑥
⑦	⑦	⑦	⑦	⑦	⑦	⑦
⑧	⑧	⑧	⑧	⑧	⑧	⑧
⑨	⑨	⑨	⑨	⑨	⑨	⑨

문제유형

○ 홀수형   ○ 짝수형

감독관 확인

답란

문번	답란				
1	①	②	③	④	⑤
2	①	②	③	④	⑤
3	①	②	③	④	⑤
4	①	②	③	④	⑤
5	①	②	③	④	⑤
6	①	②	③	④	⑤
7	①	②	③	④	⑤
8	①	②	③	④	⑤
9	①	②	③	④	⑤
10	①	②	③	④	⑤
11	①	②	③	④	⑤
12	①	②	③	④	⑤
13	①	②	③	④	⑤
14	①	②	③	④	⑤
15	①	②	③	④	⑤
16	①	②	③	④	⑤
17	①	②	③	④	⑤
18	①	②	③	④	⑤
19	①	②	③	④	⑤
20	①	②	③	④	⑤
21	①	②	③	④	⑤
22	①	②	③	④	⑤
23	①	②	③	④	⑤
24	①	②	③	④	⑤
25	①	②	③	④	⑤
26	①	②	③	④	⑤
27	①	②	③	④	⑤
28	①	②	③	④	⑤
29	①	②	③	④	⑤
30	①	②	③	④	⑤
31	①	②	③	④	⑤
32	①	②	③	④	⑤
33	①	②	③	④	⑤
34	①	②	③	④	⑤
35	①	②	③	④	⑤
36	①	②	③	④	⑤
37	①	②	③	④	⑤
38	①	②	③	④	⑤
39	①	②	③	④	⑤
40	①	②	③	④	⑤

※ 필적 확인란에 다음의 문구를 정자로 기재하시오.

해커스로스쿨에서 눈부시게 빛날 여러분의 내일을 응원합니다.

필적 확인란

✂ 자르는 선

해커스로스쿨

2019학년도 기출문제

성명

수험번호

⓪ ① ② ③ ④ ⑤ ⑥ ⑦ ⑧ ⑨	⓪ ① ② ③ ④ ⑤ ⑥ ⑦ ⑧ ⑨	⓪ ① ② ③ ④ ⑤ ⑥ ⑦ ⑧ ⑨	⓪ ① ② ③ ④ ⑤ ⑥ ⑦ ⑧ ⑨	⓪ ① ② ③ ④ ⑤ ⑥ ⑦ ⑧ ⑨	⓪ ① ② ③ ④ ⑤ ⑥ ⑦ ⑧ ⑨	⓪ ① ② ③ ④ ⑤ ⑥ ⑦ ⑧ ⑨

문제유형

○ 홀수형   ○ 짝수형

감독관 확인

답란

문번	답란	문번	답란	문번	답란	문번	답란
1	① ② ③ ④ ⑤	11	① ② ③ ④ ⑤	21	① ② ③ ④ ⑤	31	① ② ③ ④ ⑤
2	① ② ③ ④ ⑤	12	① ② ③ ④ ⑤	22	① ② ③ ④ ⑤	32	① ② ③ ④ ⑤
3	① ② ③ ④ ⑤	13	① ② ③ ④ ⑤	23	① ② ③ ④ ⑤	33	① ② ③ ④ ⑤
4	① ② ③ ④ ⑤	14	① ② ③ ④ ⑤	24	① ② ③ ④ ⑤	34	① ② ③ ④ ⑤
5	① ② ③ ④ ⑤	15	① ② ③ ④ ⑤	25	① ② ③ ④ ⑤	35	① ② ③ ④ ⑤
6	① ② ③ ④ ⑤	16	① ② ③ ④ ⑤	26	① ② ③ ④ ⑤	36	① ② ③ ④ ⑤
7	① ② ③ ④ ⑤	17	① ② ③ ④ ⑤	27	① ② ③ ④ ⑤	37	① ② ③ ④ ⑤
8	① ② ③ ④ ⑤	18	① ② ③ ④ ⑤	28	① ② ③ ④ ⑤	38	① ② ③ ④ ⑤
9	① ② ③ ④ ⑤	19	① ② ③ ④ ⑤	29	① ② ③ ④ ⑤	39	① ② ③ ④ ⑤
10	① ② ③ ④ ⑤	20	① ② ③ ④ ⑤	30	① ② ③ ④ ⑤	40	① ② ③ ④ ⑤

※ 필적 확인란에 다음의 문구를 정자로 기재하시오.

해커스로스쿨에서 눈부시게 빛날 여러분의 내일을 응원합니다.

필적 확인란

해커스로스쿨

2018학년도 기출문제

성명

답란

1	① ② ③ ④ ⑤
2	① ② ③ ④ ⑤
3	① ② ③ ④ ⑤
4	① ② ③ ④ ⑤
5	① ② ③ ④ ⑤
6	① ② ③ ④ ⑤
7	① ② ③ ④ ⑤
8	① ② ③ ④ ⑤
9	① ② ③ ④ ⑤
10	① ② ③ ④ ⑤

11	① ② ③ ④ ⑤
12	① ② ③ ④ ⑤
13	① ② ③ ④ ⑤
14	① ② ③ ④ ⑤
15	① ② ③ ④ ⑤
16	① ② ③ ④ ⑤
17	① ② ③ ④ ⑤
18	① ② ③ ④ ⑤
19	① ② ③ ④ ⑤
20	① ② ③ ④ ⑤

21	① ② ③ ④ ⑤
22	① ② ③ ④ ⑤
23	① ② ③ ④ ⑤
24	① ② ③ ④ ⑤
25	① ② ③ ④ ⑤
26	① ② ③ ④ ⑤
27	① ② ③ ④ ⑤
28	① ② ③ ④ ⑤
29	① ② ③ ④ ⑤
30	① ② ③ ④ ⑤

31	① ② ③ ④ ⑤
32	① ② ③ ④ ⑤
33	① ② ③ ④ ⑤
34	① ② ③ ④ ⑤
35	① ② ③ ④ ⑤

수험번호

| ⓪ ① ② ③ ④ ⑤ ⑥ ⑦ ⑧ ⑨ |

문제유형

○ 홀수형   ○ 짝수형

감독관 확인

※ 필적 확인란에 다음의 문구를 정자로 기재하시오.

해커스로스쿨에서 누부시게 빛날 여러분의 내일을 응원합니다.

필적
확인란

해커스로스쿨

2017학년도 기출문제

성명

답란

	①	②	③	④	⑤		①	②	③	④	⑤		①	②	③	④	⑤		①	②	③	④	⑤
1	①	②	③	④	⑤	11	①	②	③	④	⑤	21	①	②	③	④	⑤	31	①	②	③	④	⑤
2	①	②	③	④	⑤	12	①	②	③	④	⑤	22	①	②	③	④	⑤	32	①	②	③	④	⑤
3	①	②	③	④	⑤	13	①	②	③	④	⑤	23	①	②	③	④	⑤	33	①	②	③	④	⑤
4	①	②	③	④	⑤	14	①	②	③	④	⑤	24	①	②	③	④	⑤	34	①	②	③	④	⑤
5	①	②	③	④	⑤	15	①	②	③	④	⑤	25	①	②	③	④	⑤	35	①	②	③	④	⑤
6	①	②	③	④	⑤	16	①	②	③	④	⑤	26	①	②	③	④	⑤						
7	①	②	③	④	⑤	17	①	②	③	④	⑤	27	①	②	③	④	⑤						
8	①	②	③	④	⑤	18	①	②	③	④	⑤	28	①	②	③	④	⑤						
9	①	②	③	④	⑤	19	①	②	③	④	⑤	29	①	②	③	④	⑤						
10	①	②	③	④	⑤	20	①	②	③	④	⑤	30	①	②	③	④	⑤						

수험번호

⓪	⓪	⓪	⓪	⓪	⓪	⓪	⓪
①	①	①	①	①	①	①	①
②	②	②	②	②	②	②	②
③	③	③	③	③	③	③	③
④	④	④	④	④	④	④	④
⑤	⑤	⑤	⑤	⑤	⑤	⑤	⑤
⑥	⑥	⑥	⑥	⑥	⑥	⑥	⑥
⑦	⑦	⑦	⑦	⑦	⑦	⑦	⑦
⑧	⑧	⑧	⑧	⑧	⑧	⑧	⑧
⑨	⑨	⑨	⑨	⑨	⑨	⑨	⑨

문제유형

○ 홀수형   ○ 짝수형

감독관 확인

※ 필적 확인란에 다음의 문구를 정자로 기재하시오.

해커스로스쿨에서 눈부시게 빛날 여러분의 내일을 응원합니다.

필적 확인란

해커스로스쿨

2016학년도 기출문제

성명

수험번호

⓪	①	②	③	④	⑤	⑥	⑦	⑧	⑨
⓪	①	②	③	④	⑤	⑥	⑦	⑧	⑨
⓪	①	②	③	④	⑤	⑥	⑦	⑧	⑨
⓪	①	②	③	④	⑤	⑥	⑦	⑧	⑨
⓪	①	②	③	④	⑤	⑥	⑦	⑧	⑨
⓪	①	②	③	④	⑤	⑥	⑦	⑧	⑨
⓪	①	②	③	④	⑤	⑥	⑦	⑧	⑨

문제유형

○ 홀수형   ○ 짝수형

감독관 확인

답란

1	① ② ③ ④ ⑤	11	① ② ③ ④ ⑤	21	① ② ③ ④ ⑤	31	① ② ③ ④ ⑤
2	① ② ③ ④ ⑤	12	① ② ③ ④ ⑤	22	① ② ③ ④ ⑤	32	① ② ③ ④ ⑤
3	① ② ③ ④ ⑤	13	① ② ③ ④ ⑤	23	① ② ③ ④ ⑤	33	① ② ③ ④ ⑤
4	① ② ③ ④ ⑤	14	① ② ③ ④ ⑤	24	① ② ③ ④ ⑤	34	① ② ③ ④ ⑤
5	① ② ③ ④ ⑤	15	① ② ③ ④ ⑤	25	① ② ③ ④ ⑤	35	① ② ③ ④ ⑤
6	① ② ③ ④ ⑤	16	① ② ③ ④ ⑤	26	① ② ③ ④ ⑤		
7	① ② ③ ④ ⑤	17	① ② ③ ④ ⑤	27	① ② ③ ④ ⑤		
8	① ② ③ ④ ⑤	18	① ② ③ ④ ⑤	28	① ② ③ ④ ⑤		
9	① ② ③ ④ ⑤	19	① ② ③ ④ ⑤	29	① ② ③ ④ ⑤		
10	① ② ③ ④ ⑤	20	① ② ③ ④ ⑤	30	① ② ③ ④ ⑤		

※ 필적 확인란에 다음의 문구를 정자로 기재하시오.

해커스로스쿨에서 눈부시게 빛날 여러분의 내일을 응원합니다.

필적
확인란

해커스로스쿨

2015학년도 기출문제

성명

수험번호

| ⓪ ① ② ③ ④ ⑤ ⑥ ⑦ ⑧ ⑨ |
| ⓪ ① ② ③ ④ ⑤ ⑥ ⑦ ⑧ ⑨ |
| ⓪ ① ② ③ ④ ⑤ ⑥ ⑦ ⑧ ⑨ |
| ⓪ ① ② ③ ④ ⑤ ⑥ ⑦ ⑧ ⑨ |
| ⓪ ① ② ③ ④ ⑤ ⑥ ⑦ ⑧ ⑨ |
| ⓪ ① ② ③ ④ ⑤ ⑥ ⑦ ⑧ ⑨ |
| ⓪ ① ② ③ ④ ⑤ ⑥ ⑦ ⑧ ⑨ |
| ⓪ ① ② ③ ④ ⑤ ⑥ ⑦ ⑧ ⑨ |

문제유형

○ 홀수형   ○ 짝수형

감독관 확인

답란

1	① ② ③ ④ ⑤	11	① ② ③ ④ ⑤	21	① ② ③ ④ ⑤	31	① ② ③ ④ ⑤
2	① ② ③ ④ ⑤	12	① ② ③ ④ ⑤	22	① ② ③ ④ ⑤	32	① ② ③ ④ ⑤
3	① ② ③ ④ ⑤	13	① ② ③ ④ ⑤	23	① ② ③ ④ ⑤	33	① ② ③ ④ ⑤
4	① ② ③ ④ ⑤	14	① ② ③ ④ ⑤	24	① ② ③ ④ ⑤	34	① ② ③ ④ ⑤
5	① ② ③ ④ ⑤	15	① ② ③ ④ ⑤	25	① ② ③ ④ ⑤	35	① ② ③ ④ ⑤
6	① ② ③ ④ ⑤	16	① ② ③ ④ ⑤	26	① ② ③ ④ ⑤		
7	① ② ③ ④ ⑤	17	① ② ③ ④ ⑤	27	① ② ③ ④ ⑤		
8	① ② ③ ④ ⑤	18	① ② ③ ④ ⑤	28	① ② ③ ④ ⑤		
9	① ② ③ ④ ⑤	19	① ② ③ ④ ⑤	29	① ② ③ ④ ⑤		
10	① ② ③ ④ ⑤	20	① ② ③ ④ ⑤	30	① ② ③ ④ ⑤		

※ 필적 확인란에 다음의 문구를 정자로 기재하시오.

해커스로스쿨에서 눈부시게 빛날 여러분의 내일을 응원합니다.

필적
확인란

해커스로스쿨

2014학년도 기출문제

성명

수험번호

| 0 1 2 3 4 5 6 7 8 9 |
| 0 1 2 3 4 5 6 7 8 9 |
| 0 1 2 3 4 5 6 7 8 9 |
| 0 1 2 3 4 5 6 7 8 9 |
| 0 1 2 3 4 5 6 7 8 9 |
| 0 1 2 3 4 5 6 7 8 9 |
| 0 1 2 3 4 5 6 7 8 9 |

문제유형

○ 홀수형 ○ 짝수형

감독관 확인

성명

답란

1	① ② ③ ④ ⑤
2	① ② ③ ④ ⑤
3	① ② ③ ④ ⑤
4	① ② ③ ④ ⑤
5	① ② ③ ④ ⑤
6	① ② ③ ④ ⑤
7	① ② ③ ④ ⑤
8	① ② ③ ④ ⑤
9	① ② ③ ④ ⑤
10	① ② ③ ④ ⑤
11	① ② ③ ④ ⑤
12	① ② ③ ④ ⑤
13	① ② ③ ④ ⑤
14	① ② ③ ④ ⑤
15	① ② ③ ④ ⑤
16	① ② ③ ④ ⑤
17	① ② ③ ④ ⑤
18	① ② ③ ④ ⑤
19	① ② ③ ④ ⑤
20	① ② ③ ④ ⑤
21	① ② ③ ④ ⑤
22	① ② ③ ④ ⑤
23	① ② ③ ④ ⑤
24	① ② ③ ④ ⑤
25	① ② ③ ④ ⑤
26	① ② ③ ④ ⑤
27	① ② ③ ④ ⑤
28	① ② ③ ④ ⑤
29	① ② ③ ④ ⑤
30	① ② ③ ④ ⑤
31	① ② ③ ④ ⑤
32	① ② ③ ④ ⑤
33	① ② ③ ④ ⑤
34	① ② ③ ④ ⑤
35	① ② ③ ④ ⑤

※ 필적 확인란에 다음의 문구를 정자로 기재하시오.

해커스로스쿨에서 눈부시게 빛날 여러분의 내일을 응원합니다.

필적 확인란

✂ 자르는 선

👿 해커스로스쿨

2013학년도 기출문제

성명

👿 해커스로스쿨

답란

1	① ② ③ ④ ⑤
2	① ② ③ ④ ⑤
3	① ② ③ ④ ⑤
4	① ② ③ ④ ⑤
5	① ② ③ ④ ⑤
6	① ② ③ ④ ⑤
7	① ② ③ ④ ⑤
8	① ② ③ ④ ⑤
9	① ② ③ ④ ⑤
10	① ② ③ ④ ⑤

11	① ② ③ ④ ⑤
12	① ② ③ ④ ⑤
13	① ② ③ ④ ⑤
14	① ② ③ ④ ⑤
15	① ② ③ ④ ⑤
16	① ② ③ ④ ⑤
17	① ② ③ ④ ⑤
18	① ② ③ ④ ⑤
19	① ② ③ ④ ⑤
20	① ② ③ ④ ⑤

21	① ② ③ ④ ⑤
22	① ② ③ ④ ⑤
23	① ② ③ ④ ⑤
24	① ② ③ ④ ⑤
25	① ② ③ ④ ⑤
26	① ② ③ ④ ⑤
27	① ② ③ ④ ⑤
28	① ② ③ ④ ⑤
29	① ② ③ ④ ⑤
30	① ② ③ ④ ⑤

31	① ② ③ ④ ⑤
32	① ② ③ ④ ⑤
33	① ② ③ ④ ⑤
34	① ② ③ ④ ⑤
35	① ② ③ ④ ⑤

수험번호

| ⓪ ① ② ③ ④ ⑤ ⑥ ⑦ ⑧ ⑨ |
| ⓪ ① ② ③ ④ ⑤ ⑥ ⑦ ⑧ ⑨ |
| ⓪ ① ② ③ ④ ⑤ ⑥ ⑦ ⑧ ⑨ |
| ⓪ ① ② ③ ④ ⑤ ⑥ ⑦ ⑧ ⑨ |
| ⓪ ① ② ③ ④ ⑤ ⑥ ⑦ ⑧ ⑨ |
| ⓪ ① ② ③ ④ ⑤ ⑥ ⑦ ⑧ ⑨ |
| ⓪ ① ② ③ ④ ⑤ ⑥ ⑦ ⑧ ⑨ |

문제유형

○ 홀수형   ○ 짝수형

감독관 확인

※ 필적 확인란에 다음의 문구를 정자로 기재하시오.

해커스로스쿨에서 눈부시게 빛날 여러분의 내일을 응원합니다.

필적
확인란

해커스 LEET

김우진
추리논증

기출문제+해설집

개정 2판 2쇄 발행 2024년 6월 3일
개정 2판 1쇄 발행 2023년 1월 2일

지은이	김우진
펴낸곳	해커스패스
펴낸이	해커스로스쿨 출판팀

주소	서울특별시 강남구 강남대로 428 해커스로스쿨
고객센터	1588-4055
교재 관련 문의	publishing@hackers.com
학원 강의 및 동영상강의	lawschool.Hackers.com

ISBN	979-11-6880-835-5 (13360)
Serial Number	02-02-01

합격을 꿈꾼다면,
해커스로스쿨 lawschool.Hackers.com

ͲͲ 해커스로스쿨

• 해커스로스쿨 스타강사 김우진 교수님의 **본 교재 인강**(교재 내 할인쿠폰 수록)

로스쿨로 향하는 **첫 시작,**

해커스로스쿨과 함께해야
입학이 빨라집니다.

법학적성시험 대비 최신개정판

해커스 **LEET**

김우진
추리논증

기출문제+해설집

정답 및 해설

해커스 LEET

김우진
추리논증

기출문제+해설집

정답 및 해설

2023학년도 기출문제 정답 및 해설

LEET 전문가의 총평

- 법학 영역의 문항은 법학 일반, 법철학, 공법, 사법, 윤리학 등 소재를 다양화하였고, 인문학 영역의 문항들은 지식이나 규범과 관련된 원리적 토대를 다루거나 예술, 경제학, 사회학, 물리학, 화학 등의 영역 내용이 융합되는 방식의 내용을 담고 있다. 그리고 추리 영역보다 논증 영역이 더 높은 비중으로 출제되었다.
- 난이도는 작년도와 유사하게 나타나 23.3 정도의 원점수 평균이 되었다. 법학 관련 제재가 11문제로 줄고 인문학이 14문제로 소폭 증가하여 출제되었다. 수리적 사고가 포함된 문제는 법학 4문항, 사회과학 2문항, 수리추리 1문항, 과학기술 1문항으로 예년과 비슷한 분량으로 출제되었다. 인문학에서는 논리학 제재가 2문항 포함되었으며 자연과학 영역의 제시문은 생물학, 의학뿐 아니라 물리학, 화학 등의 소재도 포함되어 출제되었다.
- 2023학년도 기출문제의 각 문항을 이원분석표에 따라 구분하면 다음과 같다.

인지 활동 유형 / 추리의 내용 영역	추리			논증			인지 활동 유형 / 논증의 내용 영역
	언어 추리	모형 추리		논증 분석	논쟁 및 반론	평가 및 문제 해결	
		수리	논리 게임				
논리학·수학		31	32, 33, 34				논리학·수학
인문	16, 24			12, 17, 19, 23, 25	13, 14, 15, 18, 20	21, 22	인문
사회	30			26		27, 28, 29	사회
과학기술	35, 36, 38, 39, 40					37	과학기술
법·규범	1, 4, 5, 7, 8, 10			11	2,3,6	9	법·규범

정답

p.16

01	02	03	04	05	06	07	08	09	10
①	⑤	④	②	②	⑤	②	④	②	④

11	12	13	14	15	16	17	18	19	20
③	①	③	①	④	①	①	②	③	③

21	22	23	24	25	26	27	28	29	30
②	③	⑤	④	①	①	②	①	①	⑤

31	32	33	34	35	36	37	38	39	40
⑤	⑤	②	②	④	④	②	④	①	③

해설

01 ①
난이도 ★☆☆☆☆

유형 언어 추리 – 법·규범

해설 ㄱ. (X) A법 제2조 제4항에 따르면 근로자일 경우에만 노동조합에 가입할 수 있다. 그런데 갑은 사용자로부터 근로의 대가로 계속적·정기적인 금품을 받는 자를 근로자로 보고 있다. 따라서 갑에 의하면 요청이 있을 때에만 수수료를 받는 자는 근로자로 볼 수 없다. 한편 병에 의하면 일시적으로 실업이나 구직 중인 자도 노동3권을 보장할 필요성이 있는 한 근로자로 인정되기 때문에 요청이 있을 때에만 수입이 발생한다고 해서 노동조합에 가입할 수 없다고 단정할 수 없다.

ㄴ. (O) 계속적·정기적인 금품을 받지 않기 때문에 갑에 의하면 노동조합에 가입할 수 있는 근로자가 아니다. 그러나 을에 의하면 근로의 대가로 계속적·정기적인 금품을 받지 않더라도 성과에 따른 수수료를 받는 자 또한 근로자에 해당하므로 노동조합에 가입할 수 있다.

ㄷ. (X) 병에 의하면 일시적으로 실업 상태에 있는 자라도 노동3권을 보장할 필요성이 있는 경우 근로자로 인정되기에 노동조합에 가입할 수 없다고 단정할 수 없다.

02 ⑤
난이도 ★★★☆☆

유형 논쟁 및 반론 – 법·규범

해설 ㄱ. (O) [A법] 제3조에 대해 <주장>에서는, 판결 기각의 이유를 기재하지 않는 것이 대법원의 재량에 속하는 선택 사항이라고 진술하고 있다. 그러나 국민의 재판을 받을 권리가 재판이라는 국가적 행위를 청구하는 권리이기에 이 청구권에 대법원이 국민의 청구에 응할 의무와 성실히 답할 의무가 포함된다는 것은 <주장>에 대한 반대 논거가 될 수 있다.

ㄴ. (O) 제2조에 대해 <주장>에서는, 대법원의 존재 목적이 모든 사건에 대해 재판받을 기회 보장이 아니기에 상고 이유가 적절하지 않다고 판단하여 대법원의 재량으로 재판 기각이 가능하다고 하였다. 그리고 제3조에 대해서도 판결 이유 기재가 필수는 아니라고 하였다. 그런데 국민의 재판을 받을 권리가 재판절차 등에 대한 접근성 및 공정성 보장을 주된 내용으로 하여 기회 보장적 성격을 가진다는 것과, 대법원 판결의 정당성이 판결 근거 제시에 의해 좌우된다는 것은 <주장>에 대한 반대 논거가 될 수 있다.

ㄷ. (O) 판결의 논증 과정이 사실상 국민의 사안 해석과 규범적 평가의 판단기준으로 기능하기에 대법원이 재판을 기각하여 논증 자체를 하지 않는 것과 기각 이유를 기재하지 않는 것이 옳지 않다는 것은 <주장>에 대한 반대 논거가 될 수 있다.

03 ④
난이도 ★★★☆☆

유형 논쟁 및 반론 – 법·규범

해설 ㄱ. (X) 갑은 형사절차에서의 '객관적 진실'을 강조하며 판사의 직접적인 증거 수집이나 조사가 가능하다고 보기에 객관적 진실을 알기 위해서라면 범죄 조사의 구속기간 연장 횟수 제한을 없애자는 개정안에 찬성할 가능성이 있다. 그러나 병은 판사가 직접적으로 진실발견의 과정에 개입하는 것은 바람직하지 않으며 판사에게는 그저 인권침해가 발생하지 않도록 하는 역할과 의무가 있다고 보는 입장이기에 구속기간 연장 횟수 제한을 없애자는 개정안에 대해 인권침해의 위험이 있다는 이유에서 반대할 가능성이 더 크다.

ㄴ. (O) 을은 형사절차에서의 '절차를 통한 진실'을 강조하며 법정 진실 다툼에 있어서 누구에게나 공정한 형사절차 기회가 보장되어야 한다는 입장이다. 따라서 적법한 절차를 위반하여 수집된 증거는 인정하지 않을 것이기에 해당 법원칙에 찬성할 수 있다. 그러나 갑은 적법한 절차를 위반하여 수집된 증거라도 객관적 진실을 밝힐 수 있다면 인정할 수 있다는 입장이다. 따라서 해당 법원칙에 반대할 가능성이 더 크다.

ㄷ. (O) 을은 형사절차에서의 '절차를 통한 진실'을 강조하며 공정한 형사절차 기회 보장을 주장하는 입장이므로 절차적 정당성을 강조하는 해당 법원칙에 찬성할 것이다. 병 또한 판사가 피고인의 인권침해가 발생하지 않도록 감시하는 역할과 의무를 가진다고 볼 것이므로 피고인이 부재한 채로 재판이 진행되어서는 안 된다는 해당 법원칙에 찬성할 것이다. 그리고 병은 형사절차 내 진실발견의 과정은 전적으로 사건 당사자들에게 맡겨진 것이고, 형사절차 진행 과정에 있어서 판사의 재량과 직접적 개입은 정당하지 못하다고 본다는 점에서 해당 법원칙이 '특별한 규정이 없으면'을 언급한 점도 찬성할 것이다.

04 ②
난이도 ★★★★☆

유형 언어 추리 – 법·규범

해설 ㄱ. (X) 감사청구를 한 시민은 을이 아니라 갑이다. 을은 연대 서명자 중 하나일 뿐이다. 따라서 감사청구자인 갑이 지방정부의 장을 상대로 소송을 제기할 수 있는 것이지 연대 서명자인 을이 시민소송을 제기할 수 있는 것은 아니다. 을은 갑이 사망하였을 경우에, 시민소송절차를 이어받을 수 있을 뿐이다.

ㄴ. (X) 시민소송은, 해당 지방정부의 장이 감사청구에 대한 행정부장관의 조치 요구를 성실히 이행하지 않았을 경우, 그 감사를 청구한 사항과 관련이 있는 위법한 행위나 업무를 게을리한 사실에 대하여 해당 감사청구자가 제기할 수 있는 것이다. 따라서 병은 지방정부의 장의 공금 지출 자체가 공익을 해쳤다는 이유로는 시민소송을 제기할 수 없고, 지방정부의 장이 감사청구에 대한 행정부장관의 조치 요구를 성실히 이행하지 않았거나, 그 감사청구한 사항과 관련이 있는 위법한 행위나 업무를 게을리한 사실에 대해서만 시민소송을 제기할 수 있다.

ㄷ. (O) 시민 정은 지방정부의 장에게 적법하게 감사청구를 하였고, 이에 대해 행정부장관의 조치가 있었으나 지방정부의 장이 이를 이행하지 않은 것에 대해 시민소송을 제기한 것이므로 적절하다.

05 ②

난이도 ★★★☆☆

유형 언어 추리 – 법·규범

해설 ㄱ. (X) 제2조에 의해 갑은 주류판매로 영업정지 1개월(2019. 6. 20.)을 받을 것이고, 이에 대한 제재처분의 효과는 1년간 양수인에게 미친다(2020. 6. 20.까지). 그런데 을이 갑의 영업을 양수한 시점은 2020. 6. 30.이므로 그 효과가 미치지 않는다. 따라서 을은 접대부 고용 1차위반, 주류판매 1차위반이 된다. 이때 행정청은 가.에 의해 두 처분 중 가장 무거운 것 하나를 을에게 적용하여야 하고, 이로 인해 을은 영업정지 2개월에 처해질 것이다.

ㄴ. (O) 병은 2020. 3. 15.에 호객행위로 인해 시정명령을 받았는데, 이에 대한 제재처분 효과 종료 전에 추가로 호객행위를 하여 2차위반 처분을 받았을 것이다. 또한 2020. 5. 30.에 또 호객행위를 하여 3차위반 처분을 받았을 것이므로 나.에 의해 두 위반행위에 의한 제재처분마다 처분기준의 2분의 1씩을 더한 다음 이를 모두 합산하여 처분된다. 따라서 병의 영업정지 기간의 합은 2차위반 영업정지 10일 × 1.5, 3차위반 20일 × 1.5의 합인 45일이 된다.

ㄷ. (X) 정의 2019. 5. 10.의 영업정지에 관한 제재처분의 효과는 제2조에 의해 2020. 5. 10.까지 양수인인 무에게 미친다. 그리고 정은 2020. 5. 5. 접대부 고용 적발로 제재처분을 하기 위한 절차가 진행되는 과정 중에 무에게 양수하였고, 무는 이러한 사실을 모르고 있었기에 제2조에 따라 무에게는 접대부 고용으로 인한 제재처분 절차가 계속되지 않는다. 그리고 무가 2020. 5. 15. 주류판매로 적발된 사항에 대해서는 앞선 제재처분의 효과일인 2020. 5. 10.이 지났으므로 그 효과가 미치지 않아 1차위반 적발이 되어 영업정지 1개월의 처분에 해당할 것이다.

06 ⑤

난이도 ★☆☆☆☆

유형 논쟁 및 반론 – 법·규범

해설 ㄱ. (O) 제1조에서 '학내'가 학교의 물리적 공간에서 일어난 행위를 대상으로 하게 될 경우, 비물리적 공간인 SNS에 게시한 것은 '학내'가 아니므로 징계할 수 없다. 따라서 이는 징계를 반대하는 논거가 된다.

ㄴ. (O) 갑은 체벌 사건의 내용을 시민의 알권리를 위해 게시한 것이므로 공익을 위한 표현으로 볼 수 있고, 그러한 표현의 자유는 제한 없이 보장되어야 한다면, 이는 징계를 반대하는 논거가 된다.

ㄷ. (O) 수업시간 동안의 학생의 모든 활동을 학내 활동으로 간주해야 할 경우, 실시간 원격수업 중의 활동도 학내 활동이 된다. 따라서 제1조 제1항의 대상이 될 수 있으므로 징계를 찬성하는 논거가 된다.

07 ②

난이도 ★★★☆☆

유형 언어 추리 – 법·규범

핵심 체크 · 견해1: 「범죄처벌법」 제2조의 '2년 이내'에 있어서 기간 2년을 계산하는 시작점은 형의 집행 종료일 다음날이 된다. 따라서 2017. 9. 17.에 갑의 형집행이 종료되었기에 2017. 9. 18.이 기간 2년을 계산하는 시작점이 되어서 2019. 9. 18.에 제2조(반복범) 규정 적용 기간이 종료된다고 보아야 한다. 그런데 갑은 2019. 9. 17.에 절도를 저질렀으므로 제2조(반복범) 가중처벌을 받아 징역 2년 이상 30년 이하에 해당한다.

· 견해2: 「범죄처벌법」 제2조의 '2년 이내'에 있어서 기간 2년을 계산하는 시작점은 종료 당일도 포함된다. 따라서 2017. 9. 17.에 갑의 형집행이 종료되었기에 2017. 9. 17.이 기간 2년을 계산하는 시작점이 되어서 2019. 9. 17.에 제2조(반복범) 규정 적용 기간이 종료된다고 보아야 한다. 갑은 제2조(반복범) 가중처벌 적용 기한이 종료된 2019. 9. 17.에 절도를 저질렀으므로 징역 2년 이상 20년 이하에 해당한다.

· 견해A: 「절도범죄처벌특별법」은 「범죄처벌법」과 별개의 규정이므로 절도반복범의 경우 「절도범죄처벌특별법」에서 규정한 형벌의 범위 내에서만 형이 부과되어야 한다. 즉 절도죄로 두 번 이상의 징역형을 받은 자가 다시 절도죄를 범한 경우에는 어떠한 경우든 2년 이상 20년 이하의 징역에 해당한다. 따라서 갑은 징역 2년 이상 20년 이하에 해당한다.

· 견해B: 절도반복범에 대해 먼저 「절도범죄처벌특별법」에 따라 처벌하고, 이어 「범죄처벌법」에 따라서도 처벌해야 한다는 입장이므로 갑은 징역 2년 이상 30년 이하에 해당한다.

해설 ① (X) 견해A는 갑이 징역 2년 이상 20년 이하에 해당한다고 볼 것이다.

② (O) 견해1과 견해B 모두 갑이 징역 2년 이상 30년 이하에 해당한다고 볼 것이다.

③ (X) 견해2는 갑이 징역 2년 이상 20년 이하에 해당한다고 볼 것이다.

④ (X) 견해2와 견해A 모두 갑이 징역 2년 이상 20년 이하에 해당한다고 볼 것이므로, 징역 9년 이하로 단정할 수 없다.

⑤ (X) 견해2는 갑이 징역 2년 이상 20년 이하에 해당한다고 볼 것이다.

08 ④

난이도 ★★☆☆☆

유형 언어 추리 – 법·규범

핵심 체크 · 갑: 공무원 신분을 가지지 않은 사람도 공무원의 직무에 영향을 미치는 알선행위면 해당됨

· 을: 실제 알선행위 여부와 상관없이 공무원의 직무에 관해 자신의 이익을 추구하는 알선행위면 해당됨

· 병: 선의의 알선행위는 제외되며 자신의 이익을 취득하기 위해 공무원의 직무에 관한 알선행위면 해당됨, 이때 취득된 재산은 보유하지 못하도록 강제함

해설 ① (X) 병이 언급한 알선행위로 취득된 재산을 보유하지 못하는 규정이 충족되는지 알 수 없다.

② (X) 자신의 이익 추구가 알선을 명목으로 이루어졌지만 실제로 일어난 알선행위에 대해 말하고 있으므로, 알선을 명목으로 자신의 이익을 추구하는 행위를 실제 알선행위가 일어났는지 여부와 관계없이 처벌해야 함을 언급한 을을 충족하지 못한다.

③ (X) 공무원의 신분을 가지지 않는 사람에 대한 내용을 언급한 갑을 충족하지 못하며, 병이 언급한 알선행위로 취득된 재산을 보유하지 못하는 규정이 충족되는지도 확인할 수 없다.

④ (O) 갑, 을, 병의 견해 충족을 모두 확인할 수 있다. 공무원의 직무에 속한 사항의 알선에 관련한다는 내용은 갑을 충족하고, 금품이나 이익을 받거나 받기로 약속한 사람에 대한 내용은 을을 충족하며, 이로 인하여 취득한 재산은 몰수한다는 내용은 병을 충족한다.

⑤ (X) 자신의 이익을 취하는 것에 대한 내용이 없으므로 을을 충족할 수 없다.

2023

2022
2021
2020
2019
2018
2017
2016
2015
2014
2013

해커스 LEET 김우진 추리논증 기출문제+해설집

09 ②

유형 평가 및 문제 해결 – 법·규범

해설 ㄱ. (X) 의약품 도매상이 되려는 규정과 제조업자가 되려는 규정이 다르다고 해서 견해1이 약화되는 것은 아니다. 견해1은 어떤 기준으로 지위 허가 취득이 이뤄졌는지와는 무관하게 구분이 가능한 지위끼리의 이동인지가 핵심 기준이기 때문이다.

ㄴ. (X) 견해2는 일반적인 판매 개념이 서로 다른 자들 간의 거래를 의미한다고 했으므로, 제1조의 판매에 포함되는 '수여' 개념에 거래 상대방과 관계없이 물건 자체의 이전도 포함된다면, 동일한 회사 내에서의 이동이더라도 상대방과 관계없이 물건 자체의 이전만으로도 '판매' 개념이 성립할 수 있다. 따라서 견해2가 강화되지는 않을 것이다.

ㄷ. (O) 제2조의 입법취지에 따른 판매 개념이 일반 대중에게 의약품이 유통되는 것을 의미할 경우, P회사가 제조업의 허가와 도매상의 허가를 모두 취득했더라도 거래의 상대방이 일반 대중이 아니라 판매업의 허가를 받은 동일한 회사라면 이는 독립된 거래 상대방이 존재하지 않는 내부적 거래에 해당하기에 '판매'라고 볼 수 없다는 견해2의 의견을 강화한다고 할 수 있다.

10 ④

유형 언어 추리 – 법·규범

해설 ㄱ. (X) ㉠이 17,000이고 갑이 10,500원에 4,000주 추가 매수주문을 내면 다음과 같이 된다.

구분	매도주문	매수주문
10,550원 이상	0	0
10,500원	20,000	8,400 + 4,000 = 12,400
10,450원	14,000	17,000
10,400원 이하	0	0

(1) 호가가 10,550원 이상일 때에 ①과 ② 중 적은 것이므로 0주가 체결가능수량이 된다.
　① 해당 호가 이상의 매수주문 주식 수의 총합: 0
　② 해당 호가 이하의 매도주문 주식 수의 총합: 34,000
(2) 호가가 10,500원일 때에 ①과 ② 중 적은 것이므로 12,400주가 체결가능수량이 된다.
　① 해당 호가 이상의 매수주문 주식 수의 총합: 12,400
　② 해당 호가 이하의 매도주문 주식 수의 총합: 34,000
(3) 호가가 10,450원일 때에 ①과 ② 중 적은 것이므로 14,000주가 체결가능수량이 된다.
　① 해당 호가 이상의 매수주문 주식 수의 총합: 29,400(12,400 + 17,000)
　② 해당 호가 이하의 매도주문 주식 수의 총합: 14,000
(4) 호가가 10,400원 이하일 때에 ①과 ② 중 적은 것이므로 0주가 체결가능수량이 된다.
　① 해당 호가 이상의 매수주문 주식 수의 총합: 29,400
　② 해당 호가 이하의 매도주문 주식 수의 총합: 0
(1)~(4) 중 체결가능수량이 가장 많은 것은 (3) 14,000주이므로 가격은 10,450원으로 결정되어 14,000주가 전량 체결된다. 따라서 옳지 않다.

ㄴ. (O) 갑이 10,500원에 8,000주 추가 매수주문을 내면 다음과 같이 된다.

구분	매도주문	매수주문
10,550원 이상	0	0
10,500원	20,000	16,400
10,450원	14,000	(㉠)
10,400원 이하	0	0

(1) 호가가 10,550원 이상일 때와 10,400원 이하일 때의 체결가능수량은 0이다.
(2) 호가가 10,500원일 때에 체결가능수량은 16,400주이다.
　① 해당 호가 이상의 매수주문 주식 수의 총합: 16,400주
　② 해당 호가 이하의 매도주문 주식 수의 총합: 34,000주
(3) 호가가 10,450원일 때에 체결가능수량은 14,000주이다.
　① 해당 호가 이상의 매수주문 주식 수의 총합: 16,400 + ㉠주
　② 해당 호가 이하의 매도주문 주식 수의 총합: 14,000주
따라서 가격은 체결가능수량이 가장 많은 10,500원이 되며 16,400주가 전량 체결된다.

ㄷ. (O) 갑이 10,450원에 10,000주를 추가 매도주문하고 ㉠이 15,700이 되는 상황을 가정하면 다음과 같다.

구분	매도주문	매수주문
10,550원 이상	0	0
10,500원	20,000	8,400
10,450원	24,000	15,700
10,400원 이하	0	0

(1) 호가가 10,550원 이상일 때와 10,400원 이하일 때의 체결가능수량은 0이다.
(2) 호가가 10,500원일 때에 체결가능수량은 8,400주이다.
　① 해당 호가 이상의 매수주문 주식 수의 총합: 8,400주
　② 해당 호가 이하의 매도주문 주식 수의 총합: 44,000주
(3) 호가가 10,450원일 때에 체결가능수량은 24,000주이다.
　① 해당 호가 이상의 매수주문 주식 수의 총합: 24,100주
　② 해당 호가 이하의 매도주문 주식 수의 총합: 24,000주
따라서 가격은 체결가능수량이 가장 많은 10,450원이 되며 24,000주가 전량 체결된다.

11 ③

유형 논증 분석 – 법·규범

해설 ㄱ. (O) P그룹에 속한 회사 갑과 회사 을의 부동산 합산 가격이 5억 원 이하인 경우라면 견해1에 따라 합산과세를 하든 견해2에 따라 개별과세를 하든 과세율은 0.5%로 동일하므로 과세 총액이 달라지지 않는다.

ㄴ. (X) 반례가 존재한다. 만약 회사 갑과 회사 을이 소유한 부동산이 각각 20억 원을 초과할 경우 견해1에 따라 합산과세를 하든 견해2에 따라 개별과세를 하든 세율은 3.5%로 동일하므로 과세 총액이 같아질 수 있다.

ㄷ. (O) 견해2는 Q그룹에 속한 회사 병과 회사 정은 실질적으로 경제공동체의 속성을 가지고 있지만, P그룹만 합산과세 대상이 되어 세금을 더 내게 되는 불공평한 결과를 초래할 수 있으므로 각 회사별로 개별과세하자는 주장이다. 그런데 세법 개정으로 실질적으로 경제공동체에 속하는 Q그룹도 합산하여 합산과세 대상이 된다면 공평한 결과가 나타나기에 P그룹에 대한 부동산보유세 합산과세에 반대하지 않을 것이다.

12 ①

난이도 ★☆☆☆☆

유형 논증 분석 - 인문

핵심 체크 갑과 을은 살해 행위가 도덕적으로 옳지 않은 행위라는 기본 전제에 모두 동의하는 입장이다. 그리고 <사례>의 A가 B에 한 약속에는 도덕적으로 옳지 않은 행위인 살해 행위가 포함되어 있다.

해설 ㄱ. (O) 갑은 X를 하는 것이 도덕적으로 옳지 않을 때 X를 하겠다고 약속하는 것을 도덕적으로 옳지 않다고 보기에 A가 B에 한 살해 행위 약속을 도덕적으로 옳지 않다고 주장할 것이다. 그러나 을은 X를 하기로 약속했다고 할 때 X를 하는 것이 나쁘다고 해서 꼭 도덕적으로 나쁘다고 볼 수 없다는 입장이다. 즉 사람을 살해하는 것과 같이 X를 하는 것이 도덕적으로 옳지 않다고 해도 X를 하기로 한 약속을 수단으로 사용해서 선한 결과가 있다면 도덕적으로 나쁘지 않을 수 있다는 것이다. 따라서 을은 A는 B에게 도덕적으로 나쁘다고 여겨지는 살해 행위를 약속했지만, 이를 약속함으로 범죄 조직을 일망타진하는 결과를 일궈냈기에 A가 B에 한 살해 행위 약속을 도덕적으로 옳다고 볼 것이다.

ㄴ. (X) 갑은 일반적으로 약속을 한 사람은 그 약속을 지켜야 할 의무가 있지만, 그것이 도덕적으로 옳지 않은 약속일 경우에는 그 약속을 지킬 의무가 생겨나지 않는다고 보았다. 즉 A는 도덕적으로 옳지 않은 약속을 B에게 했기 때문에 그 약속을 지킬 의무가 생겨났다고 볼 수 없다는 입장이다. 따라서 갑은 A가 B에 한 약속에 대해 의무가 생겨나지 않는다고 주장할 것이다. 그러나 을이 A가 B에게 한 약속을 지킬 의무가 있다고 보는지 여부는 알 수 없다. 을은 살인과 같이 X가 도덕적으로 옳지 않고 X를 하지 않을 의무가 X를 하기로 한 약속을 지키는 의무보다 더 강할 때 그 약속에 대한 의무가 사라진다고 보았다. 즉 을은 A가 도덕적으로 옳지 않은 행위인 살인 행위를 B에게 약속했고 살인을 하지 않을 의무가 살인을 할 의무보다 더 강하다면 약속에 대한 의무가 사라진다고 보지만, 살인을 하지 않을 의무가 살인을 할 의무보다 더 강한지 여부는 <사례>만으로 판단할 수 없다. 따라서 갑과 을의 의견이 같은지 다른지 여부를 단정할 수 없다.

ㄷ. (X) 갑은 도덕적으로 옳지 않은 약속일 경우에 그리고 그런 경우에만 그 약속을 지킬 의무가 생겨나지 않는다고 주장했다. 그리고 을도 약속한 행위가 도덕적으로 옳지 않고 그 행위를 하지 않을 의무가 약속을 지키는 의무보다 더 강할 때 그 약속을 지켜야 할 의무가 사라진다고 주장했다. 그런데 물구나무를 서겠다는 약속은 갑에 의해서나 을에 의해서나 도덕적으로 옳지 않은 약속이라고 보기 어렵다. 따라서 갑과 을은 모두 A가 약속을 지킬 의무가 있다고 주장할 것이다.

13 ③

난이도 ★★★☆☆

유형 논쟁 및 반론 - 인문

해설 ㄱ. (O) 갑과 병은 모두 현실화되지 않은 순위험은 그 자체로 도덕적으로 그르다는 주장에 동의하는 입장이다. 따라서 혼수상태에 빠진 사람에게 순위험을 안긴 행위가 도덕적으로 그를 수 있다는 것을 인정한다.

ㄴ. (O) 을은 갑의 견해에 더하여 순위험이 있다는 것을 알았다면 당사자의 자율적 행위 선택이 바뀔 수도 있는 경우에 순위험을 안긴 행위가 도덕적으로 그르다고 그 범위를 한정해서 인정하는 입장이다. 그리고 정도 갑의 견해에 더하여 부수적인 해악이 실제로 발생했을 때만 순위험을 안긴 행위가 도덕적으로 그르다고 판단하는 입장이다. 즉 을이나 정은 갑의 견해에 특정 범위나 제한을 두고 갑의 판단을 인정하는 입장이라고 할 수 있다. 따라서 을이나 정이 순위험을 안긴 행위가 도덕적으로 그르다고 판단할 경우, 이에 대해 범위나 제한이 없는 갑도 동일하게 판단할 것이다.

ㄷ. (X) 을은 순위험이 있다는 것을 알았다면 당사자의 자율적 행위 선택이 바뀔 수도 있는 경우로 한정하여 도덕적으로 그르다는 판단을 하고 있다. 그리고 병은 을의 주장에 대해 애초에 자율적 선택 능력이 없는 경우에도 도덕적으로 그를 수 있다고 반론을 제기하며 을의 범위 제한에 반대한다. 따라서 순위험을 안긴 행위가 타인의 자율적 선택을 침해했을 때 그 행위가 도덕적으로 그른지에 대해 을은 '그 순위험을 안긴 행위를 알았다면'이라는 조건이 충족될 때에만 도덕적으로 그르다고 판단할 것이지만, 병은 갑과 같이 타인에게 위험을 안긴 행위 자체를 도덕적으로 그르다고 볼 것이다. 결국 선택지의 진술만으로는 을의 명확한 의견을 알 수 없기에 을과 병의 의견이 다르다는 판단을 할 수 없다.

14 ①

난이도 ★★★☆☆

유형 논쟁 및 반론 - 인문

해설 ㄱ. (O) 갑은 현존하지 않는 욕구는 언제 충족되더라도 이로울 수 없다고 주장한다. 그런데 ㉠처럼 현재 욕구는 없지만 어떤 일을 행하는 것이 더 이롭다는 판단이 합리적이라고 인정될 경우, 갑의 주장은 약화될 것이다.

ㄴ. (X) 갑은 죽은 사람이 물리적으로 해를 입을 수 없다고 주장하므로 시신을 훼손하는 행위가 죽은 당사자에게 해를 입히는 행위는 아니라고 볼 것이다. 하지만 을은 어떤 사람의 욕구 충족을 돕는 일은 그 사람의 생사와 무관하게 이로울 수 있다고 주장한다. 따라서 을에 따르면 시신을 훼손하는 행위는 죽은 당사자에게 해를 입히는 행위가 될 수 있기에 갑과 을의 견해는 다르다.

ㄷ. (X) 갑도 어떤 사람에게 이롭거나 해로운 일이 그 사람의 욕구 충족과 관련이 있다는 주장에 동의할 수 있다. 다만 죽은 사람에 대해서만 이를 반대할 뿐이다.

15 ④

난이도 ★☆☆☆☆

유형 논쟁 및 반론 - 인문

해설 ㄱ. (X) 갑은 인공지능 로봇이 인간의 내면적 상태를 이해하지 못한다 해도 빅데이터를 활용하여 인간의 행동 패턴을 스스로 찾아낼 수 있다고 주장하기에 갑은 선택지의 진술에 동의하지 않을 것이다. 한편 병은 인간의 내면적 상태를 예측할 수 없다면 인간의 행동도 성공적으로 예측할 수 없다는 입장이기에 선택지의 진술에 동의할 것이다.

ㄴ. (O) 갑은 인간의 행동에 정교한 패턴이 있다고 전제하고 있으며, 을도 인간이 주어진 상황에 따라 정해진 규범에 따른 행동을 하는 경향이 있다고 인정하기에 인간의 행동에 패턴이 존재한다는 것에 동의할 것이다.

ㄷ. (O) 을은 인간의 가능한 행동을 제한하는 규범에 대한 정보를 입력하면 인간의 행동에 대한 예측의 성공률을 높일 수 있다고 주장했으며, 병도 복잡하고 비효율적이더라도 규범에 대한 정보가 성공적인 인간의 행동 예측에 필요하다고 주장했다.

16 ①

유형 언어 추리 – 인문

해설 ㄱ. (O) 지문에서 불가능세계는 세계가 개념적으로 불가능하게 될 수 있
는 방식을 말하고, 반가능문은 전건이 가능한 수많은 불가능세계 중
현실 세계와 가장 유사한 세계에서 후건이 성립한다면 참인 진술이
다. 따라서 '만약 철수가 둥근 사각형을 그린다면 나는 가장 비싼 스
포츠카를 구입할 것이다.'라는 문장을 반가능문의 예로 들자면, 스포
츠카를 판매하는 사람이 있는 불가능세계도 있을 수 있다.

ㄴ. (X) 철수가 둥근 사각형을 그리는 수많은 불가능세계 중 현실 세계
와 가장 유사한 불가능세계에서 기하학자들이 놀란다면 (2)는 참이
다. 하지만 (2)가 참이라고 해서 철수가 둥근 사각형을 그리는 모든
불가능세계에서 기하학자들이 놀라는지는 추론할 수 없다.

ㄷ. (X) 조건문에서 전건이 사실이 아닌 거짓인 경우 반사실문이라고 한
다. 그런데 '만일 대한민국의 수도가 서울이라면 나는 억만장자일 것
이다.'에서 전건인 '대한민국의 수도가 서울이라면'이라는 것은 현실
세계에서 참이기 때문에 반사실문에 속하지 않는다. 또한 반가능문
은 전건이 개념적으로 불가능한 상황을 의미하는데, 주어진 조건문
의 전건은 현실 세계에서도 개념적으로 가능하다. 따라서 반가능문
에도 속하지 않는다.

17 ③

유형 논증 분석 – 인문

해설 ㄱ. (O) ㉠은 '또는'이 두 가지 다른 종류의 포괄적 의미와 배타적 의미
를 모두 표현하는 애매한 용어라고 설명하는 입장이다. 그리고 선택
지의 진술 또한 '또는'이 다른 의미를 나타낼 수 있는 연결사라고 설
명하는 입장이므로 ㉠과 상충하지 않는다.

ㄴ. (O) 필자에 따르면 문자적 의미는 문자 그대로의 의미를 전달하는
것을 말하지만, 함의는 특정 맥락에서 전달되는 것으로서 함의된 내
용의 부정을 표현하는 문장을 원래 문장 뒤에 나열해도 두 문장 사이
에 어떤 논리적 모순도 발생하지 않는 것을 말한다. 그런데 "철수는
밥과 빵을 먹었다."는 철수가 밥과 빵 모두를 먹었다는 사실을 문자
적 의미로 전달한다. 따라서 "철수는 밥과 빵을 먹었다."라는 문장이
<철수는 빵을 먹었다>라는 내용을 함의로서 전달할 수 있으려면,
"철수는 밥과 빵을 먹었다. 물론 둘 중 하나만 먹고 다른 하나는 먹
지 않았을 수도 있다."는 문장에 논리적 모순이 없어야 한다. 그러나
이 경우에는 문장 간 논리적 모순이 발생하기에 "철수는 밥과 빵을
먹었다."라는 문장으로는 <철수는 빵을 먹었다>라는 것을 함의로서
전달할 수는 없다.

ㄷ. (X) ㉢은 '또는'의 문자적 의미가 포괄적 의미일 뿐, 배타적 의미는
함의로서 전달된다는 입장이다. 따라서 <후식으로 커피와 녹차 모
두를 드릴 수 있다>라는 내용은 포괄적 의미이기에 문자적 의미에
포함되는 것이라 할 수 있다.

18 ②

유형 논쟁 및 반론 – 인문

해설 ㄱ. (X) 갑은 소설에서 나오는 명제가 명시적으로 참이 되거나 암묵적으
로 참이 된다고 진술할 뿐이다. 따라서 갑이 모든 명제가 참이거나
거짓 둘 중 하나여야 한다는 것을 전제로 하는 것은 아니다.

ㄴ. (X) 을은 허구에서 암묵적 참이 되는 명제가 있다는 것을 받아들이
는 것은 불합리하다는 입장으로서, 속편이 전작에 명시되지 않은 것
들의 참을 결정하는 힘을 가지기 때문에 『빨간색 연구』에서 <홈즈
의 콧구멍은 세 개다>라고 했을 경우, 자동적으로 『주홍색 연구』에
서도 <홈즈의 콧구멍은 세 개다>가 명시적으로 참이 된다고 주장한
다. 따라서 을에 따르면, 속편인 『빨간색 연구』에서 <홈즈의 콧구멍
은 세 개다>라고 명시적으로 진술할 경우에 전작인 『주홍색 연구』
에서 명제 <홈즈의 콧구멍은 두 개다>가 암묵적 참이었다가 거짓으
로 바뀌는 것이 아니라 서음부터 명시적으로 참이었던 명제라는 것
이다.

ㄷ. (O) 을은 『호빗』의 사례를 통해서 전작에 명시되지 않은 명제라도
속편에 명시되어 참이 되는 명제가 있다고 보는 입장이므로, 선택지
의 경우도 참이 되는 상황이 있을 수 있다고 할 것이다.

19 ③

유형 논증 분석 – 인문

해설 (1) ㉢은 전제지시어로 ㉡을 지지함을 알 수 있다.

(2) ㉠, ㉡, ㉢을 전제로 하여 ㉤이 다음과 같이 부정논법으로 도출된다.
(A: 철학에서 중요한 문제로 다루어져 온 자의식은 유용하다, B: 자
의식은 그 자체로 유용한 것이다, C: 자의식은 유용한 다른 뭔가를
낳는 것이다.)
㉠ A → (B∨C)
㉡ ~B
㉢ ~C

㉤ ~A

(3) ㉻과 ㉾으로부터 ㉺이 다음과 같이 부정논법으로 도출된다.
(D: 자의식은 마음 밖에 있는 어떤 유용한 것을 낳는다, E: 자의식이
인과적 영향을 미칠 수 있는 것이 마음 밖에 있다.)
㉻ D → E
㉾ ~E

㉺ ~D

(4) ㉾, ㉿, ㈀이 ◎을 다음과 같이 긍정논법으로 지지한다.
(F: 마음 안에 있는 유용한 것이란 마음 안의 좋은 상태이다, G: 자의
식이 필요하다, H: 자의식이 마음 안에 낳는 유용한 것은 존재한다.)
㉾ F
㉿ F → ~G
㈀ (F → ~G) → ~H

◎ ~H

(5) ㉣, ㉺, ◎으로부터 ㉤이 다음과 같이 부정논법으로 도출된다.
㉣ C → (H∨D)
㉺ ~D
◎ ~H

㉤ ~C

따라서 답은 ③이 된다.

20 ③

난이도 ★☆☆☆☆

유형 논쟁 및 반론 – 인문

해설 ㄱ. (O) 갑은 거짓말에는 상대방이 거짓을 참이라고 믿게 하려는 의도 즉, 속이려는 의도가 있어야 한다고 주장한다. 한편 을은 거짓말은 그런 의도가 없는 경우도 있다고 반박하고 있다.

ㄴ. (O) 갑은 참이지만 듣는 사람이 오해하기 쉬운 말을 '오도적인 말'이라고 하며 이 경우에도 거짓처럼 도덕적으로 비난할 수 있다는 입장이고, 을 또한 오도적인 말의 경우에는 항상 나쁘다는 입장이다.

ㄷ. (X) 갑은 오도적인 말이 참이라고 해서 거짓말보다 도덕적으로 덜 비난받아야 한다는 것에 반대하는 입장이다. 따라서 둘이 동일한 정도로 나쁠 수 있다는 입장이다. 그러나 을은 오도적인 말은 항상 나쁘지만 거짓말은 그렇지 않을 수 있다고 하여 둘의 나쁜 정도가 다를 수 있다고 주장하고 있다.

21 ②

난이도 ★★★★☆

유형 평가 및 문제 해결 – 인문

핵심 체크
· 결정론: 인간의 마음 상태와 행위를 포함해 모든 사건이 이전 사건들에 의해 완전히 결정된다.

· 양립 불가론: 결정론을 받아들이면 자유의지가 존재할 여지가 없기에, 행위자가 한 일에 대해 도덕적 책임을 부과할 수 없다.

· 양립론: 결정론을 받아들이더라도, 행위자의 마음 상태가 행위 발생의 원인이기만 하면, 행위자가 한 일에 대해 도덕적 책임을 부과할 수 있다.

· 양립론자 갑: 결정론적 세계에서도 행위자의 마음 상태가 행위 발생에 영향을 미칠 수 있다는 사실을 인정하면, 양립론을 받아들일 가능성이 크다.

해설 ㄱ. (X) [진술1]에 동의하지 않는 사람은 톰의 마음 상태가 반지를 훔친 그의 행위에 영향을 미치지 않았다고 보는 입장이다. 그러나 행위자의 마음 상태가 행위에 영향을 준다는 것을 인정하지 않는다고 해서 모두 양립 불가론자라고 단정할 수 없다. 양립 불가론과 양립론을 구분하는 판단 기준은 [진술1]이 아니라 [진술2]와 같이 결정론적 세계에서도 행위자가 한 일에 대해 도덕적 책임을 부과할 수 있는지가 핵심이기 때문이다. 즉 [진술2]에 동의하는 사람은 반지를 훔친 톰에게 도덕적 책임을 부과할 수 있다는 입장이므로 모두 양립론자에 해당한다고 할 수 있다.

ㄴ. (X) <가설>에서 주장하는 바는 결국 [진술1]을 인정하면 [진술2]도 받아들일 수 있다는 것이다. 그런데 단순히 [진술1]과 [진술2]에 동의하는 경우가 그렇지 않은 경우보다 양적으로 더 많다고 해서 <가설>이 강화되는 것은 아니다. <가설>이 강화되기 위해서는 [진술1]을 동의할수록 [진술2]도 더 동의한다는 내용이 필요하다.

ㄷ. (O) <가설>은 [진술1]에 동의할수록 [진술2]에도 더 동의하게 된다는 것이다. 즉 [진술1]에 동의하지 않을수록 [진술2]에도 동의하지 않는다는 것이다. 그런데 선택지에서 주어진 실험 결과는 이와 상반되는 음(-)의 관계에 해당되므로 가설을 약화한다.

22 ③

난이도 ★★★★☆

유형 평가 및 문제 해결 – 인문

핵심 체크
㉠ 단어의 사용 규칙을 이해하지 못하고 있다는 것은 곧 그 단어의 의미를 이해하지 못한다는 것이다.
≡ 단어의 의미를 이해한다는 것은 단어의 사용 규칙을 이해하고 있다는 것이다.

(㉠을 약화시킬 수 있는 반례) 단어의 의미를 이해하지만 단어의 사용 규칙을 이해하지 못하는 사람이 있다.

㉡ ㉠을 받아들인다면, 우리가 사용하는 그 어떤 단어에 대해서도 그 의미를 이해하는 사람은 아무도 없다는 매우 불합리한 결론이 도출된다. 따라서 ㉠은 옳지 않다.

해설 ① (O) ㉠은 단어의 의미 이해가 그 단어의 사용 규칙을 따를 줄 아는 능력에 의존한다는 견해이다. 즉 주체가 무엇이든 단어의 사용 규칙을 이해할 수 있다면 단어의 의미 이해가 가능하다는 입장이다. 따라서 한국어를 완벽히 구사하는 인공지능이 등장했다는 것은 단어의 사용 규칙을 이해하고 따를 줄 아는 능력이 있는 인공지능이 만들어졌다는 것으로도 이해할 수 있기에, ㉠의 견해와 양립할 수 있다.

② (O) ㉡은 ㉠의 이론을 따를 때 도출되는 불합리한 결론을 근거로 들어 ㉠의 이론을 반박했다. ㉡의 논증에는 그 단어의 의미를 이해하려면 그 단어의 언어적으로 명료하게 표현된 사용 규칙을 이해해야 한다는 전제가 쓰였는데, 단어 사용 규칙이 반드시 언어적으로 표현되어야 하는 것이 아니라면, ㉡의 논증에 근거로 쓰인 전제를 부정하는 것이므로 ㉡이 약화된다고 할 수 있다.

③ (X) ㉠은 단어의 사용 규칙을 이해하지 못하는 것은 그 단어의 의미를 이해하지 못한다는 것과 같다고 주장했다. 즉 단어의 의미를 이해한다면 그 단어의 사용 규칙도 이해한다는 것이다. 따라서 ㉠이 강화되기 위해서는 단어의 의미를 이해하는 것과 사용 규칙을 이해하는 것의 관계가 연결되어야 한다. 그런데 ㉡에 있는 모든 단어의 의미를 이해하고 있다는 진술만으로는 단어 사용 규칙을 이해하는 것과의 관계를 알 수 없다. 따라서 ㉠이 강화되는 것은 아니다.

④ (O) ㉡은 단어의 의미를 이해하는 것이 그 단어 규칙을 모두 이해해야 한다는 개념 역할 의미론을 받아들일 때, 그 단어의 규칙에 진술된 여러 단어의 의미를 모두 이해해야 한다는 퇴행이 계속 반복되어 결국 어떤 단어에 대해서도 그 의미를 이해하는 사람은 아무도 없다는 불합리한 결론이 도출된다고 주장했다. 그러나 어떤 진술 안에 의미를 이해하지 못하는 단어가 포함되어 있어도 그 규칙의 진술을 이해하는 것이 가능하다면 ㉡이 ㉠을 반박하기 위해 근거로 든 상황에서의 무한 퇴행이 끊어지게 될 것이기에 ㉡은 약화된다.

⑤ (O) ㉠은 단어의 의미를 이해한다면 그 단어의 사용 규칙도 이해한다는 견해이다. 그런데 단어의 의미를 이해하지 못해도 규칙대로 '행위'한다고 해서 ㉠이 약화되는 것은 아니다. ㉠이 약화되기 위해서는 단어의 의미를 이해하는 것과 그 단어의 사용 규칙을 이해하는 것이 함께 이루어지지 않는 경우가 있어야 한다.

23 ⑤

난이도 ★★★☆☆

유형 논증 분석 – 인문

해설 ① (X) 을이 어려운 문제를 집중하여 풀어낸 경험으로부터 '짜릿함'을 느꼈다고 했다. 따라서 A에 따르면 을이 쾌감 그 자체인 즐거움을 느꼈다고 해야 한다.

② (X) B가 주장하는 즐거움은 '느낌'이 아니라 주체가 좋은 조건에서 자기 능력에 걸맞은 일을 탁월하게 하는 '적합성'에 의해 설명된다. 이러한 관점에서 볼 때, 갑의 문제를 해결하는 과정은 즐거움이라 할 수 있다. 그런데 을이 쉬운 문제를 풀 때에 느낀 '더 큰 쾌감'이라는 '느낌'은 '적합성'에 의해 설명되는 즐거움에 해당하지 않는다. 따라서 이는 갑의 즐거움과 비교할 수 없다.

③ (X) A가 말하는 고통은 불쾌한 느낌 그 자체이기에, 을이 경험한 고통은 고통 그 자체이다. 따라서 즐거움이라 할 수 없다.

④ (X) B가 주장하는 즐거움은 '느낌'이 아니라 주체가 좋은 조건에서 자기 능력에 걸맞은 일을 탁월하게 하는 '적합성'에 의해 설명된다. 그런데 을이 쉬운 문제를 풀 때에 느낀 '더 큰 쾌감'이라는 '느낌'은 '적합성'에 의해 설명되는 즐거움에 해당하지 않는다.

⑤ (O) A는 병에게 수학은 그저 업이기에 즐겁지 않았고, 특히 어려운 문제로 고민할 때에는 고통도 느꼈기 때문에 즐겁지 않다고 볼 것이다. 그러나 B에 따르면 즐거움은 우리가 느끼는 쾌감과 상관이 없으며, 그저 주체의 능력과 제반 조건이 그 능력이 발휘되는 대상과 서로 적합하게 맞을 때 발생하는 것이라고 했다. 따라서 B는 병이 난제를 해결한 사건을 병의 능력과 제반 조건이 그 능력이 발휘되는 수학과 서로 적합하게 맞은 경우라고 볼 것이기에, 병에게 수학은 즐거운 작업이라고 할 것이다.

24 ④
난이도 ★☆☆☆☆

유형 언어 추리 - 인문

핵심체크
·A: 믿음이 참인지 거짓인지가 무엇이 행위인지 아닌지를 결정한다.
·B: 믿음이 참인지 거짓인지와 상관없이 믿음이 있느냐 없느냐가 무엇이 행위인지 아닌지를 결정한다.
·C: 참인 믿음이더라도 지식인지 아닌지가 무엇이 행위인지 아닌지를 결정한다.

해설
① (X) C는 참인 믿음이더라도 믿음이 지식인지 아닌지가 무엇이 행위인지 아닌지를 결정한다고 보는 입장이다. 즉 브레이크 페달의 작동 원리를 알고서 한 행동만이 행위라는 것이다. 따라서 갑이 차를 정비한 직후 브레이크를 밟으면 차가 멈춘다는 믿음이 있었더라도, 그 작동 원리에 대한 지식이 없다면 C는 행위가 아니라고 판단할 것이다.

② (X) B에 의하면 믿음이 참인지 거짓인지와 상관없이 믿음이 있는지 여부에 따라 행위 여부가 결정된다고 보기에, 을이 브레이크가 정상적으로 작동할 것이라고 믿고 행동한 것은 행위라고 볼 것이다. 그러나 C는 참인 믿음이더라도 그 믿음이 지식인지 아닌지가 무엇이 행위인지 아닌지를 결정한다고 보기에, 을이 브레이크 페달의 작동 원리에 대한 지식이 있는지 여부가 행위 판단의 주요 기준이라고 볼 것이다. 그런데 지문만으로는 을에게 브레이크 페달의 작동 원리에 대한 지식이 있는지 여부를 알 수 없다. 따라서 B와 C의 견해가 같다고 할 수 없다.

③ (X) A는 참인 믿음으로부터 차를 세운 것만이 행위라고 보므로 병의 행동을 행위라고 하지 않을 것이다. 그런데 B는 믿음이 참인지 거짓인지와 상관없이 믿음이 있는지 여부에 따라 행위 여부가 결정된다고 보기에, 병의 믿음 여부를 알지 못한다면 행위인지 아닌지 판단할 수 없다. 따라서 병이 브레이크 페달을 밟아도 차가 서지 않았다고 해도 병의 믿음 여부를 알 수 없다면 행위 여부 또한 판단할 수 없기에 A와 B의 견해가 같다고 할 수 없다.

④ (O) A는 참인 믿음으로부터 차를 세운 것만이 행위라는 견해이다. 그리고 C는 지식에 근거한 참인 믿음으로 차를 세운 것만이 행위라는 견해이다. 따라서 C가 행위라고 여기는 것은 A가 참이라고 여기는 것의 부분집합이라고 할 수 있으므로, C가 행위라고 여기는 것은 A도 참이라고 여길 것이다.

⑤ (X) C는 지식에 근거한 참인 믿음으로 차를 세운 것만이 행위라는 견해이다. 그리고 B는 믿음이 참인지 거짓인지와 상관없이 믿음이 있느냐 없느냐가 무엇이 행위인지 아닌지를 결정한다는 견해이다. C가 행위라고 여기지 않는 것은 지식에서 비롯된 것이 아닌 행동이다. 그러나 B는 지식에서 비롯되지 않았더라도 믿음이 있느냐 없느냐가 행위 결정 기준이라고 했으므로, 믿음만 있다면 지식에 근거하지 않았더라도 행위라고 볼 것이다.

25 ①
난이도 ★☆☆☆☆

유형 논증 분석 - 인문

해설
ㄱ. (O) 기능주의자는 심적 상태의 존재에 대해서 긍정적인 입장이고, 심적 상태의 존재로 인간의 마음을 성공적으로 이해할 수 있다고 했다. 도구주의자는 심적 상태의 존재에 대해 부정적인 입장이지만 심적 용어의 가정이 인간의 행동 예측에 도움이 된다고 보았다. 따라서 둘은 심적 상태의 존재에 대해서는 다른 견해를 가지지만, 그 유용성에 관해서는 동일하게 인정하고 있다.

ㄴ. (X) 제거주의자는 심적 용어의 제거를 주장하므로 옳지 않다.

ㄷ. (X) 제거주의자는 과학적인 설명력과 예측력이 없는 이론과, 그 이론이 가정하는 존재와 이 존재에 대한 용어가 제거되어 왔다는 것을 근거로 실패한 상식 심리학의 전제인 심적 상태가 제거되어야 한다고 주장했다. 그런데 도구주의자는 심적 상태에 대응하는 마음속 대상이 존재하지 않음을 근거로 심적 상태가 존재하지 않는다고 주장했다. 따라서 둘은 다른 이유로 심적 상태의 존재를 부정했다.

26 ①
난이도 ★★★☆☆

유형 논증 분석 - 사회

해설
ㄱ. (O) 직진 선거 이후 두표구의 인구 사회적 특성에 심한 변화가 있을 경우, 직전 선거 개표 결과를 근거로 출구조사 대상을 선정하는 A는 활용하기 어렵다.

ㄴ. (X) B는 정당별 투표 결과가 유사한 투표구들을 묶어 이들의 유권자 비율에 따라 출구조사 대상을 선정하는 방법이다. 이는 동일 선거구 내 투표구들이 대체로 동질적일 것이라고 가정하는 것이 아니라, 구분한 투표구들 사이의 정치적 성향이 동질적일 것이라고 가정하는 것이다.

ㄷ. (X) C는 유권자의 수에 비례하여 투표구별 표본 크기를 정하여 시간별로 모든 투표구를 순회하며 출구조사를 하는 방식이다. 따라서 직전 선거 득표 자료가 필수적인 것은 아니다.

27 ②
난이도 ★★★☆☆

유형 평가 및 문제 해결 - 사회

해설
ㄱ. (X) 2019년 7월부터 2022년 7월의 1세 이하 인구에 차이가 없다면, 2020년 1월부터 시작한 COVID-19로 인한 출생률 감소를 주장하는 논증은 약화된다.

ㄴ. (X) 논증에서는 저소득 계층과 청년층에서 소득이 줄어들 것이라 전제하고 있다. 그런데 국내총생산만 보고 이러한 계층의 소득 감소 여부를 확인할 수 없으므로 논증이 약화되는 것은 아니다.

ㄷ. (O) 필자는 많은 노동자가 COVID-19로 인한 보육 시설의 폐쇄 및 제한 운영으로 자녀 양육이 어려워 출산 계획을 미루거나 포기하기 때문에 출생률이 감소할 것이라고 주장한다. 그런데 이러한 필자의 주장이 참이라면 경제활동 여성의 임신 비율이 낮아졌어야 한다. 그런데 2019년 8월(COVID-19 초기)과 2021년 8월(COVID-19 발생 2년 뒤)의 경제활동 여성 임신 비율 수치에 거의 변화가 없다면 필자의 논증은 약화된다.

28 ①

난이도 ★☆☆☆☆

유형 평가 및 문제 해결 - 사회

핵심 체크 ·노동조합이 없는 회사의 노동자들의 임금 < 노동조합이 있는 회사의 노동자들의 임금

·무조합원: 노동조합이 없는 회사의 노동자

·비조합원: 노동조합이 있는 회사에서 노동조합에 가입하지 않은 노동자

·조합원: 노동조합이 있는 회사에서 노동조합에 가입한 노동자

해설 ㄱ. (O) A는 노동조합으로 인한 '조합원'과 '비조합원이나 무조합원'의 임금 격차를 인정하므로 선택지의 결과는 A를 강화할 것이다. 그러나 B는 노동조합 자체의 효과에 주목하여 회사에 노동조합이 있다면 조합원과 비조합원의 임금 수준이 전반적으로 높아질 것이라는 주장이다. 따라서 '조합원'과 '비조합원' 사이에 임금 차이가 있다는 것은 B를 약화할 수 있다.

ㄴ. (X) A의 견해는 전체 노동자를 대상으로 하기에, 성별에 따른 임금 격차 영향에 대해서는 지문만으로 알 수 없다. 따라서 A가 약화되지도 강화되지도 않는다.

ㄷ. (X) B는 노동조합의 활동으로 인해 노동조합이 있는 회사 전반의 임금 수준이 높아질 것이라고 주장한다. 따라서 조합원들과 비조합원들의 임금이 유사하다는 결과가 B를 약화시킬 수는 없다.

29 ①

난이도 ★☆☆☆☆

유형 평가 및 문제 해결 - 사회

해설 ㄱ. (O) 대리인이 타인 소유의 집을 팔 때보다 자신 소유의 집을 팔 때 매물을 더 오래 시장에 내놓았다는 것은, 자신의 집값을 높여 받기 위해서 매물을 시장에 오래 내놓았다는 것이기에 선택지의 조사 결과는 ㉠을 강화한다. 타인 소유의 집을 팔 때에는 받을 수 있는 수수료가 제한되어 있기에 비용 대비 자신의 효용을 극대화하기 위해 오랜 시간 시장에 매물을 내놓아 더 많은 비용을 지불하기보다는 적당한 가격에 매물을 파는 것을 선택하는 반면, 자신의 집이 매물일 경우에는 자신이 집값의 전부를 받을 수 있으므로 최대한 높은 가격에 집을 팔기 위해 더 오랜 시간 시장에 매물을 내놓을 것으로 추론할 수 있기 때문이다.

ㄴ. (X) ㉠을 강화하기 위해서는 부동산 중개인을 통해 집을 파는 집주인에게 주인-대리인 문제가 발생한다는 주장을 뒷받침하는 사례가 필요하다. 즉 집값에 연동된 수수료를 높일 경우 대리인이 높은 가격에 매물을 팔면 본인의 이익이 늘어나기에 기존보다 더 오래 시장에 매물을 내놓았다는 사례가 필요하다. 그런데 집값에 연동된 수수료를 높였는데도 매물이 시장에 머무는 기간이 짧아졌다는 사실은 ㉠을 사실상 약화한다고 볼 수 있다. 따라서 ㉠이 적어도 강화되는 것은 아니다.

ㄷ. (X) 주택 시세 정보를 쉽고 정확하게 얻게 될 경우, 주인과 대리인의 정보 불균형으로 발생하는 주인-대리인 문제가 아예 발생하지 않을 것이라 예상할 수 있다. 그러나 ㉠은 부동산 중개인을 통해 집을 파는 집주인에게 주인-대리인 문제가 발생한다는 입장이다. ㉠을 강화하기 위해서는 적어도 부동산 중개인을 통해 집을 파는 집주인에게 주인-대리인 문제가 발생한다는 주장을 인정하는 사례가 필요하다. 그리고 ㉠은 매물이 시장에 짧게 머무는 이유를 타인 소유의 집을 팔 때에는 받을 수 있는 수수료가 제한되어 있기에 비용 대비 자신의 효용을 극대화하기 위해 오랜 시간 시장에 매물을 내놓아 더 많은 비용을 지불하기보다는 적당한 가격에 매물을 파는 것을 선택하기 때문이라고 했기에, 매물이 시장에 짧게 머무는 이유를 다른 원인에서 찾는 선택지의 사례는 ㉠을 강화하는 사례라고 볼 수 없다.

30 ⑤

난이도 ★★★☆☆

유형 언어 추리 - 사회

해설 ㄱ. (O) 기존 예산이 x_1이면 ㉠을 추구할 경우 신규 예산안으로 x^*를 제안할 것이고 이 안은 주민 투표를 통과할 것이다.

ㄴ. (O) 갑이 ㉡을 추구하고 기존 예산이 x^*보다 크다면, 신규 예산안은 기존 예산보다 언제나 효용이 적을 수밖에 없다. 따라서 신규 예산안은 항상 부결될 것이다.

ㄷ. (O) 기존 예산이 x^*가 아니라는 가정은 기존 예산이 x^*보다 작은 경우와 큰 경우로 나누어 생각하라는 지시다. 먼저 기존 예산이 x^*보다 작을 때, ㉠을 추구한다면 x^*를 제안할 것이므로 확정 예산은 x^*가 될 것이지만 ㉡을 추구한다면 x_1 방향의 대칭점에 위치한 예산을 제안할 것이므로 x^*보다 큰 지점에서 확정 예산이 결정될 것이다. 그리고 기존 예산이 x^*보다 클 때도, ㉠을 추구한다면 x^*를 제안할 것이므로 확정 예산은 x^*가 될 것이지만 ㉡을 추구한다면 무조건 x^*보다 큰 신규 예산안을 제안할 것이다. 따라서 기존 예산이 x^*가 아니라는 가정하에서 확정 예산은 ㉠을 추구할 때가 ㉡을 추구할 때보다 항상 적다.

31 ⑤

난이도 ★★★★★

유형 수리 추리 - 논리학·수학

해설 ① (X) y가 2일 경우 다음과 같은 효용이 나타난다.

구분	X	Y	Z
집단 1의 개인 효용	1	2	3
집단 2의 개인 효용	5	4	2

이때 C에 따른 바람직한 정책은 효용이 가장 낮은 사람의 효용이 가장 큰 정책인 Y와 Z가 된다.

② (X) A에 의하면, 개선을 더 이상 이룰 수 없는 정책만 수용가능하다. 그런데 Y는 y에 따라 그 효용이 변화한다. 따라서 A에 따른 정책의 수용가능 여부는 집단 1의 비율인 α에 의해서가 아니라, y에 의해 달라진다.

③ (X) 반례가 존재하기에 옳지 않은 선택지이다. y가 2일 경우 효용과 각 정책의 평균값은 다음과 같다.

구분	X	Y	Z
집단 1의 개인 효용	1	2	3
집단 2의 개인 효용	5	4	2
산술평균값	3	3	2.5

이때 α = 0.5가 아니더라도 α < 0.5인 상황이라면 X가 B에 따라 바람직한 정책이 되는 상황이 있을 수 있다. 따라서 y가 2일 경우에 B에 따라 X가 바람직한 정책이라고 해서 반드시 α = 0.5라고 할 수 없다.

④ (X) B와 C에 따른 바람직한 정책은 Y정책의 효용이 y에 따라 달라지기에 확정할 수 없다.

⑤ (O) 두 집단의 인구가 같을 경우, B에 따른 바람직한 정책은 y의 값에 따라 다르게 결정된다. y가 1일 경우 X가, y가 2일 경우 X와 Y가, y가 2보다 클 경우 Y가 바람직한 정책이 된다. 한편 A에 따른 바람직한 정책도 y가 2 이하일 때에 X가, y가 3 이상일 때에 Y가 된다. 따라서 B에 따른 바람직한 정책은 A에 따라 항상 수용가능하다.

32 ⑤

유형 논리 게임 – 논리학·수학

해설 ① (X), ⑤ (O) 다음의 경우에 따라 판단할 수 있다.

6	빨
5	빨
4	빨
3	파
2	하
1	파

②, ③ (X) 다음의 경우가 가능하므로 옳지 않다.

6	파
5	파
4	빨
3	빨
2	파
1	하

④ (X) 다음의 경우가 가능하므로 옳지 않다.

6	빨
5	빨
4	빨
3	빨
2	파
1	하

33 ②

유형 논리 게임 – 논리학·수학

해설 ㄱ. (X) 홍보팀의 성과급 총액은 다음과 같이 구한다.

(1) 먼저 홍보팀의 성과급 경우의 수는 다음과 같다.

A: 무, B: 3명	2,000 + 4,500 = 6,500
A: 무, B: 2명, C: 1명	2,000 + 3,000 + 1,000 = 6,000
A: 무, B: 1명, C: 2명	2,000 + 1,500 + 2,000 = 5,500
A: 무, C: 3명	2,000 + 3,000 = 5,000

(2) 재무팀의 성과급 총액은 홍보팀과 같아야 한다. 그런데 재무팀은 A가 많아야 1명이다. 재무팀의 성과급 경우의 수는 다음과 같다.

A: 1명, B: 2명, D: 정	2,000 + 3,000 + 500 = 5,500
B: 3명, D: 정	4,500 + 500 = 5,000
A: 1명, B: 1명, C: 1명, D: 정	2,000 + 1,500 + 1,000 + 500 = 5,000

따라서 홍보팀과 재무팀의 성과급 총액이 같은 경우의 수는 5,000만 원, 5,500만 원 두 가지가 있을 수 있다.

ㄴ. (O) 재무팀에서 갑이 C를 받을 경우는 다음과 같다.

A: 1명, B: 1명, C: 갑, D: 정	2,000 + 1,500 + 1,000 + 500 = 5,000

이때 재무팀의 성과급 총액은 5,000만 원이므로 홍보팀의 성과급 총액이 5,000만 원일 때를 살펴보면 다음의 경우만 가능하다.

A: 무, C: 3명	2,000 + 3,000 = 5,000

따라서 기, 경, 신 3명의 등급은 C로 동일할 것이다.

ㄷ. (X) 반례가 있기에 적절하지 않은 선택지이다. 다음의 경우, 재무팀과 홍보팀의 직원 중에서 B와 C를 받은 사람의 수가 3명으로 동일할 수 있다.

(1) 홍보팀

A: 무, C: 3명	2,000 + 3,000 = 5,000

(2) 재무팀

B: 3명, D: 정	4,500 + 500 = 5,000

34 ②

유형 논리 게임 – 논리학·수학

핵심 체크 (1) 을과 정의 진술이 모순되므로 둘 중 하나는 거짓이다. 우선 을이 참, 정이 거짓인 경우 다음과 같이 배치된다.

무	갑	을/정	정/을	병

(2) 을이 거짓, 정이 참인 경우 다음과 같이 배치된다.

을	갑	정	무	병

해설 ㄱ. (X) 정의 진술이 거짓인 (1)의 경우에도 갑의 차 바로 옆 칸에 정의 차가 주차될 수 있다.

ㄴ. (O) 을의 진술이 거짓인 (2)의 경우 을의 차는 가장 왼쪽 칸에 주차되어 있다.

ㄷ. (X) 정의 진술이 거짓인 (1)의 경우 정은 오른쪽에서 3번째에 올 수 있다. 이 경우 정의 차와 무의 차 사이에는 한 대의 차가 주차되어 있다.

35 ④

유형 언어 추리 – 과학기술

해설 ㄱ. (X) 갑에 의하면, 로이는 한국어 대화를 듣고 암기를 했을 뿐이다. 한편 로봇 R는 다양한 감각 센서를 통해 세계를 지각하고 행동할 수 있는 장치인 프로그램 X가 설치되어 있다. 따라서 감자를 보았을 때에 R는 '감자'라는 기호를 떠올릴 수 있지만, 로이는 기호를 떠올릴 수 없을 것이다.

ㄴ. (O) 을은 프로그램 X와 한국어 원어민의 한국어 능력이 근본적으로 동일하다고 주장하고 있다. 따라서 X를 설치한 R와 한국어 원어민이 한국어 능력에서 근본적인 차이가 없다는 데 동의할 것이다.

ㄷ. (O) 갑은 한국어의 의미를 이해하지 못하는 로이가 프로그램 X와 한국어 능력이 유사하다고 보았다. 따라서 갑은 X도 한국어의 의미를 이해하지 못한다고 볼 것이다. 또한 을은 수학 방정식을 푸는 신경 프로그램이 방정식의 해를 구할 수는 있지만 수학 기호의 의미를 알지 못한다고 하면서, X가 한국어를 구사하는 방식이 수학 방정식을 푸는 신경 프로그램 방식과 원리상 다를 바 없다 했다. 따라서 을도 X가 한국어의 의미를 이해하지 못한다고 볼 것이다. 그러므로 갑과 을 모두 프로그램 X는 한국어의 의미를 이해하지 못한다는 데 동의할 것이다.

36 ④　　　　　　　　　　　　　　　　　　　난이도 ★★★★★

유형　언어 추리 – 과학기술

해설　ㄱ. (X) 본문에서 주어진 사례의 가능정도 계산은 범죄현장의 DNA가 용의자의 것이라는 전제하에서만 얻을 수 있는 결과이기에 그 결과가 참이라고 단정할 수 없다고 하였다. 따라서 선택지와 같이 단정하는 것은 옳지 않다.

　　　ㄴ. (O) 사전가능정도가 0이 될 경우, 사후가능정도도 0이 될 수 있으므로 옳은 진술이다.

　　　ㄷ. (O) 사후가능정도는 DNA 분석 결과를 반영한 용의자가 범인이 아닐 확률에 대한 범인일 확률이고, '1/Q × 사전가능정도'를 계산하여 그 값을 얻을 수 있다. 선택지의 사례에서는 1,000(1/Q) × 1/100(사전가능정도)을 계산한 값이 10이므로 옳은 진술이다.

37 ②　　　　　　　　　　　　　　　　　　　난이도 ★★★☆☆

유형　평가 및 문제 해결 – 과학기술

해설　ㄱ. (X) 입 없이 먹이를 몸 안으로 흡수하는 생불의 행농에 내한 일상적 설명에는 '잡아먹다'가 잘 쓰이지 않는다는 직관을 인정하면서도, 필자는 그러한 경우에도 사용할 수 있다는 근거를 제시하면서 반박하고 있다. 따라서 논증을 약화하지는 않는다.

　　　ㄴ. (X) 필자는 입과 소화기관이 있는 동물에게 일상적으로 '잡아먹다'라는 표현이 사용되는 것을 인정하기에 식충식물이 동물과 유사할 경우 식충식물에게도 '잡아먹다'라는 표현을 일상적으로 사용할 수 있다는 사실을 인정할 수도 있다. 그러므로 적어도 논증이 약화되지는 않을 것이다.

　　　ㄷ. (O) 필자의 주장은 상어와 대구의 개체군 관계로부터 도출된 M이 겨우살이와 참나무의 관계를 설명하는 데에도 적용된다면 이는 '잡아먹다'의 의미를 확장할 수 있는 과학적 근거가 된다는 것이다. 그런데 이 M을 박테리아와 사람의 관계에까지 적용시켜 확장할 수 있다면, 이는 '잡아먹다'의 의미를 확장할 수 있는 과학적 근거가 더 있다는 의미이기에 이 논증은 강화된다.

38 ④　　　　　　　　　　　　　　　　　　　난이도 ★★★☆☆

유형　언어 추리 – 과학기술

해설　ㄱ. (X) '비열'은 어떤 물질 1g의 온도를 1℃ 높이는 데 필요한 열량이며, 이에 대해 논하고 있다. 그런데 선택지에서는 사람의 온도(체온)를 더 낮추는 조건에 대해서 언급하고 있다. 따라서 지문과 무관한 진술이다.

　　　ㄴ. (O) 시간당 물질이 흡수하는 열량이 같다는 가정하에서 같은 온도를 올리는 데에 물이 16분, 철이 2분, 은이 1분이 걸렸다. 즉 1분에 x만큼 열량이 흡수된다고 할 때에, 물은 $16x$, 철은 $2x$, 은은 $1x$의 열량을 흡수한 것이다. 따라서 30℃에 이르렀을 때 공급된 열량이 가장 적은 것은 온도가 올라갈 때에 가장 적은 시간이 걸린 순서와 같으므로 공급된 열량이 가장 적은 것부터 순서대로 나열하면 은, 철, 물의 순서가 될 것이다.

　　　ㄷ. (O) 비열은 물질 1g의 온도를 1℃ 높이는 데 필요한 열량인데, 물이 은보다 동일한 온도까지 도달하는 데에 시간이 더 오래 걸리며 시간당 물질이 흡수하는 열량은 같기 때문에 더 많은 열량이 필요하다고 할 수 있다. 따라서 물이 은보다 비열이 크다. 또한 열용량은 물체의 온도를 1℃ 높이는 데 필요한 열량이므로, 동일 온도까지 높이는 데 더 오랜 시간이 걸리는 물이 은보다 열용량이 더 크다.

39 ①　　　　　　　　　　　　　　　　　　　난이도 ★★★☆☆

유형　언어 추리 – 과학기술

해설　ㄱ. (X) 지문에서의 거리와 시간값을 계산하면, 거리(1m) = 가속도 × $1/2 × [(0.4)^2 = 0.16]$이 된다. 따라서 화자가 있는 방의 가속도는 12.5가 된다. 그런데 거리가 2m가 될 경우 전체 값의 2배가 되므로 시간도 2배가 되는데, 수식에서는 시간의 제곱값의 2배이므로 0.16 × 2 = 0.32가 된다. 따라서 $\sqrt{0.32}$가 되어 0.6초가 되지 않는다.

　　　ㄴ. (O) 현재 화자가 있는 방의 가속도는 12.5이므로, 지구의 중력가속도인 9.8보다 크다. 따라서 지구에서 떨어뜨렸을 때에 시간은 화자가 있는 방 0.4초보다 더 오래 걸리게 될 것이다.

　　　ㄷ. (X) 화자가 있는 방은 중력가속도가 더 크기 때문에 지구에서보다 몸무게가 더 나갈 것이다. 따라서 같은 값으로 읽히지 않을 것이다.

40 ③　　　　　　　　　　　　　　　　　　　난이도 ★★★☆☆

유형　언어 추리 – 과학기술

해설　ㄱ. (O) Φ가 0이 아닐 때, 두명진극의 두께가 얇아지면 T는 지속적으로 높아진다. 그리고 T는 R_S와 양의 상관관계를 갖기 때문에 R_S도 커진다.

　　　ㄴ. (X) $Φ = T^{10}/R_S$이다. 두께가 9nm로 동일한 M1의 Φ는 110이며, M2의 Φ값은 3이다. M1과 M2의 T값이 같은 값이기에 R_S의 값은 M1이 M2보다 더 작다. R_S는 면저항을 의미하며 R_S가 적을 때에 전기가 잘 흐른다. 그러므로 M1이 M2보다 전기가 잘 통한다.

　　　ㄷ. (O) 주어진 자료에서 성능지수 Φ가 가장 높은 것은 두께 30nm 미만에서는 M3 두께 9일 때이며, 30nm 이상에서는 M4 두께 58일 때이다.

2022학년도 기출문제 정답 및 해설

LEET 전문가의 총평

- 제시문의 제재나 문항의 구조, 질문의 방식 등을 다양화하였다. 추리 능력을 측정하는 문항과 논증 분석 및 평가 능력을 측정하는 문항을 규범, 인문, 사회, 과학기술의 각 영역 모두에서 균형 있게 출제하였다. 또한 상이한 토대와 방법론에 따라 진행되는 다양한 종류의 추리 및 비판을 상황과 맥락에 맞게 파악하고 적용하는 능력을 측정하고자 하였다.
- 문항의 풀이 과정에서 제시문의 의미, 상황, 함의를 논리적으로 분석하고 핵심 정보를 체계적으로 취합하여 종합적으로 평가할 수 있어야 문제를 해결할 수 있도록 하였다. 제재의 측면에서 전 학문 분야 및 일상적, 실천적 영역에 걸친 다양한 소재를 활용하였고, 영역 간 균형을 맞추어 전공에 따른 유불리를 최소화하고자 하였다. 또한 제시문의 내용이나 영역에 관한 선지식이 문제 해결에 끼치는 영향을 최소화함으로써 정상적인 학업과 독서생활을 통해 사고력을 함양한 사람이라면 누구나 해결할 수 있는 문항을 만들고자 하였다.
- 전체 문항은 규범 영역 15문항, 철학, 윤리학을 포함한 인문학 영역 11문항, 사회와 경제 영역 5문항, 과학기술 영역 6문항, 그리고 논리·수리적 추리 영역 3문항으로 이루어져 있다. 전체 문항에서 추리 문항과 논증 문항의 비중은 각각 50%로 양쪽 사고력이 골고루 평가될 수 있도록 하였다.
- 2022학년도 기출문제의 각 문항을 이원분석표에 따라 구분하면 다음과 같다.

인지 활동 유형 / 추리의 내용 영역	추리			논증			인지 활동 유형 / 논증의 내용 영역
	언어 추리	모형 추리		논증 분석	논쟁 및 반론	평가 및 문제 해결	
		형식	논리 게임				
논리학·수학		33	32, 34				논리학·수학
인문	15, 20, 23, 24, 25			16	18, 22, 26	17, 19, 21	인문
사회	27					28, 29, 30, 31	사회
과학기술	35, 37, 40			36		38, 39	과학기술
법·규범	3, 4, 6, 7, 9, 11, 13, 14			2, 10	5, 12	1, 8	법·규범

정답

p.38

01	02	03	04	05	06	07	08	09	10
①	②	②	④	①	①	④	②	①	⑤

11	12	13	14	15	16	17	18	19	20
②	③	③	⑤	④	④	②	①	⑤	②

21	22	23	24	25	26	27	28	29	30
③	④	④	①	③	②	③	②	③	②

31	32	33	34	35	36	37	38	39	40
②	②	④	③	⑤	①	⑤	③	①	③

해설

01 ①
난이도 ★★★☆☆

유형 평가 및 문제 해결 – 법·규범

해설 ㄱ. (O) 합리적 행위 능력이란 자신의 믿음에 입각해서 자신의 욕구를 달성하는 행동을 수행할 수 있는 능력이다. 따라서 인간의 믿음이나 욕구 간은 것이 행동을 발생시키는 데 아무런 역할을 하지 못한다면 합리적 행위 능력이 있다고 가정하는 이 글의 논지는 약화된다.

ㄴ. (X) 합리적 행위 능력 자체를 인정하고 있기에 '법이 관심을 두는 것은 최소한의 합리성의 기준을 충족하는 것'이라는 이 글의 논지가 약화되지는 않는다.

ㄷ. (X) 범죄자들 중 상당수가 범죄 유발의 신경적 기제를 가지고 있다는 사실이 최소한의 합리성 기준의 존재를 입증하는 것은 아니다. 이러한 사실은 오히려 자신의 믿음에 입각한 욕구 달성 행위가 아니라, 신경적 기제에 의해 나타나는 현상이 될 수 있기 때문이다. 따라서 이 사실은 글의 논지를 강화하지는 못한다.

02 ②
난이도 ★★★☆☆

유형 논증 분석 – 법·규범

해설 ㄱ. (X) 을의 견해 역시 '차'에 동력장치가 있는 이동수단인 버스를 포함하고 있는 법률 문언에 반하는 주장이다. 따라서 을도 법률의 목적을 실현할 필요가 있어야 정당화된다.

ㄴ. (X) 병은 명백히 적용될 수 없는 대상인 자전거를 제외하여 적용범위를 중립적 후보에서 적극적 후보로 좁히고 있다. 이는 '법의 발견' 중 하나인 축소해석에 해당되므로 법의 형성에 해당되지 않는다.

ㄷ. (O) 을은 경계가 확실한 후보를 제외하는 목적론적 축소로, '주차금지'의 사례도 동일한 방법인 '목적론적 축소'에 해당한다.

03 ②
난이도 ★★☆☆☆

유형 언어 추리 – 법·규범

해설 ㄱ. (X) R은 해당 법률을 직접적으로 표상하는 법률문장이기에 L이 위헌은 아니다.

ㄴ. (O) 상황에서 국기 소각 행위와 같이 입법 목적과 반대되는 영향이 나타나므로 옳은 판단이다.

ㄷ. (X) X국에서 역사적으로 수차례 전쟁을 거치면서 국기 소각이 국가의 권위를 해하는 행위로 헌법질서에 반하는 범죄행위로 평가받기에 충분한 것으로 그 맥락적 의미를 지니고 있다. 따라서 L은 위헌이 아니다.

04 ④
난이도 ★★☆☆☆

유형 언어 추리 – 법·규범

해설 (1) 2017. 5. 1. 신호위반(15점) 벌점: [제2조 제3항]에 따라 2020. 5. 1.에 소멸된다.

(2) 2020. 7. 1. 횡단신위반(18점) + 2021. 3. 1. 삿실통행(25점) = 43점으로 배점된다.
→ [제3조]에 따라 2021. 3. 2.부터 집행한다.

(3) 2021. 4. 1. 규정속도 초과(40점): [제3조 제2항]에 따라 2배인 80점으로 배점된다.

(4) 2021. 3. 2.부터 123일간 운전면허가 정지되므로 2021. 7. 2.까지 정지된다.

05 ①
난이도 ★★☆☆☆

유형 논쟁 및 반론 – 법·규범

해설 ㄱ. (O) B의 입장에서는 오히려 무단 점유가 일어나지 않았더라면 더 낮은 수준의 삶을 누렸을 것이므로 ㉠의 원리에 의할 때에 배상이 제공될 이유가 없다. 따라서 갑은 동의하지 않을 것이다.

ㄴ. (X) ㉠ 원리를 을이 받아들이더라도 무단 점유가 없었을 경우 B는 존재하지 않았기에 누릴 만한 삶 자체에 대한 진술은 옳지 않게 된다. 따라서 배상에 동의하지 않을 것이다.

ㄷ. (X) 병 역시 A에게 배상이 이루어졌더라면 A는 B에게 더 나은 교육 기회와 자원을 제공하였을 것이고 B는 더 나은 삶을 살았을 것이라고 주장한다. 따라서 병은 ㉠ 원리에 동의할 것이기에 옳지 않은 분석이다.

06 ①
난이도 ★★☆☆☆

유형 언어 추리 – 법·규범

해설 ㄱ. (O) 제2조 제2항. 숙박예약 및 이벤트 행사를 위한 목적에 해당되며 1주일 이내에 정보주체에게 알려주었으므로 [규정]을 준수하였다.

ㄴ. (X) 제2조 제3항. 수집 목적 이외의 용도로 사용할 경우 별도의 동의를 받아야 한다.

ㄷ. (O) 제2조 제4항. 위탁의 경우 위탁 후 정보주체에게 알리고 공개하였으므로 [규정]을 준수하였다.

ㄹ. (X) 제2조 제3항. 수집 목적 이외의 용도로 별도의 동의를 받아 제3자에게 제공할 수 있는 것은 정보주체의 이익을 부당하게 침해할 우려가 없는 경우이다. 그러나 불법도박사이트 운영업체는 이에 해당되지 않기에 옳지 않은 판단이다.

07 ④

난이도 ★★★★☆

유형 언어 추리 – 법·규범

해설 ㄱ. (X) A공식은 혈중알코올농도가 최고치에 오른 후 감소한 값을 더하는 방식으로 구한다. 따라서 A공식을 적용하기 위해서는 최고치에 도달한 후 사고가 나야 한다. 사례에서는 20:00에 술을 마셨으므로 최고치는 21:30에 이르게 된다. 그런데 21:00에 사고를 냈고 21:30에 측정하였기 때문에 최고치에 도달하기 전에 사고가 난 경우이다. 그러므로 A공식을 적용할 수 없으므로 면허가 취소된다고 추론할 수 없다.

ㄴ. (O) 사고시간을 알 수 없으므로 사고시간에 가장 높은 수치가 0.03을 넘을 수 있는지 확인한다. 이때 시간당 알코올 분해율 b는 측정대상자에게 가장 유리한 0.008을 대입한다. 20:00에 술을 마신 후 최고 혈중알코올농도에 이르는 시간은 21:30이다. 따라서 23:30은 농도 최고 이후 2시간이 지났으므로 경과시간은 2로 할 때에 혈중알코올농도를 측정한다.
C = 실측(23:30) 0.012 + (0.008 × 2시간 = 0.016) = 0.028, 즉 0.03 미만이므로 면허가 취소되지 않는다.

ㄷ. (O) 20:00에 술을 마셨으므로 21:30에 최고기 되며 22:30에 사고를 냈으며 23:30에 0.021%가 되었다. 사고시간 시점의 혈중알코올농도 C는 다음과 같다.
C = 0.021 + (0.008 × 1) = 0.029
따라서 면허가 취소되지는 않는다.

08 ②

난이도 ★☆☆☆☆

유형 평가 및 문제 해결 – 법·규범

해설 ㄱ. (X) A는 보호의무자를 '성인'으로 한정해야 한다는 주장이다. 그러나 보호·감독자가 미성년자가 되는 결과는 이에 상반되는 것이므로 A를 뒷받침하지 못한다.

ㄴ. (X) B는 학대가해자를 철저히 처벌하자는 주장으로 피해자와 가해자를 이분법적으로 나눌 수 있다는 견해이다. 그런데 학대가해자가 아동학대를 경험한 피해자이므로 이분법적으로 나눌 수 없다는 결과는 B를 뒷받침하지 않는다.

ㄷ. (O) B는 학대가해자를 '누구든지'로 유지하기에 미성년자 간의 성적 요구행위 역시 학대로 보아 처벌할 필요성은 이를 뒷받침한다. 그리고 C 역시 '성적 수치심을 야기하는' 표현은 삭제하자는 주장이므로 아무 부끄러움이나 불쾌감 없이 응한 경우에도 규정이 해당될 수 있으므로 C를 뒷받침한다.

09 ①

난이도 ★☆☆☆☆

유형 언어 추리 – 법·규범

해설 ㄱ. (O) 제3조. 타인의 동의 없이 그의 물건을 원재료로 사용하여 새로운 물건을 제작하였고 손쉽게 원재료로 환원할 수 있는 경우 원상대로 반환해야 한다. 따라서 제작자 을은 ㉠을 원상대로 반환해야 한다.

ㄴ. (X) 제2조 제2호. 새로운 물건 가격이 원재료 가액에 미달하는 경우 새로운 물건을 제작한 을에게 원재료 가액의 지급을 청구해야 하며, 제작자 을이 이를 지급하지 않는 경우에 한하여 새로운 물건 ㉡을 소유한다. 따라서 ㉡이 바로 갑의 소유가 되지는 않는다.

ㄷ. (X) 제1조 제2항. 갑의 동의를 얻어 새로운 물건을 제작한 경우에도 가격이 원재료 가액을 초과한 경우이므로 ㉢은 이를 제작한 병의 소유가 된다. 한편 갑의 동의 없이 제작한 경우 제2조 제1호에 의해 새로운 물건이 원재료 가액을 초과하므로 원재료 소유자인 갑의 소유가 된다.

10 ⑤

난이도 ★☆☆☆☆

유형 논증 분석 – 법·규범

해설 ① (O) 1안은 촬영한 자 4년 이하 징역, 유포한 자 6년 이하 징역으로 유포한 자가 더 중한 범죄가 되며, 3안도 촬영한 자 5년 이하 징역이고 유포한 자는 7년 이하의 징역으로 후자가 더 중한 범죄가 된다.

② (O) 3안에만 소지, 구입, 저장 또는 시청한 자에 대한 처벌을 명시하고 있으므로 옳은 진술이다.

③ (O) 1, 2, 3안 모두 촬영대상자의 의사에 반하여 유포한 자를 처벌해야 한다고 주장하고 있다.

④ (O) 3안 제2항. 제1항의 촬영 당시에는 대상자와 의사가 반하지 아니한 경우에도 그 촬영물을 대상자의 이사에 반하여 유포한 자는 처벌받는다.

⑤ (X) 1안 제3항. 영리를 목적으로 촬영물 또는 복제물을 정보통신망을 이용하여 유포하지는 않았다. 따라서 1안 제2항에 의하면 징역 6년형이다. 한편 3안은 제2항에 의해 최대 7년까지 처할 수 있다.

11 ②

난이도 ★★★☆☆

유형 언어 추리 – 법·규범

해설 (1) 갑: Y국 규정이 적용되어, X국 국적의 갑은 외국인에 해당한다. 강간죄는 Y국 영역 외이기에 적용되지 않고, 해상강도죄는 2번 모두 적용된다. [Y국 규정] 제4조에 의해 9년에 1/2인 4.5년이 더해져 13년 6개월이 된다.

(2) 을: Y국 자국에서 재판이 진행되기에 강간죄는 3회가 적용된다. 강간죄 6년에 2/3인 4년이 더해져 총 10년이 된다.

(3) 병: X국에서 재판을 받는데 [X국 규정] 제3조에 의해 병은 X국 국적만 가진 사람이 아니므로 외국인에 해당한다. 따라서 해상강도는 X국 영역 외이며 병이 외국인이므로 처벌 대상이 아니다. 결국 강간죄 2회이므로 14년이 된다.

따라서 최저 형량은 을의 10년, 최고 형량은 병의 14년이 된다.

12 ③

난이도 ★☆☆☆☆

유형 논쟁 및 반론 – 법·규범

해설 ㄱ. (O) 갑은 재물을 자산적 가치가 있는 물건으로 보기 때문에 형법상 재물에 마약이 해당된다고 볼 것이다.

ㄴ. (O) 을은 소유의사가 표출되어 있는 이상 형법상 재물로 보기 때문에 을이 가지고 있는 마약과 연예인이 보관하고 있는 팬레터 모두 형법상 재물로 볼 것이다.

ㄷ. (X) 병은 형법상 재물이 되기 위해서는 금전적 교환가치와 소유 및 거래 적법성이 인정되어야 한다. 따라서 연예인이 보관하고 있지만 거래는 되지 않는 팬레터는 금전적 교환가치가 없기 때문에 형법상 재물로 보지 않으며 마약밀매상이 가지고 있는 법적으로 소유가 금지된 마약도 적법성이 인정되는 것이 아니기 때문에 형법상 재물로 보지 않을 것이다.

13 ③

유형 언어 추리 – 법·규범

해설 ㄱ. (O) 갑(X국)과 을(Y국)의 국적국에서 중혼을 허용하기에 가능하다. 또한 갑과 을은 동성이 아니기에 가능하다.

ㄴ. (O) 갑(X국)과 병(Z국)의 국적국에서 동성혼을 허용하며 둘은 중혼이 아니기에 가능하다.

ㄷ. (X) 을과 병의 혼인에 있어서 병의 국적국인 Z국에서 중혼을 허용하지 않는다. 따라서 혼인할 수 없다.

14 ⑤

난이도 ★★★☆☆

유형 언어 추리 – 법·규범

해설 ① (O) 병은 을의 배우자이므로 제2조 제1호에 의해 을과 사실상 동일인 관계이다. 이때 제2조 제3호에 의해 병은 을과 합하여 Q회사 지분을 50% 이상 보유하고 있기에 병은 Q회사와도 사실상 동일인이다. 그리고 Q회사는 P회사의 지분을 20% 소유하고 있고 제1조에 의해 P회사의 지분을 50%까지만 보유할 수 있다. 따라서 병은 추가로 30%의 P회사 지분을 취득할 수 있다.

② (O) 을은 갑의 자녀로 사실상 동일인이다. 그런데 을의 배우자가 병이라고 해도 갑과 병은 제2조 제1호의 사실상 동일인 관계에 해당되지 않기 때문에 Q회사의 지분은 고려 대상이 아니다. 따라서 갑은 제1조에 의해 추가적으로 35%의 P회사 지분을 취득할 수 있다.

③ (O) 정은 Q회사의 지분 50%를 보유하고 있기에 갑과 정이 사실상 동일인이 될 경우 Q회사가 가지고 있는 P회사의 지분 20%를 보유하고 있는 것이 된다. 그리고 갑이 15%를 가지고 있기에 현재 P회사의 지분 35%를 가지고 있는 것과 같다. 따라서 제1조에 의해 추가로 15%를 취득할 수 있다.

④ (O) 병은 을과 사실상 동일인이며 합하여 Q회사 지분 50%를 가지고 있다. 그런데 이때 정이 병에게 Q회사 지분 10%를 취득하게 되면 병은 을과 함께 Q회사 지분을 40%만 소유하고 있으므로 Q회사의 P회사의 지분에 대한 소유는 고려 대상이 아니게 된다. 따라서 병은 P회사의 지분을 50% 취득할 수 있게 된다.

⑤ (X) 갑이 정으로부터 Q회사의 지분 50%를 취득하게 될 경우 갑은 Q회사와 사실상 동일인이 되어 P회사 지분 20%를 추가로 취득하게 된다. 따라서 현재 갑은 총 35%의 P회사 지분을 보유하고 있다. 이때 추가로 35%를 취득하게 될 경우 총 70%의 지분을 보유하게 되어 규정에 위배된다. 따라서 취득할 수 없다.

15 ④

난이도 ★☆☆☆☆

유형 언어 추리 – 인문

해설 ㄱ. (X) A는 무지가 도덕적 비난가능성을 줄일 수 있다는 견해일 뿐, 도덕적 믿음에 근거하지 않는 행위가 도덕적인 결과를 가져오는 행위라도 비난해야 한다는 것은 아니다. 한편 B도 잘못된 도덕적 믿음에 의한 비도덕적 행위는 비난받아야 한다는 견해이므로 갑의 행위를 비난하지 않을 것이다.

ㄴ. (O) 을은 도덕적으로 잘못된 믿음을 따르는 도덕적 무지에 해당되므로 A는 비난가능성이 낮다고 볼 것이다. B는 그렇다해도 비난받아야 한다고 주장할 것이다.

ㄷ. (O) A는 사실에 대한 무지도 도덕적 비난가능성을 줄일 수 있다고 주장하므로 옳은 진술이다.

16 ④

난이도 ★☆☆☆☆

유형 논증 분석 – 인문

해설 ㄱ. (X) 소크라테스에 따르면, 알지 못하는 것에 대해서 거짓된 판단을 할 수 없다는 견해이다. 이 의미는 판단 자체가 될 수 없다는 의미로 참된 판단을 내릴 수 있는 것은 옳지 않은 분석이다.

ㄴ. (O) 알지 못하는 것에 대해서 판단이 될 수 없다는 것이므로 옳은 분석이다.

ㄷ. (O) 대상에 대해 알고 있다면 참된 판단을 해야 하므로 알고 있으면서도 거짓된 판단을 가능하다면 이는 소크라테스의 견해에 반하게 된다.

17 ⑤

난이도 ★☆☆☆☆

유형 평가 및 문제 해결 – 인문

해설 ㄱ. (O) A는 악은 결여가 아니라 존재라는 견해이나, B는 악은 결여라고 판단하고 있다.

ㄴ. (O) A는 악한 것들 중에서 어떤 것은 다른 것보다 더 악하기에 정도의 차이가 있다고 인정한다. 또한 B도 더 비동등성과 비유사성과 같이 더함과 덜함의 정도 차이를 인정한다.

ㄷ. (O) A는 악의 존재 자체를 주장하나, B는 선의 결여 개념으로 악을 정의하기에 선 없이 존재하는 악은 불가능하다는 관점은 B에 의해 더 잘 지지된다.

18 ①

난이도 ★★★★☆

유형 논쟁 및 반론 – 인문

해설 ㄱ. (O) 을은 더 많은 사람들이 기쁨을 누릴 수 있기를 원하기 때문에 자신이 공부를 하지 않는 수단을 정당화하고 있다. 그러나 그러한 수단이 정당화되지는 않는다면 을의 논증은 약화된다.

ㄴ. (X) 을이 공부를 하지 않을 때 다른 응시생들도 공부를 하지 않을 수 있다. 이 경우 을이 공부를 하지 않아도 많은 응시생들의 등수가 오르지 않을 수 있으므로 을의 전제가 참이 아닐 수 있다.

ㄷ. (X) 갑은 '다른 사람들이 자신의 등수 때문에 기뻐한다면 그건 그들이 공부를 했기 때문이 아니겠니?'라고 진술한다. 즉 다른 사람들이 자신의 등수 때문에 기쁨을 누리게 된 원인은 그들이 공부를 했다는 것에 있다. 그러므로 '을이 공부를 하지 않는 것'이 타인으로 하여금 기쁨을 누리게 하는 원인이 될 수 없다는 갑의 주장이 참이 될 수 있다. 따라서 갑의 주장이 참이기 위해서 무언가를 하지 않는 것이 다른 것의 원인이 될 수 없다는 가정이 반드시 참일 필요는 없다.

19 ⑤

난이도 ★★★☆☆

유형 평가 및 문제 해결 – 인문

해설 ㄱ. (O) [독해 2]에 대해 철학자들이 '동의하지 않음'으로 응답했다면, 일반인과 철학자가 동일한 판단을 하고 있으므로, 이전에 (가)에 대해 일반인과 철학자의 판단이 다른 이유는 ㉠임을 입증하게 된다.

ㄴ. (O) 일반인들도 [독해 1]에 대해 철학자들과 동일하게 응답했기 때문에 ㉡은 강화된다.

ㄷ. (O) (나)에서 철학자들의 '동의함' 비율이 높았던 이유가 잘못 응답한 것 때문이라면 결과적으로 일반인과 철학자의 의견이 일치한 것이므로 ㉡은 강화된다.

20 ②

유형 언어 추리 – 인문

해설 ① (X) 수요일에 '오늘'이라는 표현과 목요일에 수요일을 가리켜 '어제'라는 말은 다른 말인지만 두 문장에서 사용된 표현은 같은 대상을 가리킬 수 있다.

② (O) 날짜와 관련한 지표사의 경우, '오늘'과 언어적 의미가 다른 '어제'를 사용하여 같은 말을 할 수 있다.

③ (X) 수요일을 가리켜 '어제'라고 할 경우와 수요일에 '오늘'이라고 한 문장은 발화자의 맥락에 따라 다른 단어로 바꿔 써가며 같은 말을 한 경우이다. 그런데 '오늘'과 '어제'는 언어적 의미가 다른 단어이다.

④ (X) '오늘 비가 온다.'와 '어제 비가 왔다.'라는 두 문장이 있을 때에 뒷문장을 '오늘 비가 왔다.'로 바꾸었을 때에, 대상은 다르지만 언어적으로 의미가 같은 다른 단어로 바꿔 쓴 경우이다. 그런데 이 경우 두 문장은 다른 말이다.

⑤ (X) 한 문장에 사용하고 있는 어떤 단어를, 대상도 같고 언어적 의미도 같은 단어로 바꿔 쓸 경우 같은 말을 하는 것이다.

21 ③

난이도 ★★★☆☆

유형 평가 및 문제 해결 – 인문

해설 ㄱ. (O) 필자는 글 속에 나오는 허구 속의 인물이 비록 실존 인물과 유사하다는 특징이 있더라도 그 인물은 실존 인물이 아니라 허구 속의 인물임을 주장한다. 따라서 어떤 이름이 실존 인물을 지칭한다면 그 글은 허구 작품이 아니게 된다.

ㄴ. (O) 필자는 (2)를 주장하며 (1)을 잘못된 직관을 갖기에 나타나는 견해라고 파악한다. 그런데 허구 작품들에 사용된 '나폴레옹'이 실존 인물을 지칭한다면 (1)이 잘못되었다는 필자의 견해에 반박하게 되어 이 글의 논증을 약화하게 된다.

ㄷ. (X) 실존 인물을 지칭하지 않아도 유사성을 가질 수 있어서 잘못된 직관에 빠진다고 필자는 지적하고 있다.

22 ④

난이도 ★★★☆☆

유형 논쟁 및 반론 – 인문

해설 ㄱ. (X) 갑에 의하면 '곱창은 맛있다.'라는 술어에는 'x에게'라는 표현이 숨겨져 있다. 따라서 곱창을 맛있어 하는 사람들의 표현이나 맛없어 하는 사람들의 표현이 모두 '곱창은 x에게 맛있다.'라는 명제로 동일하다.

ㄴ. (O) 영호가 곱창을 맛없어 하기 때문에 갑에 의하면, '곱창은 영호에게 맛있다.'라는 표현은 참이 아니다. 하지만 을에 의하면 '곱창은 맛있다.'라는 문장은 누가 말하든지 동일한 명제를 표현하는 것이기에 참이 될 수 있다.

ㄷ. (O) 을은, 지우가 '곱창은 맛있다.'라고 말하는 경우 영호는 '아니, 곱창은 맛이 없다.'라고 반박할 수 있고 이때 논쟁이 시작된다고 주장한다. 따라서 어떤 명제에 대해 두 사람의 견해가 불일치한다는 점이 논쟁이 되기 위한 필요조건이라는 것이다. 그래서 두 사람의 견해가 하나의 명제에 대해 불일치하지 않는다면 논쟁이 되지 않는다고 갑을 비판하고 있다.

23 ④

유형 언어 추리 – 인문

해설 ㄱ. (O) 올바른 번역은 인용 부호 안의 표현 자체를 그대로 남겨 두는 것이 되어야 하기에 올바른 번역이 아니다.

ㄴ. (X) 인용 부호 안의 표현 자체를 그대로 남겨 두었기에 올바른 번역이다.

ㄷ. (O) (2)는 참인 문장이지만 (5)는 거짓인 문장이므로 올바른 번역에서 제외된다. 따라서 서로 다른 언어에 속한 두 문장의 진리값이 다르다면 올바른 번역이 아니다. 또한 (2)와 (4)는 모두 참으로 진리값이 다르지 않지만 (4)가 (2)의 올바른 번역이 되는 것은 아니다. 따라서 '서로 다른 언어에 속한 두 문장의 진리값이 다름'은 '올바른 번역이 아님'을 위한 충분조건이지만 필요조건은 아니다.

24 ①

난이도 ★★★★☆

유형 언어 추리 – 인문

핵심 체크
(1) 행위의 인식 측면
 • 주관적: 개인적으로 믿는 정보 기준
 • 객관적: 실제 참인 정보 기준
(2) 행위의 목적 측면
 • 내재적: 자신에 대한 직접적 해악과 무관함 기준
 • 외재적: 도덕이론의 관점에서 부당함 기준

<사례>
• A: 수분 섭취 목적, 벤젠을 이온음료로 믿음
• B: 이웃돕기 성금 마련 목적, 중고 거래 사이트 거래 수단 구매자 보호 취약 정보 알고 있음
• C: 금품 편취 목적, 이메일 잘못 알고 있음

구분	A	B	C
주관적 내재주의	합리적	합리적	합리적
주관적 외재주의	합리적	합리적	비합리적
객관적 내재주의	비합리적	합리적	비합리적
객관적 외재주의	비합리적	합리적	비합리적

해설 ① (X) A와 C의 행위를 모두 비합리적이라고 평가하는 입장은 객관적 내재주의와 객관적 외재주의 2개이다. 객관적인 인식에 있어서 A가 벤젠을 이온음료로 믿는 것에 기준을 두는 것은 비합리적이기 때문이며 도덕이론의 관점에서 금품 편취 목적의 C는 비합리적이기 때문이다.

② (O) 주관적 내재주의 입장에서 A는 자신의 믿음에 근거한 인식을 기준으로 하고 있으며 자신에 대한 직접적 해악과 무관한 수분 섭취 목적이므로 합리적이다. 또한 B에서 거래 수단의 취약성은 개인적으로 알고 있는 바이며 이웃돕기 성금 마련의 목적도 자신에 대한 직접적 해악과 무관하기 때문에 합리적이라 평가할 것이다.

③ (O) 주관적 내재주의는 A를 합리적이라 평가하고 주관적 외재주의 역시 도덕이론의 관점에서 수분 섭취 목적이 부당하지는 않기 때문에 합리적이라고 평가할 것이다.

④ (O) 일부러 거짓 이메일 주소를 동료가 알려주었더라도 그것을 믿는 것은 자기 자신이기 때문에 합리성 평가가 달라지는 것은 아니다.

⑤ (O) 수단의 도덕성도 함께 고려할 경우, 외재주의는 B가 거래 수단이 구매자의 보호에 취약한 점을 이용해 구매자의 대금을 편취한 것이므로 도덕적으로 부당하다고 볼 것이다. 따라서 주관적 외재주의와 객관적 외재주의 모두 B의 행위는 비합리적이라고 평가할 것이다.

25 ③

난이도 ★★☆☆☆

유형 언어 추리 – 사회

해설 ㄱ. (O) ⓛ은 환경적 합리성으로 상이한 여건에 따라 상대적으로 고려한다. 따라서 z를 선택하는 행위도 합리적일 수 있다.

ㄴ. (O) ㉠의 합리성 기준은 최선의 이익에 가까운 순서에 따라 결정해야 한다는 입장이다. 따라서 최선의 이익인 x가 아니라 y를 선택한 행위는 비합리적 성향에 따른 결정으로 본다.

ㄷ. (X) ㉠은 부드러운 간섭이 비합리적 성향을 이용하는 것이기에 비합리적이라는 비판을 하고 있다. 따라서 부드러운 간섭 자체가 그 사람의 합리성을 존중한다고 판단하지 않을 것이다.

26 ②

난이도 ★☆☆☆☆

유형 논쟁 및 반론 – 인문

해설

구분	A	B	점수
(1)	O	O	+20
(2)	O	X	–80
(3)	X	O	+100
(4)	X	X	0

ㄱ. (X) 갑의 경우 최대의 결과값의 조합인 (3)만 용인한다. 그런데 을은 (3)은 현실에서 선택하려고 할 조합은 아니라고 보기에 (1)을 선택할 것이다. 이 경우 A는 용인될 수 있다.

ㄴ. (O) 병은 결과값이 0이거나 양의 값을 용인하므로 (1), (3), (4)를 용인한다. 따라서 A가 (1)의 경우 용인될 수 있다.

ㄷ. (X) 병의 경우 (1), (3), (4)로 용인될 수 있는 조합은 3개이다.

27 ③

난이도 ★★★★☆

유형 언어 추리 – 사회

해설 ㄱ. (O) A에서의 범죄 감소 효과와 B로의 혜택확산 효과가 동일할 경우 WDQ는 1이 된다. 그런데 WDQ가 1보다 크면, B로의 혜택확산 효과가 더 크다는 것을 알 수 있다.

ㄴ. (O) WDQ가 0보다 작으므로 B로의 전이효과가 나타나는 경우이다. 그리고 WDQ가 –1보다 큰 경우이므로 A의 범죄 감소 효과보다는 B의 전이효과가 작은 경우이다.

ㄷ. (X) WDQ가 –1에 가까운 경우는 A의 범죄 감소 효과와 B로의 혜택확산이 아니라, 전이 효과가 거의 동일한 경우에 해당된다.

28 ②

난이도 ★★★☆☆

유형 평가 및 문제 해결 – 사회

해설 ㄱ. (X) A 견해는 심각한 피해를 입은 피해자들은 VIS를 제시하고 피해가 심각하지 않은 피해자들은 VIS를 제시하지 않는다고 본다. 따라서 A 견해가 강화되기 위해서는, 피해가 심각할수록 양형 정도가 높아졌다는 사실과 피해가 심각할수록 VIS를 제시하는 피해자들이 많다는 사실이 있어야 한다. 그런데 P에서는 이러한 사실을 확인할 수 있는 실험설계가 되어 있지 않다. 따라서 P로는 A 견해의 강화 여부를 알 수 없다.

ㄴ. (O) B 견해는 피해 내용과 강한 감정 모두로부터 영향을 받는다는 입장이다. 따라서 Q에서 [집단 1]이 [집단 2]보다 강한 감정이 표현되므로 형량이 높고 [집단 2]가 [집단 1]보다 심각한 내용이므로 형량이 더 높게 되어 B를 강화한다.

ㄷ. (X) Q에서 [집단 1]과 [집단 2]는 모두 같은 내용의 VIS를 제시한 상황이기에 A 견해에 따르면 평균 형량에 유의미한 차이가 없어야 한다. 따라서 이러한 결과는 A 견해를 강화한다.

29 ③

난이도 ★★★☆☆

유형 평가 및 문제 해결 – 사회

해설 ㄱ. (O) 지문에서는 1960년대 이래 증가해 왔던 범죄가 1990년대 초반 이후 감소한 현상을 소개한다. 이는 납 배출이 증가하면서 폭력 범죄가 증가하였고 납 배출이 감소하면서 범죄가 감소하였다는 내용을 근거로 ㉠을 주장하고 있다. 그리고 실제 아동의 납 농도 측정 결과 2000년 평균 혈중 납 농도가 1990년의 절반 수준으로 낮아졌다는 사실은 ㉠을 강화한다.

ㄴ. (X) 1970년대보다 1990년대에 범죄가 감소되었기에 ㉠의 주장을 약화하지 않는다.

ㄷ. (O) 납 농도와 범죄와의 양의 상관관계가 있다는 것이 ㉠이므로, 범죄를 서지른 청소년이 그렇지 않은 청소년보다 납 농도가 높다는 연구 결과는 ㉠을 강화한다.

30 ②

난이도 ★☆☆☆☆

유형 평가 및 문제 해결 – 사회

해설 ㄱ. (X) A는 기술 변화로 인해 일자리를 통한 소득 기회가 감소할 수 있다고 주장한다. 따라서 신규로 창출될 일자리보다 사라질 일자리가 많다는 연구 결과는 A를 약화하지 않는다.

ㄴ. (X) 재정 여건이 허락하는 범위에서 지급되는 기본소득의 수준이 너무 낮아 실효성이 없다는 것이 B의 주장이다. 그런데 전국민재난지원금 역시 일시적으로 지급되며 그 수준도 낮게 되어 자영업자들에게 실질적 도움이 되지 못한다는 내용은 B를 약화하지 않는다.

ㄷ. (O) 기본소득을 지급할 때 소득 최하위 분위 소득 점유율 대비 소득 최상위 분위의 소득 점유율이 감소한 것은 양극화 완화에 도움이 된 것이므로 C는 강화되고 기본소득이 상대적으로 효과적이지 못하다는 D를 약화한다.

31 ②

난이도 ★★★☆☆

유형 평가 및 문제 해결 – 사회

해설 ㄱ. (X) B에서 자선 단체의 기부액은 10이며, E에서는 4이다. 이때 총 기부액 즉, 참가자의 기부액과 다른 기부인 자선 단체의 기부액과의 합을 동일하게 한다면, b + 10 = e + 4가 되어야 한다. 이에 따라 b = e – 6이 되므로 이는 ㉠을 강화한다. ㉠ 순수이타주의 가설에 의하면 총 기부액이 우선 결정되기 때문이다. 한편 ⓛ이 강화되는 것은 아니다. 효용에 더하여 기부자 자신의 감정적 효용이 고려되는 결과를 확인할 수 없기 때문이다.

ㄴ. (X) ㉠에 의하면, 총 기부액은 수혜자가 필요한 금액으로 결정된다. 그리고 총 기부액은 [= 참가자의 기부액 + 자선 단체의 기부액]이다. a와 e의 자선 단체의 기부액은 4로 동일하기에 참가자의 기부액도 동일하게 된다. 따라서 e − a = 0이다. 또한 c와 f도 자선 단체의 기부액이 28로 동일하므로 f − c = 0이다. 따라서 e − a = f − c가 되어야 한다. 따라서 e − a보다 f − c가 큰 것은 ㉠을 강화하지 않는다.

ㄷ. (O) 수혜자에게 필요한 총 기부액이 결정되어 있으므로 순수이타주의 가설에 의할 때에 A의 총 기부액과 B, C, D 상황에서의 총 기부액(참가자의 기부액 + 자선 단체의 기부액)은 동일하다. 따라서 순수이타주의 가설에 의하면 a + 4 = b + 10 = c + 28 = d + 34가 된다. 그렇다면 a − 30 = b − 24 = c − 6 = d가 되어야 한다. 그런데 a − 30 < b − 24 < c − 6 < d가 되는 것은 기부자의 효용과 수혜자의 효용뿐 아니라 기부자 자신의 감정적 효용까지도 포함되었다는 것이므로 ㉡을 강화한다.

32 ②

유형 논리 게임 – 논리하·수하

핵심
• 규칙: (1) C와 E 같은 나라
       (2) A와 C 다른 나라
       (3) 신라 > 백제
       (4) B : 고구려, F : 백제
• 추리: C, E 백제 아님 – C, E가 백제일 경우 백제 유물이 3개가 되어 신라가 많을 수 없음

해설 ㄱ. (X) 다음과 같이 가능하다.

나라	고구려	백제	신라
유물	B	A, F	C, D, E

ㄴ. (O) 고구려가 3개 유물일 때 신라가 백제보다 많아야 하므로 A와 D는 신라 유물이 된다.

나라	고구려	백제	신라
유물	B, C, E	F	A, D

ㄷ. (X) 다음과 같이 E를 만든 나라의 유물이 가장 많지 않을 수 있다.

나라	고구려	백제	신라
유물	A, B, D	F	C, E

33 ④

유형 형식적 추리 – 논리학·수학

핵심

	1차		2차
A	281–339	A/D	300
B	260	D/A	251–299
C	201–259	C	250
D	200	B	151–199

	1) A : 2차 가장 많음		2) D : 2차 가장 많음
A	581–639	A	532–638
B	401–459		
C	451–509		
D	451–499	D	500

해설 ① (O) 1)과 2) 모든 경우에 A의 최솟값이 가장 크다. 따라서 가장 많은 분담금을 부담하는 국가는 A이다.

② (O) B의 분담금은 401–459이므로 460억 달러 이하이다.

③ (O) A의 분담금이 570억 달러가 될 경우 이는 2)의 경우로 이때 D는 500억 달러이다.

④ (X) C의 분담금은 509억 달러이고 D가 1)의 경우 451억 달러인 경우 두 국가의 차이는 58억 달러가 될 수 있으므로 옳지 않다.

⑤ (O) 1, 2차 분담금이 동일할 수 있는 국가는 C밖에 없으며 250이다. 이때 A의 1차 분담금은 290이 된다. 이 경우 2차에서 A가 300이 되어도 합계 590억 달러가 된다.

	1차		2차
A	290	A/D	300
B	260	D/A	251 299
C	250	C	250
D	200	B	151–199

34 ③

유형 논리 게임 – 논리학·수학

해설 ㄱ. (O) 갑의 대답 중 "범인은 두 명이다."가 참일 경우, 갑의 첫 문장은 거짓이므로 "병은 범인이다."는 거짓이다. 그럴 경우 병의 첫 진술이 거짓이 되므로 두 번째 진술은 참이기에 "범인은 나를 포함하여 세 명이다."가 참이어야 한다. 그러나 이는 "범인은 두 명이다."가 참이라는 진술을 거짓으로 만들기에 옳지 않다. 따라서 갑의 두 번째 진술인 "범인은 두 명이다."는 거짓이다.

ㄴ. (X) 을의 진술 중 두 번째 진술이 참이 될 수 있기에 첫 진술인 "내가 범인이다."가 반드시 참이 되는 것은 아니다.

ㄷ. (O)
(1) 병이 범인, 정이 범인이 아님: 정의 첫 진술이 참이 되어 두 번째 진술인 "갑은 범인이다."가 거짓이 된다. 따라서 갑은 범인이 아니다.
(2) 병이 범인이 아님, 정이 범인: 병이 범인이 아닐 경우, 병의 첫 진술이 거짓이고 두 번째 진술은 참이어야 한다. 그런데 두 번째 진술은 "범인은 나를 포함하여 세 명이다."이므로 병이 범인이 되어야 하기에 모순이 나타난다. 따라서 이 경우는 있을 수 없다.

35 ⑤

유형 언어 추리 – 과학기술

해설 ㄱ. (O) 버튼을 누르지 않았을 때의 기댓값이 더 크기에 버튼을 누르지 않을 것이다.

구분	신호(0.1)	잡음(0.9)	합
버튼 누름	3 × 0.1 = 0.3	−3 × 0.9 = −2.7	−2.4
버튼 누르지 않음	−3 × 0.1 = −0.3	2 × 0.9 = 1.8	1.5

ㄴ. (O) 버튼을 눌렀을 때의 기댓값이 더 크기에 버튼을 누를 것이다.

구분	신호(0.8)	잡음(0.2)	합
버튼 누름	3 × 0.8 = 2.4	−3 × 0.2 = −0.6	1.8
버튼 누르지 않음	0	2 × 0.2 = 0.4	0.4

ㄷ. (O) 버튼을 눌렀을 때의 기댓값이 더 크기에 버튼을 누를 것이다.

구분	신호(0.8)	잡음(0.2)	합
버튼 누름	3 × 0.8 = 2.4	-2 × 0.2 = -0.4	2.0
버튼 누르지 않음	-3 × 0.8 = -2.4	2 × 0.2 = 0.4	-2.0

36 ①

유형 논증 분석 - 과학기술

해설 (1) ⓒ과 ⓓ의 실제 연구 결과로부터 ⓔ을 도출하고 있다.

(2) ⓗ과 ⓘ의 묵가와 유가의 이론을 종합하여 ⓐ을 도출하고 있다.

(3) [전제 1] ⓔ 로봇을 사람처럼 대하는 현상이 서양인보다 한국인에게서 더 강하게 나타난다.

[전제 2] ⓐ 유가와 묵가 이론을 적용한다면 로봇을 친구로 여기고 도덕 판단의 대상으로 여길 수 있다.

[전제 3] ⓘ 한국 사회에서 유가와 묵가 전통을 통한 문화선택이 발생하였고 그에 따라 한국인의 감정과 도덕성이 결정되었다.

∴ [결론] ⓖ 로봇을 사람인 것처럼 대하는 현상에 동서양의 차이가 존재하며 그러한 차이는 문화선택에 의한 것으로 보인다.

37 ⑤

난이도 ★★★★★

유형 언어 추리 - 과학기술

해설 ① (X) [2문단] 사건 A가 원인이 되는 사건 X가 있을 때에 X가 원인이 되어 B가 발생할 수 있다. 예를 들어 비가 와서(사건 A) 땅이 젖었으며(X), 땅이 젖게 되어 그 땅을 딛고 있는 나의 발이 젖었다(B)고 할 때에, 땅이 젖는다는 사건 X의 조건 아래에서는 두 사건 A와 B는 서로 독립적인 사건이다. 따라서 인과적으로 매개하는 사건 X는 A와 B의 상관관계를 지울 수 있다.

② (X) [3문단] 역명제로 옳지 않다. X와 Y의 공통 원인 A가 있을 때에 A는 두 사건 X와 Y 사이의 상관관계를 지운다. 그러나 상관관계를 지우는 사건이 있다고 해서 공통 원인이 존재하는 것은 아니다. 지문의 첫 번째 사례의 경우처럼 연쇄적인 인과에서도 나타나기 때문이다.

③ (X) [2문단] 사건 X가 사건 Y의 원인이고 사건 Y는 사건 Z의 원인이라면, X라는 조건이 아니라, Y라는 조건 아래에서 X와 Z는 서로 독립적인 사건이 된다.

④ (X) [3문단] 역명제로 옳지 않다. 지문에서는 공통 원인 X가 그 결과인 Y와 Z가 있을 때에 Y와 Z는 독립적인 사건임을 밝히고 있다. 그런데 2개의 원인이 되는 사건들의 관계에 대해서는 추론할 수 없다.

⑤ (O) [4문단] X가 원인이며 이로부터 사건 Z가 결과가 된다. 그리고 W는 사건 Z의 결과가 아니다. 따라서 사건 Z의 원인인 X는 사건 Z와 이 Z의 결과가 아닌 사건 W 간의 상관관계를 지운다.

38 ③

난이도 ★★★★★

유형 평가 및 문제 해결 - 과학기술

해설 ㄱ. (O) 동일한 X1에 대해서 X2와 Y2 둘 모두 바이러스에 감염되지 않았으나, X2에는 특정 장내 세균이 있고 Y2에는 없었다. 결국 특정 장내 세균에 의해 서로 다른 결과가 나타난 것이므로 ㉠은 강화된다.

ㄴ. (O) 동일하게 Y2와 배양했는데, X1과 Y1은 모두 감염되었지만 X1은 특정 세균이 있었고 Y1은 없었다. 결국 특정 장내 세균의 존재에 의해 결과가 달라졌으므로 ㉠은 강화된다.

ㄷ. (X) X1과 Y2는 특정 장내 세균 여부와 바이러스 감염 여부가 모두 다르다. 따라서 장내 특정 세균에 의한 결과로 볼 수 없다. 바이러스 감염 때문에 다른 결과가 나타난 것일 수 있기 때문이다. 따라서 ㉠이 입증되어 강화되는 것은 아니다.

39 ①

난이도 ★★★☆☆

유형 평가 및 문제 해결 - 과학기술

해설 ㄱ. (O) 십이지장에서 분비되는 물질이 인크레틴에 의한 인슐린 분비를 감소시키는 '항인크레틴'이 된다. 따라서 십이지장을 우회하면 이러한 '항인크레틴'을 피할 수 있어서 인크레틴 분비에 의한 혈당 조절이 이루어질 수 있기에 ㉠이 강화된다.

ㄴ. (X) 십이지장을 우회하는 것이 당뇨병 치료에 효과가 있다는 ㉠을 강화하는 것은 아니다. 십이지장으로 연결된 경우에도 혈당 개선이 되기 때문이다.

ㄷ. (X) 십이지장을 우회하지 않을 때에 혈당 개선이 없으므로 십이지장을 우회할 때에 혈당 개선이 있다는 ㉠을 강화할 수 있으므로, ㉠을 약화하지 않는다.

40 ③

난이도 ★★★☆☆

유형 언어 추리 - 과학기술

해설 ㄱ. (O) 고지방 식이 후 내장 지방 세포의 100개당 파란 세포의 수가 100에서 20으로 줄어들었다. 이는 파란 세포 비율이 줄어든 것으로 세포가 새로 만들어진 것이지만, 피하 지방 세포의 파란 세포 비율은 동일하므로 새로 만들어진 세포가 없는 것이다.

ㄴ. (X) 세포의 크기는 모두 증가하였으므로 내장 지방과 피하 지방의 부피는 모두 증가한 것으로 볼 수 있다.

ㄷ. (O) A 효소가 작동하면 세포는 파란색이 되는데, 내장 지방 세포와 피하 지방 세포에서는 나타나지만, 근육 세포에서는 파란 세포가 0이므로 발현되지 않았다.

2023
2022
2021
2020
2019
2018
2017
2016
2015
2014
2013

해커스 LEET 김우진 추리논증 기출문제+해설집

LEET 전문가의 총평

- 2년 연속 원점수 기준 평균 24개였으나, 2021학년도에서는 평균 원점수 22개로 난도가 상승하였다. 정답률을 고려하였을 때에는 고난도 문제가 20개 출제되었다. 따라서 난도 높은 어려운 문제들을 해결하지 못하는 한 고득점이 어려운 시험으로 나타나고 있다.
- 수리적 요소가 가미된 문제가 상관관계를 묻는 2문제를 포함하여 총 15문항이 출제되었다. 법학 추론에서 8문항, 사회과학에서 7문항이 출제되었다. 수적 기준의 충족 여부를 판단하는 문제와 원리로부터 계산이 필요한 문제가 출제되었는데, 이러한 수리 추론 유형의 증가는 지속적으로 나타나는 현상으로 보아야 한다.
- 2021학년도 기출문제의 각 문항을 이원분석표에 따라 구분하면 다음과 같다.

인지 활동 유형 / 추리의 내용 영역	추리			논증			인시 활동 유형 / 논증의 내용 영역
	언어 추리	모형 추리		논증 분석	논쟁 및 반론	평가 및 문제 해결	
		형식	논리 게임				
논리학·수학	31, 33	22	21, 23				논리학·수학
인문	19, 32			13	14, 16, 17, 18, 20	15, 24	인문
사회	26, 27, 29, 30			25		28, 34	사회
과학기술	38, 39, 40					35, 36, 37	과학기술
법·규범	4, 5, 6, 7, 8, 9, 10, 11, 12			3	2	1	법·규범

정답

p.60

01	02	03	04	05	06	07	08	09	10
③	②	③	③	④	⑤	②	④	①	⑤

11	12	13	14	15	16	17	18	19	20
④	⑤	③	①	④	②	③	②	②	①

21	22	23	24	25	26	27	28	29	30
①	③	⑤	②	⑤	①	⑤	④	④	③

31	32	33	34	35	36	37	38	39	40
④	⑤	⑤	⑤	③	②	②	①	①	②

해설

01 ③

난이도 ★☆☆☆☆

유형 평가 및 문제 해결 - 법·규범

해설 ① (O) 대법관의 편향적 사고방식이 있더라도 이를 억제할 수 없는 근거 중 하나가 되어 갑의 견해를 강화한다.
② (O) 유권자의 비판과 더불어 법원의 판결과 사법부에 대한 신뢰도가 낮아졌다면 제도를 도입하여 사법 통제 장치를 마련할 필요가 있으므로 갑의 견해를 강화한다.
③ (X) 투표 방식이 투표자의 의사를 제대로 반영하지 못하여 유명무실해질 수 있다는 을의 견해를 강화하는 진술이다.
④ (O) 실제 대법관이 대중적 인기만을 추구하여 사회적 혼란이 일어난다면 병의 견해를 강화하게 된다.
⑤ (O) 올바른 여론 형성이 어려워 제도의 본래 목적을 달성하기 어렵다는 병의 견해를 강화한다.

02 ②

난이도 ★★★☆

유형 논쟁 및 반론 - 법·규범

해설 ㄱ. (X) 갑은 저작물의 요건으로 창의성만 언급하며 가치중립적일 필요를 주장하므로, 음란표현물에 대해서도 창의성을 인정할 수 있다.
ㄴ. (O) 을은 불법행위의 결과물에 재산적 가치를 인정해서는 안 된다는 견해이므로 옳은 진술이다.
ㄷ. (X) 병은 사회적 해악성이 명백히 확인되는 음란물을 인정하지 않는다는 견해일 뿐, 목적이나 방법 등에 따라 달라지는 음란성의 법적 평가를 전제하지는 않는다.

03 ③

난이도 ★☆☆☆☆

유형 논증 분석 - 법·규범

해설 ① (O) 빚을 탕감하지 않는 한, 빚 독촉과 소송이 이어질 것이므로 X국 제도를 지지할 것이다.
② (O) X국 제도는 국가 차원에서 빚을 탕감해주는 것이므로 스스로 책임을 져야 한다는 입장에서는 이러한 제도에 반대할 것이다.
③ (X) Y국 제도를 사용한다고 해도 채권자가 자기 채권을 우선적으로 회수하기 위한 수단으로 파산 신청을 사용할 수 있다. 따라서 이를 우려하는 사람이 Y국 제도를 지지한다는 진술은 옳지 않다.
④ (O) 채무가 탕감되지 않아 계속되는 악순환을 걱정하는 사람이라면 Y국 제도에 반대할 것이다.
⑤ (O) 빚을 갚을 때까지 채권자의 의사에 의해 관계가 진행되도록 하는 것이 Y국 제도이므로 채권자에 의한 혼란을 걱정하는 사람이라면 Y국 제도를 반대할 것이다.

04 ③

난이도 ★★☆☆☆

유형 언어 추리 - 법·규범

해설 ㄱ. (O) 제1조, 제3조 제1항. 양육휴직 기간은 자녀 1명당 1년이며, 나누어 사용할 수 있다. 딸의 경우 4개월이 남아 있으며, 아들은 12개월을 사용할 수 있으므로 최대 16개월간 양육휴직을 할 수 있다.

ㄴ. (X) 제2조 제3항. 근로시간 단축은 자녀 1명당 1년이므로 2년 가능하며, 휴직 기간 중 사용하지 않은 기간을 가산할 수 있다. 휴직 기간은 자녀 1명당 1년이므로 추가로 2년이 가능하다. 따라서 총 4년이 된다.
ㄷ. (O) 제2조 제3항에 의하여 근로시간 단축 1년에, 양육휴직 남은 기간 6개월을 더하면 총 18개월이 가능하다. 제3조 제2항에 의해 1회의 단축기간은 3개월로 나눌 수 있으므로 총 6개 기간으로 나누어 사용할 수 있다.

05 ④

난이도 ★☆☆☆☆

유형 언어 추리 - 법·규범

해설 ① (O) 제1조. 유실물의 습득자는 경찰서에 신고하고 경찰서장이 보관해야 한다.
② (O) 제1조. 1. 23.에 경찰서에 제출되고 이로부터 3개월이 경과하기 전이므로 가능하다.
③ (O) 제2조 제2항. 갑이 소유권을 포기하면 습득자는 유실물을 습득한 때에 그 소유권을 취득하므로 1. 14.에 취득한다.
④ (X) 제2조. 경찰서장에 제출된 날은 1. 23.이며, 3개월 이내는 4. 23.까지이다. 따라서 제2조에 의해 습득자가 염소 A에 대한 소유권을 취득한다. 이때 제3조에 의하면, 제2조가 적용되는 경우 습득자는 비용을 청구할 수 없다. 따라서 을은 갑에게 비용을 청구할 수 없다.
⑤ (O) 제2조에 의한 기간이 지나지 않았으므로 제3조 의해 청구할 수 있다.

06 ⑤

난이도 ★☆☆☆☆

유형 언어 추리 - 법·규범

해설 ㄱ. (O) 행동지는 W국이며, 재산이라는 법률상 이익이 피해자가 거주하고 있는 곳에서 직접 침해된다고 본다면 결과발생지는 X국이 된다. ㉠에 따르면 결과발생지인 X국 법이 적용되어 11억 원이 인정된다. 한편 ㉡에 의하면 원칙적으로 결과발생지 X국법이 적용되거나 가해자가 결과발생지를 예견할 수 없었던 경우 행동지인 W국법이 적용된다. 따라서 ㉡에 따르면 X국법이 적용되어 11억 원이 인정되거나 W국법이 적용되어 12억 원이 된다. 따라서 옳은 진술이다.
ㄴ. (O) 갑이 주된 경제활동을 영위하고 있는 곳은 Y국이므로 결과발생지는 Y국이 된다. 따라서 ㉠에 의할 때에 Y국법이 적용된다. 그리고 가해자인 을이 결과발생지를 예견하고 있었으므로 ㉡에 의해서도 Y국이 된다. 또한 ㉢에 의할 때에 행동지 W국(12억 원)보다 결과발생지 Y국이 13억 원의 손해배상액을 인정하기에 피해자에게 Y국이 유리하다. 따라서 세 견해 모두 손해배상액은 Y국법에 의한 13억 원으로 같다.
ㄷ. (O) 갑의 모든 소득은 Z국 은행에 예치되어 있기에 결과발생지는 Z국이 된다. 따라서 손해배상액은 ㉠에 따르면 Z국 14억 원이 되며 ㉡에 따르면 을이 예견할 수 없었던 경우이므로 행동지인 W국 12억 원이 된다.

07 ②

유형 언어 추리 – 법·규범

해설 ㄱ. (X) 제2조에 의해 외국에서 증권을 발행하는 외국회사 Y국 회사가 X국 주식시장에 상장된 경우이므로 제1조를 준용한다. 그런데 X국 거주자가 2년 이내에 증권을 취득할 수 없다는 조건이 있으므로 제1조에 의해 신고의무가 없다.

ㄴ. (X) Y국(외국) 주식시장에 상장되어 있고 X국 거주자의 주식보유비율도 20% 이하이기에 제2조에 해당되지 않는다. 따라서 제1조가 준용되지 않기에 신고의무가 없다.

ㄷ. (O) 제2조의 X국 거주자의 주식보유비율 20% 이상인 경우이므로 제1조가 준용된다. 또한 1년 이내에 증권 취득을 허용하기에 제3조에 따라 신고의무가 면제되지 않는다. 따라서 신고의무가 있다.

08 ④
난이도 ★★★☆☆

유형 언어 추리 – 법·규범

해설 • 갑의 범죄가 (2)에 해당하기에 3등급이지만, (3)에 의해 한 등급 감경되어 4등급이다.

• 포졸을 때려 상해 입힘: (4)에 의해 네 등급 가중되고, (8)에 의해 2등급이 상한이므로 2등급이다.

• 탈옥: (5)에 의해 세 등급 가중되지만 여기서 가중 가능한 경우가 1등급이 상한이다.

• 자수: (6)에 의해 세 등급 감경된다. (7)에 의해 1등급에서 세 등급 감경될 때 3등급, 4등급은 하나의 등급으로 취급하므로 5등급에 해당된다.

09 ①
난이도 ★★☆☆☆

유형 언어 추리 – 법·규범

해설 ㄱ. (O) 제1조 제1항에 의해 X국 내 등록이용자 수가 120만 명이므로 100만 명을 넘는 국외 사업자이기에 적용 대상이 된다. 200만 명 이하이므로 제2조 제3항 의무는 면한다. 따라서 제3조 위반에만 해당하므로 제4조에 의해 5억 원 이하로 과태료가 부과된다.

ㄴ. (X) 제1조 제3항에 의해 200만 명 이하이므로 제2조 제3항 의무를 면한다.

ㄷ. (X) 제1조 제3항. 200만 명 이하인 플랫폼을 운영하는 국외 사업자는 제2조 제3항의 의무를 면하므로 신고의무가 없다.

10 ⑤
난이도 ★★★★☆

유형 언어 추리 – 법·규범

해설 (1) 용도변경하는 부분은 3,000m²이며, 이를 표의 기준으로 적용하면 최소 30대가 기준이 된다.

(2) 나머지 3,000m²는 기존의 6,000m²의 절반이므로, 10대가 최소 주차대수가 된다.

(3) 결국 총 40대가 되어야 하기에 기존 20대에서 추가적으로 20대가 더 필요하다.

11 ④

유형 언어 추리 – 법·규범

해설 ㄱ. (X) 제3조 제1항. 우선권 있는 채권자인 병에게 7천만 원을 갚고, 나머지는 제2항에 의해 자신의 의사에 따라 자유롭게 갚을 수 있다.

ㄴ. (O) 집에 대해 우선권이 있는 병에게 관련 채권 5천만 원을 갚을 경우, 제3조 제3항에 의해 나머지 2천만 원은 우선권 없는 채권이 된다. 그런데 제2항에 의해 자신의 의사에 따라 자유롭게 갚을 수 있기에 2천만 원을 병에게 갚아도 된다.

ㄷ. (O) 병에게 우선권 있는 채권을 갚고, 나머지는 자유롭게 갚을 수 있다.

12 ⑤
난이도 ★★★☆☆

유형 언어 추리 – 법·규범

해설 ① (O) 미술상 정에게 병이 2억 원, 정이 무에게 3억 원에 판매하였다. 따라서 각각 2%, 3%의 금액을 갑이 청구할 수 있으므로, 400만 원 + 900만 원 – 1,300만 원이 된다.

② (O) 제2조. 최초로 매도된 후에 거래된 후속거래의 금액을 대상으로 하기에 옳은 진술이다.

③ (O) 병은 미술상 을의 중개로 미술상 정에게 판매하였으므로 지급의무가 있다.

④ (O) 제5조. 저작자는 제2조의 권리 행사를 위해 관여한 미술상 을에게 매도인의 이름과 주소, 거래가액에 관한 정보를 요구할 수 있다.

⑤ (X) 제5조. 관여한 미술상에게 요구할 수 있으나, 미술상 정이 무에게 판매하였고, 이후 무가 기에게 선물한 것으로 미술상의 관여로 기가 소유한 것이 아니므로 해당되지 않는다.

13 ③
난이도 ★★★☆☆

유형 논증 분석 – 인문

해설 ㄱ. (O) A는 ㉠이 참이라면 처벌하자고 주장하므로, ㉠이 거짓일 경우 A의 결론이 따라 나오지 않는다.

ㄴ. (O) '행위자가 결정할 능력이 있다면, 그 행위 여부를 미리 아는 것은 불가능하다.'는 전제가 추가될 경우, ㉠은 미리 아는 것이 가능하다는 견해이다. 그렇다면 행위자가 결정할 능력이 없다는 것을 추론할 수 있다. 하지만 B는 행위자가 그런 능력이 있다는 견해이므로 ㉠과 양립할 수 없다.

ㄷ. (X) A는 갑이 과속을 할 것이 틀림없고 경찰이 알고 있기에 사전 처벌은 정당하다는 견해이다. 그런데 테러리스트의 사례에서는 사전 처벌을 하면 범죄가 일어나지 않는다. 즉 틀림없이 공격을 한다는 것이 전제된 것은 아니기에 과속 사례와 동일한 상황이 아니다. 따라서 A에 따를 때에 이 경우에도 사전 처벌이 정당화되는 것은 아니다.

14 ①
난이도 ★★★☆☆

유형 논쟁 및 반론 – 인문

해설 ㄱ. (O) 친구를 때렸을 경우 친구는 더 못한 상태에 있게 된다. 따라서 이론에 따르면 이익을 준 경우이다.

ㄴ. (X) 갑2와 을2의 쟁점은 구조 능력이 있으면서 아무것도 하지 않는 행위도 '행위'인가 여부이다. 갑2는 '행위'가 아니라는 입장이며 을2는 회피하고자 하는 결심의 결과도 행위로 보고 있다. 따라서 아이에게 손해를 준 것인지에 대해서는 모두 인정할 수 있다.

ㄷ. (X) 을은 의도적인 회피 결심의 결과라면 손해 행위가 될 수 있다는 입장이다. 이에 대해 갑3은 의도적인 욕심에 따른 결과라 해도 손해를 주지 않을 수 있다고 반박한다. 이에 대해 만약 을이 선물을 주지 않은 것은 손해를 준 것이라고 주장한다면, 을은 자신의 입장에 따라 반박한 것이므로 일관된 판단에 해당된다.

15 ④

유형 평가 및 문제 해결 – 인문

해설 ㄱ. (O) ㉠은 예술작품에서 얻게 되는 믿음은 정당화되지 못한다는 주장이다. 그런데 사실주의 소설의 경우에 실제 사건에 대한 증거적 효력이 있는 확인을 기반으로 작성된다면, 이는 정당화될 수 있기에 ㉠을 약화하게 된다.

ㄴ. (X) ㉡은 제도적 보증은 단순히 절차상의 확인만을 보여줄 뿐, 실제 확인이 성공적인 것은 아니라는 견해이다. 따라서 출판 작품이 날조된 것이라고 해도 ㉡이 약화되지는 않는다.

ㄷ. (O) 백과사전은 제도적 보증으로 인해 정당화된 믿음을 가질 수 있으나, 소설은 그렇지 않다는 갑의 견해를 강화한다.

16 ②

유형 논쟁 및 반론 – 인문

해설 ㄱ. (X) 을의 첫 진술로부터 우아함은 지각하는 사람에 따라 다를 수 있다는 것을 추론할 수 있다.

ㄴ. (X) 병의 두 번째 진술에서 음악적 감수성이 각자가 속한 집단에 따라 달라진다고 주장하기에 옳지 않은 진술이다.

ㄷ. (O) 을은 음색, 멜로디 전개 표현 등을 통해서 진짜 성질로서 우아함을 파악할 것이며, 병은 각자가 속한 집단의 공유하는 음악적 감수성에 의해 우아하다고 받아들일 것이다.

17 ③

유형 논쟁 및 반론 – 인문

해설 ㄱ. (O) 가정에 의한 불합리성을 지적하는 귀류법을 사용하므로 옳은 진술이다.

ㄴ. (O) B에 의하면, 클리포드는 오류를 피하고 진리를 얻는 것을 부차적인 것으로 보고 아무것도 믿지 않는 보류 상태에 두라고 말하고 있다. 이에 대해 B는 이런 태도는 증거가 아닌 정념에 기초한 것이라고 비판하고 있다.

ㄷ. (X) B는 오류를 피하는 것에 대한 논의를 하고 있기에 옳지 않다.

18 ②

유형 논쟁 및 반론 – 인문

해설 ㄱ. (X) A는 주장을 어떤 방식으로 정당화하느냐에 인식적 객관성이 있다는 견해이다. 따라서 비록 두 사람이 동일한 판단을 해도 인식적 객관성이 없을 수 있다.

ㄴ. (O) A는 주관적 요소의 개입이 없어야 한다는 입장이다. 그런데 B는 예술작품은 특정 상황들을 고려하여 판단하기에 인식적 객관성을 가지지 않는다고 볼 것이다.

ㄷ. (X) B는 모든 상황을 고려하여 자신을 당시 청중과 동일한 상황에 대입하여 판단해야 한다는 견해이다. 그런데 서로 다른 시대나 나라에 살았던 두 비평가가 결과적으로 동일한 판단을 했다고 해도 그러한 판단이 작품이 전제로 하는 관점이 아닐 수 있다. 즉 둘 모두 잘못된 판단을 할 수 있다.

19 ②

유형 언어 추리 – 인문

해설 ㄱ. (X) <이론>은 모순이 없는 진술이 왜 난센스로 들리는지를 설명해 주고 있다. 난센스로 들리는 경우 대화 상대방을 고려한 완곡한 주장이기 때문이다. 그런데 이론이 옳다고 해서 모순 없는 진술이 모두 난센스로 들려야 하는 것은 아니다.

ㄴ. (O) 이론에 의하면, 믿는다는 표현은 완곡하게 주장하는 것이다. 따라서 여름인 동시에 여름이 아니라는 모순을 내포하기에 난센스로 들려야 한다.

ㄷ. (X) 모순된 내용을 상대방을 고려하여 표현하고 말할 때에 난센스로 들리게 되는 것이므로, 마음속으로 말없이 판단하는 것이 난센스로 여겨지는 것은 아니다.

20 ①

유형 논쟁 및 반론 – 인문

해설 ㄱ. (O) 갑과 을 모두 사회적 지원 등의 사회적 요소만으로 과학 이론의 변화를 판단할 수 없다는 데에 동의하고 있다.

ㄴ. (X) 갑은 첫 진술에서 과학 이론의 변화에 그러한 경우도 있었다고 언급할 뿐이며, 을은 과학 이론의 진보성에 대한 판단이 가능하며 이를 판단하는 기준으로 장래성을 들고 있다. 따라서 을은 T2가 T1의 이론을 유지하고 이에 대해 새로운 설명과 예측을 제공한다면 더 일반적인 이론이라고 평가할 수 있고, 이것이 진보라고 할 것이기에 ㄴ에 동의할 것이다.

ㄷ. (X) 을에 있어서 상대성 이론이 뉴턴 이론보다 더 일반적인 이론이 되려면, 장래성이 있어야 한다. 장래성이란 T2가 T1을 함축하고, 그 이외의 새로운 진술이 추가되었을 때 가질 수 있는 것이다. 그런데 뉴턴 이론을 상대성 이론이 함축하지 않는다면, '더 일반적'이라고 할 수 없을 것이다.

21 ①

유형 논리 게임 – 논리학·수학

핵심 체크 문제의 조건에 맞는 경우의 수는 다음과 같이 4가지다.

구분	1	2	3	4	5	6	7	8	9	10	11	12
[1]		C			E	A				B		D
[2]	C			E	A			B		D		
[3]		D		B				A	E			C
[4]	D		B				A	E			C	

해설 ㄱ. (O) 4가지 경우 모두 A와 B 사이에 구슬이 담겨 있는 상자가 없으므로 옳다.

ㄴ. (X) [1]과 [2]의 경우가 가능하기에 옳지 않다.

ㄷ. (X) [3]과 [4]의 경우가 가능하기에 옳지 않다.

22 ③

유형 형식적 추리 – 논리학·수학

핵심
체크

Bx: x는 사업가이다.
Cx: x는 성격이 원만하다.
Axy: x는 y를 좋아한다.
a: 갑
b:을
c: 병
Kx: x는 친절하다.
Lx: x는 논리학자이다.
Px: x는 철학자이다.

1. (∀x)(Bx → Kx)
2. (∀x)(~Cx → ~Kx)
3. (∀x)(∀y)[Lx → Axy(~Ky)]
4. (∀x)(∀x)[Axy(~Ky) → ~Kx]
5. (∃x)(Px&Lx)

해설 ㄱ. (O) [(Ba∨La)&~Ca] → Aay(∀y)(~Ky)

6. Pa&La	5. 존재예화
7. La	6. 분리논법
8. La → Aay[(∀y)~Ky]	3. 보편예화
9. Aay[(∀y)~Ky]	7.8. 긍정논법

갑이 논리학자인 경우, 갑은 친절하지 않은 모든 사람을 좋아하기 때문이다.

ㄴ. (O) Lb → (∃x)(Px&Axb)

10. Pb&Lb	6. 존재예화
11. Pb	10. 분리논법
12. Lb → Aby[(∀y)~Ky]	3. 보편예화
13. Aby(~Ky) → ~Kb	4. 보편예화
14. Lb → ~Kb	12.13. 조건삼단논법
15. Lb → Abb	14.12. 보편예화
16. Lb	ㄴ. 주어진 조건
17. Abb	15.16. 긍정논법
18. Pb&Abb	11.18. 연언결합
19. Px&Axb	18. 존재일반화

논리학자는 친절하지 않은 모든 사람을 좋아하고, 친절하지 않은 모든 사람을 좋아하는 사람은 모두 그 자신도 친절하지 않다. 따라서 논리학자는 친절하지 않은 사람이다. 그렇다면 논리학자는 친절하지 않은 자신도 좋아한다. 그런데 어떤 철학자는 논리학자이므로 철학자이면서 논리학자인 사람은 자신을 좋아한다.

ㄷ. (X) Kc → (~Bc∨~Pc)
알 수 없는 내용이다.

23 ⑤

유형 논리 게임 – 논리학·수학

핵심
체크

(1) 을을 선발하면 갑은 선발하지 않기에, 갑이 선발되면 을은 선발되지 않는다. 따라서 갑과 을 둘 중 하나는 선발되지 않으므로 나머지 세 명은 모두 선발된다.

(2) 갑이 첫 번째 경주에 참가하지 않는다면, 을은 세 번째에 참가한다. 즉 갑이 첫 번째 경주에 참가하거나 을이 세 번째에 참가하게 된다.

(3) 그런데 갑이 참가하면 을은 선발될 수 없고, 을이 참가하면 갑이 선발되지 않는다. 결국 갑이 참가하면 첫 번째이고, 을이 참가할 경우 세 번째가 된다.

(4) 무는 2번이 아니며, 병과 정은 연이어서 참가하기에 병은 4번이 될 수 없고 정은 1번이 될 수 없다.

(5) 두 가지 경우가 가능하며 다음과 같다.

[1]	갑	을	병	정	무
1	O	X	X	X	X
2	X	X	O	X	X
3	X	X	X	O	X
4	X	X	X	X	O

[2]	갑	을	병	정	무
1	X	X	O	X	X
2	X	X	X	O	X
3	X	O	X	X	X
4	X	X	X	X	O

해설 ① (X) 갑이 첫 번째일 수도 있지만, 갑이 선발되지 않고 을이 세 번째에 참가할 수도 있다.

② (X) 을은 선발되지 않거나 세 번째 경주에 참가한다.

③ (X) 병은 두 번째 또는 첫 번째 경주에 참가한다.

④ (X) 정은 두 번째 또는 세 번째 경주에 참가한다.

⑤ (O) 무는 어떤 경우에도 네 번째 경주에 참가한다.

24 ②

유형 평가 및 문제 해결 – 인문

해설 ㄱ. (X) A도 집단 간 차이가 존재한다는 것을 인정하고 있기에 약화하지 않는다.

ㄴ. (O) B는 인간은 문화나 사회 환경에 따라 다르게 형성될 수 있다는 주장이므로 진술은 이러한 주장을 강화하지 않는다.

ㄷ. (X) 영어교육프로그램의 개선은 환경의 변화에 따른 결과 변화에 해당되므로 A를 약화하고 B를 강화한다.

25 ⑤

유형 논증 분석 – 사회

해설 ① (X) 실험자극이 있었으므로 사후조사가 사전조사보다 더 낮게 나타나야 한다.

② (X) 실험자극이 있었던 때가 더 낮아야 한다.

③ (X) 실험자극이 있었으므로 더 낮아야 한다.

④ (X) 실험자극이 있던 경우가 없던 경우보다 더 낮아야 한다.

⑤ (O) 집단 1처럼 사전조사가 있는 경우 이에 대해 민감해지고 실험자극도 있었으므로 집단 4보다 더 낮게 나타나야 한다. 하지만 집단 4가 더 낮게 나타난다면 ⊙에 대한 입증이 될 수 없다.

26 ①

유형 언어 추리 – 사회

해설 ㄱ. (X) 연도 말일에 합산하여 일괄 발행 교부할 수 있는 후원금은 1회 1만 원 이하의 후원금이다. 따라서 1회 1만 원 3회의 후원금만 가능하므로 3만 원을 연도 말일에 일괄 발행하여 교부할 수 있다.

ㄴ. (O) 정액영수증 50만 원 1장, 10만 원 2장과 무정액영수증 2만 원 1장 총 4장이 된다.

ㄷ. (X) 2문단에 따르면 교부하지 않을 수 있지만, 정치자금영수증을 발행하여 원부와 함께 보관해야 한다.

27 ③

난이도 ★★★☆☆

유형 언어 추리 – 사회

해설 ㄱ. (O) 기생은 자신의 행위로 인해 자신은 이익, 타인은 손실을 입는 것이다. 따라서 X의 이전세대에 속하는 A산업의 행위는 기생에 해당한다. 한편 무임승차는 제3자의 행위로 나타나는 결과로 Y의 이전세대의 이익은 X의 이전세대 A산업에 의한 것이므로 이에 해당한다.

ㄴ. (X) 보상은 Y의 현세대가 얻은 순이익 3과 Z의 현세대가 입은 순손실 4 중 적은 쪽에 해당하는 양이므로 3을 보상해야 한다.

ㄷ. (O) X와 Y의 현세대가 얻은 순이익의 총합은 10이며, 순손실 4를 빼면 6이 된다. 이를 세 나라가 분배하면 각각 2의 순이익이 되어야 한다. 현재 Z국은 순손실이 4이므로 순이익이 2가 되기 위해서는 6의 순이익이 있어야 한다. 따라서 X와 Y의 현세대가 Z의 현세대에 제공해야 할 순이익의 총합은 6이 된다.

28 ④

난이도 ★★★☆☆

유형 평가 및 문제 해결 – 사회

해설 ㄱ. (X) 시간당 전력 소비가 여름철에 가장 크게 나타날 경우, 쿨섬머 제도에 대한 A의 견해는 강화된다.

ㄴ. (O) 쿨섬머 제도에 의하면 400~450kWh의 전력을 소비하는 가정은 기본 요금 포함하여 1,600 + 300 × 90 + 100 × 180 = 46,600원에서 1,600 + 300 × 90 + 150 × 180 = 55,600원 사이를 내게 된다. 그런데 B의 견해에 따를 경우 같은 전력을 소모하는 가정은 1,600 + 400 × 180 = 73,600원에서 1,600 + 450 × 180 = 82,600원 사이를 내게 되어 더 큰 부담을 가지게 된다. 따라서 B의 견해는 약화된다.

ㄷ. (O) 기존제도에 따른 금액과 쿨섬머 제도에 따른 금액이 동일하기에 취약 계층에만 쿨섬머 제도를 적용하는 것이 그들에게 더 유리한 것은 아니다. 따라서 C의 견해는 약화된다.

29 ④

난이도 ★★★★☆

유형 언어 추리 – 사회

해설 ㄱ. (X) 변동성의 군집성은 주가에 영향을 미치는 정보가 일정 기간 지속적으로 시장에 유입되어 나타난다. 그런데 주가가 상승한 시기보다 하락한 시기에 군집성이 더 오래 지속되는지는 추론할 수 없다.

ㄴ. (O) 레버리지 효과 가설은 부채 비율의 변화에 따라 주가 변동성이 음(-)으로 상관된다는 주장이다. 그런데 부채 비율이 동일하게 유지된다면 그러한 상관관계는 나타나지 않을 것이다.

ㄷ. (O) 변동성 피드백 가설은 수익률 변동성의 증가로 위험 프리미엄이 높아져서 주가가 하락한다는 것이다. 이때 첫 단락에서 언급하듯, 주가가 낮으면 기대 수익률이 높아지므로 옳은 추론이다.

30 ③

난이도 ★★★☆☆

유형 언어 추리 – 사회

해설 ㄱ. (O) 리카도가 밀하는 물가와 이자율의 관계는 '화폐 이자율'에 해당하는 개념이다. 3문단에 "생산 요소들이 자본재 생산으로 이동하면서 소비재 공급이 감소하고 물가는 상승한다. 한편 시간이 경과하면서… 이 과정에서 기업들의 은행 신용에 대한 수요가 확대되고 화폐 이자율이 상승하여…"라고 나와 있는 것을 보아 자본재와 소비재 간 생산 요소의 이동과 그 영향이 나타나는 데 어느 정도 시간이 소요됨을 알 수 있고, 이 시간이 감소할수록 화폐 이자율이 보다 빨리 상승할 것으로 추론하는 것은 적절하다. 따라서 리카도가 주장하는 물가와 이자율의 관계가 더 빨리 나타날 것이다.

ㄴ. (X) 화폐량 증가로 화폐 이자율이 자연 이자율을 하회할 경우 점차적으로 화폐 이자율을 상승시켜 자연 이자율과 장기적으로 일치하는 균형이 회복된다. 따라서 화폐 이자율이 자연 이자율을 상회할 경우는 화폐량이 축소한 경우에 해당한다. 그리고 이때 점차적으로 화폐 이자율을 하락시켜 자연 이자율과 장기적으로 일치하는 균형이 회복됨을 추론할 수 있다. 하지만 자연 이자율을 상승시켜 균형에 이른다는 것은 추론할 수 없다.

ㄷ. (O) ㉠에서 말하는 초기에는, 리카도의 주장처럼 화폐량 증가로 인해 화폐 이자율 하락과 물가 상승이 나타난다. 그런데 점차적으로 화폐 이자율이 상승한다는 점에서 투크의 주장에 부합한다.

31 ④

난이도 ★★★☆☆

유형 언어 추리 – 논리학·수학

핵심 체크 ·열린 세계: 관련 영역의 모든 정보를 갖는 것은 아니기에, '참/거짓/결정불가능'으로 판정한다.
·닫힌 세계: 관련 영역의 모든 정보를 가지기에, '참/거짓'으로 판정한다.
·첫 번째 규칙: X발 Y행 항공편이 있다 = Y발 X행 항공편이 있다
·두 번째 규칙: X와 Y가 항공편으로 연결된다 = X발 Y행 항공편이 있다 or X와 Y 모두와 항공편으로 연결된 Z가 있다

해설 ① (O) 광주발 제주행 항공편이 있다는 사실은 DB에 존재하지 않는다. 따라서 열린 세계를 가정할 때 광주발 제주행 항공편이 있다는 명제는 참·거짓을 증명할 수 없는 명제이므로 결정불가능으로 판정될 것이다.

② (O) 첫 번째 규칙을 적용하면 부산발 광주행 항공편이 있다고 할 수 있고, 두 번째 규칙을 적용하면 부산발 광주행 항공편이 있다는 부산과 광주가 항공편으로 연결된다는 사실을 알 수 있다. 따라서 열린 세계를 가정하면 이를 참이라고 논리적으로 증명할 수 있기에 적절하다.

③ (O) 서울발 제주행 항공편이 있기에 첫 번째 규칙을 적용하면 제주발 서울행 항공편이 있다는 명제는 참이다. 따라서 닫힌 세계에서 제주발 서울행 항공편이 없다는 명제는 그 참을 증명할 수 없는 명제이기에 거짓이라고 판정될 것이다.

④ (X) 서울발 제주행 항공편이 있고, 제주발 부산행 항공편이 있기에 두 번째 규칙에 따라 서울과 부산은 항공편으로 연결된다고 할 수 있다. 서울과 부산 모두와 연결된 Z(제주)가 있기 때문이다. 따라서 닫힌 세계를 가정했을 때 서울과 부산이 항공편으로 연결되지 않는다는 명제는 참이라고 증명할 수 없으므로 '참'이 아닌 '거짓'으로 판정될 것이다.

⑤ (O) 서울발 제주행 항공편이 있고, 제주발 부산행 항공편이 있기에 두 번째 규칙에 따라 서울과 부산은 항공편으로 연결된다고 할 수 있다. 서울과 부산이 항공편으로 연결되어 있고, 첫 번째 규칙에 의해 부산과 광주도 항공편으로 연결되어 있으므로 두 번째 규칙에 의해 광주도 서울과 항공편으로 연결된다. 따라서 광주와 서울이 항공편으로 연결되지 않는다는 명제는 열린 세계를 가정하든, 닫힌 세계를 가정하든 그 거짓을 논리적으로 증명할 수 있기 때문에 거짓으로 판정될 것이다.

32 ⑤
난이도 ★★★★☆

유형 언어 추리 - 인문

해설 ㄱ. (O) 해당 부분 견해는 네 기간으로 생애를 구분하여 각 해당 기간마다 얻는 복지 양을 비교한다. 이를 비교하면 다음과 같고 (상황 1)과 (상황 2)의 차이는 2가 된다.

상황 1	유년기	청년기	중년기	노년기
갑	3	7	6	5
을	7	6	4	5
차이(7)	4	1	2	0

상황 2	유년기	청년기	중년기	노년기
갑	2	8	6	5
을	7	6	4	5
차이(9)	5	2	2	0

ㄴ. (O) 생애 전체 견해는 생애 전체의 복지 총량을 비교하는 것으로 다음과 같다.

상황	(1)	(2)
갑	3 + 7 + 6 + 5 = 21	2 + 8 + 6 + 5 = 21
을	7 + 6 + 4 + 5 = 22	7 + 6 + 4 + 5 = 22
차이	1	1

동시대 부분 견해는 갑과 을이 모두 생존해 있는 기간의 비교로 다음과 같다.

상황	(1)	(2)
차이	0 + 0 + 1 = 1	1 + 0 + 1 = 2

따라서 ㄱ에서 해당 부분 견해와 동시대 부분 견해가 2의 차이가 있는 반면 생애 전체 견해만 불평등 정도가 1로 같다고 판단할 것이다.

ㄷ. (O) 바뀐 상황에서 생애 전체 견해와 동시대 부분 견해의 차이는 다음과 같다.

상황 2	생애 전체 견해	동시대 부분 견해
갑	2 + 7 + 6 + 5 = 20	
을	8 + 6 + 4 + 5 = 23	1 + 0 + 1 = 2(동일)
차이	3	

결국 (상황 1)과 비교할 때에 생애 전체 견해에 따르면 불평등 정도가 바뀌기 전 상황보다 1에서 3으로 그 차이가 커지지만, 동시대 부분 견해는 차이가 없다.

33 ⑤
난이도 ★★★★☆

유형 언어 추리 - 논리학·수학

해설 ㄱ. (O) 마지막 논의에서 C가 일어나지 않았더라면 D가 일어나지 않았을 것이고, D가 일어나지 않았더라면 E가 일어나지 않았을 것이다. 따라서 (정의 2)에 의해 C부터 E까지 이르는 인과적 의존의 연쇄가 있기에 C가 E의 원인이라는 것이 따라 나온다.

ㄴ. (O) B는 실제로 일어나지 않았기에 (정의 1)의 조건을 충족하지 못한다. 따라서 어떤 사건도 B에 인과적으로 의존하지 않는다.

ㄷ. (O) ⓒ에 의해 (정의 1)의 의존한다는 조건을 성립하지 않는다. 따라서 'C가 E의 원인이라면 E는 C에 인과적으로 의존한다.'는 명제의 후건을 부정하여 전건이 부정되어 ⓒ이 따라 나온다.

34 ⑤
난이도 ★★★★☆

유형 평가 및 문제 해결 - 사회

해설 ㄱ. (O) 8-2안을 수용하면 2,000원을 받고, 반응자가 거부하면 0원을 받기 때문에 기대 수익을 최대화하는 행위를 선택한다는 (가설 1)에 의하면 반응자는 제안에 무조건 수용해야 한다. 그런데 거부가 60%이기에 (가설 1)은 약화된다.

ㄴ. (O) 제안자의 입장에서 5-5안은 반응자가 100% 수용하기에 기대 수익은 5,000원이다. 그리고 8-2안은 반응자가 20% 수용하기에 기대 수익은 8,000 × 0.2 = 1,600원이다. 동전안은 반응자가 80% 수용하므로 기대 수익은 6,500원(앞면 5,000원 1/2 + 뒷면 8,000원 1/2)의 80%인 5,200원이 된다. (가설 1)은 제안자가 기대 수익이 가장 높은 동전안을 제안할 것이라 예상하므로 옳은 진술이다.

ㄷ. (O) (가설 2)는 불공정한 행위가 상대방에게 발각되지 않을 가능성이 높을수록 그 행위를 할 가능성이 높다는 견해이다. [실험 2]에서 반응자는 8-2안이 동전을 던져 나온 결과인지 제안자의 불공정한 제안인지 알 수 없다. 따라서 제안자가 8-2안을 제안하여도 반응자가 동전안의 결과인지 알 수 없기 때문에 불공정한 8-2안이 발각되지 않을 가능성이 높은 상황에 해당한다. 따라서 옳은 진술이다.

35 ③
난이도 ★★★☆☆

유형 평가 및 문제 해결 - 과학기술

해설 ㄱ. (O) 이론에서는 개념을 사용하여 특성을 확인한다고 주장하고 있다. 그런데 느낌에 의거해 답변을 한다고 해서 이론이 약화되는 것은 아니다. 만약 개념을 파악한다면 그 사람은 이를 통해 그 특성을 확인할 수 있기 때문이다.

ㄴ. (X) 각 특성을 그 대상이 가지는지 확인하는 데 소요되는 시간은 새 종류마다 달라질 수 있다. 따라서 위 이론을 약화하지는 않는다.

ㄷ. (O) 인간이 이성적 동물이라는 진술에는 인간은 동물이고, 인간은 이성적이라는 2개념이 나타난다. 그런데 어떤 대상을 동물이라고 판단하는 것은 1개의 개념만으로 바로 파악될 수 있다. 그래서 실험에서도 참새보다 펭귄이 오래 걸린 것이다. 새의 일반적인 개념은 날아다닌다는 특징이 있는데, 참새는 이를 바로 확인할 수 있지만 펭귄은 날지 못하기에 참새에 적용한 개념을 사용하기 어렵다. 따라서 사례에서 후자보다 전자가 새임을 파악하는 시간이 더 짧다면 이는 이론을 약화하게 된다.

36 ②

유형 평가 및 문제 해결 - 과학기술

해설 ㄱ. (X) ⊙은 대륙의 분리 이동으로 인한 진화에 해당되는 내용인데, 대륙과 연결된 적이 없는 경우 발생한 진화 사례는 이 주장을 강화하지 못한다.

ㄴ. (X) 서인도양의 해류가 서쪽에서 동쪽으로 흘렀다는 결과는, 마다가스카르 또는 아프리카에서 북동쪽으로 1,100km 떨어진 세이셸 제도로 뗏목을 타고 도착했다는 ⓒ의 주장을 약화하지 않는다. 해류를 타고 본토에서 이주한 후 독립적으로 진화할 수 있기 때문이다.

ㄷ. (O) ⊙에서는 인도-마다가스카르와 아프리카가 먼저 분리되었고 이후 인도와 마다가스카르가 분리된 다음, 최종적으로 인도와 세이셸 제도가 분리되었다는 대륙의 분리에 근거하고 있다. 이에 따르면 원래 조상은 아프리카에서 먼저 출현해야 하나 ㄷ은 그렇지 못하기 때문에 ⊙은 약화된다. 그리고 ⓒ은 뗏목으로 이동한 경우이므로 어느 것이 나중에 출현했는가와는 무관하기에 약화하지 않는다.

37 ②

유형 평가 및 문제 해결 - 과학기술

해설 ㄱ. (X) ⊙에 의하면 물질이 연소하는 과정에서 화합물과 열이 발생한다. 따라서 기체가 생성된다는 사실은 ⊙과 무관하기에 ⊙을 강화하지 않는다.

ㄴ. (O) ⊙에 의하면 열은 기체 산소 내 열소가 공기 중으로 빠져나가기 때문에 발생한다. 그런데 기체 산소가 없어도 열이 방출될 경우 이는 ⊙을 약화한다.

ㄷ. (X) 열소는 질량 없는 물질이므로 공기 중에 방출되더라도 공기의 질량은 증가하지 않는다. 따라서 ⊙을 약화하지 않는다.

38 ①

유형 언어 추리 - 과학기술

해설 ㄱ. (O) 지문에 의하면 영양분의 흡수는 소의 경우 소장, 대장에서, 토끼의 경우 자기분식을 하기에 소장 및 대장에서 일어난다. 한편 말은 맹장에서 미생물에 의해 일어나며, 그 결과물은 대장을 지나게 된다고 하였으므로 영양분 흡수가 주로 대장에서 일어나는 동물은 말일 것이다.

ㄴ. (X) 토끼의 경우 자기분식을 통해 음식물에 포함된 영양분을 섭취하기에 소장에서 주로 이루어짐을 추론할 수 있을 뿐이다.

ㄷ. (X) 반추동물도 아니고 자기분식을 하지 않는 말의 경우 셀룰로오스 성분의 분해와 발효는 주로 맹장에서 이루어진다는 사실을 알 수 있다. 따라서 동일한 조건의 고양이의 경우는 소장에서 이루어진다고 말할 수는 없다.

39 ①

유형 언어 추리 - 과학기술

해설 ㄱ. (X) A와 B 바이러스는 돌연변이 정도 차이가 있는데 A가 B보다 더 잘 일어난다. 그러므로 항원연속변이에서도 돌연변이 축적이 A의 경우 더 클 수 있다.

ㄴ. (O) 인플루엔자 바이러스 B보다 A에서 돌연변이가 더 잘 일어나기에, A에 감염될 확률이 더 높다.

ㄷ. (X) 전 세계적인 유행에 해당되므로 항원불연속변이의 가능성이 더 높다.

40 ②

유형 언어 추리 - 과학기술

해설 ㄱ. (X) '백그라운드 신호'는 항체가 여과막의 비어 있는 부분에 비특이적으로 결합하여 표적단백질과 상관없는 신호를 보내는 것을 말한다. 따라서 2차 항체가 표적단백질과 결합한다고 해서 백그라운드 신호가 증가하는 것은 아니다. 표적단백질과 결합하므로 표적단백질과 상관없는 신호가 나타나지는 않기 때문이다.

ㄴ. (X) 2차 항체와 결합하는 능력을 가진 단백질이 존재할 경우, 표적단백질과 상관없는 백그라운드 신호가 증가할 수 있다.

ㄷ. (O) 2차 항체에는 효소가 결합되어 있고 이 효소에 의한 신호를 확인하여 표적단백질을 검출할 수 있다. 그런데 1차 항체에 그러한 효소 결합이 있다면 2차 항체를 사용할 필요 없이 표적단백질 검출이 가능할 것이다.

2020학년도 기출문제 정답 및 해설

LEET 전문가의 총평

- 2019학년도에 10문항이 출제되었던 인문학 제재가 12문항으로 확대 출제되었다. 단순히 비중만 늘어난 것이 아니라, 난이도 또한 상승하였다. 사회과학 및 과학기술 영역은 6문항으로 작년에 비해 축소되어 출제되었다.
- 법·규범 제재의 논증 영역에서는 최근 경향에 맞추어 두 견해 및 세 견해 그리고 6가지의 견해에 대해 비교 평가를 요구하는 문항이 출제되었다. 추리 영역에서도 논쟁 상황으로부터 추리하는 문항이 포함되었다. 또, 3년 연속하여 수리 계산 유형이 포함되었다.
- 인문학 제재에서도 대립하는 두 견해를 비교하여 적용·평가하는 문항, 세 견해에 대해 분석하는 문항이 다수 출제되었다. 특별한 점은 수리적 적용을 요구하는 문제와 도표를 분석하는 수리적 문항이 출제된 점이다.
- 과학기술 제재에서는 입증이론이 3년 연속 과학적 가설에 대한 평가로 출제되었다. 실험 분석과 메커니즘 파악 문제도 출제되었으며, 특별히 수리 계산 유형의 문제도 출제되었다.
- 논리 게임에서 조건에 따라 채점하는 승패게임, 연결하기가 결합된 수학적 퍼즐 및 진실 거짓 게임이 출제되었으며, 배열하기의 전형적인 문제도 출제되었다.
- 2020학년도 기출문제의 각 문항을 이원분석표에 따라 구분하면 다음과 같다.

인지 활동 유형 / 추리의 내용 영역	추리			논증			인지 활동 유형 / 논증의 내용 영역
	언어 추리	모형 추리		논증 분석	논쟁 및 반론	평가 및 문제 해결	
		수리	논리 게임				
논리학·수학			31, 32, 33				논리학·수학
인문	14, 15, 16	23		20, 21	17, 18, 19, 24	22, 34	인문
사회	26, 29	28			30	25, 27	사회
과학기술	35, 38, 39, 40					36, 37	과학기술
법·규범	2, 6, 7, 8, 9, 10, 11, 12, 13				1, 3, 4, 5		법·규범

정답

p.82

01	02	03	04	05	06	07	08	09	10
③	②	④	③	③	③	⑤	②	④	①

11	12	13	14	15	16	17	18	19	20
③	⑤	⑤	②	②	②	③	⑤	①	⑤

21	22	23	24	25	26	27	28	29	30
⑤	①	①	④	④	③	⑤	④	②	④

31	32	33	34	35	36	37	38	39	40
④	③	④	①	⑤	②	①	⑤	①	②

해설

01 ③

유형 논쟁 및 반론 – 법·규범

해설 ㄱ. (O) C는 직접 상해 행위를 하는 경우뿐 아니라 사례에서 甲의 경우처럼 간접적인 경우에도 상해죄로 처벌해야 한다고 주장한다. 한편 A는 제3자가 부탁을 거부할 수 없는 상황일 때에만 상해죄로 처벌할 수 있다고 주장한다. 따라서 두 견해에 의하면 타인을 이용하여 상해를 유발한 자를 직접 폭력 행위를 한 자와 같은 죄목의 범죄로 처벌할 수 있다고 본다.

　　ㄴ. (O) A는 거절할 수 없는 상황이어야만 처벌할 수 있기 때문에 처벌할 수 없다고 할 것이나, C는 가능하다고 볼 것이다.

　　ㄷ. (X) B와 C는 甲을 처벌해야 한다는 입장이다.

02 ②

유형 언어 추리 – 법·규범

해설 ㄱ. (X) 甲은 공교육이 실시되기 전에 측정한 잠재능력에 비례하여 공교육이 제공되어야 하기에, 청각장애 이전 상황을 기준으로 하여 판단해야 한다. 따라서 甲은 무상으로 수화 통역사를 제공해야 함에 찬성할 것이다. 하지만 乙은 상급 학년으로 진급하는 학업 성취 결과가 나오면 평등한 교육이 실시된 것으로 보기에 수화 통역사의 무상 제공에 반대할 것이다.

　　ㄴ. (O) 乙은 상급 학년으로 진급하는 학업 성취 결과가 나왔다면 평등이 실현된 것으로 본다. 따라서 요구를 받아들이지 않을 것이다.

　　ㄷ. (X) 甲은 자신의 잠재능력에 비례하는 성과를 내는 데 차이가 나지 않도록 해야 한다는 견해이므로 받아들이지 않을 것이다. 또한 乙도 학업 성취 결과로 평등 실현을 평가하기에 받아들이지 않을 것이다.

03 ④

유형 논쟁 및 반론 – 법·규범

해설 ㄱ. (X) A는 사례를 근거가 없는 차별적 기소라고 판단하고 있으므로, 근거가 있을 경우 A는 강화되지는 않는다. 그리고 F는 부당한 의도가 아니면 기소를 인정하기에 오히려 강화된다.

　　ㄴ. (O) B는 검사의 재량에 따른 기소 여부를 인정하기에 그로 인해 발생하는 문제점은 B의 견해를 약화한다. 한편 C는 검사의 기소권에 대한 독선적 사용과 외부 압력의 문제점을 지적하기에 조사 결과가 강화하는 사례가 된다.

　　ㄷ. (O) D는 기소의 필요성이 적은 사람의 인권에 대해서 다루며, E는 개인의 인권에 대해서 다루고 있다. 따라서 모두 인권 보호에 대한 사항이지만 보호하고자 하는 대상이 다르다.

04 ③

유형 논쟁 및 반론 – 법·규범

해설 ㄱ. (O) 甲은 태아의 상태나 질환 등을 무조건 알려 주지 못하게 하는 것은 임신 여성의 알 권리를 침해할 소지가 크다고 주장한다. 따라서 필요가 인정되는 경우 고지할 수 있다고 볼 것이다.

　　ㄴ. (O) 임신 말기일수록 낙태 건수가 현저히 줄어든다는 것은, 乙이 말하는 낙태가 거의 불가능하게 되는 시기가 있다는 견해를 뒷받침하는 진술이다. 따라서 乙의 견해를 강화한다.

　　ㄷ. (X) 유전적 우열성에 대한 호기심의 충족보다 태아의 생명이 더 중시될 이익이라는 진술은 유전적 우열성에 따른 낙태를 방지하기 위해서 태아의 유전적 소질에 대한 궁금증을 참아야 한다는 丙의 진술을 지지한다.

05 ③

유형 논쟁 및 반론 – 법·규범

해설 ㄱ. (O) A는 개명 신청을 허가해야 한다는 입장이므로, 출생 시점에는 부모가 예외적으로 대신 권리를 행사하는 것일 뿐이며 후에 개명할 수 있다는 견해를 지지할 것이다.

　　ㄴ. (O) B는 개명이 범죄 은폐의 수단으로 활용될 수 있다고 주장하나, 이름 대신 주민등록번호 또한 범죄자의 동일성 식별 기준이라는 것은 B의 견해를 약화한다.

　　ㄷ. (X) A는 개명 신청을 범죄행위 위험이 없는 경우에 모두 허용하자는 주장이므로 찬성할 것이다. B는 아동에 한하여 허용하자는 견해이기에 찬성하며 C는 구체적인 기준에 의한 허용을 주장하므로 찬성할 것이다.

06 ③

유형 언어 추리 – 법·규범

해설 ㄱ. (O) 병은 검사의 구속기소가 무죄추정원칙에 위배된다고 주장한다. 하지만, P회사의 해고에 대해서는 을과 마찬가지로 무죄추정원칙과 관련 없다는 견해이다.

　　ㄴ. (O) 정은 무죄추정원칙이 재판 과정에서만 적용되는 것이라고 주장한다. 따라서 재판 전에 공개한 것에 대해서는 위배되지 않는다고 주장할 것이다.

　　ㄷ. (X) 을은 무죄추정원칙을 수사 절차에서 재판 절차에 이르기까지 형사 절차의 전 과정에서 구속 등 어떠한 형사 절차상 불이익도 입지 않아야 한다고 주장한다. 따라서 재판에서 스스로 무죄를 증명하지 못하면 처벌받도록 하는 특별법은 무죄추정원칙에 위배된다고 주장할 것이다. 한편 정은 무죄추정의 원칙은 재판 과정에서 검사가 피고인의 유죄를 증명하지 못하는 한, 피고인을 처벌할 수 없다고 주장한다. 즉, 검사가 피고인의 유죄를 증명할 때에만 처벌할 수 있다는 입장이다. 그런데 피고인 스스로가 무죄를 증명하지 못할 경우 처벌받게 되면, 검사의 유죄 증명이 안 되어도 처벌을 받게 되므로 특별법은 정의 주장에 위배된다. 따라서 을과 정 모두 특별법에 반대하는 입장이다.

07 ⑤

유형 언어 추리 – 법·규범

해설 ㄱ. (X) 회비 책정과 같은 주요 사항은 전문위원회의 심사를 거친 후 전원위원회로 상정되게 된다. 그러나 소관 전문위원회의 심사를 거친 때에 대한 경우는 본문에 소개된 바가 없기에 대의원회의 의장이 필요하다고 인정하는지 여부와 무관하게 전원위원회가 개최되는지에 대해서는 추론할 수 없다.

ㄴ. (X) 대의원회의 의장이 필요하다고 인정할 경우 전문위원회는 개최될 수 있다.

ㄷ. (O) 전문위원회 비중도 동일하므로 A와 B의 비율의 합은 75%이다. 전문위원회는 재적위원 과반수 출석에 출석위원 과반수 찬성으로 의결한다. 따라서 A만 찬성해도 재적위원의 40%의 비율이기에 출석위원(A와 B)의 과반(37.5%)을 넘기 때문에 가결된다. 동일한 방식으로 대의원회, 회원총회에서도 가결된다.

ㄹ. (O) 회원총회에서는 재적회원 과반수의 출석에 출석회원 과반수의 찬성이 있어야 한다. 그런데 A와 D의 합은 50%이므로 과반이 되지 않아 부결된다.

08 ②

유형 언어 추리 – 법·규범

해설 ㄱ. (X) 규정에서는 제3조 및 제4조에서 성년에 이른 자녀에 대해서만 언급하고 있다. 따라서 을의 해당 여부는 판단할 수 없다.

ㄴ. (X) 제4조에서 신청자가 사망한 경우 성년이 된 자녀는 청구에 따라 제1조 ②의 신상정보서의 사항을 언제든지 열람할 수 있다. 그러나 ㄴ의 정보는 제4조에서 예외로 두고 있는 사항이기에 국가심의회에서 허용하는 대상이 아니다.

ㄷ. (O) 출생 일시, 출생 장소에 관한 정보는 제1조 ② (1)에 해당하는 것으로서 제4조가 적용되지 않고 제3조에 의해 직계 후손의 청구이므로 열람하게 된다.

09 ④

유형 언어 추리 – 법·규범

해설 ① (O) 상속인으로 지정되지 않는 직계비속인 자녀는, 유언의 반윤리성이 인정되어 유언이 효력을 잃으면 상속 대상이 되지만, 승소하지 못하여 반윤리성이 인정되지 않으면 상속에서 배제된다.

② (O) 甲은 유언을 통하여 상속인과 상속분도 지정할 수 있다.

③ (O) 반윤리성 여부를 심사할 때에는 상속 순위에 있는 친족들에게 존재하는 사정만을 판단의 근거로 삼을 수 있기에, 丁의 부양한 사실은 근거로 삼을 수 없다.

④ (X) 반윤리의 소를 제기할 수 있는 사람은 상속인으로 지정되지 않은 자이다. 그런데 乙은 상속인으로 지정되었으므로 자격이 없다.

⑤ (O) 반윤리 소에 대한 승소 판결이 내려지면 유언은 없는 것과 같은 상태가 된다. 따라서 법에 의해 직계비속인 乙이 1순위 상속인이 되어 단독으로 상속재산을 취득한다.

10 ①

유형 언어 추리 – 법·규범

해설 ㄱ. (O) (2)에서 말하는 사이버몰판매중개 행위에 해당하지 않는다.

ㄴ. (X) (1)에서 사이버몰판매란 직접 대면하지 않고 사이버몰을 이용하고 계좌이체 등을 이용하는 방법으로 소비자의 청약을 받아 '재화'를 판매하는 방식이다. 그런데 모바일 어플리케이션을 이용하여 원룸과 오피스텔의 '임대차'를 전문적으로 중개하는 사업자는 이에 해당하지 않는다.

ㄷ. (X) R는 사이버몰판매중개자가 아닐 뿐만 아니라, (3)에서 상품의 대금을 중개자가 지급받는 경우 사이버몰판매자가 거래상 의무를 이행하지 않을 때에는 대신 이행해야 하는 경우가 있을 수 있다. 따라서 당사자가 아니라고 고지한 경우에도 손해배상책임에서 면제되지 않을 수 있다.

11 ③

유형 언어 추리 – 법·규범

해설 ㄱ. (O) 방식 2에서는 A와 B 모두 개별적으로 구매할 수 있으나, 방식 3은 B만 개별적으로 구매할 수 있고 A는 개별적으로 구매할 수 없다. 따라서 A, B를 개별적으로 모두 구매하려는 소비자는 방식 2를 방식 3보다 선호한다.

ㄴ. (X) 방식 1은 한 가지(A + B) 선택지밖에 없으며, 방식 2는 A, B, (A + B) 세 가지이다. 그리고 방식 3은 (A + B), B 두 가지이다. 따라서 소비자의 선택권을 가장 크게 제한하는 것은 방식 1이다.

ㄷ. (O) 개별 상품 가격의 총합이 묶음상품의 가격에 비해 현저히 높아서 소비자들의 개별 구매가능성이 낮을 수 있으므로, 규제 대상이 될 수 있다.

12 ⑤

유형 언어 추리 – 법·규범

해설 ㄱ. (X) 규정 (2)에 의해 1인당 구매한도액이 1,000만 원을 초과할 수 없는데, 2개의 코인 계정에서 각각 600만 원의 코인을 구매할 경우 총 구매액이 1,200만 원이 되어 초과하게 된다. 따라서 허용되지 않는다.

ㄴ. (X) 규정 (4)에 의해 1일 동안(0시부터 24시 사이) 총보유량과 0시의 총보유량을 비교하여 구매한도액으로 취득할 수 있는 최대 코인 개수(C코인 4,000개)의 1/5인 800개를 초과해서 감소한 경우 그 시점부터 거래가 24시간 동안 정지된다. 그런데 사례에서는 700개가 감소된 경우이므로 거래 정지가 되지는 않는다.

ㄷ. (O) 규정 (3)에서 구매한도액 1,000만 원으로 취득할 수 있는 최대 코인 개수의 1/10을 초과할 수 없다. 그리고 최대 코인 개수를 종류별로 비교하여 그중 최저치로 하기 때문에 C코인이 대상이 된다. C코인은 2,500원이므로 1,000만 원으로 4,000개 살 수 있고 이 중 1/10은 400개가 된다. 따라서 구매에 사용할 수 있는 코인은 400개를 초과할 수 없다.

ㄹ. (O) 26일 0시부터 24시까지의 거래를 대상으로 판단하기 때문에, 24시 이전까지 −600개가 된 상태이다. 따라서 거래 정지 대상(800개 초과 감소)이 아니다.

13 ⑤

유형 언어 추리 – 법·규범

해설 ㄱ. (O) 과다포함은 목적의 관점에서 어떤 사례를 포함하지 않아도 되는데도 포함하는 경우를 말한다. ⊙의 목적을 위한 규칙1의 경우, 경찰차가 사전 허가 없이 진입하는 경우를 과다포함한 것이다.
ㄴ. (O) 과소포함은 어떤 사례를 포함해야 하는데도 포함하지 않는 경우에 해당한다. ⓒ의 목적을 위한 규칙2는 핫도그 판매 차량의 소음 발생의 경우 과소포함에 해당한다.
ㄷ. (O) 규칙3의 경우 긴급사태로 인한 소방차, 구급차 진입을 허용하고 있다. 이때 규칙3은 불필요한 소음을 발생시키지 않는 구급차의 경우 ⓒ의 목적을 고려할 때 과소포함에 해당되지 않으며, 이용자를 구조하기 위해 진입하는 경우이기에 ⊙의 목적을 고려할 때 과다포함에도 해당되지 않는다.

14 ②

난이도 ★★★★★

유형 언어 추리 – 인문

해설 ㄱ. (X) A에서는 갑, 을, 병이 모두 5이기에 원리1과 원리2에 의해 나쁘게 대우받는 경우는 없다. 정은 원리3에 의해 나쁘게 대우받는 것이 아니다.
ㄴ. (X) B에서 한 사람만 나쁘게 대우받고 있다면, 병이 5를 받게 되면 을만 3이므로, 원리1에 의해 나쁘게 대우받는다고 할 수 있다.
ㄷ. (O)
(1) A와 B 모두 도덕적으로 허용 가능하다면 원리4에 의해 원리1~3에 따라 누구도 나쁘게 대우받지 않아야 한다.
(2) A 상황은 원리에 의해 도덕적으로 허용될 수 있다.
(3) B 상황은 원리2에 해당하는 사례로, 병이 5보다 큰 점수일 경우가 되어야 도덕적으로 허용 가능하다. 병이 5보다 크다면 병은 A보다 B에서 더 많은 행복을 누리게 된다. 이때 B에서 존재하는 사람 중에 B보다 A에서 더 많은 행복을 누리게 되는 을이 존재하지만, 원리2에 의해 B에서 더 좋은 대우를 받는 병이 존재하므로 을이 더 나쁜 대우를 받는 것이 아니게 된다. 따라서 α가 5보다 큰 조건에서 B도 도덕적으로 허용될 수 있다.

15 ②

난이도 ★☆☆☆☆

유형 언어 추리 – 인문

해설 ㄱ. (X) 연민은 이성에 앞서는 자연적 충동으로 이성적 반성 없이도 작동할 수 있다.
ㄴ. (X) 혐오감은 연민의 감정 속에서 근원을 찾을 수 있으나, 자기애는 연민의 감정과 또 다른 감정에 해당힌다.
ㄷ. (O) 연민과 다른 감정인 자기애가 작동하는 것으로부터 두 감정은 양립 가능하다는 것을 추론할 수 있다.

16 ②

난이도 ★★★☆☆

유형 언어 추리 – 인문

핵심 체크
• ⊙과 ⓒ 모두 물리적 수행을 할 수 없는 범위에 있다면 능력이 없는 것으로 도덕적으로 비난할 수 없다는 견해이다.
• ⊙은 행위 능력이 있더라도 그 능력을 행위자가 인지하지 못한다면 도덕적으로 비난받지 않는다고 주장하나, ⓒ은 그렇지 않다.

이를 바탕으로 상황을 분석하면 다음과 같다.
• 상황 (1): 물리적 수행의 범위를 벗어나 있으므로 둘 다 도덕적으로 비난받지 않을 것으로 판단한다.
• 상황 (2): 물리적 수행이 가능한 범위에 있지만 이를 인지하지 못한 상황으로, ⊙은 도덕적 비난을 받지 않는다고 판단하지만 ⓒ은 비난받는다고 판단한다.
• 상황 (3): 물리적 수행을 할 수 없는 상황으로 둘 모두 비난받지 않는다고 판단한다.

해설 ㄱ. (X) ⊙과 ⓒ 모두 (1)과 (3)에서 비난받지 않는다고 동일한 도덕적 판단을 한다.
ㄴ. (X) ⓒ은 (2)에서 물리적 수행이 가능한 범위이기에 도덕적으로 비난받는다고 판단할 것이다.
ㄷ. (O) 물리적 수행의 범위가 아니기에 둘 모두 비난받지 않는다고 판단한다. 따라서 도덕적 비난의 대상이 될 수 있다는 것을 설명할 수 없다.

17 ③

난이도 ★★☆☆☆

유형 논쟁 및 반론 – 인문

해설 ㄱ. (O) A방식도 B방식만큼 공정하다고 사람들이 생각하리라 믿었다면, 가설2에서 주장하는 추가 이득에 대한 설득력이 약화된다.
ㄴ. (X) 조작한 사람들이 자신의 업무 할당이 공정하지 않다는 것을 인정한다면, 이기적인 동기로 조작을 가했다는 가설1의 주장이 적어도 약화되지는 않는다.
ㄷ. (O) 업무 할당 과정이 공개될 경우 조작의 가능성은 떨어지게 된다. 따라서 원래는 공정하게 업무를 할당할 의도가 있었다는 가설1은 강화되고, 원래부터 공정하게 할 의도가 없었다는 가설2는 약화된다.

18 ⑤

난이도 ★★★☆☆

유형 논쟁 및 반론 – 인문

해설 ㄱ. (O) 甲은 신이 기적을 일으킬 수 있는 존재라고 언급하고 있다. 또한 乙은 우리가 기도를 통해 신의 계획에 영향을 줄 수 있다고 믿기에 신의 계획은 변경될 수 있다고 주장한다. 이를 통해 기적을 믿는다고 추론할 수 있다.
ㄴ. (O) 甲은 신은 과거를 바꿀 수도 있으며 자신이 계획한 그대로 역사를 진행시킨다고 주장한다. 반면 乙은 甲과 달리 신은 과거를 바꾸지 않으며 우리의 믿음의 영향을 받아 계획을 바꿀 수도 있다고 주장한다.
ㄷ. (O) 乙은 둘째 논의를 통해 신의 계획은 가변적인데, 이는 그 계획이 완전하지 않음을 의미한다고 볼 것이다.

19 ①

난이도 ★☆☆☆☆

유형 논쟁 및 반론 – 인문

해설 ㄱ. (O) A는 공포 영화를 즐길 수 있는 이유는 결국은 고통이나 불쾌감을 상쇄하고도 남을 충분한 보상인 문제 해소로 인한 엄청난 쾌감에 있다고 주장한다. 그런데 소설 원작의 공포 영화를 관람하는 관객들 대부분이 소설을 먼저 읽어본 사람이라면 이미 문제 해소 내용을 알고 있기에 그러한 보상으로 영화를 즐긴다고 볼 수 없게 된다. 따라서 A는 약화된다.

ㄴ. (X) B는 공포 영화는 통제 가능한 수준의 고통이나 불쾌감이 적절한 자극제가 되어 정신 건강에 유익하다고 주장한다. 따라서 고통이나 불쾌감이 사람마다 다르다면, 통제 가능하다는 B의 주장은 강화되지 않는다. 또한 A를 약화하지도 않는다.

ㄷ. (X) 호기심을 느낄 만한 대상이 없다면 A는 약화된다. 그러한 대상에 대한 호기심으로 인해 엄청난 쾌감이 있다고 주장하기 때문이다. 하지만 B는 ㉠에 대해 부정하기에 ㉠과 같은 수준의 엄청난 쾌감을 보상하는 영화의 사례는 B의 견해를 약화한다.

20 ⑤
난이도 ★★★★★

유형 논증 분석 - 인문

해설 (1) ㉠의 주장을 ㉤과 ㉥, 그리고 ㉦을 통해 도출한다.
　　㉤ 선을 정의할 수 있으려면 그것을 자연적 속성과 동일시하거나, 아니면 형이상학적 속성과 동일시해야 한다.
　　㉥ 선을 자연적 속성과 동일시하는 모든 정의는 오류이다.
　　㉦ 선을 형이상학적 속성과 동일시하는 정의들은 모두 오류이다.
　　㉠ 선을 정의하려는 시도는 성공할 수 없다.
(2) 연결어 및 지시어를 통해 ㉢, ㉣, ㉤이 ㉥을 뒷받침함을 알 수 있다.
　　㉢ 선을 쾌락이라는 자연적 속성과 동일시하여 "선은 쾌락이다"라고 정의를 내릴 수 있다고 한다면, "선은 쾌락인가?"라는 물음은 "선은 선인가?"라는 물음과 마찬가지로 동어반복으로서 무의미한 것이 되어야 한다.
　　㉣ 그러나 "선은 쾌락인가?"라는 물음은 무의미하지 않다.
　　㉤ 쾌락 대신에 어떠한 자연적 속성을 대입하더라도 결과는 마찬가지이므로,
　　㉥ 선을 자연적 속성과 동일시하는 모든 정의는 오류이다.
(3) 연결어 및 지시어를 통해 Ⓐ, ◎, ㉲은 ㉦을 뒷받침함을 알 수 있다.
　　Ⓐ 선을 형이상학적 속성과 동일시하는 정의들은 사실 명제로부터 당위 명제를 추론한다.
　　◎ 즉 어떠한 형이상학적 질서가 존재한다는 사실로부터 "선은 무엇이다"라는 정의를 이끌어 낸다.
　　㉲ 그런데 당위는 당위로부터만 도출되기 때문에 사실로부터 당위를 끌어내는 것은 가능하지 않다.
　　㉦ 따라서 선을 형이상학적 속성과 동일시하는 정의들은 모두 오류이다.

21 ⑤
난이도 ★★☆☆☆

유형 논증 분석 - 인문

해설 ㄱ. (O) 인간 멸종에 대한 내용을 그런 일이 실제 일어날 수 있는 가능성과 연관하여 ㉡을 추론하고 있으므로 옳은 분석이다.

ㄴ. (O) 가정에 의한 논의로 실제 그러한 가능성이 없다고 해도 문제되지 않는다.

ㄷ. (O) (A: 지구에 행성이 충돌한다는 것은 인간 멸종을 필연적으로 함축한다, B: 행성 충돌의 가능성은 인간 멸종의 가능성을 필연적으로 함축한다.)
　　㉠ A → ~B
　　　A, B: ㉠과 모순
　　∴ ㉡ A → B

22 ①
난이도 ★★★☆☆

유형 평가 및 문제 해결 - 인문

해설 ㄱ. (O) 필자는 첫 번째 원리에서 모든 정신적인 현상은 물리적 결과를 야기한다고 주장하고 있다. 따라서 물리적 결과를 야기하지 않는 정신적인 현상이 존재한다면 논증은 약화된다.

ㄴ. (X) 원인이 없는 물리적 사건이 있다고 해도 원리 중 부정되는 것은 없다. 특히 두 번째 원리는 '만약 어떤 물리적 사건이 원인을 갖는다면 그것은 반드시 물리적인 원인을 갖는다.'는 것이다. 그러나 원인 없이 일어나는 물리적 사건이 있어도 이는 조건문의 전건을 부정하기에 조건문 전체를 부정하지 못한다.

ㄷ. (X) 필자는 정신적인 현상이 물리적 결과를 야기한다는 것으로부터 정신적 원인은 물리적 원인이라는 결론을 도출하고 있다. 그런데 하나의 정신적 현상이 물리적 결과와 다른 정신적 현상을 야기한다고 해도 정신적 현상이 물리적 결과를 야기한다는 것은 성립한다. 따라서 의도한 결론이 따라 나오지 않는다는 것은 옳지 않다.

23 ①
난이도 ★★★☆☆

유형 수리 추리 - 법·규범

해설 ㄱ. (O) A는 범죄자가 아닌데도 처벌받은 피고인의 수가 5이므로 나쁨의 값은 그 세 배에 해당하는 15이다. 이에 범죄자인데도 처벌받지 않은 피고인의 수가 145이므로 나쁨의 값의 합은 160이 된다. 한편 B는 범죄자가 아닌데도 처벌받은 피고인의 수가 25이므로 나쁨의 값은 그 세 배에 해당하는 75이다. 이에 범죄자인데도 처벌받지 않은 피고인의 수가 65이므로 나쁨의 값의 합은 140이다. 결국 A상황이 B상황보다 더 나쁘다.

ㄴ. (X) B상황에서 확률이 변하면 무고하게 처벌받은 사람의 수는 첫 번째 경우 85%만 해당되어 15가 된다. 그리고 두 번째 경우도 유죄 입증 수준 65%보다 높은 70%이므로 유죄가 100명 선고되어 무고하게 처벌받는 사람이 30명이 생긴다. 따라서 무고하게 처벌받은 사람은 총 45명이 되어 기존 상황 25명보다 많아진다.

ㄷ. (X) A상황의 유죄 입증 수준이 95%가 될 경우 첫 번째 경우 확률이 95%이므로 무고하게 처벌받는 사람의 수는 동일하게 5가 된다.

24 ③
난이도 ★☆☆☆☆

유형 논쟁 및 반론 - 인문

해설 ㄱ. (O) C는 모순된 믿음이 있을 수 없다고 주장한다. 그러나 A는 자신을 속이는 것이 가능하기에 모순된 믿음을 인정하고 있다. 따라서 C와 A는 양립할 수 없다. 하지만 B는 편향된 믿음이 자기기만이라고 정의하므로 모순된 믿음이 아닐 수 있다. 따라서 B는 C와 양립할 수 있다.

ㄴ. (X) B는 자기 자신의 지적 능력이 남들보다 뛰어난 정보를 선택적으로 수집하여 믿음으로 설명할 수 있고, A도 자기 자신을 속이는 행위로 인해 형성된 것으로 설명할 수 있다.

ㄷ. (O) 자기 의도를 자신이 알 수 있다면 속지 않을 것이기 때문에 자신을 속일 수 있다고 주장하는 A는 약화된다.

25 ④

유형 평가 및 문제 해결 – 사회

해설 ㄱ. (O) A 설계는 편견에 따른 차별적 선택에 대한 내용과 관련 없는 것으로 ㉠의 타당성을 검증하지 못한다.

ㄴ. (O) 야간보다 주간에 운전자를 더 잘 식별할 수 있으므로 주간에 단속한 결과와 야간의 결과를 비교할 수 있기 때문이다.

ㄷ. (O) 경찰 단속 결과와 갑의 관찰 결과가 유사한 경우, 경찰이 차별적으로 선택하여 단속한다는 ㉠은 약화된다.

ㄹ. (X) 모집단의 인종 비율이 아닌 모집단 중 실제 과속을 한 인종 비율이 준거집단이 되어야 비교할 수 있으므로 ㉠의 타당성을 뒷받침하는 논거가 될 수 없다.

26 ③

유형 언어 추리 – 사회

해설 ① (O) 3문단에 따르면 방해 자극의 선명도가 높을 경우 방해 자극에 주의가 가게 되어 방해 자극의 정보 처리가 효과적으로 억제됨으로써 과제 수행이 저하되지 않는다. 결국 방해 자극의 지각 정도와 방해 자극이 과제 수행을 방해하는 정도는 역의 상관관계를 보인다.

② (O) 3문단 마지막 문장에서 과제의 난이도를 높일수록 선명한 방해 자극의 정보가 처리될 가능성이 높다고 말하고 있다. 방해 자극의 정보가 처리될 가능성이 높을 때에는 과제 수행에 방해가 되기에 옳은 진술이다.

③ (X) 3문단에 따르면 방해 자극의 선명도가 매우 높아 쉽게 지각될 경우, 주의가 가게 되어 방해 자극의 정보 처리가 효과적으로 억제될 것이다.

④ (O) 방해 자극으로 보이지 않을 경우 그 방해 자극은 방해 자극 정보가 과제와 관련된 정보가 되어 처리된다는 것을 의미한다. 따라서 그 방해 자극의 정보는 처리될 것이다.

⑤ (O) 3문단에 방해 자극의 선명도가 높을 경우 방해 자극에 주의가 가게 되어 방해 자극의 정보 처리가 억제된다고 진술되어 있다. 따라서 역치하 수준으로 선명도를 낮게 해도 방해 자극에 주의가 갈 경우 억제될 것이다.

27 ⑤

유형 평가 및 문제 해결 – 사회

해설 ① (X) A에 의하면, 지역 간 경제 격차는 시장 논리에 따라 자연히 완화될 수 있기에 국가의 개입은 오히려 이러한 자연스러운 지역 간 균등화를 방해한다고 주장한다. ㄱ에서는 세계적으로 지역 간 자본과 노동의 집중화가 나타나며 이는 국가의 노력으로도 시정되지 않는다는 사례가 제시된다. 이는 A가 주장하는 시장 논리에 따라 자연히 완화될 수 있다는 견해를 강화하지 않는다.

② (X) B는 지역 간 경제적 격차는 심화되는 경향이 있다고 주장한다. 따라서 ㄱ에서 나타난 지역 간 격차가 존재한다는 것이 B를 약화하지는 않는다. C는 지역 간 경제 격차는 국가의 경제 발전 전략으로 생겨난 것이기에 국가의 개입으로 해소된다는 견해이다. 하지만 ㄱ의 사례는 이에 대한 반례가 될 수 있다. 그렇게 해소된 경우가 없기 때문이다.

③ (X) ㄴ에서는 젠트리피케이션(gentrification)에 대해 제시한다. B는 자본과 노동은 발전된 곳을 쉽게 떠나려고 하지 않는다고 주장하나 이 사례는 이에 대한 반례가 되기에 강화하지 않고 약화하게 된다.

④ (X) ㄴ의 사례는 부동산 가격이 오름에 따라 나타나는 지역의 쇠퇴 현상을 지적하고 있다. 따라서 지역 간 경제적 격차는 시장 논리에 따라 자연히 완화된다는 A의 견해를 강화하지는 못한다. 또한 C는 국가가 지역 간 격차를 해소할 수 있다는 견해이지만, ㄴ은 국가가 지역의 쇠퇴를 막을 수 없다는 사례이므로 C를 강화하지 못한다.

⑤ (O) C는 국가의 경제 발전 전략으로 생겨난 지역 간 경제적 격차는 국가의 개입으로 해소될 수 있다고 주장한다. 그러나 ㄷ의 사례는 국가의 노력에도 해소될 수 없던 사례로 C를 약화한다.

28 ④

유형 수리 추리 – 사회

해설 ㄱ. (O)
(1) 갑이 가장 선호하는 것은 C이다. 우선 갑은 을이 A를 가장 선호하기에 을과 A를 매개로 B와 교환한다. 그리고 병이 소유한 C를 B와 교환할 것이다. 이때 B는 화폐에 해당한다.
(2) 을은 A를 가장 선호하기에 병과 B를 매개로 C와 교환한다. 그리고 C를 갑과 교환하여 A를 얻을 수 있다. 이때 C는 화폐에 해당한다.
(3) 병은 갑과 C를 매개로 A와 교환하고, 다시 병은 을과 A를 매개로 B와 교환한다. 이때 A는 화폐에 해당한다.
따라서 모든 상품이 화폐가 될 수 있다.

ㄴ. (O) (1)에 의해 옳다.

ㄷ. (O) 각각의 경우 두 번의 교환으로 갑, 을, 병 모두는 가장 선호하는 상품을 얻을 수 있기에 세 번의 교환이 발생할 수 없다.

ㄹ. (X) (3)의 경우로, 갑과 병이 가장 먼저 교환해야 한다.

29 ②

유형 언어 추리 – 사회

해설 ㄱ. (X) 반려묘의 순보험료가 반려견의 순보험료의 80%(20/25)라고 해서 보험금 수령건수도 80%가 되는 것은 아니다. 순보험료의 계산에는 다양한 변수들이 있기 때문이다.

ㄴ. (O) 과거 자료가 부족한 경우 손해율의 변동성은 커지게 되는데, 발표된 통계자료를 통해 자료 부족을 해소할 수 있으므로 손해율 변동성이 작아질 것으로 기대할 수 있다.

ㄷ. (X) ㉠의 경우 일정 비율을 보장받는 것으로, 진료비가 비쌀수록 주인 부담 비율도 커지게 된다. 그런데 ㉡은 일정 금액까지 주인이 부담하고 나머지를 선액 충당하는 것으로 진료비가 비싸지더라도 주인이 부담하는 금액은 동일하다. 따라서 ㉡에 가입하면 ㉠에 비해 진료비가 비싸질수록 보험 가입자의 부담이 작아질 수 있다.

유형   논쟁 및 반론 – 사회

해설   ㄱ. (X) 甲은 보조금이 높으면 소비자가 더 쉽게 사업자를 전환할 수 있다고 주장한다. 그런데 보조금상한제를 실시할 경우 보조금을 높게 설정할 수 없기 때문에 사업자 전환이 쉽게 이루어지지 않을 것이다. 따라서 보조금상한제 이후에도 소비자가 사업자를 전환하는 비율이 증가했다는 사실은 甲의 주장을 강화하지는 못한다.

ㄴ. (O) 乙은 보조금 제한으로 인한 요금 경쟁 때문에 요금이 낮아질 것이라고 주장한다. 따라서 이러한 견해는 정부가 요금 인하를 위해 보조금상한을 낮추는 정책의 근거가 될 수 있다.

ㄷ. (O) 甲은 보조금이 높으면 요금 인하가 될 것이라고 주장하기에 보조금상한제는 요금 인하 효과의 측면에서 반대할 것이다. 그러나 丙은 보조금을 높이면 요금도 상승될 것이라고 주장하기에 보조금상한제가 요금 인하를 위해 필요하다고 판단할 것이다.

 유형   논리 게임 – 논리학·수학

핵심 체크

(1) A: 모두 정답인 경우에 부여한다. (기준1)

(2) D: 문제1과 문제2 모두 정답이 아닌 경우이다. 또한 둘 중 적어도 하나가 무답이 아니면 C가 될 수 있으므로, D는 둘 모두 무답임을 알 수 있다.

(3) C: 기준2에서 모두 정답이 아니더라도 풀이 내용에 따라 C를 부여할 수도 있다고 했으므로, 문제 둘 중 최소 하나는 오답이 있어야 한다. 따라서 (정답, 오답) 또는 (오답, 오답)이거나 (오답, 무답)이 가능하다.

(4) B: 두 번째 기준에서 둘 모두 정답이 아니면 D가 되기에, 둘 중 적어도 하나는 정답이 되어야 한다.

구분	1	2
A	정답	정답
B	적어도 하나는 정답	
C	적어도 하나는 무답 아님, 오답 최소 하나	
D	무답	무답

해설   ① (O) 기준2에 의해서 적어도 하나가 무답이 아니면, (풀이 내용에 따라) C를 부여할 수 있다. 이는 C가 부여될 수 없다면, 모두 무답임을 추리할 수 있다(대우; transposition). 따라서 B가 아니라 D를 받게 된다.

② (O) 모두 무답인 경우는 D에 해당한다.

③ (O) C보다 높기 위해서 B는 최소한 어느 하나가 정답이어야 한다. 만약 둘 모두 정답이 아니면 D나 C가 부여되기 때문이다.

④ (X) C는 적어도 하나가 무답이 아니어야 하는 조건밖에 없다. 그래서 C가 문제 중 하나가 정답, 다른 하나가 오답인 경우 모두 가능하다. 이때 B도 (정답, 오답)이지만 풀이 내용에서 C보다 높은 점수를 받을 경우 가능한 경우가 나타날 수 있다.

⑤ (O) 문제2가 무답이며 문제1이 정답이 아닐 경우, 문제1은 오답 또는 무답이 된다. 무답인 경우 둘 모두 무답이므로 D가 되며, 오답인 경우 C가 된다. 따라서 B를 받을 수 없다.

 유형   논리 게임 – 논리학·수학

핵심 체크   병의 진술이 참이면 정은 범인이다. 그런데 정의 진술에 의하면 병은 거짓을 말하기에 정은 범인이 아니다. 따라서 병과 정은 모순 관계에 있다. 그러므로 병의 진술이 참이면 정의 진술은 거짓이며, 정의 진술이 참이면 병의 진술은 거짓이다.

해설   ① (O)

(1) 모든 경우는 정이 범인이거나 범인이 아니므로, 어떤 경우에도 적어도 한 명의 진술은 거짓이다.

   • 정이 범인: 병 참, 정 거짓   • 정이 범인 아님: 병 거짓

(2) 범인이 두 명인 경우는 모두 6가지인데, 모두 적어도 한 명은 거짓이다.

   • [갑, 을]: 을 거짓   • [갑, 병]: 병 거짓
   • [갑, 정]: 갑 거짓   • [을, 병]: 을, 병 거짓
   • [을, 정]: 을 거짓   • [병, 정]: 정 거짓

② (O) 병 또는 정 둘 중 한 명은 거짓, 한 명은 참이다. 그런데 거짓 진술을 한 사람이 셋이면, 나머지 갑과 을도 거짓이다. 따라서 을의 말은 거짓이므로 을은 범인이다.

③ (X) 정이 거짓이면 병은 참이다. 그리고 이때 갑과 을이 참이면, 갑, 병, 정이 범인이다. 따라서 범인이 세 명일 때에 두 명 이상의 진술이 거짓이 되는 것은 아니다. 그리고 피의자들 진술의 참과 거짓 여부에 따라 범인이 결정되는 것은 아니다. 범인이라도 참인 진술을 할 수 있다.

④ (O) 병과 정의 진술은 동시에 참이 불가하기에 둘 중 적어도 한 명은 거짓이다.

⑤ (O) 을이 범인이 아니면 을의 진술은 참이며, 병과 정 둘 중 한 명은 참이기 때문에 두 명 이상의 진술이 참이 된다.

유형   논리 게임 – 논리학·수학

핵심 체크

1. 丙>戊

2. 丁>甲 / 乙

해설   ① (X) 丁 뒤에 戊, 甲, 己, 乙이 결정되나 丙이 戊보다 앞서기에 丙과 丁이 결정되지는 않는다.

② (X) 丁 뒤에 己, 乙, 丙이 차례로 결정되고 丙 뒤에 甲 또는 戊가 결정될 뿐, 甲과 戊의 순서가 결정되지는 않는다.

③ (X) 丙, 戊, 甲의 순서만 결정될 뿐, 甲과 乙의 순서가 결정되지는 않는다.

④ (O) 丙, 丁, 甲, 戊, 己, 乙의 순서가 결정된다.

⑤ (X) 丁 뒤에 甲, 戊, 己, 乙이 결정되나 丙과 丁의 순서는 결정되지 않는다.

34 ①　　　　　　　　　　　　　　난이도 ★★☆☆☆

유형　평가 및 문제 해결 - 인문

해설　ㄱ. (O) 과학 연구가 가능하기 위해서는 개념이 먼저 정의되어야 한다는 것이 A이론이다. 그런데 과학의 역사에서 실험은 용어의 정의보다 앞선 경우가 많다는 사실은 이러한 견해를 약화한다.

ㄴ. (X) A이론은 개념 정의가 과학적 연구에 앞선다고 주장한다. 이는 과학적 연구와 개념의 정의를 구별하고 있다는 의미이다. 따라서 개념의 징의와 과학 활동이 구별될 수 없는 통일한 것이라는 사실은 A이론을 약화한다.

ㄷ. (X) 甲은 둘째 근거에서 과학에서 용어의 정의는 끊임없이 변화한다고 주장하기에, 진술은 甲의 주장을 지지하는 사례이므로 甲의 주장을 약화하지 않는다.

35 ⑤　　　　　　　　　　　　　　난이도 ★★☆☆☆

유형　언어 추리 - 과학기술

해설　① (X) 동일한 C증거를 가지고도 갑과 을이 서로 다른 가설로 예측하고 있다.

② (X) 예측이 성공하면 시험을 통과할 것이며 입증 정도도 높아질 것이기에 영향을 줄 것이다.

③ (X) B가설의 예측이 성공한 것으로 입증 정도는 올라갈 것이다.

④ (X) B가설은 100일째 일어날 일에 대한 예측이기에 99일째 시점에서 입증된 것은 아니다.

⑤ (O) A가설은 99일간 예측에 성공하였기에 옳은 진술이다.

36 ②　　　　　　　　　　　　　　난이도 ★★☆☆☆

유형　언어 추리 - 과학기술

해설　ㄱ. (X) P는 폐암과 흡연과의 관련성이 낮다고 주장하고 있다. 그런데 비흡연 집단이 흡연 집단에 비해 폐암 발병률이 낮다면 P의 주장은 약화될 수 있다.

ㄴ. (X) 갑이 유전적인 영향력 및 흡연과 관련성이 높은 소세포암이 아닌 비소세포암이라면 P의 주장은 약화되지 않는다.

ㄷ. (O) 소세포암은 흡연과 관련성이 높기에 갑의 주장을 강화한다.

37 ①　　　　　　　　　　　　　　난이도 ★★★☆☆

유형　언어 추리 - 과학기술

해설　ㄱ. (O) 강한 독성을 가진 개체와 의태하는 것이 유리하므로 옳은 진술이다.

ㄴ. (X) ㉡은 유사한 종류의 자극도 회피하려고 한다는 주장이므로 약화하지 않는다.

ㄷ. (X) ㉡은 유사한 종류의 자극도 회피하려고 한다는 주장으로 약화하는 것은 아니다. 전혀 다르게 생긴 독 있는 개구리는 무관한 사례다.

38 ⑤　　　　　　　　　　　　　　난이도 ★★★☆☆

유형　언어 추리 - 과학기술

해설　ㄱ. (O) 실험 결과로부터 A단백질이 있을 때에만 HCO_3^- 수송으로 전환됨을 알 수 있다.

ㄴ. (O) A단백질이 있고 Cl^- 농도가 낮을 때에만 변화시키기 때문에 옳은 진술이다.

ㄷ. (O) 실험 결과 3번째와 7번째에 변화가 일어나는데, 10분 후 3번째 결과에서는 HCO_3^- 가 보이지 않지만 7번째에는 나타난다. 이를 통해 7번째처럼 기능을 유지하기 위해서는 B단백질이 중요한 역할을 한다는 것을 알 수 있다.

39 ①　　　　　　　　　　　　　　난이도 ★★★★★

유형　언어 추리 - 과학기술

해설　ㄱ. (O) pH값(8)이 pI(7)보다 크기 때문에 음전하를 많이 가지게 된다. 그리고 이는 상반되는 전하를 가진 이온교환수지와 결합하기 때문에 양이온을 가진 음이온교환수지와 더 잘 결합한다.

ㄴ. (X) pH가 단백질의 pI보다 낮아질수록 양전하를 많이 가지게 된다. 그러나 양전하를 이용해 단백질을 분리하는 방법은 양이온교환수지가 아닌 음이온교환수지를 이용하는 것이다.

ㄷ. (X) pH 값(8)이 pI(6)보다 크기 때문에 음전하가 더 많아지게 된다. 따라서 음이온교환 크로마토그래피를 사용하는 것이 두 단백질을 더 잘 분리할 수 있다.

40 ②　　　　　　　　　　　　　　난이도 ★★★★★

유형　언어 추리 - 과학기술

핵심 체크

1. A + B + C + D = +1.20
2. A = +0.92
3. C > A
4. A~B = 1.05
5. C~D = 1.95
6. B + C + D = +0.28　　　　　1.2. A값 대입
7. A > B　　　　　　　　　　　3.6.
8. B = −0.13　　　　　　　　　2.4.
9. C + D = +0.41　　　　　　　6.8. B값 대입
10. C > D　　　　　　　　　　　5.9.

C와 D의 전위차가 1.95인데 둘의 표준환원전위의 합은 0.41이다. C는 A보다 표준환원전위가 크기 때문에 양의 값을 가져야 한다. 따라서 D는 음의 값을 가진다.

11. (+C) − (−D) = 1.95　　　5.10. C는 양수, D는 음수 대입
12. (+C) + (−D) = +0.41　　9.10. C 양수와 D 음수 대입
13. (+C) = 0.41 − (−D)　　　12.
14. (0.41 + D) − (−D) = 1.95　11.13.
15. D = 0.77　　　　　　　　　14. D의 C에 대한 차이값
16. C = +1.18
17. D = −0.77

해설　ㄱ. (X) D의 표준환원전위가 가장 적기 때문에 있을 수 없다.

ㄴ. (O) C의 표준환원전위가 가장 크고 D가 가장 작기 때문에 이들로 만든 전지의 표준전지전위가 가장 크다.

ㄷ. (X) A와 C의 전위차는 0.26이며 B와 D의 전위차는 0.64로 후자가 더 크다.

2019학년도 기출문제 정답 및 해설

LEET 전문가의 총평

- 법·규범 제재에서 원리 적용 유형의 법적 추리 문제는 9문제, 논증 영역은 6문항이 출제되었고, 논증 영역에서는 주로 법학 논쟁의 분석 및 평가에서 출제되었다.
- 인문학 제재에서는 윤리학 제재가 4문항 출제되었다. 논쟁 형식이 주를 이루었으며 특별한 점은 논증 다이어그램을 파악해야 하는 구조 분석 유형이 2009학년도 이후 다시 출제되었다는 것이다.
- 사회과학 제재에서는 경제학이 3문항 출제되었는데, 특히 게임이론을 이용한 이익의 최적화를 위한 거래 모형이 적용된 문제가 높은 난이도를 보였다. 이 밖에 그래프 분석을 통한 추리 유형이 3년 만에 다시 출제되었다.
- 자연과학 및 융복합 제재에서는 인과적 기준을 적용하는 문제가 연역적 추리기 필요한 문제로 높은 난도를 보였다. 메커니즘 파악 및 기능 적용 문제가 3문항 출제되었는데, 메커니즘에 대한 적용을 요구하는 문제와 실험 분석을 활용한 추리 문제는 가장 높은 난도를 보이고 있다.
- 논리 및 퍼즐 제재에서 형식적 추리 및 논리 게임 영역은 예년과 같이 4문항 출제되었다. 승패게임의 난도가 높았는데, 참 거짓 여부를 파악해야 하는 종합형 문제였다.
- 2019학년도 기출문제의 각 문항을 이원분석표에 따라 구분하면 다음과 같다.

추리의 내용 영역 \ 인지 활동 유형	추리				논증			인지 활동 유형 \ 논증의 내용 영역
	언어 추리	모형 추리			논증 분석	논쟁 및 반론	평가 및 문제 해결	
		형식	수리	논리 게임				
논리학·수학	35	29		30, 31, 32				논리학·수학
인문	15, 21				20	16, 19	17, 18, 22	인문
사회	28		26		24	25	23, 27	사회
과학기술	36, 37, 38, 39, 40					34	33	과학기술
법·규범	1, 7, 8, 9, 11, 12, 13, 14					4, 5	2, 3, 6, 10	법·규범

정답

p.104

01	02	03	04	05	06	07	08	09	10
②	①	①	④	⑤	③	③	②	④	③
11	**12**	**13**	**14**	**15**	**16**	**17**	**18**	**19**	**20**
③	③	①	⑤	④	①	①	①	④	④
21	**22**	**23**	**24**	**25**	**26**	**27**	**28**	**29**	**30**
②	③	④	⑤	⑤	④	①	④	③	⑤
31	**32**	**33**	**34**	**35**	**36**	**37**	**38**	**39**	**40**
⑤	③	②	③	⑤	②	④	③	④	⑤

해설

01 ②　　　　　　　　　　　　　　　　　난이도 ★★☆☆☆

유형 언어 추리 – 법·규범

핵심 체크 원리 적용 및 사례 파악 문제이다. 행정의 역할은 국민의 기본권 보호에 있으므로 이를 제한하는 행정은 사전에 이유와 근거를 당사자에게 알려야 한다. 특히 국민 사이의 이해관계가 대립할 경우 이러한 신행조건은 엄격하게 요구된다.

해설 ㄱ. (X) 점용료 납부 명령에 대해서는 기본권(재산권) 제한 부분에 해당되어 사전에 알려야 한다. 그러나 도로 점용 허가 처분은 기본권 제한이 아닌 기본권을 갖게 하는 것이기 때문에 이에 대해서는 사전에 알릴 필요가 없다.

ㄴ. (O) 병의 경우 기본권 침해가 예상되므로 알려야 하지만, 을 법인은 권리가 실현되는 경우로 사전승인을 알릴 필요가 없다.

ㄷ. (X) 정 본인에게는 권리 제한에 해당하기에 알려야 하지만, 그 가족은 직접 제한받지 않으므로 사전에 알릴 필요가 없다.

02 ①　　　　　　　　　　　　　　　　　난이도 ★★★★☆

유형 평가 및 문제 해결 – 법·규범

핵심 체크 대화식 논쟁을 분석하고 평가하는 문제이다. 지문은 마약류의 단순 사용에 대한 형벌 부과에 대한 논의이다. 쟁점 및 근거를 확인해야 한다.

해설 ㄱ. (X) 을1은 자신에게만 피해를 주는 행위는 처벌의 대상이 아니라는 입장이다. 그런데 사례는 병역 기피 목적의 병역법 위반 사례이며 이는 자신만이 아닌 사회에 피해를 주는 행위이다. 따라서 을1이 약화되지 않는다.

ㄴ. (O) 갑2는 스스로를 해치는 행위는 다른 범죄를 저지를 가능성도 높다는 것을 근거로 하고 있다. 그런데 이러한 가능성만으로 정당화될 수 없다면 갑2의 주장은 약화된다.

ㄷ. (X) 을2는 타인을 위해할 목적이 아닌 중독은 처벌의 대상이 아니라 예방과 치료의 대상이라고 주장한다. 인터넷 중독에 대해 형벌을 가하지 않는 사례는 이러한 을2의 주장을 강화한다.

03 ①　　　　　　　　　　　　　　　　　난이도 ★★☆☆☆

유형 평가 및 문제 해결 – 법·규범

핵심 체크 세 견해 파악 및 법률 적용 문제이다. A는 몰래 소지한 것은 몰래 판매한 것과 동일하기에 교형으로 처벌해야 한다는 입장이다. 한편 B는 밀매죄는 규정에 없기에 교형에 처할 수 없고 유사한 사례의 판결을 적용해야 한다는 입장이다. C는 밀매죄에서 1단계 감경하는 규정을 신설하여 처벌하자고 주장한다. 국왕은 C의 견해를 적용할 것을 명령한다.

해설 ㄱ. (O) 규정에 없기에 처벌할 수 없다는 주장의 근거이므로 ㉠은 약화된다.

ㄴ. (X) ㉡은 유사 사례를 다룬 판결을 따르자는 견해인데, 모반을 도운 자는 모반을 행한 자와 같다는 판결은 위 사례와 관련이 없다.

ㄷ. (X) 밀매죄 규정에서 금지 물품이 은에 해당하는 경우 교형이다. 교형보다 1단계 감형하면 유배형이다. 그런데 장사신은 71세이므로 제2조에 의해 속죄금만을 징수하게 된다.

04 ④　　　　　　　　　　　　　　　　　난이도 ★☆☆☆☆

유형 논쟁 및 반론 – 법·규범

핵심 체크 세 견해를 파악하고 비교 분석하는 문제이다. 제시된 견해를 정리하면 다음과 같다.

구분	의도	인식	처벌 여부
갑	X		X
을	X	O	O
병	O	X	O

해설 ㄱ. (O) 갑은 A를 처벌할 수 없다는 주장이지만, 을은 A가 처벌받아야 한다는 주장이다. 하지만 A가 의도가 없었다는 것은 둘 모두 동의한다.

ㄴ. (O) 을과 병 모두 A가 처벌받아야 한다는 견해이다. 하지만 을은 인식했다고 보고 병은 인식했다고 보지 않는다.

ㄷ. (O) 갑에 의하면, 의도가 있는 행위만 처벌 대상이다. 즉 처벌 대상이 된다면 그것은 모두 의도가 있는 행위이다. 병은 의도가 있다면 처벌 대상이기 때문에 옳은 진술이다.

ㄹ. (X) 을의 처벌 대상 중에는 의도가 없지만 이를 인식한 경우가 포함되어 있다. 이때 병은 의도가 있어야만 처벌 대상으로 여기기 때문에 의도가 없는 행위는 처벌 대상이라 할 수 없다.

05 ⑤　　　　　　　　　　　　　　　　　난이도 ★★☆☆☆

유형 논쟁 및 반론 – 법·규범

핵심 체크 대립되는 견해를 비교 분석하는 문제이다. 여신상 반환에 대해 갑은 기록 및 역사적 사건을 근거로 원래의 정당한 권리자는 G국이라고 주장한다. 한편 을은 기록이 사실이지만 약탈 여부에 대해 알 수 없기에 F국에 돌려주어야 한다는 견해이다.

해설 ㄱ. (O) 갑은 F국이 여신상을 약탈하였을 가능성이 매우 높기 때문에 G국의 불법 반입이 있다 해도 F국에 다시 돌려주는 것에 반대할 것이다. 그러나 을은 약탈 가능성이 매우 높다 해도 그 불법성이 증명되지 않았기 때문에 F국에 돌려주어야 한다고 주장할 것이다.

ㄴ. (O) 불법적 반출 여부에 대해 문제를 제기한 것은 을이기에 을은 동의할 것이나, 갑은 적법한 반출 경위를 확인할 수 없다면 약탈당한 것으로 보기에 동의하지 않을 것이다.

ㄷ. (O) 기록에 의해 여신상이 A시 신전 소유라는 사실이 인정되어야 한다는 것은 갑과 을 모두 동의하는 바이다.

06 ③　　　　　　　　　　　　　　　　　난이도 ★★☆☆☆

유형 평가 및 문제 해결 – 법·규범

핵심 체크 원리 파악 및 사례 적용 문제이다. 동종 물품에 대한 차별에 대해 판결이 나왔기에 이에 따른 조치를 찾아야 한다.

해설 ㄱ. (O) 초대형 선예망으로 조업을 하는 경우 '돌고래 세이프 라벨'을 부착하는 것이 B국에만 해당하는 차별이기에 이를 철폐할 경우 규정에 부합할 것이다.

ㄴ. (X) 라벨 규정을 완화하였어도 여전히 B국 어선만이 대상이므로 차별이 될 수 있다.

ㄷ. (O) 모든 어선에 규정이 적용된다면, 차별이 일어나지 않기에 적절한 조치이다.

07 ③

유형 언어 추리 – 법·규범

핵심 체크 원리 파악 및 사례 적용 문제이다. 갑의 진술 중 평소 행실에 관한 진술은 채택하지 않지만 다음은 허용한다.
(1) 평소 평판에만 한정, 과거 채택하지 않음
(2) 과거 허위 진술하여 처벌받은 사건 채택
(3) 다른 사람이 진실하지 못하다고 진술 또는 증인이 과거 재판에서 허위 진술로 처벌받은 적 있는 경우 진실성에 대한 증거로 채택

해설 ㉠ (X) 갑돌이의 평소 행실에 관한 진술이므로 채택하지 않는다.
㉡ (X) 과거에 특정한 행위를 한 적이 있다는 진술(첫째)로 채택하지 않는다.
㉢ (O) 과거 증인이 재판에서 허위 진술로 처벌받은 사실로 둘째 요건에 해당한다.
㉣ (O) 셋째 조건에 의해, '증인 을돌이가 예전에 재판에서 허위진술을 하여 처벌을 받은 적이 있다.'고 진술한 때에 '증인 을돌이가 진실하다.'고 진술하였으므로 채택된다.

08 ②

유형 언어 추리 – 법·규범

핵심 체크 원리를 파악하여 수리적인 사례에 적용하는 문제이다. 임대수익은 총 120억 원(45 + 23 + 24 + 28)이며 비용은 90억 원(개발비용 48 + 영업비용 42)이므로 특허임대수익은 30억 원이다. 이 중 X의 기여도가 1/3이므로 (2)에 의해 X가 청구 가능한 특허임대수익은 10억 원의 5~10%에 해당하는 금액인 5천만 원~1억 원이 된다.

해설 ① (X) 5천만 원에서 1억 원에 해당되므로 옳지 못하다.
② (O) 최대 1억 원이 가능하다.
③ (X) 120억 원에서 비용 90억 원을 빼고 이 중 1/3이 X의 기여도이므로 최대 1억 원이다.
④ (X) X의 기여도를 고려할 때 특허임대수익 30억 원 중 X가 기여한 정도의 수익은 10억 원이다.
⑤ (X) 규정에서는 예상되는 수익도 포함하여 계산해야 한다.

09 ④

유형 언어 추리 – 법·규범

핵심 체크 규정 파악 및 사례 적용 문제이다. 규정이 대상임을 확인하고 적용해야 한다.

해설 ① (X) 셋째 규정에 의해 합병한 단체의 재직하고 있는 의원수가 의원정수이기에 A 10명, B 8명으로 총 18명이다.
② (X) 첫째 규정에 의해 새로운 지방의회의원의 자격을 취득하기에 B구 의회 소속이 된다.
③ (X) 둘째 규정에 의해 기존 의원은 자신이 속할 지방의회를 선택할 수 있다.
④ (O) 넷째 규정에 의해 b1구 2명과 선택 가능한 비례대표 2명 포함 최대 4명이 된다.

---

⑤ (X) 구역변경의 경우, 편입된 선거구 선출 의원은 해당 의회의 의원정수는 재직하고 있는 의원수로 한다. 그런데 합병과 분할의 경우, 지방의회의원은 그 잔임기간의 합병 또는 분할된 의원정수는 재직하고 있는 의원수로 한다. 따라서 합병과 분할의 경우 의원정수는 잔임기간 동안에만 적용되며, 잔임기간이 경과된 후 해당 지방의회 의원정수가 조정될 가능성이 있다.

10 ③

유형 평가 및 문제 해결 – 법·규범

핵심 체크 논쟁의 쟁점 및 근거를 통해 논지를 파악하는 문제이다. 검사와 변호인의 쟁점은 ㉠을 적용하여 문신형을 사회봉사로 대체할 것인지에 대한 것이다.

해설 ㄱ. (O) 증거나 알리바이 등 범죄 성립 여부와 관련된 사항에만 ㉠을 적용할 경우, 형법에는 ㉠이 적용되지 않기 때문에 검사의 견해는 강화된다.
ㄴ. (O) 범죄자에게 가장 유리한 것을 부과하기 때문에 범죄행위시점이 적용되어도 판사의 결론은 같을 것이다.
ㄷ. (X) 친족 간의 범죄라는 이유로 형벌을 1등급 높여도 훔친 행위는 국적박탈형이 되기에 ㉠의 대상이 된다. 따라서 검사와 판사의 결론은 모두 동일하게 유지될 것이다.

11 ③

유형 언어 추리 – 법·규범

핵심 체크 규정과 견해를 파악하고 적용하는 문제이다. 세 사람의 견해를 기준으로 하여 규정의 적용 여부를 파악한다.

해설 ㄱ. (O) 갑에 의하면 택시 안은 공개된 장소가 아니기 때문에 규정 (2)가 적용되지 않는다. 따라서 (3)을 지키면 되기에 옳은 진술이다.
ㄴ. (O) 을은 휴대전화 카메라는 CCTV라는 견해이다. 따라서 비공개된 장소이므로 (2)가 적용되지 않고 (3)만 준수하면 가능하다.
ㄷ. (X) 병은 블랙박스도 CCTV라는 견해이다. 하지만 비공개된 자동차 내부에 설치되었기에 (2)가 적용되지 않는다.

12 ③

유형 언어 추리 – 법·규범

핵심 체크 규정 파악 및 사례 적용 문제이다. 규정의 적용이 가능한 상황을 파악하여 판단한다.

해설 ㄱ. (O) (3)에 의해 주식 발행 금액이 10억 원 미만인 경우 신고서의 제출 의무가 면제된다.
ㄴ. (X) (2)에서 6개월 이후이기에 인원을 합산하지 않는다. 따라서 40인이므로 50인 이상이 아니기에 제출 의무가 발생하지 않는다.
ㄷ. (O) (2)에 의해 6개월 이내이기에 합산하여 50인 이상이 성립되며, 금액도 (4)에 의해 1년 이내 신고서를 제출하지 않은 금액을 합산하기 때문에 17억 원이 되어 제출 의무가 발생한다.

13 ①

난이도 ★☆☆☆☆

유형 언어 추리 – 법·규범

핵심 체크 규정 파악 및 사례 적용 문제이다. 규정의 적용 대상 및 예외적 상황을 판단한다.

해설 ㄱ. (O) 무인비행장치에 해당하나 군사목적이기 때문에 2와 4의 신고 와 승인은 없어도 된다. 비행시간도 3을 위배하지 않는다.
ㄴ. (X) 무인비행장치를 소유하였기에 2에 의해 신고해야 한다.
ㄴ. (O) 육군 항공대가 빌려서 사용하는 것으로 군사복석이기에 신고와 승인이 없어도 가능하다. 비행시간도 3을 위배하지 않는다.
ㄹ. (X) 3에 의해 야간에 비행하기 때문에 비행승인을 받아야 한다.

14 ⑤

난이도 ★★★☆☆

유형 언어 추리 – 법·규범

핵심 체크 규정을 파악하는 문제이다. 조항에 대해 파악하고 이로부터 함축 및 귀결을 파악한다.

해설 ㄱ. (O) 유효가 될 수 있는 경우에만 적용되는 것이 축소 해석이며 경미한 과실은 손해배상책임 면제에 해당될 것이다.
ㄴ. (O) 보험계약자의 지배와 관리가 불가능한데도 보험사의 책임이 면제될 경우 보험약관법 (2)를 위반하게 될 것이다.
ㄷ. (O) 약관의 효력을 유지하면서 축소 해석을 하는 것으로 규정 (1), (2)에 부합하는 약관조항을 만들지 않아도 되기에 옳은 추론이다.

15 ④

난이도 ★☆☆☆☆

유형 언어 추리 – 인문

핵심 체크 세 견해에 따른 사례 적용 문제이다. 세 견해는 다음과 같다.

구분	죽이는 것	죽게 내버려 두는 것
갑	사건 연쇄 시작	진행 막지 않음 / 장애물 제거
을	연쇄 시작 / 장애물 제거	진행 막지 않음
병	사건 연쇄 시작 / 장애물(타인) 제거	진행 막지 않음 / 장애물(자신) 제거

해설 ㄱ. (X) 갑, 을, 병 모두 사건 연쇄의 진행을 막지 않은 것이므로 '죽게 내버려 두는 것'에 해당한다.
ㄴ. (O) 장애물 제거에 해당되므로 갑은 '죽게 내버려 두는 것'이며, 을은 '죽이는 것'에 해당한다. 병은 다른 사람이 제공한 장애물을 제거하는 것으로 '죽이는 것'에 해당한다.
ㄷ. (O) 자신이 제공한 장애물을 제거하는 것이므로, 갑과 병은 '죽게 내버려 두는 것'이며 을은 '죽이는 것'에 해당한다.

16 ①

난이도 ★☆☆☆☆

유형 논쟁 및 반론 – 인문

핵심 체크 세 견해에 대한 논쟁 분석 문제이다. 수정 이후 인간이 되는 시점에 관한 세 견해를 파악하고 분석한다.

해설 ㄱ. (X) 갑은 출생만으로 인간 여부를 결정할 수 없다는 견해이다. 갑은 오히려 태아 발달 정도가 인간으로서의 지위와 관련이 있다고 전제하고 있다.

ㄴ. (O) 을은 의식과 감각 능력을 가진다면 인간이라는 입장이다. 따라서 의식이나 감각을 갖지 않는다면 인간으로서의 지위를 갖지 않는다고 판단할 것이다.
ㄷ. (X) 병은 의식과 감각을 어느 시점에 갖는지를 알 수 없다는 입장이다. 하지만 의식과 감각의 존재 여부가 인간인지의 여부와 무관하다고 주장하는 것은 아니다.

17 ①

난이도 ★☆☆☆☆

유형 평가 및 문제 해결 – 인문

핵심 체크 실험 결과에 따라 가설을 평가하는 문제이다. 가설 1은 직접 물리적인 해를 끼치는 행위를, 가설 2는 나쁘다는 도덕적 판단을 기준으로 객관적이라는 생각을 한다는 견해이다. 실험의 사례를 통해 이러한 가설의 강화 및 약화를 평가한다.

해설 ㄱ. (O) 가설 1은 다른 사람의 신체에 대한 물리적 해에 따라 객관적임을 판단한다는 주장이다. 그런데 갑은 신체에 대한 물리적 해인 반면, 을은 사물에 대한 물리적 해이다. 이때 비슷한 결과가 발생한다면 가설 1은 약화한다.
ㄴ. (X) 가설 2는 나쁘다는 도덕적 판단이 더 객관적이라는 주장이다. 갑은 나쁜 행위이며 병은 옳은 행위이다. 따라서 가설 2에 의하면 갑에 더 높은 점수를 부여할 것이다.
ㄷ. (X) 을과 병 모두 사람에 대한 물리적 해가 아니기 때문에 가설 1에 의하면 동일 점수가 부여되어야 한다. 그렇지 않기에 가설 1이 강화되지는 않는다. 한편 가설 2는 약화된다. 나쁜 행위보다 옳은 행위에 더 높은 점수가 부여되었기 때문이다.

18 ①

난이도 ★☆☆☆☆

유형 평가 및 문제 해결 – 인문

핵심 체크 윤리적 행위에 대한 두 가설을 파악하고 비교 평가하는 문제이다. 고난에 빠진 사람을 돕는 행동의 이유에 대해 가설 A는 공감으로 인한 이타적 욕구에 있다고 주장한다. 한편 가설 B는 사회적 비난을 피하기 위해 행동한다고 주장한다.

해설 ㄱ. (O) 공감하는 정도가 높아질수록 도울 가능성이 높아지는 것은 이타적 욕구가 강해지기 때문이라 볼 수 있다. 따라서 가설 A는 강화된다.
ㄴ. (X) 돕지 않는 것이 알려질 경우 사회적 비난이 있기에 행동을 한다는 가설 B는 약화된다. 그렇다는 것에 상관없이 행동 가능성에 차이가 없기 때문이다.
ㄷ. (X) 돕지 않는 것이 알려지지 않는다면 도울 가능성도 높아지지 않기에 가설 B는 강화된다.

19 ④

난이도 ★☆☆☆☆

유형 논쟁 및 반론 – 인문

핵심 체크 논쟁 분석 문제이다. 마음과 뇌의 동일론에 대한 A와 B의 반론 및 재반론을 파악한다.

해설 ㄱ. (X) A2는 한 가설이 어떤 사실을 잘 설명한다고 해서 그 가설이 참은 아니라는 견해이다. 따라서 마음과 뇌가 동일하다는 가설이 마음과 뇌 작용 사이의 상관관계를 설명한다는 것을 부정하는 것은 아니다.

ㄴ. (O) B2는 설명하지 못하는 현상이 있기에 천동설은 받아들이기 어렵다는 것을 주장한다. 따라서 설명하지 못하는 중요한 현상이 많은 가설을 거부한다는 것에 동의할 것이다.

ㄷ. (O) B3은 A3이 통증을 느낀다는 것은 알지만 뇌의 신경상태에 대해서는 모르기 때문에 가설이 옳지 않다는 주장을 반박하고 있다. 따라서 X에 대해 잘 알면서 Y에 대해 모른다면, X와 Y는 동일한 것일 수 없다는 가정을 반박하고 있다.

20 ④

난이도 ★☆☆☆☆

유형 논증 분석 - 인문

핵심 체크 논증의 구조를 파악하는 문제이다. 연쇄 및 복합논증에 대한 논증 다이어그램을 작성한다.

해설 논증의 전체적 틀에서 필자의 궁극적인 주장은 ⓐ이다. 필자의 논지는 행복을 추구하는 인간 성향이나 도덕적 감정 모두 보편적 윤리의 토대가 될 수 없다는 것이기 때문이다. 그리고 이러한 내용의 두 가지 요소를 바탕으로 논의가 이루어지고 있다.

(1) [주장] 행복을 추구하는 인간성향은 보편적 윤리의 토대가 될 수 없다.
위 주장을 뒷받침하는 내용은 ⓑ부터 ⓖ이다. ⓑ는 행복추구의 동기가 윤리적 당위의 근거가 될 수 없다는 내용이다. 이에 대한 근거로 세 가지 논의가 이루어지며, 이러한 논의의 근거도 나타난다. 이를 정리하면 다음과 같다.
[소결론] ⓑ 행복 추구의 동기가 윤리적 당위의 근거가 될 수 없다.
[전제] ⓒ 윤리적으로 살면 언제나 행복해진다는 것은 참이 아니다.
[전제] ⓔ 옳고 그름의 근거에 자기 행복의 원칙이 기여할 부분이 없다.
[전제] ⓕ 행복 추구의 동기가 도덕성과 윤리의 숭고함을 파괴한다.
그리고 ⓔ를 ⓓ가 뒷받침하며(전제 지시어 사용), ⓖ가 구체적인 내용으로 ⓕ를 뒷받침한다.

(2) [소결론] ⓗ 도덕적 감정은 도덕의 기초로 미흡하다.
[전제] ⓘ 개인적 차이가 있는 감정은 보편적 잣대가 될 수 없다.
따라서 가장 적절한 논증의 구조는 ④이다.

21 ②

난이도 ★★☆☆☆

유형 언어 추리 - 인문

핵심 체크 두 가지 견해에 대해 파악하고 적용하는 문제이다. 행복 총량 견해와 행복 평균 견해에 대한 파악 및 이들을 적용할 경우 나타나는 딜레마 상황을 파악한다.

해설 ㄱ. (X) 인구가 감소하면 행복의 총량은 감소한다. 하지만 그렇다고 해서 행복 평균이 증대하는 것은 아니다. 생활수준이 높은 지역 인구가 감소할 경우 평균은 감소할 수 있기 때문이다.

ㄴ. (O) 고통을 뺀 순행복 총량 극대화를 목표로 할 경우, 행복보다 고통이 더 큰 사람들이 무수히 많아지는 상황은 배제될 것이다. 그런 경우는 순행복 총량 극대화가 이루어지지 않기 때문이다.

ㄷ. (X) 행복 총량 견해를 선택할 경우 ㉠이 나타날 수 있다. 이에 해당하는 사람들로 이루어진 낙후 지역이 많아진 다음 행복 평균 견해를 선택한다면, 그 사람들의 출산율을 인위적으로 통제하는 상황인 ㉡이 더 심각하게 나타날 수도 있다.

22 ③

난이도 ★★★☆☆

유형 평가 및 문제 해결 - 인문

핵심 체크 대립하는 두 가설에 대해 평가하는 문제이다. A는 미적 취향에 있어 공통 감정이 있다는 주장이며, B는 미적 취향은 사회적 관계로 체화되며 자연 본성에 근거한 것이 아닌 가변적인 것이라는 주장이다.

해설 ㄱ. (O) A는 공통 감정이라는 보편적 기준을 인정하기에 ㉠을 거부한다.

ㄴ. (X) B는 미적 취향의 기준은 사회 지배층에 의해 생성되기에 피지배자들과의 차별성이 부각되는 과정에서 미적 취향의 기준이 생성된다고 주장한다. 따라서 B는 사회를 구성하는 모든 이의 미적 취향은 동등하게 인정받지 못한다고 전제한다. 그런데 이로부터 모든 이의 미적 취향을 동등하게 인정해야 한다는 것을 주장하는지는 알 수 없기에 옳지 않은 평가이다.

ㄷ. (O) 선택지는 A와 B가 모두 미적 취향이나 평가에 있어서 그 기준이 가변적일 수 있다는 주장과 양립 가능한지를 묻고 있다. A는 편견이나 선입견 때문에 나쁜 작품이 일정 기간 명성을 얻을 수 있으나, 이는 곧 인간의 올바른 공통 감정에 의해 그 평가가 가변적일 수 있다고 하였다. 즉 피카소가 위대한 예술가라고 지금은 평가받을지라도 만약 이것이 편견이나 선입견 때문에 그런 것이라면 이후 위대하지 못한 예술가라고 평가될 수 있다는 의미다. 그리고 B 또한 사회적 관계가 늘 변할 수 있듯이 미적 취향의 기준도 변화할 수 있다고 보았기에 A와 B는 모두 선택지의 주장과 양립할 수 있는 입장이다.

23 ④

난이도 ★☆☆☆☆

유형 평가 및 문제 해결 - 사회

핵심 체크 의회 의원 선거의 두 제도에 대한 비교 평가 문제이다. A제도는 단순다수제로 한 선거구에서 1명을 선출하며 군소정당에게 불리하다. 한편 B제도는 2명 이상을 선출하되, 정당 득표율에 따라 의석을 배분하는 방식으로 전략적 투표를 할 필요가 없다. ㉠과 사례를 통해 X국에서는 양당제의 A제도를, Y국에서는 다당제의 B제도가 적절함을 알 수 있다.

해설 ㄱ. (O) 한 선거구에서 1명의 당선자를 선출하므로 이는 양당제의 A제도에 해당한다.

ㄴ. (X) Y국 선거제도가 한 선거구에서 1명을 초과하는 당선자를 선출할 경우 다당제의 B제도를 강화한다.

ㄷ. (O) 단순다수제인 A제도에 해당하므로 약화한다. ㉠에 의하면, Y국의 선거제도가 단순다수제라면 지문에 의해 전략적 투표를 할 것이기에 결과적으로 8개의 정당이 의석을 점유할 수 없기 때문이다.

ㄹ. (O) X국에서는 양당 체제, Y국이 다당 체제임을 알 수 있다. 전략적 투표는 양당 체제에서 나타나기 때문에 Y국보다 X국에서 많이 일어난다면, ㉠의 주장을 강화한다.

24 ⑤

난이도 ★★☆☆☆

유형 논증 분석 - 사회

핵심 체크 세 견해에 대해 비교 분석하는 문제이다. A는 자신이 사회화한 문화의 가치와 규범에 따라 행동한다는 견해이다. B는 범죄의 원인은 사회 유대의 결여 내지는 약화라는 입장이며, C는 사회의 불평등에 의해 범죄가 일어난다는 주장이다.

해설 ① (X) A에서 인간 본성에 대한 직접적인 가정은 나타나지 않으며, C에서는 인간이 사회의 공통 규범을 따르며 사회가 규정하는 가치를 추구하려는 본성을 지닌다고 가정한다.

② (X) B뿐 아니라, C도 공통 규범의 내면화를 가정한다.

③ (X) B는 규범의 내면화를 통해 사회화를 하는데, 개인의 정도 차이가 발생한다. 즉 개인이 갖는 내적 사회화 정도가 약할 경우 범죄가 나타날 수 있다는 견해이다. 따라서 외부적 동기나 압력을 중시한다고 보기 어렵다. 한편 A는 범죄와 관련된 것을 학습하면서 범죄가 나타나기 때문에 외부적 동기나 압력이 관여하게 된다는 입장이다. 또한 C도 사회 불평등 구조라는 외부적 동기나 압력에 의해 범죄를 저지르게 된다고 지적한다.

④ (X) B뿐 아니라, A도 개인에 따라 학습된 정도에 의해 규범의 내면화에 차이가 나타난다고 볼 수 있다.

⑤ (O) A는 주류 사회가 받아들이는 것과 받아들이지 않는 문화의 갈등을 가정하지만, B는 사회의 공통 규범을 공유한다고 주장하기에 그러한 갈등을 가정하지 않는다.

25 ⑤

난이도 ★★★☆☆

유형 논쟁 및 반론 – 사회

핵심체크 반론 설정 문제이다. 지문에서 필자는 선천적으로 주어진 생물학적 특성과 자질은 인간 생활에 있어서 빈 그릇과 같으며, 인간은 사회문화적 환경에 의해 조직화된다고 주장한다.

해설 ㄱ. (O) 동일한 사회문화적 환경에서도 다양한 형태의 조직화가 나타난다는 것은 주장에 대한 반론이 된다. 필자에 의하면, 동일한 사회문화적 환경이라면 동일한 조직화가 이루어져야 하기 때문이다.

ㄴ. (O) 필자는 선천적으로 주어진 생물학적 특성과 외부 환경인 사회문화적 요인은 다르다는 점을 전제로 하고 있다. 그런데 이들이 서로 배타적이지 않고 생물학적 요인을 배제할 때에 오류가 나타난다고 말하고 있으므로 반론이 된다.

ㄷ. (O) 서로 다른 사회문화적 환경에서 자랐지만 동일한 특성을 갖는 사례는 주장에 대한 반론이 된다. 서로 다른 환경이라면 그에 따라 형성되는 인간 정신의 조직화도 달라야 하기 때문이다.

26 ④

난이도 ★★★★★

유형 수리 추리 – 사회

핵심체크 온실가스 배출권 거래에 따른 수리적 추리 문제이다.
A의 경우 단위 감축 비용은 2에서 시작하여 2씩 증가한다. 그래서 3단위를 감축할 경우, 2, 4, 6이 들게 된다.(총합 12) 반면 B는 4로부터 시작하여 4씩 증가하기에 4, 8, 12가 들게 된다.(총합 24)
이때 A의 입장에서 한 단위 더 감축을 할 경우 감축비용은 8이 되므로, 8보다 높은 가격으로 배출권을 팔 수 있다. 한편 B는 자신이 3단위를 감축하는 비용이 12이므로 이보다 적은 금액이면 배출권 한 단위를 팔 수 있다. 따라서 배출권 한 단위는 8보다 크고 12보다 작은 금액인 경우 거래할 수 있다.

해설 ① (O) 최종 단위 감축 비용은 A는 2씩 늘어나므로 6이며, B는 4씩 증가하므로 12가 된다.

② (O) 배출권 거래 가격이 10이면, A는 최종 단위 8보다 높기에 팔 수 있고, B는 12보다 가격이 낮기 때문에 사는 것이 이득이다. 따라서 거래가 성립할 수 있다.

③ (O) 최종 1단위 거래 후 A가 배출권을 팔기 위해서는 그다음 단위인 5단위 감축 비용이 10이므로 10보다 큰 금액이 제안되어야 한다. 그런데 B는 거래 후 남아있는 2단위 중 최종 단위의 비용은 8이므로 8보다 작은 금액일 경우 배출권 한 단위를 살 수 있다. 따라서 배출권은 1단위만 거래될 것이다.

④ (X) 거래 종료 후 A는 4단위 비용 20, B는 2단위 비용 12가 감축 비용이 된다. 따라서 A와 B의 총 감축 비용의 합은 32가 된다.

⑤ (O) 결과적으로 A는 거래를 통해 한 단위의 배출권을 B에게 팔았기 때문에 총 4단위를 감축해야 하며 총 20의 비용이 든다. 한편 B는 배출권을 한 단위 사기 때문에 감축량은 2단위이며 12의 비용이 든다. 온실가스 배출량 한 단위를 감축하는 비용은 감축량에 정비례하기 때문에 A가 20, B가 12이므로 단위당 감축 비용이 더 낮은 기업인 A가 더 많이 감축하게 된다.

27 ①

난이도 ★★☆☆☆

유형 평가 및 문제 해결 – 사회

핵심체크 논쟁 분석 및 평가 문제이다. 법정 최고 금리 인하에 대한 논쟁을 분석하고 새로운 사실 정보로부터 각각의 입장을 평가한다.

해설 ㄱ. (O) B1은 인하할 경우 기존에는 대출을 받았지만 이후 받을 수 없는 사람이 늘어날 것이라고 주장한다. 그러나 A2는 대출 규모가 커지기 때문에 더 많은 사람들이 대출 혜택을 받을 수 있다고 반박한다. 그런데 대출 규모가 커졌지만 이후 받을 수 없는 사람의 수가 증가하였다는 데이터는 이러한 A2의 견해를 약화하게 된다.

ㄴ. (X) B2는 대출 규모가 확대되더라도 35%일 때 대출을 받을 수 없던 사람들이 대출을 받게 되지는 않을 것이라 예측한다. 이는 정책 시행 전부터 35% 초과 금리에서 대출을 받을 수 있는 사람들은 정책이 시행되더라도 여전히 대출을 받지 못한다는 것을 의미한다. 그런데 그 시기에도 35% 초과 대상자가 거의 없었다는 데이터는 B2의 주장을 강화하지 않는다.

ㄷ. (X) B3은 A3의 주장처럼 장점이 나타난다고 해도 그로 인해 발생하는 단점도 있다는 것을 지적하고 있다. 따라서 A3이 주장한 장점을 B3도 일부 인정하고 있다.

28 ④

난이도 ★★☆☆☆

유형 언어 추리 – 사회

핵심체크 원리를 파악하고 그래프를 분석하는 문제이다. 인구와 소득은 한계소득 체감 법칙을 따라 움직인다. 이를 그래프로 나타낼 수 있으며, 이를 토대로 M과 K의 견해를 파악한다.

해설 ㄱ. (X) M의 덫은 생존선과 소득곡선의 교차 지점을 중심으로 인구가 주기적으로 늘거나 주는 움직임을 의미한다. 그런데 소득을 인구로 나눈 1인당 소득은 인구가 증가할수록 감소하고 인구가 감소할 때는 1인당 소득이 증가하는 음(-)의 상관관계가 나타날 것이므로 옳지 않다.

ㄴ. (O) 한계소득체감 법칙에 의하면, 다른 요소가 일정할 때 해당 요소가 증가할수록 소득이 증가하지만 소득의 증가 정도는 점점 줄어든다. 이는 자본 1단위가 추가될수록 나타나는 소득 증가분이 점점 줄어든다는 것을 의미한다. 따라서 다른 요소가 일정할 때 자본이 축적될수록 추가되는 자본단위당 소득곡선은 위로 이동하는 정도가 점점 줄어들 것이다.

ㄷ. (O) 근대적 경제성장은 인구와 소득이 함께 늘어날 수 있는데, 자본이 축적되면 소득곡선이 위로 이동하는 것으로 설명할 수 있다. 따라서 인구의 증가만으로 근대적 경제성장을 이룰 수 없을 것이다.

29 ③

유형 형식적 추리 – 논리학·수학

핵심 체크 조건으로부터 연역적 추리를 하는 문제이다. 주어진 사실을 정리하면 다음과 같다.

Wxy = x는 y를 감시한다.

(1) 모든 A는 어떤 B를 감시한다. ($\forall$a)($\exists$b)Wab

(2) 모든 B는 C 중 어떤 한 사람을 감시한다. ($\forall$b)Wbc

(3) 어떤 C는 모든 A를 감시한다. ($\exists$c)($\forall$a)Wca

→ W갑을, W을병 ⊢ W갑병

해설 ㄱ. (O) 모든 A는 어떤 B를 감시하는데, 모든 B는 C 중 어느 한 사람을 감시한다. 따라서 모든 A는 C 중 한 사람을 감시한다.

→ ($\forall$a)($\exists$c)Wac: (1)과 (2)에 의해 성립한다.

ㄴ. (X) 모든 B는 C 중 한 사람을 감시하는데, 어떤 C는 모든 A를 감시한다. 하지만 모든 B가 감시하는 C 중 한 사람이 (3)의 어떤 C와 동일인임을 알 수 없다.

→ ($\exists$b)($\forall$a)Wba: (2)에서의 특정한 c가 (3)에서의 어떤 c가 아닐 수 있으므로 옳은 추론이 아니다.

ㄷ. (O) 어떤 C는 모든 A를 감시하고, 모든 A는 어떤 B를 감시하기 때문에 어떤 C는 어떤 B를 감시한다.

→ ($\exists$c)($\exists$b)Wcb: (3)과 (1)에 의해 참이다.

30 ⑤

유형 논리 게임 – 논리학·수학

핵심 체크 속성 매칭시키기 문제이다. 총 10개 숫자 중 6개의 숫자를 한 번씩 사용한 비밀번호를 찾아야 한다. 정보를 정리하면 다음과 같다.

(1) 4와 인접한 숫자 중 두 개 사용: 1, 5, 7 중 2개

(2) 6이 사용되었다면 9도 사용됨

= 9가 사용되지 않았다면 6도 사용되지 않았음(대우)

(3) 8과 인접한 숫자 중 한 개 사용: 0, 5, 7, 9 중 1개

(3)에서 5와 7 중 하나만 사용할 수 있다. 따라서 (1)에서 사용된 2개는 (1, 5) 또는 (1, 7)임을 알 수 있다. 이를 토대로 템플릿을 구성할 수 있다.

[1] (1, 5) 사용

(1)에서 7이 사용되지 않았고, (3)에서 5가 사용되므로 0, 9도 사용되지 않았다. (2)에서 9가 사용되지 않으면 6도 사용되지 않았다. 결국 사용되지 않은 수는 (0, 6, 7, 9)이며, 사용된 숫자는 (1, 2, 3, 4, 5, 8)이다.

[2] (1, 7) 사용

(1)에서 5가 사용되지 않았고, (3)에서 0, 9도 사용되지 않았다. (2)에서 9가 사용되지 않았으므로 6도 사용되지 않았다. 따라서 결국 사용되지 않은 수는 (0, 5, 6, 9)이며, 사용된 숫자는 (1, 2, 3, 4, 7, 8)이다.

해설 ㄱ. (O) 두 경우 모두 8이 사용되었다.

ㄴ. (O) 모든 경우에 2와 3이 사용되었다.

ㄷ. (O) 모든 경우에 5, 6, 7 중 한 개만 사용되었다.

31 ⑤

유형 논리 게임 – 논리학·수학

핵심 체크 수학적 퍼즐(승패게임) 문제이다. 각각의 진술이 참임을 가정하여 승패를 파악하면 다음과 같다.

(1) 갑: A (2승 1패) 결승전에 진출하여 패하였고 준우승하였다.

(2) 을: E (1승 1패) 준결승에서 패하였다.

(3) 병: C는 B와 준결승에서 대결하였고, B가 이겨 결승에 진출했다. C는 1승 1패, B는 2승이다.

(4) 정: H 우승(3승)

위 진술들이 모두 참일 경우 결승에 오른 팀이 A, B, H가 되어 갑, 병, 정 중 한 사람은 거짓말을 한 것이다. 따라서 을은 참이다.

[1] 갑 거짓, 나머지 참

준결승에 E와 H가, B와 C가 대결을 하였고, 나머지 A, D, F, G가 첫 게임에서 패하였다. 준결승에서 B가 C를 이기고 H가 E를 이겼다. 결승에 B와 H가 진출하여 H가 우승하였다.

[2] 병 거짓

준결승에 A, E, H가 올랐고 결승에서 A와 H가 대결하여 H가 우승하였다.

[3] 정 거짓

준결승에 A와 E가 대결하고 B와 C가 대결을 하였다. 따라서 나머지 D, F, G, H는 첫 게임에서 패하였다. A와 B가 결승에 진출했고, B가 우승하였다.

해설 ㄱ. (O) 갑, 병, 정 중 한 사람이 거짓말을 했으며 을은 참이다.

ㄴ. (O) 갑이 거짓이면, 준결승에 E와 H가 대결을 하였고(을과 정의 진술), C와 B가 준결승에서 대결을 한 것이다.(병) 따라서 H는 준결승에서 E에게 이겼다는 것을 알 수 있다.

ㄷ. (O) 을은 참이므로 E가 준결승에 오른 팀이다. 그런데 병이 참이면 B와 C가 준결승에 올랐고, 갑이 참이면 A도 준결승에 올랐다. 이 경우 H는 준결승에 오를 수 없다. 8개팀에서 4개팀이 준결승에 오르기 때문이다. 그렇다면 H는 처음 게임에서 패하였기 때문에 승리할 수 없다. 따라서 H가 1승이라도 했다면 갑이나 병이 거짓말을 한 것임을 알 수 있다.

32 ③

유형 논리 게임 – 논리학·수학

핵심 체크 연결하기 문제이다. 주어진 정보를 표를 통해 정리하면 다음과 같다.

구분	A	B	C	D	E	F	G
A(3)		X	X	O	O	X	O
B(4)	X		O	X	O	O	O
C(3)	X	O		X	X	O	O
D(1)	O	X	X		X	X	X
E(2)	O	O	X	X		X	X
F(3)	X	O	O	X	X		O
G(4)	O	O	O	X	X	O	

해설 ㄱ. (O) A와 F는 직접 연결되어 있지 않다.

ㄴ. (X) C와 연결된 사람은 B, F, G이며, D와 연결된 사람은 A뿐이다.

ㄷ. (O) 팀 구성원 각자가 나머지 모두와 직접 연결되어야 하므로, 가능한 최대 인원은 B, C, F, G 네 명이다.

33 ②

유형 평가 및 문제 해결 – 과학기술

핵심 체크 논쟁 분석 및 평가 문제이다. A는 '데이터 요리'에 의한 부정행위라 비판하나 B는 조건들의 최적화되지 않는 상태에서의 데이터로 버린 것이라 주장하고 있다.

해설 ㄱ. (X) 전하량 계산 등의 추가적인 분석이 이루어지지 않았기에 A와 같이 부정행위라 판단할 수 없다.

ㄴ. (X) 모든 데이터와 논문에 사용된 데이터에 계산 치이가 많이 이루어졌다면 A의 견해처럼 선별적인 데이터 요리가 있었을 가능성이 있다. 따라서 A는 강화된다.

ㄷ. (O) 실험 조건에 충족되지 못한 즉, 최적으로 맞춰지지 않은 상태에서의 데이터라는 사실은 B의 견해를 강화한다.

34 ③

유형 논쟁 및 반론 – 과학기술

핵심 체크 세 가지 견해에 대한 비교 분석 문제이다.
(가) 저탄수화물 식단이 저지방 식단보다 체중 감량 효과가 뛰어나다.
(나) 체중이 감소한 것은 섭취 칼로리가 적었기 때문이다. 저탄수화물 식단이 식욕을 억제함으로써 음식 섭취량이 줄었던 것이다.
(다) 저탄수화물 식단에 식욕 억제 효과가 있다 해도 그 효과가 나타나는 기간은 제한적이다.

해설 ㄱ. (O) (가)는 체중 감량 효과가 뛰어나다고 주장하며, (나)와 (다)는 식욕 억제 효과가 있어 체중이 감소한다는 것을 인정한다.

ㄴ. (X) W연구팀의 첫 6개월간의 조사 결과에 대해서는 (다)도 인정한다. 다만 12개월에 걸친 추적 결과가 이와 다르다는 것이다.

ㄷ. (O) (나)는 칼로리 섭취량의 감소가 체중 감량의 원인이라는 주장이다. 그런데 저탄수화물 식단과 저지방 식단의 총 칼로리 섭취량 감소가 동일하다면, 저탄수화물 식단의 체중 감량 효과가 칼로리 섭취량 감소에 의한 체중 감량보다 더 뛰어나다고 말할 수 있다. 따라서 이는 (나)의 (가)에 대한 비판을 약화한다.

35 ⑤

유형 언어 추리 – 논리학·수학

핵심 체크 논리적 함축관계를 파악하고 적용하는 문제이다. 가설과 증거 사이의 '증거-대칭성'은 증거 E가 가설 H를 강화하는 정도와 증거 E의 부정이 가설 H를 약화하는 정도는 같다는 원리이다.
(1) 증거 E가 가설 H를 논리적으로 함축하면 증거 E는 가설 H를 최대로 강화한다.
(2) 증거 E가 가설 H의 부정을 논리적으로 함축하면 증거 E는 가설 H를 최대로 약화한다.
(3) 증거 E가 가설 H를 최대로 강화하고 E의 부정이 H를 최대로 약화하면, E가 H를 강화하는 정도와 E의 부정이 H를 약화하는 정도는 같다.

해설 ㄱ. (O) 갑, 을, 병 세 사람 중 한 사람만 범인이므로 갑이 범인이라는 증거는 '을이 범인이 아니다'라는 가설을 논리적으로 함축하기 때문에 최대로 강화한다.(1) 하지만 '갑이 범인이 아니다'라는 증거는 '을이 범인이 아니다'라는 가설을 최대로 강화하지 않는다. '갑이 범인이 아니다'라는 증거는 '을이 범인이 아니다'라는 진술을 논리적으로 함축하지 않기 때문이다.

ㄴ. (O) 병이 범인이 아닐 때, '갑이 범인이다'라는 증거는 '을이 범인이다'라는 진술을 최대로 약화한다. 왜냐하면 '갑이 범인이다'라는 증거는 '을이 범인이디'라는 진술의 부정을 논리적으로 함축하기 때문이다. 그리고 '갑이 범인이 아니다'라는 증거는 '을이 범인이다'라는 진술을 논리적으로 함축하기 때문에 즉, '을이 범인이 아니다'라는 진술의 부정을 논리적으로 함축하기 때문에 최대로 약화한다. (2)

ㄷ. (O) 병이 범인이 아니라는 진술이 추가될 경우, 범인은 갑과 을 둘 중 한 명이다. 이때 '갑이 범인이다'라는 증거는 '을이 범인이 아니다'라는 것을 최대로 강화하고, '갑이 범인이다'를 부정하는 진술 즉, '갑이 범인이 아니다'라는 진술은 '을이 범인이 아니다'라는 진술을 최대로 약화한다. 따라서 이들은 증거-대칭성이 성립한다.

36 ②

유형 언어 추리 – 과학기술

핵심 체크 원인 추정 조건을 파악하고 적용하는 문제이다. 원인 추정은 두 조건에 의해 추정할 수 있다.
• 조건 1: Y를 앓는 모든 환자는 X의 보균자(Y → X)
• 조건 2: X의 보균자가 되면 모두 그 때 반드시 Y가 발병(X → Y)
결국 X는 Y의 필요충분조건이 된다.

해설 ㄱ. (X) D → (α&β), (α&β) → D: D를 앓는 모든 환자는 조건 1에 의해 α와 β의 보균자가 된다. 그러나 α의 보균자라고 해서 반드시 D가 발생하는 것은 아니며, β의 보균자라고 해서 반드시 D가 발생한다고 할 수도 없다.

(1) 내용적으로는 D를 앓는 모든 환자에게서 알파나 베타 중 적어도 하나는 검출된다는 것으로 이는 D를 앓는 환자 중 일부는 알파, 일부는 베타를 보균하고 있다는 것도 의미하기에, D를 앓는 모든 환자는 알파를 보균하거나 D를 앓는 모든 환자는 베타를 보균한다고 추론할 수 없기 때문에 타당하지 않은 진술이다.

(2) 기호화를 통해 파악하면 다음과 같다.
• 전건: (∀x)(Dx → (αx∨βx))
• 후건: (∀x)(Dx → αx)∨(∀y)(Dy → βy)
그러나 전건으로부터 후건을 도출할 수 없다.

ㄴ. (O) D → ~(α&β) = D → (~α∨~β): D를 앓는 환자에게서는 최대 둘 중 하나만 조건을 만족할 수 있다.

ㄷ. (X) D → (α∨β): D를 앓는 환자들은 둘 중 적어도 하나가 검출될 뿐이다. 이에 따라 D를 앓는 환자 중에 어느 하나의 보균자만 가지는 사람이 있을 수 있다. 따라서 D를 앓는다고 해서 α 보균자라고 확정할 수 없으며, D를 앓는다고 해서 β 보균자로 확실하게 말할 수도 없다.

37 ④

유형 언어 추리 – 과학기술

핵심 체크 실험 결과 매칭 및 메커니즘 파악 문제이다.

(1) 영양소를 분해할 때 생긴 전자는 산소에 전달되어 물이 된다. 따라서 전자전달계가 활성화되면 산소소모량이 증가한다.

(2) 이렇게 전자전달을 통해 수소이온은 미토콘드리아 내막 바깥으로 투과되어 전위차가 발생한다.

(3) 수소이온은 ATP 합성효소를 통과하여 내막 안쪽으로 다시 들어와 전위차가 해소되고 ATP를 합성한다. 결국 전자전달이 일어나지 않으면 ATP도 합성되지 못하고, ATP 합성이 억제되면 전자전달도 중지된다. X는 전자전달계를 억제하며 Y는 ATP 합성을 억제한다. 한편 Z는 전위차를 해소한다.

해설 ㄱ. (X) X는 전자전달을 억제하므로 전위차가 형성되지 않아 ATP 합성도 일어날 수 없다.

ㄴ. (O) Y는 ATP 합성을 억제하여 전자전달을 중지한다. 따라서 산소 소모량도 감소한다.

ㄷ. (O) Y를 처리한 경우 ATP 합성을 억제한다. 그러나 Z는 전위차를 해소할 수 있기 때문에 지속적인 전자전달과 산소 소모가 이루어지게 한다. 이에 따라 산소 소모량은 증가하게 된다.

38 ③

유형 언어 추리 – 과학기술

핵심 체크 메커니즘 및 기능을 파악하는 문제이다.

(1) B형 간염 바이러스: 바이러스 DNA + 단백질(항원으로 작용)

(2) HBs: 1~10주 이내 나타남, 4~6개월 후 사라짐

(3) 만성 B형 간염: 증상이 6개월 후 지속 + HBs 항원 양성

(4) B형 간염 보유자: HBs 항원 양성 + not 증상

(5) HBs 항원 소실되면서 HBs 항체 양성되어 방어 항체로 기능

(6) HBc: M형(활발한 시기), G형(평생 지속)

(7) 백신: HBs 항원만 분리하여 HBs 항체 생성

해설 ㄱ. (O) B형 백신은 HBs 항원만 분리하여 항체를 생성한 것으로 HBc 항체가 음성이며 HBs 항체는 양성이 된다.

ㄴ. (O) G형 항체는 평생 지속하는 것으로 HBs와 함께 나타나는 것은 과거 간염 바이러스에 감염된 사람이기 때문이다.

ㄷ. (X) 만성 B형 환자와 B형 간염 보유자의 차이는 간의 염증 등 다른 증상이 나타나지 않는 점이 다를 뿐, 바이러스 DNA가 있고 없음의 차이가 나지는 않는다.

39 ④

핵심 체크 가설은 초파리의 장세포가 분비하는 활성산소는 병독균의 성장을 저해한다는 것이다. 따라서 활성산소가 분비될 경우 초파리가 생존하는지를 파악해야 한다. 실험에서 물질 X에 의해 활성산소가 분비되고 초파리는 건강하게 생존한다는 것을 알 수 있다.

• 세균 A: 활성산소를 분비하지 않지만 초파리는 건강하게 생존한다. 따라서 A는 병독균이 아니다.

• 세균 B: 적정량 활성산소가 분비되고 초파리가 건강하게 생존한다. 따라서 B는 유익균에 해당한다.

• 세균 C: 활성산소가 분비되지 않고 초파리를 죽게 만드는 병독균에 해당한다.

• 세균 D: 물질 X가 다량 분비되어 염증을 일으킨다.

• 세균 A + C: A는 병독균이 아니지만 C가 병독균이다. 그리고 둘 다 활성산소가 분비되지 않아 초파리를 죽게 만든다.

• 세균 B + C: 병독균 C가 있지만 유익균 B에 의해 적정량 활성산소가 분비되어 초파리가 건강하게 생존한다.

해설 ㄱ. (X) A + B: 병독균의 성상 서해에 내해서는 확인할 수 없다.

ㄴ. (O) 병독균 C 투입 시 활성산소의 분비가 되지 않아서 죽음에 이를 수 있지만, 물질 X로부터 활성산소가 분비되어 초파리는 건강하게 생존한다. 따라서 활성산소가 병독균을 저해한다는 가설이 강화된다.

ㄷ. (O) C가 투입되면서 동시에 D도 투입된 것으로, 주입 시 활성산소가 다량 분비되어 염증이 일어난 증세가 그대로 나타난다. 하지만 병독균의 성장은 저해되어 나타나지 않음을 확인할 수 있다.

40 ⑤

유형 언어 추리 – 과학기술

핵심 체크 메커니즘 파악 및 적용 문제이다. 철이 부족할 경우 B가 생산되며 전사인자 T는 결합하고, 철이 많을 경우 A가 생산되며 전사인자 T는 결합하지 않는다. 이 두 기준을 토대로 세 단계의 메커니즘을 확인해야 한다.

해설 ㄱ. (O) 단백질 A는 철이 부족할 경우 생산된다. 철이 부족할 경우 전사인자 T는 결합하지 않는다. (가)의 ⓐ를 거칠 경우 T는 DNA와 결합하지 않는다. (나)에서 RNA C는 생산되지 않으며, (다)에서 RNA C가 없으면 생산되기에 ⓓ를 거칠 것이다.

ㄴ. (O) 단백질 B는 철이 많으면 생산된다. 철이 많을 경우 전사인자 T는 결합한다. (가)의 ⓐ를 거칠 경우 DNA와 결합하며, (나)에서 RNA C를 생산한다. (다)에서 RNA C가 있으면 생산되기에 ⓒ를 거칠 것이다.

ㄷ. (O) T를 만드는 유전자를 제거할 경우 철이 많아도 철과 결합할 T가 존재하지 않는다. 이 경우 (나)에 의해 RNA C가 생산되지 않는다. B는 철이 많으면 생산되는데, (다) ⓒ에 의하면 RNA C가 없기에 B는 생산되지 않는다.

2018학년도 기출문제 정답 및 해설

인지 활동 유형 / 추리의 내용 영역	추리			논증			인지 활동 유형 / 논증의 내용 영역
	언어 추리	모형 추리		논증 분석	논쟁 및 반론	평가 및 문제 해결	
		형식	논리 게임				
논리학·수학	15, 19, 30, 31	26	25, 27, 28	17			논리학·수학
인문	10, 13, 14				12, 16, 18	11	인문
사회	21, 22, 23					20	사회
과학기술	29, 35			24		32, 33, 34	과학기술
법·규범	2, 3, 4, 5, 6, 7, 8, 9					1	법·규범

정답

p.126

01	02	03	04	05	06	07	08	09	10
⑤	②	⑤	①	①	④	①	④	④	②
11	**12**	**13**	**14**	**15**	**16**	**17**	**18**	**19**	**20**
①	⑤	③	①	③	④	③	⑤	②	④
21	**22**	**23**	**24**	**25**	**26**	**27**	**28**	**29**	**30**
①	⑤	④	④	②	⑤	③	⑤	②	②
31	**32**	**33**	**34**	**35**					
③	③	③	②	③					

해설

01 ⑤
난이도 ★☆☆☆☆

2023 2022 2021 2020 2019 2018 2017 2016 2015 2014 2013

유형 평가 및 문제 해결 - 법·규범

핵심 체크 세 견해에 대한 파악 및 평가하는 문제이다. 지문에서는 행정상 법률유보의 대상과 범위에 관한 논쟁을 보여준다. 법으로 정하지 않은 행정 영역에 대한 원칙의 적용에 대한 세 가지 견해를 분석하고 이를 토대로 보기에서 제시된 조건들을 평가한다.

해설 ㄱ. (O) A는 기본적 권리를 제한하고 침해할 때에는 법적 근거가 있어야 하지만 이익이 되는 행정은 근거 없이 시행할 수 있다는 견해이다. 따라서 집회의 자유권은 국민의 기본적 권리에 해당하므로 시위 진압행위는 법적 근거가 사전에 필요하다.

ㄴ. (O) B에 의하면, 모든 행정 영역에 있어서 법적 근거가 있어야 행정작용이 이루어질 수 있기에, 법에 규정되지 않은 구호품 지급은 할 수 없다.

ㄷ. (O) C에 의하면 개인과 공공에 영향을 미치는 중요한 행정의 영역은 사전에 법으로 정해져 있어야 한다. 따라서 무상급식이 공공에 영향을 미치는 중요한 사항일 경우 사전에 법적 근거가 있어야 한다.

02 ②
난이도 ★★★☆☆

유형 언어 추리 - 법·규범

핵심 체크 규정을 파악하여 사례에 적용하는 문제이다. 정당의 합당이 이루어질 수 있는 조건 및 시점, 그리고 기간을 확인하고 사례를 이에 적용한다.

해설 ㄱ. (X) 제1조 3항에서 정당의 합당이 성립한 경우 소속 시·도당도 합당한 것으로 보고 있다. 따라서 합당이 성립하기 위해서 합당등록신청 이외의 소속 시·도 합당이 전제되어야 하는 것은 아니다.

ㄴ. (X) 제2조 1항에 의해 합동회의의 결의가 있는 날로부터 14일 이내에 합당등록신청을 해야 하며, 제1조 3항에 의해 합당등록신청일로부터 3개월 이내에 변경등록신청을 해야 한다. 그런데 〈사례〉에서는 합당등록신청일이 확정되지 않아서 정확한 기간만료일을 알 수 없다.

ㄷ. (O) 제2조 2항에 의해, 합당등록신청일로부터 120일 이내에 보완해야 한다. 그런데 합당등록신청일이 5월 10일인데, 9월 7일은 이 날 이후 120일이 되는 날이므로 이때까지 보완하지 않으면 등록이 취소될 수 있다.

03 ⑤
난이도 ★☆☆☆☆

유형 언어 추리 - 법·규범

핵심 체크 규정에 대한 법적 요건 및 세 가지 견해 간의 관계를 적용하는 추리 능력을 측정하는 문제이다. 규정 A와 B의 관계에 대한 세 가지 견해를 통해 타인의 문서를 파괴한 경우 적용되는 규정을 확인해야 한다.

구분	물건 효용 해함	B 규정 적용
갑	파손 + 은닉	문서 숨기는 행위
을	파손 + 은닉	문서 효용 행하는 행위
병	파손	문서 숨기는 행위

해설 ㄱ. (O) 갑에 의하면, A 규정의 효용을 해하는 것은 물건의 파손, 숨김 모두 해당한다. B는 이를 가볍게 벌하는 규정으로 타인의 문서를 숨긴 경우 B가 적용된다. 따라서 타인의 문서를 파손하는 경우는 A가 적용된다.

ㄴ. (O) 을에 의하면 B는 물건 중에서 문서의 효용을 해하는 행위를 가볍게 처벌하는 것이며, 이때 효용을 해하는 행위에는 파손과 숨김 모두 해당된다. 따라서 문서를 파손한 경우에도 B가 적용된다.

ㄷ. (O) 병은 효용을 해하는 것에 파손만을 포함한다고 말하고 있다. 따라서 병에 따르면 문서를 파손한 경우 A가 적용된다.

04 ①
난이도 ★★★☆☆

유형 언어 추리 - 법·규범

핵심 체크 주식의 의결에 대한 규정을 파악하여 사례에 적용하는 문항으로 계산적 추리가 요구된다. 병에 대한 해임 안건에 대해 병이 이해관계가 있는지 여부에 따라 규정을 적용하여 추리한다.

해설 ㄱ. (O) 병이 안건에 특별한 이해관계가 있다면 (1)에 의해 본인은 의결권을 행사할 수 없다. 한편 갑, 을, 병 모두 출석하였으므로 1/3 출석 요건은 갖추었다. 그리고 (3)에 의해 병의 해임 안건이 의결되기 위해서는 의결권을 행사할 수 있는 갑과 을의 주식 중 2/3 이상 찬성이 되어야 한다. 갑과 을의 주식의 합은 60%이며, 이 중 2/3 이상은 40%이다. 그런데 갑은 34%, 을은 26%이므로 어느 한 명만 찬성해서는 의결될 수 없기에 둘 모두 찬성해야만 병의 해임 안건이 가결된다.

ㄴ. (X) 병이 해임 안건에 특별한 이해관계가 없다면, 병도 의결권을 행사할 수 있다. 이때 (3)에 의해 출석 주주의 소유 주식 수가 1/3 이상이어야 하는데, 병만 출석한 경우 40%이므로 이 조건을 충족한다. 그리고 이 중 2/3 이상의 찬성이 의결 기준이므로 병의 찬반에 따라 가부 결의를 할 수 있다.

ㄷ. (X) 갑과 병이 참석하였으므로 1/3 이상 참석 조건은 갖추었다. 병이 해임 안건에 특별한 관계가 있다면 병은 의결권이 없다. 갑과 병만 참석한 경우 의결권을 갖는 주주는 갑만 해당하는데, 갑은 34%를 가지고 있다. 참석자 중 의결권이 있는 주주의 2/3 이상이면 결의를 할 수 있으므로 갑이 찬성할 경우 병의 해임을 가결할 수 있다.

05 ①
난이도 ★☆☆☆☆

유형 언어 추리 - 법·규범

핵심 체크 행위와 결과의 인과 성립 기준에 대해 비교 추리하는 문제이다. 갑은 행위 당시 행위자와 일반인의 인식에 기초하여 인과관계를 파악한다. 그러나 을은 이와 상관없이 모든 객관적 사실에 기초하여 판단한다. 이를 기준으로 하여 사례를 파악한다.

해설 ㄱ. (O) 행위 당시 행위자가 인식한 사실에 기초한 것이므로 갑은 인과관계를 인정한다. 을 또한 객관적 사실 모두에 기초하여 특이체질이 반응한 것이므로 이례적이지 않은 사건이기에 인과관계를 인정한다.

ㄴ. (X) 갑에 의하면, 행위 당시 행위자 이외의 일반인이 인식한 사실에 기초할 경우 인과관계를 인정할 수 있다. 또한 을도 객관적으로 존재한 사건은 트럭에 치인 사망이기에 인과관계를 인정할 것이다.

ㄷ. (X) 갑에 의하면, 행위 당시에는 행위자 및 일반인 모두 인식하거나 예견할 수 있는 사건이 아니다. 따라서 갑은 인과를 인정하지 않을 것이다.

06 ④

유형 언어 추리 – 법·규범

핵심 체크 주어진 규정을 파악하고 이를 매출액의 도표에 적용하여 중소기업 여부를 판단하는 문제이다. 주어진 규정은 다음과 같이 정리할 수 있다.
(1) 1년간 매출액이 1,000억 이하면 중소기업, 1,000억 초과면 대기업
(2) 중소기업이 대기업이 될 경우: 그 해, 그 다음 해부터 3년간 중소기업(중소기업보호기간)
(3) (2)의 예외
 • 중소기업이 아닌 기업과 합병한 경우
 • 매출감소로 중소기업이 되었다가 다시 대기업이 될 경우

해설 ① (O) 갑은 2015년 기준 중소기업이므로 중소기업보호기간에 해당되어 A는 중소기업으로 인정된다.
② (O) 을은 대기업이므로 예외에 해당되어 B는 중소기업보호기간에서 예외가 된다. 따라서 B는 대기업이다.
③ (O) 병은 2012년에 대기업의 매출액을 달성하게 되었다. 그러나 규정 (2)에 의해 중소기업보호기간인 바로 그 해(2012년)와 그 다음 해(2013년)부터 3년간(2015년)까지 중소기업에 해당한다. 즉 2015년에 C가 병을 합병할 당시 병은 중소기업이다. 따라서 중소기업 C는 중소기업 B와 합병한 경우이므로 합병 다음 해 역시 중소기업이다.
④ (X) D는 2011년에 대기업의 매출액을 달성하게 되었기에 2014년까지 중소기업보호기간에 해당된다. 그리고 2015년 다시 중소기업이 되었다. 그리고 2015년 어떤 중소기업을 합병하였다. 2016년 D의 매출액은 대기업의 매출액이 된 상태이다. 이때에는 규정 (3)에 의한 두 번째 예외에 해당(매출감소로 중소기업이 되었다가 다시 대기업이 될 경우)되기에 중소기업보호기간이 적용되지 않는다.
⑤ (O) E는 2013년 대기업의 매출액을 달성하게 되었기에 중소기업보호기간에 의해 2016년까지 중소기업에 해당된다. 따라서 2015년 중소기업인 E가 어떤 중소기업을 합병한 경우에도 E는 중소기업이다.

07 ①

유형 언어 추리 – 법·규범

핵심 체크 법 규정에 근거하여 보상금을 계산하는 문제이다. 갑은 부상을 입었고 생업에 종사하지 못하였기 때문에 재해 보상금과 휴업 보상금을 받아야 한다. 각각의 기준을 규정에 의해 계산하고 제1조에서 언급한 같은 종류의 재해 보상금인 400만 원을 빼야 한다.

해설 (1) 재해 보상금
 • 사망 보상금: 고용노동부 공표 월평균임금 240만 원의 36배 = 8,640만 원
 • 장애등급 6급: 사망보상금의 1/2 = 4,320만 원
(2) 휴업 보상금
 • 통계청 공표 도시 및 농가가계비 평균: 월 100만 원의 60/100 = 60만 원
 • 1일 단위: 60만 원/30 = 2만 원
 • 60일: 120만 원
 (1) + (2) = 4,440만 원
(3) 이미 받은 400만 원 제외: 4,440 – 400 = 4,040만 원

08 ④

유형 언어 추리 – 법·규범

해설 ㄱ. (X) 계약 당사자이므로 A를 충족하지 못하기에 옳지 않은 진술이다. 한편 갑을 특정하여 반환을 요구하는 것으로 B를 갖추었고, 행정청의 반환 청구로 인하여 갑에게 반환 의무가 발생하였기에 C를 갖추었다고 할 수 있다.
ㄴ. (O) 상황은 기존의 규정위반에 대해 의무 이행을 독촉하는 행위이므로 직접적인 영향을 미친 행위가 아니다. 따라서 C에 해당되지 않는다.
ㄷ. (O) 임대차계약은 계약 당사자로서 대등한 관계에서 행한 행위이므로 A를 갖추지 못하였다. 또한 토지 사용료 납부는 기존의 관계에 의해 이미 발생한 의무이며 새로운 권리·의무의 변동을 일으킨 행위가 아니기 때문에 C도 갖추지 못하였다.

09 ④

유형 언어 추리 – 법·규범

핵심 체크 이 문제는 행정청의 허가 취소의 두 가지 유형과 적용 사례를 파악하는 문제이다. A와 B 두 유형을 정리하면 다음과 같다.
 • A: 새로운 사정(의무 위반 등의 책임이 있거나 공익을 위함)이 발생하여 허가의 효력을 소멸시키는 것으로, 법에 규정되어야 함. 그러나 공익을 위하는 경우 신뢰 보호를 주장할 수 있음
 • B: 위법 또는 부당한 허가의 경우 소급하여 효력을 소멸시키는 것으로, 법에 규정이 없어도 가능하며 신뢰 보호를 주장할 수 없음

해설 ① (O) 허가를 받은 자에게 의무 위반에 의한 책임이 있는 경우로 A에 해당한다.
② (O) 허위에 해당하므로 B 유형이다.
③ (O) 공익을 위한 새로운 사정이 발생한 것이므로 A 유형이며, 이때에는 신뢰 보호를 주장할 수 있다.
④ (X) 허가 요건이 구비되지 않았음에도 부당하게 허가가 된 B 유형으로, 법에 규정되어 있지 않아도 허가 취소가 가능하다.
⑤ (O) 의무 위반에 따른 책임 문제의 A 유형이며, 법에 규정되어 있어야 허가 취소가 가능하다.

10 ②

유형 언어 추리 – 인문

핵심 체크 역설적 상황에 대한 논리적 추론 능력을 평가하는 문제이다. 쟁점별로 판사들의 태도를 도표로 정리하면 다음과 같다.

구분	금지 여부	행위 여부	위반 여부
판사1	O	O	O
판사2	O	X	X
판사3	X	O	X

다수결로 판단할 경우, 금지 2명, 행위 2명이므로 둘 모두를 받아들여야 한다. 그런데 판사2는 을이 행위하지 않았으므로 계약 위반이 아니라 주장할 것이며, 판사3도 금지하는 경우가 아니므로 을이 계약을 위반한 것은 아니라고 주장할 것이다. 따라서 쟁점별로 구분하여 위 원칙을 따를 때에는 계약 위반이지만, 각각의 주장을 고려할 경우에는 계약 위반이 아닌 ㉠이 발생한다.

해설 ㄱ. (X) 을은 첫 단락에서 계약을 위반하지 않았다고 주장한다. 그런데 그렇게 주장하는 이유가 두 가지 계약 조건에서 어떤 것이 문제인지는 알 수 없다. 을은 본인의 행위가 금지된 행위가 아니라고 주장할 수도 있기 때문이다.

ㄴ. (O) 판사3이 행위X에 대해서 부정적일 경우, 다수결에 의해 을은 행위를 하지 않은 것이 되므로 계약 위반이 아니라고 판단할 것이며, 이 경우 ㉠의 상황이 발생하지 않는다. 이를 정리하면 다음과 같다.

구분	금지 여부	행위 여부	위반 여부
판사1	O	O	O
판사2	O	X	X
판사3	X	X	X

ㄷ. (X) 네 명의 판사가 있더라도 동일 수의 쟁점 여부가 발생할 수 있다. 이때에는 판사1의 결정을 따라야 하므로 여전히 ㉠ 상황이 발생할 수 있다. 예를 들어 판사4가 금지된 행위가 맞지만 을이 행위를 하지 않았다고 주장할 경우, 여전히 곤란한 상황이 발생할 수 있다.

구분	금지 여부	행위 여부	위반 여부
판사1	O	O	O
판사2	O	X	X
판사3	X	O	X
판사4	O	X	X

세 명이 금지했다고 하였으므로 을의 행위는 금지된 행위였고, 을이 행위를 했다는 판단은 2:2이지만, 이런 경우 가장 경력이 오래된 판사1의 견해를 따라야 하므로 역시 금지된 행위를 한 것이다. 따라서 각각의 쟁점을 합하면 을은 계약 위반을 한 것이다. 하지만 판사 각각의 판단은 세 명이 위반하지 않았다고 할 것이므로 곤란한 상황이 여전히 발생한다.

11 ①
난이도 ★☆☆☆☆

유형 평가 및 문제 해결 – 인문

핵심 체크 유비논증에 대해 파악하고 해당 논증의 강화/약화 여부를 평가하는 문제이다. 지문에서는 동물에 대한 논증을 소개한 후 로봇에 대해 동물 논증과 유비적으로 적용할 수 있다는 것을 주장하고 있다. 따라서 주어진 논증에서 동물과 로봇의 유비 정도에 따라 논증이 평가될 것이다.

해설 ㄱ. (O) ㉠은 동물에 대한 논증이므로 진술의 내용과 관계가 없다. 그리고 ㉡에서는 발생적 맥락의 차이가 있으나 이를 크게 문제가 되지 않는 요소로 평가하고 있다. 그런데 이것이 매우 중요한 평가 요소가 된다면 논증은 약화된다.

ㄴ. (X) 동물과 로봇의 소재 차이가 크다면 유비논증은 약화되기에 ㉡은 약화된다. 그러나 ㉠은 영향을 받지 않는다.

ㄷ. (X) 인간보다 우월한 존재에 대한 논의는 ㉠에 해당하므로 이를 부정할 경우 ㉠은 약화된다. 그러나 ㉡는 영향을 받지 않는다.

12 ⑤
난이도 ★☆☆☆☆

유형 논쟁 및 반론 – 인문

핵심 체크 선의의 거짓말에 대한 두 견해를 분석 및 비교하는 문제이다. 선의의 거짓말에 대한 두 견해를 정리하면 다음과 같다.

- A: 거짓말을 하는 자는 그 결과에 대해 책임을 져야 하기에, 거짓말을 하지 않고 결과는 순리에 맡겨야 한다.
- B: 거짓말을 할 충분한 이유가 있다면, 거짓말을 하는 것은 옳다.

해설 ㄱ. (O) 거짓말은 책임을 져야 하지만, 그렇지 않을 경우 결과가 나쁘더라도 의무를 다했으며 잘못으로 여기지 않을 것이라는 진술로부터 확인할 수 있다.

ㄴ. (O) 선의의 거짓말이 어떤 결과를 낳을지 확신할 수 없지만 최선의 결과를 낳을 것으로 생각되는 행위를 해야 한다는 것이 B의 견해이므로 옳은 분석이다.

ㄷ. (O) 둘 모두 결과가 좋지 않더라도 A는 사실을 말할 경우, B는 선의의 거짓말을 할 경우에 대해 정당하다는 입장이므로 옳은 진술이다.

13 ③
난이도 ★☆☆☆☆

유형 언어 추리 – 인문

핵심 체크 대상의 속성에 대한 개념 파악 및 사례 적용을 하는 문제이다. 본질적 속성과 우연적 속성의 개념을 대화 과정에 적용해야 한다. 본질적 속성은 대상이 존재하는 한 절대 잃어버릴 수 없는 것이며, 우연적 속성은 대상에게 반드시 필요한 것은 아니다.

해설 ㄱ. (O) 본질적 속성은 그 대상이 대상이게끔 하는 성질을 의미한다. 그렇다면 초롱이는 젖을 짜낼 수 있는 속성을 갖지 않기 때문에 얼룩이는 초롱이를 암소로 여기지 않을 것이다.

ㄴ. (O) 대화에서 머리에 뿔이 있는 것은 사슴이 되기 위한 세 가지 본질적 속성 중 하나이다. 이를 토대로 초롱이는 깡총이를 사슴이라고 말하고 있다. 따라서 뿔이 없다면 사슴으로 여기지 않을 것이다.

ㄷ. (X) 초롱이에 의하면, 소의 울음소리는 우연적 속성에 해당한다. 따라서 초롱이가 날쌘이를 사슴으로 여긴다고 해도 날쌘이가 '음매'하고 울 수 있는 것은 아니다.

14 ①
난이도 ★☆☆☆☆

유형 언어 추리 – 인문

핵심 체크 인과에 대한 세 견해를 파악 및 적용하는 문제이다. 세 가지 견해를 정리하면 다음과 같다.

- 갑: 원인이 되기 위해서는 존재하는 것이어야 한다.
- 을: 원인이 일어나지 않았다면 결과도 일어나지 않았을 것이다.
- 병: 어떤 사건이 일어난 시점 이후에 다른 사건이 일어나는 경우에만 원인이 되며, 경험할 수 있는 것을 토대로 해야 한다.

해설 ㄱ. (O) 존재하지 않는 것이 원인일 수 없다는 갑의 견해에 해당한다.

ㄴ. (X) B의 행위가 없었다 해도 C의 행위로 인해 물통이 없게 되므로 A의 죽음은 일어났을 것이며, C의 행위가 없었다 해도 B의 행위로 인해 A의 죽음은 일어났을 것이다. 따라서 각각의 행위는 을에 의할 때에 원인이라 볼 수 없다.

ㄷ. (X) 병의 견해는 어떤 사건이 일어난 시점 이후에 다른 사건이 일어나야 하는데, 그렇다 해도 단순한 선후관계만으로 원인이라고 단정할 수 없다는 견해이다. 따라서 B의 행위가 A 사망의 원인이라 할 수 없다.

15 ③

난이도 ★☆☆☆☆

유형 언어 추리 – 논리학·수학

핵심 체크 조건문의 진위를 분석하는 문제이다. 조건문의 진위에 대해, 전건이 거짓일 때에 후건이 참과 거짓 어떤 진위가 되더라도 항상 참이라는 결론과 전건이 참일 경우[(가) 방식] 후건의 진위가 달라진다는 내용을 비교 분석하고 판단해야 한다.

해설 ㄱ. (O) 영우의 진술 ㉠과 경수의 진술 ㉡이 모두 참일 때에는 전건이 거짓이 되므로 옳은 진술이다.

ㄴ. (O) (가) 방식은 전건을 참이라 가정한 것이므로 영우가 참일 경우 경수의 진술 ㉡은 거짓이 된다.

ㄷ. (X) (가) 방식은 전건을 참이라 가정한 것이므로 ㉠과 ㉡ 중 최소한 하나는 참이 아니라고 판단할 것이다.

16 ④

난이도 ★★★★☆

유형 논쟁 및 반론 – 인문

핵심 체크 사실 판단과 당위 판단에 대한 세 견해를 분석하는 문제이다. (1)에서 (3)의 과정에 대한 세 가지의 견해를 정리하면 다음과 같다.
· A: (1)에서 (2)는 예외 제외하고는 인정, (2)에서 (3)은 인정
· B: (1)과 (2)는 사실 판단이며 (3)은 당위 판단이다.
· C: '약속한다는 것'은 다의적 표현이기에 문제가 된다.

해설 ㄱ. (O) A의 진술에서 연극의 대사와 같은 인용 진술이 아니면 (1)로부터 (2)가 도출되며, (3)과 같은 의무를 지닌다고 주장한다. 이때 (1)은 사실 판단이며 (3)은 당위 판단이다. 그러나 (2)가 당위 판단인지는 알 수 없다. 만약 (2)가 사실 판단이라면 (2)에서 (3)이, 또한 (2)가 당위 판단이라 해도 (1)에서 (2)가 도출됨을 인정하기 때문에 (2)가 정확하게 어떤 판단인지 알지 못해도 A의 진술은 문제되지 않는다.

ㄴ. (X) C의 경우 다의적 표현으로 '약속한다'를 보기 때문에 이것이 당위 판단인지 여부는 알 수 없다.

ㄷ. (O) A 진술에서 연극의 대사와 같은 인용 진술이 아니면 (1)로부터 (2)가 도출되며, (3)과 같은 의무를 지닌다고 주장한다. 이때 (1)은 사실 판단이며 (3)은 당위 판단이다. 그런데 (2)가 사실 판단이라면 (2)에서 (3)이, 또한 (2)가 당위 판단이라 해도 (1)에서 (2)가 도출됨을 인정한다. 따라서 A는 사실 판단에서 당위 판단이 도출될 수 있다고 본다. 한편 C는 사실 판단에서 당위 판단으로의 이행은 논리적 결함이라고 주장하고 있으므로 옳은 진술이다.

17 ③

난이도 ★★★★☆

유형 논증 분석 – 논리학·수학

핵심 체크 논리적 추론 개념을 파악 및 암묵적 근거를 설정하는 문제이다. 교수의 가정적 질문에 대해 농부는 그러한 가정을 고려하지 않고 일반적인 사실에 근거한 추론을 하고 있다. 이에 대한 분석과 함께 교수가 찾아낸 논리적 추론을 파악하는 문제이다.

해설 ㄱ. (O) 네 번째 농부의 대답에서 '세상에는 큰 도시들이 있는데, 그런 곳에는 꼭 낙타들이 있다. 따라서 그 도시에는 확실히 낙타가 있을 것이다.'라는 논리적 추론이 있기 때문이다.

ㄴ. (X) 교수가 찾는 것은 논리적 추론으로, 진술의 실제 참 여부와는 관련이 없다.

ㄷ. (O) 교수의 가정적 전제에 대해 농부는 고려하지 않고 자신의 주장을 밝히고 있기에 옳은 진술이다.

18 ⑤

난이도 ★☆☆☆☆

유형 논쟁 및 반론 – 인문

핵심 체크 수학적 대상의 존재에 대한 쟁점을 파악하고 암묵적 요소를 분석하는 문제이다. 수학적 대상은 비시간적·비공간적·비인과적 대상으로 추상적 대상으로 규정된다. 이에 대한 세 가지 견해를 정리하면 다음과 같다.
· A: 수학적 대상은 추상적 대상으로 존재한다는 점에서 물리적 대상과 같다.
· B: 수학적 대상은 추상적 대상으로 비인과적 대상이다. 따라서 물리적 대상과 무관하며 존재하지 않는다.
· C: 수학적 지식을 가지고 있으므로 수학적 대상은 추상적 대상이 아니다.

해설 ㄱ. (O) A는 수학적 대상 즉, 추상적 대상도 존재한다고 주장하지만, B는 구체적인 물리적 대상만 존재한다는 견해이다. B의 논증은 다음과 같다.
[전제] 수학적 대상은 추상적 대상이다.
[생략된 전제 1] 추상적 대상은 비인과적 대상이다.
[결론 1/전제] 수학적 대상은 비인과적 대상이다.
[전제] 수학적 대상의 존재 여부와 상관없이 구체적인 물리적 대상은 그대로 유지된다.
[생략된 전제 2] 비인과적 대상은 구체적인 물리적 대상이 아니다.
(대우 = 물리적 대상은 인과적 대상이다.)
[생략된 전제 3] 구체적인 대상이 아닌 비인과적 대상은 존재할 이유가 없다.
[결론 2] 수학적 대상은 존재할 이유가 없고, 수학적 대상은 존재하지 않는다.

ㄴ. (O) B는 수학적 대상이 추상적 존재라고 인정하지만, C는 그렇지 않다.

ㄷ. (O) C에 의하면 인과적 관계를 맺을 수 없다면 대상에 대한 성질을 알 수 없으며, 지식을 가질 수 있는 이유는 인과적 관련을 맺을 수 있기 때문이라는 주장이다. 결국 C는 인과적 대상에 대해서만 지식을 가질 수 있다는 입장이다. 이를 논증으로 정리하면 다음과 같다.
[전제] 추상적 대상이 우리와 어떤 인과적 관계도 맺을 수 없다면, 우리는 그 대상이 어떤 성질을 가졌는지도 알 수 없다.
[전제] 우리가 많은 수학적 지식을 가지고 있다는 것은 틀림없는 사실이다.
[생략된 전제] 우리는 인과적 대상에 대해서만 지식을 가질 수 있다.
[결론] 수학적 대상은 추상적 대상이 아니다.

19 ②

난이도 ★★☆☆☆

유형 언어 추리 – 논리학·수학

핵심 체크 귀납 논증의 통계적 일반화에 있어서 표본의 대표성을 확보하기 위한 방안을 설명하고 있다. 사례의 경우 표본의 수가 많을수록 표본의 대표성은 높아질 것이다. 또한 고려해야 할 사항은 표본의 다양성인데, 표본 내에 속한 사람들의 동질성이 높을수록 표본의 대표성에 문제가 될 수 있기 때문이다.

해설 ㄱ. (X) 초대형교회부터 소형교회까지 포함된 명단을 표본으로 하고, 초대형교회든 소형교회든 뽑힐 확률이 동일하기에 대표성이 높다고 할 수 없다. 대형교회의 교인이 소형교회의 교인보다 추출확률이 작기에 전국의 모든 기독교인들이 뽑힐 확률이 동일하지 않기 때문이다.

ㄴ. (X) 지문에서 밝히듯 교회의 구성원들은 동질성이 높기 때문에 적은 수로도 대표성이 높을 수 있다. 따라서 교회의 수를 늘리고 신도의 수를 줄이는 것이 교회의 수를 줄이고 신도의 수를 늘리는 것보다 대표성을 높일 수 있는 방안이 된다.

ㄷ. (O) 초대형교회에는 신도의 수가 많고 소형교회에는 신도의 수가 적기 때문에 이를 고려하기 위해서는 교인 수에 비례하여 교회가 뽑힐 확률을 정하는 것이 적절하다.

20 ④

난이도 ★★☆☆☆

 유형 평가 및 문제 해결 – 사회

핵심 체크 시간해석이론을 파악하고 사례를 적용하는 문제이다. 지문은 행동경제학의 사례 및 결과에 해당한다. 시간해석이론에 의하면, 시간적으로 멀리 있는 대상에 대해서는 (이익의 크기 변화와 같은) 더 본질적인 점에 주목하는 고차원적 수준의 해석에 의지한다. 한편 시간적으로 가까운 대상에 대해서는 (실현 시점의 다소간 차이와 같은) 더 부수적인 점에 착안하는 저차원적 수준의 해석에 집착한다.

해설 ㄱ. (X) 시간해석이론은 시간에 따라 선호가 역전되거나 선호의 차이가 좁혀지는 현상을 설명하는 것이다. 그러나 사례에서는 시간에 따른 선호의 변화가 아니기에 해당되는 사례가 아니다.

ㄴ. (O) 시간이 멀리 떨어져 있을수록 여행의 본질적인 면에 주목하지만, 시간이 가까워질수록 세부적이고 부수적인 점에 신경을 쓰는 상황이다. 그러므로 시간해석이론에 부합하는 사례이다.

ㄷ. (O) 동일한 상황에 대해 시간이 많이 남아있으면 문제가 되지 않지만, 시간이 가까울수록 시점 차이로 인해 거부하는 현상이 나타나므로 이는 시간해석이론에 부합한다.

21 ①

난이도 ★☆☆☆☆

 유형 언어 추리 – 사회

핵심 체크 주식 변동에 관한 가설과 전략을 파악하고, 이를 적용하는 문제이다. 효율적 시장가설은 주가가 현재 이용 가능한 모든 정보를 반영한다는 가설인데, 이는 주가 변동을 예측할 수 없다. 주가의 회귀 성향을 반영한 두 가지 전략은 다음과 같다.

• A 전략: 가격이 오른 주식은 사고 가격이 내린 주식은 파는 기법
• B 전략: 가격이 오른 주식은 팔고 가격이 내린 주식은 사는 기법

해설 ㄱ. (O) 효율적 시장 가설에 의하면, 주가는 현재 이용 가능한 모든 정보를 반영하고 있다. 따라서 이미 알려진 정보로는 평균 수익을 초과하는 수익은 달성할 수 없다. 오로지 새로운 정보만이 미래의 주가 변화를 설명할 수 있기에 옳은 진술이다.

ㄴ. (X) B 전략은 주가가 본질적인 가치를 반영하는 수준으로 수렴한다고 생각한다. 따라서 현재 주가가 높은 주식은 조만간 떨어질 것으로 예측하므로 선호하지 않을 것이다.

ㄷ. (X) A 전략은 시장상황에 편승하여 당시 인기 있는 주식이 당분간 상승세를 유지할 것으로 본다. 그러나 B 전략은 주가가 급변하는 경우 조만간 주가가 본질적인 가치를 반영하는 수준으로 수렴될 것으로 보고 있다. 따라서 A 전략이 B 전략보다 주가가 평균 추세 수준으로 수렴하기 위해 상대적으로 긴 시간이 소요될 것으로 전망할 것이다.

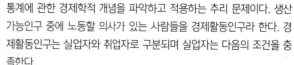
22 ⑤

난이도 ★★★★☆

유형 언어 추리 – 사회

핵심 체크 통계에 관한 경제학적 개념을 파악하고 적용하는 추리 문제이다. 생산가능인구 중에 노동할 의사가 있는 사람들을 경제활동인구라 한다. 경제활동인구는 실업자와 취업자로 구분되며 실업자는 다음의 조건을 충족한다.
(1) 조사대상 1주일간에 수입이 발생하는 일에 전혀 종사하지 못함
(2) 적극적으로 구직활동을 했음
(3) 일자리가 생기면 즉시 일을 시작할 수 있음

해설 ㄱ. (X) 일자리가 증가해서 취업자가 증가한다 해도 구직단념자가 구직을 원할 경우, 비경제활동인구가 줄어들고 실업자가 늘어날 수 있다. 이 경우 실업률이 일자리가 증가함과 동시에 상승할 수 있다.

ㄴ. (X) 실업률은 불완전취업자의 파악을 할 수 없다는 한계가 있으며, 고용률은 생산가능인구 중 취업자 비율을 나타낸 것이다. 불완전취업자의 경우 경제활동인구에 포함되며 취업자에 포함될 뿐이다. 따라서 취업자의 구성을 알 수 없다.

ㄷ. (O) 구직단념자는 적극적인 노동 의사가 없는 사람들로 이들이 많아진다는 것은 구직활동을 하던 실업자가 줄어든다는 것을 의미한다. 따라서 구직단념자가 많아질수록 실업률은 하락하는 반면, 이들은 생산가능인구와 취업자에는 포함되지 않기 때문에 고용률은 변화가 없다.

ㄹ. (O)
• 실업률 = 실업자/경제활동인구
• 경제활동인구 중 취업자 비율 = 취업자/경제활동인구 = (1 – 실업률)
• 경제활동참가율 = 경제활동인구/생산가능인구
• 고용률 = 취업자/생산가능인구
  = 경제활동참가율 × 경제활동인구 중 취업자 비율
  = (경제활동인구/생산가능인구) × (취업자/경제활동인구)
  = (경제활동인구/생산가능인구) × (1 – 실업률)
  = 경제활동참가율 × (1 – 실업률)

이때 실업률이 하락하고 고용률이 동시에 하락하는 경우 경제활동참가율도 하락하게 된다.

23 ④

난이도 ★★★☆☆

유형 언어 추리 – 사회

핵심 체크 제시된 개념을 파악 및 적용하는 문제이다. ㉠~㉣의 개념을 정리하면 다음과 같다.
㉠ 플라시보 효과: 가짜 약을 복용하고 있음에도 자신이 진짜 약을 처방받았다고 생각하여 긍정적 신체 효과가 나타난 경우
㉡ 피험자 보고편향: 긍정적 신체 효과가 없는데도 진짜 약을 처방받았다고 생각하여 자신의 기분을 보고하는 방식에서 생기는 효과
㉢ 기대성 효과: 실험자의 신약에 대한 잠재력에 대한 낙관적 느낌이 피험자에게 전달되어 피험자 보고편향과 플라시보 효과를 강화함
㉣ 실험자 보고편향: 실험자들이 실험의 결과에 대해 특정한 희망과 기대를 가지기 때문에 생기는 효과

해설 ㄱ. (X) ㉠과 ㉡의 공통점은 진짜 약을 처방받았다고 생각하여 나타난다는 점이다. 따라서 처방을 진짜 약인지 가짜 약인지 모르게 할 경우 둘 모두를 차단할 수 있다.

ㄴ. (O) ㉢은 피험자에게 실험자의 낙관적 느낌이 전달되는 것이기에 이러한 전달을 차단하는 예방조치를 취할 수 있다. 한편 ㉣은 실험자가 갖는 실험의 결과에 대한 희망과 기대이므로, 어떤 피험자가 진짜 약을 처방하는 집단에 속하는지 실험자가 모르게 예방조치를 취할 수 있다.

ㄷ. (O) 피험자가 진짜 약과 가짜 약 중 어떤 약을 주었는지 실험자가
몰라야 실험자가 실험의 결과에 대한 희망과 기대를 가질 수 없기
때문에 옳은 진술이다.

24 ④

유형 논증 분석 – 과학기술

핵심 체크 원리 파악을 통해 근거를 설정하는 문제로 ㉠의 판단에 대한 근거를 찾
는 문제이다. 지문에서는 화재 상황에서 나타나는 다양한 현상에 따른
문제를 설명하고 있다. 이를 정리하면 다음과 같다.
(1) 매연 발생 후 메커니즘: 호흡기 점막에 매가 부착됨
(2) 일산화탄소: 산소와 헤모글로빈의 결합 방해
(3) 화상 • 1도: 피부로의 혈액공급이 많아져 발적과 종창 나타남
        • 2, 3도: 피부의 물집, 피하조직의 괴사
(4) 고열: 근육 위축 – 관절 부위의 변화 – 굽히는 근육의 양 많음 – 시
    신의 열변성 일어남 – 굽은 모습으로 탄화된 시신 나타남

해설 ㄱ. (X) ㉠의 판단은 생존해 있을 때에 화재가 발생하여 화재의 기전에
의해 사망하였다는 것이다. 그런데 굽은 모습은 고열에 의해 시신이
변화된 것에 해당하므로 사망 후에 고열에 노출되어도 동일한 결과
가 나타날 수 있다.
ㄴ. (O) 1도 화상으로 인해 나타난 현상으로 생체의 피부에 고열이 작용
한 것이다. 따라서 생존해 있을 때에 화재가 발생한 것에 대한 근거
로 적절하다.
ㄷ. (O) 매연을 들이키면 나타나는 현상으로 생존해 있을 때에 화재가
발생하였다는 주장의 근거로 적절하다.

25 ②

유형 논리 게임 – 논리학·수학

핵심 체크 네 사람의 아이디와 패스워드에 대한 속성을 매칭하는 문제이다.
제시된 정보를 토대로 도표를 만들고 속성을 채우면 다음과 같다.

구분	갑	을	병	정
아이디		cherry	not banana	
패스워드				durian

이 경우 갑이나 정이 banana 아이디를 가질 수 있다. 우선 갑이 ba-
nana인 경우를 가정할 경우 다음과 같다.

구분	갑	을	병	정
아이디	banana	cherry	durian	apple
패스워드	durian			durian

이때 조건에서 병의 아이디는 아이디가 banana인 갑의 패스워드와 같
다고 하였으므로 갑의 아이디는 durian이 된다. 이 경우 중복되지 않는
다는 조건에 위배되어 있을 수 없는 경우가 된다. 따라서 정이 banana
아이디이다. 다시 정리하면 다음과 같다.

구분	갑	을	병	정
아이디	apple	cherry	durian	banana
패스워드				durian

해설 ㄱ. (X) 정의 아이디는 banana이며 apple이 될 수 없다.
ㄴ. (X) 갑의 패스워드가 cherry가 되어도 을과 병의 패스워드는 확정
되지 않는다. 모두 apple 또는 banana 사용이 가능하기 때문이다.
ㄷ. (O) 가능한 경우로 옳은 진술이다.

26 ⑤

유형 형식적 추리 – 논리학·수학

핵심 체크 논리적 사고를 통한 추론의 타당성 판단 능력을 측정하는 문제이다. 제
시된 정보를 기호화하여 정리한 후, 답지의 진술이 타당하게 도출되는
지를 확인한다.

해설 Ax: x는 취업을 한 학생이다.
Bx: x는 졸업평점이 3.5 이상이다.
Cx: x는 외국어 인증시험에 합격했다.
Dx: x는 인턴 경력이 있는 학생이다.
Ex: x는 취업박람회에 참가한 학생이다.
k: 갑, e: 을, b: 병, j: 정, m: 무
1. $(\forall x)[Ax \rightarrow (Bx \lor Cx)]$
2. $(\forall x)(Dx \rightarrow Ex)$
3. $(\forall x)[(Bx \& Ex) \rightarrow Ax]$
4. $(\forall x)[(Cx \& Dx) \rightarrow Ax]$
① (X) Ek&Ak ⊢ Dk : 추론할 수 없다.
② (X) Ce&~Ae ⊢ ~Ee : 추론할 수 없다.
  5. ~Ae   분리논법
  6. ~(Ce&De)   4.5. 부정논법
  7. ~Ce∨~De   6. 드 모르간 법칙
  8. Ce   분리논법
  9. ~De   7.8. 선언논법
③ (X) Eb&Cb ⊢ Ab : 추론할 수 없다.
④ (X) ~Ej&Aj ⊢ Cj : 추론할 수 없다.
⑤ (O) Dm&Bm ⊢ Am : 정답
  10. Dm   분리논법
  11. Em   2.10. 긍정논법
  12. Bm   분리논법
  13. Bm&Em   11.12. 연언논법
  14. Am   3.13. 긍정논법

27 ③

유형 논리 게임 – 논리학·수학

핵심 체크 조건에 따라 배열하는 문제로 제시된 조건 중 최댓값을 고려하여 다음
의 표를 참고해서 <보기>의 상황이 참인지 여부를 결정해야 한다.

M1	M2	M3	M4	합
	P2			6

해설 ㄱ. (O) P1이 2개, P2가 2개를 사용하면 P3과 P4는 각각 1개의 메모
리 영역만을 사용해야 한다. 전체 프로그램이 사용하는 메모리 영역
의 개수의 합은 최대 6이기 때문이다.
ㄴ. (O) M1과 M3을 P1이 사용하고, M2와 M4를 P2가 사용할 경우
P3과 P4가 M2를 사용할 수 있으며, 이때 M2는 3개의 프로그램이
사용할 수 있다.

M1	M2	M3	M4	합
P1	P2 P3 P4	P1	P2	6

ㄷ. (X) P4가 M4를 사용할 경우, P2가 M4를 사용해도 둘이 메모리 영역을 1개 이상 공유해야 하는 조건을 충족하기 때문에 P4가 M2를 사용하지 않을 수 있다.

M1	M2	M3	M4	합
	P2		P2 P4	6

28 ⑤
난이도 ★★★★☆

유형 논리 게임 – 논리학·수학

핵심 체크 조건에 따라 배열 가능성을 추론하는 문제로 주어진 조건으로부터 <보기>의 추론이 옳은지를 파악해야 한다.

해설 ㄱ. (O) 총 12명이므로 4명씩 세 팀에 배열할 수 있다. 예를 들어 다음과 같이 배열할 수 있다.

1팀	2팀	3팀
A(2)	A(1)	A(1)
B(1)	B(2)	C(2)
D(1)	C(1)	D(1)

ㄴ. (O) 가능하다.

1팀	2팀	3팀
A(2)	A(1)	A(1)
B(2)	B(1)	C(1)
C(2)	D(1)	D(1)

ㄷ. (O) 불가능하다. B반과 C반 각각 2명, D반 1명으로 이루어져야 하는데, 이때 남는 사람은 A반 4명, B반과 C반 각각 1명, D반 1명이 된다. 그런데 이 경우 최소 3개 반 학생을 포함한다는 조건을 충족할 수 없다. B, C, D가 각각 1명밖에 없기 때문이다.

29 ②
난이도 ★★★★★

유형 언어 추리 – 과학기술

핵심 체크 위폐 검사법에 대한 개념을 파악 및 적용하는 문제이다. 위폐 검사법이 가져야 할 특징은 다음과 같다.
(1) 완전한 검사법: 위폐를 누락해서는 안 된다. '위폐는 모두 위폐라고 판정해야 한다.'
(2) 건전한 검사법: 위폐라는 판정 결과가 틀리지 말아야 한다. '위폐라고 판정한 것은 모두 위폐이어야 한다.'
한편, 위폐라고 판정하지 않는다는 것은 위폐가 아니라고 판정할 가능성과 아무런 판정 결과도 내놓지 않을 가능성을 포함한다.
(3) 결정가능한 검사법: 위폐이거나 위폐가 아니거나 둘 중 하나의 결과를 내놓아야 한다. 따라서 아무런 판정 결과도 내놓지 않을 가능성을 배제한다.

해설 ㄱ. (X) 완전한 위폐 검사법에서는 위폐를 모두 '위폐이다'라고 판정하기 때문에 완전하고 건전한 검사법에서는 위폐 A를 '위폐이다'라고 판정한다.
ㄴ. (O) 건전한 검사법에 의해 위폐가 아닌 B는 '위폐이다'라고 판정되지 않는다. 즉 아무런 결과를 내놓지 않거나 '위폐가 아니다'라고 판정한다. 그런데 결정가능성에 의해 아무런 결과를 내놓지 않는 경우은 없으므로 '위폐가 아니다'라고 판정한다.

ㄷ. (X) 결정가능한 검사법이 '위폐가 아니다'로 판정을 내리지 않는다면, '위폐이다'로 판정을 내린다. 그런데 건전한 검사법은 위폐가 아닌 것을 '위폐이다'고 판정하지 않지만, 완전한 검사법은 위폐인 것을 모두 '위폐이다'로 판정할 뿐이지 위폐가 아닌 것을 판정하는 것은 아니다. 따라서 완전하고 결정가능한 검사법에 의해 C가 위폐라는 것을 추론할 수 없다.

30 ②
난이도 ★★☆☆☆

유형 언어 추리 – 논리학·수학

핵심 체크 가설 및 경쟁가설 간의 관계를 파악하는 문제이다. 자료와 가설 간의 증거 관계는 가설이 참일 확률의 변화에 따라 달라진다. 또한 하나의 증거 자료가 서로 양립할 수 없는 여러 경쟁가설들과도 동시에 관련을 맺는다. 이러한 경우 다음의 특징을 갖는다.
(1) 경쟁가설의 확률은 모두 0보다 크며 가설들이 참일 확률의 합은 1
(2) 두 개의 경쟁가설: 하나의 확률이 증가하면 다른 것은 감소
(3) 중립적인 증거인 자료는 가설 모두에 중립적으로 적용

해설 ① (O) 경쟁가설 집합에서 어떤 가설에 대해 부정적 증거라면 어떤 다른 가설에는 긍정적 증거가 되어야 한다. 세 개 가설이 모두에게 부정적 증거가 되어 가설들 모두의 확률을 낮추게 되면, 경쟁가설들의 합이 1이 될 수 없기 때문이다.
② (X) 한 가설의 확률을 1로 높일 경우, 그 가설에 대해서 긍정적 증거가 되며 다른 가설들의 확률은 0이 된다. 따라서 다른 가설에는 중립적 증거가 될 수 없다.
③ (O) 경쟁가설 집합에서 하나의 가설에 긍정적인 자료는 그 가설의 확률을 높인다. 그런데 경쟁가설 집합 내의 가설들의 합은 1이 되어야 해 다른 가설의 확률을 반드시 낮출 수밖에 없으므로 적어도 하나의 가설에 대해 부정적 증거가 된다.
④ (O) 경쟁가설의 집합의 크기는 다양할 수 있다.
⑤ (O) 세 개의 경쟁가설로 이루어진 집합에서 두 개의 가설에는 중립적이며 나머지 하나의 확률만 변화시키는 자료는 있을 수 없다. 하나의 가설 확률이 변화하는 경우 전체의 합이 1이어야 하기에 적어도 다른 하나의 가설 확률은 반드시 변해야 하기 때문이다.

31 ③
난이도 ★★★★☆

유형 언어 추리 – 논리학·수학

핵심 체크 확률적 빈도가설의 개념을 파악 및 적용하는 문제이다. 빈도가설은 전체 경우의 수에서 나타날 확률 N을 '빈도가설-N'으로 나타낸다. 빈도가설은 다음과 같은 종류가 있다.
(1) 겸손한 빈도가설: 자신 이외에 다른 가설들도 참일 수 있다.
(2) 겸손하지 않은 빈도가설: 자신 이외에 어떤 다른 빈도가설도 참일 수 없다.
(3) 포용력 있는 빈도가설: 겸손하지 않은 가설들 각각에 대해서 그 가설들이 참일 수 있다.

해설 ① (X) 포용력 있는 빈도가설은 가설들 각각이 참일 수 있다고 판단한다. 따라서 이러한 빈도가설은 자신 이외의 가설에 참을 부여하지 않는 겸손하지 않은 빈도가설이 될 수 없다.

② (X) 빈도가설-0과 빈도가설-4는 자신만이 옳다는 겸손하지 않은 빈도가설이다. 따라서 이들은 각기 자신의 참일 확률을 1로 하고 서로의 참일 확률을 0으로 인정하지 않기에 모든 빈도가설들에 의해 참일 수 있다고 판단되는 빈도가설은 있을 수 없다.

③ (O) 자신을 포함하기 때문에 겸손하지 않은 빈도가설은 자신 이외의 가설에는 0의 확률을 부여할 것이며 자신에 대해서는 1의 확률을 부여할 것이다. 하지만 다른 빈도가설들은 다른 가설에 대해서도 0보다 큰 확률을 부여하기에 모든 빈도가설에 의해 동일할 확률을 부여받는 빈도가설은 있을 수 없다.

④ (X) 겸손하지 않은 빈도가설은 포용력 있는 빈도가설이 될 수 없기에 옳지 않다.

⑤ (X) 겸손한 빈도가설들은 자신에게 가장 큰 확률을 부여할 것이다.

더 알아보기

이항분포식(binomial distribution)을 사용하는 방식

$_nC_x = n!/x!(n-x)!$; n: 총횟수, x: 사용한 횟수, n!: 계승(factorial), $P^x(1-P)^{(n-x)}$; P: 발생 확률

총 4번의 동전을 던지며, 이 중 앞면이 나올 경우가 0, 1, 2, 3, 4일 때에 각각의 확률은 0, 1/4, 2/4, 3/4, 4/4이다.

(1) 앞면이 0번 나올 경우
- 빈도가설-0이 참일 확률: 1, 나머지 빈도가설이 참일 확률: 0

(2) 앞면이 4번 나올 경우
- 빈도가설-4가 참일 확률: 1, 나머지 빈도가설이 참일 확률: 0

(3) 앞면이 1번 나올 경우
(앞면 나올 확률: 1/4, 앞면 나오지 않을 확률: 3/4)
- 빈도가설-0이 참일 확률 $_4C_0$: $(4!/0!4!)(1/4)^0(3/4)^4$
  = $1 \times (81/256) = 81/256$
- 빈도가설-1이 참일 확률 $_4C_1$: $(4!/1!3!)(1/4)^1(3/4)^3$
  = $(4!/1!3!)(27/256) = 4 \times (27/256) = 108/256$
- 빈도가설-2가 참일 확률 $_4C_2$: $(4!/2!2!)(1/4)^2(3/4)^2$
  = $(4!/2!2!)(9/256) = 6 \times (9/256) = 54/256$
- 빈도가설-3이 참일 확률 $_4C_3$: $(4!/3!1!)(1/4)^3(3/4)^1$
  = $(4!/3!1!)(3/256) = 4 \times (3/256) = 12/256$
- 빈도가설-4가 참일 확률 $_4C_4$: $(4!/4!)(1/4)^4(3/4)^0$
  = $(4!/4!)(1/256) = 1 \times (1/256) = 1/256$

(4) 앞면이 2번 나올 경우
(앞면 나올 확률: 2/4, 앞면 나오지 않을 확률: 2/4)
- 빈도가설-0이 참일 확률 $_4C_0$: $(4!/0!4!)(2/4)^0(2/4)^4$
  = $1 \times (1/16) = 1/16$
- 빈도가설-1이 참일 확률 $_4C_1$: $(4!/1!3!)(2/4)^1(2/4)^3$
  = $(4!/1!3!)(1/16) = 4 \times (1/16) = 4/16$
- 빈도가설-2가 참일 확률 $_4C_2$: $(4!/2!2!)(2/4)^2(2/4)^2$
  = $(4!/2!2!)(1/16) = 6 \times (1/16) = 6/16$
- 빈도가설-3이 참일 확률 $_4C_3$: $(4!/3!1!)(2/4)^3(2/4)^1$
  = $4 \times (1/16) = 4/16$
- 빈도가설-4가 참일 확률 $_4C_4$: $(4!/4!)(2/4)^4(2/4)^0$
  = $1 \times (1/16) = 1/16$

(5) 앞면이 3번 나올 경우
(앞면 나올 확률: 3/4, 앞면 나오지 않을 확률: 1/4)
- 빈도가설-0이 참일 확률 $_4C_0$: $(4!/0!4!)(3/4)^0(1/4)^4$
  = $1 \times (1/256) = 1/256$
- 빈도가설-1이 참일 확률 $_4C_1$: $(4!/1!3!)(3/4)^1(1/4)^3$
  = $(4!/1!3!)(3/256) = 4 \times (3/256) = 12/256$
- 빈도가설-2가 참일 확률 $_4C_2$: $(4!/2!2!)(3/4)^2(1/4)^2$
  = $(4!/2!2!)(9/256) = 6 \times (9/256) = 54/256$
- 빈도가설-3이 참일 확률 $_4C_3$: $(4!/3!1!)(3/4)^3(1/4)^1$
  = $4 \times (27/256) = 108/256$
- 빈도가설-4가 참일 확률 $_4C_4$: $(4!/4!)(3/4)^4(1/4)^0$
  = $1 \times (81/256) = 81/256$

위 사항을 도표로 정리하면 다음과 같다.

구분	가설-0	가설-1	가설-2	가설-3	가설-4
빈도가설-0	1	0	0	0	0
빈도가설-1	81/256	108/256	54/256	12/256	1/256
빈도가설-2	1/16	4/16	6/16	4/16	1/16
빈도가설-3	1/256	12/256	54/256	108/256	81/256
빈도가설-4	0	0	0	0	1

결국 빈도가설-0과 빈도가설-4는 겸손하지 않으며 포용력 없는 가설인 반면, 나머지 가설은 모두 겸손하며 포용력 있는 가설임을 알 수 있다.

32 ③

난이도 ★★★☆☆

유형 평가 및 문제 해결 – 과학기술

핵심 체크 대뇌피질의 전담 영역을 결정하는 것에 대한 가설을 파악하고, 그에 대한 강화 및 약화를 평가하는 문제이다. 제시된 세 진술을 정리하면 다음과 같다.

- ㉠ 전담 영역은 물리적 특성이 아니라 다른 영역들과의 연결 양상에 의해 결정된다.
- ㉡ 대뇌피질로 들어오는 입력의 유형(패턴)은 동일하다.
- ㉢ 뇌에 의해 파악된 외부 세계와 몸 사이의 경계는 바뀔 수 있다. 외부 세계와 우리 몸에 대한 지식은 모두 패턴들로부터 구축된 하나의 모형일 뿐이기 때문이다.

해설 ㄱ. (O) ㉠에서는 대뇌피질의 전담 영역은 각 영역의 고유한 물리적 특징에 의해 결정되는 것이 아니라, 다른 영역들과의 연결 양상에 의해 결정된다는 주장이다. 따라서 겉모습이나 구조가 균일하다는 진술은 각 영역의 물리적 특성에 의해 전담 영역이 결정되는 것은 아니라는 주장을 강화하게 된다.

ㄴ. (X) ㉡에서 주장하는 것은 특화된 영역들에 대한 논의가 아니라 대뇌피질로 들어오는 입력 유형이 동일하다는 것이다. 따라서 특화 영역의 확인은 이러한 진술에 영향을 미치지 못한다.

ㄷ. (O) 갈퀴를 몸의 일부로 여긴다는 것은 외부 세계와 몸 사이의 경계가 바뀐 사례로 ㉢을 강화한다.

33 ③

난이도 ★★★☆☆

유형 평가 및 문제 해결 – 과학기술

핵심 체크 가설을 파악하고 실험에 대한 강화와 약화 여부를 평가하는 문제이다. 가설들을 정리하면 다음과 같다.

- 가설 1: 언어적 행동과 일치하는 믿음을 갖는다고 판단한다.
- 가설 2: 비언어적 행동과 일치하는 믿음을 갖는다고 판단한다.

실험 결과를 정리하면 다음과 같다.

[실험 1]
- A 그룹: 가짜라 말하지만 아내와 일상 보냄
- B 그룹: 가짜라고 말하면서 아내와 일상 거부

[실험 2]
- A 그룹: 단 한 번 아내에게 가짜라고 말하지만 아내와 일상 보냄
- B 그룹: 매일 아내에게 가짜라고 말하지만 아내와 일상 보냄

해설 ㄱ. (O) 실험 1의 A와 B 그룹에서 질문에 95% 이상이 모두 '예'라고 대답하였으므로, A와 B의 공통적인 요소는 가짜라고 말한 것에 있다. 따라서 비언어적 행동과 일치하는 믿음을 갖는다는 [가설 2]는 약화된다. [가설 2]가 강화되기 위해서는 비언어적 행동과 일치해야 하므로 서로 다른 답변이 나와야 하기 때문이다. 즉 A 그룹에서는 '예' 비율이 낮아야 하고 B 그룹에서는 높아야 한다.

ㄴ. (O) [가설 2]는 비언어적 행동과 일치하는 믿음을 주장하므로 위의 설명처럼 A 그룹과 B 그룹에서 서로 다른 비율로 결과가 나타나야 한다. 따라서 A 그룹이 20% 이하, B 그룹이 90% 이상이라면 [가설 2]는 강화된다.

ㄷ. (X) 실험 2의 차이는 단 한 번 아내에게 가짜라고 말한 것과 매일 말하는 것의 언어적 차이이다. 실험 결과 이에 따라 서로 다른 비율이 나타났기에 [가설 1]은 강화된다.

34 ②

난이도 ★★★★★

유형 평가 및 문제 해결 – 과학기술

핵심 체크 실험을 통한 가설의 강화 및 약화 여부를 평가하는 문제이다. 가설은 발현량이 증가된 p53 단백질의 물질대사 억제 기능이 암 발생을 억제한다는 주장이다. p53 단백질은 세포자살 유도, 세포분열 정지, 물질대사 억제 등의 기능을 수행한다.

구분	손상: p53 발현량	암발생률
돌연변이 A	증가	정상과 동일
돌연변이 B	증가	높음
돌연변이 C	동일(not 변화)	높음
정상	증가	A와 동일
p53 제거	없음	높음

해설 ㄱ. (X) 돌연변이 A는 p53 발현량이 증가하였고, 물질대사 억제 기능이 남아 있으며, 암 발생률이 정상 생쥐와 동일하다. 즉 돌연변이가 되었다 해도 정상과 동일하게 발현량의 증가에 따른 암 발생률이 나타나기에 가설이 약화되지는 않는다.

ㄴ. (O) 가설에서는 물질대사 억제 기능에 의해 암 발생이 억제된다고 주장한다. 이는 물질대사 억제 기능이 없을 경우 암 발생은 억제되지 않는다는 것을 의미한다. 그런데 b는 p53이 증가했지만 보기에서 b는 물질대사 억제 기능이 사라졌다고 하였으므로 그러한 결과로 암 발생률이 정상보다 더 증가한 것으로 볼 수 있다. 따라서 가설은 강화된다.

ㄷ. (X) 가설은 p53 단백질이 증가한 상태에서 물질대사 억제 기능이 남아 있을 때에 암이 억제된다고 주장한다. 그런데 c의 경우 p53 단백질의 발현량이 증가되지 않았기에 그것이 원인이 되어 암 발생이 증가되었는지, 돌연변이 단백질에 의한 세포자살 유도 기능 상실이 원인인지, 물질대사 억제 기능 상실이 원인인지 알 수 없다. 따라서 적절하지 못하다.

35 ③

난이도 ★★★☆☆

유형 언어 추리 – 과학기술

핵심 체크 유전 관계에 대한 원리를 파악하고 실험 결과로부터 추리하는 문제이다. 유전의 원리는 다음과 같다.

(1) 상염색체: STR 한 쌍 중 자식은 한쪽만을 받으므로 동일한 STR 부위에서 한 쌍 중 하나의 반복횟수는 반드시 동일해야 한다.
(2) Y염색체: 아버지와 아들의 Y염색체 STR의 검사 결과는 동일하다.
(3) 미토콘드리아 DNA: 어머니의 것이 자식과 동일하다.(모계 추정)

해설 ㄱ. (O) 갑과 검체 A는 Y염색체 DNA 감식 결과가 동일하다. 또한 상염색체 STR이 각각 12, 11, 9 한쪽이 동일하다. 따라서 갑의 친부일 가능성이 있다.

ㄴ. (O) 검체 B의 미토콘드리아 DNA는 갑과 동일하게 α형이다. 따라서 모계인 이종사촌일 가능성이 있다.

ㄷ. (X) 검체 C는 갑과 Y염색체 STR3가 다르다. 따라서 이복형제는 아버지가 동일해야 하므로 이러한 가능성은 없다.

해커스 LEET 김우진 추리논증 기출문제+해설집

LEET 전문가의 총평

• 논리학적인 이론 및 개념을 적용한 문항이 많았다. 또한 논리적 오류에 대한 문항이 3문항 출제되었는데, 이는 역대 가장 많이 출제된 사례에 해당한다.

• 추리논증은 논리 개념이나 이론 등을 활용하여 이를 일상 언어나 논증의 지문에 녹아들게 한 후 다시 이를 파악하고 적용하는 문항들로 구성되며, 형식적 추리와 같이 직접적인 연역 규칙을 활용한 문항도 매년 출제되고 있다.

• 2017학년도 기출문제의 각 문항을 이원분석표에 따라 구분하면 다음과 같다.

추리의 내용 영역 ＼ 인지 활동 유형	추리			논증			인지 활동 유형 ＼ 논증의 내용 영역
	언어 추리	모형 추리		논증 분석	논쟁 및 반론	평가 및 문제 해결	
		형식	논리 게임				
논리학·수학		20	21, 22	15	16		논리학·수학
인문	13			14, 19	12, 17	11, 18	인문
사회	28		29		24, 26, 27	23, 25	사회
과학기술	30, 31, 32, 33, 35					34	과학기술
법·규범	2, 3, 9				1, 4, 5, 6, 7, 8, 10		법·규범

정답

p.146

01	02	03	04	05	06	07	08	09	10
④	②	②	④	③	④	①	④	④	④
11	12	13	14	15	16	17	18	19	20
⑤	③	③	①	⑤	③	④	③	③	⑤
21	22	23	24	25	26	27	28	29	30
⑤	②	①	⑤	①	③	③	③	①	②
31	32	33	34	35					
⑤	④	②	②	①					

해설

01 ④

난이도 ★☆☆☆☆

유형 논쟁 및 반론 – 법·규범

핵심 체크 창당준비위원회의 성격에 대한 서로 다른 견해를 분석한 후 쟁점을 판단하는 문제이다. 창당준비위원회를 기성 정당과 동일하게 볼 수 있는지가 쟁점이다. 동일하게 볼 경우 기성 정당과 법률이 적용되어야 하며, 그렇지 않을 경우 이와 별개로 판단해야 하기 때문이다. A~C의 견해를 정리하면 다음과 같다.

- A: 창당준비위원회는 일반 결사이며, 정당이 아니다.
- B: 창당준비위원회는 정당에 준하는 것으로, 기성 정당과 같이 헌법상의 사유와 절차가 요구된다.
- C: 정당설립의 실질적 기준을 갖추지 못한 창당준비위원회는 일반 결사로, 이미 이를 완비하였을 경우에만 정당에 준하는 것으로 보아야 한다.

해설 ① (O) A는 창당준비위원회는 정당이 아니라 일반 결사이므로 '정당법'이 적용되지 않는다는 입장이다. 그런데 정당등록신청을 하지 않을 경우 자동 소멸된다는 내용은 창당준비위원회가 정당에 해당하지 않는다는 것을 의미하므로 A의 설득력을 높인다.

② (O) 집권 여당이 반대당의 성립을 정당등록 이전에 봉쇄할 수 있다면 이는 지문 첫 부분에서 정당존립의 특권을 보장하기 위한 X국 헌법의 취지에 어긋나게 된다. 따라서 A의 설득력을 낮추게 된다.

③ (O) 창당준비위원회가 정당으로서의 실질적인 역할을 수행한다는 것은 B의 설득력을 높이는 진술이다.

④ (X) 실질적 요건을 갖추고 있을 경우 정당에 준하는 것으로 보는 것이 C의 견해이므로 C의 설득력을 낮추지 않는다.

⑤ (O) C는 실질적 요건을 갖추지 못하는 창당준비위원회는 일반 결사와 동일하게 보아야 한다는 견해이다. 그런데 정당설립의 실질적 요건을 강화한다면 정당설립의 어려움을 초래할 것이다. 따라서 이러한 요건을 갖추지 못한 창당준비위원회는 정당보다는 일반 결사로 보아야 한다는 A와 비슷한 결론을 내릴 것이다.

02 ②

난이도 ★★☆☆☆

유형 언어 추리 – 법·규범

핵심 체크 해고 사건에 대한 법원의 판결을 확인하여 추리하는 문제이다. 사건은 1951년 을의 해고가 정당하다는 법원의 판시로 이루어졌다. 그런데 나치 동조 사실이 없었던 것으로 드러나자, 1955년 해고 무효 소송이 이루어졌다. 이에 법원은 당시의 해고가 무효가 아니라고 하며 특이한 청구권을 인정하였다. 이러한 사실로부터 추리할 수 있는 진술을 찾아야 한다.

해설 ① (X) 당시 해고가 무효는 아니라는 법원의 판단이 있으므로 소급적으로 해고 결정이 소멸된다는 것을 추론할 수 없다.

② (O) 해고가 무효가 아니라는 판단은 '당시'라는 해고 통고 시점을 기준으로 하는 것으로 옳은 추론이다.

③ (X) 해고의 정당성은 인간적 신뢰를 잃었기 때문에 근로 관계를 지속할 것을 기대할 수 없었다는 데에 있으므로 갑의 해고에는 정당한 사유가 존재한다고 볼 수 있다.

④ (X) 해고에 정당한 사유가 없으면 소급하여 무효가 되어야 한다. 그런데 당시 법원은 해고가 정당하다고 판단한 반면 신규고용청구권을 인정하였다. 해고의 정당한 이유는 당시 나치 체제에 동조한 혐의가 있어 신뢰 관계를 잃었기 때문이라는 것이다. 그런데 무죄판결을 받음으로써 해고를 정당화했던 신뢰 관계의 상실이라는 이유가 이제는 더 이상 근거가 없게 되었다. 이것으로부터 고용에서 신뢰 관계가 중요한 요건임을 추론할 수 있다. 신규고용청구권을 통해 신규고용을 인정한 것은 신뢰 관계를 고려하였기 때문이다. 설사 이러한 추론이 어렵다고 하더라도 신뢰 관계를 고려하지 않았다고 단정할 수는 없다. 그런데 ④는 '신뢰 관계가 고려되지 않는다'라고 하기 때문에 틀린 진술이다. 혐의가 있었는지 여부는 해고의 사유에 불과하고, 해고가 정당한지 여부의 판단은 해고한 사실에 대한 판단이므로, 해고 통고 시를 기준으로 한다. (출제처 이의제기 답변)

⑤ (X) 1951년 해고를 정당하게 본 이유에서 범죄 혐의가 있다는 사실만으로도 근로 관계 지속을 위한 신뢰를 잃을 수 있다고 진술하고 있다.

03 ②

난이도 ★★★☆☆

유형 언어 추리 – 법·규범

핵심 체크 A국과 B국의 규정을 파악하여 적용하는 문제이다. 보조 생식 의료에 대한 A와 B의 쟁점을 정리하면 다음과 같다.

구분	모	부	대리모 계약
A국	출산 여성	동의(남성, 여성 가능)	가능(강제 안 됨)
B국	출산 여성	출산 여성과 혼인 관계	무효

단, B국은 보조 생식 의료가 질병의 치료 목적이어야 하고, 남녀가 생식 가능 연령이며, 혼인 관계에 있어야 하고, 치료 시점에 남녀가 모두 생존하고 있으며, 시술에도 동의해야 한다.

해설 ① (X) 여성이 동의할 경우 부의 법적 지위가 인정되지만, 출산한 여성과 부부로 인정되는지는 추론할 수 없다.

② (O) 첫 문장에서 친자 관계는 출산 또는 입양으로 가능하다는 것을 알 수 있다. 그런데 A국에서는 대리모가 가능하기 때문에 출산한 대리모가 '모'가 된다. 따라서 의뢰인이 모가 되기 위해서는 출생한 자를 입양해야 된다.

③ (X) B국에서는 남녀 모두 자연적으로 생식 가능하다고 간주되는 연령의 부부만이 가능하기에 옳지 않다.

④ (X) B국에서의 '부'는 출산한 모와 혼인 관계에 있어야 하기에 정자를 제공한 남자는 부가 아니다.

⑤ (X) A국의 경우 대리모 계약을 금지하고 있지 않기에 옳지 않은 추론이다.

04 ④

난이도 ★☆☆☆☆

유형 논쟁 및 반론 – 법·규범

핵심 체크 이 문제는 처벌의 기준에 대한 논쟁을 분석하고 평가하는 문제이다. 지문에 따르면 갑과 을은 처벌의 기준을 두고 서로 다른 견해를 지니고 있다. 갑과 을의 견해를 정리하면 다음과 같다.

- 갑의 견해
  [근거] 범죄의 의사는 사람마다 다르고 심지어 한 사람에 있어서도 시시각각 달라질 수 있다.
  [주장] 처벌은 의사가 아닌 손해의 경중을 기준으로 차등을 두어야 한다.
- 을의 견해
  [근거] 범죄자의 의사를 몇 가지 기준에 의해 유형화하여 경중을 판단할 수 있다.
  [주장] 처벌은 손해뿐만 아니라 범죄자의 의사의 경중 또한 고려하여 차등을 두어야 한다.

해설 ㄱ. (X) 갑의 주장에 의하면, 손해의 경중을 기준으로 처벌에 차등을 두어야 하기에 결과가 다른 두 경우에 대해 내려진 동일한 처벌은 이에 부합하지 않는다.

ㄴ. (O) 갑의 주장에 의하면, 같은 결과라면 손해의 경중을 기준으로 하기에 동일하게 처벌해야 한다. 한편 을의 주장에 따를 경우 범죄자의 의사의 경중을 고려해야 하므로 비록 손해의 경중이 동일하더라도 후자가 살인의 의사로 행위를 하였으므로 후자를 더 중하게 처벌해야 한다. 따라서 전자를 중하게 처벌한 법원의 태도는 갑과 을 모두의 주장에 부합하지 않는다.

ㄷ. (O) 갑의 주장에 의하면, 전자에게는 손해 발생이 없고 후자에게는 있으므로 후자만 처벌하고 전자는 처벌하지 않는다. 그러므로 갑의 주장에 부합한다. 또한 손해가 발생하지 않은 전자의 경우에는 처벌하지 않는 데에는 을도 동의하는 부분이기에 후자의 경우에만 처벌한 것은 을의 주장에도 부합한다.

05 ③

난이도 ★☆☆☆☆

유형 논쟁 및 반론 – 법·규범

핵심 체크 미성년자 약취규범에서의 개념을 파악하고 적용할 수 있는지 판단하는 문제이다. 미성년자 약취죄 규정에 있어서 '정당한 권한 없이 사실상의 힘을 사용하여'의 두 가지 해석을 파악하고 이를 적용하여 판단해야 한다.

해설 ㄱ. (O) 폭행 및 협박을 행사하여 평온한 보호 양육을 깨뜨린 경우이므로 두 견해 모두 이러한 행위는 미성년자약취죄에 해당한다고 판단할 것이다.

ㄴ. (O) 자녀의 평온이 유지되면서 거소만 옮기는 행위이므로 견해 1에 의하면 약취죄에 해당하지 않는다.

ㄷ. (X) 정신적·심리적 충격은 평온을 깨뜨리는 행위이므로 견해 1에 의하면 약취죄에 해당한다. 또한 다른 일방의 동의 없이 이루어진 행위이기에 견해 2에 의할 경우에도 약취죄에 해당한다.

06 ④

난이도 ★★★☆☆

유형 논쟁 및 반론 – 법·규범

핵심 체크 재산 상속에 대한 유언을 파악하고 원칙에 적용할 수 있는지 평가하는 문제이다. 지문은 상속은 유언에 따라 이루어져야 하며, 유언대로 상속이 이루어질 수 없을 경우 법이 정한 방법이 적용된다는 내용이다. 이를 토대로 할 경우, 나타난 상황은 유언대로 상속이 이루어질 수 없는 상황이다. 가장은 2명만을 상속인으로 지정하여 유언을 하였다. 그런데 실제로 3명이므로 1명이 상속에서 배제된 결과가 된다. 그런데 상속인에서 제외하려는 자가 있을 경우 반드시 유언으로 지정해야 한다. 상속인으로 지정되지도 제외되지도 않은 직계비속이 있으므로 가장의 유언은 무효가 된다. 이 경우, 지문에 의하면 가장의 유언으로 정한 대로 상속이 이루어질 수 없기에 법이 정한 방법을 따라야 한다. 그러나 법률가 X는 이와 다른 상속 배분을 주장하고 있다.

해설 ㄱ. (O) 원칙에 의할 경우 법이 정한 바대로 직계비속이 균분해야 하므로 아들과 딸이 1/2씩 상속을 받고 배우자는 받을 수 없다.

ㄴ. (X) 상황에서는 임신된 상태에서 태아에게 상속인이 지정되고 있고, 상속인의 지위를 상실하는 조건을 부가하지 않기에 무효 조건에 해당되지 않는다.

ㄷ. (O) 유언은 두 가지의 상황만을 설정했을 뿐, 아들과 딸이 동시에 출생하는 경우에 대해서는 언급하지 않았다. 따라서 유언대로 상속이 이루어질 수 없는 상황으로 옳은 평가이다.

07 ①

난이도 ★★☆☆☆

유형 논쟁 및 반론 – 법·규범

핵심 체크 저작권법의 사례를 파악한 뒤 각 논쟁을 평가하는 문제이다. 지문에서는 고가의 작품에 대한 저작권법의 적용에 대해 A와 B가 대립하고 있다. A는 독점적 출판권을 1년으로 제한하여야 한다는 견해이며 B는 고급작품의 가치를 인정하고 자연적 권리로 계약 체결 권리를 보호해야 한다는 입장이다.

해설 ㄱ. (O) A의 독점적 출판권을 1년으로 제한하자는 주장에 대한 반론에 해당한다.

ㄴ. (X) A는 창작의 유인책이 제공되지 않으면 작품의 공급이 제한될 수 있기 때문에 작가에게 독점적 권리를 인정해야 한다고 보고 있다. 다만 A는 창작 비용을 회수할 수 있는 정도에서 독점적 권리를 1년으로 제한해야 한다고 주장하고 있을 뿐이다. 만약 어떤 원인에 의해 재화의 공급이 제한될 경우 그러한 재화는 소비해도 줄지 않는 재화가 아니게 된다. A는 독점적 권리가 희소한 재화에 대해서만 인정된다는 입장이므로, 그 재화에 대한 독점적 권리를 인정할 수 있다면 이는 A의 견해와 부합되는 것으로 설득력을 낮추지 않는다.

ㄷ. (X) B는 당사자가 출판사와 자유롭게 계약을 체결하는 것을 자연적 권리로 인정하는 입장이므로, 계약 체결은 당사자가 결정해야 한다는 진술은 B의 설득력을 높이게 된다.

08 ④

난이도 ★☆☆☆☆

유형 논쟁 및 반론 – 법·규범

핵심 체크 채무 이행의 세 가지 방법을 파악하고 문제 해결을 위해 선택할 수 있는지 묻는 문제이다. 제시된 상황은 A 또는 C 방법이 가능하다. B 방법은 금전이나 물건 등을 주어야 하는 채무에 해당하는데, 지문에 나타나는 것은 그러한 상황이 아니기 때문이다.

해설 사실 관계에서는 두 가지의 시점이 나타난다. 우선 시장개방 전에는 통신회사가 X회사 하나밖에 없으므로 A방법으로는 문제 해결이 어렵다. A방법은 채무자의 비용으로 채권자 또는 제3자에게 행위를 하도록 하는 것(대체 강제)이다. 그런데 통신서비스는 채권자 스스로 할 수 없는 일이며, 이를 행할 수 있는 제3자도 없기 때문에 A는 아니다. 따라서 C방법으로만 강제이행으로 실행시킬 수 있다. 한편 시장개방 후에는 다수의 다른 통신회사가 설립되었으므로 이들을 통해 Y에게 X회사의 비용으로 통신서비스를 할 수 있다. 따라서 시장개방 후에는 A방법으로 문제 해결을 할 수 있다. 물론 시장개방 후에도 C방법을 사용할 수 있지만, 이는 최후의 수단이므로 A방법을 사용해야 한다.

09 ④
난이도 ★★☆☆☆

유형 언어 추리 - 법·규범

핵심체크 세 가지의 교부금의 성격을 파악하고 비교 추리할 수 있는지 묻는 문제이다. 세 가지의 교부금의 성격을 정리하면 다음과 같다.
(1) 동액교부금: 모든 지방자치단체에 동일 금액 지급
(2) 동률교부금: 자체수입금에 비례하는 금액 지급
(3) 보통교부금: 재정부족분만큼 지급

해설 ㄱ. (X) 보통교부금은 재정부족분만큼 지급하는 것이다. 그렇기에 불교 부담세를 제외한 지방자치단체는 자체수입금이 부족하더라도 총지출규모만큼 보충해주기 때문에 최대의 재정적 노력을 기울일 필요를 느끼지 않을 것이다.
ㄴ. (O) 보통교부금은 부족한 부분을 지급해 주는 것으로 재정부족분이 많이 발생하는 갑이 을에 비해 더 많이 받는다. 이때 총지출규모가 동일하기에 을이 갑보다 자체수입금이 높다. 그런데 동률교부금은 자체수입금에 비례하여 지급받기에 을이 갑에 비해 언제나 더 많이 받는다.
ㄷ. (O) 총지출규모와 자체수입금액이 같을 경우, 동액교부금은 획일적으로 동일 금액이 지급되며 동률교부금은 자체수입금에 비례하는데 이 금액이 같기 때문에 동일 금액이 지급된다. 또한 보통교부금도 총지출규모에서 자체수입금액을 뺀 금액이 지급되기에 역시 동일한 금액을 지급받을 것이다.

10 ④
난이도 ★★★☆☆

유형 논쟁 및 반론 - 법·규범

핵심체크 시위 사건에 대한 세 사람의 논쟁을 분석하는 문제이다. 남성 우월주의 단체의 시위에 대한 세 사람의 근거와 주장을 정리하면 다음과 같다.
• 갑: 다른 사람에게 직접적인 물리적 위해를 줄 것이 분명히 예상되는 경우를 제외하곤 가능하다.
• 을: 공동체 구성원 다수가 비도덕적이라고 여기는 가치를 떠받드는 행위는 금지해야 한다.
• 병: 다른 사람에게 불쾌하게 받아들여지는 시위는 금지해야 한다.

해설 ㄱ. (X) 갑의 경우 시위대가 시민들로부터 물리적 위해를 받을 경우 시위자를 공격하는 사람의 행위를 막으면 시위가 가능하다는 입장이다. 따라서 그러한 요소가 시위 허용 여부를 결정하지는 않는다. 갑은 '직접적으로 타인에게 물리적 위해를 줄 것이 분명히 예상되는' 경우에만 시위 허용이 안 된다는 입장이기 때문이다. 또한 을도 물리적 충돌이 생기는 것은 문제의 핵심이 아니며 비도덕적 견해를 지지하는가 여부가 기준이라고 진술하기에 역시 물리적 위해 여부가 기준은 아니다. 따라서 갑과 을은 이에 대해 의견을 같이한다.

ㄴ. (O) 을은 다수의 윤리적 판단이 시위 허용 여부의 기준이라 생각하나, 병은 불쾌하게 받아들여지는지가 기준이기에 이에 대해 서로 다른 의견을 가지고 있다.
ㄷ. (O) 갑은 다른 사람에게 직접적인 물리적 위해 여부가 시위 허용의 기준이다. 한편 병은 불쾌하게 받아들여지는지가 기준으로 마지막 진술에서 사람들의 눈에 잘 띄지 않는 장소나 시간에 일어나는 시위에 대해서는 수용하고 있다. 따라서 병은 불쾌하게 여길 사람이 시위를 회피할 수 있을 가능성이 시위 허용 여부를 결정하는 데 중요한 요소가 된다. 결국 갑과 병은 이에 대해 서로 다른 의견을 가지고 있다.

11 ⑤
난이도 ★★★★☆

유형 평가 및 문제 해결 - 인문

핵심체크 도덕적 행위에 있어서 유용성의 원리가 의미하는 세 가지 견해를 분석하는 문제이다. 유용성의 원리에 대한 세 견해를 정리하면 다음과 같다.
• A: 한 행위가 그것과 관련되는 사람들의 행복을 증가 또는 감소시키는가에 따라 결정된다.
• B: 개별 행위보다 행위 규칙과 연관되어야 한다.
• C: 하나의 통일적 삶 전체 안에서만 판단되고 적용된다.

해설 ㄱ. (O) A에게 행위의 도덕성은 행위가 그것과 관련되는 사람들의 행복 증가가 기준이다. 따라서 한 명의 전우를 적진에서 구하기 위해 두 명의 전우가 죽음을 무릅쓰는 행위는 관련된 사람들의 행복을 증가시킬 수 있기에 도덕적일 수 있다. 또한 B의 행위 규칙이 전우의 죽음을 묵인해서는 안 된다는 것일 경우 위 행위는 도덕적일 수 있다.
ㄴ. (O) 거짓말을 하는 행위가 그것과 관련되는 사람들의 행복을 증가시킨다면 A의 견해에 의해 옳을 수 있다. 또한 전체적인 삶의 맥락에서 선의의 거짓말과 같이 옳을 수 있다. 때문에 A뿐 아니라 C의 견해에도 부합할 수 있다.
ㄷ. (O) A, B, C 각자는 유용성의 원리가 의미하는 바에 대해서는 서로 다른 견해를 지니고 있으나 도덕적 판단의 기준으로 고려한다는 점은 일치한다.

12 ③
난이도 ★★☆☆☆

유형 논쟁 및 반론 - 인문

핵심체크 죽음에 대한 판단 기준을 제시하는 견해에 대해 반론할 수 있는지 묻는 문제이다. ㉠의 수정된 견해는 죽음은 인지 기능의 영구적 정지를 의미한다는 것이다. 이에 대한 반론을 찾아야 한다.

해설 ㄱ. (O) ㉠에 의하면, 철수는 2시부터 잠을 자다가 죽음에 이른 것으로 이는 인지 기능의 영구 정지에 해당할 수 있다. 그러나 이러한 지속적인 인지 기능 정지 상태에서도 2시부터 3시 사이에 일어났을 수 있기 때문에 이 시기에 인지 기능 정지를 죽음으로 볼 수 없다. 따라서 ㉠에 대한 반론으로 적절하다.
ㄴ. (O) 부활이 모순 개념이 아니라는 전제가 있을 경우, 부활 사건은 인지 기능의 정지가 기준이 될 수 없다는 것을 보여주는 반례가 된다.
ㄷ. (X) ㉠에 의하면, 주문에 걸려서 인지 기능이 정지된 상태는 다시 인지 기능이 돌아올 수 있기 때문에 영구적인 정지로 보기 어렵다. 이러한 내용은 수정되기 이전의 이론에 대한 반론은 될 수 있지만, ㉠에 대한 반론은 될 수 없다.

13 ③

난이도 ★☆☆☆☆

 유형 언어 추리 – 인문

핵심 체크 디오게네스의 고전으로부터 추론하는 문제이다. 지문에서는 존재하는 것을 세 가지로 구분하고 있다. '좋은 것'으로 분별력과 정의를, '나쁜 것'으로 우매함과 부정의를 들고 있다. 그리고 '좋은 것도 나쁜 것도 아닌 것'으로 건강, 즐거움, 재물, 명예, 질병, 고통, 가난, 불명예를 제시하고 있다.

해설 ① (O) 질병은 좋은 것도 나쁜 것도 아닌 것으로 분류하고 있기에 옳은 추론이다.

② (O) 좋은 것도 나쁜 것도 아닌 부류인 재물은 그것을 얻는 과정에서 행복하거나 불행할 수 있다고 진술되어 있기에 옳은 추론이다.

③ (X) 나쁜 것도 좋은 것도 아닌 것이 있기에 나쁜 것이 아니라고 해서 반드시 좋은 것이라고 할 수 없다.

④ (O) 건강과 재물은 좋게 사용될 수도 또한 나쁘게 사용될 수도 있는 것으로 좋은 것이 아니라고 서술되어 있다.

⑤ (O) 분별력은 좋은 것으로 나쁘게 사용될 수 없는 부류이다.

14 ①

난이도 ★★★★☆

 유형 논증 분석 – 인문

핵심 체크 조건적 문장 파악, 논지 및 함축된 내용, 구조 파악에 관한 문제이다. 지문에서 필자는 인간의 행위가 자유로운 선택에 의한 행위라는 것에 의문을 제기하며 논의를 전개하고 있다. 쟁점을 파악하고 논의과정에서 함축된 요소를 찾고, 논증에 대한 평가가 이루어져야 한다.

해설 ㄱ. (X) 지문에서는 자유로운 선택의 결과일 때에만 도덕적 책임을 진다고 나타난다. 이는 '자유로운 선택의 결과가 아니라면 도덕적 책임을 지지 않는다'를 의미한다. 이는 자유로운 선택에 의한 행위는 도덕적 책임을 지기 위한 필요조건임을 의미할 뿐, 충분조건을 의미하지는 않는다. 따라서 자유로운 선택에 의한 것이지만 도덕적 책임을 지지 않는 행위를 부정하지는 않는다.

ㄴ. (O) 지문에 나오는 논증 중 다음의 내용이 있다.
[전제] 사실이 아닌 어떤 것을 알 수는 없다.
[생략된 전제] 우리가 무언가를 안다는 것은 그것이 참임을 함축한다.
[결론] 만약 우리가 우리의 의지가 자유롭다는 것을 정말로 안다면, 우리의 의지가 자유롭다는 것은 참일 수밖에 없다.

ㄷ. (X) 이 글의 논지는 우리가 자유롭게 행위한다고 느낀다는 것이 우리가 실제 자유롭다는 점을 입증하지는 못한다는 것이다. 그것은 단지 우리 행위의 원인에 대한 인식이 이루어지지 못했음을 보여줄 뿐이다. 따라서 많은 행위들이 인과 법칙적으로 설명할 수 있다고 해도 논지를 약화하지는 못한다.

15 ⑤

난이도 ★☆☆☆☆

 유형 논증 분석 – 논리학·수학

핵심 체크 논점 선취의 오류를 내용으로 한 논증 분석 문제이다. 지문에서는 경험에 근거하여 필연적으로 도출되는 추리는 논점 선취의 오류(assumptio non probata)에 빠진다고 평가하고 있다. 논점 선취 오류는 부당 가정의 오류(hysteron proteron), 선결문제요구의 오류(petitio principii), 순환논증의 오류(circulus in probando)를 말한다. 즉 지문에서 지적하는 바는 과거의 경험과 미래의 경험이 똑같을 수 없는데, 이를 가정으로 하여 논의를 진행하고 있다는 것이다. 이를 통해 귀납적 정당화의 논의에 대한 비판을 시도하고 있다.

해설 ㄱ. (O) 다음의 논증 구조를 통해 옳은 진술임을 알 수 있다.
[가정] ⓒ 미래가 과거와 똑같다.
[전제] ㉠ 내가 이전에 먹었던 빵은 나에게 영양분을 제공하였다.
∴ [결론] ㉡ 미래에 먹을 빵도 반드시 나에게 영양분을 제공할 것이다.

ㄴ. (O) ⓒ이 거짓일 경우 이후 진행되는 논의에서 필자는 모든 경험은 소용없으며 아무런 추리도 할 수 없다고 말하고 있다. 따라서 옳은 진술이다.

ㄷ. (O) 지문에서는 경험을 근거로 하는 어떠한 논증도 미래가 과거와 똑같을 것이라는 점을 증명할 수 없다고 주장하기에 옳은 진술이다.

16 ③

난이도 ★★★★★

 유형 논쟁 및 반론 – 논리학·수학

핵심 체크 인과관계의 원리 및 논증의 구조를 파악하는 문제이다. 원인 파악에 대한 철수가 받아들이는 두 원리는 다음과 같다.
• 원리A: 원인이 발생하지 않았다면 결과도 발생하지 않았을 것이다.
• 원리B: 원인의 연쇄성
위 원리에 의해 철수는 자신이 접시를 깬 원인이 수지에 있다고 주장하며, 수지는 이에 대해 반례를 제시한다.

해설 ㄱ. (O) 원리A에 대한 반례에 해당하기에 옳은 진술이다.

ㄴ. (X) 철수의 추론은 다음과 같은 연쇄를 지닌다.
1. [결론: 원인 파악] 수지가 자신에게 전화를 건 사건은 철수가 깜짝 놀란 사건의 원인이다.
[전제] 원리A 적용 – 수지가 자신에게 전화를 걸지 않았더라면, 철수가 깜짝 놀라지 않았을 것이다.
2. [결론: 원인 파악] 철수가 깜짝 놀란 사건은 철수가 접시를 깬 사건의 원인이다.
[전제] 원리A 적용 – 철수가 깜짝 놀라지 않았더라면, 철수가 접시를 깨지 않았을 것이다.
3. [결론: 원인 파악] 수지가 자신에게 전화를 건 사건은 철수가 접시를 깬 사건의 원인이다.
[전제] 원리B 적용 – 수지가 자신에게 전화를 건 사건이 철수가 깜짝 놀란 사건의 원인이고, 철수가 깜짝 놀란 사건이 철수가 접시를 깬 사건의 원인이라면, 수지가 자신에게 전화를 건 사건이 철수가 접시를 깬 사건의 원인이다.
이와 같이 철수가 사용한 [전제]에 '수지가 자신에게 전화를 걸지 않았더라면, 자신은 접시를 깨지 않았을 것이다.'라는 전제를 사용하지는 않았다. 이는 철수의 추론의 결론으로 볼 수 있을 뿐이다.

ㄷ. (O) 수지는 원리A에 의해 '내가 폭탄을 제거한 사건'이 '네가 출근한 사건'의 원인이라고 추론하고 있다. 따라서 수지는 원리A를 적용하여 '내가 폭탄을 제거하지 않았더라면, 철수는 출근하지 못했을 것'이라는 전제를 사용하고 있다.

17 ④

난이도 ★☆☆☆☆

 유형 논쟁 및 반론 – 인문

핵심 체크 논쟁의 가정을 파악 및 평가하고 논증의 오류를 파악하는 문제이다. 을은 진열장과 그 부품들의 성질이 다르기 때문에 진열장과 그 부품들의 가격을 따로 지불해야 한다는 주장을 하고 있다. 이에 대한 논증 평가 및 분해 및 소급적 오류에 대한 적용을 해야 한다.

해설 ㄱ. (O) 을의 두 번째 진술을 논증으로 구성하면 다음과 같다.

[근거] 진열장과 그 부품들은 성질이 다르다.

[가정] 서로 다른 성질을 지녔다면 서로 다른 사물이다.

[주장] 둘은 별개의 사물이다.

ㄴ. (X) 부품이 진열장 가치의 대가에 포함되어 있다면 을의 논증은 약화된다.

ㄷ. (O) 부품들의 부품까지에도 가격을 설정할 경우, 구성 요소를 무한히 소급하여 적용할 수 있는 소급 오류가 발생할 수 있으므로 옳은 평가이다

18 ③

난이도 ★☆☆☆☆

유형 평가 및 문제 해결 – 인문

핵심 체크 세 가지 견해를 정리하면 다음과 같다.

- A: not 타인 손해 → not 국가간섭 정당화, 타인 손해 → 국가간섭 정당화
  - 타인 침해 행위는 국가간섭 정당화를 위한 필요충분조건
- B: 타인 손해일 때만 국가간섭 정당화
  - 타인 침해 행위는 국가간섭 정당화를 위한 필요조건
- C: 타인 손해 or 타인 손해 가능성 → 국가간섭 정당화
  - 타인 침해 행위는 국가간섭 징당화를 위한 충분조건

해설 ① (O) A와 B 모두 타인에 손해를 입힐 경우에 국가의 간섭이 가능하다. 그런데 B는 그러한 경우에도 국가의 간섭이 정당화되지 않을 수 있다는 견해이다. 따라서 A가 B보다 국가의 간섭 정당화 범위를 넓게 잡고 있다.

② (O) A는 타인에 침해를 입히는 행동에 대한 국가의 간섭에 대해서만 인정하고 있다. 그러나 C는 그뿐만 아니라, 침해할 가능성까지도 국가의 간섭 정당화 범위로 삼아 A보다 더 넓게 잡고 있다.

③ (X) A는 타인에게 손해를 입히는 행동 모두 국가의 간섭이 정당화된다고 주장한다. 그러나 B는 타인에게 손해를 입히는 행동에 대한 국가의 간섭이 언제나 정당화되지는 않는다고 주장한다. 그런데 오직 자신에게만 영향을 주는 행동이 있을 수 없다고 해도 타인에게 손해를 입히는 행동이나 국가간섭이 정당화되지 않는 행위가 있을 수 있기 때문에 A와 B가 같은 견해가 될 수는 없다.

④ (O) A와 B 모두 타인에게 손해를 입히지 않은 행위는 국가의 간섭이 정당화되지 않는다는 입장이므로 국가가 간섭하는 행위는 다른 사람에게 손해를 입히는 행위가 된다.

⑤ (O) A와 C 모두 타인에게 손해를 입힌 행동에 대한 국가의 간섭이 정당하다는 입장이므로 옳은 진술이다.

19 ③

난이도 ★★★☆☆

유형 논증 분석 – 인문

핵심 체크 논증의 구조를 분석하는 문제로 지문에서는 홉스의 사회계약설에 근거한 내용이 나타나고 있으며, 복합적인 논증의 근거와 주장에 대한 파악이 요구된다. 연쇄 논증을 논증 다이어그램으로 표현하면 다음과 같다.

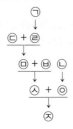

해설 ① (O) ㉠에서 자연권은 모든 개인에게 동등하게 보장된 것으로 제시된다. 이에 의거하여 ㉣에서는 자신의 생명 보존을 위해 사용할 권리가 있다는 것을 추론할 수 있다.

② (O) ㉢과 ㉣로부터 결론 지시어를 통해 ㉤이 도출됨을 알 수 있다.

③ (X) ㉤과 ㉥으로부터 ㉦이 도출된다.

④ (O) 자연법적 규정으로부터 ㉧이 도출된다.

⑤ (O) 결론 지시어를 통해 하나의 논증적 구조를 파악할 수 있다.

20 ⑤

난이도 ★★★☆☆

유형 형식적 추리 – 논리학·수학

핵심 체크 제시된 정보로부터 타당한 진술을 추리하는 능력을 측정하는 문제이다. 지문의 내용을 정리하여 기호화하면 다음과 같다.

(Lx: x는 변호사이다, Ax: x는 회계사이다, Mx: x는 경영학 전공자이다, Ux: x는 남자이다, Wx: x는 여자이다)

1. $(\forall x)[(Lx \lor Ax) \rightarrow Mx]$
2. $(\forall x)[(Mx \& Ux) \rightarrow Lx]$
3. $(\forall x)[(Mx \& Wx) \rightarrow \sim Ax]$
4. $(\exists x)(Ax \& Lx)$
5. [생략된 전제] $(\forall x)(Wx \lor Ux)$

해설 ① (O) $\sim(\exists x)(Wx \& Ax)$

6. $Ax \rightarrow Mx$	1. 보편 예화, 분리논법
7. Ax	4. 분리논법
8. Mx	6.7. 긍정논법
9. $Ax \& Mx$	7.8. 연언논법
10. $Ax \rightarrow \sim(Mx \& Wx)$	3. 보편 예화, 대우
11. $Ax \rightarrow (\sim Mx \lor \sim Wx)$	10. 드 모르간 법칙
12. $(Ax \rightarrow \sim Mx) \lor (Ax \rightarrow \sim Wx)$	11. 동치
13. $(Ax \rightarrow \sim Wx)$	9.12. 선언논법
14. $Wx \rightarrow \sim Ax$	13. 대우
15. $(\forall x)(Wx \rightarrow \sim Ax)$	14. 보편 일반화
16. $\sim(\exists x)(Wx \& Ax)$	15. 양화적 동치

② (O) $(\exists x)(Ax \& Ux)$

17. $Wx \lor Ux$	5. 보편 예화
18. $\sim Wx \rightarrow Ux$	17. 단순함언
19. $Ax \rightarrow Ux$	13.18. 조건삼단논법
20. Ux	7.19. 긍정논법
21. $Ax \& Ux$	7.20. 연언논법
22. $(\exists x)(Ax \& Ux)$	17. 존재 일반화

③ (O) $(\forall x)(Ax \rightarrow Lx)$

23. $Ax \rightarrow (Mx \& Ux)$	6.19. 결합
24. $(Mx \& Ux) \rightarrow Lx$	2. 보편 예화
25. $Ax \rightarrow Lx$	23.24. 조건삼단논법

④ (O) $(\forall x)[(Ax \& Lx) \rightarrow Ux]$

26. $(Ax \rightarrow Ux) \lor (Lx \rightarrow Ux)$	19. 부가논법
27. $(Ax \& Lx) \rightarrow Ux$	26. 동치
28. $(\forall x)[(Ax \& Lx) \rightarrow Ux]$	27. 보편 일반화

⑤ (X) $(\forall x)[(Mx \& Ux) \rightarrow (Ax \& Lx)]$

= $[(Mx \& Ux) \rightarrow (Ax \& Lx)]$ 　보편 예화

= $[(Mx \& Ux) \rightarrow Ax] \& [(Mx \& Ux) \rightarrow Lx]$ 분리논법

$[(Mx \& Ux) \rightarrow Lx]$: 24.에 의해 참

$[(Mx \& Ux) \rightarrow Ax]$에 대해서는 알 수 없음

유형 　논리 게임 – 논리학·수학

핵심
체크 　조건에 따라 자리배치를 할 수 있는지 측정하는 문제이다. 제시된 조건에서 확실한 정보는 마지막의 G가 6호이고 그 옆방인 7이 비어 있다는 것이다. 또한 세 번째 진술과 다섯 번째 진술로부터 A, B, C에 대한 위치를 다음의 두 가지 경우로 생각할 수 있다.

(1)	(2)
B	빈방
A	C
C	A
빈방	B

- (1)의 경우는 불가하다. 왼쪽에 위치할 경우 B와 마주 보는 방이 빈방이어야 하는데, 6번에 G가 위치하고 있으며, 오른쪽에 위치할 경우에도 C의 옆방이 빈방이어야 하는데, 10번 방은 빈방이 아니기 때문이다.
- (2)의 경우 오른쪽에 올 수는 없다. 왜냐하면 D와 E가 마주 보는 방이 있을 수 없기 때문이다. 따라서 (2)가 왼쪽에 오는 경우만 가능하며 이를 정리하면 다음과 같다.

1호 X		6호 G
2호 C		7호 X
3호 A		8호 F
4호 B		9호 X
5호 D/E		10호 E/D

해설 　D의 방은 10호가 될 수도 있고 5호가 될 수 있기에 옳지 않다.

22 ② 　　　　　　　　　　　　　　　　　난이도 ★★★☆☆

유형 　논리 게임 – 논리학·수학

핵심
체크 　정보로부터 추리하여 배열하는 퍼즐 문제이다. 지문에서는 설치의 순서에 대한 정보가 나타난다. 월요일부터 금요일까지 하나씩 설치하므로 우선적으로 시간적 배열은 다음과 같은 그림을 토대로 삼아야 한다.

월	화	수	목	금

첫 두 정보로부터 금요일에는 동양화가 설치되지 않고 수요일과 금요일에 대형 전시실에 설치한다는 것을 알 수 있다. 이를 표시하면 다음과 같다.

월	화	수(대형)	목	금(대형)
				동양화

세 번째 정보는 다음의 조합으로 표시할 수 있다.

조각		(소형) 사진

위와 같은 조합은, 수요일과 금요일이 대형 전시실에 설치해야 하므로 화요일과 목요일에 배치되어야 한다. 이를 정리하면 다음과 같다.

월	화	수(대형)	목(소형)	금(대형)
	조각		사진	동양화

네 번째 정보 역시 다음과 같은 그림이 되어야 함을 보여준다.

기획		대형

이때 금요일에는 이미 설치가 확정된 조각, 사진, 기획이 배제되며, 조건에 의해 동양화도 배제된다. 따라서 설치될 수 있는 것은 서양화밖에 없게 된다. 이 경우 기획이 올 수 있는 곳은 월요일이거나 수요일이 되며, 나머지 동양화는 월요일 또는 수요일이 된다.

월	화	수(대형)	목(소형)	금(대형)
기획/동양화	조각	동양화/기획	사진	서양화

그런데 기획이 수요일에 올 경우 다음다음날인 금요일에 서양화가 설치되어야 하는데, 마지막 정보에서 기획의 다음다음날에 오는 대형 전시실 옆에 서양화가 전시되므로 조건에 어긋난다. 따라서 수요일에 기획이 올 수 없다. 결국 월요일에는 기획, 수요일에는 동양화가 설치되어야 한다. 이를 정리하면 다음과 같다.

월	화	수(대형)	목(소형)	금(대형)
기획	조각	동양화	사진	서양화

해설 　ㄱ. (X) 서양화는 금요일이므로 옳지 않다.
ㄴ. (X) 마지막 정보에 의하면, 기획전시 작품 설치한 다음다음날 설치한 동양화 전시실 옆 전시실에 서양화가 전시된다고 했다. 따라서 동양화 전시실과 서양화 전시실은 옆에 있게 되므로 옳지 않다.
ㄷ. (O) 대형이 3개, 소형이 2개인데, 월요일과 화요일의 전시실이 대형인지 소형인지는 확정되지 않았다. 이때 월요일 기획전시가 소형 전시실이라면, 나머지 화요일에 설치한 조각 전시실은 대형이 되어야 한다.

23 ① 　　　　　　　　　　　　　　　　　난이도 ★☆☆☆☆

유형 　평가 및 문제 해결 – 사회

핵심
체크 　기온과 공격성 사이에 나타나는 상관관계 및 인과에 대한 세 가지 견해에 대해 강화 및 약화할 수 있는지 평가하는 문제이다. 제시된 세 견해를 정리하면 다음과 같다.
- A: 기온과 공격성 사이에는 (+)의 상관관계가 있다.
- B: 역 U자의 관계가 있다.
- C: 기온이 공격 행동을 유발하는 원인은 아니다. 단지 공격 기회가 기온에 따라 달라져 나타나는 관계일 뿐이다.

해설 　ㄱ. (O) 기온이 높을수록 공격 행동이 나타나는 것이므로 A를 강화한다.
ㄴ. (X) B는 중간 정도의 기온에서 공격성이 많이 나타난다는 견해이다. 그런데 한여름 낮 기온이 30도가 넘는 상황에서 냉방 장치가 가동되는 곳이 냉방 장치가 가동되지 않은 곳보다 폭력 범죄가 더 많이 발생한다는 연구 결과는 B의 주장에 부합한다. 따라서 B가 약화되지 않는다.
ㄷ. (X) 주어진 사례는 기온의 차이에 의해 폭력 범죄의 양상이 달라지는 것이 아니라, 사람들의 다수에 따라 달라짐을 보여주고 있다. 따라서 C를 약화하지 않는다.

24 ⑤ 　　　　　　　　　　　　　　　　　난이도 ★☆☆☆☆

유형 　논쟁 및 반론 – 사회

핵심
체크 　과학적 탐구에서 나타나는 오류에 대해 분석할 수 있는지 묻는 문제이다. 지문에서는 세 가지의 오류에 대해 다루고 있다.
- A 오류: 집단, 무리, 체제 등의 생태학적 단위의 속성에 대한 판단으로부터 그 단위를 구성하는 개인들의 속성에 대한 판단을 도출하는 경우(분해의 오류)

- B 오류: 편견이나 선입견으로부터 특정 집단의 성향을 연결하는 오류
- C 오류: 집단의 규모를 고려하지 않은 채, 발생 건수를 기준으로 속단하는 통계적 오류

[해설] ㄱ. (O) 나이 여부 및 여성이라는 생태학적 단위 속성의 판단으로부터 젊은 사람이라는 개인들의 속성에 대한 판단을 도출하는 A 오류에 해당한다.

ㄴ. (O) 외국인과 내국인 사이의 범죄 증가만으로 피해자와 가해자에 대해서 알 수 없다. 이는 편견 및 선입견에 의한 B 오류에 해당한다.

ㄷ. (O) 집단의 그기기 다를 수 있디는 깃을 고려하지 않고 단순히 행위 발생 건수로부터 속단하는 C 오류에 해당한다.

25 ①

난이도 ★☆☆☆☆

[유형] 평가 및 문제 해결 - 사회

[핵심체크] 사실에 대한 관계를 파악하는 견해들을 분석할 수 있는지 묻는 문제이다. 교사의 기대와 실제 학생의 성적 간의 관계에 대해 두 견해가 대립하고 있다. 두 견해를 정리하면 다음과 같다.

- A의 견해
  [주장] 교사의 기대 효과는 교사와 학생 간 상호작용을 통해 실현된다.
  [근거] 교사의 긍정적·부정직 행동은 학생의 학업 관심 및 노력에 영향을 미친다.
- B의 견해
  [주장] 학생의 성적은 지적 능력에 대한 교사의 정확한 예측을 반영한다. 교사의 기대 효과는 없다.
  [근거] 교사는 정보나 상징적 상호작용을 통해 기대를 형성한다.
  [근거] 과거의 교육 경험에 기반을 둔 기대는 매우 예측력이 높다.

[해설] ㄱ. (O) A의 견해에서는 높은 기대와 관심의 영향으로 긍정적 효과인 학습 성적 향상이 나타나며, 그렇지 못할 경우 부정적 효과가 나타난다는 견해이므로 이를 강화한다.

ㄴ. (X) B의 견해는 교사의 과거 경험에 의한 정확한 예측에 의한 산물이라는 주장이다. 그런데 경험이 많은 교사 사이에서 기대 수준과 성적의 편차가 경험이 적은 교사들 사이에서보다 더 클 경우, B는 강화될 수 없다. B에 의하면, 교육 경험이 많을수록 교사의 예측 정확성이 높기 때문에 그들 간의 편차가 작을 것이기 때문이다.

ㄷ. (X) 주어진 결과는 교사의 기대와 학생들의 성적 간에 유의미한 관계가 있다는 것을 말해준다. 그런데 이러한 관계는 A와 B 모두에서 전제되는 사실이다. A와 B는 그러한 결과가 나타나는 이유에 대해 서로 다른 견해를 지니고 있을 뿐이다.

26 ③

난이도 ★☆☆☆☆

[유형] 논쟁 및 반론 - 사회

[핵심체크] 비판적 논의에 있어서 암묵적 요소를 분석하는 문제이다. 지문에서는 우선 덕 윤리학의 견해를 소개하고 있다. 이에 따르면, 덕을 갖춘 사람은 특정한 성격 특성을 가지고 있는 복합적인 심리적 경향을 지닌 사람이다. 이에 대해 실험 결과를 통해 필자는 비판하고 있다.

[해설] ㄱ. (O) 비판의 논증을 재구성하면 다음과 같다.
[근거] 실험 결과는 덕 윤리학이 주장하는 성격 특성이란 존재하지 않음을 보여준다.
[암묵적 가정] 어떤 이론이 가정하고 있는 중심 요소가 실제로 존재하지 않는다면, 그 이론에는 심각한 문제가 있다.

[주장] 덕 윤리학은 올바른 윤리 이론일 수 없다.
위 논증을 기호화하면 다음과 같다.
P: 덕 윤리학이 주장하는 성격 특성이 실제로 존재한다.
Q: 덕 윤리학은 올바른 윤리 이론이다.
1. [전제] ¬P
2. [암묵적 전제] ¬P → ¬Q
3. [결론] ¬Q
따라서 옳은 분석이다.

ㄴ. (X) 필자는 덕 윤리학에서 말하는 복합직 경향성이라는 심적 특성을 지녔다고 해서 올바른 행동을 하는 것이 아닌, 상황에 따라 올바른 행동이 나타날 수 있다는 점을 지적하고 있다. 따라서 진술에서처럼 상황에 크게 좌우된다면 좋은 삶을 영위할 수 없다고 가정한 것은 아니다.

ㄷ. (O) 필자는 비판에서 실험 결과를 통해 일관되지 못한 행동임을 보여주며 자신의 견해를 밝히고 있다. 이를 정리하면 다음과 같다.
[가정] 덕 윤리학이 주장하는 친절함의 덕을 지닌 사람이라면 여러 상황 하에서 일관되게 친절한 행동을 하는 성향을 가질 것이다.
[실험 해석] 일관적으로 윤리행위가 발휘되지 않는다.
[결론] 덕 윤리학은 올바른 윤리 이론일 수 없다.
위 논증을 기호화하여 정리하면 다음과 같이 타당한 논증이 되기에 옳은 분석이다.
A: 덕 윤리힉은 올바른 이론이다.
B: 여러 상황 하에서 일관되게 친절한 행동을 하는 성향을 갖는다.
1. [가정] A→B
2. [해석] ¬B
3. [결론] ¬A

27 ③

난이도 ★★★★☆

[유형] 논쟁 및 반론 - 사회

[핵심체크] 인간 행위의 이기적 성향과 효율적 행위에 대한 논변을 파악하는 문제이다. A와 B는 인간이 이기적인 존재이기에 이기적인 행위만을 한다는 것에 대해 서로 다른 견해를 가지고 있다. A는 이에 동의하지만, B는 그렇지 않다는 주장이다. 한편 C는 B의 사례에서 새로운 실험을 제안하여 이러한 논의에 대한 결과에 주목한다.

[해설] ㄱ. (O) B는 인간의 이기성을 부정하거나 이타성만을 주장하고 있지는 않다. A에 대한 반박으로서 B를 평가하면 B는 "인간의 행동에는 이기성만으로는 설명되지 않는 어느 정도의 이타성이 존재한다."고 주장하고 있다. 그런데 "변형된 실험"의 결과 이전 실험에서 40% 정도의 관대함을 보이던 갑의 역할을 하던 사람들이 을의 상황이 바뀐다고 10원만을 제안하는 이기성을 보인다면 이타성의 존재를 주장하는 B는 약화된다.

ㄴ. (X) 변형된 실험에서는 을이 갑의 제안을 거부할 수 없다는 것만 조건화되어 있다. 따라서 을이 이기적인 사람이든 아니든 관계없이, 갑이 이기적 존재라면 10원만을 제안할 것이며, B가 말하듯 갑이 이기적인 존재만은 아니라면 40% 이상의 몫을 제안할 수도 있다. 따라서 10원만을 제안할 것이라는 진술은 옳지 않다.

ㄷ. (O) 만약 결과가 10원만을 제시한 것으로 나왔을 경우, 을의 거부 가능성으로 인해 앞의 결과가 나타난 것으로 평가할 수 있다. 하지만, 여전히 갑이 을에게 40% 이상 제안하는 결과가 있었다면, B의 주장처럼 인간이 항상 이기적인 존재만은 아니라는 견해를 강화할 수 있다. 따라서 제안 결과가 B와 유사한지에 따라 을의 거부 가능성에 영향을 받는지 알아볼 수 있다.

유형 언어 추리 – 사회

핵심체크 애덤 스미스의 수요와 가격 변화에 대한 원리를 파악 및 추리하는 문제이다. 애덤 스미스의 이론에 의한 수요와 가격의 변화를 정리하면 다음과 같다.
(1) 상품의 양이 유효수요 초과
  • 지대: 토지 소유자는 토지의 일부를 사업으로부터 거둬들임
  • 임금(이윤): 노동 또는 자본의 일부를 줄임
  • 상품의 양 유효수요 만족
  ∴ 상품가격 자연율로 상승
(2) 상품의 양이 유효수요보다 적음
  • 지대: 더 많은 토지를 제공
  • 임금(이윤): 더 많은 노동과 자본 사용
  ∴ 상품가격 자연율 수준으로 하락

해설 ㄱ. (O) 지대는 유효수요를 초과하는 경우 자연율 이하의 대가를 받을 수 없게 된다. 이때 소유자는 토지의 일부를 그 사업으로부터 거둬들여 유효수요를 만족시켜 자연율로 상승할 것이다. 또 반대의 경우 더 많은 토지를 제공하여 역시 자연율 수준으로 하락할 것이다. 결국 어떤 경우든 토지의 소유주들이 얻는 지대는 자연율로 상승 또는 하락하기에 옳은 추론이다.

ㄴ. (O) 임금 또한 자연율을 기준으로 조정될 것이다. 즉 상품의 양을 줄이거나 늘리기 위해 그 사업을 줄이거나 늘리기 위해 투입을 결정할 것이다. 따라서 자연율 수준을 안다는 이것이 노동 투입에 있어서 하나의 기준이 될 수 있다.

ㄷ. (X) 자동차 가격과 중간재인 철강 가격이 동시에 자연가격 이하로 떨어질 경우, 철강은 자동차의 생산 요소이므로 철강 가격의 하락으로 자동차의 생산 비용도 하락한다. 이때 철강 가격의 하락이 자동차 가격보다 더 하락할 경우 자본주에게는 이윤이 이전보다 증가하게 될 것이다. 그렇다면 자동차 산업의 소유주는 자본을 자동차 산업에서 회수하지 않을 것이다. 따라서 소유주가 자본을 자동차 산업에서 회수할 것이라고 추론한 것은 옳지 않다.

유형 논리 게임 – 사회

핵심체크 선호에 따른 투표 결과를 추리하는 문제이다. 제시된 투표에 대한 두 가지 방식을 정리하면 다음과 같다.
(1) 정직하게 투표: 선호도에 따른 투표
(2) 전략적 투표: 자신이 더 선호하는 후보가 선발되게 만들기 위한 투표, 가장 싫어하는 후보가 당선되는 것을 막는 투표

해설 ㄱ. (O) 갑, 을, 병은 각각 a1, a2, b를 선호하므로 최종 승자가 없게 된다. 이때 갑이 최종 결정을 할 경우 a1이 당선된다. 을은 b를 가장 싫어하므로 자신이 더 선호하는 a1에 전략적 투표를 할 것이다. 그런데 을의 2순위가 a1이기 때문에 전략적 투표를 할 유인은 없다. 한편 병은 a2를 가장 싫어하므로 a2에 투표하지 않고 2순위인 a1에 투표할 것이다. 따라서 어차피 a1이 당선되게 되므로 전략적 투표를 할 유인이 없다.

ㄴ. (X) A당의 두 후보를 대상으로 1차 선발할 경우 을이 a2가 아닌 a1을 선택해도 최종적으로 a1이 되기에 전략적 투표를 할 유인이 없다.

ㄷ. (X) A당이 선택되고 정직한 투표를 할 경우 a1이 당선될 것이다. 이때 b가 선발되기 위해서는 1차 투표에서 B당이 선택되어야 한다. 그런데 이때 갑은 자신이 1순위로 선호하는 a1이 당선된 것이기에 전략적 투표를 할 이유가 없다. 한편 을도 a2를 선호하기에 전략적 투표의 유인이 없으며, 병도 b를 선호하기에 전략적 투표를 할 유인이 없다. 결국 전략적 투표를 허용하더라도 1차 투표에서 A당이 선택될 것이며 여전히 a1이 선발될 것이다.

유형 언어 추리 – 과학기술

핵심체크 주어진 지문으로부터 나타나는 상관관계를 정리하면 다음과 같다.
(1) 정보의 양과 놀라움의 정도는 비례
(2) 놀라움의 정도와 예측의 정도는 반비례
(3) 확률과 예측의 정도는 비례

해설 ① (O) 정보의 양은 놀라움의 정도에 비례할 뿐, 사건의 내용과는 무관하다. 따라서 정보의 양이 서로 같다 하더라도 관찰한 사건은 다를 수 있다.

② (X) 확률은 예측에 비례하며 예측의 정도는 놀라움의 정도에 반비례한다. 따라서 놀라움의 정도는 확률에 반비례한다. 하지만 놀라움의 정도 차이도 확률의 차이에 반비례하는지는 알 수 없다. 예를 들어 A사건의 놀라움의 정도가 90, B사건의 놀라움의 정도가 20이라고 하면 A와 B의 놀라움의 정도의 차이는 70이다. 이때 A사건에 부여했던 확률은 놀라움의 정도와 반비례이므로 10, B사건의 확률은 마찬가지로 반비례하므로 80이 될 수 있다. 이 경우에도 확률의 차이는 70으로 놀라움의 정도의 차이와 동일할 수 있다. 따라서 반비례라고 말할 수 없다.

③ (O) 사건이 발생하거나 발생하지 않았을 때의 확률의 합은 1(100%)이다. 그런데 정보의 양과 놀라움의 정도는 비례하고 놀라움의 정도와 예측의 정도는 반비례하며, 예측의 정도는 확률과 비례하므로 정보의 양과 확률은 반비례한다. 그런데 사건이 발생하거나 발생하지 않으므로 각각의 사건에서 획득되는 정보의 양은 반비례한다.

④ (O) 필연적으로 사건이 발생할 것으로 예측하였고, 그 예측대로 사건이 발생하였기에 놀라움의 정도는 예측의 정도와 반비례한다는 것을 고려하면 놀라움의 정도는 최소가 된다. 또한 놀라움의 정도와 정보의 양은 비례하므로 정보의 양도 최소가 된다.

⑤ (O) 확률의 정도와 예측의 정도는 비례하며, 예측의 정도와 놀라움의 정도는 반비례한다. 따라서 서로 다른 확률을 부여할 경우 놀라움의 정도는 서로 다르다.

유형 언어 추리 – 과학기술

핵심체크 가설과 증거 판단의 기준인 논리적 함축과 확률적 분석 내용을 파악 및 적용하는 문제이다. 지문에서는 논리적 관계와 확률적 관계를 밝히고 있는데, 이를 정리하면 다음과 같다.
(1) 논리적 관계
  1. E는 H를 입증 ↔ H가 E를 논리적 함축
  2. E는 H를 반증 ↔ H가 E의 부정을 논리적으로 함축
  3. E는 H에 대해 중립 ↔ H가 E를 함축하지 않고 E의 부정도 함축하지 않음

(2) 확률적 관계

    4. E가 H를 입증 ↔ E가 H의 확률을 증가시킴

    5. E가 H를 반증 ↔ E가 H의 확률을 감소시킴

    6. E가 H에 중립 ↔ E가 H의 확률을 변화시키지 않음

위 관계들은 서로 간에 쌍조건적 관계 즉, 동치가 성립한다. 만약 E가 H를 논리적으로 입증할 경우 E는 H를 논리적으로 반증하지 않고 중립도 아니다. E가 H를 논리적으로 반증하지 않는다면, H는 E의 부정을 함축하지 않는다. 또한 중립이 아니라면, H는 E를 함축하거나 E의 부정을 함축한다. 그런데 앞의 진술에서 H는 E의 부정을 함축하지 않기 때문에 H는 E를 함축한다. 이를 기호로 표시하면 다음과 같다.

1) E가 H를 논리적 입증 → (¬E가 H를 논리적 반증 & ¬E는 H에 논리적 중립)

2) H가 E의 부정 함축 → E가 H를 논리적 반증(¬E가 H 논리적 반증 → ¬H가 E의 부정함축) 대우

3) (¬H가 E 함축 & ¬H가 E의 부정함축) → E는 H에 논리적 중립 (= ¬E는 H에 논리적 중립 → (H가 E 함축∨H가 E의 부정 함축)) 대우

4) E가 H 논리적 입증 [가정]

5) (¬E가 H를 논리적 반증 & ¬E는 H에 논리적 중립)   1).4). 긍정논법

6) ¬E가 H를 논리적 반증   5). 분리논법

7) ¬H가 E의 부정함축   2).6). 대우. 긍정논법

8) ¬E는 H에 논리적 중립   5). 분리논법

9) (H가 E 함축∨H가 E의 부정 함축)   3).8) 대우 긍정논법

10) H가 E 함축   7).9). 선언논법

이와 같은 방식으로 다른 관계도 모두 쌍조건적 관계로 동치이다.

(3) 관계: H가 E를 논리적으로 함축한다면 E는 H의 확률을 증가시킨다. (역 성립 안 됨)

해설 ① (O) E가 H를 논리적으로 반증하지 않고 중립적이지도 않다면, E는 H를 입증한다. E가 H를 논리적으로 입증할 경우 H는 E를 논리적으로 함축한다.[1] 또한 H가 E를 논리적으로 함축한다면 E가 H의 확률을 증가시킨다.[(3)] 이에 따라 E는 H를 확률적으로 입증한다.[4] 따라서 E는 H에 확률적으로 중립적이지 않다.

② (O) E가 H를 논리적으로 입증한다면, H는 E를 논리적으로 함축한다.[1] 이에 따라 H는 E의 부정의 부정을 함축한다. (H → ¬¬E) 따라서 E의 부정은 H를 반증한다.[2]

③ (O) E가 H를 논리적으로 반증한다면 E의 부정은 H를 논리적으로 입증한다.[2] E의 부정이 H를 논리적으로 입증한다면 H는 E의 부정을 논리적으로 함축한다.[1] H가 E의 부정을 논리적으로 함축한다면 E의 부정은 H의 확률을 증가시킨다.[(3)] E의 부정의 H의 확률을 증가시키면 E의 부정은 H를 확률적으로 입증한다.[4]

④ (O) E가 H를 확률적으로 중립적이라면, E는 H의 확률을 변화시키지 않는다.[6] E가 H를 확률적으로 입증하지 못하면 E는 H의 확률을 증가시키지 못한다.[4] E가 H의 확률을 증가시키지 못하면 H는 E를 논리적으로 함축하지 않는다.[(3)] H가 E를 논리적으로 함축하지 못하면, E는 H를 논리적으로 입증하지 못한다.[1]

⑤ (X) E가 H를 확률적으로 입증하지 않는다면, E는 H의 확률을 증가시키지 못한다.[4] E가 H의 확률을 증가시키지 않는다면, H는 E를 논리적으로 함축하지 않는다.[(3)] H가 E를 논리적으로 함축하지 않는다면, E는 H를 입증하지 못한다.[1] 그런데 논리적으로 입증하지 못하면 논리적으로 반증하거나 중립적이다. 따라서 논리적으로 반증한다는 것이 도출되지 않는다.

32 ④   난이도 ★★★☆☆

유형 언어 추리 – 과학기술

핵심 체크 함축 및 귀결 문제로 인과 가설에 있어서 대조 사례의 조건을 파악하는 문제이다.

인과 가설이 입증되기 위해서는 대조 사례가 있어야 하며, 대조 사례가 되기 위한 조건은 다음과 같다.

인과 가설: 속성 C는 속성 E를 야기한다.

→ C와 E 모두 가진 사례와 C와 E를 모두 결여한 사례(대조 사례)가 모두 있어야 한다.

• 조건 1) 두 사례는 C 존재 여부를 제외한 거의 모든 측면에서 유사하다.

• 조건 2) E를 설명할 때에 C보다 더 잘 설명하는 다른 속성은 없다.

• 조건 3) E의 결여를 설명할 때에 C의 결여보다 더 잘 설명하는 것은 없다.

해설 ㄱ. (X) 대조 사례가 되기 위해서는 유전자를 가지고 조현병에 걸린 사례와 유전자를 가지지 않고 조현병에 걸리지 않은 사례가 있어야 한다. 그러나 일란성 쌍둥이의 경우 이러한 사례에 해당되지 않는다.

ㄴ. (O) 조건 1)을 충족시키기 위해 옳은 진술이다.

ㄷ. (O) 조건 2)와 3)에 의해 "저탄수화물 식단이 체중 감소를 야기한다."는 것에 있어서 저탄수화물 식단보다 체중 감소를 더 잘 설명하는 가설은 없어야 한다. 따라서 총 식사량의 감소에 의해 더 잘 설명되어서는 않아야 한다.

33 ②   난이도 ★★★☆☆

유형 언어 추리 – 과학기술

핵심 체크 함축 및 귀결 문제로 생명체의 분류 기준과 관계를 파악하는 문제이다. 생명체의 분류 기준은 탄소를 얻는 방식과 에너지를 얻는 방식에 따라 구분된다.

(1) 탄소를 얻는 방식

• 독립영양생물: 이산화탄소로부터 탄소를 얻음

• 종속영양생물: 독립영양생물 혹은 다른 종속영양생물의 유기물로부터 얻음

(2) 에너지를 얻는 방식

• 광영양생물: 광합성을 통해 에너지를 빛으로부터 얻음

• 화학영양생물: 화학반응을 통해 에너지를 화합물로부터 얻음

위의 기준에 따라 분류표를 작성하면 다음과 같다.

분류	탄소 얻는 방식	에너지 얻는 방식
광독립영양생물	이산화탄소	빛에너지
광종속영양생물	유기물	빛에너지
화학독립영양생물	이산화탄소	화학에너지
화학종속영양생물	유기물	화학에너지

해설 ㄱ. (X) 서로 다른 방식으로 탄소와 에너지를 얻기에 옳지 못한 추론이다.

ㄴ. (X) 광독립영양생물이 모두 사라진다 해도 화학독립영양생물이 존재할 수 있다. 따라서 화학종속영양생물도 존재할 수 있기에 옳지 못한 추론이다.

ㄷ. (O) 빛이 닿지 않는 곳이기에 광영양생물은 아니며, 황화수소로부터 화학적 에너지를 통해 이산화탄소로부터 에너지를 얻기에 화학독립영양생물이다.

34 ②

유형 평가 및 문제 해결 – 과학기술

핵심 체크 가설을 파악한 후 이를 강화 및 약화할 수 있는지 평가하는 문제이다. 지문에서는 두 가지의 가설을 보여주고 있고, 사례를 통해 이러한 가설을 평가해야 한다. 두 가설을 정리하면 다음과 같다.
- A: 생명체는 게놈의 경제학을 통해 유전자가 필요 없을 경우 버린다.
- B: 진화적으로 가깝지 않은 서로 다른 종의 생물이 적응한 결과, 유사 형질이나 형태를 보이는 모습으로 진화했다.

해설 ㄱ. (X) 두 동물 모두 쓴맛 수용체 유전자의 개수가 줄어든 결과는 서로 가깝지 않은 다른 종들 간의 적응의 결과로 유사한 형질을 보이므로 (B)를 강화한다. 하지만 (A)를 약화하지는 않는다. (A)에서는 유전자가 필요 없을 경우 버린다는 것인데, 이를 약화하는 것은 유전자가 필요 없음에도 불구하고 버리지 않는다는 내용이 있어야 한다.

ㄴ. (O) 두 동물 모두 단맛 및 감칠맛 유전자에 돌연변이가 일어나 기능을 할 수 없게 되었다는 것은 필요 없는 유전자를 버린다는 (A)를 강화한다. 또한 서로 가깝지 않은 서로 다른 종들 간의 유사한 적응 결과이므로 (B)도 강화한다.

ㄷ. (X) 진화의 결과로 비타민C 합성 유진자의 기능을 할 수 없게 된 것은 유전자가 필요 없는 경우 버린다는 (A)를 강화한다. 그러나 서로 다른 종이 아닌 진화적으로 가까운 종들의 관계이기에 (B)와 무관하며 (B)를 약화하지 않는다.

35 ①

유형 언어 추리 – 과학기술

핵심 체크 원리와 실험 결과를 파악한 후 이를 가지고 추리할 수 있는지 평가하는 문제이다. 단백질 간의 상호 작용은, 2개의 단백질이 서로 결합하는 경우 직접적으로 결합하지만, 3개 이상의 서로 다른 단백질이 결합하여 상호 작용하는 경우 두 단백질 사이에 직접적인 결합이 존재하지 않을 수 있다. 이외의 정보는 다음과 같다.
(1) 단백질 A와 항체 X는 결합할 수 있다.
(2) 항체 Y는 항체 X와 결합할 수 있으며 자성을 가지고 있다.
실험 결과는 다음과 같다.
(1) 실험군(항체 X와 Y 첨가): A, B, C, D 검출
(2) 대조군(항체 Y만 첨가): B만 검출
(3) 항체 X는 A와 B에 직접 결합함

해설 ㄱ. (O) A, C, D가 자성을 가지고 있었다면, 대조군 실험에서 검출되었을 것이다. 그러나 대조군 실험에서 검출되지 않았으므로 자성을 갖지 않음을 추론할 수 있다.

ㄴ. (X) 대조군 실험에서 검출된 이유가 자성을 가진 것이기 때문인지는 알 수 없다. 대조군 실험에서 항체 Y와 직접 결합하기 때문에 검출된 것일 수도 있기 때문이다. 따라서 B가 자성을 가졌기 때문에 검출된 것인지 알 수 없다.

ㄷ. (X) 첫 단락에서 3개 이상의 서로 다른 단백질이 결합하여 상호작용하는 경우에는 이 중 두 단백질 사이에 직접적인 결합이 존재하지 않을 수 있다고 진술되어 있다. 예를 들어 A와 C가 직접 결합하고 C와 D가 직접 결합할 경우, D가 A와 직접적인 결합이 없더라도 항체 X를 통해 검출될 수 있다.

2016학년도 기출문제 정답 및 해설

LEET 전문가의 총평

- 추리논증은 법학과 윤리학 등의 규범학을 비롯하여 인문, 사회과학, 자연과학과 같은 다양한 학문적인 소재뿐만 아니라 사실이나 견해, 정책, 실천적 의사결정 등을 다루는 일상적 소재도 포함한다.
- 법 관련 제재를 다루는 문항들과 윤리학을 포함한 인문 제재를 다루는 문항들, 사회과학 제재를 다루는 문항들, 자연과학과 융복합적 제재를 다루는 문항들, 그리고 일상적 논증과 논리·수리적 추리를 다루는 문항들로 구성하여 다양한 성격의 글들을 골고루 포함하는 한편, 다양한 유형의 추리 능력 및 비판 능력을 측정할 수 있도록 하였다. 특히 복잡한 수리 추리 문항의 수를 줄이고 법과 규범에 관한 논증 평가 문항의 수를 늘렸다.
- 2016학년도 기출문제의 각 문항을 이원분석표에 따라 구분하면 다음과 같다.

추리의 내용 영역 \ 인지 활동 유형	추리				논증			인지 활동 유형 \ 논증의 내용 영역	
	언어 추리	형식적 추리	수리 추리	논리 게임	분석 및 재구성	비판 및 반론	판단 및 평가		
논리학·수학		32	30, 34	31		23			
인문					12	16, 17	10, 19	인문	이론적 논변
사회			24	33	22	21	13, 18, 20	사회	
과학기술	28, 29		35				25, 26, 27	과학기술	
법·규범	7, 8				3, 9	5	1, 2, 4, 6	법적 논변	실천적 논변
					11, 14, 15			일상적· 도덕적 논변	
								의사결정론	

정답

p.166

01	02	03	04	05	06	07	08	09	10
②	⑤	④	③	⑤	③	⑤	⑤	①	③

11	12	13	14	15	16	17	18	19	20
④	⑤	③	③	③	④	④	①	③	③

21	22	23	24	25	26	27	28	29	30
④	⑤	④	①	②	③	③	③	⑤	②

31	32	33	34	35
③	③	①	③	③

해설

01 ②

유형 판단 및 평가 – 법적 논변

핵심 체크 인권과 인도적 군사개입에 관한 세 가지 견해의 쟁점을 파악하는 문제이다. 인권을 바라보는 시각과 인도적 군사개입에 대한 주장을 정리하면 다음과 같다.

견해	인권	인도적 군사개입
A	보편적 도덕: 강대국의 이데올로기	반대
B	고유한 인권, 도덕적 인권	최소한의 도덕적 인권 위해 개입 가능
C	보편적 법적 권리	화학에너지

해설 ㄱ. (X) B는 인권을 개별국가의 정치적 맥락 속에서 이룩한 구체적인 산물로 파악하고 있지만, 모든 주권국가들이 보호해야 하는 최소한의 도덕적 인권은 인정하고 있으므로, 보편적 인권을 부정하지 않는다.

ㄴ. (X) C는 인도적 군사개입이 국제법을 준수할 경우에만 인정하고 있다. 그런데 예외적으로 다른 규정에서 정한 바도 역시 국제법에 해당한다. 따라서 국제법 규정에 준수한다는 C의 견해는 약화되지 않는다.

ㄷ. (O) B는 최소한의 도덕적 인권을 지키기 위해 인도적 군사개입을 할 권한이 있다는 주장이기에 국가의 종교적 가치에 따른 자유 억압을 하고 있다는 근거만으로는 인도적 군사개입을 인정할 수 없다고 할 것이다. C도 국제법으로 정한 요건과 한계에 따라 인정하기에 진술만으로 인도적 군사개입을 인정할 수 없다는 입장이다.

02 ⑤

유형 판단 및 평가 – 법적 논변

핵심 체크 헌법 규정에 대한 네 가지 견해들을 추리하는 문제이다. 지문에서는 헌법 제34조에 대한 권리에 대한 다양한 해석을 보여준다. 이들 견해를 정리하면 다음과 같다.

• A의 견해
[전제] 법적 권리는 구체적이고 의미가 명확해야 한다.
[전제] 헌법 제34조는 추상적이며 해석이 다양할 수 있다.
[결론] 헌법 조항은 법적 권리를 부여하는 것이 아니다.

• B의 견해
[전제] 조항은 추상적인 법적 권리를 부여하고 있기에 국가기관을 상대로 구체적인 요구를 할 수는 없다.
[결론] 입법부가 권리 내용을 구체화한 다음에라야 비로소 국민은 국가기관에 요구할 수 있는 구체적인 법적 권리를 가지게 된다.

• C의 견해
[전제] 조항은 법적 권리를 부여하지만, 그 구체적 내용은 잠정적이다.
[전제] 권리의 확정적 내용은 국민이나 국가기관이 여러 요소를 고려하여 판단한다.
[결론] 국민은 확정된 권리를 국가기관에 주장하여 실현할 수 있다.

• D의 견해
[전제] 조항의 '인간다운 생활'의 수준은 여러 층위로 나누어 생각할 수 있다.
[결론] 최소한의 물질적 생존 조건이 충족되는 상태에 대하여는 법적 권리를 인정하며, 사회 여건에 따라 법적 권리를 바로 인정할 수 있다.

해설 ① (O) A의 견해는 헌법 제34조의 법적 권리를 인정하지 않고 있으므로, 이는 헌법 제34조의 문언에 반하는 해석이므로 비판받을 수 있다.

② (O) B는 법적으로 구체화한 다음에라야 비로소 구체적인 법적 권리를 가진다고 주장하므로 옳은 진술이다.

③ (O) C에 의하면, 권리의 확정적인 내용을 국민이나 국가기관이 여러 요소를 고려하여 판단한다. 그런데 그렇게 확정된 구체적인 내용은 사람마다 달리 이해할 수 있기에, 권리 내용이 불안정하다고 C를 비판할 수 있다.

④ (O) D는 사회의 여건에 따라 법적 권리가 인정될 수도 있다고 주장하므로 옳은 진술이다.

⑤ (X) A는 법적 권리를 부여하고 있지 않기에 법원에 권리 주장을 할 수 없다고 주장할 것이다. B 또한 법률로 구체화한 다음에라야 법적 권리를 지니기에 그것만으로 법원에 권리를 주장할 수 없다고 말할 것이다. 그런데 C는 국민이나 국가기관 스스로가 여러 요소를 고려하여 판단하여 법적 권리의 확정적인 내용을 실현할 수 있기에 국가의 다른 조치가 없어도 권리 주장을 할 수 있다.

03 ④

유형 분석 및 재구성 – 법적 논변

핵심 체크 적법한 소송 당사자에 대한 상반된 견해를 분석 및 평가하는 문제이다. 지문에서는 민사소송에서의 소송 당사자의 적법한 조건에 대해 세 가지를 말하고 있다. 이를 정리하면 다음과 같다.
(1) 당사자능력: 소송의 주체가 될 수 있는 일반적인 능력(살아 있음)
(2) 당사자적격: 소송을 수행하고 판결을 받기에 적합한 자격
(3) 소송능력: 유효하게 소송상의 행위를 하거나 받기 위해 갖추어야 할 능력
A와 B는 올빼미가 소송의 당사자자격이 있는지에 대해 논쟁을 벌이고 있다. A는 당사자능력의 대상은 법에서 명시적으로 인정하는 사람이나 단체일 뿐이기에 올빼미의 당사자자격을 부정한다. 반면 B는 올빼미도 법으로 보호받을 이익이 있기에 당사자자격이 있으며 시민단체가 대리 소송을 진행할 수 있다고 주장한다.

해설 ㄱ. (X) 당사자능력을 인정받기 위해 침해되는 이익이 있어야 한다는 것은 B만의 주장이기에 옳지 않다. A는 단지 당사자능력만을 형식적으로 적용해야 한다고 주장할 뿐이다.

ㄴ. (O) A는 법에서 명시적으로 인정하는 자만이 당사자능력을 추가로 인정받을 수 있다는 견해이므로 명문의 규정에 대한 개정 없이는 올빼미가 소송을 수행할 수 없다.

ㄷ. (O) B는 비록 명문의 규정에서 당사자자격이 인정되지 않더라도 보호할 이익에 따라 올빼미가 소송 당사자자격이 있다고 주장한다. 따라서 법규정의 명문에 반하는 해석이 허용될 경우 B의 견해는 강화된다.

04 ③

난이도 ★★★☆☆

유형 판단 및 평가 – 법적 논변

핵심 체크 벌금형 제도에 대한 논증을 평가하는 문제이다. 지문에서는 범죄자의 책임에 형벌 기간이 비례한다면, 동일한 범죄에 대해 동일한 고통을 부과해야 한다는 '고통평등 원칙'과 형벌은 범죄자의 책임의 양과 일치해야 하며 이를 초과해서는 안 된다는 '책임주의 형벌원칙'을 서술하고 있다. 징역형은 위 두 조건을 모두 충족한다. 한편 총액벌금형은 범죄자마다 경제적 능력이 다르기 때문에 고통평등의 원칙이 적용될 수 없다. 이에 필자는 일수벌금형제를 제안한다. 이는 행위자의 경제적 능력에 따라 일일 벌금액을 차별적으로 정할 수 있기 때문에 고통평등 원칙을 충족시키기 때문이다.

해설 ㄱ. (O) 일수벌금형제는 행위의 불법 및 행위자의 책임 크기에 따라 벌금 일수를 정하고, 경제적 능력에 따라 일일 벌금액을 차별적으로 정한다. 이는 총액벌금형제에 비해 경제적 능력이 높은 사람은 더 큰 벌금을 내게 되어 더 큰 고통을 부과하게 될 것이다. 따라서 범죄예방 효과는 형벌이 주는 고통에 비례한다면, 경제적 능력이 높은 사람에 대한 범죄예방 효과는 총액벌금형제보다 일수벌금형제가 더 클 것이다.

ㄴ. (O) 일수벌금형제는 경제적 능력에 따라 벌금에 대해 느끼는 고통이 다르다는 전제를 지니고 있다. 그래서 경제적 능력이 동일할 경우 동일한 벌금에 대해 느끼는 고통도 같아야 한다. 그런데 경제적 능력이 같더라도 동일한 벌금을 통해 느끼는 고통의 정도가 다를 수 있다면 일수벌금형제 도입론은 약화될 것이다.

ㄷ. (X) 일수벌금형제에서 일수를 정하는 것은 책임주의 형벌원칙에 부합하며, 일일 벌금액을 정하는 것은 고통평등의 원칙이 충족되는 것이므로 옳지 않은 진술이다.

05 ⑤

난이도 ★★☆☆☆

유형 비판 및 반론 – 법적 논변

핵심 체크 재판 과정에서의 대립된 견해를 평가하는 문제이다. X회사 노사는 정기상여금을 통상임금에서 제외하기로 단체협약을 체결하였는데, 정기상여금도 통상임금에 포함시켜 추가근로수당 미지급분을 달라는 소가 제기된 상황이다. 이에 법관들은 정기상여금이 통상임금에 포함된다고 해석하고 추가근로수당 미지급분을 청구할 수 있다고 판단하였다. 그런데 사례에서는 추가근로수당 미지급분 청구를 허용할 수 없는 예외를 인정할지 여부에 대해 대립되고 있다. A는 그러한 결정은 서로가 전혀 생각하지 못한 것으로 노동자측이 예상 외의 초과 이익을 추구하는 것이고 그 결과 사용자가 예측하지 못한 큰 재무부담으로서 중대한 경영상의 어려움이 발생하거나 기업의 존립이 위태로워질 수 있어, 노사관계의 신의를 심각하게 저버리는 처사이기에 허용할 수 없다는 입장이다. 그러나 B는 법에 따른 정당한 권리행사는 보호해야 하며 사용자의 어려움에 대한 판단은 어려워 A의 예외를 인정할 수 없다고 주장한다.

해설 ㄱ. (O) X회사의 노사가 인정 판결에 대해 임금협상을 할 때 알았다면, A가 주장하는 노사가 전혀 생각하지 못한 상황은 아니므로 예외적인 경우에 해당하지 않는다.

ㄴ. (O) A는 노사 간의 신의에 반해서는 안 된다는 입장이며 B는 법에 따른 권리행사의 보호 필요성을 강조하고 있다. 따라서 노사관계는 자율적으로 형성되고 발전하는 것이 바람직하다는 요청을 A가 B보다 더 중요하게 생각한다.

ㄷ. (O) A의 경우 노사 서로가 협상 당시 전혀 생각하지 못한 것에 대한 판단 및 합의한 임금수준을 훨씬 초과하는 예상 외의 이익에 대한 판단, 기업 존립의 위태로움에 대한 불확정성 등에 대한 법적 분쟁의 가능성이 예상된다. 그런데 법적 분쟁 가능성은 B를 따를 경우 예외를 인정하지 않으므로 분쟁 여부가 A보다 낮게 될 것이다.

06 ③

난이도 ★★☆☆☆

유형 판단 및 평가 – 법적 논변

핵심 체크 재산분할에 대한 다양한 원리를 파악한 후 사례를 평가하는 문제이다. 혼인 중 일정 금액을 납입하여 장래 퇴직한 후에 받을 것으로 기대되는 연금의 경우, 이혼 상대방이 연금 수령자에게 재산분할을 청구할 수 있는지 여부 및 분할 방식에 대한 다양한 의견을 파악하여 평가하고 사례에 적용해야 한다. 각각의 견해를 정리하면 다음과 같다.

의견	분할 대상	지급 시기
A	이혼 전 퇴직하여 이미 받은 연금	이혼일
B	이혼일에 퇴직 후 받게 될 연금총액의 현재가치	이혼일
C	실제 퇴직하였을 때 받게 될 연금총액	퇴직일
D	이혼일에 사퇴한다면 받게 될 연금액	퇴직일

해설 ㄱ. (O) A에 의하면, 이혼 상대방이 연금형성에 기여했더라도 퇴직 후에 이혼이 될 경우 연금분할을 받을 수 없다. 이러한 시점에 따른 결정이 불합리하다면, A는 약화된다.

ㄴ. (O) B는 이혼일에 퇴직 후 받게 될 연금총액을 기준으로 하여 금액을 기여율만큼 미리 지급한다. 그렇기 때문에 연금 전액을 수령하지 못하는 경우가 되면 불리하게 된다. 그러나 D는 이혼일에 그날 사퇴한다면 받게 될 연금 금액을 설정하는데, 이는 이혼일에 퇴직할 경우 받는 금액이 그 대상이 되므로 퇴직할 때에 받게 되는 금액에 비해 적을 수밖에 없다. 그런데 예상 퇴직 금액보다 적은 금액을 실제 퇴직할 때에 받게 된다면, 이혼일을 기준으로 설정한 금액을 주었기 때문에 B보다 최대 같거나 적은 금액이 될 수밖에 없다. 따라서 이 경우 B보다 D가 더 유리하다.

ㄷ. (X) B에 의하면 이혼일에 이미 연금총액을 기준으로 연금형성 기여율만큼 지급한 상태이다. 한편 C는 이혼일에 기여율만을 정하고 퇴직일에 그 기여율만큼 이혼 상대방이 받을 수 있기에 이혼 후 연금 증가분도 기여율만큼 더 받을 수 있게 된다. 실제 연금총액을 대상으로 하기 때문이다. 따라서 이혼 상대방에게는 B보다 C가 더 유리하다.

07 ⑤

난이도 ★☆☆☆☆

유형 언어 추리 – 법·규범

핵심 체크 법적 원리로부터 사례를 적용하는 문제이다. 동산의 선의취득에 대한 유효한 거래 성립에 대한 규정은 다음과 같다.

(1) 물건의 일종인 동산: 물건이 매도인의 것이라고 믿은 매수인이 유효한 거래에 의해 넘겨받은 경우, 무권리자로부터 물건의 권리를 취득할 수 있다.

(2) 동산이 도품인 경우: 권리가 인정되지 않는다.

(3) 돈: 물건으로 보면 동산과 동일하게 취급 / 가치로 보면 그 돈을 가지고 있는 사람에게 속함

ㄱ. (O) 도품이 아닌 시계를 을이 갑으로부터 취득했으나 을은 시계가 갑의 것이 아님을 알고 있었기 때문에 소유권을 취득하는 상태가 아니다. 갑이 무권리자이기 때문이다. 그런데 정은 을이 시계의 소유자라고 믿었기 때문에 (1)의 규정에 의거하여 정은 유효하게 권리를 취득한 것이다.

ㄴ. (O) 돈을 물건으로 볼 경우, 그 돈은 동산과 동일하게 취급하므로 도품은 (2)에 의해 을의 것이 되지 못한다.

ㄷ. (O) 돈을 가치로 볼 때에는 그 돈을 가지고 있는 사람에게 속하는 것으로 보이야 한다는 (3)의 규정에 의해 그 돈은 을의 소유가 된다.

08 ⑤

난이도 ★★☆☆☆

유형 언어 추리 – 법·규범

핵심 체크 법적 원리로부터 발생한 결과를 추리하는 문제이다. 지문에서는 행정청의 법적 행위의 위법 여부에 있어서, 앞선 행위의 하자를 이유로 후속 행위의 위법을 인정하는 경우를 서술하고 있다. 이를 정리하면 다음과 같다.

- 원칙: 제소기간이 지났을 경우, 행정행위 상호간의 하자는 승계되지 않는 것이 원칙이다.
- 예외 1: 앞선 행위와 후속 행위가 서로 결합하여 하나의 법적 효과를 완성하는 경우 제소기간이 경과하였더라도 앞선 행위의 하자를 이유로 후속 행위의 효력을 제거하는 것을 인정한다.
- 예외 2: 앞선 행위의 하자가 제소기간의 적용을 받지 않는 무효에 해당한다면, 앞선 행위와 후속 행위의 결합을 묻지 않고 앞선 행위의 하자를 후속 행위의 위법사유로 주장할 수 있다.

해설 ㄱ. (O) 지문에서 철거명령과 대집행 절차는 서로 별개의 법적 효과를 발생시키는 독립적 행위로 인정하고 있다. 그러므로 철거명령에 하자가 있었고 이에 대한 제소기간이 지났다 하더라도 철거명령의 하자를 대집행 계고 처분의 위법사유로 주장할 수 없다.

ㄴ. (O) [예외 2]에 해당하는 사례로서 철거명령의 하자를 대집행 계고 행위의 위법사유로 주장할 수 있다.

ㄷ. (O) 지문에서 대집행 절차를 구성하는 일련의 단계적 행위들 즉, 대집행의 계고, 실행의 통지, 실행, 비용징수들은 서로 결합하여 하나의 법적 효과를 발생시키는 행위로 인정하고 있다. 따라서 철거명령과 대집행 절차상의 행위가 결합하여 하나의 법적 효과를 발생시키는지 여부와 관계없이, 비용징수 처분 취소소송에서 대집행 계고 행위의 하자를 비용징수 행위의 위법사유로 주장할 수 있다.

09 ①

난이도 ★☆☆☆☆

유형 분석 및 재구성 – 법적 논변

핵심 체크 사형제에 대한 베카리아의 글로부터 함축된 내용을 파악하는 문제이다. 지문의 논증을 정리하면 다음과 같다.

- 문제 제기: 국가에서 사형은 유용하고 정당한가?
- 전제: 법은 각자의 개인적 자유 중 최소한의 몫을 모은 것이다.
- 전제: 사형은 최대한의 것인 생명 자체를 포함하는 것이다.
- 전제: 사형은 권리의 문제가 아니라 사회가 자신의 존재를 파괴당하지 않기 위해서 시민에 대하여 벌이는 전쟁행위이다.
- 소결론: 국가는 자유를 상실할 기로에 서거나 무질서가 법을 대체할 때가 아니라면, 시민의 죽음은 불필요하며, 한 사람의 죽음이 타인들의 범죄를 억제하는 유일한 방법이어서 사형이 필요하고 정당한 것인지만이 문제가 된다.

- 전제: 인간의 정신에 가장 큰 효과를 미치는 것은 형벌의 강도가 아니라 지속성이다.
- 결론: 범죄자가 짐승처럼 자유를 박탈당한 채 노동해서 사회에 끼친 피해를 갚아나가는 인간의 모습을 오래도록 보는 것이 범죄를 가장 강력하게 억제한다.

해설 ㄱ. (O) [소결론]에서 국가가 자유를 상실할 기로에 서거나 무정부상태가 도래하여 무질서가 법을 대체할 때가 아니라면 시민의 죽음은 불필요하다는 입장이므로, 법에 따른 지배가 구현되고 있는 평화로운 나라에서 사형은 허용되지 않는다.

ㄴ. (X) 형벌의 주된 목적은 [소결론]과 [결론]에서 밝히듯 범죄 억제에 있으므로 옳지 않다.

ㄷ. (X) [결론]에서 강조한 것은 일시적 장면을 보여주는 사형보다 자유를 박탈당한 채 지속적으로 고통을 당하는 장면을 보여주는 것이 더 범죄억제 효과가 있다는 것이다. 하지만 이 견해로 필자가 형벌의 공개 집행을 반대하고 있는지에 대해서는 추론할 수 없다.

10 ③

난이도 ★☆☆☆☆

유형 판단 및 평가 – 인문

핵심 체크 교육에 관한 다양한 쟁점에 대한 세 견해를 비교·평가하는 문제이다. 지문에서는 교육에서의 일과 놀이에 대한 칸트, 프뢰벨, 오크쇼트의 견해가 제시되고 있다. 지문의 세 견해에 대한 입장을 정리하면 다음과 같다.

- A의 견해
  [전제] 인간은 일해야만 하는 유일한 동물이다.
  [전제] 일에 몰두하는 것은 그 자체로는 즐겁지 않으며 다른 목적 때문에 일을 떠맡는다.
  [전제] 놀이에 몰두하는 것은 그 자체로 즐거우며 놀이 이상의 목적을 의도하지 않는다.
  [전제] 인간은 무위도식하려는 강력한 경향성을 가지고 있어 일 안하고 놀수록 일하려고 결심하는 것은 힘들다.
  [소결론] 어린 시절부터 일을 위한 숙련성이 양성되어야 한다.
  [전제] 교과를 배우는 것도 목적의 도달에 숙련되기 위해서이다.
  [전제] 숙련성의 양성을 위해서는 강제가 동원되어야 하며 학교 밖에서는 불가하다.
  [결론] 학교에서 놀이를 통해 교과를 배우도록 하는 것은 일종의 공상이다.

- B의 견해
  [전제] 인간은 일을 통해 자신을 창조한다.
  [전제] 성인은 일을 위해 최소한의 노력으로 최대한의 효과를 얻으려는 법칙을 사용한다.
  [전제] 그러나 어린이는 일하면서 최대한의 에너지를 소비하며 사소한 일을 하는 데에도 모든 잠재력을 사용하는, 즉 일을 하면서 놀이를 한다.
  [결론] 교육기관은 어린이가 일을 통해 자신을 창조할 수 있는 환경 및 교구를 제공해야 한다.

- C의 견해
  [전제] 인간은 놀이할 때 비로소 완전한 인간이 된다.
  [전제] 일은 세계를 이용해야 할 대상으로 보는 활동인 반면, 놀이는 세계를 설명하고 이해하고자 하는 마음이 담긴 활동이다.
  [전제] 놀이는 수단이 아니라 그 자체로 의미와 가치를 지닌다.
  [전제] 교과를 배우면서 그들의 사유 방식을 탐구하는 동안 우리는 일하는 것이 아니라 그들과 대화를 통해 놀이하는 것이다.
  [결론] 학교는 직업적 숙련성을 양성하는 장소가 아니다.

ㄱ. (O) A는 놀이하면서 교과를 배우는 것은 일종의 공상이라는 견해이 므로 '수학 교과를 놀이하면서 배우는 것은 불가능'하다고 볼 것이 다. 하지만 B는 어린이는 일을 하면서 놀이를 하는 것이며, C도 교 과를 배우는 동안 놀이를 하는 것이라는 견해이므로 '수학 교과를 놀 이하면서 배우는 것은 불가능'하다는 주장에 동의하지 않는다.

ㄴ. (X) A는 학교에서 놀이를 통해 교과를 배우는 것이 아니라, 교과를 배우는 것도 목적의 도달에 숙련되기 위한 일이기에 '학교는 일의 공 간'이라는 주장에 동의할 것이다. 한편 B는 어린이는 일을 하면서 놀 이를 하기에 '학교는 일의 공간'이라는 주장에 동의할 것이다. 그러 나 C는 교과를 배우는 것이 일하는 것이 아니라 놀이하는 것이라는 견해이므로 '학교는 일의 공간'이라는 주장에 동의하지 않는다.

ㄷ. (O) A는 교과를 배우는 것이 목적의 도달에 숙련되기 위해서이기에 '과학을 배우는 이유는 일을 위한 쓸모 때문'이라는 주장에 동의한 다. 그러나 C는 교과를 배우는 것은 일이 아니라 놀이라는 견해이므 로 이러한 주장에 동의하지 않는다.

11 ④
난이도 ★☆☆☆☆

유형 비판 및 반론 – 일상적·도덕적 논변

핵심 체크 성매매에 대한 법적 판단에 대해 상반된 견해를 비교 분석 및 평가하는 문제이다. 갑과 을의 구체적인 쟁점을 파악하여 어떠한 근거로 대립하고 있는지 파악해야 한다.

• 갑의 논증 1
[전제] 장기는 인신의 일부이고, 인신은 인간 존엄성의 기반이기에 판매 대상이 아니다.
[전제] 성매매도 인신에 대한 사용권한을 매수자에게 주는 행위다.
[결론] 성매매는 인간 존엄성 원칙에 위배된다.

• 을의 논증 1
[전제] 성적 서비스 제공은 노동의 일종으로, 노동을 제공하고 금전적 보상을 받는다는 점에서 다른 직업과 다를 바 없다.
[전제] 직업 선택의 자유를 보장하는 것은 인간 존엄성의 중요한 내용이다.
[생략된 결론] 성매매는 인간 존엄성 원칙에 위배되지 않는다.

<쟁점 1> 성매매는 인간 존엄성 원칙에 위배되는가?

• 갑의 논증 2
[전제] 마약복용은 자율적 선택에 기인하는 것이라 해도 국가의 개입이 가능하다.
[전제] 인간의 존엄성을 지키는 것의 방법을 국민 개인의 판단에 전적으로 맡길 수는 없다.
[생략된 전제] 성매매도 마약복용과 같이 자율적 선택에 기인한다.
[결론] 모든 선택의 자유가 인정되어야 하는 것은 아니다. (성매매는 국가 개입이 가능하다.)

• 을의 논증 2
[전제] 성매매가 해악을 끼친다고 해도 성인들 간에 이루어진다면 스스로 위험을 감수한 해악일 뿐이다. (마약복용과의 차이점)
[결론] 마약복용을 성매매와 같은 것으로 볼 수 없다. (성매매는 마약복용처럼 국가가 개입할 대상은 아니다.)

<쟁점 2> 성매매에 국가가 개입하여 제한할 수 있는가?

• 갑의 논증 3
[전제] 성매매를 통해 팔리는 것은 종속적 여성상이다.
[결론] 성매매는 여성의 종속성을 재생산함으로써 여성 억압의 전형을 보여준다.

• 을의 논증 3
[전제] 외모성형도 성매매 못지않게 여성의 고정된 성정체성을 재생산한다.
[결론] 성매매만 법적으로 금지하는 것은 설득력이 없다.

<쟁점 3> 성매매가 여성의 속속성을 재생산한다는 이유로 법적 금지의 대상이 될 수 있는가?

해설 ① (O) 갑의 첫 진술에서 인신에 대한 사용권한을 매수자에게 주기 때문에 인간 존엄성 문제가 발생한다고 하였다. 그러나 유모도 마찬가지고 유모에게 인신에 대한 사용권한을 주는데도 비난받지 않는다면, 갑의 견해에 대한 반례가 되어 을의 입장을 강화하게 된다.

② (O) 을은 첫 진술에서 직업선택의 자유를 보장하는 것은 인간 존엄성의 중요한 내용이라고 언급하고 있다. 따라서 성매매의 불법화로 자신의 권리조차 행사할 수 없게 된다면 이는 을의 입장을 지지하는 것이다.

③ (O) 갑의 셋째 진술에 의하면, 성매매가 상호 선택에 의한 것이라 할지라도 문제가 있다. 따라서 노예가 되기로 자발적 선택을 하더라도 이는 억압의 문제가 여전히 나타날 수 있기에 갑의 입장을 강화한다.

④ (X) 갑의 둘째 진술에 의하면, 마약복용은 자율적 선택에 기인하는 것이라 해도 국가 개입이 가능하다. 그런데 마약복용이 행위자가 인지능력을 제대로 발휘하지 못하는 상태에서 행해진다면, 자율적 선택에 기인하는 것이라고 볼 수 없다. 이 경우 갑의 입장은 약화되게 된다. 왜냐하면 갑은 마약복용의 자율적 선택을 유비적으로 성매매에 적용하여 그 경우도 국가의 개입이 가능하다고 주장할 수 있기 때문이다.

⑤ (O) 을의 셋째 진술에 의하면, 우리 사회에서는 성매매 이외에도 여성의 고정된 성정체성을 재생산하는 제도 및 관행이 존재한다. 하지만 이 중 성매매만 법적으로 금지하는 것은 설득력이 없다는 입장이므로 미스 코리아 대회도 그러한 여성의 고정된 성정체성을 확대 재생산하는 관행임을 밝힌다면 표본의 수가 증가하여 을의 입장을 강화하게 된다.

12 ⑤
난이도 ★★☆☆☆

유형 분석 및 재구성 – 인문

핵심 체크 자연법칙을 근거로 한 육식의 정당화 주장을 비판적으로 분석하는 문제이다. 지문에서 나타난 논증을 우선 분석하면 다음과 같다.

• 논증 1
[논의대상] 육식을 정당화하는 사람들은 동물들이 서로 잡아먹는 것을 근거로 한다.
[전제] 동물들은 다른 동물을 죽여 먹지 않으면 살아남을 수 없지만, 사람은 생존을 위해 반드시 고기를 먹을 필요가 없다.
② [생략된 전제] 자신의 생존에 위협이 되는 행위는 의무로 부과할 수 없다.
[전제] 동물은 여러 대안을 고려할 능력이나 식사의 윤리성을 반성할 능력이 없다.
① [생략된 전제] 반성 능력이 없는 존재에게는 책임을 물을 수 없다.
③ [생략된 전제] 어떤 행위의 대안을 고려할 수 있는 존재는 윤리적 대안이 있는데도 그 행위를 하는 경우라면 그것을 정당화해야 한다.
[결론] 동물에게 책임을 지우거나 그들이 다른 동물을 죽인다고 해서 죽임을 당해도 괜찮다고 판정하는 것은 타당하지 않은 반면, 인간은 자신들의 식사습관을 정당화하는 일이 가능한지 고려해야 한다.

• 논증 2
[문제제기] 적자생존의 자연법칙을 따르면 우리가 육식을 하는 것은 당연하다고 말할 수 있는가?
[결론] 그렇지 않다.
[전제] 인간이 동물을 먹는 것은 자연적인 진화 과정의 한 부분이 아니다. 왜냐하면 이는 원시문화에 대해서는 참일 수 있지만, 오늘날 공장식 농장에서 가축을 대규모로 길러내는 것에 대해서는 참일 수 없다.
④ [생략된 전제] 공장식 농장의 대규모 사육은 자연스러운 진화의 과정이 아니다.
[전제] 가임 여성들이 매년 혹은 2년마다 아기를 낳는 것은 자연스러운 것이지만, 그 과정에 간섭할 수 있다. 자연법칙을 알 필요가 있음을 부정할 필요는 없으나 이로부터 자연적인 방식이 개선될 수 없는 것은 아니다.

 마지막 부분에서 자연적인 방식이 개선될 수 있을 가능성을 진술할 뿐, 그렇게 개선될 경우 기존 자연법칙이 더 이상 유효하지 않다는 내용이 암묵적 전제가 되는 것은 아니다.

13 ③

난이도 ★★★★★

유형 판단 및 평가 - 사회

핵심 체크 세 가지 견해를 비교 및 평가하는 문제로, 온실가스 배출 제한에 있어서 나타나는 부담의 공정 분배를 위한 세 가지 견해를 정리하면 다음과 같다.

• A의 견해
[전제] 모든 사람들은 평등한 권리를 가지므로 각 개인이 배출할 권리를 갖는 온실가스의 양은 동등해야 한다.
[결론] 각 국가가 가지는 온실가스 배출권은 그 국가의 인구에 비례해서 주어져야 한다.

• B의 견해
[전제] 과거에 온실가스를 많이 배출한 국가들은 자신의 몫의 일부를 이미 사용한 것이다.
[결론] 그 국가들은 그만큼 장래 온실가스를 배출할 권리를 적게 가져야 한다.

• C의 견해
[전제] 온실가스 배출량을 제한함으로써 얻을 이익이 더 큰 국가들(자연재해의 피해 더 경감)이 있다.
[결론] 그 이익의 양에 비례해서 국제적 비용을 더 많이 지불해야 한다.

해설 ㄱ. (O) 만약 사치성 소비를 위한 온실가스 배출 권리와 필수 수요 충족을 위한 온실가스 배출 권리에 차별을 둘 경우, A가 전제로 하는 단순한 인구수에 비례하여 할당하는 방식은 문제가 된다. 사치성 소비를 하는 개인의 양이 필수 수요 충족을 위한 온실가스 배출량보다 적어야 하기 때문이다. 따라서 A는 약화된다.

ㄴ. (O) 주어진 비판을 분석하면 다음과 같다.
[결론] 과거 세대의 행위에 대해 현재 세대에게 책임을 지울 수 없다.
[생략된 전제] 과거 세대의 행위와 현재 세대의 행위는 무관하기에 별개로 고려되어야 한다.
과거 화석 연료를 이용한 산업화 과정을 거친 국가들은 B가 지적하듯 온실가스를 많이 배출한 국가에 해당한다. 그리고 그 국가들이 현재 1인당 국민총생산도 일반적으로 높다는 사실은, 과거 세대의 행위로 인해 현재 세대가 높은 이익을 취한 것에 해당한다. 따라서 B는 주어진 '비판'을 약화할 수 있다.

ㄷ. (X) 현재 인구가 많은 국가일수록 과거에 온실가스를 더 많이 배출했을 경우, A에 의하면 과거의 경력에 관계없이 현재 인구가 많은 국가는 그만큼의 인구에 비례한 배출권을 가질 수 있다. 따라서 인구가 많은 국가는 그만큼 많은 배출권을 가질 수 있기에 현재 인구가 많은 국가는 A의 견해에 동의할 것이다. 한편 C에 의하면, 인구가 많은 국가일수록 온실가스를 더 많이 배출했어도 그러한 국가와 자연재해의 피해를 크게 입은 국가가 일치하지 않으므로, 배출량을 제한함으로써 얻을 이익이 온실가스를 더 많이 배출한 국가일수록 더 그리고 할 수 없다. 그러므로 현재 인구가 많은 국가가 배출 제한 이후 더 많이 피해가 경감되는 국가는 아니기에 국제적 비용을 더 많이 지불해야 하는 것은 아니다. 그렇다면 현재 인구가 많은 국가는 C의 견해에도 동의할 것이다. 따라서 현재 인구가 많은 국가가 A보다는 C에 동의한다는 진술은 주어진 자료만으로 알 수 없는 사실이다.

14 ②

난이도 ★★★★☆

유형 비판 및 반론 - 일상적·도덕적 논변

핵심 체크 상반된 두 견해의 논지를 파악 및 분석하는 문제이다. 갑과 을은 자유주의 사회에서 나타나는 도덕적 문제에 대해 소극적 도덕과 적극적인 의무론을 주장하며 서로 상반된 주장을 펼치고 있다. 이들의 논증을 정리하면 다음과 같다.

• 갑의 논증
[전제] 자유주의 사회의 시민 대다수는 사실적 행위인과성과 이에 기초한 법적 책임소재가 분명할 때에만 의무를 부과할 수 있다고 믿는다.
[전제] 자유주의 사회의 도덕은 최소의 공리로서 '가해금지의 원칙'을 요구하는 소극적 도덕을 근간으로 한다.
[결론] 적극적 자선은 기특한 행동으로 여겨질 수는 있어도 의무일 수는 없다.

• 을의 논증
[전제] 행위인과성에 기초한 책임소재에 입각한 의무는 구속력을 지니지 않는다.
[전제] 윤리적 책임은 무력하고 의존적인 주체에 대한 크고 유력한 주체의 윤리적 반응을 의미한다.
[전제] 유력한 사람들이 무력한 사람들을 돕지 않으면 그는 죽게 될 것이다.
[결론] 우리는 확장된 책임 개념으로 협소한 의무 개념을 극복하고 의무론의 새로운 지평을 열어 가야 한다.

해설 ① (O) 을은 자유주의 사회의 시민 대다수가 믿고 있는 의무만이 구속력을 갖는다는 갑의 견해를 정당한 근거 없이 유지되어 온 윤리적 통념이라고 비판하고 있다. 따라서 어떤 윤리적 기준에 많은 사람이 찬성한다는 것과 그것이 옳다는 논리는 서로 무관한 문제라 볼 것이다.

② (X) 을이 가난한 나라를 도와주자고 할 경우, 그 근거는 확장된 인간 존엄을 바로세우기 위한 의무론에 있다. 따라서 상호호혜적 이익이 예상되기에 도울 의무가 있다고 주장하지는 않는다.

③ (O) 갑은 가해를 행했을 경우에만 도울 의무가 있다는 소극적 도덕을 주장한다. 따라서 행위주체가 도와줄 수 있는 힘이 있느냐가 원조의 의무에 있어서 핵심이라는 견해에는 반대할 것이다.

④ (O) 을은 무력하여 돕지 않으면 죽게 되는 사람들에 대하여 인간 존중에 기반한 의무론을 주장한다. 따라서 부자 나라는 과거 행위와 상관없이 가난한 나라를 도울 의무가 있다고 볼 것이다.

⑤ (O) 갑은 '가해금지의 원칙'에서 의무가 있을 경우에만 책임이 있다고 주장한다. 따라서 가난한 나라가 부자 나라로부터 도움 받기를 원하는지 아닌지와 상관없이 부자 나라는 가난한 나라를 도울 의무가 있다는 것에 반대할 것이다. 이러한 견해는 오히려 을의 견해에 해당한다.

15 ③
난이도 ★★★☆☆

유형 비판 및 반론 – 일상적·도덕적 논변

핵심체크 우연적 재능으로 얻은 이득에 관한 소유권을 사회가 공유할 수 있는지에 대해 갑과 을의 견해를 파악할 수 있는지 묻는 문제이다. 갑과 을의 논증을 정리하면 다음과 같다.

• 갑의 논증
[전제] 타고난 재능에 의한 불평등을 개인적인 문제로 치부하는 것은 도덕적으로 무책임한 태도이다.
[전제] 사회·경제적 불평등은 가장 불리한 사회구성원들에게 혜택을 주는 경우에만 허용되어야 한다.
[선세] 타고난 재능은 우연적 자산이며 최소수혜자의 목지를 승진하는 데 아무런 기여도 하지 않는다.
[결론] 이런 자산은 공동의 것이며 사회는 그것의 결과물에 대해 우선적으로 소유권을 주장할 수 있어야 한다.

• 을의 반론
[전제] 한 개인이 우선적 소유권을 주장할 수 없다고 해서, 그것이 곧바로 모든 사람들이 동등한 소유권을 주장할 수 있음을 의미하지는 않는다.
[전제] 갑의 주장은 공리의 최대화에 기여한다는 계산에 바탕해서만 개인의 권리와 개인 간의 차이를 옹호한다는 점에서 공유원칙에 해당한다.
[전제] 하지만 이러한 원칙은 개인들에 우선하는 도덕적 연대를 전제해야 한다. 즉, 공동체는 개인의 덕을 존중하는 공동체여야 한다.
[결론] 사회적 공유의 범위는 상당히 제한되어야 하며, 공동선을 이유로 개인의 다원성과 독자성을 위반해서는 안 된다.

해설 ① (X) ⓐ는 을의 입장에서 사회 전체를 가리키는 것이다. 따라서 이러한 진술은 오히려 을의 견해를 강화시켜 갑에 대한 을의 비판이 더 강해질 수 있다.
② (X) 갑은 최소수혜자에게 혜택을 주는 경우에만 불평등이 허용된다고 주장할 뿐이다. 그렇기에 총량을 증대하더라도 최소수혜자에 대한 혜택이 악화될 경우 개인의 권리를 제한하는 것에 반대를 할 수 있다. 따라서 공리주의자처럼 공동체 전체의 이익 총량 증대가 기준임은 추론할 수 없다.
③ (O) 을에 의하면, 공동선을 이유로 개인의 다원성과 독자성이 위반되어서는 안 된다. 따라서 우연적 재능으로 얻은 혜택에 대해 개인이 우선적 소유권을 가질 수 있음을 부정하지 않는다.
④ (X) 을은 공유 원칙보다 개인의 다원성과 독자성을 우선시하고 있다. 따라서 이 두 가지가 서로 충돌한다고 해도 개인의 다원성과 독자성을 우선하므로 옳지 않은 진술이다.
⑤ (X) 을이 반대하는 까닭이 적절하지 않다. 최소수혜자의 복지 증진은 갑의 기준이며, 을은 개인들의 다원성과 독자성에 위반할 가능성을 근거로 갑의 주장에 반론을 제기하고 있다.

16 ④
난이도 ★☆☆☆☆

유형 비판 및 반론 – 인문

핵심체크 갑과 을의 대립적 상황을 파악하고 갑의 을에 대한 반론을 약화할 주장을 파악하는 문제이다. 갑과 을은 두 가지 사례에 대해 견해를 밝히고 있다. 그 상황들은 다음과 같다.
(1) X 사례: 예정보다 미리 가진 아이를 낙태 수술을 한 경우
(2) Y 사례: 치료차 복용 중이던 때에 임신을 하여 장애아가 태어난 경우
갑은 X의 경우, 대체불가능성을 근거로 X의 낙태를 비판한다. 하지만 Y에 대해서는 아이의 항의가 정당하다고 주장한다. 하지만 이에 대해 을은 대체불가능성의 기준으로 볼 때에 Y에 대한 주장은 비일관적이라고 비판한다. '대체불가능성'에 의하면 아이의 항의가 정당하지 못하기 때문이다.
이러한 을의 반론에 대해 갑은 비일관적이지 않다는 재반론을 설정해야 한다. 즉 X의 경우에는 '대체 불가능성'의 기준이 적용되지만, Y의 경우에는 그러한 기준을 적용할 수 없다는 내용이 있어야 한다.

해설 ① (X) 을은 대체 불가능성을 근거로 갑을 공략하고 있다. 그런데 산모의 생명이나 건강 이외의 다른 이유로 낙태를 할 수 있는가 여부는 이러한 을의 주장에 반론이 될 수 없다. 또한 X가 '산모의 생명이나 건강 이외의 다른 이유로 낙태를 할 수 있다'는 기준을 적용할 경우, X의 낙태 행위는 정당화될 수 있으므로 갑이 비판하는 X의 낙태 행위에 대한 평가와 상반되기에 적절하지 않다.
② (X) 쟁점을 벗어났기에 을의 반박을 약화할 수 없다. 을이 논박하는 쟁점은, 갑이 X의 행동이 옳지 못한 근거가 생명은 대체할 수 없는 것에 있기 때문이다. 결국 갑이 그러한 진술을 해도 을이 약화되지 않는다.
③ (X) 태어날 아이를 존재하지 않게 하는 것이나 가졌을 아이를 존재하지 않게 하는가는 대체 가능성과 관련이 없는 내용으로 을에 대한 반론이 되지 못한다.
④ (O) 이미 존재하고 있는 생명이 있는가 여부가 기준이 될 경우 대체 가능성의 대상 범위를 한정하게 된다. 즉 이미 존재하고 있는 존재의 생명은 대체할 수 없다는 기준이 설정된다. 이 경우 Y는 아이가 대체 가능하지 않다고 생각하기에 Y의 대답이 더 정당하다는 을의 반박을 약화할 수 있다. Y의 경우 이미 존재하고 있는 생명이 아니기 때문에 이를 적용할 수 없기 때문이다.
⑤ (X) 누구인지 알고 모르는 관계에 따른 기준의 차이가 있다 해도 을을 약화하지 못한다. 을은 여전히 대체 가능성의 기준으로 반박할 수 있기 때문이다.

17 ④
난이도 ★★★★★

유형 비판 및 반론 – 인문

핵심체크 논증의 오류를 파악하는 문제이다. 제시된 논증은 '미끄러운 비탈길 논증(fallacy of slippery slope)'에 해당한다. 한 번 미끄러워지기 시작하면 계속해서 미끄러져 내려간다는 연쇄반응의 논증으로, 이는 애매한 개념의 사용으로 인해 논증의 결론이 타당하지 못한 오류를 말한다. 특히 이 논증에서는 동일한 사고를 역으로 추론하는 'zip back' 논증(소급 논증)처럼 서로 다른 상황인데도 동일한 상황으로 파악하여 결론을 도출하는 오류 형식이 나타난다. 이러한 논증은 애매어를 찾아 서로 다른 상황에서 잘못 적용한 것이라는 점을 지적해야 그러한 오류를 벗어날 수 있다. 제시된 논증은 로크의 제한조건을 인정하지 않는다면 그 어떤 소유권도 성립할 수 없다는 주장을 증명하고 있다. 이를 정리하면 다음과 같다.

[대전제] 로크의 제한조건 위배는 '다른 사람들의 상황을 더 나쁘게 한다.'로 정의한다.

[가정] ⓐ 사물 t가 여러 사람들이 소유하여 더 이상 충분히 남아 있지 않아, Z는 그 사물을 사용할 수 없다.

[전제] Z 바로 전에 t를 소유한 Y의 행위는 로크의 제한조건에 위배된다.

[전제] ⓑ Y가 t를 소유하기 바로 전에 t를 소유한 X 역시 Y를 더 나쁜 상황에 빠뜨린 셈이다.

[소결론] ⓓ X의 소유 역시 로크의 제한조건에 위배된다.

[전제] ⓔ 같은 방식으로 계속 추론하다보면, t를 최초로 소유한 A의 소유 역시 로크의 제한조건에 위배된다.

[결론] 로크의 제한조건이 현재에는 더 이상 만족될 수 없다고 한다면 우리가 인정했던 소유권을 포함해서 그 어떤 소유권도 성립할 수 없다.

해설 ① (X) ⓐ [가정]의 상황이 현실에 부합하지 않는다 해도 주장인 ⓔ에 영향을 미치지 못하기에, 논증에 대한 비판이 되지 못한다.

② (X) Y 바로 전에 X가 아니라 W가 t를 소유했더라도 문제는 되지 않는다. Y 바로 전에 소유한 사람이 대상이 되므로 그것이 X가 되든 W가 되든 상관없기 때문이다.

③ (X) X가 t를 소유할 경우 이는 그다음 t를 소유할 Y를 더 나쁜 상황에 빠뜨린 것이기에 이 경우, Y가 로크의 제한조건에 위배되지 않고 t를 소유할 수는 없다. 제시문은 더 이상 사물 t를 소유할 수 없는 자로 Z를 가정하고, 그 "Z 바로 전에 t를 소유한" 자가 "Y"라고 정의하고 있다. 만약 Y가 소유할 수 있는 사물 t가 여러 개 있어서 그중 일부만 Y가 소유하고 Z가 사용할 만큼 나머지를 남겨놓았다면, 그 순간 그 Y는 제시문에서 정의한 Y가 아니라 X나 W가 되어야 한다. 따라서 제시문에서 규정한 대로 Y가 Z 바로 전에 t를 소유한 자인 한, Y가 로크의 제한조건에 위배되지 않고 t를 소유할 여지는 없다.

④ (O) 제시문의 내용에 따르면 X가 Y를 더 나쁘게 한 방식과 Y가 Z를 더 나쁘게 한 방식에는 질적인 차이가 있다. Y에 의해 나빠진 Z의 상황이란, 제시문에서 명시적으로 밝히고 있듯이, 'Z가 사용할 수 있는 사물 t가 더 이상 존재하지 않는 상황'을 가리킨다. 반면 X에 의해 나빠진 Y의 상황이란, 'Y가 사물 t를 소유하면 로크의 제한조건을 위배하는 상황'을 가리킨다. 제시문의 논증은 '상황을 더 나쁘게 한다'는 표현이 이러한 애매성에 의존하고 있고, 답지 ④는 이 점을 지적하고 있으므로 적절한 비판이다. 또한 논증을 제시한 자는 ⓑ로부터 ⓓ를 도출하는 데에, "로크의 제한조건에 위배된다."의 정의로 본래 의미인 '다른 사람들도 좋은 상태로 사용할 만큼 (사물들이) 충분히 남아있지 않게 한다.'보다 확대된 "다른 사람들의 상황을 더 나쁘게 한다."라는 매우 느슨한 정의를 이용하고 있다. 이와 같은 느슨한 정의 대신 로크의 원래 정의를 사용할 경우 ⓑ로부터 ⓓ가 도출되지 않는다. ④번 선택지는 바로 이 점을 문제 삼고 있는 것이다.

⑤ (X) 어떤 사물 t를 최초로 소유한 자는 누군가가 존재할 것이기 때문에 이러한 것이 불가능하다는 진술로 비판이 되지는 못한다.

2023
2022
2021
2020
2019
2018
2017
2016
2015
2014
2013

18 ① 　　　　　　　　　　　　　　　난이도 ★★☆☆☆

유형 판단 및 평가 - 사회

핵심
체크 결혼 여부와 자살률의 상관관계 및 인과관계에 대한 세 가지 논증을 비교하는 문제이다.

• 갑의 논증
[전제] 자살의 원인은 존재의 어려움으로 인한 절망이다.
[전제] 통계에 따르면 기혼자들이 미혼자들에 비해 더 많은 수가 자살을 하였다.
[전제] 결혼은 여러 종류의 부담과 책임을 부과한다.
[결론] 결혼과 가족은 자살의 가능성을 높인다.

• 을의 견해
[전제] 통계 자료에서 미혼자들이 낮은 자살 경향을 보이는 것은 미혼이기 때문이 아니라 대다수가 미성년자이기 때문이다.
[전제] 결혼이 자살에 미치는 영향을 알기 위해서는 기혼자와 16세 이상 미혼자만 비교해야 한다.
[전제] 16세 이상인 기혼자와 미혼자의 인구 백만 명당 자살 건수를 비교하면, 미혼자가 기혼자보다 더 많다.(173:154.5)
[결론] 결혼은 자살을 막는 효과가 있다.

• 병의 견해
[전제] 결혼이 최소한 자살 가능성을 높이지 않는다는 점에 동의하지만, 미혼자의 자살률은 기혼자에 비해 1.12배로 차이는 미미하다.
[결론] 결혼의 자살 예방 효과를 확신하기 어렵다.

해설 ① (O) ㄱ은 연령대가 높을수록 자살률이 증가한다는 자료를 근거로 하여, 기혼자의 평균 연령이 미혼자보다 높으므로 당연히 기혼자가 미혼자의 자살률보다 140 이상과 97.9 이하로 더 높아야 한다고 예상한다. 즉 최소 43%가 높아야 한다.(140/97.9) 그런데 실제 자살률은 미혼자가 기혼자보다 더 높다고 밝히고 있다. 이는 결혼이 자살을 예방하는 데 큰 영향을 미쳤다는 것을 의미한다. 따라서 병의 미혼자와 기혼자의 자살률의 차이가 12%에 불과하기에 결혼이 자살을 억제하는 효과를 인정할 수 없다는 견해에 대한 반박 자료로 을이 사용할 수 있다.

② (X) ㄴ은 미혼자의 자살률이 기혼자보다 높다는 자료이므로, 병이 을의 주장을 반박하는 근거가 아니라, 오히려 을의 주장을 뒷받침하고 병의 주장을 반박하게 되므로 옳지 않다.

③ (X) ㄷ은 사별한 사람의 자살률이 미혼자보다 높다는 통계이다. 이는 갑이 주장하는 결혼이 자살에 영향을 준다는 직접적인 자료는 아니다. 결혼 후 사별한 사람의 통계를 결혼한 사람 전체에 적용할 수는 없기 때문이다. 만약 결혼한 후 사별한 사람을 결혼한 사람 집단으로 본다면, 여성의 경우 미혼자의 자살률이 결혼한 사람에 비해 84%에 불과하기에 결혼이 자살에 영향을 미친다고 추리할 수 있다. 하지만 남성의 경우 미혼자의 자살률이 결혼한 사람에 비해 32% 더 크기에 결혼이 자살을 막는다는 주장도 있을 수 있다. 결국 결혼 후 배우자와의 사별이 자살에 미치는 효과가 성별로 다르게 나타난다는 사실만 추론할 수 있을 뿐이다.

④ (X) ㄹ은 혼인 건수는 큰 변화가 없었지만 자살률이 3배 증가했다는 진술이다. 이는 결혼은 자살을 막는 효과가 있다는 을의 견해를 강화하지 못한다. 혼인 건수에 큰 변화가 없다면 자살률도 일정하게 유지되어야 하기 때문이다. 이러한 사실은 결혼 이외의 다른 변인이 자살에 영향을 미쳤다는 것을 보여줄 뿐이다.

⑤ (X) 병은 결혼의 자살 예방 효과를 확신하기 어렵다는 견해이다. ㄹ은 결혼 이외에 다른 변인이 자살에 영향을 미쳤다는 사실을 보여줄 뿐, 결혼의 자살 예방 효과에 대해서는 말해주는 바가 없다. 따라서 ㄹ은 병을 약화하지 않는다.

19 ③

난이도 ★★★☆☆

유형 판단 및 평가 – 인문

핵심체크 신약의 효능 평가 방법에 대한 다양한 견해를 분석 및 평가하는 문제이다. 지문에는 위약 효과 및 동등성시험에 의한 신약의 효능 입증 방법에 대한 견해들이 나타난다. 이를 정리하면 다음과 같다.

- ⓐ A국 식약청의 요구: 신약을 출시하려는 제약 회사는 위약시험을 통해 신약의 효능을 입증해야 한다.
- ⓑ H선언의 요구

  [주장] 기존 약품 중 효능이 가장 좋은 것과 신약의 효능을 비교하는 동등성시험으로 신약의 효능 입증 시험을 해야 한다.

  [근거] H선언의 윤리적 기준: 의사는 효과적인 치료법을 제공할 윤리적·법적 의무를 지닌다.

  [근거] 동등성 시험은 환자에게 치료를 제공하고 의사에게는 안전성과 효능에 대한 비교 가능한 정보를 제공한다.
- ⓒ 몇몇 의사들의 견해

  [주장] 항정신성 의약품에는 다른 기준이 적용되어야 한다.

  [근거] 항정신성 의약품의 효능은 개인의 주관에 따라 결정되기에 동등성시험으로 신약 효과를 평가하는 방법은 부적절하다.
- 글쓴이의 평가

  [전제] 위약이 약리 효과를 검증하는 항상적 기준을 제공하는 것으로 가정할 경우 ⓒ는 타당할 수 있다.

  [전제] 그러나 개인의 주관이 위약에 대한 효과에도 동일하게 개입하기 때문에, ⓓ 위약의 효과는 일정하지 않고 가변적이며 예측 불가능하다.

  [결론] 위약 개념에 있어서 약품의 실질적 효능을 측정할 수 있다는 가정은 문제가 있다.

해설
① (O) 동등성시험에서 더 우월한 것으로 입증되었더라도 위약시험에서는 다른 결과가 나타날 수 있기에 옳은 진술이다.

② (O) H선언의 윤리적 기준에 의하면, 효과적인 치료법이 있는 경우 이를 제공해야 할 의무가 있다. 따라서 위약시험은 효과적인 치료법을 제공받는 기회를 박탈한 경우가 되므로 비판 논거가 된다.

③ (X) 위약시험 결과가 입증되지 못한다고 해서 동등성시험의 필요성이 약화되는 것은 아니다. 비록 그 결과가 나타났다고 해도 위약 시험의 결과는 우연적일 수도 있으며, 여전히 환자에게 치료받을 수 있는 기회가 박탈되기 때문이다.

④ (O) 몇몇 의사들의 비판 대상은 동등성시험에 있다. 그래서 다른 기준이 적용되어야 한다고 주장한다. 결국 이들은 위약시험이 동등성시험보다 개인의 주관에 따른 판단 오류가 상대적으로 적다고 전제하고 있다고 추론할 수 있다.

⑤ (O) ⓓ는 위약시험 역시 개인의 주관이 개입하기에 위약의 효과는 일정치 않고 가변적이라고 주장한다. 따라서 신약 치료 집단 간에는 유의미한 차이가 없었고 위약 치료 집단 간 응답 분포 및 평균값에 유의미한 차이가 있다는 것은 이러한 개인의 주관 개입에 의한 차이가 존재한다는 주장을 지지하게 된다.

20 ③

난이도 ★★★★★

유형 판단 및 평가 – 사회

핵심체크 두 가지 가설에 대한 실험 결과를 평가하는 문제이다. 지문에서는 기업에 채용될 남녀의 확률이 다르게 나타나는 현상에 대해 두 가지의 가설을 소개하고 있다. 그 내용을 정리하면 다음과 같다.

(1) 인적 자본 가설: 여성이 남성에 비해 교육 수준, 직무 경험, 직무 능력 등 인적 자본이 부족하기에 기업은 여성 대신 남성을 선호한다.

(2) 차별 가설: 다른 조건이 동일하더라도 여성이 남성보다 특정 업무에 적합하지 않으며 업무 수행 능력이 뒤떨어진다는 고용주의 편견과 고정 관념으로 인해 채용상의 불이익을 받게 된다.

(3) 실험
- 서류 심사: 일정 배수의 지원자 뽑음. 연주 능력 등 최소한의 인적 자본을 갖추고 있음(성별 노출 없음)
- 연주 심사: 공개 평가, 커튼 심사

해설
ㄱ. (X) 공개 연주 심사가 커튼 심사보다 여성 합격률이 높다는 결과가 여성이 남성보다 인적 자본이 부족하다는 인적 자본 가설을 지지한다고 볼 수는 없다. 인적 자본 가설에 의하면 공개 연주 여부에 관계없이 능력이 좋은 사람이 선택되는데, 합격자가 여성보다 남성이 더 많아야 인적 자본 가설을 지지하기 때문이다. 따라서 인적 자본의 지지 여부는 남성과 여성의 합격률 차이가 제시되어야 하기에 지지한다고 볼 수 없다.

ㄴ. (X) 공개 연주 심사의 결과만으로 차별 가설을 지지하는지 판단할 수 없다. 차별 가설은 고용주의 편견과 고정 관념으로 인해 나타나는 채용상의 불이익이다. 따라서 공개 연주 심사와 함께 커튼 심사의 결과를 알아야 그 차이를 통해 차별 가설의 지지 여부를 판단할 수 있다.

ㄷ. (O) 커튼 심사의 결과가 여성의 합격률이 남성의 합격률보다 유의미하게 낮을 경우, 이는 성별에 대한 편견이 아닌 연주 능력 등의 인적 자본이 여성이 남성에 비해 부족하다는 것을 의미한다. 따라서 이러한 결과는 인적 자본 가설을 지지한다.

21 ④

난이도 ★★☆☆☆

유형 비판 및 반론 – 사회

핵심체크 통계적 자료를 근거로 하여 비판적 논거를 찾는 문제이다.

(1) 경제학적 개념을 정리하면 다음과 같다.
- 지니계수: 소득분배의 불평등 정도를 나타내는 수치, 0은 완전평등, 1은 완전불평등 상태임
- 시장소득: 정부의 개입 없이 애당초 시장에서 획득한 소득
- 처분가능소득: 정부에 세금을 납부하거나 보조금을 받은 이후의 재분배된 소득

(2) 주장

[전제] 한국은 소득이 상당히 평등하게 분배된 나라이다. 시장소득 기준으로는 OECD 회원국 중에서 가장 평등한 나라이며, 처분가능소득 기준으로도 OECD 회원국 가운데 중위권에 속한다.

[전제] 한국 사회에서 소득이 불평등하게 분배되고 있다는 일부 주장은 현실과 거리가 멀다.

[결론] 우리나라에서 소득불평등을 개선하기 위한 추가적인 재분배 정책은 필요하지 않다.

해설
ㄱ. (X) 비판이 되기 위해서는 자료에 의해 나타난 상황으로부터 한국의 현실을 긍정적으로 볼 수 없다는 내용이 있어야 한다. 그런데 시장소득 즉, 애초에 정부 개입 없이 시장에서 획득한 소득이 가장 높은 아일랜드가 처분가능소득 즉, 정부에 세금을 납부하거나 보조금을 받은 이후의 재분배에 대한 지니계수 차이가 가장 크다는 사실만으로는 비판이 되기 어렵다. 그렇게 큰 차이가 나는 나라에서 소득불평등이 개선되었다는 결과와 시장소득과 처분가능소득 지니계수 차이가 적은 나라의 소득불평등이 일반적으로 심하게 나타난다는 추가 자료가 필요하기 때문이다.

ㄴ. (O) 한국의 소득분포통계 조사 방법의 특징 때문에 지니계수가 제시된 자료보다 높을 가능성이 있다면, 주장의 신뢰성은 떨어지게 된다. 따라서 비판 근거이다.

ㄷ. (O) 소득분포통계 조사 방법이 나라마다 다르다면, 주장에서 다른 나라와 비교한 상위권 및 중위권에 대한 근거는 의미가 없게 된다. 또한 시장소득과 처분가능소득의 지니계수 차이가 중요할 경우, 그 차이가 매우 적은 한국은 소득재분배에 있어 문제가 있을 수 있다.

2023
2022
2021
2020
2019
2018
2017
2016
2015
2014
2013

해커스 LEET 김우진 추리논증 기출문제+해설집

22 ⑤   난이도 ★☆☆☆☆

유형 분석 및 재구성 - 사회

핵심 체크 함축된 진술을 추론하는 문제이다. 지문에서는 스페인의 경제 위기 사태에 대한 배경 및 결과, 그리고 그에 대한 해결방안에 대한 전망이 나타나 있다. 필자는 스페인 사태의 원인으로 유로화 통합에 의한 건설 경기 호황 및 인플레이션이 수출 부진 및 부동산 버블화로 인해 급격한 경기 침체로 재정 적자를 겪게 되었다고 지적한다. 또한 유로화로의 통합에 따른 문제 해결능력의 결함과 정치통합이 이루어지지 않은 것도 경제 위기를 자초했다고 진단한다. 이에 경쟁력 회복을 위해서는 느리고 고통스러운 디플레이션 과정을 통할 수밖에 없다고 전망한다.

해설 ㄱ. (O) 부동산 거품이 꺼지게 되자 실업률이 치솟는 등 경제가 침체하여 정부 재정은 큰 적자를 기록하게 되었으므로, 재정적자는 경제 침체의 결과이다.

ㄴ. (O) 지문에 의하면, 유로화를 사용하지 않고 구화폐를 사용했더라면 정부는 위기 상황에서 팽창적인 통화정책을 통해 문제 해결을 신속하게 할 수 있었을 것이다. 그렇지 않기에 느리고도 고통스러운 디플레이션 과정을 통해서만 경쟁력을 다시 회복할 수 있을 것이라고 전망하고 있기에 옳은 추론이다.

ㄷ. (O) 지문에서 필자는 만약 스페인의 미국의 한 주(州)였더라면 상황이 악화되지 않았을 것이라고 지적한다. 따라서 미국과 이러한 정치 통합 없이 달러화로 화폐통합을 했더라도 비슷한 어려움에 처했을 것이라고 추론할 수 있다.

23 ④   난이도 ★★☆☆☆

유형 비판 및 반론 - 논리학·수학

핵심 체크 음모론에 대한 비판적 논의를 파악하는 문제이다. 지문에서의 필자의 견해를 정리하면 다음과 같다.
- 문제제기: 높은 설명력을 가진다는 것이 음모론의 가설에 대한 과학적 근거라 할 수 있는가?
- 전제 1: 음모론은 기존 사실들에 대한 최선의 설명으로의 추론에 해당하기에 설명력이 높다.
- 전제 2: 하지만 그러한 설명력을 유지하기 위해 복잡하고 비정합적이기에 미래 증거에 대한 올바른 설명을 제공할 수 없다.
- 결론: 음모론 속 가설의 설명력이 그 가설에 대한 과학적 근거를 제공하지 못한다.

해설 ① (X) 예측 자체를 할 수 있다고 해도 제시문의 견해를 비판하지는 못한다. 정확한 예측을 할 수 있다는 진술이 있어야 비판이 되기 때문이다.

② (X) 필자의 견해는 음모론이 결국 정당한 근거를 가지지 못하는 가설이라는 것이므로, 다른 아름다운 가설들의 개연적 설명력은 이에 대한 비판이 될 수 없다.

③ (X) 이론적 아름다움으로 일부 과학자들에게 채택되었다는 사실은 지문에서의 필자의 논점에서 벗어나 있다. 무관한 진술로 필자의 견해를 비판하는 논거가 될 수 없다.

④ (O) 필자는 음모론이 높은 설명력에도 불구하고 복잡하고 비정합적이기에 과학적 근거를 가질 수 없다고 지적한다. 그런데 음모론처럼 높은 설명력과 복잡성에도 불구하고 후속 연구의 결과로 아름다운 가설이 될 수 있음을 보여줄 경우, 미래 증거에 대해 설명을 제공할 수 있기에 제시문의 견해에 대한 논박의 근거가 된다.

⑤ (X) 쟁점을 벗어나 있다. 음모론 속 가설에 대한 믿음에 대한 논의가 되기 때문이다. 논의의 대상은 음모론 속 가설에 대한 정당성에 있다.

24 ①   난이도 ★★★★★

유형 수리 추리 - 사회

핵심 체크 게임이론의 내쉬균형 개념을 적용한 최적 대안을 찾는 문제이다. 지문에서는 정치성향에 대해 모두 5가지를 제시한다. 이에 대한 비율적 예시를 통해 분배를 확인해야 한다. 지문에서는 A가 중도좌, B가 극우일 경우 A는 5/8를, B는 3/8를 득표한다고 말하고 있다. 이는 정치성향을 전체 8등분으로 균등하게 설정하여 추리해야 함을 보여주는 정보이다. 이에 따라 표를 다시 정리하면 다음과 같다.

극좌   중도좌   중도   중도우   극우

그리고 당선 가능성을 극대화하는 선택을 하는데, 이때 주의할 조건은 당선 가능성에 변화를 가져오지 않는다면 더 이상 정치성향을 바꾸지 않는다는 점이다. 그리고 모든 후보자가 더 이상 자신의 정치성향을 변경할 유인이 없어질 경우 즉, 더 이상 당선 가능성에 변화를 가져오지 않는다면 균형에 이르렀다고 한다. 주의할 점은 동일한 정치성향을 선택한 후보자가 둘 이상이면 해당 득표를 균등하게 나누어 갖는다는 것이다.

해설 ㄱ. (O) 후보자가 2명일 경우, 지문으로부터 중도를 선택할 경우 당선가능성은 1/2로 가장 높으며 균형이 됨을 알 수 있다.

ㄴ. (X) 후보자가 3명인 경우, 균형에서 각 후보자의 당선 가능성이 모두 같을 수 없다. A, B, C 후보자가 모두 같은 '중도'를 택하였다고 가정해보자. 이들은 이때 모두 1/3의 당선 가능성을 지닌다. 그런데 A가 중도우를 선택할 경우 A는 3/8, 나머지 후보자 둘은 각각 2.5/8로, A의 당선 가능성은 1이 된다. 이 경우 B도 중도좌를 선택하면 A와 B가 각각 3/8, C가 2/8로 A와 B의 당선 가능성은 1/2이 된다. 이때 균형은 중도좌, 중도, 중도우가 된다. 중도좌와 중도우는 각각 당선 가능성은 3/8 득표로 1/2이며, 중도는 2/8 득표로 당선 가능성이 없다. 그래도 중도를 선택한 사람은 다른 것을 선택해도 당선 가능성을 변화시킬 수 없기에 변경할 유인이 없어서 더 이상 바꾸지 않는다. 결국 균형에서 각 후보자의 당선 가능성이 모두 같을 수 없다.

ㄷ. (X) 후보자가 4명인 경우, 균형 상태에서 모든 후보자가 같은 정치성향을 선택할 경우 각자는 당선 가능성이 1/4이 된다. 그러나 한 후보자가 다른 선택을 할 경우 당선 가능성이 100%가 될 수 있기에 4명이 같은 정치성향을 선택한 균형이 될 수 없다.

25 ②   난이도 ★★☆☆☆

유형 판단 및 평가 - 과학기술

핵심 체크 논증을 약화할 수 있는 정보를 찾는 문제이다. 제시된 논증을 정리하면 다음과 같다.
- 현상: 번식이나 생존과 같은 고도의 생물학적 충동에서는 혐오 체계가 억제되기도 하지만, 대체로 혐오를 유발하는 자극을 회피하는 행동을 한다.

- 문제제기: 왜 우리는 역겨워하는 정서를 경험하는가?
- 대전제: 인간의 심리는 자연선택에 의한, 번식 가능성의 증대라는 기준으로 진행되는 진화의 산물이다.
- 주장: 구체적 대상들에 대한 혐오감은 전염성 병원체를 옮길 수 있는 매개체를 회피하게끔 자연선택에 의해 설계된 적응이다.
- 전제: 혐오를 주로 일으키는 자극은 유해한 미생물의 온상이므로 몸속에 들어서는 안 되는 것들이다. 특히 타인의 분비물에 대한 혐오 정도가 더 심하다.

해설 ㄱ. (X) 필자의 주장에 의하면, 혐오를 주는 자극 경험은 병원체를 옮길 수 있다는 것을 각인시키므로 혐오가 더 강하게 나타날 수 있다. 따라서 이 진술은 주장을 약화하지 않는다.

ㄴ. (O) 지문에서는 낯선 사람의 분비물은 우리 면역 체계가 방어하기 어려운 낯선 병원체를 전파하기 쉽기 때문에 혐오 정도가 더 심하다고 서술하고 있다. 그런데 이러한 전제의 사례가 옳지 않음이 밝혀질 경우 주장을 약화시킨다.

ㄷ. (X) 첫 단락에서 생존과 같은 고도의 생물학적 충동에서는 혐오 체계가 억제되기도 한다는 진술에 대한 사례가 될 수 있기에, 주장을 약화하지 않는다.

26 ③

난이도 ★★★☆☆

유형 판단 및 평가 – 과학기술

핵심 체크 논증의 설득력을 약화할 수 있는지 묻는 문제이다. 제시된 논증을 정리하면 다음과 같다.

- 결론: 지구에 존재했던 다양한 생물종들이 모두 하나의 원시 조상으로부터 유래했다는 다윈의 주장은 합리적인 근거를 가지고 있다.
- 전제 1: 지구의 모든 생물들은 DNA라는 공통 유전물질을 가지고 있어서 DNA에 담긴 생명체의 유전 정보가 세대 간 전달된다.
- 전제 2/소결론: DNA만이 유전 정보의 보존과 복제를 가능하게 하는 구조를 가지고 있다는 것은 놀라운 일이다.
- 전제 3: 생명체가 유전 정보를 후대에 전달하기 위하여 DNA를 사용해야 할 어떤 필연적 이유도 없기 때문이다.
- 전제 4: 지구에 현존하는 모든 생물종은 DNA를 통해 그 정체성을 유지하고 있다.

해설 ㄱ. (O) 필자는 지구의 모든 생물들이 DNA라는 공통 유전 물질을 가지고 있다는 [전제]를 가지고 있다. 보기는 이에 대한 반박이 되어 전제의 신뢰성을 떨어뜨려 논증의 설득력을 약화하게 된다.

ㄴ. (O) 이는 DNA를 사용해야 할 필연적 이유로 작동하여, 이를 전제로 하여 결론인 하나의 원시 조상으로부터 유래했다는 사실을 약화한다. 모든 생명체들의 특징일 뿐이기에 DNA 사용이 원시 조상의 수와 관련이 없어지기 때문이다.

ㄷ. (X) 이는 지구에 존재했던 다양한 생물종들이 모두 하나의 원시 조상으로부터 유래했다는 다윈 주장의 합리성을 지지하는 필자의 논증을 오히려 강화시킬 수 있다.

27 ③

난이도 ★★★★☆

유형 판단 및 평가 – 과학기술

핵심 체크 두 논증을 비교 및 강화/약화 여부를 판단하는 문제이다. A와 B는 모기가 인간의 혈액을 섭취하는 과정에서 나타나는 액체성분 분비 현상에 대해 서로 다른 가설을 제시하고 있다. 이들을 정리하면 다음과 같다.

- A의 가설
 [전제] 인간의 혈액은 액체성분으로 구성되어 있다.
 [전제] 모기가 인간의 혈액을 섭취할 때 단백질 성분이 풍부한 세포성분을 더 많이 몸속에 저장할수록 알을 더 많이 생산한다.
 [결론] 모기의 액체성분 분비는 더 많은 세포성분을 몸속에 저장하기 위한 행동이다.
- B의 가설
 [전제] 급격한 온도 변화는 곤충의 생리에 좋지 않은 영향을 미친다.
 [전제] 평소 인간보다 낮은 체온을 가진 모기는 인간의 혈액을 섭취할 때 고온 스트레스의 위험에 직면하게 된다.
 [결론] 액체성분을 분비하는 것은 증발 현상을 이용하여 체온 상승을 조절하기 위한 행동이다.

해설 ㄱ. (O) 제시된 결과를 표로 나타내면 다음과 같다.

사례	세포성분	혈액 온도	액체성분
(1)	정상	모기의 체온	적음
(2)	적음	모기의 체온	많음

혈액 온도는 변하지 않는데, 세포성분에 따라 액체성분의 분비에 차이가 있다. 따라서 차이법에 의해 세포성분 함유가 액체성분 분비의 양을 결정한다는 것을 알 수 있으므로 A는 강화된다.

ㄴ. (O) 제시된 결과를 표로 나타내면 다음과 같다.

사례	세포성분	혈액 온도	액체성분
(1)	없음	인간의 체온	분비됨
(2)	없음	모기의 체온	분비 안 됨

세포성분은 두 사례 모두 없는데, 혈액 온도에 의해 액체성분의 분비가 결정되므로 B가 강화된다.

ㄷ. (X) 제시된 결과를 표로 나타내면 다음과 같다.

사례	세포성분	혈액 온도	액체성분
(1)	정상	모기의 체온	적음
(2)	적음	인간의 체온	많음

위 결과로부터 A와 B 가설이 모두 강화된다고 말하기 어렵다. 다음과 같이 추론할 수 있기 때문이다.

- 혈액 온도와 무관하게 세포성분의 많고 적음에 따라 반비례적으로 액체성분의 분비량 차이가 생겼다고 할 수 있다. 이 경우 A의 견해가 강화되며 B의 견해는 약화된다.
- 세포성분과 액체성분의 분비는 무관하며 혈액의 온도가 액체성분 분비량을 결정한다고 할 수도 있다. 이 경우 A의 견해는 약화되며 B는 강화된다.
- 세포성분과 혈액 온도 모두가 영향을 미쳐서 액체성분 분비량이 결정될 수도 있는데, 이 경우 A와 B는 모두 강화될 수 있다.

결국 A와 B 모두 강화될 수도 있고 어느 한 견해는 약화되고 다른 견해는 강화될 수도 있다. 따라서 A와 B 가설을 동시에 약화시키지 않을 뿐, A와 B 모두 강화된다고 단정할 수 없다.

28 ③

난이도 ★★★★☆

유형 언어 추리 – 과학기술

핵심 체크 Y염색체와 미토콘드리아의 유전 특성에 대한 원리를 파악한 후 사례에 적용하는 문제이다. 제시된 원리를 정리하면 다음과 같다.

(1) 상염색체와 성염색체: 남자(XY) – 상염색체는 재조합이 가능하지만, 성염색체는 섞이지 않음

(2) X염색체와 Y염색체의 유전

구분	X염색체	Y염색체
유래	어머니	아버지
유전	아들, 딸	아들

(3) 미토콘드리아 DNA의 유전: 어머니의 것만 아들, 딸에 유전

 ㄱ. (O) 미토콘드리아 DNA는 어머니를 통해서만 유전된다. 따라서 필립 공의 어머니와 외할머니 그리고 알렉산드라 황후는 동일한 미토콘드리아 DNA를 지니고 있을 것이다. 따라서 그 딸인 아니스디샤 역시 동일한 미토콘드리아 DNA를 지니고 있어야 한다. 그런데 서로 관계가 없다면 아나스타샤가 아니게 된다.

ㄴ. (X) 필립 공의 Y염색체는 그 아버지를 통해서만 유전된다. 그런데 알렉세이의 아버지는 니콜라이 2세이므로 서로 다른 아버지로부터 Y염색체를 물려받은 것이 된다. 따라서 서로 관계가 없다는 결과가 나오더라도 알렉세이인 것과는 상관이 없다.

ㄷ. (O) 미토콘드리아 유전자는 어머니를 통해서만 유전된다. 따라서 니콜라이 2세의 누이와 니콜라이 2세의 미토콘드리아 DNA는 동일하다. 또한 그 누이의 아들이나 딸도 동일하며 그 외손자와 외손녀도 동일하게 된다. 따라서 이들 간에 혈연관계가 있다는 결과가 나올 것이다.

29 ⑤

난이도 ★★★★☆

유형 언어 추리 – 과학기술

핵심 체크 실험의 결과를 연결하는 문제이다. 실험의 결과를 통해 동일하거나 유사한 항원에 대한 판단이 선행되어야 한다. (나)와 (다)의 실험결과를 정리하면 다음과 같다.

구분	(나) 이식	(다) 이식	(다) 결과
X1	A1	A2	암발생 없음
X2	A1	B2	암발생
Y1	B1	A2	암발생
Y2	B1	B2	암발생

위 결과로부터 추리할 수 있는 것은 다음과 같다.

(1) X1의 사례에서 A1에 의한 면역체계가 형성될 경우 A2도 함께 제거한다는 것을 알 수 있다. 이는 A1과 A2가 동일하거나 유사한 항원임을 보여준다.

(2) 그러나 Y2의 경우에서 B1에 대한 면역체계가 있다고 해서 B2도 함께 제거되지는 않는다는 사실을 알 수 있다. 따라서 B1과 B2는 동일하거나 유사한 항원이 아니다.

해설 (나)와 (다)의 실험으로부터 생긴 면역체계를 정리하면 다음과 같다. 주의할 점은, A1이나 A2 어느 하나에 대해 면역체계가 생길 경우, 둘 모두에 기억 메커니즘이 작동하나, B1과 B2의 면역체계는 구별되기에 각각의 경우에 대해 면역체계가 있어야 암세포가 발생하지 않는다는 것이다.

구분	A1	A2	B1	B2
X1	O	O	X	X
X2	O	O	X	O
Y1	O	O	O	X
Y2	X	X	O	O

(면역체계가 성립된 경우: O, 성립되지 않은 경우: X)

위 표를 토대로 (라)에서 다시 암세포를 이식하였을 때의 결과를 정리하면 다음과 같다.

구분	면역	A1 이식	A2 이식	B1 이식	B2 이식
X1	A1, A2	X	X	O	O
X2	A1, A2, B2	X	X	O	X
Y1	A1, A2, B1	X	X	X	O
Y2	B1, B2	O	O	X	X

(암이 발생한 경우: O, 발생하지 않은 경우: X)

ㄱ. (X) A1을 이식했어도 Y1에는 면역체계가 작동하므로 암이 발생하지 않는다.

ㄴ. (X) A2를 이식했어도 X2에는 면역체계가 작동하므로 암이 발생하지 않는다.

ㄷ. (O) B1을 이식했을 경우, X1과 X2에는 이에 대한 면역체계가 작동하지 않으므로 암이 발생한다.

ㄹ. (O) B2를 이식했을 경우, X1과 Y1에는 이에 대한 면역체계가 작동하지 않으므로 암이 발생한다.

30 ②

난이도 ★★★★★

유형 수리 추리 – 논리학·수학

핵심 체크 확률값 결정의 두 가지 원리를 파악한 후 사례에 적용하는 문제이다. 갑과 을은 어떤 정보도 없는 경우, 확률 결정에 있어서 서로 다른 견해를 지니고 있다.

• 갑: 동일한 확률을 부가하여 판단
• 을: 최댓값과 최솟값으로 확률 판단

<사례>를 정리하면 다음과 같다.

• 총 구슬 개수: 100개
• 붉은색 50개 + (흰색 + 검은색 = 50개) = 100개
• 나무 또는 금속
• 흰색 = 나무(1/2) + 금속(1/2)

우선 갑에 의하면, 모든 값은 동일한 확률로 나타나므로 다음과 같이 추정하게 된다.

갑	붉은색	흰색	검은색
나무(50)	25	12.5	12.5
금속(50)	25	12.5	12.5
합	50	25	25

한편 을은 최솟값과 최댓값으로 파악하므로 다음과 같다. (단, 괄호 안의 앞의 숫자는 최솟값, 뒤의 숫자는 최댓값임)

을	붉은색	흰색	검은색
나무	(0, 50)	(0, 25)	(0, 50)
금속	(0, 50)	(0, 25)	(0, 50)
합	50	(0, 50)	(0, 50)

해설 ㄱ. (X) 갑은 12.5, 을은 0보다 크고 25보다 작다고 말할 것이므로 동일한 값을 부여한다고 말할 수 없다.

ㄴ. (O) 붉은색 구슬이 뽑힐 확률은 주어진 정보로부터 50이다. 그런데 흰색이 아닌 구슬은 붉은색과 검은색이 뽑힐 확률이므로, 갑은 75라고 추리할 것이다. 갑은 흰색이 25라고 추리하기 때문이다. 한편 을은 흰색이 아닌 구슬 중 검은색이 뽑힐 확률을 최대 50에서 최소 0으로 보기 때문에 붉은색이 뽑힐 확률과 더하면, 최소 50에서 최대 100이 된다. 따라서 옳은 진술이다.

ㄷ. (X) 나무로 된 구슬이 모두 흰색일 경우, 붉은색과 검은색 구슬은 모두 금속이 된다. 하지만 이 정보로는 흰색과 검은색의 비율을 알 수 없다. 이를 정리하면 다음과 같다.

갑	붉은색	흰색	검은색
나무	0	12.5	0
금속	50	12.5	25
합	50	25	25

을	붉은색	흰색	검은색
나무	0	(0, 25)	0
금속	50	(0, 25)	(0, 50)
합	50	(0, 50)	(0, 50)

따라서 갑은 동일하다는 기존 입장을 유지할 것이다. 하지만 을은 흰색과 검은색이 뽑힐 확률은 최솟값 0, 최댓값 50일뿐이므로 흰색 구슬이 뽑힐 확률이 검은색 구슬이 뽑힐 확률보다 작지 않다는 것에 동의하지 않을 것이다.

31 ③

난이도 ★★★☆☆

유형 논리 게임 – 논리학·수학

핵심체크 조건에 따라 배열 및 속성을 매칭하는 문제이다. 제시된 조건을 충족하는 주(州)를 그림으로 표시하면 다음과 같다.

C	D		
	B	A	E
	F		

해설 조건으로부터 색을 배치하면 다음과 같다.

C (보라)	D(빨강/주황)		
	B(주황/빨강)	A(초록)	E(파랑)
	F(보라)		

ㄱ. (O) E는 조건 4에서 파란색과 보라색이 접경을 이룬 주끼리 사용할 수 없으므로, 조건 5를 충족시키려면 파란색이 될 수밖에 없다.

ㄴ. (O) E가 파란색이며 5색이 모두 사용되어야 하므로 나머지 B와 D가 빨강 또는 주황이 된다.

ㄷ. (X) 조건 5가 없어지더라도 조건 3에서 접경을 이룬 주끼리 같은 색을 사용해서는 안 된다. 따라서 최소 4개의 색으로 칠해야 한다. B와 D가 겹치기 때문에 다른 색으로 칠해야 하기 때문이다.

32 ③

난이도 ★★★☆☆

유형 형식적 추리 – 논리학·수학

핵심체크 연역추리의 자연/연역적 증명에 따라 타당성을 파악하는 문제이다. 제시된 진술들을 기호화하면 다음과 같다.

1. A∨B∨C
2. (A&~B) → C
3. C → (A∨B)
4. ~A∨~C

해설 ㄱ. (O) A → B
5. A → ~C   4. 단순함언
6. C → ~A   5. 대우
7. (A&~B) → ~A   2.6. 조건삼단논법
8. (~A∨B)∨~A   7. 단순함언
9. ~A∨B   8. 항진법칙(동어반복)
10. A → B   9. 단순함언

ㄴ. (X) B → (A∨C)
= (B → A)∨(B → C): 10의 역이며, 17의 역명제로 반드시 참이 아니다.

ㄷ. (O) C → B
11. C→(~A → B)   3. 단순함언
12. (C&~A) → B   11. 추출법칙
13. (~A&C) → B   12. 교환법칙
14. ~A → (C → B) 13. 추출법칙
15. C→(C → B)   6.14. 삼단논법
16. (C&C) → B   15. 추출법칙
17. C → B   16. 동어반복

33 ①

난이도 ★★★★★

유형 논리 게임 – 사회

핵심체크 제시된 조건에 따라 속성을 매칭하는 문제이다. 우선 주어진 변수는 회사, 로고색, 음료, 과자, 수출대상국이므로 이를 표로 나타내면 다음과 같다.

회사				
로고색				
음료				
과자				
수출대상				

(1) 첫 번째 정보에서 생수가 가운데 위치하며, 두 번째 정보에서 C회사가 가장 왼쪽에, 그 오른쪽 옆에 보라색을 위치시킨다.

회사	C			
로고색		보라색		
음료			생수	
과자				
수출대상				

(2) 세 번째 정보는 다음의 그림으로 표시할 수 있다.

연두색	회색
커피	

이 경우 위치할 수 있는 곳은 오른쪽에서 두 번째 자리와 가장 오른쪽 자리이다. 이를 표시하면 다음과 같다.

회사	C			
로고색		보라색	연두색	회색
음료			생수	커피
과자				
수출대상				

(3) 네 번째 정보에서 A회사가 하늘색임을 알 수 있다. 그런데 이 조합이 들어갈 수 있는 곳은 정중앙뿐이다. 따라서 나머지 C가 검정색임을 알 수 있다.

회사	C		A		
로고색	검정색	보라색	하늘색	연두색	회색
음료			생수	커피	
과자					
수출대상					

(4) 다섯 번째 정보에서 C의 수출대상이 싱가포르이며, 그 오른쪽이 와플이 된다.

회사	C		A		
로고색	검정색	보라색	하늘색	연두색	회색
음료			생수	커피	
과자		와플			
수출대상	싱가포르				

(5) 마지막 정보로부터 다음의 그림이 되어야 함을 알 수 있다.

주스	
	태국

이 조합은 두 군데가 가능하다. C에 주스를 배치시킬 수도 있으며, 왼쪽에서 두 번째에 배치할 수도 있다.

해설 ㄱ. (O) 옳은 진술이다.

ㄴ. (X) (5)에서 두 군데에 배치할 수 있으므로 싱가포르에 수출하는 회사가 주스를 생산할 수도 있으며, 그 옆의 와플을 생산하는 회사가 주스를 생산할 수도 있기에 반드시 참이 아니다. 거짓이 가능하기에 옳게 추론한 것이 아니다.

ㄷ. (X) 추론할 수 없다.

34 ③   난이도 ★★★★★

유형 수리 추리 – 논리학·수학

핵심 체크 도형 및 기하학적 거리 개념을 적용하는 문제이다. 지문에서 제시된 개념을 정리하면 다음과 같다.
- 도로거리 : 도로만으로 이동하였을 때의 최단 거리
- 직선거리 : 두 지점 간에 장애물이 없는 최단 거리
- 유클리드 공간: 직선거리가 적용되는 공간
- 도로 공간: 도로거리가 적용되는 공간

해설 ㄱ. (X) 그림에서 가장 왼쪽 위 지점(5칸)과 그 아래 지점(4칸), 왼쪽에서 두 번째인 가장 높은 지점(4칸)은, A지점까지의 도로거리와 B지점까지의 도로거리가 같다. 하지만 이들은 한 직선 위에 있지 않다. 주의할 점은 도로거리 자체가 동일한 것이 아니라 어느 지점이든지 A지점까지의 거리와 B지점까지의 거리를 비교했을 때에 동일한 것을 대상으로 해야 한다는 것이다.

ㄴ. (X) 주어진 그림에서 C를 A로부터 가로로 6칸 오른쪽으로 설정할 경우, A, B, C 지점 간의 도로거리는 모두 6이 된다. 그러나 이들은 정삼각형이 아니다.

ㄷ. (O) 바둑판 모양이므로 한 지점에서 도로거리 1칸인 지점들을 모두 연결하면 정사각형 모양이 될 수 있다.

35 ③   난이도 ★★★★★

유형 수리 추리 – 과학기술

핵심 체크 최단 시간에 출력포트로 전달시키는 방식을 파악하는 문제이다. X, Y, Z 중 하나만 무작위로 선택되어야 한다. 이를 기준으로 제거하는 방식을 설정해야 한다. 처음에 X와 Z를 제거하고 그다음을 고려할 때에 X, Y, Z를 한꺼번에 제거할 수 있는 조합을 찾아야 한다. 이때 주어진 패킷의 수는 X가 5개, Y가 6개, Z가 5개이다. 그런데 처음 시작할 때에 주어진 패킷은 X와 Z밖에 없다. 따라서 두 번째부터 Y를 전달할 수 있으므로 최소 7번 이상의 전달이 필요하게 된다.

해설 첫 번째는 X와 Z만 출력포트로 전달될 수밖에 없다. 이때 그다음을 고려하여 Z는 넷째 줄을 제거한다. 이를 정리하면 다음과 같다.

Z	X	Y	
Y	X	Y	Z
Y	Z	X	Z
Y	Y		

위의 표에서 X, Y, Z를 제거할 수 있다.

Z	X		
Y	X	Y	Z
Y	Z	X	
Y	Y		

다시 위의 표에서 X, Y, Z를 제거할 수 있다.

Z	X		
Y	X	Y	
Y	Z		
Y			

또 위의 표에서 X, Y, Z를 제거할 수 있다.

Z			
Y	X		
Y			
Y			

이제 다시 X, Y, Z를 제거할 수 있다.

Y			
Y			

남은 Y를 하나씩 제거할 수 있으므로 총 7번이 걸리게 된다.
하나의 패킷이 출력포트로 전달되는 데 걸리는 시간은 1ms이므로 최소 시간은 7ms이다.

LEET 전문가의 총평

- 추리 문항에는 규범이나 법적 원칙을 사례에 적용하는 법적 추리와 사실의 인과관계를 추리하는 사실관계 추리 등의 문항들이 포함되었다. 또한 추리 문항에는 세계의 모습을 가설이나 수학적 언어로써 모형화하여 이해한 후 이러한 모형에 기초하여 아직 알려지지 않은 사실을 추리하는 모형 추리의 문항들을 다양한 소재와 자료로 구성하였다.
- 논증 문항에는 주어진 논증을 분석하는 능력을 측정하는 논증 분석 문항, 주어진 논쟁을 분석하고 반론을 구성하는 능력을 측정하는 논쟁 및 반론 문항, 주어진 논증을 평가하고 비판하거나 새로운 대안을 모색하는 평가 및 문제 해결 문항이 출제되었다.
- 2015학년도 기출문제의 각 문항을 이원분석표에 따라 구분하면 다음과 같다.

인지 활동 유형 / 추리의 내용 영역	추리					논증			인지 활동 유형 / 논증의 내용 영역	
	언어 추리			수리 추리	논리 게임	분석 및 재구성	비판 및 반론	판단 및 평가		
	연역	귀납	함축된 정보파악							
논리학·수학	18			35	19, 20, 34					
인문				14, 15, 16		10, 13		11	인문	이론적 논변
사회		27		25, 26			31, 33	32	사회	
과학기술			17, 21				24, 29	22, 23	과학기술	
법·규범			1, 2, 3, 5, 7, 8	6			9	4	법적 논변	실천적 논변
						12	30	28	일상적·도덕적 논변	
									의사결정론	

정답

p.186

01	02	03	04	05	06	07	08	09	10
③	④	②	③	⑤	②	⑤	③	③	①

11	12	13	14	15	16	17	18	19	20
②	④	④	①	⑤	④	①	②	③	④

21	22	23	24	25	26	27	28	29	30
③	③	④	①	①	②	⑤	④	④	⑤

31	32	33	34	35					
②	③	⑤	③	①					

해설

01 ③

유형 언어 추리 - 법·규범

핵심체크 규정 및 판단 기준으로부터 사례의 보호의무 위반 여부를 판단하는 문제이다. 지문에서는 국가의 기본권 보호의무에 대해 다루고 있다. 국가는 국민의 기본권이 타인에 의하여 침해된다고 인정할 경우 적극적으로 기본권을 보호해야 하는 의무가 있다. 만약 국가가 적절하고 효율적인 최소한의 보호조치를 취하지 못할 경우 기본권 보호의무를 위반한 것으로 보고 '과소보호금지원칙'을 적용해야 한다. 각 사례가 우선 국가의 기본권 보호의무가 적용될 수 있는 사례인지 확인해야 하고, 그에 따른 조치가 과소보호금지원칙에 부합되는지를 파악해야 한다.

해설 ㄱ. (O) 주거권이라는 기본권 침해가 인정된 상태이기에 헌법재판소에서 제시한 과소보호금지원칙에 의해 기본권 보호를 위해 최소한의 보호조치를 취해야 한다. 따라서 아무 규제 조치도 취하지 않는다면 이는 주거권 보호의무 위반에 해당된다.

ㄴ. (O) 건강권 보호를 위한 최소한의 조치보다 10배 이상 넓은 면적 단위마다 약국을 설치하도록 했다. 따라서 이는 건강권 보호의무 위반에 해당된다.

ㄷ. (X) 환경권이라는 기본권이 침해된다고 인정된 상황에서, 효율적인 조치라 평가받는 '사용 대수 제한' 조치를 국가가 취하고 있다. 따라서 환경권 보호의무 위반이라 볼 수 없다.

02 ④

유형 언어 추리 - 법·규범

핵심체크 형법의 원리 적용 및 형사소송법의 원리 적용에 대한 비교 추리를 하는 문제이다. 지문에서는 죄형법정주의, 특히 소급효금지의 원칙에 대한 적용 및 예외를 다루고 있다. 형법상 이 원칙에 의하면 범죄와 형벌은 행위 당시의 법규정에 의해서만 규정되어야 한다. 한편 이러한 원리가 형사소송법에서는 적용될 필요가 없다는 A의 견해와 형사소송법에서도 적용된다는 B의 견해가 대립하고 있다. 주의할 점은 A는 형법의 원리가 적용될 필요가 없다는 주장이므로 비록 행위자에게 불이익을 주더라도 개정된 법을 적용할 수 있다는 것을 생각해야 한다.

해설 ㄱ. (O) 제시문에서 소급효금지원칙은 행위자에게 불리한 경우에 한하여 허용된다. 그런데 헌법재판소의 위헌결정으로 인하여 소급하여 효력이 상실되었으므로 국민에게 불이익을 줄 경우가 아니며, 국가 형벌권이 남용되었다는 반성에 근거하여 면제되는 경우에 해당된다. 따라서 무죄판결이 선고되어야 한다.

ㄴ. (O) A견해는 형법상 원칙이 적용될 필요는 없다는 입장이므로 개정된 법률이라도 당해 행위자에게 적용될 수 있다. 형벌의 원칙은 '범죄와 형벌은 행위자가 행위할 당시의 법규정에 의해서만 결정되어야 한다.'는 것이다. 그런데 A견해는 이러한 원칙이 적용될 필요가 없다는 것이다. 따라서 범죄와 형벌이 행위자가 행위할 당시의 법규정이 아니더라도 즉, 새로 개정된 법규정이라도 적용될 수 있다.

ㄷ. (X) B견해는 형법의 경우와 마찬가지로 당시의 규정이 적용되어야 한다는 입장이다. 즉 규범이 제정되거나 개정되더라도 소급효금지원칙이 적용되어야 한다. 그런데 주어진 사례는 개정된 형사소송법이 당해 행위자에게 적용되어 처벌되고 있기에 옳지 않다. B에 의하면, 공소시효 기간을 계산함에 있어 행위자가 외국에 있었던 기간을 제외하면 안 되기 때문이다.

03 ②

유형 언어 추리 - 법·규범

핵심체크 법적 개념을 적용하여 추리하는 문제이다. 법 개념에 대한 설명이 제시되고 있다. 이를 정리하면 다음과 같다.
- 사회적 규칙: 구성원 대부분이 반복적으로 하는 행위로서, 그에 대한 준수의 압력과 그로부터의 일탈은 비판받는 집단 전체가 따라야 하는 일반적인 기준
- 내적관점: 사회적 규칙에 대해 사회구성원 다수가 행동의 기준이나 이유로 사람들의 행위에 대한 비판적인 태도를 정당화하는 근거
- 승인규칙: 법관들, 공직자들, 시민들이 일정한 기준에 비추어 법을 확인하는 관행 또는 실행

해설 ㄱ. (X) 사회적 규칙은 어떤 집단에서 구성원 대부분이 주체가 되어야 하기에 소수의 채식주의자의 주장은 규칙이 될 수 없다. 또한 채식에 대한 비판적 태도를 취할 수 있는 것도 아니다. 따라서 사회적 규칙이라 할 수 없다.

ㄴ. (X) 내적 관점은 자기가 속한 집단의 사회 구성원 다수가 행동의 기준이나 이유로 받아들이고 사람들의 행위에 대한 비판적 태도를 정당화하는 근거를 의미한다. 그런데 진술에서는 자신이 속한 사회가 아니라 다른 사회의 규범이 대상이며, 이에 대해 반성적이고 비판적 태도는 없이 단지 기술할 뿐이다. 따라서 옳지 않다.

ㄷ. (O) 승인규칙은 법관들과 공직자들 및 시민들이 일정한 기준에 비추어서 법을 확인하는 관행 또는 실행으로 존재하는데, 군주가 법을 제정하는 나라에서의 승인규칙은 군주의 명령에 있다. 그러나 의회에서 법을 제정하는 나라의 승인규칙은 의회에 그 기준이 있기에 승인규칙은 서로 다르다. 법을 제정하는 권한이 누구에게 있는지에 따라 승인규칙의 내용이 결정되기 때문이다.

04 ③

유형 판단 및 평가 - 법적 논변

핵심체크 논쟁을 분석하는 문제이다. 지문에서는 특허법에 대한 대립되는 두 견해가 소개되고 있다. A와 B는 모두 특허법의 목적에 대해서 의견을 같이한다. 모두 특허법이 기술의 발전을 촉진하여 사회적인 이익을 증대시킬 것으로 보고 있다. 그러나 독점적인 특허권의 부여 대상 및 특허권자의 보호 범위와 의무에 대해서는 서로 다른 관점을 보이고 있다.

해설 ㄱ. (X) A는 특허법이 발명을 장려하여 기술 발전을 촉진한다는 견해이다. B 역시 특허법이 기술 발전을 촉진하여 사회적 이익을 증대하기에 반드시 요구된다고 주장한다. 그러므로 둘 모두 특허법의 목적을 기술 발전을 통한 사회적 효율성의 증대라고 보고 있다.

ㄴ. (O) B는 발명에 대한 독점적 특허권의 권한을 더 부여하고 보호 기간도 연장하자는 주장을 하고 있다. 그래야 중복 투자와 같은 사회적 손실을 막을 수 있기 때문이다. 그런데 이로 인해 경쟁이 더 치열해져 사회적 비용이 줄지 않는다면 사회적 손실을 막고자 하는 B의 목적에 반하게 된다.

ㄷ. (O) 발명을 위한 최초의 아이디어가 상업화 단계까지 오랜 시간과 비용이 든다면 중복 투자로 인한 사회적 손실이 나타날 수 있다. 이를 막기 위해 발명의 독점적 특허권을 주장한다면 B의 설득력은 더 높아질 것이다.

ㄹ. (X) 발명가의 조정 권한을 광범위하게 인정하여 혁신적 신제품이 시장에 등장하는 속도가 늦어질 경우, 그만큼의 사회적 손실이 발생할 수 있다. 따라서 B의 설득력이 높아지지는 않는다.

05 ⑤
난이도 ★☆☆☆☆

유형 언어 추리 – 법·규범

핵심 체크 네 견해의 사례를 통하여 추리하는 문제이다. 지문에서는 대통령의 사면권에 대한 서로 다른 견해를 소개하고 있다. 각각의 주장을 정리하면 다음과 같다.
- 갑: 대립하는 정적을 포용하는 대승적 차원에서만 정당화
- 을: 정적이나 측근 특별 사면은 정당화 안 됨
- 병: 헌정 질서 파괴 및 교란한 자, 뇌물 수수한 범죄자는 특별 사면 허용해서는 안 됨
- 정: 절차적 견제 장치로 관련 심의 기관의 심의 과정과 국회의 동의 받아야 정당화

해설 각 사례의 정당성을 확인하면 다음과 같다.

구분	갑	을	병	정
(가)	O	X	X	O
(나)	X	X	O	X
(다)	X	O	O	O

06 ②
난이도 ★★★☆☆

유형 수리 추리 – 법·규범

핵심 체크 규정을 적용하여 계산 및 추리하는 문제이다. 지문에 제시된 규정을 정리하면 다음과 같다.
- (가) 상시 사용하는 근로자 수가 5명 이상인 모든 사업장에 A법 적용, 단 동거하는 친족만 사용하는 사업장에는 A법 적용 안 함
- (나) 상시 사용하는 근로자 수 = 연인원/가동일수
  연인원 = 근로일 수 × 근로자 수
- (다) 가동일수의 일별 근로자 수 파악했을 때 법 적용 기준 미달한 일수가 가동일수의 1/2 이상인 경우 A법 적용 안 함
- (라) 연인원 산정 시 파견근로자 제외, 단시간 근로자 포함

해설 ㄱ. (X) (나)에 의하면, 사유 발생 전 1개월 동안 근로자 연인원은 (10일 × 6명) + (10일 × 4명) = 100명이다. 따라서 이를 20일로 나누면 5명이 되므로 (가)의 기준에 충족된다. 그런데 (다)에서 가동일수 일별 근로자 수를 파악했을 때에 (가)의 5명 이상의 기준에 미달한 일수가 가동일수의 1/2 이상일 경우, A법은 적용되지 않는다. 그렇다면 20일 중 10일에 4명이 근무하였기에 미달 일수가 가동일수의 1/2이 되므로 A법을 적용할 수 없다.

ㄴ. (O) (라)에 의해 사용자에게 고용된 단시간 근로자도 연인원에 포함되므로 하루에 총 8명의 인원으로 계산된다. 따라서 (가)의 5명 이상에 해당되어 A법이 적용된다.

ㄷ. (X) (가)에서 A법을 적용하지 않는 경우는 사용자가 그와 동거하는 친족만을 사용하는 사업장이다. 그런데 여기서는 동거하는 친족 3명 이외에 단시간 근로자 2명도 포함되어 총 근로자는 5명이 된다. 따라서 A법이 적용될 수 있다.

07 ⑤
난이도 ★☆☆☆☆

유형 언어 추리 – 법·규범

핵심 체크 비교 기준에 의하여 추리하는 문제이다. 민사소송은 당사자가 신청한 사항과 별개의 사항에 대해서 판결해서는 안 되며, 당사자가 신청한 것보다 적게 판결하는 것은 허용되지만, 신청의 범위를 넘어서 판결해서는 안 된다. 신체상해로 인한 손해배상 청구의 경우 심판 대상에 대한 두 견해가 존재한다. 먼저 A는 적극적 손해(치료비), 소극적 손해(임금), 정신적 손해를 구별하여 서로 다른 세 개의 심판 대상으로 본다. 한편 B는 그 전체가 하나의 대상이라고 본다. 주어진 병의 사례에 따른 A와 B의 심판 대상을 정리하여 심판 범위를 정리하면 다음과 같다.
- A: 치료비 2,000만 원, 임금 7,000만 원, 정신적 손해 1,000만 원
- B: 모두 하나의 대상이므로 1억 원

해설 ① (O) 법원의 판단 500만 원은 갑의 청구 금액 1,000만 원 내에서 판단한 것이며, 당사자가 신청한 것보다 적게 판결하는 것이 허용되므로 판결할 수 있다.

② (O) 갑의 청구 범위 내에서만 법원은 판결을 하며, 신청의 범위를 넘어서 판결하여서는 안 된다. 갑이 500만 원을 지급하라고 청구할 경우 법원이 비록 을의 빚을 1,000만 원으로 판단하더라도 500만 원을 한도로 하여 판결해야 한다.

③ (O) 병의 청구 치료비는 2,000만 원이므로 그 한도 내에서 판결해야 한다. 따라서 법원이 비록 치료비를 3,000만 원으로 평가했더라도 그 범위 내에서 판결해야 한다.

④ (O) B견해는 전체를 하나의 심판 대상이라고 보기에 총 금액 1억 원 한도에서 판결할 수 있다.

⑤ (X) 원고가 신청한 금액의 범위 내에서 판결해야 하므로 신청의 한도를 넘어서 판결해서는 안 될 뿐이다. 한편 그 액수보다 적은 금액으로 판결할 수는 있다.

08 ③
난이도 ★☆☆☆☆

유형 언어 추리 – 법·규범

핵심 체크 법률과 견해를 통하여 사건에 법적 적용을 하는 문제이다. 지문에서는 을 소유의 도난당한 소 X를 구입한 병이 X와 X가 낳은 송아지 Y를 을에게 반환해야 되는 상황이다. 이에 대해 법률에서는 원래 소유권자는 매수한 사람에게 반환 요구를 할 수 있다. 다만 매수자가 매수 시 도품인 것을 알지 못한 상태에서 2년 동안 보유하였을 때에는 도품에 대한 소유권을 갖게 된다. 이에 대해 A는 송아지 Y를 소 X의 일부로 보고 있으며, B는 항상 그럴 수 없다는 입장으로, 만약 X를 소유한 지 2년이 지났거나 2년 미만이더라도 Y가 태어날 때까지 도품임을 몰랐을 경우 Y는 병의 소유라는 견해이다.

해설 ① (O) A는 Y는 X의 일부이므로 2년이 지나기 전인 경우 을의 소유라고 볼 것이다. B도 X를 매수 전에 Y가 수태된 것이므로 을의 소유라 할 것이다.

② (O) X가 Y를 수태한 것이 도난되기 전이었고, 매수 2년이 지나고 나서 도품임을 병이 알게 된 것이므로 A와 B 모두 Y는 병의 소유로 볼 것이다.

③ (X) A는 아직 일정한 기간이 지나지 않았기에 Y는 X의 일부라 보고 둘 모두 반환해야 한다고 주장할 것이다. 따라서 A는 Y가 을의 소유라고 판단할 것이다. 그러나 B는 X를 매수한 후 Y를 수태하였고 Y 출산까지 도품 사실을 몰랐으므로 2년이 지나지 않았을 경우, Y는 X의 일부가 아니라고 볼 것이다. 따라서 B는 병이 X만 반환하고 Y는 반환할 필요가 없다고 판단할 것이다. 따라서 A와 B의 판단이 일치하지 않는다.

④ (O) 일정 기간이 지난 경우이므로 모두 병의 소유가 된다고 판단할 것이다.

⑤ (O) A는 2년이 지나기 전이므로 Y도 을의 소유라고 볼 것이다. B는 2년이 지나기 전이기에 Y가 태어날 때까지 X가 도품인 줄 몰랐을 경우 Y는 병의 소유가 되지만, Y 출산 이전에 X가 도품임을 알았기 때문에 해당되지 않는다. 따라서 B도 Y는 을의 소유로 볼 것이다.

(라) (X) 인간이 얻게 될 상당한 이익과 이를 위한 동물 실험에서 박탈될 동물의 이익이 상쇄될 경우 필자의 주장처럼 동물의 이익이 박탈될 수 없다는 논지는 설득력을 잃게 된다. 오히려 이익 형량 시 동등한 결과를 가져오기에 동물의 이익이 박탈될 수 있다는 주장이 가능하기에 필자의 주장의 근거가 아닌, 반박의 근거가 될 수 있다.

(마) (X) 이익을 포기하는 행위에 대한 명령 여부는 논지와 무관한 진술이다.

09 ③　　　　　　　　　　　　　　　　　난이도 ★☆☆☆☆

유형 비판 및 반론 - 법적 논변

핵심 체크 세 견해를 비교 및 분석하는 문제이다. 이때 두 가지의 쟁점을 확인해야 한다. 하나는 피해자가 사망했는지 여부이며, 다른 하나는 피고인이 범인이라는 판결에 대한 견해이다. 갑은 피고인이 피해자를 살해한 범인이라는 주장을 하고 있다. 한편 을은 피해자의 사망 여부에 대해 확신할 수 없기에 피고인이 살해하지 않을 가능성도 있다고 보고 있다. 병은 피해자는 사망한 것으로 보고 있지만 시체를 발견하지 못했기에 살인 사건으로 볼 수 없다는 입장이다.

해설 ㄱ. (O) 피해자가 사망했다는 것에 대해 갑은 피고인의 진술과 주변 사람들의 증언을 고려할 때 확실하다고 주장한다. 또한 병도 모든 증거는 피고인이 살인을 저지른 자가 분명하다고 주장한다. 따라서 갑과 병은 그러한 사실에 동의할 것이다.

ㄴ. (X) 을은 피고인이 피해자를 살해하지 않았다고 합리적으로 의심할 여지가 있다고 주장하기에 피고인이 살인 사건의 범인이라고 판결을 내리는 것이 옳다는 것에 동의하지 않을 것이다. 또한 병도 시체를 발견하지 못했다면 살인 사건은 성립할 수 없다고 주장하므로 그러한 판결을 내리는 것이 옳다는 것에 동의하지 않을 것이다.

ㄷ. (O) 갑은 피고인이 살인범이라고 확신하고 있다. 한편 을과 병은 피고인의 살해 가능성에 대해 인정하지만 피해자가 발견되지 않았다는 것을 문제 삼고 있다. 따라서 만약 피해자가 살해된 시체로 발견된다면 피고인이 살인범이라는 점에 동의할 것이다.

10 ①　　　　　　　　　　　　　　　　　난이도 ★☆☆☆☆

유형 분석 및 재구성 - 인문

핵심 체크 생략된 전제를 파악하는 문제이다. 지문에서 괄호 안에 포함될 논증의 근거는 둘째 단락에서 말하는 두 번째 경우에 해당하는 논증에 대한 것이다. 이 논증의 형식적 구성은 다음과 같다.

- 주장: 동물은 대개의 인간과 달리 자신의 먼 미래를 계획할 수 없다는 이유에서 인간의 이익이 동물의 이익보다 더 크다. 하지만 동물 실험을 통해서 동물에게 고통을 줌으로써 그 이익을 박탈할 수는 없다.
- 생략된 전제: [　　　　　　　　　　　　　　　　　　　　　]

해설 (가) (O) 동물과 마찬가지로 갓난아기는 자신의 먼 미래를 계획할 수 없지만, 갓난아기의 이익을 박탈할 수는 없다. 이는 동물의 경우와의 유비적 사례로 주장을 뒷받침하는 생략된 전제로 적절하다.

(나) (X) 갓난아기에게 박탈될 이익이 없듯, 동물에게도 이익이 없다고 할 경우 동물의 이익을 박탈할 수 없다는 논리이다. 그런데 위 논증에서는 인간보다는 적지만 동물의 이익이 전제되고 있기 때문에 생략된 전제가 될 수 없다.

(다) (O) 다른 인간의 이익을 위해서 갓난아기의 이익을 박탈할 수 없듯이, 인간의 이익을 위해서 동물의 이익도 박탈할 수 없다면 필자의 주장을 뒷받침할 수 있다.

11 ②　　　　　　　　　　　　　　　　　난이도 ★☆☆☆☆

유형 판단 및 평가 - 인문

핵심 체크 세 견해에 대해 비교 및 판단하는 문제이다. 지문에서는 금욕과 쾌락에 대한 견해를 다루고 있다. 이에 대한 세 견해를 정리하면 다음과 같다.

구분	삶의 목표	쾌락	금욕
갑	자족성(자유)	삼가야 할 대상	긍정
을	쾌락	추구의 대상	부정
병	의무 수행	간접 의무	의무에 대한 은밀한 혐오

갑은 금욕주의 입장이며, 을은 쾌락주의, 그리고 병은 의무론의 입장을 취하고 있다.

해설 ① (O) 갑은 쾌락의 추구를 삼가도록 습관화하라고 주장하는 반면, 을은 금욕을 부정하며 금욕도 근본적으로 고도의 정신적 기쁨을 지향한다는 의미에서 소극적 쾌락주의임을 말한다. 따라서 갑은 쾌락이 추구할 만하다는 사실에 동의하지 않지만, 을은 동의할 것이다.

② (X) 갑은 욕망을 절제하는 금욕의 훈련을 통해 슬픔이나 기쁨에도 무관심한 부동심의 경지를 주장하므로 욕망을 절제하여 도달한 상태가 쾌락의 상태라는 것에 동의하지 않을 것이다. 반면 을은 욕망을 절제하여 도달하는 것도 결국은 쾌락이라는 견해이므로 동의할 것이다.

③ (O) 갑은 금욕에 의한 쾌락 추구의 삼가를 주장하기에 일체의 욕망 추구를 금지하는 것에 동의하지만, 을은 쾌락을 유일무이한 본래적 가치로 보기에 동의하지 않을 것이다. 병은 쾌락의 추구를 간접의무로 보기 때문에 욕망 추구 금지에 반대할 것이다.

④ (O) 갑은 쾌락보다 상위의 가치를 자족성으로 보고 있고 병도 의무 수행을 쾌락보다 우선적인 가치로 보고 있다. 그러나 을은 쾌락을 유일무이의 본래적 가치로 보기에 쾌락보다 상위의 가치가 있다는 것에 동의하지 않을 것이다.

⑤ (O) 을은 본래적 가치로서 쾌락을 보고 있으나, 병은 의무를 우선적으로 고려하여 이에 장애가 되지 않는 범위라면 쾌락을 추구할 수 있다는 시각이다. 따라서 쾌락 추구의 허용 근거가 쾌락 자체에 있다는 것에 을은 동의하지만, 병은 동의하지 않을 것이다.

12 ④　　　　　　　　　　　　　　　　　난이도 ★☆☆☆☆

유형 분석 및 재구성 - 일상적·도덕적 논변

핵심 체크 논쟁을 분석하여 논지를 파악하는 문제이다. 소크라테스와 메논의 대화 분석을 통해 논쟁을 파악해야 한다. 주요 쟁점은 연쇄적으로 이어지고 있다. 이를 정리하면 다음과 같다.
[쟁점 1] 좋은 것을 원하는 자와 나쁜 것을 원하는 자가 있는가?
[쟁점 2] 나쁜 것을 좋은 것인 줄 알고 원하는 자와 나쁜 것인 줄 알면서도 원하는 자가 있는가?
[쟁점 3] 나쁜 것인 줄 알면서도 원하는 자는, 그 나쁜 것이 자신에게 이로울 줄로 여기고 원하는 것인가, 해로울 줄 알고서 원하는가?

[쟁점 1]에 대해 메논은 둘 모두 존재한다고 대답한다. 이에 소크라테스는 다시 [쟁점 2]로 나쁜 것을 원하는 자 중에서 나쁜 것을 좋은 줄 알고 원하는 자를 제외하여 나쁜 것을 원하는 자는 오직 나쁜 것인 줄 알면서 원하는 자임을 주장한다. 그는 다시 [쟁점 3]을 통해 나쁜 줄 알면서도 원하는 자들은 나쁜 것이 자신에게 이로울 줄 여기고 원하는 자도 아니며, 해로울 줄 알고서 원하는 자도 아님을 증명함으로써 결국 '나쁜 것을 원하는 자'가 없다는 것을 밝히고 있다. 이는 전형적인 소크라테스의 '대화법'에 해당하는 형식을 취하고 있다.

해설 ① (O) ⓐ는 어떤 이는 나쁜 것을 원한다는 진술이다. 그런데 소크라테스의 마지막 대화에서 아무도 나쁜 것을 원하지 않는다는 ⓑ의 진술에 대해 메논은 동의하고 있다. 따라서 메논은 ⓐ의 견해를 바꾸었다는 것을 알 수 있다.

② (O) 대화 중간에 소크라테스가 나쁜 것이 나쁜 줄 아는 자인지를 묻자 메논은 전혀 아니라고 대답한다. 여기에서 ㉠처럼 나쁜 것을 좋은 것인 줄로 여기고서 원하는 자는 포함되지 않는다는 것을 인정하고 있다.

③ (O) ㉠에서 나쁜 것을 좋은 것일 줄로 여기고서 원하는 자나 ㉡처럼 나쁜 것이 자신에게 이로울 줄로 여기고서 원하는 자나 모두 ㉢에서 좋은 것을 원하는 자이므로 옳은 분석이다.

④ (X) ㉣의 내용은 나쁜 것이 해로울 줄로 여기면서도 그 나쁜 것을 원하는 자인데, 이후 대화에서 해로움을 당하는 자를 비참한 자로 간주하고 비참하기를 원하는 자는 없으므로 해로움을 당하기를 원하는 자는 없다는 것을 알 수 있다. 따라서 ㉣의 내용처럼 나쁜 것이 해로울 줄로 여기면서도 그것을 원하는 자는 있을 수 없다. 결국 메논은 ㉣의 견해를 유지하지 않는다.

⑤ (O) ㉤처럼 비참하기를 원하는 자가 있다면 ⓑ에 동의할 필요가 없다. 왜냐하면 ㉤처럼 비참하기를 원하는 자가 없다는 동의가 있어야 ⓑ가 성립될 수 있기 때문이다.

13 ④　　　　　　　　　　　난이도 ★★★☆☆

유형 분석 및 재구성 – 인문

핵심체크 논증의 근거와 형식, 생략된 전제를 파악하는 문제이다. 지문은 루소의 『사회계약론』에서 참고한 것이다. 루소는 지문에서 강자의 권리가 무의미하다는 주장을 하고 있다. 문항에서는 첫 단락에서의 루소의 견해에 대한 생략된 전제를 파악하고, 논증의 귀류법적 형식을 확인할 것을 요구한다. 주의할 점은 생략된 전제를 파악할 때에는 그러한 전제가 없을 경우 결론의 타당성을 보장할 수 없다는 의미이다. 즉 전제가 참이더라도 결론이 반드시 참이 되지 않는다는 것이 생략된 전제다. 예를 들어, 물리력이 도덕적 결과를 가져올 수 없다고 주장할 경우 물리력과 도덕적인 것은 구별된다는 것이 전제되어야 한다.

해설 ① (O) 논증의 형식적 구성은 다음과 같다.

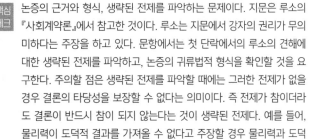

ⓑ [전제] 힘에 굴복하는 것은 어쩔 수 없어서 하는 행동이요 기껏해야 분별심에서 나온 행동이지 의무에서 나온 행동은 아니다.
[생략된 전제 1] '물리적인 것'과 '도덕적인 것'은 구별된다.
[생략된 전제 2] 힘은 '물리적인 것'이며 의무는 '도덕적인 것'이다.
ⓐ [결론] 힘이란 물리력인데, 물리력이 어떻게 도덕적 결과를 가져올 수 있는지 나는 이해할 수 없다.
만약 '물리적인 것'과 '도덕적인 것'의 구별이 이루어지지 않는다면 힘에 굴복하는 물리적인 것이 도덕적인 의무가 되어 ⓐ의 주장에 반하게 된다.

② (O) ⓒ에서 강자의 권리에 있어서 힘이 권리를 만들어 낸다는 가정을 하고 있다. 그런데 이러한 가정 아래에서는 ⓗ의 진술처럼 '강자의 권리'는 '힘'에 관계없는 공허한 말임을 보여준다. 결국 강자의 권리에 있어서 힘이 권리를 만들어 낸다는 가정은 불합리한 귀결을 갖는 것으로 ⓒ의 가정이 부정되는 귀류법적 논증을 하고 있다.

③ (O) ⓔ는 강도의 사례를 통해 힘에 어쩔 수 없이 굴복할 뿐 의무에서 나온 행동은 아님을 보여주는 ⓑ의 예시에 해당한다.

④ (X) ⓖ는 조건문의 후건으로 전건의 내용인, 권리에 복종하라는 말이 힘에 복종하라는 말이 참이라면, 하나의 교훈으로서 지켜지리라는 '장담'을 할 수 있다는 내용이다. 그런데 ⓕ는 어쩔 수 없이 복종해야 하는 이러한 권리는 의무에 의한 것이 아니라는 진술일 뿐이다. 따라서 근거는 아니다. ⓖ의 근거는 ⓑ에 있다. 여기서는 '힘에 굴복하는 것은 어쩔 수 없어서 하는 행동'이기 때문이다.

⑤ (O) ⓓ는 힘에 의한 것이 권리가 될 수 없다는 진술이며 ⓗ 역시 힘과 관계없는 강자의 '권리'에 대한 진술이므로, 힘에서 나오는 '권리'라는 것은 무의미한 말임을 지적하고 있다.

14 ① 　　　　　　　　　　난이도 ★★★★★

유형 수리 추리 – 인문

핵심체크 정보로부터 계산적 추리를 하는 문제(대수 연산)이다. 지문에 제시된 정보를 통해 추리되는 사실을 정리하면 다음과 같다.
(1) 전국의 토지 면적: 약 700만 경
(2) 둔전: 약 70만 경
(3) [(1)과 (2)로부터] 둔전 아닌 일반 토지: 630만 경
(4) 둔전 아닌 일반 토지 중 1/3은 국유지: 210만 경
　　(둔전 아닌 일반 토지 중 2/3는 사유지: 420만 경)
(5) 전국의 민호; 1,000만 호
(6) 1호마다 50무씩 지급할 경우: 5억 무 필요(국유지로 부족)
(7) 1호마다 50무씩 지급해도 남는 사유지: 1억 3천만 무
(8) [(6)과 (7)로부터] 둔전 아닌 일반 토지(국유지 + 사유지) = 6억 3천만 무
(9) [(8)과 (3)으로부터] 1경은 100무

해설 ㄱ. (O) 둔전은 약 70만 경, 즉 7천만 무가 있으며, 둔전제에서는 군호마다 50무를 경작하므로, 70만 경을 50으로 나누면 140만 호가 될 것이다.

ㄴ. (X) 전국의 토지는 700만 경이고, 둔전은 70만 경이므로 둔전이 아닌 토지는 630만 경이다. 이 중 국유지는 1/3이므로 210만 경일 것이다.

ㄷ. (X) 전국의 민호는 1,000만 호이며, 지문에서처럼 1호마다 50무씩 분배할 경우 5억 무가 된다. 이 중 국유지 210만 경을 모두 분배하고 사유지도 420만 경 중 분배한 뒤에는 1억 3천만 무의 사유지가 남는다. 따라서 소유권 변동이 일어날 수 있는 사유지는 420만 경 – 130만 경 = 290만 경(2억 9천만 무)이다. 이는 전체 사유지 420만 경의 약 69%로 절반을 넘는다.

15 ⑤ 　　　　　　　　　　난이도 ★★★★★

유형 수리 추리 – 인문

핵심체크 아테네의 행정제도에 대한 정보를 분류하고 알고리즘에 따라 계산하는 이산수학 문제이다. 제시된 정보를 정리하면 다음과 같다.
(1) 모든 아테네인들 총 139개 데모스에 등록
(2) 도시, 해안, 내륙 데모스 균등하게 할당, 남는 데모스는 도시 지역에 포함: 도시(47개), 해안(46개), 내륙(46개)

(3) 지역마다 10개 트리튀스 만들고 데모스 균등하게 할당, 남는 데모스 1개 트리튀스에 포함

구분	10개 트리튀스
도시	9개 트리튀스(4개 데모스) / 1개 (11개 데모스)
해안	9개 트리튀스(4개 데모스) / 1개 (10개 데모스)
내륙	9개 트리튀스(4개 데모스) / 1개 (10개 데모스)

(4) 지역마다 트리튀스 1개씩 뽑아 3개의 트리튀스로 구성된 필레 구성
(5) 각 필레에서 추첨으로 50명씩 뽑아 평의회 구성
(6) 필레에 포함된 데모스 1개 정원 100명으로 가정

해설 ㄱ. (O) 도시, 해안, 내륙에는 각각 47개, 46개, 46개의 데모스가 할당된다. 여기에 각 지역마다 10개씩 트리튀스를 만들기 때문에 최소 4개의 데모스를 포함하게 된다.

ㄴ. (O) 각 지역에 트리튀스를 만들 때 10개로 각각의 데모스를 할당하며 남는 데모스는 1개의 트리튀스에 포함시킨다. 그래서 도시는 9개의 트리튀스에 4개의 데모스가 할당되고 하나의 트리튀스에는 나머지 7개가 더 할당되어 최대 11개의 데모스가 할당된다. 마찬가지로 해안과 내륙에는 나머지가 6이므로 최대 10개의 데모스가 할당된 트리튀스가 존재하게 된다. 그러므로 각 지역마다 트리튀스 1개씩 뽑힐 때 이들이 모두 뽑히게 되면 최대 11 + 10 + 10 = 31개의 데모스기 포함된다.

ㄷ. (O) 데모스 1개의 정원을 100명으로 가정할 경우, 도시, 해안, 내륙에 할당된 데모스와 트리튀스의 인구는 A에 의하면 다음과 같다.

구분	데모스(인구수)	트리튀스 10개 구성
도시	47(4,700)	데모스 4개 9개 / 데모스 11개 1개
해안	46(4,600)	데모스 4개 9개 / 데모스 10개 1개
내륙	46(4,600)	데모스 4개 9개 / 데모스 10개 1개

평의회는 각 필레에서 추첨으로 50명씩 뽑는데, 필레는 각 지역마다 트리튀스 1개씩을 뽑아 3개의 트리튀스로 구성한다. 따라서 필레는 모두 10개가 되며, 평의회는 필레마다 50명씩 추첨되어 총 500명이다.

(1) 필레 구성에 있어서 도시 지역 거주자가 평의회에 뽑힐 경우 중 다른 지역들보다 가장 낮을 경우는 90%로 다음과 같다.

• 필레가 구성될 경우, 각 지역마다 데모스가 4개씩 있는 트리튀스가 구성되는 비율은 9/10이다. 따라서 세 지역 모두에서 이러한 트리튀스로 구성될 필레의 확률은 (9/10 × 9/10 × 9/10) = 72.9%이다. 그리고 이 경우 평의회에 뽑힐 확률은 3개의 트리튀스 1,200명 중 50명이므로 50/1,200(약 4.15%)이 된다. 그런데 필레는 트리튀스에서 추첨을 통해 결정되는데, 트리튀스 중에서 각 지역에 있는 9개는 모두 데모스 4개인 400명 중에서 결정된다는 점에서 동일하다. 이 경우 이 400명에 뽑힐 확률은 도시의 경우 데모스가 47개이므로 400/4,700(8.5%)의 확률이며, 나머지 지역은 400/4,600(8.6%)이다. 따라서 이 경우 도시에 거주하는 구성원의 뽑힐 확률이 가장 낮다.

• 도시 지역(400/4,700)과 해안 지역(400/4,600)이 4개 데모스로 구성된 트리튀스가, 내륙 지방은 10개 데모스가 포함된 트리튀스(1,000/4,700)가 포함될 경우
: 9/10 × 9/10 × 1/10 = 8.1%

• 도시 지역(400/4,700)과 내륙 지역(400/4,600)이 4개 데모스로 구성된 트리튀스가, 해안 지방은 10개 데모스가 포함된 트리튀스(1,000/4,700)가 포함될 경우
: 9/10 × 9/10 × 1/10 = 8.1%

• 도시 지역(400/4,700)은 4개 데모스로 구성된 트리튀스가, 해안과 내륙은 10개 데모스가 포함된 트리튀스(1,000/4,700)가 포함될 경우: 9/10 × 1/10 × 1/10 = 0.9%

(2) 도시 지역 거주자 중 평의회에 뽑힐 확률이 다른 지역보다 높은 경우는 11개의 데모스가 포함된 트리튀스가 선택된 경우뿐이다. 그 경우는 10%로 다음과 같다.

• 가장 많은 데모스가 구성되는 트리튀스끼리 뽑힐 경우: 도시 지역의 거주자는 총 인원 4,700명 중 1,100명에 해당될 확률이브로 1,100/4,700의 확률(약 23.4%)로, 디지역의 확률 1,000/4,600(약 21.7%)에 비해 높다. 그러나 이러한 조합이 될 확률은 1/10 × 1/10 × 1/10 = 0.1%로 매우 낮다.

• 도시 지역에서 11개의 데모스가 포함된 트리튀스가 선택되고(1,100/4,700) 해안은 4개 데모스가 포함된 트리튀스(400/4,600)가, 내륙은 10개 데모스가 포함된 트리튀스(1,000/4,700)가 포함된 필레가 선택될 경우
: 1/10 × 9/10 × 1/10 = 0.9%

• 도시 지역에서 11개의 데모스가 포함된 트리튀스가 선택되고(1,100/4,700) 내륙은 4개 데모스가 포함된 트리튀스(400/4,600)가, 해안은 10개 데모스가 포함된 트리튀스(1,000/4,700)가 포함된 필레가 선택될 경우
: 1/10 × 9/10 × 1/10 = 0.9%

• 도시 지역에 11개의 데모스가 포함된 트리튀스(1,100/4,700)가, 다른 지역은 모두 4개의 데모스가 포함된 트리튀스(400/4,600)가 선택될 경우: 1/10 × 9/10 × 9/10 = 8.1%

결국 도시 지역 거주자는 타지역에 거주하는 사람에 비해 평의회에 뽑힐 확률이 가장 낮다.

16 ④

난이도 ★★★☆☆

유형 수리 추리 - 인문

핵심 체크 이산수학 및 게임이론 문제로 민회 구성에 따른 투표수를 비교 및 추리한다. 첫 단락에서는 1켄투리아가 1표를 행사하는 방식을 소개하면서 개편 이전과 이후의 구성을 달리하고 있다. 이를 정리하면 다음과 같다.

구분	개편 전	개편 후
기병	18	18
보병 1등급	80	70
보병 2등급	20	70
보병 3등급	20	70
보병 4등급	20	70
보병 5등급	30	70
최하등급	5	5
총 투표수	193	373

그런데 역사가 A는 총 투표수가 위의 개편 이후의 방식이라고 추론하였으나 B는 총 투표수가 개편 이전과 마찬가지로 193표라고 주장했다. 그리고 개편 이후 2등급에서 4등급의 투표수가 과거와 같고 1등급이 10표 줄고 이 10표가 5등급에 가산되었다고 보고 있다.

해설 개편 이전과 개편 이후를 A와 B의 의견에 따라 구성하면 다음과 같다.

구분	개편 전	개편 후(A)	개편 후(B)
기병	18	18	18
보병 1등급	80	70	70
보병 2등급	20	70	20
보병 3등급	20	70	20
보병 4등급	20	70	20
보병 5등급	30	70	40
최하등급	5	5	5
총 투표수	193	373	193

결국 B의 기병과 최하등급의 합은 23이 되어야 한다.

ㄱ. (O) 개편 이전에는 높은 등급인 기병부터 등급 순서대로 찬반 투표를 시행했는데, 찬성표나 반대표가 과반을 넘는 순간 투표는 중지되었다. 이때 총 투표수가 193표이므로 과반은 97표부터이다. 만약 기병 18표와 1등급 80표가 모두 찬성이나 반대를 할 경우 98표가 되므로 2등급 켄투리아는 투표하지 못할 수도 있었을 것이다.

ㄴ. (X) A에 따르면, 개편 이후에도 1켄투리아가 1표를 행사하므로 총 373표가 나올 수 있다. 이중 과반은 187표부터이다. 그런데 기병 18표, 1등급 70표, 2등급 70표이므로 이들의 합은 158표가 된다. 이는 과반이 되지 못하므로 3등급 켄투리아가 투표하지 못할 경우는 발생하지 않았을 것이다.

ㄷ. (O) B에 따르면, 총 투표수는 193표로 이전과 동일하다. 따라서 과반은 97표이다. 정해진 표수는 기병 18표, 1등급 70표, 2등급 20표로 이들의 합은 108표이다. 이는 과반이 넘어서므로 3등급이 투표하지 못할 수도 있었을 것이다.

17

유형 언어 추리 – 과학기술

핵심 체크 오류 판단의 원리를 적용하여 추리하는 문제이다. 지문에서는 데이터 비트의 전송에 있어서 오류 판단의 원리를 설명하고 있다. 수신자는 부가 비트를 포함하여 각 행과 열의 1의 개수를 세어 짝수이면 정상 수신, 홀수이면 오류로 간주한다. 그러나 짝수 개의 데이터 비트들이 변경될 경우 부가 비트를 사용해도 수신자가 오류를 탐지하지 못한다. 이러한 원리를 그림에 적용하여 추리해야 한다.

해설 ㄱ. (O) <그림 3>의 2행과 3행의 1의 개수는 부가 비트를 포함하여 각각 3개로 홀수이다. 따라서 오류가 발생하였음을 알 수 있다.

ㄴ. (X) 2열에는 부가 비트를 포함하여 1의 개수가 2개, 4열에는 4개로 짝수이다. 그런데 짝수 개의 데이터 비트들이 변경될 경우가 있을 수 있으므로 2열과 4열에서 오류가 발생하지 않았다고 단정할 수 없다.

ㄷ. (X) 오류가 발생한 행은 2행과 3행으로 부가 비트 포함하여 1의 개수가 홀수이다. 또한 1열과 3열도 1의 개수가 홀수이므로 오류임을 알 수 있다. 그런데 1열과 3열, 그리고 2행과 3행의 겹치는 부분인 2행 1열과 3행 3열의 데이터 비트만 변경되었을 수 있으며, 또는 3행 1열과 2행 3열의 데이터 비트만 변경되었을 수 있다. 이는 데이터 비트가 2개 오류가 된 경우이다. 즉 짝수 개의 오류일 경우, 그것이 2개가 될 수도 있다는 것이다. 따라서 4개 이상이 아닐 수도 있기에 옳지 않다.

18

유형 언어 추리 – 논리학·수학

핵심 체크 술어 논리 형식의 문제로 정보로부터 연역 추리를 해야 한다. 제시된 정보를 논리식으로 나타내면 다음과 같다. (단, A~E 각각 불량인 경우를 긍정명제로 기호화한다.)

1. $(A \rightarrow B) \& (A \rightarrow D) \& (A \rightarrow E)$
2. $\sim(C \& D)$
3. $\sim E \rightarrow \sim(B \lor D)$

이로부터 연역적으로 추리할 수 있는 정보를 자연연역적 증명으로 정리하면 다음과 같다.

4. $\sim C \lor \sim D$	2. 드모르간 법칙
5. $C \rightarrow \sim D$	4. 단순함언
6. $D \rightarrow \sim C$	5. 대우
7. $(A \rightarrow D)$	1. 분리 법칙
8. $A \rightarrow \sim C$	6.7. 조건삼단논법

해설 ㄱ. (X) $E \rightarrow C$: 알 수 없다.

ㄴ. (O) $\sim(C \& A)$: 타당하게 추론된다.

9. $\sim C \lor \sim A$	ㄴ. 드모르간 법칙
10. $C \rightarrow \sim A$	9. 단순함언
11. $A \rightarrow \sim C$	10. 대우

ㄷ. (X) $(\sim D \& B) \rightarrow C \equiv (\sim D \rightarrow C) \lor (B \rightarrow C)$: 앞의 선언지는 5.의 역명제이기에 참·거짓 여부를 확인할 수 없으며, 뒤의 선언지는 알 수 없는 내용이다.

19

유형 논리 게임 – 논리학·수학

핵심 체크 속성매칭의 전형적인 문제이다. 제시된 정보를 매칭하는 표를 만들면 다음과 같다.

구분	개	고양이	토끼	닭
A				
B				
C				
D				

이제 제시된 정보를 통해 추리하여 위 빈칸을 채우면 된다.

해설 첫 진술과 두 번째 진술을 통해 도표를 만들어 정리하면 다음과 같다.

구분	개	고양이	토끼	닭
A	O			
B			X	
C		O		
D				O

세 번째 진술에 의해 A가 키우는 개는 B도 키운다는 것을 알 수 있으며, 이는 B가 키우지 않는 동물은 A도 키우지 않는다는 것을 의미하므로 A는 토끼를 키우지 않는다. 또한 네 번째 진술에 의해 A가 키우는 개는 C가 키우지 않으며 C가 키우는 고양이를 A가 키우지 않음을 알 수 있다. 이를 정리하면 다음과 같다.

구분	개	고양이	토끼	닭
A	O	X	X	
B	O		X	
C	X	O		
D				O

그런데 다섯 번째 진술에서 A, B, C, D는 각각 2종류 이상의 동물을 키운다고 했으므로 A는 닭을 키우며, A가 키우는 동물은 B도 키우며 C는 키우지 않으므로, B는 닭을 키우며 C는 닭을 키우지 않는다. 이 경우 C는 두 종류를 키워야 하므로 토끼를 키운다.

구분	개	고양이	토끼	닭
A	O	X	X	O
B	O		X	O
C	X	O	O	X
D				O

① (X) 세 번째 진술에서 A가 키우는 동물은 B도 키우므로 B는 개를 키운다.
② (X) 위 진술만으로는 알 수 없다.
③ (O) 닭은 C는 키우지 않지만 D가 키우는 동물이다.
④ (X) 닭은 A, B, D 세 사람이 키우는 동물이다.
⑤ (X) B나 D가 가능하기에 추론할 수 없는 진술이다.

20 ④

난이도 ★☆☆☆☆

유형 논리 게임 – 논리학·수학

핵심 체크 진술들의 관계를 파악하여 경우의 수를 상정하고 진위를 파악하는 문제이다.

- 다섯 지원자의 진술 중 1명만 거짓이다. 그런데 진술 내용 중 지원자 4의 진술은 지원자 5의 진술의 연언지 중 하나이다. 만일 지원자 4의 진술이 거짓이면 지원자 5의 진술도 거짓이 되어야 한다. 이 경우 1명만 거짓이라는 조건을 위배하므로 지원자 4의 진술은 참이어야 한다.
- 지원자 4의 진술이 참이므로 지원자 2가 참이 되기 위해서는 지원자 3이 D부서에 선발될 수 없기에 A부서에 선발되어야 한다. 이 경우 지원자 1의 진술은 거짓이 된다. 반면 지원자 1의 진술이 참일 경우 지원자 2의 진술은 거짓이 된다. 결국 이 두 가지 경우를 확인해야 한다.

해설 (1) 지원자 1의 진술이 거짓인 경우

구분	A	B	C	D
1	X	X	X	X
2	X	X	O	X
3	O	X	X	X
4	X	O	X	X
5	X	X	X	O

(2) 지원자 2의 진술이 거짓인 경우

구분	A	B	C	D
1	X	X	X	X
2	O	X	X	X
3	X	X	O	X
4	X	O	X	X
5	X	X	X	O

두 경우에 모두 해당하는 것이 정답이므로 정답은 ④이다.

21 ③

난이도 ★★★★☆

유형 언어 추리 – 과학기술

핵심 체크 세 가지 조건을 파악하여 적용하는 문제이다. 과학자의 인정 조건은 F-조건(최초), I-조건(독립적), P-조건(공개)이다. 그리고 지문에서 다루고 있는 연구는 세 가지로, 약화된 3차 방정식 해법, 3차 방정식 일반 해법, 미적분법이 그것이다. 이들이 각각의 조건을 충족하는지 여부를 파악해야 한다. 관련된 과학자들은 약화된 3차 방정식 해법에 대해 델 페로와 타르탈리이, 3치 방정식 일반 헤법에 타르탈리아와 카르다노, 미적분법은 뉴턴과 라이프니츠가 있다. 조건과 사실관계를 정리하면 다음과 같다.

(1) 약화된 3차 방정식 해법

과학자	F-조건	I-조건	P-조건
델 페로	O	O	X
타르탈리아	X	O	X

(2) 3차 방정식 일반 해법

과학자	F-조건	I-조건	P-조건
타르탈리아	O	O	X
카르다노	X	X	O

(3) 미적분법

과학자	F-조건	I-조건	P-조건
뉴턴	O	O	O
라이프니츠	X	O	O

해설 ① (X) 델 페로는 '약화된' 3차 방정식의 해법을 최초로 발견한 사람일 뿐이다. 3차 방정식의 일반 해법을 발견하지는 못했다.
② (X) 카르다노는 I-조건을 충족시키지 못한다. 오히려 타르탈리아가 I-조건을 충족하기에 우선권을 갖는다.
③ (O) 타르탈리아와 뉴턴은 모두 F-조건과 I-조건을 충족하기에 이 조건들을 적용하면 두 사람 모두 우선권을 갖는다.
④ (X) 뉴턴은 세 조건을 모두 적용할 경우 우선권을 가진다.
⑤ (X) 약화된 3차 방정식의 해법에 대해 델 페로와 타르탈리아는 비록 시대가 다르지만, 각자 독자적으로 발견한 사람들이기에 I-조건을 충족한다. I-조건을 적용할 경우, 라이프니츠와 뉴턴도 모두 독자적으로 연구하여 그 결과를 얻었기에, 두 사람 모두 미적분법에 대해 우선권을 가질 것이다.

22 ③

유형 판단 및 평가 – 과학기술

핵심 체크 두 가설에 대해 평가하는 문제이다. 새들의 군집 생활에 대한 두 가설은 다음과 같다.

- A의 가설
  [가설] 집단에 합류함으로써 개체가 얻는 이익이 홀로 생활할 때보다 크기 때문에 군집 생활을 한다.
  [근거] 포식자 공동 대응, 먹이 찾기와 환경에 효율적 대응 위한 정보 쉽게 얻을 수 있음
- B의 가설
  [가설] 군집 생활은 본능적으로 동일한 규칙을 적용하는 데에서 나타나는 부산물이다.
  [근거] 먹이 풍부, 포식자 적은 서식지 선호, 암컷은 강하거나 헌신적 수컷 선호

해설 ① (X) A는 군집을 이루는 이유가 집단에 합류함으로써 개체가 얻는 이익이 홀로 생활할 때에 비해 크기 때문이라는 가설이다. 그런데 살충제의 훈증 여부에 따른 생존율의 변화는 이와 무관하다.

② (X) 먹이를 얻기 위해 군집을 떠나는 방식은 먹이 찾기에 효율적인 정보를 얻기 위해 군집 생활을 한다는 A의 설득력을 낮추는 사례이다.

③ (O) 동박새 수컷들의 노래를 부르는 방식과 이에 따른 암컷의 선호는 배우자를 선택할 때에 나타나는 수컷들의 '복잡한 노래'라는 동일한 규칙이 적용된 행위의 사례가 된다. 또한 일반적으로 암컷이 강한 수컷을 선호한다는 사례에도 부합하는 것이다. 따라서 B의 설득력은 높이는 사례이다.

④ (X) 체온을 유지하는 수컷들의 추위를 견디는 방식을 보여주는 사례이다. 이는 A가 말하는 집단에 합류함으로써 개체가 얻는 이익이 홀로 생활할 때에 비해 큰 사례가 될 수 있기에 A의 설득력을 높일 수 있다. 하지만 B의 견해처럼 동일한 규칙 적용에 의한 부산물로 보는 것과는 무관하기에 B의 설득력을 높이지는 않는다.

⑤ (X) 새들의 군집 생활이 B의 본능적으로 동일한 규칙을 적용한 부산물에 불과하다는 가설인데, 푸른박새들의 새로운 행동 전파는 이에 해당하는 사례로 보기 어렵다.

23 ④

유형 판단 및 평가 – 과학기술

핵심 체크 논증의 전제를 파악하여 적용하는 문제이다. 지문에서는 높은 이산화탄소의 공기 중 농도에도 불구하고 빙하기가 시작되었던 사실에 대해 문제를 제기하고 있다. 오르도비스기 당시 기후 조건에서는 현재 수준의 8배 이하로 이산화탄소 농도가 떨어져야 빙하기가 가능한데, 당시 지구 대기에는 현재보다 14~22배의 이산화탄소가 있었기 때문이다. 이에 대해 두 가지 가설을 검토하고 있다.

- 가설 1: 화산 활동에 의해 만들어진 광물이 풍화과정에서 이산화탄소를 흡수했다.
  [문제점] 이 지구화학적 과정만으로는 설명하기 어렵다.
- 가설 2: ㉠ 지구 최초의 육상 식물인 이끼가 지구를 냉각시켜 빙하기가 시작되는 데 중요한 역할을 하였다.
  [근거 1] 이끼가 분비하는 유기산에 의해 칼슘과 마그네슘이 분리되어 이산화탄소와 결합하여 석회암을 만들었을 것이다.
  [근거 2] 이끼에 의한 풍화로 바다에 인과 철이 유입되어 해조류가 번성하였고 해조류는 많은 양의 이산화탄소를 대기로부터 흡수했다.

해설 ① (X) ㉠은 이끼가 대기 중의 이산화탄소를 흡수하여 그 양을 줄임으로써 빙하기가 시작되는 데에 중요한 역할을 하였다는 가설이다. 따라서 오르도비스기에도 이산화탄소가 온실 기체로 기능하였다는 사실이 전제되어 있다.

② (X) ㉠은 이산화탄소 양이 급격히 감소하여 지구가 급격히 냉각되었다는 것을 전제로 하기에 진술은 원인과 결과가 바뀐 본말전도의 오류에 해당한다.

③ (X) 해조류의 생장 과정에서 이끼의 번성을 억제하는 성분이 포함되어 있었다면 이끼의 빙하기에 대한 역할이 축소될 수 있기에 ㉠의 가설은 약화될 것이다.

④ (O) 이끼의 번성이 빙하기의 원인이라는 가설 ㉠은 두 가지의 이산화탄소 흡수 과정을 설명하고 있다. 우선 석회암이 만들어지는 과정에 필요한 것은 이산화탄소와 칼슘과 마그네슘인데, 이끼는 칼슘과 마그네슘을 암석으로부터 분리하여 이산화탄소의 흡수를 촉진한다. 또 다른 방식은 이끼로 인한 풍화로 인과 철 등 유기물을 바다로 유입하는데 이것들이 해조류를 번성하게 하고 이들에 의해 이산화탄소를 흡수한다는 것이다. 그런데 이 중 석회암의 형성 과정에서 흡수되는 이산화탄소 양보다 이끼가 방출하는 이산화탄소 양이 더 많다면 결과적으로 대기 중의 이산화탄소의 양을 줄이는 것이 아닌 더 늘리게 된다. 그럴 경우 ㉠은 약화된다.

⑤ (X) 오르도비스기 초기 이산화탄소는 지구 대기에 현재 수준의 14~22배에 이를 것으로 추정된다. 현재 수준의 8배 이하의 이산화탄소 농도가 되어야 빙하기가 시작될 수 있다. ㉠에서는 그 원인을 이끼의 작용으로 설명하고 있다. 이끼로 인해 급격한 이산화탄소 감소가 되었다는 것이다. 그런데 이 논거를 오늘날의 상황에 적용할 수는 없다. 동일한 상황임을 증명하는 정보가 없기 때문이다.

24 ①

유형 비판 및 반론 – 과학기술

핵심 체크 주어진 가설은 증후군 A 현상을 설명하기 위한 것이다. 증후군 A는 몸이 굳는 증상이다. 발견된 사실은 증후군 A에 걸린 여성의 혈액에 27년 전 태아에서 유래한 세포가 잔존하고 있었다. 가설은 다음과 같다.

- 가설: 태아 유래 세포가 산모의 혈액에 남아 있을 때 산모의 면역 체계에 특정 변화가 있는 경우 증후군 A가 발병한다.
- 발병 과정: 산모의 세포와 태아 유래 세포가 유사할 경우 산모의 혈액에 남아있게 되어 다양한 세포로 분화한다. 그런데 산모의 면역 체계에 특정 변화가 생기는 경우 면역 체계가 이 세포들을 외부 침입자로 인식하여 공격하면 증후군 A가 발병하는데, 이것이 유일한 경로이다.

해설 ㄱ. (O) <이론>에서 증후군 A는 태아 유래 세포를 면역 체계가 외부 침입자로 인식하여 공격하게 되어 발병하는 경로 이외로는 발병할 수 없다고 말하고 있다. 따라서 증후군 A가 나타나는 데도 불구하고 임신 경험이 있는 환자의 혈액에서 태아 유래 세포가 발견되지 않은 사례는 이에 대한 반박 사례가 된다.

ㄴ. (X) 태아 유래 세포가 있는 사람이라고 해서 모두 증후군 A가 나타나는 것은 아니기에 반박 사례라 볼 수 없다. 면역 체계에 특정한 변화가 생기는 경우에 증후군 A가 나타난다고 주장하기 때문이다.

ㄷ. (X) 면역 체계에 문제가 있다고 해서 모두 증후군 A 증상이 나타나는 것은 아니므로 반박 사례라 볼 수 없다. 면역 체계가 태아 유래 세포들은 외부 침입자로 인식하여 공격하는 특정한 변화가 있는 경우 증상이 발생하기 때문이다.

25 ①

난이도 ★★★★★

유형 수리 추리 – 사회

핵심 체크 노동량 계산 방법을 비교하여 수리적 추리를 하는 문제이다. 지문에서는 숙련도가 다른 두 노동의 환산율에 대한 두 가지 제안을 소개하고 있다. 이를 정리하면 다음과 같다.
- A: 각 노동의 단위 시간당 보수 비율
- B: 각 노동의 단위 시간당 생산물의 시장 가치(= 생산량 × 가격)

해설 ㄱ. (O) A는 단위 시간당 보수의 비율을 환산율로, B는 단위 시간당 생산물의 시장가치 비율을 환산율로 삼는다. 따라서 보수 비율과 시장가치 비율이 동일하다면 환산율이 동일할 수 있다.

ㄴ. (X) B에 의하면, 환산율은 단위 시간당 생산물의 시장가치 비율이다. 이때 시장가치는 생산량과 가격의 곱이므로 생산물 가격의 변동에 의해 시장가치도 함께 동일 비율로 변하게 된다. 따라서 생산물 가격이 변동한다고 해서 B에 의한 환산율이 변하지 않는다.

ㄷ. (X) 노동의 단위 시간당 생산량이 같은 비율로 증가해도 보수에는 영향을 미치지 않는다. 그리고 잉여 증가분을 설비 소유자가 모두 가져간다고 해도 보수에 영향을 미치는지는 알 수 없다. 따라서 A는 보수가 변하지 않을 경우, 두 노동 간의 숙련도 차이를 반영할 수 있기에 옳은 추론이 아니다.

26 ②

난이도 ★★★☆☆

유형 수리 추리 – 사회

핵심 체크 표·그래프를 분석 및 추리하는 문제이다. 제시된 그래프는 1인당 실질 소득과 출생률, 사망률에 대한 변화 추이를 보여주고 있다. 그래프에서 표시된 지점에 대한 파악이 필요하다.
- A: 출생률이 상승하는 상황이며 사망률이 떨어지면서 일치하는 포인트이다. 따라서 이 지점으로부터 인구수가 증가한다는 것을 추리할 수 있다.
- B: 지문에서 나타나듯 출생률에서 사망률을 뺀 값이 가장 큰 지점이다. 이 지점에 인구가 가장 많이 증가했다는 것을 알 수 있다.
- C: 출생률이 떨어지고 있으나 사망률이 떨어지는 지점과 일치한다. 이는 인구가 최대가 되는 지점임을 알 수 있다. 이후에는 출생률이 사망률보다 떨어지므로 인구수가 감소함을 알 수 있다.

해설 ㄱ. (X) B는 인구 증가율이 최대가 되는 지점이다. 인구가 최대인 지점은 C이다. A에서 C까지 인구 증가율이 양의 값을 가지므로 인구는 계속 증가되었기 때문이다.

ㄴ. (O) A에서 C 구간에서 출생률은 사망률보다 높았다. 따라서 이 기간 동안 전체 인구는 증가했었음을 알 수 있다.

ㄷ. (X) Z국 전체의 실질 소득은 1인당 실질 소득과 인구수를 곱한 값이나. 지문에서 1인당 실질 소득은 꾸준히 증가했다고 하므로 인구수의 증가를 확인해야 한다. 그런데 A에서 C 지점 이외에서는 출생률이 사망률보다 떨어지므로 인구수가 감소함을 알 수 있다. 따라서 Z국 전체의 실질 소득이 꾸준히 증가했다고 볼 수 없다.

27 ⑤

난이도 ★☆☆☆☆

유형 언어 추리 – 사회

핵심 체크 공통적 적용이 가능한 가설을 파악하는 문제이다. 두 가지 사실을 설명할 수 있는 가설을 정리하면 다음과 같다.
- (가)
  [사례 1] 물량이 부족하여 1,900만 원에서 2,000만 원으로 인상: 소비자 29% 납득, 71% 불공정하다고 대답
  [사례 2] 인기가 높아져 1,900만 원(할인 100만 원)에서 2,000만 원으로 환원: 소비자 58% 납득, 42% 불공정하다고 대답
  두 사례에서는 동일하게 1,900만 원으로 팔다가 2,000만 원으로 인상하였다. 그러나 [사례 2]는 [사례 1]의 경우와 동일한 결과임에도 불구하고 납득한 소비자가 29% 많았으며 불공정 판단도 29% 감소하였다. 이는 애초에 주어진 가격에 대한 이해에 따라 달리 판단하는 소비자의 태도를 보여주고 있다.
- (나)
  머그잔을 가진 학생이 받아야겠다고 생각하는 금액이 사려 하는 학생이 제시하는 금액보다 훨씬 높았다. 동일한 머그잔임에도 머그잔 소유자가 생각하는 금액과 구매하려는 사람의 금액의 차이가 많이 나타나고 있다.

해설 ① (X) (가)와 (나) 모두의 상황과 무관하다. (가)에서는 손실의 크기가 동일하기에 적용할 수 없고, (나)에는 이득이나 손실의 차이에 대한 차이를 발견할 수 없다.

② (X) (나)의 경우는 설명할 수 있지만, (가)의 경우는 단순한 인상과 할인을 환원한 경우의 불공정성에 대한 비교이기에 이를 설명할 수 없다.

③ (X) (가)와 (나)의 상황과 무관한 진술이다. (가)의 상황은 이득이나 손실의 상황을 비교할 수 없으며, (나) 역시 소유 여부에 따른 차이이기에 무관하다.

④ (X) (가)에서 인상된 가격에 있어서 사람들은 이를 명시적 비용으로 인식하나 원래의 가격으로 복귀하는 경우에는 암묵적 비용으로 받아들여 거부감이 적은 것으로 설명할 수 있다. 그러나 (나)에서는 암묵적 비용에 대해서 알 수 없다.

⑤ (O) (가)에서 대립 상황은, 초기 상황이 1,900만 원인 상황과 2,000만 원인 상황의 차이에 따라 평가가 달라지고 있다. 또한 (나)도 초기 상황에서 머그잔을 소유하고 있는 학생과 사려고 하는 학생의 소망 거래 가격 차이로 인해 금액 차이가 발생하고 있다.

28 ④ 　　　　　　　　　　　　난이도 ★★★☆☆

유형 　판단 및 평가 – 일상적·도덕적 논변

핵심
체크　논쟁을 분석하는 문제이다. A와 B는 도덕적 행위의 기준 및 그에 따른 도덕 교육의 관점에서 서로 다른 차이를 보여주고 있다. 여기서 A는 칸트의 윤리학적 입장을 대변하고 있다.

• A의 견해
　[전제] 보편타당한 도덕적 명령으로서 이성에 의해 파악되는 의무감으로 행한 행위가 아니라면 그 행위의 도덕적 가치는 없다.
　[전제] 도덕 교육은 보편적으로 적용될 수 있는 행위 원칙을 배우고 능숙해지도록 가르치는 것이다.
　[결론] 악행을 했을 때의 도덕 교육은 수치심을 유발하는 냉담한 태도이어야 한다.

• B의 견해
　[전제] 도덕 교육은 습관을 통해 마땅히 기뻐하고 괴로워함을 훈련시키는 것이다.
　[결론] 도덕적 인간으로 키우려면 상의 기쁨이나 벌의 고통에 의존해야 한다.

해설 　① (O) A의 마지막 진술에서 도덕 교육의 수단이 수치심을 유발하는 냉담한 태도여야 한다고 주장한다. 따라서 도덕 교육의 수단으로 감정을 활용할 수 있다는 주장에 동의할 것이다.

② (O) A의 두 번째 진술에서 도덕 교육은 기쁨이 동반되지 않더라도 자신이 옳다고 생각하는 원칙에 따라 행위하는 것에 능숙해지도록 가르치는 것이라고 말하고 있으므로 적절한 판단이다.

③ (O) A의 두 번째 진술로부터 도덕적 인간은 스스로 생각하고 판단할 수 있어야 하므로, 그렇지 못한 인간에 대해서 도덕적 인간일 수 없다는 주장에 동의할 것이다.

④ (X) B는 마땅히 기뻐하고 괴로워하는 습관을 길러야 한다고 주장한다. 따라서 어떤 행위에 따르는 결과의 좋고 나쁨에 의해서 그 행위의 올바름 여부가 결정된다는 것은 아니다.

⑤ (O) B는 어떻게 의무에 따라 행위하는 인간으로 성장시킬 것인가의 문제는 별도로 고려되어야 하며, 습관을 통해 선행에 기뻐하도록 만들 때에 그 의무도 잘 받아들일 것이라고 주장한다. 또한 도덕적으로 옳은 행위를 실천하는 것을 중요시하기에 실천을 강조함을 알 수 있다.

29 ④ 　　　　　　　　　　　　난이도 ★★☆☆☆

유형 　비판 및 반론 – 과학기술

핵심
체크　논증에 대한 반론을 파악하는 문제이다. 제시된 논증을 정리하면 다음과 같다.

[전제] 뇌는 결정되어 있지만, 책임 개념은 뇌에 적용될 수 있는 것이 아니다.
[소결론] 뇌와 달리 사람들은 자유롭고, 따라서 그들의 행위에 책임이 있다.
[전제] 책임은 사회적 차원에서 존재하는 것이지 개인 안에 존재하는 것이 아니다.
[전제] 사람들이 함께 생활할 때 규칙을 따르도록 만드는 상호작용으로부터 행동의 자유라는 개념이 발생한다.
[결론] 뇌는 자동적이고 법칙 종속적이며 결정론적인 도구인 반면, 사람들은 자유롭게 행동하는 행위자들이다.

해설 　ㄱ. (X) 뇌의 작용을 미시적 차원으로 취급하고 거시적 차원과 구별하여 뇌의 작용으로부터 거시적 차원의 행동을 원리적으로 알 수 없다는 시각이다. 이는 뇌와 행동의 책임을 구별하는 필자의 논증과 양립할 수 있으며 강화시킬 수 있기에 반론으로 적절하지 않다.

ㄴ. (O) 뇌와 행동의 결정론적 방식의 일치를 주장하는 것으로 이를 부정하는 필자의 논증의 반론이 된다.

ㄷ. (O) 필자는 책임이 사회적 차원에서 존재하기에 사람들 간의 상호작용으로부터 행동의 자유 개념이 발생한다고 주장한다. 그런데 이것이 관행일 뿐이며 인간이 실제 자유롭게 행동하는 것을 보여주지 않는다면 책임과 자유를 연결하고 있는 필자의 주장에 반론이 된다.

30 ⑤ 　　　　　　　　　　　　난이도 ★★★☆☆

유형 　비판 및 반론 – 일상적·도덕적 논변

핵심
체크　논쟁을 판단하는 문제이다. 지문은 리처드 도킨스의 주장에 대한 데이비드 스토브의 반론을 대화 형식으로 재구성한 것이다. 여기에서 나타나는 유전자의 속성에 대한 논쟁의 쟁점들을 정리하면 다음과 같다.

• 쟁점 1: 유전자는 이기적인가?
• 쟁점 2: 유기체의 자기 복제본의 수를 늘리는 것을 '이기적'이라 할 수 있는가?
• 쟁점 3: 이기적 유전자의 복제가 개체 자신의 생존과 관련 있는가?

해설 　① (O) B₁은 바이러스도 유전자와 마찬가지로 자기 복제를 한다는 유사성이 있지만 그렇다고 해서 이기적이라고 할 수 없다고 지적한다. 이는 유전자가 이기적이기에 유기체는 꼭두각시에 불과하다는 주장에 대한 반론이 된다.

② (O) A₂는 B₁이 말하듯 '이기적'이라는 의미가 심성을 의미하지 않고 자기 복제라는 의미에서 자신의 생존 기회를 증진시키는 의미임을 재정의하면서 대응하고 있다.

③ (O) B₂는 복제본이 주체와 다른 독립적 존재임을 지적하면서 자기 복제에 개체의 생존 기회를 증진시키는 '이기적' 의미가 적용되지 않는다고 비판하고 있다.

④ (O) A₃은 유기체의 경우에 개체의 단위가 적용되지만, 유전자의 경우 유형이나 복제본 모두가 적용될 수 있다며 대응하고 있다.

⑤ (X) B₃은 A₁의 주장처럼 복제한 존재와 주체가 생존하는 것이 동일하다는 주장은 '생존'의 의미에 어긋나는 것이라고 반론을 펴고 있다. 따라서 유기체가 유전자의 꼭두각시는 아니라는 견해일 뿐, 반대로 유전자가 유기체의 꼭두각시일 수 있다는 주장을 하는 것은 아니다.

유형 비판 및 반론 - 사회

핵심 체크 표의 해석에 대한 대립적 견해를 파악하는 문제이다. X시는 A, B 두 인종으로 이루어져 있는데, A인종 비율이 더 높다는 가정 아래 시민권에 대한 두 견해가 나타난다.

문제는 을이 갑을 비판하는 근거를 찾는 것이다. 결국 을이 제시한 <표 2>가 참이더라도 <표 1>의 결과가 나타날 수 있다는 점을 밝혀야 한다.

해설 (1) 중간계급의 인종 구성

<표 1> 사회계급에 따른 시민권에 대한 태도

시민권에 대한 태도	긍정적	부정적	계
중간계급	37%	63%	100%

<표 2> 사회계급과 인종에 따른 시민권에 대한 태도

시민권에 대한 태도		긍정적	부정적	계
중간계급	A인종	70%	30%	100%
	B인종	30%	70%	100%

<표 1>에서 중간계급의 37%가 긍정적이었다. 그런데 <표 2>에서 긍정적 태도를 보인 중간계급 사람들은 A인종이 70%, B인종이 30%에 해당한다. 이러한 비율의 사람들을 종합한 결과가 <표 1>에서 나타나듯 전체 37%이다. 이는 A인종의 비율이 70%임에도 불구하고 A인종과 B인종을 합한 비율이 상대적으로 적다는 것을 보여준다. 결국 중간계급에서는 A인종보다 B인종이 더 많은 비율로 분포되고 있다는 것을 추리할 수 있다.

(2) 하층계급의 인종 구성

<표 1> 사회계급에 따른 시민권에 대한 태도

시민권에 대한 태도	긍정적	부정적	계
하층계급	45%	55%	100%

<표 2> 사회계급과 인종에 따른 시민권에 대한 태도

시민권에 대한 태도		긍정적	부정적	계
하층계급	A인종	50%	50%	100%
	B인종	20%	80%	100%

<표 1>에서 하층계급의 긍정적 태도 비율은 45%이다. 그런데 <표 2>에서 이 중 A인종의 50%, B인종의 20%가 긍정적 태도를 보인다. 결국 B인종의 긍정 비율이 20%임에도 불구하고 전체를 합쳤을 때에는 45%로 그 비율이 상대적으로 매우 높다. 따라서 하층계급에는 A인종이 B인종보다 더 많은 비율로 구성되어 있음을 추리할 수 있다.

ㄱ. (X) 을의 근거인 <표 2>가 성립하면서 동시에 <표 1>이 성립되기 위해서는 (1)에서 추론했듯이, 중간계급에서 B인종이 더 많은 비율로 있기에 비판 근거로 적절하지 못하다.

ㄴ. (O) (2)에서 추론하였듯이, 하층계급에는 A인종이 더 많기에 갑의 추론에 문제가 있음을 지적하는 적절한 비판 근거가 될 수 있다.

ㄷ. (X) 추리를 통해 중간계급에서는 B인종이 더 많고, 하층계급에서는 A인종이 더 많다는 것을 알 수 있다. 그러나 이 사실로 B인종 중 하층계급이 중간계급보다 더 많은지는 추리할 수 없다. 또한 B인종의 중간계급과 하층계급의 인원수 비교만으로 X시 전체 인종의 인원수를 추리할 수 없기에 적절한 비판 근거가 될 수 없다.

유형 판단 및 평가 - 사회

핵심 체크 세 견해를 비교 및 분석하는 문제로 자발적 결사체에 대한 세 견해를 정리하면 다음과 같다.

· 갑: 자발적 결사체는 관용과 타협의 정신과 다양한 목소리를 통해 궁극적으로 민주주의를 향상시킨다.

· 을: 자발적 결사체는 동질적 가치관이 강화되고 다른 집단에 대해 배타적이기에 민주주의에 도움이 되지 못한다

· 병: 다양한 자발적 결사체들이 생겨나는 것은 민주주의를 위해 중요하다.

해설 ① (O) 갑은 자발적 결사체가 민주주의를 향상시킨다고 주장하기에 동의하는 반면, 을은 자발적 결사체가 비민주적 정치체제가 발흥했던 경우들이 있다는 견해이므로 동의하지 않을 것이다.

② (O) 갑은 서로 다른 입장과 목적을 지닌 것이 자발적 결사체이기에 다양한 목소리들이 정부의 정책 결정 과정에 반영된다는 의견에 동의할 것이다. 또한 병도 목적과 무관하게 다양한 자발적 결사체가 생겨나야 한다는 주장이므로 동의할 것이다.

③ (X) 병에 의하면, 자발적 결사체에서 활동하면서 정치에 참여할 수 있는 통로가 확보된다는 견해이기에 동의한다. 한편 을의 경우, 자발적 결사체가 추구하는 것은 같은 입장과 목적을 가진 사람들이 활동하기에 시민적 덕목이 길러지지 않는다는 주장이다. 그런데 자발적 결사체를 통해 정치 참여의 기회를 얻는다는 점에 대해 부정하지는 않는다. 다만 자발적 결사체 활동이 배타적이기에 오히려 비민주적 정치체제의 위험성이 있다는 점만 지적할 뿐이다.

④ (O) 갑은 자발적 결사체 활동을 통해 정부가 어느 한 쪽만을 옹호하거나 불투명하게 정책 결정을 하는 일이 줄어든다고 주장한다. 그러므로 정부의 정책 결정 과정에서 투명성이 높아진다는 것에 동의할 것이다. 또한 병도 자발적 결사체는 다양한 집단이 공적 결정에 참여하여 정부로 하여금 보다 공명정대하게 결정하도록 강제한다고 주장하기에 동의할 것이다.

⑤ (O) 을은 자발적 결사체가 같은 입장과 목적을 가진 사람들이 집단이기에 비민주적인 성향이 있다고 보는 반면, 병은 목적이 동질적이든 이질적이든 다양한 결사체들이 많이 생겨나면 민주주의에 긍정적 영향을 준다는 견해이다.

33 ⑤

 유형 비판 및 반론 – 사회

 핵심 체크 해결방안을 찾는 문제로 지문에서는 먼저 신뢰의 두 가지 형태를 설명한다.

- 좁은 의미의 신뢰: 친숙하고 가까운 타인들에 대한 특수한 신뢰
- 넓은 의미의 신뢰: 통상적이고 일반적 신뢰 지칭, 멀고 낯선 사람들에 대한 신뢰

이때 신뢰의 두 가지 형태에 대한 A의 견해를 정리하면 다음과 같다.

- A의 견해: 좁은 범위의 신뢰만을 허용하는 문화는 저신뢰 사회로 흐를 가능성이 높고, 넓은 범위의 신뢰가 지배적인 문화는 고신뢰 사회가 될 가능성이 높다.

A의 견해에 의하면 Z국은 좁은 범위의 신뢰만을 허용하는 문화이기에 저신뢰 사회로 흐를 가능성이 높아야 한다. 그런데 Z국의 일반적 신뢰 수준이 최상위권에 위치하고 있다. 문제는 일반적 신뢰 수준이 최상위권이라는 조사 결과와 저신뢰 사회가 된다는 주장의 대립을 해소할 수 있는 대답을 찾으라는 것이다.

해설 ㄱ. (X) 같은 지역 출신 지인들만을 신뢰할 경우, 좁은 범위의 신뢰로 인해 저신뢰 사회가 될 것이라는 견해에 근거가 될 수 있으나 일반적 신뢰 수준이 최상위권이라는 사실과 여전히 대립되기에 ㉠에 대한 답이 될 수 없다.

ㄴ. (O) 타인에 대한 불신을 다른 사람에게 밝히는 것을 꺼려 할 경우 일반적 신뢰를 묻는 질문에 솔직한 답을 하지 않고 대부분의 사람들을 신뢰할 수 있다고 대답할 것이다. 이는 실제로는 일반적 신뢰 수준이 낮은데도 설문조사의 결과에 반영되지 않는 경우이다. 이러한 사실이 밝혀진다면 조사 결과와 A의 견해의 대립을 해소할 수 있을 것이다.

ㄷ. (O) 일반적 신뢰 수준을 묻는 질문은 '일반적으로 대부분의 사람들을' 신뢰할 수 있는지에 대한 것이다. 그렇기에 '대부분의 사람들'에 해당하는 사람을 자신의 신뢰 범위 내의 사람들 중에서 찾았다면 대답은 긍정적이었을 것이다. 따라서 그 결과도 일반적 신뢰 수준이 최상위권이라는 결과가 나타날 것이다. 따라서 이 경우도 일반적 신뢰 수준이 낮은데도 결과에 반영되지 못한 경우이다. 결국 조사 결과와 A의 견해의 대립을 해소할 수 있다.

34 ③

 유형 논리 게임 – 논리학·수학

 핵심 체크 두 가지 결과로부터 추리하는 수학적 퍼즐 문제이다. 지문에서 나타난 정보를 표로 정리하면 다음과 같다.

순위	1차 경연 결과		2차 경연 결과	
	가수	표수	가수	표수
1	A	30	C	
2	B		B	30
3	C	25		
4	D			15

1차 경연 결과에서 B의 표수는 1위 30표보다 적고 3위 25표보다 많아야 한다. 따라서 B의 1차 경연 결과는 29~26표가 된다. 이에 따라 D의 1차 경연 결과도 16~19표임을 추리할 수 있다. 2차 경연에서 C는 2위인 30표보다 많아야 한다. 그리고 3위는 4위인 15표보다 많아야 한다. 그런데 이들의 표수의 합이 100이 되어야 하기에, 3위가 16표인 경우 1위 표수를 계산하면, 2위부터 4위의 합이 30 + 16 + 15 = 61표이므로 39표가 된다. 결국 C의 2차 경연 결과의 최대 표수는 39표이며 최솟값은 31표임을 알 수 있다. 따라서 3위는 최대 24표에서 최소 16표임을 추리할 수 있다.

해설 제시된 정보로부터 추리하면 다음과 같은 결과를 얻을 수 있다.

순위	1차 경연 결과		2차 경연 결과	
	가수	표수	가수	표수
1	A	30	C	39~31
2	B	26~29	B	30
3	C	25	A or D	16~24
4	D	19~16		15

이때 두 가지 경우가 가능하다. 우선 (1) A가 3등, D가 4등, 또는 (2) A가 4등, D가 3등으로 가정할 수도 있다. 각각의 경우 1차와 2차 경연의 합을 추리하면 다음과 같다.

구분	A	B	C	D
(1)	46~54	56~59	56~64	31~34
(2)	45	56~59	56~64	32~43

결국 어떤 경우가 되든 D는 4등임을 알 수 있으며 3등은 A가 된다.

ㄱ. (O) D의 점수를 최대화하여도 4등이 되어 탈락할 수밖에 없다.

ㄴ. (O) A는 어떤 경우에도 B와 C보다 적은 점수가 되므로 3등임을 알 수 있다.

ㄷ. (X) C는 2차 경연에서 최소 31표에서 최대 39표까지 얻을 수 있다.

35 ①

유형 수리 추리 – 논리학·수학

핵심 체크 벤다이어그램을 활용한 정보로부터 최솟값 및 최댓값을 추리하는 이산 수학 및 게임이론 문제이다. 추리논증 35문항 중 A, B, C가 각각 25문항씩 맞추었으며, 이들 모두가 맞추지 못한 문항은 없었다.
(a = 어려운 문항, b = 쉬운 문항, c = 두 명만 맞춘 문항)

(1) a + b + c = 35: 정답을 맞히지 못한 문항은 없으며 모두 35문항이므로 성립한다.

(2) a + 3b + 2c = 75: 세 사람이 각각 25문항씩 맞추었기에 정답 표시가 된 문항은 모두 75개이다. 이 중 한 명만 맞춘 문항인 어려운 문항 'a'는 정답 표시가 한 개만 되었을 것이고, 세 명 모두 맞춘 쉬운 문항 'b'는 세 개의 정답 표시가 되었을 것이다. 또한 두 명만 맞춘 문항 'c'는 두 번 정답 표시가 되었을 것이다.

해설

ㄱ. (O) b = a + 5: (1)에서 c = 35 − (a + b)를 2에 대입하여 계산
a + 3b + 2(35 − a − b) = 75
a + 3b + (70 − 2a − 2b) = 75
−a + b + 70 = 75
b = a + 5
쉬운 문항 'b'가 어려운 문항 'a'보다 5개 더 많음을 알 수 있다.

ㄴ. (X) a + b + c = 35이며, b = a + 5이므로, (a, b, c)의 값에서 어려운 문항 'a'의 최댓값은 (15, 20, 0)이 되어 15임을 알 수 있다.

ㄷ. (X) 두 명만 정답을 맞힌 문항 'c'의 최솟값은 ㄴ의 해설에서 0임을 알 수 있다.

2023
2022
2021
2020
2019
2018
2017
2016
2015
2014
2013

해커스 LEET 김우진 추리논증 기출문제+해설집

LEET 전문가의 총평

- 내용 제재를 선택하는 데 전 학문 분야 및 일상적·실천적 영역에서 소재를 찾아 추리력과 비판적 사고력을 평가하는 데 출제의 기본 방향을 두었다. 특정 전공자가 유리하거나 불리하지 않도록 영역 간 균형 잡힌 제재 선정을 위해 노력하는 한편, 제시문으로 선택된 영역의 전문 지식이 문항 해결에 미치는 영향을 최소화하는 데에도 주력하였다.
- 동양 고전에서 자료를 취한 문항을 다수 포함시켰으며, 법 제재를 다루는 문항의 경우, 법해석 이론, 공법과 사법, 민법과 형법의 제재들을 고루 포함하도록 하였다. 자연과학적 제재를 다루는 문항의 경우, 언어적인 이해와 논리적인 추리를 통하여 충분히 문제를 해결할 수 있도록 구성하였다.
- 논증력을 묻는 문항들은 주어진 논변들을 분석하여 주장과 논거를 찾아내고 그 논리적 관계를 분석하는 문항, 주어진 논변에 대하여 비판하고 평가하는 문항 등 다양한 인지 활동을 측정할 수 있도록 구성하였다.
- 2014학년도 기출문제의 각 문항을 이원분석표에 따라 구분하면 다음과 같다.

인지 활동 유형 / 추리의 내용 영역	추리					논증			인지 활동 유형 / 논증의 내용 영역	
	언어 추리			수리 추리	논리 게임	분석 및 재구성	비판 및 반론	판단 및 평가		
	연역	귀납	함축된 정보파악							
논리학·수학	20, 21			32	33, 34, 35					
인문			18, 19	31		10		22	인문	이론적 논변
사회		13	12			11, 28	26	25, 27	사회	
과학기술			14, 15, 16, 17			30		29	과학기술	
법·규범			2, 3, 4, 6, 9			5, 7		1, 8	법적 논변	실천적 논변
						23, 24			일상적· 도덕적 논변	
									의사결정론	

정답

p.206

01	02	03	04	05	06	07	08	09	10
①	③	①	②	③	②	④	⑤	②	②

11	12	13	14	15	16	17	18	19	20
⑤	④	③	④	②	①	④	②	③	④

21	22	23	24	25	26	27	28	29	30
⑤	⑤	④	③	④	⑤	①	⑤	④	④

31	32	33	34	35					
③	①	③	③	④					

해설

01 ①　　　　　　　　　　　　　난이도 ★☆☆☆☆

유형　판단 및 평가 – 법적 논변

핵심
체크　논쟁에서의 세 가지 입장을 비교한 후 연관성을 파악하는 문제이다. 법문의 의미 파악에 대한 세 가지 기준을 정리하면 다음과 같다.
- A: 입법자의 의도가 기준
- B: 상황과 시점을 고려한 법 공동체 구성원의 대다수의 표상이 기준
- C: 당시의 시대정신을 구현하는 표상이 기준

해설　ㄱ. (O) A는 입법자의 의도가 법문 의미 해석의 최우선 기준이기에 입법 기초자의 표상을 기준으로 삼아야 한다고 주장한다. 그러므로 A에게 있어서 국회 속기록과 입법 이유서를 검토하는 것은 중요하다.

ㄴ. (O) B는 입법 당시 입법자의 의도보다 법문의 해석이 문제시되는 상황과 시점에서 법 공동체 구성원들의 다수의 견해를 따르자는 것이므로, A는 이에 대해 법의 불확실성 초래로 인한 문제점을 근거로 반박할 것이다.

ㄷ. (X) B는 다수의 표상을 주장하나 C는 당대의 시대정신을 구현하는 것이 기준이라고 주장한다. 그런데 시대정신이 이성에 의해 파악된 것이라고 해서 B와 C의 차별성이 분명해지는 것은 아니다. 다수의 표상도 이성에 의거한 결정일 수 있기 때문이다.

ㄹ. (X) B와 C는 시대적 상황에 따라 법문의 의미를 판단하므로, 내재적으로 고정되어 있다고 볼 수 없다. 따라서 이들에게 있어서 이를 발견하는 것은 불가능한 것이다.

02 ③　　　　　　　　　　　　　난이도 ★☆☆☆☆

유형　언어 추리 – 법·규범

핵심
체크　법률 조항을 토대로 하여 사례를 추리하는 문제이다. 혼인무효 소송을 어느 법원에 제기할 수 있는지에 대한 추리 문항이다. 조항들의 대상을 확인하여 답지의 사례에 대입해야 한다.

해설　① (O) 부부가 같은 주소지이므로 <규정> 1에 의해 옳다.

② (O) A와 B 부부가 서로 다른 주소지이므로 <규정> 1이 적용될 수 없다. 그런데 최후의 공통의 주소지가 서울이며 B가 아직 서울에 거주하고 있다. 결국 부부 중 일방의 주소지가 서울에 있기에 <규정> 2에 의해 옳다.

③ (X) 부부의 주소지가 다르므로 <규정> 1이 적용될 수 없다. 그런데 부부의 최후의 공통의 주소지가 서울이었고, B는 여전히 주소지가 서울이므로 <규정> 2에 의해 서울가정법원에 제기해야 한다.

④ (O) 부부의 최후의 공통의 주소지에서 둘 모두 다른 곳으로 옮겼으므로 <규정> 1과 2 모두 적용될 수 없다. 이때 제3자인 A의 모가 부부 쌍방을 상대로 소를 제기하고 있으므로 <규정> 3에 의해 옳다.

⑤ (O) 부부 일방이 사망한 경우이므로 생존한 타방 B의 주소지인 서울가정법원에 소를 제기해야 한다. <규정> 4에 의해 옳다.

03 ①　　　　　　　　　　　　　난이도 ★☆☆☆☆

유형　언어 추리 – 법·규범

핵심
체크　원칙에 의하여 사실관계를 추리하는 문제이다. 지문에서는 원고와 피고 간의 입증 책임에 관한 원칙을 제시하고 있다. 이를 정리하면 다음과 같다.
- 자신의 권리 주장: 권리 발생에 필요한 사실 입증 책임
- 권리 발생 사후 소멸 주장: 권리의 소멸에 관한 사실 입증 책임
- 다툼 없음: 증명 필요 없음

해설　ㄱ. (O) 을이 빌린 사실에 대해 인정하므로 다툼이 없기에 증명할 책임이 없다.

ㄴ. (O) 갑과 을은 다툼이 있는 상태이고 을은 권리 발생 사후 소멸을 주장하므로 을에게는 이를 증명할 책임이 있다.

ㄷ. (X) 을이 돈을 빌리지 않았다고 주장하기에 갑은 을이 돈을 빌린 사실에 대한 증명을 해야 한다. 따라서 이를 주장하는 갑에게 100만 원을 빌려 준 사실에 대한 입증 책임이 있다.

ㄹ. (X) 권리가 있다고 주장하는 사람은 갑이므로 갑에게 증명할 책임이 있다.

04 ②　　　　　　　　　　　　　난이도 ★☆☆☆☆

유형　언어 추리 – 법·규범

핵심
체크　규정과 사실관계에 따라 추리하는 문제이다. 규정을 분석하고 사실관계를 이에 적용하여 추리하는 문항이다. 우선 규정을 정리하면 다음과 같다.
- 군인 경찰관 등 공무원의 직무상 불법행위: 국가에 손해배상 청구 가능
- 예외: 군인 경찰관의 전투 및 훈련과 관련된 직무집행과 관련된 손해가 다른 법률에 따라 보상금 지급이 가능한 경우 국가에 손해배상 청구 안 됨

사실관계를 정리하면 다음과 같다.
- 사고 경위: A 운전, B 동승한 C(A의 아버지) 소유 승용차와 D(육군 하사) 운전, E(육군 중사) 동승 오토바이(직무집행 중) 충돌
- 원인: D의 졸음운전
- 상해: B와 E 8주간 상해

해설　ㄱ. (O) D의 직무상 불법행위가 인정될 경우 A는 규정에 의거하여 손해배상을 청구할 수 있다.

ㄴ. (X) D의 불법행위가 인정될 경우 B는 국가에 손해배상을 청구할 수 있다. 전투 훈련과 관련된 손해 규정은 군인인 D가 받은 손해에 대한 것으로 B의 손해배상 청구와는 관련이 없다.

ㄷ. (X) D의 직무상 불법행위로 인한 손해가 C의 자동차 파손이므로 손해배상을 청구할 수 있다.

ㄹ. (O) D의 직무상 불법행위가 인정된 것이며, E의 직무행위가 전투·훈련과 무관한 것이라면 규정의 예외적 사항에 해당하지 않는다. 따라서 E는 손해배상을 청구할 수 있다.

유형   분석 및 재구성 – 법적 논변

핵심체크   상반된 두 견해에 대한 전제 및 쟁점을 파악하는 문제이다. 행정소송에서의 무효확인소송과 민사소송에서의 확인소송에 관한 두 입장이 갑과 을의 견해에서 나타나 있다. 이들의 논증을 정리하면 다음과 같다.

• 갑의 논증
1. [전제] 민사소송에서의 확인소송은 다른 소송방법에 의한 효과적 권리구제가 가능한 경우 인정되지 않는다는 보충성의 원칙이 요구된다.
2. [전제-예외] 민사소송에서의 확인소송은 원고의 법적 지위가 불안하거나 위험할 경우 이를 제거하기 위하여 실효적인 경우에만 인정된다.
3. [전제] 행정소송에서의 무효확인소송도 확인소송의 성질을 가진다.
4. [결론] 행정소송에서의 무효확인소송도 보충성의 원칙이 요구된다.
갑의 논증은 1.3.4에서 연역논증으로 삼단논법의 타당성을 지니고 있다. 또한 1과 3의 유사성으로부터 4를 도출하는 유비논증의 성격도 지니고 있다.

• 을의 논증
1. [전제] 행정소송은 민사소송과는 목적, 취지 및 기능 등을 달리한다.
2. [전제] 행정소송법은 무효확인소송의 판결 효력에 있어서 권리구제의 실효성을 지닌다.
3. [결론] 행정소송에서의 무효확인소송은 보충성의 원칙이 적용되지 않는다.
을은 갑의 유비논증에 대한 비판적 시각과 더불어 갑이 말하는 예외적 사항도 행정소송에서는 예외로 적용되지 않는다고 반론을 펼치고 있다.

해설   ㄱ. (X) 을은 행정소송에서의 확인소송은 보충성의 원칙이 요구되지 않는다고 전제하고 있을 뿐, 민사소송에서의 확인소송이 보충성의 원칙이 요구되지 않음을 전제하고 있지는 않다.
ㄴ. (X) 을은 행정소송에서의 무효확인소송이 보충성의 원칙이 적용되지 않는다고 주장할 뿐이다. 그리고 행정소송이 행정청의 위법한 처분 등을 취소하거나 그 효력을 확인하는 것이라 했기에 확인소송임을 부정하는 것은 아니다.
ㄷ. (O) 을은 행정소송은 민사소송과 목적, 취지 및 기능 등이 다르므로 보충성의 원칙이 민사소송처럼 적용될 수 없다는 입장이다. 따라서 을은 확인소송의 보충성의 원칙을 민사소송에만 한정한다.

06 ②   난이도 ★☆☆☆☆

유형   언어 추리 – 법·규범

핵심체크   법·규정의 적용에 대해 비교 및 추리하는 문제이다. 지문에서는 법·규정의 적용에 있어서 일반적 개념과 특별 개념에 대한 비교를 설명하고 있다. B조는 A조의 모든 요소를 포함하고 그 이외의 다른 요소도 구비한다. 규정의 적용은, A조의 요소만 나타날 경우 A조를, B조에의 요소가 모두 드러날 경우 B조를 적용한다. 지문에서 A조와 B조의 차이를 논리적 형식으로 나타내면 다음과 같다.

• A조: P
• B조: Q&P

결국 A조의 사항에 B조는 더 첨가된 조건을 지니고 있으므로 이러한 논리적 관계를 파악해야 한다.

해설   ㄱ. (O) 첫 항의 규정에 둘째 항에서 야간 침입이라는 점이 첨가된 특수한 경우이므로 지문의 특별관계가 성립한다.

ㄴ. (X) 두 규정은 서로 다른 대상을 지니고 있다. 하나는 '미성년자'에 대한 약취 또는 유인에 대한 규정인데, 다른 하나는 미성년자가 아닌 사람도 포함되기에 설명을 적용할 사례가 아니다.
ㄷ. (O) 첫 규정이 A조에, 둘째 규정이 B조의 형식에 해당한다. '의사, 한의사, 약제사, 약종상 부녀'와 같이 특수한 경우이기 때문이다.
ㄹ. (X) 두 규정은 서로 다른 대상을 취지로 한다. 하나는 궁박한 상태 이용하여 부당한 이익을 취하는 자를, 다른 하나는 사람을 공갈하여 이익을 취하는 자를 대상으로 하기에 지문의 논리적 관계에 해당하지 않는다.

07 ④   난이도 ★☆☆☆☆

유형   분석 및 재구성 – 법적 논변

핵심체크   법적 논쟁에 대해 분석하는 문제이다. 지문에서는 사안을 통해 나타난 법적 논쟁을 소개한다. 그리고 두 가지 쟁점을 제시하며 주장 및 사실을 매칭하여 원고 및 피고의 주장과의 관계를 파악할 것을 요구한다. 원고는 피해를 받았다고 주장하는 A이며 피고는 포털 사업자 B이다. (가)~(라)의 주장들이 원고 및 피고의 주장의 논거가 될 수 있는지 판단해야 하며, 이때 원고 및 피고의 논지를 확인해야 한다. 문제에서는 생략된 전제를 보완하는 과정까지 묻고 있다.

해설   ① (O) (가)에서는 포털이 원문을 그대로 전재하는 경우도 전파 내지 재공표에 해당한다고 주장한다. 따라서 쟁점(1)에서 편집권의 행사와 (가)의 조건의 연결이 전제되어야 원고 측의 옹호 논거로 사용할 수 있다.
[전제] (가) 포털이 자신의 제공 서비스 화면에 원문을 그대로 올린 것은 실제적 의미에서 지적 전파 내지 재공표를 행한 것이다.
[생략된 전제] 원문을 그대로 전재하는 경우도 편집권의 행사에 해당한다.
[주장] 포털이 사이트에 올린 기사에 편집권을 행사한 것이다.
② (O) 피고 측이 (나)를 쟁점(1)과 연결하려면 (나)에서 말하는 기사의 배치나 요약은 편집권의 행사가 아니라는 점을 주장해야 한다.
[전제] (나) 포털이 기사를 배치하거나 제목을 요약하는 것은 원문의 수정이 아니다.
[생략된 전제] 포털이 행한 기사의 배치나 제목의 요약은 편집권의 행사가 아니다.
[주장] 포털이 사이트에 올린 기사에 편집권을 행사한 것이 아니다.
③ (O) 피고가 (다)의 포털이 게시물 내용을 다 인식하고 통제할 수 있는 지위에 있는 것은 아니라는 내용을 이용하기 위해서는, 쟁점(2)에서 피해자의 명시적 삭제 요구가 있어야 피고에게 그 의무가 발생하기에, 피고는 그러한 요구가 있어야 게시물의 내용을 인식할 수 있고 그에 따라 책임이 부과된다는 전제가 있어야 한다.
[전제] (다) 게시물의 내용을 포털이 다 알고 통제할 수 있는 지위에 있다고 보기 어렵다.
[생략된 전제] 게시물의 존재와 내용에 대한 인식이 피고의 책임을 구성하는 요건이다. (내용에 대한 인식이 있다면 책임이 있으며, 인식이 없다면 책임도 없다.)
[결론] 게시물에 대한 피해자의 명시적 삭제 요구가 없다면 포털의 삭제 의무가 발생하지 않는다.
④ (X) 쟁점(2)에 대해서 피고 측은 게시물의 삭제 의무가 없다고 주장할 것이다. 그리고 (라)는 그에 대한 논거가 된다. 그런데 여기에는 개인의 이익보다 공익이 더 우선한다는 전제가 있다. 따라서 그 반대로 개인의 이익이 공익보다 더 우선된다는 진술은 옳지 않다.

[전제] (라) 포털에 게시물 감시 및 삭제 의무를 부과한다면 개인의 이익보다 더 큰 공익이 침해될 것이다.

[생략된 전제] 개인의 이익보다 공익이 우선되어야 한다.

[주장] 게시물에 대한 피해자의 명시적 삭제 요구가 없다면 포털의 삭제 의무가 발생하지 않는다.

⑤ (O) (마)에서 명시적 요구 없이 게시물을 삭제할 의무를 포털에게 묻는 법률 조항은 없기에 원고가 자신의 주장을 유지하기 위해서는 법률규정에 없는 의무도 있을 수 있다는 것이 전제되어야 한다.

[사실] 피해자의 명시적 요구 없이도 삭제할 의무를 지우는 법률 소항은 없다.

[생략된 전제] 명문의 법률규정이 없는 의무가 있을 수 있다.

[주장] 게시물에 대해 피해자의 명시적 삭제 요구가 없더라도 포털의 삭제 의무가 발생한다.

08 ⑤

난이도 ★☆☆☆☆

유형 판단 및 평가 – 법적 논변

 논쟁의 쟁점 및 각 입장을 파악하는 문제이다. 문제는 법적 논쟁 과정을 보여주며, 갑과 을의 견해가 반박되거나 강화될 수 있는 요소를 묻고 있다. 쟁점은 성범죄자에 대한 약물요법에 대한 것이다. 갑과 을의 견해를 정리하면 다음과 같다.

- 갑의 견해
  [주장] 약물요법 반대
  [전제] 이중 처벌로서 위헌의 소지가 있다.
  [전제] 미래 행위에 대한 재범 위험성을 판단 근거로 사용하는 것은 부당하다.
  [전제] 막대한 예산 투입이 필요하므로 효율적이지 못하다.

- 을의 견해
  [주장] 약물요법 찬성
  [전제] 약물요법은 치료이지 처벌이 아니다.
  [전제] 미래에 대한 위험성 예측에 의한 실행은 이미 우리 사회에서 시행되고 있는 바이다.
  [전제] 성폭력 재범률을 낮추는 데 매우 효과적이다.

해설 ① (O) 을₁은 약물요법을 중지할 경우 다시 신체 기능이 정상으로 복귀하므로 신체 기능의 훼손이 아니라고 주장한다. 이는 일시적인 중지 상태에서 신체 기능 복귀가 가능하다면 훼손은 아니라는 전제가 생략되어 있는 논증이다. 그러나 이러한 잠정적인 제한도 신체 기능 훼손에 해당한다면 주장은 약화된다.

② (O) 을₁이 약물요법도 당사자의 이익을 위한 것이므로 처벌이 아니라고 주장한다. 이에 갑이 동일 논리로 당사자의 교화를 위한 징역형도 처벌이 아니라고 주장한다면 징역형이 형벌이 아니게 된다. 그러나 징역형은 명백한 처벌이기에 을에 대한 갑의 반론이 된다.

③ (O) 을₂에서 예측을 근거로 행위를 해야 한다고 주장하므로 예측의 정확성이 증가한다는 사실은 이를 강화한다.

④ (O) 을₂의 주장이 옳다 하더라도 예산 투입과 같이 효율성의 측면에서는 여전히 문제가 나타나고 있다는 것을 근거로, 갑₃은 자신의 주장을 고수할 수 있다.

⑤ (X) 을₃은 약물요법이 재범률 감소에 효과적이라는 주장을 하고 있다. 그런데 대부분의 약물 투여 대상이 초범이었고 재범자는 약물 비투여자라면, 실험 결과의 개연성은 떨어질 수밖에 없다. 초범인 경우 성폭력범 중 일부는 재범성향이 낮은 자일 것이므로 약물요법과 상관없이 재범인 경우에는 그들의 재범률보다 낮게 나올 것이기 때문이다.

09 ②

난이도 ★☆☆☆☆

유형 언어 추리 – 법·규범

핵심 체크 인과적 현상에 대한 다양한 시각을 정리하고 이를 사례에 적용하는 문제이다. 각각의 견해를 정리하면 다음과 같다.

- A: 행위가 없었다면 결과가 발생하지 않았을 것이다.
- B: 행위자의 의도에 비추어 직접적 원인에 대해서만 책임이 있다.
- C: 일반인의 입장에서 전형적인 원인인 경우에 책임을 인정할 수 있다.
- D: 피해자가 결과를 회피하는 것이 가능할 경우 책임을 부인할 수 있다.

해설 ㄱ. (X) 갑의 행위가 없었더라면 결과가 나타나지 않는 과정이 연쇄적으로 있다면 책임이 있다고 볼 수 있다. 하지만 직접적인 원인이 갑의 행위는 아니다. 만약 의사 갑이 독약 관리를 제대로 했다면 간호사 을의 행위가 나타나지 않았을 것이기 때문이다. 따라서 B는 책임이 없다고 할 것이지만, A는 책임이 있다고 할 것이다.

ㄴ. (O) B는 직접적 원인이 구급차의 교통사고에 있기에 책임이 없다고 볼 것이며, C도 일반 사람들이 평가할 때에 결과를 일으키는 전형적인 원인으로서 교통사고가 원인이라고 할 것이므로 책임이 없다고 할 것이다.

ㄷ. (X) C는 결과를 일으키는 전형적인 원인으로 일반 사람들은 을의 죽음 원인을 번개를 맞았기 때문이라고 볼 것이므로 갑에게 책임은 없다고 할 것이다. 한편 D의 경우 번개를 맞은 것이 피해자가 스스로 회피할 수 있었던 경우는 아니므로 책임을 물을 수 있다.

ㄹ. (X) A는 연쇄적인 과정에 의해 발생하는 결과라 해도 그 처음 원인을 제공한 이가 책임이 있다고 볼 것이므로 갑에게 책임이 있다고 할 것이다. 그러나 D는 피해자 스스로 회피할 수 있는 경우에는 가해자에게 책임이 없다고 주장하므로, 술을 많이 마신 을에게 책임이 있고 갑에게 책임이 없다고 할 것이다.

10 ②

난이도 ★★☆☆☆

유형 분석 및 재구성 – 인문

핵심 체크 쟁점에 대한 A~C의 양립 가능성을 추리하는 문제이다. A는 도덕적 감정주의와 경험주의적 관점이 혼재되어 있는 주장이다. 양심을 공감의 감정으로 파악하며, 역사적으로 학습된 결과 사회적으로 습관화된 동정심으로 파악한다. B는 칸트의 견해로 양심을 실천이성과 동일한 것으로 보편타당한 도덕 판단의 주체라고 말하고 있다. 그리고 C는 정신분석학적 견해로 양심을 부모로부터 전승되는 초자아의 기능으로 파악한다. 주어진 A, B, C의 견해를 쟁점별로 정리하면 다음과 같다.

구분	양심의 형성	잘못된 양심의 존재
A	취득적	O
B	선천적	X
C	취득적	?

해설 ㄱ. (X) A는 양심을 사회적 감정으로 인류가 공유하는 습관화된 동정심이라고 파악하며 잘못된 경우를 제시하고 있다. 그러나 B는 양심은 선천적으로 보편타당한 도덕 판단을 하는 실천이성이므로 양심 없는 인간은 있을 수 없다. 한편 C는 양심인 초자아가 지나치게 강한 결과 신경증적 증후들이 나타날 수 있다는 것만 밝힐 뿐 이것이 잘못된 것인지 여부에 대해서는 알 수 없다.

ㄴ. (X) A는 사회로부터 취득된 것으로 잘못된 양심의 존재를 인정한다. 그러나 B는 양심에 따를 경우 모두 보편타당한 실천이성에서 비롯한 도덕적 행위를 할 수밖에 없으므로 양심의 명령에 따르는 것이 비도덕적일 수 없다. 한편 C는 비도덕적 여부에 대해서 알 수 없다.

ㄷ. (O) A는 양심이 사회적 감정일 뿐이므로 사람은 그와 다른 행위를 할 수 있다. B도 양심은 개인적 욕구와 독립된 내면적인 보편적 도덕이므로 이와 다르게 개인의 욕구에 따르는 행위를 할 수 있다. C도 양심은 부모의 권위가 내면화된 것으로 사람은 이에 반하는 행위를 할 수 있다. 따라서 이 진술은 모두와 양립할 수 있다.

11 ⑤
난이도 ★☆☆☆☆

유형 분석 및 재구성 – 사회

 논증 구조를 파악하는 문제이다. 지문은 존 스튜어트 밀의 『정치경제학 원리』에서 발췌한 내용이다. 아담 스미스에 대한 해석과 이에 대한 평가를 하는 내용으로 구성되어 있다. 밀의 논증을 재구성하면 다음과 같다.

[문제 제기] ⓒ 아담 스미스는 자본의 경쟁이 이윤을 낮추는 이유는 가격을 낮추기 때문이라고 생각한다.

[전제] ⓔ 모든 물건의 가격이 내린다면 실질적으로는 어떤 물건도 가격이 내리지 않는 것과 마찬가지이다.

[소결론] ⓓ 가격 하락이 한 상품에만 국한되는 경우에는 이윤을 낮추지만 모든 상품에 함께 일어나는 경우에는 그런 효과가 없어진다.

[전제] ⓕ 모든 다른 물건들은 가격이 하락하는데 노동만이 가격이 하락하지 않는 유일한 상품이라면 실질 이윤은 감소할 것이지만, 그런 경우 실제로 일어난 일은 임금 상승이다.

[결론] 자본의 이윤을 낮춘 것은 가격 하락이 아니라 임금 상승이다.

해설 ① (O) 글쓴이는 ⓓ와 같은 현상에는 동의하고 있다. 다만 ⓑ가 그러한 현상의 원인이 될 수 없다는 입장이다.

② (O) ⓓ는 ⓐ 현상에 대한 원인으로 지적된 ⓑ가 맞지 않다는 근거에 해당하므로 비판이 된다.

③ (O) ⓔ이기 때문에 ⓓ라는 논증으로 옳은 진술이다.

④ (O) ⓒ에서 가격을 낮추기 때문에 자본 경쟁이 이윤을 낮추게 된다고 주장한다. 그런데 ⓕ에서 가격 때문이 아니라 임금 상승으로 인해 그러한 결과가 나타났다면 이는 이윤이 낮아지는 원인이 가격의 하락 때문이라는 ⓒ에 대한 비판이 된다.

⑤ (X) ⓕ는 ⓔ가 뒷받침하는 ⓓ와 함께 아담 스미스의 주장을 비판하기에 옳지 않은 진술이다.

12 ④
난이도 ★★☆☆☆

유형 언어 추리 – 사회

 가정을 사례에 적용하여 비교 및 추리하는 문제이다. 지문에서는 거부권 행사자에 대해 제도적 행사자와 당파적 행사자로 구분하며 설명하고 있다. 이를 정리하면 다음과 같다.

(1) 제도적 거부권 행사자의 수
- 대통령중심제(1) + 양원제(2) = 3
- 의원내각제(행정부 = 입법부): 입법부만 해당

(2) 당파적 거부권 행사자의 수(의원내각제만 해당)
- 정부를 구성하는 각각의 정당들
- 연립정부는 단일정당정부에 비해 더 많음

해설 제시된 정보를 토대로 A~D의 거부권 행사자의 수를 파악할 수 있다.

구분	제도적 거부권	당파적 거부권	총합
A	대통령(1) + 단원제(1) = 2	0	2
B	대통령(1) + 양원제(2) = 3	0	3
C	의원내각제: 단원제(1) = 1	양당제: 1	2
D	의원내각제: 양원제(2) = 2	다당제: 2 이상	(연립정부) 4 이상

ㄱ. (X) 거부권 행사자의 수가 많을수록 정책안정성은 높아진다. 따라서 거부권 행사자가 A국은 2이고 B국은 3이기에 B국이 정책안정성이 더 높다.

ㄴ. (O) A국은 거부권 행사자가 2이다. 반면 D국은 의원내각제이며 비례대표제이므로 〈가정〉에 의해 다당제이다. 다당제는 연립정부가 출범하며 연립정부는 단일정당정부에 비해 더 많은 수의 당파적 거부권 행사자를 갖기에 D국은 4 이상이다. 따라서 D국은 A국보다 거부권 행사자가 더 많고 〈가정〉에 의해 정책안정성은 더 높게 된다.

ㄷ. (O) D국은 다당제인데, C국은 소선거구제이므로 〈가정〉에 의해 양당제가 출범한다. 따라서 거부권 행사자는 D국이 4 이상으로 2인 C국보다 많기에 〈가정〉에 의해 정책안정성은 D가 더 높다.

13 ①
난이도 ★★★★★

유형 언어 추리 – 사회

 상관관계 및 인과 관계를 구분하는 문제이다. 지문에서는 상관관계에 대해 두 가지를 구분하며 이들의 연관성을 보여주고 있다. 이를 정리하면 다음과 같다.

- A는 B와 긍정적 상관관계
  A 중에 B일 확률이 A가 아닌 것 중에 B일 확률보다 높음
  = B 중에 A일 확률이 B가 아닌 것 중에 A일 확률보다 높음
- A는 B와 부정적 상관관계
  A 중에 B일 확률이 A가 아닌 것 중에 B일 확률보다 낮음
  = B 중에 A일 확률이 B가 아닌 것 중에 A일 확률보다 낮음

그리고 직접적인 인과 관계가 없을 때에도 상관관계를 가질 수 있으며, 인과 관계에 있어도 긍정적 상관관계가 없을 수 있다.

해설 ㄱ. (O) 상관관계는 대칭적이다. 따라서 역방향의 상관관계도 성립하므로, 흡연이 비만과 부정적으로 상관되어 있다면 비만도 흡연과 부정적 상관관계를 가진다. 그러므로 비만인 사람 중 흡연자의 비율이 비만이 아닌 사람 중 흡연자의 비율보다 작다.

ㄴ. (X) 흡연과 비만 사이에 긍정적 상관관계가 있다면 그 역방향의 상관관계도 성립한다. 따라서 비만인 사람 중 흡연자의 비율이 비만이 아닌 사람 중 흡연자의 비율보다 크다. 하지만 비만인 사람 중 흡연자의 수가 비흡연자의 수보다 많은지 여부에 대해서는 알 수 없다. 예를 들어 비만인 사람 중 흡연자의 비율이 10%이고 비만이 아닌 사람 중 흡연자 비율이 5%라면 비만은 흡연과 긍정적 상관관계를 가진다. 그런데 이 경우 비만인 사람 중 비흡연자의 비율은 90%가 되어 비흡연자의 수가 흡연자 수보다 많다. 그러나 긍정적 상관관계는 나타나기 때문에 옳지 않은 진술이다.

ㄷ. (X) 지문에서는 직접적인 인과 관계가 없을 때에도 상관관계를 가질 수 있다고 서술하고 있다. 또한 인과 관계가 있어도 긍정적 상관관계가 없을 수 있다. 그러므로 흡연이 고혈압의 원인이라 해도 이들의 긍정적 상관관계를 알 수 없기에 흡연과 심장 발작 사이에 긍정적 상관관계가 있는지 여부를 판단할 수 없다. 이들 간의 관계를 도식적으로 나타내면 다음과 같다.

흡연(원인)
[인과 관계]↓
고혈압(결과) ———————————— 심장 발작
[긍정적 상관관계]

14 ④   난이도 ★★☆☆☆

 언어 추리 - 과학기술

핵심 체크 원리 적용을 통한 유비적 추리를 하는 문제이다. 지문에서는 압력에 따른 기체 용해도의 변화를 설명하고 있다. 기체의 용해도는 기체가 액체에 녹는 정도이며 압력이 높을수록 높아진다. 그렇기 때문에 물속에서 수면으로 빠르게 올라올 경우 용해도가 떨어져 인체에 해를 입을 수 있다. 문항에서는 이러한 물속과 수면의 상황을 아폴로-소유즈 우주선의 상황에 적용하여 추리하도록 한다. 기압이 높은 쪽이 물속에 해당하며 기압이 낮은 쪽이 수면에 해당한다.

해설 지문의 내용을 유비적으로 정리하면 다음과 같다.

수면	물속
아폴로 우주선	소유즈 우주선
낮은 기압	높은 기압
물속에서 수면으로 급속 이동 시 위험	

① (X) 압력 조절실을 통과하면서 우주인 혈액 내의 기체 용해도는 천천히 변화할 것이다.
② (X) 압력 조절실이 필요한 이유는 두 우주선의 기압 차이 때문이었다. 따라서 대기압이 동일하다면 압력 조절실은 더 이상 필요없게 된다.
③ (X) 아폴로에서 소유즈로의 이동은 기압이 낮은 곳에서 높은 곳으로 이동하는 것으로 수면에서 물속으로 이동하는 것과 같다.
④ (O) 소유즈에서 아폴로로 이동하는 것은 물속에서 수면으로 이동하는 것과 같기 때문에 혈액 속의 질소가 기체 상태로 바뀌게 될 것이다.
⑤ (X) 압력조절실을 이용할 경우 어느 쪽으로 가든 위험성은 줄어들기에 옳지 않은 진술이다. 또한 위험이 있다 하더라도 아폴로 우주선에서 소유즈 우주선으로 이동할 때보다 소유즈 우주선에서 아폴로 우주선으로 이동할 때가 더 위험한 상황일 것이다.

15 ②   난이도 ★★★★☆

 언어 추리 - 과학기술

핵심 체크 생물학적 요소의 기능과 이로부터 만들어지는 두 가지 항진균제 발현 과정을 비교 및 추리하는 문제이다. 지문에서 생물학적 요소들의 기능 및 역할을 정리하면 다음과 같다.
(1) 콜레스테롤: 세포막 구성 요소, 세포막 유동성 조절
(2) 세포막 유동성: 일반적으로는 온도가 올라갈수록 증가
(3) 콜레스테롤과 세포막 유동성의 관계
 • 저온: 콜레스테롤이 있는 경우가 없는 경우보다 세포막 유동성 큼
 • 고온: 콜레스테롤이 있는 경우가 없는 경우보다 세포막 유동성 작음
(4) 에르고스테롤: 콜레스테롤과 같은 기능

에르고스테롤을 활용한 항진균제 두 가지를 정리하면 다음과 같다.
(1) 케토코나졸: 에르고스테롤의 생체 내 합성 방해 → 세포막 유동성 변화 → 진균의 성장 억제
(2) 암포테리신-B: 세포막 유동성 거의 영향 주지 않음, 에르고스테롤과 결합하여 진균 세포막에 구멍나게 함 → 진균의 성장 억제

해설 ㄱ. (X) 케토코나졸은 에르고스테롤의 생체 내 합성을 방해하여 진균의 세포막 유동성을 변화시켜 진균의 성장을 억제한다.
ㄴ. (X) 암포테리신-B는 진균의 세포막 유동성에는 거의 영향을 미치지 않는다. 일반적으로 세포막 유동성은 온도가 올라갈수록 승가하기에 고온이 저온보다 더 크다.
ㄷ. (O) 암포테리신-B는 진균 세포막에 구멍이 나게 한다. 그런데 케토코나졸은 에르고스테롤의 생체 내 합성을 방해하여 진균의 성장을 억제한다. 따라서 이 둘을 동시에 처리하면, 케토코나졸의 영향으로 합성이 적게 된 에르고스테롤과 암포테리신-B가 결합이 되므로 진균 세포막에 구멍이 나는 정도는 줄어들게 될 것이다.

16 ①   난이도 ★★★☆☆

 언어 추리 - 과학기술

핵심 체크 티록신의 기능 및 농도 조절 메커니즘을 파악하고 그레이브스병의 원인을 추리하는 문제이다. 지문에서는 티록신의 체내 농도 변화에 따른 그레이브스병의 발병 원인에 대해 설명하고 있다. 이를 정리하면 다음과 같다.
(1) 티록신의 체내 농도 조절 메커니즘
 간뇌의 시상하부에서 티록신 농도 감지(농도 부족) → TRH 분비 → TSH 분비 촉진 → TSH-수용체와 결합 → 티록신 분비 촉진 → 티록신의 혈중 농도 상승 → TRH 분비량 줄어듦 → TSH 분비량 줄어듦 → 티록신 합성량 줄어듦 → 정상 수준으로 조절
(2) 그레이브스병
 • 티록신 농도가 정상보다 높은 수준으로 유지되는 질병
 • TSH-수용체에 TSH를 대신하여 결합하는 항체가 생성되는 것이 원인
 • TSH 농도와 무관하게 티록신 합성 촉진됨

해설 ㄱ. (O) 그레이브스병 환자는 TSH 농도와 무관하게 티록신 합성이 촉진되어 정상보다 티록신 농도가 높은 수준으로 유지된다. 그러므로 티록신이 부족하여 촉진되는 TRH와 이로 인해 분비가 촉진되는 TSH의 분비량이 정상인보다 적을 것이다.
ㄴ. (X) TSH를 대신하여 TSH-수용체에 결합하는 항체가 티록신 합성을 촉진하므로 TSH 감소가 되더라도 티록신의 분비가 감소되지 않을 것이다.
ㄷ. (X) TSH-수용체가 부족해지거나 파괴될 경우 TSH-수용체와 항체가 결합되지 않거나 부족하게 된다. 이 경우 티록신 분비 촉진이 이루어지지 않기에 그러한 증세는 약화될 것이다.

2023
2022
2021
2020
2019
2018
2017
2016
2015
2014
2013

해커스 LEET 김우진 추리논증 기출문제+해설집

17 ④

유형 언어 추리 – 과학기술

핵심 체크 암호체계의 열쇠 공유 여부를 확인하는 과정을 추리하는 문제이다. 지문에서는 암호체계에 있어서 장기열쇠와 단기열쇠의 동일성 확인의 과정을 보여주고 있다. 이를 정리하면 다음과 같다.
- 1단계: 채은이 메시지 M, ID를 유진에게 보냄
- 2단계: 유진이 장기열쇠를 이용하여 M, 단기열쇠 S를 암호화하여 채은에게 보냄 / 채은이 장기열쇠를 이용하여 해독 후 M 확인
- 3단계: 채은이 유진이 보낸 S를 이용하여 M을 암호화한 후 유진에게 보냄 / 유진이 해독하여 M 동일성 확인

해설 ㄱ. (X) 단계(2)에서 유진은 단기열쇠 S를 보냈을 뿐이다. S의 공유를 확인하는 것은 단계(3)에서 유진이 채은에게 보낸 S를 이용한 M과의 동일성을 확인해야 가능하다.
ㄴ. (O) 채은은 자신이 가지고 있는 장기열쇠를 사용하여 유진이 암호화한 것을 해독하는데, 해독한 메시지에 M이 없을 경우 유진과 장기열쇠를 공유하는지를 확신할 수 없다.
ㄷ. (O) 단계(2)에서 장기열쇠를 이용하여 단기열쇠 S를 암호화하였다. 그러므로 장기열쇠를 알고 있는 제3자는 유진이 채은에게 보낸 단기열쇠 S를 해독할 수 있으므로 S를 알 수 있다.

18 ②

유형 언어 추리 – 인문

핵심 체크 정보로부터 인구, 병력 수, 병역 의무 기간을 통해 계산적 추리를 하는 문제이다. 지문으로부터 추리할 수 있는 정보는 다음과 같다.
- 병사는 50인마다 훈련병 1인, 복무병 1인을 차출함
- 10호마다 1인의 복무병을 부양함
- 전국의 구 6,000만 인, 1,000만 호 있음
- 병역은 30년 동안 의무이며 훈련병은 부양 필요 없음
- 강남 지역 복무병 2개 조, 훈련병 2개 조이며 각 조 병력 수 동일
- 복무병 1개 조 10만 명
- 복무병 1개 조는 군현, 다른 조는 궁성 수비, 이듬해에 서로 교체, 이듬해에는 훈련병 복무하고 복무병 훈련받게 함

해설 ㄱ. (O) (1)에서 중국의 총 구는 6,000만 인이다. 이 중 50인마다 훈련병 1인과 복무병 1인을 차출한다. 그런데 (2)에서 강남 지역의 복무병은 2개 조로 각각 10만씩 총 20만 명이다. 그러므로 강남 지역의 총 인구는 20만 × 50 = 1,000만이 되므로 중국 인구의 약 1/6이 강남 지역에 거주한다는 사실을 알 수 있다.
ㄴ. (O) 복무병은 10호마다 1인을 부양하며 훈련병은 부양할 필요가 없으므로, 총 1,000만 호가 100만 명의 복무병을 국가 재정의 부담 없이 유지할 수 있다.
ㄷ. (X) (1)에서 병역의 의무는 20세부터 30년간이다. 그리고 (2)에서 복무는 2년씩 돌아가며 하는데 한 해는 군현(궁성)을, 그리고 다른 해에는 궁성(군현)을 수비한다. 그리고 그 이듬해에는 훈련병이 이를 대치한다. 이를 정리하여 도표로 만들면 다음과 같다.

구분	1년	2년	3년	4년
복무병1	군현	궁성	훈련	훈련
복무병2	궁성	군현	훈련	훈련
훈련병1	훈련	훈련	군현	궁성
훈련병2	훈련	훈련	궁성	군현

결국 한 곳을 4년마다 지키게 됨을 알 수 있다. 따라서 복무병2처럼 처음에 궁성을 지킨 사람은 의무 기간 30년 동안 궁성을 지키는 기간이 7.5년이 되므로 최대 8회까지 궁성 수비를 맡게 된다.

19 ③

유형 언어 추리 – 인문

핵심 체크 순환 순서를 추론하는 배열하기 문제이다. 지문에는 상생설과 상극설에 따른 왕조의 제사 관련 사항이 나타난다. 정보를 통해 이들의 오행 순서를 파악하는 것이 목적이다. 상극설과 상생설에 대한 정보는 다음과 같다.
(1) 상극설
- 화덕 다음에 수덕
- 한왕조는 토덕, 현 왕조는 한왕조 후 여섯 번째 왕조로 목덕임
- 한왕조 다다음 왕조는 금덕
(2) 상생설
- 금덕 다음에 수덕
- 한왕조는 화덕, 한왕조 다다음 왕조는 금덕
- 현 왕조는 토덕

위 정보를 토대로 도표를 만들면 다음과 같다.

구분	한왕조	1	2	3	4	5	현 왕조
상극설	토덕		금덕				목덕
상생설	화덕		금덕	수덕			토덕

이때 오행은 다섯 가지 덕이 순환되는 것이므로 한왕조 다음 다섯 번째 덕은 한왕조의 덕과 같아야 한다. 이를 적용하고 나머지 빈칸을 추론해야 한다.

해설 지문에서는 오제가 각기 오행과 연결된다고 말하고 있다. 즉 화, 수, 목, 금, 토가 오행에 해당하며, 각각의 오행은 적제, 흑제, 청제, 백제, 황제의 오제와 연결된다.
(1) 상극설에서는 화 다음에 수가 온다. 그리고 한왕조가 상극설에 따르면 토덕인데, 한왕조 이후 여섯 번째인 현 왕조가 목덕이다. 그런데 오제는 순환하므로 여섯 번째는 다섯 오제가 한 번 순환된 후에 오는 것이다. 그러므로 토 다음에 목이 온다. 그리고 한 다다음 왕조가 금이므로 토-목-금의 순서임을 알 수 있다. 따라서 오제 순환이 되어야 하므로 화-수-토-목-금 순서를 알 수 있다.
(2) 상생설에 의하면 우선 금 다음에 수가 온다. 그리고 한왕조가 화이며, 현 왕조는 토를 따라야 하는데, 현 왕조는 여섯 번째이므로 오제 순환에 의해 화 다음에 토가 온다. 그리고 한왕조 다다음이 금이므로 화-토-금이 되며, 앞서 순서에 의해 화-토-금-수의 순서임을 알 수 있다. 따라서 오제 순환에 의해 목-화-토-금-수의 순서가 된다.

구분	한왕조	1	2	3	4	5	현 왕조
상극설	토덕	목덕	금덕	화덕	수덕	토덕	목덕
상생설	화덕	토덕	금덕	수덕	목덕	화덕	토덕

ㄱ. (O) 한왕조는 현재 상생설을 따르고 있다. 현 왕조 직전은, 현 왕조가 여섯 번째 토덕이므로 오제 순환에 의해 한왕조와 동일한 화덕임을 알 수 있다.
ㄴ. (X) 현 왕조는 상극설에 의하면 목덕이다. 전전 왕조는 수덕이 되므로 황제가 아니라 흑제가 되어야 한다.
ㄷ. (O) 상극설에 의하면 현 왕조는 목덕이므로 현 왕조 다음은 금덕임을 알 수 있다. 또한 상생설에 의하면, 현 왕조가 토덕이므로 다음 왕조는 역시 금덕임을 알 수 있다. 따라서 금덕인 백제에 제사를 지낼 것이다.

20 ④

유형 언어 추리 – 논리학·수학

핵심 체크 명제 논리 형식을 파악하는 연역 추리 문제이다. 제시된 연역 추론에서 각각의 증언의 참·거짓 여부를 확정할 수 있는 전제를 찾으라는 것이다. 주어진 <관계>를 기호화하면 다음과 같다.

1. A∨B∨C
2. D∨E
3. A → (C&D)
4. B → ~E

이제 답지의 정보를 대입하여 위로부터 증언의 진위를 모두 판단할 수 있는지 확인한다.

해설
① (X) A 증언이 참일 경우, 3에 의해 C와 D는 참이다. 하지만 나머지 B와 E에 대한 참·거짓 여부를 결정할 수 없다.
② (X) B 증언이 참일 경우, 4에 의해 E는 거짓이며, E가 거짓이기에 2에서 선언 논법에 의해 D가 참이다. 하지만 나머지 A와 C에 대한 진위는 알 수 없다.
③ (X) C가 참이라는 사실만으로 그 이외의 진위에 대해서 알 수 없다.
④ (O) D의 증언이 참이 아닐 경우, 2에서 선언 논법에 의해 E는 참이다. E가 참이므로 4에서 후건이 부정되어 B도 거짓이다. 그리고 3에서 D가 참이 아니므로 후건이 거짓되어 전건이 A도 거짓이 된다. 결국 A와 B가 거짓이므로 1의 선언문이 성립되기 위해서는 C가 참임을 알 수 있다. 결국 모든 진위를 알 수 있으므로 D의 증언이 참이 아니라는 사실은 결정적 정보가 된다.
⑤ (X) E가 참이 아닐 경우, 2의 선언 논법에 의해 D가 참이다. 하지만 그 이외의 진위에 대해서는 알 수 없다.

21 ⑤

유형 언어 추리 – 논리학·수학

핵심 체크 선수들의 우세 및 열세 조건을 우선 확인한 후, 사실로부터 서로 간의 우열 관계를 추리하는 문항이다. 주어진 사실은 A가 D와 E에게 우세하다는 점이다. 그런데 A는 D, E, F 중 2명에게만 우세하므로 나머지 F에게는 우세하지 않다는 것을 추리할 수 있다. 이때 주의할 점은 F의 경우에는 A에게 열세가 아니라는 점을 파악해야 한다. 조건에서 우세한 관계에 있을 때에 상대방은 열세로 규정되기 때문이다.
F는 결과적으로 A, B, C 중 2명에게만 열세이므로 나머지 B와 C에게 열세이다. 그렇다면 B와 C는 F에게는 우세가 된다. 이렇게 상대방의 입장을 확인하며 서로 간의 관계를 추리하는 문제이다.

해설 제시된 조건은 다음과 같다.
(1) A, B, C 각각은 D, E, F 중 정확히 2명에게만 우세하다.
(2) D, E, F 각각은 A, B, C 중 정확히 2명에게만 열세이다.
(3) A는 D와 E에게 우세하다.
ㄱ. (X) F가 C에 열세이므로, C는 F에 우세하다. 그러나 C가 E에게 우세한지 여부는 알 수 없다.
ㄴ. (O) (3)에서 A는 D와 E에게 우세하므로, (1)에 의해 A는 F에 열세이다. 즉 F는 A에게 우세하다. 따라서 F는 (2)에 의해 B와 C에게 열세이다.
ㄷ. (O) B가 E에게 우세하면, ㄴ에서 B가 F에 우세하므로, (1)에 의해 B는 D에게 열세이다. 즉 D가 B에 우세하므로 (2)에 의해 D는 A와 C에 열세이다. 결국 C는 D에 우세함을 알 수 있다.

22 ⑤

유형 판단 및 평가 – 인문

핵심 체크 제시된 주장에 대한 각 견해들의 양립 및 반론 가능성을 파악하는 문제이다. 제시된 주장은 도덕적으로 훌륭하지만 미적으로 열등한 예술 작품이 있을 수 있다는 것이다. 따라서 이와 양립 가능한 견해를 찾아야 한다. 네 사람의 핵심 주장은 다음과 같다.
• 갑: 도덕적으로 훌륭한 작품은 미적으로 뛰어나며, 도덕적으로 나쁜 작품은 미적으로도 열등하다.
• 을: 도덕적 평가와 미적 성질은 내적 관계를 갖지 않는 무관한 것이다.
• 병: 도덕적으로 나쁜 작품은 미적으로도 열등하지만, 긍정적 사례 즉, 도덕적으로 훌륭한 작품이 미적으로 뛰어나다는 관계는 형성되지 않는다.
• 정: 도덕적으로 나쁜 작품이지만 미적 장점이 되는 예술 작품이 있을 수 있다.

해설
• 갑: 도덕적으로 훌륭할 경우 미적으로도 뛰어나야 하므로 '주장'에 동의하지 않는다.
• 을: 도덕적 평가와 미적 성질은 내적 관계를 갖지 않는 무관한 것이므로 '주장'에 동의할 것이다.
• 병: 도덕적으로 나쁜 작품은 미적으로도 열등하지만, 긍정적 사례 즉, 도덕적으로 훌륭한 작품이 미적으로 뛰어나다는 관계는 형성되지 않으므로 '주장'에 동의할 것이다.
• 정: 도덕적으로 나쁜 작품이지만 미적 장점이 되는 예술 작품이 있을 수 있으므로 '주장'에 동의한다.

23 ④

유형 분석 및 재구성 – 일상적·도덕적 논변

핵심 체크 논증의 구조를 파악하고 생략된 전제와 원리를 파악하는 문제이다. 지문은 관념론자 또는 유심론자로 불리는 조지 버클리(George Berkeley, 1685-1753)의 『하일라스와 필로누스가 나눈 세 가지의 대화들(Three Dialogues between Hylas and Philonous)』에서 발췌한 내용이다. 지문은 감각을 통한 뜨거움이나 차가움의 지각이 마음에 의한 것인지 사물에 의한 것인지에 대한 논의이다. 하일라스는 강렬한 정도의 감각 지각은 사물에 있는 것이 아니라 마음에 있으나, 그렇지 않은 것은 사물에 있다고 구분하여 주장한다. 이에 필로누스는 하일라스의 덜한 정도의 감각 지각이 사물에 있다는 것에 대해 반박하고 있다.

해설
ㄱ. (O) 강렬한 뜨거움이나 차가움은 사물에 있는 것이 아니기 때문에 필로누스의 처음 질문에 대한 하일라스의 대답에 의해 통증은 우리의 마음에 의해 지각된 것이므로 지각하는 주체에만 존재한다는 것을 의미함을 알 수 있다. 이를 논증의 형식으로 나타내면 다음과 같다.
[전제] 강렬한 뜨거움이나 차가움은 통증으로 지각된다.
[전제] 통증이란 지독한 불쾌감의 일종이므로, 강렬한 뜨거움과 강렬한 차가움은 지독한 불쾌감에 불과하다.
[생략된 전제] 쾌감이나 불쾌감은 그것들을 지각하는 주체에만 존재하는 것이다.
[결론] ⓐ 그러므로 강렬한 뜨거움과 강렬한 차가움은 사물에 있는 것이 아니다.
ㄴ. (X) 뜨거움이 사물에 있다고 해도 인간이 그것을 지각하지 못하는 것은 아니다. 이는 지각된 일부 성질이 사물에 존재한다는 내용이므로 지문과 무관한 진술이다.

ㄷ. (O) 필로누스는 하일라스의 ⓑ 주장에 반박하기 위해서 ⓒ를 말하고 있다. ⓒ는 하일라스의 주장이 불합리한 귀결을 갖기에 참일 수 없음을 논박하는 귀류법의 논증을 취하고 있으므로 옳은 진술이다. 논증은 다음과 같다.

[전제] 어떤 것이 동시에 차기도 하고 뜨겁기도 할 수는 없다.

[가정] 동일한 물에 손을 담갔는데, 한 손은 뜨겁고 다른 한 손은 차다고 느낀다.

[가정한 결과] 그 물에서 자네의 한 손은 뜨거움을 느끼고 다른 한 손은 차가움을 느끼게 되므로 전제에 모순된다.

[결론] ⓒ 그러므로 자네의 손이 느끼는 뜨거움과 차가움이 그 물에 있다고 말할 수는 없다.

24 ③

난이도 ★☆☆☆☆

유형 분석 및 재구성 – 일상적·도덕적 논변

핵심체크 주장 및 전제를 파악하고, 논쟁에서의 쟁점에 반박하는 문제이다. 지문에서는 경제 발전과 대중 교육 간의 상관관계에 대한 이항대립적 논쟁이 나타나며, 각 논증의 생섬을 파악하고 이에 따른 반박이 어떤 방식으로 이루어지는지 확인해야 한다. A는 경제 발전을 위해 대중 교육이 필요하다는 견해이고, B는 대중 교육 수준과 경제 발전 사이에는 상관관계가 없다는 견해이다.

해설 ① (X) 대중 교육을 확대해도 대중 교육 수준이 높아지지 않음을 전제하는 것이 아니라, 필리핀의 반례를 통해 대중의 교육 수준이 높았음에도 국민소득이 대만보다 적었음을 보여 주고 있다.

② (X) A_2는 문맹률보다 고등학교 진학률이 대중 교육의 수준을 대표하는 지표라고 파악하고 있다. 따라서 B가 문맹률이 감소해도 경제성장은 미미했다는 근거를 든다고 해도 A_2는 여전히 고등학교 진학률을 대중의 지식수준을 판단하는 기준으로 주장할 수 있다.

③ (O) B_2는 대중 교육이 경제 성장에 직접적인 도움이 되지 못하며 엘리트 교육이 도움이 될 수 있다고 주장한다. B_2를 논증의 형식으로 구성하면 다음과 같다.

[전제] 경제 성장에 직접적인 도움을 주는 교육은 대중 교육이 아니다.

[전제] 경제 발전을 위해서는 전문적 지식이 필요하다.

[생략된 전제] 경제 발전을 위한 전문적 지식이 보편적인 대중 교육의 확대를 통해서 얻어지기 어렵다.

[결론] 전문 지식인을 육성하기 위해 엘리트 교육에 관심을 가져야 한다.

따라서 경제 발전을 위한 전문적 지식이 대중 교육의 확대를 통해서 얻어지기 어렵다고 전제하고 있다.

④ (X) A_3는 전문 지식인의 공급은 대중 교육을 통한 전반적 지식 향상이 선행되어야 가능하다고 주장하는 것이지 전문 지식을 갖추기 위해서 대중 교육만으로 충분하다고 주장하는 것은 아니다.

⑤ (X) 전문 지식인이 필요하다는 사실은 A와 B 모두 인정하는 바이다. 다만 전문 지식인을 육성하기 위해 A는 엘리트 교육보다 대중 교육이 중요하다는 견해이고, B는 엘리트 교육이 대중 교육보다 중요하다는 견해이다.

25 ④

난이도 ★☆☆☆☆

유형 판단 및 평가 – 사회

핵심체크 논쟁을 분석하여 대립되는 입장의 설득력을 판단하는 문제이다. 지문에서는 저출산이 경제와 고령화에 미치는 영향에 대한 이항대립적 견해를 소개하고 있다. (가)는 저출산이 미치는 부정적인 영향에 집중한다. 그래서 저출산을 초래하는 사회적 환경의 개선을 주장한다. 한편 (나)는 인구수가 중요한 문제는 아니라는 입장이다. 정보 혁명과 과학 기술의 진보로 이러한 문제는 극복 가능하다는 견해이다.

해설 ① (O) 양육 수당과 무상 교육의 확대는 젊은 세대들의 출산에 따른 경제적 부담이 높은 사회적 환경을 바꾸는 것을 의미하며, 그 결과로 국가 경제력이 높아졌으므로 (가)의 설득력을 높인다.

② (O) (나)에서 현대는 더 이상 인구수가 국가 경쟁력을 결정하지 않는다고 주장하므로 옳은 진술이다.

③ (O) (가)에서는 고령화에 따른 문제 해결을 위해 출산율을 높여 경제 활동 인구를 증가시켜 사회적 부양 비용을 충당하자고 주장한다. 그러나 노인에게 직접적으로 일자리를 많이 만드는 것이 고령화 문제 해결 방안이라고 한다면 이러한 주장은 설득력이 낮아지게 될 것이다.

④ (X) 인구 감소에도 과학 기술의 발전으로 삶의 질이 향상된다는 진술은 (나)의 설득력을 높인다.

⑤ (O) 경제적 부양 부담에 의한 문제는 (가)와 (나) 모두가 지적하는 바이며, 이것이 국가 경제력 향상을 통해 완화될 수 있다는 점도 모두 인정하는 바이다. 다만 저출산을 바라보는 시각과 문제 해결 방식이 서로 다를 뿐이다.

26 ⑤

난이도 ★★☆☆☆

유형 비판 및 반론 – 사회

핵심체크 주장에 부합하는 근거를 파악하는 문제이다. 지문에서는 사형에 대한 이항대립적 견해를 표와 함께 소개하고 있으므로 표의 근거를 통해 사형 찬성론자들의 논지에 부합하는 근거를 찾아야 한다. 한편 표의 표면적 결과는 사형 반대론자들의 근거로 사용될 수 있다. 표의 결과에서는 사형 제도가 없는 주가 사형 제도가 있는 주에 비해 1급 살인 및 2급 살인의 범죄율이 더 낮게 나타난다. 따라서 이에 대한 사형 찬성론자들의 입장을 옹호하기 위한 해석이 필요하다. 표의 결과는 귀납적 통계에 의해 이루어졌기에 상황이나 맥락이 이러한 결과에 영향을 미치는 것이 가능하다.

해설 ㄱ. (O) 실제로 사형을 집행하지 않았기에 사형 집행의 위협이 나타나지 않았을 것이다. 그렇기에 표와 같은 결과가 나타날 수 있다고 주장할 수 있다.

ㄴ. (O) 살인 범죄율은 사형 제도뿐 아니라 다양한 사회적 요인에 의해 영향을 받을 수 있다. 또한 그러한 사회적 요인이 사형 제도보다 더 큰 영향을 줄 수 있기에 표의 결과가 나타날 수 있다.

ㄷ. (O) 1967년 이전의 효과가 있을 수 있다면 그 결과는 다르게 나타날 수 있다. 사람들이 제도의 폐지를 인식하지 못할 수도 있으며, 인지한다 해도 이전의 제도가 있었을 때의 행동 패턴이 나타날 수도 있기 때문이다.

27 ①　　　　　　　　　　　　　　난이도 ★☆☆☆☆

유형　판단 및 평가 – 사회

핵심 체크　세 견해를 비교 및 평가하는 문제이다. 범죄 억제에 대한 세 가지의 기준을 파악하고 이들 간의 상대적 효과에 대한 비교를 요구하고 있다. 이에 대한 이론은 쾌락과 고통을 합리적으로 계산하여 판단한다는 것이 전제되어 있다.
- 확실성: 범죄자의 체포 또는 처벌 가능성
- 엄격성: 강력하게 처벌하는 정도로 합리적 판단을 요하는 범죄 유형에 많은 영향을 미친다.
- 신속성: 범행 후 빠르게 처벌되는 정도로 재산 범죄에 더 많은 영향을 미친다.

세 가지 중 확실성은 엄격성이나 신속성보다 더 중요하다.

해설　① (X) 이론의 전제에는 행위에 따른 이득과 고통을 합리적으로 계산할 수 있다는 내용이 있다. 그러기 위해서 행위에 따른 제재의 내용과 처벌 가능성에 대한 합리적인 판단을 해야 할 것이다. 따라서 합리적 판단이 이루어질 경우 처벌 억제 효과가 있으며, 합리적인 판단이 이루어지지 않을 경우 처벌 억제 효과가 거의 없을 것이다. 그러므로 진술로 인해 이론이 약화되지 않는다.
② (O) 신속성의 기준을 충족하므로 이론은 강화된다.
③ (O) 엄격성에 의하면, 형량이 높아질수록 강도 발생률은 크게 낮아진다. 또한 합리적 판단이 많이 개입하는 유형에 더 효과적이다. 따라서 은행 강도 범죄와 같은 계획적인 범죄 발생률은 크게 감소할 것이며, 우발적인 살인 사건 발생률은 미세한 감소를 보일 것이므로 이론을 강화한다.
④ (O) 확실성은 엄격성과 신속성보다 범죄를 억제하는 데 더 효과적이라고 말하고 있다. 따라서 답지의 진술은 이론을 약화한다.
⑤ (O) 음주 단속을 강화하는 경우는 체포 가능성을 높이는 것으로 확실성의 요소를 강화하는 것이다. 한편 형량을 높이는 것은 처벌을 엄격하게 하는 엄격성을 강화하는 것이다. 확실성이 엄격성보다 더 효과적이므로 이론은 강화된다.

28 ⑤　　　　　　　　　　　　　　난이도 ★★★★★

유형　분석 및 재구성 – 사회

핵심 체크　재반론에서 주장을 위한 전제를 파악하는 문제이다. 갑의 추론을 형식적으로 재구성하면 다음과 같다.
- 전제 1: 전년 대비 공식 범죄 통계 분석 결과, 2009년 대비 2010년의 성폭력 범죄 발생 건수는 2% 증가하였다.
- 전제 2: 전년 대비 공식 범죄 통계 분석 결과, 2010년 대비 2011년의 성폭력 발생 건수는 30% 증가하였다.
- 생략된 전제: 전년 대비 공식 범죄 통계 분석이 증가한 만큼 전년 대비 실제 범죄 건수도 증가한다.
- 결론: 2010년과 2011년 사이에 A국의 성폭력 범죄가 폭발적으로 증가했다.

이에 대해 필자는 공식 통계는 암수 범죄를 포착하지 못하기에 문제가 발생한다고 지적하고 있다. 따라서 이러한 문제제기에 대해 갑의 추론이 설득력을 가지기 위해서는 암수 범죄의 전년 대비 증가율도 공식 통계 범죄 건수의 증가율과 동일해야 한다는 전제가 필요하다.

해설　ㄱ. (X) 암수 범죄의 문제가 발생한다는 것은 암수 범죄가 얼마나 발생했는지에 대해 알 수 없기 때문에 공식 범죄 통계만으로는 설득력이 떨어진다는 것이다. 어떤 해에는 암수 범죄가 적게 나타나는 반면 어느 해에는 많이 발생했다면 공식 통계가 무의미하기 때문이다. 따라서 갑의 추론에서는 암수 범죄의 전년 대비 증가율도 공식 통계 범죄 건수의 증가율과 동일해야 한다는 전제가 필요하다. 따라서 단순히 암수 범죄의 전년 대비 증가율이 매년 일정하다는 것만 전제되어야 하는 것은 아니다. 만약 전년 대비 공식 범죄 통계에서 범죄 증가율이 높거나 증가율이 미미한데 지난 대비 암수 범죄 증가율은 일정하게 유지될 경우 암수 범죄 건수가 더 많아지기에 갑의 설득력은 떨어질 수 있기 때문이다.
ㄴ. (O) 사건 비율의 일정성이 있어야 공식 통계 결과의 신빙성이 보장되기에 필요한 전제이다. 만일 발생한 범죄 사건 중 신고된 사건의 비율이 매년 달라진다면, 공식 범죄 통계 건수의 추이로부터 발생한 실제 범죄 사건 건수의 추이를 추론하는 것은 정당하지 않게 된다. 실제 성범죄 발생 건수가 동일하지만 신고율이 2배로 높아질 경우 성범죄 통계도 2배로 증가하기 때문이다. 따라서 갑의 추론이 설득력을 갖기 위해서는 발생한 범죄 사건 중 신고된 사건의 비율이 범죄 유형별로 매년 일정해야 한다.
ㄷ. (O) 형사 사법 기관이 신고를 받거나 인지한 사건들을 범죄 통계에 반영하는 기준과 방식에 일관성이 없다면, 공식 범죄 통계에서 발생한 사건의 비율이 매년 달라지게 될 것이다. 이 경우 공식 범죄 통계에서 실제 범죄 건수의 추이를 추론하는 것은 정당하지 않게 된다. 따라서 기준과 방식에 일관성이 있어야 한다.

29 ④　　　　　　　　　　　　　　난이도 ★☆☆☆☆

유형　판단 및 평가 – 과학기술

핵심 체크　가설의 강화 및 약화 여부를 판단하는 문제이다. 뮐러–라이어 착시에 대한 개념을 파악하고 이에 대한 강화 및 약화 사례를 파악하는 문제이다. 뮐러–라이어 착시는 동일한 길이의 두 직선이 화살표 모양에 따라 다르게 보이는 착시를 의미한다. 이에 대해 평면적 지각에 대한 우리의 경험 지식이 이러한 착시를 나타나게 하는 것이라는 가설이 소개되고 있다.

해설　① (X) 우리와 다른 지각 방식으로 착시가 나타나는 경우로 가설을 강화하는 사례가 아니다.
② (X) '뮐러–라이어' 착시는 [그림 2]와 같이 오목과 볼록한 모서리에 대한 경험에 의해 형성된 배경 지식 때문에 발생하기 때문이다. 그런데 둥근 곡선 모양으로 대체하여도 동일한 착시가 나타난다면, 모서리와 관련된 배경 지식의 영향을 받지 않아도 착시가 나타난 것이다. 이 경우 가설을 약화하게 된다.
③ (X) 가설은 시각 경험이 배경 지식으로 작용하여 평면적 형태의 지각에 영향을 끼쳐 착시가 나타난다는 것이다. 그런데 두 선분의 길이가 서로 같음을 확인하여도 뮐러–라이어 착시가 나타난다는 것은 착시가 견고한 현상이라는 것뿐, 경험 지식에 의한 착시에 대한 가설과는 무관하다.
④ (O) 모서리에 대한 경험이 없는 경우 뮐러–라이어 착시를 일으키는 배경 지식이 없으므로 착시는 발생하지 않을 것이다. 그러므로 이는 가설을 강화하는 사례이다.
⑤ (X) 거리의 차이에 의한 지각의 문제로 가설과 무관한 진술이다.

30 ④

유형 분석 및 재구성 – 과학기술

핵심 체크 두 견해를 비교 및 판단하는 문제이다. 지문에서는 종과 변종의 구분에 대한 대립적 견해가 나타난다. (가)에서는 중간 형태를 통해 특정 종과 연결된다는 것이 현재에 알려진 것일 때에 변종이 되고, 과거에만 있었던 것일 때에 종이 된다고 주장한다. 반면 (나)에서는 변종은 기존의 종으로 분류하기에는 차이가 크며, 다른 종으로 분류하기에는 차이가 덜한 것일 뿐, 종이라는 용어는 본질적으로 변종과 같으며 편의상 임의적으로 구별한 것에 불과하다는 입장이다.

해설
① (X) (가)가 아니라 (나)에서 종은 편의상 임의적으로 구별한 것에 불과하다고 주장한다.
② (X) (나)가 아니라 (가)에서 현재 연결 고리가 존재하는지가 종과 변종의 기준이라고 주장한다.
③ (X) (나)는 종의 본질을 찾는 것이 헛된 것이라고 주장하기에 적절하지 않은 분석이다.
④ (O) (가)는 종과 변종의 구분에 있어서 중간 형태를 가정하고 있기에 불변하는 속성에 대해서 받아들이지 않을 것이다. 또한 (나)도 발견되지 않은 그리고 발견될 수 없을 종의 본질을 주장하기에 불변하는 속성에 대해서 받아들이지 않을 것이다. 따라서 두 주장 모두 종이 다른 종들과 구별되는 불변의 속성을 가지고 있다는 주장은 받아들이지 않을 것이다.
⑤ (X) (나)는 종과 변종도 편의상 구분이라고 주장하므로 이는 정도의 문제일 뿐이라는 견해를 받아들일 것이다.

31 ③

유형 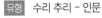 수리 추리 – 인문

핵심 체크 원리 및 원칙을 파악한 후 원칙으로부터 연역적 추리를 하는 문제이다. 윤달에 대한 지문의 정보로부터 원리를 파악하고 이를 효종 1년의 상황에 적용하는 문제이다. 제시된 정보를 정리하면 다음과 같다.
- 한 달은 큰달 '대', 30일/작은달 '소', 29일임
- 1년에 24절기이며 이 중 12개의 중기와 12개의 나머지 절기로 구분됨
- 중기 간의 시간 간격은 약 30.4일
- 윤달: 달의 끝에 중기가 오고 다음 중기가 한 달을 건너뛰어 다다음 달의 처음에 오는 경우, 중기가 없는 달(무중치윤법)

해설
ㄱ. (O) 중기 간의 시간 간격이 약 30.4일이므로 절기 간은 15.2일이 된다. 그런데 한 달은 길어야 30일이므로 같은 달에 3개의 절기가 함께 들어갈 수 없다.
ㄴ. (O) 경인년 11월은 29일이며 윤달인 윤11월도 29일이다. 윤달은 중기가 한 달을 건너뛰어 다다음 달의 처음에 오는 경우, 중기가 없는 달에 해당한다. 11월에는 중기인 동지가 들어가야 하고 대한은 12월에 있어야 한다. 윤달은 중기가 없는 달이므로 윤11월에는 소한만 들어 있게 된다.
ㄷ. (X) 윤달이 경인년 11월과 12월 사이에 있으므로 윤11월에는 소한만 있다. 대한은 12월 초에 있게 된다. 그리고 입춘은 그로부터 15일 후에 오게 된다. 12월은 한 달이 대 30일이므로 그다음 중기인 우수는 정월에 오게 된다. 신묘년 정월은 소 29일이므로 그다음 중기인 춘분은 2월 중순에 있게 된다. 그리고 우수와 춘분 사이의 경칩은 우수로부터 15.2일 후에 위치하므로 정월 중순에 오게 된다. 그렇다면 춘분과 곡우 사이에 있는 청명이 춘분으로부터 15.2일 후인 2월 중순에 오게 된다. 따라서 2월에는 24절기 중 춘분과 청명이 있게 될 것이다.

32 ①

핵심 체크 바둑판 형태의 도성 구조를 파악하는 도형 및 기하 문제이다. (2)로부터 바둑판 모양의 내부 구조를 추론할 수 있다. 동서 14개, 남북 11개 도로가 있으므로 이를 다음과 같이 구성하여 도형적·수리적 차원에서 생각해야 한다.

이로부터 모든 칸은 총 130칸임을 알 수 있다. 이제 (3)에서 황궁의 위치를 파악할 수 있다. 북쪽 1번에서 5번의 동서 도로와 남북 도로 중 4번째에서 8번째까지이다. 주의할 점은 시장의 도형적 위치를 파악하기 위해서는 (1)에서 방이 110개이므로 총 130칸에서 이를 뺀 나머지 20칸으로 황궁과 시장 두 개가 구성되어야 한다는 점이다.

해설 지문의 내용에 따라 장안을 표현하면 다음과 같다.

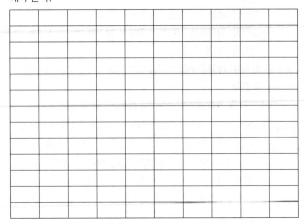

ㄱ. (O) 황궁의 정서쪽에 있는 방은 모두 12개이다.
ㄴ. (X) 동시의 정동쪽에 있는 방은 0 또는 2개이다.
ㄷ. (X) 동시와 서시 사이의 남북 도로는 7 또는 9개이다.

유형   논리 게임 – 논리학·수학

핵심
체크   참과 거짓의 가정과 연역적 추리에 의한 정보를 도출하는 진실 거짓 게임 문제이다. 우선 진우의 진술이 모두 참일 경우와 모두 거짓인 경우를 가정하여 파악해야 한다. 그리고 성립하는 경우를 토대로 다른 진술들과의 관계를 추리할 수 있다.

(1) 진우의 진술이 모두 참일 경우, 유석의 진술은 모두 거짓이며, 소연의 신술은 모두 삼이다. 그렇다면, 유석의 진술 ⓑ가 거짓이기에 유석은 피해자를 만나본 적이 없다. 그런데 소연의 진술이 모두 참이기에 ⓒ에 의해 피해자와 같은 층을 쓰는 유석은 피해자를 만난 적이 있어야 한다. 모순이 발생하므로 진우의 진술은 모두 거짓이다.

(2) 진우의 진술이 모두 거짓이므로, 유석의 두 진술 중 적어도 하나는 참이며, 소연의 진술 중 적어도 하나는 거짓이다.

해설   ㄱ. (O) (2)에 의해 ⓑ가 거짓이면, 유석의 다른 진술인 ⓐ가 참이어야 한다. 그러므로 범행 현장에서 발견된 칼은 진우의 것이다.

ㄴ. (X) 소연의 진술인 ⓒ가 참이면, 나머지 진술 ⓓ는 거짓이어야 한다. 따라서 출근이 가장 늦은 사람이 유석이 아니라는 사실만 알 뿐 나머지에 대해서는 확정적으로 말할 수 없다.

ㄷ. (O) 유석의 진술 ⓐ가 거짓이면 나머지 ⓑ는 참이다. 따라서 유석은 피해자를 만나본 적이 있다. 그리고 소연의 진술 중 ⓓ가 참이면 나머지 ⓒ는 거짓이다. 그러므로 피해자와 같은 층에 사는 사람이 모두 피해자를 만난 적이 있지는 않다. 따라서 소연과 진우 중 적어도 한 사람은 피해자를 만난 적이 없어야 한다.

유형   논리 게임 – 논리학·수학

핵심
체크   규칙으로부터 계산적 추리를 하는 문제이다. 지문에서는 1번부터 20번 지점까지 보안을 점검하는 규칙이 나타난다. 첫 번째 점검에서는 1의 배수로 점검을 하며, 두 번째는 2의 배수로, 세 번째는 3의 배수로 점검한다. 이러한 규칙을 활용하여 추론해야 한다.

해설   ㄱ. (O) 20의 약수 개수로 확인할 수 있다. 20은 1, 2, 4, 5, 10, 20으로 나눌 수 있으므로 6번 방문하게 된다.

ㄴ. (O) 2회 방문을 한다는 것은 1과 자신의 수로만 나눌 수 있는 수인 소수를 구하라는 것을 의미한다. 따라서 1부터 20 중에서 1을 제외한 소수를 찾으면 2, 3, 5, 7, 11, 13, 17, 19로 총 8개가 된다.

ㄷ. (X) 약수를 최대한 가지고 있는 수는 12, 18, 20으로 12는 1, 2, 3, 4, 6, 12로 6회, 18도 1, 2, 3, 6, 9, 18로 6회, 20도 1, 2, 4, 5, 10, 20으로 6회 방문할 수 있다.

유형   논리 게임 – 논리학·수학

핵심
체크   승패 게임을 추론하는 수학적 퍼즐 문제이다.

(1) 각 팀은 2번씩 경기를 치렀다. 우선 4번의 시합 결과로부터 A와 B가 승점 4점임을 알 수 있다. 이는 이기면 승점 3, 비기면 1, 지면 0점이기에 둘 모두 1승 1무였음을 알 수 있다. 마찬가지로 C는 승점 3이므로 1승 1패가 된다. 또한 D는 승점이 0이므로 2패이다. 이 경우 A와 B가 무승부가 될 수밖에 없다. 다른 팀은 무승부가 점수가 될 수 없기 때문이다.

(2) 이제 A와 B가 무승부했을 때의 득점과 실점을 확인하면서 추리해야 한다. 0:0, 1:1, 2:2가 가능한 점수이기에 각각의 경우를 대입하여 다른 팀과의 경우를 함께 확인해야 할 것이다.

해설   ㄱ. (X) A와 B가 0:0으로 비겼을 경우 A는 다른 팀에게 3득점을 하여 이겨야 한다. 3실점이 가능한 팀은 D인데, A와의 경기에서 D가 3실점으로 졌다고 가정할 경우 D는 1번만 패해야 한다. 그러나 D는 2패를 기록하였기에 이 경우는 불가능하다. 결국 A와 B는 1:1로 무승부를 한 것이 된다. 만약 2:2로 무승부가 될 경우 B의 실점이 1점만 나타나야 하므로 불가능하기 때문이다.

ㄴ, ㄷ. (O) A와 B가 1:1로 비겼기 때문에 A는 다른 팀에게 2:1로 이겼으며 B는 다른 팀에게 1:0으로 이겼다. C는 1승 1패를 했기에 D에게 이겼다는 것을 알 수 있다.

(1) 만약 B가 C에게 이겼다면, C는 B에게 0:1로 졌으므로 D에게 2:1로 이겨야 한다. 그러나 D의 득점은 0점이므로 이는 불가능한 경우가 된다. 따라서 A가 C와 경기를 해서 이겼다는 것을 알 수 있다.

(2) A가 C에게 이겼기 때문에 B와 C가 D에게 이겼다는 것을 확인할 수 있다. A가 C에게 이겼을 경우, C는 A에게 1:2로 졌으므로 D에게는 2:0으로 이기게 된다. 그러므로 아직 A와 D, B와 C는 경기를 하지 않았음도 알 수 있다. 이 관계를 정리하면 다음과 같다.

경기	점수
A:B	1:1
A:C	2:1
B:D	1:0
C:D	2:0

LEET 전문가의 총평

- 전공에 따른 배경지식의 차이에 따라 문항에 접근 및 해결에 드는 시간과 노력이 크게 차이가 나지 않도록 하였다. 특히 자연과학 소재를 활용하는 문항과 수리적인 추리력을 요구하는 문항의 경우, 주어진 정보로부터 문제 해결의 열쇠를 찾아내는 사고력을 평가하는 문제가 되도록 하였다.
- 법 관련 제재에서는 소재를 다양화하였으며 추리력을 묻는 문항들은 일상 언어로부터 추리하는 언어 추리, 수리 추리, 개념, 가설, 이론, 실험 등의 소재를 활용하여 특정 상황에서 복합적인 추리를 요구하는 문항들을 포함하였다.
- 논증력을 묻는 문항들은 논리적 관계를 분석하고 주어진 논변에 대해 비판하고 평가하는 문항, 발생한 현상을 설명하기 위해서 제시된 가설의 설득력을 평가하는 문항 등 다양한 인지 활동을 측정할 수 있도록 구성하였다.
- 2013학년도 기출문제의 각 문항을 이원분석표에 따라 구분하면 다음과 같다.

인지 활동 유형 / 추리의 내용 영역	추리					논증			인지 활동 유형 / 논증의 내용 영역	
	언어 추리			수리 추리	논리 게임	분석 및 재구성	비판 및 반론	판단 및 평가		
	연역	귀납	함축된 정보파악							
논리학·수학	14				12, 13, 15, 16			11		
인문						10, 22	19, 20	17, 18	인문	이론적 논변
사회			25	26, 27		24		23, 28	사회	
과학기술			32, 34, 35			29	31	30, 33	과학기술	
법·규범			4, 5, 6, 7, 8, 9			1	2	3	법적 논변	실천적 논변
						21			일상적·도덕적 논변	
									의사결정론	

정답

p.226

01	02	03	04	05	06	07	08	09	10
①	①	③	⑤	③	②	④	⑤	④	④

11	12	13	14	15	16	17	18	19	20
⑤	④	③	③	①	③	③	③	①	③

21	22	23	24	25	26	27	28	29	30
④	⑤	⑤	②	③	②	②	⑤	②	④

31	32	33	34	35					
①	④	⑤	②	①					

해설

01 ①

난이도 ★★★★★

유형 분석 및 재구성 – 법적 논변

핵심 체크 비판적 논지를 파악한 후 이를 규정에 따라 재구성하는 문제이다. 지문에서는 헌법재판기관의 반다수결주의에 대한 비판적 시각이 나타나고 있다. 먼저 (가)는 헌법재판기관의 구성을 문제화하고 있나. 내통령의 임명에 의해 이루어지는 헌법재판기관 구성원의 종신직위 보장이 비민주적이기 때문이다. 이에 (가)는 국민의 의사가 반영되어야 한다는 시각이다. 그러기 위해서는 선거를 통하여 국민이 직접 헌법재판기관을 구성하고 그 구성원에 정치적 책임을 추궁할 수 있어야 한다. 한편 (나)는 구성뿐 아니라 활동도 비민주적이라는 지적이다. 국민이 직접 선출한 입법부의 결정인 법률에 대해 위헌결정을 내렸기 때문이다. 주의할 점은 (가)에서 구성의 문제점은 두 가지를 대상으로 하고 있다는 데에 있다. 선거를 통하여 (1) 국민이 직접 헌법재판기관을 구성해야 하며, (2) 구성원에 대해 정치적 책임을 추궁할 수 있어야 민주적 정당성을 지니게 된다. 여기서 정치적 책임을 추궁할 수 있어야 한다는 것은 선거를 통해 직위를 잃을 수도 있어야 한다는 점이다. 이는 종신직위에 대한 보장이 비민주적이라는 것이다.

해설 ① (X) 헌법재판기관 구성원의 선출 방식을 직선제로 변경하더라도 (가)에서의 조건 중 하나인 선거를 통하여 구성원에 대한 정치적 책임 추궁은 할 수 없기에 (가)가 해소되지 못한다. 즉 '선출 방식'과 '임기' 모두를 변경하지 않는 한, (가)의 비판은 해소될 수가 없다. 직접선거로 헌법재판기관 구성원들을 선출한다고 하더라도 이들의 임기를 기존처럼 종신제로 보장한다면 선거는 부정기적으로 이루어질 수밖에 없고, 선거를 통해 정치적 책임을 물을 수 있는 기회를 가질 수 없게 된다.

② (O) 법률에 대한 합헌 결정을 내렸더라도 (가)에서 문제 삼는 것은 헌법재판기관의 구성이기에 해소되지 않는다.

③ (O) (나)는 헌법재판기관의 구성 및 활동이 비민주적이라는 주장이다. 국민의 의사가 반영된 입법부의 법률을 반대할 수 있는 경우 헌법재판 제도 자체가 문제가 된다. 왜냐하면 헌법재판 제도는 법률이 헌법에 합치하는지를 심사하는 것인데, 법률을 반대하는 것은 국민의 의사를 거부할 수 있는 여지를 두는 것이기 때문이다. 따라서 헌법재판 제도 자체가 입법부에 대한 견제 수단으로 적절하지 않다고 주장할 수 있다.

④ (O) (나)는 국민에 의해 선출된 입법부의 결정인 법률을 반대해서는 안 된다는 입장이다. 행정부인 대통령에 의해 임명된 구성원들은 국민의 의사라 할 수 없기 때문이다. 따라서 (나)는 대통령의 결정이 국민 의사의 반영이라고 이해하지 않는다.

⑤ (O) 직접적인 국민의 의사 반영은 다수결에 의한 민주적 선출로 이루어질 수 있기에 옳은 진술이다. (가)에서 '국민의 의사'는 "정기적인 선거를 통하여 국민이 직접 헌법재판기관을 구성하고 …"를 고려할 때, '다수결로 정해진 국민의 의사'라는 의미로 사용되고 있다. 또한 (나)에서도 "국민들이 선출한 대표들의 결정이기 때문에 법률은 당연히 국민 의사의 반영이다"라는 문장에서 '국민의 의사'라는 용어는 국민들에 의한 대표들의 선출, 즉 다수결로 정해진 국민의 의사라는 의미로 쓰이고 있다.

02 ①

난이도 ★☆☆☆☆

유형 비판 및 반론 – 법적 논변

핵심 체크 특검제에 대한 두 가지 견해에 대한 논쟁을 분석하고 판단하는 문항이다. 우선 A는 상설특검을 개별특검에 비해 선호하고 있다. 한편 B는 개별특검을 상설특검에 비해 선호한다. 한편 권력형 비리에 대한 정치적 중립성을 위해 특검이 도입되어야 한다는 입장은 A와 B 모두 동일하다.

해설 ㄱ. (O) 특별검사의 권한남용에 대한 통제수단이 없을 경우 A와 B에서 모두 전제되는 특별검사제도가 이두인 정치적 중립에 문제가 발생한다. 따라서 어느 특검이든 이는 모두 문제가 될 수 있기에 두 주장 모두 약화된다.

ㄴ. (X) 특검이 쉽게 작동되어 정치적 투쟁의 도구로 남용될 위험이 있다면 상설특검에 대한 A의 주장을 약화시키며, 이를 비판하는 B의 주장을 강화한다.

ㄷ. (X) 기존 경찰의 권력형 사건의 수사에 들어가는 사회적 비용이 개별특검의 비용보다 크다면, 개별특검을 주장하는 B는 강화된다. 그런데 개별특검보다 상설특검이 비용이 더 적으므로 A도 강화된다.

03 ③

난이도 ★★★★★

유형 판단 및 평가 – 법적 논변

핵심 체크 정책의 기준 및 적용대상을 파악한 후 세 견해를 평가하는 문제이다. 지문은 미국에서의 인종차별 폐지 관련 정책들의 논의를 재구성한 것이다. 정책 적용에 있어서 우선적으로 어떤 것이 적용대상인지를 확인해야 한다. 여기서 대상은 A인종이 60%를 초과하는 교육기관이다. 그리고 정책 내용은 A인종이 60%를 넘지 못하도록 하는 것이다. 이에 대해 지나치게 일률적이라는 반발로 갑, 을, 병은 정책 집행의 제한기준을 제시한다.

• 갑: 특정 인종에 유리하도록 선발해 온 교육기관에만 정책 적용
• 을: 재학 중인 각 인종 학생들 모두의 학업성취도를 향상시키는 결과를 낼 때만 정책 적용
• 병: 보다 다양한 인종의 학생들이 다니는 결과를 낼 때만 정책 적용

해설 ㄱ. (O) 갑은 정책을 특정 인종에 유리하도록 선발해 온 교육기관에 적용해야 한다고 주장한다. 그런데 P는 A인종이 다른 인종보다 언어능력시험성적이 높기에 이를 학생선발에 적극적으로 활용하였다. 그러므로 갑에 따르면 A인종 비율이 78%의 높은 비율로 이루어져 왔던 P에 정책이 적용된다.

ㄴ. (X) 을은 재학하는 각각의 인종 학생들의 학업성취도를 기준으로 한다. 그런데 이 진술은 전체 학생들의 평균적 학업성취도 향상을 말하는 것이 아니다. A, B, C 모두의 학업성취도 향상에 대한 것이어야 하는데 B와 C만 해당되기 때문이다. 따라서 Q에 적용될 수 없다.

ㄷ. (O) 정책은 'A인종이 60%를 초과하는 교육기관'을 대상으로 한다. 그런데 교육기관 R은 B와 C인종만 선발하여 온 학교이기에 이러한 대상에 해당되지 않는다. 따라서 정책이 적용되지 않는다.

04 ⑤

난이도 ★☆☆☆☆

유형 언어 추리 – 법·규범

핵심 체크 이 문제는 권리 행사가 오랜 기간 이루어지지 않은 경우 보호되어야 할 권리에 대한 대립적인 견해를 실제 사례에 적용하는 문제이다.

- 갑의 견해: 오랜 시간이 흐른 후 권리 행사는 허용할 수 없다.
  (예외: 법률상 불가능했던 경우)
- 을의 견해: 어쩔 수 없이 권리 행사하지 못한 사람들의 권리 행사는 허용해야 한다.
  (법률상 가능한 경우에도 허용될 수 있는 조건: 권리의 존재 자체를 알지 못하거나 권리의 행사가 사실상 불가능한 경우)

해설 ① (O) 갑은 일조권이 침해당하게 되어 법적으로 권리 행사가 가능한 상황인데도 불구하고 아무런 권리 주장을 하지 않는 사람이라면 오랜 시간이 흐른 후에는 권리 행사를 허용하지 않을 것이다.

② (O) 을은 어쩔 수 없이 권리를 행사하지 못한 경우라면 오랜 시간이 흐른 뒤에도 권리 행사가 가능하다는 견해이므로 인정할 수 있을 것이다.

③ (O) 사실상의 권리 행사가 불가능한 경우이므로 을에 의하면 권리 행사를 할 수 있도록 해야 할 것이다.

④ (O) 갑에 의하면, 법률상 권리 주장이 불가능한 경우는 권리 행사의 제한에 해당하지 않으므로 옳은 진술이다.

⑤ (X) 을에 의하면, 주어진 상황은 권리가 존재한다는 것을 알았더라도 그것을 행사하는 것이 사실상 불가능한 상태에 놓여 있던 사람에 해당하므로 손해배상청구권을 행사할 수 있을 것이다.

05 ③

난이도 ★★★☆☆

유형 언어 추리 – 법·규범

핵심 체크 제시된 사안으로부터 준거법을 추리하는 문제이다. 사안에서 X는 A국 국민이며 B국에서 사망하였고, 상속재산은 C국 소재 부동산이다. 이에 Z가 C국 법원에 소를 제기한 상태이다. 이러한 상황에서 각 국가들은 <당해 재판에 적용할 법률>을 상속법에 우선하여 적용한다. 각국의 <당해 재판에 적용할 법률>에 의하면 A국은 B국의 법률을, B국은 C국의 법률을, C국은 A국의 법률을 따라야 한다. 그런데 C국 법원의 판단이 이미 나온 상황이기에 기준이 되는 해석이 필요한 상황이다. 이를 정리하면 다음과 같으며 [생략된 전제 및 기준]에 들어갈 내용을 찾아야 한다.

- 전제 1: C국에서 고려할 법률은 <당해 재판에 적용할 법률>과 상속법이다.
- 전제 2: C국의 <당해 재판에 적용할 법률>에 따르면 A국의 법률을 따라야 한다.
- 생략된 전제 및 기준: [   ]
- 결론: C국 법원의 판단에 의하면, A국의 상속법이 적용되어야 한다.

주의할 점은 <당해 재판에 적용할 법률>을 적용하는 데 순환적인 상황이 나타난다는 점이다. C의 <당해 재판에 적용할 법률>에 의하면 A국 법률을 따라야 한다. 그런데 A국도 <당해 재판에 적용할 법률>을 우선하여 적용하면 B국의 법률을 따라야 한다. 그리고 B국이 <당해 재판에 적용할 법률>을 따르면 다시 C국의 법률을 따라야 한다. 결국 이러한 순환적 상황을 벗어나기 위해서는 <당해 재판에 적용할 법률>이 상속법에 우선하여 적용된다는 조건이 수정되어야 한다.

해설 ① (X) C국의 <당해 재판에 적용할 법률>이 다른 나라의 <당해 재판에 적용할 법률>에 따르도록 하는 경우 그 다른 나라는 자국의 법률을 따라야 한다면, 그 나라는 A국이 된다. 그런데 A국이 <당해 재판에 적용할 법률>을 우선 적용할 경우 순환의 상황이 발생한다. 아니면 A국이 상속법을 따라 재판해야 한다. 그러나 이는 A국이 주체가 되어 판단하는 것으로, C국 법원이 A국 상속법을 따른다는 판단에 부합하지 않는다.

② (X) A국과 B국 모두 적용될 경우 C, A, B, C국 순으로 계속 순환하게 되어 C국 법원의 판단을 지지하는 근거가 될 수 없다.

③ (O) C국의 <당해 재판에 적용할 법률>에서 언급되고 있는 법률에 다른 나라의 <당해 재판에 적용할 법률> 자체는 포함되지 않는다면, C국의 <당해 재판에 적용할 법률>에서 언급하는 A국 법률은 A국 상속법이 된다.

④ (X) 이 경우 C, A, B, C국 순으로 계속 순환적이게 되어 근거가 되지 못한다.

⑤ (X) 이 경우 C국의 상속법이 적용되어야 하기에 C국 법원의 판단의 근거가 되지 못한다.

06 ②

난이도 ★☆☆☆☆

유형 언어 추리 – 법·규범

핵심 체크 법률 규정을 적용하는 문제이다. 이 문제에서는 조약법에 관한 비엔나 협약의 조건을 활용하고 있다. <사실관계>를 정리하면 다음과 같다.

- A국과 B국 지역안보조약 체결
- a조항: C국이 요청하는 경우 무상 지원
- b조항: D국이 C국 비용의 일부 부담
- C국: 명시적 동의하지 않았으나 해당 조약 내용 인지
- D국: b조항에 서면 동의함

제35조는 의무 및 권리 발생 규정으로, 제2항에 의해 D국은 의무가 발생하고, 제3항에 의해 C국에 권리가 발생한다. 제37조의 제1항에 의해 D국은 조약 당사자 A, B국과 동의를 얻는 경우에만 의무의 취소 또는 변경이 되나, 제2항에 의해 C국의 동의 없이도 조약 당사국 A와 B국에 의하여 권리가 취소 또는 변경될 수 있다.

해설 ㄱ. (O) 사실관계에서 D국은 서면으로 동의를 하였으므로 제35조 제2항에 의해 의무를 창설한다.

ㄴ. (X) C국이 반대의 의사표시를 하는 경우 제35조 제3항에 의해 a조항은 유효하지 않다.

ㄷ. (O) 제37조 제2항에 의해 변경될 수 있다.

ㄹ. (X) 제37조 제1항에 의해 조약 당사국과 함께 제3국의 동의를 얻는 경우에만 의무는 취소될 수 있기에 바르게 추론한 것이 아니다.

07 ④

유형 언어 추리 – 법·규범

핵심 체크 이 문제는 형사소송절차에서 검사가 의도한 피고인, 공소장 기재자, 소송상 행위자가 달라지는 경우의 법률관계를 파악하는 것이다. 제시된 조건에서는 우선순위가 가장 높은 경우와 차순위의 경우를 설정하고 있으며, 각국이 고려하지 않는 조건은 모두 다르다. A, B, C국을 대상으로 피고인 인정 절차 원칙을 정리하면 다음과 같다.

(가) 세 가지 요소(검사의 의사, 공소장의 기록, 실제 출석한 자) 중 두 가지 요소만 고려, 우선순위가 높은 한 가지만 사용

(나) 우선순위 높은 요소 해당자가 복수이거나 없을 경우, 차순위 요소 해당자 인정

(다) 고려하지 않는 요소 세 나라 다름

처리 결과를 정리하면 다음과 같다.

(1)

인정 요소	검사	공소장	실제
사람	갑	을	병

• A국: 병 피고인으로 인정

(2)

인정 요소	검사	공소장	실제
사람	갑	을	출석 안 함

• A국과 B국: 을 피고인으로 인정

(3)

인정 요소	검사	공소장	실제
사람	갑	갑	을

• C국: 갑 피고인으로 인정

해설 1. (1)과 (2)에서 A국에서 고려하지 않는 요소는 검사의 의사임을 알 수 있다. 그러므로 B국은 (2)에서 실제 출석한 자를 고려하지 않으며, 결국 C국은 공소장에 기재된 자를 인정하지 않는다.

2. 또한 A국은 (1)과 (2)에서 우선순위가 실제 출석한 사람이며, 차순위는 (2)에서 실제 출석한 사람이 없어서 공소장에 기재된 자를 인정하였다는 사실도 알 수 있게 된다.

3. C국은 1.에 의해 공소장에 기재된 자를 인정하지 않는다. 그런데 (3)에서 검사의 의사인 갑을 피고인으로 인정하기에 우선순위는 검사의 의사임을 알 수 있다.

4. B국은 1.에서 실제 출석한 자를 고려하지 않는다. 그런데 (2)에서 우선순위가 공소장에 기록된 자임을 알 수 있다.

이를 정리하면 다음과 같다.

국가	검사	공소장	실제
A	X	차순위	우선순위
B	차순위	우선순위	X
C	우선순위	X	차순위

① (O) 1.에 의해 참이다.

② (O) 1.에 의해 참이다.

③ (O) 3.에 의해 참이다.

④ (X) 1.에 의해 참이 아니다.

⑤ (O) 2.에 의해 A국의 우선순위가 실제 출석한 사람이기에 을을 인정한다.

08 ⑤

유형 언어 추리 – 법·규범

핵심 체크 규정을 적용하여 추리하는 문제로 지문에 제시된 가계도를 정리하면 다음과 같다.

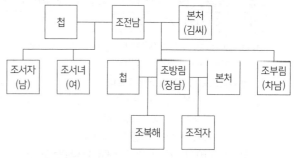

<관련규정>을 정리하면 다음과 같다.

• 본처 소생 장남이 가계를 승계하여 제사를 받든다.

• 본처 소생 장남이 없으면, 장남 이외의 아들이 받든다.

• 장남 이외의 아들도 없으면 첩 소생 아들이 제사를 받든다.

해설 ㄱ. (O) 장남 이외의 아들을 조부림으로 파악한다 해도 조부림은 조전남의 제사를 지낼 수 있을 뿐이다. 따라서 조방림의 제사를 받들 근거가 되지 못한다.

ㄴ. (O) 본처 소생 장남이 소석사를 가리킨다면, 장남 이외의 아들은 규정 3에 의해 조복해가 권한을 가지므로 옳은 진술이다.

ㄷ. (O) 조부림이 주장하기 위해서는 본처 소생 장남이 조방림이고 이에 따라 장남 이외의 아들은 규정 2에 근거하여 조부림이 되어야 하기에 옳은 진술이다.

09 ④

유형 언어 추리 – 법·규범

핵심 체크 법률의 내용을 사례에 적용하는 문제이다. 우선 지문의 내용에서 ㉠과 ㉡을 추리해야 한다. 지문의 내용을 정리하면 다음과 같다.

(1) B의 판단: 자백하면 제10조가 적용되지만, 자백하지 않으면 제50조가 적용되어 유리할 것이다.

→ 제10조 적용 60대 > 제50조 적용 ㉡

(2) 갑의 판단

• A, B(평민): 금주법(㉠)에 의해 처벌

• A는 공무집행방해죄에 상해가 가중되어 처벌되기에 금주법 위반과 공무집행방해죄(가중)가 적용되어 (㉠ + ㉡ + 20)대이다.

• C(관리): 제10조 적용(60대)

• B가 자백할 경우, 금주법(㉠)에 의한 처벌이 제50조(㉡)에 의한 처벌보다 유리하다.

→ ㉡ > ㉠, 결국 60대 > ㉡ > ㉠이 된다.

• 제92조 적용: 최하 40대부터 10대 단위로 부과하기에 ㉡은 50대, ㉠은 40대가 된다.

(3) 을의 판단: 평민, 관리 모두 제10조(60대) 적용

• A: 60 + (㉡ + 20)

• B, C: 60

해설 지문과 규정으로부터 추리된 바에 의해서 갑과 을에 따라 A, B, C에 대한 형벌을 정리하면 다음과 같다.

구분	A	B		C
		실제	자백	
갑	㉠ (40) + (50 + 20) = 110	㉡ (50)	㉠ (40)	60
을	60 + (50 + 20) = 130	㉡ (50)	60	60

① (X) 갑에 의하면 A는 110대이며, C는 60대이므로 옳지 않은 진술이다.
② (X) 갑의 판단에 의하면, C는 제10조 적용으로 60대이며 B는 금주법 적용으로 ㉠ 40대로 서로 다르다.
③ (X) 을의 판단에서는 관리와 평민 모두 제10조가 동일하게 적용되기에 B와 C의 처벌은 60대로 동일하다.
④ (O) A는 을의 판단에 의하면 130대이며, 갑에 의하면 금주법 적용으로 110대이다. 따라서 A는 갑의 판단을 따르는 것이 더 유리하다.
⑤ (X) 갑과 을 모두 관리인 C는 제10조가 적용되어 60대로 동일하다.

10 ④

난이도 ★☆☆☆☆

유형 분석 및 재구성 – 인문

핵심 체크 논증의 구조를 파악하는 문제이다. 지문은 귀류법적 논법을 활용하여 자신의 주장을 도출하고 있다. 귀류법은 전제가 참일 때 결론을 거짓이라고 가정하여, 그 가정된 진술이 전제와 충돌하므로 모순이 발생하여 불합리한 귀결을 맺는다는 것을 이용하여 결국 그 논증은 타당하다고 파악하는 방식이다. 문제에서는 ⓒ의 진술이 귀류법적 가정에 해당하며, 이로 인해 불합리한 진술인 ⑨가 발생하므로 그 가정이 거짓임을 증명하고 있다.

해설 ① (O) 두 전제로부터 결론이 도출되는 구조를 지니고 있다.
ⓒ 모든 지식이 추론적 지식이라고 가정해 보자.
ⓓ 어떤 추론적 지식을 G_1이라고 하면, G_1을 추론적으로 정당화하는 다른 지식이 있다.
ⓔ 그중 어떤 것을 G_2라고 하면, G_2는 추론적 지식이다.
② (O) ⑨의 진술에서 앞의 ⓒ로부터 진행되는 과정의 반복을 말해주므로 옳은 진술이다.
③ (O) 만약 G_1을 추론적으로 정당화하는 G_2가 있고 이를 다시 정당화하는 G_3가 있는데, G_3를 정당화하는 것이 G_1일 경우 이는 순환적이 된다. 이는 순환논증의 오류 가능성을 보이는 것으로 옳은 진술이다.
④ (X) ⑨와 ⓗ의 충돌로 인해 이러한 과정의 전제인 ⓒ가 참이 아님을 알 수 있다. 하지만 ⓐ가 부정되는 것은 아니다. ⓐ는 추론적 지식에 대한 정의에 해당될 뿐이다.
⑤ (O) '비추론적 지식이 없으면 추론적 지식도 있을 수 없다.'는 진술의 대우는 '추론적 지식이 있으면 비추론적 지식도 존재한다.'가 된다. 이는 ⓐ와 ⓑ에서 추론적 지식이 존재한다는 대전제 아래 ①에서 비추론적 지식이 존재한다는 것을 도출하고 있으므로 옳은 진술이다.

11 ⑤

난이도 ★★★☆☆

유형 판단 및 평가 – 논리학·수학

핵심 체크 지문의 논증에서 나타난 오류를 파악하는 문제이다. 제시된 논증을 형식적으로 재구성하면 다음과 같다.
1. [전제] 우리 눈앞에 서 있는 이 피고인이 얼마 전 일어난 여성 살해 사건의 진범이라는 점은 물증과 정황을 통해서 명백히 드러났다.
2. [전제] 우리 모두가 목격했듯이 피고인은 자기가 연쇄적으로 살인을 했다는 것을 아무런 감정적 동요 없이 단호하게 부인하고 있다.
3. [전제] 만약 피고인이 연쇄적으로 살인을 저지른 것이 확실한데도 자기가 연쇄살인범이라는 것을 아무런 감정적 동요 없이 단호하게 부인한다면, 그는 극단적 유형의 사이코패스에 속한다고 보아야 한다.
4. [전제] 살인을 경험한 극단적 유형의 사이코패스는 연쇄적으로 살인을 저지르기 마련이다.
5. [3과 4로부터] 만약 피고인이 연쇄적으로 살인을 저지른 것이 확실한데도 자기가 연쇄살인범이라는 것을 아무런 감정적 동요 없이 단호하게 부인한다면, 그는 연쇄적으로 살인을 저지르기 마련이다.
6. [생략된 전제] 피고인은 연쇄적으로 살이을 저지른 것이 확실하다.
7. [결론] 그러므로 피고인은 연쇄적으로 살인을 저지른 것이 분명하다.

해설 ① (X) ㉠과 모순인 명제는 '거짓말 탐지기는 그가 거짓말을 하고 있다는 반응을 보이지 않았다.'이다. 하지만 지문에서는 거짓말 탐지기가 반응을 하더라도 전적으로 믿을 수 없다는 논지이므로 모순되는 전제를 포함하지 않는다.
② (X) 반론을 제기하는 것일 뿐 성급한 일반화의 오류로 볼 수 없다.
③ (X) 이는 조건문의 후건에 해당하는 것으로 전건이 참일 경우 후건이 반드시 참이 된다는 의미일 뿐, 그 자체로 인신공격의 오류는 아니다.
④ (X) 모두가 목격했다는 진술로부터 이미 입증된 사실을 전제로 하고 있다.
⑤ (O) 피고인은 살인을 저지른 사람으로 사이코패스이기에 거짓말 탐지기의 반응도 나타나지 않는다는 앞 논의의 전제를 동시에 결론으로 한다. 위 논증을 기호화하여 증명하면 다음과 같다.
A: 피고인은 살인을 하였다.
B: 피고인은 자기가 연쇄살인범이라는 사실을 아무런 감정적 동요 없이 단호하게 부인한다.
C: 그는 극단적 유형의 사이코패스이다.
D: 피고인은 연쇄적으로 살인을 저지른 것이 확실하다.
1. A
2. B
3. (D&B) → C
4. (A&C) → D
∴ D
5. C → D   1.4. A 소거
6. (D&B) → D   3.5. 조건삼단논법
7. D → D   2.7. B 소거
8. D   7. 생략된 전제
9. D   7.8. 긍정논법

12 ④

유형 | 논리 게임 – 논리학·수학

핵심 체크 | 조건에 의한 허용 및 배제 가능성을 추리하는 배열하기 문제이다. 제시된 조건을 정리하여 답지에서 가능한 경우와 그렇지 않은 경우를 파악하는 문제이다. 먼저 네 계절에 상을 수여하고 이미 정해진 여름에 유기화학 분야에 상을 수여해야 한다. 도표를 만들면 다음과 같다.

계절	과목
봄	
여름	유기화학
가을	
겨울	

(1) 같은 계절에 유기화학과 무기화학 상을 수여한다.
(2) 최대 여섯 개까지 상을 수여한다.
(3) 두 계절 연속으로 같은 분야에 상을 수여하지 않는다.
(4) 물리화학은 매년 두 개의 상을 수여한다.
위 조건을 충족하면서 가능한 경우를 파악해야 한다.

해설 | ①, ③ (O)

계절	과목
봄	분석화학
여름	유기화학, 무기화학, 물리화학
가을	분석화학
겨울	물리화학

②, ⑤ (O)

계절	과목
봄	물리화학
여름	유기화학, 분석화학
가을	물리화학
겨울	유기화학, 무기화학

④ (X) 가을에 무기화학을 수여한 경우, 제시된 조건에 따르면 유기화학과 무기화학을 같은 계절에 수여해야 하는데, 이미 마지막 조건에서 유기화학이 여름에 수여되기에 어떤 경우가 되든지 두 계절 연속으로 유기화학 분야에 상이 수여되게 된다. 따라서 조건을 위배하게 된다.

계절	과목
봄	
여름	유기화학
가을	무기화학
겨울	

13 ③

유형 | 논리 게임 – 논리학·수학

핵심 체크 | 조건에 따른 경우를 고려하여 배열하는 문제이다. 조건에서 각 팀은 최대 4개의 과제를 맡을 수 있다. 그런데 기존에 수행한 과제를 포함해서 새로운 과제를 반드시 포함시켜야 한다. 이때 8개의 과제는 조건에 의해 (a, b), (c, d, e), (f, g, h)로 구분된다. 결국 기존 수행의 과제는 제외되고 추가 과제가 포함되어야 하기에 각 팀의 가능한 경우의 수를 찾아야 한다. 결국 다음의 빈칸에 과제가 추가되어야 한다.

(가)				
(나)				
(다)				
(라)				
(마)				

해설 | ㄱ. (O) a를 (나)팀이 맡는다고 가정해 보자. 이때 (c, d, e) 조합은 (가)밖에 맡을 수 없다. 그리고 나머지 팀들이 하나씩 맡는다. 그런데 이때 조건에서 4개를 맡는 팀이 둘이어야 하는데 조건을 충족하지 못한다. 따라서 a를 (나)팀이 맡아서는 안 된다. 이를 그림으로 나타내면 다음과 같다.

(가)	c	d	e	
(나)		a	b	
(다)			f	
(라)			g	
(마)				h

ㄴ. (X) f를 (가)팀이 맡을 경우 (c, d, e) 조합은 (나)팀이 맡아야 한다. 이때 (a, b) 조합은 (다) 또는 (라)가 맡아야 하면 나머지 팀들이 e, g를 하나씩 맡게 된다. 이때 4개를 맡는 팀은 3팀이 되어 조건을 위배한다. 따라서 f를 (가)팀이 맡아서는 안 된다.

(가)	f			
(나)		c	d	e
(다)			a	b
(라)			e	
(마)				g

ㄷ. (O) ㄱ의 추리로부터 (a, b) 조합은 (가), (다), (라)가 맡을 수 있다. 그리고 (가)팀은 새로운 과제 한 개를 맡아서는 안 된다. 이를 토대로 다음의 세 가지 경우가 가능하다. (단, *는 한 개의 과제를 맡는다는 뜻이다.) 세 경우 모두 기존 과제를 포함하여 2개를 맡는 팀이 반드시 있다.

(가)	a	b			2
(나)		c	d	e	4
(다)			*		3
(라)			*		3
(마)				*	4

(가)	c	d	e		3
(나)		*			2
(다)			a	b	4
(라)			*		3
(마)				*	4

(가)	c	d	e		3
(나)		*			2
(다)			*		3
(라)			a	b	4
(마)				*	4

유형   언어 추리 – 논리학·수학

핵심
체크   참과 거짓의 가능성을 통해 조건적 추리를 하는 진실 거짓 게임 문제이
다. 제시된 조건은 한 명의 진술은 거짓이고, 나머지는 참이다. 그런데 A
와 B의 진술에서 C가 강좌를 맡는다는 것에 대해 진술이 상충되므로 각
각의 참인 경우를 설정하여 진위를 찾아야 한다. A가 참일 경우 B는 거
짓이며, B가 참일 경우 A는 거짓이 된다. 각 경우에 있어서 한 명만 거
짓이라는 조건을 위배할 경우 있을 수 없는 경우가 된다.

해설   (1) A가 거짓, B가 참: C, D, E 모두 참이어야 한다. 그런데 이때 B와 E
의 진술이 모순이 된다. 따라서 있을 수 없는 경우이다.
(2) A가 참, B는 거짓: C, D, E 모두 참이다. 이 경우 배정 강좌를 표로
정리하면 다음과 같다.

구분	배정된 강좌			
	수학사	정수론	위상수학	조합수학
A	X			X
B	O	X	X	X
C	X	X	X	X
D	X			X
E	X	X	X	O

① (X) B가 수학사를 담당한다.
② (X) B가 수학사를 담당하며, 위상수학은 A 또는 D가 담당한다.
③ (O) A의 진술이 참이므로 옳은 진술이다.
④ (X) 조합수학은 E가 담당한다.
⑤ (X) E가 조합수학을 담당하며 정수론은 A 또는 D가 담당한다.

15 ①   난이도 ★★★★★

유형   논리 게임 – 논리학·수학

핵심
체크   조건을 이용하여 추리하는 문제이다. 주어진 평가 결과를 점수로 환산
하여 정리하면 다음과 같다.

구분	어학능력	적성시험	학점	전공적합성	총점
A	2	3	2	3	10
C	3	2	3	3	11
D	1	1	3	3	8

(1) 첫 번째 조건에서 B가 선발되지 않고 C가 선발될 경우 A가 선발된
다. 이는 A가 B보다 좋은 점수이며, B는 A보다 적은 점수임을 의미
한다.
(2) 두 번째 조건에서 D가 선발되지 않을 경우 세 명의 지원자는 선발되
기에 D보다 B가 높은 점수임을 알 수 있다.
(3) 따라서 B의 총점은 A보다 적고 D보다 많은 9점임을 추리할 수 있다.

해설   ㄱ. (O) 두 번째 조건에서 D가 선발되지 않으면 세 명이며, D가 선발될
경우 네 명이 된다. 따라서 어떤 경우에도 A와 C는 반드시 선발된다.
ㄴ. (X) A, B, C 세 명 또는 A, B, C, D 네 명의 두 경우만 가능하므로
두 명 선발되는 경우는 있을 수 없다.
ㄷ. (X) B의 총점이 9점이므로, (3 + 3 + 2 + 1)과 (3 + 2 + 2 + 2)의 경
우가 가능하다. 따라서 반드시 상, 중, 하로 평가받은 영역이 최소한
하나씩 있다는 진술은 옳지 않다.

유형   논리 게임 – 논리학·수학

핵심
체크   우열 게임을 통한 승패를 추리하는 수학적 퍼즐 문제이다. 제시된 점수
를 통해 각각의 승패를 추론할 수 있다. A와 B는 7점이므로 1승 1패임
을 알 수 있다. 한편 C는 4점으로 2무 1패이다. 그리고 D는 10점으로 2
승 1패이다. 이 경우 C가 2번 무승부를 한 상대는 A와 B가 된다. 이를
표로 나타내면 다음과 같다. (승: O, 패: X, 무승부: △)

구분	A	B	C	D
A			△	
B			△	
C	△	△		X
D			O	

해설   ㄱ. (O) 결과에서 A와 B 모두 총점이 7점이기에 이들은 각각 우월한 경
우 1번, 동등한 경우 1번이 있었음을 알 수 있다. 한편 C는 4점이기
에 동등한 경우가 2번이었다. D에서는 승리한 경우만 두 번이다. 따
라서 A와 B는 각각 C와의 비교에서 동등한 결과였다는 사실을 알
수 있다.
ㄴ. (X) A와 B의 동등한 경우가 각각 C와의 비교였으므로, 한 번씩 우
월한 결과는 A는 B나 D와의 비교에서, B는 A나 D와의 비교에서
우월하였다. 하지만 B가 D와의 비교에서 더 나은 평가인지는 알 수
없다. D도 A, B, C와의 비교에서 두 번만 우월하면 되므로 경우의
수가 나타나기 때문이다.
ㄷ. (O) A와 B와 비교에서 A가 더 나은 평가를 받았다면, B는 D와의
비교에서 우월하였다. C는 A와 B와 동등, D와의 비교에서는 D가
우월한 평가가 된다. 그리고 D도 A와 C와의 비교에서 우월한 결과
가 나타나게 된다. 따라서 나머지 모든 결과를 알 수 있게 된다. 이를
표로 나타내면 다음과 같다.

구분	A	B	C	D
A		O	△	X
B	X		△	O
C	△	△		X
D	O	X	O	

17 ③   난이도 ★★★★☆

유형   판단 및 평가 – 인문

핵심
체크   윤리적 판단 기준을 파악한 후 이를 토대로 사례를 판단하는 문제이다.
지문에서는 생명 존중에 대한 세 가지의 기준을 소개하고 있다. 그리고
이들 견해들을 기준으로 하여 사례를 판단해야 한다. 세 가지 견해를 정
리하면 다음과 같다.
[A] 기초적인 만족감인 최소한의 체험적 이익을 기대하는 것이 가능하
다면 생명은 존중되어야 한다.
[B] (1) 자기결정권이 생명 존중의 기준이다.
(2) 자기결정권을 행사할 수 없는 경우 환자의 평소 가치관이나 신
념을 대리인이 추정하여 결정할 수 있다.
(3) 환자의 의사를 추정할 수 없을 경우 생명 존중(보존)을 해야 한다.
[C] 생명은 인간 존엄성과 관련된 평소 신념과 소망에 의한 결정적 이
익이 있거나 기대할 수 있는 경우에 한하여 보호할 가치가 있다.

해설 <상황> (1)은 신체적인 결함을 가지고 태어난 갑의 사례로, 즉시 수술 해야 하는 상황이다. 수술을 받으면 자각적 인지 능력은 기대할 수 없지만 기초적인 쾌·불쾌를 기대할 수 있다.

[A] 최소한의 체험적 이익이 가능하므로 생명은 보존되어야 한다.

[B] 자기결정권을 추정할 수 없으므로 생명은 보존되어야 한다.

[C] 자각적 인지 능력을 기대할 수 없으므로 결정적 이익의 생성은 불가한 상황이므로 수술을 하지 않아야 한다.

<상황> (2)는 을이 사전의료지시서를 남기고 병이 악화되었는데 현재 혼수상태에 있지만 수술을 할 경우 기초적인 만족감을 기대할 수 있는 생명 유지와 의식 회복이 가능하다.

[A] 을은 수술을 받을 경우 의식 회복이 가능하여 체험적 이익을 기대할 수 있으므로 수술을 해야 한다.

[B] 사전의료지시서는 평소 본인의 가치관이나 신념을 통하여 형성되기에 자기결정권에 대한 증거가 된다. 즉 이에 따라야 하므로 수술을 하지 않아야 한다.

[C] 을은 평소의 소망에 따른 사전의료지시서를 작성하였다. 이는 결정적 이익을 잘 보여주는 것이다. 따라서 결정적 이익을 따라야 하므로 수술을 하지 않아야 한다.

이를 정리하면 다음과 같다.

구분	A	B	C
(1)	O	O	X
(2)	O	X	X

(O: 수술 동의, X: 수술 동의하지 않음)

ㄱ. (O) A는 즐거움이나 만족을 느끼면 생명 연장이 존중되어야 하므로 수술에 동의할 것이다. 그러나 B는 자기결정권을 중시하므로 을이 사전에 말한 자기결정권에 의해 수술에 동의하지 않을 것이다.

ㄴ. (X) B는 환자의 의사를 추정할 수 없다면 타인이 죽음을 앞당기는 결정을 해서는 안 되므로 수술에 찬성할 것이다. 그러나 C는 환자의 결정적 이익이 나타나거나 이를 기대할 수 없는 상황이므로 수술에 반대할 것이다.

ㄷ. (O) C는 자기결정권인 인격을 기준으로 하며, 이는 새롭게 만들어 낼 수 없는 것이므로 두 경우 모두 수술에 반대할 것이다.

18 ③

난이도 ★★★★★

유형 판단 및 평가 - 인문

핵심체크 도덕적 허용 가능성의 사례로부터 원칙을 추리하는 문제이다. 좋은 결과를 의도했지만 나쁜 결과가 함께 나타나는 이중효과의 원칙을 소재로 하고 있다. 도덕적으로 허용되는 원칙들을 정리하면 다음과 같다.

• p: 의도된 좋은 결과가 일어날 확률>나쁜 결과가 일어날 확률
• q: 대안(의도된 좋은 결과 달성 & 예상되는 나쁜 결과 피함) 없음
• r: 의도된 좋은 결과의 가치>예상되는 나쁜 결과 감수할 정도

해설 ㄱ. (O) A는 암환자의 극심한 고통 감소가 좋은 결과이며, 기대수명을 단축하는 것이 나쁜 결과이다. 그런데 암환자가 죽음이 임박한 상태에서는 도덕적으로 모르핀 투여를 허용하고 있다. 이 상황에서는 기대수명의 단축이라는 나쁜 결과가 있더라도 죽음이 임박한 상황이므로 고통을 감소시키는 좋은 결과가 더 높은 가치를 가지고 있다. 즉 의도되는 좋은 결과의 확률이 높은 상태일 경우 예상되는 나쁜 결과도 허용된다는 주장이므로 원칙 r이 기준이 된다.

ㄴ. (O) B에서 좋은 결과는 생명을 구하는 것이며, 나쁜 결과는 신체 일부를 절단하여 불구가 되는 것이다. 절단하지 않을 경우 죽음에 이르게 되는 확률이 높은 상황에서는 신체 일부를 절단하는 것이 도덕적으로 허용되나, 약물치료를 통한 대안이 있는 상황에서는 도덕적으로 허용될 수 없기에 원칙 q가 사용되고 있다. 그러나 신체 일부를 절단할 경우 불구가 될 확률은 100%인 반면, 생명을 구할 수 있는 가능성은 100% 이하이다. 따라서 원칙 p는 적용되지 않는다.

ㄷ. (X) C는 어린이와 유기견의 가치 비교로부터 도덕적 허용 가능성의 차이를 보이고 있다. 어린이의 생명을 구하는 일은 자신의 부상 또는 죽음이라는 나쁜 결과를 감수할 정도로 높은 가치가 있다고 판단한다. 그러나 유기견은 그 정도의 높은 가치라고 판단하지 않는다. 따라서 사용된 원칙은 r이므로 대안의 유무에 따른 원칙 q는 적용되지 않는다.

19 ①

난이도 ★★★☆☆

유형 비판 및 반론 - 인문

핵심체크 윤리적 논쟁에 대한 논거를 비교 및 파악하는 문제이다. 지문의 각 견해의 논증을 형식적으로 구성하면 다음과 같다.

• 갑의 논증
[전제] 법은 사회계약의 산물이다.
[전제] 그 누구도 사형 받기를 의도하지 않는다.
[전제] 사회계약은 자유의 최소한을 양도하여 법적 강제력을 형성하는 것이다.
[전제] 사형은 자유의 최대한을 강제하는 것으로 사회계약과 모순이다.
[결론] 사형은 법에 의해 정당화될 수 없다.

• 을의 논증
[전제] 공동입법자로서의 나와 처벌받는 나는 구별되어야 한다.
[전제] 처벌은 범죄자가 갖고 있는 보편적 인간성에 대한 존중이다.
[결론] 범죄자로서의 나는 처벌받기를 원치 않지만 공동입법자, 즉 보편적 인간성으로서의 나는 처벌을 명해야 한다.

• 병의 논증
[전제] 사형을 통해 범죄자뿐 아니라 보편적 인간성도 죽는다.
[전제] 보편적 인간성을 존중하는 일이 동시에 그것을 죽이는 것이라면 모순이다.
[결론] 보편적 인간성은 자기반성을 위해 유지되어야 한다.

해설 ① (X) 사회계약에 참여하는 사람들이 자신이 사형 당할 만한 죄를 저지를 가능성을 염두에 두지 않는다면, 갑은 사형을 포함하는 사회계약에 동의할 수 있다. 그러나 갑은 사형을 포함하는 사회계약에 동의하지 않으므로 갑의 논지를 강화하지 않는다.

② (O) 사형이 자유로운 개인의 선택에 의해 행하여진다면, 사형에 누구도 동의하지 않을 것이라는 갑의 주장은 약화된다.

③ (O) 살인 행위가 개인의 보편적 인간성을 이미 파괴한 것이라면, 보편적 인간성을 지켜 반성하게 해야 한다는 병의 논지를 약화한다.

④ (O) 보편적 인간성을 신체의 소멸인 사형을 통해 회복할 수 있다면, 보편적 인간성에 대한 존중으로 처벌을 허용하는 을의 견해를 강화하고, 반면에 사형을 통해서 보편적 인간성도 사라진다는 병의 견해는 약화된다.

⑤ (O) 보편적 인간성 개념 자체가 허구라면, 이에 근거하여 주장을 펼치는 을과 병의 견해 모두 약화된다.

20 ③

난이도 ★☆☆☆☆

| 유형 | 비판 및 반론 – 인문 |

| 핵심 체크 | 글쓴이의 관점에서 갑의 주장을 비판하는 문제이다. 지문에서는 중국의 전족 관습에 대해 논의하고 있다. 필자는 전족을 외부자의 시선 즉, 성(sex)으로서의 여성에 대한 차별적 행위라는 시각뿐 아니라, 내부자의 시선 즉, 젠더(gender)로서의 관점에서도 고려해야 한다고 주장한다. 그래서 필자는 전족의 쇠퇴 당시 여성을 '피해자이면서 적극적인 행위자'로 규정하고 있다. 문제에서는 이러한 기존의 관점과는 다른 필자의 관점에서 갑의 주장을 비판하기를 요구하고 있다. 갑은 연예인의 모습을 닮기 위해 행해지는 성형수술에 대해, 성을 상품화하는 자본 논리와 남성의 여성을 성적 대상으로 치부하는 시선이 투영되어 있어 자연적인 아름다움에 대한 건강한 인식을 왜곡한다고 주장한다. |

| 해설 | ① (X) 외부자적 관점에서의 비판에 해당하는 것으로 글쓴이의 내부자적 관점에서의 비판이 아니다.
② (X) 논점을 벗어난 비판이다.
③ (O) 여성을 단순한 희생자가 아닌 적극적 행위자로 여기는 것으로 보아 내부자적 관점에서 비판하고 있음을 알 수 있다.
④ (X) 남성의 시선이 왜곡된 것은 글쓴이의 내부자적 시각과 무관한 진술이다.
⑤ (X) 글쓴이는 젠더로서의 여성에 대한 내부자적 시각도 필요하다는 것이지 외부자적 시각을 부정하는 것은 아니다. |

21 ④

난이도 ★☆☆☆☆

| 유형 | 분석 및 재구성 – 일상적·도덕적 논변 |

| 핵심 체크 | 논증을 분석하여 논리적 관계를 파악하는 문제이다. 지문은 플라톤의 『라케스』에서 발췌된 것이다. 지문에서 라케스의 용기에 대한 정의에 대해 소크라테스는 질문을 통해 동의를 얻어 가면서 결국 라케스가 처음에 말한 용기의 정의에 대해 이의를 제기하게 된다. 과정별 논점을 정리하면 다음과 같다.
• 논점 1: 용기는 끈기이다.
• 논점 2: 용기는 똑똑한 끈기이다.
• 논점 3: 용기가 반드시 똑똑한 끈기는 아니다.
• 논점 4: 용기는 똑똑한 끈기보다 어리석은 끈기와 더 가깝다. |

| 해설 | ① (O) ㉠에서 용기는 영혼의 끈기라고 정의하나, ㉡에서 용기는 똑똑한 끈기라고 하여 '끈기' 개념의 외연이 축소되고 있다. 왜냐하면 ㉡에서 용기는 아름다운 것인데 어리석은 끈기는 아름답지 않기에 용기에 포함되지 않기 때문이다.
② (O) 소크라테스는 똑똑한 방식으로 나타나는 끈기도 용기가 되지 못한다는 점을 보여주고 있다. 투자자의 똑똑한 끈기나 의사의 똑똑한 끈기의 사례가 그것이다. 따라서 이는 ㉡에 대한 반례가 된다.
③ (O) (나)에서 라케스가 소크라테스에 동의한 바에 의하면 용기는 똑똑한 끈기인데, (나)의 사례에서 나타난 투자자나 의사의 똑똑한 끈기는 용기에서 배제되므로 용기의 외연은 ㉡보다 더 줄어들 수밖에 없다.
④ (X) (다)에서 라케스가 대답한 내용은 어리석은 끈기도 용기가 된다는 것이다. 따라서 ㉠의 영혼의 끈기가 용기라는 정의에는 똑똑한 끈기와 어리석은 끈기가 모두 포함되기에 양립할 수 있다.
⑤ (O) (다)에서 라케스는 똑똑한 끈기보다 어리석은 끈기 또는 덜 똑똑한 끈기를 인정하므로 ㉡에서 동의한 똑똑한 끈기가 용기라는 진술과 충돌하게 된다. |

22 ⑤

난이도 ★☆☆☆☆

| 유형 | 분석 및 재구성 – 인문 |

| 핵심 체크 | 논증의 논점을 확인하고 논점의 변화를 분석하는 문제이다. 지문은 기원전 1세기의 사상가 루크레티우스의 『De Rerum Natura; 사물의 본성에 관하여』의 목적론적 비판 부분을 소재로 하고 있다. (가)에서 (바)까지의 논증의 논점 및 논증의 부분들에 대한 관계를 분석해야 한다. 이를 정리하면 다음과 같다.
(가) [문제 제기] 신체의 지체들이 그 기능을 위해 생겨난 것은 아니다.
(나) [반론 제기] 목적을 위해 생겨난 것이 아니기에 뒤집힌 추론이다.
(다) [근거 설정] 신체적 지체의 발생이 그의 사용보다 먼저 있었다.
(라) [예상 반론] 인간이 사용하는 사물들은 목적을 위해 생겨난 것이다.
(마) [재반론] 신체적 지체와 사물은 다른 부류이다.
(바) [주장] 신체적 지체들이 사용을 위해 창조되었다는 근거가 없다. |

| 해설 | ① (O) (가)에서 우리 눈이 보기 위해, 다리가 직립보행을 하기 위해 창조된 것이라고 생각하면 안 된다고 하며 비판하고자 하는 견해를 설정하고 있다.
② (O) (나)는 목적과 수단이 뒤집힌 추론으로 인과 관계를 잘못 파악하고 있음을 지적하며 생겨난 그것이 용도를 창출한다는 견해를 제시하고 있다. 이러한 지적은 비판하고자 하는 견해가 본말전도의 오류임을 보이고자 한 것이다.
③ (O) 발생하기 전에는 용도가 없었다는 것을 사례를 통해 증명한다. 이는 시간적 선후 관계를 이용한 논증이다.
④ (O) 사용을 위한 목적으로 생겨난 사물들을 사례로 들어 본 논증에서 비판하고자 하는 견해가 가능할 수도 있다고 보는 예상 반론을 제시했다.
⑤ (X) (다)는 필자가 주장하는 바이며, 이에 대한 예상 반론으로 (라)가 제시된다. 그리고 재반론으로 (마)를 제시하여 (바)를 궁극적인 결론으로 이끌어내고 있다. 그리고 (마)는 (라)의 사례를 (다)의 사례와 완전히 다른 부류의 것으로 보고 있기에 (다)와 (라)는 무관하여 양립할 수 있다. 필자가 대상으로 삼는 것은 신체적 지체인데, 예상되는 반론의 대상은 인간이 사용하는 사물이다. 이들은 완전히 다른 부류이기에 공통적으로 논의할 대상이 아니라는 주장이다. 즉 사물에 대한 논의는 자신의 논의와 무관하다는 의미이다. 따라서 (다)와 (라)는 양립할 수 있다. |

23 ⑤

난이도 ★★☆☆☆

| 유형 | 판단 및 평가 – 사회 |

| 핵심 체크 | 사회적 네트워크를 이항대립적으로 구분 및 비교하는 문제이다. 지문에서는 사회적 네트워크의 두 가지 종류를 구분하고 이를 취업동아리의 사례를 통해 분석하고 있다. |

구분	강한 네트워크(A, B)	약한 네트워크(C, D)
특징	친밀성, 신뢰관계, 의존적	접촉빈도 낮음, 느슨한 관계
취업동아리	실질적 도움	실질적 도움 안 됨
취득정보	관련정보 공유, 효율적	일반공개적 자료에 불과

① (O) A는 강한 네트워크가 삶에 영향을 미치며 취업에도 실질적인 도움을 준다고 말한다. 그러나 C는 강한 네트워크가 실질적으로 도움이 될 수 없다는 입장이므로 옳은 진술이다.

② (O) 이 속담은 자신이 가진 병을 다른 사람들에게 알림으로써 치료할 수 있는 다른 방법을 찾을 수 있다는 의미이다. D는 A와 다르게 약한 네트워크가 도움이 된다는 입장이다. 이는 느슨한 관계가 여러 집단을 연결하거나 확산시키는 위치에 있게 하여 실질적인 정보 취득에 도움이 되기 때문이다. 따라서 '병 자랑'을 하라는 속담의 의미가 A보다 더 적합하다.

③ (O) B는 취업동아리에서 얻은 취업 정보의 내용과 질을 확신하지만, C는 그렇지 않으므로 옳은 진술이다.

④ (O) B는 취업동아리에서 관련 정보를 공유함으로써 취업 준비의 효율성을 높여 취업 가능성을 높일 수 있다는 입장이다. 그러나 C는 취업동아리의 정보는 일반에게 공개된 정보의 재정리에 불과하기에 실질적 도움이 되지 못한다는 것이다. 만약 객관적이고 투명한 공채 시험만으로 취업할 수 있는 분야라면 일반적으로 모두가 얻을 수 있는 정보가 취업에 큰 의미를 가질 수 없기 때문이다. 따라서 객관적이고 투명한 공채 시험만으로 취업할 수 있는 분야라면 C의 비판 대상이 된다. 그러므로 C보다 B에 더 적합한 사례가 된다.

⑤ (X) 가끔 만나는 먼 지인은 약한 네트워크 관계이기에 D를 강화한다. C노 신밀한 관계가 형성되는 취업동아리보다 느슨한 관계로 연결된 취업지원센터가 더 도움이 된다는 입장이다. 따라서 이 사례로 C가 약화되지는 않는다.

24 ②

난이도 ★★★★★

유형 분석 및 재구성 – 사회

핵심 체크 공통되는 생략된 전제를 파악하는 문제이다. 두 논증을 분석하고 생략된 공통의 전제를 찾아야 한다. A와 B 두 논증의 형식은 다음과 같다.

• A의 논증: 전이 효과
 [전제] 특정 범죄예방 프로그램의 시행은 다른 지역이나 다른 표적, 혹은 다른 시간에 의도하지 않게 범죄의 증가를 가져오기도 한다.
 [결론] 범죄 발생이 범죄예방 활동에 반응하여 단순히 이동할 뿐이라면 전체적인 수준에서의 범죄율의 변화는 나타나지 않을 것이다.

• B의 논증: 무력화 효과
 [전제] 범죄자를 교도소에 구금하는 정책은 교도소에 구금되어 있는 동안 그가 사회를 대상으로 범죄를 저지르는 것을 제한할 수 있다.
 [전제] 범죄기회가 주어지는 기간이 짧을수록 그 기간만큼 범죄를 덜 저지르게 된다.
 [결론] 전체적인 범죄는 그들이 구금되지 않았다면 발생했을 만큼 감소할 것이다.

해설 ㄱ. (X) A의 경우 범죄자의 합리적 결정과 선택이 이뤄졌음이 전제되어야 한다. 범죄예방 프로그램이 실시되는 데에도 불구하고 범행을 시도한다면 전이 현상은 일어나지 않을 것이기 때문이다. 한편 B의 경우 비록 합리적으로 선택하지 않고 충동적으로 범죄를 저지르는 경우라도 교도소에 구금된다면 무력화가 진행될 수 있기 때문에 범죄자가 합리적 행위자임을 전제하지 않아도 된다.

ㄴ. (X) 이는 B에 필요한 전제이다. 만약 다른 범죄자가 그 자리를 채워 범행한다면 B가 주장하듯 전체적인 범죄가 감소하지 않을 것이기 때문이다. 하지만 A는 전체적 수준에서 범죄율의 변화는 없다고 주장하므로 A의 주장이 성립되기 위해 반드시 필요한 전제가 아니다. 다른 범죄자라 하더라도 범죄예방 프로그램의 영향을 받을 것이기 때문이다.

ㄷ. (O) A에서 범죄자는 다른 곳으로 이동하더라도 범죄를 저지르고자 하는 동기가 있어야 한다. 따라서 A의 주장에는 범죄자는 일정 기간에 일정 정도의 범죄를 서지른나는 내용이 진제되어야 한다. 또한 B에서도 나이가 한창일 때에는 교도소에 수감되면 그 기간 동안 저지를 범죄만큼 범죄가 감소한다고 하므로 일정 기간 동안 일정 정도의 범죄를 저지른다는 사실이 전제되어야 한다.

25 ③

난이도 ★★★★☆

유형 언어 추리 – 사회

핵심 체크 범행 가능성과 범행거리에 미치는 요인을 파악하여 연역적으로 추리하는 문제이다. A와 B에서는 범죄자의 범행 가능성과 범행거리에 미치는 영향에 대해 서술하고 있다. 이를 정리하면 다음과 같다.

(1) A: 표적의 매력성
 • 표적의 매력성을 중시하는 정도가 강할수록 범행 가능성이 높고, 범행을 위해서 더 먼 거리를 이동한다.
 • 범행의 계획성이 높을수록 그리고 전과가 많을수록 표적의 매력성을 중시한다.

(2) B: 검거위험성
 • 범죄자들은 자신을 알아보는 사람이 많아 범행이 발각될 가능성이 높은 자신의 집에서 가까운 지역은 피한다.
 • 나이가 들수록 검거위험성을 표적의 매력성에 비해 더 많이 고려한다.
 • 검거위험성을 매우 중시하면 검거위험성이 높다고 생각하는 곳에서는 표적의 매력성이 높더라도 범행을 하지 않는다.

그리고 주어진 조건은 재산범죄가 폭력범죄보다 계획성이 높다는 것이다.

해설 ㄱ. (O) 젊은 사람의 경우 나이가 든 경우보다 검거위험성보다 표적의 매력성을 더 중시하는 경향이 있기 때문에 범행을 위해서 더 먼 거리를 이동할 것이다. 또한 절도범은 재산범죄에 해당하며 성폭행범은 폭력범죄에 해당하므로 조건에 의해 계획성은 젊은 절도범이 더 높다. 이 경우 A의 견해에 의해 계획성이 높을수록 표적의 매력성을 중시하며 이에 따라 범행거리가 길어질 것이다.

ㄴ. (O) 현재 주거지에 오래 거주한 강도범은 주변 사람들에 의한 발각 가능성을 고려한다. 그러나 갓 이사 온 강도범은 이러한 발각 가능성이 약하므로 거리에 영향을 미칠 것이다. 따라서 오래 거주한 강도범이 갓 이사 온 강도범에 비해 범행거리가 길 것이다.

ㄷ. (X) B에서 검거위험성을 매우 중시할 경우 발각 가능성을 고려하여 표적의 매력성이 높더라도 범행을 하지 않는다고 말하고 있다. 보안 시스템이 잘 된 은행은 검거위험성이 높은 경우이기에 이러한 조건에 부합한다. 그러므로 전과의 차이가 있어도 둘 모두 범행을 저지르지 않을 것이다.

26 ②

 유형 수리 추리 – 사회

핵심 체크 경제학의 선호 기준을 파악하고 이를 바탕으로 그래프를 추론할 수 있는지 묻는 문제이다. 지문에서는 경제적 관점에서 선호의 기준을 위험과 기대이익의 관계를 통해 밝히고 있으며 이를 그래프를 통해 분석하고 있다. 지문에서 나타난 정보는 다음과 같다.

(1) 어느 대안이 다른 대안에 비해 더 큰 기대이익과 더 작은 위험을 동시에 갖는다면 이 대안은 그 다른 대안보다 선호된다.

(2) 기대이익의 크기가 커질수록 감수하려는 추가적인 위험의 크기가 줄어든다는 것은 이 사람이 위험을 기피하는 정도가 커짐을 의미한다.

해설 ㄱ. (X) OP 곡선은 갑이 위험과 기대이익의 수준이 다르더라도 선호의 차이가 없다고 판단하는 대안들을 연결한 선이다. 그런데 G는 OP 곡선 위의 다른 점과 비교할 때 G와 기대이익이 동일한 경우 G가 위험이 더 낮게 나타난다. 따라서 갑은 OP 곡선의 선호보다 G를 더 선호한다. 그런데 I는 OP 곡선상의 점과 기대이익이 같을 경우 위험이 더 높다. 그래서 I는 OP 곡선상의 점보다 선호가 떨어진다. 따라서 G보다 I가 선호될 수 없다.

ㄴ. (O) H는 을의 QR 곡선상에 있다. 그런데 F는 동일한 위험에 비해 기대이익이 적으므로 을은 F보다 H를 선호할 것이다.

ㄷ. (X) X_0보다 기대이익이 높은 오른쪽 영역에서 그래프는 을이 갑보다 동일한 기대이익을 기준으로 할 때에 더 높은 기울기로 올라가 있다. 이는 을이 갑보다 동일한 기대이익에 대해 위험을 선호한다는 것을 의미한다. 따라서 갑이 을보다 더 위험기피적 태도를 보임을 알 수 있다.

27 ②

 유형 수리 추리 – 사회

핵심 체크 표에 대한 상황을 파악 및 추론하는 문제이다. 지문에서는 유통 주체들이 생각하는 농산물에 대한 현재 판매가격 및 적정 판매가격의 비교를 한 표를 제시하고 있다. 그리고 이들 간의 차이를 통해 불만 정도를 파악하고 적용하라는 요구를 하고 있다. 도표에 대해 판단할 경우 유통 참여 주체들 간의 상대적 비교가 아니라, 농산물 종류에 대한 동일한 유통 참여 주체의 가격에 대한 판단임을 주의하여 분석해야 한다.

해설 ㄱ. (X) 우수인증 농산물은 110:112로 현재 가격과 적정 가격의 차이가 2밖에 나지 않는 데 반하여, 저농약인증 농산물은 113:126으로 그 차이가 13으로 더 크게 나타난다. 따라서 현재 판매가격에 불만이 가장 큰 것은 저농약인증 농산물이다.

ㄴ. (X) 소비자의 경우 현재 가격이 적정 판매가격보다 높다고 판단하고 있으므로 옳지 않은 진술이다.

ㄷ. (O) 적정 가격 서열은 생산농, 소매상, 소비자 각 유통 주체들 모두 유기농인증 농산물–저농약인증 농산물–우수인증 농산물–일반 농산물 순이다. 따라서 도매상도 이러한 서열을 따른다면, 100보다 크고 120보다 작은 가격대가 형성될 것이므로 105가 포함된다.

28 ⑤

 유형 판단 및 평가 – 사회

핵심 체크 세 견해를 재구성하여 판단 및 평가하는 문제이다. 지문에서는 영국의 금태환의 한시적 정지 선언에 따른 이후 경제 상황에 대한 논의를 하고 있다. 금태환의 한시적 정지 선언 이후 금의 시장가격과 물가가 상승하였는데, 이에 대한 원인을 두고 두 의견이 대립하였다.

(1) 지금파: 은행권의 초과발행으로 인해 물가가 올라갔기 때문에 물가상승의 원인은 금태환의 정지에 있다고 주장한다.

(2) 반지금파: 은행권의 경우 어음 매입이나 어음 담보 대출로 발행되므로 상거래와 실물경제 활동이 대응된다. 따라서 은행권의 초과발행은 있을 수 없다.

한편 헨리 손턴은 다음과 같이 주장한다.

(1) 반지금파의 입장 수용: 물가상승의 원인은 (은행권의 초과발행과 같은) 통화량 증가가 아닌 다른 것에 있다.

(2) 지금파의 입장 수용: 규율원리가 필요하다는 점을 인정한다.

(3) 지금파의 인식을 넘어서는 내용: 불황일 때는 중앙은행이 능동적으로 대응할 수 있어야 한다.

해설 ① (O) 손턴은 파운드화 가치 안정에만 초점을 맞춘 정책에 비판적이었고 물가상승의 원인이 통화량 증가가 아닌 다른 것일 수 있었음을 인정하였기에 반지금파의 입장을 같이 했다. 따라서 금태환의 한시적 정지에 대한 입장은 반지금파에 가까웠을 것이다.

② (O) 물가상승의 원인이 은행권의 초과발행이 아닌 흉년으로 인한 곡물가 상승과 같은 외적 요인에 기인할 수 있다면, '지금파'의 논지는 약화되고 '반지금파'와 손턴의 논지는 강화될 것이다.

③ (O) 재산을 금융자산으로 보유한 사람들은 물가가 상승할 경우 손해를 보기 때문에 물가상승의 결과가 나타나는 정책에 반대하는 '지금파'를 지지할 것이다. 한편 농산물을 판매해야 할 사람들은 불황이 심화될 경우 손해를 보기 때문에 불황을 심화시키는 정책에 반대하는 '반지금파'를 지지할 것이다.

④ (O) '지금파'는 금보유량에 비례하는 은행권 발행을 주장하므로 가장 엄격한 원리에 의한 제약을 주장할 것이다. 손턴도 경제적 상황에 따라 규율원리의 필요성을 주장했다. 따라서 가장 엄격한 원리 적용을 주장하는 부류는 '지금파'이며, 다음으로 손턴, 마지막으로 '반지금파'일 것이다.

⑤ (X) 지문에 따르면 '지금파'는 잉글랜드은행의 규율원리 준수 여부에 따라 통화량 변동 및 물가 변동이 온다는 입장이다. 그런데 ⑤는 규율원리의 준수 여부와 무관하게 통화량이 변동되는 사례를 기술하고 있으므로 이 사례는 지금파의 논지를 약화한다. ⑤가 제시하는 상황은 사업가들이 은행권을 사용하지 않고 보관하기 때문에 통화량이 줄어드는 상황인데, 이것은 은행권이 초과발행되는 것이 아니라 은행권이 과소유통되는 상황이며, 이로 인해 물가가 더욱 하락하고 불황이 더욱 심화되는 경우이므로 '지금파'의 논지를 약화하게 되는 것이다. 이 사례는 물가상승의 원인이 통화량 증가가 아닌 다른 것일 수 있음을 인정하며 경기 상황에 따른 능동적인 대응의 필요성을 역설했던 손턴의 논지를 강화한다.

난이도 ★★★★☆

유형 분석 및 재구성 - 과학기술

핵심 논증의 전제와 결론, 생략된 전제를 파악하는 문제이다. 지문에 나타난
체크 필자의 논증을 재구성하면 다음과 같다.

• 주장: 과학이론 및 그 평가는 정치, 경제적 목적과 결부된 문화적 산
물이라는 주장은 타당하지 않다.
• 근거 1: 과학은 특정한 사회적 환경 속에 존재하는 개인이나 집단에
의해 산출되지만, 과학은 개인의 특성이나 사회 환경에 의해 속박되
지 않는다.
• 근거 2: 과학은 특정한 개인들이 특정한 문화 속에 만든 것이지만 과
학의 성과는 개인과 문화를 초월하는 보편적인 특성을 지닌다.

해설 ① (X) 과학적 성과에 문체와 탐구정신 같은 요소들까지 포함한다면,
과학이 개인의 특성이나 사회 환경에 의해 속박되지 않는다는 논증
의 설득력은 약화될 것이다.
② (O) 과학이론은 이론의 탄생 과정보다 그러한 이론을 발견하고 인정
하여 사용되는 상황이 중요하다는 것을 전제로 하고 있다.
③ (X) 유럽의 정치체제 및 사회사상이 과학보다 먼저 세계에 전파되었
다는 시간적 선후에 대한 사실이 있어도 이러한 사실이 주장을 약화
시키지는 못한다. 필자는 얼마나 많은 사람들이 과학을 보편적으로
수용하는가에 대해 말하고 있을 뿐이다. 따라서 시간적 우위는 다른
논점일 뿐이다.
④ (X) 과학적 업적의 탄생 과정에서 개인적 특성이나 문화적 환경의
영향을 받았다는 것은 인정하고 있다.
⑤ (X) 동시발견의 사례는 과학이 특정 개인이나 사회 환경에 속박되지
않는다는 것의 근거 중 하나이다. 이를 통해 과학이 일정한 개인이나
사회에서만 발생하는 것은 아니라는 것이며, 진리는 어디서든 발견
될 수 있다는 논리이다. 따라서 동시발견 사례들이 특정 문화권에 국
한된다고 해도 논증의 설득력에는 영향을 미치지 못한다.

난이도 ★☆☆☆☆

유형 판단 및 평가 - 과학기술

핵심 이항대립적 견해를 평가하는 문제이다. 이 문제에서는 과학적 증거에
체크 대한 판단에 있어서 기준의 주체가 누구인지에 따라 대립되는 두 견해
를 소개하며 이에 대한 평가를 묻고 있다. 지문의 핵심 주장은 다음과
같다.

• (가)의 논증
[전제] 과학적 주장의 승인 여부는 과학자 집단의 논의를 거쳐서만 올
바르게 평가될 수 있다.
[결론] 법원은 과학적 증거의 채택 기준에 있어 과학자 집단의 판단을
따름으로써 기준의 일관성과 증거의 신뢰성을 확보할 수 있다.
• (나)의 논증
[전제] 과학적 타당성 여부는 관련 과학자 집단에서 합의된 과학적
방법을 올바르게 적용하여 얻어졌는지에 의해 결정된다.
[결론] 법적 판단의 독립성을 위해 법관은 법정에 제출된 사실 주장의
과학적 타당성을 과학적 방법의 기준을 적용하여 스스로 결정할 수
있다.

해설 ① (O) 법원의 독립된 평가는 (나)의 견해이므로 이에 대한 과중한 책
임 부과로 인한 문제 제기는 현실적으로 수행되기 어렵다는 의미이
다. 이는 상대적으로 (가)에 유리하다.
② (O) 과학자 집단마다 다른 평가가 나타날 수 있다면 (가)의 견해처
럼 과학자 집단의 의견을 따라 나타나야 하는 일관성과 신뢰성을 기
대하기 어려우므로 (가)에 불리하게 된다.
③ (O) 법원이 스스로 결정하는 것이 효율적이라면, (나) 견해가 (가)에
비해 더 유리하다.
④ (X) 과학자 집단에서 수용되더라도 법원이 판단해야 된다는 견해이
므로 (가)에 불리하고 (나)에 유리하다.
⑤ (O) 과학자 집단이 판단하지 못하더라도 법원이 스스로 판단할 수
있다는 견해이므로 (나)에 유리하다.

난이도 ★☆☆☆☆

유형 비판 및 반론 - 과학기술

핵심 논증을 반박하는 진술을 파악하는 문제이다. 제시된 논증을 형식적으로
체크 구성하면 다음과 같다.

• 주장: 인간 복제 연구는 적극적으로 장려되어야 할 과제이기에 인간
복제의 연구 목적을 명확히 밝힐 필요가 있다.
• 분세세기: 복제 연구를 훼방하는 최대 요소는 복세에 대한 그릇된 혐
오와 그 효용에 대한 인식 부족이다.
• 근거 1: 형제나 자매가 태어나도록 하는 인간 복제를 부자연스럽다거
나 악하다고 할 이유가 없다.
• 근거 2: 인공수정의 경우 유전적 이질성이 나타나 가정의 내적 결속을
와해할 가능성이 크다.
• 근거 3: 복제를 통해 태어난 아이는 모든 유전적 특성을 부나 모로부
터 물려받기에 유전적 이질성이 존재하지 않는다.
• 근거 4: 복제는 불임 가정의 고통을 해소할 최선의 길을 열어준다.

해설 ① (O) 지문에서는 인공수정할 경우에 나타날 유전적 이질성의 문제를
근거로 복제의 상대적인 우위성을 보여준다. 그런데 복제로 인한 쌍
둥이 형제나 자매 간 정체성 갈등 문제가 유전적 이질성 문제보다 더
크다면 필자의 논증은 약화될 것이다.
② (X) 인간 복제를 말하고 있기에 동물 실험에 대한 문제는 무관한 진
술이다. 또한 인간 복제뿐 아니라 인공수정도 비판의 대상이 될 수
있기에 적절하지 못하다.
③ (X) 복제 인간의 존엄성 문제는 위 논의와 무관하다.
④ (X) 자녀를 거부하거나 포기하기보다 자녀를 갖는 편이 좋다는 견해
는 위 논의와 무관하다. 또한 어떤 방식으로든 자녀를 갖는 것에는
필자가 주장하는 복제 방식도 포함되기에 반박이 될 수 없다.
⑤ (X) 연구목적을 명료하게 해야 된다는 의견은 필자가 서두에 지적한
바와 일치하는 진술이다.

32 ④

 유형 언어 추리 – 과학기술

 핵심 체크 물리적 개념 및 원리를 추리하는 문제이다. 지문의 내용을 요약하면 다음과 같다.

(1) 제자리높이뛰기를 할 때에는 근육에 저장되어 있는 에너지가 위치에너지로 변환되지만, 도움닫기를 하는 경우 추가적으로 운동에너지가 위치에너지로 변환되어 더 높이 뛰어오를 수 있다.

(2) 운동에너지 = 질량 × 속도^2/2

(3) 위치에너지 = 질량×중력가속도×높이

(4) 운동에너지가 위치에너지로 변화될 때에, 높이
= 속도^2/2 ÷ 중력가속도(10m/s^2)

(5) 장대높이뛰기의 경우 운동에너지를 위치에너지로 효율적으로 변환시킬 수 있기 때문에 더 높이 뛴다.

해설 ① (X) 운동에너지가 위치에너지로 변환될 경우 높이는 속도 제곱의 절반을 중력가속도로 나눈 값이므로, 중력가속도가 크면 전체값인 높이값은 줄어든다. 따라서 중력가속도가 작을수록 높이 뛸 수 있다.

② (X) 뛰어오르기 직전의 달리기 속도가 10m/s 이하이면 운동에너지로는 뛰어오를 수 있는 높이가 5m이지만, 근육에 저장되어 있는 에너지가 클 경우 더 높이 뛸 수 있으므로 세계기록이 갱신될 수 있다.

③ (X) 오로지 도움닫기에 의한 운동에너지만 고려될 경우, 높이는 이 운동에너지가 위치에너지로 변환되는 것만으로 결정된다. 그런데 높이는 속도 제곱의 절반을 중력가속도로 나눈 값으로 결정되기에 질량과 무관하다.

④ (O) 위치에너지는 (질량 × 중력가속도 × 높이)이다. 도움닫기 속도 및 근육으로부터 나오는 에너지 총량이 각각 서로 같을 때, 두 선수 A와 B를 가정하여 식으로 표현하면 다음과 같다. (단, 중력가속도를 10m/s^{2}로, 위치에너지 총량을 100으로 가정한다.)
• A: 질량 × 중력가속도(10m/s^2) × 높이 = 위치에너지 총량(100)
• B: 질량 × 중력가속도(10m/s^2) × 높이 = 위치에너지 총량(100)
A의 질량이 2, B의 질량이 5라고 할 경우 높이는 A가 5m, B가 2m가 된다. 결국 질량이 작은 선수가 뛸 수 있는 높이는 질량이 큰 선수가 뛸 수 있는 높이 이상이라는 것을 추리할 수 있다.

⑤ (X) 제자리높이뛰기는 근육으로부터 나오는 에너지가 위치에너지로 전환되는 것이기에 근육저장에너지도 고려해야 한다. 따라서 곤충이 높이 뛸 수 있는 원인이 질량 때문이라고 단정할 수 없다.

33 ⑤

 유형 판단 및 평가 – 과학기술

핵심 체크 논증을 약화하는 내용을 찾는 문제이다. 제시된 논증을 형식적으로 구성하면 다음과 같다.

• 근거 1: 큰 눈은 긴 초점거리를 가지기에 망막에 상이 크게 맺힌다.
• 근거 2: 큰 상이 작은 상보다 더 많은 시각세포에 의해 처리되기에 눈이 클수록 예민한 시력을 가진다.
• 근거 3: 예민한 시력을 가지면 보다 짧은 시간에 장애물을 발견하고 회피할 수 있다.
• 근거 4: 장애물을 회피하지 못하면 치명적인 충돌사고로 이어진다.
• 주장: 최대 속도가 빠른 동물일수록 장애물을 빨리 피하기 위해 큰 눈을 가진다.

해설 ① (X) 최대 속도가 빠른 동물인 매가 큰 눈을 가지므로 강화되는 사례이다.

② (X) 척추동물의 경우 몸이 클수록 더 큰 눈을 가지고 또한 이동 속도도 빠르다고 진술하고 있다. 이는 필자의 견해를 강화시켜주는 사례로 사용할 수 있다. 단, 전체 몸의 크기에 비해 상대적인 눈의 크기는 논의 영역에서 벗어난 진술이기에 고려할 필요가 없다.

③ (X) 큰 눈을 가진 동물이 빠른 순간 속도를 가진다는 것이 필자의 주장인데, 진술에서는 '평균 이동속도'를 말하므로 주장과 무관한 진술로 논지를 약화시키는 자료로 사용될 수 없다.

④ (X) 날지 못하는 쪽으로 진화한 새들이 다른 새들에 비해 눈 크기가 작다는 것은 날 수 있는 새들이 눈 크기가 더 크고 더 빠르다는 것을 추리할 수 있게 하기에 논지의 약화사례가 될 수 없다. 또한 빨리 움직일 수 있는 큰 눈을 가진 타조의 사례는 논지에 대한 강화 사례이다.

⑤ (O) 매보다 최대 속도가 느린 새들 중에 매보다 더 큰 눈을 가진 새들이 있다는 사실은 논지를 약화시킨다. 또한 그러한 새와 비교할 때에 매가 상이 맺히는 망막 부분에 존재하는 시각세포가 더 많다고 하였으므로 눈이 클수록 예민한 시력을 갖는다는 사실도 약화시키게 된다.

34 ② 난이도 ★★★★☆

유형 언어 추리 - 과학기술

핵심 체크 원리에 의한 연역적 추리를 하는 문제이다. 제시된 지문의 정보를 정리하면 다음과 같다.

(1) 팔, 다리 감각 신호는 척수를 따라 위쪽으로 이동하면서 뇌로 전달된다.

(2) 팔에서 발생한 감각 신호는 목척수를 통해 뇌로 전달된다.

(3) 다리에서 발생한 감각 신호는 허리척수를 통해 뇌로 전달된다.

(4) 왼쪽 팔과 다리에서 발생한 신호는 오른쪽 뇌에서, 오른쪽 팔과 다리에서 발생한 신호는 왼쪽 뇌에서 인식된다.

(5) 팔과 다리의 피부를 통해 감지된 촉각은 척수로 입력되어 같은 쪽의 척수를 타고 뇌에 입력된 후 좌우교차가 이루어진다.

(6) 통증과 차가운 온도 감각은 척수에서 좌우교차가 먼저 일어난 후 뇌에 전달된다.

이때 <보기>의 상황은 오른쪽 가슴척수가 절단되었으나, 왼쪽 척수는 정상이다. 결국 오른쪽 가슴척수로 정보가 전달될 경우 절단으로 인하여 정보가 뇌까지 전달되지 않아 느낌이 없게 될 것이다.

해설 ① (X) 왼쪽 다리에서 온 통증은 왼쪽 허리척수에서 입력된 후 좌우교차가 이루어진다. 그래서 왼쪽의 통증은 오른쪽 척수로 이동하게 되는데, 오른쪽 가슴척수가 절단되어 신호를 뇌에 전달되지 못한다. 따라서 느낌이 없게 된다.

② (O) 얼음에 의한 차가운 온도 감각은 왼쪽 허리척수에서 오른쪽 척수로 바뀌게 된다. 그런데 오른쪽 가슴척수가 절단되어 신호를 뇌에 전달하지 못하기에 느낌을 갖지 못한다. 그러나 만지고 있다는 촉각은 왼쪽 허리척수를 타고 그대로 뇌까지 전달되어 뇌에서 좌우교차가 일어난다. 왼쪽 척수는 손상되지 않았기에 정보가 전달되어 만지고 있다는 느낌이 있게 된다.

③ (X) 오른쪽 다리의 통증은 바로 왼쪽 척수로 전달되어 느낌을 갖게 된다.

④ (X) 차가운 감각은 척수에서 바로 교차되어 왼쪽으로 전달되기에 느낌을 갖게 된다.

⑤ (X) 오른쪽 다리를 만지고 있다는 촉각은 오른쪽 척수를 타고 이동해야 하는데, 오른쪽 척수가 절단되어 이동하지 못하기에 느낌이 없게 된다.

35 ① 난이도 ★★★☆☆

유형 언어 추리 - 과학기술

핵심 체크 기체 입자 운동 원리를 바탕으로 추리하는 문제이다. 제시된 지문을 정리하면 다음과 같다.

- 문제제기: 상온에서 기체 입자들은 초속 수백 미터의 순간 속도를 내는데, 실제로 향수 향기가 방에서 이동하는 시간은 더 오래 걸린다.
- 클라우지우스의 주장: 기체 입자들의 많은 충돌에 의한 방향 전환에 의해 시간이 오래 걸린다.
- 근거: 기체 입자는 크기를 가진 존재이며, 크기에 따라 충돌 횟수와 평균 자유이동거리가 변하기 때문이다.

여기서 '평균 자유이동거리'는 평균적으로 기체 입자들이 한 번 충돌하고 나서 다음번 충돌할 때까지 움직이는 거리를 말한다.

해설 ㄱ. (X) 크기가 클수록 충돌 횟수가 늘어날 것이며 이에 따라 평균 자유이동거리는 줄어들 것임을 추론할 수 있다. 그러나 입자들의 순간 속도의 평균에 대해서는 알 수 없다.

ㄴ. (O) 크기가 클수록 다른 입자와 충돌하기까지의 거리가 감소할 것이고, 그에 따라 평균 자유이동거리는 짧을 것이다.

ㄷ. (X) 기체 입자들이 많을수록 서로 충돌할 가능성이 높으므로 평균 자유이동거리는 짧을 것이다.